Diritto privato

In copertina:

Guglielmo Castelli, *Avrei voluto giocare con i cowboy*, acrilico e olio su tela, 2012.

IUSTITIAM COLIMUS

Vincenzo Roppo

Diritto privato

OTTAVA EDIZIONE

Giappichelli

VIA PO, 21 - TEL. 011-81.53.111 - FAX 011-81.25.100
http://www.giappichelli.it

ISBN/EAN 978-88-921-4353-1

G. Giappichelli Editore

Questo libro è stato stampato su carta certificata, riciclabile al 100%

Stampa: Stampatre s.r.l. - Torino

INDICE

3

LE FONTI DEL DIRITTO PRIVATO

II

I DIRITTI

4

SITUAZIONI GIURIDICHE E RAPPORTI GIURIDICI

5

FATTI, ATTI ED EFFETTI GIURIDICI

6

I DIRITTI SOGGETTIVI

7
I BENI E IL PATRIMONIO

8
LE VICENDE DEI DIRITTI E LA CIRCOLAZIONE GIURIDICA

9
L'ATTUAZIONE DEI DIRITTI: PUBBLICITÀ, TUTELA GIURISDIZIONALE, PROVE

III
I SOGGETTI

10
I SOGGETTI DEL DIRITTO

11
LE PERSONE FISICHE

12
LE ORGANIZZAZIONI

17
COMPROPRIETÀ E CONDOMINIO

18
I DIRITTI REALI MINORI

19
DIRITTI REALI E DIRITTI DI CREDITO

20
LA TRASCRIZIONE

21
IL POSSESSO

V
LE OBBLIGAZIONI

22
L'OBBLIGAZIONE

23
ADEMPIMENTO, E ALTRE CAUSE DI ESTINZIONE DELLE OBBLIGAZIONI

24
LE MODIFICAZIONI DELLE OBBLIGAZIONI

25
INADEMPIMENTO DELLE OBBLIGAZIONI E MORA DEL DEBITORE

26
LA RESPONSABILITÀ PER INADEMPIMENTO

27
LA GARANZIA DEL CREDITO

VI
IL CONTRATTO

28
LA DEFINIZIONE DEL CONTRATTO

29
FORMAZIONE E FORMA DEL CONTRATTO

30
LA RAPPRESENTANZA

34
EFFETTI DEL CONTRATTO, INTERESSI DELLE PARTI E AUTONOMIA PRIVATA

35
I RIMEDI CONTRATTUALI: INVALIDITÀ DEL CONTRATTO

36
IL TRATTAMENTO DEI CONTRATTI INVALIDI

37
RISOLUZIONE DEL CONTRATTO, E ALTRI RIMEDI

VII
I CONTRATTI

38
I TIPI CONTRATTUALI. CONTRATTI PER IL TRASFERIMENTO DI BENI

39
CONTRATTI PER L'UTILIZZAZIONE DI BENI

40
CONTRATTI PER L'ESECUZIONE DI OPERE E SERVIZI

52
LE SOCIETÀ DI PERSONE

53
SOCIETÀ DI CAPITALI: LA SOCIETÀ PER AZIONI

54
ALTRE SOCIETÀ DI CAPITALI. LE SOCIETÀ MUTUALISTICHE

XI
ORGANIZZAZIONE DELL'IMPRESA E REGOLAZIONE DEL MERCATO

55
IL LAVORO

56
L'AZIENDA

57
INVENZIONI INDUSTRIALI E DIRITTO D'AUTORE

58
LA CONCORRENZA

59
ATTIVITÀ D'IMPRESA REGOLATE: ASSICURAZIONI, BANCHE, FINANZA

60
IMPRESE E CONSUMATORI

61
CRISI E INSOLVENZA DELL'IMPRESA

XII
LA FAMIGLIA

62
FAMIGLIA E MATRIMONIO

63
I RAPPORTI FRA CONIUGI

64
LA FILIAZIONE

65
LA CRISI DELLA FAMIGLIA: SEPARAZIONE E DIVORZIO

XIII
SUCCESSIONI E DONAZIONI

66
LA SUCCESSIONE PER CAUSA DI MORTE

67
LA SUCCESSIONE TESTAMENTARIA

68
SUCCESSIONE NECESSARIA, SUCCESSIONE LEGITTIMA E DELAZIONE SUCCESSIVA

69
ACQUISTO DELLA SUCCESSIONE, COMUNIONE EREDITARIA E PATTI DI FAMIGLIA

70
LA DONAZIONE E LE LIBERALITÀ

ALL'OTTAVA EDIZIONE

Il biennio che separa questa edizione dalla precedente non porta straordinarie novità.

Una fra esse costringe a rettificare quanto si diceva, presentando la settima edizione, circa l'*entrata in vigore del codice della crisi e dell'insolvenza*: lì si indicava settembre 2021, indicazione peraltro smentita dal d.l. 118/2021 convertito nella l. 147/2021, che differisce l'operatività del codice a maggio 2022. Sempre a proposito di crisi e insolvenza: lo stesso d.l. 118/2021 introduce la procedura di *composizione negoziata della crisi* sotto la regia di un esperto facilitatore, mentre il d.l. 137/2020, convertito nella l. 176/2020, anticipa, rispetto all'entrata in vigore del codice, la possibilità di *esdebitazione dell'incapiente*; infine, cambia la *definizione di "crisi" dell'impresa* (d.lgs. 147/2020).

Slitta l'entrata in vigore del nuovo *limite all'uso del contante* (d.l. 162/2021). Cambia, in attuazione di una direttiva europea, la disciplina della *garanzia di conformità nella vendita di beni di consumo* (d.lgs. 170/2021, che integra il codice del consumo). Compaiono altre norme di diritto interno che attuano direttive di interesse privatistico: in materia di *diritto d'autore* (d.lgs. 177/2021), di *fornitura di contenuti e servizi digitali* (d.lgs. 173/2021), di *comunicazioni elettroniche* (d.lgs. 207/2021). E si prefigurano ritocchi all'*azione di classe per i consumatori* (direttiva europea 1828/2020).

Nel campo delle persone e della famiglia si segnalano la legge delega per la riforma del processo civile, che prefigura *un unico tribunale e un procedimento unificato per le persone, i minorenni e le famiglie* (l. 206/2021), e la sentenza della Corte costituzionale (131/2022), che interviene sul *cognome del figlio* in nome dell'uguaglianza fra il padre e la madre.

Novità anche per il lavoro femminile: la l. 162/2021 modifica il codice delle pari opportunità per rafforzare la *parità salariale fra lavoratrici e lavoratori*.

S'introducono poi riferimenti a fenomeni e problemi creati dagli sviluppi delle tecnologie digitali, che sfidano categorie, principi, regole tradizionali del diritto privato: trovano spazio concetti come *beni digitali*, *moneta digitale* o virtuale (come i bitcoin), *eredità digitale*.

Infine, pur non producendo immediati effetti pratici, ha senza dubbio un rilevante valore ideale la *modifica dell'art. 41 C.*, portata (insieme con quella dell'art. 9) dalla l.c. 1/2022: fra i vincoli costituzionali all'iniziativa economica privata adesso figura la salvaguardia dell'ambiente.

luglio 2022

Vincenzo Roppo

ALLA SETTIMA EDIZIONE

Negli aggiornamenti di questa settima edizione la parte del leone la fa decisamente il nuovo *codice della crisi d'impresa e dell'insolvenza* (d.lgs. 14/2019, in vigore da settembre 2021), che sostituendosi alla vecchia legge fallimentare riforma in modo radicale la disciplina dell'insolvenza e delle procedure concorsuali, e si estende a coprire anche la materia del sovraindebitamento di soggetti diversi dalle imprese: ne è derivata la necessità di riscrivere integralmente il capitolo 61. Ad esso si associano alcune modifiche alla *disciplina delle società* e a quella della *vendita di immobili da costruire*, di cui pure si è tenuto conto.

Meno corposa, ma pur sempre significativa, la novità costituita dalla riforma dell'*azione di classe*, la cui disciplina viene (oltre che modificata) generalizzata e spostata dal codice del consumo al codice di procedura civile (l. 31/2019).

Altre novità minori riguardano: il *codice della privacy*, modificato dal d.lgs. 101/2018 per coordinarlo col regolamento Ue 2016/679; il nuovo limite per i pagamenti in contanti (d.l. 124/2019); la disciplina delle *vendite di beni di consumo*, destinata a modifiche in base alla direttiva Ue 2019/771; le norme sulle *vendite di pacchetti turistici*, modificate dal d.lgs. 62/2018; la nuova regolazione dei *contratti per la fornitura di contenuti digitali o servizi digitali a favore di consumatori*, prefigurata dalla direttiva Ue 2019/770; la direttiva Ue 2019/790 (c.d. *direttiva copyright*) che regola i rapporti fra Google e gli editori per i contenuti giornalistici messi in rete; innovazioni in materia di *pratiche commerciali scorrette* e di *contratti dei consumatori*, portate dalla direttiva Ue 2019/2161; i *servizi di comunicazione elettronica*, toccati dalla direttiva Ue 2018/1972; *l'indennità di licenziamento* (Corte cost. 194/2018 e 150/2020); la *direttiva insolvency* (2019/1023). Non manca un cenno a norme della *legislazione di emergenza per l'epidemia Covid-19*, che incidono sulla disciplina dei contratti (art. 28 d.l. 9/2020; art. 88 d.l. 18/2020).

Piccole integrazioni, non necessitate da innovazioni normative o giurisprudenziali, riguardano poi l'idea di *estendere la soggettività giuridica a enti non umani* (animali, ambiente naturale, robot) e i possibili *nuovi scenari della responsabilità civile di fronte alle più recenti innovazioni tecnologiche* (tecnologie digitali, intelligenza artificiale). Sono stati aggiornati, infine, i *dati statistici relativi a matrimoni, convivenze extramatrimoniali, unioni civili omosessuali.*

luglio 2020

Vincenzo Roppo

ALLA SESTA EDIZIONE

Nel biennio trascorso dalla quinta edizione (estate 2016), le novità più grosse intervenute nella scena del diritto privato sono due: l'emanazione del *codice del terzo settore*, contenente la disciplina degli *enti del terzo settore* (d.lgs. 117/2017); e l'approvazione della legge delega per la *riforma organica delle procedure concorsuali*, (l. 155/2017), che la presente edizione si limita a illustrare nei principi e criteri generali, non essendo stati ancora approvati i decreti attuativi da cui si attende la compiuta nuova regolazione della materia. La stessa legge si occupa anche delle *crisi da sovraindebitamento*, del sistema dei *privilegi*, delle garanzie (con l'introduzione di un modello generale di *garanzie mobiliari non possessorie*), della vendita di *immobili da costruire*, nonché di alcune modifiche da apportare alla disciplina delle *società di capitali*; anche a questo riguardo, in attesa dei decreti delegati, ci si limita a cenni di sintesi.

Altre novità di cui questa sesta edizione dà conto riguardano: la possibilità della *trasformazione, fusione, e scissione* di *associazioni e fondazioni* (d.lgs. 117/2017); i temi "bioetici" del *consenso informato* e delle *disposizioni anticipate di trattamento* (l. 219/2017); il *patto marciano* (l. 119/2016; d.lgs. 72/2016); il contratto di *leasing* (l. 124/2017); la *responsabilità medica* (l. 24/2017); le tabelle per il risarcimento delle *lesioni "macropermanenti"* da incidenti stradali (l. 124/2017); il recepimento della nuova direttiva europea sui *servizi di pagamento* (d.lgs. 2018/2017); il testo unico delle *società partecipate* da enti pubblici (d.lgs. 175/2016); l'*impresa sociale* (d.lgs. 112/2017); la tutela dei lavoratori non dipendenti (c.d. *Jobs act degli autonomi*: l. 81/2017); la tutela dei *segreti commerciali* (d.lgs. 63/2018); il recepimento della nuova direttiva europea sui *contratti del mercato finanziario* (Mifid 2: d.lgs. 129/2017); l'*equo compenso* dei liberi professionisti (205/2017); la sentenza della Corte costituzionale sul *cognome dei figli* (286/2016); il nuovo orientamento della Cassazione sull'*assegno di divorzio*; il *regolamento europeo sulle successioni* (650/2012).

luglio 2018

Vincenzo Roppo

ALLA QUINTA EDIZIONE

La quinta edizione aggiorna il manuale alle novità intervenute fra l'estate 2014 e l'estate 2016. Ma come vedremo, fa anche qualcosa di più.

Gli aggiornamenti più corposi toccano il diritto di famiglia: con la nuova disciplina delle *unioni civili omosessuali* e delle *convivenze di fatto* (l. 76/2016); e con le modifiche in tema di *"divorzio facile"* (l. 162/2014) e *"divorzio breve"* (l. 55/2015). Altri aspetti minori ma pur sempre significativi, di cui si dà conto, riguardano tre svolte giurisprudenziali: sulla *rettificazione del sesso* (possibile anche senza intervento chirurgico); sull'*occupazione illegittima di terreno* con opera pubblica (che non determina più l'automatica accessione invertita); sull'ammissibilità del *preliminare di preliminare*. E poi, soprattutto, una serie di novità normative: in tema di riforma della disciplina di *associazioni e fondazioni* (l. 106/2016); *privacy* (nuovo regolamento Ue 679/2016); depenalizzazione dell'*ingiuria* (d.lgs. 7/2016); limiti all'uso del *denaro contante* (l. 208/2015); divieto dell'*anatocismo bancario* (l. 49/2016); *pegno non possessorio* (l. 119/2016); nuovo codice dei *contratti pubblici* (d.lgs. 50/2016); *trust* e *affidamento fiduciario* (l. 112/2016); contratto *rent to buy* (l. 164/2014); *leasing immobiliare abitativo* (l. 208/2015); *responsabilità per attività giudiziaria* (l. 18/2015); riforma delle *società a partecipazione pubblica* (l. 124/2015); *società benefit* (l. 208/2015); *lavoro subordinato* (l. 183/2014 e d.lgs. 23/2015 - c.d. Jobs Act); *concordato preventivo* (l. 132/2015).

Però, come si anticipava, la quinta edizione è nuova per un'altra ragione, al di là degli aggiornamenti. Si presenta più snella: accorciata di una ventina di pagine, scende sotto la soglia psicologica di "quota 1000". Il testo è stato alleggerito di una serie di passaggi, che alla rilettura non sono parsi così essenziali: sicché sacrificarli non ha tolto nulla alla completezza dell'esposizione. Anzi, questa nuova più breve edizione risulta perfino più completa delle precedenti. E infatti, mentre qualcosa ho tolto, qualcos'altro sono riuscito ad aggiungere (a parte gli aggiornamenti): nozioni o figure che prima non comparivano, e il cui inserimento concorre a dare una rappresentazione più ricca della nostra materia. Entrano così nel manuale, per la prima volta, temi come: *processo telematico*, *patrimoni destinati e separati*, *patto marciano*, *perdita di chan-*

ce, danno tanatologico, responsabilità per nascita indesiderata, "private enforcement" della disciplina antitrust.

luglio 2016

Vincenzo Roppo

ALLA QUARTA EDIZIONE

Di nuovo una deroga all'ordinaria cadenza biennale, in favore di un aggiornamento a distanza di un solo anno dall'edizione precedente. E la ragione è la stessa dell'anno scorso: fra 2103 e 2014 sono successe cose troppo importanti, per non darne conto nel manuale destinato agli studenti dell'anno accademico 2014/15.

Le novità che per la loro rilevanza impongono l'aggiornamento sono essenzialmente due: l'attuazione (con il d.lgs. 21/2014) della direttiva europea 83/2011 sui diritti dei consumatori, che modifica ampiamente il codice del consumo in materia di *informazioni precontrattuali nei contratti dei consumatori*, di *contratti a distanza e negoziati fuori dei locali commerciali*, di *vendita di beni di consumo*; e poi il d.lgs. 154/2013, che attuando la delega contenuta nella l. 219/2012 (già considerata nella scorsa edizione) modifica numerosissimi articoli del codice civile in tema di *filiazione* (e per riflesso anche alcuni articoli relativi alle *successioni per causa di morte*).

Con l'occasione, si è provveduto ad aggiornare il manuale anche su punti di minore rilievo sistematico, ma comunque non banali: la nuova disciplina dei *partiti politici* (l. 13/2014); la svolta giurisprudenziale sulla *forma del mandato ad acquistare immobili*; le modifiche al *diritto societario e del mercato finanziario* (in tema di capitale sociale minimo delle spa, obbligatorietà del collegio sindacale nelle srl, azioni a voto plurimo, soglia per l'opa totalitaria) introdotte dalla l. 116/2014; l'estensione temporale della protezione dei *"diritti connessi" al diritto d'autore* (d.lgs. 22/2014); l'apertura alla protezione giuridica delle *coppie omosessuali* (Corte cost. 170/2014); l'incostituzionalità del divieto di *fecondazione assistita eterologa* (Corte cost. 162/2014); la legislazione in itinere sul *"divorzio breve"*.

agosto 2014

Vincenzo Roppo

ALLA TERZA EDIZIONE

Tradizionalmente, le nuove edizioni che aggiornano il manuale hanno la cadenza del biennio. Questa volta si anticipa: la terza edizione, che secondo quel criterio avrebbe dovuto attendere il 2014, esce invece nel 2013, a distanza di un solo anno dalla seconda.

La ragione è che in questo anno si sono presentate sulla scena del diritto privato almeno due novità troppo importanti, per sopportare che il manuale ne tacesse fino all'anno prossimo: la *riforma del condominio* (l. 220/2012), e la *riforma della filiazione*, che cancella ogni differenza di status tra figli legittimi e naturali, non senza ricadute sul sistema successorio (l. 219/2012). Insomma: mi sembrava inconcepibile che le matricole dell'anno accademico 2013/14 si trovassero a (comprare e) studiare un manuale in cui aspetti così rilevanti della materia vengono rappresentati con nozioni inattuali o incomplete.

Naturalmente si è colta l'occasione per aggiornare il manuale anche su altri punti di minore (ma non minimo) rilievo, pure toccati da modifiche legislative recenti: l'*Autorità garante dell'infanzia e dell'adolescenza* (l. 112/2011); l'*accessione invertita* (l. 111/2011); i ritardi di *pagamento dei debiti commerciali* (d.lgs. 192/2012); le crisi di *sovraindebitamento dei consumatori* (l. 221/2012); lo *statuto dell'impresa* (l. 180/2011); il *tribunale delle imprese* (l. 27/2012); le *libere professioni* regolamentate (d.P.R. 137/2012) e non regolamentate (l. 4/2013), e la riforma della *professione di avvocato* (l. 247/2012); l'*Ivass* in sostituzione dell'Isvap (l. 135/2012); l'*assicurazione obbligatoria delle strutture sanitarie* (l. 189/2012); l'*abuso di dipendenza economica* (l. 180/2011); i contratti per *fornitura di prodotti agricoli e agroalimentari* (l. 27/2012); la protezione contro le *pratiche commerciali scorrette* estesa alle *microimprese* (l. 27/2012); le *crisi d'impresa* e le *procedure concorsuali* (l. 134/2012; l. 221/2012).

giugno 2013

Vincenzo Roppo

ALLA SECONDA EDIZIONE

Il Manuale esce, in seconda edizione, aggiornato al giugno 2012.

Le novità di cui si dà conto riguardano principalmente: l'entrata in vigore del *codice del turismo* (d.lgs. 79/2011) dove sono adesso ricollocate le norme sui *contratti turistici*, con la nuova previsione legislativa sul *danno da vacanza rovinata*; le modifiche alla disciplina della *multiproprietà* e dei relativi contratti (d.lgs. 79/2011); gli accordi di ristrutturazione per la sistemazione delle *crisi di sovraindebitamento* dei debitori non soggetti a procedure concorsuali (l. 3/2012); la *s.r.l. semplificata* (l. 27/2012); il *t.u. dell'apprendistato* (d.lgs. 167/2011); la nuova disciplina del *rapporto di lavoro subordinato*, e dei *licenziamenti* (l. 92/2012); la revisione del codice della *proprietà industriale* (d.lgs. 131/2010); il *controllo amministrativo delle clausole vessatorie* nei contratti dei consumatori (l. 27/2012); l'aggiornamento della disciplina del *credito ai consumatori* (d.lgs. 141/2010).

luglio 2012

Vincenzo Roppo

PREFAZIONE

Pubblico con Giappichelli un manuale di diritto privato, che sostituisce quello pubblicato con altro editore nel 1994 e giunto nel 2008 alla sesta edizione.

Nuovo l'editore, in parte nuovo anche il prodotto editoriale. Sia nella veste grafica, che subisce un *restyling* orientato a rendere la pagina meno densa, più ariosa e leggera, ci si augura più facilmente leggibile. Sia nel contenuto, che si presenta alquanto ridimensionato con il significativo alleggerimento delle parti contese al diritto costituzionale, amministrativo, commerciale, industriale e del lavoro.

Queste parti non sono sparite: perché la loro totale elisione impedirebbe di dare la giusta idea del diritto privato come componente del sistema giuridico tutto intero; e come sistema esso stesso di componenti sì diverse e relativamente autonome, ma legate fra loro da nessi di coerenza. Riguardo a questo punto, voglio dire che una delle idee dominanti del manuale è proprio l'enfasi sul diritto privato come «sistema». Questo spiega la dovizia forse un po' maniacale di rimandi interni: il cui senso è anche sottolineare che ciascun meccanismo tecnico o regola o principio di cui si parla, si connette ad altri di cui si parla in pagine magari lontane; e che senza la percezione dei reciproci nessi la comprensione non è piena.

Le parti che potremmo dire «non civilistiche» sono state però riportate a misura più sobria: come è giusto, se si tiene conto che con quelle materie gli studenti si cimenteranno in corsi specificamente dedicati.

Vengono fuori, alla fine, 1000 pagine di formato standard: una misura che non pare incongrua, se parametrata su quel *range* di 10/14 crediti entro cui si situano la grandissima parte dei corsi istituzionali dedicati al privato (siano formalmente divisi in due, ovvero tenuti compatti). Chi la ritenesse tuttavia eccessiva, non avrebbe difficoltà a ridurla con l'omissione di qualche capitolo agevolmente stralciabile.

Il testo è aggiornato fino a metà di quest'anno: dà conto – per dire – delle nuove norme di matrice europea sui servizi di pagamento (febbraio 2010); dello schema di disegno di legge governativo per l'introduzione del *trust* nel codice civile (marzo 2010); di alcune ricadute privatistiche conseguenti alla trasposizione della direttiva servizi (aprile 2010); del ritorno ai 5.000 euro come soglia dei pagamenti in contanti o con titoli al portatore (maggio 2010); dello schema di decreto legislativo per la trasposizione della nuova direttiva sul credito al consumo (giugno 2010); dell'atto pubblico a formazione digitale (luglio 2010).

Dicevo all'inizio che è cambiato l'editore, e un po' anche il testo. Stavo per dimenticare un'altra piccola novità. Il titolo non è esattamente quello di prima: non più "Istituzioni di diritto privato", ma "Diritto privato" *tout court*. Sono il primo a riconoscere che "Istituzioni" ha un senso, perché esprime il livello a cui la materia è elaborata e presentata. Ma ho preferito eliminare quella che è pur sempre una sovrastruttura concettuale, per afferrare direttamente la materia e portarla in primo piano nella sua essenzialità, vorrei dire nella sua nudità. Che la trattazione di essa sia qui "istituzionale" è peraltro nelle cose, e non ha bisogno di essere esplicitato.

Nella correzione delle bozze mi hanno validamente aiutato Francesca Bartolini e Maurizio Flick: a loro un grazie sincero.

luglio 2010

Vincenzo Roppo

ABBREVIAZIONI

art.	= articolo/i
c.	= comma/i
C.	= Costituzione
c.a.	= codice delle assicurazioni private (d.lgs. 209/2005)
c.a.d.	= codice dell'amministrazione digitale (d.lgs. 82/2005)
c.amb.	= codice dell'ambiente (d.lgs. 152/2006)
c.c.i.i.	= codice della crisi d'impresa e dell'insolvenza (d.lgs. 14/2019)
c.cons.	= codice del consumo (d.lgs. 206/2005)
c.d.	= cosiddetto/a/i/e
c.n.	= codice della navigazione
Corte cost.	= Corte costituzionale
c.p.	= codice penale
c.p.c.	= codice di procedura civile
c.p.i.	= codice della proprietà industriale (d.lgs. 30/2005)
c.t.s.	= codice del terzo settore (d.lgs. 117/2017)
c.tur.	= codice del turismo (d.lgs. 79/2011)
d.a.	= disposizioni per l'attuazione del codice civile
d.lgs.	= decreto legislativo
d.P.R.	= decreto del Presidente della Repubblica
l.	= legge/i
l.a.	= legge sul diritto d'autore (l. 633/1941)
l.ad.	= legge sull'adozione (l. 184/1983)
l.ass.	= legge sull'assegno (r.d. 1736/1933)
l.c.	= legge costituzionale
l.camb.	= legge cambiaria (r.d. 1669/1933)
l.d.	= legge sul divorzio (l. 898/1970)
l.e.c.	= legge sull'equo canone (l. 392/1978)
l.m.	= legge matrimoniale (l. 847/1929)
prel.	= disposizioni preliminari al codice civile
r.d.	= regio decreto
segg.	= seguenti
s.l.	= statuto dei lavoratori (l. 300/1970)
t.u.b.	= testo unico bancario (d.lgs. 385/1993)
t.u.f.	= testo unico della finanza (d.lgs. 58/1998)
T.Ue	= Trattato sul funzionamento dell'Unione europea

AVVERTENZA. Quando un articolo di legge viene citato con il solo numero, senza altre indicazioni, s'intende che è un articolo del codice civile.

I

IL DIRITTO

1. Il diritto privato nel sistema giuridico
2. Diritto privato e diritto pubblico
3. Le fonti del diritto privato

1
IL DIRITTO PRIVATO NEL SISTEMA GIURIDICO

SOMMARIO: 1. Di cosa si occupa il diritto privato. – 2. La funzione del diritto privato: interessi e conflitti. – 3. Diritto oggettivo e diritti soggettivi. – 4. Le norme giuridiche. – 5. L'applicazione delle norme giuridiche: la «fattispecie». – 6. L'interpretazione delle norme giuridiche. – 7. Criteri, limiti e spazi dell'interpretazione. – 8. Le lacune del diritto, e l'analogia. – 9. L'argomentazione giuridica. – 10. Gli interpreti delle norme, e la giurisprudenza.

1. Di cosa si occupa il diritto privato

Il diritto privato si occupa di aspetti e fenomeni importanti della vita economico-sociale.

Si occupa delle **organizzazioni** create per obiettivi generali o comuni a più persone, che il singolo individuo non sarebbe in grado di realizzare agendo in modo isolato. Considera sia i rapporti interni all'organizzazione, fra coloro che ne fanno parte; sia i rapporti fra l'organizzazione e il mondo esterno. Parole chiave: associazioni, fondazioni, società, assemblea, amministratori.

Si occupa dei **beni**, cioè delle entità capaci di soddisfare interessi e bisogni umani. Più precisamente si occupa dell'**uso dei beni**: stabilendo chi può usarli e chi no; in che modi e in che limiti possono essere usati. Parole chiave: proprietà, diritti reali, mobili, immobili, comunione, possesso.

Si occupa di **debiti e crediti**, cioè dei rapporti fra chi è debitore, obbligato a dare o fare qualcosa nell'interesse di un altro, e quest'altro (il creditore), che può pretendere quel qualcosa da lui. Parole chiave: obbligazione, parti e terzi, prestazione, adempimento, inadempimento, garanzia.

Si occupa di **contratti**: il principale strumento legale per movimentare risorse e realizzare operazioni economiche. Hanno a che fare con i fenomeni appena considerati: infatti incidono sulla proprietà e sull'uso dei beni; creano debiti e crediti (il contratto di vendita sposta la proprietà della cosa venduta dal venditore al compratore; crea il debito del compratore per il pagamento del prezzo al venditore, che ha il relativo credito). Parole chiave: volontà, accordo, formazione, forma, rappresentanza, prestazione e controprestazione, onerosità e gratuità, esecuzione, effetti, rimedi, validità e invalidità, risoluzione.

Si occupa dei **danni**: quando qualcuno subisce l'aggressione di un suo bene (una lesione fisica, una sofferenza morale, la distruzione di una cosa, la necessità di sostenere spese, l'andata in fumo di un possibile guadagno) il diritto privato stabilisce se questa perdita rimane a carico del danneggiato o se invece il danneggiato la può ribaltare su qualcun altro, pretendendo da lui l'equivalente in denaro del danno sofferto. Parole chiave: responsabilità civile, risarcimento, responsabilità contrattuale o extracontrattuale, nesso di causalità, dolo, colpa.

Si occupa delle **attività economiche organizzate**, svolte da operatori economici professionali che producono beni e servizi e li scambiano sul mercato. Parole chiave: impresa, azienda, società, concorrenza, consumatori, lavoro, fallimento.

Si occupa della **famiglia**, cioè fondamentalmente delle relazioni fra marito e moglie, e fra genitori e figli: negli aspetti sia personali sia economici; e anche con riferimento all'eventuale crisi del rapporto di coppia. Parole chiave: matrimonio, convivenza extramatrimoniale, comunione e separazione dei beni, figli legittimi e naturali, potestà, adozione, separazione, divorzio.

Si occupa infine delle **successioni per causa di morte**: cioè di quello che accade ai beni, ai debiti e ai crediti di una persona, quando questa muore. Parole chiave: eredità, legato, testamento, legittima.

2. La funzione del diritto privato: interessi e conflitti

Dei fenomeni elencati sopra, il diritto privato si occupa allo scopo di regolarli: e cioè di indirizzare i comportamenti degli uomini, coinvolti in quei fenomeni, in un senso che sia socialmente desiderabile; o comunque di far corrispondere ai comportamenti umani le conseguenze socialmente più appropriate.

Questa funzione si comprende meglio, partendo dal concetto di **interesse**, che è *la tensione dell'uomo verso qualcosa che serve a soddisfare suoi bisogni*. Facciamo un esempio. Il signor X ha, fra i tanti suoi bisogni, quello di un luogo dove abitare; tale bisogno può essere ben soddisfatto da una certa casa; perciò egli ha un interesse verso quella casa, che intende usare come propria abitazione. Il diritto privato prende in considerazione tale interesse, dandogli una sistemazione. Questa può essere favorevole a X, stabilendo che egli ha la possibilità di abitare in quella casa perché ne ha la proprietà o l'usufrutto, oppure perché l'ha presa in locazione o in comodato (cioè in prestito gratuito) dal proprietario. O viceversa la sistemazione può essere sfavorevole a X, stabilendo che egli non ha la possibilità di abitarci perché questa possibilità spetta a un altro.

E infatti spesso l'*interesse di uno può risultare incompatibile con l'interesse di un altro*: in questo caso nasce, o può nascere, un **conflitto** fra i portatori degli interessi in contrasto. Funzione del diritto privato è risolvere tali conflitti, e se possibile prevenirli. Se X e Y vorrebbero entrambi usare per sé la stessa casa, il diritto privato risolve il conflitto stabilendo che nel conflitto prevale X, per qualche ragione: o perché la proprietà della casa spetta a lui e non a Y; oppure perché anche se il proprietario è Y, X ha preso la casa in locazione da lui. Ma se, in quest'ultima situazione, risultasse che X non paga regolarmente l'affitto al proprietario Y, allora il diritto privato stabilirebbe che – nel conflitto – prevale Y, al quale si dà la possibilità di recuperare l'uso della casa mandando via X.

Tale *funzione di risoluzione dei conflitti* è molto importante, perché evita che i cittadini si facciano giustizia da sé, e così assicura la pace sociale. Se non ci fosse il diritto a stabilire che X deve lasciare libera la casa di Y, e a fare sì che ciò effettivamente si verifichi, di fronte a X che rifiuta di sgombrare Y cercherebbe di recuperare casa sua con l'uso della forza; e X a sua volta resisterebbe con la forza. Con la conseguenza che la società umana sarebbe intollerabilmente disordinata e violenta.

Oltre a evitare che i conflitti si risolvano con l'uso della forza, il diritto ha pure la *funzione di prevenire i conflitti*: se X sa che, in base al diritto, egli deve lasciare la casa a Y, e che se non lo farà i meccanismi del diritto lo costringeranno a farlo, è probabile che egli si adegui spontaneamente alla pretesa di Y, così che fra i due neppure nasce il conflitto.

Gli interessi di cui si occupa il diritto privato non sono solo quelli di tipo economico-materiale, come nell'esempio fatto. Possono essere anche *interessi di tipo morale*, e pure in relazione a questi spesso sorgono conflitti. Il pubblico amministratore A ci tiene molto al suo onore, e quindi ha interesse a non essere offeso pubblicamente con accuse infamanti; ma il giornalista B ha invece interesse a scrivere per il suo giornale articoli dove si afferma o si lascia intendere che A è un amministratore disonesto e corrotto. Anche qui, il diritto privato si incarica di stabilire se prevale l'interesse di A o quello di B (in concreto: se B può pubblicare o meno quegli articoli; e, ammesso che li abbia già pubblicati, se A ha o meno la pretesa a qualche riparazione per la pubblicazione offensiva).

3. Diritto oggettivo e diritti soggettivi

Il «diritto» di cui abbiamo parlato fin qui – illustrandone la funzione di sistemare interessi, e di risolvere o prevenire conflitti – è il diritto in senso oggettivo (**diritto oggettivo**). Come vedremo fra poco, esso è un complesso o un «sistema» di norme giuridiche.

Ma diciamo subito che «diritto» può avere anche un altro significato. Inteso in senso soggettivo (e cioè come attributo di una persona), **diritto soggettivo** significa *potere di azione o pretesa che uno ha verso qualcun altro*. Così, il «diritto» di proprietà è un diritto soggettivo, perché è il potere del proprietario di usare liberamente le sue cose; ugualmente il «diritto» di credito, che è la pretesa del creditore di ottenere il pagamento dal debitore. Se dico che il «diritto» privato italiano dà al padrone di casa il «diritto» di mandar via l'inquilino che non paga il canone di locazione, uso il termine la prima volta nel senso di diritto oggettivo, la seconda come diritto soggettivo.

Fra i due elementi c'è peraltro una connessione molto stretta, nel senso che *i diritti soggettivi dipendono dal diritto oggettivo*: è il diritto oggettivo che stabilisce quali sono, a chi spettano e in che cosa consistono i diritti soggettivi.

4. Le norme giuridiche

Il diritto oggettivo è una realtà complessa, fatta di tanti elementi collegati fra loro. L'elemento base che costituisce la struttura del diritto oggettivo è rappresentato dalle norme del diritto, o norme giuridiche («giuridico», dal latino *ius* = diritto, significa appunto «relativo al diritto»). Per realizzare le sue funzioni di sistemazione degli interessi e prevenzione/risoluzione dei conflitti, *il diritto deve influire sui comportamenti umani*, per orientarli nel senso corrispondente alle gerarchie di interessi (alle scelte politiche) che il diritto stesso fa proprie. E la norma giuridica è lo strumento fondamentale di cui il diritto si serve a questo fine.

La norma giuridica funziona attraverso la *combinazione di tre elementi*: *regola*, *sanzione*, *apparato*.

La norma giuridica consiste prima di tutto in una **regola**, che generalmente è una *regola di condotta indirizzata agli uomini per orientarne il comportamento nel senso desiderato*: paga i debiti, non fare danno agli altri, provvedi al mantenimento dei figli minorenni, ecc. Se la regola è osservata, vuol dire che il diritto ha raggiunto immediatamente il suo scopo: i comportamenti umani sono quelli socialmente desiderati.

Ma può invece accadere che la regola non sia osservata: per questi casi c'è la necessità di una sanzione. La **sanzione** è la *conseguenza che la norma giuridi-*

ca fa derivare dalla violazione della regola: se ad es., è violata la regola sul pagamento dei debiti, la sanzione consiste nel prelevare forzosamente dal patrimonio del debitore la somma dovuta, che viene data al creditore; se è violata la regola che vieta di danneggiare gli altri, la sanzione è che il responsabile della violazione deve pagare un risarcimento al danneggiato.

Normalmente la *violazione della regola* è, al tempo stesso, *lesione dell'interesse* che con quella regola il diritto vuole affermare e proteggere: negli esempi di prima, l'interesse del creditore a ricevere ciò che il debitore gli deve. E il ruolo della sanzione si spiega proprio in relazione all'interesse leso.

In alcuni casi la sanzione serve a *ripristinare l'interesse leso, cancellando l'effetto indesiderato prodotto dalla violazione della regola*: è il caso della sanzione per il mancato pagamento dei debiti. Qui la sanzione ha un ☞ **ruolo satisfattivo**, nel senso che soddisfa in modo diretto e pieno l'interesse leso. In altri casi la sanzione non ha questo potere: dare un risarcimento in denaro al proprietario del quadro distrutto non recupera l'integrità del quadro. Qui la sanzione ha un ☞ **ruolo compensativo**: serve a compensare la vittima della violazione con qualcosa che *non ripristina l'interesse leso, ma semplicemente lo sostituisce con un surrogato di valore economico equivalente*. Qualche volta la sanzione né ripristina l'interesse leso né lo compensa con un valore equivalente: se un marito viola gravemente i suoi doveri matrimoniali, la moglie può ottenere la separazione con addebito a carico di lui (il che comporta una serie di conseguenze negative). Qui la sanzione ha un ☞ **ruolo punitivo**, perché punta essenzialmente a *colpire un comportamento riprovevole*. Peraltro, anche in questo caso essa mantiene pur sempre un collegamento con l'interesse leso. Infatti i coniugi sanno che se violeranno la regola sui doveri matrimoniali, si esporranno alle conseguenze sgradevoli di una separazione con addebito. La paura di subirle indurrà molti coniugi a non violare quella regola, e quindi realizzerà l'interesse al rispetto dei doveri matrimoniali, che è la sostanza di essa: in questo senso la sanzione ha un ☞ **ruolo deterrente**, o **preventivo**. In realtà tutte le sanzioni hanno un qualche ruolo preventivo: di solito i debiti sono pagati spontaneamente, anche perché i debitori sanno che se non pagano subiranno l'umiliazione e il fastidio di un'esecuzione forzata sul loro patrimonio; molti danni si evitano, perché i potenziali danneggiati stanno attenti a non causarli anche per non esporsi all'obbligo di risarcirli.

Finora gli esempi hanno riguardato regole che impongono o vietano comportamenti, e sanzioni conseguenti alla violazione dell'obbligo o del divieto. In realtà, nel diritto privato esistono molte regole di tipo un po' diverso: consistenti nel *disporre determinati effetti legali, in dipendenza del verificarsi di certe situazioni* (che non necessariamente consistono nella violazione di obblighi o divieti di condotta). Si pensi alla regola per cui la proprietà della cosa venduta passa al compratore nel momento in cui si firma il contratto di vendita (e non col pagamento del prezzo, o con la consegna della cosa). Lo schema è, comunque, sempre quello che si esprime nella formula «*se (a), allora (b)*»: dove (a) è una situazione verificata come reale (ad es. un comportamento umano che violando qualche obbligo o divieto fa danno a qualcuno, oppure la firma di un contratto di vendita), mentre (b) è la conseguenza legale della situazione verificata (la sanzione del risarcimento del danno, o rispettivamente il passaggio di proprietà della cosa venduta).

L'intervento della sanzione (o comunque il verificarsi di conseguenze legali) apre però un ulteriore problema, decisivo per il concreto funzionamento della norma giuridica: *chi applica la sanzione (o comunque rende operative le conseguenze legali)? In che modo? Con quali mezzi?* A ciò provvedono appositi **apparati**: essenzialmente *pubblici funzionari, col compito di verificare eventuali violazioni delle regole del diritto, applicando le relative sanzioni secondo procedure stabilite dal diritto stesso.* Se il debitore non paga il debito, entrano in gioco giudici, ufficiali giudiziari, cancellieri che svolgono operazioni dirette prima a verificare che davvero il debito esista e non sia stato pagato e non vi siano giustificazioni del mancato pagamento; e quindi, verificato tutto ciò, a fare in modo che il creditore riceva quanto gli spetta, a spese del debitore.

Senza questo complesso di apparati (professionisti, attività, mezzi materiali) la sanzione non potrebbe operare; ma senza sanzione la regola rischierebbe di essere vana. Ecco perché le norme giuridiche (il diritto oggettivo) implicano una combinazione di regole, sanzioni e apparati.

Sinonimi di diritto (oggettivo), usati abitualmente, sono le espressioni **sistema giuridico**, oppure **ordinamento giuridico**: che indicano *l'insieme delle norme giuridiche che organizzano la vita di una determinata società.* Con questi termini, per un verso si richiama il dato di complessità, organizzazione, connessione di vari elementi che caratterizza il diritto oggettivo; per altro verso si rinvia alla funzione fondamentale di questo: «ordinare» una società (renderla «ordinata») significa infatti risolvere e prevenire i conflitti di interessi esistenti al suo interno.

Nel seguito incontreremo anche l'espressione **istituto giuridico**. Essa indica l'*insieme delle norme giuridiche che regolano qualche importante fenomeno della vita sociale*: ad es. l'istituto del matrimonio è l'insieme delle norme che regolano l'unione stabile e formalizzata fra un uomo e una donna; l'istituto della proprietà è l'insieme delle norme che disciplinano l'uso delle cose; e così via per altri istituti come il contratto, la responsabilità, il testamento, ecc.

5. L'applicazione delle norme giuridiche: la «fattispecie»

Applicare una norma giuridica significa formulare un giudizio: giudicare se un dato comportamento (o in genere una data situazione) faccia scattare o meno la sanzione (o in genere la conseguenza legale) prevista da quella norma. L'applicazione della norma implica dunque l'incrocio fra un dato empirico (che cosa è successo nella realtà) e un dato giuridico (che cosa prevede la norma in tal caso).

Ora, le norme giuridiche presentano le caratteristiche della generalità e dell'astrattezza: **generali** significa che s'indirizzano a una *moltitudine indeterminata di destinatari*; **astratte** significa che risultano applicabili a un *numero indeterminato di situazioni concrete*: situazioni non prefigurabili in modo preciso nel momento in cui viene posta la norma. La situazione concreta viene in evidenza nel momento in cui la norma deve essere applicata: l'applicazione serve appunto ad accertare se quella situazione particolare e concreta rientra o meno nella previsione generale e astratta formulata dalla norma. Si consideri ad es. il tamponamento verificatosi per colpa di X, da cui l'auto di Y esce semidistrutta: si tratta di applicare la norma che dice «non fare danno ad altri, e se lo fai risarcisci». Questa norma non è stata fatta per vietare proprio a X di tamponare proprio Y, bensì per vietare a chiunque di tamponare (anzi, di danneggiare nei mille altri modi possibili, anche diversi dal tamponamento) chiunque altro. Quando si verifica che X ha tamponato Y, e perciò lo si processa e lo si condanna al risarcimento, ecco che la norma s'individualizza in relazione a quel concreto danneggiamento, dando luogo a un'applicazione particolare della previsione generale e astratta che vieta qualsiasi danneggiamento, da chiunque e comunque compiuto.

Viene in gioco a questo punto un concetto molto importante per chi si occupa di diritto: **fattispecie**, che letteralmente significa (dal latino) «immagine del fatto». Di solito la norma contiene la descrizione di un fatto, definito in base ad alcuni elementi che lo caratterizzano, in modo tale che quella descrizione può adattarsi a una moltitudine di eventi storici, i quali presentino tutti quegli elementi caratteristici. Tale descrizione è la fattispecie **astratta**: ad es., nella norma sul risarcimento del danno (art. 2043) «qualunque fatto doloso o colposo che cagiona ad altri un danno ingiusto». Se un certo giorno, in un certo luogo, X per distrazione o imprudenza tampona Y e semidistrugge la sua auto, questo particolare evento corrisponde alla descrizione fatta in generale dalla norma: è, come si dice, una fattispecie **concreta** che può essere inquadrata nella fattispecie astratta della norma. Con la conseguenza che a X viene concretamente applicata la sanzione del risarcimento, astrattamente prevista a carico di chiunque fa un danno. L'*operazione logica con cui si verifica che una fat-*

tispecie concreta corrisponde a una fattispecie astratta si chiama anche **qualificazione della fattispecie** (concreta).

Può accadere che per individuare il trattamento giuridico di una fattispecie concreta, non basti applicare ad essa una singola norma, ma occorra *fare riferimento a due o più norme, coordinandole fra loro*. Se ad es. A compra un immobile basando questa decisione su un errore, per vedere se può cancellare l'acquisto bisogna applicare tre norme: quella per cui i contratti possono essere annullati, se fatti in base a un errore essenziale e riconoscibile (art. 1428); quella che dice quando un errore è essenziale (art. 1429); quella che dice quando un errore è riconoscibile (art. 1431). Si usa allora l'espressione *combinato disposto*: la soluzione giuridica deriva dal combinato disposto delle tre norme.

Il carattere generale e astratto delle norme giuridiche si collega alla funzione del diritto, che è *organizzare la società nel suo complesso*: cosa che non sarebbe possibile, se le norme non s'indirizzassero appunto alla generalità dei consociati, e non abbracciassero la generalità delle situazioni sociali da regolare. Inoltre, esso costituisce una *garanzia di uguale trattamento (non discriminazione)* dei destinatari delle norme. Ciò non toglie che, per regolare particolari situazioni e soddisfare particolari esigenze, si facciano talora norme che non sono – o non sono completamente – generali e astratte; bensì sono *norme speciali, eccezionali* o addirittura *singolari*.

6. L'interpretazione delle norme giuridiche

Applicare la norma significa stabilire se la fattispecie concreta di cui ci si occupa corrisponde alla fattispecie astratta descritta dalla norma stessa. Una visione semplicistica potrebbe suggerire che si tratta di un semplice *sillogismo*: dove la fattispecie astratta (la norma) è la premessa maggiore, il fatto da trattare giuridicamente (la fattispecie concreta) è la premessa minore, e la decisione legale del caso (ad es., la sentenza del giudice che dà ragione a un litigante e torto all'altro) è la conclusione. Il problema è che spesso il fatto presenta sfumature e complessità che rendono difficile accertarlo con precisione; e che altrettanto spesso la norma non è formulata in modo abbastanza chiaro per poter dire con tranquillità se si riferisce o meno a quel fatto.

Ecco perché, per applicare la norma, bisogna prima interpretarla. Interpretazione (o, con parola d'origine greca, «*ermeneutica*») delle norme giuridiche è l'attività finalizzata a *identificare il giusto significato delle parole, e dei loro collegamenti sintattici, che la norma usa per descrivere la fattispecie astratta*.

Il problema dell'interpretazione si pone soprattutto quando le parole delle norme (o le loro connessioni sintattiche) sono *ambigue*, cioè si prestano a esprimere *significati diversi e contrastanti fra loro*. Consideriamo ad es. la parola «famiglia»). Essa compare nella costituzione (art. 30, c. 3) dove si dice che i figli naturali (nati da genitori non sposati fra loro) sono tutelati solo compatibilmente con i diritti dei membri della famiglia legittima: qui la giusta interpretazione è quella che limita il concetto di «famiglia» al nucleo composto dai genitori e dai figli (con esclusione di altri parenti più lontani). Troviamo la stessa parola nel codice civile, all'art. 230-*bis*, che regola il lavoro prestato «nella famiglia»: in quest'altra norma, «famiglia» ha un significato diverso e più ampio, perché comprende non solo genitori e figli, ma anche familiari più lontani (fratelli, zii, nipoti, cognati ecc.).

Nel primo caso si ha ☞ **interpretazione restrittiva**, che dà alle norme un *significato più limitato rispetto ad altri possibili*; nel secondo caso si ha ☞ **interpretazione estensiva**, che individua un *significato più ampio rispetto ad altri possibili*.

Se ne ricava che «norma» può significare due cose diverse: ☞ norma come **testo**, e cioè come *l'insieme delle formule linguistiche* con cui la norma è espressa dalla sua fonte (**3**.1); ☞ norma come **precetto**, che corrisponde al preciso *significato da attribuire al testo*, e definisce la *regola effettivamente imposta* ai destinatari della norma). È chiaro quindi che a un medesimo testo normativo possono corrispondere precetti normativi diversi: l'interpretazione serve proprio a scegliere quello giusto.

7. Criteri, limiti e spazi dell'interpretazione

L'interpretazione delle norme è un'attività regolata dal diritto: chi interpreta, non può impiegare a suo arbitrio i criteri che gli sembrano soggettivamente i migliori; deve seguire i criteri fissati dalle *norme giuridiche che regolano l'interpretazione*. Tali regole si trovano fondamentalmente nell'art. 12 prel., per cui l'interprete deve attribuire alle norme il senso indicato «dal *significato proprio delle parole secondo la connessione di esse, e dalla intenzione del legislatore*». Ne emergono i due fondamentali criteri dell'interpretazione: criterio letterale e criterio logico:

☞ per il **criterio letterale**, le norme vanno interpretate secondo il *comune significato che le parole e le frasi del testo hanno nella lingua italiana*. Per essere autosufficiente, questo criterio presuppone però che tale significato sia univoco. Quando invece il testo normativo è ambiguo, e sopporta più significati, il criterio letterale non basta e si deve ricorrere al criterio logico;

☞ il **criterio logico** porta a prescegliere, fra i vari significati possibili in base al criterio letterale, quello che meglio corrisponde alla *intenzione del legislatore*. A sua volta, tale concetto può intendersi in due modi: soggettivo e oggettivo.

Inteso *in senso soggettivo*, esso si riferisce alle opinioni e agli intenti concretamente manifestati da coloro che hanno formulato la norma (ad es., i membri del Parlamento che hanno approvato una legge): si può parlare, al riguardo, di ☞ **criterio psicologico**, per la cui applicazione è molto importante l'esame dei *lavori preparatori* (ad es. le discussioni svolte in Parlamento, o le modifiche via via subite dal testo durante l'approvazione della legge). Peraltro, questa concezione antropomorfica del legislatore è poco realistica: il legislatore non è una persona: è un insieme complesso e sovente confuso di tante persone, gruppi, attività e procedure, a cui è difficilissimo riferire una «intenzione» univoca (tanto più quando la norma è stata fatta molto indietro nel tempo). È più realistico concepire l'intenzione del legislatore *in senso oggettivo*: e cioè come lo *scopo (il tipo di sistemazione degli interessi) che obiettivamente la norma mira a realizzare* (come si usa anche dire, la sua *ratio*), a prescindere da ciò che soggettivamente pensavano o volevano i suoi autori materiali: si parla allora di ☞ **criterio teleologico** (dal greco «telos» = scopo).

L'interpretazione può essere aiutata anche dal ☞ **criterio sistematico**, che tiene conto delle altre norme giuridiche in qualche modo collegate alla norma da interpretare (ad es., interpretando una norma sui rapporti fra marito e moglie, si dovrà preferire il significato più coerente con le altre norme relative alla materia coniugale); nonché dal ☞ **criterio storico**, per cui l'interprete confronta e collega la norma da interpretare con quelle che l'hanno preceduta nel regolare la stessa materia.

Un punto delicato è: *il criterio letterale può essere messo fuori gioco dagli altri criteri ora indicati?* Si può dare alla norma un significato che non corrisponde alla lettera del testo, ma che risulti più aderente ai lavori preparatori (criterio psicologico), allo scopo della norma (criterio teleologico) all'insieme delle norme collegate (criterio sistematico), ai precedenti (criterio storico)? Sembra di poter dire: *sì, ma con prudenza*. La lettera del testo ha una sua forza; per superarla, occorrono ragioni e argomenti ancora più forti.

I criteri legali d'interpretazione vincolano gli interpreti, che non sono liberi di applicare criteri diversi (ad es. il senso di giustizia sociale, o l'opportunità politica). C'è una *divisione di ruoli fra chi fa le norme e chi le interpreta*, che va rispettata senza invasioni di campo: il giudice non deve pretendere di trasformarsi in legislatore (lo dice con chiarezza l'art. 101, c. 2, C.: «I giudici sono soggetti ... alla legge»). Ciò non significa che interpretare le norme sia un'operazione meccanica. L'interprete non è un automa telecomandato, ma ha sempre dei *margini di libertà, discrezionalità, autonomia*; ed entro questi margini può scegliere fra interpretazioni diverse. Tale scelta è inevitabilmente influenzata dalla sua sensibilità sociale e culturale: ecco perché lo stesso testo normativo può essere interpretato in modi diversi da interpreti diversi. E può essere influenzata dai costumi, dalle convinzioni, dai valori prevalenti nella società, e dai loro cambiamenti: ecco perché lo stesso testo normativo può ricevere interpretazioni diverse in tempi diversi (per indicare questo fenomeno, si parla di *interpretazione evolutiva*). Un esempio chiarissimo è dato dall'art. 2043, che dice risarcibili i danni «ingiusti»: norma oggi interpretata in modo da considerare «ingiusti», e quindi risarcibili, tipi di danni che in passato, sulla base di una diversa interpretazione del medesimo testo, non si consideravano tali (**43**.4).

Naturalmente il grado di autonomia dell'interprete dipende dalla formulazione delle norme: è minore quando le norme sono formulate in modo analitico e puntuale; è maggiore quando si basano su *concetti ampi ed elastici* (come ad es. «buon costume», «buona fede», «correttezza», «ingiustizia»). Questi si chiamano **clausole generali**. La loro caratteristica è non avere significati buoni una volta per tutte, perché *ricevono significato dal contesto (sociale, culturale, economico) in cui devono essere applicate*: ciò esalta il ruolo dell'interprete, che per individuare il precetto deve fare da mediatore fra il testo normativo e il contesto. E siccome il contesto muta nel tempo, cambiano anche i significati da attribuire al testo: ciò che risultava contrario al «buon costume» 50 anni fa, può non esserlo oggi. Questa capacità di aggiornamento continuo dei significati precettivi dà alle clausole generali una *maggiore attitudine a durare nel tempo*, mentre le norme analitiche, che lasciano all'interpretazione margini strettissimi, invecchiano più rapidamente.

Ai discorsi svolti qui si lega il tema della **certezza del diritto**. La formula significa *possibilità di prevedere razionalmente quali conseguenze deriveranno, in base al diritto, da un determinato comportamento o fatto*. La certezza del diritto è socialmente utile, perché permette a chiunque di sapere con precisione quali sono i suoi diritti e i suoi obblighi, cosa può fare e cosa non può fare, cosa gli accadrà se farà questo invece di quest'altro, come sarà risolto quel certo conflitto che lo oppone a un'altra persona; dunque mette la gente in condizione di organizzarsi, fare scelte, prendere iniziative in modo sensato. Senza certezza del diritto, la vita individuale e sociale sarebbe aleatoria e confusa.

È chiaro il nesso con l'interpretazione delle norme: certezza del diritto equivale, fondamentalmente, a *certezza circa il modo in cui il diritto viene interpretato*. È in nome della certezza del diritto che l'interpretazione non è affidata al capriccio o al buon senso dell'interprete, ma deve obbedire a criteri fissati dalle norme; e che vale il principio per cui il giudice è soggetto alla legge, e non può creare norme nuove, in contrasto con le norme esistenti.

La certezza è un'esigenza. Ma sono un'esigenza anche il movimento e il cambiamento: e siccome questi, per definizione, creano un qualche grado di incertezza, fra le due esigenze può nascere contrasto. Uno dei problemi fondamentali del diritto è trovare il *giusto equilibrio fra certezza e cambiamento*: evitare che la certezza si irrigidisca nella conservazione e nell'immobilismo;

evitare che il cambiamento sia così disordinato e imprevedibile da generare dannosa incertezza.

8. Le lacune del diritto, e l'analogia

L'interprete può trovarsi a constatare che nessuna norma presente nell'ordinamento prevede la fattispecie concreta di cui sta cercando la disciplina. Si può allora dire che c'è una **lacuna** del diritto. Il fenomeno non deve sorprendere: di fronte a una realtà economico-sociale sempre più complessa e in continuo mutamento, è impossibile che tutti i suoi aspetti siano coperti da un'apposita norma che regoli in modo specifico ciascuno di essi. Intesa in questo senso, la *completezza dell'ordinamento giuridico* è un ideale non realizzabile.

Eppure tutti gli aspetti della realtà devono essere regolati dal diritto. Di fronte a qualunque situazione o rapporto, si deve sapere quali sono i diritti e gli obblighi delle persone coinvolte; di fronte a qualsiasi lite, si deve essere in grado di dire chi legalmente ha ragione e chi ha torto. Quindi l'ordinamento giuridico deve contenere uno strumento che permetta di arrivare comunque a questo risultato, anche in mancanza di una norma direttamente applicabile al caso concreto. In questo senso, l'ordinamento non può non essere completo: perché deve dare la *possibilità di individuare il trattamento giuridico di qualsiasi situazione o rapporto, anche quando manca una norma che lo regoli in modo specifico*. Lo strumento che serve a questo scopo è l'**analogia**.

L'analogia consiste nell'*applicare al caso, non direttamente previsto da nessuna norma, una norma che regola un caso simile o una materia analoga*. Il contratto di *leasing* non ha un'apposita disciplina legislativa, sicché nessuna norma prevede cosa accade quando il contratto si scioglie perché l'utilizzatore non paga regolarmente i canoni. I giudici affermano che alla fattispecie si applica «per analogia» quanto previsto dall'art. 1526 per la vendita a rate con riserva della proprietà. Questo tipo di contratto non si identifica col *leasing*: ma è abbastanza «simile» ad esso, per giustificare l'applicazione analogica.

Peraltro, l'uso dello strumento ha dei limiti. L'art. 14 prel. indica due categorie di norme che non possono applicarsi per analogia, cioè al di là dei casi e delle materie da esse specificamente previsti. Il **divieto di analogia** vale: ☞ per le **norme penali**, il cui campo di applicazione, per la *gravità delle sanzioni* previste, deve essere delimitato in modo assolutamente preciso e rigoroso, a garanzia dei cittadini; ☞ per le **norme eccezionali** o **speciali**, che *derogano a una qualche regola generale in nome di esigenze particolari e circoscritte*: se si è al di fuori di queste, è giusto che si ricada nella regola generale. Peraltro, anche delle norme eccezionali è possibile l'interpretazione estensiva (che non si identifica con l'analogia). Quando la norma prevede una certa disciplina per alcuni casi, che elenca, c'è un altro modo per esprimere l'idea che essa non può applicarsi per analogia: dire che si tratta di un *elenco tassativo*.

Infine, possono esserci (rari) casi in cui, di fronte a un fatto da trattare giuridicamente, non si riesce a trovare neppure una norma la quale preveda casi simili o materie analoghe. In tale ipotesi, essendo impossibile il ricorso all'analogia, il caso va regolato applicando i **principi generali dell'ordinamento giuridico** (art. 12, c. 2, prel.): questi non s'identificano con questa o quella norma determinata, ma corrispondono ai criteri e alle regole fondamentali che (pur non essendo scritti in una precisa norma) stanno a base della nostra organizzazione giuridica, sociale e politica. Essi si ricavano per lo più da *complessi di norme che si ispirano a qualche obiettivo comune*, pur senza enunciarlo esplicitamente: ad es. dalle norme sui rapporti contrattuali fra inquilini e locatori, fra consumatori e imprese, fra lavoratori e datori di lavoro, può ricavarsi il principio della tutela del contraente più debole (**32**.13). In modo più diretto possono ricavarsi dalla *costituzione*: che afferma ad es. il principio di solidarietà fra gli uomini (art. 2 C.) e l'obiettivo di superare le disuguaglianze di fatto esistenti fra i cittadini (art. 3, c. 2, C.).

9. L'argomentazione giuridica

L'argomentazione giuridica è il *complesso delle operazioni logiche (e delle formule verbali che le esprimono) con cui, di fronte a un problema di applicazione di norme giuridiche, si sostiene una soluzione e se ne combattono altre*: che una certa norma va interpretata in un senso, e non in un altro; che una certa norma si applica o non si applica per analogia a un certo fatto; ecc. Lo scopo pratico dell'argomentazione giuridica è la persuasione: persuadere qualcun altro che la soluzione giuridica sostenuta è quella corretta in base alle norme.

Corrisponde ad essa gran parte dell'attività di coloro che svolgono professioni collegate con il diritto (c.d. *operatori giuridici*): è argomentazione giuridica quella con cui l'avvocato cerca di persuadere il giudice che il suo cliente ha ragione, così da fargli vincere la causa; con cui il giudice, nella sentenza che decide una lite, si sforza di dimostrare che è giusto dare ragione al litigante X e torto al litigante Y; con cui un giurista cerca di convincere la comunità scientifica che le sue teorie relative a qualche questione giuridica sono migliori di quelle di altri studiosi.

Oltre che le tecniche dell'interpretazione e dell'analogia, l'argomentazione giuridica utilizza alcuni meccanismi logici, che si chiamano appunto «argomenti». Ad es.: ☞ l'*argomento «a contrariis»*, per cui se una norma prevede una certa conseguenza giuridica per il caso a, se ne ricava che essa non vuole quella conseguenza per i casi b, c, d ... z (in genere per tutti i casi diversi da a);

☞ l'*argomento «a fortiori»*, per cui se una norma prevede una certa conseguenza giuridica per il caso a, in quanto questo presenta una caratteristica che corrisponde allo scopo della norma, e se il caso b presenta la stessa caratteristica, in modo ancora più marcato, *a più forte ragione* la norma dovrà applicarsi al caso b; ☞ l'argomento «*ad absurdum*», per cui – date due possibili soluzioni giuridiche – si sostiene una in quanto l'altra porterebbe a risultati assurdi o irragionevoli. Peraltro, questi «argomenti» non hanno quasi mai un valore decisivo: più che a determinare la soluzione, essi servono a rivestire l'argomentazione con cui la si presenta.

Una particolare tecnica di argomentazione giuridica – elaborata originariamente negli Stati Uniti, e di qui diffusa poi anche in altri ambienti giuridici – è quella che si basa sull'**analisi economica del diritto**. Consiste nel mettere a confronto le diverse soluzioni possibili per un determinato problema giuridico, individuando quali sarebbero le conseguenze economiche di ciascuna soluzione; e nel raccomandare – fra le varie soluzioni possibili – quella che consente l'*allocazione più razionale ed efficiente delle risorse economiche* implicate nel problema.

Molto spesso, peraltro, l'analisi economica del diritto si presenta, più che come tecnica di argomentazione giuridica, come tecnica di argomentazione politica intorno alle norme. I due tipi di argomentazione vanno ben distinti: l'**argomentazione giuridica** serve a *persuadere che una determinata soluzione è la più conforme alle norme esistenti* (essa si svolge, come si dice, «*de iure condito*», e cioè «sul diritto già fatto»); invece l'**argomentazione politica** serve a *persuadere che una determinata soluzione è la più opportuna e desiderabile, anche se non corrisponde alle norme esistenti*, ma ne richiederebbe il cambiamento (essa si svolge «*de iure condendo*», e cioè riguarda il «diritto da fare»).

10. Gli interpreti delle norme, e la giurisprudenza

Chi interpreta le norme? In linea di principio tutti hanno il diritto (e in un certo senso anche il dovere) di interpretare le norme, posto che tutti sono tenuti a osservarle. Però alcune categorie di persone hanno, rispetto alle norme, una posizione particolarmente qualificata, così che l'interpretazione fatta da esse assume uno speciale rilievo.

Si distinguono su questa base vari tipi di interpretazione: ☞ l'**interpretazione autentica** è quella *fatta da un'altra norma (norma interpretativa) di grado pari o superiore a quello della norma interpretata*. Contrariamente alla regola della non retroattività (per cui le nuove norme producono effetti solo per il futuro), la norma interpretativa ha *efficacia retroattiva*: ciò significa che la norma interpretata si considera avere avuto, fin dalla sua origine, il significato indicato successivamente dalla norma interpretativa; ☞ l'**interpretazione giudiziale** è quella *fatta dai giudici*: è forse la più importante, perché è principalmente ai giudici che spetta distribuire il torto e la ragione in base alle norme, cosa che non si può fare senza chiarire il significato di queste. C'è un termine per designare le interpretazioni che i giudici danno delle norme, gli argomenti con cui le sostengono, le decisioni che prendono in base a esse: *giurisprudenza*; ☞ l'**interpretazione amministrativa** è quella *fatta dagli organi della pubblica amministrazione* competenti a occuparsi delle materie a cui si riferiscono le norme: può essere non formale, e tradursi nei comportamenti e nelle prassi seguiti dall'organo amministrativo; oppure formalizzarsi in documenti quali «circolari» o «istruzioni»; ☞ l'**interpretazione dottrinale** è quella *fatta dagli studiosi del diritto*, nell'ambito della loro attività scientifica (infatti il termine «dottrina» indica le opinioni e i ragionamenti scientifici dei giuristi).

Quanto al loro valore, solo *l'interpretazione autentica vincola tutti gli altri interpreti*. Invece *gli altri tipi di interpretazione non sono vincolanti*: un giurista può sostenere un'interpretazione diversa da quella dei giudici, e viceversa; l'interpretazione fatta propria da una prassi o una circolare amministrativa può essere contestata come sbagliata; e un giudice può interpretare la norma diversamente da come la interpreta un altro giudice.

Soffermiamoci su quest'ultimo aspetto, che introduce qualche rilievo sul valore della **giurisprudenza** (cioè dell'interpretazione giudiziale delle norme).

In alcuni sistemi giuridici – come quelli inglese e statunitense, che si chiamano sistemi di *common law* – vale il *principio del precedente vincolante*: le decisioni, e quindi le interpretazioni delle norme, date dai giudici di grado superiore vincolano i giudici di grado inferiore, che sono tenuti ad osservarle anche nelle loro decisioni. In questi sistemi si può dire che le decisioni giudiziarie – la giurisprudenza – sono vere e proprie fonti del diritto (**3**.1). E infatti in quei sistemi si parla di «*judge made law*» (diritto fatto dai giudici). Invece in Italia, come pure negli altri ordinamenti appartenenti alla tradizione giuridica romana e germanica (detti anche «continentali» o di *civil law*), le decisioni giudiziarie non sono fonti del diritto, e perciò non vale il principio del precedente vincolante. Quindi un tribunale è libero d'interpretare la norma in modo diverso da come la interpretano i giudici di grado superiore (le corti d'appello e la stessa Corte di cassazione, che è il giudice di grado più alto).

Ciò non toglie che gli orientamenti dei giudici circa l'interpretazione di questa o quella norma (in una parola, la giurisprudenza) abbiano una grandissima influenza nel determinare i significati della norma in questione. Se il testo di una norma può avere in teoria due diversi significati – x e y –, ma la grandissima parte della giurisprudenza l'interpreta nel senso x, ciò vuol dire che – nella vita reale dell'ordinamento giuridico – quella norma significa x e non y. Naturalmente è possibile che, col tempo, la giurisprudenza cambi idea, e finisca un bel giorno per preferire l'interpretazione y: a quel punto, nella realtà concreta del diritto, la norma significherà y e non x (i cambiamenti di indirizzo interpretativo da parte della giurisprudenza si usano chiamare con la parola francese che significa «svolta»: *revirement*). Solo in questo limitato senso, si può dire che la giurisprudenza, anche da noi, finisce sostanzialmente per essere una fonte del diritto: nel senso, cioè, che *può – nei limiti segnati dai criteri dell'interpretazione – creare norme, intese come precetti normativi.*

Nel mondo dell'interpretazione, esistono rapporti di influenza reciproca fra l'azione della giurisprudenza e quella della dottrina. La dottrina può influenzare la giurisprudenza: spesso i *revirements* giurisprudenziali sono il frutto delle critiche rivolte dalla dottrina alla giurisprudenza precedente. E viceversa: la dottrina non può descrivere e analizzare scientificamente le norme giuridiche, se non tiene conto del modo in cui la giurisprudenza le interpreta.

Dunque *la conoscenza del diritto è impossibile (o almeno gravemente difettosa) se non si conosce la giurisprudenza.* Per conoscere la giurisprudenza esistono appositi strumenti, che sono gli indispensabili attrezzi di lavoro di chiunque faccia un mestiere giuridico. Una volta erano strumenti solo cartacei, come le *riviste di giurisprudenza*, dove le principali decisioni dei giudici vengono pubblicate per esteso e commentate, e spesso accompagnate dalla indicazione dei «precedenti» (cioè di altre decisioni anteriori, che si sono occupate dell'interpretazione della stessa norma); e i *repertori di giurisprudenza*, pubblicati ogni anno, che contengono l'indicazione sintetica delle decisioni giudiziali intervenute nell'anno di riferimento; tale indicazione sintetica si chiama *massima*, e consiste nell'esprimere il succo della decisione, sintetizzando in qualche riga il giusto modo di applicare la norma al caso concreto, mentre lo sviluppo completo dell'argomentazione svolta dal giudice per sostenere la decisione si chiama *motivazione*. Adesso però prevalgono le tecniche di raccolta e consultazione della giurisprudenza *su base informatica* anziché cartacea: accedendo a banche dati o a siti web, si possono visualizzare sullo schermo del computer massime e motivazioni che interessano.

2
DIRITTO PRIVATO E DIRITTO PUBBLICO

1. Diritto privato e diritto pubblico

Le norme che compongono l'ordinamento giuridico dello Stato si ripartiscono convenzionalmente in due grandi categorie: norme di diritto pubblico e norme di diritto privato. I giuristi hanno discusso molto sul modo migliore per distinguerle, e hanno prospettato diversi criteri. Oggi prevale questa idea: ☞ il *diritto privato* si ispira ai principi dell'**autonomia** delle persone, e della **parità** fra loro; ☞ il *diritto pubblico* si ispira a principi opposti: **soggezione** e **subordinazione** di qualcuno a qualcun altro.

Cerchiamo di spiegare con un esempio. Se un Comune ha bisogno di un terreno per costruirci un'opera pubblica (uno stadio, un teatro, un asilo nido, ecc.), e questo terreno appartiene al signor A, il diritto dà al Comune uno strumento per ottenere quel terreno anche contro la volontà del proprietario A. Questo strumento è l'**espropriazione**: con essa il Comune avrà la proprietà del terreno che gli serve, e in cambio dovrà versare ad A una somma di denaro (l'indennità di esproprio), fissata in base a criteri di legge. Qui siamo nel campo del diritto pubblico, e infatti ci ritroviamo i caratteri appena indicati: le norme sull'espropriazione implicano disparità fra A e il Comune, perché assoggettano il primo all'autorità del secondo. Infatti *il proprietario perde la proprietà in favore del Comune anche se non è d'accordo, e vorrebbe tenersi il terreno*: egli non è in una posizione di autonomia, cioè non è in grado di decidere da sé, secondo le proprie preferenze e i propri interessi, circa le vicende che lo riguardano; è invece in una posizione di soggezione, cioè deve subire decisioni altrui, e cioè del Comune. Questo e il proprietario soggetto a esproprio non stanno su un piano di parità, bensì in un rapporto di comando/soggezione in cui la volontà dell'uno vale e pesa più della volontà dell'altro.

Alla luce di questo esempio, possiamo definire il **diritto pubblico** come il complesso delle *norme che attribuiscono a una pubblica autorità il potere di incidere sulle posizioni e sugli interessi delle persone, anche senza e anche contro la volontà di queste.* (Appartengono inoltre al diritto pubblico le *norme che regolano l'organizzazione, il funzionamento e i rapporti reciproci delle pubbliche autorità*: come funziona il Governo, quali sono i suoi rapporti con il Parlamento, come si prendono le decisioni all'interno di questo, come si esprime la volontà di un Consiglio comunale, come la Regione può interferire con gli atti dei Comuni, ecc.).

Torniamo all'esempio. Il Comune ha un altro modo per ottenere il terreno che gli serve: anziché espropriarlo, può comprarlo da A, facendo con lui un **contratto** di compravendita. A questo fine deve però chiedere ad A se è disposto a vendere: se A risponde no, il contratto non si fa. Se A accetta di vendere, bisogna mettersi d'accordo sul prezzo: se il Comune offre un massimo di 100.000 euro, e A trova la somma insufficiente, il contratto non si fa. Il contratto si fa solo *se A e il Comune sono tutti e due d'accordo di vendere e rispettivamente di comprare, e sono d'accordo sul prezzo.* Qui gli attori si muovono nel campo del diritto privato: il contratto è un tipico istituto del diritto privato. Se il contratto si fa, può sembrare che il risultato finale sia sostanzialmente identico a quello raggiunto con l'espropriazione: in entrambi i casi la proprietà del terreno passa da A al Comune, e in cambio il Comune paga ad A una somma di denaro. In realtà, il contratto obbedisce a una logica profondamente diversa, che è appunto la logica del diritto privato. Qui, a differenza di ciò che accade con l'espropriazione, il Comune non può imporre la sua volontà ad A: non può obbligarlo a cedere il terreno se A non vuole, o per un prezzo che A non gradisce.

Il **diritto privato** si basa sull'*autonomia delle persone, che lascia libere di scegliere e di agire nel proprio interesse*, senza costringerle a subire imposizioni esterne. Dunque si ispira all'idea che le persone stiano *su un piano di uguaglianza reciproca*, in un rapporto nel quale non c'è chi comanda e chi obbedisce, perché la volontà e l'interesse dell'uno valgono quanto la volontà e l'interesse dell'altro. Tutti i principali istituti del diritto privato – le organizzazioni, la proprietà e l'uso delle cose, i debiti e i crediti, il contratto, il risarcimento dei danni, il matrimonio e la famiglia, la successione ereditaria, l'impresa e le attività economiche, l'associazione volontaria fra individui – hanno appunto la caratteristica di basarsi sulle scelte libere e volontarie degli interessati, cioè sulla loro autonomia esercitata in posizione di parità reciproca.

2. Il diritto privato come «diritto comune»

Quanto appena detto permette di capire in che senso il diritto privato è «diritto comune». «Comune» perché *può applicarsi sia a persone private che agiscono per fini e interessi privati, sia anche ad apparati pubblici che agiscono per fini e interessi pubblici* (come nell'esempio del Comune che compra il terreno dal proprietario) Ma «comune» anche perché è il diritto che *si applica in via generale a tutti i rapporti e a tutte le situazioni, esclusi soltanto i rapporti e le situazioni per cui norme particolari stabiliscano una disciplina diversa* da quella del diritto privato: come è il caso delle norme (del diritto pubblico) sulle situazioni e azioni degli apparati pubblici che agiscono in veste di autorità (si pensi al Comune che espropria il terreno del privato).

In questo senso, *il diritto privato è la regola, e il diritto pubblico è l'eccezione*. Se non ci fossero le speciali norme del diritto pubblico, anche quelle situazioni e azioni degli apparati pubblici ricadrebbero sotto il diritto privato. E là dove nessuna norma del diritto pubblico detta una disciplina speciale per le situazioni e azioni degli apparati pubblici, a queste si applicano le comuni norme del diritto privato: così, se da un ente pubblico deriva danno a qualcuno (ad es., un palazzo di proprietà comunale crolla danneggiando la proprietà vicina; l'automobile di un Ministero guidata da un impiegato in servizio causa un incidente stradale), la situazione è regolata dalle comuni norme del diritto privato su danni e risarcimenti.

3. Diritto privato e diritto pubblico dallo Stato liberale allo Stato sociale

Si è visto che *relazioni e azioni di apparati pubblici possono essere regolate dal diritto privato*. Ma può accadere anche che *una medesima situazione risulta regolata, al tempo stesso, da norme del diritto privato e da norme del diritto pubblico*. La proprietà (cioè il potere di usare le cose nel proprio interesse) è un istituto del diritto privato. Ma sempre di più essa è influenzata dall'esercizio dei poteri di autorità pubbliche, regolati dal diritto pubblico: sapere che cosa il proprietario può fare o non può fare per valorizzare il suo terreno (in particolare: se ci può costruire, e per quali volumi) dipende dal piano regolatore della città, formato dal Comune e approvato dalla Regione secondo norme di diritto pubblico. Anche il contratto è un istituto del diritto privato: ma se il contratto s'inserisce in un settore economico sottoposto a vigilanza pubblica, la sua validità può dipendere da provvedimenti dell'autorità di vigilanza, previsti dal diritto pubblico.

I due fenomeni così segnalati – il crescente impiego di istituti del diritto privato da parte di autorità pubbliche, per la realizzazione di interessi pubblici; e il crescente intreccio fra norme di diritto privato e norme di diritto pubblico nella regolamentazione di una stessa materia – hanno una conseguenza. Oggi la distinzione fra diritto privato e diritto pubblico è abbastanza netta sul piano concettuale. Lo è molto meno sul piano pratico, perché nella realtà *fra i due campi dell'ordinamento giuridico esistono connessioni e interferenze continue*.

Questa è la realtà di oggi. Invece in passato (per tutto il secolo XIX e fino agli inizi del XX) *diritto privato e diritto pubblico erano campi ben distinti e separati*: così come distinte e separate fra loro erano l'azione dei pubblici poteri (dello *Stato*) da una parte, e dall'altra parte le attività e i rapporti dei privati cittadini (quella che si usa chiamare la *società civile*). Nella società civile i privati operavano liberamente, intrecciando in piena autonomia le loro relazioni personali ed economiche, mentre lo Stato si limitava a vegliare su di essa dall'esterno, senza interferire nelle attività e nei rapporti dei privati. Il diritto privato era, in questa fase, un territorio chiuso agli interventi dell'autorità politica. I suoi istituti fondamentali (famiglia, testamento, proprietà, contratto) esaltavano la libertà dei privati cittadini, e si presentavano come baluardi eretti a sua difesa contro l'ingerenza dei poteri pubblici. Con questi caratteri si presentava il diritto privato dello **Stato liberale**.

La situazione muta profondamente all'inizio del novecento. La prima guerra mondiale (1914-1918) è lo spartiacque storico che avvia un nuovo modo di essere del diritto privato, e una nuova configurazione dei suoi rapporti con il diritto pubblico. Allo Stato liberale succede lo **Stato sociale**, in un processo storico nel quale confluiscono grandi trasformazioni economiche e politiche. Sul *piano politico*, la domanda di giustizia sociale e di emancipazione delle classi subalterne si fa più forte, e lo Stato – spinto dall'azione del movimento organizzato dei lavoratori – comincia a raccoglierla. Per farlo, deve intervenire nel territorio delle attività e dei rapporti privati, dal quale prima si teneva fuori. Deve *controllare l'azione e limitare la libertà delle persone*: in particolare di chi usa la proprietà, di chi fa contratti, di chi intraprende attività economiche. E lo fa con strumenti del diritto pubblico, che sempre di più vanno a incidere sui fondamentali istituti del diritto privato, trasformandoli profondamente. Sul *piano economico*, i sistemi industriali, un po' in tutti i paesi capitalistici, attraversano alla fine degli anni '20 del novecento una grave crisi. Questo spinge lo Stato a intervenire direttamente nelle attività di produzione e distribuzione della ricchezza, prima riservate esclusivamente alle imprese private: è il fenomeno dell'*intervento pubblico nell'economia*, che si realizza con l'intreccio e il condizionamento reciproco fra strumenti del diritto privato e strumenti del diritto pubblico.

Il nuovo equilibrio fra i due settori del sistema giuridico corrisponde a un nuovo equilibrio fra principi e valori fondamentali, spesso difficili da conciliare. Consideriamone alcuni.

4. Individuo e collettività; il «privato sociale»

Individuo-collettività è una coppia di concetti che dà utili indicazioni sullo spirito dell'ordinamento giuridico contemporaneo. L'individuo, cioè la singola persona umana, è un valore importante, che merita considerazione e tutela. Ma anche la collettività, le cui esigenze e i cui interessi vanno al di là delle esigenze e degli interessi individuali, merita di essere considerata e tutelata. Ed è normale che fra i due valori possa esserci contrasto, o quanto meno un rapporto complesso e problematico.

Il contrasto è evidente tutte le volte che *la realizzazione dell'interesse individuale porta un danno alla collettività*: se si consente ai singoli proprietari di terreni di costruire quanto e come gli pare, ne risulteranno massimamente soddisfatti i loro interessi individuali; ma ne uscirà penalizzato l'interesse collettivo (avere città sviluppate in modo ordinato e vivibile). Di fronte a problemi del genere, la posizione dell'ordinamento è conciliare in modo ragionevole i valori e gli interessi in contrasto: e infatti ai singoli proprietari si permette di costruire, ma solo entro i limiti e alle condizioni fissati dai piani urbanistici.

Ma fra individuo e collettività il rapporto non è sempre di contrasto. Così tendeva a concepirlo il vecchio pensiero liberale, che immaginava una società composta da una somma di individui, isolati tra loro e contrapposti alla collettività generale impersonata nello Stato. Ma la realtà è diversa. All'interno della collettività generale, *gli individui non vivono isolati, ma organizzati in gruppi o comunità particolari*: famiglie, confessioni religiose, partiti, sindacati, associazioni di varia natura. Sono le **comunità intermedie** («intermedie» perché si frappongono tra l'individuo e lo Stato), che svolgono un ruolo molto importante per gli individui che vi appartengono. La Costituzione è ben consapevole di ciò: all'art. 2, essa «riconosce e garantisce i *diritti inviolabili dell'uomo*», ma subito dopo precisa che tali diritti sono riconosciuti e garantiti all'uomo «sia *come singolo* sia *nelle formazioni sociali* dove si svolge la sua personalità». È un fenomeno di carattere non individuale, ma sociale; epperò non pubblico, ma privato: la formula che lo definisce è «**privato sociale**».

Anzi, affinché le formazioni sociali intermedie svolgano efficacemente il loro ruolo di sostegno e gratificazione esistenziale per gli individui che le compongono, è importante che esse funzionino *con il massimo di autonomia, al riparo da ingerenze del potere pubblico*. Ciascuna famiglia si sceglie liberamente il proprio stile di vita, e organizza la propria esistenza in base al gusto, alla sensibilità, ai sentimenti degli stessi protagonisti dell'esperienza familiare: sarebbe assurdo che fosse lo Stato a imporre un determinato modello di vita domestica; o a prescrivere come un partito deve organizzarsi al suo interno e come deve prendere le sue decisioni politiche. O meglio: uno Stato che avesse queste pretese sarebbe uno Stato totalitario.

Può però accadere che il funzionamento di una comunità intermedia subisca, in concreto, delle degenerazioni o comunque incontri dei problemi che mettono a rischio diritti fondamentali di qualcuno degli individui che vi appartengono. Allora allo Stato non si richiede più di evitare ogni interferenza nell'autonomia del gruppo, ma al contrario di *intervenire all'interno del gruppo stesso* (anche con gli strumenti del diritto pubblico) per *salvaguardare i diritti individuali in pericolo.* Ad es.: fino a che una famiglia vive in serenità e armonia, lo Stato non ha titolo a interferire nei rapporti fra genitori e figli, prescrivendo modelli di comportamento o sindacando le scelte educative; ma se i genitori maltrattano i figli, o la famiglia entra in crisi e si divide, ecco che l'intervento dello Stato nella famiglia diventa necessario, per difendere i bambini contro situazioni familiari che possono danneggiarli.

5. Libertà e uguaglianza

Libertà-uguaglianza è un'altra coppia molto significativa. La libertà è un valore importante, che merita di essere tutelato fortemente. Altrettanto importante e meritevole di tutela è il valore dell'uguaglianza. Ma i due valori rischiano *di entrare in contrasto l'uno con l'altro.*

Se *si rispetta fino in fondo la libertà*, consentendo alle persone di operare come meglio credono senza limitarne l'azione, il risultato è che non si riesce a realizzare l'uguaglianza, anzi *si aggravano le disuguaglianze esistenti.* Pensiamo ai rapporti fra datori di lavoro e lavoratori. Se gli interessati fossero assolutamente liberi di stabilire a piacimento le condizioni di lavoro, ne nascerebbero gravissime disuguaglianze: fra i lavoratori, alcuni dei quali riuscirebbero ad avere condizioni migliori mentre ad altri toccherebbero condizioni peggiori, magari per lo stesso lavoro; ma soprattutto fra lavoratori e datori di lavoro, perché i primi, più forti dal punto di vista economico, utilizzerebbero questa piena libertà d'azione per imporre ai secondi condizioni vantaggiose per sé e gravose per loro, con il risultato di accrescere ancora la propria forza economica e quindi la disuguaglianza che li separa dai dipendenti. Viceversa, più si opera per *realizzare l'uguaglianza* fra gli uomini, più si finisce per *limitare la loro libertà di azione.* Per fare sì che i lavoratori abbiano, a parità di lavoro, parità di trattamento, e per cercare di ridurre la disuguaglianza che esiste fra lavoratori e datori di lavoro, è inevitabile usare mezzi che finiscono per comprimere la libertà d'azione degli interessati (obbligo di rispettare i livelli di retribuzione e le condizioni di lavoro previste nei contratti collettivi, divieto di inserire nei contratti di lavoro previsioni diverse da quelle stabilite per legge, ecc.).

Il *contrasto fra libertà e uguaglianza* è al centro della riflessione e dell'azione politica a partire dagli inizi dell'ottocento. I grandi orientamenti politici si dividono proprio a seconda che la prevalenza venga data all'uno o all'altro dei due valori. Molto schematicamente: i *movimenti d'ispirazione liberale* pongono l'accento sulla libertà, che difendono anche a costo di mantenere e aggravare le disuguaglianze; i *movimenti d'ispirazione socialista* mettono al primo posto l'uguaglianza, che puntano a realizzare anche con qualche sacrificio per la libertà delle persone.

Il nostro ordinamento non si appiattisce su nessuna di queste posizioni estreme. Cerca piuttosto di conciliarle, trovando il *giusto punto di equilibrio* fra i due valori tendenzialmente in conflitto. Garantisce le libertà delle persone: ma al tempo stesso ammette che possano venire ragionevolmente limitate, quando i limiti servono per ragionevoli obiettivi di uguaglianza fra gli uomini. Per converso, la costituzione proclama l'obiettivo dell'uguaglianza, e prevede l'uso di mezzi utili a realizzarla: ma al tempo stesso esclude mezzi che implichino limiti eccessivi alla libertà. Saranno ammissibili *limiti più o meno forti, a seconda del tipo di libertà* che viene in discussione: ad es., le *libertà economiche* (di uso della proprietà, di intrapresa a scopo di profitto) possono subire limiti più profondi di quelli concepibili per le *libertà personali* (di movimento, di religione, di ricerca scientifica e creazione artistica, di manifestazione del pensiero).

Questa ricerca di equilibrio fra libertà e uguaglianza corrisponde a un modo nuovo e più evoluto di concepire il valore della libertà. Nella tradizione ottocentesca, si pensava per lo più alla *libertà in senso formale e negativo*, cioè all'assenza di divieti o impedimenti all'agire che provenissero dal potere pubblico: la libertà era concepita essenzialmente come *libertà dallo Stato*. In questo senso, lavoratori e datori di lavoro potevano considerarsi ugualmente liberi nei riguardi del loro rapporto di lavoro: nessuno dei due era obbligato dalla legge a stringere quel rapporto; ciascuno dei due era libero di rifiutarlo se non lo considerava soddisfacente. Ma è chiaro che in realtà il lavoratore non era davvero libero di scegliere: di fatto era costretto a lavorare, se il lavoro costituiva l'unica risorsa per mantenere sé e la famiglia; e di fatto era costretto ad accettare condizioni di lavoro pesanti e ingiuste, per la difficoltà o l'impossibilità di trovare condizioni migliori da un altro datore di lavoro. Invece, anche sotto questo profilo, il datore di lavoro era più libero: poteva permettersi di perdere un lavoratore, sapendo che ne avrebbe facilmente trovati tanti altri disposti a prendere il suo posto.

Con la successiva evoluzione sociale e politica si afferma quindi un concetto più moderno di libertà, che intende la **libertà in senso sostanziale**: libertà significa avere la possibilità effettiva (e non solo teorica) di scegliere e di agire per soddisfare i propri bisogni; significa quindi avere i mezzi materiali che danno questa possibilità; significa in definitiva pretendere dallo Stato che predisponga tali mezzi. In questo senso, perciò, libertà non è più soltanto *libertà dallo Stato*, ma diventa **libertà per mezzo dello Stato**. Cambia il ruolo dello Stato come condizione per realizzare la libertà: non più un ruolo negativo, di chi si astiene dall'imporre e dal vietare; bensì un *ruolo positivo*, di chi interviene nella società e nei rapporti fra gli uomini. E questo intervento richiede di impiegare strumenti del diritto pubblico in zone della vita economico-sociale che prima erano dominate esclusivamente dal diritto privato.

Intendendo la libertà in questo senso sostanziale e positivo, si attenua il conflitto con l'uguaglianza, anzi *i due valori si integrano e diventano complementari*: dare agli uomini più libertà (sostanziale) significa renderli più uguali; e quanto più si riducono le disuguaglianze fra gli uomini, tanto più si accrescono le loro effettive possibilità di scegliere e di agire liberamente.

6. Uguaglianza formale e sostanziale

Il valore dell'uguaglianza è fondamentale nel nostro ordinamento. Ad esso è dedicato l'art. 3 C., una fra le norme più importanti del testo costituzionale. In realtà, l'art. 3 C. contiene più di una norma. Esso è formato da due commi (**3**.1), che corrispondono a due diversi significati del principio di uguaglianza: uguaglianza in senso formale e uguaglianza in senso sostanziale (**2**.7).

L'art. **3, c. 1, C.** enuncia il principio di uguaglianza formale, o **uguaglianza davanti alla legge**: «Tutti i cittadini hanno *pari dignità sociale e sono eguali davanti alla legge, senza distinzione di sesso, di razza, di lingua, di religione, di opinioni politiche, di condizioni personali e sociali*». La norma ha un significato più generale e un significato più specifico.

Il significato più generale è che *la legge è uguale per tutti*, e che nell'ordinamento giuridico *tutti sono ugualmente sottomessi alla stessa legge*. Inteso in questo senso, il principio di uguaglianza costituisce una grande conquista della civiltà borghese, che segna profondamente la società moderna e lo Stato liberale, differenziandoli dallo Stato assoluto e dalla società preborghese e precapitalistica. La società antica («ancien régime») era rigidamente divisa in ordini o ceti socio-professionali (i nobili, i mercanti, i contadini, gli ecclesiastici, ecc.), e ciascuna di queste categorie aveva una sua legge, diversa da quelle che valevano per le altre categorie: alla frammentazione della società corrispondeva la frammentazione dell'ordinamento giuridico. La società moderna e lo Stato moderno sono invece quelli in cui, grazie al principio dell'uguaglianza davanti alla legge, c'è *un solo e unitario ordinamento giuridico*, al quale tutti sono sottoposti.

Intesa in senso più specifico, la norma dell'art. 3, c. 1, C. esprime il **divieto di discriminazioni**. Essa significa che un cittadino non può ricevere dalla legge un trattamento diverso e peggiore rispetto a quello riservato agli altri cittadini solo perché è nero anziché bianco, è di madrelingua tedesca anziché italiana, è di religione ebraica anziché cattolica, è politicamente di sinistra o di destra anziché di centro, ecc. Questo principio, che l'art. 3, c. 1, C. enuncia in termini generali, si ritrova talora affermato con riguardo a situazioni particolari: ad es. l'art. 29, c. 2, C. proclama l'uguaglianza fra marito e moglie nella famiglia.

Benché chiaro nella sua ispirazione, il principio richiede tuttavia qualche articolazione. Le persone non devono essere discriminate dalla legge in base al sesso: ma questo vuol dire che è inammissibile (incostituzionale) qualsiasi legge che tratti le donne diversamente dagli uomini? No di certo. Si pensi alla legge che stabilisce a favore delle lavoratrici particolari benefici per il caso di gravidanza e maternità, benefici da cui sono esclusi i lavoratori maschi: una legge del genere è evidentemente giusta e opportuna, e non può dirsi incostituzionale solo perché tratta diversamente donne e uomini. Bisogna partire dal presupposto che *esistono, in partenza, delle differenze di base fra le persone e le situazioni*: ad es., fra i sessi esiste la significativa differenza biologica per cui le donne possono restare incinte, condurre la gravidanza, partorire; e gli uomini invece no. E di fronte a questa differenza naturale, è giusta una differenza di trattamento giuridico come quella appena vista.

Ciò non contrasta con il principio di uguaglianza, perché questo va inteso nel senso che *situazioni uguali vanno trattate in modo uguale, ma situazioni diverse vanno trattate in modo ragionevolmente diverso*. Bisogna sottolineare quel «ragionevolmente». La norma sulle donne lavoratrici rispetta il principio di uguaglianza perché introduce una differenza di trattamento ragionevole. Una tale ragionevolezza è presente quando: è *ragionevole lo scopo perseguito* dalla norma differenziatrice (aiutare le donne lavoratrici ad affrontare i problemi della gravidanza e della maternità); ed è *ragionevole il rapporto tra il fine perseguito e i mezzi impiegati* per realizzarlo (consentire alla donna lavoratrice di astenersi dal lavoro per alcuni mesi prima e dopo il parto, conservando posto e stipendio). Sarebbe invece incostituzionale una norma che per realizzare quello stesso scopo usasse mezzi irragionevoli, cioè inadatti o sproporzionati: ad es. stabilisse che le lavoratrici rimaste incinte hanno automaticamente diritto a una promozione di carriera. E a maggior ragione una norma che introducesse differenze di trattamento ispirate a uno scopo irragionevole rispetto alla situazione regolata: ad es. una norma che consentisse il licenziamento in tronco delle lavoratrici rimaste incinte (perché è sensato che la legge le aiuti, mentre sarebbe insensato che le penalizzi); o una norma la quale, partendo dal presupposto che le donne sono «diverse» dagli uomini, tolga ad esse l'elettorato attivo o passivo (perché la differenza di genere non incide sulla capacità delle donne di partecipare alla vita politica).

In breve: il principio di uguaglianza dell'art. 3, c. 1, C. equivale a un **principio di ragionevolezza**: esso *consente le norme che introducono differenze ragionevoli, vieta quelle che introducono differenze irragionevoli.* Giudicare se tale criterio di ragionevolezza sia in concreto rispettato dalle singole norme, è compito della *Corte costituzionale*: un compito difficile e delicato, che si svolge entro notevoli margini di discrezionalità e assume inevitabilmente qualche sfumatura «politica», perché consiste, né più né meno, nel giudicare sulla ragionevolezza o irragionevolezza delle scelte fatte dal legislatore, cioè dalla maggioranza parlamentare.

Al principio di uguaglianza formale si affianca il principio di **uguaglianza sostanziale**, posto dall'**art. 3, c. 2, C.**: «È compito della Repubblica *rimuovere gli ostacoli di ordine economico e sociale* che, limitando *di fatto* la libertà e l'eguaglianza dei cittadini, *impediscono il pieno sviluppo della persona umana e l'effettiva partecipazione di tutti i lavoratori all'organizzazione politica, economica e sociale del Paese*». È possibile che tutti abbiano gli stessi diritti, cioè la stessa possibilità *legale* di fare o non fare qualcosa: ma *in realtà* per molti questa possibilità rimane del tutto astratta, perché non hanno i mezzi materiali per attuarla effettivamente. A tutti la legge consente di mandare i figli all'università e farli laureare (nel senso che non lo vieta a nessuno); ma di fatto ci riesce solo una minoranza, dotata di mezzi economici; per molti, che non possono permetterselo economicamente, ciò risulta di fatto impossibile. E allora fra gli uni e gli altri c'è uguaglianza formale, ma disuguaglianza sostanziale o di fatto.

Il principio di uguaglianza sostanziale significa che il potere pubblico deve fare quanto necessario per eliminare queste disuguaglianze di fatto («gli ostacoli di ordine economico e sociale» di cui parla la norma) che impediscono alla generalità dei cittadini di esercitare in modo effettivo i diritti che la legge formalmente attribuisce a tutti: c.d. *azioni positive*. Ad es. deve stabilire misure (aiuti economici, esenzioni da tasse, ecc.) che vadano a favore non di tutte le famiglie, ma solo di quelle meno abbienti, per consentire loro di far progredire negli studi i ragazzi capaci e meritevoli. Si potrebbe osservare che così la legge introduce una differenza di trattamento tra famiglie non abbienti e famiglie abbienti: si parla, per casi del genere, di «*discriminazione alla rovescia*»; e ci si potrebbe domandare se ciò costituisce violazione del principio di uguaglianza formale (art. 3, c. 1, C.). Ma è facile rispondere di no, ricordando che quel principio consente di trattare in modo diverso situazioni diverse, *purché la differenza di trattamento sia ragionevole*: e la ragionevolezza è garantita proprio dallo scopo di combattere una disuguaglianza sostanziale.

7. Il principio di sussidiarietà

La regolazione dei rapporti sociali si può concepire come un territorio diviso fra diritto privato e diritto pubblico. Il principio di sussidiarietà indica dove fissare il confine fra le due aree.

Esso significa infatti che per la realizzazione dei fini di interesse sociale conviene *puntare in prima battuta sul diritto privato*, e cioè basarsi sulle iniziative libere e autonome dei soggetti (individui e gruppi), in posizione di parità; e *solo in seconda battuta puntare sul diritto pubblico*, cioè sugli interventi di qualche autorità pubblica in posizione di supremazia sui privati. Più precisamente: *per realizzare fini sociali, può farsi ricorso agli interventi del diritto pubblico solo quando quei fini non sono raggiungibili con altrettanta efficacia mediante strumenti del diritto privato.*

Dal 2001 questo principio è entrato nella Costituzione: in base al nuovo **art. 118, c. 4, C.** (introdotto dalla l.c. 3/2001), lo Stato e gli altri enti pubblici territoriali «favoriscono l'*autonoma iniziativa dei cittadini, singoli e associati, per lo svolgimento di attività di interesse generale*, sulla base del principio di sussidiarietà».

Nella logica dei nostri discorsi, il principio di sussidiarietà esprime una forte *valorizzazione del diritto privato rispetto al diritto pubblico*. Ciò peraltro non significa necessariamente che l'area del diritto pubblico sia destinata a ridursi, o addirittura a sparire sotto l'irresistibile espansione del diritto privato. Nessuno può pensare che fini sociali come la difesa, l'ordine pubblico, l'amministrazione della giustizia, la politica economica e monetaria possano affidarsi all'azione dei privati. E anche in materie come la sanità e l'istruzione, dove può avere legittimo spazio l'azione dei privati, si deve pensare che il fine sociale di garantire a tutti – abbienti e non abbienti – adeguati livelli di prestazioni sanitarie ed educative, non possa efficacemente perseguirsi senza l'azione pubblica, regolata dal diritto pubblico.

8. Le principali aree del diritto privato

Il diritto privato costituisce, all'interno del sistema giuridico, un settore molto vasto ed eterogeneo. Soprattutto per razionalizzare e specializzare la ricerca scientifica e la didattica che lo riguardano, si sono venute delineando – nel corso del tempo – delle ripartizioni al suo interno, così da definire aree relativamente omogenee di esso, ciascuna delle quali è diventata autonoma materia di studio e d'insegnamento, più o meno distinta da altre aree e materie privatistiche. Le principali sono le seguenti.

Il **diritto civile** è l'area più corposa e più antica del diritto privato. Si occupa essenzialmente di: rapporti di famiglia, successioni ereditarie, proprietà e uso delle cose, debiti e crediti, contratti, danni e risarcimenti, associazioni e altre organizzazioni senza scopo di profitto.

Il **diritto commerciale** si occupa dell'esercizio professionale di attività economiche (impresa), e delle organizzazioni create a questo fine (società).

Il **diritto industriale** può considerarsi una sottopartizione del diritto commerciale: si occupa della concorrenza fra le imprese, nonché dei diritti sulle creazioni intellettuali (diritto d'autore, marchi, brevetti per invenzioni industriali).

Il **diritto del lavoro** si occupa dei rapporti fra datori di lavoro e lavoratori subordinati.

Il **diritto della navigazione** si occupa delle attività di trasporto aereo, marittimo e per acque interne.

Aggiungiamo una precisazione. La «mappa» che descrive le diverse regioni del diritto privato risponde a *mere esigenze di opportunità scientifica e didattica*; quindi ha *valore convenzionale e in definitiva arbitrario*. Soprattutto non vanno presi in senso assoluto i confini così tracciati, che non hanno nulla di rigido bensì sono soggetti a continui *sconfinamenti e interferenze*: dei contratti tipici delle imprese si occupano sia i civilisti (perché sono contratti) sia i commercialisti (perché riguardano imprese).

3

LE FONTI DEL DIRITTO PRIVATO

1. Le fonti del diritto, e il sistema delle fonti

Esiste la norma per cui i contratti di locazione di immobili per uso non abitativo devono avere una durata minima di sei anni. Ma in forza di che cosa possiamo affermare con sicurezza che questa è davvero una norma giuridica del diritto italiano, vincolante per tutti i locatori e i conduttori soggetti al diritto italiano? Per rispondere alla domanda, è decisivo il concetto di fonte del diritto. Fonti del diritto sono i **fattori capaci di creare norme giuridiche in un dato ordinamento giuridico**. E allora possiamo dire che la regola sulla durata minima delle locazioni non abitative è davvero una norma giuridica, se risulta che è stata creata da un'adeguata fonte del diritto. Ed è così: perché essa sta in una legge (392/1978), regolarmente approvata dal Parlamento; e qualunque legge del Parlamento è fonte del diritto. Consideriamo un'altra regola: ad es. quella per cui mangiando pesce non si deve bere un rosso troppo corposo. Questa è una regola di buona educazione alimentare, ma non è una norma giuridica, perché non deriva da una legge né da nessun'altra fonte del diritto.

La funzione delle fonti del diritto è fondamentale. Creando nuove norme giuridiche, esse *permettono al diritto di rinnovarsi*, e così adeguarsi alle condizioni ed esigenze della vita sociale, che cambiano continuamente. D'altro canto, questo rinnovamento deve avvenire *in modo ordinato e controllabile*: non è pensabile che le norme giuridiche possano venire create da chiunque e in qualunque modo. Le fonti del diritto rispondono anche a questa esigenza: *definire chi è abilitato a creare norme giuridiche, e in che modo deve procedere per crearle*. Il che è anche una garanzia per i cittadini, che dalle norme giuridiche sono vincolati.

Nel nostro ordinamento vale il principio della **pluralità delle fonti**: significa che *non esiste un solo tipo di fonte del diritto, ma ne esistono tanti tipi diversi*; le norme giuridiche possono essere create da autorità diverse, seguendo diverse modalità. Questo dipende anche dalla grandissima *varietà delle norme giuridiche*, che possono differenziarsi profondamente fra loro per il tipo di situazione regolata, sicché è giusto che siano create da fonti diverse: ad es. la norma per cui l'Italia è una repubblica e non una monarchia ha come fonte la costituzione; quella che stabilisce la possibilità di sciogliere i matrimoni con il divorzio ha come fonte una legge del Parlamento; mentre fonte della norma che stabilisce quale aspetto devono avere i tetti e le facciate delle costruzioni nella città di Ferrara è il regolamento edilizio del Comune di Ferrara, approvato da quel Consiglio comunale.

Un elenco delle fonti del diritto italiano si trova nell'art. 1 prel. È però un elenco sorpassato (risale al 1942 – l'anno del codice civile –, quando il sistema delle fonti del diritto italiano era profondamente diverso dall'attuale): basti pensare che comprende fonti oggi fuori gioco, come le norme corporative, morte col regime fascista; e che non vi compare la fonte massima del nostro ordinamento, la costituzione del 1948. Le fonti del diritto italiano oggi si possono ordinare così:

☞ abbiamo prima di tutto le **fonti costituzionali**, che sono: ✦ la *Costituzione* (1948); ✦ le successive *leggi costituzionali e di revisione costituzionale*;

☞ abbiamo poi le **fonti primarie**, che sono: ✦ la *legge ordinaria* (approvata dal Parlamento); ✦ gli *altri atti con forza di legge*, che a loro volta sono: il *decreto legge* (approvato in via di urgenza dal Governo, ma soggetto a successivo vaglio parlamentare con la conversione in legge) e il *decreto legislativo* (approvato dal Governo in base a una delega attribuita con legge del Parlamento); ✦ le *leggi regionali*; ✦ i *regolamenti dell'Unione europea*;

☞ abbiamo quindi le **fonti secondarie**: che coincidono essenzialmente con i *regolamenti* del Governo o di altre autorità amministrative.

L'esistenza di fonti diverse pone il problema del loro *coordinamento, per evitare le c.d. antinomie*, e cioè la coesistenza di norme, create da fonti diverse, in contraddizione fra loro. Vi provvedono alcuni principi (dal principio di gerarchia al principio cronologico, dal principio di specialità al principio di competenza) che ci limitiamo a menzionare senza illustrarli, essendo materia del diritto costituzionale.

Quanto alla loro **struttura**, le fonti sono generalmente composte di *articoli*, contrassegnati da numeri progressivi, e formati da una o più frasi. Accade spesso che, alla fine di una frase dell'articolo, si faccia punto e si vada a capo, per ricominciare poi con un'altra frase o serie di frasi, finita la quale si va di nuovo a capo, e così via: in questo modo l'articolo risulta diviso in *commi* (o capoversi). Spesso (ma non sempre) il testo dell'articolo è preceduto da una formula, che ne indica sinteticamente il contenuto: si chiama *rubrica*. I testi normativi più lunghi e complessi, fatti di molti articoli, sovente hanno una suddivisione interna che ne facilita l'esame: ad es. il codice civile è diviso in sei «libri»; ciascun libro è diviso in *titoli*, ciascun titolo in *capi*, ciascun capo in *sezioni*, che contengono gruppi più o meno numerosi di articoli.

Il **modo di citazione** di una norma fa riferimento alla fonte da cui deriva (di solito con la data in cui si è completato il suo procedimento di formazione, e un numero che la individua nella sequenza delle fonti formate in quell'anno), preceduta dal numero dell'articolo ed eventualmente del comma. Per citare la norma che stabilisce in che misura l'inquilino deve sostenere le spese del servizio di portineria, si dice: art. 9, c. 2, l. 27 luglio 1978, n. 392 (o, più brevemente, l. 392/1978).

2. Fonti non scritte: la consuetudine

Fin qui abbiamo considerato **fonti scritte**, che si formano con la redazione di documenti scritti. Una delle caratteristiche fondamentali del *diritto moderno* è data proprio dal suo essere un diritto composto quasi esclusivamente da fonti scritte: ciò soddisfa la fondamentale esigenza di *rendere le norme giuridiche certe e facilmente conoscibili*. Un'altra ragione si lega all'affermarsi dello Stato moderno: la fonte scritta è quella che esprime meglio la volontà e l'autorità politica dello Stato.

Esistono tuttavia anche **fonti non scritte**: le consuetudini (o usi), richiamate nell'art. 1 prel. La **consuetudine** è fonte di *norme prodotte direttamente dal corpo sociale*, tramite l'osservanza costante di comportamenti che non sono tenuti con l'intenzione di creare norme giuridiche, ma piuttosto con l'atteggiamento di chi si uniforma a norme già esistenti. La consuetudine si fonda infatti su due elementi: ☞ un **elemento oggettivo**, dato dalla *ripetizione costante e uniforme di un dato comportamento ad opera della gran parte dei consociati*; ☞ un **elemento soggettivo**, dato dalla *convinzione dei consociati di essere giuridicamente obbligati a tenere quel comportamento*, in quanto imposto da una norma giuridica (perciò non è consuetudine, intesa come fonte del diritto, l'uso di lasciare la mancia al ristorante, perché si sa di non essere giuridicamente obbligati a farlo).

Per quanto detto sopra, la consuetudine è oggi una *fonte del diritto marginale*. Essa è *subordinata a tutte le fonti scritte*. Più precisamente: ☞ non sono ammesse consuetudini **contra legem**, cioè *contrarie a leggi o a regolamenti*; ☞ le consuetudini **secundum legem**, che integrano (senza contraddirli) leggi o regolamenti esistenti in una determinata materia, sono ammesse solo se siano *richiamate* da tali fonti scritte; ☞ le consuetudini **praeter legem**, cioè *non richiamate* da leggi o regolamenti, sono ammesse solo se riguardano *materie non disciplinate* da tali fonti scritte.

3. Le fonti del diritto privato

Quali sono le fonti del diritto privato? Ovvero: da quali fonti, o tipi di fonti, derivano le norme del diritto privato su associazioni e altre organizzazioni, famiglia, successioni, proprietà, contratti, debiti e crediti, risarcimento dei danni, imprese, società, ecc.? Il panorama delle fonti del diritto privato ha subito nel tempo notevoli trasformazioni, e oggi si presenta come un quadro abbastanza complesso.

Sembra utile distinguere all'interno di esso tre grandi blocchi normativi: ☞ il **codice civile**, che per tradizione si considera la principale fonte del diritto privato; ☞ la **Costituzione**; ☞ la **legislazione speciale**.

4. Il codice civile: inquadramento storico

Si dice **codice** il *testo normativo ampio e complesso che raccoglie organicamente l'insieme delle norme relative a una determinata materia*. La materia del diritto privato forma oggetto del codice civile: tradizionalmente il più antico e il più nobile fra tutti i codici.

Dal punto di vista della gerarchia delle fonti, i codici stanno *sullo stesso piano delle altre fonti primarie* (hanno lo stesso rango di qualsiasi legge ordinaria). Ma sotto il profilo politico-culturale i codici hanno un valore tutto particolare, che si coglie collocandosi in prospettiva storica.

I codici moderni nascono nell'Europa di fine settecento/primi ottocento, quella che si usa chiamare l'*età delle codificazioni*: prototipo di essi è il codice civile francese (*code Napoléon*) del 1804. Prima – nell'«antico regime» – la sovranità era frammentata in tanti centri di potere concorrenti: vi corrispondeva il c.d. *particolarismo giuridico*, per cui ai diversi gruppi sociali rilevanti corrispondevano altrettanti autonomi ordinamenti giuridici. Lo Stato moderno si afferma nel momento in cui riesce a concentrare in sé tutta la sovranità, e quindi a cancellare il particolarismo giuridico instaurando l'*unità del diritto*: il diritto è tutto dello Stato, e solo dello Stato; tutti i cittadini dello Stato sono soggetti a un *unico diritto uguale per tutti*, appunto il diritto dello Stato. E i codici – che esprimono al massimo grado l'idea di un unico diritto uguale per tutti e per tutte le situazioni da regolare – sono simbolo e strumento di questa grande operazione politico-culturale, prima ancora che giuridica. In tale prospettiva, si comprende che le nazioni che hanno raggiunto più tardi l'unità politica, più tardi si sono dotate di un codice civile: il codice civile tedesco (*bürgerliches Gesetzbuch*, abbreviato BGB) entrò in vigore nel 1900.

Peraltro, non tutti i sistemi giuridici hanno un codice civile. Nell'Occidente, esso è caratteristico dei sistemi «continentali». Al contrario, nei sistemi giuridici anglo-americani (*common law*) non c'è codice civile. Infatti essi si basano essenzialmente non su fonti scritte, ma su regole e principi elaborati dai giudici nelle loro sentenze (**1**.10).

Il primo codice civile dell'Italia unita fu il *codice civile del Regno d'Italia*, emanato nel *1865*. Esso riproduceva fedelmente la struttura, i contenuti e gli ideali ispiratori del *code Napoléon*, ovvero quei principi di regolazione dei rapporti civili ed economici che avevano trionfato con la rivoluzione francese del 1789, smantellato la vecchia organizzazione precapitalistica, corporativa, semifeudale, innervato la nuova società borghese: esaltazione dell'individuo e della sua autonomia, rispetto assoluto della proprietà privata, libertà di contrattazione e di iniziativa economica, rigida delimitazione dei poteri d'intervento dello Stato. Sono gli stessi ideali politici che gli autori del codice italiano del 1865 posero a fondamento del nuovo Stato unitario.

Le trasformazioni successivamente intervenute nella società e nell'economia, soprattutto a partire dai primi del novecento, suggerirono al legislatore italiano un'opera di revisione del codice, che fu avviata negli anni '20 e terminata all'inizio degli anni '40 del secolo scorso: ne uscì il **codice civile del 1942**, oggi in vigore. Al varo di un nuovo codice non fu estraneo l'intento politico del *regime fascista* di svincolarsi dai principi liberali (che fondavano il codice del 1865, e che il fascismo dichiarava di avversare) per affermare le idee politiche, economiche e sociali del regime. Nel complesso, può dirsi che questo risultato non fu raggiunto. I principi del fascismo non riuscirono a penetrare il codice in profondità, ma si limitarono a tradursi in regole marginali o in riferimenti puramente formali (come quelli al sistema «corporativo» di organizzazione dell'economia). Piuttosto che l'impostazione ideologico-politica degli istituti, i codificatori ne curarono molto più la modernizzazione, l'affinamento tecnico e l'appropriata collocazione sistematica.

5. L'abrogazione del codice di commercio

Nel codice civile del 1942, la novità di maggiore rilievo è l'*assorbimento delle materie che fino a quel momento erano contenute nel codice di commercio* (fatto nel 1882, in sostituzione di un più vecchio codice di commercio del 1865).

Il codice di commercio regolava le attività degli operatori economici professionali – che si chiamavano allora «commercianti» – con norme diverse e separate da quelle che regolavano le corrispondenti attività, svolte da comuni cittadini: si creava in questo modo una *scissione del diritto privato* – e in particolare del diritto relativo a obbligazioni (debiti e crediti) e contratti – in due tronconi: il *diritto privato delle obbligazioni e dei contratti civili* (contenuto nel codice civile) e il *diritto privato delle obbligazioni e dei contratti commerciali* (contenuto nel codice di commercio). Quest'ultimo teneva in maggior conto le esigenze dell'economia moderna: velocità delle contrattazioni e sicurezza degli affari.

Nel 1942 il codice di commercio viene semplicemente abrogato, senza essere sostituito da uno nuovo, e il codice civile resta l'unico codice del diritto privato. Ma proprio nel momento in cui muore, il codice di commercio celebra la sua vittoria. Infatti lo spirito delle sue norme penetra nel nuovo codice civile, che dà molto spazio alle esigenze di efficienza delle attività economiche. Ecco perché può dirsi che il codice civile del 1942 ha realizzato la *«unificazione» del diritto privato*, ma al tempo stesso la *«commercializzazione» del diritto privato.*

Altri ordinamenti giuridici, pure vicini al nostro, seguono una strada diversa: ad es. Francia, Germania e Spagna conservano, accanto al codice civile, un separato codice di commercio.

6. Struttura e contenuti del codice civile

Il codice civile è preceduto dalle **disposizioni sulla legge in generale** (o **preleggi**) che riguardano le fonti del diritto, l'efficacia delle norme, i criteri per la loro interpretazione.

Gli articoli del codice vanno da 1 a 2969. In realtà, essi sono oggi in numero diverso da quest'ultimo, perché alcuni sono stati abrogati, altri sono stati aggiunti da leggi successive. Ad es.: gli art. 301, 302 e 303 non ci sono più (dal 300 si passa direttamente al 304); e fra il 317 e il 318 c'è un 317-*bis*.

Il codice si divide in **sei libri**:

☞ il **primo** libro (art. 1-455) s'intitola **Delle persone e della famiglia**. Contiene le regole sulla capacità e sulla posizione giuridica generale delle persone fisiche, cioè degli individui, e sulle organizzazioni con scopo non di profitto. Contiene poi le regole in materia di famiglia;

☞ il **secondo** libro (art. 456-809) s'intitola **Delle successioni**. Contiene le regole che disciplinano la sorte del patrimonio di una persona, dopo che questa abbia cessato di vivere; e inoltre le regole sulla donazione;

☞ il **terzo** libro (art. 810-1172) s'intitola **Della proprietà**. Riguarda la definizione e la classificazione dei beni; la disciplina del diritto di proprietà e di altri diritti sulle cose (diritti reali); la disciplina del possesso;

☞ il **quarto** libro (art. 1173-2059) s'intitola **Delle obbligazioni**, ed è di gran lunga il più ampio. Contiene in primo luogo la disciplina generale delle obbligazioni, e cioè dei rapporti di debito e credito. Contiene poi la disciplina degli atti o dei fatti da cui le obbligazioni derivano (fonti delle obbligazioni): principalmente i contratti e i fatti illeciti (cioè i fatti che causano un danno, e obbligano il loro autore a risarcirlo);

☞ il **quinto** libro (art. 2060-2642) s'intitola **Del lavoro**, e riguarda la disciplina delle attività economiche organizzate, oggetto del diritto commerciale, industriale e del lavoro. Contiene regole sull'impresa, sul lavoro subordinato, sulle organizzazioni con scopo di profitto (società); sui marchi, sul diritto d'autore e sui brevetti industriali; sulla concorrenza;

☞ il **sesto** libro (art. 2643-2969) s'intitola **Della tutela dei diritti**, e ha un contenuto eterogeneo. Comprende istituti che riguardano la concreta attuazione dei diritti, quali: la prescrizione e la decadenza; la trascrizione immobiliare; le garanzie reali del credito (pegno e ipoteca); inoltre regole sulle prove e sull'esecuzione forzata contro il debitore che rifiuti il pagamento spontaneo (regole che trovano più ampio sviluppo nel codice di procedura civile).

In appendice al codice, e con numerazione separata, ci sono poi le **disposizioni di attuazione e transitorie**, che precisano le modalità applicative di talune norme del codice stesso.

7. La Costituzione come fonte del diritto privato

Gli istituti del diritto privato esprimono importanti *principi di organizzazione dei rapporti sociali.* Questo giustifica che di essi si occupi anche il fondamentale testo normativo di un'organizzazione sociale moderna, e cioè la costituzione. Ecco perché la costituzione del 1948 costituisce anch'essa *fonte importante del diritto privato.*

Essa è ricca – specie nella sua prima parte, intitolata ai «diritti e doveri dei cittadini» – di norme significative per la configurazione di molti istituti del diritto privato. Ricordiamo in particolare le norme: ☞ sulla *libertà di associazione* (art. 18 C.), con le ulteriori specificazioni della libertà di associarsi per *fini sindacali* (art. 39 C.) e *politici* (art. 49 C.), nonché della libertà di creare *organizzazioni educative* (art. 33 C.) e *assistenziali* (art. 38 C.); ☞ sulla *difesa in giudizio* dei propri diritti e interessi (art. 24 C.); ☞ sulla *famiglia* (art. 29, 30 e 31 C.); ☞ sulla tutela dei *lavoratori* (art. 35 e 36 C.), con particolare riguardo al *lavoro femminile e minorile* (art. 37 C.) e al diritto di *sciopero* (art. 40 C.); ☞ sulla *iniziativa economica privata* (art. 41 C.); sul diritto di *proprietà* (art. 42 C.) e in particolare sulla *proprietà agraria* (art. 44 C.); sulle *cooperative* (art. 45 C.); sulla *partecipazione dei lavoratori alla gestione delle imprese* (art. 46 C.); su *tutela del risparmio* ed *esercizio del credito* (art. 47 C.).

I principi affermati dalla Costituzione in queste materie sono molto lontani da quelli che ispirano i corrispondenti istituti, quali risultano dal codice e dalle altre leggi anteriori alla costituzione. Sono più moderni e più evoluti; e soprattutto *più sensibili ai valori di uguaglianza e giustizia sociale.* Frutto della storia: fra codice e costituzione si collocano vicende storiche di enorme peso come la guerra, la crisi e la caduta del fascismo, il passaggio dalla monarchia alla repubblica, l'avvio della partecipazione popolare alla vita dello Stato attraverso le istituzioni della democrazia politica. La Costituzione riflette queste straordinarie novità, e segna un radicale punto di svolta dell'intero ordinamento giuridico.

Come si manifesta, in concreto, l'incidenza dei principi costituzionali sulle norme del diritto privato? Fondamentalmente in tre modi:

☞ prima di tutto, le norme costituzionali operano come **criterio di controllo della legittimità delle norme ordinarie**, che sono fonti subordinate alla costituzione, e non possono contraddirla: se ciò tuttavia accade, la Corte costituzionale le dichiara costituzionalmente illegittime (o incostituzionali), e così le cancella dall'ordinamento. Ciò è accaduto, in numerose occasioni, anche con norme del diritto privato;

☞ i principi costituzionali operano poi come **stimolo e direttiva al legislatore ordinario**, affinché, con le opportune riforme legislative, adegui a quei più avanzati principi la vecchia disciplina degli istituti privatistici, superata dai tempi. Ad es., la riforma del diritto di famiglia (1975) ha rinnovato profondamente questo settore del diritto privato (sostituendo molti articoli contenuti nel testo originario del codice), in modo da renderlo coerente agli art. 29 e 30 C. (**62**.2);

☞ ma gli articoli della Costituzione non esprimono solo generali principi-guida, bensì anche norme giuridiche che possono trovare **applicazione diretta ai rapporti fra privati**. Per es., se in un contratto di lavoro fossero stabilite discriminazioni salariali a danno di una lavoratrice in ragione del suo sesso, il giudice avrebbe potuto (anche prima dell'entrata in vigore dell'apposita «legge di parità») cancellare quelle discriminazioni, applicando direttamente l'art. 37 C.; e i giudici possono stabilire che lo sciopero non obbliga i lavoratori a risarcire i danni da esso recati al datore di lavoro, semplicemente applicando l'art. 40 C. che lo qualifica come un «diritto» dei lavoratori stessi.

8. La legislazione speciale: «decodificazione» e «ricodificazione»

Fino agli *anni '70 del XX secolo*, il codice civile era tradizionalmente considerato l'unica fonte davvero importante dell'intero diritto privato: le leggi diverse dal codice avevano una posizione assolutamente ridotta e marginale. Il quadro cambia in modo profondo a partire da quegli anni, quando la legislazione speciale di diritto privato progressivamente conquista un ruolo sempre più importante.

Si registra prima di tutto il suo straordinario **incremento quantitativo**. Per molti istituti privatistici, alle norme del codice civile si vengono affiancando numerose leggi che ne integrano o ne modificano la disciplina. Solo qualche esempio. Il *diritto di famiglia*, oggi, non è più quello che risulta dagli articoli scritti in origine nel primo libro del codice civile, perché a queste norme si devono aggiungere almeno quelle contenute nelle leggi sul divorzio (1970), sull'adozione (1983), sull'aborto (1978), sulla cittadinanza (1992), sulla procreazione assistita (2004), su convivenze fuori del matrimonio e unioni omosessuali (2016), oltre che le profonde innovazioni recate dalla legge di riforma del 1975. Il vigente diritto delle *locazioni urbane*, molto più che dagli art. 1607 e segg., si ricava dalle ll. 392/1978 e 431/1998. Il fenomeno è ancora più vistoso nella materia del rapporto di *lavoro subordinato*, dove la disciplina del codice è stata superata e svuotata da una legislazione speciale sempre più fitta. O nel campo dei *rapporti fra consumatori e imprese*: dove molte nuove leggi introducono regole sconosciute al codice, allo scopo di proteggere i consumatori. Lo stesso può dirsi per molte materie del *diritto commerciale*: dai contratti agrari ai contratti fra imprese, dalle attività assicurative a quelle bancarie e finanziarie, sempre di più le regole vanno cercate non nel codice, ma in leggi speciali.

In questo modo *porzioni sempre più grandi del diritto privato si collocano fuori del codice*. Infatti le nuove leggi rimangono di solito esterne alla struttura del codice. (Solo di rado vi vengono incorporate, sostituendo o modificando suoi articoli secondo la tecnica della c.d. *novellazione*: è accaduto ad es. con la riforma del diritto di famiglia del 1975.)

Ma soprattutto si registra un **mutamento qualitativo**. Non si tratta più di norme di dettaglio, limitate ad aspetti marginali degli istituti: sono invece *complessi normativi che regolano compiutamente, e in modo innovativo, interi settori* di situazioni, attività, rapporti dei privati. E li regolano secondo *principi e finalità lontani dall'originaria impostazione del codice*. Il fatto è che fra il codice del 1942 e la nuova legislazione speciale di diritto privato viene a inserirsi quel grande evento normativo che è la *costituzione*, con tutta la sua carica innovativa: la legislazione speciale ha via via provveduto ad attuare le direttive costituzionali, traducendole in nuove discipline degli istituti privatistici.

Per descrivere questi sviluppi del sistema delle fonti del diritto privato, si usa il termine **decodificazione**, che allude a una crescente *marginalità del codice di fronte all'avanzata della legislazione speciale*.

Contemporaneamente *cresce l'area del diritto privato coperta da fonti secondarie*. Nei settori economici soggetti alla vigilanza pubblica di apposite Autorità, queste hanno anche compiti di regolazione: ecco perché norme sui contratti bancari, assicurativi, finanziari si trovano non nel codice e neppure in leggi speciali, ma in regolamenti della Banca d'Italia, della Consob, dell'Ivass.

E tuttavia, nonostante il fenomeno della decodificazione, *il codice conserva una grandissima importanza* per lo studio del diritto privato, perché da esso si ricavano concetti come proprietà e diritti sulle cose, debito e credito, contratto e promessa, responsabilità, danno e risarcimento: ovvero le strutture e i meccanismi fondamentali del sistema privatistico.

Perciò fra codice civile e leggi speciali può esserci *non antagonismo, ma complementarietà* e concorso di entrambi alla costruzione del sistema del diritto privato. Le leggi speciali ne aggiornano i contenuti, adeguandoli alle trasformazioni della realtà sociale. Il codice offre le categorie logiche e gli strumenti concettuali, necessari per dare un'organizzazione e un ordine alle continue novità della legislazione speciale: senza questa organizzazione e questo ordine, il diritto privato sarebbe un'accozzaglia incoerente di norme, e non un sistema normativo. Ecco perché – di fronte agli sviluppi tumultuosi e spesso confusi della legislazione speciale – si tende ad invocare, in ideale contrapposizione al fenomeno della decodificazione, l'esigenza di una *«ricodificazione» del diritto privato.*

9. I nuovi «codici» di settore

All'esigenza appena indicata il legislatore prova a dare risposta, raccogliendo a unità – entro un unico, ampio e organico testo legislativo – le norme relative a un determinato settore, che prima si presentavano frazionate e sparse in tanti testi diversi. Il linguaggio comune, e spesso anche lo stesso legislatore, li chiama «codici».

Per limitarci ai più recenti (e ovviamente considerando solo quelli che hanno rilevanza per il diritto privato), segnaliamo i «codici» in materia di: ☞ protezione dei dati personali (privacy: d.lgs. 196/2003); ☞ comunicazioni elettroniche (d.lgs. 259/2003, integrato dal d.lgs. 207/2021, che recepisce il codice europeo delle comunicazioni elettroniche); ☞ beni culturali e paesaggio (d.lgs. 42/2004); ☞ proprietà industriale (d.lgs. 30/2005); ☞ amministrazione digitale (d.lgs. 82/2005); ☞ diritti dei consumatori (d.lgs. 206/2005); ☞ assicurazioni private (d.lgs. 209/2005); ☞ protezione dell'ambiente (d.lgs. 152/2006); ☞ contratti pubblici (d.lgs. 163/2006); ☞ pari opportunità fra uomo e donna (d.lgs. 198/2006); ☞ turismo (d.lgs. 79/2011); ☞ enti del terzo settore (d.lgs. 117/2017); ☞ crisi d'impresa e insolvenza (d.lgs. 14/2019).

10. Le leggi regionali

Le leggi speciali di cui stiamo parlando sono leggi statali. Ma esistono anche leggi regionali (valide entro il territorio di ciascuna Regione interessata). Ora, in linea generale *le Regioni non hanno competenza a fare norme di diritto privato.* Questa preclusione è sempre stata riconosciuta da che esistono le Regioni ordinarie (1970), pur senza essere scritta in nessuna norma. La l.c. 3/2001 l'ha espressamente inserita in costituzione: il nuovo *art. 117, c. 1, lett. l), C.* indica fra le materie riservate alla *competenza legislativa esclusiva dello Stato* (e quindi precluse alle leggi regionali) l'*ordinamento civile*, cioè appunto il diritto privato.

La ragione è un'*esigenza di uniformità nazionale*, senza la quale si avrebbero inammissibili discriminazioni fra i cittadini, in violazione del *principio di uguaglianza*: come accadrebbe se in Veneto ci si potesse sposare a 19 anni, in Campania a 17 e nel resto d'Italia a 18; o se in Lombardia per vendere un immobile bastasse un contratto fatto a voce, mentre nel resto d'Italia occorre un contratto scritto.

Peraltro si discute se questa preclusione vada intesa in senso assoluto, o invece lasci *qualche piccolo spazio a un diritto privato regionale.* La Corte costituzionale, cui spetta controllare se le leggi regionali rispettano i loro limiti, ammette qualche apertura in tal senso.

11. Diritto internazionale privato; armonizzazione internazionale del diritto privato; diritto privato europeo

Il diritto privato moderno nasce e si sviluppa, con le grandi codificazioni, come *diritto degli Stati nazionali*: sicché ogni Stato ha il suo diritto privato, più o meno diverso da quello degli altri Stati.

Questo pone un primo problema: quando una fattispecie concreta non è totalmente «italiana», ma presenta *elementi di collegamento con altri Stati*, ad essa si applica il diritto italiano o il diritto di un altro Stato? Ad es.: se un italiano compra da un inglese un appartamento situato a Parigi, e la compravendita è firmata a Zurigo, a questo contratto si applica il diritto italiano, inglese, francese o svizzero? In situazioni del genere si crea un *conflitto di leggi*: questo viene risolto dalle norme del **diritto internazionale privato**, che servono precisamente a *individuare quale, fra i diritti dei diversi Stati coinvolti, il giudice deve applicare alla fattispecie.* Esse – sia chiaro – sono norme del diritto interno italiano, prodotte da fonti dello Stato italiano: originariamente erano contenute nelle preleggi in capo al codice civile; ma queste sono state abrogate, e sostituite da un più ampio e organico complesso di norme di diritto internazionale privato, contenute nella *l. 218/1995.*

Un altro problema sta nel fatto che il carattere «nazionale» del diritto privato entra in contrasto con le *esigenze dell'economia*, nel momento in cui questa si sviluppa sempre più su basi transnazionali. I crescenti rapporti d'affari fra cittadini e imprese di Stati diversi sono impacciati dalla diversità dei diritti applicabili ai partner stranieri, e dalle incertezze che ne derivano. Sorge così un'esigenza di **armonizzazione internazionale del diritto privato**, che superi le differenze dei diritti privati nazionali in favore di un *diritto uniforme*. Ciò può realizzarsi a diversi livelli, e con diversi strumenti.

Uno strumento generale è costituito dalle **convenzioni internazionali**: testi normativi concernenti una determinata materia, elaborati concordemente dagli Stati che vi partecipano. Con la ratifica della convenzione, ciascuno degli Stati aderenti trasferisce nel proprio diritto interno le norme della convenzione, che in questo modo vengono a valere uniformemente per tutti. Questo meccanismo ha trovato applicazione già nella prima metà del secolo: ad es., le leggi italiane in materia di cambiale e di assegno (1933) derivano dalle convenzioni di Ginevra del 1930 e 1931. Più di recente, l'Italia ha ratificato (e così trasferito nel diritto interno) altre convenzioni di diritto privato uniforme: quella di Bruxelles (1970) sui contratti internazionali di viaggio (**40**.20); quella di Vienna (1980) sulla vendita internazionale di cose mobili (**38**.14); quelle di Ottawa (1988) su factoring e leasing internazionali (**38**.20; **39**.8). Ma deve soprattutto menzionarsi una convenzione di carattere più generale: la convenzione europea sui diritti dell'uomo (cedu), del 1950, ratificata dall'Italia con l. 848/1955.

Le convenzioni sono strumenti *internazionali*: uniformano il diritto fra tutti gli Stati che liberamente vi aderiscono. Altri strumenti di uniformazione del diritto sono di tipo *sovrannazionale*: come tipicamente quelli dell'**Unione europea**, consistenti in fonti del diritto prodotte dai competenti organi dell'Unione, e vincolanti per tutti gli Stati membri. Sono essenzialmente due, regolamenti e direttive:

☞ i **regolamenti** presentano le maggiori affinità con quella che nel diritto interno è la fonte legislativa: creano *norme direttamente vincolanti non solo per gli Stati membri, ma anche per tutti gli individui e le organizzazioni (private e pubbliche) presenti al loro interno*. Nella gerarchia delle fonti, i regolamenti europei prevalgono sulla legislazione interna: le norme italiane non possono contrastare con essi; se lo fanno, sono illegittime. Ad es. la protezione dei dati personali (privacy) adesso è regolata uniformemente in tutti gli Stati dell'Unione europea dal regolamento Ue 2016/679;

☞ le **direttive** funzionano in modo diverso: non vincolano direttamente gli individui e le organizzazioni degli Stati membri, ma hanno *effetti obbligatori solo per gli Stati: li obbligano a recepire le direttive, cioè a trasformarle in norme del proprio diritto interno* attraverso fonti interne che creino tali norme, dando ad esse contenuti conformi alle direttive. In linea di massima, solo con tale recezione le norme della direttiva – diventate norme del diritto interno – operano verso individui e organizzazioni degli Stati membri. Ciò non significa che una direttiva non recepita sia del tutto irrilevante. Intanto, la mancata recezione è un illecito dello Stato verso l'Unione europea, che fa scattare a suo carico sanzioni dell'Unione. Ma ci sono conseguenze anche all'interno dello Stato membro: gli individui e le organizzazioni danneggiati dalla mancata recezione, possono ottenere il risarcimento dallo Stato responsabile di essa.

Dalla recezione di direttive europee derivano gran parte delle leggi italiane che negli ultimi anni hanno regolato (con norme omogenee a quelle parallelamente introdotte negli altri Stati membri) importanti settori del diritto privato, relativi soprattutto alle attività economiche: organizzazione e funzionamento delle società; attività finanziarie, bancarie e assicurative; protezione dei consumatori.

Principi rilevanti per il diritto privato sono enunciati nella *carta dei diritti fondamentali dell'Unione europea* («carta di Nizza») del 2000.

Nasce così un nucleo sempre più importante di **diritto privato europeo**: un complesso di principi e regole concernenti importanti istituti del diritto privato, che risultano condivisi nella generalità degli Stati europei, membri dell'Unione.

12. Gli usi e la lex mercatoria

La marginalità degli usi nel quadro delle fonti, dove domina il diritto scritto (**3**.2), vale anche per il diritto privato. Ciò non toglie che trovino qualche spazio (specie nel campo dei rapporti contrattuali) gli *usi «secundum legem»*, richiamati da norme scritte (**32**.8). Essi sono raccolti a cura delle *Camere di commercio*, che compilano – settore per settore – le c.d. *raccolte degli usi*.

Più che in ambito nazionale, gli usi trovano spazio nella dimensione internazionale. Le *prassi e i principi abitualmente osservati nei rapporti commerciali fra operatori di paesi diversi* formano un corpo di «regole» non scritte da nessuna formale autorità, ma che per l'adesione degli interessati acquistano il valore di disciplina applicabile ai loro rapporti. Per indicare questo *«diritto» internazionalmente uniforme, di fonte non pubblica*, si parla di **lex mercatoria**.

II
I DIRITTI

4
SITUAZIONI GIURIDICHE E RAPPORTI GIURIDICI

1. Le situazioni giuridiche soggettive

Come sappiamo, funzione del diritto è sistemare gli interessi umani, alla luce dei valori e degli obiettivi prevalenti nella società. Per svolgere questa funzione, le norme giuridiche stabiliscono una *graduatoria fra i diversi interessi* che fanno capo ai diversi protagonisti della vita del diritto; quindi stabiliscono che, in caso di conflitto, l'interesse di A prevale su quello di B, di C, ... di Z: e conseguentemente danno ad A, in quella certa situazione, possibilità che invece non sono date a B, C, ... Z; oppure regolano i comportamenti di B, C, ... Z in modo tale che le loro azioni si orientino a vantaggio di A. Questo si realizza attribuendo alle persone coinvolte determinate *situazioni (o posizioni) giuridiche*. E si usa precisare «situazioni *soggettive*», cioè *appartenenti a «soggetti»*: infatti è questo il termine con cui si indicano i protagonisti della vita del diritto (**10**.1).

Le situazioni giuridiche soggettive esprimono il *modo in cui le norme regolano le possibilità dei soggetti, in conformità con la graduatoria stabilita fra i loro confliggenti interessi*. Un esempio. Se A è proprietario di una casa, normalmente spetta a lui e a nessun altro la possibilità di abitarci; anzi, tutti gli altri devono evitare di fare qualsiasi cosa che impedisca ad A di abitarci tranquillamente: ciò si riassume dicendo che A ha la situazione di *proprietà* su quella casa, mentre tutti gli altri hanno la diversa situazione che consiste nel *dovere di rispettare la proprietà altrui*. Ma può darsi il caso che, pur essendo A il proprietario della casa, l'interesse abitativo di B prevalga, e la possibilità di abitarci sia data a lui e non più ad A: ciò accade per es. se A dà la casa in locazione a B; e si esprime dicendo che l'inquilino B ha una situazione chiamata *diritto personale di godimento*, mentre la corrispondente situazione di A è l'*obbligo* di mettere B in condizione di abitare tranquillamente la casa.

Il soggetto cui appartiene una situazione giuridica si dice «*titolare*» di essa (e vedremo perché: **8**.6).

2. Situazioni attive e passive

Gli esempi appena fatti chiariscono anche il senso della distinzione fondamentale fra le situazioni giuridiche:

☞ le **situazioni giuridiche attive** sono quelle che esprimono la *prevalenza dell'interesse del titolare*, sull'interesse di altri soggetti: è tale la situazione di *proprietà* (che riguardo all'uso di una cosa, generalmente fa prevalere l'interesse del titolare sull'interesse di tutti quelli che non ne hanno la proprietà); così pure la situazione di *diritto personale di godimento* di una cosa (come quella dell'inquilino), che fa prevalere l'interesse del titolare ad usarla, rispetto all'analogo interesse di chiunque altro (compreso lo stesso proprietario);

☞ le **situazioni giuridiche passive** esprimono al contrario la *subordinazione dell'interesse del titolare* rispetto all'interesse di altri soggetti, cui si dà prevalenza. Tutti quelli che non hanno la proprietà né alcun'altra situazione attiva sopra una cosa, hanno il *dovere* di rispettare la proprietà altrui, ad es. evitando di danneggiare quella cosa: la loro è una situazione passiva. Così pure quella di A che, avendo concesso in locazione a B una sua cosa, non solo non può pretendere di usarla lui, ma ha l'*obbligo* di fare quanto necessario per permettere a B (il quale ha chiaramente una situazione attiva) di utilizzare tranquillamente la cosa presa in locazione.

Le situazioni giuridiche, sia attive sia passive, possono essere molto diverse fra loro. Per questo è utile *classificarle in diversi tipi*, in relazione ai diversi caratteri che presentano.

3. Il diritto soggettivo

Il diritto soggettivo è la più importante situazione giuridica attiva. Può definirsi come *il potere di agire nel proprio interesse, o di pretendere che qualcun altro tenga un determinato comportamento nell'interesse del titolare del diritto.* Sono diritti soggettivi, ad es., la *proprietà*, che dà al proprietario il potere esclusivo di utilizzare in tanti diversi modi la sua cosa; il *credito*, che dà al creditore il potere di pretendere che il debitore gli paghi la somma dovuta; il *diritto all'onore*, che dà a ciascuno il potere di opporsi e reagire a offese che gli vengano rivolte.

Il **contenuto** dei diritti soggettivi corrisponde al *tipo di poteri* che essi danno ai titolari, e al *tipo di interessi* che gli consentono di realizzare. Questi possono essere molto vari, e correlativamente si distinguono **diverse categorie di diritti**. Ad es., il diritto di proprietà consente al proprietario di escludere chiunque altro dall'utilizzazione della cosa; di decidere se utilizzarla egli stesso (e in che modo) o farla utilizzare a qualcun altro (vendendola, regalandola, dandola in locazione, ecc.), o anche lasciarla inutilizzata o perfino distruggerla; ma non gli consente di pretendere che qualcun altro provveda alle riparazioni di cui la cosa ha bisogno. Invece il diritto dell'inquilino gli dà il potere di abitare la casa, ospitarci un amico oppure lasciarla vuota, ma non quello di trasformarla, demolirla o venderla (come potrebbe fare il proprietario); e a differenza della proprietà, attribuisce anche la pretesa che qualcun altro (il locatore) si faccia carico delle necessarie riparazioni. Perciò il diritto del proprietario appartiene a una categoria di diritti soggettivi, e il diritto dell'inquilino a una categoria diversa.

Tutti i diritti soggettivi hanno peraltro un elemento comune, che ne costituisce la caratteristica fondamentale: qualsiasi diritto soggettivo riserva al suo titolare uno spazio di **autonomia di giudizio e di decisione**, entro il quale il titolare del diritto è *libero di valutare quale sia il proprio interesse e quale il modo migliore di perseguirlo, e di agire nel modo corrispondente.*

4. Il diritto potestativo

Il diritto potestativo è una sottospecie di diritto soggettivo, la cui caratteristica è il *potere di incidere sulle situazioni soggettive altrui senza che il titolare della situazione incisa possa impedirlo.*

Ad es., in un rapporto di lavoro, il dipendente ha il diritto potestativo di dare le dimissioni: se lo esercita, cancella le situazioni giuridiche che il datore di lavoro aveva in base a quel rapporto (prima di tutto, il diritto di pretendere che quel dipendente lavori per lui); e il datore di lavoro non può opporsi a questo risultato giuridico, che pure lo tocca, ma è costretto a subirlo.

5. La facoltà

La facoltà è la *possibilità, riconosciuta al titolare di un diritto, di tenere un determinato comportamento, che è compreso nel contenuto del diritto ma non lo esaurisce*. Ad es., il proprietario di un gioiello ha facoltà di indossarlo, di tenerlo in cassetta di sicurezza, di venderlo o imprestarlo o darlo in pegno o regalarlo, e così via; il titolare del diritto su una creazione letteraria (diritto d'autore), può lasciare l'opera inedita, oppure pubblicarla per proprio conto, oppure cedere il diritto a un editore (gratis o per denaro), ecc.

Ciascuno di questi modi di esercizio del diritto corrisponde a una facoltà del suo titolare. La singola facoltà non esaurisce il diritto, ma ne è, per così dire, solo un pezzo, una componente elementare. E il *contenuto del diritto soggettivo* risulta dalla *somma delle varie facoltà* che appartengono al suo titolare.

Il concetto di facoltà esprime l'idea di una *libertà d'azione*, di una *libertà di scelta* fra vari comportamenti, che sono tutti *leciti*, cioè permessi (né vietati né imposti) dalla legge. È lo stesso senso in cui, anche nel linguaggio comune, si dice che un certo comportamento è *facoltativo* (anziché obbligatorio, o vietato).

6. L'aspettativa

L'aspettativa è la *posizione di chi non ha attualmente una situazione attiva (ad es. un diritto soggettivo), ma ha la prospettiva di acquistarla, se si verificherà un determinato evento.*

L'aspettativa può essere semplice **aspettativa di fatto**, quando *il diritto non la protegge, cioè non dà alcun rimedio per garantire che l'aspettativa si trasformi nella situazione soggettiva attesa.* Ad es.: l'anziano e ricco signor A ha come unico familiare il nipote B; se A muore senza testamento, B sarà il suo erede, e dunque egli ha l'aspettativa di acquistare un'ingente fortuna; ma la sua è una semplice aspettativa di fatto, che potrà essere delusa dalle più varie circostanze, contro le quali B non ha rimedi (B può morire prima di A; A può dissipare il suo patrimonio diventando poverissimo; A può fare un testamento in cui lascia tutti i suoi beni a X; ecc.).

Si ha invece **aspettativa di diritto**, quando la posizione del titolare è protetta con *rimedi legali contro eventi capaci di deluderla* (e cioè impedire la sua trasformazione in diritto pieno). Ad es.: A regala a B la propria automobile, ma solo a condizione che entro un anno B si laurei con 110 e lode; prima di laurearsi B non è ancora proprietario dell'auto, ma ha l'aspettativa di diventarlo; e questa è un'aspettativa di diritto, che consente a B di reagire legalmente se ad es. A nel frattempo usa l'auto in modo da distruggerla o danneggiarla (**34**.4).

7. L'interesse legittimo

L'interesse legittimo è la *situazione attiva del privato esposto all'esercizio di un potere della pubblica amministrazione, suscettibile di toccare il suo interesse.* Viene in gioco quando il privato si trova di fronte a una pubblica amministrazione che agisce non nella sua capacità di diritto privato, bensì come autorità pubblica che opera per realizzare interessi pubblici, in nome dei quali ha poteri di supremazia sui privati (**12**.18).

Ora, il privato toccato sfavorevolmente dall'esercizio dei poteri pubblici non può pretendere che la pubblica amministrazione compia atti conformi al suo interesse o non compia atti contrari al suo interesse. Egli può solo pretendere che la pubblica amministrazione, nel compiere gli atti con cui persegue l'interesse pubblico, *rispetti le norme giuridiche che regolano la sua azione*: il che corrisponde sia all'interesse del privato (danneggiato dall'irregolarità), sia all'interesse pubblico (perché è interesse dell'intera collettività che la pubblica amministrazione operi in modo regolare). Questa situazione soggettiva è l'interesse legittimo: la *pretesa del privato alla legittimità degli atti con cui la pubblica amministrazione incide sui suoi interessi*; *e quindi all'annullamento degli atti illegittimi, lesivi dei suoi interessi.*

Chi per es. si presenta a un concorso per un posto in un ente pubblico, non ha un diritto soggettivo a vincerlo ed essere assunto nel posto bandito. Quello che può pretendere è che il concorso si svolga nel pieno rispetto delle norme che lo regolano. Se il nostro candidato perde il concorso (vinto da qualcun altro), e questo si è svolto in modo regolare, egli non ha nessuna situazione attiva da far valere. Se invece il concorso è stato irregolare, allora egli può far valere un interesse legittimo: il che non significa che possa pretendere di essere proclamato vincitore; può solo chiedere che il concorso irregolare venga annullato, e sia ripetuto in condizioni di regolarità (e lo vincerà il migliore: potrà essere lui, o qualcun altro), e comunque ottenere il risarcimento del danno (**44**.10).

L'interesse legittimo è una tipica *situazione regolata dal diritto pubblico.* Si possono però vedere analogie con *situazioni regolate dal diritto privato*, in cui al titolare viene attribuito un potere per la realizzazione di un suo interesse, che però coincide con un interesse più vasto e generale: ad es. il diritto del socio di far annullare la deliberazione dell'assemblea presa in modo irregolare realizza sia l'interesse particolare del socio, contrario alla delibera, sia l'interesse più generale a che la società deliberi in modo regolare (**51**.6).

8. Gli interessi collettivi

L'interesse collettivo (o «diffuso») è una figura elaborata in connessione con fenomeni e problemi tipici delle società industriali avanzate. Si può definire come la *situazione di un soggetto, danneggiato da comportamenti altrui, i quali nello stesso tempo ledono analoghi interessi di una moltitudine di altri sog-*

getti. Esempi: la posizione dei consumatori di fronte alla pubblicità ingannevole delle imprese, ai difetti presenti in prodotti di serie, all'insicurezza o alla cattiva qualità di pubblici servizi; o la posizione degli abitanti di un luogo minacciato da fenomeni di inquinamento dell'ambiente. Il cittadino o il gruppo di cittadini il quale chiede tutela contro questi fatti dannosi, per un verso agisce nel proprio interesse (in quanto toccatone personalmente), ma per altro verso, e contemporaneamente, agisce per un interesse collettivo: l'interesse per pratiche commerciali serie e leali, per la circolazione di prodotti sicuri, per servizi pubblici efficienti, per un ambiente salubre.

Questo tipo di posizione attiva è stata inizialmente riconosciuta dai *giudici*, che da qualche decennio ammettono le azioni promosse da organizzazioni finalizzate alla tutela di interessi collettivi (associazioni ambientalistiche ammesse ad agire contro nuove opere dannose per l'equilibrio ecologico della zona; sindacati dei lavoratori ammessi a partecipare a processi per infortuni sul lavoro; organizzazioni femminili a processi per violenza sessuale, ecc.). In seguito è intervenuto il *legislatore*. Prima in ambiti settoriali: ad es., legittimando le organizzazioni di consumatori ad iniziative legali contro le pratiche commerciali scorrette (**60**.3) e contro le clausole vessatorie (**60**.6). Poi con un raggio molto più ampio: le associazioni di promozione sociale possono agire in giudizio contro atti e fatti lesivi degli interessi collettivi che esse perseguono (**12**.22).

Allargare a soggetti collettivi la possibilità di agire in giudizio non è però risolutivo, se poi il processo segue il tradizionale modello impostato sull'iniziativa individuale di chi fa valere un interesse individuale. Se ne fa carico la *l. 31/2019*, che introduce regole sui *procedimenti collettivi* (art. 840-*bis* ss. c.p.c.): questi si aprono con l'esercizio di un'**azione di classe** diretta a *ottenere da imprese o gestori di servizi pubblici risarcimenti per la lesione di "diritti omogenei"*; l'azione è esercitata da un esponente della classe dei titolari di quei diritti o da un'organizzazione dedicata alla loro tutela; ma del risultato del processo (tipicamente una condanna al risarcimento) possono godere tutti gli esponenti della classe che abbiano aderito anche successivamente all'iniziativa.

9. Il dovere

Passiamo ora alle **situazioni passive**: quelle del soggetto il cui interesse viene sacrificato all'interesse del titolare di una corrispondente situazione attiva.

È una situazione passiva il dovere, che *vieta di tenere comportamenti capaci di ledere il diritto soggettivo altrui, e in particolare quel tipo di diritto soggettivo che si definisce «assoluto»* (quale il diritto di proprietà o il diritto all'onore, come vedremo meglio: **6**.4). È una situazione che ha *carattere generale*: nel senso che grava su tutti i soggetti diversi dal titolare del diritto (tutti hanno il dovere di rispettare e non danneggiare la proprietà altrui; tutti devono evitare di offendere l'onore altrui). E *carattere negativo*: nel senso che, più che imporre al titolare di fare qualcosa, gli impone di non fare qualcosa (non fare nulla che danneggi la proprietà altrui; non divulgare fatti o giudizi offensivi per qualcuno).

10. L'obbligo

L'obbligo è la situazione passiva consistente in un *vincolo imposto all'azione del titolare, nell'interesse di chi ha un diritto soggettivo rivolto direttamente ed esclusivamente verso di lui* (cioè un *diritto soggettivo «relativo»*, come il diritto di credito: **6**.4). Il titolare dell'obbligo si chiama *obbligato*, o *debitore*.

L'obbligo ha qualcosa in comune con il dovere (il vincolo all'azione del soggetto, nell'interesse di un altro soggetto), ma il fatto di corrispondere a un diritto relativo e non assoluto determina due importanti differenze. La prima è che l'obbligo ha *carattere individuale* e non generale, nel senso che grava non su una moltitudine indeterminata di soggetti, bensì su uno o più soggetti determinati: di fronte a un credito, solo il corrispondente debitore è obbligato a pagare. La seconda è che può avere sia carattere negativo sia anche *carattere positivo*, nel senso che può consistere (e anzi normalmente consiste) nel vincolare il debitore a *fare qualcosa*, nell'interesse di chi ha il corrispondente diritto: pagare al creditore la somma di denaro, o consegnargli la cosa che ha diritto di ricevere, o eseguire per lui il servizio promesso.

11. La soggezione

La soggezione è la situazione passiva corrispondente al diritto potestativo (**4**.4). Grava su *chi si trova esposto al diritto potestativo altrui, e quindi a subire modifiche di qualche propria situazione giuridica, senza poterlo impedire*. È per es. la posizione del datore di lavoro, di fronte al diritto potestativo del dipendente di dare le dimissioni: se il dipendente si dimette, cancella un diritto soggettivo del datore di lavoro (il diritto a utilizzare le prestazioni lavorative del dipendente), e il datore non ha nessun mezzo giuridico per evitarlo.

12. La responsabilità

«Responsabilità» è una categoria fondamentale del diritto privato, e più in generale di tutto il sistema giuridico (oltre alla responsabilità civile, di cui si occupa il diritto privato, c'è la responsabilità penale, di cui si occupa il diritto penale). La responsabilità è, in generale, la *situazione del soggetto esposto a subire le conseguenze svantaggiose previste dalle norme in relazione a qualche suo comportamento o posizione.*

I casi più importanti sono quelli in cui tali conseguenze sono la sanzione per il comportamento del soggetto che viola una regola («fatto illecito»: **42**.2). Con riferimento a questi casi, la responsabilità è dunque la *situazione di chi, avendo commesso un illecito, è esposto a subire la sanzione conseguente*: chi danneggia ingiustamente un altro (contro la norma che gli vieta di farlo) o non rispetta l'obbligo che ha verso qualcun altro (contro la norma che gli impone di farlo), cade in responsabilità civile: e la sanzione che scatta è la nascita di una nuova situazione passiva a suo carico, consistente essenzialmente nell'*obbligo di risarcire il danno* causato dal suo illecito. Ma la situazione di responsabilità ha confini più ampi, perché può venire a gravare anche *su qualcuno che non ha violato nessuna regola e perciò non ha commesso nessun illecito*. Se presto la mia auto a un amico, che guidandola investe un pedone, sorge anche a mio carico una responsabilità verso il pedone: anch'io sono obbligato a risarcirlo, pur non avendo personalmente commesso nessun atto illecito. In casi come questi si parla di *responsabilità oggettiva* (**43**.10-11).

Nel diritto privato, di responsabilità si parla in un senso ancora diverso: ad es. quando si dice che il debitore risponde dei suoi debiti con tutti i suoi beni. Qui si vuole dire che se il debitore non paga spontaneamente, il creditore può attivare un meccanismo giudiziario per trasformare in denaro i beni del debitore, e sull'importo così ricavato ottenere la somma che gli spetta: è la c.d. *responsabilità patrimoniale del debitore* (**27**.2). In questo particolare significato, la responsabilità non crea un obbligo a carico del responsabile (che è già obbligato, avendo il debito); essa piuttosto fa sì che il debitore, se non paga, risulti esposto alla possibilità di perdere i propri beni per iniziativa del creditore: dunque finisce per identificarsi con una situazione di *soggezione* (**4**.11).

13. La potestà

La potestà è una delle situazioni che stanno, per così dire, a cavallo fra situazioni attive e situazioni passive. Consiste in un *complesso di poteri attribuiti a un soggetto, che però deve esercitarli non nell'interesse proprio ma nell'interesse altrui.* Il principale esempio è la posizione dei genitori rispetto ai figli minorenni (anche se il legislatore di recente ha abbandonato l'uso del termine: **64**.16).

Come lo stesso nome indica, la potestà ha qualcosa in comune con il diritto potestativo: chi la esercita può incidere sulle situazioni giuridiche altrui, indipendentemente dalla volontà del titolare di queste (ad es., la decisione dei genitori di vendere un bene del figlio minore per reinvestirne il ricavato fa perdere al minore la proprietà di quel bene, anche se l'interessato non ha partecipato in nessun modo alla decisione).

Essa, peraltro, si differenzia nettamente dal diritto soggettivo: le valutazioni e le scelte del titolare non sono autonome, e orientate al suo interesse; sono invece *vincolate alla funzione di servire l'interesse altrui, e soggette a controlli esterni* per garantire che tale funzione sia realizzata adeguatamente (ad es., la decisione dei genitori di vendere un bene del figlio minore è sottoposta all'autorizzazione del giudice, che verifica se essa è conveniente per il minore).

Non siamo lontani dagli schemi del diritto pubblico: dove un soggetto dotato di autorità incide su posizioni altrui, in base a un potere che non è libero nei fini bensì è vincolato alla realizzazione dell'interesse pubblico.

14. L'onere

L'onere è la situazione di *chi deve tenere un determinato comportamento, se vuole avere la possibilità di utilizzare qualche sua situazione attiva*, perché le norme subordinano tale possibilità alla condizione che egli tenga quel comportamento. Ad es., chi ha comprato una cosa e poi scopre che è difettosa, ha dei diritti contro il venditore (c.d. garanzia per vizi); ma ha anche l'onere di denunciare il difetto entro otto giorni dalla scoperta; se non lo fa, la legge non gli consente di esercitare la garanzia (**38**.8).

Anche l'onere ha una doppia natura. Partecipa delle situazioni attive, perché l'obiettivo finale è *realizzare un interesse del soggetto* (nell'esempio, dargli un rimedio contro l'acquisto difettoso). Ma partecipa anche delle situazioni passive, perché consiste in un *vincolo posto alla sua azione*: il compratore *deve* fare tempestivamente la denuncia, *se vuole* quei rimedi. Peraltro, si differenzia nettamente dall'obbligo: se il soggetto non osserva l'onere *non commette un illecito e non incorre in responsabilità*, come invece accade a chi non osserva un obbligo; semplicemente rinuncia a un vantaggio, perché non si mette in condizione di utilizzare la propria posizione attiva.

15. Lo status

Più che una singola situazione giuridica, lo status è un *complesso di situazioni giuridiche, alcune attive altre passive, che spettano al soggetto in virtù di qualche sua qualità o collocazione sociale*.

Fondamentale fra tutti è lo status di *cittadino*: a seconda che uno sia cittadino italiano piuttosto che tedesco, egli risulta titolare di certe situazioni attive e passive piuttosto che di altre. Ma la cittadinanza è fondamentalmente uno *status di diritto pubblico*: le situazioni che esso comprende riguardano per lo più i rapporti fra il cittadino e lo Stato, regolati dal diritto pubblico.

Esistono però anche *status di diritto privato*: lo status di coniuge, di genitore, di figlio, di socio di una società, di imprenditore, ecc. E ciascuno comprende situazioni di vario genere: ad es. lo status di genitore di un figlio minorenne comprende il diritto di essere rispettato dal figlio; l'obbligo di mantenerlo, istruirlo ed educarlo (ma insieme il diritto verso l'altro genitore a che anch'egli vi provveda per la sua parte); poi la potestà di prendere, nel suo interesse, decisioni che lo riguardano; e così via.

16. Il carattere «convenzionale» delle situazioni giuridiche

A questo punto è utile un'avvertenza. Le definizioni e le classificazioni delle situazioni giuridiche, che abbiamo appena esposto, vanno prese non in modo rigido e assoluto, ma con un po' di relatività. Lo stesso linguaggio delle norme spesso non è coerente: ad es., l'art. 143 prima dice che «con il matrimonio il marito e la moglie ... assumono i medesimi *doveri*» (c. 1), e subito dopo parla del loro «*obbligo* reciproco alla fedeltà, all'assistenza morale e materiale, ecc.» (c. 2).

Non bisogna preoccuparsene più che tanto. I nomi delle situazioni giuridiche, e l'uso di essi nei discorsi sul diritto, hanno un valore convenzionale, di comodità: servono a *semplificare il discorso, riassumendo in modo «artificiale» quella che è la vera «realtà» del diritto (la realtà delle norme, fatte di regole e di sanzioni applicate dagli apparati)*, la cui esplicitazione completa richiederebbe discorsi molto lunghi. Così, per spiegare la norma sul pagamento dei debiti, uno dovrebbe dire: «il debitore non è libero di pagare o non pagare; la legge vincola il suo comportamento, imponendogli di pagare; se il debitore non paga, la legge dà al creditore la possibilità di rivolgersi al giudice per chiedergli, ecc.; e allora il giudice disporrà la vendita forzata dei beni del debitore, ecc.; e alla fine il creditore realizzerà il suo credito». Ma tutto questo può riassumersi, con utile economia di parole, dicendo che il debitore ha l'«obbligo» di pagare, e il creditore ha «diritto» di essere pagato: perché – per convenzione – «obbligo» e «diritto» esprimono sinteticamente tutte quelle conseguenze giuridiche. E le convenzioni (comprese quelle linguistiche) non sono mai rigide, assolute, immutabili.

L'importante è capire quali sono le conseguenze che le norme ricollegano ai fatti: queste sono la «cosa», di cui le situazioni giuridiche rappresentano il «nome». E il nome segue la cosa, non viceversa. Ciò aiuta a capire, al di là delle parole, la realtà di certi fenomeni. Quando si dice che verso il 1960 in Italia è nato un nuovo diritto soggettivo che prima non esisteva, il «diritto alla riservatezza» (**13**.8), non si deve intendere che *prima* è nato quel diritto, e *quindi*, di conseguenza, i giudici hanno cominciato ad accordare risarcimenti a chi subisce divulgazioni di fatti intimi della sua sfera personale; la realtà è che *prima* i giudici, interpretando le norme in modo evolutivo, hanno cominciato ad accordare quei risarcimenti, e *quindi* – per esprimere sinteticamente questa nuova realtà giuridica – si è preso a dire che è nato questo nuovo «diritto».

17. Il rapporto giuridico: le parti

Gli esempi fatti indicano che quasi sempre esiste una *relazione fra una situazione attiva e una corrispondente situazione passiva*. O meglio *fra i titolari* di esse: il titolare della situazione attiva (*soggetto attivo*) e il titolare della situazione passiva (*soggetto passivo*). Tale relazione si definisce **rapporto giuridico**.

Il collegamento fra le due posizioni – e dunque l'esistenza del rapporto giuridico fra soggetto attivo e soggetto passivo – in alcuni casi è molto stretto: dire che il creditore ha il *diritto* di ricevere la somma dovutagli dal debitore, significa ovviamente che il debitore ha l'*obbligo* di pagarla; senza questo comportamento vincolato del debitore (se cioè costui fosse libero di pagare o non pagare), il diritto del creditore sarebbe inconsistente. (Un certo collegamento esiste anche quando appare meno immediato, come quello fra il diritto di proprietà e il dovere che tutti hanno di rispettarlo: il proprietario può ricavare utilità dal suo diritto sulla cosa semplicemente usandola per conto suo, senza la collaborazione di altri soggetti; ma perché questa possibilità gli sia effettivamente garantita, occorre che tutti quanti evitino di danneggiare la cosa o ostacolarne l'uso).

Nei rapporti del primo tipo, il *soggetto attivo* e il corrispondente *soggetto passivo* si dicono **parti** del rapporto giuridico. Ma non sempre la parte s'identifica con una singola persona. Parte è il *centro di interessi omogenei* nell'ambito del rapporto, sicché una parte può essere composta da più persone: se A e B, comproprietari di un bene, lo vendono a C, e così nasce un diritto di credito verso il compratore per il prezzo, nel corrispondente rapporto giuridico i due comproprietari A e B formano una sola parte (parte venditrice/creditrice), e C è l'altra parte (parte compratrice/debitrice).

Data una parte del rapporto giuridico, l'altra parte si chiama *controparte* della prima: il debitore è controparte del creditore, e viceversa.

Finora, per comodità, abbiamo ipotizzato il rapporto giuridico che *collega una singola situazione attiva con una singola situazione passiva*: è il rapporto **semplice**. Ma spesso il rapporto giuridico si presenta come rapporto **complesso**: quello in cui *a ciascuna delle parti fa capo non una singola situazione, attiva o passiva, bensì un insieme di situazioni diverse, attive e passive, collegate fra loro*. Ad es., da una locazione nasce un rapporto giuridico complesso fra locatore e conduttore: il locatore ha vari diritti (ricevere i canoni, pretendere che il conduttore non danneggi la cosa locata, ottenerne la restituzione alla scadenza) e vari obblighi (consegnare la cosa, eseguire le riparazioni straordinarie che questa richieda, difendere il conduttore contro le pretese che qualcun altro avanzi circa l'uso della cosa); e correlativamente obblighi e diritti ha il conduttore (pagare i canoni, non danneggiare la cosa, restituirla alla scadenza; ricevere la cosa, ottenere le riparazioni necessarie, essere difeso contro estranei che contestano il suo diritto di usare la cosa).

Il rapporto giuridico presuppone almeno due parti: e quando ha *due sole parti* si definisce rapporto **bilaterale**. Ma può avere anche *più di due parti*, quando nell'ambito di esso ci sono più di due distinti centri di interessi omogenei, e allora si dice rapporto **plurilaterale**: per es. quello che nasce fra i quattro soci che insieme costituiscono una società; o fra i tre comproprietari di un bene che si accordano su come dividerlo fra loro.

18. Parti e terzi

Nel diritto privato è molto importante il concetto di «terzo». Esso si definisce in relazione, o meglio in contrapposizione, al concetto di parte del rapporto giuridico: *chiunque non sia parte di un rapporto giuridico* è **terzo** rispetto a quel rapporto. Se per es. A vende una cosa a B, ne nasce un rapporto giuridico di cui A e B sono le parti; rispetto a quel rapporto C è terzo (così come sono terzi D, E, ... X, Y, Z, ecc.). Distinguere fra chi è parte di un rapporto giuridico e chi è terzo rispetto ad esso è di fondamentale importanza.

La *regola generale* da cui partire è che *ciò che accade nell'ambito di un rapporto normalmente tocca solo le situazioni giuridiche delle parti di esso, e non tocca le situazioni dei terzi estranei ad esso*. Ma diciamo subito che questa regola può conoscere notevoli *eccezioni*.

Ovviamente, non si pongono problemi quando i terzi sono indifferenti al rapporto fra le parti: se A vende a B un bene per il quale nessun altro ha interesse, è chiaro che nessuno avrà nulla da chiedere ad A o a B in relazione a quel loro rapporto. Ma può accadere che ci sia qualche terzo, a cui il rapporto fra le parti non è indifferente: se ad es. X era interessato al bene venduto da A a B, e avrebbe voluto acquistarlo lui, è evidente che il rapporto costituito dalla vendita fra A e B lo disturba, perché gli impedisce di ottenere il bene desiderato. E allora un problema si pone: sapere se il terzo X ha qualche mezzo giuridico per affermare il proprio interesse, qualche rimedio giuridico da attivare contro A o contro B. La risposta può essere diversa, a seconda di come si presentano le varie situazioni. Lo vedremo nel seguito, tutte le numerose volte che ci capiterà di *domandarci qual è, rispetto a un determinato rapporto fra due parti, la posizione giuridica dei terzi.*

5
FATTI, ATTI ED EFFETTI GIURIDICI

1. Situazioni giuridiche, effetti giuridici e fattispecie giuridiche

Le situazioni giuridiche *non restano immobili nel tempo, ma mutano continuamente.* Continuamente nascono nuove situazioni giuridiche, che prima non esistevano, e le situazioni esistenti si modificano o si estinguono. A costruisce un immobile su un suo terreno: ne nasce un nuovo diritto di proprietà (sull'immobile appena costruito). Quindi A vende l'immobile a B: quel diritto di proprietà si sposta da A a B. Se poi B muore lasciando erede C, quello stesso diritto si sposta ancora, passando da B a C. Immaginiamo a questo punto che l'immobile di C vada distrutto in un incendio causato da X: C perde allora il suo diritto di proprietà, che si estingue perché il suo oggetto non c'è più; ma acquista un diritto nuovo e diverso, cioè un credito verso X a ricevere da lui il risarcimento per la distruzione del bene; e correlativamente nasce a carico di X l'obbligo di pagare il risarcimento. E gli esempi potrebbero moltiplicarsi.

Viene in gioco il concetto di **effetti giuridici**: che sono *i mutamenti che si producono nelle situazioni giuridiche dei soggetti.* Più precisamente, a seconda del tipo di mutamento che si produce, gli effetti possono consistere nella *creazione, modificazione o estinzione di situazioni giuridiche.*

Gli «effetti» giuridici si producono solo quando c'è una «causa» che li determina. La *causa che determina gli effetti giuridici* si definisce **fattispecie giuridica**. Ad es., la costruzione dell'immobile sul terreno di A è la fattispecie che determina l'effetto di creare il suo diritto di proprietà sull'immobile; la vendita dell'immobile a B è la fattispecie che trasferisce quel diritto dal primo al secondo; la morte di B (insieme con il suo testamento a favore di C) è la fattispecie che ulteriormente lo trasferisce a C; la distruzione dell'immobile è la fattispecie che determina l'estinzione del suo diritto di proprietà; questa stessa distruzione, in quanto avvenuta per colpa di X, è la fattispecie che fa nascere il diritto di C e l'obbligo di X al risarcimento del danno.

Abbiamo già incontrato il concetto di fattispecie, parlando della norma giuridica (**1**.5), ed è chiaro il collegamento con quello che si diceva allora: se c'è corrispondenza tra la fattispecie concreta da trattare e la fattispecie astratta descritta dalla norma, si producono le conseguenze stabilite della norma stessa; il che può anche esprimersi dicendo che *la fattispecie (concreta) produce gli effetti giuridici che la norma prevede, in relazione alla fattispecie astratta descritta nella norma stessa.*

Quando un elemento della realtà (fattispecie concreta) corrisponde alla fattispecie di una norma, e quindi produce effetti giuridici, si dice che quell'elemento ha *rilevanza giuridica*, o è *giuridicamente rilevante*. È chiaro che la rilevanza giuridica di un elemento della realtà va considerata in relazione a una norma determinata: ad es., se uno involontariamente danneggia la cosa altrui, ciò ha rilevanza giuridica dal punto di vista delle norme di diritto privato sul risarcimento dei danni (nasce la responsabilità civile del danneggiante e il suo obbligo di risarcire); non ha nessuna rilevanza giuridica dal punto di vista delle norme del diritto penale (non c'è nessun reato, e nessuna responsabilità penale del danneggiante). Altre volte, la stessa fattispecie può essere rilevante in relazione a norme diverse, e allora produce diverse serie di effetti giuridici: ad es., se A ferisce volontariamente B, ciò è rilevante sia dal punto di vista del diritto privato (che obbliga A a risarcire il danno) sia dal punto di vista del diritto penale (che assoggetta A alla pena prevista per il reato commesso).

Abbiamo parlato di causa e di effetti, ma ciò non deve trarre in inganno. La fattispecie non «causa» l'effetto giuridico in base a un *rapporto di causalità naturale* come quello che opera nel mondo fisico (e che ad es. ci fa dire che il passaggio dell'acqua allo stato solido è l'effetto dell'abbassamento di temperatura, il quale ne è la causa). La fattispecie «causa» l'effetto giuridico solo *perché le norme stabiliscono, in base a una valutazione di opportunità politica, che a quella certa fattispecie consegua quel certo effetto giuridico.* Tanto è vero che, se cambiano le norme, una data fattispecie può cessare di causare l'effetto giuridico che prima causava, o cominciare a causare effetti che prima non causava: se ad es. cambiano le norme sul risarcimento dei danni, uno stesso fatto dannoso, che prima non creava alcun obbligo del danneggiante e alcun diritto del danneggiato al risarcimento, può da quel momento creare tali situazioni giuridiche.

La fattispecie può presentarsi con caratteri molto diversi. Può essere una fattispecie **semplice**, come nel caso della vendita dell'immobile da A a B, che basta di per sé a spostare il diritto di proprietà fra i due. Oppure può trattarsi di una fattispecie **complessa**, e consistere in *vari elementi combinati fra loro*: ad es. la fattispecie per cui C acquista la proprietà come erede testamentario di B, è formata da almeno tre elementi: la morte di B, più l'esistenza di un suo testamento che nomina C come erede, più la dichiarazione di C di accettare l'eredità. Quando gli elementi della fattispecie complessa non si realizzano nello stesso istante, bensì *uno dopo l'altro, in una sequenza temporale più o meno lunga* (come nell'esempio appena fatto), si parla di fattispecie **a formazione progressiva**: la fattispecie è completa, e produce i suoi effetti, solo quando l'ultimo dei suoi elementi si è realizzato.

Inoltre le fattispecie possono differenziarsi, a seconda del *ruolo che giocano la volontà e la consapevolezza umane*. Viene così in rilievo la distinzione tra **fatti giuridici** e **atti giuridici**, di cui ci occupiamo adesso.

2. I fatti giuridici

Fatti giuridici sono gli *eventi che accadono e producono i loro effetti giuridici indipendentemente da intenzionalità e consapevolezza umane*.

Sono senz'altro fatti giuridici gli eventi che si determinano esclusivamente nella *sfera fisica e biologica*: si pensi alla distruzione di un immobile per scossa sismica, che estingue il corrispondente diritto di proprietà.

Ma sono fatti giuridici anche gli eventi riconducibili a un'*attività umana*, quando questa origine sia *irrilevante per il prodursi dell'effetto giuridico considerato*. Se A e B fanno sesso e ne nasce un bambino, l'effetto giuridico è il crearsi di un rapporto di filiazione; la fattispecie che la crea, benché implicante un'attività umana, è il fatto giuridico della generazione, e il suo effetto giuridico prescinde del tutto da ciò che A e B pensavano e volevano nel momento di fare sesso, o prima, o dopo. Se la distruzione dell'immobile di X, anziché essere accidentale, dipende da qualche azione di Y, questa (oltre a estinguere il diritto di proprietà sull'immobile distrutto) potrà creare l'obbligo di Y di risarcire il danno a X. Ma anche tale effetto giuridico non presuppone che l'azione di Y sia consapevole e volontaria. Pur trattandosi di azione umana, siamo dunque in presenza di un fatto giuridico: tanto è vero che la parte del codice dedicata a questo tema si intitola «Dei *fatti* illeciti» (**42**.2).

3. Gli atti giuridici: negoziali e non negoziali

Atti giuridici sono *le azioni umane, sostenute da un certo grado di consapevolezza e intenzionalità, la cui rilevanza giuridica (= capacità di produrre effetti giuridici) dipende specificamente dalla presenza di questo fattore umano.*

A seconda di come si configura il fattore umano (e in particolare l'elemento della consapevolezza e dell'intenzionalità che sostengono l'atto), essi si dividono in due categorie:

☞ gli **atti negoziali** (o *negozi giuridici*) sono quelli in cui consapevolezza e intenzionalità umane si esprimono al più alto grado di intensità. Pensiamo ad atti come: compravendite o altri contratti, matrimonio, testamento, licenziamento di un dipendente, dimissioni date da un dipendente, ecc. Essi producono effetti giuridici importanti (passaggi di proprietà, creazione del rapporto coniugale, individuazione degli eredi che subentreranno nel patrimonio del testatore dopo la sua morte, scioglimento del rapporto di lavoro). Bene, gli atti negoziali si basano fortemente sulla **volontà** del loro autore, e questa volontà gioca su due piani: ✦ la *volontà di compiere l'atto* (la volontà, per es., di scrivere sulla scheda le parole che indicano i propri eredi), ma oltre a questo qualcosa di più, e cioè ✦ la *volontà di produrre proprio gli effetti giuridici che le norme ricollegano all'atto* (la volontà di attribuire alle persone indicate come eredi la possibilità giuridica di subentrare nell'eredità). L'autore compie l'atto negoziale perché è suo interesse e scopo che si producano gli effetti giuridici di quell'atto; se non volesse quegli effetti, non farebbe quell'atto; se volesse effetti diversi, farebbe un atto diverso, capace di produrre quei diversi effetti. A vende a B un bene, e B lo compra, per 10.000 euro: gli effetti giuridici dell'atto sono che la proprietà passa da A a B, e nasce un debito di B verso A per 10.000 euro. Tali effetti sono esattamente ciò che le parti volevano, ciò che le ha spinte a fare l'atto: A ha venduto perché voleva incassare 10.000 euro (essendo disposto per questo a perdere la proprietà della cosa); B ha comprato perché voleva la proprietà della cosa (accettando per questo un debito di 10.000 euro). E infatti la *compravendita* è un atto negoziale, è un negozio giuridico. Così pure è un negozio giuridico il matrimonio: se Bruno sposa Chiara, lo fa perché vuole l'effetto giuridico di diventare coniuge di lei, e così assumere tutti i diritti e obblighi reciproci (convivenza, fedeltà, assistenza, ecc.) che le norme ricollegano alla fattispecie matrimonio;

☞ la categoria contrapposta – quella degli **atti non negoziali** – è meno significativa. Anch'essi implicano un certo grado di consapevolezza e intenzionalità, che tuttavia si assesta a una soglia più bassa rispetto ai negozi: implicano *la volontà di compiere l'atto, ma non anche la volontà di creare gli effetti giuridici che l'atto produrrà*. Un esempio è la *confessione*: se la parte di un rapporto litigioso fa una dichiarazione con cui ammette fatti sfavorevoli a sé e favorevoli all'altra parte, l'effetto giuridico è che i fatti si considerano provati (**9**.21). Questo effetto si produce anche se chi ha fatto la confessione non aveva nessuna intenzione di produrlo: dunque c'è consapevolezza e volontà dell'atto (ammettere un fatto), ma non volontà dei suoi effetti (rendere quel fatto provato). Lo stesso può dirsi per l'atto di *pagamento*, che ha l'effetto di estinguere il debito.

Talora c'è incertezza sulla natura di qualche atto (negoziale o non negoziale?). La rilevanza pratica della qualificazione è questa: se l'atto è *negoziale*, si aprono *maggiori possibilità di mettere in discussione i suoi effetti.*

4. Segue: dichiarazioni di volontà e dichiarazioni di scienza

Ci sono casi in cui l'atto consiste in un comportamento che non ha la funzione di rappresentare o comunicare qualcosa: ad es., il pagamento di un debito, con cui il debitore non intende comunicare niente a nessuno, bensì semplicemente fa quello che le norme gli impongono di fare. Ma sono casi marginali. Normalmente gli atti hanno una *funzione rappresentativa o comunicativa*: manifestano qualcosa. Il modo consueto con cui si manifesta qualcosa è dirla con parole: cioè fare una dichiarazione. E la grandissima parte degli atti consistono appunto in dichiarazioni. Le dichiarazioni si dividono in due categorie, e il criterio distintivo è il *contenuto della dichiarazione*, in relazione al quale si determinano gli *effetti giuridici dell'atto*:

☞ le **dichiarazioni di volontà** sono quelle che *manifestano una volontà dell'autore, rivolta verso uno scopo*. Nei casi più importanti lo scopo è *produrre effetti giuridici*. La dichiarazione di volontà rivolta alla produzione di effetti giuridici è un *atto negoziale*, un negozio giuridico (**5**.3). È in base a dichiarazioni di volontà che si formano contratti, testamenti, matrimoni, ecc. E i loro effetti giuridici corrispondono normalmente a quelli voluti dal dichiarante, che ha fatto la dichiarazione proprio per produrre quegli effetti;

☞ invece le **dichiarazioni di scienza** sono quelle che *rappresentano e comunicano una realtà, così come conosciuta dal dichiarante*. Ne sono esempio la *confessione*, appena richiamata (**9**.19), o la *quietanza*, con cui chi riceve un pagamento attesta di averlo ricevuto (**23**.1). Questi atti rappresentano non un'intenzione del dichiarante, ma una realtà (del dichiarante stesso, o esterna a lui). La volontà del dichiarante può venire in gioco: dopo tutto, uno fa una confessione perché vuole farla; e la farà per qualche scopo. Ma *non viene in gioco come volontà degli effetti dell'atto*. Questi si producono in conformità con la realtà rappresentata dal dichiarante, e con le corrispondenti previsioni delle norme; non in conformità con l'intenzione del dichiarante. Se un litigante confessa un fatto in vista del vantaggio che secondo lui gli porterà nella lite, mentre in realtà quel fatto gioca contro di lui e gli fa perdere la lite, tale discrepanza tra effetti voluti ed effetti prodotti è irrilevante: la confessione resta ferma, e produce l'effetto di provare il fatto che fa vincere l'avversario.

È chiaro il nesso con la distinzione vista sopra: le dichiarazioni di volontà sono *atti negoziali*, le dichiarazioni di scienza sono *atti non negoziali*.

Consideriamo adesso ulteriori classificazioni degli atti.

5. Atti patrimoniali e non patrimoniali

Questa prima classificazione si basa sulla *natura delle* situazioni *giuridiche* a cui si riferiscono gli effetti dell'atto; e implica che «patrimoniale» significhi «economico» (come vedremo meglio: **7**.16).

Gli atti **patrimoniali** incidono su *situazioni di tipo economico* (proprietà, debiti, crediti, ecc.). Sono atti patrimoniali ad es. i contratti (prototipo la vendita, che trasferisce la proprietà e fa nascere debiti e crediti); le promesse, che fanno nascere il debito di chi promette; la rinuncia al credito, che cancella il credito e il debito corrispondente; ecc.

Gli atti **non patrimoniali** riguardano *situazioni giuridiche di tipo prevalentemente non economico*. Tipicamente il matrimonio: è vero che alcuni effetti di questo atto riguardano anche situazioni a contenuto economico (la proprietà dei beni acquistati dai coniugi; il loro obbligo di concorrere al mantenimento della famiglia); ma gli effetti più importanti riguardano situazioni di tipo personale. Lo stesso vale per l'atto di riconoscimento del figlio extramatrimoniale.

Il testamento è un atto fondamentalmente patrimoniale; ma può avere anche contenuti non patrimoniali.

6. Atti onerosi e gratuiti

Questa classificazione è interna alla categoria degli atti patrimoniali, e si fonda sul *senso economico dell'atto*.

Gli atti **onerosi** sono quelli in cui *tutte le parti coinvolte nell'atto sostengono un sacrificio economico e correlativamente ricevono un vantaggio economico*. È il caso della compravendita, dove il venditore ottiene il prezzo sacrificando la proprietà della cosa, mentre il compratore affronta il sacrificio del prezzo da pagare per avvantaggiarsi in cambio con la proprietà della cosa.

Gli atti **gratuiti** sono quelli in cui *solo una delle parti coinvolte sostiene un sacrificio economico, mentre l'altra ottiene un vantaggio senza affrontare un corrispondente sacrificio*. Caso tipico la donazione, dove il donatario si arricchisce gratis, perché riceve la proprietà della cosa senza dare nulla in cambio; oppure il comodato, con cui si dà la propria cosa in uso a un altro, senza ricevere nessun compenso.

7. Atti fra vivi e a causa di morte

Sono due classi di atti che si distinguono in base al criterio del *fattore in vista del quale si vuole la produzione degli effetti.*

Gli atti **a causa di morte** producono i loro *effetti solo in relazione alla morte dell'autore dell'atto*, che lo ha compiuto proprio in vista di questo evento. Ne è prototipo l'atto di testamento: se A nel 2012 fa un testamento dove nomina erede B, e poi muore il 12 ottobre 2016, è solo da questa data che B è giuridicamente l'erede designato di A.

Gli atti **fra vivi** sono quelli che *per produrre effetti non presuppongono la morte del loro autore*: contratti, matrimoni, riconoscimenti di figli naturali, promesse, rinunce, ecc. di regola producono i loro effetti dal momento in cui sono formati.

8. Atti unilaterali, bilaterali, plurilaterali e collegiali

Questa classificazione assume il criterio della *struttura dell'atto* (in parole più semplici: le dichiarazioni di quante parti sono necessarie, per formare l'atto?).

Gli atti **unilaterali** sono *formati dalla dichiarazione di una sola parte*: ad es. il testamento, l'accettazione di eredità, una promessa, una rinuncia. Ciò non significa che gli atti unilaterali riguardino esclusivamente il loro autore; essi possono invece coinvolgere gli interessi e le situazioni di altre persone: l'atto di dimissioni del dipendente incide anche sulla situazione del datore di lavoro, ma si forma prescindendo da qualsiasi dichiarazione di questo.

Gli atti **bilaterali** sono quelli *formati da dichiarazioni di entrambe le parti coinvolte*: è il caso della compravendita, e in genere di tutti i contratti (dove ciascuna parte compie l'atto per il proprio interesse, per lo più contrapposto all'interesse di controparte); è anche il caso del matrimonio, dove pure non c'è quella contrapposizione di interessi. La vendita si forma solo se entrambe le parti dichiarano di volerla fare; il matrimonio, solo se entrambi gli sposi dichiarano di prendersi come marito e moglie.

Gli atti **plurilaterali** sono quelli *formati da dichiarazioni di tre o più parti*. Le parti dell'atto plurilaterale possono trovarsi su *posizioni di interesse contrastanti* fra loro: è quanto accade per es. con l'atto di divisione della cosa comune fra tre comproprietari (dove ciascuno punta a valorizzare al massimo la propria quota, a spese della quota degli altri). Ma possono anche trovarsi su *posizioni* *di interesse comuni*, perché l'atto persegue un risultato giuridico che torna a vantaggio di tutti indistintamente: si pensi all'atto con cui diversi soci creano una società, per esercitare insieme un'attività economica e ricavarne utili.

Gli atti **collegiali** sono gli *atti di un'organizzazione, formati dalle dichiarazioni di più persone che compongono un organo interno di essa*: ad es., la deliberazione dell'assemblea di una società o di un condominio. Queste dichiarazioni consistono nel **voto**, con cui ciascun socio o condomino manifesta la sua *volontà di approvare o non approvare la deliberazione* proposta all'assemblea. La deliberazione approvata non viene riferita ai singoli soci o condomini che hanno votato a favore, bensì all'intera assemblea e tramite questa all'organizzazione.

Spesso un atto risulta dalla combinazione di *più atti, preparatori e strumentali rispetto all'atto finale*: la deliberazione è atto collegiale dell'assemblea, che risulta dal concorso dei singoli voti, ciascuno dei quali è atto individuale del socio o del condomino che lo esprime; il contratto è un unico atto bilaterale, riferito a entrambe le parti: ma ciascuna delle due dichiarazioni che lo formano è a sua volta un atto della singola parte (la proposta di chi offre di vendere, l'accettazione di chi accetta di comprare).

9. Classificazioni degli atti, e disciplina degli atti

Come visto per le situazioni giuridiche (**4**.16), anche *le definizioni e classificazioni degli atti hanno un valore relativo*, con ampi margini di incertezza e opinabilità.

Non c'è da meravigliarsi. Anche le definizioni e le classificazioni degli atti sono strumenti convenzionali e, in un certo senso, artificiali: espedienti linguistici creati per semplificare i discorsi giuridici. La loro funzione è *riassumere le discipline degli atti*, cioè i trattamenti giuridici che le norme riservano ai vari atti. Anziché dire che l'atto di vendita ha le conseguenze a, b, c, ... z, e che le stesse conseguenze giuridiche hanno l'atto di locazione, l'atto di appalto, l'atto di mutuo, si fa prima a dire che vendita, locazione, appalto e mutuo sono atti negoziali, patrimoniali, bilaterali (cioè contratti): sul presupposto che tutti i contratti hanno le conseguenze giuridiche a, b, c, ... z.

Come a ciascuna categoria di atti corrisponde una *disciplina omogenea per tutti gli atti appartenenti alla categoria*, così per converso quella disciplina *si differenzia dalla disciplina degli atti appartenenti a una diversa categoria*; e l'uso delle categorie semplifica la rappresentazione di queste differenze. Ad es.: gli atti negoziali possono essere messi in discussione (e i loro effetti cancellati) se l'autore era incapace di intendere e di volere o se la sua volontà si è formata in modo difettoso, mentre gli atti non negoziali sono insensibili a queste evenienze; nel campo degli atti negoziali, il vincolo legale che deriva da quelli onerosi è in linea di massima più stringente del vincolo che deriva dagli atti gratuiti.

10. L'attività giuridica privata e pubblica: l'autonomia privata

Nella vita di ogni giorno si compie una quantità enorme di atti giuridici della più diversa natura: **attività giuridica** è la formula che indica *il fenomeno del continuo e incessante compimento di atti giuridici*. È evidente che qui ci occupiamo degli atti giuridici privati, e dunque dell'**attività giuridica privata**: quella svolta dai privati, e anche dagli enti pubblici che agiscono non in posizione di supremazia bensì su un piano di parità con le proprie controparti. Negli ordinamenti giuridici moderni, l'attività giuridica privata si lega ad un concetto fondamentale: autonomia privata.

Secondo il suo etimo greco, la parola «autonomia» significa potere di darsi da sé le proprie regole di condotta, anziché farsele imporre da un'autorità esterna. Nel linguaggio giuridico, l'**autonomia privata** è il *potere dei soggetti di creare e conformare le proprie situazioni giuridiche liberamente, secondo la propria volontà, i propri interessi, i propri gusti*. E siccome il mezzo principale per creare e conformare le situazioni giuridiche è compiere atti giuridici, l'autonomia privata si realizza essenzialmente tramite l'*attività giuridica*, e in particolare con il compimento di *negozi giuridici*.

Il discorso risulta più chiaro, se si richiama l'esempio portato per illustrare la distinzione fra diritto privato e diritto pubblico, quando si è messa a confronto una *compravendita* con un'*espropriazione* (**2**.1). Se io vendo un terreno che mi appartiene, perdo la proprietà di esso, che passa al compratore, e ottengo in cambio un prezzo. Un risultato apparentemente analogo si produce se, anziché vendere il mio terreno, ne vengo espropriato dalla pubblica autorità: la proprietà del bene passa a questa, che mi versa in cambio una somma di denaro (indennità di esproprio). In realtà la differenza fra le due ipotesi è profondissima. Nel primo caso, il trasferimento della proprietà avviene attraverso un atto di autonomia privata: sono io che ho deciso liberamente di vendere; io ho fissato, d'accordo con il compratore, il prezzo e le altre condizioni dell'affare, che nasce dalla mia volontà. Siamo nel campo del diritto privato, e domina l'autonomia privata. Nel secondo caso, la mia situazione di proprietà viene toccata (mi viene tolta) senza, anzi contro, la mia volontà: non sono più io che autodetermino le mie situazioni giuridiche; queste vengono determinate da decisioni altrui, che io subisco per comando dell'autorità. Qui siamo nel campo del diritto pubblico, e l'autonomia privata non trova spazio.

Nel campo del diritto pubblico, l'autonomia non trova spazio neppure se, anziché mettersi dal punto di vista del privato che subisce il potere dell'autorità, ci si mette da quello dell'autorità stessa. Anche le autorità pubbliche compiono attività giuridica: l'**attività giuridica pubblica**, che si realizza mediante atti giuridici regolati dal diritto pubblico (i più importanti dei quali sono gli *atti amministrativi*). Ma mentre l'attività giuridica privata è autonoma (nel senso che i suoi protagonisti possono decidere liberamente qual è il loro interesse, se perseguirlo o non perseguirlo, se perseguirlo in un modo o in un altro), l'attività giuridica pubblica non è autonoma: è, al contrario, *vincolata allo specifico fine o interesse pubblico* che le norme assegnano a ciascuna pubblica autorità, imponendole di perseguirlo.

L'autonomia (privata) è dunque una categoria fondamentale del diritto privato, anzi è *l'essenza del diritto privato.*

Ciò non toglie che anche nel diritto privato possano incontrarsi atti giuridici che sembrano non corrispondere alla logica dell'autonomia. Se la maggior parte degli atti di diritto privato sono **atti di autonomia**, esistono anche **atti non autonomi**, rispetto ai quali *l'autore non è libero di autodeterminarsi, ma è vincolato nel suo comportamento*: così l'atto di pagamento (**23**.1), perché il debitore non è libero di farlo o non farlo (è obbligato a farlo), né di scegliere come farlo (è obbligato a farlo nel modo esattamente corrispondente al suo debito). Peraltro, alle spalle dell'atto (non autonomo) di pagamento c'è quasi sempre un atto di autonomia: è così ogniqualvolta il debito che si paga nasce da un contratto, fatto liberamente nell'esercizio della propria autonomia.

11. L'autonomia privata nello sviluppo storico

L'autonomia privata ha un chiaro *valore politico*: esprime un principio di *libertà del cittadino nei confronti del potere pubblico.* La sua storia segue perciò la storia degli eventi politici.

L'autonomia privata si afferma progressivamente attraverso le lotte contro l'assolutismo (nel XVII e XVIII secolo) e giunge a più piena realizzazione con le *rivoluzioni borghesi e liberali* del XVIII e XIX secolo. La sua affermazione si lega agli sviluppi del sistema economico, e in particolare all'avvento del capitalismo: la rivendicazione di più ampi spazi per l'autonomia privata faceva tutt'uno con la rivendicazione della *libertà di iniziativa economica*, che gli operatori del capitalismo nascente invocavano contro i vincoli e le restrizioni dell'organizzazione politico-economica dell'ancien régime, ancora carica di residui feudali e corporativi. Ecco perché, nell'età del liberalismo ottocentesco, *l'autonomia privata aveva confini estremamente ampi*, soprattutto per quanto riguarda l'attività giuridica di contenuto patrimoniale, cioè nel campo economico: lo Stato lasciava i privati liberi di operare (fare atti giuridici) seguendo il proprio interesse e il proprio arbitrio, ed evitava di interferire nelle decisioni con cui essi regolavano le proprie situazioni giuridiche.

Il quadro cambia profondamente nel novecento, in connessione con le *trasformazioni del ruolo dello Stato*. A causa del crescente intervento statale nell'economia e del sempre più intenso controllo pubblico sulle attività di produzione e circolazione della ricchezza (**2**.3), la storia dell'autonomia privata si sviluppa come storia della sua *progressiva restrizione ad opera del potere pubblico*, specie nel campo delle situazioni e delle attività di tipo economico. Però il fenomeno presenta un doppio volto. Le norme impongono di inserire determinati contenuti nei contratti di lavoro, e vietano di inserirne altri, per proteggere i lavoratori: da un certo punto di vista, ciò rappresenta una restrizione dell'autonomia privata; ma da un altro punto di vista può rappresentare una promozione dell'autonomia privata dei lavoratori, i quali – protetti dalle norme – sono meno esposti alle possibili prevaricazioni dei datori di lavoro, e hanno quindi una più effettiva libertà di scelta nelle loro contrattazioni. Va richiamata, al riguardo, la contrapposizione fra libertà/uguaglianza in senso formale e in senso sostanziale (**2**.5-6).

Un'altra importante trasformazione che l'autonomia privata subisce nel processo storico riguarda i suoi protagonisti, i soggetti che svolgono attività giuridica. In passato, protagonisti dell'attività giuridica erano i singoli individui: l'autonomia privata si presentava come *autonomia individuale*. Nel secolo XIX entrano in campo sempre più spesso, come nuovi protagonisti dell'attività giuridica, i gruppi organizzati: si afferma l'*autonomia collettiva*. Anche questo fenomeno ha un doppio volto. Per un verso, può restringere gli spazi di autonomia delle persone, compressi dal ruolo predominante delle grandi organizzazioni complesse e impersonali, in cui le posizioni individuali rischiano di essere schiacciate; per altro verso, può allargare quegli spazi, perché le organizzazioni sono pur sempre costruite dagli uomini per i loro fini e i loro interessi, come strumenti capaci di ampliarne le effettive possibilità di azione, consentendogli di raggiungere obiettivi che non potrebbero raggiungere agendo individualmente. Qui può richiamarsi quanto osservato sui rapporti fra individuo e collettività (**2**.4). Si consideri, inoltre, che lo sviluppo dell'autonomia collettiva è un presupposto fondamentale per l'attuazione del principio di sussidiarietà (**2**.7).

Anche se l'autonomia privata ha manifestazioni importanti *nel campo economico*, essa si esplica pure *al di fuori delle relazioni di carattere patrimoniale*.

Va tuttavia notato che, a seconda dei diversi settori, variano i modi con cui le norme restringono o al contrario valorizzano l'autonomia privata: nel campo delle situazioni e degli atti patrimoniali, i limiti e le garanzie dell'autonomia sono definiti con certe logiche; con logiche diverse nel campo delle situazioni e degli atti non patrimoniali; con logiche ancora diverse in un campo un po' ibrido come quello del testamento. E anche all'interno di un settore omogeneo, *l'atteggiamento delle norme verso l'autonomia privata può essere molto variabile*, in relazione ai diversi aspetti volta per volta considerati. Ad es., nel campo della famiglia l'autonomia privata è garantita al massimo grado per quanto riguarda la libertà di sposarsi o non sposarsi, e di scegliere con chi sposarsi; la spontaneità della scelta matrimoniale e l'assenza di condizionamenti della volontà; la libertà di organizzare la propria vita familiare secondo i modelli preferiti dai coniugi interessati. Invece l'autonomia è fortemente compressa quanto alla determinazione degli effetti giuridici del matrimonio, che sono stabiliti dalle norme senza che i coniugi possano integrarli o modificarli; sia quanto agli atti con cui i coniugi regolano i loro rapporti economici (che devono corrispondere a schemi fissati dalla legge); sia quanto agli atti con cui i genitori curano gli interessi dei figli minori (che sono vincolati a questa funzione, e in relazione ad essa controllati dal giudice). Lo stesso vale per il testamento: le norme consentono di farlo, disfarlo, cambiarlo in ogni momento, e si preoccupano che l'autore abbia piena capacità di intendere e di volere, e volontà perfettamente integra (presupposti essenziali dell'autonomia); per altro verso, limitano duramente l'autonomia del testatore, imponendogli di lasciare una certa quota dei suoi beni ai familiari più stretti (anche se ciò potrebbe essergli molto sgradito).

6
I DIRITTI SOGGETTIVI

1. I diritti soggettivi e il loro contenuto

Abbiamo già incontrato la figura del diritto soggettivo – la più importante fra le situazioni giuridiche attive (**4**.3). Ne abbiamo dato la definizione, come *potere di agire o pretesa* verso qualcun altro. Ne abbiamo individuato la caratteristica essenziale, sottolineando lo *spazio di autonomia* che il titolare ha nello scegliere fra i vari modi possibili di esercizio del diritto quello che ritiene più conforme al proprio interesse. Abbiamo infine accennato che esistono *tanti diversi tipi* di diritti soggettivi, che si differenziano in base al contenuto del diritto.

Il **contenuto** del diritto è il *complesso dei poteri che il diritto soggettivo dà al titolare, in vista del raggiungimento di determinate utilità*. Ora, i vari diritti soggettivi assicurano al titolare *utilità diverse*, e in funzione di queste gli attribuiscono *poteri diversi*. Su queste differenze si costruisce la classificazione dei diritti soggettivi in una serie di categorie contrapposte.

Qualche elemento di classificazione è già stato fornito: ad es. parlando del diritto potestativo (**4**.4), e accennando alla distinzione fra diritti relativi e assoluti (**4**.9-10). La classificazione viene adesso sviluppata, con l'esame delle principali categorie di diritti soggettivi. Seguirà qualche considerazione sulla dimensione storico-politica della categoria.

2. Diritti soggettivi pubblici e privati

I diritti soggettivi **pubblici** attribuiscono al titolare poteri che gli *consentono di incidere sull'organizzazione politica*, o comunque *definiscono la sua posizione nell'organizzazione politica* della società. Si pensi al diritto di voto; al diritto di candidarsi alle elezioni; al diritto di firmare una richiesta di referendum e raccogliere altre firme; si pensi ai diritti di libertà (libertà personale, di circolazione, di riunione e associazione, di professione religiosa, di manifestazione del pensiero, ecc.). Questi diritti sono per lo più affermati dalla costituzione, e hanno un carattere comune: si dirigono essenzialmente *nei confronti dello Stato*, inteso come potere pubblico. La loro disciplina è stabilita da quel ramo del diritto pubblico che è il diritto costituzionale.

I diritti soggettivi **privati** riguardano invece *poteri e interessi del titolare che non toccano l'organizzazione politica della società*: un diritto di proprietà, un diritto di credito, il diritto al rispetto del proprio onore. Si badi che un diritto soggettivo può essere di tipo privato anche se riguarda lo Stato o un altro ente pubblico, e ciò accade tutte le volte che il soggetto pubblico svolge attività giuridica di diritto privato che coinvolge situazioni di diritto privato: se lo Stato compra una cosa, il suo diritto a ottenerne la consegna e a essere garantito contro i difetti della cosa è un diritto soggettivo privato; e così pure il diritto del venditore che lo Stato paghi il prezzo.

Si rammenti quanto detto a suo tempo circa la distinzione fra diritto pubblico e privato (**2**.1-3), e fra attività giuridica pubblica e privata (**5**.10).

3. Diritti patrimoniali e non patrimoniali

I diritti **patrimoniali** sono quelli che procurano al titolare *utilità di natura economica*: il diritto di proprietà e gli altri diritti sulle cose materiali, i diritti di credito, il diritto di sfruttare la propria invenzione industriale, ecc.

I diritti **non patrimoniali** procurano invece un'*utilità non economica, ma morale o ideale o comunque attinente alla sfera personale*: ad es. il diritto all'onore; il diritto all'integrità fisica; i diritti che sorgono nell'ambito delle relazioni familiari.

La distinzione si collega con tutta evidenza a quella fra atti giuridici patrimoniali e non patrimoniali (**5**.5).

4. Diritti assoluti e relativi

Questa distinzione non riguarda, come le precedenti, il tipo di interesse che il diritto soddisfa, ma il *tipo di poteri* dati al titolare per realizzare o proteggere il suo interesse.

I diritti **assoluti** sono quelli che il titolare può far valere *nei confronti non solo di qualche soggetto particolare, ma tendenzialmente di tutti gli altri soggetti*, i quali hanno – tutti – una corrispondente situazione passiva di *dovere* (**4**.9): vi rientrano ad es. il diritto di *proprietà*, perché il proprietario può esigere che tutti gli altri soggetti evitino di danneggiare o disturbare la sua proprietà; così pure il diritto all'*onore*: io ho diritto che nessuno mi offenda, e contro chiunque mi offenda io posso far valere il mio diritto; idem per il diritto all'*integrità fisica*, il diritto dell'autore sulla propria *creazione artistica*, ecc.

I diritti **relativi** sono invece quelli che il titolare può far valere *solo nei confronti di qualche soggetto determinato*: quel soggetto o quei soggetti su cui grava la corrispondente situazione passiva di *obbligo* verso il titolare (**4**.10). Tipico esempio è il diritto di *credito*: il creditore si attende le sue utilità solo dal debitore, e da nessun altro; può pretendere il pagamento solo dal debitore, e da nessun altro; se il debitore non paga, solo contro di lui, e contro nessun altro, il creditore può agire per la tutela del suo diritto. Per indicare la posizione del titolare di un diritto relativo, si usa anche il termine **pretesa**: il creditore ha una pretesa verso il debitore al pagamento del debito.

5. Diritti disponibili e indisponibili

Anche questa distinzione ha a che fare con le modalità dei poteri che formano il contenuto del diritto.

I diritti **disponibili** sono quelli che *il titolare può liberamente trasferire o autolimitare o addirittura cancellare*, con atti giuridici che producano tali effetti (atti con cui egli *«dispone» del proprio diritto*). Rispetto a essi, i margini dell'autonomia privata sono ampi: le norme lasciano al titolare tutto lo spazio di autonoma valutazione e decisione, che in generale caratterizza il diritto soggettivo. Come regola sono disponibili tutti i diritti patrimoniali: uno può privarsi del suo diritto di credito, facendo un'apposita rinuncia; può privarsi del suo diritto di proprietà, vendendo o donando la sua cosa, o anche abbandonandola o distruggendola.

I diritti **indisponibili** sono quelli che *il titolare non può liberamente trasferire, autolimitare o cancellare* (non può «disporne»). Qui l'attività giuridica (quindi l'autonomia privata) del titolare subisce una restrizione, perché gli è vietato compiere atti che producano tali effetti. Accade in generale con i diritti non patrimoniali: uno non può fare un atto che abbia come effetto giuridico la cancellazione del suo diritto all'onore, o la menomazione della sua integrità fisica, o la perdita di un suo diritto familiare (ad es., non si può rinunciare al diritto di chiedere il divorzio). Ma può verificarsi anche per certi diritti patrimoniali.

Questa restrizione dell'autonomia privata si spiega con la *natura degli interessi e dei valori* sottostanti ai diritti indisponibili: interessi e valori così *preziosi per la persona umana*, che si reputa inammissibile una loro menomazione, fosse anche per volontà della persona stessa; oppure interessi e valori che non riguardano solo il titolare del diritto, ma hanno una *portata generale che tocca l'intera collettività*, sicché la loro menomazione sarebbe socialmente indesiderabile.

6. Il diritto soggettivo nell'evoluzione storica

Il diritto soggettivo obbedisce alla *logica dell'autonomia privata*: potere del soggetto di decidere da sé come agire nel proprio interesse. Nessuno può dire al proprietario qual è il modo più conveniente di usare la sua cosa, imporgli quell'uso e impedirgliene qualsiasi altro: lo decide lui. Così come nessuno può dirgli se comprare o meno una certa cosa, e per che prezzo: decide lui se e come fare l'atto. Perciò la categoria del diritto soggettivo assume – al pari del principio di autonomia privata – un valore politico, perché esprime la *libertà dei cittadini nei confronti del potere pubblico*.

Infatti essa viene elaborata (fra il XVII e il XVIII secolo) da quei giuristi e filosofi che costruirono le basi teoriche per la lotta politica contro l'assolutismo dei sovrani. Nel corso del tempo, peraltro, il modo di concepire il diritto soggettivo subisce *profondi mutamenti*, percorrendo un'evoluzione parallela a quella dell'autonomia privata (**5**.11). Fino all'ottocento, quando dominavano i valori dell'individualismo e del liberismo, il diritto soggettivo si concepiva come un *potere privato insofferente di ogni limite e libero da ogni controllo*: lo spazio di arbitrio del titolare nel valutare e realizzare il proprio interesse si considerava tendenzialmente illimitato. Ma tra la fine dell'ottocento e gli inizi del novecento, questa concezione entra in crisi per due ragioni: le stesse che determinano le crescenti restrizioni dell'autonomia privata.

La prima si lega alle *trasformazioni generali della società, delle ideologie e della politica*: accanto al valore, prima dominante, della libertà e dell'iniziativa individuale, cominciano a farsi strada *istanze egualitarie e di socialità*, che reclamano un più giusto contemperamento fra interessi dell'individuo e ragioni della collettività. Alla luce di queste, non è più possibile ritenere che il titolare di un diritto possa esercitarlo senza alcun limite: i suoi poteri vanno limitati per tenere conto dell'interesse sociale. Se ad es. è interesse sociale garantire uno sviluppo ordinato delle città, ciò può portare a limitare il diritto dei proprietari di usare i loro terreni a scopo edificatorio.

La seconda ragione si lega alle *esigenze dello sviluppo economico*. Teniamo presente che i diversi diritti soggettivi possono entrare in conflitto fra loro: un privato intende esercitare il suo diritto a svolgere un'attività, ma un altro privato si oppone sostenendo che ciò lede il suo diritto. Nella fase di cui parliamo, il diritto soggettivo per eccellenza era la proprietà, e più precisamente la proprietà della terra. Ma quella era anche la fase dell'industria nascente. Ora, assicurare una tutela assoluta del diritto dei proprietari (specie terrieri), avrebbe significato bloccare molte iniziative industriali, destinate a entrare in conflitto con i diritti di proprietà: si pensi all'insediamento di una nuova industria, che svalorizza la contigua proprietà terriera, o ne disturba il pieno godimento. L'interesse (e il diritto) dell'industriale di svolgere l'iniziativa economica è un interesse privato, ma coincide qui con l'interesse generale allo sviluppo economico: perciò si comincia a pensare che sia giusto farlo prevalere sull'interesse (pure privato, ma socialmente meno prezioso) del proprietario, il cui diritto viene perciò limitato.

7. L'abuso del diritto

Al problema di *impedire che i diritti soggettivi vengano esercitati in modo contrastante con l'interesse generale* si lega il concetto di abuso del diritto.

Bisogna partire dalla distinzione che esiste fra *abusare* del proprio diritto e *superare i limiti* del proprio diritto. Quando le norme dicono che il titolare di un diritto può – nell'esercizio di esso – fare a, b, c, ... w, e aggiungono (implicitamente o esplicitamente) che non può fare z, se uno fa z non abusa semplicemente del suo diritto, ma ne supera i limiti, va completamente fuori del diritto stesso. Un problema di abuso si pone invece se il titolare fa b (e quindi si tiene *dentro i limiti del suo diritto*), ma *in circostanze tali, per finalità tali e con risultati tali che questo suo comportamento danneggia in modo assurdo e irragionevole l'interesse generale o comunque un altro interesse meritevole di tutela*. E la teoria dell'abuso del diritto sostiene che anche un tale comportamento deve considerarsi vietato, e meritevole di sanzioni.

È chiaro che un problema di abuso del diritto può porsi con frequenza, se le norme pongono pochi limiti ai diritti soggettivi; si pone molto meno quando le norme prevedono limiti numerosi e severi ai diritti soggettivi, perché allora un comportamento antisociale del titolare diritto si potrà considerare facilmente un vero e proprio superamento dei limiti di questo, senza bisogno di scomodare la categoria dell'abuso. Ecco perché la teoria dell'abuso del diritto nasce in una fase in cui le norme non avevano ancora costruito un'ampia rete di limiti dei diritti soggettivi in nome di esigenze sociali. Essa nasce, ai primi del novecento, nell'ambito di movimenti di pensiero attenti alle esigenze sociali, e critici verso l'individualismo e l'«egoismo» dei vecchi principi liberali (il solidarismo cattolico francese, il «socialismo giuridico» tedesco). Incontra subito le *critiche dei giuristi liberali*: i quali obiettano che un diritto o si ha o non si ha; e quando lo si ha si può esercitare in tutta la sua estensione, anche se ciò contrasta con l'interesse sociale; diversamente, si finirebbe per vincolare il diritto soggettivo a una *funzione* esterna (la funzione di realizzare l'interesse sociale), e quindi per contraddire l'essenza del diritto stesso, che è l'*autonomia* del titolare.

Oggi che le norme pongono tanti limiti ai diritti soggettivi, il dibattito sull'abuso del diritto ha perso molta della sua importanza, o meglio ha preso un senso diverso da quello che aveva agli inizi del XX secolo. Non si tratta più del contrasto fra principio di *autonomia* e principio di *socialità* nella concezione dei diritti soggettivi; bensì dell'alternativa fra **ruolo delle norme** e **ruolo del giudice** nella delimitazione dei poteri dei titolari di diritti. Sostenere la teoria dell'abuso del diritto significa ammettere che un comportamento riconducibile al contenuto di un diritto possa essere vietato e colpito, anche se non è esplicitamente vietato da una norma precisa, ma risulta (sulla base di una valutazione più o meno discrezionale del giudice) in contrasto con qualche norma elastica o qualche principio generale presenti nell'ordinamento. Chi oggi si oppone a questa teoria, lo fa per lo più in nome della **certezza del diritto**, che si ritiene meglio garantita dal criterio per cui i limiti dei diritti soggettivi sono solo quelli fissati con chiarezza e precisione dalle norme (**1**.7).

7
I BENI E IL PATRIMONIO

SOMMARIO: 1. Diritti, interessi, beni. – 2. La definizione di bene: i beni come «oggetto di diritti». – 3. Beni e cose. – 4. Beni materiali e immateriali. – 5. Beni mobili e immobili. – 6. I beni mobili registrati. – 7. Le universalità di mobili. – 8. Beni divisibili e indivisibili. – 9. Beni consumabili e inconsumabili. – 10. Beni fungibili e infungibili. – 11. Le pertinenze. – 12. I frutti. – 13. Beni privati e pubblici. – 14. I «nuovi beni». – 15. Beni e diritti. – 16. Il patrimonio.

1. Diritti, interessi, beni

C'è relazione fra diritti e interessi: il diritto soggettivo serve a realizzare l'interesse del titolare. C'è relazione fra interesse e bene: l'interesse è la tensione verso un bene (un'entità capace di soddisfare bisogni umani). Chiudendo il cerchio, si registra la necessaria *relazione fra diritto e bene*: chi ha un diritto ce l'ha su qualche bene, strumentale all'interesse cui il diritto è dedicato.

Questa relazione viene comunemente espressa con la formula per cui *il bene è l'oggetto del diritto*: se A è proprietario di un'automobile, quell'automobile è il bene che forma oggetto del diritto di proprietà di A.

2. La definizione di bene: i beni come «oggetto di diritti»

In senso generico, bene è qualsiasi *entità capace di soddisfare bisogni (e quindi realizzare interessi) umani*. Ma un uso appropriato del linguaggio giuridico richiede maggiore precisione, tanto più che il codice offre una *definizione normativa* di bene: l'art. 810 dice che «Sono beni *le cose che possono formare oggetto di diritti*». Approfondiremo nel prossimo paragrafo il concetto giuridico di «cosa». Soffermiamoci ora sul secondo elemento della definizione: l'*attitudine a formare oggetto di diritti*.

Può formare oggetto di diritti *solo ciò, su cui sia immaginabile un conflitto di interessi* (conflitto che si risolve proprio attribuendo il diritto a uno e negandolo all'altro). Perciò non sono beni in senso giuridico le entità, pure molto utili all'uomo, su cui non si creano conflitti di interessi a causa della loro sovrabbondanza, che le rende accessibili a tutti in modo tendenzialmente illimitato: sono le c.d. «*cose comuni a tutti*», come l'aria e l'acqua del mare. Neppure lo sono le entità, in teoria utili, su cui non sorge conflitto per la loro appropriazione in quanto sono *praticamente non appropriabili* a causa della loro inaccessibilità: come i minerali che si trovano nel ventre della terra, a profondità irraggiungibili.

È la stessa logica in base alla quale le *energie naturali* si considerano beni solo se «hanno *valore economico*» (art. 814). Se hanno valore economico (perché limitate in natura, come le energie geotermiche o l'energia radioelettrica che dà luogo alle frequenze radiotelevisive) possono dare luogo a conflitti di interessi, e dunque sono beni. In caso contrario (come accade con l'energia solare, sempre a disposizione di tutti) non sono giuridicamente beni.

3. Beni e cose

Per l'art. 810, possono essere beni solo le «cose».

Le **cose** sono *porzioni di materia*. In una fase più arretrata delle conoscenze scientifiche, si tendeva a identificare la materia con le *entità percepibili mediante l'uso dei sensi* (in particolare vista e tatto): ciò che non si vede e non si tocca non si concepiva come «cosa». Ma con il progresso delle scienze naturali si è imparato che esiste materia anche non tangibile né visibile. In coerenza con ciò l'art. 814, come si è visto, ricomprende nel concetto anche le energie naturali (che non sempre si vedono e si toccano).

In questo modo, la legge sembra accogliere una *concezione restrittiva* di bene, che si identifica con l'idea di **bene materiale**. Non sarebbero invece beni veri e propri, beni in senso giuridico, i c.d. *beni immateriali*, cioè quelle entità utili all'uomo, pure suscettibili di aprire conflitti di interessi e quindi di formare oggetto di diritti, ma che non sono porzioni di materia: una creazione o una performance artistica, un'invenzione industriale, un know-how organizzativo o commerciale.

Forzando un tantino questa visione restrittiva dell'art. 810, i giuristi preferiscono allargare la nozione di bene, includendovi *qualsiasi entità utile all'uomo, materiale o immateriale, purché suscettibile di aprire conflitti di interessi regolabili dal diritto*. Questa più ampia definizione permette di considerare beni in senso giuridico – secondo un uso oramai consolidato nel linguaggio dei giuristi – anche i *beni immateriali*. E quindi di dire che i beni si dividono in due categorie: beni materiali (cose) e beni immateriali (diversi dalle cose).

4. Beni materiali e immateriali

I beni **materiali** sono le *cose capaci di formare oggetto di diritti* (nel senso visto sopra).

Sono invece beni **immateriali** quelle *entità diverse dalle cose, utili all'uomo e suscettibili di aprire conflitti di interessi regolabili dal diritto*. È bene immateriale il brevetto per invenzione industriale, che permette di fabbricare e vendere in esclusiva un determinato prodotto (**57**.3); il marchio di fabbrica o di commercio, che contrassegna un prodotto e lo valorizza agli occhi dei consumatori (**56**.4); la creazione o l'esecuzione artistica che forma oggetto del diritto d'autore (**57**.8). Può considerarsi bene immateriale anche il credito, che assicura al titolare una prestazione del debitore la quale può non implicare cose materiali e consistere semplicemente in un servizio: infatti nei bilanci delle società calcistiche la disponibilità dei giocatori – che corrisponde a un credito della società nei loro confronti – figura come un valore dell'attivo. (Contrariamente a come si esprime il linguaggio comune, la società calcistica non ha la «proprietà» del giocatore, che in quanto persona umana non è oggetto di diritti, ma soggetto del diritto; bensì ha solo un credito alle sue prestazioni sportive).

Tutti questi beni immateriali hanno un *valore economico* (che può essere elevatissimo), e dunque sono ricchezza per il titolare. Anzi, con gli sviluppi dei moderni sistemi produttivi, che valorizzano sempre più le tecnologie e accanto alla produzione di beni danno sempre più spazio ai servizi del settore terziario, essi tendono ad accrescere la loro importanza economica. La quale si lega anche al fatto che i beni immateriali *possono circolare* (cioè essere trasferiti) al pari delle cose materiali: il brevetto può essere ceduto dall'inventore a un'impresa interessata a sfruttarlo; l'autore normalmente cede il suo diritto a un editore che pubblica e vende l'opera; un credito può essere venduto o dato in garanzia.

Tornando ai beni materiali, si deve osservare che esistono *diverse categorie di cose*, distinte fra loro in ragione dei diversi caratteri che le varie cose possono presentare. E a ciascuna categoria corrispondono particolari e differenti regole giuridiche, che tengono conto di tali caratteristiche. Le principali **classificazioni dei beni materiali**, elaborate per lo più sulla base di coppie di categorie contrapposte, sono le seguenti.

5. Beni mobili e immobili

Questa è la distinzione che ha maggiore importanza pratica:

☞ i beni **immobili** sono individuati attraverso due criteri, cui corrispondono due classi di immobili: ✦ beni immobili **in natura**, che sono il *suolo*, le *sorgenti* e i *corsi d'acqua*, gli *alberi*, gli *edifici* e le altre *costruzioni* (come silos, serbatoi, cisterne) anche se unite al suolo a scopo transitorio (è il caso dei chioschi per la rivendita di giornali), e in genere *tutto ciò che naturalmente o artificialmente è incorporato al suolo* (come lampioni, tralicci dell'alta tensione, ripetitori televisivi): art. 812, c. 1; ✦ i beni immobili **per destinazione**, e cioè i *mulini*, i *bagni* e gli *altri edifici galleggianti* quando sono *saldamente assicurati* alla riva o all'alveo e sono destinati a esserlo in modo permanente per la loro utilizzazione (art. 812, c. 2). Un termine (un po'antiquato) con cui si indicano i beni immobili è «fondo»: *fondi urbani* sono le costruzioni situate nei centri abitati; *fondi rustici* i terreni extraurbani;

☞ i beni **mobili** si individuano *in via residuale*, giacché «sono mobili *tutti gli altri beni*» (art. 812, c. 3). Come abbiamo visto, l'art. 814 qualifica beni mobili anche le *energie naturali* aventi valore economico.

Fra i due tipi di beni esistono significative *differenze fisico-economiche*. Gli immobili hanno per lo più un notevole o almeno discreto valore economico, mentre i mobili in qualche caso possono valere moltissimo (gioielli, opere d'arte, macchine sofisticate di alta tecnologia), ma per lo più hanno valore limitato. Gli immobili definiscono l'ambiente in cui l'uomo vive, e quindi hanno quasi sempre una rilevanza sociale, che di solito i mobili non hanno. Gli immobili, per la loro staticità, sono più facilmente controllabili e hanno una circolazione più limitata, mentre i mobili sono soggetti a circolare in modo più intenso e veloce, e la loro posizione è più difficile da seguire.

Tutto questo determina **differenze di trattamento giuridico**. In particolare: ☞ le *possibilità di uso degli immobili* da parte dei privati sono soggette a *limiti* (fissati dalle norme nell'interesse generale) più stretti di quelli che valgono per i mobili; ☞ esiste per gli immobili (non per i mobili) una speciale *organizzazione pubblica per l'accertamento e la documentazione della loro consistenza*: il *catasto*, tenuto dagli uffici tecnici erariali e formato da un complesso di mappe che descrivono tutti gli immobili rustici e urbani; ☞ la *circolazione* degli immobili richiede *formalità più rigorose* di quelle previste per i mobili; e soprattutto è soggetta a un *regime di pubblicità* che permette di seguire i loro trasferimenti e le altre principali modifiche delle situazioni giuridiche che li riguardano (è il meccanismo della trascrizione nei *pubblici registri immobiliari*: **20**.1); ☞ mentre è ammissibile che un bene mobile si trovi a non appartenere a nessun proprietario (sia cioè una *res nullius*, una «cosa di nessuno»), questo non è concepibile per gli immobili, che *non possono non avere un proprietario*: gli immobili che non risultano di proprietà di nessuno (c.d. *immobili vacanti*) sono automaticamente dello Stato (art. 827).

Nell'evoluzione dei sistemi economici moderni, il *rapporto fra beni mobili e beni immobili* tende peraltro a modificarsi, rispetto allo schema tradizionale. In primo luogo, si sviluppa un processo di *mobilizzazione della ricchezza* – i beni immobili perdono importanza economica, e sempre più l'acquistano i beni mobili –, del quale diremo a suo tempo (**14**.4).

6. I beni mobili registrati

Alcuni tipi di mobili presentano caratteristiche particolari: sono di grandi dimensioni, hanno un certo valore economico, esistono in numero grande ma pur sempre limitato, e la loro circolazione è abbastanza controllabile. Sono gli **autoveicoli**, le **navi** (intese in senso ampio, comprensivo di *ogni tipo di imbarcazione*) e gli **aeromobili**.

Per questo si è ritenuto possibile e utile istituire anche per essi particolari meccanismi di registrazione e pubblicità delle vicende che li riguardano, fondati sulla *iscrizione in pubblici registri* (art. 815). Di qui la denominazione di beni mobili registrati, e l'applicazione di *una serie di regole particolari*, che li differenziano dal trattamento dei mobili non registrati.

7. Le universalità di mobili

La legge dedica una considerazione particolare alle universalità di mobili, cioè ai *complessi di cose mobili che appartengono alla stessa persona e hanno una destinazione unitaria* (una «serie completa» di francobolli, un'enciclopedia in 36 volumi), un paio di orecchini, giacca e pantaloni dello stesso abito): art. 816, c. 1.

È possibile disporre del complesso unitario (venderlo, locarlo, imprestarlo) con un *unico atto*; ma è possibile anche disporre frazionatamente, con *atti diversi*, dei *singoli beni* che lo compongono (art. 816, c. 2).

Il *trattamento giuridico* dell'universalità di mobili si distacca per alcuni aspetti da quello normalmente previsto per i beni mobili: ciò vale per l'*azione di manutenzione* a tutela del possesso (**21**.12); per l'*usucapione* (**21**.17); per l'applicazione della regola «*possesso vale titolo*» (**21**.18).

8. Beni divisibili e indivisibili

I beni **divisibili** sono quelli che *possono essere suddivisi fisicamente in più porzioni*, ciascuna delle quali mantiene la *funzione economica del bene originario*, sia pure in misura quantitativamente ridotta: è il caso di un appezzamento di terreno, o di una torta.

I beni **indivisibili** sono quelli per cui *tale suddivisione è materialmente o eco-*

nomicamente impossibile: si pensi a un animale vivo, a un quadro, a una macchina.

Uno stesso tipo di bene può essere divisibile o indivisibile, a seconda delle circostanze: per es. un appartamento fatto in un modo piuttosto che in un altro. La distinzione può avere rilievo nei casi di *comproprietà* del bene in vista della *divisione* (**17**.5); e quando la cosa è oggetto di un rapporto di debito/credito, con la presenza di *più debitori o più creditori* (**22**.11-12).

9. Beni consumabili e inconsumabili

I beni **consumabili** sono quelli che *si esauriscono immediatamente con l'uso* (come il cibo, o il denaro, o la benzina).

I beni **inconsumabili** sono invece quelli suscettibili di *uso continuativo o ripetuto* (come una casa, un'automobile, un televisore).

La distinzione incide sulla possibilità di compiere atti che attribuiscono a persona diversa dal proprietario l'*uso temporaneo del bene, con l'obbligo di restituirlo* dopo un certo periodo: ne parleremo a proposito dell'*usufrutto* (**18**.3), del *mutuo* (**38**.19) e del *comodato* (**39**.9).

10. Beni fungibili e infungibili

I beni **fungibili** (o **di genere**) sono quelli che risultano *identici, per qualità, ad altri beni dello stesso genere*, e ciò che conta è piuttosto la *quantità*: non c'è differenza fra 1.000 barili di petrolio e altri 1.000 barili di petrolio dello stesso tipo; o fra due auto, nuove di fabbrica, dello stesso modello e colore. Tipicamente fungibile è il denaro.

I beni **infungibili** (o **di specie**) sono quelli *non sostituibili indifferentemente con altri beni*, anche appartenenti al medesimo genere, per la presenza di *apprezzabili particolarità qualitative* che fanno di quel bene una cosa unica: l'originale di un'opera d'arte è tipicamente infungibile (mentre sono fungibili le copie fatte in serie); così pure un'auto usata; normalmente infungibili sono gli immobili.

La distinzione è importante sotto diversi profili, quali: il modo e il tempo in cui *la proprietà* dei beni fungibili venduti *passa* dal venditore al compratore (**33**.4; **38**.5), e, in connessione con ciò, cosa accade quando i beni fungibili trasferiti vanno *accidentalmente distrutti* prima della consegna all'acquirente (**37**.6); l'identificazione dei contratti di mutuo (**38**.19) e deposito irregolare (**40**.17).

11. Le pertinenze

Il concetto di pertinenza implica il rapporto fra una **cosa accessoria** e una **cosa principale**. Le pertinenze sono le *cose (accessorie) destinate in modo durevole a servizio o ad ornamento di un'altra cosa (principale)*: art. 817.

Il rapporto fra pertinenza e cosa principale si chiama rapporto o **vincolo pertinenziale**. Esso può correre *fra due cose mobili* (l'autoradio è pertinenza dell'automobile; la cornice è pertinenza del quadro); oppure *fra due immobili* (il box è pertinenza dell'appartamento); o ancora *fra un mobile e un immobile* (i termosifoni della casa). Il rapporto pertinenziale nasce di solito *per iniziativa del proprietario della cosa principale* (ad es., il proprietario della casa ci fa installare i termosifoni). Per l'art. 817, può nascere anche per iniziativa di chi ha sulla cosa principale un diritto diverso dalla proprietà: purché sia un *diritto reale* (ad es. l'usufrutto), e non un diritto personale, o di credito (la differenza fra i due tipi di diritti sarà spiegata più avanti: **19**.1).

La disciplina delle pertinenze riguarda essenzialmente il *trasferimento* dei beni, e si riassume in questo. Il proprietario è libero di trasferire la pertinenza *insieme* con la cosa principale; oppure l'una *separatamente* dall'altra. Se però trasferisce la cosa principale senza precisare che il trasferimento non comprende la pertinenza, anche questa s'intende trasferita. In altre parole: se si vuole trasferire la cosa principale *senza pertinenza*, bisogna *dirlo esplicitamente* (art. 818).

Problemi possono nascere quando la pertinenza *appartiene a persona diversa* dal proprietario della cosa principale, e questi vende la cosa principale senza escludere la pertinenza: se ne occupa l'art. 819.

12. I frutti

I frutti sono *beni prodotti da altri beni* (che proprio per la loro capacità di produrre frutti si chiamano *beni fruttiferi*). Si distinguono in due tipi:

☞ i frutti **naturali** sono «quelli che *provengono direttamente dalla cosa*, vi concorra o non l'opera dell'uomo» (art. 820, c. 1). La stessa norma esemplifica: i prodotti agricoli, la legna, i parti degli animali, i prodotti delle miniere, cave e torbiere. I frutti naturali spettano normalmente al *proprietario della cosa fruttifera*, ma in certi casi possono spettare ad altri (art. 821, c. 1): ad es., i frutti della terra data in affitto spettano all'affittuario che la coltiva. Fino a che non sono separati dalla cosa fruttifera, si dicono *pendenti*: non hanno un'autonoma individualità, ma fanno parte della cosa fruttifera; più precisamente, si considerano una *cosa futura* (art. 820, c. 2);

☞ i frutti **civili** sono quelli che si ritraggono dalla cosa come *corrispettivo* *del godimento che altri ne abbia* (art. 820, c. 3): ad es., i canoni della locazione di un appartamento.

Nella disciplina dei frutti, il problema principale consiste nello stabilire a chi spettano i frutti prodotti da una cosa, nel periodo in cui questa si trova *nelle mani di persona diversa dal proprietario*, e che non avrebbe il diritto di tenerla (**21**.19). Un'apposita disciplina è dedicata ai frutti di quella particolare cosa fruttifera che è il denaro, cioè agli *interessi* (**23**.15).

13. Beni privati e pubblici

Questa distinzione si fonda su due criteri: il criterio (soggettivo), dell'*appartenenza*, e il criterio (oggettivo) della *destinazione*. In base ad essi, si individuano innanzitutto i beni pubblici.

I beni **pubblici** presentano due requisiti: ☞ un *requisito soggettivo*, consistente nell'*appartenere allo Stato o a un altro ente pubblico*; e ☞ un *requisito oggettivo*, consistente nell'essere *destinati a soddisfare interessi generali* della collettività. I beni **privati** sono *tutti gli altri*: quelli che appartengono a privati; quelli che non sono vincolati a soddisfare interessi generali.

La distinzione è importante, perché i **beni pubblici** sono soggetti a un *regime giuridico speciale*, cioè a regole diverse da quelle che valgono normalmente per i beni privati. Anzi, deve parlarsi di più regimi diversi, in relazione alle *diverse categorie* in cui i beni pubblici possono classificarsi, e che sono essenzialmente due: ☞ beni **demaniali** (spiagge, porti, aeroporti, fiumi, laghi, strade, fortezze e altre strutture militari, oggetti di grande pregio artistico, ecc.); il loro regime giuridico consiste essenzialmente nell'essere «*inalienabili*», per cui non possono essere trasferiti a persona diversa dall'ente pubblico proprietario (la ragione è l'esigenza di mantenerli al servizio dell'interesse generale); ☞ beni **patrimoniali indisponibili** (ad es. caserme, aerei militari, navi da guerra, edifici destinati a servizi pubblici); il loro regime giuridico consiste in un *vincolo di destinazione*, per cui «non possono essere sottratti alla loro destinazione, se non nei modi stabiliti dalle leggi che li riguardano» (art. 828, c. 2); è un vincolo un po' meno pesante dell'inalienabilità che grava sui beni demaniali.

Dei beni pubblici si occupa il codice civile (art. 822 e segg.); ma se ne occupano soprattutto leggi speciali di diritto amministrativo, e il loro studio appartiene tradizionalmente al *diritto amministrativo* (che è diritto pubblico).

Può accadere che un ente pubblico sia proprietario di beni che non presentano il requisito oggettivo per essere considerati beni pubblici (destinazione all'interesse generale). Essi si chiamano beni **patrimoniali disponibili** e non sono beni pubblici in senso proprio: pur appartenendo alla pubblica amministrazione, *non sono assoggettati a un regime giuridico speciale*, ma seguono *le* *stesse regole che valgono per i beni privati* (possono essere venduti, espropriati, ecc.). Si pensi agli appartamenti di cui un ente pubblico sia diventato proprietario (ad es. per lascito testamentario), e che dà in locazione o vende a privati per ricavarne un reddito.

14. I «nuovi beni»

Si dice che oggi sono comparsi «nuovi beni», che in passato non esistevano. Così dicendo, ci si può riferire a fenomeni alquanto diversi.

Ad es., i progressi delle biotecnologie e dell'ingegneria genetica consentono oggi di realizzare prodotti biologici (di grande importanza anche economica), inconcepibili quando si scrivevano le norme sulle invenzioni industriali: nel momento in cui si pone il problema della loro brevettabilità, si ragiona di essi come di nuovi beni in senso giuridico. Lo stesso si dica per i programmi degli elaboratori elettronici (il software); o per il «format» di un programma televisivo. E oggi si parla di "beni digitali" per indicare i contenuti (di testo, ma anche video o audio) versati in computer o smartphone.

E ancora. Per antica tradizione, il diritto privato preferisce provvedere agli interessi umani di tipo economico, e occuparsi solo marginalmente di quelli non economici. Ma da qualche tempo questa tradizione comincia a incrinarsi: è così che il diritto ha cominciato a proteggere la riservatezza delle persone contro le intrusioni nella loro sfera intima (**13**.8), o la loro identità personale contro i travisamenti e le falsificazioni dei mass media (**13**.10); e questo si esprime dicendo che sono nati i «nuovi beni» della riservatezza e dell'identità personale, oggetto degli omonimi diritti. Analogo discorso può svilupparsi passando dalla coppia economico/non economico alla coppia individuale/collettivo. Per tutta una fase, il diritto si è occupato molto degli interessi individuali, e poco degli interessi collettivi. Ma anche qui c'è stata un'evoluzione: mentre in passato il diritto non si preoccupava gran che, ad es., di proteggere la salubrità dell'aria e dell'acqua contro gli inquinamenti, o il paesaggio contro gli scempi edilizi, da qualche tempo ha cominciato a farlo; e questo permette di parlare dell'ambiente naturale come di un «nuovo bene».

Non bisogna equivocare sulla reale portata di questi fenomeni. Ciò che è «nuovo» non sono quei «beni» in sé e per sé considerati. Nuova è la sensibilità sociale e politica che si sviluppa intorno a determinati interessi umani; nuove sono le norme giuridiche che predispongono mezzi per la loro tutela: e a questi interessi, in quanto ora protetti dalle norme, si dà la qualifica di nuovi beni in senso giuridico. Dunque *i nuovi beni sono creati dalle nuove norme*. Ciò vale anche per quei nuovi beni che sembrano presentare una più spiccata oggettività, come il software o i prodotti dell'ingegneria genetica: perché solo nel momento in cui le norme, o l'interpretazione evolutiva delle norme, cominciano a trattarli come oggetti meritevoli di protezione, può parlarsi di essi come di beni in senso giuridico. L'emersione giuridica di nuovi beni può dipendere dall'attenzione ad essi dedicata in atti o convenzioni internazionali: ad es. quelle che si occupano dell'Antartide, del mare, dello spazio, e usano talora espressioni suggestive come beni (o proprietà) «dei popoli», «dell'umanità», «delle generazioni future».

Tutti i beni di cui si è parlato fin qui (materiali o immateriali, economici o non economici, individuali o collettivi) sono beni in senso giuridico perché il loro godimento può essere regolato dal diritto. Siamo invece fuori da un tale concetto di bene, quando abbiamo a che fare con *entità non suscettibili di essere regolate e protette dal diritto*. Si considerino ad es. la fede religiosa, o l'amore che qualcuno riceve da un altro: questi possono essere «beni» preziosissimi rispettivamente per l'individuo credente e per la persona amata; ma non sono beni in senso giuridico, perché si collocano fuori del dominio del diritto.

15. Beni e diritti

Le considerazioni di cui sopra richiamano quelle già svolte circa i diritti (**4**.16): sia i diritti sia i beni sono, in definitiva, *creati dalle norme*. Questo induce a ragionare ancora un po' sul rapporto fra beni e diritti.

Beni e diritti non sono la stessa cosa: i beni sono l'oggetto dei diritti; e *i diritti sono l'elemento di mediazione fra i soggetti e i beni*. Nel linguaggio comune, spesso si salta questo passaggio intermedio, e si stabilisce un rapporto immediato fra il soggetto e il bene: si dice ad es. che «X ha il tal bene». Ma questa rischia di essere una formula rozza e poco espressiva, perché non dice la *qualità del rapporto fra la persona e il bene*. La qualità si chiarisce se fra X e il bene interponiamo il diritto – questo oppure quell'altro diritto – e diciamo: «X ha il diritto di proprietà sul bene»; oppure «X ha il diritto di usufrutto sul bene» oppure «X ha un diritto di godimento personale del bene». Situazioni che esprimono tipi diversi di rapporto fra X e il bene, e che solo il riferimento al diverso tipo di diritto permette di cogliere.

Peraltro, possono esserci casi in cui *il bene (immateriale) coincide con un diritto*. I crediti sono diritti, ma abbiamo visto che possono considerarsi anche beni. I crediti si possono trasferire: in tal caso il diritto di credito è il bene che viene trasferito.

16. Il patrimonio

Nel linguaggio corrente, il concetto di patrimonio assume di solito un significato materiale: viene riferito all'insieme delle cose (materiali) che uno ha in proprietà. Nel linguaggio del diritto la nozione di patrimonio è più ampia e più complessa, da un duplice punto di vista.

In primo luogo, nel patrimonio si comprendono *non solo le cose materiali, ma anche i beni immateriali*, nel senso visto sopra: del patrimonio di un soggetto fanno parte anche i crediti non ancora incassati; e una persona può essere considerata molto ricca per il solo fatto di avere molti crediti da riscuotere in futuro, anche se attualmente ha poco denaro liquido, e nessun altro bene. Così, chi ha una casa del valore di 500.000 euro e crediti per 300.000, ha un patrimonio più consistente di chi ha una casa da 700.000 euro e crediti per 50.000.

In secondo luogo, nel patrimonio si comprendono *non solo gli elementi attivi* (beni materiali, beni immateriali, crediti), *ma anche gli elementi passivi*, e cioè i debiti. Anche i debiti contribuiscono a determinare (in senso negativo) l'entità del patrimonio: più debiti uno ha, meno consistente è il suo patrimonio. Chi ha una casa che vale 600.000 euro e 300.000 euro di debiti, ha un patrimonio inferiore a quello di chi ha una casa da 350.000 euro e nessun debito. Chi ha una casa da 500.000 euro e 500.000 euro di debiti, ha un patrimonio pari a 0. Questo concetto di patrimonio (l'attivo meno il passivo) si definisce con la formula *patrimonio netto*: e se le passività di una persona superano le sue attività, il suo patrimonio netto è negativo (beni per 500.000 euro e debiti per 600.000 fanno un patrimonio netto di – 100.000 euro).

Possiamo sintetizzare tutto questo, definendo il patrimonio come **il complesso delle situazioni giuridiche attive e passive di una persona**. Quindi il patrimonio è un'entità non statica ma *dinamica*, che si muove e *muta continuamente* con il mutare delle situazioni giuridiche del titolare. E posto che le situazioni giuridiche mutano *per effetto dei fatti e degli atti giuridici* (specie negoziali), sono proprio questi il principale fattore di trasformazione dei patrimoni. Un atto di compravendita muta *qualitativamente* sia il patrimonio del venditore, perché ne fa uscire la proprietà della cosa, facendoci entrare il credito per il prezzo e poi, con il pagamento, la somma di denaro corrispondente; sia il patrimonio del compratore, perché vi immette la proprietà della cosa insieme col debito del prezzo, facendone uscire, quando il debito viene pagato, la relativa somma di denaro. Peraltro ciò lascia invariato il patrimonio *sul piano quantitativo* (sempreché la cosa comprata valga economicamente il prezzo pattuito). Invece il patrimonio muta anche quantitativamente se uno acquista un servizio e lo consuma: a fronte del movimento passivo (il prezzo pagato) non c'è nessun movimento attivo.

Gli esempi indicano che le situazioni giuridiche (attive e passive) che compongono il patrimonio sono quelle *di tipo economico*, riguardanti cioè *beni traducibili in valori monetari*. E infatti, sappiamo che nel linguaggio giuridico l'aggettivo **«patrimoniale»** si riferisce alle entità e ai fenomeni di questo tipo, mentre «non patrimoniali» sono le entità e i fenomeni che riguardano valori e beni non economici: la compravendita è atto patrimoniale, mentre il matrimonio è atto non patrimoniale; la proprietà e il credito sono diritti patrimoniali, il diritto all'onore e all'integrità fisica sono diritti non patrimoniali; se uno danneggia la mia proprietà, mi causa un danno patrimoniale, mentre se con ingiurie e minacce mi provoca un malessere psicologico, questo è un danno non patrimoniale.

Qualche volta, però, si intende *«patrimonio» in un senso più largo*, tale cioè da comprendervi *tutte le situazioni giuridiche del titolare, incluse quelle non economiche*: in questo senso, può dirsi ad es. che i diritti all'onore e alla riservatezza sono compresi nel patrimonio della persona. Sulla base di questa nozione allargata, si può allora sostenere che *tutti hanno un patrimonio in senso giuridico*: anche coloro che, dal punto di vista economico, sono assolutamente nullatenenti. Anche se privi di situazioni attive di tipo economico (proprietà, crediti) avranno nel loro «patrimonio» quanto meno situazioni non economiche, e in particolare i diritti connessi alla personalità umana (onore, nome, riservatezza, integrità fisica) che per definizione spettano a ogni uomo (**13**.1).

8

LE VICENDE DEI DIRITTI E LA CIRCOLAZIONE GIURIDICA

1. Le vicende dei diritti

I diritti di solito non restano fermi ma si muovono continuamente, e così modificano il loro modo di essere preesistente: questi *movimenti e cambiamenti dei diritti* si usano chiamare «vicende» dei diritti stessi. Esse sono *effetti giuridici*, determinati da una *fattispecie* (**5.**1).

Se ci collochiamo *dal punto di vista del diritto*, le vicende principali possono essere: ☞ la **nascita** del diritto (che prima non esisteva, e a un certo punto comincia a esistere); ☞ il **trasferimento** del diritto (che prima era di A, e a un certo punto comincia a essere di B); ☞ l'**estinzione** del diritto (che prima esisteva, e a un certo punto non esiste più). Mettendoci *dal punto di vista del titolare*, le vicende possono essere: ☞ l'**acquisto** del diritto (la persona prima non era titolare di quel diritto, e a un certo punto lo diventa); ☞ la **perdita** del diritto (la persona prima aveva quel diritto, e a un certo punto non lo ha più).

2. L'acquisto dei diritti: acquisti originari e derivativi

L'acquisto è la vicenda per cui *la persona diventa titolare di un diritto, che prima non aveva.* Se uno è titolare di un diritto, vuol dire che lo ha acquistato in qualche modo.

I diritti si possono acquistare in modi diversi, e la prima distinzione fra i i modi di acquisto dei diritti corre fra acquisti originari e acquisti derivativi:

☞ è acquisto **originario** quello che *non avviene sulla base di un rapporto fra il precedente titolare e il nuovo titolare.* Il nuovo titolare acquista il diritto senza entrare in rapporto con il titolare precedente: o perché questo non è mai esistito (ad es. acquista la proprietà a titolo originario il pescatore che cattura in mare il pesce, il quale non ha mai avuto un proprietario precedente); o perché un titolare precedente c'era, ma l'acquisto del nuovo titolare avviene indipendentemente da un rapporto con lui (come accade con vari modi di acquisto del diritto di proprietà, che esamineremo: **16**.2-9);

☞ è acquisto **derivativo** quello per cui *l'acquirente riceve il diritto dal (e sulla base di un rapporto col) precedente titolare*: chi compra il pesce dal pescatore che l'ha pescato ne acquista la proprietà a titolo derivativo. L'acquisto derivativo di un diritto si definisce anche **successione** nel diritto. Colui che acquista è detto *successore*, o *avente causa*; colui che trasferisce è detto *autore o dante causa.* Nell'ambito degli acquisti derivativi è possibile un'ulteriore sottodistinzione: ✦ si ha acquisto **derivativo-traslativo**, quando il nuovo titolare acquista esattamente *lo stesso diritto che prima apparteneva al vecchio titolare.* Si ha insomma il semplice trasferimento del diritto da una persona a un'altra («traslativo» viene da «trasferire»): il vecchio titolare perde, e il nuovo titolare acquista, un diritto che resta invariato. Ad es., la compravendita determina a favore del compratore l'acquisto derivativo-traslativo della proprietà della cosa; ✦ si ha acquisto **derivativo-costitutivo**, quando il diritto acquistato è *un diritto nuovo, che però scaturisce da un precedente diritto del dante causa*, il quale conserva la titolarità di quel diritto, peraltro modificato dalla nascita del nuovo diritto. È quanto accade per es. se A costituisce a favore di B un diritto di usufrutto (**18**.3) o di ipoteca (**27**.13) su un proprio bene: B acquista un diritto nuovo sulla cosa, ma A conserva il diritto di proprietà della cosa stessa, sia pure modificato dal nuovo diritto, perché avere la proprietà di una cosa data in usufrutto ad altri significa avere una proprietà «nuda» e non «piena» (**18**.3); e avere la proprietà di una cosa ipotecata è diverso che avere la proprietà della cosa libera da ipoteche.

Quello stesso fenomeno che dal punto di vista dell'avente causa è l'acquisto derivativo del diritto, *dal punto vista del dante causa* si chiama **alienazione** del diritto. «Alienare» un diritto significa, etimologicamente, farlo diventare di un altro: il venditore aliena la proprietà della cosa al compratore; la vendita è un atto di alienazione. Non tutti i diritti sono alienabili: ad es. lo Stato non può alienare i suoi diritti su beni demaniali, caratterizzati appunto dall'inalienabilità (**7**.13); e in genere non sono alienabili i diritti indisponibili (**6**.5).

3. Acquisti onerosi e gratuiti; fra vivi e a causa di morte

Queste distinzioni si legano alle corrispondenti classificazioni degli atti (**5**.6-7).

L'acquisto è **gratuito** quando avviene senza contropartite a favore del dante causa: *l'avente causa non sopporta alcun sacrificio economico in cambio dell'acquisto*. È il caso di chi acquista la proprietà di un bene per donazione o per eredità. Invece è **oneroso** quando *chi acquista dà o promette qualcosa in cambio del diritto acquistato*: chi acquista la proprietà di un bene per compravendita paga un prezzo; l'inquilino paga un canone in cambio del diritto di abitare la casa.

L'acquisto dei diritti (o la successione nei diritti) è **fra vivi**, quando *non presuppone la morte del dante causa* (così l'acquisto realizzato per compravendita, o donazione, o locazione). Si ha invece acquisto dei diritti (o successione nei diritti) **a causa di morte**, quando l'acquisto si produce *per effetto della morte del dante causa* (come l'acquisto dell'erede o del legatario). Quando si parla di «successioni» senza altra qualifica, ci si riferisce di solito al fenomeno della successione a causa di morte (**66**.1).

4. Successione particolare e successione universale

Questa distinzione riguarda l'oggetto dell'acquisto.

Si ha successione **particolare**, quando l'avente causa *acquista uno o più diritti determinati del dante causa*: il compratore, che succede al venditore nella proprietà della cosa venduta, fa un acquisto particolare.

Invece la successione è **universale**, quando il successore subentra *nell'intero patrimonio del dante causa, o in una quota* di esso; e siccome il patrimonio è fatto di *attività* (proprietà di beni, crediti, altri diritti) ma anche di *passività* (debiti), il successore universale subentra anche nelle passività. Successione universale è per es. quella dell'erede che subentra nel patrimonio del defunto (**67**.3; **69**.5); o quella della società che ne incorpora un'altra, subentrando nel patrimonio di quest'ultima (**51**.10).

5. L'acquisto delle situazioni passive: successione universale e particolare nel debito

Quanto appena esposto ci dice che, come si ha acquisto dei diritti e in genere delle situazioni attive, così può aversi acquisto delle (o successione nelle) situazioni passive: ad es. un debito cambia titolare, passando dal debitore originario a un nuovo debitore.

Ciò può accadere per effetto di *successione universale* (come quella dell'erede rispetto al defunto). Ma può aversi anche *successione particolare nei debiti*: lo vedremo con la delegazione, l'espromissione e l'accollo (**24**.5-10), la cessione del contratto (**33**.17) e il trasferimento di azienda (**56**.5).

6. Il titolo dell'acquisto

Sappiamo che le vicende dei diritti sono effetti giuridici, determinati da una fattispecie. La *fattispecie che determina l'acquisto di un diritto* si usa chiamare titolo dell'acquisto. La cattura del pesce da parte del pescatore è il titolo del suo acquisto (originario); il contratto di compravendita è il titolo dell'acquisto (derivativo, particolare, fra vivi) del compratore; il testamento del defunto che nomina A erede, e l'accettazione di costui, formano il titolo dell'acquisto (derivativo, universale, a causa di morte) dei diritti ereditari a favore di A. Ecco perché – anziché di acquisto originario o derivativo, oneroso o gratuito, particolare o universale – si parla anche di *acquisto a titolo* originario o derivativo, a titolo oneroso o gratuito, a titolo particolare o universale. Ed è chiaro il nesso con la formula **«titolare» del diritto**: uno è titolare del diritto, in quanto ha un titolo in base a cui l'ha acquistato.

Fra tutti i possibili acquisti di diritti, i più importanti sono quelli derivativi. E fra i titoli degli acquisti *derivativi*, i più importanti sono rappresentati da *atti giuridici (negoziali)*. Valgono, al riguardo, due principi fondamentali: ☞ *l'acquisto del diritto si realizza, solo se il titolo è regolare* (cioè, con parole di cui impareremo il senso preciso, «valido» ed «efficace»); un contratto di compravendita che presenta qualche difetto (che lo rende invalido o inefficace) normalmente non è un titolo capace di trasferire il diritto dal venditore al compratore; ☞ *nessuno può trasferire un diritto che non ha*, e correlativamente *nessuno può diventare titolare di un diritto, acquistandolo da chi non ce l'ha*: se X vende a Y un bene che non è suo bensì di Z, come regola Y non acquista la proprietà di quel bene.

Ma avvertiamo subito che entrambi questi principi subiscono *deroghe* importanti, in nome di interessi meritevoli di tutela.

7. La perdita dei diritti

Negli acquisti derivativi, all'*acquisto* del diritto in favore dell'avente causa fa necessariamente riscontro la *perdita* di esso a carico del dante causa. Ma non sempre esiste una tale correlazione.

Ci sono casi in cui *uno acquista un diritto, senza che nessun altro lo perda*: ciò per lo più si verifica con gli acquisti originari (come nell'esempio del pescatore che cattura il pesce).

Reciprocamente, ci sono casi in cui *uno perde un diritto, senza che nessun altro lo acquisti*: semplicemente il diritto si estingue. Ciò accade ad es. quando la cosa in proprietà va distrutta; o con la *derelizione*, che è l'atto con cui *il proprietario abbandona deliberatamente la sua cosa* (art. 923, c. 2); o quando il creditore rinuncia al suo credito (*remissione del debito*: **23**.22). Ma accade soprattutto per l'operare di due importanti istituti, che si legano al decorso del tempo: la prescrizione estintiva e la decadenza.

8. La prescrizione estintiva

La prescrizione estintiva è il meccanismo che *determina l'estinzione del diritto, in conseguenza di una prolungata inerzia del suo titolare*, che quindi lo perde. Il principio per cui il titolare del diritto che sta per un lungo tempo senza esercitarlo lo perde (art. 2934, c. 1) ha *due giustificazioni*:

☞ la prima è l'esigenza di **certezza delle situazioni e dei rapporti giuridici**. Chi ha un diritto normalmente ha di fronte a sé un *controinteressato*, cioè il *titolare della corrispondente situazione passiva* (ad es., creditore-debitore). Ora, di fronte alla persistente inazione del titolare del diritto, la parte passiva del rapporto finisce per regolarsi e organizzarsi come se quel diritto non esistesse più; e una pretesa fatta valere contro di lui a lunghissima distanza di tempo disturberebbe i *nuovi programmi formulati sul ragionevole presupposto che quella vecchia posizione passiva sia oramai cancellata*. Inoltre, a distanza di tanto tempo, gli elementi utili per *provare l'esistenza e il contenuto del diritto* (documenti, testimonianze) tendono a non essere più disponibili o affidabili, per cui la lite fra titolare del diritto e sua controparte sarebbe difficile da risolvere, e darebbe luogo a ulteriori incertezze: meglio troncarla alla radice, dicendo che il diritto affermato non c'è più, in quanto prescritto;

☞ la seconda ragione riguarda il **favore per l'uso produttivo delle risorse**. Un diritto non esercitato è una risorsa economica non valorizzata dal titolare; ma l'esistenza del diritto blocca anche risorse di controparte, titolare della situazione passiva. Il creditore che non chiede i suoi 100.000 euro al debitore trascura di acquisire e utilizzare questo valore economico; ma anche il debitore non è libero di utilizzare quella somma, che un giorno o l'altro il creditore potrebbe pretendere da lui: quei 100.000 euro rischiano di essere sottratti indefinitamente al circuito della valorizzazione delle risorse. Per evitarlo, a un certo punto conviene dire «basta»: il creditore non ha più diritto a quei 100.000 euro, che adesso il debitore potrà valorizzare.

9. I diritti imprescrittibili

Se la regola è che tutti i diritti si prescrivono (art. 2934, c. 1), ci sono peraltro diritti non soggetti a prescrizione (art. 2934, c. 2): diritti che non si estinguono, anche se il titolare sta per lungo tempo senza esercitarli:

☞ non si prescrive il **diritto di proprietà**: la ragione è che, di fronte al proprietario inerte, normalmente *non c'è un controinteressato* che abbia aspettative e programmi fondati su quell'inerzia. In verità, un tale *controinteressato* è presente almeno in un caso: quando la cosa di A è nelle mani di B, che si comporta lui da proprietario mentre A resta inerte. In tal caso l'inerzia del proprietario A, unita all'attività del non proprietario B, fa sì che dopo un certo tempo A cessa di essere proprietario della cosa, e proprietario diventa B: ma non perché A abbia perso il diritto per prescrizione, bensì perché B ha acquistato il diritto per *usucapione* (**21**.15);

☞ non si prescrivono i **diritti indisponibili**: quelli che si legano ai valori più preziosi e alla sfera più intima della persona (come i diritti della *personalità*, i diritti connessi alle *relazioni familiari*); e quelli attribuiti al titolare per la tutela di un *interesse generale*, come il diritto di far valere la nullità di un contratto (**36**.2);

☞ non si prescrivono le **singole facoltà** comprese nel diritto (**4**.5): esse non sono autonome, ma costituiscono *modi diversi di attuazione di un medesimo interesse del titolare*, l'interesse che sta alla base del diritto. Ad es. l'usufruttuario ha, fra l'altro, la facoltà di dare la cosa in locazione: se sta anche un lunghissimo tempo senza farlo, non perde la facoltà di farlo in seguito. D'altra parte, sappiamo che se una certa attività è «facoltativa», la persona è libera di svolgerla o non svolgerla: anche non svolgerla è un modo di esercitare la facoltà.

10. Inizio e termine della prescrizione

L'**inizio** della prescrizione è il momento in cui comincia a contarsi il tempo, che potrà portare all'estinzione del diritto: esso coincide, in generale, con il *momento in cui il diritto può essere fatto valere* (art. 2935). Rispetto a un credito non ancora scaduto, la prescrizione comincia a decorrere solo dalla scadenza, perché fino a quel momento il creditore non può esigere il pagamento: prima di allora non si può neppure parlare di una sua inerzia. Secondo la giurisprudenza, i fattori che impediscono di far valere il diritto sono solo gli *impedimenti giuridici* all'esercizio del diritto (come nell'esempio appena indicato), e non gli impedimenti di fatto: la prescrizione parte anche se il titolare del diritto, per ignoranza, non sa come muoversi per esercitarlo.

Per *determinati diritti*, l'inizio della prescrizione è fissato dalla legge con *criteri diversi*: ad es. per i diritti di garanzia contro i difetti della cosa comprata la prescrizione parte dalla consegna della cosa (art. 1495); per il diritto al risarcimento del danno l'art. 2947, c. 1 la fa partire dal verificarsi del fatto dannoso (ma vedremo che questo criterio è interpretato dalla giurisprudenza in modo molto generoso per il danneggiato: **45**.5).

Il **termine** della prescrizione è il *periodo di tempo, trascorso il quale il diritto si estingue*. La legge fissa in realtà termini diversi in relazione ai vari diritti, e precisamente un termine ordinario per la generalità dei diritti, e termini speciali per particolari categorie di diritti:

☞ il termine **ordinario** è *10 anni*: esso si applica a tutti i diritti, per cui la legge non prevede un termine diverso (art. 2946);

☞ i termini **speciali** possono essere: ✦ *più lunghi* di quello ordinario, come per i diritti reali su cosa altrui (**18**.1), che si prescrivono in 20 anni (art. 1014, n. 1 per l'usufrutto; art. 1073, c. 1 per le servitù, ecc.); ✦ *più brevi*, come quelli elencati in dettaglio negli art. 2947 e seg.: ad es. in cinque anni si prescrivono il diritto al risarcimento del danno extracontrattuale (**45**.5) e il diritto all'annullamento del contratto annullabile (**36**.3); in un anno si prescrivono i diritti nascenti da determinati contratti (come il trasporto: art. 2951, c. 1). Se però uno esercita tempestivamente un diritto soggetto a *prescrizione breve*, e ottiene una *sentenza che gli dà ragione*, il suo diritto di realizzare quanto previsto nella sentenza si prescrive nel *termine ordinario di 10 anni* (art. 2953).

Il **calcolo del tempo** si fa con i criteri indicati dall'art. 2963. In particolare: ☞ *non si tiene conto del c.d. dies a quo* (cioè del giorno in cui si verifica l'evento che fa partire la prescrizione); il primo giorno del decorso di questa è il giorno successivo; ☞ se il termine scade in un *giorno festivo*, è prorogato automaticamente al giorno seguente non festivo.

11. Sospensione e interruzione della prescrizione

Il decorso della prescrizione può arrestarsi per determinate cause, che hanno l'effetto di *allontanare nel tempo la possibile estinzione del diritto*. Si distingue fra sospensione e interruzione della prescrizione:

☞ si ha **sospensione** quando, *in presenza di particolari circostanze, il decor-*

so della prescrizione si arresta, ma riprende quando esse vengono meno. Per calcolare se la prescrizione è giunta a compimento, si tiene allora conto anche del *decorso anteriore alla sospensione, che si somma al periodo successivo alla fine di essa.* In altre parole: quando si determina una causa di sospensione, il cronometro della prescrizione viene fermato al punto in cui era giunto; quando la causa di sospensione viene meno, le lancette ripartono da quel punto. Le circostanze che determinano la sospensione sono di due tipi: ✦ particolari **rapporti esistenti fra le parti**, che per varie ragioni possono scoraggiare l'esercizio di azioni o iniziative legali del titolare del diritto verso controparte (art. 2941): la prescrizione è sospesa, per es., *fra marito e moglie* (ma anche fra i partner dell'unione civile omosessuale: **62.**14) e, fino a che dura il rapporto di lavoro, *fra l'imprenditore e il lavoratore*, esposto alla possibilità di licenziamento. La ragione è chiara: nel primo caso, l'esercizio del diritto del coniuge può essere imbarazzante a causa del rapporto di affetto verso l'altro coniuge; nel secondo caso, il lavoratore può essere scoraggiato dal far valere il suo diritto verso il datore di lavoro per il timore di subire ritorsioni; ✦ particolari **condizioni soggettive del titolare** del diritto, tali da opporre *gravi difficoltà all'esercizio del diritto* stesso (art. 2942): la prescrizione dei diritti di *minori e interdetti* temporaneamente privi di rappresentante legale è sospesa per tutto il tempo in cui manca il loro rappresentante, e per i sei mesi successivi alla nomina (**11.**11); così pure per i *militari* in tempo di guerra. Le cause di sospensione indicate dalla legge sono *tassative*: l'interprete non può ricavarne altre per analogia. Ad es., non sospende la prescrizione una calamità naturale che di fatto rende impossibile o difficilissimo l'esercizio del diritto;

☞ si ha **interruzione** quando viene compiuto un *atto che smentisce* il doppio presupposto su cui si fonda il meccanismo della prescrizione: l'*inerzia* del titolare del diritto, e l'*affidamento di controparte* circa la cancellazione del diritto. Gli **atti interruttivi** della prescrizione possono essere dunque di due tipi: ✦ atti *provenienti dal titolare* del diritto, che rappresentino un *esercizio del diritto* stesso; per l'art. 2943, possono consistere in una *domanda giudiziale*, con cui il titolare esercita un'azione in giudizio contro la parte passiva (**9.**8), o in qualsiasi atto di *costituzione in mora* della parte passiva (**25.**4); ✦ atti *provenienti da controparte* (titolare della situazione passiva), e consistenti nel *riconoscimento, anche implicito, del diritto* altrui: si pensi al debitore che paga un acconto, o chiede una dilazione al creditore. Dal momento dell'interruzione la prescrizione ricomincia a decorrere: ma qui *ricomincia da zero*, perché il periodo anteriore all'atto interruttivo viene azzerato. Se però l'interruzione è dipesa da una domanda giudiziale, la prescrizione ricomincia a decorrere solo da quando il processo arriva a una decisione definitiva (art. 2945).

12. La posizione delle parti rispetto alla prescrizione

Il fondamento della prescrizione guarda al buon funzionamento del sistema giuridico-economico, e dunque tocca l'interesse generale. Questo spiega l'**inderogabilità** della disciplina legale della prescrizione (art. 2936), per cui: ☞ non è ammessa la *modifica dei termini* di durata della prescrizione, anche se concordata dalle parti; ☞ non è ammessa la *rinuncia preventiva* alla prescrizione, cioè la rinuncia fatta dalla parte passiva quando la prescrizione non è ancora maturata (art. 2937, c. 2).

Ma una volta che la prescrizione è compiuta, e il diritto è quindi estinto, si è realizzata la certezza voluta dalla legge. A questo punto, può ammettersi che la parte passiva, avvantaggiata dalla compiuta prescrizione, disponga liberamente di questo vantaggio. Ecco perché: ☞ è ammessa la *rinuncia successiva* alla prescrizione già compiuta (art. 2937, c. 2), e tale rinuncia può ricavarsi anche per implicito (art. 2937, c. 3); ☞ se, prescritto il credito, ciononostante *il debitore paga spontaneamente, non può poi pentirsi* e chiedere la restituzione (art. 2940): ricorre la figura dell'obbligazione naturale (**22**.7); ☞ se la parte passiva invece vuole avvantaggiarsi della prescrizione compiuta, spetta a lei prendere l'iniziativa di farla valere: la prescrizione *non è rilevabile d'ufficio* dal giudice (art. 2938). Ciò significa che se un creditore chiede al debitore il pagamento di un credito già caduto in prescrizione, tocca al debitore difendersi opponendo l'avvenuta prescrizione; se non lo fa, il giudice non può rilevarla di sua iniziativa, e su questa base rifiutare la condanna del debitore (**9**.11).

13. La prescrizione presuntiva

A differenza della prescrizione estintiva, la prescrizione presuntiva *non determina l'estinzione del diritto*, ma ha l'effetto meno radicale di *creare una presunzione di estinzione* (sul concetto di «presunzione» v. **9**.15). Essa si fonda sul rilievo che determinati crediti (per soggiorni in albergo, per acquisti al dettaglio, per servizi professionali, ecc.) vengono di regola pagati subito dopo la prestazione. E allora, una volta trascorso un periodo di tempo piuttosto breve (a seconda del tipo di credito *sei mesi*, *un anno* o *tre anni*: art. 2954-2956) senza che il creditore reclami il pagamento, *si presume che il debito sia stato regolarmente pagato* (e dunque il credito sia estinto).

Se, contrariamente alla presunzione, in realtà il debito non è stato pagato, *il creditore conserva il diritto di credito anche dopo che sia maturata la prescrizione presuntiva*. L'unico problema è che gli riesce più difficile farlo valere dandone la prova in giudizio (**9**.13-14). Infatti a questo punto la legge *limita i mezzi di prova a disposizione del creditore*, stabilendo che egli ha solo due vie (peraltro problematiche) per dimostrare di non essere stato pagato: o contare sulla spontanea *confessione giudiziale* del debitore (art. 2959); o *deferire giuramento* al debitore stesso (art. 2960). Invece è escluso il ricorso a mezzi di prova più comuni ed efficaci, come la prova testimoniale.

14. La decadenza

La decadenza ha in comune con la prescrizione il meccanismo per cui un diritto, non esercitato per un certo periodo di tempo, si estingue: il *decorso del tempo* e l'*inerzia del titolare* fanno sì che egli perda il diritto. Ne differisce però sia per la ragione giustificativa, sia per le modalità della disciplina.

La **ragione giustificativa** è esclusivamente un'*esigenza di certezza delle situazioni e dei rapporti giuridici*. Si vuole che determinati diritti, capaci di condizionare certi rapporti o situazioni, vengano esercitati entro un breve periodo di tempo, perché è inopportuno che l'incertezza intorno a quei rapporti o situazioni si prolunghi oltre. Se il titolare del diritto lascia scadere il termine senza esercitarlo, egli perde il diritto, così che la situazione o il rapporto in gioco si stabilizza definitivamente. E l'unico modo per evitare la decadenza è *esercitare il diritto secondo il suo contenuto tipico* (art. 2966). Ad es. è soggetto a decadenza il diritto, spettante a chi ha perso una causa, di *impugnare la sentenza sfavorevole*: se l'interessato non impugna entro il termine, egli perde il diritto di impugnare, e la sentenza diventa definitiva. Chi compra una cosa difettosa, ha otto giorni per *denunciare il difetto*; se non lo fa, decade dai suoi diritti verso il venditore.

15. La disciplina della decadenza

Questa diversa ragione giustificativa spiega le differenze di disciplina fra decadenza e prescrizione.

Nella decadenza *non ha senso parlare di interruzione* (art. 2964). O il diritto viene esercitato entro il termine, e allora la decadenza non opera più perché la situazione è ormai definita proprio in forza dell'esercizio del diritto: proposta tempestivamente l'impugnazione, si apre il processo di secondo grado. Oppure il diritto non viene esercitato entro il termine, e allora il titolare ne decade, senza che qualsiasi altro atto compiuto da lui o da controparte possa impedire la decadenza. L'esigenza che il termine non sia per nessuna ragione prolungato, fa sì che alla decadenza *non si applichino, di regola, neppure le cause di sospensione*, salvi i casi eccezionalmente previsti dalla legge (art. 2964).

La disciplina della decadenza può variare in modo significativo, a seconda del tipo di diritti implicati:

☞ se la decadenza riguarda **diritti indisponibili** (come ad es. quelli in materia familiare), la disciplina della decadenza è *inderogabile*: le parti non possono modificarla né rinunciarvi (art. 2968), e il giudice deve rilevarla *d'ufficio* (art. 2969). Trattandosi di situazioni e rapporti particolarmente delicati, l'esigenza di certezza deve essere assolutamente rispettata;

☞ quando invece riguarda **diritti disponibili** (come quelli del compratore di una cosa difettosa, soggetti a decadenza se entro otto giorni non si fa la denuncia) l'interesse in gioco è individuale, e allora la disciplina della decadenza obbedisce a regole diverse: ✦ la decadenza può essere impedita anche dal *riconoscimento del diritto*, ad opera della parte passiva, contro cui il diritto deve farsi valere (art. 2966); ✦ le parti possono *modificarne la disciplina*; ✦ il giudice *non* la può rilevare *d'ufficio*.

Nel campo dei diritti disponibili, le parti interessate possono inoltre fissare d'accordo *termini di decadenza non previsti dalla legge* (**decadenza convenzionale**), però con un limite: essi *non devono rendere «eccessivamente difficile»* l'esercizio del diritto (art. 2965).

Il meccanismo della *decadenza* può intrecciarsi con quello della *prescrizione* (art. 2967): in mancanza di tempestiva denuncia del difetto della cosa, il compratore decade dai suoi diritti contro il venditore; se la denuncia è fatta, i diritti per intanto sono salvi, ma a questo punto sono esposti alla prescrizione, per cui si estinguono se il compratore non fa causa al venditore entro un anno dalla consegna della cosa (**38**.8).

16. La circolazione giuridica e la tutela dell'affidamento

I concetti di trasferimento e acquisto dei diritti si collegano con quello di circolazione giuridica (o, come anche si dice, *traffico giuridico*): il fenomeno per cui *i diritti, anziché rimanere fermi in capo ai titolari, si trasferiscono continuamente ad altre persone, che li acquistano.*

La circolazione giuridica *riflette l'andamento del sistema economico*: è tanto più intensa, quanto più è vivace la dinamica degli scambi economici. Si comprende dunque che nei sistemi economici sviluppati il fenomeno della circolazione giuridica assume dimensioni e importanza immensamente più grandi rispetto a quelle che si registravano nelle organizzazioni economiche precapitalistiche, più statiche e con basso volume di scambi. Per altro verso, la circolazione giuridica condiziona l'andamento del sistema economico: se le norme che la regolano sono fatte male (perché rendono macchinoso il trasferimento dei diritti, e incerto il loro acquisto) ne soffre il meccanismo degli scambi di ricchezza.

Questa è la ragione per cui gli ordinamenti moderni si preoccupano di avere norme capaci di *garantire che la circolazione giuridica si sviluppi con il massimo di dinamismo, e con il minimo di impaccio. Un tale obiettivo richiede di garantire la sicurezza degli acquisti*: chi acquista un diritto, deve poter essere ragionevolmente sicuro che l'acquisto è efficace, che non sarà insidiato da pretese altrui capaci di togliere all'acquirente il diritto acquistato. Se questa sicurezza non ci fosse, le persone sarebbero scoraggiate dall'acquistare, o acquisterebbero solo dopo lunghe ponderazioni e controlli minuziosi: la circolazione giuridica subirebbe intralci, i traffici economici sarebbero rallentati. Due valori apparentemente in contrasto qui si integrano: *al livello del sistema economico complessivo*, senza **sicurezza** non c'è **dinamismo**. Dopo avere incontrato (**1**.7) il valore della *certezza del diritto* (oggettivo), incontriamo adesso il valore della *certezza dei diritti* (soggettivi), e in particolare della certezza relativa alla stabilità del loro acquisto: ed è chiaro che fra i due valori esistono stretti legami.

In questa prospettiva, viene in gioco un principio generale e fondamentale: la **tutela dell'affidamento**. Proteggere la sicurezza degli acquisti (e con essa il dinamismo della circolazione giuridica e quindi degli scambi economici) richiede di *proteggere l'affidamento di chi acquista*: l'affidamento, appunto, che l'acquirente fa sull'efficacia e sulla stabilità dell'acquisto. Si tratta perciò di un principio molto importante nel diritto privato moderno: esso ispira molte norme, soprattutto relative ai contratti, che si illustreranno via via. Qui anticipiamo che le norme che realizzano la tutela dell'affidamento spesso sono costrette a *derogare a principi tradizionali e fondamentali* del diritto privato: in particolare ai principi incontrati poco fa, per cui negli acquisti derivativi l'avente causa non riesce ad acquistare il diritto, se il dante causa non ne era il vero titolare, o se il titolo d'acquisto presenta qualche irregolarità (**8**.6). Staccarsi da questi principi è un prezzo alto; ma la legge pensa che valga la pena di pagarlo, per un obiettivo importante come la tutela dell'affidamento.

9

L'ATTUAZIONE DEI DIRITTI: PUBBLICITÀ, TUTELA GIURISDIZIONALE, PROVE

1. Esistenza dei diritti e attuazione dei diritti

Quando ci si occupa di una fattispecie concreta regolata dal diritto privato, normalmente il punto di partenza è sapere se uno ha o non ha un diritto soggettivo: se A ha o non ha un credito verso B per 100.000 euro; se X è o non è proprietario di quel quadro; ecc. A questo rispondono le norme sull'attribuzione dei diritti, che si chiamano *norme sostanziali*.

Posto che uno abbia il diritto, c'è un ulteriore problema: fare in modo che il suo diritto sia effettivamente attuato. Se risulta che A è creditore di B, bisogna fare in modo che A incassi effettivamente i 100.000 euro che B gli deve; se X risulta proprietario del quadro che si trova adesso nelle mani di Y, bisogna fare in modo che X recuperi effettivamente il suo quadro. Nessun problema si pone, se chi è tenuto ad attuare il diritto altrui lo fa *spontaneamente*: B paga spontaneamente 100.000 euro ad A; Y spontaneamente restituisce a X il suo quadro. In caso contrario, il problema dell'effettiva attuazione del diritto resta aperto.

Per impostarlo, il primo e fondamentale principio è un principio negativo: *il titolare del diritto non può farsi giustizia da sé*. X non può entrare in casa di Y e riprendersi con la forza il suo quadro; A non può impossessarsi di un bene di B del valore di 100.000 euro e tenerselo al posto della somma che B rifiuta di pagargli. È il principio del **divieto di autotutela privata dei diritti**, giustificato da un'elementare esigenza di *mantenimento della pace e dell'ordine sociale*. Vi corrisponde il principio della **tutela giurisdizionale dei diritti**: chi ha un diritto e vuole attuarlo, deve rivolgersi allo Stato, che provvederà attraverso i suoi apparati – in particolare i giudici.

E qui possono cominciare le difficoltà. Il giudice deve prima di tutto essere convinto che il credito, di cui A chiede l'attuazione, esiste davvero; ma il giudice non sa niente dei rapporti fra A e B, sicché A deve riuscire a convincerlo, dandogli delle prove (**9**.15): ad es. che un anno fa ha prestato 100.000 euro a B, il quale si è impegnato a restituirli entro un anno. Se A non è in grado di dare tali prove (perché B nega di avere ricevuto il prestito, non c'è nessuno scritto che lo documenti, non si trovano testimoni che lo confermino), il suo diritto, pur esistente in base alle norme sostanziali, non viene riconosciuto dal giudice, e quindi non può essere attuato.

Ammettiamo che A riesca a provare il suo credito, e che il giudice condanni B a pagargli 100.000 euro. A questo punto può darsi che B si decida a pagare: e allora tutto bene (salvo il tempo e la fatica che A ha speso per attuare il suo diritto). Ma può darsi che non paghi neppure adesso, e allora A deve tornare dal giudice, chiedergli di «prendere» beni di B, venderli all'asta, trasformarli in denaro che verrà usato per pagare finalmente A: altro tempo e fatica!

E c'è un'ultima (non rara) eventualità: che B risulti nullatenente, sicché non ci sono suoi beni da vendere all'asta. In tal caso la storia non ha un lieto fine: il diritto di A, benché esistente e riconosciuto dal giudice, resta inattuato.

2. Diritti e rimedi

L'ordinamento giuridico non può sopportare che i diritti (soggettivi) restino generalmente inattuati: perché vorrebbe dire che il diritto (oggettivo) non funziona. Per questo predispone **rimedi**: cioè *mezzi che servono per l'effettiva attuazione dei diritti soggettivi*. Ai diritti, stabiliti da norme sostanziali, si affiancano così i rimedi, stabiliti da norme di vario genere. Ed è chiaro che, nella vita concreta dell'ordinamento giuridico, *i rimedi sono importanti non meno dei diritti*: senza i rimedi, i diritti rischierebbero di restare inattuati. Anzi, in qualche caso si può dire che il diritto è creato dal rimedio (v. quanto si è detto in chiusura di **4**.16).

Concepita in senso ampio, la nozione di «rimedio» include meccanismi previsti dalle norme sostanziali per il caso di violazione di un diritto: se ad es. è violato un diritto di proprietà perché qualcuno distrugge la cosa del proprietario, il rimedio è il risarcimento del danno a suo favore; se il dipendente compie gravi scorrettezze contro il datore di lavoro, questi può tutelare il proprio diritto violato applicando il rimedio del licenziamento. Qui il rimedio è l'attribuzione di un nuovo diritto (risarcimento, licenziamento) al titolare del diritto violato.

Intesa in senso più ristretto, la nozione di rimedi per l'attuazione dei diritti allude ai **rimedi giurisdizionali**, regolati da norme che, in contrapposizione alle norme sostanziali, si usano definire *norme processuali*. Dei rimedi giurisdizionali (ovvero della *tutela giurisdizionale dei diritti*) parleremo fra breve in termini generali. Ma molte altre volte, in tanti luoghi diversi del manuale, incontreremo specifici rimedi giurisdizionali, cioè particolari situazioni in cui, per attuare un determinato diritto, occorre rivolgersi al giudice, e chiedere al giudice un determinato provvedimento. Il mezzo tipico per fare ciò si definisce «azione» (sul concetto ci soffermiamo fra poco: **9.**8). Ad es. l'azione di rivendicazione è data al proprietario per recuperare la sua cosa (**16.**12); le azioni di annullamento e risoluzione del contratto servono per liberare la parte dagli impegni di un contratto difettoso (**36-37**); le azioni di separazione e divorzio sono finalizzate a liberare i coniugi dal vincolo di un matrimonio fallito (**65.**3; **65.**6); e così via.

Alcuni rimedi sono **rimedi preventivi**: non intervengono quando il diritto è già violato, ma prima, reagendo contro situazioni che potrebbero in futuro minacciarne l'attuazione (ad es. i rimedi a *garanzia del credito*: **27.**3).

3. Il sesto libro del codice civile

Gli autori del codice hanno pensato di concentrare gran parte degli istituti e delle norme che riguardano in generale l'attuazione dei diritti entro un apposito libro: il sesto e ultimo, intitolato appunto «*Della tutela dei diritti*».

Ne è uscito un complesso normativo che appare un po' disorganico (e comunque non tutti i rimedi per l'attuazione dei diritti sono disciplinati lì: molti rimedi specifici si trovano in altri libri del codice). Le principali materie trattate nel sesto libro sono: ☞ i principi generali sulla *tutela giurisdizionale dei diritti* (titolo IV) e, in connessione con questa, le regole sulle *prove* (titolo II); ☞ la *garanzia dei crediti* (titolo III); ☞ la *prescrizione* e la *decadenza* (titolo V), che riguardano il modo in cui l'esercizio e l'attuazione dei diritti possono essere influenzati dal fattore tempo (**8.**8-15); ☞ la *trascrizione* (titolo I), che costituisce applicazione di un meccanismo giuridico più generale: la *pubblicità* (di cui parliamo subito).

4. Funzione della pubblicità e mezzi pubblicitari

Per il migliore funzionamento delle relazioni giuridiche, *è utile che determinati fatti, i quali hanno conseguenze giuridiche rilevanti, siano conosciuti da chi vi è interessato*. Se uno fa un contratto con un minorenne, questo contratto non è valido (**11**.11): e allora conviene sapere se il ragazzo con cui si sta facendo una trattativa ha più o meno di 18 anni; chi compra un appartamento ipotecato rischia poi di perderlo (**27**.11): e allora conviene sapere se sulla casa che si vorrebbe acquistare c'è un'ipoteca; e così via.

Questa esigenza viene soddisfatta dalla legge, con la previsione di appositi **mezzi di pubblicità**, i quali *rendono determinati fatti facilmente conoscibili da chiunque*. A questo fine la legge stabilisce che *determinati fatti o atti giuridici siano resi pubblici*; stabilisce il *modo* in cui devono esserlo; e stabilisce quali *conseguenze* derivano dal mancato rispetto delle regole sulla pubblicità. Tali regole sono funzionali all'*attuazione dei diritti*: esse puntano, in definitiva, a fare in modo che sui diritti non sorgano contestazioni capaci di pregiudicarne la regolare attuazione. E favoriscono la *circolazione giuridica*: infatti soddisfano l'esigenza fondamentale di questa, consistente nella *sicurezza* (presupposto del *dinamismo*) delle operazioni di trasferimento e acquisto dei diritti (**8**.16).

Esistono tanti diversi mezzi di pubblicità, che possono classificarsi in relazione a vari criteri.

In relazione ai **modi di funzionamento**, i più importanti e diffusi mezzi pubblicitari hanno *natura formale e documentale*: si basano cioè su documenti scritti, redatti e comunicati secondo appositi schemi formali. Ma talora l'esigenza pubblicitaria si realizza non su base documentale bensì *in modo fattuale*: ne vedremo un esempio con il pegno, dove la funzione di pubblicità è affidata allo spossessamento della cosa (**27**.13).

Nell'ambito dei mezzi pubblicitari di tipo formale-documentale, può farsi una distinzione correlata ai **destinatari della pubblicità**. Talora la pubblicità deve essere indirizzata a *un singolo destinatario*, che è l'unico soggetto a cui è importante dare conoscenza dell'atto pubblicizzato: rientra in questo tipo, per es., la notifica della cessione del credito al debitore ceduto (**24**.3). Ma i mezzi di pubblicità più importanti sono quelli destinati alla *generalità dei soggetti*, perché tutti potrebbero essere interessati all'atto pubblicizzato: normalmente però questi mezzi consistono in *registri pubblici, organizzati e tenuti da appositi uffici amministrativi*, in cui l'atto viene indicato (a seconda dei casi, la formula giusta è: iscritto, trascritto, annotato, ecc.), in modo che chiunque può prenderne conoscenza mediante la consultazione dei registri stessi.

5. Tipi di pubblicità: pubblicità notizia, dichiarativa, costitutiva

Particolarmente significativa è la classificazione dei tipi di pubblicità, basato sugli **effetti giuridici** che conseguono all'*osservanza o mancata osservanza delle regole sulla pubblicità*. In relazione a questo criterio, si distinguono tre tipi di pubblicità.

Si ha **pubblicità notizia** quando la legge impone formalità pubblicitarie per determinati fatti o atti, ma *la mancanza della pubblicità non impedisce al fatto o all'atto di esistere e produrre regolarmente i suoi effetti*. Un esempio è dato dalle pubblicazioni matrimoniali (**62**.7): se vengono omesse, scattano sanzioni a carico del responsabile, ma il matrimonio è valido ed efficace. Lo stesso vale per gran parte dei fatti o atti da pubblicizzare tramite i registri dello stato civile (**11**.6): se per qualche ragione non vi è stata registrata la nascita di X, figlio di Y e Z, A e B sono comunque sposati fra loro, e X è pur sempre figlio di Y e Z; l'unica conseguenza è che potrà essere più difficile darne la prova.

La **pubblicità dichiarativa** serve a *fare sì che l'atto sia opponibile a chiunque, o sia efficace verso chiunque* («efficace» significa: produttivo di effetti; «efficacia» è la capacità di produrre effetti). Come per la pubblicità notizia, la sua inosservanza non impedisce l'esistenza dell'atto: l'atto esiste ed è valido, ma subisce una diminuzione dei suoi effetti. Ciò significa che *determinati effetti dell'atto non si producono nei confronti dei terzi o di alcuni terzi*: come si dice in gergo tecnico, essi non sono «opponibili» a quei terzi.

Le principali ipotesi di pubblicità appartengono a questa categoria. Ma, nell'ambito di esse, è possibile una distinzione, fondata sulla *diversa rilevanza* che – in mancanza di pubblicità dell'atto – può avere l'*effettiva conoscenza dell'atto stesso da parte dei terzi*: ☞ in alcuni casi, *l'osservanza della pubblicità è sufficiente* a rendere l'atto efficace e opponibile verso chiunque (ad es., gli atti iscritti nel *registro delle imprese* producono effetti, e possono essere opposti, verso tutti quanti), ma *non strettamente necessaria* in vista di quel risultato, perché anche in mancanza di pubblicità l'atto può risultare efficace e opponibile verso qualche terzo: basta *dimostrare che il terzo, pur in assenza di pubblicità, conosceva effettivamente l'atto* (**50**.4); ☞ in altri casi, invece, l'osservanza della pubblicità è strettamente necessaria per l'efficacia dell'atto: nel senso che non è sostituibile in nessun altro modo, neppure provando che l'atto, benché non pubblicizzato, era in realtà conosciuto dal terzo. Vedremo che ciò vale, ad es., per la trascrizione nei registri immobiliari: l'atto non trascritto non è opponibile a determinati terzi, neppure se risulta che questi lo conoscevano perfettamente (**20**.3).

La **pubblicità costitutiva** è quella alla quale si legano le conseguenze più forti. Essa è *necessaria per la stessa esistenza dell'atto o della situazione giuridica* (non semplicemente per la sua opponibilità a qualche terzo); in mancanza della pubblicità costitutiva, *l'atto è come se giuridicamente non esistesse e non producesse nessun effetto nei confronti di nessuno*. È il caso della pubblicità prevista per l'*ipoteca*: senza iscrizione nei registri, l'ipoteca non nasce e non produce alcun effetto, neppure nei rapporti fra le parti interessate (**27**.14). È anche il caso della pubblicità delle *società di capitali*: senza iscrizione nell'apposito registro, la società giuridicamente non esiste (**53**.3).

6. L'apparenza

All'argomento della pubblicità si lega quello dell'apparenza, che pure riguarda le *conseguenze giuridiche della conoscenza o ignoranza* di un soggetto rispetto a determinati fatti, atti o situazioni.

Normalmente se uno ha una conoscenza falsa, e cioè commette un errore, ne subisce le conseguenze. Ma non sempre è così: qualche volta la legge lo perdona e lo tutela, a due condizioni. La prima è che egli sia davvero *soggettivamente in errore*; cioè davvero *pensi che le cose stiano in modo diverso da come realmente stanno*: questa condizione soggettiva si chiama **buona fede**. La seconda è che il suo errore dipenda, e in un certo senso sia giustificato, da un'**apparenza**: cioè dall'esistenza di *elementi tali da indurlo (e da indurre qualunque altra persona ragionevole che si trovi al suo posto) a commettere quell'errore*, a ritenere che la situazione sia diversa da quella che in realtà è.

Un esempio. Se il debitore paga alla persona sbagliata, cioè a uno che non è il suo creditore, di regola peggio per lui: dovrà pagare una seconda volta al vero creditore; ma se il pagamento è fatto a uno che «appare ... in base a circostanze univoche» come il vero creditore, e se il debitore è «in buona fede» (cioè pensa di avere davanti a sé il vero creditore), allora la legge tratta quel pagamento come se fosse regolare, e stabilisce che il debitore è liberato (pagamento al *creditore apparente*: **23**.5). Altre applicazioni del principio riguardano la *simulazione del contratto* (in particolare il caso di chi acquista dal titolare apparente del bene: **34**.13); e la posizione di chi acquista dall'*erede apparente* (**69**.10).

Ma la rilevanza giuridica delle situazioni apparenti emerge in tanti altri casi, anche se la legge non parla in modo esplicito di apparenza: emerge da tutte le norme che proteggono l'**affidamento** (**8**.16). Tutelare l'affidamento significa infatti tutelare chi «si fida» di certi elementi, in base ai quali la situazione «appare» come regolare, e dunque pensa in buona fede che sia regolare: e allora la legge tratta quella situazione come se fosse regolare. Questo porta qualcuno a concepire il principio dell'apparenza come **principio generale**, applicabile anche in casi nei quali manca una norma apposita che espressamente tuteli chi si è fidato di una situazione apparente: la giurisprudenza fa un'applicazione del genere per es. a proposito del contratto fatto con un *rappresentante apparente* (**30**.7).

In ogni caso, il principio dell'apparenza incontra un **limite**, relativo al rapporto fra apparenza e **pubblicità**: non può darsi valore alla falsa apparenza contraria alla situazione reale, *quando la situazione reale risulta conoscibile in base a mezzi di pubblicità*. Se uno «si fida» di indici di apparenza che sono smentiti in modo formale e ufficiale dalle risultanze pubblicitarie (ad es. contratta con un giovanotto che «dimostra» almeno 19 anni, quando i registri dello stato civile dicono che ne ha appena compiuti 17), la sua buona fede e il suo affidamento sono ingiustificati: egli avrebbe potuto facilmente evitare l'errore, proprio ricorrendo al mezzo di pubblicità, che ha esattamente lo scopo di evitare gli errori; se non lo ha fatto, vuol dire che è stato negligente; e allora è giusto che la legge non lo tuteli.

7. La giurisdizione e il processo civile

All'argomento della giurisdizione si collegano temi che abbiamo via via incontrato: l'applicazione delle norme alle fattispecie concrete e l'interpretazione delle norme (**1**.5-7); l'attuazione e la tutela dei diritti soggettivi, che negli ordinamenti moderni si concepisce come *tutela giurisdizionale dei diritti* (**9**.1).

Fra A e B c'è un contrasto di interessi, perché A pretende da B 100.000 euro come risarcimento del danno che afferma di avere subito da B, mentre B sostiene di non dovergli nulla, o di dovergli al massimo 20.000 euro. Il contrasto è risolto dalle norme sul risarcimento del danno, che si tratta di applicare alla concreta fattispecie riguardante A e B. Solo con tale applicazione il diritto soggettivo di A al risarcimento può essere attuato effettivamente. Ma a questo fine occorre interpretare le norme sul risarcimento, a cui A e B attribuiscono significati diversi: ciascuno quello più vantaggioso per sé. Tutto questo si riassume dicendo che fra A e B si è aperta una **lite**, che occorre risolvere stabilendo chi ha ragione e chi ha torto. Un tale compito spetta allo Stato, perché rientra in una sua fondamentale funzione: la funzione giurisdizionale. Il termine «*giurisdizione*» significa, letteralmente, «*dire il diritto*», e cioè appunto accertare ed enunciare qual è la norma giuridica applicabile in un determinato caso concreto, e disporre le conseguenze che ne derivano.

All'esercizio della funzione giurisdizionale lo Stato provvede attraverso l'attività di un corpo di pubblici funzionari: i **giudici**, che nel loro insieme compongono la *magistratura*.

Nell'esercitare la giurisdizione, i giudici non possono operare in base al loro arbitrio o buon senso; ci sono norme che regolano *le attività che i giudici e i litiganti devono o possono svolgere, affinché si giunga alla soluzione della lite*.

L'insieme di queste attività, giuridicamente regolate, si chiama **processo** (o anche «causa», o «giudizio»); l'insieme delle norme giuridiche che lo riguardano forma il **diritto processuale**, che si contrappone idealmente al diritto sostanziale. Le norme sostanziali dicono chi, fra i litiganti, ha ragione e chi ha torto; le norme processuali dicono in che modo bisogna procedere, per arrivare a decidere chi ha ragione e chi ha torto. È difficile comprendere bene il senso delle norme e dei concetti di diritto sostanziale, se non si conoscono le norme e i concetti del diritto processuale, che più direttamente condizionano i primi.

L'attività giurisdizionale dedicata a risolvere le *liti su situazioni e rapporti regolati dal diritto privato*, dà luogo alla **giurisdizione civile**. Nella giurisdizione civile rientrano principalmente liti fra privati; ma possono rientrarvi anche *liti fra privati e pubblica amministrazione*, nelle quali il privato faccia valere un suo *diritto soggettivo*. Alla giurisdizione civile si affiancano la **giurisdizione penale** (che accerta se una persona abbia commesso un fatto previsto dalla legge penale come *reato*, e in caso affermativo lo condanna alla *pena* prevista per quel reato); e la **giurisdizione amministrativa** (nel cui ambito i *giudici amministrativi* risolvono *liti fra i privati e la pubblica amministrazione*, nelle quali i privati facciano valere non un diritto soggettivo, ma un *interesse legittimo* (**4**.7)).

Le liti civili possono essere decise anche al di fuori dell'ordinaria giurisdizione civile esercitata dai giudici professionali (togati), e cioè con **arbitrato**: il giudizio arbitrale è svolto da privati cittadini scelti dalle parti litiganti, che si chiamano arbitri, e si conclude con una decisione chiamata *lodo*, che ha sostanzialmente il valore di una sentenza. Il meccanismo opera solo se tutte le parti interessate sono d'accordo che la loro lite sia decisa in questo modo: tale accordo si chiama *compromesso*.

Dalla giurisdizione civile vera e propria (che serve a risolvere liti, e si chiama perciò **giurisdizione contenziosa**) va distinta la **giurisdizione volontaria**: questa consiste in attività e decisioni di organi giudiziari, che sono dirette a *sistemare interessi in relazione ai quali non c'è una vera e propria lite*: vi appartengono ad es. i procedimenti per l'interdizione, l'inabilitazione e l'amministrazione di sostegno (**11**.8-9); per l'autorizzazione degli atti su beni di persone incapaci (**11**.11-12); per l'omologazione della separazione consensuale dei coniugi (**65**.3).

Il processo civile è regolato fondamentalmente dal *codice di procedura civile*, che è del 1940, ma ha subito nel corso del tempo, e ancora di recente, diverse importanti modifiche. Dal punto di vista operativo, un'importante novità è rappresentata dal *processo civile telematico*, che dopo un decennio di sperimentazioni limitate ad alcune sedi giudiziarie, a partire dal 2014 trova applicazione generale ai processi civili celebrati in tutta Italia: gli *atti del processo* (atti introduttivi, atti difensivi intermedi e finali, ecc.) sono *redatti e trasmessi non più in forma cartacea, bensì con modalità informatiche*.

8. L'azione

Nel campo della giurisdizione civile vale il principio che un processo si apre solo se l'interessato prende l'iniziativa di aprirlo, esercitando l'azione. (Un principio diverso vale per il processo penale, che si apre obbligatoriamente, per iniziativa doverosa dell'autorità giudiziaria, tutte le volte che c'è un'ipotesi di reato.)

L'azione è un diritto: il diritto di aprire un processo, per ottenere la tutela giurisdizionale del diritto che si afferma di avere, e si vuole attuare. L'azione si esercita proponendo al giudice una **domanda**, e cioè chiedendogli di emanare un determinato provvedimento, idoneo a realizzare l'interesse di chi agisce. L'azione non va confusa con il diritto soggettivo (sostanziale) che si fa valere tramite essa: una cosa è, ad es., il diritto di proprietà; cosa diversa è l'azione di rivendicazione con cui il proprietario apre un processo per recuperare la cosa di sua proprietà, che qualcuno rifiuta di consegnargli. Se uno esercita l'azione di rivendicazione affermando di avere il diritto di proprietà, mentre poi risulta che non ce l'ha, un processo si apre regolarmente in base all'esercizio dell'azione (anche se si concluderà con un provvedimento negativo, che respinge la domanda per l'accertata inesistenza del diritto fatto valere).

Presupposto dell'azione è l'**interesse ad agire** di chi la esercita, cioè l'*interesse a ottenere dal giudice il provvedimento che gli chiede*, in quanto tale provvedimento può determinare *conseguenze giuridiche favorevoli per chi agisce*: ad es. non sarebbe proponibile, per difetto di interesse ad agire, l'azione con cui A chiede al giudice di accertare e dichiarare che un certo bene è proprietà di B, quando A non ha con B nessun rapporto che potrebbe rendergli giuridicamente utile quell'accertamento.

La *situazione giuridica di chi può esercitare un'azione* (in quanto ha il necessario interesse ad agire, e gli altri requisiti eventualmente stabiliti dalla legge) si chiama **legittimazione ad agire**.

9. Tipi di azione e tipi di processo

Le azioni si distinguono in base alla loro finalità. Con lo stesso criterio si distinguono i diversi tipi di processo, aperti dai diversi tipi di azioni. Questi tipi sono fondamentalmente tre: ☞ azione (e processo) di *cognizione*; ☞ azione (e processo) di *esecuzione*; ☞ azione (e processo) *cautelare*.

Particolarmente importante, per i meccanismi del diritto privato, è il **processo di cognizione**. In esso il compito del giudice è *accertare e dichiarare qual è la situazione giuridica esistente fra i litiganti*. Il provvedimento con cui lo fa è una decisione – la **sentenza** – che dice chi, fra i due litiganti, ha ragione e chi ha torto; e ne trae le conseguenze. In relazione alle caratteristiche del provvedimento domandato al giudice, le azioni di cognizione si distinguono in tre categorie: ☞ l'**azione di accertamento** ha un unico scopo: *eliminare l'incertezza intorno all'esistenza o alle modalità di un rapporto giuridico*. Con essa si chiede al giudice un provvedimento che semplicemente chiarisca e dichiari qual è la situazione giuridica (**sentenza dichiarativa**): ad es. la sentenza dove si accerta e si dichiara che un contratto è nullo (**36**.8); ☞ l'**azione di condanna** chiede al giudice non solo di accertare qual è la situazione giuridica esistente, ma anche di pronunciare – in seguito a questo accertamento – la *condanna della controparte a tenere un determinato comportamento, che risulta doveroso in base all'accertamento compiuto*: il provvedimento si chiama **sentenza di condanna** (ad es. l'azione diretta a ottenere il pagamento dal debitore inadempiente); ☞ l'**azione costitutiva** è diretta a ottenere una **sentenza costitutiva**, che ha l'effetto di *costituire, modificare o estinguere un rapporto giuridico*, determinando così una *situazione giuridica nuova* rispetto a quella preesistente. È il caso dell'azione di divorzio, che porta a sciogliere il rapporto coniugale: prima i due erano coniugi; dopo la sentenza, non più.

Per ottenere in concreto l'attuazione dei diritti, il processo di cognizione ha sovente bisogno di essere integrato con il **processo di esecuzione**. Chi ha subito un danno che merita di essere risarcito, il proprietario che ha diritto alla restituzione dell'appartamento al termine della locazione, non possono accontentarsi che il giudice, alla fine di un processo di cognizione, emani una sentenza di condanna del danneggiante al risarcimento o del conduttore al rilascio dell'appartamento: ciò che gli interessa è ricevere effettivamente la somma dovuta, o riottenere effettivamente l'appartamento libero. Se la parte condannata si adegua spontaneamente, bene; in caso contrario, il risultato può realizzarsi con un'azione (e conseguente processo) di esecuzione contro l'inadempiente. L'azione di esecuzione presuppone che chi la esercita abbia un **titolo esecutivo**, cioè un *documento dal quale risulti in modo certo e ufficiale che egli ha il diritto* che pretende di attuare nei confronti di controparte: il più importante titolo esecutivo è rappresentato dalla *sentenza di condanna* che abbia ottenuto efficacia esecutiva (nei modi previsti dalle norme processuali).

Infine, il **processo cautelare** ha una *funzione strumentale* alle due azioni considerate in precedenza: serve a garantire le condizioni necessarie perché il processo di cognizione e quello di esecuzione possano dare risultati effettivamente utili. Infatti l'azione cautelare si esercita *per porre rimedio a situazioni in cui il diritto, del quale si vuole il riconoscimento e l'attuazione, è minacciato da un pregiudizio imminente e irreparabile*: ad es. l'usufruttuario, obbligato a restituire la cosa integra alla scadenza dell'usufrutto, la sta rovinando; oppure c'è il rischio che il debitore spenda o nasconda tutti i suoi soldi, in modo da non essere più in grado di pagare il creditore (e allora servirà a poco un sentenza che condanni l'usufruttuario a restituire integra un cosa già rovinata; o il debitore a pagare una somma che non ha più). Esercitando l'azione cautelare, si può ottenere dal giudice un *provvedimento idoneo a garantire provvisoriamente la salvaguardia del diritto minacciato*, in attesa che si accerti con precisione se il diritto stesso c'è o non c'è, e se è stato violato oppure no (ad es., il sequestro della cosa, che viene così sottratta al rischio di danneggiamento).

Chi perde il processo ha normalmente la possibilità di ribaltare il risultato con un nuovo processo davanti ad altri giudici, chiamati a verificare se la prima sentenza è giusta o sbagliata: per questo deve fare l'**impugnazione** della sentenza che gli dà torto (ad es. la sentenza del Tribunale s'impugna davanti alla corte d'appello). Se non la fa, o se il giudice dell'impugnazione conferma la prima sentenza, questa si consolida definitivamente: essa, come si dice, *passa in giudicato*.

10. Le parti del processo

Il processo si apre con l'esercizio dell'azione, cioè quando l'interessato propone la sua *domanda* al giudice competente, chiedendogli un determinato provvedimento. La domanda è proposta *nei confronti di una controparte*, di modo che nel processo ci sono almeno due parti: ☞ la *parte che esercita l'azione* si chiama **attore** (cioè «colui che agisce»); ☞ la *parte contro cui l'azione è esercitata* si chiama **convenuto**.

Le parti del processo sono i *titolari delle situazioni giuridiche su cui verte il processo* (ad es. il creditore e il debitore). Tuttavia può accadere che, per le loro condizioni, esse non siano in grado di operare da sole nel processo, cioè non abbiano *capacità processuale*: in tal caso, gli atti processuali necessari sono compiuti da qualcun altro al posto loro. Se ad es. il bene di un minore viene danneggiato, l'azione di risarcimento è esercitata dai suoi genitori: ma parte del processo, in qualità di attore, è il minore, in quanto titolare del diritto che si fa valere (per la migliore comprensione del concetto, rinviamo alla distinzione fra capacità giuridica e di agire: **10**.3). Le organizzazioni che siano parti di un processo stanno in giudizio attraverso le persone che le rappresentano (**12**.2).

Le parti operano nel processo quasi sempre con la collaborazione decisiva di professionisti esperti del diritto (avvocati), iscritti in appositi albi. Essi si chiamano *difensori*, a indicare che il loro ruolo è quello di sostenere, davanti al giudice, le ragioni del proprio cliente contro le ragioni dell'avversario. Solo in casi molto limitati la legge consente che la parte stia in giudizio da sé, senza difensore.

11. Il principio dell'iniziativa di parte (o della domanda)

La disciplina del processo civile obbedisce ad alcuni principi: fondamentali fra essi il principio dell'iniziativa di parte (o della domanda) e il principio del contraddittorio.

Il primo significa che *il processo non si apre se lo stesso interessato non prende l'iniziativa di proporre al giudice la domanda*: nessun estraneo può sostituirsi a lui nel valutare se conviene esercitare l'azione. Nel campo penale vale un principio opposto: di regola l'azione penale contro l'autore di un reato è esercitata obbligatoriamente da un apposito organo giudiziario (il pubblico ministero), senza bisogno che a prenderne l'iniziativa sia il diretto interessato, cioè la vittima del reato. La ragione è chiara: la giurisdizione penale serve a tutelare o attuare un interesse pubblico, mentre nella giurisdizione civile normalmente vengono in gioco interessi privati: è allora coerente con il principio dell'*autonomia privata* e con la natura del *diritto soggettivo* che i diretti interessati siano gli unici abilitati a decidere se e come agire per la realizzazione di quegli interessi. Solo in rari casi un processo civile coinvolge interessi pubblici, e allora eccezionalmente si deroga al principio della domanda: il processo può aprirsi per iniziativa del pubblico ministero (come accade ad es. per il processo di fallimento nei confronti dell'imprenditore insolvente: **61**.4); o più spesso, nell'ambito di un processo aperto dalla domanda di parte, *qualche provvedimento può essere preso dal giudice di propria iniziativa, anche se non domandato dalla parte interessata*: si dice allora che il giudice decide **d'ufficio**.

Dal principio della domanda discende il **divieto di ultrapetizione ed extrapetizione**, per cui *il giudice non può emanare un provvedimento che vada oltre o fuori rispetto alle domande delle parti* («ultra/extra petitum» significa «al di là/al di fuori di ciò che è stato domandato»). Se l'attore chiede un risarcimento di 100.000 euro, o la risoluzione del contratto per inadempimento, il giudice non può accordargli un risarcimento di 120.000 euro, o pronunciare l'annullamento del contratto per errore.

12. Il principio del contraddittorio: azione ed eccezione

Il principio del contraddittorio significa che *entrambe le parti devono avere la concreta possibilità di far valere efficacemente le proprie ragioni nel processo.* Perciò il giudice non può decidere sulla domanda dell'attore, se il convenuto non ne è stato regolarmente messo a conoscenza, e posto in condizione di difendersi adeguatamente. Il principio è affermato dalla stessa costituzione, che definisce la *difesa in giudizio* come «*diritto inviolabile* in ogni stato e grado del procedimento» (art. 24, c. 2, C.).

Il **contraddittorio** consiste nello *scambio, fra attore e convenuto, degli argomenti con cui ciascuno cerca di fare prevalere davanti al giudice le proprie ragioni.* L'attore cerca di provare i fatti che costituiscono, alla luce delle norme da lui invocate, il fondamento del diritto affermato con l'azione. Il convenuto cerca di neutralizzare quei fatti provando *altri fatti, capaci di togliere fondamento al diritto vantato dall'attore*: ciò si esprime dicendo che gli oppone delle eccezioni.

L'**eccezione** sta dunque all'azione come la difesa sta all'attacco: è il *mezzo con cui il convenuto cerca di bloccare l'iniziativa dell'attore, dimostrando qualcosa che rende la sua azione infondata.* Ad es.: X conviene Y in giudizio per farlo condannare a pagare il prezzo di una cosa che gli ha venduto; Y, per evitare di essere condannato a pagare, si difende eccependo che la vendita da cui deriverebbe il credito di X non è valida (eccezione d'invalidità); oppure che il suo debito si compensa con un credito che lui ha verso X (eccezione di compensazione); o che quel debito lui lo ha già pagato; ecc. Il concetto di eccezione è uno dei concetti del diritto processuale più importanti per comprendere molte regole del diritto sostanziale: e infatti lo incontreremo spesso.

Può anche accadere che il convenuto non si limiti a difendersi, ma contrattacchi, e cioè contrapponga alla domanda dell'attore contro di lui una sua domanda contro l'attore, fondata sullo stesso titolo dal quale deriva la domanda dell'attore (*domanda riconvenzionale*). Ad es., il venditore agisce contro il compratore per farlo condannare al pagamento del prezzo; il compratore replica che la cosa venduta presenta gravi difetti da cui gli sono derivati danni; perciò non solo egli rifiuta di pagare il prezzo perché la vendita va sciolta, ma chiede al venditore il risarcimento del danno causato dai difetti della cosa.

13. Le prove, e il principio dispositivo

Per essere riconosciuti nel processo, e quindi attuati, i diritti vanno provati: bisogna provare che i fatti e le modalità dei fatti, su cui si fonda il diritto azionato, esistono davvero. Solo davanti alle prove, il giudice può riconoscere e affermare l'esistenza del diritto. Le **prove** sono i *mezzi che servono a dare la conoscenza di un fatto, e quindi a formare la convinzione della verità di esso.*

Per le prove nel processo civile vale il **principio dispositivo**: in base a esso, *il giudice non può andare da sé alla ricerca delle prove* necessarie a formare il suo convincimento; *spetta alle parti interessate fornire al giudice le prove* idonee a convincerlo delle loro ragioni; e il giudice decide la lite esclusivamente in base alle prove portate dalle parti. È una logica *conseguenza del principio della domanda* (**9**.11): come spetta all'interessato decidere se e come agire in giudizio per la tutela del proprio diritto, così spetta a lui, nel corso del giudizio, decidere quali prove offrire al giudice per convincerlo dell'esistenza del proprio diritto. Siamo infatti nel campo degli interessi e dei diritti privati, affidati all'autonomia del titolare che ne può liberamente disporre (cioè decidere come muoversi in relazione ad essi, nella logica dei *diritti «disponibili»*: **6**.5).

14. L'onere della prova

In base al principio dispositivo, dare la prova dei fatti vantaggiosi per sé è dunque un *onere delle parti*: qualcosa che le parti sono tenute a fare nel loro stesso interesse, se vogliono vedere accolta dal giudice la propria domanda (**4**.14). Finché si parla in modo indifferenziato di onere della prova a carico «delle parti», l'espressione indica una certa distribuzione di ruoli *fra le parti e il giudice*. Ma non meno importante è la distribuzione dei ruoli *fra l'una e l'altra parte*: in questo senso più specifico, onere della prova significa **ripartizione dell'onere della prova fra attore e convenuto**. Tale ripartizione si compie secondo regole variamente ispirate a criteri di razionalità.

La regola base è che in prima battuta *l'onere della prova grava sull'attore*: «Chi vuol far valere un diritto in giudizio deve provare i fatti che ne costituiscono il fondamento» (art. 2697, c. 1); e questo è razionale, perché chi afferma di avere un diritto è o dovrebbe essere quello meglio in grado di conoscere e provare i fatti che lo fondano. Così, se A agisce contro B per ottenere il pagamento di 100.000 euro che B gli deve, A deve provare il titolo da cui deriva il suo credito: immaginiamo che adempia l'onere, mostrando al giudice un contratto scritto dal quale risulta chiaramente quel debito di B, e che esso è già scaduto.

Senonché, potrebbe pensarsi che ciò non basti: il credito di A esiste solo se non è già stato pagato, perché in caso contrario sarebbe estinto; e ammesso che esista ancora, A ha il diritto di pretendere il pagamento solo se non ha concesso a B una dilazione. Questo significa che A deve provare anche di *non* essere stato ancora pagato, o di *non* avere concesso a B nessuna dilazione? È intuitivo rispondere di no, perché sarebbe assurdo chiedere ad A la *prova di fatti negativi*: una prova difficilissima a darsi, che, se gravasse su A, gli renderebbe pressoché impossibile ottenere il riconoscimento del suo diritto. D'altra parte, quelli sono fatti che toccano da vicino anche la sfera di B, e che B può essere in grado, più facilmente di A, di provare in termini positivi. E allora è sensato che l'onere relativo gravi su B: una volta che A abbia provato il suo credito, se B vuole evitare la condanna a pagare, è lui che deve dimostrare di avere già pagato, oppure che il debito non è ancora scaduto perché A gli ha concesso una dilazione. Proprio questa è la soluzione prevista dalla legge, con una regola sull'*onere della prova a carico del convenuto che oppone un'eccezione* (**9**.12): «Chi eccepisce l'inefficacia» dei fatti invocati e provati dall'attore, «ovvero eccepisce che il diritto si è modificato o estinto, deve provare i fatti su cui l'eccezione si fonda» (art. 2697, c. 2).

In breve: l'**attore** ha l'onere di provare i *fatti che sostengono la sua azione, cioè fondano il suo diritto*; il **convenuto** ha l'onere di provare i *fatti che sostengono le sue eccezioni, cioè determinano l'inesistenza, l'estinzione o la modifica del diritto* affermato dall'attore contro di lui.

Ma lo schema può complicarsi ancora. Immaginiamo che B provi un fatto modificativo del diritto di A, presentando uno scritto con cui A gli accorda una dilazione di sei mesi: la sua eccezione è provata, e blocca la pretesa di A. Ma la blocca solo provvisoriamente, perché a questo punto A afferma che l'atto di dilazione è invalido e senza effetti in quanto egli lo ha firmato mentre era ubriaco, e quindi incapace di intendere e di volere (**11**.15-16): qui è l'attore che controeccepisce un fatto capace di togliere efficacia all'eccezione del convenuto, e naturalmente a lui spetta l'onere di provarlo. E così via, nella catena di argomenti e controargomenti che formano la dialettica del contraddittorio.

Lo schema dell'art. 2697 è lo *schema normale* per la ripartizione dell'onere della prova. Ma in casi particolari (che vedremo) le norme possono ripartirlo diversamente: possono cioè determinare un'**inversione dell'onere della prova**, che viene sollevato da chi dovrebbe sopportarlo in base allo schema normale, per essere scaricato su controparte. La legge lo fa per varie ragioni, che possono essere di tipo pratico, ma possono anche avere valore di politica legislativa: regolare in un modo o in un altro l'onere della prova significa rendere più o meno facile, per determinate categorie di titolari di diritti (i creditori, i danneggiati, ecc.), l'attuazione dei diritti stessi, e quindi compiere una scelta fra l'interesse di tali categorie e quello delle categorie contrapposte (i debitori, i danneggianti, ecc.).

Infatti le *regole sull'onere della prova* possono funzionare, in definitiva, come *regole per la risoluzione sostanziale della lite*. Se uno ha l'onere di provare un certo fatto decisivo, e non ci riesce, egli perde la causa anche se il fatto in realtà esiste e quindi egli ha sostanzialmente ragione: un'ulteriore dimostrazione dello stretto *collegamento fra diritti e rimedi*, e dell'influenza che le *norme processuali* hanno sulla concreta applicazione delle *norme sostanziali*. Si spiega così il senso della norma la quale ammette in generale i **patti sull'onere della prova**, con cui le parti di un rapporto *modificano gli schemi legali di ripartizione dell'onere* di provare i fatti rilevanti per la definizione di qualche lite relativa al rapporto stesso. Ma con due limiti: che non deve trattarsi di *diritti indisponibili* (perché disporre dell'onere della prova può significare disporre del diritto); e che il patto non deve rendere per qualcuna delle parti *eccessivamente difficile l'esercizio del diritto* (art. 2698).

15. Le presunzioni

Il meccanismo dell'onere della prova è la chiave per comprendere il concetto di **presunzione legale**. «Presumere» significa dare per vero qualcosa che obiettivamente non si sa se sia vero (perché non è oggettivamente provato). Quando la legge stabilisce una presunzione, ciò significa che *imposta la disciplina di una situazione dando per scontata la presenza di un elemento (pur non provato)*, capace di produrre determinati effetti giuridici.

La presunzione legale è il più delle volte una **presunzione relativa**. Ciò significa che chi vuole invocare quegli effetti giuridici è esonerato da provare l'elemento che li produce, e che normalmente spetterebbe a lui provare (art. 2728, c. 1). È il controinteressato che, se vuole contrastare quegli effetti giuridici, ha l'onere di dimostrare che l'elemento presunto dalla legge in realtà non esiste. In altre parole, la presunzione determina un'*inversione dell'onere della prova*. Ad es., la legge ricollega alla buona fede del possessore l'effetto giuridico vantaggioso di un'abbreviazione del termine per usucapire (**21**.17); in base al principio sull'onere della prova, il possessore che vuole avvalersi dell'usucapione abbreviata dovrebbe dimostrare la sua buona fede; ma poiché la legge stabilisce che «la buona fede è presunta» (art. 1147, c. 3), egli non ha quest'onere; l'onere della prova si sposta a carico del controinteressato, cioè del proprietario: se questi vuole evitare di subire gli effetti dell'usucapione abbreviata, deve dimostrare che il possessore in realtà non era in buona fede.

Alla presunzione relativa, che inverte l'onere della prova ma può essere neutralizzata dalla prova contraria, si contrappone la **presunzione assoluta**: quella nei cui confronti *la legge non ammette prova contraria*. È di questo tipo, ad es., la presunzione di concepimento durante il matrimonio: il figlio di una donna sposata, che sia nato fra il 180° giorno successivo alla data del matrimonio e il 300° giorno successivo allo scioglimento del matrimonio o alla separazione dei coniugi, si presume concepito durante il matrimonio (con tutti gli effetti conseguenti), senza che nessuno possa provare il contrario (**64**.2). La presunzione assoluta, in realtà, non si pone sul terreno della prova, bensì incide sulla *regolamentazione sostanziale* che la legge vuole dare a una determinata situazione.

Dalle presunzioni legali (relative o assolute) si distinguono le **presunzioni semplici**, che non sono poste da una norma bensì costituiscono una tecnica di ragionamento: sono il *procedimento logico con cui, partendo da un fatto noto o provato, si arriva a considerare esistente un altro fatto, ignoto e non direttamente provato*. Ad es., è dubbio se la banca conosceva o meno l'insolvenza di un'impresa sua cliente; ma se risulta che la banca ha improvvisamente revocato il fido all'impresa, se ne può ricavare che la banca conosceva l'insolvenza, perché in base alla logica e all'esperienza la ragione per cui una banca revoca il fido a un cliente è che si è accorta di sue gravi difficoltà economiche. La legge peraltro guarda alle presunzioni semplici con una certa *cautela*: in alcuni casi esclude la possibilità di farvi ricorso; e anche quando le ammette esige che siano «*gravi, precise e concordanti*» (art. 2729).

16. Il sistema delle prove: prove documentali e non documentali

I mezzi di prova possono classificarsi in due categorie: prove documentali e non documentali.

Le **prove documentali** consistono in documenti scritti. Sono ☞ l'*atto pubblico* e ☞ la *scrittura privata*, che illustreremo qui di seguito ma ritroveremo anche parlando della forma degli atti giuridici (**29**.20), nonché ☞ le *scritture contabili delle imprese* (**50**.5).

Le **prove non documentali** consistono in fatti, atti o attività di vario genere: le principali sono ☞ la *confessione*, ☞ il *giuramento*, ☞ la *prova testimoniale*.

17. L'atto pubblico

L'atto pubblico è il *documento redatto, con le prescritte formalità, da un notaio o altro pubblico ufficiale autorizzato ad attribuirgli pubblica fede* (art. 2699).

Esso fa piena prova di tre fatti: ☞ la *data* della sua formazione, quale risulta dall'atto; ☞ la sua *provenienza* dal pubblico ufficiale che risulta averlo formato; ☞ i fatti che il pubblico ufficiale *afferma essere avvenuti in sua presenza*, e in particolare le *dichiarazioni* rese davanti a lui dalle parti, e riportate nel documento: così, se dall'atto pubblico risulta che A ha riconosciuto B come suo figlio naturale, è pienamente provato che A ha fatto il riconoscimento.

La particolare forza probatoria dell'atto pubblico consiste in questo: per smentire quanto esso prova, *non è sufficiente una normale prova contraria*; chi è interessato a dimostrarne la falsità ha l'onere di aprire un *apposito procedimento dedicato a questo accertamento*, tramite un atto che si chiama **querela di falso**: e infatti si dice che dei fatti prima indicati l'atto pubblico «fa piena prova, *fino a querela di falso*» (art. 2700). Così, se chi risulta dall'atto pubblico come autore del riconoscimento nega di avere mai fatto quella dichiarazione, non ha altra via che proporre querela di falso.

Cosa diversa dal fatto *che sia stata resa una dichiarazione* (ad es. di riconoscimento del figlio naturale) è il fatto *che il contenuto della dichiarazione risponda al vero* (ad es. che A sia davvero il padre naturale di B). La verità di questo fatto non è garantita dall'atto pubblico con la stessa forza: provare che il contenuto della dichiarazione non è vero (che B non è figlio di A) è possibile utilizzando normali mezzi probatori, senza bisogno di proporre querela di falso contro l'atto pubblico.

18. La scrittura privata

La scrittura privata è *ogni documento sottoscritto dal suo autore* (anche se il testo può essere stato scritto da altri, o con mezzi meccanici).

Rispetto ad essa, il problema fondamentale è accertare la **verità della sottoscrizione**. Ciò può farsi in tre modi: ☞ con l'*autenticazione*, fatta da notaio o altro pubblico ufficiale il quale attesta che la firma è stata apposta in sua presenza, previo accertamento dell'identità del sottoscrivente (scrittura privata **autenticata**: art. 2703); ☞ con il *riconoscimento*, che si ha quando l'autore, contro il quale la scrittura è stata prodotta in giudizio, riconosce di averla sottoscritta; il riconoscimento può anche essere tacito, e consistere nel mancato disconoscimento della sottoscrizione (scrittura privata **riconosciuta**: art. 2702; art. 215 c.p.c.); ☞ con la *verificazione giudiziale*, a cui si procede quando chi appare come autore della scrittura la *disconosce*, e l'altra parte chiede allora al giudice di accertarne l'autenticità (scrittura privata **verificata**: art. 214-216 c.p.c.).

La scrittura autenticata, riconosciuta o verificata fa piena prova, fino a querela di falso, del fatto che *le dichiarazioni in essa contenute provengono da chi l'ha sottoscritta* (non, invece, del fatto che il contenuto delle dichiarazioni risponda al vero): art. 2702.

Per l'applicazione di varie regole, può essere decisivo sapere quando la scrittura è stata formata; in particolare, se è anteriore o posteriore a certi fatti. Di qui l'importanza del *problema della data* a cui la scrittura può essere riferita: problema rilevante soprattutto per i terzi, estranei alla formazione della scrittura. Orbene, *nei confronti dei terzi*, la scrittura si considera avente **data certa** solo a queste condizioni (art. 2704, c. 1): ☞ se la scrittura è *autenticata*; ☞ in mancanza di autenticazione, dal giorno della sua eventuale *registrazione* a fini fiscali; oppure ☞ dal giorno in cui il suo contenuto è *riprodotto in un atto pubblico*; oppure ☞ dal giorno in cui si verifica un *fatto rispetto al quale è assolutamente certa l'anteriorità* della scrittura (tipicamente, ma non solo, la morte o la sopravvenuta impossibilità fisica del sottoscrittore).

La legge stabilisce a quali condizioni un *telegramma* può valere come scrittura privata (art. 2705). E si occupa anche delle *riproduzioni meccaniche* di documenti scritti (fotocopie, telefax, microfilm) o di altri fatti (ad es. una fotografia, una ripresa televisiva o cinematografica, una registrazione sonora): esse formano piena prova delle scritture e degli altri fatti rappresentati, se colui contro il quale sono prodotte non ne disconosce la conformità (art. 2712).

Avvertiamo fin d'ora che le modalità di formazione dell'*atto pubblico* e della *scrittura privata* possono essere influenzate dall'impiego delle *tecnologie informatiche* (**29**.23).

19. La confessione

La confessione è la *dichiarazione con cui una parte riconosce la verità di fatti sfavorevoli a sé e favorevoli all'altra parte* (art. 2730, c. 1): ad es., A ammette di avere ricevuto in prestito da B una somma di denaro. Si distinguono due tipi:

☞ la **confessione giudiziale** è resa nel processo, sia *spontaneamente* sia in seguito a *interrogatorio formale* del giudice: essa forma piena prova contro chi l'ha fatta (art. 2733);

☞ la **confessione stragiudiziale** è fatta fuori del processo, e ha efficacia diversa a seconda del suo destinatario (art. 2735): ✦ se è fatta *all'altra parte* o a chi la rappresenta, fa anch'essa piena prova; ✦ se è fatta *a un terzo* o è contenuta in un *testamento*, è liberamente apprezzata dal giudice.

Per il noto collegamento fra prove e diritti sostanziali, fare una confessione significa disporre del diritto cui si riferiscono i fatti confessati: per questo la confessione non è efficace se proviene da persona che non ha la *capacità di disporre del diritto* (art. 2731: **11**.7), e se riguarda *diritti indisponibili* (art. 2733, c. 2: **6**.5).

La confessione non è *revocabile*, se non quando è stata determinata da *errore di fatto* (**35**.12-13) o da *violenza* (**35**.18): art. 2732.

20. Il giuramento

Il giuramento è la *dichiarazione con cui la parte, davanti al giudice, afferma come vero o non vero un fatto, in forma solenne e impegnativa* (art. 238, c. 2, c.p.c.). Il giuramento non deriva mai dall'iniziativa della parte che giura, ma dell'altra parte o del giudice. Può essere di due tipi: ☞ il giuramento **decisorio** è quello che *una parte deferisce all'altra per farne dipendere la decisione* totale o parziale della lite (art. 2736, n. 1). Ad es.: l'attore agisce per il recupero di una somma che afferma di avere prestato al convenuto; in mancanza di altra prova del prestito fatto, sfida il convenuto a giurare di non avere ricevuto da lui quel prestito; ☞ il giuramento **suppletorio** è *deferito dal giudice d'ufficio a una delle parti* quando la domanda o le eccezioni, pur non del tutto sfornite di prova, *non sono pienamente provate*; oppure quando occorre stabilire il *valore della cosa* domandata, non accertabile altrimenti (*giuramento estimatorio*: art. 2736, n. 2).

Una volta deferito il giuramento a una parte, possono accadere tre cose: ☞ la parte *giura*, e allora *il fatto si considera definitivamente provato nel senso del giuramento*, anche se poi si scopre che ha giurato il falso: in tal caso, la parte commette un reato e, se condannata penalmente, deve risarcire i danni all'altra parte; ma la decisione giudiziaria determinata dal giuramento non può essere toccata (art. 2738); ☞ la parte *rifiuta* di giurare, e allora si considera *definitivamente provato il contrario del fatto*, per cui la parte rischia di perdere la causa (art. 239, c. 1, c.p.c.); ☞ la parte «*riferisce*» il giuramento all'altra parte (ad es. il convenuto, sfidato a giurare di non avere ricevuto il prestito, rilancia la sfida all'attore: «giuri lei di avermi prestato la somma, che mi chiede indietro»); a questo punto, la parte cui il giuramento è riferito può giurare oppure non giurare, con le stesse conseguenze viste sopra (art. 234-239 c.p.c.). La possibilità di riferire il giuramento vale solo per il *giuramento decisorio*; è esclusa per il suppletorio (art. 242 c.p.c.).

Ci sono fatti rispetto ai quali il giuramento è **escluso** (art. 2739). Questo non può essere deferito o riferito, fra l'altro, su: ☞ fatti *estranei alla parte* che giura; ☞ fatti relativi a *diritti indisponibili*; ☞ fatti *illeciti*.

Come per la confessione, anche per il giuramento occorre la *capacità* di disporre del diritto (art. 2737).

L'aleatorietà dei suoi risultati spiega perché il ricorso al giuramento è molto raro: lo si utilizza come estrema risorsa, quando proprio non ci sono altre prove disponibili.

21. La prova testimoniale

La prova testimoniale è la *dichiarazione, fatta sotto vincolo di giuramento da persone estranee alla controversia, intorno a fatti rilevanti per il giudizio.*

La legge guarda questa prova con *un certo sospetto*, perché considera alto il rischio che il testimone, per cattiva memoria o per desiderio di favorire uno dei litiganti, dica cose non vere; d'altra parte, non può trascurare che in molti casi essa è l'unico mezzo per provare i fatti della lite. Di qui una soluzione di compromesso. In linea di principio la prova testimoniale è **esclusa** per la prova di certi tipi di fatti (relativi ad *atti negoziali*, per cui è più facile e più sicuro ricorrere a prove documentali). E precisamente per: ☞ i *contratti di valore superiore alle 5.000 vecchie lire*, che oggi sono un somma irrisoria (meno di tre euro!): ma il giudice ha facoltà, se le circostanze lo rendono opportuno, di ammettere la prova anche oltre questo limite (art. 2721); ☞ i *patti aggiunti o contrari* al contenuto di un documento, che si affermino *stipulati anteriormente o contemporaneamente* ad esso; se invece si afferma che sono stati stipulati *successivamente*, la prova può essere ammessa, a discrezione del giudice (art. 2722-2723).

Peraltro, la prova testimoniale è **ammessa** anche nei casi appena detti, se ricorre una delle circostanze seguenti (art. 2724): ☞ c'è un *principio di prova scritta*; ☞ la parte era nell'*impossibilità morale o materiale* di procurarsi una prova scritta; ☞ la parte ha *perduto senza colpa* il documento che gli forniva la prova. Quest'ultimo caso (art. 2725) è l'unico in cui è ammessa la prova testimoniale per provare contratti che richiedono la forma scritta (**29**.20-21).

III
I SOGGETTI

10
I SOGGETTI DEL DIRITTO

1. Soggetti del diritto e capacità giuridica

Si è parlato di situazioni giuridiche e di atti giuridici. È evidente che le situazioni giuridiche devono essere di qualcuno: non avrebbe senso parlare di proprietà, crediti o debiti se non ci fosse qualcuno che ne è il titolare. E così pure non avrebbe senso ragionare di atti giuridici, se non partissimo dal presupposto che c'è qualcuno che li fa: tanto è vero che spesso abbiamo parlato di «autore» dell'atto. Questo semplice rilievo introduce la nozione di **soggetti del diritto**. I soggetti del diritto sono, appunto, *coloro che possono essere titolari di situazioni giuridiche, e che le movimentano compiendo atti giuridici*. E siccome situazioni e atti giuridici non sono altro che strumenti con cui il diritto svolge la sua funzione di sistemare interessi, possiamo anche dire, in termini più generali, che i soggetti del diritto sono *coloro i cui interessi sono sistemati dalle norme*. Sono, in una parola, i protagonisti del mondo del diritto.

I soggetti del diritto possono essere di due tipi: ☞ **persone fisiche**, e cioè individui umani (**11**); ☞ **organizzazioni**, e cioè complessi unitari di uomini e mezzi materiali (**12**).

Il concetto di soggetto del diritto si lega strettamente con un'altra nozione: quella di **capacità giuridica**. Anzi, sono due modi per esprimere lo stesso concetto. Infatti, *essere soggetti del diritto significa avere capacità giuridica*: tutti i soggetti del diritto hanno, per definizione, capacità giuridica; e, viceversa, chi è privo di capacità giuridica non è soggetto del diritto. La capacità giuridica è la *capacità, riconosciuta dall'ordinamento, di essere titolari di situazioni giuridiche*: in concreto, di avere diritti, poteri, doveri, obblighi, soggezioni, ecc. La mancanza di capacità si chiama *incapacità*; chi non ha capacità si chiama *incapace*.

2. Fondamento e limiti della capacità giuridica

La capacità giuridica è *attribuita ai soggetti dalle norme*: perché spetta alle norme decidere chi è soggetto del diritto, e chi no; chi può essere protagonista di situazioni, relazioni, azioni giuridiche, e chi no. Ad es., nel nostro ordinamento, le norme decidono che hanno capacità giuridica gli esseri umani e le loro organizzazioni, mentre non hanno capacità giuridica gli animali, le piante e le cose inanimate: dunque è per scelta delle norme se gli uomini e le organizzazioni di uomini sono soggetti del diritto, mentre animali, piante e cose non lo sono.

Una volta deciso a chi riconoscere la capacità giuridica, le norme possono poi decidere *in quale misura* riconoscerla. Possono così stabilire che determinati soggetti abbiano una capacità giuridica *piena*, e cioè possano essere titolari di ogni genere di situazione giuridica, e che altri soggetti abbiano una capacità giuridica *limitata*, che li esclude da determinate situazioni giuridiche.

Le **limitazioni di capacità giuridica**, stabilite dalle norme, si fondano generalmente sulla considerazione che *determinate qualità dei soggetti* rendono inopportuno o addirittura impossibile consentire a quei soggetti la titolarità di *determinate situazioni giuridiche*. Così, le **organizzazioni** (ad es., società per azioni) possono avere proprietà, crediti, debiti: situazioni rispetto alle quali hanno capacità giuridica. Ma certo non possono avere relazioni familiari, che sono un'esclusiva delle persone umane; né sono soggette a morire, come lo sono gli uomini; né possono svolgere personalmente attività lavorativa. E dunque la loro capacità giuridica è limitata, nel senso che non comprende la possibilità di assumere *posizioni di famiglia* (coniuge, genitore, figlio); né la posizione di *testatore*, che decide sulla sorte dei propri beni dopo la propria morte; né la posizione di *lavoratore subordinato*.

Invece, per le **persone umane** le limitazioni della capacità giuridica possono essere determinate da fattori come i seguenti: ☞ l'*età*: ad es., ritenendo inopportuno che chi è troppo giovane assuma le responsabilità del matrimonio, le norme stabiliscono che i minori di 18 anni non possono sposarsi, cioè sono esclusi dalla situazione giuridica di coniuge; ☞ le *condizioni psichiche*: anche chi è stato ufficialmente riconosciuto come malato di mente non può sposarsi; ☞ il difetto di *onorabilità*, derivante per la più dall'avere riportato determinate condanne penali: ad es., chi si trovi in siffatta condizione non può assumere la carica di amministratore di società per azioni (art. 2382); ☞ il difetto di riconosciuta *competenza professionale*: ad es., chi non è iscritto in determinati albi professionali (per il che occorre un certo titolo di studio e il superamento di apposito esame) non può assumere la carica di sindaco di società per azioni (art. 2397, c. 2). (Oggi, a differenza che in passato, il *sesso* non è più ragione di limitazione della capacità giuridica, se non per aspetti molto specifici e limitati: le norme escludono, ad es., che le donne possano assumere certe posizioni lavorative notevolmente faticose o pericolose.) Con riguardo ai particolari requisiti o limiti che incidono sulla capacità giuridica in relazione a determinati rapporti o situazioni, si parla di *capacità giuridica speciale.*

3. Capacità giuridica e capacità di agire

Dalla capacità giuridica deve distinguersi la **capacità di agire**, che è la capacità di *determinare con la propria volontà le proprie situazioni giuridiche*: acquistare o alienare diritti, assumere obblighi, ecc. E siccome il quadro delle proprie situazioni giuridiche si determina con il compimento di atti giuridici, possiamo dire che la capacità di agire è la *capacità di compiere atti giuridici.*

Cerchiamo di capire meglio la differenza. Sappiamo che un minorenne non può sposarsi. Ora aggiungiamo che non può neppure comprare o vendere beni. In questi casi manca la capacità giuridica o la capacità di agire?

Abbiamo già detto che, *rispetto al matrimonio, il minore non ha la capacità giuridica*: egli non può essere titolare dello status di coniuge. Ma, a parte questa e qualche altra limitazione, per tutte le altre situazioni il minore ha capacità giuridica: in particolare *ce l'ha rispetto alla proprietà*, dato che nessuna norma vieta che un minore sia proprietario di beni. Rispetto alla proprietà di beni, *quello che al minore manca è la capacità di agire*: egli non può compiere atti per l'acquisto di beni; sui beni di cui è proprietario, non può compiere atti di vendita. Tali atti potranno essere compiuti, al posto del minore, dai suoi genitori, in base a un meccanismo di sostituzione chiamato *rappresentanza*: quando i genitori acquistano un bene al posto del figlio minore, è quest'ultimo che ne diventa proprietario, anche se non ha partecipato all'atto di acquisto; e se vendono un suo bene, è lui che ne perde la proprietà e acquista il credito per il prezzo (**30**.1).

Chiaro che questo meccanismo, che funziona per l'acquisto o l'alienazione di beni, non può funzionare per il matrimonio: i genitori non possono certo sposarsi con qualcuno/a al posto del figlio minore! Ciò che la legge vuole impedire al minorenne è il *risultato* dell'atto di matrimonio, cioè l'assunzione della *situazione giuridica* di coniuge; e quindi è escluso che l'atto compiuto da qualcun altro possa attribuire al minore quella situazione.

Sta proprio qui – nella **possibilità di sostituzione** – il criterio per stabilire se, quando la legge preclude a un soggetto il compimento di un atto, si tratta di incapacità giuridica o di agire. È **incapacità di agire** se *l'atto può essere* *compiuto, al posto dell'incapace, da un altro soggetto*, in modo che i risultati dell'atto vadano all'incapace (caso dei genitori che vendono beni del minore o acquistano beni per lui). È **incapacità giuridica** se *l'incapace non può essere sostituito da nessun altro soggetto nel compimento dell'atto* (caso del matrimonio).

11
LE PERSONE FISICHE

SOMMARIO: 1. La persona umana come soggetto del diritto. – 2. Il nome della persona. – 3. La sede della persona: residenza; domicilio; dimora. – 4. La cittadinanza. – 5. Il sesso. – 6. Atti e registri dello stato civile. – 7. La definizione legale delle incapacità di agire, e lo scopo della disciplina. – 8. Le incapacità di protezione: minori; minori emancipati; interdetti giudiziali; inabilitati. – 9. Segue: l'amministrazione di sostegno. – 10. Altre incapacità legali: gli interdetti legali. – 11. Il trattamento delle incapacità di agire: le incapacità assolute. – 12. Segue: le incapacità relative. – 13. L'inosservanza delle regole sugli atti degli incapaci. – 14. La cessazione dell'incapacità di agire. – 15. Incapacità legale e incapacità naturale. – 16. Gli atti dell'incapace naturale. – 17. La fine della persona fisica: morte e presunzione di commorienza. – 18. Segue: scomparsa; assenza; morte presunta.

1. La persona umana come soggetto del diritto

Negli ordinamenti che appartengono alla nostra civiltà *ogni individuo umano è soggetto del diritto*: è quel soggetto di diritto che si definisce persona fisica. La legge sembra quasi darlo per scontato, stabilendo che «La capacità giuridica si acquista *dal momento della nascita*» (art. 1, c. 1). Ciò, peraltro, non avviene per necessità naturale, ma per *scelta politica del legislatore*: è, per meglio dire, un frutto storico della civiltà moderna. Lo dimostrano due rilievi. Il primo è che *in altre epoche storiche c'erano uomini privi della qualità di soggetto del diritto*: nelle società antiche gli schiavi non avevano capacità giuridica, e quindi non erano soggetti del diritto. Il secondo rilievo è che, anche negli ordinamenti che appartengono alla moderna civiltà occidentale, *possono variare il modo e la misura in cui l'uomo è soggetto del diritto*.

Con riguardo a quest'ultima considerazione, si deve notare che la soggettività (= capacità) giuridica della persona umana è suscettibile di *gradazioni*: gradazioni che non sono imposte dalla natura, bensì sono *definite dalle norme*. Le norme – in quanto espressione di *scelte politiche* – possono farlo in termini che risultano politicamente accettabili (è ragionevole che i minorenni e i pazzi abbiano capacità giuridica ridotta, ad es. con riguardo al matrimonio). Oppure in termini politicamente discutibili, e destinati a essere superati nel tempo: come nel caso di quelle diminuzioni di soggettività giuridica che le donne italiane pativano ad es. per essere escluse (fino al 1946) dal diritto di voto, o dall'accesso a certe carriere pubbliche come la magistratura (fino al 1963). O, infine, in termini politicamente e moralmente ripugnanti: si pensi alle leggi razziali che nell'Italia fascista, e ancor più nella Germania nazista, limitavano gravemente la capacità giuridica degli ebrei, precludendogli numerose e importanti situazioni giuridiche rispetto a cui gli «ariani» erano invece capaci. (Anche in ragione di queste tristi memorie la *Costituzione* si preoccupa di garantire che «Nessuno può essere privato, per motivi politici, della capacità giuridica»: art. 22 C.)

La *coincidenza fra persona fisica e soggetto di diritto* è, dunque, *relativa e storica*, non assoluta e naturale. Ciò si nota anche là dove potrebbe sembrare che la «natura» ponga vincoli insuperabili all'arbitrio del legislatore: ad es., dove si tratta di determinare il momento di *inizio della persona fisica*, e dunque della sua soggettività giuridica. Neppure in questo caso, in effetti, la natura è sovrana; anche qui dominano scelte e valutazioni di opportunità politica. Come già visto, il codice stabilisce in via generale che la capacità giuridica «si acquista *dal momento della nascita*» (art. 1, c. 1). Ma aggiunge che anche al *concepito non ancora nato* possono spettare «diritti» (art. 1, c. 2). In questo modo, la qualità di soggetto del diritto viene come retrodatata a un momento anteriore alla nascita. Ma questa soggettività giuridica del concepito gli è attribuita convenzionalmente, solo per particolari e limitati effetti (**69**.2): addirittura non comprende il diritto del concepito ad avere la vita, essendo prevalente il diritto della madre a interrompere la gravidanza, quando ricorrono le circostanze indicate nella l. 194/1978 sull'aborto.

La soggettività (= capacità) giuridica esprime *una potenzialità, non un'effettività*. Significa che il soggetto può avere diritti, non significa che li abbia effettivamente: rispetto ai diritti di proprietà, hanno la medesima capacità giuridica sia il titolare di un patrimonio immenso, sia il nullatenente. Ci sono però diritti di cui ciascun soggetto è senz'altro titolare fin dalla nascita, in quanto strettamente connessi con la qualità di persona umana: sono i *diritti della personalità* (**13**).

Talora emerge l'idea di allargare l'area della soggettività *oltre le persone umane*, considerando soggetti del diritto ad es. gli animali, l'ambiente naturale, i robot. Idea bizzarra e inutile: per il giusto obiettivo di proteggere gli animali contro i maltrattamenti e l'ambiente naturale contro l'inquinamento, non c'è bisogno di passare per l'attribuzione a essi di "diritti soggettivi" e quindi di riconoscerli come soggetti del diritto.

2. Il nome della persona

Ogni persona è identificata da un nome, che consente di individuarla nelle relazioni sociali. Il nome è composto da due elementi: il *prenome* (cioè il nome di battesimo) e il *cognome* (art. 6, c. 2).

La determinazione del nome della persona avviene non per libera scelta dell'interessato, ma sulla base di *criteri fissati dalla legge* (art. 6, c. 1). Il **prenome** è attribuito da *chi fa la dichiarazione di nascita* della persona all'ufficiale di stato civile incaricato di riceverla (**64**.2). Il **cognome** è attribuito in relazione all'*appartenenza familiare* della persona, secondo criteri che esamineremo a suo tempo: ad es. il figlio ha il cognome del padre e/o quello della madre (**64**.15); la moglie aggiunge al proprio cognome il cognome del marito (**63**.2).

Come segno che permette di identificare il soggetto nelle relazioni con gli altri soggetti, il nome risponde non solo a un *interesse individuale* della persona, ma anche e soprattutto a un *interesse sociale*. Per questo non è consentito alla persona cambiarsi nome a piacimento: la *modifica del nome* può avvenire solo nei casi (molto limitati) e con le procedure previste dalla legge (art. 6, c. 3). Le norme in materia sono contenute negli art. 84 e segg. del d.P.R. 396/2000, relativo all'ordinamento dello stato civile.

3. La sede della persona: residenza; domicilio; dimora

Per le esigenze della vita di relazione, è importante anche identificare il luogo in cui ciascun soggetto vive e opera: o meglio, *collegare la persona con un determinato luogo*. Tale luogo costituisce infatti *punto di riferimento necessario per lo svolgimento di molti rapporti giuridici*: sia di diritto privato (ad es., i debiti di denaro devono essere pagati presso il domicilio del creditore: art. 1182, c. 3), sia di diritto pubblico (ad es., il diritto di voto si esercita nel proprio comune di residenza). Vi corrispondono tre diversi concetti giuridici:

☞ la **residenza** corrisponde al «*luogo in cui la persona ha la dimora abituale*» (art. 43, c. 2): dunque riflette (o dovrebbe riflettere) l'effettiva situazione di vita della persona. Peraltro, sulla situazione effettiva si sovrappone una situazione documentale, e fra le due può non esserci perfetta coincidenza. Infatti ogni Comune ha un ufficio di *anagrafe della popolazione residente*, al quale ciascuna persona deve comunicare il luogo della propria residenza nel Comune, e gli eventuali mutamenti. Se la residenza viene trasferita da un Comune a un altro, la comunicazione va fatta a entrambi i Comuni. Chi non abbia fatto le comunicazioni prescritte non può opporre il mutamento di residenza ai terzi di buona fede (art. 44, c. 1): cioè non può lamentarsi che taluno gli abbia per es. notificato un atto nella vecchia residenza, a meno che non provi che costui, malgrado l'omessa denuncia all'anagrafe, era comunque a conoscenza dell'avvenuto mutamento. I *coniugi*, se non sono separati, hanno di regola la stessa residenza, che è la «*residenza della famiglia*» (art. 144, c. 1);

☞ il **domicilio** di una persona è il «*luogo in cui essa ha stabilito la sede principale dei suoi affari e interessi*» (art. 43, c. 1). Normalmente coincide con la residenza: in tal caso, quando viene trasferita la residenza, si considera trasferito pure il domicilio, se l'interessato non si esprime diversamente (art. 44, c. 2). Però può anche non coincidere con la residenza: se un imprenditore abita a Camogli, ma lavora abitualmente a Genova, dove sono situati gli uffici della sua impresa, la sua residenza è a Camogli, il suo domicilio a Genova. Può così accadere che due coniugi abbiano la stessa residenza, ma domicili diversi (art. 45, c. 1). Il domicilio così individuato è il (domicilio **generale** della persona. Al di là di questo, la persona può anche stabilire un (domicilio **speciale**, in relazione a *determinati atti o affari*: l'atto con cui si indica un proprio domicilio speciale sia chiama *elezione di domicilio*, e deve farsi *per iscritto* (art. 47). Ad es., in relazione a una causa che la riguarda, la persona elegge domicilio presso lo studio dell'avvocato da cui è difesa. Per alcune persone esiste poi un (domicilio **legale**: quello *fissato dalla legge* alla persona, e non scelto da questa. Ad es., il domicilio del minore coincide con la residenza della famiglia; se i genitori sono separati, il minore ha il domicilio dal genitore con cui vive (art. 45, c. 2);

☞ la **dimora** non è definita dalla legge. È il *luogo in cui la persona si trova in un dato periodo*, anche per una permanenza non lunga (purché non brevissima): se una persona residente a Milano trascorre due mesi di vacanza in albergo a Cortina, per quel periodo lì è la sua dimora; non se, essendo solo di passaggio, ci trascorre una o due notti.

4. La cittadinanza

La cittadinanza è la *qualità della persona, che la collega con un ordinamento giuridico statale*, assoggettandola alle norme che formano il diritto di quello Stato. Per questo è importante sapere come si acquista e come si perde la cittadinanza di uno Stato.

In base ai criteri applicabili, può accadere che una persona si trovi a non avere la cittadinanza di nessuno Stato (è il c.d. *apolide*); come può accadere che si trovi a essere contemporaneamente cittadino di due Stati diversi (*doppia cittadinanza*).

Le modalità di acquisto e di perdita della cittadinanza italiana sono state a lungo regolate da una vecchia legge (del 1912), via via modificata da leggi successive e da sentenze della Corte costituzionale, miranti a correggerne gli aspetti più arretrati e inaccettabili. È poi intervenuta una riforma organica della materia, con la *l. 91/1992*. Uno dei suoi obiettivi principali è stato realizzare la parità di trattamento fra uomo e donna, superando le discriminazioni della vecchia legge. La disciplina della cittadinanza riguarda essenzialmente tre aspetti, e cioè: acquisto, perdita e riacquisto della cittadinanza stessa: se ne occupa il diritto costituzionale.

Chi non è cittadino italiano è straniero. La **condizione giuridica dello straniero** è sommariamente definita dall'art. 10, c. 2, C. e dall'art. 16 prel., da cui si ricava che lo straniero: ☞ ha *capacità di diritto privato* uguale a quella del cittadino italiano, ma solo *a condizione di reciprocità* (uno straniero può avere proprietà in Italia, a patto che la legge del suo Stato consenta a un italiano di avere proprietà in quello Stato); sono però fatte salve le *leggi speciali* (come le leggi relative al fenomeno dell'immigrazione extracomunitaria, che disciplina la condizione degli stranieri immigrati con norme particolari riguardanti soprattutto la loro posizione lavorativa e familiare); ☞ non ha, di regola, *capacità di diritto pubblico* (non ha, per es., diritto di voto); ☞ ha però i *diritti fondamentali e inviolabili* dell'uomo (c.d. *diritti umani*: art. 2 C.) che devono riconoscersi ad ogni uomo, e non solo ai cittadini (come la libertà personale, la libertà religiosa, la libertà di pensiero).

5. Il sesso

Un'importante qualità personale dei soggetti è il sesso (maschile o femminile), che al pari del nome, della residenza e della cittadinanza opera come *segno di identificazione del soggetto nella vita di relazione*: tanto è vero che anch'esso viene indicato in appositi registri pubblici (registri dello stato civile: **11**.6). Inoltre il sesso può operare come *criterio per l'applicazione o la non applicazione di determinati trattamenti giuridici*, purché non irragionevolmente discriminatori (**2**.6): ad es. l'obbligo del servizio militare, fin quando c'era, valeva per i maschi e non per le femmine.

Rispetto al sesso indicato nell'atto di nascita, è possibile che sopravvenga un **mutamento del sesso**. Ciò può verificarsi quando il c.d. sesso psicologico non corrisponde a quello anatomo-fisiologico (ad es. un «ragazzo» che risulta esteriormente di sesso maschile, in realtà si sente, pensa e agisce piuttosto come una ragazza): attraverso un apposito trattamento medico-chirurgico, si può allora riportare il secondo a coincidere con il primo. È il fenomeno del *transessualismo*. In passato non era riconosciuto dal diritto, e gli interventi medici necessari per realizzarlo erano considerati illeciti. La situazione è cambiata con la l. 164/1982, che attribuisce al tribunale il compito di dichiarare, con *sentenza*, la *rettificazione del sesso* attribuito al soggetto: a ciò il tribunale provvede dopo avere accertato, con il supporto di competenze medico-psicologiche, che il vero sesso della persona è diverso da quello apparente; e dopo avere valutato se per restituire alla persona il suo vero sesso sia necessario o meno un intervento chirurgico sugli attributi sessuali esteriori. La variazione di sesso (che riguarderà evidentemente anche il prenome) è registrata negli atti dello stato civile.

6. Atti e registri dello stato civile

L'esistenza di un individuo e gli elementi che lo identificano (nome, sesso, cittadinanza, data di nascita, essere figlio di Tizio o di Caio, essere o non essere sposato, ecc.) sono importanti non solo per l'individuo stesso, ma anche per la società in cui egli vive e intreccia le sue relazioni. C'è dunque l'esigenza di rendere questi elementi certi e facilmente conoscibili. In passato tale esigenza era in qualche modo soddisfatta dalla Chiesa, con i registri parrocchiali in cui si annotavano nascite, matrimoni e morti. A partire dal settecento, con la laicizzazione portata dall'illuminismo, questa funzione viene assunta dallo Stato: e lo strumento per realizzarla sono gli atti e i registri dello stato civile, disciplinati nel codice dagli art. 449-455, e più in dettaglio dal d.P.R. 396/2000 (nuovo regolamento sull'ordinamento dello stato civile).

Lo **stato civile** è lo stato della persona in quanto «civis», cioè membro di una collettività organizzata. Gli **atti dello stato civile** sono appunto gli *atti (materializzati in documenti) che definiscono le qualità della persona, più rilevanti per la vita sociale*: essi sono formati da appositi funzionari pubblici, che si chiamano *ufficiali dello stato civile*. Gli atti dello stato civile risultano da appositi registri – i **registri dello stato civile** – che sono organizzati e tenuti presso ciascun Comune (art. 449): chiunque li può liberamente consultare, e può ottenerne estratti e certificati (art. 450).

Atti e registri dello stato civile sono di quattro tipi: ☞ gli atti e registri di **nascita** documentano la venuta a esistenza del soggetto (indicandone nome e sesso), e la sua procreazione da parte di determinati genitori; ☞ gli atti e registri di **matrimonio** documentano i matrimoni celebrati dai soggetti, e quindi lo stato coniugale dei medesimi; ☞ gli atti e registri di **morte** documentano la fine dell'esistenza delle persone; ☞ i registri di **cittadinanza** documentano la qualità di cittadino italiano.

La legge attribuisce alle risultanze degli atti e dei registri di stato civile un *particolarissimo valore, quanto alla prova dell'esistenza e della verità dei fatti documentati.* Ciò che risulta da essi non può essere smentito, se non in casi estremi e con grande difficoltà: cioè provando – in apposito giudizio, *aperto da una querela di falso* (**9**.17) – che il pubblico ufficiale che li ha formati ha dichiarato il falso (art. 451). E viceversa solo in casi estremi, e con grande difficoltà, è possibile provare ciò che da essi non risulta (art. 452).

Nei registri dello stato civile – a margine o in calce degli atti relativi – possono farsi *annotazioni* per dare conto di determinate vicende che siano intervenute, nel corso del tempo, a incidere su qualcuna delle corrispondenti qualità della persona: ad es., la sentenza di divorzio è annotata nell'atto di matrimonio. Possono anche farsi *rettificazioni*, quando si tratta di correggere un atto materialmente erroneo, o di integrare un atto incompleto, o di ricostruire un atto distrutto. Ma dato il particolarissimo valore che la legge attribuisce al contenuto degli atti di stato civile, la possibilità di fare annotazioni e rettificazioni è circondata da grandi cautele e da limiti molto severi (art. 453; art. 95 e segg. d.P.R. 396/2000).

7. La definizione legale delle incapacità di agire, e lo scopo della disciplina

Sappiamo che la capacità di agire è la capacità del soggetto di compiere atti giuridici. Ma siccome la funzione degli atti è realizzare gli interessi dei soggetti che li compiono, la capacità di agire presuppone che il soggetto sia *in condizione di valutare adeguatamente i propri interessi, e di prendere le decisioni giuste per realizzarli*. In linea generale, è invece incapace di agire *chi, per le sue condizioni fisio-psichiche, non è in tale condizione*.

Lo scopo fondamentale delle regole legali sull'incapacità di agire è *proteggere il soggetto con ridotte attitudini psicofisiche, per evitare che si danneggi con le sue stesse mani compiendo atti di cui non è in grado di capire la portata*, e che potrebbero quindi essere rovinosi per lui. Per questo si parla di **incapacità di protezione**. Il mezzo della protezione consiste: ☞ da un lato, nel prevedere che *gli atti compiuti dall'incapace non sono validi* e quindi non lo impegnano; ☞ dall'altro, nell'*affiancare all'incapace un soggetto capace* che compia per lui o con lui gli atti che l'incapace non può compiere da solo.

Le cose, però, non sono così semplici. Intanto, individuare gli incapaci di agire, sulla base del generico criterio appena indicato, può essere difficile. Un bimbo di quattro anni è sicuramente incapace di agire; altrettanto sicuramente è capace di agire un adulto fornito di solidissimo equilibrio psichico; mentre è agevole definire incapace un adulto con grave malattia mentale. Ma entro questi estremi di certezza esistono ampie zone grigie, in cui la valutazione è problematica. È capace di agire un diciannovenne? E un sedicenne? È capace o incapace chi non è propriamente pazzo, ma ha strane manìe o eccentricità di comportamento? O attraversa un periodo di forte depressione?

Il modo per dare risposte il più possibile aderenti alla realtà consisterebbe nel verificare ogni volta, in relazione al singolo caso concreto, se l'autore di un atto era oppure no, nel momento di compierlo, in condizione di valutare e curare adeguatamente i propri interessi. Ma un sistema del genere avrebbe costi intollerabili: chi contratta con qualcuno non avrebbe mai la certezza, pur di fronte all'apparente normalità di controparte, che questa sia davvero in grado di fare «adeguatamente» i propri interessi; e avrebbe sempre timore di fare un contratto che il giudice, in base a un più attento accertamento delle condizioni di quel soggetto, potrebbe poi cancellare perché fatto da una persona giudicata *ex post* come incapace (vale infatti la regola che l'atto compiuto dall'incapace non ha valore). Nell'incertezza, la gente sarebbe timorosa e cauta di fronte alle contrattazioni: il flusso di queste si rallenterebbe, e ne soffrirebbero la circolazione giuridica e la dinamica degli scambi economici. Per ragioni di *certezza*, la legge sceglie perciò un diverso sistema, consistente nella *definizione preventiva e tipica delle ipotesi di incapacità di agire*: un sistema che individua con chiarezza, in anticipo, chi è incapace di agire; e non lascia margine a dubbi o incertezze.

Peraltro una protezione dell'incapace troppo spinta rischierebbe di andare contro il suo stesso interesse, perché impedendogli assolutamente di fare atti validi finirebbe per schiacciare la sua libertà di scelta e di azione, in definitiva la sua personalità. La protezione deve essere *forte ed efficace, ma non soffocante*: deve impedire al soggetto di danneggiarsi da solo, ma deve lasciargli gli spazi di libertà compatibili con il suo stato. Per questo occorre un sistema non rigido, bensì capace di calibrare l'incapacità sulle reali condizioni ed esigenze del soggetto: senza però sacrificare l'esigenza di certezza. Il sistema delle incapacità definito dal codice non aveva tali caratteristiche: per questo, come fra poco vedremo, è stato modificato dalla l. 6/2004 con lo scopo di renderlo più flessibile.

Inoltre, la protezione dei soggetti deboli non si esaurisce nelle regole sull'incapacità di agire, ma comprende una più ampia serie di azioni pubbliche: ad es., per i minori di età, quelle indicate nella l. 112/2011 che istituisce l'*Autorità garante per l'infanzia e l'adolescenza*.

8. Le incapacità di protezione: minori; minori emancipati; interdetti giudiziali; inabilitati

I casi d'incapacità di agire *definiti dalla legge* – detti perciò *incapacità legali* – nel disegno del codice si riducevano ai seguenti: minore età (con la variante del minore emancipato); interdizione giudiziale; inabilitazione. Più di preciso:

☞ innanzitutto la **minore età**. Sono incapaci di agire coloro che non hanno raggiunto il *diciottesimo anno* (art. 2, c. 1, così modificato dalla l. 39/1975: prima la maggiore età era fissata a 21 anni). Per singoli atti può essere stabilita un'età inferiore (art. 2, c. 2): ciò vale soprattutto per i contratti di lavoro. Il minore di 18 anni, ma *maggiore di 16*, che eccezionalmente sia stato *autorizzato a sposarsi*, acquista una capacità parziale, pur non diventando pienamente capace: si definisce **minore emancipato** (art. 390);

☞ poi c'è l'**interdizione giudiziale**. I soggetti «i quali si trovano in condizioni di *abituale infermità di mente* che li rende *incapaci di provvedere ai propri interessi*» (art. 414) vengono sottoposti a un apposito *procedimento giudiziale*. Questo è generalmente promosso dai familiari più stretti del malato, ma l'iniziativa può essere presa dallo stesso interessato (art. 417); una volta accertate sul piano clinico le sue effettive condizioni mentali (art. 419), il procedimento si conclude con una *sentenza* che lo dichiara «interdetto». Il conseguente stato di incapacità scatta dal momento in cui la sentenza viene *pubblicata* (art. 421). La sentenza va poi *annotata* a margine dell'atto di nascita (art. 423), per renderla facilmente conoscibile da chiunque (**11**.6);

☞ infine l'**inabilitazione**. Ad essa si fa luogo con le stesse modalità previste per l'interdizione, ma in riferimento a casi di malattia meno seria. Possono infatti venire inabilitati: (chi è «*infermo di mente*», ma «*non ... talmente grave* da far luogo all'interdizione»; («coloro che, per *prodigalità* o per *abuso abituale di bevande alcoliche o di stupefacenti*, espongono sé o la loro famiglia a gravi pregiudizi economici»; («il *sordomuto* e il *cieco* dalla nascita o dalla prima infanzia, se non hanno ricevuto un'educazione sufficiente» (art. 415).

Nella pratica il ricorso all'interdizione e all'inabilitazione è stato sempre piuttosto raro, per le conseguenze molto pesanti che ne derivano: la fortissima limitazione dell'autonomia del soggetto. Per rimediare, è intervenuto nel 2004 un nuovo meccanismo di protezione degli incapaci: l'**amministrazione di sostegno**.

9. Segue: l'amministrazione di sostegno

Questo strumento è stato introdotto dalla l. 4/2004, inserendo nel codice alcuni nuovi articoli (art. 404-413).

Il **presupposto** per assoggettare una persona ad amministrazione di sostegno, è che essa si trovi «nella *impossibilità, anche parziale o temporanea, di provvedere ai propri interessi*», a causa di «una *infermità* ovvero di una *menomazione fisica o psichica*» (art. 404). È un presupposto più ampio di quelli, molto rigidi, previsti per l'interdizione e l'inabilitazione: ci possono rientrare persone vittime di depressione o grave astenia, malati lungodegenti, disabili con handicap diversi da quelli dell'art. 415.

Essa va chiesta al *giudice tutelare*, e l'iniziativa di chiederla può essere presa dallo stesso interessato o dai suoi stretti familiari (art. 406). Il giudice – sentito l'interessato, presa ogni opportuna informazione per individuare i suoi reali problemi ed esigenze – emette quindi il **decreto di nomina dell'amministratore di sostegno** (art. 407). L'amministratore di sostegno è scelto di regola tra gli *stretti familiari* della persona; ma può tenersi conto della *designazione fatta dallo stesso interessato*, in vista della propria eventuale incapacità futura (art. 408). Il decreto deve indicare fra l'altro: la *durata* dell'incarico, che può essere anche a tempo indeterminato; e gli *atti* per i quali l'interessato deve essere sostituito o assistito dall'amministratore (art. 405). Quest'ultima indicazione è molto importante, perché *delimita l'area di incapacità* del soggetto: infatti questi «*conserva la capacità di agire* per tutti gli atti che non richiedono la rappresentanza esclusiva o l'assistenza dell'amministratore di sostegno». In ogni caso, poi, il beneficiario conserva la capacità di «compiere gli atti necessari a soddisfare le *esigenze della propria vita quotidiana*» (art. 409).

Ciò dimostra che l'amministrazione di sostegno è concepita per aiutare il soggetto in difficoltà, ma lasciandogli il massimo di libertà d'azione che risulti compatibile con i suoi problemi: il beneficiario va appunto sostenuto, e non imprigionato in una rete protettiva troppo stretta. Inoltre, il sostegno che gli si dà deve essere rispettoso della sua autonomia: «Nello svolgimento dei suoi compiti l'amministratore di sostegno deve *tenere conto dei bisogni e delle aspirazioni del beneficiario*». Nello stesso spirito si prevede che l'amministratore, prima di decidere qualunque atto nell'interesse del beneficiario (inclusi quelli in cui ha il potere di sostituirlo completamente), ne parli con l'interessato; e se questi non è d'accordo, ne informi il giudice (art. 410, c. 1-2).

Al decreto si dà *pubblicità*, mediante annotazione in margine all'atto di nascita.

10. Altre incapacità legali: gli interdetti legali

In una logica tutta diversa, l'incapacità di agire è disposta altre volte a titolo di *punizione*: non già per proteggere, ma al contrario per colpire i soggetti, privandoli della possibilità di partecipare al traffico giuridico. Così, il *condannato a più di cinque anni di reclusione* automaticamente soggiace alla pena accessoria dell'**interdizione legale** (art. 32 c.p.): chiamata così perché, a differenza dell'interdizione giudiziale, non nasce da un accertamento svolto dal giudice sulle concrete condizioni mentali del soggetto, ma *discende automaticamente da una previsione di legge.*

Una condizione analoga all'incapacità di compiere validamente atti giuridici è talora disposta a titolo di *prevenzione*, nell'interesse non del soggetto toccato ma di altri soggetti che potrebbero essere danneggiati dai suoi atti. Così il soggetto sottoposto a liquidazione giudiziale non può disporre dei propri beni, a tutela dei suoi creditori (**61**.6).

Peraltro, l'incapacità di questi soggetti riguarda solo gli *atti patrimoniali*, non quelli familiari e personali: l'interdetto legale e il fallito non possono fare atti per comprare e vendere beni, assumere debiti o crediti; ma possono sposarsi, riconoscere figli extramatrimoniali, fare testamento.

11. Il trattamento delle incapacità di agire: le incapacità assolute

Gli incapaci di agire hanno capacità giuridica. Quindi possono essere titolari di un patrimonio, che richiede di essere amministrato con il compimento di atti giuridici. Visto che l'incapace non può farlo personalmente, occorre che intervenga qualcun altro. Ma siccome le varie figure di incapacità corrispondono a *condizioni soggettive di gravità diversa*, diverso è anche il loro trattamento giuridico: si distingue perciò fra incapacità assoluta e incapacità relativa. Premettiamo che le regole che ora illustriamo riguardano gli *atti negoziali*; per gli *atti non negoziali* valgono altre regole: ad es., per gli atti dovuti, come il pagamento dei debiti (**23**.2); o per i fatti illeciti che causano danni (**43**.7).

L'incapacità assoluta riguarda i *casi più gravi*: minori di età e interdetti. Essi *non possono compiere da sé alcun atto*. Al loro posto, sostituendosi integralmente ad essi, vi provvedono altri soggetti, e precisamente: ☞ per il **minore**, provvedono i **genitori**, nell'esercizio della loro responsabilità genitoriale (art. 320), e in mancanza un **tutore** appositamente nominato (art. 343); ☞ per l'**interdetto** provvede un **tutore**, nominato dal giudice che decide l'interdizione (e scelto, di solito, tra i familiari dell'incapace). I genitori e il tutore *sostituiscono completamente* il minore e l'interdetto. Essi agiscono in **rappresentanza** dell'incapace: compiono in suo nome atti, i cui effetti si riversano direttamente nel patrimonio dell'incapace rappresentato da loro (**30**.1). C'è peraltro un'eccezione: la richiesta d'interruzione della gravidanza è fatta personalmente dalla donna, anche se minore o interdetta (art. 12-13, l. 194/1978).

La legge dispone poi una serie di **controlli dell'autorità giudiziaria**, per garantire che l'amministrazione dei beni degli incapaci risponda effettivamente al loro interesse, e non determini invece – per inettitudine o disonestà di chi li amministra – un pregiudizio al loro patrimonio. Per gli atti più importanti, si prevede che i genitori o il tutore non possano compierli se non dopo avere ottenuto l'*autorizzazione del giudice*, che ne accerta preventivamente la convenienza (art. 320); di altri si vieta senz'altro il compimento (art. 323); in caso di cattiva amministrazione, i rappresentanti sono rimossi dall'ufficio (art. 331).

Questa stessa disciplina vale sostanzialmente anche per il beneficiario dell'**amministrazione di sostegno**, ma solo con riferimento agli atti di suo interesse che, in base al relativo decreto, possono essere compiuti esclusivamente *dall'amministratore al posto dell'incapace* (art. 411-412).

12. Segue: le incapacità relative

Le incapacità relative riguardano i *casi meno gravi*: inabilitati e minori emancipati. Anche per essi si prevede l'intervento di altri soggetti, che curino gli interessi dell'incapace, e precisamente: ☞ all'**inabilitato** si assegna un **curatore**, nominato dal giudice che decide l'inabilitazione (anche qui dando la preferenza a un familiare): art. 424; ☞ anche al **minore emancipato** si assegna un **curatore**, che la legge fa coincidere con il *coniuge* (sempre che questi sia maggiorenne: art. 392, c. 1). Peraltro, il ruolo del curatore si differenzia profondamente da quello svolto dai rappresentanti degli incapaci assoluti: egli non interviene sempre; e quando interviene, lo fa con una funzione diversa da quella che i genitori e il tutore svolgono per il minore e l'interdetto.

Occorre distinguere fra diverse categorie di atti:

☞ gli atti **familiari e personali** (matrimonio, testamento) possono essere fatti dall'inabilitato, se ha una sufficiente *capacità di intendere e di volere*;

☞ gli **atti di ordinaria amministrazione** sono gli atti di *disposizione del reddito* e quelli rivolti alla *conservazione dei beni* compresi nel patrimonio. Dato che non comportano un elevato rischio economico, si ammette che l'inabilitato e il minore emancipato possano *compierli da soli* (art. 394, c. 1). Così, se l'incapace è proprietario di un appartamento, può dare incarico a un'impresa di riparare l'impianto elettrico difettoso, senza bisogno che intervenga il curatore;

☞ gli **atti di straordinaria amministrazione** sono gli atti di *disposizione del capitale*, che intaccano la consistenza del patrimonio dell'incapace (ad es. la vendita del suo appartamento). L'incapace non può compierli da sé, ma solo con l'assistenza *del curatore*. Il concetto di **assistenza** è diverso da quello di *rappresentanza*, e diverso è il ruolo del curatore rispetto a quello dei genitori o del tutore: il curatore non sostituisce completamente, ma si limita a *integrare la volontà dell'incapace*, che partecipa insieme con lui al compimento dell'atto. Per gli atti più gravi, si richiede anche l'*autorizzazione del giudice* (art. 394, c. 3);

☞ gli **atti di esercizio di un'impresa commerciale** hanno un trattamento giuridico che differenzia alquanto la posizione del minore emancipato e quella dell'inabilitato: ✦ il *minore emancipato* può essere autorizzato dal tribunale a esercitare un'impresa commerciale anche senza l'assistenza del curatore; in tal caso *acquista capacità piena*, perché «può compiere da solo gli atti che eccedono l'ordinaria amministrazione, anche se estranei all'esercizio dell'impresa» (art. 397); ✦ l'*inabilitato* riceve un trattamento più rigido: può essere autorizzato solo a *continuare* l'esercizio di un'impresa già esistente, non ad avviarne una nuova (art. 425); e comunque non acquista piena capacità per gli atti di straordinaria amministrazione estranei all'impresa. La ragione della differenza è chiara: il minore emancipato merita più fiducia, perché si sta avviando verso la capacità piena, che raggiungerà fra breve; non può dirsi lo stesso per l'inabilitato.

Per quanto riguarda l'**amministrazione di sostegno**, il decreto può prevedere che determinati atti possano essere compiuti dal beneficiario *solo con l'assistenza dell'amministratore*. In tal caso, il meccanismo è lo stesso che si applica agli atti di straordinaria amministrazione dell'inabilitato.

13. L'inosservanza delle regole sugli atti degli incapaci

È importante a questo punto domandarsi cosa accade se questi criteri non vengono osservati: in concreto, qual è il *trattamento degli atti compiuti in violazione delle regole sull'incapacità di agire* (atti compiuti personalmente dall'incapace assoluto; atti di straordinaria amministrazione compiuti dall'incapace relativo senza l'assistenza del curatore; atti compiuti dall'amministratore di sostegno al di fuori del proprio incarico o dei poteri conferitigli dal giudice; atti compiuti senza le prescritte autorizzazioni giudiziali).

Questi atti sono **invalidi**, e più precisamente *annullabili* (art. 322, 396, 427, 1425): ciò significa, come vedremo meglio (**36**), che i loro effetti possono essere cancellati.

Le conseguenze di una regola così drastica possono essere alquanto ridimensionate, almeno per ciò che concerne i *minori*. L'esperienza dice che i minori fanno quotidianamente una quantità di atti giuridici che vengono regolarmente eseguiti con piena soddisfazione di tutte le parti interessate: comprano libri, abbigliamento, elettronica di consumo, biglietti per il treno o il cinema o il concerto, ecc. E nessuno si sognerebbe di chiederne l'annullamento. Alla luce di questa imponente e indiscutibile realtà pratica, si può dunque affermare che gli *atti compiuti dai minori per soddisfare le loro normali esigenze di vita, in modo proporzionato alle loro condizioni economiche*, si considerano validi. Il principio dell'invalidità degli atti del minore riprende il suo pieno vigore, quando siano atti assolutamente estranei alle normali esigenze di vita del soggetto, o sproporzionati alle sue condizioni economiche (è normale che un sedicenne si compri un pullover, un paio di sci, forse anche un motorino; non che si compri un appartamento; né che si presenti da un mercante d'arte per vendergli un prezioso quadro antico).

14. La cessazione dell'incapacità di agire

L'incapacità di agire cessa, e il soggetto diventa (o ridiventa) capace di agire, quando risultano venute meno le esigenze di protezione: ☞ per i **minori**, è sufficiente il compimento della *maggiore età*; ☞ per **interdetti giudiziali** e **inabilitati**, occorre che la *guarigione* del soggetto (il recupero della capacità di intendere e di volere) sia *accertata* con apposito procedimento, e dichiarata con una *sentenza di revoca* dell'interdizione o dell'inabilitazione: e l'incapacità cessa, quando la sentenza diventa definitiva (art. 429-431); ☞ il beneficiario dell'**amministrazione di sostegno** riacquista piena capacità di agire quando scade il *termine* per il quale è stata disposta, o quando viene *revocata* dal giudice perché ne sono venuti meno i presupposti (art. 413).

Cessata una forma di incapacità, è possibile che si passi a un'altra ritenuta più idonea. Un minore può passare sotto amministrazione di sostegno, non appena compiuta la maggiore età; così pure un interdetto o un inabilitato, non appena revocata l'interdizione o l'inabilitazione (art. 405, c. 2-3). Viceversa, è possibile che si revochi l'amministrazione di sostegno, per passare all'interdizione o all'inabilitazione (art. 413, c. 4). Si tratta di trovare, anche per tentativi, l'incapacità di protezione concretamente più adatta per l'interessato.

L'incapacità dell'**interdetto legale**, che ha funzione punitiva e non protettiva, cessa con la *cessazione della pena.*

15. Incapacità legale e incapacità naturale

L'incapacità di minori, interdetti, inabilitati e persone soggette ad amministrazione di sostegno si definisce **incapacità legale**. La sua caratteristica è risultare in modo ufficiale, ed essere accertabile in modo semplice e sicuro da chiunque sia interessato alle condizioni del soggetto. Per verificare se uno è minorenne o maggiorenne, basta consultare il suo atto di nascita nei registri dello stato civile, che sono pubblici (art. 450). Allo stesso modo, si può facilmente accertare se un soggetto è interdetto o inabilitato: la sentenza che lo dichiara tale è annotata a margine dell'atto di nascita (art. 423). Questo spiega la regola per cui gli atti compiuti da un incapace legale sono sempre e comunque invalidi (annullabili). Non importa che l'atto sia compiuto da un diciassettenne sveglio e accorto, concretamente in grado di badare ai propri interessi meglio di molti adulti; o da un interdetto che, in quel momento, era occasionalmente lucido e consapevole delle proprie azioni. Valgono solo le risultanze ufficiali; non è ammessa un'indagine che possa smentirle in relazione al singolo caso concreto.

Tale sistema soddisfa un'esigenza di **certezza**: ha il vantaggio di *semplificare e rendere più sicuri i giudizi*, di definire in modo incontrovertibile chi è capace e chi è incapace di agire. Per questo, chi ha contrattato con un minore non può opporsi all'annullamento del contratto affermando che costui aveva tutta l'aria di un maggiorenne, e comunque era pienamente in grado d'intendere e di volere. Una soluzione diversa premierebbe la negligenza, dato che il problema non si sarebbe neppure posto se l'interessato avesse seguito l'elementare precauzione di consultare l'atto di nascita di controparte.

Peraltro, sarebbe altrettanto ingiustificato premiare la *frode* eventualmente commessa dall'incapace: perciò «Il contratto non è annullabile, *se il minore ha con raggiri occultato la sua minore età*» (art. 1426). Si pensi al caso del minorenne, che esibisce una carta di identità falsificata, dalla quale risulta maggiorenne. Fra un incapace malizioso e sleale e la sua controparte vittima della frode, la legge preferisce tutelare quest'ultima (che si è fidata dell'apparenza creata in modo fraudolento).

Dunque, nelle situazioni di *incapacità legale* l'eventuale *capacità reale* del soggetto non ha rilevanza. Non è vero, invece, l'inverso. La legge deve tenere conto che possono esserci pazzi i quali per qualche ragione non sono stati interdetti, e non risultando legalmente incapaci hanno compiuto degli atti rovinosi per loro. Inoltre, è ben possibile che persone adulte e sane di mente compiano atti mentre si trovano, temporaneamente, in condizioni d'incapacità di intendere e di volere (ubriachezza, azione di stupefacenti, grave depressione o affaticamento psichico, ecc.). Ipotesi come queste danno luogo all'**incapacità naturale**: che è la *condizione d'incapacità di intendere e di volere in cui di fatto venga a trovarsi il soggetto che non sia un incapace legale.*

La sua differenza rispetto all'incapacità legale non sta nel fatto di essere transitoria, mentre quest'ultima è uno stato permanente: se questo è vero in molti casi, in altri casi è vero il contrario, perché possono aversi un'incapacità legale transitoria (quella del minore che si avvicina alla maggiore età), e viceversa un'incapacità naturale permanente (il pazzo inguaribile, non interdetto). La vera differenza è che mentre l'incapacità legale è sempre facilmente accertabile in modo obiettivo, perché risulta da documenti ufficiali, l'incapacità naturale *non è mai ufficialmente documentata*, e quindi è *più difficile da accertare.*

16. Gli atti dell'incapace naturale

La legge non può ignorare l'esigenza di dare tutela anche all'incapace naturale: ma deve conciliarla con l'esigenza di non danneggiare ingiustamente chi ha contrattato con lui. Bisogna infatti tenere conto che costui non aveva i mezzi per accertare in modo semplice e sicuro lo stato di controparte, che non risulta da nessun documento ufficiale. Di qui le varie regole, applicabili ai *diversi tipi di atti compiuti dall'incapace naturale*, per stabilire quando l'atto è annullabile (il che corrisponde all'interesse dell'incapace) e quando invece resta valido (il che corrisponde all'interesse dell'altra parte).

Si devono distinguere tre categorie di atti: ☞ gli **atti personali** – e precisamente la **donazione**, il **testamento** e il **matrimonio** – sono *sempre annullabili*:

sono atti così importanti e delicati, coinvolgono così profondamente la sfera personale dell'autore, che l'esigenza di garantire la piena consapevolezza di chi li compie prevale sull'esigenza di tutelare gli interessi di qualsiasi controinteressato; ☞ gli **atti unilaterali** (**28**.5: ad es. una promessa, un recesso, una disdetta) sono annullabili solo se si dimostra che hanno recato un *grave pregiudizio* all'incapace naturale (art. 428, c. 1); ☞ i **contratti** – in cui, trattandosi di atti bilaterali, c'è un diretto controinteressato che ha partecipato all'atto (**28**.4) – sono invece annullabili solo se si prova, oltre al *grave pregiudizio*, anche la *mala fede dell'altro contraente* (art. 428, c. 2): mala fede significa, in generale, *consapevolezza che quanto si sta compiendo danneggia ingiustamente un'altra persona*; qui significa consapevolezza di contrattare con persona priva della capacità d'intendere e di volere.

Quest'ultima regola corrisponde a razionalità e giustizia. Se chi ha trattato con l'incapace conosceva la situazione, è giusto non proteggerlo, perché si tratta di qualcuno che ha approfittato dell'altrui menomazione. Ma se invece egli non si è accorto di nulla (era, come si dice, *in buona fede*), il contratto resta valido anche se danneggia l'incapace. L'interesse dell'incapace viene sacrificato all'esigenza di tutelare l'**affidamento** di controparte. Questa esigenza è giudicata prevalente, perché senza tutela dell'affidamento la *certezza delle relazioni giuridiche* sarebbe minacciata, e conseguentemente sarebbe pregiudicato il *buon andamento dei traffici*, che si fonda proprio su quella certezza (**8**.16).

17. La fine della persona fisica: morte e presunzione di commorienza

La fine della persona fisica, cioè la **morte**, è un fatto da cui derivano *importanti conseguenze giuridiche*: ad es., lo scioglimento del suo matrimonio, l'apertura della sua successione, l'estinzione del diritto di usufrutto di cui era titolare. Per questo è essenziale definire con certezza qual è il *momento della morte*. Vi provvede la l. 578/1993, sulla base del criterio generale per cui «La morte si identifica con la *cessazione irreversibile di tutte le funzioni dell'encefalo*», poi specificato mediante altri criteri clinici più precisi e dettagliati.

Dopo la morte, la persona cessa di essere un soggetto del diritto: ma non per questo il suo corpo diventa un semplice oggetto di diritti, una cosa come un'altra. Per il rispetto che si deve ai morti, la legge pone limiti e vincoli alla possibilità di utilizzare il *cadavere*, o sue parti, sia pure per scopi socialmente apprezzabili: esistono norme sull'uso di cadaveri a fini didattici o di sperimentazione, e norme sul *prelievo di organi a fini di trapianto* (come quelle della l. 301/1993, su prelievo e innesto di cornee).

In relazione a varie conseguenze giuridiche, e soprattutto ai fini della successione, può essere importante *stabilire quale fra due persone è morta prima.* Si immagini che A abbia fatto testamento a favore di B: se A muore prima di B (anche di pochi minuti), gli eredi di B potranno acquisire anche il patrimonio di A; se invece muore prima B, questo non accade. Peraltro, il relativo accertamento può essere difficile, ad es. per le modalità del fatto che provoca le morti (naufragio, terremoto). In tal caso, se non si riesce a fornire la prova dell'effettivo ordine cronologico delle morti, le persone coinvolte si considerano «*tutte ... morte nello stesso momento*» (art. 4): **presunzione di commorienza**.

La persona può poi trovarsi in altre condizioni – diverse dalla morte, o dalla morte sicuramente accertata – che richiedono un appropriato trattamento giuridico: vi provvedono le regole su scomparsa, assenza e morte presunta.

18. Segue: scomparsa; assenza; morte presunta

La **scomparsa** è la situazione della *persona allontanatasi dal suo ultimo domicilio o residenza, senza che se ne abbiano più notizie.* Il primo problema che si pone è la *conservazione del suo patrimonio*: se la persona non ha già, per legge, un rappresentante (come accadrebbe se fosse un minore o un interdetto) vi provvede un *curatore dello scomparso*, appositamente nominato dal tribunale, che lo rappresenta nel compimento degli atti necessari (art. 48).

L'incertezza sulla sorte dello scomparso può protrarsi a lungo, rendendo necessari provvedimenti più incisivi per la sistemazione dei suoi rapporti. Quando sono *trascorsi due anni dall'ultima notizia* che si ha dello scomparso, il tribunale può, su richiesta di chi ha titolo a succedergli, dichiararne l'**assenza**. Per effetto di tale dichiarazione, coloro che ricaverebbero vantaggi giuridici dalla morte del soggetto sono ammessi al godimento temporaneo di tali vantaggi. Se l'assente aveva fatto *testamento*, questo viene aperto: e coloro che risulterebbero gli *eredi* possono chiedere di *immettersi nel possesso temporaneo* dei suoi beni (art. 50, c. 2), amministrarli e goderne le rendite (art. 52). Ma se nel frattempo l'assente torna, o c'è la prova che è *vivo*, «i possessori temporanei dei beni devono *restituirli*» (art. 56).

La **morte presunta** del soggetto viene *dichiarata dal tribunale*, quando sono *trascorsi 10 anni dall'ultima notizia* di lui (art. 58), o anche quando sia trascorso un periodo più breve (due/tre anni), se lo scomparso sia rimasto coinvolto in *operazioni belliche* o in *incidenti* (art. 60). Gli effetti giuridici della dichiarazione sono gli stessi che deriverebbero dalla morte del soggetto: coloro che ne sarebbero i successori vengono *immessi nei suoi beni*, con facoltà di disporne liberamente (art. 63); il *coniuge* può *risposarsi* (art. 65). Se però il soggetto torna o c'è la prova che è vivo, tali effetti *cadono*: egli «recupera i beni nello stato in cui si trovano» (art. 66, c. 1), e l'eventuale nuovo matrimonio del coniuge è cancellato (art. 68, c. 1).

12
LE ORGANIZZAZIONI

1. Le organizzazioni come soggetti del diritto

Oltre che le persone fisiche (gli individui umani), sono soggetti del diritto anche le organizzazioni formate dagli uomini. Quando si dice che un partito politico ha molti debiti e per pagarli vende i suoi immobili, che una società è proprietaria di pacchetti azionari di altre società o assume dei dipendenti, che un Comune è stato citato in giudizio da un cittadino, e così via, si dà per scontato che queste organizzazioni possano essere titolari di situazioni giuridiche: in altre parole che abbiano capacità giuridica, e dunque che siano soggetti del diritto (**10**.1).

È peraltro evidente che la **capacità giuridica** delle organizzazioni non può coprire tutte le situazioni e i rapporti a cui si estende la capacità delle persone fisiche: ne rimangono necessariamente *esclusi i rapporti e le situazioni che presuppongono la qualità di individuo umano* (matrimonio e famiglia, testamento, ecc.). Tradizionalmente si pensava che le organizzazioni fossero giuridicamente incapaci di incorrere in *responsabilità penale* e nelle relative sanzioni («*societas delinquere non potest*»). Non è più così: il d.lgs. 231/2001 prevede che le organizzazioni rispondano, a certe condizioni, per i *reati commessi dai loro rappresentanti o dipendenti*. Permane comunque una differenza: alle organizzazioni non possono applicarsi pene detentive, concepibili solo per le persone fisiche; ma solo pene pecuniarie o interdittive (come la sospensione dall'esercizio di una certa attività).

Il parallelismo con le persone fisiche può continuare. Come le persone fisiche, anche le organizzazioni hanno bisogno di essere identificate, e collegate con un determinato ordinamento e con un determinato luogo. Alla prima esigenza risponde la **denominazione** che le organizzazioni ricevono nel momento in cui vengono costituite, e che ha la stessa funzione del *nome* delle persone fisiche. La seconda esigenza si soddisfa attribuendo alle organizzazioni una **nazionalità**, che corrisponde a quella che per le persone fisiche è la *cittadinanza*: di modo che una società (o un'associazione o una fondazione) può essere italiana oppure tedesca oppure messicana, ecc. La legge fissa i criteri per stabilire se un'organizzazione ha nazionalità italiana, e quindi è soggetta alle norme dell'ordinamento giuridico italiano. Infine, la terza esigenza si soddisfa attribuendo alle organizzazioni una **sede**, che corrisponde alla residenza o al *domicilio* delle persone fisiche: la sede della Juventus è a Torino; quella di Unicredit a Milano; quella della Regione Sicilia a Palermo; e così via.

Il soggetto del diritto persona fisica si crea con la nascita dell'individuo: un criterio che non può applicarsi alle organizzazioni. Il soggetto del diritto organizzazione si crea in altri modi, che possono essere diversi fra loro. Normalmente ci si arriva sulla base di un apposito *atto, formato dalle persone fisiche che intendono creare l'organizzazione*, che si chiama **atto costitutivo**. Insieme con l'atto costitutivo, di regola viene formato lo **statuto** dell'organizzazione, che contiene le *regole di funzionamento dell'organizzazione* stessa (quali sono i suoi organi, come devono operare, ecc.).

Il termine con cui il linguaggio giuridico spesso indica le organizzazioni è: *enti*.

2. L'attività delle organizzazioni: organi, deliberazioni e principio di maggioranza

Come soggetti del diritto, titolari di situazioni giuridiche, anche le organizzazioni hanno l'esigenza che siano compiuti gli atti necessari per l'amministrazione del loro patrimonio. Questo pone il problema della loro **capacità di agire**. L'ovvia premessa è che le organizzazioni, a differenza delle persone fisiche, non hanno una propria intelligenza (per capire quali atti sono convenienti), una propria volontà (per decidere di compierli) e un'autonoma capacità operativa (per svolgere trattative, firmare contratti, ecc.). Esse possono operare solo *attraverso persone fisiche*, che pensano, decidono e agiscono per l'organizzazione: *le valutazioni, le decisioni e gli atti che queste persone fisiche compiono per l'organizzazione sono considerati come valutazioni, decisioni e atti dell'organizzazione stessa*; e producono i loro effetti giuridici non sulle persone fisiche che in concreto li compiono, bensì sull'organizzazione. Interviene quel medesimo meccanismo della rappresentanza, in base a cui gli atti compiuti dai genitori per il figlio minore producono i loro effetti direttamente nella sfera dell'incapace (**11**.11).

Le *persone fisiche che operano per l'organizzazione* formano gli **organi** di questa. Gli organi possono essere: ☞ *individuali*, se consistono di una sola persona fisica che agisce singolarmente (ad es., il presidente e l'amministratore delegato di una società, il sindaco di un Comune); ☞ *collegiali*, se consistono di una pluralità di persone fisiche che agiscono congiuntamente (assemblea e consiglio di amministrazione di un'associazione o di una società; consiglio comunale, Camera dei deputati, ecc.). Per essi, il problema è capire in che modo la volontà delle persone fisiche che compongono l'organo collegiale arriva a formare la volontà dell'organizzazione.

La risposta sta nel **principio di maggioranza**: la *volontà della maggioranza delle persone che compongono l'organo* è considerata la *volontà dell'intera organizzazione* (anche se alcune persone presenti nell'organo – rimaste in minoranza – hanno una volontà diversa). La *decisione che esprime la volontà della maggioranza di un organo collegiale* si chiama **deliberazione** (dell'assemblea, del consiglio di amministrazione, ecc.). L'*atto con cui ciascun componente dell'organo esprime la propria volontà* si chiama **voto**: se la maggioranza vota a favore, si crea la deliberazione che costituisce la volontà dell'organizzazione.

Questo è il criterio base, che però può conoscere delle complicazioni. Le principali sono queste: ☞ qualche volta *i voti «si contano»*, e cioè la maggioranza si calcola sulle persone fisiche che partecipano all'organo collegiale (ad es., cinque su sette membri di un consiglio di amministrazione), mentre altre volte *i voti «si pesano»*, e uno può valere più di un altro (ad es., se nell'assemblea di una società con tre soci, votano a favore della deliberazione due che hanno ciascuno il 20% del capitale della società, mentre il terzo che ha il 60% vota da solo contro, la deliberazione non ha la maggioranza); ☞ qualche volta la maggioranza deve calcolarsi *sugli aventi diritto al voto* (tutti i soci che hanno diritto di partecipare all'assemblea), altre volte *sui votanti* (i soli soci che partecipano effettivamente all'assemblea, e lì votano); ☞ infine, più che di «maggioranza», deve parlarsi di «*maggioranze*» al plurale: a seconda dei casi, basta la maggioranza *relativa*, oppure occorre la maggioranza *assoluta* (la metà più uno), oppure una maggioranza *qualificata* (2/3, o 3/4 ecc.).

Sottolineiamo infine un dato, da tenere sempre presente quando si parla di organizzazioni: queste non solo operano necessariamente mediante *atti di per-*

sone fisiche; ma nascono sempre per *decisione e iniziativa di persone fisiche*, e per realizzare *interessi di persone fisiche*, di cui sono uno strumento.

3. Tipi di organizzazioni

In società complesse e articolate come le società moderne, per realizzare attività, programmi e interessi sempre più ampi gli uomini hanno bisogno di tante diverse organizzazioni. A seconda della loro struttura, delle finalità che perseguono, del modo in cui sono regolate dalle norme, è possibile distinguerle e raggrupparle in diverse categorie.

Primo. Ci sono organizzazioni **pubbliche** (dette anche *enti pubblici*) e organizzazioni **private**, che sono tutte le altre. Sono organizzazioni pubbliche lo Stato, gli altri *enti pubblici territoriali* (Regioni, Comuni) e i c.d. *enti pubblici istituzionali*, che hanno funzioni limitate a un determinato settore di attività, corrispondente a un determinato, particolare interesse pubblico che l'ente è incaricato di realizzare: abbiamo così enti pubblici che operano nel campo del governo dell'economia (come la Banca d'Italia, la Consob, le Camere di commercio); nel settore dell'istruzione e della ricerca (come le Università, il Consiglio nazionale delle ricerche, l'Istituto di statistica); nel campo dello sport (come il Coni), delle attività culturali (come l'Accademia dei Lincei), delle attività artistiche (come i teatri); poi ancora nel campo previdenziale (come l'Inps); e così via. Della struttura e del funzionamento delle organizzazioni pubbliche si occupa il diritto pubblico, e in particolare il diritto amministrativo.

Se in molti casi la distinzione è facile e immediata (ad es.: la Juventus è un ente privato, la Regione Lazio è un ente pubblico), in altri casi la distinzione è meno intuitiva. Ad es.: gli ordini professionali, in cui si organizzano gli esercenti libere professioni, che siamo abituati a considerare attività private per eccellenza (Ordine dei medici, degli avvocati, degli ingegneri, ecc.), sono enti pubblici; mentre sono organizzazioni private i partiti politici, che pure svolgono rilevantissime funzioni pubbliche; e ha, giuridicamente, natura di organizzazione privata (società per azioni) la Rai, che per altro verso è impresa «pubblica» in quanto la maggioranza del suo capitale è posseduta dallo Stato (**50**.13). Eppure, distinguere se un'organizzazione ha natura privata o pubblica è molto importante, per le differenze di trattamento giuridico che si legano all'una e all'altra qualifica: ce ne occuperemo più avanti (**12**.18).

Secondo. Possono esserci: organizzazioni **di tipo associativo**, dette anche *corporazioni* (le principali sono le *associazioni* e le *società*); e organizzazioni **di tipo non associativo**, dette anche *istituzioni* (principalmente le *fondazioni*). Per cogliere la differenza, il criterio più realistico sembra quello del *diverso grado di dominio o controllo che le persone fisiche hanno sull'organizzazione* da esse creata: le organizzazioni associative sono strumenti al servizio delle persone che le creano, e queste mantengono una forte possibilità di incidere sulla loro vita; invece le fondazioni hanno un distacco più marcato dal fondatore, si sottraggono alla sua influenza, vivono di vita propria. Ci torneremo più avanti (**12**.15).

Terzo. Distinguiamo poi fra organizzazioni con scopo di profitto e organizzazioni con scopo non di profitto (**12**.9). Qui il criterio distintivo riguarda lo scopo dell'organizzazione, cioè lo scopo per cui le persone fisiche l'hanno creata: le organizzazioni **di profitto** perseguono uno *scopo di lucro*, cioè lo scopo di ricavare guadagni economici dall'attività dell'organizzazione: sono le *società*; le organizzazioni **non di profitto** perseguono uno *scopo non di lucro*, cioè scopi ideali, politici, religiosi, culturali, professionali, o di altra natura, ma comunque diversi dal guadagno economico: sono le *associazioni* e le *fondazioni*.

Quarto. Finalmente distinguiamo: organizzazioni **con personalità giuridica** e organizzazioni **senza personalità giuridica**. Ce ne occupiamo subito.

4. Persone giuridiche, e organizzazioni senza personalità giuridica: il criterio dell'autonomia patrimoniale

Le organizzazioni possono avere personalità giuridica (e allora si chiamano persone giuridiche), oppure essere prive di personalità giuridica. Ad es.: hanno personalità giuridica le *associazioni riconosciute* (come Italia nostra o il Club alpino italiano), le *fondazioni* (come la Fondazione Umberto Veronesi) e le *società di capitali* (come le società per azioni o le società a responsabilità limitata). Invece, non sono persone giuridiche le *associazioni non riconosciute* (come i partiti e i sindacati) e le *società di persone* (società semplice, società in accomandita semplice, società in nome collettivo).

Per comprendere il senso della distinzione, è necessario introdurre il concetto di **autonomia patrimoniale**.

Immaginiamo che il signor A insieme con altri soci (o, a certe condizioni, anche da solo) crei una società. A è un soggetto del diritto (persona fisica), e la società da lui creata è *un altro soggetto del diritto*, distinto e autonomo rispetto ad A: se non ci fosse questa distinzione fra la persona fisica che crea e usa l'organizzazione e l'organizzazione stessa, non avrebbe neppure senso parlare delle organizzazioni come di soggetti del diritto. Perciò ogni organizzazione ha sue *situazioni giuridiche*, distinte da quelle persone fisiche sottostanti. Sappiamo che le situazioni giuridiche del soggetto formano il suo patrimonio (**7**.16). Quindi ogni organizzazione ha *un suo patrimonio, distinto dal patrimonio delle persone fisiche sottostanti*: i beni della società appartengono alla società, non ai soci; i debiti e i crediti della società sono debiti e crediti di questa, non dei soci. Questo si esprime dicendo che le organizzazioni hanno autonomia patrimoniale.

L'autonomia patrimoniale è una caratteristica di *tutte le organizzazioni*: ce l'hanno sia le persone giuridiche, sia quelle senza personalità giuridica (se no non sarebbero soggetti del diritto, e invece lo sono). Ma, a seconda del tipo di organizzazioni, *l'autonomia patrimoniale può essere perfetta o imperfetta*: e sta qui la chiave per cogliere la distinzione fra persone giuridiche e organizzazioni senza personalità giuridica.

5. Autonomia patrimoniale perfetta e imperfetta

L'autonomia patrimoniale **perfetta** è la caratteristica delle organizzazioni con personalità giuridica, cioè delle **persone giuridiche**. Essa significa che *le vicende dell'organizzazione incidono esclusivamente sul patrimonio di questa; non toccano in nessun modo le posizioni e il patrimonio delle persone fisiche sottostanti*. E viceversa, ciò che accade alle persone fisiche riguarda solo queste, e non si ripercuote sul patrimonio della loro organizzazione. Ad es.: se una società di capitali o un'associazione riconosciuta ha dei debiti e non li paga, i suoi creditori, per soddisfarsi, possono «aggredire» solo i beni della società o dell'associazione; non possono contare sul patrimonio dei singoli soci o associati, che di quei debiti non rispondono.

Invece l'autonomia patrimoniale **imperfetta** caratterizza le **organizzazioni senza personalità giuridica**. In base ad essa, le vicende dell'organizzazione toccano, oltre al patrimonio dell'organizzazione, anche il patrimonio delle persone fisiche sottostanti; e viceversa, vicende e posizioni delle persone fisiche possono ripercuotersi sulla loro organizzazione. Ad es.: dei debiti di una società di persone risponde certo la società con il suo patrimonio, ma rispondono anche i singoli soci con i loro patrimoni personali; dei debiti di un'associazione non riconosciuta possono essere chiamati a rispondere anche determinate persone fisiche collegate all'organizzazione (i suoi amministratori).

Premesso che le organizzazioni senza personalità giuridica hanno autonomia patrimoniale solo imperfetta, va notato che tale «imperfezione» può essere più o meno marcata. A seconda dei tipi di organizzazione, c'è una *gradazione dell'autonomia patrimoniale*: questa, pur non essendo mai perfetta, può essere più o meno lontana dalla «perfezione». Se ad es. si confrontano due diversi tipi di società di persone, entrambe senza personalità giuridica, si constata che *la società in nome collettivo (s.n.c.) ha un'autonomia patrimoniale meno imperfetta di quella della società semplice (s.s.)*. Anche nella prima le vicende della società possono toccare i soci, e viceversa: ma con meno facilità, e con meno intensità, di quanto accade nella seconda. Basta confrontare gli art. 2267, c. 1 e 2268 con l'art. 2304: sia il creditore di una s.s. sia quello di una s.n.c. possono rivolgersi contro i singoli soci; ma il primo può farlo con maggiori possibilità, o minori ostacoli, rispetto al secondo; in altre parole, il socio di s.n.c. è meno esposto a subire le vicende della società, di quanto lo sia il socio di s.s. A sua volta, il confronto fra art. 2270, c. 2 e art. 2305 ci dice che la s.s. può subire le conseguenze di debiti personali del socio, mentre la s.n.c. ne è relativamente immune: e questo conferma che la sua autonomia patrimoniale è un po' più forte, un po' meno imperfetta. Lo vedremo meglio più avanti (**52**.5).

6. La personalità giuridica come «privilegio»

Alla comprensione del concetto di persona giuridica, può contribuire anche un altro ragionamento. Partiamo da una regola generale: *se uno ha debiti, ne risponde illimitatamente, con tutto il suo patrimonio* (art. 2740). Questo vuol dire che se il debitore non paga, i creditori possono «aggredire» qualunque suo bene, farlo vendere tramite un'apposita procedura giudiziaria, e soddisfarsi sul ricavato (**27**.1-2). Ciò premesso, consideriamo una serie di situazioni diverse.

Il signor A esercita un'attività come *imprenditore individuale*, e progetta di impiegare per essa solo una parte del proprio patrimonio (un milione di euro di liquidità), pensando di tenere invece fuori dall'iniziativa la parte restante, formata da immobili. Ma se l'attività va male, e si creano molti debiti, A perde anche gli immobili, che pure pensava di non rischiare nell'attività intrapresa: i creditori, in base al principio dell'art. 2740, possono aggredire anche quei beni.

Immaginiamo adesso che per esercitare quell'attività A si unisca ad altri soci, e insieme con loro crei un'apposita organizzazione, e precisamente una *società di persone* (che non è una persona giuridica), nella quale investe un milione di euro. Se la società va male e fa debiti, per tutti questi debiti A (come pure gli altri soci) risponde anche con i suoi beni personali, in base al criterio dell'autonomia patrimoniale imperfetta: egli non solo perde il milione investito nella società, ma rischia anche i suoi immobili personali, che i creditori della società possono aggredire anche se A pensava di lasciarli fuori dall'iniziativa intrapresa e dalla società creata come strumento di questa. Anche in questo caso trova piena applicazione il principio della responsabilità illimitata del debitore con tutto il suo patrimonio.

La situazione cambia radicalmente, se rispetto all'ipotesi precedente si considera una variante: per esercitare la sua impresa, A crea, investendoci il solito milione di euro, non più una società di persone (che non è persona giuridica), bensì una *società di capitali* (cioè un'organizzazione con personalità giuridica). In tal caso, per quanti debiti la società di A possa fare, di essi A non può essere chiamato a rispondere con il suo patrimonio personale: al massimo egli perde il milione versato nella società, ma i creditori di questa non potranno toccare gli immobili né alcun altro suo bene che egli non abbia impegnato nella società.

Questo significa che chi crea e utilizza, per le proprie attività e i propri interessi, un'organizzazione con personalità giuridica, in definitiva viene a godere di un *vantaggio*, che invece non è concesso a chi opera senza ricorrere a nessuna organizzazione, o ricorrendo a un'organizzazione senza personalità giuridica. Il vantaggio è quello di *limitare la responsabilità, per l'attività che il soggetto esercita, a una parte soltanto del suo patrimonio*: al massimo egli rischia di perdere, a causa dei debiti fatti dalla sua organizzazione, la parte di patrimonio direttamente impegnata nell'organizzazione stessa, mentre il resto del suo patrimonio non può essere toccato. E allora può anche dirsi che l'essenza della persona giuridica consiste in un **privilegio**. Infatti «privilegio» significa, propriamente, *esonero dall'osservanza di una regola generale, stabilita dal diritto comune*: chi utilizza la persona giuridica ha il privilegio di una *limitazione della responsabilità, in deroga al principio di diritto comune (art. 2740) della responsabilità illimitata* per i debiti fatti nell'esercizio delle proprie attività (**27**.2).

A questo punto, siamo in grado di non confondere due concetti diversi come personalità giuridica e soggettività giuridica: la **soggettività giuridica**, cioè la qualità di soggetti del diritto, ce l'hanno *tutte le organizzazioni*, comprese quelle che non sono persone giuridiche (infatti anch'esse hanno autonomia patrimoniale, sia pure imperfetta); invece la **personalità giuridica** ce l'hanno *solo alcune organizzazioni, le persone giuridiche*, che presentano autonomia patrimoniale perfetta.

7. Scopi e origine della persona giuridica

Come ogni altro istituto del diritto, la persona giuridica è uno *strumento* costruito dalle norme per realizzare *finalità pratiche*.

Lo strumento è quello visto: riservare ai soggetti che operano mediante un'organizzazione appositamente creata, il *privilegio dell'esonero dalla regola generale della responsabilità illimitata per i debiti fatti*.

La finalità è *incoraggiare l'esercizio di iniziative e attività rischiose per il singolo che le svolge, ma socialmente utili*. Si tratta, in particolare, delle iniziative e delle attività economiche. Chi ha capitali da investire in imprese economiche, può essere frenato dal timore di perdere, se l'impresa andrà male, non solo i capitali direttamente investiti, ma tutto il suo patrimonio: timore tanto più forte, di fronte a iniziative da prendere in campi non ancora sperimentati, e perciò più rischiosi (creazione di nuovi prodotti, apertura di nuovi mercati, ecc.). Invece è interesse della società che le *iniziative economiche, e soprattutto quelle orientate all'innovazione*, si sviluppino il più possibile, perché senza quelle iniziative non ci sarebbe progresso. Il diritto offre allora agli uomini un incentivo che, riducendo il rischio delle iniziative e i timori corrispondenti, li incoraggi ad agire: l'incentivo consistente nel sapere che, se si agisce attraverso un'organizzazione con personalità giuridica (ad es., si partecipa a una società per azioni), si rischiano solo i capitali direttamente investiti in essa, e non anche il resto del proprio patrimonio.

Questa finalità si riflette con chiarezza in quella che è l'origine storica del moderno concetto di persona giuridica. Il primo esempio di persona giuridica in senso moderno è dato infatti dalle *«compagnie» coloniali* create a partire dal XVII secolo, soprattutto in Inghilterra e in Olanda, per l'esplorazione e lo sfruttamento economico delle nuove terre di recente scoperte e aperte alla penetrazione europea. Chi voleva lanciarsi nell'avventura coloniale (nella quale si poteva guadagnare moltissimo, ma anche perdere tutto), costituiva una «compagnia» per la quale *chiedeva al sovrano il privilegio della responsabilità limitata*. Il sovrano accordava il privilegio, *«incorporando» il gruppo dei richiedenti*, cioè affermando che quel gruppo, creato per quel fine, costituisce un «corpo» autonomo, cioè appunto una nuova «persona», un nuovo soggetto del diritto distinto dagli uomini che lo compongono. Di questa origine si conserva traccia nel linguaggio giuridico anglosassone: quella che da noi è la società (di capitali) lì si chiama «company», o «corporation».

8. L'acquisto della personalità giuridica

I modi in cui un'organizzazione acquista la personalità giuridica (e così diventa persona giuridica) sono diversi, in relazione ai vari tipi di organizzazioni:

☞ per costituire una **persona giuridica pubblica** occorre, di norma, una *legge* che ne preveda la creazione, e ne disciplini la struttura e il funzionamento;

☞ per le **persone giuridiche private**, si deve distinguere con riferimento allo *scopo dell'organizzazione*: e cioè a seconda che questa abbia scopo di profitto o non di profitto: ✦ le organizzazioni **di profitto** (società) ottengono la personalità giuridica in modo molto semplice, quasi automatico: basta l'adempimento di una formalità pubblicitaria, rappresentata dall'*iscrizione nel registro delle imprese* (**53**.3); ✦ per le organizzazioni **non di profitto** (associazioni e fondazioni) il *procedimento* per l'acquisto della personalità giuridica è *più complicato*. Lo regola adesso il d.P.R. 361/2000, che ha riformato il previgente sistema del codice civile, abrogando anche alcuni articoli di questo.

La competenza per la costituzione di organizzazioni non di profitto è distribuita fra due diverse istituzioni pubbliche: le *Regioni*, competenti per le organizzazioni che operano solo all'interno di un territorio regionale, e in materie di competenza regionale; e le *Prefetture* (organi dello Stato) competenti per tutte le altre organizzazioni. Presso ogni Regione e presso ogni Prefettura è istituito un *registro delle persone giuridiche*. Per ottenere la personalità giuridica, l'organizzazione deve chiedere e ottenere il *riconoscimento dell'autorità competente*: a seconda dei casi, la Regione o la Prefettura. Il riconoscimento coincide con l'*iscrizione nel registro delle persone giuridiche* (regionale o prefettizio), e viene accordato su tre presupposti, che l'autorità competente deve verificare: che siano soddisfatte le *condizioni normative* previste per la costituzione dell'organizzazione; che questa abbia *scopo possibile e lecito*; che abbia un *patrimonio adeguato* allo scopo.

Questa differenza fra organizzazioni di profitto e non di profitto è l'ultimo retaggio di un atteggiamento dello Stato liberale ottocentesco, che in passato si manifestava ben più pesantemente: ora ne parliamo.

9. Organizzazioni di profitto e non di profitto: la vecchia discriminazione, e il suo superamento

L'ideologia della rivoluzione francese avversava il modello di società dell'ancien régime, in cui avevano un grande ruolo le comunità intermedie. Lo *Stato liberale* eredita l'*ostilità per i corpi sociali intermedi*, sospettati di inquinare il rapporto politico che, secondo quella concezione, dovrebbe correre in modo diretto ed esclusivo fra l'individuo e lo Stato. In Francia, la legge Le Chapelier (1791) vieta le associazioni. Un solo tipo di organizzazione è considerata politicamente utile dallo Stato liberale (che è anche Stato liberista): quella creata per esercitare attività economiche alla ricerca del profitto. Secondo quell'ideologia, infatti, *la ricerca del profitto è l'unico scopo sicuramente compatibile con gli interessi della società e dello Stato*. Invece le organizzazioni con finalità diverse dal profitto (religiose, culturali, politiche, sindacali, ecc.) sono viste come potenzialmente minacciose per l'ordine politico costituito.

La diversità di atteggiamento si traduce in una *diversità di trattamento giuridico*. Prima di tutto, sono diversi e separati i luoghi della disciplina: associazioni e fondazioni sono regolate nel *primo libro* del codice (art. 14-42); le società, invece, nel *quinto libro* (art. 2247 e segg.). Ma soprattutto è diverso lo spirito della disciplina: uno spirito di simpatia e favore per le organizzazioni di profitto; di sospetto e avversione per le organizzazioni non di profitto. Questa diversità di spirito è entrata nel codice civile del 1942, manifestandosi soprattutto su due punti: ☞ il primo è l'*acquisto della personalità giuridica*, di cui si è appena detto. Per le organizzazioni di profitto il codice prevede, prima dell'iscrizione nel registro delle imprese, un *controllo di pura legittimità* (che fino al 2000 spettava all'*autorità giudiziaria*, e in seguito – con un ulteriore alleggerimento – può essere svolto da un *notaio*). Per le organizzazioni non di profitto prevedeva invece la competenza dell'*autorità amministrativa*, che tipicamente incarna la supremazia del potere pubblico sui privati; e subordinava il riconoscimento della persona giuridica a un *controllo di merito*, spinto fino a sindacare aspetti organizzativi, fini e mezzi del nuovo ente, onde valutarne l'opportunità alla luce dell'interesse pubblico; ☞ il secondo punto riguardava i *controlli su certi atti delle organizzazioni*: per l'art. 17 associazioni e fondazioni non potevano acquistare immobili, né ricevere donazioni, eredità e legati senza previa autorizzazione amministrativa; nessun vincolo del genere, invece, per le società.

Per le organizzazioni non di profitto, il «privilegio» della personalità giuridica implicava così un prezzo molto alto in termini di limiti all'azione e di ingerenze del potere pubblico: proprio per non pagarlo, alcune fra le più importanti organizzazioni non di profitto – partiti e sindacati – hanno sempre preferito non chiedere riconoscimento e personalità giuridica, rimanendo associazioni non riconosciute.

Superata l'ideologia «anticomunitaria» dello Stato liberale, oggi l'ordinamento si atteggia in modo diverso. La Costituzione tutela e valorizza le comunità intermedie (**2**.4): in particolare, afferma la libertà di associazione (art. 18 C.); dedica specifiche garanzie alle organizzazioni religiose (art. 20 C.), educative, scientifiche e culturali (art. 33 C.), sindacali e politiche (art. 39-40 C.). Il legislatore ordinario ne ha preso atto, alleggerendo progressivamente i vincoli e i controlli burocratici che nell'originario sistema del codice gravavano sulle organizzazioni non di profitto. In particolare: con l'abrogazione dell'art. 17 (avvenuta nel 1997) gli acquisti degli enti «non profit» non sono più soggetti ad autorizzazione amministrativa; con la nuova disciplina del d.P.R. 361/2000, il riconoscimento delle persone giuridiche segue una procedura più semplice e snella, e soprattutto esclude qualsiasi controllo di merito basato sulla discrezionalità amministrativa (salva soltanto la verifica che il nuovo ente abbia mezzi sufficienti per fronteggiare gli impegni patrimoniali generati dalla sua attività).

Con ciò, si può dire che la vecchia discriminazione legislativa in danno delle organizzazioni non di profitto è sostanzialmente superata. Nei loro confronti la legislazione più recente manifesta anzi simpatia e favore (**12**.22).

10. Le associazioni

Le associazioni sono *organizzazioni formate da una pluralità di persone che perseguono uno scopo comune, diverso dal profitto*.

Nascono per effetto di un *accordo* fra le persone che decidono di associarsi (**atto costitutivo**), e stabiliscono le *regole di funzionamento* dell'associazione (**statuto**): art. 16. Questo accordo ha efficacia giuridica fra gli associati in qualunque *forma* sia stato fatto; ma se l'associazione aspira a ottenere la personalità giuridica occorre che l'atto costitutivo sia fatto per *atto pubblico*, cioè davanti a un notaio (art. 14, c. 1).

Le associazioni ottengono la **personalità giuridica** attraverso **il riconoscimento dell'autorità amministrativa** (art. 12), che lo accorda dopo avere controllato la liceità del fine perseguito e la congruità dei mezzi di cui l'associazione dispone, a tutela dei terzi che contratteranno con essa. L'autorità amministrativa competente è il Governo (tramite le prefetture) se l'associazione ha un raggio di azione nazionale; sono le Regioni se invece opera all'interno di un territorio regionale. Le associazioni riconosciute sono sottoposte a un regime di **pubblicità**: i loro estremi vanno indicati nel *pubblico registro delle persone giuridiche* (art. 33).

Come ogni soggetto del diritto diverso dalla persona fisica, l'associazione agisce attraverso l'*azione di persone* fisiche, che operano come suoi **organi**:

☞ organo fondamentale dell'associazione è l'**assemblea degli associati**, a cui spetta *deliberare sugli atti principali* della vita dell'associazione, e in particolare: ✦ sulla nomina e la sostituzione degli *amministratori*; ✦ sul *bilancio* annuale (art. 20, c. 1); ✦ sulle *modifiche* dell'atto costitutivo e dello statuto, per cui occorrono maggioranze qualificate (art. 21, c. 2); ✦ sullo *scioglimento* dell'associazione, che pure richiede una maggioranza qualificata (art. 21, c. 3);

☞ altro organo sono gli **amministratori**, che compiono gli *atti necessari al funzionamento* dell'associazione. In caso di gestione negligente o scorretta, ne *rispondono* all'associazione (art. 18-22).

I mezzi economici dell'associazione, formati dai contributi degli associati e da altri proventi, ne costituiscono il **patrimonio**. Esso *appartiene all'associazione, non ai singoli associati*: per questo i creditori personali dei singoli associati non possono aggredirlo. Esso è invece al servizio dei *creditori dell'associazione*: per i quali, se l'associazione è riconosciuta e quindi ha personalità giuridica, tale patrimonio costituisce l'*unica garanzia* (infatti, per il principio dell'autonomia patrimoniale perfetta, essi non possono aggredire il patrimonio personale dei singoli associati). Quando l'associato esce dall'associazione, non ha *nessun diritto di prelevare una quota del patrimonio associativo, o l'equivalente in denaro* (art. 24, c. 4), a differenza di quanto previsto per i soci di una società (**51**.6): la ragione è che chi entra in una società lo fa per uno scopo economico, per investire il suo capitale, mentre chi entra in un'associazione, e versa i relativi contributi, lo fa in nome degli scopi (non economici) propri dell'associazione.

L'associazione può, a un certo punto, cessare di esistere, cioè estinguersi. L'**estinzione** si determina per le seguenti ragioni (art. 27, c. 1-2): ✦ per *deliberazione dell'assemblea* degli associati, presa con la maggioranza qualificata dei tre quarti degli associati (art. 21, c. 3); ✦ per il verificarsi di una delle cause di estinzione previste nello *statuto*; ✦ quando lo *scopo* è stato *raggiunto*, o al contrario è diventato *impossibile*; ✦ quando siano venuti a *mancare tutti gli associati*.

Verificatosi uno di questi eventi, e avutasi la relativa dichiarazione dell'autorità amministrativa (art. 27, c. 3), l'associazione è posta in **liquidazione**. Da quel momento gli amministratori *non possono compiere nuove operazioni*, che facciano nascere nuovi debiti a carico dell'associazione (art. 29): la loro attività deve limitarsi a *liquidare il patrimonio, per pagare i debiti esistenti* (art. 30). Se una volta pagati tutti i debiti avanzano *beni residui*, questi sono *devoluti* secondo le previsioni dell'atto costitutivo o dello statuto, o secondo le disposizioni dell'assemblea che ha deliberato lo scioglimento. In mancanza, i beni sono attribuiti dall'autorità amministrativa a enti con fini analoghi a quelli dell'associazione estinta (art. 31-32).

11. La tutela degli associati all'interno dell'associazione

In un sistema democratico, i poteri pubblici devono rispettare la libertà associativa dei privati e l'autonomia delle loro organizzazioni, evitando quelle ingerenze nella loro vita interna, che caratterizzano gli Stati autoritari: principio di *libertà delle associazioni*. D'altra parte, è anche possibile che gli individui subiscano ingiuste prevaricazioni e violazioni dei loro diritti proprio ad opera di organizzazioni di cui sono o vorrebbero essere membri: e in tal caso lo Stato non può non darsi carico di tutelare i loro diritti individuali (**2**.4): principio di *libertà nelle associazioni*.

Conciliare queste opposte esigenze significa *individuare il limite fino al quale l'autorità pubblica può spingere il suo controllo sugli atti dell'associazione*, e oltre il quale deve invece arrestarsi: è probabilmente questo il più delicato problema politico che si pone nella disciplina giuridica delle associazioni. Al riguardo può valere un criterio generale, che fa leva sulla distinzione fra controllo di legittimità e controllo di merito. Al giudice è affidato un **controllo di legittimità** sugli atti dell'associazione, in base a cui egli può – su richiesta di qualsiasi associato, o di un altro organo dell'associazione, o del pubblico ministero – *annullare le deliberazioni dell'assemblea, che trovi contrarie alla legge, all'atto costitutivo o allo statuto* (art. 23, c. 1). Non gli è invece affidato un **controllo di merito**: e cioè il potere di annullare un atto dell'associazione solo perché *sostanzialmente inopportuno o ingiustificato*. Va detto peraltro che il criterio può essere di difficile applicazione, data la difficoltà di distinguere, in concreto, fra legittimità e merito.

Il problema si pone, ad es., con riguardo all'uscita dell'associato dall'associazione. A garanzia della libertà individuale, la legge (art. 24, c. 2) consente all'associato di *recedere dall'associazione* (cioè dare le dimissioni) quando vuole, salvo che si sia impegnato ad appartenervi per un tempo determinato (ma un tale impegno dovrebbe ritenersi non valido rispetto alle associazioni di tipo religioso o politico, perché sarebbe un atto di disposizione di un diritto di libertà non disponibile: **13**.2). Anziché dall'iniziativa dell'associato, la sua uscita può però essere determinata anche da una decisione presa dall'associazione contro la sua volontà: da una *deliberazione di esclusione* approvata dall'assemblea. La legge stabilisce che tale deliberazione deve essere giustificata con la sussistenza di «*gravi motivi*», e che contro di essa «l'associato può *ricorrere all'autorità giudiziaria*» (art. 24, c. 3). Quali sono, in tal caso, i poteri del giudice? Egli deve limitarsi ad accertare se l'esclusione è stata deliberata con il rispetto delle modalità procedurali previste dallo statuto (ad es.: contestazione degli addebiti, possibilità di esporre le proprie ragioni), e se i fatti addebitati effettivamente sussistono. Si fa più fatica a riconoscergli il potere di sindacare nel merito gli addebiti, e valutare se essi costituiscono motivi sufficientemente «gravi»: come può un giudice valutare ad es. se le posizioni e le iniziative assunte dall'iscritto a un partito, in contrasto con la linea ufficiale di questo, vanno considerate una normale manifestazione di dissenso rispetto agli attuali dirigenti del partito, o se invece sono di natura tale da risultare incompatibili con la sua permanenza in quel partito? (Salvi i casi limite in cui risulta con chiarezza che gli addebiti sono solo il pretesto per un'esclusione palesemente irragionevole, iniqua e discriminatoria: qui può ammettersi che il giudice la dichiari illegittima).

Problemi possono porsi anche nei confronti di chi non è ancora membro di un'associazione, ma *aspira ad entrarci*. Che accade se l'associazione rifiuta, tramite i suoi organi, di ammettere un aspirante associato che pure presenta i requisiti fissati dallo statuto per farne parte? Prevale l'idea che il giudice non possa spingersi a sindacare il *rifiuto dell'iscrizione*, perché obbligare un'associazione ad accogliere un membro sgradito costituirebbe una lesione eccessiva della sua autonomia. Si potrebbe peraltro obiettare che, quando un tale pretestuoso rifiuto sia opposto da un partito politico, ne conseguirebbe ai danni del singolo l'ingiusta violazione di un diritto fondamentale qual è il diritto del cittadino di partecipare alla vita politica (art. 49 C.).

12. Le associazioni non riconosciute

Quando un'associazione *non ha il riconoscimento dell'autorità amministrativa,* perché *non lo ha chiesto* o perché *le è stato negato*, è un'associazione non riconosciuta. Essa è pur sempre un soggetto del diritto, ma *non è una persona giuridica.*

La legge stabilisce che «l'ordinamento interno e l'amministrazione delle associazioni non riconosciute sono regolati dagli *accordi degli associati*», quali risultano dall'atto costitutivo e dallo statuto (art. 36, c. 1): atti che, a differenza di quanto previsto per le associazioni riconosciute non richiedono una forma particolare. Ma per tutti gli aspetti non coperti da tali accordi, possono applicarsi *le stesse norme che regolano il funzionamento delle associazioni riconosciute*: non solo quella, esplicitamente ripetuta (art. 37), che riguarda l'assenza di diritti degli associati sul patrimonio dell'associazione (che qui si chiama *fondo comune*); ma anche tutte le altre, pur non riprodotte né richiamate nella scarna disciplina (solo tre articoli) che il codice dedica alle associazioni non riconosciute.

Le **differenze di disciplina** fra associazioni riconosciute e non riconosciute sono quelle che si collegano alla mancanza del riconoscimento amministrativo:

☞ in primo luogo, mancanza del riconoscimento significa **libertà dai controlli pubblici**, che sono conseguenza del riconoscimento. È questa la ragione per cui organizzazioni come *partiti politici* e *sindacati*, giustamente gelose della loro autonomia dal potere pubblico, preferiscono rimanere associazioni non riconosciute. (questo però non esclude qualche vincolo o controllo a fronte della concessione di benefici, come prevede per i partiti la l. 13/2014: **12**.22);

☞ mancanza di riconoscimento significa mancanza di personalità giuridica. Ciò vuol dire che le associazioni non riconosciute hanno **autonomia patrimoniale imperfetta**. E infatti per i debiti dell'associazione, oltre ovviamente ai beni del fondo comune, *rispondono anche, con i loro beni personali, coloro che hanno agito in nome e per conto dell'associazione* (art. 38): in concreto, gli *amministratori* che hanno contratto i debiti per l'associazione. Si badi: solo costoro rispondono, e *non tutti indistintamente gli associati*; sarebbe assurdo, per es., che qualsiasi semplice iscritto fosse chiamato a rispondere dei grossi debiti contratti dal segretario nazionale del partito per le spese di campagna elettorale;

☞ infine, le associazioni non riconosciute non sono soggette alla **pubblicità** prevista per quelle riconosciute (iscrizione nel *registro delle persone giuridiche*).

Quanto agli *acquisti*, fino a non molto tempo fa valeva un regime discriminatorio, oggi completamente superato. Si riteneva che le associazioni non riconosciute non potessero diventare proprietarie di immobili (donde la necessità di intestarli fiduciariamente a un singolo associato o a un ente riconosciuto): ma la l. 52/1985 ha chiarito che anche le associazioni non riconosciute possono risultare intestatarie di immobili. Si prevedeva che le associazioni non riconosciute non potessero acquistare eredità, legati e donazioni, se non facendo domanda per ottenere il riconoscimento (art. 600; 786): ma queste previsioni sono state abrogate con la l. 192/2000. Superate queste discriminazioni, oggi gli acquisti delle associazioni non riconosciute sono trattati esattamente come quelli delle altre organizzazioni.

Alcune associazioni non riconosciute – ad es. partiti e sindacati – hanno una *struttura complessa*, che si lega sia al grandissimo numero di associati (anche centinaia di migliaia o addirittura milioni) sia al fatto di abbracciare l'intero territorio nazionale, con conseguente necessità di un'*articolazione geografica*. Così, per es., i partiti consistono di solito in una serie di associazioni territorialmente circoscritte («sezioni» o «circoli»), che a loro volta sono membri di associazioni a più vasto raggio territoriale (ad es. «federazioni» provinciali). Opera in essi il sistema dell'*iscrizione parallela*: iscrivendosi a un partito, si diventa membri sia dell'associazione di base, sia contemporaneamente dell'associazione di livello intermedio, nonché dell'associazione-partito a scala nazionale. Però le diverse organizzazioni hanno, giuridicamente, un certo grado di *autonomia reciproca*: per es., è sostenibile che dei debiti contratti da una sezione risponda solo la sezione stessa (oltre che i suoi amministratori), non il partito nel suo complesso. Strutture e problemi analoghi possono presentare, come ovvio, anche le associazioni riconosciute.

13. Le associazioni illecite

La Costituzione vede nell'associazionismo un fenomeno socialmente positivo e meritevole di tutela: per questo garantisce la libertà di associazione. Considera, però, che possano esserci anche associazioni dannose o pericolose per l'interesse della società: queste sono dichiarate illecite, e proibite.

In base all'art. 18, c. 2, C., le associazioni illecite sono: ☞ le **associazioni criminali**, cioè quelle che perseguono finalità vietate dalla legge penale (dalla piccola banda di ladruncoli o truffatori, alle più vaste e complesse organizzazioni di tipo mafioso e camorristico); ☞ le **associazioni politico-militari**, cioè quelle che perseguono *scopi politici mediante organizzazioni di carattere militare*: in uno Stato democratico la competizione politica deve essere pacifica, e non può svolgersi con la minaccia delle armi; ☞ le **associazioni segrete**: la ragione è che in uno Stato democratico la vita sociale deve svolgersi secondo un principio di *trasparenza*; il confronto fra le idee e gli interessi organizzati deve avvenire alla luce del sole, in un libero gioco nel quale tutte le organizzazioni che vogliono partecipare alla vita della collettività siano riconoscibili per quello che sono e vogliono e fanno.

In Italia il problema delle associazioni segrete si è posto, tra fine anni '70 e primi anni '80 del XX secolo, con la scoperta della c.d. loggia P2, una loggia massonica alla quale aderivano occultamente uomini politici, industriali, finanzieri, professionisti e alti esponenti dell'amministrazione pubblica, civile e militare, con lo scopo di modificare l'organizzazione democratica del nostro Stato. Per stroncarla fu emanata la l. 17/1982: essa scioglie la loggia P2, e più in generale precisa il divieto costituzionale delle associazioni segrete, definite come quelle che *nascondono la loro esistenza, le loro attività, le loro finalità e i loro associati, per interferire occultamente nell'esercizio di funzioni pubbliche.*

14. Le fondazioni

Le fondazioni sono organizzazioni create da *uno o più soggetti che destinano un patrimonio, e le sue rendite, a un determinato scopo* che generalmente riguarda *interessi socialmente rilevanti*: ad es. lo sviluppo della ricerca sul cancro, l'erogazione di borse di studio per l'accesso all'università di giovani non abbienti, la tutela e valorizzazione di beni culturali, e così via.

Nell'esperienza italiana, il fenomeno delle fondazioni non è così sviluppato come in altri paesi, specie anglosassoni, dove i maggiori gruppi industriali creano grandi fondazioni dedicate a promuovere il progresso delle scienze e delle arti, o altre finalità di pubblico interesse (si pensi alla Fondazione Ford, o alla Fondazione Rockefeller, o alla Fondazione Bill e Melissa Gates). Da noi l'istituto ha però trovato un importante campo di applicazione con le *fondazioni bancarie*: la l. 218/1990 ha previsto la trasformazione delle banche pubbliche in persone giuridiche private (società per azioni), stabilendo che la proprietà delle azioni andasse a fondazioni appositamente costituite, il cui compito fondamentale è destinare gli utili ricevuti dalle banche a scopi di pubblica utilità.

Per ciò che riguarda i modi della sua **costituzione**, la fondazione può essere creata: ☞ con un *atto fra vivi*, compiuto da *una o più persone* nella forma dell'*atto pubblico*: in tal caso, essa nasce con *effetto immediato*; oppure ☞ con *atto a causa di morte*, e cioè per *testamento* (art. 14): in tal caso, comincerà a operare solo *dopo la morte* del testatore.

Essa ottiene la personalità giuridica attraverso il *riconoscimento amministrativo*, con le stesse modalità previste per le associazioni. Comune con queste è pure l'obbligo di iscrizione nel *registro delle persone giuridiche*. Queste somiglianze di disciplina si spiegano con il fatto che fondazioni e associazioni sono accomunate dall'essere entrambe organizzazioni con *scopo non di profitto*. Fra le une e le altre esistono però anche importanti differenze di struttura e di funzioni, che determinano differenze di trattamento giuridico.

15. Fondazioni e associazioni: le differenze di disciplina

L'**associazione** persegue *scopi e interessi che sono propri dei singoli associati* che l'hanno creata, ed è in sostanza uno *strumento al loro servizio*. Perciò gli associati hanno il *dominio dell'associazione*: è la volontà degli associati, manifestata nell'assemblea, che ne orienta l'attività attraverso la scelta e il controllo degli amministratori, e può addirittura deciderne l'estinzione. Invece la **fondazione** persegue *finalità esterne*, che non si identificano con gli scopi delle persone che l'hanno costituita, ma toccano *interessi più generali*. Perciò essa *non è uno strumento al servizio del fondatore* e dei suoi interessi, come l'associazione è per gli associati. Questo spiega alcuni aspetti della relativa disciplina:

☞ il primo è che *chi crea una fondazione ha, rispetto a questa, meno poteri di azione e di decisione*: in particolare, non ha quel potere di cancellare l'organizzazione creata, che invece gli associati hanno nei confronti dell'associazione. Infatti la **revoca dell'atto di fondazione** da parte del fondatore non è più possibile, dopo che l'ente sia stato *riconosciuto* o abbia *iniziato la sua attività* (art. 15): una volta creata e resa operativa, la fondazione si rende *autonoma dal fondatore*, uscendo dalla sua sfera di dominio;

☞ il secondo aspetto riguarda i possibili **interventi dell'autorità amministrativa**, che sono più penetranti di quelli previsti per le associazioni (art. 25). L'autorità amministrativa ha il potere di: ✦ *nominare e sostituire gli amministratori*, quando sul punto non esistano nell'atto costitutivo disposizioni applicabili; ✦ *annullare le deliberazioni* degli amministratori che siano illecite o contrarie all'atto di fondazione; ✦ *sciogliere l'amministrazione* e nominare un *commissario straordinario* quando gli amministratori operino scorrettamente; ✦ *coordinare l'attività* di più fondazioni e anche unificarne l'amministrazione, però «rispettando, per quanto possibile, la volontà del fondatore» (art. 26);

☞ infine, quanto alle cause di **estinzione**, anche la fondazione (come l'associazione) si estingue quando lo *scopo* è stato *raggiunto* o è divenuto *impossibile*, oltre che quando si verificano le *cause di estinzione previste dall'atto costitutivo*. A differenza di quanto previsto per l'associazione, come già detto, non è invece ammessa la successiva decisione del fondatore di estinguere la fondazione. Inoltre, nei casi di esaurimento o sopravvenuta impossibilità o scarsa utilità dello scopo, l'*autorità amministrativa* ha un potere che non le spetta nei riguardi delle associazioni: può *trasformare* la fondazione, in modo da permetterne la sopravvivenza, sia pure con uno *scopo diverso o ridotto*; nel fare questo, deve però allontanarsi «il meno possibile dalla *volontà del fondatore*»; e in ogni caso non può farlo se costui aveva stabilito, nell'atto di fondazione, che in quelle circostanze la fondazione dovesse estinguersi, e i suoi beni devolversi a determinate persone (art. 28, c. 2). Quando la fondazione si estingue, si applicano le stesse procedure di *liquidazione* previste per le associazioni.

Un nuovo articolo del codice (art. 42-*bis*, introdotto dal d.lgs. 117/2017) prevede – sia per le associazioni, sia per le fondazioni – la possibilità di *trasformazioni*, *fusioni* e *scissioni*, prima riservata alle società (**51**.9-10).

16. I comitati

I comitati stanno alle fondazioni, come le associazioni non riconosciute stanno alle associazioni riconosciute. Sono infatti *organizzazioni create per raccogliere presso il pubblico fondi da destinare a finalità di interesse generale*, dello stesso tipo di quelle che possono caratterizzare le fondazioni: soccorrere la popolazione di una zona colpita da terremoto o altre calamità; promuovere opere pubbliche, mostre, festeggiamenti e simili; sostenere un'iniziativa politica, come l'appoggio di un candidato alle elezioni o la raccolta di firme per un referendum (art. 39). Ma sono organizzazioni *senza personalità giuridica*.

I *membri del comitato* non possono impiegare per scopi diversi i fondi così raccolti, sui quali grava un vincolo di destinazione, e rispondono della loro conservazione (art. 40). Inoltre *rispondono personalmente delle obbligazioni* assunte in nome e per conto del comitato (art. 41): data la mancanza di personalità giuridica, vale il principio dell'autonomia patrimoniale imperfetta. Di queste obbligazioni *non rispondono* invece i *sottoscrittori* (cioè coloro che hanno accettato di contribuire agli scopi del comitato): essi sono obbligati semplicemente a effettuare le oblazioni promesse.

Anche sui comitati possono aversi *interventi dell'autorità amministrativa*: quando lo scopo non è attuabile (ad es. per insufficienza dei fondi raccolti), e quando dopo l'attuazione dello scopo residuano dei fondi, l'autorità amministrativa stabilisce la *devoluzione dei beni* del comitato, se al riguardo non è previsto nulla all'atto della sua costituzione (art. 42).

Un comitato può chiedere il *riconoscimento* amministrativo: se lo ottiene nasce una persona giuridica, e precisamente una *fondazione*.

17. Le società: rinvio

Le società sono *organizzazioni a struttura associativa*: create cioè da un gruppo di persone per realizzare finalità e interessi propri di queste. Ciò permette di accomunarle alle associazioni; ed è l'elemento che differenzia le une e le altre rispetto alle fondazioni (caratterizzate da struttura non associativa).

Per un altro elemento, invece, le società *si contrappongono alle associazioni*. È l'elemento rappresentato dallo scopo: le società hanno normalmente **scopo di profitto** (o di lucro), mentre le associazioni, al pari delle fondazioni, hanno scopo non di profitto. Tanto è vero che le società sono previste e disciplinate in tutt'altro luogo del codice, cioè nel quinto libro, agli art. 2247 e segg.: ce ne occuperemo più avanti (**51**-**54**). Diciamo subito, tuttavia, che lo scopo di profitto costituisce per le società la regola, che però conosce eccezioni: la legge prevede diversi casi di società "non lucrative" (**51**.4).

18. Nuovi sviluppi delle organizzazioni "non profit": gli enti del terzo settore

Negli ultimi tempi la materia delle organizzazioni non di profitto ha conosciuto interessanti sviluppi. Da un lato, lo schema dell'associazione ha cominciato ad avere impieghi abbastanza atipici rispetto a quelli immaginabili al tempo del codice: si pensi alle associazioni fra professionisti per l'esercizio della professione in forma associata; o alle associazioni (di diritto privato) fra enti pubblici, come ad es. l'Anci, creata dai Comuni per sviluppare iniziative di interesse comune. Dall'altro lato il legislatore, superata l'antica diffidenza e corretta la vecchia disciplina penalizzante (**12**.9), è intervenuto sempre più spesso a prevedere e regolare particolari categorie di organizzazioni non di profitto, individuate in base al settore di attività del quale si occupano. Solo qualche esempio: le fondazioni bancarie (l. 218/1990), le fondazioni musicali (d.lgs. 367/1996), le fondazioni universitarie (l. 388/2000); le associazioni ambientalistiche (l. 349/1986), le associazioni venatorie (l. 157/1992), le associazioni di consumatori (l. 281/1988); le associazioni o fondazioni dedicate a creare e gestire radio «comunitarie» (l. 233/1990), i fondi pensione (d.lgs. 124/1993), le «casse di previdenza» di varie categorie professionali (d.lgs. 509/1994).

La disciplina delle organizzazioni senza scopo di lucro è così diventata molto complessa e anche un po' disordinata, e per riordinarla il legislatore ha messo in cantiere una riforma di ampio respiro intitolata **codice del terzo settore** (c.t.s.) i principi e criteri generali sono fissati nella *legge delega 106/2016*, mentre la disciplina di dettaglio è contenuta in vari decreti delegati, di cui il più importante è il *d.lgs. 117/2107.*

Al centro della riforma sta la categoria degli **enti del terzo settore**, definiti come le organizzazioni che perseguono, *senza scopo di lucro, «finalità civiche, solidaristiche e di utilità sociale mediante attività di interesse generale in forma di azione volontaria o di erogazione gratuita di denaro, beni o servizi»* (art. 4, c. 1, c.t.s.); quali possano essere, in concreto, le attività in questione risulta dal lungo elenco dell'art. 5, c. 1. Alla definizione si accompagna l'elenco delle più significative tipologie di enti riconducibili alla figura generale, a ciascuno dei quali la legge dedica una disciplina specifica. Fra la categoria degli enti del terzo settore (regolata dal c.t.s.) e la categoria delle *associazioni e fondazioni* (regolata dal codice civile) c'è una *sovrapposizione non piena ma solo parziale.* Molti enti del terzo settore sono associazioni o fondazioni. Ma ci sono enti del terzo settore che sono né associazioni né fondazioni, perché ad es. sono società (senza scopo di lucro). E ci sono associazioni e fondazioni che non sono enti del terzo settore: ad es. partiti e sindacati, espressamente esclusi dalla categoria (art. 4, c. 2, d.lgs. 117/2017).

Il c.t.s. contiene vari ordini di discipline. In primo luogo la **disciplina gene-**

rale degli enti del terzo settore, che regola questi punti principali: ☞ *raccolta fondi*; ☞ garanzia dell'*assenza di scopo di lucro* (ad es. col divieto di distribuire utili); ☞ *destinazione del patrimonio* (esclusivamente per le finalità statutarie) e sua *devoluzione in caso di scioglimento* dell'ente; ☞ tenuta delle *scritture contabili*, redazione del *bilancio*, *libri sociali* obbligatori; ☞ iscrizione nel **registro degli enti del terzo settore**, tenuto presso il Ministero del lavoro, nel quale sono indicati gli elementi significativi delle struttura e della vita dell'ente. Agli enti del terzo settore sono riservati importanti *benefici fiscali*.

Poi la disciplina delle **associazioni e fondazioni del terzo settore** (cioè quelle che svolgono una delle attività descritte all'art. 4 c.t.s.): contiene *regole di organizzazione e funzionamento* molto più complesse e dettagliate di quelle genericamente dedicate ad associazioni e fondazioni dal codice civile; molte di esse ricalcano regole previste per le società. Ecco i punti principali: ☞ *atto costitutivo* e *statuto* devono avere una serie di contenuti obbligati; ☞ le *associazioni* possono essere *riconosciute o non riconosciute*, ma nel primo caso occorre un *patrimonio minimo*, e l'*acquisto della personalità giuridica* è automatico con l'*iscrizione nel registro del terzo settore*; ☞ si regolano le modalità di *ammissione dei nuovi associati*; ☞ si prevedono competenze e modalità di svolgimento dell'*assemblea*; ☞ la disciplina dell'*organo amministrativo* tocca requisiti degli amministratori, poteri di rappresentanza, conflitti di interessi e responsabilità; ☞ si prevede un *organo di controllo* e la *revisione legale dei conti*.

Ci sono infine le **discipline particolari dei vari tipi di enti**, che sono: ☞ le organizzazioni di volontariato; ☞ le associazioni di promozione sociale; ☞ gli enti filantropici; ☞ le imprese sociali, incluse le cooperative sociali; ☞ le reti associative; ☞ le società di mutuo soccorso.

Come si è detto, non rientrano fra gli enti del terzo settore quelle particolari associazioni (non riconosciute) che sono i *partiti politici*. Ad esse ha dedicato una complessa disciplina la l. 13/2014: essa abolisce il finanziamento pubblico e regola quello privato agevolando fiscalmente le donazioni in denaro (che però non possono superare un certo importo); subordina peraltro le agevolazioni a requisiti di democrazia interna e trasparenza dei bilanci.

19. Organizzazioni private e pubbliche: gli enti pubblici

Questa distinzione opera all'interno della categoria delle organizzazioni con personalità giuridica. Infatti le organizzazioni pubbliche hanno sempre la personalità giuridica: gli enti pubblici sono, per definizione, **persone giuridiche pubbliche**.

La distinzione è importante dal punto di vista pratico, perché gli enti pubblici ricevono un trattamento giuridico che può distaccarsi, sotto vari aspetti, dal trattamento normalmente riservato alle organizzazioni in base alle regole del diritto comune, che si identifica con il diritto privato (**2**.2). Qualificare un'organizzazione come ente pubblico, anziché privato, significa perciò assoggettarla alle *particolari norme che il diritto pubblico fissa per le organizzazioni pubbliche, in deroga alle norme del diritto privato comune*, valide in generale per tutte le organizzazioni. Sono per lo più norme di favore, che attribuiscono agli enti pubblici vantaggi o privilegi particolari rispetto alla condizione giuridica degli enti privati: quei vantaggi e privilegi che l'art. 11 chiama «*diritti secondo le leggi o gli usi osservati come diritto pubblico*».

Le organizzazioni private si individuano *in via residuale*: sono private tutte le organizzazioni che non risultano avere i caratteri di ente pubblico, e che perciò ricadono nella disciplina del diritto privato in quanto diritto «comune» (**2**.2).

La distinzione fra le due categorie non è facile, anche perché in Italia gli enti pubblici, e soprattutto gli enti pubblici istituzionali, non costituiscono una categoria omogenea, ma, oltre a essere *numerosi* (soprattutto in passato) sono anche molto *diversi* fra loro. Il problema di qualificare un'organizzazione come pubblica, anziché privata, qualche volta è risolto direttamente dalle norme, che attribuiscono la qualifica in modo esplicito: ad es. dicendo che la Consob «ha personalità giuridica di diritto pubblico» (art. 1, c. 2, l. 216/1974); o al contrario qualificando «persone giuridiche private» le fondazioni bancarie (art. 2, c. 1, d.lgs. 153/1999) cui in precedenza, nel silenzio della legge, molti attribuivano natura di enti pubblici.

In mancanza, si fa ricorso a una serie di **criteri**: tutti utili, ma nessuno dotato di un valore assoluto, perché – anche se valido nel gran numero dei casi – in qualche caso può essere smentito: ☞ prima di tutto il criterio dell'*interesse pubblico o generale, perseguito dall'ente*: un ente che persegue finalità di interesse collettivo normalmente è pubblico, ma ciò non esclude che finalità del medesimo genere possano caratterizzare anche organizzazioni private (si pensi alle fondazioni, o ad associazioni impegnate nella tutela dell'ambiente); ☞ poi il criterio della *creazione dell'ente in base a una legge apposita*: può anche accadere che per legge si preveda la costituzione di un ente di natura privata, anche se destinato a realizzare un interesse pubblico (è il caso della Rai); e viceversa possono esserci enti pubblici, che in origine furono costituiti per iniziativa di privati, come è il caso delle istituzioni di assistenza e beneficenza; ☞ poi ancora il criterio dell'*attribuzione all'ente di poteri d'imperio* (cioè quelli che consentono di incidere sulle situazioni altrui anche senza il consenso del titolare, secondo la logica tipica del diritto pubblico): ci sono molti enti pubblici completamente privi di tali poteri, come ad es. quelli che operano nel campo dell'economia); ☞ e ancora il criterio della *sottoposizione dell'ente a controlli pubblici*: questa vale anche per molte organizzazioni private, come si è visto parlando delle fondazioni, e come si vedrà parlando delle società che esercitano per profitto attività economiche che coinvolgono interessi pubblici, quali ad es. assicurazioni, banche e intermediari finanziari (**59**); ☞ infine il criterio dell'*attribuzione all'ente di sovvenzioni o finanziamenti pubblici*: è vero che gli enti pubblici ricevono i loro mezzi patrimoniali, in tutto o in parte, dallo Stato o da altri enti pubblici; ma questo vale anche per molte organizzazioni private.

La conclusione è che, dei criteri che abbiamo considerato, nessuno da solo basta ad attribuire con sicurezza la qualità di ente pubblico. Nei casi dubbi, bisogna se mai cercare di applicarli tutti insieme: dalla loro combinazione potrà emergere se quella certa organizzazione riceve un trattamento giuridico complessivo che si distacca da quello del diritto privato comune. Il che equivale a dire che il criterio generale per individuare gli enti pubblici può essere solo un **criterio normativo**: sono enti pubblici le organizzazioni a cui le norme attribuiscono una condizione giuridica di quel genere.

In quanto soggetti del diritto, gli enti pubblici hanno ovviamente una capacità giuridica. Tutti indistintamente hanno una **capacità giuridica di diritto privato** (cioè di avere e movimentare situazioni giuridiche regolate dal diritto privato). Invece, non tutti hanno la speciale **capacità di diritto pubblico**: ce l'hanno solo gli *enti dotati di poteri d'imperio*, che consentono di incidere autoritativamente sulle situazioni altrui senza il consenso dell'interessato.

Nell'esercizio della loro capacità di diritto privato, gli enti pubblici possono, fra l'altro, *creare organizzazioni di diritto privato* e partecipare ad esse: lo Stato può costituire insieme con altri soci (pubblici o privati) una società per azioni, che è un'organizzazione privata; i Comuni hanno creato una loro associazione – chiamata Anci: Associazione nazionale Comuni d'Italia –, e anche questa è un'organizzazione di diritto privato.

Verso la fine del secolo scorso, nell'ordinamento italiano si è realizzata la trasformazione sistematica di molti enti pubblici in organizzazioni private: questo è avvenuto nel campo delle banche, e in altri campi dell'economia. È l'importante fenomeno delle *privatizzazioni* (**50**.13), ad esito del quale può dirsi che, rispetto al passato, oggi tendono a esserci nel nostro sistema più persone giuridiche private e meno persone giuridiche pubbliche.

20. Le organizzazioni come soggetti del diritto: realtà e finzione

Le organizzazioni sono certamente una *realtà*, un'importantissima realtà sociale. Ma qualificarle e trattarle come soggetti del diritto ha in sé qualche elemento di *finzione*: perché gli interessi che le regole giuridiche sistemano sono sempre e soltanto interessi umani; e tutte le situazioni giuridiche, così come gli atti che servono a movimentarle, riflettono sempre, in definitiva, *interessi di uomini*. Riferire situazioni e atti giuridici alle organizzazioni, anziché alle persone fisiche che ne costituiscono la sostanza umana e i reali interessati, è un artificio: e sia pure un *artificio in senso buono*, cioè uno strumento per ottenere risultati utili.

Il risultato utile, che deriva dal qualificare le organizzazioni come autonomi soggetti del diritto, consiste essenzialmente in una *semplificazione del linguaggio giuridico*. Se A e B decidono di esercitare insieme un'attività economica, in relazione alla quale nasce un credito, si potrebbe descrivere la situazione dicendo che quel credito in qualche modo fa capo ad A e B, però con la riserva che nessuno dei due può pretendere di incassarlo perché esso deve rimanere vincolato all'attività economica che A e B svolgono insieme: ma la situazione si descrive in modo più semplice e veloce, dicendo che quel credito non è né di A né di B, bensì è della società X (di cui A e B sono i soci). Se nell'esercizio dell'attività comune di A e B si creano debiti, e la legge vuole che A e B ne rispondano solo nei limiti di quanto hanno investito nell'attività, sicché i creditori per l'eccedenza non possono rivolgersi al patrimonio personale di A e di B, si fa prima a dire: i debiti non sono di A e B, ma sono di X, la loro società con personalità giuridica.

Questo equivale a riconoscere che la persona giuridica non è un'entità esistente in natura, ma è uno *strumento artificialmente creato dal diritto per realizzare finalità pratiche, al servizio di interessi umani*; e che gli interessi e le posizioni che fanno capo alla persona giuridica sono sempre, in sostanza, interessi e posizioni riferibili alle persone fisiche che l'hanno creata e la usano. Partire da questa premessa consente di evitare abusi e risolvere difficoltà, a cui rischierebbe invece di lasciare spazio una concezione di persona giuridica che non tenga conto di quanto si è appena detto. Vediamo subito qualche esempio.

21. Gli abusi della persona giuridica

La persona giuridica è un *soggetto del diritto distinto dalle persone fisiche* che la formano; e distinto molto nettamente, grazie all'autonomia patrimoniale perfetta. Ma proprio questa *separazione*, questo *schermo* che si crea fra la persona giuridica e gli uomini sottostanti, può far sì che essa si trasformi in strumento di abusi.

Consideriamo un esempio. L'imprenditore A si obbliga verso un altro imprenditore (B) a non fargli concorrenza in una certa zona di mercato. Per eludere l'obbligo, costituisce con la moglie e il fratello una società di capitali (X), e attraverso questa esercita l'attività vietata. Alle proteste di B, replica che non c'è nessuna violazione dell'obbligo assunto: l'impegno è stato preso da A, ma non è A che svolge l'attività contestata; questa è svolta da X, che è un soggetto del diritto diverso da A, e X non ha assunto alcun obbligo verso B.

Se si accogliesse questo ragionamento, ne deriverebbe un risultato ingiusto: perché è chiaro che A si è comportato in modo disonesto, e B ha ragione di lamentarsi e merita tutela. Ma l'ingiustizia può evitarsi, se si parte da una concezione corretta della persona giuridica. Questa è solo uno strumento che la legge offre alle persone fisiche per uno scopo preciso e socialmente utile: evitare che chi svolge iniziative economiche incorra in una responsabilità illimitata, e rischi di perdere tutto il suo patrimonio personale. È precisamente questa la funzione del principio dell'*autonomia patrimoniale perfetta*: per esprimere il quale è più comodo dire che la persona giuridica è un soggetto completamente distinto dalle persone fisiche sottostanti. Ma questa distinzione *non può essere piegata a uno scopo diverso, e tanto meno a uno scopo fraudolento.*

Non sarà perciò difficile smontare l'argomento del disonesto imprenditore A. Gli si replica che la società X, anche se si presenta come un soggetto formalmente autonomo, è in realtà uno strumento costruito e dominato da lui, che lo utilizza per uno scopo diverso da quello in nome del quale la legge consente alle persone fisiche di organizzarsi e operare tramite persone giuridiche; anzi, per uno scopo illecito (violare l'obbligo assunto).

Con espressioni dei giuristi americani, si dice che questo modo di ragionare permette di «*sollevare il velo*» o «*bucare lo schermo*» *della persona giuridica*, per scoprire i reali interessi umani che ci stanno dietro, e colpirli se illeciti.

22. Le organizzazioni, e il riferimento di qualità umane

Lo stesso modo di ragionare (per cui dietro lo «schermo» dell'organizzazione deve sempre vedersi una realtà di situazioni e interessi di persone fisiche) aiuta a risolvere altri problemi: in particolare, il problema di applicare alle organizzazioni norme che fanno riferimento a qualità tipicamente umane.

Ad es., la legge stabilisce che chi ha fatto una donazione può revocarla se il donatario manifesta nei suoi confronti «*ingratitudine*» (art. 801). Ma quando a ricevere per donazione è un'organizzazione, come potrà stabilirsi se questa si dimostra «ingrata» verso il donante? Rispondere non è troppo difficile: si devono valutare i comportamenti dei suoi organi (che sono fatti di persone fisiche). Così, se l'assemblea o il consiglio di amministrazione dell'organizzazione approvano e diffondono una dichiarazione contenente ingiuste offese contro il donante, questi può ben sostenere che l'organizzazione donataria gli ha con ciò manifestato «ingratitudine», e su questa base revocare la donazione.

Con criteri simili potrà stabilirsi se un'organizzazione è in *buona fede* o in *mala fede*, condizione rilevante ai fini dell'applicazione di molte norme giuridiche (una l'abbiamo già incontrata: **11**.16).

Anche quando si pensa all'*onore* e alla *reputazione*, si pensa a qualità tipicamente umane, che formano oggetto di diritti delle persone fisiche (**13**.7). Ma ciò non esclude che anche un'organizzazione possa considerarsi titolare di un diritto all'onore, e possa svolgere azioni per la tutela di questo diritto. Se su un giornale o in un libro si accusa falsamente un partito di avere commesso crimini o ruberie, evidentemente si chiama in causa l'operato di persone fisiche (dirigenti o esponenti del partito), e in definitiva si insultano persone fisiche (tutti i singoli membri del partito, di cui viene a dirsi che aderiscono a un'organizzazione spregevole). Ma è ben possibile che sia il partito come tale ad agire in giudizio, per far valere il proprio diritto all'onore: una situazione giuridica che rappresenta come la sintesi, o l'espressione collettiva e unitaria, dell'onore che fa capo a ciascuno dei singoli iscritti, in quanto membri del partito.

In questo senso, benché i diritti della personalità riguardino attributi e valori della persona umana, anche le organizzazioni possono considerarsi titolari di *diritti della personalità* (o almeno di alcuni fra essi: **13**). Esistono però situazioni e relazioni umane che non possono in nessun modo riferirsi a organizzazioni: ad es. quelle relative alla famiglia e alla morte fisica. Rispetto a esse le organizzazioni sono prive di capacità giuridica, e le regole corrispondenti non gli si applicano.

13
I DIRITTI DELLA PERSONALITÀ

1. Nozione, caratteri generali e fonti

I soggetti del diritto *possono* avere diritti, ma non è detto che in concreto ce li abbiano: un soggetto è abilitato ad avere proprietà e crediti, ma può essere che di fatto non abbia nessuna proprietà e nessun credito. C'è però una categoria di *diritti soggettivi che tutti i soggetti hanno*: i diritti della personalità. Il loro oggetto (il «*bene*» che essi assicurano al loro titolare) è rappresentato dai *fondamentali attributi e valori della persona umana*, che essi presidiano legalmente contro le aggressioni esterne. Per questo ne sono titolari tutte le *persone fisiche*, in quanto individui umani. Ma di alcuni fra essi sono titolari anche le *organizzazioni*, nella misura in cui l'attributo o il valore in gioco sia ragionevolmente riferibile a entità diverse dall'individuo umano (ciò è possibile ad es. per l'onore, ma non per l'integrità fisica).

L'inerenza alla persona umana spiega i loro caratteri generali. I diritti della personalità sono: ✦ diritti *non patrimoniali* (**6**.3); ✦ diritti *assoluti* (**6**.4), anche se in qualche loro manifestazione il titolare ha di fronte a sé una controparte determinata in veste di soggetto passivo (ad es. nel rapporto medico-paziente, o nel rapporto datore di lavoro-lavoratore); ✦ diritti *indisponibili* (**6**.5); ✦ diritti *imprescrittibili* (**8**.9).

In un passato abbastanza lontano questi diritti non ricevevano grande considerazione, perché si riteneva che i corrispondenti «beni» (interessi) fossero meno importanti dei «beni» (interessi) di tipo economico, o comunque perché si pensava che non dovesse occuparsene il diritto privato. Nella tradizione, il diritto privato tendeva a identificarsi con il diritto privato patrimoniale. Ecco perché il *codice civile* dedica ai diritti della personalità *norme scarse e frammentarie.*

Con l'evolvere della coscienza sociale, con il mutare delle gerarchie di valori e interessi comunemente accettate, anche a questi diritti il legislatore e i giudici cominciano a dedicare la giusta attenzione (c.d. *«depatrimonializzazione» del diritto privato*). Questa attenzione si manifesta per lo più in norme collocate fuori del codice civile. Prima di tutto in norme della *Costituzione*: l'art. 2 C. afferma in generale che «La Repubblica riconosce e garantisce i *diritti inviolabili dell'uomo*, sia come singolo sia nelle formazioni sociali ove si svolge la sua personalità», e altri articoli prendono in considerazione singoli diritti inerenti alla personalità umana. Poi in varie *leggi speciali*, di cui diremo. Poi ancora in *convenzioni internazionali*, come la convenzione per la salvaguardia dei diritti dell'uomo e delle libertà fondamentali (Cedu), approvata nel 1950 per iniziativa del Consiglio d'Europa e ratificata dall'Italia con l. 848/1955. Infine nelle decisioni della *giurisprudenza*: la tutela giuridica di alcuni diritti della personalità nasce, più che da apposite norme scritte, dall'interpretazione giurisprudenziale.

2. I diritti di libertà

Le libertà sono fra i più importanti e preziosi «*diritti inviolabili dell'uomo*» di cui parla l'art. 2 C.: la libertà personale (art. 13 C.), l'inviolabilità del domicilio (art. 14 C.) e della corrispondenza (art. 15 C.), la libertà di movimento (art. 16 C.), di riunione (art. 17 C.) e di associazione (art. 18 C.), la libertà di professione e propaganda religiosa (art. 19 C.), la libertà di manifestazione del pensiero (art. 21 C.), la libertà di educazione dei figli (art. 30 C.); e altre ancora.

La storia insegna che le più gravi minacce a queste libertà sono venute dal potere pubblico: ciò spiega perché, tradizionalmente, la loro protezione è considerata un problema di *diritto pubblico*, da realizzare attraverso norme e strumenti del diritto pubblico. Ciò non toglie che i diritti di libertà possano essere lesi o messi a rischio anche nell'ambito di *rapporti fra privati*, regolati dal diritto privato. Così, è in base a regole del diritto privato che *non sono validi gli atti con cui un soggetto assume obblighi in contrasto con qualche sua libertà fondamentale* (ad es. l'obbligo di non spostarsi mai dalla propria città, che viola la libertà di movimento; o l'obbligo di iscriversi o non iscriversi a una certa associazione, o dimettersi dall'associazione a cui sia iscritto, perché ciò viola la libertà garantita dall'art. 18 C.); ed è in base a norme privatistiche che *fatti o atti capaci di pregiudicare una libertà altrui* (ad es., il licenziamento intimato al lavoratore come ritorsione per le sue idee politiche) si considerano *illeciti*, e abilitano la vittima a chiedere il risarcimento del danno o qualche altro rimedio.

3. Il diritto all'integrità fisica e alla vita; «donazione» e trapianto di organi; il principio del consenso informato

Per l'art. 32 C. la *salute* è un «fondamentale diritto dell'individuo» (oltre che «interesse della collettività»). Il concetto di salute comprende quello di *integrità fisica*, ma ha una portata più ampia: copre anche la *salute psichica*.

L'integrità fisica della persona può essere minacciata da **decisioni (atti di autonomia) della persona stessa**: e le norme proteggono il diritto malgrado il suo stesso titolare, secondo la logica dei *diritti indisponibili* (**6**.5). Gli *atti di disposizione del proprio corpo* sono vietati «quando cagionino *una diminuzione permanente della integrità fisica*» (art. 5): per es., uno non può cedere la propria cornea per un trapianto. Che dire, allora, degli atti con cui uno si impegna alla pratica di *sport violenti* (pugilato, hockey su ghiaccio) o *prestazioni lavorative ad alto rischio* (trapezista, controfigura cinematografica) da cui è facile uscire con serie lesioni fisiche? Questi atti sono considerati validi, in base a una *valutazione socialmente condivisa circa la tollerabilità del rischio* che si corre: ad es. sul presupposto che il combattimento pugilistico si svolga con durata limitata, precauzioni di equipaggiamento, esclusione di colpi «proibiti»; o che gli esercizi al trapezio prevedano attrezzature sicure, dispositivi di protezione, esclusione di esercizi troppo pericolosi.

Ugualmente sono consentiti gli atti di disposizione di propri organi, che non riducono in modo significativo l'integrità fisica. Una donna, per es., può impegnarsi al taglio dei suoi lunghissimi capelli (per venderli a un fabbricante di parrucche; se è un'attrice, per adeguarsi al personaggio che deve interpretare). Ma per casi più seri di solito interviene la legge, a circondare tale atto con limiti e cautele: norme apposite valgono ad es. per la cessione, a fini di *trapianto*, del *rene* (l. 458/1967) e di parte del *fegato* (l. 483/1999, dove si dice esplicitamente che ciò è ammesso in deroga al divieto dell'art. 5); nonché per il prelievo di *sangue* destinato a trasfusioni (l. 107/1990). In questi casi la legge ammette l'atto di disposizione del proprio corpo, basato sulla scelta volontaria del soggetto, ma con un limite: che l'atto sia *gratuito*. Offrire disinteressatamente un proprio organo è ammissibile e anzi apprezzabile come gesto altruistico; farne commercio per ricavarne un utile economico appare riprovevole, ed è vietato.

Non si pone nessun problema di tutela dell'integrità fisica quando gli *organi*, destinati a trapianto, siano *prelevati da persona defunta*; e tuttavia la legge esige cautele. In base alla l. 91/1999, il prelievo di organi da defunto, da destinare a persona in attesa di trapianto, può farsi: ☞ solo dopo una rigorosa procedura di *accertamento della morte*; ☞ solo se risulta che il prelievo non contrasta con la *volontà dell'interessato* (a questo fine, ogni cittadino può dichiarare se consente o no al prelievo di suoi organi dopo la morte; in mancanza di dichiarazione il soggetto si reputa consenziente, secondo il criterio del *silenzio-assenso*); ☞ solo a titolo *gratuito* (la legge parla di «donazione» dei propri organi).

Il diritto all'integrità fisica e alla salute è protetto, poi, contro le **aggressioni esterne**. In generale, chi riceve una lesione di questi beni per il comportamento ingiustificato di un altro soggetto, subisce con ciò un danno del quale può ottenere il *risarcimento* in base alle regole sulla responsabilità civile (**44**.14).

Questo principio generale trova delle specificazioni in relazione a determinati contesti o rapporti, nei quali la salute della persona è particolarmente esposta alle conseguenze dell'attività altrui: è il caso dei *trattamenti medico-chirurgici*, per i quali valgono regole di responsabilità che esamineremo (**44**.12). Il presupposto per la liceità di un siffatto trattamento, capace di incidere sull'integrità fisica del paziente (si pensi a un'amputazione, o a un altro intervento distruttivo o rischioso), è il *consenso informato del paziente* stesso: qui il consenso all'atto che incide sulla propria integrità non solo non è vietato (come accade nella logica dell'art. 5), ma è richiesto. Il principio si ricava dall'art. 32, c. 2, C. («Nessuno può essere obbligato a un determinato trattamento sanitario», salvo che lo preveda la legge per ragioni di interesse generale, come nel caso delle vaccinazioni obbligatorie), ed è sempre stato riconosciuto. Adesso trova consacrazione e regolazione specifica con la *l. 219/2017*, in base a cui ciascuno ha il diritto: ☞ di ricevere *informazioni chiare e complete* sulle proprie condizioni di salute e sui trattamenti sanitari proposti; ☞ di *rifiutare i trattamenti sanitari*, anche se necessari per la sua sopravvivenza, in quanto nessun trattamento può essere applicato al paziente senza il suo consenso informato (da esprimere con particolari modalità).

Oltre che integrità fisica e salute, a maggior ragione le norme tutelano il bene della **vita**. Togliere ingiustamente la vita a un uomo significa, nella prospettiva del diritto penale, commettere un grave reato; nella prospettiva del diritto privato, significa causare un *danno* che merita *risarcimento*: un rimedio del quale ovviamente non può avvalersi l'ucciso, bensì i suoi familiari ed eredi (**44**.14).

4. Problemi giuridici della bioetica: in particolare, le disposizioni anticipate di trattamento

La vita, come oggetto di un diritto della personalità, apre altri problemi. Sono problemi che superano l'orizzonte del diritto, per collocarsi nel dominio dell'etica: si parla in proposito di «bioetica». Ma anche il diritto se ne deve occupare.

Un campo in cui il diritto incrocia la bioetica è quello dell'**aborto**: gli avversari della possibilità legale di interrompere volontariamente la gravidanza vi vedono un'inammissibile violazione del «*diritto alla vita*» del nascituro (anticipando il concetto di vita alla fase prenatale); i sostenitori della tesi opposta valorizzano il *diritto all'autodeterminazione della donna* interessata. Con la l. 194/1978 il legislatore ha cercato un bilanciamento fra questi valori in conflitto.

Un altro campo è il c.d. **«fine vita»**, cioè situazioni di malattie irreversibili e fonte di gravi sofferenze, o di "vita" non autonoma, assicurata solo da dispositivi tecnici di nutrizione e respirazione artificiali. Le cronache riferiscono casi del genere, materia di discussioni e polemiche molto accese fra chi difende in modo assoluto il *valore della vita*, e chi valorizza l'*autodeterminazione della persona* interessata, che potrebbe preferire non prolungare artificialmente una "vita" che ai suoi stessi occhi appare intollerabile (si pensi al caso di Eluana Englaro). Su questo delicato problema è intervenuta la *l. 219/2017*, che: ☞ vieta le pratiche di «*accanimento terapeutico*», cioè trattamenti inutili e sproporzionati su pazienti prossimi a morte sicura; ☞ e poi soprattutto si pone il problema dei *pazienti che non sono in grado di rifiutare trattamenti* (come quelli di sopravvivenza "artificiale") perché si trovano ad es. in stato vegetativo e quindi nell'*incapacità di autodeterminarsi*. Lo risolve prevedendo la possibilità di formulare "**disposizioni anticipate di trattamento**" (o «testamento biologico»), con cui la persona indica oggi quali trattamenti medici desidera ricevere o non ricevere in futuro, se e quando si troverà in determinate condizioni cliniche senza poter manifestare in quel momento una volontà cosciente; l'autore può anche indicare un *fiduciario*, che all'occorrenza lo rappresenterà nella relazione con le strutture sanitarie.

Un altro campo in cui si manifestano problemi giuridici legati alla bioetica è la **procreazione medicalmente assistita**: ne parleremo in sede di diritto di famiglia, a proposito della filiazione (**64**.13).

5. Il diritto al nome

Ogni persona ha un nome, fatto di prenome e cognome (**11**.2). E sul proprio nome la persona ha un diritto (art. 6, c. 1), che la legge tutela contro due **tipi di aggressione** (art. 7, c. 1): ☞ la *contestazione* del nome, quando un estraneo contesta alla persona l'uso del proprio nome; ☞ l'*usurpazione* del nome, quando un estraneo si appropria indebitamente del nome della persona, o comunque ne abusa in modo da causare pregiudizio al titolare: si pensi all'impresa che reclamizza il suo prodotto, con una formula che lo associa a un personaggio famoso («il whisky preferito di Vasco Rossi») senza chiedergli il consenso.

Il titolare del diritto violato può chiedere in giudizio i seguenti **rimedi** (art. 7, c. 1-2): ☞ l'*inibitoria*, con cui il giudice ordina al violatore di *cessare il comportamento lesivo*; ☞ la *pubblicazione della decisione* in uno o più giornali; ☞ il *risarcimento* del danno.

Il diritto di agire spetta normalmente al titolare del nome. Ma può agire anche una persona diversa che abbia un *interesse fondato su apprezzabili ragioni familiari* (art. 8): ad es. la vedova, se è violato il nome del marito defunto.

Gli stessi rimedi sono dati per tutelare lo **pseudonimo**, quando per l'uso che ne viene fatto «abbia acquistato l'*importanza del nome*» (art. 9).

6. Il diritto all'immagine

Una persona può essere danneggiata dagli usi che un altro faccia della sua immagine (colta con il mezzo fotografico, cinematografico o televisivo). Il corrispondente diritto è tutelato da norme del codice civile e della legge sul diritto d'autore (**57**.8), con le regole seguenti:

☞ è sempre **vietata la pubblicazione** dell'immagine altrui, quando ciò pregiudica l'*onore*, la *reputazione* e il *decoro* della persona ripresa (art. 97, c. 2, l.a.);

☞ salvo quanto sopra, è **ammessa la pubblicazione** dell'immagine altrui, solo quando: ✦ è *giustificata* dalla notorietà pubblica della persona, o da necessità di giustizia o di polizia, da scopi scientifici, didattici o culturali; oppure quando l'immagine è stata ripresa in occasione di cerimonie o altri *avvenimenti pubblici*, come un comizio, un corteo, una partita di calcio (art. 97, c. 1, l.a.); oppure, fuori di questi casi, ✦ vi sia il *consenso* della persona, e se questa è morta dei suoi familiari (art. 96 l.a.).

Quando l'immagine è pubblicata fuori di questi limiti, la persona – ma anche i genitori, il coniuge e i figli – possono ottenere dal giudice i **rimedi** consistenti nell'ordine di *cessazione dell'abuso* (inibitoria), e nel *risarcimento* del danno.

7. Il diritto all'onore

Ogni uomo ha diritto che ciascun altro si astenga dall'enunciare e diffondere fatti o giudizi, o comunque dal tenere comportamenti, capaci di offenderlo nel suo onore o nella sua reputazione sociale; e se una tale offesa si verifica, il titolare del diritto può reagire con rimedi legali. La tutela giuridica del diritto all'onore *non presuppone che i fatti offensivi enunciati siano falsi*, o che i giudizi offensivi espressi siano infondati: anche se i fatti sono veri e i giudizi fondati, possono scattare rimedi a protezione dell'offeso.

Il diritto all'onore non si trova affermato nel codice civile né in leggi speciali di diritto privato. La sua fonte principale è rappresentata dalla norma del *codice penale* che punisce come reato la *diffamazione* (art. 595 c.p.).

Individuare i giusti confini della tutela del diritto all'onore spesso è un problema difficile, perché può accadere che le offese all'onore di qualcuno siano portate nell'esercizio di *attività che presuppongono un'ampia libertà di giudizio e di critica*, e che costituiscono a loro volta un *diritto soggettivo di chi le esercita*, oltre a corrispondere a un importante *interesse sociale*. Il problema si pone ad es. per l'*attività politica*, e in parte è risolto dalla costituzione con il principio che «I membri del Parlamento non possono essere perseguiti per le opinioni espresse ... nell'esercizio delle loro funzioni» (art. 68, c. 1, C.). Si pone poi per l'*attività giornalistica*, che costituisce espressione di un importante diritto di libertà (libertà di manifestazione del pensiero; diritto di cronaca): ed è risolto con regole elaborate dalla giurisprudenza, che a suo tempo vedremo (**44**.13).

8. Il diritto alla riservatezza

Questo diritto – definito anche diritto all'*intimità della vita privata*, o alla *privacy* – difende il riserbo della sfera personale e familiare di ciascun individuo, contro due tipi di aggressioni:

☞ in primo luogo contro le **ingiustificate intromissioni di estranei nella sfera intima della persona e dei suoi luoghi privati**: intromissioni rese sempre più facili e insidiose dagli sviluppi delle tecnologie (teleobiettivi, microspie, sofisticati apparecchi di intercettazione e registrazione delle conversazioni private). Da questo punto di vista, il valore della riservatezza è protetto da diverse norme, e in particolare: ✦ dalle norme che tutelano l'inviolabilità del *domicilio* (art. 14 C.; art. 614 c.p.); ✦ dalle norme che puniscono «Chiunque, mediante l'uso di *strumenti di ripresa visiva* o *sonora*, si procura indebitamente *notizie o immagini attinenti alla vita privata*» che si svolge nel domicilio della persona (art. 615-*bis*, c. 1, c.p.); ✦ dalle norme, relative al *rapporto di lavoro*, che vietano l'uso di impianti audiovisivi per il *controllo a distanza* dell'attività dei lavoratori; che limitano la possibilità del datore di lavoro di svolgere *accertamenti sanitari* sui lavoratori, e di sottoporli a *visite personali di controllo*; che vietano al datore di lavoro di svolgere *indagini* sulle opinioni politiche, religiose e sindacali dei lavoratori, e su ogni altro fatto ad essi inerente, che non sia rilevante per la valutazione delle loro attitudini professionali (art. 4, 5, 6, 8 s.l.: **55**.8);

☞ inoltre, il diritto alla riservatezza difende la persona contro la **divulgazione all'esterno** di fatti o elementi che appartengono alla sfera intima della persona stessa, anche se non sono lesivi dell'onore: un fenomeno enormemente amplificato dai moderni *mezzi di comunicazione di massa* (cinema, televisione, giornali ad alta tiratura, internet), che possono propagare presso milioni di persone la conoscenza di vicende su cui l'interessato desidererebbe mantenere il più stretto riserbo. A questo aspetto della riservatezza si collegano, evidentemente, i limiti e i divieti che circondano la pubblicazione dell'*immagine* altrui (**13**.6). Vi si collega, inoltre, la norma che punisce «chi rivela o diffonde, mediante qualsiasi mezzo di informazione al pubblico, le notizie o le immagini» illecitamente acquisite con mezzi di ripresa visiva o sonora (art. 615-*bis*, c. 2, c.p.).

Un aspetto particolare della riservatezza riguarda la **corrispondenza epistolare**. La sua *segretezza* è garantita costituzionalmente (art. 15 C.). Inoltre la legge prevede che quando le lettere «abbiano *carattere confidenziale* o si riferiscano alla *intimità della vita privata*» è vietato pubblicarle e divulgarle senza il *consenso dell'autore e del destinatario*, e, dopo la loro morte, dei *familiari* più stretti (art. 93 l.a.).

Ma al di là di tutte queste norme, relative ad aspetti specifici, la *giurisprudenza* riconosce da tempo l'esistenza di un **diritto generale al riserbo della vita privata**, capace di coprire anche aspetti non specificamente previsti dalla legge, e il cui fondamento si individua nella norma costituzionale che garantisce il libero sviluppo della personalità individuale (art. 2 C.), oltre che nell'art. 8 Cedu («Ogni persona ha diritto al rispetto della sua vita privata e familiare»).

Come si è visto per l'onore, anche per la riservatezza il problema più delicato consiste nel *definire i limiti* che la tutela del diritto incontra, di fronte a confliggenti interessi altrettanto meritevoli di tutela. La sua soluzione spetta al giudice, chiamato ogni volta a un equilibrato bilanciamento delle posizioni in conflitto. In generale, si ritiene che i limiti siano di due tipi. Possono derivare dalla *notorietà del soggetto*, dalla sua posizione di personaggio pubblico: un celebre uomo di spettacolo, un eminente uomo politico non possono pretendere che ogni aspetto della loro vita, anche privata, sia sottratto alla curiosità e alla conoscenza del pubblico. Possono poi derivare da *esigenze culturali*, in particolare da quelle della ricerca storica e del relativo insegnamento: esse legittimano l'indagine e la divulgazione di vicende personali, che siano rilevanti per illuminare un personaggio, un ambiente, un'epoca.

9. La protezione dei dati personali («privacy informatica»)

Da qualche tempo, le esigenze di tutela giuridica del diritto alla riservatezza cominciano a essere considerate in modo diverso da quello tradizionale, in relazione a nuovi tipi di aggressioni della sfera privata delle persone, sconosciuti in passato. Sono aggressioni che derivano dallo sviluppo delle tecnologie informatiche, e dalla creazione di grandi **banche dati** in cui organizzazioni private e pubbliche accumulano, per le proprie finalità, enormi quantità di informazioni relative a un grandissimo numero di persone.

Il fenomeno di per sé non è negativo, e in qualche misura è inevitabile, perché si lega ai bisogni di una società e di un'economia complesse, e alla realtà di grandi organizzazioni (pubbliche e private) che entrano in contatto con una moltitudine di cittadini o utenti, destinatari delle loro attività e delle loro prestazioni. Ma è fenomeno che presenta pure dei *rischi* per le persone cui si riferiscono le informazioni raccolte ed elaborate nelle banche dati: persone che potrebbero essere danneggiate da un trattamento scorretto delle informazioni che le riguardano.

Per combattere tali rischi è intervenuta nel 1996 una legge, poi confluita nel d.lgs. 196/2003 (c.d. «*codice della privacy*»). Il suo scopo è garantire che il trattamento dei dati personali ad opera delle banche dati (informatiche e non) «si svolga nel rispetto dei diritti, delle libertà fondamentali, nonché della dignità delle persone ..., con particolare riferimento alla riservatezza e all'identità personale». A tal fine la legge:

☞ istituisce un apposito organismo pubblico, con il compito di rendere concreta tale garanzia (*Garante per la protezione dei dati personali*);

☞ obbliga i titolari delle banche dati a *notificare* la loro esistenza al Garante, e ad osservare nel trattamento dei dati numerose *prescrizioni* dirette ad assicurare la correttezza del loro impiego;

☞ attribuisce agli *interessati* (cioè alle persone cui si riferiscono i dati) una serie di *diritti verso i titolari delle banche dati*, e in particolare: ✦ il diritto di essere preventivamente *informati* circa il trattamento di dati che li riguardano; ✦ il diritto (escluso solo in alcuni casi) di scegliere se dare o negare il proprio *consenso* al trattamento stesso; ✦ il diritto di *verificare* se il trattamento dei dati che li riguardano è svolto in modo corretto, e, in caso contrario, di pretendere l'*eliminazione delle scorrettezze*;

☞ stabilisce regole ancora più rigorose per la protezione di dati particolarmente delicati (c.d. *dati sensibili*) come quelli relativi alle opinioni e scelte politiche o religiose, alle condizioni di salute, alla vita sessuale;

☞ prevede modalità particolari per il trattamento dei dati da parte di *medici* e *giornalisti*, per evitare dannosi intralci all'esercizio di queste professioni.

Il quadro normativo disegnato dal codice della privacy deve però integrarsi col *regolamento Ue 2016/79*, che innova e uniforma a livello europeo la protezione dei dati personali: proprio per questa esigenza di coordinamento il codice è stato modificato dal d.lgs. 101/2018.

10. Il diritto all'identità personale

Il diritto all'identità personale è il diritto della persona *a non vedersi attribuire pubblicamente qualifiche, opinioni o comportamenti non veri, e tali da falsare la propria immagine sociale*. Come il diritto generale alla riservatezza, è anch'esso essenzialmente una creazione della giurisprudenza.

Non è necessario che il falso riferimento sia offensivo, né che violi la sfera privata della persona: basta che collochi la persona in una «*luce falsa agli occhi del pubblico*» (come si dice negli Stati Uniti), perché anche questo può causare alla persona un danno ingiusto. Ad es., se un giornale scrive (falsamente) che il presidente della «Lega contro la caccia» ha partecipato a un safari in Africa, questa notizia forse non lede né l'onore né la riservatezza del soggetto, ma sicuramente viola la sua identità personale; così pure se al leader di un partito viene falsamente attribuita l'adesione, anni prima, a un'iniziativa politica di per sé legittima, ma contraddittoria con le sue attuali posizioni politiche.

11. I rimedi per la tutela dei diritti della personalità

Quanto detto a proposito dei singoli diritti della personalità indica che i rimedi legali offerti per la loro protezione sono di vario genere.

Ci sono prima di tutto rimedi che appartengono al **diritto pubblico**: al *diritto penale*, che interviene quando il bene protetto è particolarmente importante, o il comportamento lesivo è particolarmente grave (si pensi alle norme penali su omicidio e lesioni, sulla violenza sessuale, sulla diffamazione, sulla violazione di domicilio, sull'acquisizione e diffusione illecita di immagini e notizie riservate, ecc.); e al *diritto amministrativo*, cui appartengono ad es. le norme sulla sicurezza e salubrità degli ambienti di lavoro, o quelle sugli interventi del Garante per la protezione dei dati personali.

Ma qui l'interesse prevalente va dedicato a strumenti e rimedi del diritto privato (quelli che realizzano la c.d. **tutela civile della persona**, dove «civile» si contrappone appunto a «penale» e «amministrativa»). I principali sono i seguenti: ☞ anzitutto il **risarcimento del danno**, che è il rimedio più generale e di più diffusa applicazione. Esso tuttavia incontra tre problemi. Trattandosi di diritti non patrimoniali, la loro lesione causa un danno che a sua volta è (almeno in parte) *non patrimoniale*; e nel nostro sistema il risarcimento del danno non patrimoniale viene tradizionalmente guardato con una certa cautela e circondato di *restrizioni* (anche se si registra un progressivo allargamento, come vedremo a suo tempo: **43**.3). Poi, anche ammessa la risarcibilità, la natura del danno ne rende *difficile la quantificazione*, cioè la traduzione nella somma di denaro da versare come risarcimento (**45**.2). Infine, l'attribuzione di una somma di denaro alla persona lesa *non ripara la lesione*, perché non vale comunque a restituirle la salute diminuita, l'onore violato, la riservatezza infranta, l'identità travisata, ecc. Per questo al risarcimento si aggiungono altri rimedi, che si avvicinano di più a *ripristinare lo specifico interesse leso*. In particolare: ☞ l'**inibitoria**, cioè l'*ordine del giudice di cessare il fatto lesivo*, che almeno evita il protrarsi della lesione (ad es., ordine all'editore di sospendere la pubblicazione e la diffusione di un libro contenente affermazioni offensive, e di ritirare dal mercato le copie già in commercio); ☞ la **pubblicazione della sentenza** che condanna l'autore della lesione, così che le buone ragioni del danneggiato vengono partecipate a un pubblico vasto; ☞ la **rettifica**, che la vittima di una lesione dell'onore o dell'identità ha diritto di diffondere sullo stesso mezzo (giornale, televisione) che ha realizzato l'offesa o il travisamento, per ristabilire la verità delle cose (art. 8, l. 47/1948 per la stampa; art. 32, d.lgs. 177/2005 per la televisione).

Un ulteriore rimedio privatistico è l'**invalidità degli atti di disposizione**, con cui la persona prende impegni che prefigurano lesioni inammissibili dei propri diritti della personalità, in contrasto con il loro carattere di *diritti indisponibili*: tali impegni non sono validi, e chi li ha presi non è tenuto a rispettarli.

12. La «commercializzazione» dei diritti della personalità

In passato, i valori della personalità ricevevano scarsa considerazione perché il diritto (specie il diritto privato) preferiva occuparsi degli interessi economici. Poi, progressivamente, sono riusciti a imporsi e a conquistare anch'essi l'attenzione del diritto. Nella fase più recente accade una cosa singolare: sempre più spesso il diritto se ne occupa, ma non nella loro originaria essenza di valori non patrimoniali, bensì nelle loro *potenzialità di utilizzazione economica*.

La moderna organizzazione commerciale si fonda sulla *pubblicità* e sulle altre tecniche di *marketing*. A loro volta, queste tecniche fanno crescente ricorso al collegamento fra i prodotti da reclamizzare e determinate persone (di solito personaggi celebri, conosciuti e ammirati dal grande pubblico), che mettono a disposizione del prodotto aspetti della loro personalità: per lo più, il nome e l'immagine. Sono fenomeni ben noti: l'attore X, il cantante Y, il campione sportivo W accettano che il loro nome e il loro volto siano continuamente associati – negli spot televisivi o radiofonici, nelle inserzioni pubblicitarie di quotidiani e riviste, nella réclame dei grandi cartelloni affissi per le strade – a una marca di automobile, a una linea di cosmetici, a una compagnia di assicurazione, di cui si prestano a fare – come usa dire – i «testimoni». E naturalmente contrattano la cessione in uso di questi attributi della loro personalità, in cambio di denaro.

Facendo questo, dispongono in modo lecito di un loro diritto: il *diritto di sfruttare economicamente la propria notorietà presso il pubblico* (negli Stati Uniti si parla di «*right of publicity*»). Se un'impresa se ne appropriasse senza il loro consenso, violerebbe il loro diritto. Restano invece incommerciabili quegli elementi della sfera più intima della persona, il cui sfruttamento economico sarebbe considerato immorale: in particolare gli organi del corpo umano (**13**.3).

IV

I DIRITTI SULLE COSE

14
IL DIRITTO DI PROPRIETÀ NEL SISTEMA GIURIDICO

1. La proprietà come diritto soggettivo

Dopo avere parlato dei diritti soggettivi in generale, ci occupiamo adesso di un particolare diritto soggettivo: il diritto di proprietà. In base ai criteri di classificazione dei diritti soggettivi (**6**), esso si qualifica come un *diritto di natura privata, patrimoniale, assoluto e disponibile.*

Nell'universo dei diritti soggettivi ha una posizione di straordinaria importanza: è il *prototipo del diritto soggettivo*, il diritto soggettivo per eccellenza; le elaborazioni teoriche sulla categoria generale del diritto soggettivo sono state costruite, per lo più, avendo come riferimento ideale il diritto di proprietà. In particolare, è il prototipo dei *diritti «sulle cose»*, e più precisamente di quella fondamentale categoria di diritti sulle cose che sono i «*diritti reali*» (**18**-**19**).

La sua importanza nel sistema del diritto privato è confermata dal fatto che ad esso si intitola un intero libro del codice civile: il terzo libro, «*Della proprietà*».

2. La definizione della proprietà

Il codice civile lo definisce come «il diritto di godere e disporre delle cose in modo pieno ed esclusivo, entro i limiti e con l'osservanza degli obblighi stabiliti dall'ordinamento giuridico» (art. 832). Questa definizione ci dice tre cose: ☞ la prima è che il proprietario ha dei **poteri sulla cosa**, i quali si riassumono in due facoltà: godimento e disposizione (**15**.1); ☞ la seconda è che tali poteri sono in linea di principio **molto forti**, come indicano gli aggettivi «*pieno*» ed «*esclusivo*»; ☞ la terza (che in un certo senso contraddice la seconda) è che i poteri del proprietario sono **limitati dalla legge**: ma non si dice in che consistano tali limiti, né quanto siano estesi e profondi.

La definizione dell'art. 832 si presenta perciò come una formula neutra, che ci dice assai poco su come il diritto di proprietà si configura, in concreto, nell'ordinamento giuridico vigente. Essa *pone sullo stesso piano i poteri del proprietario e i limiti a cui questi poteri possono essere sottoposti*, senza dirci se l'accento cade sui primi oppure sui secondi: se prevalgono pienezza ed esclusività dei poteri del proprietario, e dunque il suo interesse privato; o invece i vincoli giuridici che comprimono tali poteri, in considerazione dei più generali interessi della collettività. Che si tratti di una *definizione neutra* è dimostrato, del resto, dal fatto che essa non è molto diversa da quelle impiegate nel vecchio *codice del 1865* e, prima ancora, nel *code Napoléon* del 1804: in epoche, cioè, in cui il diritto di proprietà aveva un significato politico-sociale e una disciplina giuridica profondamente diversi da quelli attuali.

3. La proprietà negli ordinamenti liberali

Nelle società liberali dell'ottocento, la proprietà era concepita come *potere pieno ed esclusivo* del proprietario, che la legge riconosceva e garantiva contro gli attacchi esterni, senza limitarlo e senza interferire nel suo esercizio, lasciato alla discrezione del privato: la proprietà era il dominio nel quale i privati si muovevano e perseguivano i loro interessi, liberi da interventi e condizionamenti del potere pubblico. Questa concezione era enunciata con grande chiarezza nelle «dichiarazioni dei diritti» coeve alle grandi rivoluzioni borghesi (da quella americana a quella francese), e poi nelle costituzioni degli stati ottocenteschi: ad es. l'art. 29 dello statuto albertino del 1848 – costituzione del Regno di Sardegna, e dopo l'unificazione anche del Regno d'Italia – qualificava la proprietà con l'aggettivo «inviolabile»; e ancor prima, agli esordi della rivoluzione francese, la dichiarazione dei diritti dell'uomo (1789) la definiva addirittura «sacra».

Così concepito, il diritto di proprietà esprimeva un *principio di organizzazione politica ed economica della società liberale*: ☞ sul piano **politico**, affermare l'intangibilità della proprietà privata da parte del potere pubblico significava *garantire i cittadini contro l'arbitrio dei sovrani*, e dunque combattere l'assolutismo. Grandi pensatori politici, come l'inglese John Locke (1632-1704), teorizzarono questa funzione della proprietà privata, in cui si vedeva quasi un complemento necessario della stessa libertà e personalità degli individui; ☞ sul piano **economico**, la rivendicazione di assolutezza dei poteri del proprietario aveva due bersagli. Da un lato si rivolgeva *contro l'organizzazione feudale e corporativa* che gravava di vincoli la proprietà (soprattutto terriera), impedendo quell'utilizzazione efficiente e produttiva delle risorse che invece era richiesta dalle forze del capitalismo nascente: affermare la pienezza dei poteri del proprietario significava porre una condizione per la libertà e l'efficienza della nuova impresa capitalistica. Da un altro lato costituiva un baluardo elevato dal diritto, nell'interesse dei detentori dei mezzi di produzione, *contro le pretese delle classi non proprietarie*.

4. Le trasformazioni della proprietà

La concezione della proprietà come potere assoluto e illimitato entra in crisi per effetto delle profonde trasformazioni economiche, sociali e politiche che maturano fra la metà del secolo XIX e gli inizi del XX.

Si affermano **processi economici**, che tolgono alla proprietà la posizione centrale prima occupata, e ne modificano il ruolo all'interno del sistema produttivo:

☞ in primo luogo un processo di **mobilizzazione della ricchezza**. Ancora per buona parte dell'ottocento, in un'economia prevalentemente agricola, la risorsa economica più importante era rappresentata dai beni immobili, e in particolare dalla terra. Con l'*affermarsi delle attività industriali e dei servizi*, la terra diventa meno importante come risorsa produttiva: acquistano importanza altri tipi di beni – merci, macchine, beni strumentali o di consumo, e soprattutto titoli di credito (si pensi alle azioni di società) – che hanno la caratteristica di essere beni mobili. E siccome la concezione classica della proprietà si riferiva essenzialmente alla proprietà immobiliare, quella concezione comincia a essere erosa nella sua base. Il processo di mobilizzazione della ricchezza trova poi grande impulso con l'affermarsi delle *attività finanziarie* accanto a quelle industriali: si noti che i beni finanziari si definiscono anche «valori mobiliari», e «mercati mobiliari» è sinonimo di mercati finanziari;

☞ poi un processo di **smaterializzazione della ricchezza**. Con lo sviluppo economico, i processi produttivi dipendono sempre più dalla conoscenza e dall'uso delle tecnologie (le «invenzioni» di nuovi prodotti o di nuovi metodi produttivi) o dall'impiego di altre creazioni dell'ingegno umano (una formula pubblicitaria, uno slogan o un segno d'identificazione possono contare molto per il successo di un prodotto sul mercato). È un nuovo importantissimo tipo di ricchezza economica, che ha la caratteristica di non consistere in cose materiali: e infatti i «beni» che vi corrispondono – i brevetti per invenzioni industriali, la ditta, i marchi di fabbrica o di commercio, i diritti d'autore – rientrano nella categoria dei «beni immateriali» (**7**.4). Si parla per essi di «*proprietà industriale*» o «*proprietà intellettuale*» (**57**.1);

☞ poi ancora un processo di **separazione fra proprietà e controllo della ricchezza**, che si manifesta essenzialmente come **scissione fra ruolo del proprietario e ruolo dell'imprenditore**. Nelle economie precapitalistiche la figura del proprietario e la figura dell'imprenditore generalmente coincidevano: chi aveva mezzi di produzione, li organizzava e li utilizzava lui stesso, in prima persona, a fini produttivi. Oggi non è più così (se non in settori marginali dell'economia, come le piccole imprese artigiane): nelle imprese grandi e medio-grandi il proprietario (capitalista) mette a disposizione i capitali, ma di solito non è lui che li organizza e li valorizza direttamente; a questo provvede l'imprenditore, che sempre più spesso gestisce e fa fruttare i capitali (non suoi), grazie alle *competenze tecnologiche e manageriali* che nell'economia moderna tendono a sostituire o almeno affiancare il diritto di proprietà come principale fattore di impulso del processo produttivo.

Oltre che da trasformazioni economiche, la proprietà è poi investita da **trasformazioni di natura politico-sociale**. Contro i poteri e i privilegi dei proprietari – dunque contro il diritto di proprietà privata – si dirigono in misura crescente, a partire dalla seconda metà dell'ottocento, *le critiche ideologiche e l'azione politica dei movimenti di ispirazione socialista*, che denunciano in esso la fonte dello sfruttamento e delle ingiustizie sociali. E crescendo la forza e l'influenza politica del movimento organizzato dei lavoratori, queste critiche si traducono, specie a partire dai primi decenni del novecento, in leggi e altri interventi dello Stato (oramai avviato a farsi Stato sociale) per limitare i poteri dei proprietari.

Di questi mutamenti – economici, politici, e quindi anche giuridici – offrono chiara testimonianza le norme sulla proprietà contenute nella costituzione.

5. La proprietà nella Costituzione

Disciplinare la proprietà in un modo oppure in un altro significa organizzare in un modo oppure in un altro la produzione, la distribuzione e il consumo dei beni, cioè l'intero sistema economico e i connessi rapporti sociali. Questo spiega perché della proprietà si occupi anche la costituzione.

Nella Costituzione, la proprietà è contemplata all'**art. 42**, che si trova *nella parte relativa ai «rapporti economici»*. Già questa collocazione è molto significativa. Essa ci dice che la proprietà non viene più considerata (come lo era nell'ideologia liberale) un attributo necessario della libertà e della personalità umana: i diritti di libertà e gli altri fondamentali «diritti umani» (quelli che l'art. 2

C. definisce «inviolabili») sono infatti previsti altrove, nella parte dedicata ai «principi fondamentali», ai «rapporti civili» e ai «rapporti etico-sociali» (art. 1-34 C.).

La disciplina costituzionale della proprietà comprende una serie di norme che per un verso garantiscono la posizione dei proprietari e tutelano i loro interessi privati, ma per altro verso limitano quella posizione in nome dell'interesse generale. La volontà di trovare un *equilibrio fra garanzie e limiti, fra interesse privato e interesse della collettività* risulta già dall'art. 42, c. 1, C., dove si stabilisce che «*la proprietà è pubblica o privata*», e si precisa che «i beni economici appartengono allo Stato, ad enti o a privati»: una formula che qualifica il nostro sistema come sistema di *economia mista.*

Una prima **garanzia** a favore dei proprietari è stabilita, in termini molto generali, dalla prima parte dell'art. 42, c. 1, C., dove si afferma che «*la proprietà privata è riconosciuta e garantita dalla legge*»: è quindi da escludere (perché sarebbe incostituzionale) l'abolizione della proprietà privata. Alla proprietà privata può affiancarsi la proprietà pubblica: ma la proprietà privata non si può cancellare, essa deve continuare a esistere nel nostro ordinamento. Ma alla garanzia segue subito il **limite**: la stessa legge che riconosce e garantisce la proprietà deve determinarne i modi di acquisto e di godimento, ma soprattutto *i limiti, «allo scopo di assicurarne la funzione sociale e di renderla accessibile a tutti»* (art. 42, c. 2, C.): e su questo concetto torneremo fra breve (**14**.7).

6. L'espropriazione e l'indennizzo

Lo schema che combina garanzie e limiti si ritrova a proposito della espropriazione, di cui si occupa l'art. 42, c. 3, C. La norma stabilisce che «La proprietà privata può essere ... espropriata», cioè tolta al proprietario anche contro la sua volontà, e trasferita a un ente pubblico interessato ad averla. Questa possibilità, che evidentemente gioca contro i proprietari, è però accompagnata da **tre garanzie** a favore degli stessi: ☞ l'espropriazione può avvenire *non per arbitrio o capriccio dell'autorità pubblica*, ma solo se si fonda su **motivi di interesse generale** (consistenti, per lo più, nell'esigenza di realizzare qualche opera pubblica: una strada, un aeroporto, una scuola, un ospedale, ecc.): se questi motivi non ci sono, il proprietario non può essere espropriato; ☞ l'espropriazione può avvenire *solo «nei casi preveduti dalla legge»*: questa garanzia riguarda la fonte a cui si ricollega l'espropriazione, e significa che non è possibile espropriare una proprietà privata se tale espropriazione non rientra in una categoria di espropriazioni prevista da qualche legge o atto con forza di legge; un atto amministrativo non sarebbe sufficiente (principio della **riserva di legge**: **3**.1). La ragione è che la legge è fatta dal Parlamento, cioè da un organo largamente rappresentativo delle diverse posizioni politiche, e perciò capace di garantire una corretta valutazione dei «motivi di interesse generale», e il loro equo bilanciamento con gli interessi del proprietario, molto meglio di quanto potrebbero fare il Governo, una Regione, un ente locale o qualsiasi altro organo o ente pubblico; ☞ al proprietario espropriato spetta una *contropartita economica in denaro*, che lo compensi della perdita subita: l'**indennizzo**.

Una espropriazione che violi anche una sola di queste garanzie è illegittima, e il proprietario vi si può legalmente opporre.

La traduzione concreta dei principi costituzionali in materia di espropriazione ha creato incertezze e problemi soprattutto riguardo alla **misura dell'indennizzo**, che la legge deve prevedere. La Costituzione afferma che un indennizzo deve esserci, ma non precisa il suo ammontare o i criteri per calcolarlo. Importanti precisazioni sono venute dalla Corte costituzionale: questa ha chiarito che non è necessario che l'indennizzo sia pari al valore di mercato (o valore venale) del bene espropriato; può anche essere inferiore, purché resti comunque qualcosa di «*serio*», «*congruo*» e «*adeguato*» rispetto al sacrificio imposto al proprietario, e non si riduca a una somma puramente «simbolica» o «irrisoria». La specificazione di questo criterio è passata attraverso vicende molto travagliate, soprattutto con riferimento all'*indennità di esproprio prevista per i terreni edificabili*. Il legislatore ordinario è intervenuto diverse volte, introducendo vari criteri per il calcolo dell'indennità: criteri che sono passati ripetutamente al vaglio della Corte costituzionale, chiamata a giudicare se la somma risultante fosse «seria» oppure «irrisoria».

7. La funzione sociale della proprietà

Mentre l'espropriazione era prevista già nell'ottocento, il principio della funzione sociale della proprietà privata (art. 42, c. 2, C.) è una novità introdotta dalla Costituzione, e segna un profondo distacco rispetto alla concezione liberale per cui lo Stato deve lasciare il proprietario assolutamente libero di usare i beni secondo il proprio interesse e perfino il proprio capriccio, senza preoccuparsi dei riflessi che le sue scelte avranno sull'interesse generale. Con il principio della funzione sociale questa impostazione è rovesciata: la proprietà deve essere *regolata dalla legge (anche con vincoli, limiti e controlli)* in modo che il suo esercizio *non contrasti con l'interesse generale della collettività o comunque con interessi sociali meritevoli di tutela*. Esso costituisce applicazione di un altro, più generale principio costituzionale: il *principio di solidarietà*, in base a cui la Repubblica richiede «l'adempimento dei doveri inderogabili di solidarietà politica, economica e sociale» (art. 2 C.).

Affermare la «funzione sociale» del diritto di proprietà significa dunque *ri-*

fiutare la tradizionale concezione individualistica ed «egoistica» del diritto stesso. E infatti il concetto di «funzione» implica che chi svolge un'attività la svolge non nell'esclusivo interesse proprio, ma tenendo conto prevalentemente di interessi altrui (in questo senso, la potestà dei genitori sui figli è una funzione: **64**.15). Per questo i giuristi più nostalgici della vecchia idea di proprietà hanno criticato la nuova formula come logicamente contraddittoria con la natura stessa del diritto di proprietà, e più in generale di ogni diritto soggettivo (in quanto fondato sulla libertà del titolare di agire nel proprio interesse: **4**.3). Ma il principio della funzione sociale della proprietà è oramai solidamente radicato nel nostro sistema.

La storia delle idee giuridico-politiche ci dice che le sue radici sono da cercare in due distinti filoni di pensiero: da un lato nel solidarismo cattolico (soprattutto francese) del primo novecento; dall'altro nella tradizione socialista, come dimostra il fatto che essa compare per la prima volta nella costituzione della Repubblica socialdemocratica di Weimar (1919). Ed è evidente il legame ideale fra il dibattito sulla funzione sociale della proprietà e quello sull'abuso del diritto (**6**.7).

La funzione sociale – ovvero la *ragione per cui la legge limita la proprietà* – può riferirsi a esigenze e obiettivi di tipo diverso: ☞ può riferirsi a obiettivi di **efficienza economica**. Vi si riconduce, ad es., il divieto di frazionare beni produttivi (come terreni a uso agricolo) quando le frazioni risultanti non sarebbero suscettibili di un'utilizzazione economicamente efficiente: in questa logica, ad es., l'art. 722 parla di «beni che la legge dichiara indivisibili, nell'interesse della produzione nazionale»; ☞ può riferirsi poi a obiettivi di **giustizia sociale**, che richiedono di comprimere i poteri di determinate categorie di proprietari, sacrificando i loro interessi agli *interessi di ceti non proprietari*. In questo senso, la disciplina delle locazioni – là dove favorisce gli inquilini, limitando le possibilità di azione dei proprietari – può ritenersi diretta ad assicurare la funzione sociale della proprietà di case. Talvolta i due tipi di obiettivi si presentano congiunti, come accade con le misure di *riforma agraria* previste dall'art. 44 C.: «la legge impone obblighi e vincoli alla proprietà terriera privata», sia al «fine di conseguire il *razionale sfruttamento del suolo*», sia a quello «di stabilire *equi rapporti sociali*».

Dagli esempi emergono tre dati:

☞ il primo riguarda la posizione che i **soggetti coinvolti** nell'uso dei beni hanno rispetto ai beni stessi. Spesso le restrizioni del diritto di proprietà, necessarie per attuarne la funzione sociale, intervengono in presenza di un *conflitto di interessi fra il proprietario che non utilizza la propria cosa e un soggetto non proprietario che la utilizza e la fa fruttare*; e la legge favorisce quest'ultimo, il cui interesse coincide con l'*interesse della collettività a che i beni siano impiegati in modo produttivo*. Può richiamarsi l'esempio della legislazione sulle *locazioni urbane* (dove è molto chiara la preferenza per il non proprietario che abita la casa come inquilino, rispetto al proprietario che non l'abita). Ma può ricordarsi anche la legislazione in materia di *contratti agrari* (**50**.10): nel rapporto fra il proprietario non coltivatore e il coltivatore non proprietario, essa manifesta un generale favore per quest'ultimo, limitando correlativamente il diritto di proprietà del primo. Riemerge così il tema della *scissione tra figura del proprietario e figura dell'imprenditore* (**14**.4): e se ne ha conferma che l'attenzione e la simpatia del legislatore si rivolgono sempre più alla seconda;

☞ il secondo rilievo concerne le **tecniche di disciplina**, con cui si realizza la funzione sociale dei beni. Uno dei modi principali con cui il proprietario utilizza i suoi beni consiste nello svolgere attività giuridica (in particolare, fare contratti) sui beni stessi: da un appartamento il proprietario ricava utilità per es. dandolo in locazione. Ecco perché la funzione sociale della proprietà può realizzarsi anche con *norme che riguardano non direttamente la proprietà dei beni, ma i contratti che si fanno su quei beni*: le norme sulle locazioni, che limitano la libertà contrattuale dei proprietari-locatori per proteggere gli inquilini, ne sono un esempio;

☞ la terza considerazione riguarda il **tipo di beni** interessati. La funzione sociale non riguarda la proprietà di tutti i beni indistintamente, ma solo quella di alcune categorie di beni. Essa riguarda i *beni produttivi*, necessari per il funzionamento del sistema economico; riguarda poi beni dalle cui modalità di utilizzazione dipende il soddisfacimento di *importanti bisogni sociali*: dalle esigenze abitative (le case), al razionale assetto del territorio (le aree urbane), alla salvaguardia dell'equilibrio ecologico (beni ambientali), alla conservazione di testimonianze di arte, storia e civiltà (beni culturali). Sono, insomma, quei beni che qualcuno definisce *beni privati di interesse pubblico*. La proprietà di beni diversi, attinenti per lo più alle esigenze di vita e di consumo dei singoli (c.d. *beni «personali»*) ha scarsa rilevanza sociale, e non richiede perciò di essere sottoposta a particolari limiti o vincoli: qui non ha molto senso parlare di funzione sociale della proprietà.

Le norme che limitano la proprietà in nome della funzione sociale sono contenute per lo più in *leggi speciali*. Norme riconducibili a questa logica si trovano, però, anche nel *codice civile*: già abbiamo richiamato l'art. 722. Ma ce ne sono altre: ad es. quelle sull'abbandono, da parte del proprietario, di «beni che interessano la produzione nazionale» (art. 838), sul riordino della proprietà rurale (art. 849 e segg.), sulla bonifica integrale (art. 857 e segg.), sui vincoli idrogeologici (art. 866 e segg.) e sulla proprietà edilizia (art. 869 e segg.).

Un ultimo rilievo. L'affermazione costituzionale del principio della funzione sociale della proprietà ha non solo un grande valore teorico, ma anche notevoli conseguenze pratiche. Le norme che limitano la proprietà di una determinata categoria di beni *non possono considerarsi di natura eccezionale* e derogatoria, rispetto a una pretesa regola per cui la proprietà è normalmente senza limiti; devono invece considerarsi applicazione di un principio generale, quello appunto della funzione sociale: con la conseguenza che si possono applicare per *analogia* (**1**.8).

8. La proprietà conformata per legge, e il «contenuto minimo essenziale» della proprietà (in particolare, le norme urbanistiche)

Assicurare la funzione sociale della proprietà spetta, secondo l'art. 42, c. 2, C., alla legge, cioè al Parlamento. E la legge realizza questo compito, definendo quali sono i poteri del proprietario; stabilendo che cosa egli può e che cosa non può fare, in relazione al suo bene. Dunque *i poteri del proprietario sono quelli che la legge gli riconosce*. E siccome i poteri del proprietario sono il **contenuto del diritto di proprietà**, si può dire che questo è definito dalle *norme che disciplinano l'uso dei beni*. In altre parole, il (contenuto del) diritto è **conformato dal legislatore**.

Ciò premesso, si apre un problema che ha suscitato fra i giuristi italiani un dibattito di grande valore ideale e pratico. Il problema è: in quest'opera di conformazione del diritto di proprietà, *il legislatore è completamente libero oppure incontra dei limiti*? In proposito, si scontrano due tesi opposte:

☞ secondo una teoria, il legislatore non incontra *nessun limite, se non quello della funzione sociale*. Quando egli fa norme che, per es., sottraggono ai proprietari di determinati beni alcune facoltà (impedendo certi usi di quei beni), ciò significa semplicemente che sceglie di conformare quel diritto di proprietà in modo diverso da come esso risultava conformato prima dell'intervento legislativo: ed è libero di farlo, purché ciò sia giustificato da qualche ragione qualificabile come «funzione sociale»;

☞ secondo una diversa teoria, invece, il contenuto del diritto di proprietà non può considerarsi un foglio bianco su cui il legislatore è libero di scrivere tutto ciò che risulti giustificato alla luce della funzione sociale: il contenuto del diritto di proprietà è definito prima di tutto dalla *«natura» o «essenza» intrinseca del diritto* stesso, o meglio dalla *«naturale» destinazione economica del bene*, a cui corrisponde un nucleo essenziale, un contenuto minimo del diritto, che il legislatore deve rispettare (teoria del **«contenuto minimo essenziale» della proprietà**). Da questa teoria deriva una notevole conseguenza pratica: quando il legislatore sottrae al proprietario una di queste facoltà appartenenti al «contenuto minimo essenziale» della proprietà, è come se cancellasse il diritto medesimo. E quindi fa qualcosa che nella sostanza si identifica con un'espropriazione, anche se il diritto di proprietà viene solo schiacciato o amputato, e non formalmente tolto al proprietario per essere trasferito a un ente pubblico (si parla in proposito di *espropriazione anomala*, o *espropriazione non traslativa*): con la conclusione che al proprietario cui la legge impone queste limitazioni del suo diritto è dovuto un *indennizzo* in base all'art. 42, c. 3, C.; e se la legge non lo prevede, è una legge incostituzionale.

La contrapposizione fra le due teorie si manifesta con particolare rilevanza a proposito di quel particolare tipo di bene rappresentato dalle **aree edificabili**. Il loro uso è regolato dalle **norme urbanistiche** (contenute in varie fonti: leggi dello Stato, leggi regionali, piani regolatori e regolamenti edilizi dei Comuni). Esse hanno lo scopo di garantire la *crescita equilibrata delle città*, evitando fenomeni socialmente negativi come la costruzione di edifici di aspetto estetico sgradevole o tali da pregiudicare i valori del paesaggio, o come la realizzazione di quartieri eccessivamente densi e privi delle necessarie dotazioni di infrastrutture e servizi (strade, zone verdi, ecc.), o come la commistione fra insediamenti residenziali e insediamenti industriali. Per raggiungere tale scopo, *le norme urbanistiche conformano il diritto di proprietà delle aree edificabili*, limitando in vario modo le possibilità di azione dei loro proprietari. In particolare, esse *incidono sulla facoltà di costruire* (c.d. «ius aedificandi»), definendo se, quanto e come il proprietario di un'area può utilizzarla per realizzarvi degli edifici. Il problema è fino a che punto il legislatore può spingersi nel limitare tale facoltà. Esso ha ricevuto soluzioni diverse, e spesso contrastanti, in relazione alle diverse impostazioni teoriche cui si è fatto cenno poco fa. Anche su questo problema (un po' come è accaduto per quello dell'indennità di esproprio: **14**.6) si registrano: da un lato una serie di interventi legislativi che introducono limitazioni di vario genere al «ius aedificandi» dei proprietari; e dall'altro lato diverse sentenze della Corte costituzionale che giudicano se tali limiti siano compatibili con i principi dell'art. 42 C.

La complessa legislazione che regola l'uso della proprietà dei terreni a scopo edilizio è stata riordinata con il d.P.R. 380/2001, che approva il c.d. *testo unico dell'edilizia*.

9. Il tramonto della nozione unitaria di proprietà

Il legislatore non definisce allo stesso modo i poteri di tutti i proprietari, quale che sia il bene su cui si esercita il loro diritto. Quindi *il contenuto della proprietà è conformato diversamente a seconda dei diversi tipi di bene*, perché non tutti i beni hanno la medesima rilevanza economico-sociale. È chiaro ad es. che per assicurare la funzione sociale della proprietà privata di beni quali le aree urbane, o gli edifici di pregio artistico e storico (che mettono in gioco valori socialmente importanti, come l'ordinato sviluppo delle città, o la conservazione di opere d'arte e di memorie di civiltà), il diritto del proprietario deve subire limitazioni legislative ben più forti di quelle che possono ragionevolmente richiedersi per beni meno importanti.

Moltiplicandosi gli interventi del legislatore, diretti a regolare l'uso dei beni in nome della funzione sociale, si moltiplicano perciò anche le differenze fra i modi in cui sono conformati i diritti di proprietà sulle diverse categorie di beni: questi vengono sottoposti a «statuti» (cioè complessi di regole) differenziati. Il diritto di proprietà smarrisce così il suo carattere unitario. Ci sono *tanti diversi diritti di proprietà, quanti sono gli statuti differenziati dei beni*: dei beni culturali, ambientali, produttivi, delle aree edificabili, ecc. E ciascuno di questi statuti tende a incorporarsi in un apposito testo normativo, dedicato a quel particolare tipo di bene, e quindi di «proprietà». Abbiamo ad es. il *testo unico dell'edilizia*, già citato; e più di recente il *codice dei beni culturali e del paesaggio* contenuto nel d.lgs. 42/2004, che regola la proprietà di tutti i beni appartenenti a questa categoria, siano essi beni demaniali (**7**.13), o beni privati di interesse pubblico (**14**.7).

Oggi, dunque, non ha più senso dire che c'è *«la» proprietà* al singolare; conviene usare il plurale, e dire che ci sono *«le» proprietà*.

10. I diversi usi del termine «proprietà», e le «nuove proprietà»

È opportuno distinguere fra l'uso tecnico-giuridico del termine «proprietà», e un suo uso affermatosi fuori del linguaggio tecnico-giuridico.

Nel suo *senso tradizionale e tecnicamente più preciso* (che corrisponde del resto alla definizione dell'art. 832), la proprietà è un diritto che *ha per oggetto solo «cose», cioè beni materiali*. Abbiamo già detto che essa è l'esemplare principale di quella categoria di diritti soggettivi che sono i diritti «sulle cose», e in particolare i diritti «reali» (da «res», che in latino significa appunto «cosa»).

Ma oggi – nel linguaggio economico e sociologico, e anche nel linguaggio comune – di proprietà si parla in un senso più ampio. Se dico che una persona «ha molte proprietà», faccio riferimento non solo ai suoi appartamenti, gioielli, quadri, automobili, ecc. (cioè ai suoi beni materiali), ma anche ai suoi conti bancari e ai suoi investimenti finanziari: che, a rigore, non sono oggetto di un diritto di proprietà, bensì di un diritto di credito. E così si parla di «proprietà artistica» e di «proprietà industriale» per indicare il diritto d'autore e i diritti sulle invenzioni industriali (brevetti) e sui marchi: ma, anche qui, siamo di fronte a diritti che non corrispondono alla definizione dell'art. 832. Con queste formule il termine «proprietà» designa anche diritti su quelli che abbiamo chiamato *beni immateriali*: si identifica, in definitiva, con *l'intero patrimonio del soggetto, considerato nei suoi valori attivi* (**7**.16). Quest'uso del termine può avere però anche un significato giuridico, consistente nell'*equiparare* questi diritti su beni immateriali (che tecnicamente non sono proprietà) al diritto di proprietà, per ciò che riguarda il loro *trattamento giuridico*: significa per es. sostenere che i poteri dei loro titolari devono essere ampi e forti come i poteri del proprietario; che i rimedi per la loro protezione legale devono essere energici come quelli a disposizione del proprietario; che anche per essi valgono le garanzie costituzionali della proprietà.

Un ragionamento analogo deve farsi, per capire cosa si intende quando si parla di «*nuove proprietà*». Con questa formula si allude alle nuove risorse, ai nuovi valori economici che emergono dallo sviluppo delle tecnologie e del sistema produttivo: conoscenze tecniche, informazioni di mercato, schemi di organizzazione aziendale, modelli di distribuzione commerciale, idee e slogan pubblicitari, ecc.; ma anche beni di tipo collettivo, che emergono nell'evoluzione della coscienza sociale. In breve: le «nuove proprietà» sono le proprietà dei «nuovi beni»: di quei valori che diventano «beni» nel momento in cui le norme o l'interpretazione delle norme li considerano meritevoli di protezione giuridica, e quindi possibile oggetto di diritti (7.14): e chiamarli nuove «proprietà» significa ipotizzare per essi una protezione giuridica forte come quella che assiste il diritto di proprietà.

15
L'ESERCIZIO DELLA PROPRIETÀ

SOMMARIO: 1. Il contenuto della proprietà: godimento e disposizione dei beni. – 2. I poteri di esclusione. – 3. I limiti della proprietà. – 4. Il divieto degli atti emulativi. – 5. Proprietà fondiaria e rapporti di vicinato. – 6. Le immissioni. – 7. Le distanze legali. – 8. Luci e vedute. – 9. Stillicidio e acque private.

1. Il contenuto della proprietà: godimento e disposizione dei beni

Come sappiamo, il contenuto del diritto di proprietà è *l'insieme delle facoltà che spettano al proprietario per l'utilizzazione del bene* (così come delimitate dalle norme che regolano il bene in questione: **14**.8). Dalla definizione dell'art. 832 – «Il proprietario ha diritto di godere e disporre delle cose ...» – risulta che tali facoltà possono classificarsi in due categorie:

☞ la **facoltà di godimento** è qualsiasi modo di *impiegare la cosa e ricavarne utilità*, che il proprietario possa attuare *senza rinunciare alla piena proprietà* della cosa stessa: essa realizza quello che gli economisti definiscono il *valore d'uso*. Ad es., chi ha la proprietà di un appartamento ne «gode» sia abitandolo, sia usandolo come ufficio, sia prestandolo a un amico, sia dandolo in locazione, sia anche tenendolo vuoto in attesa di decidere cosa farci;

☞ la **facoltà di disposizione** è quella con cui il proprietario realizza il *valore di scambio* della cosa: cioè ne ricava delle utilità (generalmente economiche, e quasi sempre monetarie), che può ottenere solo *rinunciando alla (piena) proprietà della cosa* stessa. Ad es., il proprietario «dispone» della cosa se la vende, o la dà in usufrutto. Ma ne dispone anche se la regala: in questo caso, l'utilità del proprietario non consiste in un corrispettivo economico, ma nella soddisfazione del suo spirito di liberalità (**70**.3). Ne dispone anche, in senso tecnico, se ci costituisce sopra ipoteca a favore di un creditore: infatti l'ipoteca dà al creditore che ce l'ha un potere molto intenso di aggredire la cosa, che può sfociare nella sua fuoriuscita dal patrimonio del proprietario (**27**.11). Il concetto di «disposizione» si lega a quello che abbiamo visto essere, nel linguaggio giuridico, il significato del verbo «disporre» (di un diritto: **6**.5).

2. I poteri di esclusione

Sempre dall'art. 832 risulta che i poteri del proprietario possono essere da lui esercitati in modo (tendenzialmente) «pieno ed esclusivo». La parola «esclusivo» va presa alla lettera. Essa significa che il proprietario ha la *facoltà di escludere ogni altro soggetto dal godimento della cosa, e di impedire interferenze altrui nel suo godimento*: sono i c.d. poteri di esclusione. Ne costituiscono applicazione la norma per cui il proprietario può in qualunque tempo chiudere il fondo (art. 841), e quella per cui non si può entrare nel fondo altrui per l'esercizio della pesca, senza il consenso del proprietario del fondo (art. 842, c. 3). Peraltro i poteri di esclusione, e la corrispondente tutela contro le interferenze altrui, incontrano dei **limiti**. Ad es., il proprietario non può impedire l'*accesso al fondo*: ☞ a chi vuole entrarci *per l'esercizio della caccia* (a meno che il fondo sia stato appositamente chiuso, o ci sia rischio di danno a colture: art. 842, c. 1) ☞ a chi vuole entrarci *per recuperare oggetti o animali*, salvo che il proprietario del fondo li consegni lui stesso (art. 843, c. 3; cfr. anche art. 924-925). Inoltre, deve ammettersi che in certe zone (soprattutto in montagna) valga *la regola del libero accesso* nel fondo altrui, anche senza il preventivo consenso del proprietario, per svolgere attività come l'escursionismo o lo sci o la raccolta di funghi: fonte di questa regola è la *consuetudine* (**3**.2).

I poteri di esclusione incontrano poi un altro limite. In linea di principio, la proprietà di un fondo si estende sia allo **spazio aereo sovrastante**, sia al **sottosuolo** (che il proprietario, ad es., può utilizzare per costruirci un garage sotterraneo): art. 840, c. 1. E tuttavia, il proprietario non può impedire che altri compiano, nel sottosuolo del suo fondo o nello spazio sovrastante, *attività le quali si svolgano a profondità o rispettivamente ad altezza tale, che egli non abbia interesse a escluderle* (art. 840, c. 2): non potrei oppormi, per es., al passaggio di aerei che sorvolino ad alta quota il mio terreno (come, del resto, prevede esplicitamente il codice della navigazione: art. 823 c.n.); né allo scavo di una galleria che passi a notevole profondità nel sottosuolo del mio terreno, senza portarmi il minimo danno o disturbo. Inoltre, è vero che al proprietario di un terreno e del relativo sottosuolo spetta anche la proprietà di «*tutto ciò che vi si contiene*». Ma la regola incontra dei *limiti*, ad es. nelle norme sulle miniere, cave e torbiere, e sulle cose di interesse storico, archeologico, ecc., che riservano questi beni allo Stato (art. 840, c. 1).

3. I limiti della proprietà

I limiti della proprietà si ripartiscono, tradizionalmente, in due categorie:
☞ i limiti **nell'interesse pubblico** sono imposti dalla legge al proprietario

per soddisfare superiori *interessi della collettività*, e cioè per realizzare la *funzione sociale* della proprietà (**14**.7);

☞ i limiti **nell'interesse privato** sono imposti al proprietario nell'*interesse di altri privati*, generalmente *proprietari di fondi vicini*: adesso ne parliamo.

4. Il divieto degli atti emulativi

In base al divieto degli atti emulativi, «Il proprietario non può fare atti i quali non abbiano altro scopo che quello di nuocere o recare molestia ad altri» (art. 833). Per ricadere nel divieto occorre: ✦ che l'atto rechi *danno* o *disturbo* a un altro soggetto; ✦ che l'atto non corrisponda a *nessun apprezzabile interesse del proprietario* che lo compie; se invece un tale interesse esiste, l'atto è lecito anche se l'utilità che esso procura al proprietario è minore del danno o del disturbo che esso reca ad altri (in altre parole, il giudice non può valutare comparativamente i due interessi in gioco; deve solo verificare se esiste o meno un qualsiasi interesse del proprietario, anche tenue o solo potenziale – purché oggettivamente apprezzabile); ✦ che l'atto sia sorretto dall'*intento esclusivo di recare danno o disturbo* ad altri: nell'impossibilità di un vero e proprio accertamento psicologico, l'esistenza di questo elemento si ricava, con un giudizio obiettivo, dall'assenza di interesse del proprietario.

L'esempio più comune di atto emulativo è l'edificazione di un muro nel proprio fondo, al solo scopo di togliere luce o vista al vicino.

Nel divieto degli atti emulativi tradizionalmente si identifica una forma di repressione dell'*abuso del diritto* (di proprietà): **6**.7. Peraltro le applicazioni pratiche della norma risultano scarse e poco significative.

5. Proprietà fondiaria e rapporti di vicinato

Gli autori del codice erano ancora legati alla vecchia idea che la *proprietà di beni immobili* sia la proprietà per eccellenza, la forma di ricchezza più importante dal punto di vista economico e sociale, e perciò da regolare con particolare accuratezza: infatti su 120 articoli dedicati dal codice al diritto di proprietà, ben 82 (raccolti nel capo II) riguardano la *proprietà fondiaria.*

Questo spiega la disciplina così minuziosa che nel codice ricevono i *limiti al diritto di proprietà introdotti nell'interesse dei proprietari di fondi confinanti* (c.d. rapporti di vicinato). I principali riguardano: le immissioni; le distanze legali; le luci e le vedute; lo stillicidio e la disciplina delle acque private.

6. Le immissioni

L'art. 844 disciplina «le *immissioni di fumo o di calore*, le *esalazioni*, i *rumori*, gli *scuotimenti* e simili propagazioni derivanti dal fondo del vicino»: il proprietario è tenuto a sopportarle, ma solo fino a che esse «non superano la **normale tollerabilità**».

Spetta al giudice valutare, nei singoli casi concreti, se questa soglia è superata o meno. E per rendere questa valutazione meno arbitraria e imprevedibile, la legge offre alcuni criteri: ☞ la «*condizione dei luoghi*»: un rumore, tollerabile in una zona disabitata, può diventare intollerabile nell'ambito di un insediamento abitativo; lo stesso rumore (o fumo, o effetto di vibrazione), tollerabile in una zona industriale, può non esserlo in una zona residenziale; ☞ la «*priorità di un determinato uso*»: se costruisco e occupo una casa in prossimità di un preesistente impianto industriale, installato quando nella zona non c'erano abitazioni, la mia lamentela per i fumi che la investono è certo meno fondata di quanto lo sarebbe nel caso opposto, di un'industria insediata successivamente in una zona già in precedenza occupata da abitazioni; ☞ l'esigenza di «*contemperare le esigenze della produzione con le ragioni della proprietà*». Si tratta di soppesare comparativamente: da un lato la misura del danno sofferto dal proprietario che subisce le immissioni; dall'altro, la misura del costo che chi esercita l'attività inquinante dovrebbe accollarsi per eliminarle; e ancora le conseguenze che per l'economia di quella zona avrebbe la chiusura dell'attività, se questa fosse l'unica via per eliminare le immissioni. La soluzione che esce dal «contemperamento» richiesto dalla norma può consistere in questo: le immissioni, benché superiori alla normale tollerabilità, sono *consentite* (perché derivano da un'attività socialmente molto utile, perché eliminarle avrebbe costi pazzeschi, ecc.); ma chi le produce deve pagare un *indennizzo* a chi le subisce.

Quando un'immissione risulta illecita in base ai criteri appena esaminati, chi la subisce ha due possibili **rimedi** legali: l'*azione inibitoria*, per ottenerne la cessazione; e il *risarcimento* del danno già prodotto.

In passato qualcuno pensava che un'applicazione energica del divieto di immissioni potesse costituire un utile strumento per combattere i fenomeni di *inquinamento*, e così proteggere l'ambiente naturale. In realtà, questo obiettivo può essere realizzato in modo efficace solo con interventi della pubblica amministrazione, previsti dalle apposite leggi in materia di inquinamento atmosferico, idrico, del suolo. Solo questi interventi possono offrire *rimedi preventivi* (cioè capaci di impedire il fenomeno prima che si produca), e *rimedi generali* (cioè capaci di impedirlo a favore dell'intero ambiente, non di una singola proprietà).

7. Le distanze legali

Per ragioni soprattutto igieniche, la legge vuole *evitare che fra gli edifici costruiti su fondi confinanti ci siano intercapedini troppo strette*: perciò tali edifici devono essere o *uniti e aderenti* tra loro, oppure separati da una *distanza minima*, che l'art. 873 indica in *tre metri*, prevedendo però che i *regolamenti edilizi* dei Comuni possono stabilire una distanza maggiore (ed è quello che di solito accade).

Se, fra i proprietari di due fondi vicini, l'uno ha costruito prima a una distanza dal confine inferiore alla metà di quella prescritta (per es., a un metro), l'altro che voglia successivamente costruire ha un'alternativa: ☞ o *tiene la sua costruzione arretrata* di almeno due metri dal confine, così che la distanza fra gli edifici sia comunque tre metri; ☞ oppure *costruisce in aderenza* all'edificio del vicino (che non può opporsi), pagando però il valore della parte di terreno di quest'ultimo occupato a tale scopo, oltre al valore della metà del muro del vicino, a cui appoggia la propria costruzione (art. 875). In quest'ultimo caso il muro diventa, anche contro la volontà del proprietario originario, di proprietà comune (*comunione forzosa del muro*). Lo stesso risultato può aversi quando uno dei proprietari abbia *costruito sul confine*: il vicino, anche se non intende costruire sul proprio fondo, può diventare comproprietario del muro, pagando la metà del suo valore (art. 874).

Altre norme riguardano le distanze da osservare nell'apertura di *pozzi e cisterne* (art. 889); nello scavo di *fossi e canali* (art. 891); nella piantagione di *alberi e siepi* (art. 892 e segg.).

Quando c'è una violazione delle distanze legali previste dal codice o da fonti richiamate dal codice (come i regolamenti edilizi dei Comuni), il proprietario del fondo confinante ha due **rimedi** (oltre a quanto già visto in materia di comunione forzosa del muro): può chiedere ☞ la *riduzione in pristino* (cioè la rimozione di quanto fatto in violazione delle distanze), e ☞ il *risarcimento del danno*.

Le leggi speciali e i regolamenti edilizi sottopongono le costruzioni anche ad *altri limiti e regole*, oltre a quelli sulle distanze: ad es. sull'altezza massima degli edifici, su forma e materiale dei tetti, sul colore delle facciate (c.d. norme di ornato). Qui, in caso di violazione, si producono le *conseguenze amministrative* previste da tali norme; e inoltre, chi risulta danneggiato dalla violazione può chiedere il *risarcimento* (ma non la riduzione in pristino).

8. Luci e vedute

Le **luci** sono finestre o aperture che «danno passaggio alla luce e all'aria, ma *non permettono di affacciarsi* sul fondo del vicino». Possono essere aperte solo a un'altezza minima dal suolo, e devono seguire particolari *accorgimenti costruttivi* (inferriate, grate) per evitare l'affaccio sul fondo vicino (art. 901).

Le **vedute** sono finestre o aperture che «*permettono di affacciarsi e di guardare* di fronte, obliquamente o lateralmente», nel fondo del vicino. Si possono aprire solo rispettando determinate *distanze* dall'altro fondo (art. 905 e segg.).

Le regole su luci e vedute cercano, come è chiaro, di conciliare l'interesse di un proprietario ad avere luce, aria e vista, con l'interesse del proprietario vicino a difendere la propria intimità contro sguardi indiscreti: offrono, in un certo senso, una difesa materiale e preventiva al suo diritto alla *riservatezza* (**13**.8).

9. Stillicidio e acque private

Alcuni articoli del codice regolano i rapporti fra proprietari vicini, in relazione al regime delle acque.

Il proprietario deve costruire i tetti in modo tale che le *acque piovane* scolino nel suo terreno e non cadano nel fondo del vicino (art. 908).

Quanto alle altre acque (di superficie o sotterranee) il codice si occupa delle **acque private**, cioè di quelle che non appartengono al demanio idrico (**7**.13). Si segnalano, fra le altre, le seguenti regole: ☞ il proprietario può utilizzare le acque che scorrono nel suo fondo o lo delimitano, o quelle che comunque esistono nel suo terreno, ma deve farlo in modo tale da *non portare danno ai fondi altrui* (art. 909-911); ☞ la *lite fra proprietari* circa l'uso di un'acqua privata è decisa dal giudice valutando gli interessi privati dei proprietari e l'utilità che gli usi in conflitto possono portare all'agricoltura o all'industria (art. 912); ☞ i proprietari interessati hanno l'obbligo di provvedere alla *costruzione o riparazione di sponde e argini*, o di concorrere alle relative spese, quando ciò è necessario per impedire che le acque danneggino i fondi (art. 915-917); ☞ per la migliore gestione delle acque, i proprietari interessati possono riunirsi in consorzio (*consorzi volontari*: art. 918), e tale riunione può anche essere imposta dall'autorità amministrativa (*consorzi coattivi*: art. 921).

16
ACQUISTO E TUTELA DELLA PROPRIETÀ

1. I modi di acquisto della proprietà

La proprietà, come in generale ogni diritto soggettivo, può acquistarsi in vari modi, a seconda del «titolo» in base al quale avviene l'acquisto (**8**.6). Particolare importanza ha la distinzione fra:

☞ acquisti **a titolo derivativo**, che avvengono *sulla base di un rapporto* fra l'acquirente e il precedente titolare del diritto, che lo trasmette; e

☞ acquisti **a titolo originario**, che *prescindono dal rapporto* con il precedente titolare.

2. Gli acquisti a titolo originario

I modi di acquisto a titolo originario corrispondono in generale a *fattispecie più elementari e primitive* di quelle che danno luogo agli acquisti a titolo derivativo: riflettono tecniche di circolazione della ricchezza poco evolute. Il titolo dell'acquisto consiste principalmente in *fatti materiali*, e non in atti giuridici (negoziali).

Essi presentano una caratteristica importante: chi acquista a titolo originario, acquista un *diritto di proprietà pieno e libero dai vincoli* che in ipotesi limitavano il diritto del proprietario precedente; inoltre fa un *acquisto stabile*, che non può essere messo in discussione da eventuali irregolarità presenti nell'acquisto del proprietario precedente. Esattamente l'opposto di quanto si verifica, come vedremo, negli acquisti a titolo derivativo (**16**.10). Si potrebbe dire che negli acquisti originari il carattere rudimentale, primitivo del titolo è compensato da una sua maggiore robustezza.

I modi di acquisto a titolo originario sono i seguenti: ☞ *occupazione*; ☞ *invenzione*; ☞ *accessione*; ☞ *unione* e *commistione*; ☞ *specificazione*; ☞ *usucapione* e *regola «possesso vale titolo»*. Inoltre, il proprietario di una cosa fruttifera acquista a titolo originario i frutti (naturali) che questa produce (**7**.12).

3. L'occupazione

L'occupazione è *l'impossessamento di una cosa che attualmente non ha proprietario* (art. 923). Può trattarsi solo di una *cosa mobile*, perché gli immobili che non risultano proprietà di nessuno spettano automaticamente al patrimonio dello Stato (art. 827), e quindi hanno comunque un proprietario.

Cose mobili senza proprietario (c.d. *beni vacanti*) sono quelle *volontariamente abbandonate* da chi ne era titolare, il quale ha così perso il suo diritto (ad es.: abbandono di un vecchio elettrodomestico in un deposito di rifiuti), e quelle che non sono mai appartenute a nessuno (ad es., la fauna ittica).

Eccezionalmente, possono acquistarsi per occupazione anche *cose che appartengono a qualcuno*: gli animali selvatici appartengono allo Stato, ma i cacciatori possono catturarli e così farli propri, entro i limiti posti dalle leggi sulla caccia; i funghi appartengono al proprietario del terreno dove nascono, ma se questi non ne vieta la raccolta, si ammette – in base alla consuetudine – che chi li raccoglie ne acquisti la proprietà.

4. L'invenzione

«Invenzione» (dal latino «invenire» = trovare) significa qui *ritrovamento*. È un modo di acquisto che riguarda le *cose mobili smarrite* dal proprietario (ivi comprese quelle che gli sono state rubate), e si realizza nel modo seguente.

Chi trova una cosa mobile smarrita, ha l'*obbligo di restituirla al proprietario o consegnarla al sindaco* (art. 927). Se – consegnata la cosa al sindaco – passa *un anno* senza che il proprietario la reclami, il ritrovatore ne acquista la proprietà (art. 929). Se invece il proprietario recupera la cosa, deve *pagare un premio* al ritrovatore, che la legge fissa in una percentuale del valore della cosa: un ventesimo del valore eccedente 5,16 euro (art. 930).

Una disciplina particolare ha il **ritrovamento del tesoro**, cioè di una *«cosa mobile di pregio, nascosta o sotterrata, di cui nessuno può provare d'essere pro-*

prietario» (art. 932). In linea di massima, per un principio che già conosciamo (**15**.2), il tesoro appartiene al *proprietario del fondo* in cui giace. Se però viene scoperto casualmente da persona diversa dal proprietario del fondo, spetta per *metà al ritrovatore* e per *metà al proprietario* del fondo. Se il ritrovamento da parte dell'estraneo non è casuale, ma avviene per es. in seguito a ricerche commissionate dal proprietario o concordate con questo, è chiaro che i diritti del ritrovatore dipendono da tali *accordi con il proprietario.*

Se però il ritrovamento riguarda *oggetti d'interesse storico o artistico* (un vaso etrusco, una stele romana) questi spettano allo *Stato* (art. 826, c. 2), e il ritrovatore ha solo diritto a un *premio* (art. 88 e segg. d.lgs. 42/2004).

Norme speciali (contenute nel codice della navigazione) valgono per il ritrovamento delle cose gettate in mare, dei relitti di imbarcazioni e dei relitti di aeromobili (art. 933).

5. L'accessione

Si ha accessione quando *una cosa accessoria si incorpora o si unisce a una cosa principale*: il proprietario di quest'ultima acquista allora anche la proprietà della prima. Si distinguono due tipi di accessione:

☞ l'**accessione per fatto dell'uomo** può aversi quando in un fondo vengono eseguite *piantagioni, costruzioni o altre opere con materiali che appartengono a soggetto diverso dal proprietario del fondo.* In tal caso si distinguono due ipotesi: ✦ se le opere sono *eseguite dal proprietario del fondo con materiali altrui*, egli acquista la proprietà delle opere (art. 934) pagando il *valore dei materiali* al loro proprietario, salvo che costui ne chieda la *separazione*, e che questa possa farsi senza danneggiare l'opera o la piantagione (art. 935); ✦ se invece le opere sono *eseguite dal proprietario dei materiali sul fondo altrui*, il proprietario del fondo può scegliere se chiedere che siano *tolte*, o invece *farle proprie*: in tal caso, ne diventa proprietario, ma deve pagare al proprietario dei materiali la *somma minore* fra il valore di questi e l'aumento di valore arrecato al fondo (art. 936). Ovviamente queste regole presuppongono che l'opera sia realizzata al di fuori di qualsiasi accordo fra proprietario del fondo e proprietario dei materiali. Se invece fra loro c'è un *accordo* al riguardo (come nel caso che il proprietario del terreno abbia incaricato un'impresa edile di eseguire l'opera fornendo i materiali), la situazione è regolata da tale accordo: l'appaltante acquista la proprietà dell'opera man mano che questa è costruita, e deve pagare il prezzo fissato nel contratto (**40**.1-3);

☞ l'**accessione per fatto naturale** comprende due ipotesi principali: ✦ l'**alluvione**, per effetto della quale il proprietario del fondo situato lungo un corso d'acqua acquista gli incrementi di terreno ad esso apportati nel tempo, lentamente e impercettibilmente, per l'azione delle acque (art. 941); ✦ l'**avulsione**, per effetto della quale lo stesso proprietario acquista quella porzione notevole e riconoscibile di un altro fondo, che la forza del fiume o del torrente abbia staccato e trascinato fino al suo fondo: in tal caso, deve al proprietario del fondo impoverito un'indennità, non superiore all'incremento di valore guadagnato dal suo fondo (art. 944). Fino al 1994 ce n'era una terza: il c.d. *alveo abbandonato*, che si ha quando un fiume si forma un nuovo letto, abbandonando il vecchio, che diventa terra emersa: prima la proprietà di esso andava – metà per uno – ai proprietari dei fondi confinanti con le due rive: ma il nuovo testo dell'art. 946 (come modificato dalla l. 37/1994) stabilisce che diventi bene demaniale.

6. L'accessione invertita

Abbiamo visto che normalmente la proprietà del suolo prevale sull'iniziativa di chi, con materiali propri, costruisce sul suolo altrui: il proprietario del suolo diventa proprietario della costruzione. Ma questo principio conosce qualche eccezione. Può accadere l'inverso (ecco perché si parla di accessione invertita): *chi fa una costruzione sul suolo altrui ne tiene la proprietà, e anzi acquista anche la proprietà del terreno su cui la costruzione è fatta.*

Un'ipotesi del genere è prevista dal codice (art. 938). Quando uno fa una costruzione sul proprio terreno, e *in buona fede* (cioè senza volerlo e senza saperlo) *invade una porzione del terreno confinante*, il proprietario del terreno invaso può opporsi: ma se lascia passare *tre mesi senza fare opposizione*, il giudice può attribuire al costruttore la proprietà sia dell'edificio sia del terreno occupato; in tal caso, deve pagare al proprietario di questo il *doppio del valore* della superficie invasa, e in più il *risarcimento* del danno.

Un'altra ipotesi è stata creata dalla *giurisprudenza*, per il caso in cui una **pubblica amministrazione** avvia il procedimento di *espropriazione* di un terreno privato necessario per realizzare un'**opera pubblica**, e prima che il procedimento sia regolarmente compiuto *occupa il terreno* e costruisce l'opera. Se l'*occupazione* risulta poi *illegittima* perché il procedimento espropriativo non si perfeziona, la situazione è che la pubblica amministrazione ha costruito illegittimamente sul terreno del privato. Per tutta una fase i giudici hanno ritenuto che, essendo inconcepibile che il privato proprietario del terreno acquisti la proprietà dell'opera pubblica (per accessione, come teoricamente dovrebbe accadere), la conseguenza è che *il terreno, oramai trasformato dall'esistenza dell'opera, passa automaticamente in proprietà alla pubblica amministrazione* (ecco perché si parlava di **occupazione acquisitiva**). E aggiungevano che siccome il comportamento illegittimo della pubblica amministrazione in questo modo danneggia il privato togliendogli il suo terreno, l'amministrazione gli deve un *risarcimento*, pari al *valore di mercato* del terreno acquisito.

Senonché, questo meccanismo è stato ritenuto *contrario alla tutela della proprietà, garantita dalla Convenzione europea sui diritti dell'uomo*. E per questo di recente *la nostra giurisprudenza ha smesso di applicarlo*: adesso la regola è che il privato non perde la proprietà del terreno occupato illecitamente con l'opera pubblica, bensì può scegliere se chiederne la restituzione (ove possibile), oppure rinunciare alla proprietà e chiedere il risarcimento per la perdita della stessa.

7. Unione e commistione

Questo modo di acquisto risponde allo stesso schema dell'accessione, ma riguarda, anziché terreni, cose mobili. Ricorre quando più cose mobili appartenenti a diversi proprietari sono state unite o mescolate così da formare una cosa unica, e non sono separabili: ad es., il proprietario di una barca la dipinge impiegando vernice altrui (unione); oppure un produttore di vino usa, per «tagliare» il proprio prodotto, del mosto appartenente ad altri (commistione).

In tal caso, occorre distinguere: ☞ se le cose approssimativamente *si equivalgono* per funzione e valore economico, la proprietà diventa comune; ☞ se invece una delle cose è *prevalente* rispetto all'altra, il proprietario di essa acquista da solo la proprietà del tutto, salvo il pagamento di un corrispettivo all'altro proprietario (art. 939).

Se invece le cose unite o mescolate sono separabili senza problemi, ciascuno rimane proprietario della sua e può chiederne la separazione (art. 939, c. 1).

8. La specificazione

La specificazione è *l'attività di chi crea qualcosa con il proprio lavoro, utilizzando materiali altrui* (ad es., confezione di un pullover con lana appartenente ad altri).

Anche qui occorre distinguere: ☞ se il *valore della materia* sorpassa notevolmente quello della manodopera, la proprietà della nuova cosa spetta *al proprietario della materia*, che deve pagare il *prezzo della manodopera*; ☞ in ogni altro caso, la nuova cosa spetta *a chi l'ha creata*, salvo il pagamento del prezzo della materia al proprietario di questa (art. 940). Naturalmente queste regole non si applicano, quando chi crea nuovi prodotti con materiali altrui lo fa in base a un *accordo* con il proprietario dei materiali: in particolare, nel caso del lavoratore dipendente o dell'artigiano che elaborano, per il datore di lavoro o il committente, materia fornita da questi ultimi.

9. Usucapione e regola «possesso vale titolo» (rinvio)

Altri due modi di acquisto della proprietà a titolo originario sono l'usucapione, che può riguardare beni sia immobili sia mobili; e la regola «possesso vale titolo», che opera solo per i beni mobili non registrati.

Siccome entrambi questi modi di acquisto della proprietà presuppongono quella particolare situazione che è il «possesso» della cosa, se ne parlerà nel relativo capitolo (**21**.15-18).

10. Gli acquisti a titolo derivativo

I principali modi di acquisto della proprietà a titolo derivativo sono (art. 922): ☞ il *contratto* (**28**); ☞ la *successione a causa di morte* (**66**). Se ne parlerà molto diffusamente nel seguito. Qui osserviamo soltanto che si tratta di modi di acquisto che corrispondono a *tecniche di circolazione della ricchezza più evolute, sofisticate e giuridicamente complicate.*

Mentre gli acquisti originari riflettono un'economia primitiva, gli acquisti derivativi sono il motore delle economie progredite. A differenza degli acquisti originari, qui il titolo dell'acquisto è rappresentato per lo più da un *atto negoziale* (**5**.3), come tipicamente è il caso del *contratto.* E questo genere di titolo può creare *problemi capaci di mettere in discussione la stabilità dell'acquisto*, problemi che invece non si pongono con gli acquisti a titolo originario. È un po' come con le macchine: più il meccanismo è complesso e sofisticato, più è anche delicato, ed è facile che registri problemi di funzionamento; più è semplice e rudimentale, più è immune da disfunzioni. Un computer va in tilt molto più spesso di un martello.

E infatti, per gli acquisiti derivativi valgono in generale alcuni principi, che ne segnano la «fragilità»: ☞ la proprietà non si acquista se *il titolo è irregolare* (e nei titoli derivativi, sono molte le possibili occasioni di irregolarità); ☞ la proprietà non si acquista regolarmente se *chi la trasmette l'aveva acquistata a sua volta in base a un titolo irregolare*; ☞ la proprietà non si acquista (o non si acquista come proprietà piena) se *chi la trasmette non ce l'ha (o non ce l'ha come proprietà piena)*: ciò si esprime anche dicendo che «nessuno può trasferire un diritto che non ha».

Però questa «fragilità» è rischiosa per la circolazione giuridica. Ecco perché spesso la legge attenua il rigore dei principi appena visti, per tutelare l'affidamento di chi acquista e così garantire la sicurezza e la velocità della circolazione stessa (**8**.16). Ne vedremo molti casi. Ma uno l'abbiamo già incontrato: i contratti dell'incapace naturale (**11**.16).

11. I rimedi a tutela della proprietà: azioni petitorie

Pur con le trasformazioni incontrate nell'evoluzione storica, il diritto di proprietà conserva grande valore e importanza nel sistema giuridico. Per questo le norme lo proteggono con strumenti legali molto energici, contro le lesioni o le minacce che possono toccarlo. E siccome il diritto di proprietà può essere leso o minacciato in tanti modi diversi, ai differenti tipi di aggressione corrispondono differenti rimedi dati al proprietario per proteggere il suo diritto.

Fra questi rimedi, particolare importanza hanno le **azioni tipiche a difesa della proprietà**: rimedi giudiziari attraverso i quali *il proprietario ingiustamente privato della possibilità di utilizzare la sua cosa, o comunque disturbato nel godimento di essa, può recuperare il pieno e tranquillo godimento della cosa stessa.* Si definiscono anche *azioni petitorie* (dal latino «petere» = richiedere).

Le azioni petitorie sono quattro: ☞ azione di *rivendicazione*; ☞ azione *negatoria*; ☞ azione di *regolamento di confini*; ☞ azione per *apposizione di termini*.

Hanno due elementi in comune: ☞ le può esercitare solo *chi ha, e prova di avere, il diritto di proprietà* sulla cosa; ☞ sono *imprescrittibili*, per cui il proprietario non perde la possibilità di esercitarle, anche se lascia passare molto tempo senza reagire all'attacco portato contro la sua proprietà. Questa caratteristica si ricollega alla imprescrittibilità del diritto di proprietà (**8**.9): anzi, per la precisione, la legge non dice espressamente che è imprescrittibile il diritto di proprietà, bensì dice che è imprescrittibile l'azione di rivendicazione (art. 948, c. 3); ed è da questa norma che si ricava l'imprescrittibilità del diritto di proprietà.

12. L'azione di rivendicazione

Con l'azione di rivendicazione, il proprietario di una cosa si rivolge **contro chiunque possiede o detiene la cosa senza titolo**, per ottenerne la **riconsegna** (art. 948, c. 1).

In questa definizione compare un concetto noto: quello di «*titolo*», ovvero la fattispecie (un atto o un fatto) che giustifica il possesso o la detenzione della cosa altrui: ad es. se A occupa l'appartamento di B in base a un regolare contratto di locazione, B non può esercitare contro di lui l'azione di rivendicazione per recuperare l'appartamento, perché A lo detiene in base a un titolo. Nella definizione troviamo anche due concetti nuovi: «*possesso*» e «*detenzione*». Li approfondiremo più avanti (**21**.2): per ora basta sapere che indicano la situazione di chi ha la cosa nella sua effettiva sfera di controllo, anche se non ha un corrispondente diritto sulla cosa stessa.

Il possessore o il detentore, chiamato in giudizio dal proprietario rivendicante, potrebbe cercare di liberarsi della cosa, per es. abbandonandola o affidandola a terzi. Ma la norma stabilisce che l'azione può essere proseguita contro di lui *anche se, dopo la domanda giudiziale, abbia cessato per fatto proprio di possedere o detenere la cosa.* Egli è tenuto a recuperarla a proprie spese, o, in mancanza, a rifonderne il valore al proprietario (art. 948, c. 1). Naturalmente, il proprietario può agire anche *contro il nuovo possessore o detentore*: in tal caso, se recupera la cosa da quest'ultimo, deve restituire al possessore o detentore precedente quanto ha ricevuto da lui (art. 948, c. 2).

Presupposto per esercitare l'azione con successo, è **dare la prova di essere proprietario** della cosa: non basterebbe provare che la cosa non appartiene a chi la possiede o detiene. Questi, per parte sua, non è tenuto a provare alcunché: l'*onere di provare* il proprio diritto spetta al rivendicante; se non ci riesce, l'azione è respinta. Ugualmente, l'azione è respinta se il soggetto contro cui è rivolta *eccepisce*, e prova, di possedere o detenere in base a un titolo; o di essere lui il proprietario, per avere acquistato la cosa con l'usucapione (**21**.15-17). Infatti è vero che l'azione di rivendicazione non si prescrive: ma se all'inerzia del proprietario fa riscontro il possesso della cosa da parte di un non proprietario, con l'usucapione questi alla fine può diventare proprietario della cosa, facendo perdere la proprietà al vecchio proprietario (art. 948, c. 3).

L'azione di rivendicazione non è l'unico rimedio dato al proprietario, ingiustamente privato del godimento della sua cosa, per recuperarla. Altri rimedi sono rappresentati dalle *azioni possessorie* (**21**.10), dall'*azione di restituzione* (**19**.4) e dall'*azione di ripetizione* (**46**.7-8): rispetto alla rivendicazione hanno un obiettivo analogo (recuperare la cosa); ma come vedremo a suo tempo, ne differiscono per presupposti e disciplina.

13. La prova della proprietà

Provare di avere la proprietà è d'importanza fondamentale, perché costituisce il presupposto per esercitare vittoriosamente l'azione di rivendicazione (e anche le altre azioni a difesa della proprietà). Ma rischia di essere una *prova difficilissima* da dare, tanto che la si definisce come una prova addirittura «*diabolica*».

La ragione di ciò si lega a concetti che abbiamo già incontrato parlando del «titolo» di acquisto della proprietà, con particolare riferimento agli **acquisti a titolo derivativo** (**16**.10). Il modo più semplice con cui A può dimostrare di essere proprietario di una cosa sembrerebbe: provare di averla acquistata in base a un titolo, che per lo più consisterà in un contratto (per es. A ha comprato la cosa o l'ha ricevuta in donazione da Z) o in una successione a causa di morte (per es. A ha ereditato la cosa da Z). In realtà questo non basta a rassicurare pienamente circa il fatto che A sia proprietario, perché sappiamo che A non sarebbe diventato proprietario della cosa se Z gliel'avesse trasferita in base a un titolo non valido, o senza esserne il proprietario (ad es. perché Z a sua volta l'aveva acquistata da Y che non ne era il proprietario o gliel'aveva trasmessa in base a un titolo invalido). E allora A dovrebbe dimostrare non solo il proprio acquisto regolare, ma anche la regolarità del passaggio da Y a Z, e poi quella del passaggio anteriore da X a Y, e così via risalendo attraverso tutti i precedenti passaggi di proprietà della cosa, teoricamente fino all'infinito: perché, nel regime degli acquisti a titolo derivativo, *l'irregolarità di un passaggio di proprietà «a monte» in linea di principio pregiudica la regolarità di tutti i successivi passaggi «a valle»*.

C'è però un modo per rendere la prova della proprietà meno «diabolica»: consiste nello *spostare la prova dal terreno degli acquisti a titolo derivativo, per collocarla sul terreno degli acquisti a titolo originario.* Infatti l'**acquisto a titolo originario** è più stabile e meno problematico, perché – essendo autonomo rispetto a qualsiasi precedente passaggio di proprietà del bene – non soffre della eventuale irregolarità degli acquisti anteriori (**8**.2). Perciò, chi è interessato a provare la proprietà di un bene ha convenienza a dimostrare di averlo acquistato a titolo originario: in particolare, per effetto della *regola «possesso vale titolo»* se il bene è un mobile non registrato e sussistono tutti i requisiti voluti dalla regola stessa (**21**.18); oppure per *usucapione* (**21**.15-17).

14. L'azione negatoria

Con l'azione negatoria, il proprietario reagisce contro le molestie che disturbano o limitano ingiustamente la sua proprietà. Le molestie possono essere di due tipi: ☞ le **molestie di diritto** sono le pretese legali con cui *qualcuno afferma, infondatamente, di avere diritti sulla cosa del proprietario*: ad es., A, proprietario di un fondo, sostiene di avere una servitù di passaggio (**18**.7) sul fondo del suo vicino B. In tal caso B può difendere la sua proprietà, chiedendo al giudice di *accertare e dichiarare l'inesistenza del diritto* affermato da A (art. 949, c. 1); ☞ le **molestie di fatto** si hanno quando chi accampa il diritto sulla cosa altrui fa seguire anche *concreti comportamenti a danno del proprietario* (ad es., A passa effettivamente sul fondo di B): allora B può ottenere che il giudice *ordini la cessazione* di tali comportamenti (art. 949, c. 2).

Il proprietario che esercita quest'azione deve semplicemente *provare di avere la proprietà del bene*: data questa prova, è l'altra parte che, se non vuole perdere la causa, ha l'onere di dimostrare l'esistenza del diritto che afferma di avere su quel bene altrui.

15. Le azioni di regolamento di confini e per apposizione di termini

L'**azione di regolamento di confini** (art. 950) presuppone che il *confine* fra due fondi sia *incerto*. In tal caso, ciascuno dei proprietari interessati può chiedere che sia *stabilito dal giudice*. La prova dell'effettiva posizione del confine può essere data con ogni mezzo dall'uno e dall'altro proprietario. Se nessuno dei due riesce a dare la prova, il giudice decide in base alle risultanze delle *mappe catastali*.

L'**azione per apposizione di termini** (art. 951) presuppone invece che il *confine* sia *certo*: semplicemente, i *segni* che lo marcano (staccionate, siepi, ecc.) non esistono o sono diventati irriconoscibili. Ciascuno dei proprietari confinanti può allora chiedere che siano *apposti, a spese comuni*.

16. Altri rimedi a tutela della proprietà

Oltre che dalle azioni petitorie, il diritto di proprietà è difeso anche da altri rimedi che hanno un raggio d'azione più generale, ma che possono essere efficacemente usati per la sua protezione.

Se la cosa in proprietà viene *distrutta o danneggiata* per fatti di cui qualcun altro è responsabile, il proprietario può chiedere a costui il **risarcimento del danno**, in base alle regole della responsabilità contrattuale (**26**.1) o extracontrattuale (**42**.1).

Se è in corso una *lite circa la proprietà* di una cosa, e in attesa che si risolva è opportuno provvedere alla *custodia o gestione temporanea* della cosa stessa, chi sostiene di essere il proprietario ne può chiedere il **sequestro giudiziario** (art. 670, n. 1, c.p.c.).

Inoltre la proprietà è protetta anche dalle **norme penali**, che puniscono come reati una serie di atti costituenti violazione del diritto di proprietà altrui: è il caso della *violazione di domicilio* (art. 614 c.p.), che aggredisce la proprietà e al tempo stesso la sfera personale della vittima; del *furto* (art. 624 c.p.), della *rapina* (art. 628 c.p.), del *danneggiamento* (art. 635 c.p.), dell'*appropriazione indebita* (art. 646 c.p.), della *ricettazione* (art. 648 c.p.).

17
COMPROPRIETÀ E CONDOMINIO

1. Comproprietà e comunione dei diritti

La **comproprietà** è la situazione in cui *più soggetti hanno insieme il diritto di proprietà su una medesima cosa*. Essa rientra nella figura più generale della **comunione dei diritti**, che ricorre quando *un diritto ha non un solo titolare, ma più titolari (contitolari)*. La comunione può riguardare anche diritti diversi dalla proprietà: per esempio l'usufrutto; o il diritto d'autore (si pensi al caso di due scrittori che scrivono insieme un romanzo); o il diritto di credito (se A e B, comproprietari di un bene, lo vendono a C, diventano contitolari del diritto di credito per il pagamento del prezzo dovuto da C).

Si distinguono varie figure di comunione: ☞ la **comunione volontaria** nasce dalla *volontà degli interessati, diretta a crearla*: si pensi al caso di due soggetti che acquistano insieme un bene, per diventarne comproprietari; ☞ la **comunione incidentale** nasce *indipendentemente dalla volontà degli interessati* (anche se un loro atto di volontà può indirettamente concorrere a creare la comunione): è il caso della comunione ereditaria sul patrimonio del defunto, che per legge si crea fra i coeredi come effetto della loro accettazione dell'eredità (**69**.13); ☞ la **comunione forzosa** non solo si crea indipendentemente dalla volontà degli interessati, ma ne prescinde a tal punto, che (a differenza della precedente) *i comproprietari non sono liberi di scioglierla*: un esempio è dato dalla comunione forzosa del muro fra i proprietari di fondi vicini (**15**.7); un altro esempio riguarda le parti comuni degli edifici in condominio (**17**.6).

È difficile da collocare in questa classificazione un tipo molto importante di comunione: la *comunione legale fra i coniugi*, che ha peraltro un'apposita disciplina, contenuta nel primo libro del codice, e alquanto diversa dalla disciplina generale della comunione (**63**.8).

La comproprietà è senza dubbio l'ipotesi più importante di comunione dei diritti: infatti le norme sulla comunione (art. 1100 e segg.) riguardano essenzialmente la comunione del diritto di proprietà. Esse però si applicano anche alla comunione degli altri diritti reali, per espressa previsione normativa (art. 1100); inoltre si ritiene che siano applicabili per analogia anche alla comunione di diritti diversi dai diritti reali.

2. L'oggetto della comproprietà: la quota

Quando la proprietà è di *un solo proprietario*, l'oggetto del diritto è la cosa stessa, su cui egli ha le facoltà che la legge gli attribuisce, e può esercitarle tutte da solo: questa è **proprietà esclusiva**.

Ma quando la cosa è in proprietà di più soggetti, qual è l'oggetto del diritto di ciascun comproprietario? Diciamolo prima di tutto in negativo: *non una porzione, fisicamente identificata, della cosa* (porzione che in qualche caso non sarebbe neppure concepibile come bene autonomo: si pensi alla comproprietà di un quadro, o di un animale). Oggetto materiale del diritto del comproprietario è *la cosa nella sua integralità*. Ciò che viene suddiviso fra i comproprietari non è qualcosa di materiale, ma qualcosa di giuridico: *il complesso delle facoltà riconosciute al proprietario* del bene. I poteri di godimento e disposizione del comproprietario devono essere limitati, rispetto a quelli del proprietario esclusivo, perché se fossero pieni impedirebbero qualsiasi esercizio degli analoghi poteri da parte degli altri comproprietari. La *limitazione dei poteri di ciascuno è necessaria per consentire a tutti una qualche misura di poteri* sulla cosa: il proprietario esclusivo è libero di modificare la destinazione della cosa, mentre il comproprietario non può farlo (art. 1102, c. 1); il proprietario esclusivo può escludere chiunque altro dal godimento della cosa, invece il comproprietario deve consentire «agli altri partecipanti di farne parimenti uso» (art. 1102, c. 1).

La misura dei poteri di ciascun comproprietario è definita dalla sua quota di partecipazione alla comproprietà. La **quota** è *l'entità ideale che esprime la misura dei poteri che il comproprietario ha sul bene*: ed è la quota a costituire, in senso giuridico, l'oggetto del diritto di comproprietà. La quota corrisponde a una frazione aritmetica della titolarità del bene: a seconda dei casi (in concreto, a seconda del titolo da cui nasce la comproprietà) potrà essere la metà, un terzo, tre quinti, undici quindicesimi, ecc. Nel dubbio, le quote dei comproprietari *si presumono uguali* (art. 1101, c. 1).

3. «Vantaggi» e «pesi» della comproprietà

La quota di ciascun comproprietario determina la misura in cui egli partecipa sia ai «vantaggi» sia ai «pesi» della comunione (art. 1101, c. 2).

I «vantaggi» della comproprietà si riassumono in due fondamentali facoltà, che rispetto alla proprietà esclusiva (**15**.1) si atteggiano in modo un po' diverso, per tenere conto della presenza di più titolari: ☞ per la **facoltà di godimento** «ciascun partecipante *può servirsi della cosa* comune»: ma a condizione che non ne «alteri la destinazione e non impedisca agli *altri partecipanti* di farne parimenti uso» (art. 1102, c. 1); ☞ quanto alla **facoltà di disposizione**, il comproprietario non può evidentemente trasferire *né il bene nella sua interezza, né una porzione fisica di esso* (perché né l'uno né l'altra formano oggetto del suo diritto); può trasferire solo l'oggetto del suo diritto, e cioè la sua *quota* di comproprietà: chi l'acquista, subentra nella stessa situazione giuridica in cui si trovava, rispetto al bene, il comproprietario dante causa. E della sua quota il comproprietario può disporre anche in altri modi, diversi dal trasferimento: può per es. costituirci a favore di altri un usufrutto o un'ipoteca (art. 1103).

I «pesi» sono le «**spese** necessarie per la *conservazione* e per il *godimento* della cosa comune» o anche per il suo *miglioramento*: a tali spese il comproprietario «*deve contribuire*» (art. 1104, c. 1), e la misura della contribuzione è ovviamente definita dalla sua *quota*.

4. L'amministrazione della comproprietà: il principio di maggioranza

Come le cose in proprietà esclusiva, anche le cose in comproprietà richiedono di essere amministrate. Mentre per le prime gli atti di amministrazione sono decisi e compiuti dall'unico proprietario, gli atti di amministrazione delle seconde sono regolati dal principio maggioritario: essi vengono decisi dalla maggioranza dei comproprietari. Questa si calcola però in base non al numero dei comproprietari (alle «teste»), ma al *valore delle quote* di cui sono titolari: se, dei tre comproprietari, A e B la pensano in un certo modo e hanno un sesto ciascuno, mentre i restanti due terzi sono di C, che la pensa in modo diverso, C da solo ha la maggioranza e la sua volontà prevale su quella di A e di B, che devono adeguarsi. Infatti *la volontà della maggioranza vincola anche la minoranza dissenziente* (art. 1105, c. 2).

L'*atto con cui si esprime la volontà della maggioranza dei comproprietari* si chiama **deliberazione**: ad essa ciascun comproprietario concorre con la sua volontà individuale. È un meccanismo che ricorda per molti aspetti quello che governa il funzionamento delle organizzazioni (**12**.2).

Le maggioranze richieste per le deliberazioni sono diverse, a seconda del tipo di atti da compiere sulla cosa comune: ☞ a **maggioranza semplice** (e cioè con il consenso di tanti comproprietari quanti bastano a rappresentare più della metà del valore del bene) si decidono gli *atti di ordinaria amministrazione* (art. 1105, c. 2), ed eventualmente la formazione di un *regolamento* per l'ordinaria amministrazione e il miglior godimento della cosa comune, nonché la nomina di un *amministratore* (art. 1106); ☞ una **maggioranza qualificata (due terzi)** occorre per gli *atti di straordinaria amministrazione*, i quali comunque non devono risultare pregiudizievoli all'interesse di alcun comproprietario; lo stesso vale per le *innovazioni* dirette al miglioramento della cosa, per le quali si richiede inoltre che non importino una spesa eccessivamente gravosa (art. 1108, c. 1-2); ☞ solo all'**unanimità**, infine, possono deliberarsi gli atti di *alienazione del bene* (compresa la *costituzione di diritti reali* su di esso), nonché le *locazioni di durata superiore a nove anni* (art. 1108, c. 3).

Ciascuno dei comproprietari rimasti in minoranza può, *entro 30 giorni, impugnare* davanti all'autorità giudiziaria la *deliberazione* della maggioranza, che egli consideri affetta da «vizi» (cioè difetti), e quindi *illegittima*. L'illegittimità può dipendere sia da *vizi di forma* (ad es.: il comproprietario dissenziente non era stato informato dell'oggetto della deliberazione), sia da *vizi di sostanza* (ad es.: l'atto di ordinaria amministrazione è gravemente pregiudizievole alla cosa comune; l'innovazione importa una spesa eccessivamente gravosa, ecc.). In pendenza del giudizio, il giudice può ordinare la *sospensione* della deliberazione impugnata (art. 1109).

Se la deliberazione è legittima, o comunque non è impugnata, anche i comproprietari dissenzienti devono *contribuire alle spese* che ne conseguono. L'unico modo per liberarsi da tale obbligo consiste nel *rinunciare al proprio diritto*, cioè nell'abbandonare la propria quota di comproprietà, che va allora a incrementare le quote degli altri comproprietari (art. 1104, c. 1).

5. La divisione

La divisione è l'*atto che pone fine alla situazione di comproprietà*, a cui fa subentrare situazioni di proprietà esclusiva. Al diritto di ciascun comproprietario sulla propria quota *si sostituisce un diritto di proprietà esclusiva* su un oggetto di corrispondente valore. Tale oggetto è una *porzione del bene* se, per la natura di questo, può farsi la **divisione in natura** (art. 1114); se il bene può essere diviso solo in parti che non corrispondono esattamente alle quote, si fa luogo, fra i condividenti, a *conguagli in denaro*. Se invece si tratta di **bene indivisibile** (7.8), viene venduto, e ciascun condividente riceve parte del prezzo ricavato, in proporzione alla sua quota; oppure uno dei comproprietari accetta di prenderlo in proprietà esclusiva, e paga agli altri somme di denaro corrispondenti al valore della quota di ciascuno.

Ciascun comproprietario può *chiedere la divisione* in ogni momento, a meno che non si sia vincolato a rimanere in comunione per un dato tempo: in ogni caso, questo non può superare i 10 anni (art. 1111). Inoltre, la comunione non si può sciogliere se le cose comuni, una volta divise, «cesserebbero di servire all'uso a cui sono destinate» (art. 1112): è, come vedremo, il caso delle parti comuni degli edifici in condominio.

A seconda di come si arriva a realizzare la divisione, questa può essere di due tipi: ☞ la **divisione convenzionale** è quella fatta *d'accordo fra i comproprietari*, senza bisogno che intervenga il giudice; ☞ la **divisione giudiziale** è quella *fatta dal giudice, su richiesta di qualcuno dei comproprietari*, quando questi non raggiungono l'accordo per una divisione convenzionale.

Gli **effetti** della divisione sono tali per cui *ciascuno dei condividenti si considera come se fosse stato, fin dall'inizio, il proprietario esclusivo della parte di bene* che gli tocca in seguito alla divisione. Ciò si esprime dicendo che la divisione ha *natura dichiarativa*: si considera che essa non crei una situazione nuova, ma si limiti a enunciare una situazione preesistente; oppure dicendo che ha *efficacia retroattiva*, nel senso che i suoi effetti sono idealmente riportati a una data anteriore a quella in cui è stata fatta.

Il codice disciplina con regole molto dettagliate un particolare tipo di divisione: la *divisione ereditaria*, che riguarda la comunione dei coeredi sul patrimonio del defunto (art. 713 e segg.: **69**.14-15). Ma queste regole hanno un *campo di applicazione più ampio*: sono in generale applicabili anche a ogni altra ipotesi di divisione di cose comuni (art. 1116).

6. Il condominio negli edifici: parti comuni e tabelle millesimali

Regole particolari sono dettate per il condominio, e cioè per la comproprietà che si realizza negli *edifici divisi in appartamenti* o in altre unità immobiliari (garage, negozi, ecc.) appartenenti a *diversi proprietari*. Le originarie norme del codice in questa materia sono state profondamente modificate con la l. 220/2012.

Chi ha un appartamento ne è *proprietario esclusivo*, ma al tempo stesso è *comproprietario* – insieme con i proprietari degli altri appartamenti compresi nell'edificio – delle **parti comuni** di questo: muri maestri, scale, tetto, ascensore, impianto di riscaldamento centralizzato, ecc. (art. 1117). Le parti comuni sono necessarie per il godimento degli appartamenti in proprietà esclusiva dei singoli condomini. Perciò la comunione su esse *non può sciogliersi* (art. 1119); e il trasferimento della proprietà di un appartamento comprende, *inseparabilmente*, anche il trasferimento della quota sulle parti comuni; inoltre, a differenza di quanto previsto per la comunione in generale, il condomino *non può rinunciare alla sua quota* di parti comuni, per liberarsi dall'obbligo di contribuire alle spese relative (però a certe condizioni è ammissibile staccarsi dall'impianto centralizzato e così evitare le corrispondenti spese di gestione: art. 1118, c. 2-4). Sono i caratteri della *comunione forzosa* (**17**.1).

Le parti comuni formano oggetto del diritto del condomino per una *quota proporzionale al valore della sua unità immobiliare* (art. 1118), generalmente calcolato in millesimi, sulla base di un'apposita **tabella millesimale**. La quota millesimale determina altresì, in generale, il *concorso alle spese*; ma se queste riguardano cose destinate a servire i condomini in misura diversa (come l'ascensore, usato di più da chi abita agli ultimi piani), la ripartizione delle spese è proporzionale agli usi individuali (art. 1123).

7. L'amministrazione del condominio: assemblea dei condomini

La gestione delle parti comuni degli edifici richiede un *sistema più complesso* di quella che normalmente caratterizza le situazioni di comunione; essa ricorda ancora più da vicino i meccanismi che si applicano nell'ambito delle organizzazioni (**12**.2). Però questo sistema non crea un nuovo ente: il condominio *non è un autonomo soggetto del diritto*; e tuttavia la sua disciplina implica un certo grado di unificazione del gruppo dei condomini, che si manifesta sia nel linguaggio comune (dove spesso il condominio viene personificato, come quando si dice: «il condominio ha deciso...», «il condominio ha comprato...», «il condominio ha il tale debito o il tale credito...»), sia nelle norme (come l'art. 1131, che concentra nell'amministratore la rappresentanza processuale dei condomini per tutte le liti relative alle parti comuni).

Le decisioni relative all'uso e all'amministrazione delle parti comuni sono prese dall'**assemblea dei condomini**, in base al *principio maggioritario*. Qui però le maggioranze si calcolano tenendo conto sia del *numero dei condomini* sia delle quote di valore dell'edificio (*millesimi*). Più precisamente (art. 1136): ☞ in **prima convocazione**, l'assemblea è regolarmente costituita se è presente almeno la maggioranza dei condomini, i quali rappresentino almeno *due terzi dei millesimi* (c.d. «numero legale»); e le deliberazioni devono essere approvate dalla maggioranza degli intervenuti, che rappresenti almeno metà dei millesimi; ☞ se in prima convocazione manca il numero legale, in **seconda convocazione** (da farsi entro 10 giorni dalla prima) il numero legale è un terzo dei condomini, che rappresentino almeno *un terzo dei millesimi*; e la deliberazione è valida se approvata dalla maggioranza dei presenti che rappresentino almeno un terzo dei millesimi; ☞ ci sono peraltro **particolari deliberazioni** che per la loro speciale rilevanza richiedono in ogni caso *maggioranze qualificate*: ad es. la nomina e revoca dell'amministratore, le riparazioni straordinarie di notevole entità, le innovazioni (come un nuovo impianto per energie rinnovabili o un'antenna tv centralizzata) devono essere approvate con la maggioranza dei condomini che rappresentino almeno metà dei millesimi (art. 1136, c. 4). Maggioranze ancora più alte richiede la modifica della destinazione d'uso delle parti comuni (ad es. la trasformazione del giardino condominiale in spazio per parcheggi a pagamento): quattro quinti dei condomini, che rappresentino quattro quinti dei millesimi (art. 1117-*ter*).

L'assemblea non è valida, se tutti i condomini non sono stati *regolarmente convocati*, con l'indicazione degli argomenti da trattare (c.d. *ordine del giorno*).

Il condomino che si oppone a una deliberazione presa dall'assemblea in sua assenza o col suo voto contrario o con la sua astensione, e da lui ritenuta contraria alla legge o al regolamento di condominio (**17**.8), può *impugnare la deliberazione davanti al giudice* entro 30 giorni, per ottenerne l'*annullamento* (art. 1137).

Alle assemblee chiamate a deliberare sulla modificazione dei servizi comuni possono partecipare anche i conduttori degli appartamenti, normalmente senza diritto di voto; ma sulle delibere riguardanti il servizio di riscaldamento il conduttore vota al posto del condomino (art. 10 l.e.c.).

8. Segue: amministratore e regolamento di condominio

Se il condominio comprende *più di otto condomini*, viene nominato un **amministratore del condominio** (art. 1129 e segg.). La nomina spetta all'assemblea; se questa non lo fa, provvede il giudice su richiesta di qualsiasi condomino.

L'amministratore, fra l'altro: ☞ cura l'esecuzione delle deliberazioni e l'osservanza del regolamento condominiale; ☞ disciplina l'uso delle cose e dei servizi comuni; ☞ riscuote i contributi ed eroga le spese necessarie per le cose e i servizi comuni, fornendo alla fine dell'anno il rendiconto della gestione (che va approvato dall'assemblea); ☞ rappresenta tutti i condomini nei rapporti fra il condominio e i terzi, anche in giudizio. Se commette irregolarità nello svolgimento del suo incarico, l'amministratore può essere revocato dall'assemblea o, in mancanza, dal giudice su richiesta di qualsiasi condomino.

Se il condominio comprende *più di 10 condomini*, è necessario formare un **regolamento di condominio** (se i condomini sono meno di 10, è facoltativo). Esso disciplina le questioni relative all'organizzazione e al funzionamento del condominio: uso delle cose comuni e loro amministrazione, ripartizione delle spese (sulla base delle tabelle millesimali), attribuzioni e poteri dell'amministratore, comportamenti che i condomini devono osservare per il decoro dell'edificio. Tuttavia *non può intaccare i diritti individuali dei condomini*, quali risultano dai rispettivi titoli di acquisto (art. 1138), né altri loro diritti considerati indisponibili (come ad es. quello di tenere in casa animali domestici: art. 1138,

c. 5), né deviare da una serie di regole su organizzazione e funzionamento del condominio, che la legge dice inderogabili (art. 1138, c. 4).

Il regolamento è approvato dall'assemblea, con la maggioranza stabilita per le assemblee in prima convocazione.

9. Il supercondominio

Sempre più spesso le moderne tecniche architettoniche ed edilizie determinano questo fenomeno: *diversi edifici condominiali hanno in comune una serie di strutture*, fisicamente staccate da ciascun edificio ma destinate al servizio di tutti i condomini di tutti gli edifici interessati. Si pensi a un «villaggio vacanze» composto da sei blocchi di 20 appartamenti ciascuno, nonché da una centrale termica che serve tutti i 120 appartamenti, da un ampio prato all'inglese con funzione di solarium, una piscina e due campi da tennis: è il fenomeno del condominio complesso, o supercondominio. Nell'ambito di ciascun blocco si ha la situazione tipica del normale condominio: ogni blocco ha le sue «parti comuni», in comproprietà forzosa dei 20 condomini, regolate dalle norme sul condominio. Non così per le altre strutture, che non appartengono a nessun singolo blocco, bensì al «villaggio» nel suo insieme, e a tutti i 120 condomini che complessivamente lo abitano.

Sorge allora il problema di individuare le regole legali sull'amministrazione di tali strutture, sulle spese conseguenti, sul modo di prendere le relative decisioni, ecc.). Confermando la soluzione già affermatasi in giurisprudenza, il nuovo art. 1117-*bis* prevede che alle parti comuni dei supercondomini si applicano, in quanto compatibili, le *norme sul condominio negli edifici.*

10. La multiproprietà

La multiproprietà è un nuovo tipo di diritto, affermatosi nell'evoluzione del mercato immobiliare e finanziario. Si configura, per grandi linee, così. Un operatore immobiliare-finanziario realizza o ristruttura un complesso abitativo, generalmente in località turistica e destinato a vacanza. Quindi vende ciascuna unità (ad es. ciascun miniappartamento), a tanti diversi compratori, che diventano contitolari di un diritto di godimento sullo stesso. Ma con una caratteristica particolarissima, rispetto alle normali situazioni di contitolarità: il diritto di ciascun contitolare consiste nella *possibilità di utilizzare il bene solo per un periodo dell'anno limitato e predeterminato* (ad es. dal 1° al 15 luglio di ogni anno), perché nei restanti periodi (dal 16 al 30 giugno, dal 16 al 31 luglio, dal 1° al 15 agosto, ecc.) la possibilità di utilizzazione spetta ad altri contitolari della stessa unità abitativa. Il diritto del multiproprietario è dunque *limitato quanto al tempo*, perché la facoltà di godimento del titolare deve concentrarsi nel solo periodo che corrisponde al suo «turno» (donde un'altra espressione con cui si indica la figura: *proprietà turnaria*).

Questa posizione può essere da lui successivamente *trasferita*, ad es. rivendendo a terzi la sua multiproprietà.

Chi acquista un diritto del genere ha bisogno di essere protetto contro frodi e abusi che potrebbero essere perpetrati a suo danno dall'operatore immobiliare-finanziario che lancia l'operazione. L'*esigenza di tutela* è particolarmente forte nel momento in cui l'utilizzatore decide l'acquisto, facendo il relativo contratto. Esistono per questo direttive europee, che l'Italia ha recepito con norme che adesso figurano agli art. 69 segg. c.cons. (e sono state aggiornate nel 2011). Le norme sono dirette principalmente a regolare il **contratto di multiproprietà**, definito come il contratto oneroso, di durata superiore a un anno, con cui un consumatore acquista il diritto di godimento su un alloggio ai fini del pernottamento per determinati periodi di occupazione. Peraltro il legislatore non precisa se questo diritto di godimento ha natura reale o personale (**19.**1).

I punti essenziali della disciplina riguardano: ☞ la *pubblicità* (che non può presentare l'acquisto di multiproprietà come un investimento); ☞ l'*informazione precontrattuale* (prima del contratto l'operatore professionale deve fornire all'acquirente informazioni chiare e complete sull'oggetto dell'acquisto); ☞ la *forma* del contratto (che va fatto per scritto, in lingua italiana ed eventualmente in altra lingua dell'Unione europea); ☞ la *fideiussione* da dare all'acquirente per garantire la regolare esecuzione del contratto (in particolare quando l'immobile è ancora in corso di costruzione); ☞ e soprattutto il *diritto di recesso*, che permette al consumatore di ripensarci e sciogliere il contratto già firmato (il recesso va esercitato normalmente entro 14 giorni, ma il termine è più lungo se risulta che l'acquirente non ha correttamente ricevuto le informazioni che l'operatore era tenuto a dargli).

Insieme al contratto di multiproprietà, sono regolati altri *contratti connessi*, che riguardano la fornitura al multiproprietario di servizi funzionali al miglior godimento della multiproprietà (pulizia dell'alloggio, uso di strutture sportive, ecc.).

18
I DIRITTI REALI MINORI

1. Proprietà e diritti reali minori (su cosa altrui)

Il diritto di proprietà è il più importante dei **diritti reali**, che a loro volta sono la principale categoria dei *diritti sulle cose* («reale» viene da «res» = «cosa» in latino); è quello che attribuisce al titolare i poteri più intensi per l'utilizzazione dei beni. Però esistono altri diritti reali, diversi dalla proprietà. Essi attribuiscono al titolare *poteri di utilizzazione del bene, inferiori a quelli che spettano al proprietario*: perciò si chiamano diritti reali **minori**. Presentano un'altra caratteristica: hanno per oggetto *cose che appartengono, in proprietà, a un soggetto diverso dal titolare del diritto reale minore*: perciò si chiamano anche diritti reali **su cosa altrui**. Mentre la proprietà implica un solo soggetto – il proprietario –, gli altri diritti reali implicano sempre *due soggetti diversi*: il titolare del diritto reale sulla cosa, e il proprietario di questa cosa.

Il proprietario della cosa su cui nessun altro ha un diritto reale minore ha una **proprietà piena**. Invece il proprietario della cosa che forma oggetto di un diritto reale minore subisce una *minorazione dei poteri che normalmente spettano al proprietario*: ad es. il proprietario della cosa gravata da un usufrutto non può utilizzarla per sé, perché le facoltà di godimento spettano all'usufruttuario. E infatti il contenuto dei diritti reali minori corrisponde *a una porzione delle facoltà che formano il contenuto della proprietà*: porzione che viene per così dire staccata dal diritto di proprietà (che ne rimane parzialmente svuotato), per andare a formare il contenuto del diritto reale minore.

L'acquisto del diritto reale minore è del tipo derivativo-costitutivo (**8**.2): *derivativo*, perché implica un rapporto col dante causa (il proprietario); *costitutivo* perché il diritto non preesisteva, ma nasce *ex novo*.

Quando il diritto minore si estingue, i poteri del proprietario si riespandono in tutta la loro pienezza: venuto meno l'usufrutto, il proprietario della cosa recupera tutte le facoltà di godimento. Il fenomeno si descrive con la formula: *elasticità del dominio* (in latino «dominium» = proprietà).

Il proprietario della cosa su cui altri ha un diritto reale minore conserva il *potere di disporne*, e in particolare *trasferirla* a terzi (venderla, donarla, ecc.). Ma chi l'acquista non l'acquista in proprietà piena, bensì *l'acquista gravata dal diritto reale*: egli si trova nella stessa situazione in cui si trovava il precedente proprietario. Ciò costituisce applicazione del principio per cui *nessuno può trasferire un diritto superiore a quello di cui è titolare* (**16**.10): e il proprietario, titolare di un diritto di proprietà gravato o parzialmente svuotato dal diritto reale altrui, può trasmettere al suo avente causa solo quel diritto gravato o parzialmente svuotato, e non un diritto di proprietà piena, che non ha.

2. Diritti reali di godimento e diritti reali di garanzia

I diritti reali minori si dividono in due categorie:

☞ i **diritti reali di godimento** attribuiscono al titolare *poteri di utilizzazione diretta della cosa*, la possibilità di ricavarne immediatamente vantaggi economici. Sono: ✦ l'*usufrutto*; ✦ l'*uso* e l'*abitazione*; ✦ le *servitù prediali*; ✦ la *superficie*; ✦ l'*enfiteusi*;

☞ i **diritti reali di garanzia** attribuiscono al titolare – creditore di qualcuno – una *sicurezza del credito, fondata sulla cosa*: la sicurezza che, in caso d'inadempimento del debitore, la somma ricavata dalla vendita forzata della cosa sarà destinata prioritariamente a soddisfare il suo credito. Sono: ✦ il *pegno* e ✦ l'*ipoteca* (e in qualche misura anche ✦ i *privilegi*). Ne parleremo quando ci occuperemo di crediti e debiti (**27**.10-18).

3. L'usufrutto: definizione, costituzione e durata

Il diritto di usufrutto attribuisce *il godimento della cosa altrui, con la possibilità di trarne «ogni utilità che questa può dare»* (compresi i frutti), ma con il limite di *non alterare la destinazione economica della cosa* (art. 981). Chi ha l'usufrutto di un appartamento può abitarci lui stesso, farci abitare gratuitamente un amico, darlo in locazione a un estraneo per incassare i canoni; non potrebbe invece abbattere tutti i muri interni per trasformarlo in magazzino.

La *posizione del proprietario*, che finché dura l'usufrutto non ha il potere di utilizzare la cosa e percepirne i frutti, si chiama **nuda proprietà**.

La **costituzione** dell'usufrutto può avvenire: ✦ per *contratto* (il proprietario cede ad altri l'usufrutto riservandosi la nuda proprietà, o viceversa si riserva l'usufrutto cedendo ad altri la nuda proprietà); ✦ per *testamento*; se però il proprietario lascia l'usufrutto ad A, stabilendo che alla morte di questo l'usufrutto passi a B, è valido solo il primo usufrutto (*divieto di usufrutto successivo*: art. 698); ✦ per *disposizione di legge* (come l'usufrutto dei genitori sui beni dei figli minori (**64**.16)); ✦ per *usucapione* (**21**.15).

L'usufrutto ha **durata** necessariamente temporanea. Se ne è titolare una *persona fisica*, non può comunque eccedere la *vita dell'usufruttuario*. Perciò, nel caso di usufrutto stabilito per un certo tempo, se l'usufruttuario vive fino alla scadenza, il diritto si estingue con questa; se muore prima, l'usufrutto si estingue con la sua morte. Se l'usufrutto è costituito a favore di una *persona giuridica*, non può superare i *30 anni* (art. 979). La regola ha una *motivazione di razionalità economica*: scindere i poteri di utilizzazione della cosa dai poteri di modificarne la destinazione fa sì che nessuno possa decidere e attuare le innovazioni negli impieghi produttivi del bene, necessarie per assicurarne il massimo rendimento: e non si vuole che questo stallo duri troppo a lungo.

4. Esercizio ed estinzione dell'usufrutto

L'usufrutto attribuisce all'usufruttuario una serie di **facoltà**: ☞ in primo luogo facoltà di *godimento*: a lui spettano il *possesso* della cosa (art. 982) e i *frutti* di questa (art. 984), sia naturali sia civili (percepibili, questi ultimi, ad es. se egli dà la cosa in locazione o in affitto a terzi, ciò che espressamente gli è consentito: cfr. l'art. 999); ☞ l'usufruttuario può apportare alla cosa *miglioramenti* (ad es., rinnovo dell'impianto elettrico di un appartamento) e *addizioni* (ad es., pavimentazione con moquette), acquistando il diritto a un certo corrispettivo alla fine dell'usufrutto (art. 985-986). Miglioramenti e addizioni devono però essere fatti *senza alterare la destinazione economica* della cosa; ☞ gli è pure consentito *disporre del diritto* di usufrutto, cedendolo a terzi (art. 980). Ma chi ha acquistato il diritto dell'usufruttuario, lo perde nel momento in cui questi muoia: se nel 2005 il proprietario A dà a B l'usufrutto per 20 anni, e se nel 2010 B lo cede a C per i 15 anni residui (dunque fino al 2025), ma nel 2015 B muore, nel 2015 C perde l'usufrutto che si estingue.

L'usufrutto impone all'usufruttuario anche degli **obblighi** nei confronti del nudo proprietario, per tutelarne l'interesse a recuperare la piena proprietà della cosa, con l'estinzione dell'usufrutto. L'obbligo principale è *restituire al proprietario la cosa, inalterata nella sua sostanza*, alla fine dell'usufrutto (art. 1001, c.

1). A questo scopo, deve *comportarsi con diligenza* nel godimento della cosa (art. 1001, c. 2); deve fare a sue spese l'*inventario* dei beni e dare idonea *garanzia*, per assicurare al proprietario il risarcimento nel caso che si rendesse responsabile della distruzione o del danneggiamento della cosa (art. 1002). Inoltre deve evitare che la cosa si deteriori o vada distrutta per mancanza di ordinarie riparazioni (art. 1015); a tale fine, deve provvedere all'*ordinaria manutenzione* della cosa, sopportando le relative spese (ivi comprese quelle di custodia e amministrazione): art. 1004. Fanno invece carico al *proprietario* le spese per *riparazioni straordinarie* (art. 1005).

L'**estinzione** dell'usufrutto (art. 1014 e segg.) è determinata da una delle seguenti cause: ☞ *scadenza* del termine; ☞ *morte* dell'usufruttuario (o del primo usufruttuario, nel caso di cessione del diritto); ☞ *rinuncia* dell'usufruttuario; ☞ *prescrizione* estintiva; ☞ *consolidazione*, che si ha quando *usufrutto e nuda proprietà si riuniscono* in capo alla medesima persona (ad es., l'usufruttuario, erede del nudo proprietario, gli subentra a questo titolo nella nuda proprietà della cosa); ☞ *distruzione* integrale della cosa; ☞ *decadenza* dovuta ad *abusi dell'usufruttuario* (che ad es. lasci deteriorare la cosa per mancanza di ordinarie riparazioni: art. 1015).

5. Il quasi usufrutto

L'obbligo fondamentale dell'usufruttuario consiste nel *conservare* la cosa inalterata e in buone condizioni, per *restituirla* alla scadenza al proprietario.

Ciò non è evidentemente possibile quando l'usufrutto ha per oggetto **cose consumabili** (7.9). In tal caso l'usufruttuario può consumarle, essendo questo l'unico modo per esercitare la facoltà di godimento. Alla scadenza è tenuto a *restituirne il controvalore in denaro*, oppure un *uguale quantitativo di cose della stessa qualità* (art. 995). La situazione si definisce «quasi usufrutto».

6. Uso e abitazione

L'**uso** è un diritto reale funzionalmente simile all'usufrutto, dal quale si distingue perché attribuisce al titolare *poteri più limitati*. Infatti il titolare del diritto di uso su cosa altrui può servirsene, ed eventualmente percepirne i frutti, ma *nei limiti di quanto occorre ai bisogni suoi e della sua famiglia* (art. 1021).

L'**abitazione** è una specificazione dell'uso, correlata all'oggetto del diritto: questo consiste in una *casa*. Esso attribuisce la *facoltà di abitarla*, ma, anche qui, limitatamente ai *bisogni del titolare del diritto e della sua famiglia*.

Per la disciplina dei diritti e dei doveri del titolare di uso o di abitazione, la legge fa un generale *rinvio alle norme sull'usufrutto* (art. 1026). Però, a differenza di quest'ultimo, i diritti di uso e di abitazione *non si possono cedere* (art. 1024), in quanto strettamente connessi con la condizione personale del titolare.

7. Le servitù prediali

La servitù prediale (dal latino «praedium» = fondo) è il diritto reale che consiste nel *peso imposto sopra un immobile per l'utilità di un altro immobile, appartenente a diverso proprietario* (art. 1027): il fondo che sopporta il peso si chiama **fondo servente**; il fondo che gode l'utilità **fondo dominante**. La definizione del diritto come «peso» indica che il suo contenuto corrisponde ai limiti che ne derivano per il fondo servente.

Il **contenuto** della servitù è in relazione con il *genere di utilità* che essa reca al fondo dominante, e può essere molto vario. Può riguardare l'esercizio di un'*attività economica*: sia agricola (ad es., servitù di pascolo, sul fondo servente, del bestiame allevato nel fondo dominante); sia industriale (ad es., servitù di passaggio, sul fondo servente, di un oleodotto destinato a raggiungere la raffineria sita nel fondo dominante); sia commerciale (ad es., servitù di non concorrenza, per effetto della quale nell'immobile servente non può esercitarsi un'attività commerciale in concorrenza con quella esercitata nell'immobile dominante). Ma la servitù può anche essere estranea ad attività economiche organizzate, e dirigersi semplicemente alla «maggiore *comodità o amenità* del fondo dominante» (art. 1028): ad es. servitù di passaggio sul fondo confinante, che consente, di raggiungere più direttamente la strada principale evitando un lungo giro; o servitù di non edificazione, che preclude di costruire (o di costruire oltre una certa altezza) sul fondo servente, per conservare la vista del mare al fondo dominante.

Le servitù corrispondono allo schema dei diritti reali minori su cosa altrui, il cui contenuto si ottiene *sottraendo al contenuto del diritto di proprietà altrui qualcuna delle facoltà che lo compongono*: normalmente il proprietario ha la facoltà di esclusione, ma la perde se sul suo fondo grava una servitù di passaggio a favore del fondo vicino; normalmente ha la facoltà di costruire, ma la perde se sul suo immobile grava una servitù di non edificare.

8. I principi regolatori delle servitù

Pur così varie nei loro contenuti, le servitù obbediscono a principi comuni:

☞ occorre che **fondo dominante e fondo servente** appartengano a **proprietari diversi**: se no la servitù non sarebbe un diritto reale *su cosa altrui*; anzi, neppure ci sarebbe bisogno di costituire un nuovo diritto, perché basterebbe esercitare qualcuna delle facoltà che compongono la proprietà (il proprietario, per raggiungere la strada dalla *sua* casa, attraversa il *suo* terreno; per conservare la vista alla *sua* casa, decide di non costruire sul *suo* terreno);

☞ la servitù deve dare **utilità a un fondo, non a una persona** (c.d. *predialità*). Più realisticamente: deve recare utilità a una persona, solo in quanto questa sia titolare del fondo dominante. Così, è una servitù (di non concorrenza) quella che preclude al proprietario di una sala cinematografica di proiettarvi film a luci rosse, nell'interesse del titolare di un'altra sala sita nello stesso quartiere e specializzata in analoghe pellicole. Invece non si avrebbe servitù, se il proprietario della sala fosse vincolato a evitare quel genere di proiezioni, per avere assunto tale impegno con un comitato di cittadini del quartiere, preoccupati per la pubblica moralità: qui, infatti, il beneficio del vincolo non andrebbe a favore di nessun fondo dominante. Vincoli del genere sono chiamati talora «*servitù personali*», ma in realtà non sono servitù: danno al beneficiario un diritto di altro tipo. Il principio implica che tra fondo dominante e fondo servente ci sia un *collegamento funzionale*. Non è invece necessario che i fondi siano fisicamente contigui: se un fondo gode di una servitù di acquedotto per ricevere acqua da una sorgente lontana, attraverso una serie di fondi intermedi, su questi grava la servitù anche se non confinano col fondo dominante;

☞ la servitù **non può consistere in un «fare»**, cioè non può obbligare il titolare del fondo servente a svolgere un'attività positiva in favore del fondo dominante. In generale, a suo carico possono derivarne solo obblighi di altro genere, e precisamente: ✦ un *obbligo di non fare* (come nel caso della servitù di non edificare o sopraelevare, o di non concorrenza); oppure ✦ un *obbligo di sopportare* che sul proprio fondo si realizzi qualcosa che normalmente il proprietario può vietare (servitù di passaggio, servitù di pascolo, ecc.).

Se una situazione che sembra assomigliare allo schema della servitù si distacca da qualcuno di tali principi, vuol dire che in realtà non è una servitù, cioè un diritto reale, bensì è un diritto che non è un diritto reale. Il senso di questa considerazione risulterà più chiaro, alla luce della *distinzione fra diritti reali e diritti di credito* (**19**), e del principio del *numero chiuso dei diritti reali* (**19**.5).

9. Tipi di servitù: negative e affermative; continue e discontinue; apparenti e non apparenti

In relazione all'alternativa indicata da ultimo, circa il *genere di vincolo imposto al titolare del fondo servente*, si distinguono due tipi di servitù:

☞ le servitù **negative** vincolano il titolare del fondo servente ad *astenersi dal compiere in esso attività che, in assenza della servitù, avrebbe facoltà di svol-*

gere (ad es., servitù di non concorrenza; servitù di non edificare o sopraelevare); e il proprietario del fondo dominante, titolare della servitù, ha solo diritto che il primo non tenga quei comportamenti;

☞ le servitù **affermative** vincolano il titolare del fondo servente a *sopportare che su questo si svolgano attività (del titolare del fondo dominante) che, se non ci fosse la servitù, avrebbe il diritto di impedire* (ad es., servitù di passaggio, o di presa d'acqua). Al dovere di sopportazione del titolare del fondo servente corrisponde qui una possibilità di azione positiva del titolare del fondo dominante: ecco perché si parla di servitù affermative. Le servitù affermative si distinguono ulteriormente in due categorie, e cioè servitù affermative continue e discontinue: ✦ le servitù affermative **continue** presuppongono che sia stata inizialmente costruita un'opera sul fondo servente: e la servitù si identifica con la stessa permanenza di questa, costante nel tempo (ad es., servitù di acquedotto, o di elettrodotto); ✦ le servitù affermative **discontinue** sono quelle che il titolare (proprietario del fondo dominante) esercita mediante comportamenti tenuti a intervalli: è il caso, ad es., della servitù di passaggio, o di pascolo.

Le classificazioni appena considerate manifestano la loro importanza pratica, soprattutto con riguardo alla *prescrizione* del diritto (**18**.11).

Da un diverso punto di vista, inerente alle *modalità del loro esercizio*, le servitù si distinguono in altre due categorie contrapposte: ☞ le servitù **apparenti** sono quelle che presuppongono *opere visibili e permanenti* destinate al loro esercizio: ad es., la servitù di elettrodotto implica l'esistenza di tralicci; ☞ le servitù **non apparenti** sono quelle per le quali *non esistono opere* siffatte: ad es. la servitù di pascolo. Quest'ultima distinzione è rilevante, in relazione alla possibilità di acquisto della servitù per *usucapione* e per *destinazione del padre di famiglia* (**18**.10).

10. La costituzione delle servitù: servitù legali (coattive) e volontarie

La costituzione delle servitù può avvenire in vari modi. In relazione ad essi, si distinguono due categorie di servitù: servitù legali e volontarie.

Le servitù **legali** (o **coattive**) nascono sulla base di una *previsione della legge*. Quando *un fondo si trova in condizioni che potrebbero pregiudicarne l'adeguata utilizzazione* (ad es., non ha prese d'acqua; o è intercluso, e cioè non ha accesso sulla strada pubblica, ovvero l'accesso disponibile è particolarmente scomodo), il proprietario può ottenere che sul fondo vicino si costituisca una servitù, anche contro il volere del titolare di questo (che però ha diritto di ricevere un'*indennità* che lo compensi del peso impostogli). Ciò corrisponde sia all'*interesse individuale* del proprietario del fondo dominante, sia all'*interesse generale* a un razionale sfruttamento delle risorse immobiliari.

Le servitù legali sono le seguenti: ☞ acquedotto e scarico coattivo (art. 1033 e segg.); ☞ appoggio e infissione di chiusa (art. 1047 e segg.); ☞ somministrazione coattiva di acqua (art. 1049 e segg.); ☞ passaggio coattivo (art. 1051 e segg.); ☞ elettrodotto coattivo e passaggio coattivo di teleferiche (art. 1056 e segg.).

In questi casi, tuttavia, la servitù *non nasce automaticamente*, anche perché occorre determinarne le modalità di esercizio, e soprattutto fissare l'indennità dovuta al proprietario del fondo servente. In altre parole: l'esistenza delle circostanze materiali previste dalla legge non attribuisce direttamente la servitù al beneficiario, bensì gli attribuisce il *diritto a ottenere la servitù* (e impone al titolare dell'altro fondo il correlativo obbligo di costituirla a favore del primo). Per la realizzazione di tale diritto ci sono due vie: ☞ o vi provvedono, *d'accordo* fra loro, i titolari dei due fondi, stipulando un apposito *contratto*; ☞ oppure, se non si trova l'accordo, il proprietario del fondo che si trova nelle condizioni indicate dalla legge come presupposto della servitù coattiva, può rivolgersi al *giudice*; e il giudice emette una *sentenza costitutiva* che ha il potere di costituire la servitù, fissandone le modalità e determinando l'indennità dovuta (art. 1032; 2932): è un meccanismo analogo a quello previsto per l'attuazione del contratto preliminare (**34**.8).

In qualche caso, previsto dalla legge, la servitù coattiva può costituirsi per *atto dell'autorità amministrativa* (art. 1032, c. 1). È dubbio che siano vere e proprie servitù le c.d. *servitù militari*, cioè i vincoli che in base a leggi speciali vengono imposti su fondi privati per le esigenze della difesa militare: siamo piuttosto nel campo delle limitazioni alla proprietà privata per realizzarne la funzione sociale (**14**.7).

Le servitù **volontarie** sono quelle che nascono sulla base di una *libera scelta dei soggetti interessati*, in situazioni nelle quali non ricorrono le circostanze previste per il sorgere di una servitù legale. Ciò può realizzarsi in uno dei modi seguenti: ☞ per *contratto*, cioè per accordo fra i proprietari dei due fondi; ☞ per *testamento*, fatto dal proprietario del fondo (che diventerà) servente in favore del proprietario del fondo (che diventerà) dominante; naturalmente, la servitù nascerà solo con la morte del testatore, che è il momento in cui l'atto a causa di morte produce i suoi effetti; ☞ per *usucapione* (**21**.15): in questo modo si acquistano, però, *solo le servitù apparenti* (art. 1061); le servitù non apparenti non possono usucapirsi; ☞ per *destinazione del padre di famiglia* (art. 1062). La formula, di sapore così arcaico, significa questo. Se il proprietario di due fondi ne destina uno a servire all'utilità dell'altro (ad es., costruisce sul primo una strada per collegare il secondo con la pubblica via, oppure attraversa il primo con un acquedotto per portare acqua al secondo) non nasce servitù, perché questa presuppone che i fondi appartengono a proprietari diversi; ma se questo presupposto si realizza successivamente (ad es., il proprietario vende uno dei fondi a un altro soggetto, o li trasmette in eredità a due soggetti diversi), la servitù nasce a favore del fondo che già prima riceveva utilità dal peso imposto sull'altro. Anche questo modo di costituzione può operare *solo per le servitù apparenti* (art. 1061).

11. Esercizio, difesa ed estinzione delle servitù

I **modi di esercizio** della servitù sono quelli *determinati dal titolo* che l'ha costituita: ad es., nel contratto o nella sentenza che costituisce la servitù di passaggio si stabilisce che il passaggio può effettuarsi a piedi o in bicicletta, ma non con veicoli a motore; oppure con moto o auto, ma non con camion. Se il titolo non provvede, o lascia questioni irrisolte, si applicano alcune *regole legali*. La principale è che la servitù deve esercitarsi in modo «da *soddisfare il bisogno del fondo dominante col minor aggravio del fondo servente*» (art. 1065): ne costituisce applicazione l'altra regola, per cui il proprietario del fondo dominante non può fare innovazioni che aggravino la condizione del fondo servente, mentre il proprietario di quest'ultimo, a sua volta, non può diminuire o rendere più incomodo l'esercizio della servitù (art. 1067).

Le **spese** per le opere necessarie all'esercizio della servitù sono in generale a carico del proprietario del *fondo dominante*, salvo che il titolo disponga diversamente (art. 1069, c. 2). In ogni caso, se le opere giovano anche al fondo servente, le spese vengono divise con il proprietario di questo (art. 1069, c. 3). Può dunque accadere, in deroga al principio per cui la servitù non può consistere in un «fare» imposto al proprietario del fondo servente, che questi sia eccezionalmente tenuto a sostenere spese in relazione alla servitù: sono le c.d. *prestazioni accessorie* (art. 1030). L'obbligato ha un solo modo per liberarsene: *rinunciare alla proprietà del fondo servente*, in favore del proprietario del fondo dominante (art. 1070).

A **difesa del diritto**, il titolare della servitù può esercitare l'**azione confessoria** per contrastare due tipi di molestie (art. 1079): ☞ *molestie di diritto*, quelle di chi contesta il diritto del titolare (in tal caso l'azione punta al *riconoscimento giudiziale di esistenza della servitù*); e ☞ *molestie di fatto*, con cui qualcuno operativamente impedisce o disturba l'esercizio della servitù (e qui l'obiettivo è *far cessare impedimenti e turbative*). Per esercitarla vittoriosamente, si deve *provare di avere il diritto* di servitù: in concreto, di avere *il titolo* che l'ha costituita ... È, in un certo senso, un'azione uguale e contraria all'azione negatoria, data a difesa della proprietà (**16**.14).

L'**estinzione** delle servitù avviene per una delle cause seguenti:

☞ per *rinuncia* del titolare;

☞ per *consolidazione*, «quando in una sola persona si riunisce la proprietà del fondo dominante con quella del fondo servente» (art. 1072);

☞ per *prescrizione estintiva*, quando la servitù non viene esercitata per *20 anni*. Il decorso del tempo si calcola partendo da momenti diversi, a seconda del diverso tipo di servitù (art. 1073): ✦ per le *servitù affermative discontinue*, il termine iniziale coincide con *l'ultimo atto di esercizio del diritto* (ad es., l'ultima volta che il titolare della servitù di passaggio è passato sul fondo servente); ✦ per le *servitù affermative continue* e per quelle *negative*, si parte dal momento in cui il titolare del fondo servente abbia compiuto un *atto lesivo della servitù* (ad es., interrompe l'acquedotto; aggiunge un piano all'edificio, in violazione della servitù di non sopraelevare).

La servitù non si estingue per il solo fatto che sia diventato *impossibile usarla*, o abbia *perso utilità*: si estingue, per prescrizione, dopo che siano passati 20 anni da un tale evento (art. 1074). Non si estingue per prescrizione il *singolo modo di esercizio della servitù*, anche se non utilizzato per lungo tempo (art. 1075): se X ha una servitù di passaggio con ogni mezzo di trasporto, e per oltre 20 anni passa solo a piedi o in bicicletta, non perde il diritto di passarci in auto. È applicazione della regola per cui non si prescrivono le singole facoltà che compongono il diritto (**8**.10).

12. Il diritto di superficie

Per il principio dell'**accessione**, che abbiamo incontrato parlando di acquisti della proprietà a titolo originario (**16**.5), *qualunque «costruzione esistente sopra o sotto il suolo appartiene al proprietario di questo»* (art. 934). Tale principio impedirebbe di fare e mantenere una costruzione sopra o sotto il suolo altrui, conservandone la proprietà, giacché la proprietà della costruzione verrebbe assorbita dalla proprietà del suolo. Ma questo effetto può essere evitato, se il proprietario del suolo costituisce un diritto di superficie a favore di chi esegue la costruzione.

Il diritto di superficie serve infatti a *neutralizzare il principio di accessione*: è il diritto per il quale *chi esegue una costruzione su suolo altrui, o acquista una costruzione già esistente su suolo altrui, separatamente dalla proprietà del suolo, può conservare la proprietà della costruzione* stessa (art. 952). Ciò vale anche per le costruzioni eseguite *nel sottosuolo* altrui, come un garage (art. 955). Il diritto di superficie può dunque presentarsi in due varianti: ☞ A, proprietario di un *terreno non edificato*, dà a B un diritto di superficie che gli consente di costruire e acquisire la proprietà della nuova costruzione; ☞ A, proprietario di una *costruzione fatta sul suo terreno*, cede a B la proprietà della costruzione, ma non quella del terreno, che tiene per sé; sul terreno costituisce un diritto di superficie a favore di B, che permette a quest'ultimo di acquisire e conservare la proprietà dell'edificio, pur non avendo quella del suolo.

Il titolare del diritto di superficie si chiama *superficiario*. La proprietà della costruzione, che il diritto di superficie gli consente di avere pur senza avere la proprietà del suolo, si chiama *proprietà superficiaria*.

Quanto alla **durata**, il diritto di superficie può essere *perpetuo*, oppure a *tempo determinato*: in quest'ultimo caso generalmente il termine non è troppo breve, perché ciò contrasterebbe con l'interesse del superficiario.

L'**estinzione** del diritto di superficie può avvenire: ☞ per *rinuncia* del superficiario; ☞ per *consolidazione* (riunione, nella stessa persona, del diritto di superficie e della proprietà del suolo); ☞ per *scadenza* del termine, se la superficie è a tempo determinato; ☞ per *prescrizione estintiva*, che può operare in due modi diversi: se, acquistato il diritto di costruire sul terreno altrui, il superficiario lascia passare *20 anni senza costruire* (art. 954, c. 3); oppure se, andata distrutta la sua costruzione, fatta sul terreno altrui, il superficiario lascia passare *20 anni senza ricostruire* (cfr. l'art. 954, c. 2).

Estinto il diritto di superficie, può nuovamente operare il principio di accessione: con la conseguenza che «*il proprietario del suolo diventa proprietario della costruzione*» (art. 953). Per tale evenienza il titolo costitutivo della superficie, o comunque l'accordo degli interessati, può stabilire che il proprietario del suolo paghi un corrispettivo all'altra parte; in caso contrario, nulla è dovuto a questa.

Un'importante applicazione del diritto di superficie è stata fatta da leggi in materia di edilizia pubblica. Si è previsto che i Comuni acquisiscano, espropriandole, aree di proprietà privata, e successivamente le cedano in diritto di superficie – per una durata compresa fra 60 e 99 anni – agli operatori interessati a costruirci abitazioni economiche e popolari o insediamenti produttivi (l. 865/1971). In questo modo, la proprietà degli edifici è di chi li realizza e di chi poi li acquista, mentre la proprietà dei suoli resta al Comune.

13. L'enfiteusi

L'enfiteusi – parola di etimo greco, che rinvia al concetto di «piantagione» – attribuisce al suo titolare *poteri di godimento del fondo altrui molto ampi*, quasi equivalenti a quelli del proprietario: tant'è vero che il diritto viene talora definito **dominio utile**, mentre al proprietario del fondo non rimane che una posizione di titolarità formale (il c.d. **dominio diretto**), perché la sua proprietà risulta sostanzialmente svuotata. Il titolare del diritto si chiama *enfiteuta*; il proprietario del fondo, che concede il diritto all'enfiteuta, si chiama appunto *concedente*. I poteri dell'enfiteuta comprendono quello di *trasferire il diritto*, sia fra vivi, sia per testamento (art. 965).

A fronte del suo diritto, l'enfiteuta ha alcuni **obblighi**: fondamentalmente, *migliorare il fondo* e *pagare al concedente un canone* periodico, che può consistere in una somma di denaro o in una quantità fissa di prodotti naturali (art. 960).

Quanto alla **durata**, l'enfiteusi può essere *perpetua* o *temporanea*, ma in questo caso deve durare *almeno 20 anni* (art. 958).

L'**estinzione** dell'enfiteusi si ha per alcune cause di tipo generale (che cioè possono valere anche per altri diritti): ☞ per *scadenza* dell'eventuale termine; ☞ per *distruzione* del fondo (art. 963); ☞ per *prescrizione* estintiva, di durata ventennale (art. 970); ☞ per *consolidazione*. Si ha poi per altre due cause, che operano in modo specifico nei confronti dell'enfiteusi: ☞ la **devoluzione** è la *cancellazione del diritto dell'enfiteuta*, con il conseguente recupero della piena proprietà da parte del concedente. Può determinarsi per *gravi inadempienze* dell'enfiteuta: violazione dell'obbligo di migliorare il fondo; deterioramento del fondo; mancato pagamento di due annualità del canone (art. 972). Dopo la devoluzione, e in ogni altro caso in cui il concedente recupera la piena proprietà, deve *rimborsare* all'enfiteuta *miglioramenti* e *addizioni* lasciati al fondo (art. 975). A garanzia del rimborso che gli spetta, la legge dà all'enfiteuta un *diritto di ritenzione*: finché non riceve il rimborso, l'enfiteuta può rifiutarsi di riconsegnare il fondo al concedente (art. 975, c. 2); ☞ l'**affrancazione** è un meccanismo che *consente all'enfiteuta di diventare proprietario del fondo*, pagando al concedente una somma pari a 15 volte il canone annuo (art. 9, l. 1138/1970). Decidere se affrancare il fondo è un *diritto potestativo* (**4**.4) dell'enfiteuta.

L'enfiteusi è un istituto arcaico: la sua origine risale al medioevo. Viene impiegata prevalentemente per l'utilizzazione agricola dei terreni (anche se teoricamente può riguardare pure edifici: c.d. enfiteusi urbana). Dovrebbe conciliare l'interesse del proprietario a garantirsi il risanamento di suoi immobili a rischio di deperire, senza sobbarcarsi le attività e le spese necessarie, con l'interesse dell'enfiteuta ad avere a propria disposizione, per lungo tempo e con poteri forti, un immobile senza doverlo comprare. Peraltro, la figura trova applicazione solo in zone circoscritte del nostro paese. La sua disciplina ha conosciuto vicende travagliate, per il succedersi di diverse leggi e sentenze della Corte costituzionale.

19
DIRITTI REALI E DIRITTI DI CREDITO

1. I diritti sulle cose: reali e personali

Nei capitoli precedenti ci siamo occupati di una determinata categoria di diritti sulle cose, e cioè dei diritti reali: proprietà e diritti reali minori. Esistono però *altri diritti sulle cose, che non sono diritti reali*. Anch'essi consentono al titolare di ricavare utilità dalla cosa che forma oggetto del diritto: ma con modalità diverse da quelle proprie dei diritti reali. Subito qualche esempio: il conduttore di un appartamento, chi «noleggia» un'automobile o la riceve in prestito da un amico per il week end, hanno certamente un diritto sulla cosa, che gli consente di utilizzarla nel proprio interesse: ma non è un diritto reale.

I diritti sulle cose, diversi dai diritti reali, si chiamano abitualmente **diritti personali** (sulle cose). I diritti personali – nel senso in cui se ne parla qui, e cioè in contrapposizione ai diritti reali – *non vanno confusi con i diritti della personalità* (**13**): questi ultimi sono diritti non patrimoniali, e assoluti; invece i diritti personali sulle cose sono diritti *patrimoniali*, e non assoluti bensì *relativi*. I diritti personali sulle cose appartengono alla categoria dei **diritti di credito**: il conduttore dell'appartamento ha un diritto di credito verso il proprietario-locatore. Peraltro, le due categorie non combaciano perfettamente, perché la categoria dei diritti di credito comprende sì quella dei diritti personali sulle cose, ma è più ampia: ci sono tanti diritti di credito che non hanno per oggetto cose. Dunque un diritto personale su una cosa è sempre un diritto di credito, mentre non sempre è vero l'inverso.

La **distinzione fra diritti reali e diritti personali (di credito)** è molto importante, per le conseguenze giuridiche rilevantissime che ne discendono. La distinzione si basa principalmente sui criteri seguenti: ☞ i *diritti reali* sono caratterizzati dall'**immediatezza**, mentre i diritti di credito non hanno questa caratteristica (**19**.2); ☞ i *diritti reali* hanno carattere di **assolutezza**, mentre i diritti di credito presentano l'opposta caratteristica della relatività (**19**.3); ☞ i *diritti reali* obbediscono al principio del **numero chiuso** (o della tipicità), mentre i diritti di credito, al contrario, rispondono a un principio di atipicità e sono dunque in numero aperto (**19**.5).

Un altro elemento di distinzione è questo: ai diritti reali può corrispondere una situazione di «*possesso*», mentre i diritti di credito non si possono «possedere» (**21**.1); conseguenza di ciò è che i diritti reali si acquistano anche per *usucapione* (un modo di acquisto fondato sul possesso), mentre i diritti di credito non sono usucapibili (**21**.15).

La situazione di debito, corrispondente sul lato passivo al diritto di credito, si chiama anche «obbligazione»; e il rapporto fra debitore e creditore si chiama rapporto obbligatorio (**22**.1-2). Ecco perché la distinzione di cui ci stiamo occupando può esprimersi non solo con le coppie «*reale/personale*» e «*reale/di credito*», ma anche con la coppia «*reale/obbligatorio*».

Fissiamo subito un punto importante: i criteri di distinzione fra diritti reali e di credito, enunciati poco sopra, hanno *carattere tendenziale, ma non assoluto e tassativo*; valgono in linea di principio, ma possono trovare in molti casi *attenuazioni* o vere e proprie *eccezioni*, di cui via via daremo conto.

2. L'immediatezza dei diritti reali

Questo criterio di distinzione fra diritti reali e di credito ha, in realtà, un valore limitato. Esso consisterebbe in ciò: i diritti reali sono caratterizzati dall'immediatezza, nel senso che il titolare può ricavare le utilità corrispondenti al suo diritto attraverso un *rapporto immediato e diretto con la cosa, senza bisogno dell'intermediazione di un altro soggetto*; invece i diritti di credito non hanno tale caratteristica, perché il titolare (creditore) può realizzare il suo diritto solo attraverso la *cooperazione di un altro soggetto* (debitore).

Il criterio certamente funziona con riguardo alla maggior parte dei diritti reali: il proprietario non ha bisogno di nessun altro per utilizzare la cosa nel proprio interesse; ugualmente l'usufruttuario realizza il suo diritto usando da sé la cosa in uno dei modi che gli sono consentiti; il superficiario fa lo stesso, semplicemente costruendo e mantenendo un edificio sul suolo altrui; il titolare di una servitù di passaggio la esercita attraversando quando crede il fondo servente. E viceversa si mostra appropriato rispetto a molti importanti diritti di credito: il creditore di una somma di denaro, per realizzare il suo diritto, ha bisogno di una specifica attività del debitore, diretta a ciò (il pagamento della somma dovuta); il creditore di prestazioni personali o servizi altrui – l'imprenditore che ha diritto al lavoro del dipendente, il paziente che il medico è impegnato a curare, il viaggiatore che attende di essere portato a destinazione dalla compagnia aerea, ecc. – non può soddisfare l'interesse corrispondente al suo diritto, se il debitore non svolge regolarmente l'attività dovuta.

Ma ci sono altri *casi, ai quali il criterio non si adatta bene*. Alcuni diritti reali non sembrano caratterizzati da immediatezza, perché il titolare ne ricava utilità senza nessun rapporto immediato e diretto con la cosa: ciò vale ad es. per l'*ipoteca* (il cui titolare può non avere neppure mai visto l'immobile ipotecato a suo favore); così pure per le *servitù negative* (il cui titolare di regola non ha alcun contatto fisico con la cosa gravata dal suo diritto, e per realizzarlo ha invece bisogno di un certo comportamento altrui, ad es. che il proprietario del fondo servente non edifichi). Viceversa, ci sono diritti di credito in cui la soddisfazione del creditore passa anche, e magari prevalentemente, attraverso un suo rapporto diretto con la cosa: basta pensare al *diritto del conduttore* (che nonostante questa «immediatezza» resta comunque un diritto personale, e non reale).

3. L'assolutezza dei diritti reali (opponibilità ai terzi)

Questo secondo criterio di distinzione fra diritti reali e diritti di credito è il più significativo, quello da cui discendono le conseguenze giuridiche più importanti. Esso si lega a una classificazione dei diritti soggettivi, che già conosciamo: la classificazione in diritti assoluti e diritti relativi (**6**.4).

I diritti reali sono diritti assoluti: e in virtù della loro assolutezza il titolare può esercitarli o, come si dice, **farli valere contro chiunque**. Questa caratteristica si precisa dicendo che i diritti reali danno al titolare un **diritto di seguito**: cioè la possibilità di «inseguire» il bene, per assoggettarlo al proprio potere, dovunque il bene si trovi. Questo «dovunque» può intendersi in senso fisico-spaziale: come sappiamo, il proprietario può rivendicare la sua cosa in qualunque luogo questa sia finita, presso chiunque la tenga illegittimamente nelle sue mani. Ma soprattutto va inteso in senso giuridico: allude alla possibilità, per il titolare del diritto, di recuperare il bene al proprio interesse, *indipendentemente dagli «spostamenti» giuridici che il bene possa avere compiuto nel frattempo*. Se A costituisce a favore del fondo di B una servitù sul proprio fondo, che poi vende a X, B conserva e può continuare a esercitare la sua servitù, anche se il fondo servente non è più di A, ma ha cambiato proprietario essendo stato trasferito a X. C'è un'altra formula, con cui si indica il medesimo concetto: la formula per cui i diritti reali sono caratterizzati dall'**inerenza del diritto alla cosa**. Il diritto inerisce alla cosa, diventa come un elemento di questa, un segno indelebile che la marca: e che perciò accompagna la cosa in tutte le vicende e gli itinerari giuridici che la cosa potrà percorrere.

Ma c'è un altro modo ancora, più diffuso nel linguaggio giuridico, per esprimere questa stessa idea: consiste nel dire che i diritti reali sono **opponibili ai terzi**. Si è già incontrato il concetto di «terzo», contrapposto a quello di «parti» di un rapporto giuridico (**4**.18): siamo adesso in grado di vederne un'importante applicazione. Torniamo all'esempio appena fatto. La servitù di B è stata costituita a suo favore da A, cioè è nata sulla base di un rapporto fra A e B; sappiamo che B può continuare a esercitarla anche se il fondo servente non è più di A, che l'ha trasferito a X; in altre parole, B può esercitare la sua servitù anche a carico di X. Ma X non è una parte del rapporto che ha originato la servitù di B (controparte di B, in quel rapporto, è A), bensì è un terzo: e allora possiamo dire che la servitù, come ogni diritto reale, è opponibile ai terzi.

Vale il contrario per i *diritti di credito*, caratterizzati dalla *relatività*. Infatti i diritti relativi non si possono far valere contro chiunque, ma *solo contro il soggetto passivo*, controparte del creditore nel rapporto che ha generato il credito. Contro chi è estraneo a questo rapporto, il credito non può farsi valere: ovvero, il credito *non è opponibile ai terzi*. Un esempio. Se A promette a B di vendergli una cosa in futuro, B non acquista la proprietà né un diritto reale sulla cosa, bensì un diritto di credito, a cui corrisponde un obbligo di A nei suoi confronti. Immaginiamo che A non mantenga la parola e violi il diritto di B, vendendo la cosa a X. Cosa può fare B per difendere il suo diritto? Non può rivolgersi contro X e pretendere che X rinunci in suo favore all'acquisto fatto: il diritto di B è nato dal rapporto fra A e B, rispetto al quale X è terzo; e quel diritto, in quanto relativo, non è opponibile ai terzi. B può invece rivolgersi contro A, e pretendere da lui non la proprietà della cosa (che non è più di A), ma solo il risarcimento del danno: perché A è parte (la controparte) nel rapporto dal quale nasce il diritto di B.

Anche il criterio del quale stiamo ragionando conosce peraltro qualche *eccezione*: in particolari situazioni, un *diritto di credito* risulta *opponibile a terzi*. S'immagini che K dia una cosa in locazione a J, e che poco dopo venda la stessa cosa a Z, il quale, come proprietario, vorrebbe averne per sé il godimento, mentre J insiste che il godimento spetta a lui come conduttore. In base ai principi che conosciamo, il conflitto dovrebbe risolversi a favore di Z: egli è terzo rispetto al rapporto di locazione fra K e J, da cui nasce il diritto del conduttore J; e siccome questo è un diritto personale, e non reale, non dovrebbe essere opponibile al terzo Z. Invece la norma sceglie una diversa soluzione del conflitto: *il diritto del conduttore è opponibile al terzo acquirente* (quindi J può continuare a godere la cosa locata, e Z non può contestare il suo godimento), purché il contratto di locazione risulti con certezza anteriore all'alienazione della cosa (art. 1599, c. 1; v. **39**.3).

Se anziché considerare il diritto del conduttore si assume il punto di vista del terzo acquirente, la medesima situazione può descriversi osservando che qui *il diritto reale non è opponibile a tutti i terzi*: Z non può opporre la proprietà della cosa acquistata (e far valere il relativo diritto di esclusione) nei confronti di quel particolare terzo che è il conduttore J.

Incontreremo altre analoghe eccezioni al principio della relatività dei diritti di credito e dell'assolutezza dei diritti reali: in materia di *trascrizione* (**20**.1-3), di regola «*possesso vale titolo*» (**21**.18), di *azione revocatoria* (**27**.6).

4. Azioni reali e azioni personali

La distinzione fra diritti reali e diritti personali (di credito), alla luce soprattutto del criterio dell'assolutezza, permette di capire la distinzione fra *due tipi di azioni a difesa dei diritti sulle cose*: le azioni reali e le azioni personali.

Le **azioni reali** difendono il diritto di proprietà (o un altro diritto reale), sul presupposto che chi le esercita *dimostri di avere il diritto*; e, in virtù dell'assolutezza, si possono rivolgere *contro chiunque* pregiudichi il diritto. Ne è tipico esempio l'azione di rivendicazione (**16**.12).

Ma il diritto sulla cosa può difendersi anche con azioni dalle caratteristiche diverse: appunto le **azioni personali**. Ciò accade inevitabilmente, quando il diritto da difendere è un *diritto personale*, come ad es. il diritto del *conduttore*. Se A dà in locazione una cosa a B, e X disturba il godimento di B sostenendo di avere diritti sulla cosa, contro tali *molestie del terzo* il conduttore B non può difendersi direttamente con un'azione contro X, ma deve agire nei confronti di A, chiedendo ad A di difenderlo da X (art. 1585, c. 1; 1586): l'azione del conduttore (B) è un'azione personale, perché può dirigersi solo verso la controparte del rapporto da cui nasce il diritto (il locatore A), e non verso chi sia terzo rispetto a quel rapporto (X).

Ma è importante notare che un'azione personale può essere impiegata *anche per difendere la posizione di chi ha un diritto reale*. Un esempio. H dà in locazione a K una cosa per un tempo determinato, ma alla scadenza K rifiuta di restituirla. Per recuperare la cosa di sua proprietà, illegittimamente detenuta da K, H potrebbe esercitare l'azione (reale) di rivendicazione: ma allora dovrebbe dare la prova della sua proprietà (prova, come sappiamo, non facile: **16**.13). È più comodo per lui esercitare un'altra azione – l'**azione di restituzione** – che ha un presupposto diverso e più facile da provare: a H basta provare che, in base al titolo da cui è nata la locazione, questa è scaduta e dunque K ha l'obbligo di restituire la cosa. L'azione di restituzione è un'azione personale: *fa valere un diritto basato su un titolo che dà luogo ad un rapporto di debito/credito* (il diritto di credito di H, e il correlativo obbligo di K, alla restituzione della cosa alla scadenza); e, per il conseguente carattere di relatività, può esercitarsi *solo verso la controparte di tale rapporto, e non verso terzi.* Se la cosa fosse finita nelle mani del terzo Z, contro costui H potrebbe esercitare solo l'azione di rivendicazione, non quella di restituzione. Appartiene alle azioni personali anche l'*azione di ripetizione dell'indebito* (**46**.7-8).

5. Il numero chiuso dei diritti reali

In generale, vige nel nostro sistema il principio per cui *i soggetti non possono costituire diritti reali diversi da quelli previsti e disciplinati dalla legge.* Questa regola si esprime dicendo che i diritti reali sono in «numero chiuso»: all'elenco dei diritti reali, fissato dalle norme, non possono aggiungersi figure nuove, create dall'autonomia privata. Si esprime anche dicendo che essi obbediscono a un principio di **tipicità**: un diritto reale è ammissibile solo se corrisponde a uno dei *tipi di diritti reali previsti e regolati dalla legge*; al di fuori dei tipi legali, non si possono inventare e creare diritti reali diversi.

Si coglie qui un'ulteriore differenza dai diritti di credito, per i quali vale l'opposta regola dell'atipicità: i crediti possono nascere con i contenuti più vari, stabiliti dagli interessati anche al di fuori dei tipi di crediti previsti dalle norme. Si pensi al caso in cui A, proprietario di un fondo, s'impegna a consentire che B, non proprietario di alcun fondo vicino, ci passeggi: questa non è una servitù, perché manca il requisito dell'utilità a un fondo. Oppure al caso in cui A, proprietario di un fondo, s'impegna con B, proprietario del fondo vicino, a rinnovare ogni anno, nel proprio fondo, determinate colture di fiori per allietare la vista di B: neppure in questo caso c'è servitù, perché la servitù non può imporre prestazioni attive al titolare del fondo servente. Dunque i diritti di B non sono servitù, perché non corrispondono allo schema delle servitù; neppure corrispondono allo schema di qualche altro diritto reale. La conclusione è che non sono diritti reali, perché il principio del numero chiuso impedisce di definire come diritto reale un diritto che non corrisponda a nessuno degli schemi tipici di diritti reali, fissati dalla legge. Se *non sono diritti reali, sono diritti personali,* cioè diritti di credito (i quali possono anche non corrispondere a nessuno schema legale tipico). Con una conseguenza: che sono diritti *non assoluti ma relativi,* e come tali *non opponibili ai terzi.* E allora se A vende a X il suo fondo, in relazione al quale aveva preso l'impegno con B, B non potrà pretendere che X continui a consentirgli il passaggio, o rinnovi ogni anno i fiori: perché è terzo rispetto al rapporto fra A e B, da cui è nato il diritto (personale) di quest'ultimo.

Storicamente, il principio del numero chiuso dei diritti reali nasce con la *figura moderna di proprietà* – dunque con i codici e le legislazioni borghesi dell'ottocento – come *reazione contro il modello della proprietà feudale*. Quest'ultimo consentiva che la proprietà fosse gravata, nell'interesse di soggetti diversi dai proprietari, dei pesi e dei vincoli più vari, i quali molto spesso svuotavano i poteri del proprietario e, impedendogli di assumere liberamente iniziative economiche sopra i suoi beni, riducevano le possibilità di utilizzazione produttiva dei beni stessi.

Il principio del numero chiuso dei diritti reali nasce dunque per precise *motivazioni di razionalità economica*. Da un lato, scindere fra diversi soggetti i poteri di utilizzazione dei beni rischia di impedire che si decidano e si attuino *innovazioni economicamente vantaggiose* circa il loro impiego: conviene perciò limitare rigorosamente i casi in cui si realizza tale scissione; e dunque limitare rigorosamente la possibilità di creare diritti reali, il cui scopo è proprio togliere al proprietario alcuni poteri sulla cosa, per darli a un altro soggetto. Dall'altro lato, qualche problema può crearsi anche in relazione al carattere dell'assolutezza. Se la serie dei diritti reali (assoluti e perciò opponibili ai terzi) fosse una serie aperta, chi acquista un bene avrebbe il timore di scoprire più tardi che su esso grava un qualche diritto reale atipico creato in precedenza a favore di qualcun altro, e a lui opponibile. Sarebbe allora scoraggiato dall'acquisto, e potrebbe rinunciarci; ovvero prima di acquistare eseguirebbe accertamenti lunghi e macchinosi: il traffico giuridico, la *circolazione della ricchezza* ne risulterebbero bloccati o almeno rallentati.

6. La crisi del principio del numero chiuso

In realtà, le motivazioni tradizionalmente poste a base del principio del numero chiuso erano forti soprattutto in una *fase storica in cui la terra costituiva la principale forma di ricchezza*, e il suo sfruttamento agricolo era l'attività economica prevalente: infatti le categorie dei diritti reali – a cominciare dalla proprietà – sono state elaborate con riferimento quasi esclusivo ai beni immobili. Quelle motivazioni appaiono meno forti oggi, in tempi nei quali assumono preminente importanza forme di ricchezza non legate alla terra, e in generale agli immobili.

Ma c'è di più. Le tecniche edilizie e urbanistiche moderne e gli sviluppi delle attività economiche nel settore immobiliare fanno sì che gli stessi *beni immobili*, per essere adeguatamente valorizzati, richiedano *nuove modalità di utilizzazione*, inconcepibili in passato: richiedono, in particolare, che sopra terreni o edifici si impongano vincoli di varia natura. Si pensi solo al fenomeno delle abitazioni in condominio (un fenomeno relativamente recente, nella nostra storia urbana): i *regolamenti condominiali* creano una rete di vincoli sulla proprietà dei singoli appartamenti. Si pensi al fenomeno, ancora più recente, della *multiproprietà*: che consiste nel gravare la proprietà dell'unità abitativa di un vincolo circa il tempo del godimento. E si pensi infine ai vincoli che possono costituirsi su terreni edificabili, in funzione delle trasformazioni urbanistiche cui quelle aree siano interessate: ad es. con la c.d. *cessione di volumetria* (o di cubatura), un proprietario si vincola a non costruire sul proprio terreno, cedendo idealmente al proprietario vicino il volume di edificazione che le norme urbanistiche gli consentirebbero; e con la volumetria così «acquistata» il vicino può costruire sul proprio terreno una quantità di metri cubi superiore, perché alla cubatura corrispondente alla propria area può aggiungere quella che gli deriva dall'area altrui, appositamente vincolata.

Per realizzare pienamente la loro funzione, questi vincoli (e i diritti corrispondenti) hanno bisogno di *inerire alla cosa*, di essere *opponibili a tutti i terzi*: in una parola, di presentarsi con i caratteri del diritto reale. Ed è quello che in effetti accade. Il problema è che questi vincoli (diritti) solo a fatica e con qualche forzatura possono farsi rientrare in qualcuno degli schemi di diritti reali legalmente previsti: ma questo equivale a ipotizzare l'esistenza di *diritti reali atipici*, in contrasto con la regola della tipicità, o del numero chiuso, che in linea di principio li dovrebbe governare.

Ecco perché, da qualche tempo, si osserva che tale regola è entrata in crisi, e ha perso il rigore che la caratterizzava in passato.

7. Le obbligazioni reali

Le obbligazioni reali sono situazioni soggettive, in un certo senso intermedie fra le situazioni di tipo personale (corrispondente al rapporto di debito/credito) e le situazioni che corrispondono allo schema del diritto reale.

Si tratta di debiti e crediti che nascono in capo a soggetti, in dipendenza del fatto che essi hanno la proprietà (o altro diritto reale) su un bene. Per es., ciascun comproprietario, in quanto tale, ha l'obbligo verso gli altri comproprietari di partecipare alle spese per la manutenzione della cosa comune (art. 1104); e ha, verso gli altri, il diritto corrispondente. L'obbligato si libera dall'obbligo (e perde il diritto) cedendo il suo diritto reale; e chi lo acquista, subentra in tali posizioni. In un certo senso, qui la posizione di debito/credito inerisce alla cosa, come accade per i diritti reali.

Per questo si chiamano anche *obbligazioni ambulatorie*: si spostano di soggetto in soggetto, seguendo gli spostamenti della proprietà.

20
LA TRASCRIZIONE

1. La funzione generale della trascrizione

La trascrizione è un meccanismo che serve a *rendere pubblici determinati atti relativi a diritti sulle cose*: per questo se ne parla nella parte dedicata ai diritti sulle cose.

Data la sua funzione, si collega strettamente con il tema della *pubblicità* (**9**.4): anzi, si può dire che la trascrizione costituisce una delle più importanti ipotesi di pubblicità, se non la più importante. Si collega anche con un altro tema del quale ci siamo già occupati: quello della *circolazione giuridica* (**8**.17). Infatti essa serve a rendere pubblici gli atti che realizzano la circolazione dei diritti sulle cose, per soddisfare l'esigenza fondamentale che si pone al riguardo: *garantire la sicurezza della circolazione giuridica, rendendo certa e inattaccabile la posizione di chi acquista diritti sulle cose*.

La trascrizione concerne essenzialmente la circolazione dei diritti su **beni immobili**: e infatti il suo nome si precisa come **trascrizione immobiliare**. Si realizza mediante pubblici registri (*registri immobiliari*), tenuti presso appositi uffici pubblici (*conservatorie immobiliari*).

2. Gli atti soggetti a trascrizione

La legge elenca una serie di atti, che «Si devono rendere pubblici col mezzo della trascrizione» (art. 2643 e segg.). Sinteticamente, possono indicarsi così:

☞ i **contratti** che *trasferiscono la proprietà* di immobili (ad es. la compravendita di un appartamento) ovvero *costituiscono, trasferiscono, modificano o estinguono altri diritti reali* su immobili (ad es., il contratto che costituisce un usufrutto o una servitù o un diritto di superficie su un terreno; il contratto che modifica la durata di uno di questi diritti, o lo cancella anticipatamente, ecc.); inoltre, i *contratti preliminari* relativi a tali contratti, anche se non incidono immediatamente su diritti reali (**34**.7): art. 2645-*bis*;

☞ gli **atti unilaterali** che producono i *medesimi effetti* di cui sopra: ad es., la rinuncia dell'usufruttuario all'usufrutto sulla casa; l'atto con cui l'enfiteuta affranca il fondo; la dichiarazione di riscatto dell'immobile, fatta dal venditore con patto di riscatto (**38**.12);

☞ i **provvedimenti giudiziari** che producono i *medesimi effetti* (ad es., la sentenza che scioglie un contratto di vendita, facendo tornare la cosa in proprietà del venditore; il decreto del giudice dell'esecuzione che assegna la proprietà della cosa del debitore, sottoposta a espropriazione forzata);

☞ i **contratti di locazione** di immobili con *durata ultranovennale*, e i **contratti costitutivi di organizzazioni** (società, associazioni) con cui si conferisce all'organizzazione il *godimento di un immobile con durata ultranovennale o indeterminata* (si noti che gli atti di questa categoria, a differenza dei precedenti, incidono non su diritti reali bensì su diritti personali di godimento);

☞ gli **acquisti a causa di morte**, riguardanti *diritti reali immobiliari* (ad es., accettazione di un'eredità che comprende beni immobili);

☞ le **domande giudiziali** con cui si aprono *processi relativi a qualcuno degli atti soggetti a trascrizione*, menzionati fin qui.

3. La trascrizione degli atti fra vivi

La categoria più importante di atti soggetti a trascrizione è quella dei contratti e degli altri atti negoziali fra vivi che toccano diritti reali su immobili. Ed è anche la più utile per comprendere come opera il meccanismo della trascrizione. La funzione specifica della trascrizione di questi atti *è risolvere il conflitto fra più persone che abbiano acquistato diritti fra loro incompatibili sullo stesso immobile*. Il conflitto si risolve in base a questa regola: fra i diversi acquirenti in conflitto, **prevale non chi ha acquistato per primo, ma chi per primo ha trascritto il suo acquisto**.

Facciamo un esempio. A vende a B il suo appartamento con un contratto del 15 febbraio; poi, disonestamente, lo vende anche a C con un successivo contratto in data 1° marzo; C si affretta a trascrivere il suo acquisto, e lo fa il 5 marzo, mentre B, meno sollecito, si presenta alla conservatoria, per trascrivere il proprio, solo il 10 marzo. Il risultato è che l'appartamento risulta di proprietà di C, proprio perché C, pur avendo acquistato dopo B, ha trascritto prima di B. Si badi: non è che, in mancanza di trascrizione, la vendita fatta da A a B sia invalida o incapace di produrre effetti. Benché non trascritta, la vendita è valida e produce i suoi effetti, fra cui il principale consiste proprio nel trasferire la proprietà della cosa da A a B. Solo che, avendo il terzo C acquistato lo stesso bene e trascritto il suo acquisto prima che B trascrivesse il proprio, in forza della trascrizione di C *l'acquisto di B subisce come una riduzione dei suoi effetti*: esso *non produce effetti verso C*, cioè **non è opponibile** a C, per il quale l'acquisto di B è come se non esistesse.

Tutto questo è sintetizzato nella norma per cui gli atti soggetti a trascrizione «non hanno effetto riguardo ai terzi che ... hanno acquistato diritti sugli immobili in base a un atto trascritto ... anteriormente alla trascrizione degli atti medesimi» (art. 2644, c. 1). Analizziamone il senso: l'atto soggetto a trascrizione è l'acquisto di B; questo atto non è opponibile al terzo C, che a sua volta ha acquistato l'immobile in base a un atto che ha trascritto anteriormente alla trascrizione di B. E, come precisa l'art. 2644, c. 2, non importa che l'acquisto di B abbia data anteriore all'acquisto di C: la trascrizione fatta da B «non può avere effetto contro colui che ha trascritto» anteriormente (cioè contro C), «quantunque l'acquisto (di B) risalga a data anteriore».

La stessa regola si applica se, anziché fra due successivi acquirenti del diritto di proprietà sullo stesso immobile, si ha conflitto fra chi ha acquistato la proprietà libera e un altro soggetto che ha acquistato un diritto reale minore sullo stesso immobile. Ad es., A concede a B una servitù sul proprio fondo, e poi vende a C lo stesso fondo come libero da ogni peso; oppure prima vende il fondo a C, e successivamente ci costituisce una servitù a favore di B. Il problema è: B ha la servitù, e quindi C ha una proprietà gravata da servitù? oppure C ha una proprietà libera da servitù, e B non ha nessuna servitù? La risposta dipende dalle date in cui B e C trascrivono i loro atti di acquisto: se B trascrive l'acquisto della servitù prima che C trascriva la compravendita, il fondo resta gravato dalla servitù (perché l'acquisto della proprietà libera, fatto da C, non è opponibile a B); se invece C trascrive prima di B, il fondo rimane libero (perché l'acquisto della servitù, fatto da B, non è opponibile a C). Nessuna importanza ha, a questo fine, quale dei due atti di acquisto sia anteriore.

Quello dei due acquirenti che soccombe (in ipotesi B), in quanto l'altro (C) trascrive prima di lui, che rimedi ha? Il rimedio fondamentale consiste in un'*azione contro A, suo dante causa e autore della doppia alienazione, al quale B può chiedere il risarcimento del danno*. Tale pretesa di B si fonda sul *contratto di acquisto fatto dallo stesso B con A*, e che A ha violato con la doppia alienazione: contratto *inefficace (inopponibile) verso il terzo C, ma perfettamente efficace nei rapporti interni fra le parti A e B*. Infatti – ripetiamolo – la trascrizione non serve a rendere produttivo di effetti il contratto, che anche senza trascrizione è idoneo a produrli (sia fra le parti, sia anche verso tutti i terzi che non abbiano trascritto anteriormente acquisti incompatibili). Senza trascrizione, il contratto non produce effetti solo verso il terzo che abbia trascritto prima un acquisto incompatibile.

L'acquirente che soccombe può agire, oltre che contro il dante causa, *anche contro il secondo acquirente* che prevale su di lui? È ovviamente escluso che possa agire contro di lui per rivendicare la proprietà dell'immobile (lo impediscono le regole sulla trascrizione, appena esaminate). Può agire, almeno, per il *risarcimento del danno*? La giurisprudenza lo ammette, a condizione che il secondo acquirente abbia agito con mala fede (cioè abbia trascritto, sapendo di pregiudicare ingiustamente l'acquirente anteriore).

In relazione al suo normale modo di operare, la trascrizione rientra nello schema della **pubblicità dichiarativa** (**9**.5). Solo eccezionalmente si presenta come *pubblicità costitutiva* (**9**.5): ciò accade, in particolare, con la trascrizione del titolo di acquisto, funzionale all'*usucapione abbreviata* (ne parleremo fra poco: **21**.17); inoltre, è pubblicità costitutiva anche l'*iscrizione dell'ipoteca* nei registri immobiliari (**27**.13).

4. La trascrizione degli acquisti per causa di morte

La legge stabilisce che devono trascriversi anche gli acquisti per causa di morte: ad es. l'accettazione di un'eredità che comprenda diritti su beni immobili, ovvero l'acquisto di un legato che attribuisca analoghi diritti (art. 2648).

Qui, però, il valore e l'efficacia dalla trascrizione sono diversi da quelli appena visti: la funzione è semplicemente informare che l'eredità è stata accettata e perciò acquistata, o che il legato è stato conseguito; ma, *anche senza trascrizione, tali fatti risultano pienamente opponibili a qualunque terzo*: si tratta dunque di **pubblicità notizia** (**9**.5).

La trascrizione di questi atti può avere maggiore rilievo sotto un diverso profilo: e cioè per soddisfare l'esigenza della *continuità delle trascrizioni* (**20**.7).

5. La trascrizione delle domande giudiziali

La trascrizione delle domande giudiziali ha questa specifica funzione: *rende la sentenza, che eventualmente accoglie la domanda, opponibile a chiunque abbia acquistato diritti sul bene coinvolto nel processo, in base a un atto trascritto posteriormente alla trascrizione della domanda* (art. 2652).

Partiamo anche qui da un esempio. X vende a Y un immobile; Y non paga il prezzo, e allora il contratto è soggetto a risoluzione (cioè scioglimento e cancellazione dei suoi effetti) su iniziativa di X; nel 2010 X effettivamente propone contro Y domanda di risoluzione della vendita, in modo da recuperare la proprietà del bene (effetto che si avrà se e quando il giudice emetterà una sentenza di risoluzione: **37**.4). Nel 2011, mentre il processo è in corso, Y, attuale proprietario del bene, lo trasferisce a Z, che ne acquista regolarmente la proprietà. Ma nel 2013 il processo si conclude con una sentenza di risoluzione, per effetto della quale il bene dovrebbe tornare da Y a X: come conciliare questo risultato, con il fatto che il bene nel frattempo è stato acquistato da Z?

Il problema si risolve con il criterio della trascrizione: se X, proposta la domanda di risoluzione, non si cura di trascriverla, di modo che Z riesce trascrivere il suo acquisto prima che X abbia trascritto la sua domanda, Z prevale e salva il suo acquisto; se invece è anteriore la trascrizione di X (che, appena proposta la domanda, si preoccupa di trascriverla subito), prevale X, che recupera la proprietà del bene anche se la sentenza che gliela riassegna è posteriore all'acquisto di Z. In altre parole: grazie alla trascrizione, *gli effetti della sentenza che accoglie la domanda si producono non dal momento della sentenza stessa, ma dal momento (anteriore) della trascrizione della domanda*. Ovvero: la trascrizione della domanda attribuisce alla sentenza **effetto retroattivo** (anche verso i terzi).

Un discorso diverso deve farsi quando la domanda giudiziale serve ad attaccare il contratto, in base a un difetto più radicale: ad es., quando è diretta a provocarne la dichiarazione di *nullità* o l'*annullamento per incapacità legale*. Questi difetti del titolo di acquisto operano retroattivamente e sono sempre opponibili a qualunque terzo (**36**.8): se ad es. X vende a Y un immobile, che poi lo rivende a Z, e successivamente la vendita da X a Y risulta nulla, la nullità travolge anche l'acquisto di Z, che dovrebbe restituire l'immobile a X. C'è però una possibilità che Z salvi il suo acquisto. Grazie al meccanismo della c.d. **pubblicità sanante**, la dichiarazione di nullità della vendita da X a Y non pregiudica l'acquisto di Z, a tre condizioni (art. 2652, n. 6): ☞ che Z sia in *buona fede* (cioè ignori che il suo dante causa aveva acquistato in base a titolo nullo); ☞ che la *trascrizione dell'acquisto di Z* sia *anteriore alla trascrizione della domanda di nullità* della vendita da X a Y; ☞ che fra la *trascrizione dell'atto impugnato* (la vendita da X a Y) e la *trascrizione della domanda di nullità* dello stesso siano passati almeno *cinque anni*.

6. Presupposti e modalità della trascrizione

Gli atti soggetti a trascrizione possono essere effettivamente trascritti, solo se offrono adeguate garanzie di ufficialità e autenticità: a parte le sentenze, gli atti negoziali devono presentarsi nella forma dell'**atto pubblico** o della **scrittu-**

ra privata autenticata (art. 2657). Questo spiega perché le vendite immobiliari di regola vengono stipulate davanti al notaio, anche se per la loro validità sarebbe sufficiente la semplice scrittura privata. Il *notaio* (o il pubblico ufficiale) che riceve o autentica l'atto ha l'*obbligo* di curarne tempestivamente la trascrizione, e in caso contrario risponde per i danni (art. 2671). Nessun obbligo grava invece *sulla parte interessata*; per lei la trascrizione è semplicemente un *onere* (**4**.14), da osservare se si vogliono i vantaggi giuridici legati alla trascrizione.

La trascrizione viene effettuata dal pubblico impiegato addetto alla conservatoria (*conservatore dei registri immobiliari*), al quale il richiedente deve presentare copia dell'atto da trascrivere, e inoltre un documento – detto **nota di trascrizione** – che contiene gli estremi essenziali dell'atto stesso. Le norme del codice sulle modalità della trascrizione immobiliare (e dell'iscrizione ipotecaria) sono state modificate dalla l. 52/1985, per adeguarle ai nuovi *sistemi informatici e di elaborazione automatica dei dati* introdotti nelle conservatorie immobiliari.

Nel nostro sistema, la pubblicità immobiliare è impostata *non su base reale*, ma **su base personale**. I registri sono organizzati in modo da seguire *non le vicende di ciascun immobile, bensì i vari atti compiuti dagli autori di questi*. La trascrizione si fa in una doppia prospettiva: **a favore** della *parte che acquista il diritto* (ad es. il compratore, o chi diventa usufruttuario); e **contro** la *parte che cede il diritto* (ad es. il venditore, o il proprietario che costituisce l'usufrutto).

Da questa impostazione deriva il modo in cui si consultano i registri immobiliari. Chi ha intenzione di acquistare un immobile da X, vuole sapere prima di tutto se X ne è il proprietario: deve allora cercare, nei registri immobiliari del luogo in cui è situato il bene, le trascrizioni *a favore* di X, da cui risulta per es. che egli ne è proprietario per averlo acquistato da Y. Questo però non basta: bisogna esaminare anche le trascrizioni fatte *contro* X e i suoi danti causa, per verificare se risultino trascritti, a favore di qualche terzo, atti capaci di incidere sul diritto che si vuole acquistare (ad es. la vendita dello stesso immobile a un terzo, che avendo trascritto prima avrebbe la prevalenza; o la costituzione di una servitù sul terreno che si vuole acquistare come libero; ecc.). Se la ricerca conferma l'esistenza del diritto in capo alla persona da cui si vuole acquistare, e l'inesistenza di diritti incompatibili in capo a terzi, si può acquistare tranquillamente: fatto l'acquisto, conviene trascriverlo subito, e così si ha la certezza di poterlo opporre contro ogni eventuale altro acquirente, anche anteriore, di diritti sul medesimo bene.

7. La continuità delle trascrizioni

Il presupposto perché un tale sistema funzioni, è che la catena delle trascrizioni relative alle vicende dei diritti sul bene si sviluppi con continuità.

Si supponga che A venda un immobile a B, e che in seguito B lo venda prima a C e poi a D: la regola è che, fra C e D, prevale chi per primo ha trascritto il suo acquisto da B; e immaginiamo che sia D. Ma la regola non opera se risulta che non è stato trascritto il passaggio precedente, cioè la vendita da A a B: «le successive trascrizioni ... non producono effetto, se non è stato trascritto l'atto anteriore di acquisto» (art. 2650, c. 1). D può rimediare, promuovendo egli stesso la trascrizione dell'acquisto del suo dante causa B: una volta che lo abbia fatto, la trascrizione del suo stesso acquisto *prende efficacia, a partire dal giorno in cui è stata fatta* (e dato che, nell'esempio, essa è anteriore alla trascrizione di C, gli consente di prevalere su C).

Il principio spiega perché la trascrizione può essere chiesta non solo dall'autore dell'atto, ma da *qualunque interessato* (art. 2666). E spiega l'utilità di trascrivere gli *acquisti a causa di morte*: la trascrizione di essi evita una discontinuità delle trascrizioni, capace di pregiudicare i successivi passaggi del bene.

8. Il sistema tavolare

Il sistema appena illustrato non si applica *in alcune zone del Nord-Est*: le Province di Trento, Bolzano, Trieste e Gorizia, nonché alcuni Comuni delle Province di Udine e Belluno, riunite all'Italia dopo la prima guerra mondiale.

Lì continua ad applicarsi un diverso sistema di pubblicità immobiliare, ereditato dall'Impero austriaco. Anziché di trascrizione, si parla di *intavolazione*; anziché su base personale, il sistema è impostato su base reale; anziché una pubblicità dichiarativa, esso realizza una pubblicità costitutiva.

9. La pubblicità relativa ai beni mobili registrati

Il meccanismo della trascrizione opera non solo per i beni immobili, ma anche per i beni mobili registrati (**7**.6): art. 2683 e segg. Per le *imbarcazioni*, si realizza con i registri indicati dagli art. 146 e segg. c.n.; per gli *aeromobili*, con il registro aeronautico nazionale (art. 753 c.n.); per gli *autoveicoli*, con il pubblico registro automobilistico (istituito dal r.d. 436/1927).

Gli **atti** soggetti a trascrizione sono quelli che *trasferiscono, costituiscono, modificano o estinguono diritti reali* sul bene (art. 2684 e segg.).

Gli **effetti** della trascrizione (e della mancata trascrizione) sono gli stessi che l'art. 2644 stabilisce per gli immobili (art. 2684).

Sono invece diverse le **modalità** pratiche della trascrizione, che per ciascun tipo di bene risultano dalle *norme relative ai corrispondenti registri* (art. 2695): rispetto ai registri immobiliari, la differenza principale è che questi altri registri sono impostati *su base reale*, e non personale.

21
IL POSSESSO

1. La nozione di possesso

La categoria del possesso si lega alla distinzione fra *situazione di diritto e situazione di fatto*, e al dato per cui le due situazioni possono presentarsi scisse:

☞ la **situazione di fatto** riguarda *l'esercizio effettivo di poteri sopra la cosa*, indipendentemente dalla circostanza che chi li esercita abbia legalmente quei poteri, cioè sia titolare del corrispondente diritto soggettivo. Se vedo che A si comporta concretamente da proprietario rispetto a una cosa (la usa, la presta, la loca, la offre in vendita, la trasforma, la distrugge, ecc.), ciò mi basta per dire che A «possiede» la cosa. Infatti il **possesso** è *la situazione di fatto di colui il quale esercita sopra una cosa poteri che corrispondono al contenuto della proprietà (o di un altro diritto reale)*: art. 1140, c. 1;

☞ la **situazione di diritto** riguarda invece l'esistenza di *poteri legali sulla cosa*: riflette la circostanza che egli sia o non sia *titolare del diritto soggettivo*. Dopo avere constatato che A esercita effettivamente quei poteri (e dunque ha il possesso della cosa), accerto che è il proprietario della cosa: ne ricavo che *situazione di fatto e situazione di diritto coincidono*; che chi ha il possesso ha anche il diritto. E questo è quanto accade normalmente. Ma può anche accadere che situazione di fatto e situazione di diritto non coincidano, e cioè che A, pur comportandosi di fatto come un proprietario, non è il proprietario, perché la cosa è di B. In tal caso si presenta la scissione accennata all'inizio. A non ha legalmente il diritto, ma si comporta effettivamente come se lo avesse: *ha il possesso, ma non ha la proprietà*. Viceversa B ha legalmente il diritto, ma sul piano dei fatti è come se non lo avesse (non esercita i corrispondenti poteri sulla cosa, che sono esercitati da A): egli *ha la proprietà, ma non ha il possesso*.

La definizione dell'art. 1140, c. 1 ci dice che i poteri esercitati dal possessore sono quelli *corrispondenti alla proprietà* (c.d. **possesso pieno**), oppure anche *a un diritto reale minore* (c.d. **possesso minore**): chi passa effettivamente sul terreno altrui, per raggiungere più comodamente la strada del proprio fondo, *possiede la servitù* di passaggio.

È possibile poi il **compossesso**, cioè la situazione in cui *più persone esercitano congiuntamente poteri sulla cosa*: si pensi al caso di A e B, che occupano insieme un appartamento, comportandosi come se ne fossero i comproprietari.

2. Possesso e detenzione

Dobbiamo precisare meglio in cosa consiste la situazione del possessore. Per avere il possesso sono necessari due elementi: ☞ un *elemento oggettivo*, o materiale, consistente nell'avere il **controllo effettivo della cosa**; e inoltre ☞ un *elemento soggettivo*, o psicologico, consistente nell'intenzione di esercitare sulla cosa poteri che corrispondono al contenuto della proprietà o di altro diritto reale; in una parola, l'*intenzione di comportarsi da titolare del diritto* (c.d. **animus possidendi**). Prototipo del possessore è il ladro, che ha preso la cosa altrui nel suo dominio precisamente con l'intenzione di appropriarsene.

In qualche situazione, può essere presente solo il primo elemento e non il secondo: *chi controlla materialmente la cosa non manifesta l'intenzione di comportarsi da proprietario* (o titolare di altro diritto reale). Questa situazione non è possesso, bensì **detenzione**. È detentore e non possessore, ad es., il meccanico cui ho lasciato la mia auto perché la ripari: egli ha materialmente l'auto nelle sue mani, ed esercita poteri su di essa, ma senza alcun intento di fare come se fosse il proprietario; se la smonta è per ripararla, se ci va in giro è per provarla nell'interesse di chi gliel'ha affidata per la riparazione. Ugualmente è semplice detentore chi abita una casa come inquilino: egli ha la casa a sua disposizione e la utilizza, ma non gli verrebbe mai l'idea di venderla o di abbattere tutti i muri divisori all'interno di essa, come invece potrebbe fare il proprietario.

D'altra parte, per avere il possesso di una cosa non è neppure necessario averne attualmente la disponibilità fisica: chi lascia la propria auto dal meccanico, chi dà in locazione la propria casa a un inquilino, continua a esserne il possessore, giacché anche questi sono modi di esercizio dei poteri del proprietario. Lo dice chiaramente la norma (art. 1140, c. 2): «si può possedere *direttamente*» (**possesso immediato** è ad es. quello del proprietario che abita la sua casa); ma si può anche possedere «*per mezzo di altra persona, che ha la detenzione della cosa*» (è il c.d. **possesso mediato**, come ad es. quello del *proprietario-locatore, che possiede tramite l'inquilino-detentore*).

Quando si dice che la differenza fra possesso e detenzione consiste in uno stato psicologico, bisogna intendersi. In generale, gli stati psicologici hanno rilevanza per il diritto solo in quanto si traducano in elementi obiettivi e percepibili all'esterno, dunque in comportamenti del soggetto. Per sapere se un soggetto possiede o detiene, non si ricorre all'introspezione psicologica, ma all'analisi dei comportamenti: il soggetto è da qualificare possessore se ad es. afferma esplicitamente di considerarsi proprietario della cosa, rifiuta di riconsegnarla, la trasforma, ecc.; risulta detentore se, pur tenendo la cosa nelle sue mani, paga regolarmente i canoni di locazione o ringrazia il proprietario per avergliela imprestata, o gli chiede se può tenerla ancora un po'.

3. Possesso legittimo e illegittimo; di buona fede e di mala fede

Possiamo a questo punto introdurre alcune distinzioni fra varie situazioni di possesso. La principale si lega al *rapporto che esiste in concreto fra situazione di fatto e situazione di diritto*:

☞ si ha possesso **legittimo** quando le due situazioni coincidono, per cui *chi ha il possesso è il titolare del diritto* (ad es., chi effettivamente usa e controlla la cosa, ne è il proprietario o l'usufruttuario; chi passa sul terreno altrui, ha la relativa servitù di passaggio);

☞ si ha invece possesso **illegittimo** quando le due situazioni non coincidono, perché *il possessore non ha il diritto*: possesso illegittimo è ovviamente quello del ladro, che è il possessore della cosa rubata, senza esserne il proprietario; o quello di chi continua ad attraversare il fondo confinante senza che esista servitù a suo favore, e quindi possiede la servitù di passaggio senza avere il diritto di servitù. I problemi sorgono soprattutto con le situazioni di possesso illegittimo. In questo campo corre un'altra importante distinzione, che si lega all'*atteggiamento psicologico del possessore*: ✦ possesso **di buona fede** è quello di «chi possiede *ignorando di ledere l'altrui diritto*» (art. 1147, c. 1): ad es., X ha nelle sue mani, e usa con pienezza di poteri, una cosa di cui pensa di essere il proprietario, mentre la verità (ignorata da X) è che la cosa appartiene a Y; ✦ possesso **di mala fede** è invece quello di chi possiede nella *consapevolezza di ledere il diritto altrui*: come nel caso in cui X sapesse benissimo che la proprietà non è sua ma di Y, e che quindi il suo possesso lede il diritto di Y.

Al possessore di buona fede sono attribuiti i vantaggi, che si diranno a suo luogo. Sulla possibilità di goderne in concreto, influiscono alcune **regole**: ☞ *la mala fede sopravvenuta non nuoce* (art. 1147, c. 3): chi ha cominciato a possedere in buona fede può godere i vantaggi previsti dalla legge, anche se successivamente sia venuto a sapere che il suo possesso lede il diritto altrui; ciò che conta è che la buona fede ci sia all'inizio del possesso; ☞ *la buona fede si presume*: spetta al controinteressato provare che il possessore era in mala fede (art. 1147, c. 3); ☞ *la buona fede è messa fuori gioco dalla colpa grave*: il possessore di buona fede non può avere i vantaggi previsti dalla legge, se la sua ignoranza dipende da colpa grave, se cioè egli avrebbe dovuto accorgersi, usando una pur minima diligenza e attenzione, che il suo possesso lede diritti altrui (art. 1147, c. 2): è il caso di chi possiede un bene dell'eredità di X, pensando erroneamente di essere erede solo perché X prima di morire così gli aveva detto a voce (quando tutti dovrebbero sapere che la nomina di erede vale solo se fatta per iscritto nel testamento).

4. L'acquisto del possesso, e la presunzione di possesso

Il possesso si acquista *nel momento in cui si cominciano a esercitare sulla cosa poteri corrispondenti alla proprietà o ad altro diritto reale*. L'esercizio di tali poteri non fa però acquistare il possesso quando il soggetto li esercita grazie alla «altrui *tolleranza*» (art. 1144): se il proprietario di un fondo, per spirito di cortesia, acconsente che il proprietario del fondo vicino di tanto in tanto lo attraversi per raggiungere più comodamente la strada, i passaggi di quest'ultimo non valgono a fargli acquistare il possesso della relativa servitù.

Accertare se l'esercizio dei poteri di fatto su una cosa avviene con o senza la tolleranza altrui, può presentare difficoltà. Ma determinare se un soggetto ha acquistato il possesso, oppure no, può risultare difficile anche da altri punti di vista. Infatti *un medesimo comportamento, visto dall'esterno, potrebbe corrispondere sia a possesso sia a detenzione*. Facciamo qualche esempio. X abita una casa non sua: ma questo dato non ci dice, da solo, se lo fa come possessore o come semplice detentore. Y usa abitualmente l'automobile altrui: non si può, in base a questo semplice fatto, stabilire se lo fa comportandosi come proprietario, o se invece il suo atteggiamento è quello di chi, avendo ricevuto l'auto in prestito da un amico, si limita a usarla come si usa una cosa prestata da altri. Il criterio distintivo è l'*animus possidendi*: ma accertare se c'è o non c'è può essere difficile. Eppure, *distinguere se un soggetto possiede o invece detiene* può essere decisivo, perché la legge ricollega al possesso importanti effetti giuridici, che non si producono nel caso di semplice detenzione.

Per agevolare *l'identificazione delle situazioni di possesso*, la legge interviene perciò con una regola di base: *quando un soggetto esercita sopra una cosa poteri di fatto, si presume che egli abbia il possesso*, senza richiedere da lui alcuna prova in tal senso (**presunzione di possesso**). Spetta al controinteressato dare la *prova contraria*, e cioè dimostrare che il soggetto è un *semplice detentore*: e questa prova si può dare, dimostrando che il soggetto aveva cominciato a esercitare quei poteri a titolo di detenzione (art. 1141, c. 1). Ad es., se chi occupa una casa afferma di farlo come possessore, e invoca i relativi vantaggi legali, il proprietario che glielo voglia impedire può provare ad es. che egli vi era entrato come inquilino, in base a un contratto di locazione.

5. Presunzione di possesso intermedio e di possesso anteriore

Taluni effetti del possesso presuppongono che questo sia stato esercitato *per un certo tempo, in modo continuativo e senza interruzioni*. A rigore, il possessore che reclama tali effetti dovrebbe dimostrare di avere posseduto (cioè di aver esercitato i relativi poteri) in ogni istante di ogni giorno dell'intero periodo considerato: una prova pressoché impossibile. Di fronte a questa impossibilità, la legge soccorre con una **presunzione di possesso intermedio** (art. 1142). Se X è attualmente possessore, e dimostra di avere esercitato il possesso in un certo giorno, due anni fa, *si presume che abbia posseduto ininterrottamente per tutto il tempo che intercorre* da quel giorno a oggi: spetterà all'eventuale controinteressato dare la prova contraria, e cioè dimostrare che il possesso di X si è interrotto nel corso del biennio.

Il solo fatto che X possieda attualmente, invece, non basta a far presumere che abbia posseduto anche in precedenza: di regola non c'è **presunzione di possesso anteriore**. Questa può tuttavia scattare a una condizione: se il suo possesso *si fonda su un titolo* (ad es., un contratto costitutivo di usufrutto a suo favore), si presume che il suo possesso sia iniziato *dalla data del titolo* (art. 1143).

6. La trasformazione della detenzione in possesso, e l'interversione del possesso

È possibile che una detenzione si trasformi in possesso: chi fino a un certo punto esercitava sulla cosa poteri di fatto come detentore, comincia a esercitarli in qualità di possessore. La differenza fra le due situazioni è data dall'*animus possidendi*, che però deve tradursi in *segni esteriori*: per realizzare la **trasformazione della detenzione in possesso**, è *insufficiente una mutata disposizione d'animo del detentore*. Se Z detiene un oggetto che gli è stato prestato, e a un certo punto decide fra sé e sé di non restituirlo più e tenerselo come se fosse suo, questo intento soggettivo non basta a trasformarlo in possessore.

Occorrono a tal fine *comportamenti o fatti esterni*, accertabili in modo obiettivo. Più precisamente occorre che: ☞ *il detentore faccia opposizione* contro colui che fino a quel momento ha avuto il possesso (mediato) della cosa (nell'esempio, il proprietario dell'oggetto prestato), manifestandogli in modo chiaro l'intenzione di tenere la cosa per sé e di esercitare su essa i poteri che spetterebbero al proprietario; oppure che ☞ *il titolo in forza del quale si esercitano i poteri sulla cosa venga mutato da un atto esterno* al soggetto che li esercita (art. 1141, c. 2). Chi abita un appartamento altrui come conduttore, lo detiene; ma se a un certo punto il proprietario costituisce a suo favore un diritto di usufrutto sull'immobile, o glielo vende, da quel momento egli – pur continuando ad abitarlo esattamente come prima – cessa di essere detentore e diventa possessore. Questo meccanismo si chiama **traditio ficta**, che significa «consegna immaginaria»: non è una consegna vera e propria, perché la cosa è già nelle mani del soggetto; ma adesso *è nelle sue mani per un titolo diverso rispetto a prima*.

Gli stessi due requisiti, in alternativa fra loro, sono necessari per realizzare la c.d. **interversione del possesso**, che realizza anch'essa una progressione verso un più intenso rapporto con la cosa. È infatti la *trasformazione del possesso minore in possesso pieno* (art. 1164). Il soggetto che, senza avere il diritto di servitù, passa sul fondo altrui, possiede la servitù. A un dato momento, afferma di attraversare il fondo del vicino perché intende esercitare, su quel fondo, poteri di proprietario. Ma ciò non è di per sé sufficiente per considerare il suo possesso corrispondente al contenuto della proprietà (e quindi utile, per es., a fargli acquistare il diritto di proprietà per usucapione). A questo fine, occorre che si verifichi una delle due condizioni sopra indicate: *opposizione* fatta dal possessore interessato; *mutamento di titolo* proveniente dall'esterno.

7. Accessione del possesso e successione nel possesso

Può accadere che il possesso si acquisti sulla base di un *rapporto con il precedente possessore*, al quale l'attuale possessore subentra. Fa differenza, a seconda che ciò si leghi a un acquisto a titolo particolare oppure universale (**8**.4):

☞ se il subentro si collega a un acquisto a *titolo particolare* (ad es., il compratore subentra nel possesso del venditore, da cui riceve la cosa, in base al contratto di compravendita), il nuovo possessore può *unire alla durata del proprio possesso la durata di quello del dante causa*. Si ha in tal caso **accessione del possesso** (art. 1146, c. 2), che risulta conveniente soprattutto quando il possesso del precedente possessore era di buona fede: infatti con l'accessione tale qualità – vantaggiosa per il possessore – si comunica al nuovo possesso;

☞ nel caso di acquisto *a titolo universale* (ad es., il soggetto riceve la cosa come erede del precedente possessore), il *congiungimento del vecchio possesso al nuovo possesso*, che prosegue con le *medesime qualità del precedente*, è invece un *effetto automatico e inevitabile* (art. 1146, c. 1): si parla allora di **successione nel possesso**.

8. La perdita del possesso, e il costituto possessorio

La perdita del possesso può avvenire in *vari modi*: il possessore abbandona la cosa, la smarrisce, la consegna al compratore cui l'ha venduta, ne subisce il furto, ecc.

Si può perdere il possesso anche continuando ad avere la cosa nel proprio controllo materiale, e ad usarla. Ciò accade quando ricorre la figura del **costituto possessorio**, che consiste nella situazione per cui *il possesso si converte in semplice detenzione*: ad es., il proprietario e occupante (dunque possessore) di una casa la vende, ma continua ad abitarci come inquilino (dunque in veste di detentore), per effetto di una locazione contestualmente stipulata con il nuovo proprietario, che è anche il nuovo possessore (mediato). È una *situazione simmetrica e contraria alla traditio ficta*, in cui la detenzione si converte in possesso.

9. La tutela del possesso

Il possesso, anche quando non corrisponde a un diritto di chi lo esercita (possesso illegittimo) viene tutelato giuridicamente, e può produrre effetti vantaggiosi per il possessore. Le ragioni di questa tutela sono diverse. A ciascuna di esse corrisponde la previsione di determinati effetti giuridici, che il possesso (si ripete, anche illegittimo) può produrre a vantaggio del possessore.

Ne risulta così una serie di rimedi o istituti o discipline, che nel loro insieme danno corpo alla tutela del possesso. I principali sono: ☞ le *azioni possessorie*; ☞ l'*usucapione*; ☞ la *regola «possesso vale titolo»*; ☞ la *disciplina dei frutti e delle spese* inerenti la cosa posseduta.

10. Le azioni a difesa del possesso (azioni possessorie)

Le azioni possessorie sono le *azioni date al possessore (legittimo o illegittimo, di buona o di mala fede) per neutralizzare gli attacchi portati contro il suo possesso*, perfino se questi provengono dal legittimo titolare del diritto. La loro giustificazione fondamentale è **impedire che i cittadini si facciano giustizia da**

sé. Se fosse consentito al proprietario di un bene riprenderselo con la forza da chi lo possiede illegittimamente, la pace sociale sarebbe minacciata. Per questo – tranne casi eccezionali, come quelli in cui ricorrono gli estremi della legittima difesa (**43**.8) – *la legge vieta l'autotutela privata* del titolare del diritto contro il possessore; anzi, *protegge il possessore, pur illegittimo, che sia stato privato del suo possesso, o molestato nell'esercizio di esso*, anche quando tali iniziative vengano prese dal legittimo titolare del diritto sulla cosa.

Di fronte al possessore illegittimo, non è che il proprietario non possa agire per tutelare il suo diritto. Semplicemente, non può farsi ragione da solo, ma deve agire secondo i canali della legge, rivolgendosi a un giudice: lo strumento a sua disposizione è rappresentato dalle azioni petitorie. Se invece il proprietario si fa giustizia da sé, attaccando il possesso del possessore, la legge consente a quest'ultimo di difendersi con le azioni possessorie. Può così accadere che *l'esercizio di un'azione possessoria si intrecci con l'esercizio di un'azione petitoria*: ad es., il proprietario recupera con la forza la sua cosa togliendola al possessore, il quale esercita contro di lui un'azione possessoria per difendere il suo possesso; il proprietario controagisce con un'azione di rivendicazione, per fare riconoscere la sua proprietà e il conseguente diritto a recuperare la cosa. In tale ipotesi, la legge vuole che prima si svolga il giudizio possessorio, per ripristinare lo stato di fatto, e che solo dopo si svolga il giudizio petitorio, per accertare di chi è il diritto: **priorità del giudizio possessorio sul petitorio** (art. 705 c.p.c.). La regola è però derogata quando rinviare il giudizio petitorio alla fine del possessorio recherebbe un *pregiudizio irreparabile* a chi afferma di avere il diritto (Corte cost. 25/1992).

Le azioni possessorie sono: ☞ l'azione di *reintegrazione* (o di *spoglio*); ☞ l'azione di *manutenzione*; ☞ le azioni di *nunciazione* (azioni di nuova opera e di danno temuto).

C'è il problema se le azioni possessorie siano esercitabili **contro la pubblica amministrazione**. La risposta tende a essere: no, quando la lesione del possesso del privato dipende da un *atto amministrativo* emanato dall'ente pubblico in veste di autorità; sì, quando invece dipende da una *semplice attività materiale* dell'ente, o anche da un suo atto amministrativo preso in *completa mancanza del potere* di prenderlo.

11. L'azione di reintegrazione (o di spoglio)

Questa azione spetta al *possessore che sia stato spogliato del suo possesso*, ed è diretta a *reintegrare il possesso nella sua pienezza* (art. 1168): ad es., il possessore a cui la cosa è stata sottratta chiede che essa ritorni nelle sue mani; chi esercita di fatto una servitù di passaggio sul fondo vicino, e ne viene impedito dal proprietario di questo, che sbarra ogni accesso, chiede che gli sbarramenti siano rimossi; ecc.

Perché l'azione possa esercitarsi, occorrono però due requisiti: ☞ che lo spoglio sia avvenuto *in modo violento o clandestino*; ☞ che il possessore promuova l'azione *entro un anno dallo spoglio*, o, se questo è avvenuto clandestinamente, entro un anno *dalla scoperta* di esso.

Oltre che dal possessore, l'azione di spoglio può essere esercitata anche dal *detentore* cui sia stata sottratta la materiale disponibilità della cosa. Non però da ogni genere di detentore, bensì solo dal *detentore qualificato*, cioè colui che *detiene nell'interesse proprio*. L'azione non può essere invece esercitata da chi detiene «per *ragioni di servizio o di ospitalità*» il titolare del garage cui ho lasciato l'auto perché la custodisca; l'amico cui ho consentito di passare il week end nella mia casa al mare; ecc. Il detentore legittimato all'azione può esercitarla anche contro il proprietario-possessore mediato: l'inquilino può agire contro il locatore che l'abbia estromesso (per es. cambiando la serratura della porta).

12. L'azione di manutenzione

Quest'azione spetta al possessore che sia stato *molestato nell'esercizio del suo possesso*, ed è diretta all'*eliminazione delle molestie* (art. 1170). Esempi di molestie: immissioni superiori alla normale tollerabilità (**15**.6); escavazione di buche nella strada su cui il possessore di una servitù di passaggio usa transitare. Può essere esercitata anche da chi è stato non semplicemente molestato, ma completamente privato del possesso, quando lo *spoglio* sia avvenuto in modo *né violento né clandestino* (per cui non potrebbe esperirsi l'azione di reintegrazione).

Deve essere esercitata *entro un anno* dalla molestia, così come l'azione di spoglio. Ma a differenza dell'azione di spoglio, obbedisce a requisiti più restrittivi: ☞ tutela solo il possesso esercitato sopra *immobili o universalità di mobili*; ☞ non può essere mai esercitata dal semplice *detentore*, neppure qualificato (eccezion fatta per il conduttore: art. 1585, c. 2); ☞ presuppone che il possesso di cui si chiede la tutela *duri ininterrottamente da oltre un anno*, e sia stato *acquistato in modo non violento né clandestino*. Se il possesso è stato acquistato in tali modi (c.d. **possesso vizioso**) l'azione può essere esercitata se è passato almeno un anno dalla fine della violenza o della clandestinità.

13. Le azioni di nunciazione (nuova opera e danno temuto)

Sono altre due azioni, date al possessore al fine di *prevenire un danno da cui la cosa è minacciata*. Sono accomunate alle azioni di reintegrazione e di manutenzione dal fatto che anch'esse offrono una *tutela d'urgenza*, in situazioni che richiedono interventi rapidi.

L'azione di nuova opera spetta a chi teme che una nuova opera, da altri intrapresa su un fondo, possa recare danno alla cosa che forma oggetto del suo diritto o del suo possesso. L'azione può esercitarsi solo *entro un anno dall'inizio* dell'opera, e solo se questa non è ancora terminata (art. 1171).

L'azione di danno temuto spetta a chi teme che da un edificio, da un albero o da qualsiasi altra cosa derivi pericolo di un danno grave e prossimo alla cosa che forma oggetto del suo diritto o del suo possesso (art. 1172).

Il giudice al quale è proposta l'azione può, in attesa di giudicare in via definitiva chi abbia ragione e chi torto, disporre subito cautele e *provvedimenti urgenti* per sventare l'immediato pericolo.

14. La tutela del possesso come modo di tutela della proprietà

Abbiamo visto che le azioni possessorie spettano anche al possessore illegittimo, per disincentivare l'autotutela privata. Ma a maggior ragione *spettano al possessore legittimo* (normalmente il proprietario). È vero che il proprietario, impedito o molestato nell'esercizio dei suoi poteri sulla cosa, può esercitare un'azione petitoria (**16**.11): ma questa richiede che egli provi il suo diritto di proprietà, e il relativo giudizio può essere molto lungo. Ora, il proprietario di una cosa normalmente ne è anche il (legittimo) possessore: e allora nulla gli impedisce di esercitare un'azione possessoria per *difendere il suo diritto attraverso la difesa del corrispondente (legittimo) possesso* che è stato attaccato. Con questi vantaggi: per ottenere tutela gli basta provare il suo possesso (più semplice che provare la proprietà); e il giudizio possessorio è più veloce del petitorio.

Ecco identificata così un'ulteriore ragione per la tutela del possesso: dare ai proprietari un *rimedio semplice e veloce contro le aggressioni alla proprietà*. Le cronache giudiziarie meno recenti riportano casi in cui la tutela possessoria è stata invocata dall'imprenditore contro i dipendenti che durante una vertenza di lavoro avevano occupato l'azienda. Un'altra applicazione del rimedio riguarda l'«invasione», da parte di un'emittente radiotelevisiva, della banda di frequenza precedentemente utilizzata da un'altra emittente, che subisce così il blocco o il disturbo del suo segnale: i giudici – concependo l'energia radioelettrica della banda di frequenza come un bene materiale (mobile) – hanno concesso tutela possessoria all'emittente vittima dell'interferenza, consentendole di recuperare la piena disponibilità della sua frequenza.

15. L'usucapione: ragioni giustificative

L'usucapione è un *modo di acquisto originario della proprietà e dei diritti reali di godimento, fondato sul possesso*. Funziona così: se qualcuno esercita sopra beni altrui il possesso corrispondente al contenuto della proprietà o di altro diritto reale, pur non avendo il relativo diritto, diventa legalmente titolare del diritto stesso *quando il possesso si sia protratto per un determinato tempo*. È un istituto *simmetricamente rovesciato rispetto alla prescrizione estintiva*: in base a questa, chi ha il diritto ma non lo esercita di fatto, alla lunga lo perde (**8**.9); con l'usucapione, chi non ha il diritto, ma di fatto esercita poteri corrispondenti, finisce per acquistarlo. Peraltro, mentre sono soggetti a prescrizione in linea di principio tutti quanti i diritti soggettivi (ad eccezione dei diritti imprescrittibili), possono usucapirsi *solo i diritti reali di godimento*: non si acquistano per usucapione né i diritti di credito né i diritti reali di garanzia. Inoltre, non sono usucapibili i *beni pubblici*, appartenenti al demanio e al patrimonio indisponibile (**7**.13). Come sappiamo, il proprietario che non esercita il suo diritto non lo perde automaticamente per prescrizione estintiva; però se, mentre egli non lo esercita, c'è qualcun altro che possiede la sua cosa quel tanto che basta per usucapirla, il possessore acquista la proprietà della cosa, e il proprietario originario naturalmente la perde (art. 948, c. 3).

L'istituto dell'usucapione si giustifica in primo luogo per ragioni di **certezza dei rapporti giuridici**. Essa opera in situazioni nelle quali fatto e diritto non coincidono: ed è inopportuno che la non coincidenza duri indefinitamente, perché alimenterebbe dubbi sull'effettiva titolarità dei diritti, con grave danno per le relazioni economico-giuridiche. Conviene perciò che a un certo punto *lo stato di diritto torni comunque a coincidere con lo stato di fatto*. E questo si realizza stabilendo appunto che il fatto del possesso a un certo punto si trasforma in vero e proprio diritto.

Il meccanismo si giustifica ulteriormente, in quanto **semplifica la prova del diritto di proprietà**: per fornirla in modo rigoroso, chi ha acquistato un bene dovrebbe dimostrare che il suo dante causa ne era effettivamente il proprietario, che questi a sua volta lo aveva ricevuto da uno che ne aveva davvero la proprietà, e così via risalendo; in luogo di una prova così «diabolica» (**16**.13), è sufficiente dimostrare che, sommando il proprio possesso con quello dei precedenti titolari, in base ai criteri dell'accessione o successione nel possesso (**21**.7), si raggiunge il periodo necessario per l'usucapione, e dunque per l'acquisto del diritto di proprietà. Un acquisto che – essendo a titolo originario – è insensibile agli eventuali difetti dei passaggi a monte (**16**.2).

Ma ci sono soprattutto ragioni di **favore per l'impiego produttivo delle risorse**. È interesse generale che le cose vengano usate e rese produttive, anziché lasciate inerti: perciò la legge vede con favore chi, pur non avendo il diritto su una cosa, tuttavia la usa e la rende produttiva, a fronte di chi, pur avendo il diritto, non valorizza la cosa. Si consideri inoltre che chi possiede a lungo una cosa anche senza averne il diritto, fa di essa un elemento della propria organizzazione economica, la quale verrebbe turbata se la cosa gli fosse a un certo punto sottratta. D'altra parte, più passa il tempo, e meno è forte l'esigenza di tutelare un proprietario rimasto lungamente inattivo e disinteressato.

16. Gli elementi dell'usucapione: il possesso

Il possesso utile per l'usucapione deve presentare due caratteristiche:

☞ deve trattarsi di **possesso non vizioso**, cioè *non acquisito con violenza o clandestinità*. Il possesso acquistato in modo violento o clandestino vale per l'usucapione solo *dal momento in cui violenza o clandestinità sono cessate* (art. 1163), perché solo da questo momento il titolare del diritto ha la possibilità di reagire contro l'altrui possesso illegittimo. Il possesso non può dirsi vizioso solo perché acquistato in mala fede; *può usucapire anche il possessore di mala fede*: questa gli impedisce solo di giovarsi dell'usucapione abbreviata (**21**.17);

☞ deve trattarsi di **possesso continuo**, cioè di un possesso che dura per tutto il tempo necessario a usucapire, *senza interruzioni*.

L'usucapione può essere **interrotta** dalle *stesse cause che determinano l'interruzione della prescrizione* (**8**.11): generalmente un'iniziativa del titolare del diritto. È interrotta, inoltre, quando il possessore sia stato *privato del possesso per oltre un anno*; se entro l'anno il possessore recupera il possesso esercitando l'apposita azione di spoglio (il cui termine è appunto un anno dallo spoglio), l'interruzione si considera non avvenuta (art. 1167). Avvenuta l'interruzione, la rilevanza del possesso anteriore è cancellata; se poi il possesso continua o riprende, si riparte da zero per calcolare un nuovo termine di usucapione.

Oltre che interrotta, l'usucapione può essere **sospesa**. Ciò accade per le *stesse cause che sospendono la prescrizione*: particolari rapporti fra possessore e titolare del diritto; particolari condizioni di quest'ultimo (**8**.11). E gli effetti sono analoghi: durante la sospensione, il possesso non è utile per usucapire; invece *conserva efficacia il possesso anteriore* alla sospensione, che *si somma* con quello che maturerà dopo la fine della sospensione.

Anche il *calcolo del tempo* segue i criteri dettati per la prescrizione (art. 1165).

17. Il tempo: usucapione ordinaria e abbreviata

Quanto al tempo necessario per usucapire (termine dell'usucapione), si distingue fra usucapione ordinaria e usucapione abbreviata:

☞ l'**usucapione ordinaria** (che si realizza anche se il possesso è di mala fede) prevede due diversi termini, a seconda del tipo di bene: ✦ come *regola*, vale il termine di **20 anni**, nel quale si usucapiscono la proprietà e i diritti reali di godimento su beni immobili (art. 1158), su beni mobili (art. 1161, c. 2), e su universalità di mobili (art. 1160, c. 1); ✦ per i *beni mobili registrati*, il termine è invece di *10 anni* (art. 1162, c. 2): questo dimezzamento non si spiega, se non con una svista del legislatore; per rimediare all'incongruenza, si è proposto di interpretare la norma come se fosse riferita al solo possesso di buona fede;

☞ l'**usucapione abbreviata** presuppone sempre il **possesso di buona fede**. Inoltre presuppone ulteriori requisiti, che variano a seconda delle diverse situazioni: ✦ se A entra nel possesso di un *immobile* per averlo acquistato da B, che però non ne era il proprietario, e tale acquisto è avvenuto in buona fede (cioè A era convinto di acquistare dal vero proprietario) e in base a un **titolo idoneo a trasferire la proprietà** (ad es. un contratto di compravendita), e fa la **trascrizione del titolo** stesso nei registri immobiliari (**20**.2), ne diventa proprietario per usucapione in *10 anni*, che si calcolano *dalla data di trascrizione del titolo* (art. 1159); ✦ in presenza degli stessi requisiti (buona fede, titolo idoneo, trascrizione), chi ha acquistato dal non proprietario *beni mobili registrati*, li usucapisce in *tre anni* (art. 1162, c. 1); ✦ le *universalità di mobili* si usucapiscono in *10 anni*, se risultano acquistate in buona fede e in base a un titolo idoneo (art. 1160, c. 2): qui non può venire in gioco il requisito della trascrizione, posto che si tratta di beni non soggetti, a differenza dei precedenti, a un regime di pubblicità; ✦ quest'ultimo dato vale anche per i *beni mobili non registrati*, che, sulla base di un possesso di buona fede, si usucapiscono nel medesimo termine di *10 anni* (art. 1161, c. 1); e qui *non occorre un titolo idoneo* al trasferimento della proprietà: se un titolo del genere ci fosse, l'acquisto della proprietà non richiederebbe il decorso di un termine di usucapione, ma sarebbe immediato per effetto della regola «possesso vale titolo» (**21**.18).

Termini speciali (e più brevi di quelli ordinari) sono stati introdotti per l'usucapione della *piccola proprietà rurale* (art. 1159-*bis*).

18. Gli acquisti dal non proprietario, e la regola «possesso vale titolo»

In base al principio – fondamentale negli acquisti a titolo derivativo – per cui nessuno può trasferire a un altro un diritto che non ha, *chi acquista una cosa da chi non ne è proprietario* («a non domino») a sua volta non può diventarne proprietario (**16**.10). La regola subisce un'importante eccezione (art. 1153) quando il bene trasferito dal non proprietario è un *bene mobile non registrato*. Ad es.: appeso in casa di A c'è un quadro appartenente a B, che glielo ha prestato; X lo vede, lo apprezza e offre subito di comprarlo; A (scorrettamente) glielo vende, senza dirgli che in realtà non è suo.

L'acquirente X ne acquista senz'altro la proprietà, a condizione che: ☞ acquisti il **possesso** della cosa attraverso la *consegna* fattagli dal dante causa (A); ☞ sia, nel momento della consegna, in **buona fede**, e cioè *ignori che il dante causa non è proprietario*: però questa ignoranza non giova, ed è equiparata a mala fede, se l'acquirente comunque sa dell'*illegittima provenienza* della cosa (art. 1154), ad es. che questa era stata rubata; se invece non sa nulla, l'origine furtiva della cosa non preclude il suo acquisto; ☞ il suo acquisto si fondi su un **titolo astrattamente idoneo** al trasferimento della proprietà (idoneo solo «astrattamente», ma in concreto inidoneo all'effetto traslativo, in quanto proveniente dal non proprietario). Sarebbe idoneo, ad es., un contratto di compravendita; non un contratto di locazione, che non produce l'acquisto della proprietà. Inoltre il titolo deve essere valido: non andrebbe bene, ad es., il contratto con cui si acquista da un incapace.

La regola risponde a esigenze di **sicurezza e rapidità della circolazione**, particolarmente forti in materia di beni mobili. Questi sono più difficili da seguire nei loro successivi passaggi dall'uno all'altro titolare, anche perché, a differenza degli immobili, non è concepibile per essi un sistema di pubblicità dei trasferimenti come quello che si realizza con la trascrizione immobiliare. Chi acquista un bene mobile, perciò, difficilmente può accertare in modo semplice e rigoroso se il dante causa è effettivamente proprietario. C'è quindi il rischio che, temendo di compiere un acquisto inefficace, rinunci ad acquistare, o acquisti solo dopo lunghi e faticosi controlli: in ogni caso, la circolazione della ricchezza mobiliare ne risulterebbe impacciata. La regola «possesso vale titolo» evita questo inconveniente, rendendo l'acquisto inattaccabile.

È chiaramente una regola ispirata al principio di **tutela dell'affidamento** (**8**.16), il che spiega i limiti in cui opera: non opera se l'acquirente è in mala fede, perché non ci sarebbe alcun suo affidamento da tutelare; né se non ha conseguito il possesso della cosa, perché solo ricevere la cosa dal dante causa può fondare in modo solido il suo affidamento sul fatto che costui sia il proprietario, e l'acquisto sia perciò regolare; né se manca un titolo idoneo e valido, perché in tal caso l'acquisto non sarebbe regolare neppure se il dante causa fosse il vero proprietario; né, infine, se si tratta di beni immobili o mobili registrati (art. 1156), perché in tal caso il diritto del dante causa è facilmente accertabile. È evidente l'analogia fra questa disciplina e le regole sui contratti dell'incapace (diverse a seconda che si tratti di incapace legale o naturale: **11**.15-16).

Se sulla cosa trasferita esistevano *diritti altrui* (ad es., un usufrutto), essi *si cancellano* e l'acquirente acquista la *proprietà piena*, a condizione che tali diritti non risultino dal titolo e che egli sia in buona fede, cioè li ignori (art. 1153, c. 2).

L'acquisto in buona fede del possesso costituisce anche criterio per risolvere il **conflitto fra più acquirenti della stessa cosa mobile**: se X vende un quadro a Y, e tre giorni dopo, disonestamente, lo vende anche a Z, fra Y e Z ne diventa proprietario *chi per primo ne ha ottenuto in buona fede la consegna* (art. 1155); Z può dunque prevalere su Y, anche se il suo acquisto è posteriore nel tempo.

Un criterio analogo risolve il **conflitto fra più acquirenti dello stesso diritto personale di godimento** (ad es. il diritto del conduttore sulla cosa presa in locazione): il diritto di godimento spetta «*al contraente che per primo lo ha conseguito*» (art. 1380). Se il proprietario di una casa la loca per lo stesso periodo prima ad A e poi a B, fra i due prevale chi per primo la occupa.

La regola «possesso vale titolo» è giustificata, come si è visto, da buone ragioni. C'è peraltro un settore, in cui essa rischia di creare inconvenienti: il settore del *commercio di opere d'arte rubate* da musei e trasferite illecitamente all'estero. Infatti l'applicazione della regola impedirebbe alla vittima del trafugamento (di solito lo Stato) di recuperare l'oggetto, perché nel frattempo questo è stato acquistato da un terzo di buona fede. Per i casi di traffico fra paesi dell'Ue, il problema è affrontato da una direttiva europea, che l'Italia ha recepito con la l. 88/1998: in base ad essa, anche il possessore di buona fede è obbligato a restituire l'opera d'arte, e in cambio ha diritto a un indennizzo.

19. La restituzione della cosa posseduta: frutti e spese

X possiede per un certo periodo, illegittimamente, una cosa altrui, fino a che il proprietario la rivendica e ne ottiene la restituzione. Qual è la sorte dei frutti maturati dalla cosa in quel periodo, e delle spese sostenute per essa dal possessore? La risposta è diversa, a seconda che il possesso sia di buona o di mala fede.

Quanto ai **frutti**, si distingue così: ☞ il possessore di *mala fede* deve restituire, oltre alla cosa, *tutti i frutti* che questa ha prodotto (o avrebbe potuto produrre, se convenientemente amministrata) nel periodo del possesso; ☞ il possessore di *buona fede* deve al proprietario i frutti che sono maturati o sarebbero potuti maturare *dopo la domanda giudiziale* del proprietario rivendicante; può invece tenere per sé quelli maturati prima della domanda (art. 1148). E si comprende: la domanda giudiziale è l'atto con cui il proprietario fa finalmente valere il suo diritto (**9**.8); perciò tutte le utilità prodotte dalla cosa dopo questa iniziativa (posto che essa si concluda con un giudizio favorevole al proprietario) spettano a lui.

Quanto alle **spese** sostenute dal possessore, egli ha diritto al rimborso di quelle *erogate per produrre i frutti* che abbia poi dovuto attribuire al proprietario (art. 1149). Per le altre, si prevedono rimborsi e indennità a favore del possessore, differenziati a seconda che il suo possesso fosse *di buona o di mala fede*, e a seconda che si tratti di spese per *riparazioni ordinarie*, per *riparazioni straordinarie* o per *miglioramenti* (art. 1150).

Fino a che non gli siano state assicurate le indennità cui ha diritto, il possessore di buona fede può rifiutarsi di restituire la cosa al proprietario (*diritto di ritenzione*: art. 1152).

Queste regole condividono con quelle sull'usucapione un certo spirito di favore per chi – anche come possessore illegittimo – utilizza e valorizza le risorse, rispetto al possessore legittimo che non lo fa.

V
LE OBBLIGAZIONI

22
L'OBBLIGAZIONE

1. L'obbligazione nel sistema giuridico-economico

Il termine «obbligazione» indica una materia che abbiamo già sfiorato: la materia dei *diritti di credito*. «Obbligazione» e «credito» sono sostanzialmente sinonimi: parlare di obbligazioni significa parlare dei diritti di credito.

Abbiamo confrontato i diritti di credito con i diritti reali, esaminando le principali caratteristiche che li differenziano (**19**). Fra l'altro, abbiamo osservato che mentre i *diritti reali* sono caratterizzati tendenzialmente dalla *immediatezza*, perché quasi sempre implicano un rapporto immediato ed esclusivo fra il titolare del diritto e la cosa che ne forma oggetto, invece i *diritti di credito* presuppongono la *cooperazione di un altro soggetto*: il debitore. Perciò nei diritti reali ha valore essenziale se non praticamente esclusivo la persona del titolare; invece nei diritti di credito ha importanza centrale, oltre alla persona del creditore, anche un'altra persona – il debitore – la cui attività è necessaria per attuare il diritto del creditore. Ecco perché, per indicare la materia dei crediti, si usa un termine come «obbligazione», che fa riferimento alla posizione del *debitore*, «obbligato» a tenere un certo comportamento nell'interesse del creditore. Ecco perché si parla di «rapporto obbligatorio»: a sottolineare che la *posizione del titolare del diritto* (soggetto attivo) non è solitaria come nei diritti reali, ma è invece *necessariamente connessa a quella di una controparte* (soggetto passivo), all'interno del rapporto giuridico che li lega; e che la posizione passiva ha rilevanza tale, da determinare il nome stesso del rapporto.

I termini in questione sono perciò in larga misura intercambiabili, dato che esprimono solo *punti di vista diversi per fare riferimento alla medesima realtà*: il punto di vista del *soggetto attivo* (**credito**), quello del *soggetto passivo* (**obbligazione**), quello del *rapporto giuridico* che corre fra loro (**rapporto obbligatorio**).

I crediti sono entità di *straordinaria importanza economica*: un'importanza che tende a superare quella della proprietà e degli altri diritti reali sulle cose. Ciò si lega, fra l'altro, al processo di *«smaterializzazione» della ricchezza* (**14**.4): per effetto del quale, i crediti rappresentano sempre più una componente essenziale del patrimonio dei soggetti (**7**.16); e la veste giuridica di quelli che si chiamano «nuovi beni» (**7**.14) o «nuove proprietà» (**14**.10) spesso è rappresentata, propriamente, da diritti di credito e dalle corrispondenti obbligazioni. Le attività economiche organizzate (le attività delle imprese) non sarebbero neppure concepibili senza crediti e debiti, perché in definitiva esse non sono altro che un gigantesco, complicato e continuo intreccio di crediti e debiti. E lo stesso vale per le attività quotidiane di ciascuno di noi.

L'importanza economica di questa materia si traduce nella sua importanza giuridica: il *libro «Delle obbligazioni»* è, con i suoi quasi 900 articoli, di gran lunga *il più ampio* fra i sei libri del codice.

2. La prestazione, e l'interesse del creditore

Oggetto dell'obbligazione (del diritto di credito, del rapporto obbligatorio) è la **prestazione**, vale a dire il *comportamento dovuto dal debitore, nell'interesse del creditore*.

Quando la prestazione consiste in un comportamento riferito a una cosa (in particolare, consegnare la cosa stessa) si usa dire, per brevità, che oggetto dell'obbligazione è la cosa stessa. Ciò non è del tutto corretto, perché equivale a saltare un passaggio: la cosa è l'oggetto della prestazione, ed è la prestazione (che è qualcosa di più e di diverso rispetto alla cosa in sé) a costituire oggetto dell'obbligazione. D'altra parte, ci sono moltissime obbligazioni che non hanno a che fare in nessun modo con cose materiali e neppure con beni immateriali.

Infatti la prestazione può avere i *contenuti più vari ed eterogenei*, anche perché questi non sono prestabiliti in modo rigido dalla legge, ma possono essere liberamente determinati dai soggetti, al di fuori degli schemi legali: a differenza dei diritti reali, i diritti di credito non obbediscono al criterio del numero chiuso, bensì a quello dell'*atipicità* (**19**.5). Classificando le obbligazioni, sulla base dei possibili contenuti della prestazione, possiamo distinguerne tre grandi e generalissime categorie: ☞ le **obbligazioni di dare** sono quelle in cui la prestazione consiste nel *consegnare una cosa*; all'interno di questa categoria, particolare importanza ha la sottocategoria di quelle in cui la cosa da consegnare è una somma di denaro (obbligazioni pecuniarie); ☞ le **obbligazioni di fare** sono quelle in cui la prestazione consiste in un *comportamento attivo del debitore, diverso dalla consegna di una cosa*; il comportamento può riferirsi a una cosa (restaurare un quadro, costruire un edificio, tenere in custodia un'automobile, ecc.); ma può anche prescindere da qualsiasi riferimento a una cosa (curare un malato, difendere un imputato, girare un film, giocare al calcio, amministrare una società, lavorare come dipendente di un'impresa, ecc.); ☞ le **obbligazioni di non fare** (o **negative**) sono quelle in cui la prestazione consiste in un *comportamento di astensione* del debitore, obbligato a non compiere determinati atti o a non svolgere determinate attività (non alienare una certa cosa, non fare concorrenza al creditore, non lavorare per imprese di un certo tipo, ecc.).

L'obbligazione (cioè il credito) è uno strumento giuridico che serve a realizzare l'**interesse del creditore**: l'interesse alla prestazione. Questo elemento è così importante, da essere indicato come un *requisito essenziale della prestazione* stessa, la quale «deve corrispondere a un interesse ... del creditore» (art. 1174). La norma precisa che questo interesse può essere *patrimoniale*, ma «anche *non patrimoniale*»: chi prende un taxi per andare a trovare un amico ammalato, cerca la prestazione del taxista per un interesse che non è economico, bensì affettivo o caritatevole.

3. I requisiti della prestazione

Oltre al requisito generale della corrispondenza a un interesse del creditore, la prestazione deve possedere anche altri requisiti, senza i quali non può esserci obbligazione.

La prestazione deve essere: ☞ **possibile**, perché non avrebbe senso un'obbligazione che imponga al debitore di *realizzare un'azione o un risultato obiettivamente non realizzabili* (ad es., A si impegna con B ad attribuirgli la carica di Presidente degli Stati Uniti d'America); ☞ **lecita**, perché non sarebbe ammissibile un'obbligazione che imponga al debitore *un comportamento o un risultato vietati dalla legge* (ad es., A si impegna con B a uccidere sua moglie, della quale B vuole liberarsi; oppure a cedergli un organo del proprio corpo, con grave menomazione dell'integrità fisica del cedente: **13**.3); ☞ **determinata** o almeno **determinabile**, perché sarebbe assurda un'obbligazione in cui *non si capisce, e non c'è modo di capire, qual è il comportamento dovuto dal debitore, e qual è il risultato atteso dal creditore* (ad es., A si impegna con B a «fare tutto il possibile per rendere B ricco e felice»); ☞ **patrimoniale**, e cioè «*suscettibile di valutazione economica*» (art. 1174), come si spiega meglio al prossimo paragrafo.

Questi stessi requisiti, qui riferiti all'obbligazione, li ritroveremo a proposito del principale atto giuridico capace di creare obbligazioni: il *contratto* (**31**.3).

4. La patrimonialità della prestazione

La prestazione ha carattere «patrimoniale» quando – dice l'art. 1174 – è «*suscettibile di valutazione economica*», e cioè *traducibile in un valore monetario* (in una somma di denaro), posto che la moneta è il criterio generale delle valutazioni economiche. Il requisito della patrimonialità non è in contrasto con la possibilità, prevista dallo stesso art. 1174, che la prestazione corrisponda a un *interesse non patrimoniale* del creditore. Bisogna distinguere: una cosa è l'interesse che muove il creditore a procurarsi la prestazione (visitare l'amico ammalato); altra cosa è il mezzo di cui il creditore si avvale per realizzarlo (la prestazione del taxista). Ed è ben possibile che il primo sia non patrimoniale, e il secondo abbia invece natura patrimoniale.

La natura patrimoniale di una prestazione è facilmente identificabile quando le prestazioni di quel tipo vengono abitualmente chieste e fornite in una logica di scambio economico, perché in tal caso esse hanno un *valore di mercato*: è il caso della prestazione del taxista. Ma può qualificarsi patrimoniale anche la prestazione che non abbia un valore di mercato: l'indice della patrimonialità può essere costituito per es. dal fatto che in cambio di quella prestazione sia stata prevista una *controprestazione economicamente valutabile*); o che quella prestazione sia funzionale a un preciso *interesse patrimoniale* del creditore, a cui può attribuirsi un valore economico. Sulla base di questi criteri, non dovrebbe considerarsi patrimoniale la prestazione di X che si impegna con Y: a comportarsi in modo più cortese o affettuoso verso un terzo; a leggere un libro e poi discuterne; a fare il tifo per la squadra del cuore di Y; a cenare con Y due volte alla settimana; a parlare bene di Y con terze persone. In linea di principio, questi «impegni» non sono obbligazioni. Ma se in cambio dell'impegno a cenare periodicamente insieme, Y (che ci tiene molto, perché non sopporta la solitudine) promette a X un compenso in denaro, la prestazione di X si colora di patrimonialità; e così pure, se le qualità di Y, che X si impegna a decantare, sono le sue qualità professionali, e le persone presso cui X deve decantarle sono potenziali clienti di Y.

Il requisito della patrimonialità della prestazione si fonda su una duplice ragione. C'è una **ragione ideale**: comportamenti che per loro natura o per scelta degli interessati appartengono alla sfera (non economica) dei sentimenti, dei gusti, dell'educazione personale, delle convenzioni sociali, *non vanno sottoposti alla logica del vincolo e della coercizione legale*, che è la logica tipica delle obbligazioni. E c'è una **ragione pratica**: se la prestazione non fosse monetizzabile, sarebbe impossibile o molto difficile *determinare il risarcimento* che il debitore deve al creditore quando non esegue o esegue male la prestazione stessa: e il risarcimento è la conseguenza che scatta quando l'obbligazione viene violata, e senza la quale l'obbligazione non avrebbe senso e valore (**26**.1).

5. Gli obblighi non patrimoniali

Esistono obblighi di comportamento, «prestazioni» dovute da un soggetto a un altro, che non hanno carattere patrimoniale. Ovviamente non danno luogo a obbligazioni: ma questo non significa che non siano anch'essi, come le obbligazioni, *obblighi di tipo legale*.

Si pensi agli obblighi reciproci di coabitazione, fedeltà e assistenza fra coniugi (**63**.3). La loro violazione determina *conseguenze giuridiche* (ad es. riguardo alla separazione personale dei coniugi): e questo ci permette di dire che sono obblighi giuridici, e non semplicemente morali o sociali. Ma si tratta di conseguenze giuridiche *diverse da quelle previste per la violazione delle obbligazioni* (risarcimento del danno, esecuzione forzata contro il debitore inadempiente), e più adatte a sistemare situazioni delicate come quelle che coinvolgono la sfera non economica ma personale dei soggetti.

6. I rapporti non obbligatori (prestazioni di cortesia)

Per contro, esistono anche *prestazioni patrimoniali* che, pur potendo teoricamente formare oggetto di obbligazioni, in concreto non danno luogo a *nessuna obbligazione*. L'obbligazione è un obbligo legale: chi esegue la relativa prestazione, sa di essere vincolato legalmente a farlo, ed esposto a sanzioni legali se non lo fa. Qui invece parliamo di *prestazioni che un soggetto compie per semplice cortesia, amicizia o benevolenza, e sul chiaro presupposto che esse non sono dovute per obbligo giuridico*: si parla, al riguardo, di prestazioni o rapporti di cortesia.

È il caso di A che, a Milano, prende a bordo l'autostoppista B, e acconsente a dargli un passaggio fino a Bologna. Con questo A non assume un vincolo legale, e B non acquista un diritto di credito nei suoi confronti: se a metà strada A cambia idea e decide di fermarsi a Parma, è libero di farlo, e B non può chiedergli il risarcimento per non averlo portato fino a Bologna. Non sarebbe invece libero di farlo, e se lo facesse si esporrebbe al risarcimento, se A fosse un taxista che ha accettato di portare a Bologna il cliente B: perché in questo caso sarebbe chiaro che A ha inteso obbligarsi legalmente, e dunque ha assunto un'obbligazione verso B, che diventa suo creditore.

La prestazione di cortesia è sempre gratuita. Ma non ogni prestazione gratuita è di cortesia: *prestazioni gratuite* possono benissimo formare oggetto di *obbligazioni*. Se un albergo offre agli ospiti che lo richiedono un servizio di trasporto gratuito per l'aeroporto, con questo non si limita a una cortesia ma assume una vera e propria obbligazione, e gli ospiti acquistano il corrispondente diritto di credito.

7. Il doppio valore dell'obbligazione, e le obbligazioni naturali

Le vere e proprie obbligazioni legali (dette anche *perfette*, o *civili*) hanno un doppio valore, a cui corrispondono due distinti effetti giuridici:

☞ in primo luogo, valgono come **giusta causa della prestazione eseguita**, e del conseguente *trasferimento di ricchezza dal debitore che la fa al creditore che la riceve*. Ciò significa che, eseguita la prestazione, *il debitore non può chiederne la restituzione*; il trasferimento di ricchezza realizzato a vantaggio del creditore rimane fermo, perché giustificato proprio dall'obbligazione: se A paga 10.000 euro a B, da cui li aveva ricevuti in prestito un anno prima con l'impegno di restituirli entro un anno, il pagamento (quindi: il conseguente trasferimento di ricchezza da A a B) si giustifica proprio perché A aveva un'obbligazione verso B. L'importanza del principio è chiara, considerando cosa accadrebbe nel caso opposto: se, fatto il pagamento, risultasse che A non aveva alcuna obbligazione verso B, il pagamento stesso sarebbe ingiustificato, e A potrebbe ottenere la restituzione dei 10.000 euro indebitamente pagati a B (principio della *ripetizione dell'indebito*: **46**.7-8);

☞ in secondo luogo, l'obbligazione dà al creditore il potere di **azione in giudizio contro il debitore**: se il debitore non paga spontaneamente, il creditore può agire contro di lui rivolgendosi al giudice, per ottenere l'*attuazione del suo diritto con i meccanismi della giurisdizione* (**9**.7).

I concetti appena esposti sono essenziali per comprendere la categoria delle **obbligazioni naturali**: situazioni soggettive in cui si manifesta solo il primo di quei due effetti giuridici, mentre manca il secondo.

Le obbligazioni naturali sono definite dalla legge come «*doveri morali o sociali*», il che li contrappone ai doveri legali: quindi *non obbligano legalmente il «debitore» a pagare*, e correlativamente *non danno al «creditore» azione* per ottenere la prestazione non eseguita. Hanno però la forza di *impedire al «debitore» di ottenere la restituzione della prestazione stessa, se egli l'ha adempiuta spontaneamente* (art. 2034, c. 1). In sostanza: l'attuazione di questi doveri si preferisce affidarla allo scrupolo morale e alla sensibilità sociale del debitore – in breve, alla sua coscienza –, anziché agli strumenti della coazione legale. Un esempio è il *debito di gioco*: il giocatore che perde può rifiutarsi di pagare, e il vincitore non ha mezzi legali per costringerlo al pagamento; ma se il perdente paga, non può poi pentirsi e chiedere la restituzione della somma pagata (art. 1933). Altri esempi: il debito prescritto (art. 2940); il debito del cliente verso il libero professionista che ha lavorato per lui senza essere regolarmente iscritto all'albo.

Dunque l'**effetto giuridico** delle obbligazioni naturali è solo l'**impossibilità di ripetere la prestazione eseguita** (cioè chiederne la restituzione), benché chi l'ha fatta non vi fosse *legalmente* obbligato. Perché tale effetto si produca, occorrono però due condizioni (art. 2034, c. 1), mancando le quali chi ha pagato può ripetere il pagamento fatto senza obbligo legale. La prestazione deve essere: ☞ eseguita *spontaneamente*, e ☞ da soggetto *capace di intendere e di volere*. (Se la prestazione è fatta dietro pressioni del «creditore», o da soggetto incapace, se ne può chiedere la restituzione.)

Fuori di questo, le obbligazioni naturali non producono *nessun altro effetto giuridico* (art. 2034, c. 2): ad es., non possono dare luogo a compensazione (**23**.19) né a novazione (**23**.21).

8. Le obbligazioni complesse

Lo schema più semplice di obbligazione prevede che un solo debitore sia obbligato a una sola prestazione verso un solo creditore. Ma questo schema può subire complicazioni.

Possono esserci obbligazioni **soggettivamente complesse**: e la complessità può riguardare sia la *parte passiva* del rapporto obbligatorio, quando in luogo di un solo debitore c'è una pluralità di debitori (**22**.9); sia la *parte attiva*, quando non c'è un solo creditore, ma più di uno (**22**.12).

Invece nelle obbligazioni **oggettivamente complesse** la complessità riguarda la prestazione, e anziché un'unica prestazione si prevedono *più prestazioni* diverse: è il caso delle obbligazioni *alternative* e delle obbligazioni *facoltative* (**22**.13).

9. La pluralità di debitori: obbligazioni parziarie e solidali

Quando in un rapporto obbligatorio la parte passiva è formata da più debitori, l'obbligazione può essere parziaria oppure solidale: e le conseguenze giuridiche sono molto diverse:

☞ nell'**obbligazione parziaria**, la prestazione è *frazionata fra i diversi debitori*: se questi sono quattro, e il debito ammonta a 100.000 euro, ciascuno deve 25.000 euro; per realizzare l'intero credito, il creditore deve chiedere a ciascun debitore la sua quota; e se qualcuno di essi è insolvente, egli perde la quota corrispondente perché non può chiederla agli altri (art. 1314);

☞ l'**obbligazione solidale** ha una disciplina diversa, che rafforza il credito e avvantaggia il creditore: *il creditore può chiedere l'intera somma a uno qualsiasi dei condebitori*. Ciò gli porta un *doppio beneficio*: per realizzare il credito, non è costretto a rivolgersi a tutti i debitori, uno dopo l'altro; e se qualcuno dei debitori non è in grado di pagare, ciò non pregiudica l'integrale soddisfazione del suo credito, perché egli può chiedere a chiunque degli altri l'intera prestazione. È peraltro ovvio che questo meccanismo non deve consentire al creditore di moltiplicare la prestazione (ad es., di intascare 400.000 euro, chiedendo a ciascuno dei condebitori l'intera somma di 100.000 euro). Lo impedisce la regola per cui *il pagamento eseguito da uno dei condebitori libera tutti gli altri* (art. 1292): se il creditore ottiene 100.000 euro da uno dei quattro debitori, non può più chiedere nulla agli altri tre.

La solidarietà è la *regola generale*. La disciplina delle obbligazioni solidali si applica tutte le volte che un'obbligazione fa capo a più debitori, anche se le parti non l'abbiano espressamente prevista: ad es., se due soggetti comprano insieme un bene, la loro obbligazione di pagare il prezzo è automaticamente un'obbligazione solidale. La solidarietà è esclusa, e l'obbligazione si configura come parziaria, solo nei casi in cui ciò sia previsto per volontà delle parti o da una norma di legge. Un caso importante riguarda i *debiti del defunto*: i coeredi, che pure subentrano tutti insieme nel patrimonio del defunto, come regola non rispondono per i suoi debiti in solido, ma ciascuno in proporzione della sua quota (art. 1295): **69**.13.

10. La disciplina delle obbligazioni solidali

Nella disciplina delle obbligazioni solidali conviene distinguere fra due ordini di rapporti: rapporti fra creditore e condebitori, e rapporti interni fra i vari condebitori.

Per quanto riguarda i **rapporti fra creditore e condebitori**, si pongono fondamentalmente due problemi:

☞ il primo riguarda la *scelta, da parte del creditore, del condebitore cui rivolgersi per ottenere l'intera prestazione*. La regola è che il creditore *può rivolgersi a chi crede*, senza osservare alcun ordine di precedenza. Ma per accordo delle parti, o in casi particolari per legge, può essere stabilito che il creditore *debba rivolgersi prima a uno o ad alcuni dei condebitori*; e che solo se non ottiene il pagamento da questi possa chiederlo all'altro o agli altri: si dice allora che questi ultimi hanno il **beneficio di escussione**;

☞ un altro problema è sapere se le *vicende riguardanti un singolo condebitore* producono *effetti solo rispetto a lui*, o invece *si estendono a tutti gli altri*. Si può individuare un criterio generale: gli **effetti favorevoli** per la parte passiva *giovano a tutti i condebitori*, mentre gli **effetti sfavorevoli** colpiscono *solo il con-*

debitore direttamente toccato. In applicazione di questo criterio: ✦ se il creditore rimette il debito a favore di uno solo dei condebitori (**23**.22), la *remissione* di regola libera anche tutti gli altri (art. 1301, c. 1); ✦ la *transazione* (**41**.4) fatta da un condebitore con il creditore non impegna gli altri condebitori; produce effetti nei loro confronti solo se questi, ritenendola vantaggiosa, *dichiarano di volerne profittare* (art. 1304, c. 1); ✦ la *rinuncia alla prescrizione* (**8**.12), fatta da un condebitore, non pregiudica gli altri (art. 1310, c. 3). Il criterio incontra tuttavia una *deroga*, perché c'è una vicenda sfavorevole che estende i suoi effetti: se il creditore fa un atto di *interruzione della prescrizione* (**8**.11) nei confronti di un condebitore, la prescrizione è interrotta nei confronti di tutti (art. 1310, c. 1).

Veniamo ai **rapporti interni fra i vari condebitori**. Qui la regola fondamentale è che *il debito si divide* fra i diversi condebitori (art. 1298). Il condebitore che ha pagato l'intero debito può *chiedere che ciascuno degli altri lo rimborsi in proporzione della sua quota*: l'azione per far valere questa pretesa si chiama **azione di regresso** (art. 1299, c. 1). Se ad es. A e B comprano da C, per 200.000 euro, un bene di cui diventano comproprietari rispettivamente al 75% e al 25%, e A paga a C l'intero prezzo, A può poi agire in regresso contro B per 50.000 euro. Questo non vale se l'obbligazione è stata assunta nell'*interesse esclusivo di un solo condebitore*. Ad es., il debitore e il fideiussore che garantisce per lui (**41**.1) sono coobbligati in solido, ma l'obbligazione è nata solo nell'interesse del primo: perciò se il creditore è stato pagato interamente dal debitore, questi non può esercitare alcun regresso verso il fideiussore; se invece è costui che ha pagato, ha diritto di ottenere dal debitore il rimborso integrale).

11. Le obbligazioni indivisibili

Le obbligazioni indivisibili sono quelle che *non possono eseguirsi frazionatamente*, sia per la natura stessa della prestazione (ad es., consegna di un cavallo da corsa) sia per il modo in cui l'hanno considerata le *parti* contraenti (ad es., chi acquista una serie di quattro cd contenuti nello stesso cofanetto intende questo come un oggetto unitario, da consegnare unitariamente).

Quando un'obbligazione del genere fa capo a *più debitori*, sarebbe impossibile frazionarla secondo il modello dell'obbligazione parziaria: e allora si applica una *disciplina analoga a quella delle obbligazioni solidali* (art. 1316).

12. La solidarietà attiva

Fin qui si è parlato della solidarietà passiva, in cui l'obbligazione fa capo a più condebitori. Si ha invece solidarietà attiva quando, nel rapporto obbligatorio, a fronte di un debitore sta una **pluralità di creditori**. La regola essenziale è che *ciascun concreditore ha diritto di chiedere l'intera prestazione; e il pagamento ottenuto da qualunque di essi libera il debitore verso tutti gli altri* (art. 1292).

Il codice detta numerose regole, per risolvere problemi analoghi a quelli che si pongono riguardo alla solidarietà passiva (art. 1293 e segg.). Ma questa disciplina ha un'applicazione limitata. Infatti – a differenza della solidarietà passiva, che è la regola – la solidarietà attiva costituisce un'*ipotesi eccezionale*: opera solo se prevista dalle parti o dalla legge. È il caso della cassetta di sicurezza intestata a più persone: ciascuna di esse ha diritto di presentarsi singolarmente alla banca e chiederne l'apertura (art. 1840); ed è il caso, naturalmente, delle obbligazioni indivisibili (art. 1317).

Fuori di questi casi, si applica il criterio della parziarietà: ciascun creditore può chiedere solo la sua parte (art. 1314).

13. Obbligazioni alternative e facoltative

Sono le due figure di obbligazioni oggettivamente complesse.

Le **obbligazioni alternative** hanno per oggetto *due prestazioni poste sul medesimo piano*: in esse *il debitore si libera eseguendo una delle due* (art. 1285). Di regola la *scelta* spetta al debitore (ad es., il «tour operator» si riserva di offrire ai turisti, in una delle città toccate dal viaggio organizzato, la visita al museo o l'escursione al castello). Ma la legge o la volontà delle parti possono stabilire diversamente, e affidare la scelta al creditore o a un terzo (art. 1286, c. 1). Fatta la scelta, l'obbligazione non è più complessa, e il suo oggetto s'identifica esclusivamente con la prestazione scelta. Se in seguito questa *diventa impossibile* (ad es., il museo risulta chiuso per un improvviso sciopero del personale), l'obbligazione si estingue (**23**.23). Se invece una delle prestazioni risultava *impossibile già prima della scelta*, l'obbligazione resta ferma, avendo come oggetto l'altra prestazione (art. 1288).

Le **obbligazioni facoltative** hanno per oggetto *una sola prestazione*: ma il debitore ha *facoltà di liberarsi eseguendo una prestazione diversa*, che sostituisce quella originale. A differenza dell'obbligazione alternativa, qui *le due prestazioni non stanno sul medesimo piano*: tanto è vero che, se quella originale diventa *impossibile*, l'obbligazione si estingue, e il creditore non può pretendere quella sostitutiva.

14. Le fonti delle obbligazioni

Ci si può domandare: perché, da che cosa, nascono le obbligazioni? Perché, in conseguenza di che cosa, due soggetti, fino a un certo momento giuridicamente estranei fra loro, da quel momento si trovano legati in un rapporto obbligatorio, e l'uno diventa debitore dell'altro? Il concetto che serve per rispondere è: fonti delle obbligazioni. Queste sono gli **atti o fatti giuridici che producono obbligazioni**. Per indicare lo stesso concetto c'è un altro termine, che già conosciamo: *titolo*. Dire che un'obbligazione nasce da una certa fonte equivale a dire che nasce per un certo titolo.

L'art. 1173 elenca così le fonti delle obbligazioni: ✦ il **contratto**: ad es., dal contratto di lavoro deriva l'obbligazione del lavoratore di prestare la propria attività, e l'obbligazione del datore di lavoro di pagare la retribuzione; ✦ il **fatto illecito**: se un soggetto danneggia ingiustamente un altro (ad es., gli provoca lesioni fisiche, o distrugge una sua cosa), ne nasce per il danneggiante l'obbligazione di risarcire il danno (**42**.1); ✦ **ogni altro atto o fatto considerato dalle norme idoneo a produrre obbligazioni**: una categoria indefinita, ampia ed eterogenea, in cui rientrano figure diverse (**46**.1).

La parte più rilevante della disciplina delle obbligazioni è rappresentata proprio dalla disciplina delle loro fonti (di cui ci occuperemo lungamente più avanti). Basta pensare che, dei circa 900 articoli, organizzati in nove titoli, che compongono il libro «Delle obbligazioni», solo 148 (compresi nel titolo I) riguardano le obbligazioni in generale; tutti gli altri, compresi nei restanti otto titoli, riguardano fonti di obbligazioni. E si aggiunga che molte norme relative a fonti di obbligazioni si trovano anche in altri libri del codice (ad es. il contratto di lavoro è regolato nel quinto libro), e fuori del codice, in numerosissime leggi speciali.

15. Le vicende delle obbligazioni

Una volta creata da qualche fonte, l'obbligazione vive, opera ed eventualmente si trasforma, fino al momento in cui cessa di esistere. Tutto questo si riconduce al concetto di vicende delle obbligazioni: gli **atti o fatti che incidono sul rapporto obbligatorio**, dopo la sua nascita. Ce ne occuperemo nei capitoli seguenti.

Parleremo prima dell'*adempimento*, che è il modo normale in cui le obbligazioni realizzano il loro scopo di soddisfare l'interesse del creditore, dopodiché si estinguono; e siccome l'obbligazione può estinguersi anche per cause diverse dall'adempimento, parleremo poi di queste *altre cause di estinzione* (**23**). Parleremo quindi delle cause che possono *modificare l'obbligazione* nel corso della sua esistenza (**24**). Poi ancora ci occuperemo di quell'importantissimo problema che si pone col verificarsi del fenomeno contrario all'adempimento: e cioè l'*inadempimento* del debitore, da cui può derivare la sua *responsabilità* (**25**-**26**). Infine esamineremo le *garanzie* del credito (**27**).

16. Il rapporto obbligatorio: regola della correttezza e obblighi di protezione

Proprio all'inizio del libro «Delle obbligazioni» è fissato un importante principio generale, che illumina l'intera disciplina del rapporto obbligatorio: «*il debitore e il creditore devono comportarsi secondo le regole della correttezza*» (**art. 1175**). La regola di **correttezza** significa che il debitore deve fare quanto è ragionevolmente possibile per *massimizzare l'utilità* che il creditore riceve dalla prestazione; e il creditore deve fare quanto è ragionevolmente possibile per *minimizzare il sacrificio* che la prestazione impone al debitore.

Questo principio trova molte applicazioni specifiche, a vantaggio sia del creditore sia del debitore, attraverso regole che via via esamineremo. In particolare, è il fondamento dei c.d. **obblighi di protezione** che gravano sul debitore. Di regola, il debitore deve una *prestazione principale*; ma affinché questa sia fatta al meglio nell'interesse del creditore, e gli garantisca la massima utilità, può essere necessario che il debitore compia anche delle *prestazioni accessorie, strumentali al massimo rendimento della prestazione principale*. Le norme prevedono diversi casi: ad es., chi deve consegnare una cosa ha anche l'obbligo di *custodirla* fino alla consegna (art. 1177); chi è obbligato a eseguire un trasporto, di fronte a imprevisti che possono pregiudicarne la regolare esecuzione, deve *chiedere istruzioni* al mittente (art. 1686, c. 1) e *dargli informazioni* sull'accaduto (art. 1686, c. 2). Ma obblighi del genere, attagliati alle specificità del caso concreto, possono gravare sul debitore *anche in assenza di una previsione espressa*: essi discendono dal principio generale di correttezza nel rapporto obbligatorio.

17. Debitori e creditori nel sistema giuridico-economico

Dall'art. 1175 risulta che la legge si preoccupa sia dell'interesse del creditore sia di quello del debitore. Tuttavia ci si può domandare a chi vada la preferenza o la maggiore simpatia dell'ordinamento giuridico: se questo si ispiri, in generale, al «*favor creditoris*» o invece al «*favor debitoris*».

Nell'ordinamento, e anche nella disciplina di un medesimo istituto, sono presenti regole orientate in un senso e altre nel senso opposto: in materia di obbligazioni solidali, ad es., favorisce i creditori il principio per cui la solidarietà è la regola e la parziarietà l'eccezione (**22**.9); favorisce invece i debitori il criterio per cui i fatti svantaggiosi che toccano il singolo condebitore non si estendono agli altri (**22**.10); sono chiaramente a tutela dei creditori le norme sui ritardi di pagamento dei debiti commerciali (**23**.8); e così via. Per rispondere con precisione, bisognerebbe fare il censimento di tutte le norme dell'uno e dell'altro tipo presenti nel sistema, metterle sui due piatti della bilancia e vedere quali prevalgono.

Qui ci si limita a una considerazione più generale. Sarebbe sbagliato pensare che «debitori» e «creditori» indichino due classi sociali, la prima formata da persone in stato di debolezza economica e la seconda da soggetti economicamente forti. Qualche volta è così, ma altre volte è l'inverso: il poveraccio che ha difficoltà a restituire il prestito ad alto interesse fattogli dalla banca, e rischia per questo di vedersi pignorare i mobili di casa, è un debitore debole di fronte a un fortissimo creditore; ma lo stesso poveraccio è creditore della banca presso cui ha aperto il suo modesto conto corrente, e la banca è, in questo rapporto, sua debitrice. Il piccolo consumatore di fronte alla grande impresa è debitore di questa per il prezzo dei beni o servizi acquistati, ma al tempo stesso è suo creditore per la fornitura di quei beni o servizi. È dunque chiaro che «debitore» e «creditore» sono, in sé, *posizioni socialmente neutre*; sono solo *ruoli diversi che toccano, alternativamente, ai diversi protagonisti della scena economico-sociale*. Quando il legislatore persegue precise politiche economiche o sociali, prende in considerazione (e assoggetta a un determinato trattamento) non i «creditori» o i «debitori» come tali, ma più concrete categorie economico-sociali: le imprese e i consumatori, le banche e i clienti delle banche, le compagnie di assicurazione e gli assicurati, ecc.

Tutto quanto può dirsi sulla posizione generale dell'ordinamento rispetto alle parti del rapporto obbligatorio è che esso dedica grande *attenzione alla posizione del creditore*, cercando di garantirgli il massimo di *sicurezza circa l'esistenza e la realizzazione del suo credito*: la ragione è che se il credito non è sicuro, gli operatori diventano restii ad assumere posizione di creditori, cioè a fare credito; e un sistema dove si fa poco credito è un sistema dove la ricchezza non circola in modo dinamico, e l'intera economia funziona male. Del resto è la norma stessa a dire che la prestazione, che è la sostanza dell'obbligazione, si fonda sull'*interesse del creditore* (art. 1174): **22**.2.

23

ADEMPIMENTO, E ALTRE CAUSE DI ESTINZIONE DELLE OBBLIGAZIONI

1. L'adempimento

L'adempimento è l'attività consistente nell'*eseguire la prestazione che forma oggetto dell'obbligazione*. Con l'adempimento *l'obbligazione si estingue*, perché l'interesse del creditore, suo fondamento e scopo, è realizzato: non ha senso tenere in vita un rapporto obbligatorio che ha raggiunto il suo obiettivo, e quindi esaurito la sua funzione. Conseguentemente *il debitore è liberato*.

Proprio per questo effetto liberatorio, il debitore che adempie ha interesse che il pagamento risulti in modo certo. Egli può perciò chiedere al creditore di rilasciargli la **quietanza**, cioè la *dichiarazione scritta con cui il creditore riconosce di avere ricevuto da lui una determinata prestazione, riferita a un determinato credito* (art. 1199). La quietanza è un atto non negoziale: è una *dichiarazione di scienza* e non di volontà (**5**.4), con valore di *confessione* (**9**.19).

Per illustrare la disciplina dell'adempimento, considereremo prima le regole sui *soggetti* dell'adempimento; poi le regole sulle *modalità* di esso; quindi esamineremo cosa accade se l'adempimento è reso impossibile dal comportamento del creditore (*mora del creditore*); infine ci occuperemo dell'adempimento di quelle speciali obbligazioni che sono le *obbligazioni pecuniarie* (**23**.2-17).

Esaurito il discorso sull'adempimento, passeremo a illustrare le *altre cause che estinguono l'obbligazione* (**23**.18-23).

2. Adempimento e incapacità di agire

L'*autore dell'adempimento* è colui che fa la prestazione: normalmente il debitore. Un primo problema è: come trattare l'adempimento fatto da un **debitore incapace di agire**? Risposta: *l'adempimento è regolare ed efficace*; il debitore non può chiedere la restituzione di quanto ha pagato (art. 1191). La ragione è che l'adempimento *non è un atto di autonomia*, ma è un comportamento obbligato (tanto che il suo risultato si può realizzare anche contro la volontà del debitore, con l'esecuzione forzata): e allora qui non è importante che il soggetto abbia quella capacità di valutare il senso e le conseguenze delle proprie azioni, che invece occorre quando il soggetto fa una libera scelta. Una controprova: l'adempimento dell'*obbligazione naturale* fatto da un incapace apre la possibilità di ripetere la prestazione eseguita (**22**.7), perché quell'adempimento non è un atto legalmente dovuto bensì una scelta spontanea del soggetto.

Il problema dell'incapacità può porsi anche riguardo al *destinatario dell'adempimento* (cioè il soggetto che riceve la prestazione, di norma il creditore): come trattare l'adempimento fatto a un **creditore incapace di agire**? Come regola, è un *adempimento inefficace, che non libera il debitore*. Infatti la ricezione dell'adempimento è un atto di autonomia perché implica *valutazioni e decisioni* del soggetto (ad es., sull'esattezza della prestazione ricevuta, e sul contenuto che conseguentemente deve darsi alla quietanza); e soprattutto perché un creditore incapace correrebbe *il rischio di fare cattivo uso della prestazione ricevuta, o addirittura di disperderla*. Per tutelare il creditore, la legge parte perciò dal presupposto che «il pagamento fatto al creditore incapace non libera il debitore»; questi può liberarsi solo se «*prova che ciò che fu pagato è stato rivolto a vantaggio dell'incapace*» (art. 1190). In concreto, il debitore deve provare che la prestazione ricevuta dal creditore incapace è rimasta integra fino alla presa di controllo del rappresentante (nel caso di incapacità legale) o fino al recupero della capacità di intendere e di volere (nel caso di incapacità naturale). Se non ci riesce, deve pagare una seconda volta.

3. L'adempimento del terzo

Di regola l'adempimento è fatto dal debitore. Ma qualche volta è fatto da un terzo, estraneo al rapporto obbligatorio. Il fenomeno dell'adempimento del terzo può corrispondere a situazioni molto diverse:

☞ un primo caso è quello in cui la prestazione, anziché essere eseguita personalmente dal debitore, è *eseguita da un collaboratore del debitore, per conto di lui*: ad es. il titolare dell'officina meccanica, impegnato a riparare un'auto, fa eseguire materialmente la riparazione dai suoi dipendenti. In questo caso (che si verifica ogniqualvolta la prestazione si inserisce in un'attività organizzata del debitore), è il debitore stesso che adempie, attraverso la sua organizzazione fatta anche di collaboratori. La legge prevede questa eventualità (art. 1228), che è esclusa solo quando la prestazione risulta *infungibile*, e cioè richiede l'intervento personale del debitore: è ovvio che l'attore, impegnato a recitare in teatro, deve adempiere personalmente;

☞ ma la prestazione può anche essere eseguita da *un terzo, che non opera come collaboratore del debitore*. Le ragioni che spingono all'*adempimento del debito altrui* possono essere varie: la richiesta del debitore stesso, fondata su qualche rapporto fra lui e il terzo (è il caso della delegazione di pagamento: **24**.7); il desiderio del terzo di aiutare il debitore per affetto (il padre che paga il debito del figlio); un interesse proprio del terzo (il socio di maggioranza che paga i debiti della sua società, per evitare che fallisca).

L'adempimento del terzo è **efficace**, ed *estingue l'obbligazione, anche se il creditore vi si oppone*: una regola che privilegia l'interesse del debitore a liberarsi dell'obbligazione. Il creditore può **rifiutare** l'adempimento del terzo solo in due casi: ☞ se ha *interesse che la prestazione sia eseguita personalmente dal debitore*, ad es. perché infungibile (art. 1180, c. 1); oppure ☞ se *anche il debitore si oppone* all'adempimento del terzo (art. 1180, c. 2). La semplice opposizione del debitore, invece, non basta a precludere l'adempimento del terzo, se il creditore lo accetta: qui si privilegia l'interesse del creditore a ottenere la prestazione.

L'adempimento del terzo, a differenza di quello del debitore, non è un atto dovuto ma una libera scelta: per la sua efficacia occorre la *capacità di agire*.

4. Il pagamento con surrogazione

L'adempimento del terzo può dare luogo al fenomeno del pagamento con surrogazione: questo si verifica quando il terzo, che ha pagato (o fornito il denaro per pagare) un debito altrui, subentra in luogo del creditore soddisfatto nel suo diritto verso il debitore. In questo modo cambia il soggetto attivo del rapporto obbligatorio, il quale rimane inalterato nelle sue caratteristiche oggettive (ad es., restano ferme le garanzie che lo assistevano): un risultato analogo a quello che si realizza con la cessione del credito (**24**.2).

La surrogazione del terzo può avvenire in modi diversi, che portano a distinguere due tipi di surrogazione: ☞ la **surrogazione volontaria** si produce per iniziativa delle parti del rapporto obbligatorio, e può avvenire: ✦ *per volontà del creditore*, il quale, ricevendo il pagamento dal terzo, dichiara di surrogarlo nel proprio diritto (art. 1201); oppure ✦ *per volontà del debitore*, il quale, prendendo a mutuo il denaro necessario per pagare il creditore, surroga il mutuante nel diritto di quest'ultimo (art. 1202); ☞ la **surrogazione legale** si produce *automaticamente* quando ricorre uno dei casi elencati dall'art. 1203.

5. Il destinatario dell'adempimento: adempimento al terzo

Il destinatario dell'adempimento è il soggetto che riceve la prestazione, e di regola coincide con il creditore. Ma in certi casi è giustificato che l'adempimento sia fatto a un terzo, diverso dal creditore: ad es., quando il creditore stesso indica un terzo come abilitato a ricevere il pagamento, invitando il debitore ad adempiere nelle mani di questo (gli acquisti in un negozio, di regola non si pagano al titolare, ma al suo dipendente addetto alla cassa). In qualche caso, l'adempimento deve essere fatto a un terzo, e se fatto direttamente al creditore rischierebbe di essere inefficace e di non liberare il debitore: quando il creditore è incapace, conviene pagare al suo rappresentante legale (**23**.2).

Ma possono esserci anche casi, in cui l'adempimento fatto a un terzo si presenta come anomalo: sono i casi in cui *il terzo non è legittimato a ricevere l'adempimento*, in base a qualcuno dei criteri appena visti (art. 1188, c. 1). Sorge allora il problema di conciliare l'interesse del debitore (che ha pagato, anche se ha pagato male) a essere liberato, e l'interesse del creditore (che non ha ricevuto la prestazione) a realizzare il suo credito. Valgono alcune regole:

☞ la **regola** generale, dettata nell'interesse del creditore, è che *il pagamento a un terzo estraneo non libera il debitore*, e il creditore conserva il diritto di ricevere da lui la prestazione;

☞ la regola subisce però alcune **eccezioni**, nell'interesse del debitore. Il debitore è liberato: ✦ *se il creditore ratifica* il pagamento fatto al terzo, o comunque *ne approfitta* (art. 1188, c. 2): ad es., il debitore, incontrando la moglie del creditore, paga a lei, che poi regolarmente consegna al marito quanto ricevuto; ✦ se si tratta di **pagamento a creditore apparente** (o all'apparente rappresentante del creditore), cioè *fatto a una persona che, in base a circostanze univoche, appariva legittimata a riceverlo*, sempre che il debitore fosse in *buona fede* (art. 1189, c. 1): se il cliente di un negozio paga l'acquisto nelle mani di una persona che sta dietro al banco e ha tutta l'aria di un commesso (scherza con gli altri commessi, parla delle prossime forniture in arrivo, ecc.), non può essere obbligato a pagare una seconda volta, se poi si scopre che quella persona era un intruso (naturalmente, il titolare del negozio può agire contro di lui per farsi dare la prestazione indebitamente ricevuta: art. 1189, c. 2). La norma costituisce chiara applicazione del principio di *tutela dell'affidamento*.

6. Le modalità dell'adempimento

La prestazione deve essere eseguita **esattamente**, e cioè rispettando tutte le modalità – quantitative, qualitative, di tempo e di luogo – che la caratterizzano.

Sotto il profilo quantitativo, vale la regola che la prestazione deve essere eseguita *integralmente*, anche quando la prestazione è divisibile: se il debitore offre un pagamento parziale, il creditore, se vuole, può accettarlo come acconto; ma è anche libero di rifiutarlo (art. 1181). La regola non vale in materia di cambiale e assegno: qui il creditore non può rifiutare pagamenti parziali (**48**.9; **48**.16).

Sotto il profilo qualitativo, il debitore è tenuto a eseguire *proprio la prestazione che forma oggetto dell'obbligazione*, e non può liberarsi offrendo una prestazione diversa, anche se di valore uguale o maggiore (salvo quanto si dirà sulla dazione in pagamento: **23**.7).

Infine, la prestazione va eseguita *nel tempo* (**23**.8) e *nel luogo* (**23**.9) stabiliti.

Una prestazione eseguita senza l'osservanza di queste modalità dà luogo a un *adempimento inesatto*, che è una forma di *inadempimento*: con le conseguenze che si vedranno (**25**-**26**). In realtà, il problema dell'esattezza della prestazione si pone, dal punto di vista pratico, non tanto in positivo ed *ex ante*: cioè come problema di definire, prima dell'adempimento, in cosa consista precisamente la prestazione dovuta dal debitore. Si pone più spesso *ex post* e, per così dire, *in negativo*: cioè quando, dopo l'adempimento, il creditore lamenta di avere ricevuto una prestazione difettosa; si tratta allora di capire se ha ragione lui, o se invece ha ragione il debitore, che sostiene una diversa «immagine» della prestazione, con modalità differenti da quelle pretese dal creditore. In altri termini, se scattano o non scattano i rimedi contro l'inadempimento (**25**.2).

7. La dazione in pagamento

Con la dazione in pagamento (o *prestazione in luogo dell'adempimento*) il debitore eccezionalmente *si libera* dall'obbligazione eseguendo una *prestazione diversa da quella formante oggetto della sua obbligazione*. L'effetto liberatorio si produce solo a due condizioni (art. 1197, c. 1): ☞ che *il creditore accetti* di ricevere la prestazione diversa al posto di quella dovuta (essendo peraltro libero di rifiutarla); ☞ che la diversa prestazione sia *effettivamente eseguita*.

Se la diversa prestazione consiste nel trasferimento della proprietà o di un altro diritto, il debitore deve al creditore le stesse *garanzie* che il venditore deve al compratore circa l'integrità di quanto trasferito (**38**.8-10): art. 1197, c. 2.

8. Il termine dell'adempimento

Quanto al tempo dell'adempimento, bisogna distinguere a seconda che il *titolo dell'obbligazione* indichi oppure no il termine per l'esecuzione della prestazione: ☞ se il titolo *fissa il termine*, la prestazione va eseguita in tale termine (ad es., il contratto di vendita stabilisce che il compratore deve pagare il prezzo entro il 30 giugno 2020); ☞ se il titolo *non indica alcun termine*, la regola è che l'adempimento può essere richiesto *immediatamente*, tranne che l'adempimento immediato sia escluso dagli usi o dalla natura della prestazione (ad es., redigere un complesso progetto edilizio): in tal caso, o le parti concordano fra loro il termine, o questo *è fissato dal giudice* (art. 1183).

Il termine può avere un valore diverso, come regolatore del tempo dell'adempimento, a seconda dell'interesse a cui è funzionale. Si distingue: ☞ se il termine è stabilito **a favore del debitore**, il debitore non può adempiere oltre quel termine, ma non è tenuto ad adempiere prima (il creditore non può pretendere un adempimento anticipato); ma, se vuole, è libero di adempiere anche prima della scadenza, e il creditore non può rifiutare l'adempimento anticipato; ☞ se il termine è stabilito **a favore del creditore**, il creditore può esigere il pagamento prima della scadenza (art. 1185, c. 1), mentre il debitore non può liberarsi offrendo l'adempimento anticipato (che il creditore ha facoltà di rifiutare); ☞ se il termine è stabilito **a favore di entrambi**, sia il debitore sia il creditore hanno diritto che la prestazione sia eseguita non prima della scadenza del termine, e possono rifiutare un adempimento anticipato. In mancanza di diversa indicazione del titolo o della legge, il termine si considera a favore del debitore (art. 1184). Anche quando il termine è a favore del debitore, tuttavia, il debitore incorre nella **decadenza dal termine** se diventa *insolvente* o fa venire meno le *garanzie* che aveva dato: il creditore può allora esigere l'adempimento immediato (art. 1186).

Il *computo del termine* dell'adempimento si fa con gli stessi criteri dettati per calcolare il termine della prescrizione (**8**.10): art. 1187.

Fino alla scadenza del termine (che non sia a favore del creditore), il credito non è *esigibile*: lo diventa solo alla scadenza.

Il termine di pagamento ha implicazioni economico-sociali particolarmente serie quando si tratta di obbligazioni pecuniarie aventi natura di **debiti commerciali**, cioè di *debiti di un'impresa (o di una pubblica amministrazione) verso un'altra impresa che le ha fornito beni o servizi*: se l'impresa creditrice riceverà il pagamento in un tempo troppo lungo, avrà difficoltà a pagare a sua volta i propri debiti (ad es. verso i dipendenti), e rischierà di entrare in crisi. Il legislatore, applicando direttive europee, ha affrontato il problema con il d.lgs. 231/2002 (poi modificato col d.lgs. 192/2012). Esso: ☞ fissa termini di pagamento ragionevolmente brevi (30 giorni dal ricevimento del bene o servizio, o dalla fattura); ☞ fa scattare, per il caso di ritardo, *interessi di mora* a un tasso prefissato; ☞ stabilisce che gli *accordi in deroga*, peggiorativi per il creditore (termini più lunghi, interessi più bassi), devono essere *provati per iscritto*, e sono comunque *nulli* se risultano *gravemente iniqui* a danno del creditore.

9. Il luogo dell'adempimento

Quanto al luogo dell'adempimento, valgono le eventuali indicazioni del *titolo* da cui nasce l'obbligazione, oppure quelle desumibili dalla *natura* della prestazione (ad es., l'obbligazione del lavoratore impegnato in un cantiere edile deve essere adempiuta nel cantiere stesso): art. 1182, c. 1. In mancanza di tali indicazioni, valgono i criteri fissati dalla legge (art. 1182, c. 2-4):

☞ il criterio generale è che l'obbligazione si adempie al **domicilio del debitore**;

☞ esso però subisce **deroghe** per ✦ l'obbligazione di *consegnare una cosa certa e determinata*, che si adempie nel *luogo in cui la cosa si trovava* alla nascita dell'obbligazione; e per ✦ l'obbligazione di *pagare una somma di denaro*, che si adempie presso il *domicilio del creditore*.

10. L'imputazione del pagamento

Se il debitore ha verso il creditore *più debiti dello stesso genere* (ad es., diversi debiti pecuniari), e il pagamento fatto non basta a estinguerli tutti, può essere importante definire a quali debiti esso vada riferito, in modo da sapere quali debiti sono estinti e quali sopravvivono: ad es., perché alcuni sono assistiti da garanzie, e altri no; alcuni producono l'interesse del 3%, e altri del 5%.

L'imputazione del pagamento è, appunto, *l'individuazione del debito a cui si riferisce un determinato pagamento*: col risultato che quel debito risulta estinto, mentre gli altri debiti che il debitore ha verso il creditore continuano a esistere. I criteri sono i seguenti: ☞ prima di tutto la *scelta del debitore* che, quando paga, ha facoltà di dichiarare quale debito intende soddisfare con quel pagamento (art. 1193, c. 1); ☞ in mancanza di scelta del debitore, una serie di *criteri legali*: se alcuni debiti sono scaduti e altri no, il pagamento è imputato a quelli scaduti; fra più debiti scaduti, a quelli meno garantiti, ecc. (art. 1193, c. 2).

11. La mora del creditore

Molto spesso l'adempimento risulta impossibile per il debitore, se manca una certa *cooperazione del creditore*: il lavoratore non può eseguire la sua prestazione, se il datore non gli permette di entrare in fabbrica, o non gli fornisce la materia prima da lavorare; chi deve consegnare una partita di merce scaricandola nei magazzini del cliente non può farlo, se questi non gli fa trovare i magazzini pronti a riceverla; e così via.

Generalmente il creditore dà questa cooperazione, che è nel suo stesso interesse. Ma non può escludersi che talora eviti di darla, per ragioni che possono essere diverse: semplice dimenticanza o trascuratezza, ma anche qualche suo preciso controinteresse (ad es., i magazzini dove il debitore dovrebbe scaricare la merce fornita sono già pieni di altra merce, che il creditore non vuole spostare). In questi casi, l'impossibilità di adempiere può pregiudicare i *legittimi interessi del debitore*: l'interesse a evitare spese e danni (come quelli subiti dal fornitore, i cui camion, dopo un viaggio inutile, tornano indietro carichi della merce non scaricata per l'indisponibilità dei magazzini del cliente); l'interesse a non dare al creditore pretesti per lamentare di non avere ricevuto la prestazione, o averla ricevuta in ritardo, e così chiedere un risarcimento; l'interesse a liberarsi dell'obbligazione, risultato che si realizza con l'adempimento; l'interesse a mettersi in condizione di poter tranquillamente esigere la controprestazione.

Talora il debitore potrebbe anche avere un più specifico interesse a eseguire la prestazione, dalla cui esecuzione si attende vantaggi indiretti: l'attore impegnato con un produttore cinematografico a girare un film può essere interessato non solo al compenso economico ma anche a recitare effettivamente in quel film, che potrà aumentare la sua popolarità: qui ci si può domandare se non ci sia un vero e proprio obbligo del creditore di fare in modo che il debitore esegua la sua prestazione. Ma, come regola, *il creditore non ha un vero e proprio obbligo di ricevere la prestazione* del debitore: chi ha comprato il biglietto per un concerto non è obbligato ad assistervi. Il creditore ha tutt'al più un *onere* (**4**.14) di cooperare all'adempimento del debitore: non è obbligato a farlo, ma se non lo fa perde il vantaggio della prestazione, e inoltre può incorrere in ulteriori conseguenze svantaggiose.

Sono le conseguenze della mora del creditore: la situazione del creditore che trascura ingiustificatamente di compiere quanto necessario perché il debitore possa adempiere; o che ingiustificatamente rifiuta di ricevere l'adempimento offertogli dal debitore (art. 1206). A questa situazione la legge ricollega effetti miranti a tutelare i giusti interessi del debitore.

La mora del creditore presuppone, ovviamente, che il suo rifiuto sia *ingiustificato*: non c'è mora se il creditore rifiuta la prestazione per qualche buona ragione (ad es. perché qualitativamente inesatta, o parziale).

12. L'offerta della prestazione

Prima di illustrare gli *effetti della mora*, occorre precisare che questi *non si producono in modo automatico* per il rifiuto o la mancata cooperazione da parte del creditore, ma solo se il debitore assume una certa iniziativa, compiendo un determinato atto: l'offerta della prestazione al creditore. Ma l'offerta può presentarsi in vari modi:

☞ per produrre la mora del creditore, deve essere un'**offerta solenne** (o **formale**): deve cioè presentare tutti i requisiti indicati dall'art. 1208, e in particolare deve essere fatta attraverso un *pubblico ufficiale* (notaio o ufficiale giudiziario). La legge vuole così evitare dubbi e contestazioni, per un'esigenza di certezza. Le concrete modalità con cui l'offerta solenne deve compiersi possono variare a seconda del tipo di prestazione dovuta, e danno luogo a diversi tipi di offerta: ✦ l'offerta **reale** riguarda la prestazione di *consegnare denaro, titoli di credito o cose mobili al domicilio del creditore*, e implica che tali oggetti siano materialmente recati al domicilio del creditore (art. 1209, c. 1); ✦ l'offerta **per intimazione** riguarda la *consegna di cose mobili in luogo diverso dal domicilio del creditore*, oppure la *consegna di un immobile*, e si fa notificando al creditore un'intimazione a ricevere le cose mobili (art. 1209, c. 2) o rispettivamente a prendere possesso dell'immobile (art. 1216);

☞ dall'offerta solenne si distingue l'**offerta secondo gli usi**, fatta senza le formalità previste dalla legge per l'offerta solenne. Il valore e l'efficacia di essa sono diversi, a seconda del tipo di prestazione: ✦ per le *prestazioni di fare*, l'offerta secondo gli usi (consistente nella intimazione al creditore di ricevere la prestazione, o di compiere gli atti necessari a tal fine), è sufficiente a produrre la mora del creditore (art. 1217); ✦ in tutti gli *altri casi*, l'offerta secondo gli usi non basta a mettere in mora il creditore e produrre gli effetti conseguenti; a tale fine occorre, in più, che il debitore faccia il **deposito** delle cose dovute, mettendole a disposizione del creditore, e che il deposito sia *accettato* da questo o *convalidato* dal giudice (art. 1214).

Anche nel caso che abbia fatto offerta solenne, il debitore può avere interesse a fare il *deposito* delle cose che il creditore abbia rifiutato. In tal caso, il deposito non serve a determinare gli effetti della mora, che si sono già prodotti con l'offerta, bensì a determinare un effetto ulteriore, che di per sé la mora del creditore non produce: la *liberazione del debitore* dall'obbligazione (art. 1210).

13. Gli effetti della mora del creditore

La mora del creditore produce i seguenti **effetti a favore del debitore**: ☞ il debitore *non risponde dei danni* causati dal mancato adempimento, il quale è imputabile non a lui, ma allo stesso creditore, che si è autodanneggiato; ☞ se è il debitore a subire danni o sopportare spese a causa del mancato adempimento, egli *può chiedere il risarcimento* al creditore (art. 1207, c. 2); ☞ il debitore *non deve gli interessi o i frutti* della cosa da consegnare, che abbia mancato di percepire (art. 1207, c. 1); ☞ si produce lo *spostamento a carico del creditore del rischio dell'impossibilità sopravvenuta della prestazione.*

L'effetto di **spostamento del rischio** vale per i *rapporti obbligatori con prestazioni corrispettive*, e consiste in questo. Se durante la mora del creditore la prestazione da lui attesa diventa impossibile *per causa non imputabile al debitore*, il debitore non solo *è liberato* dall'obbligazione, che si estingue (cosa che accadrebbe anche indipendentemente dalla mora del creditore: **23**.23), ma in più *conserva il diritto alla controprestazione* che il creditore debba a sua volta eseguire in suo favore (art. 1207, c. 1). Un esempio: A vende a B dei prodotti, che B fa in modo di non farsi consegnare come stabilito, per cui A lo mette in mora; successivamente un ordine dell'autorità mette quei prodotti fuori commercio, vietandone la circolazione; a questo punto la prestazione di A è diventata impossibile e la sua obbligazione si estingue; normalmente si estinguerebbe anche la contro-obbligazione di B di pagare ad A il prezzo dei prodotti; ma siccome B era in mora al momento in cui si è verificata l'impossibilità, egli resta obbligato a pagare il prezzo ad A.

Questi effetti si producono dal giorno dell'offerta solenne, fatta con le formalità di legge (art. 1207, c. 3). Se l'offerta è secondo gli usi, si producono solo dal giorno del deposito. In tutti gli altri casi di *offerta non formale* (ad es., una semplice lettera del debitore al creditore), gli effetti della mora non si producono, eccezion fatta per uno solo di essi: l'*esonero del debitore dalla responsabilità* per i danni derivati dal mancato adempimento (art. 1220).

14. Le obbligazioni pecuniarie: principio nominalistico, debiti di valuta e debiti di valore

Le obbligazioni pecuniarie sono quelle in cui la prestazione consiste nel *pagare una somma di denaro*. Hanno straordinaria diffusione ed importanza nella società e nell'economia contemporanee, e presentano molti delicati problemi.

Un primo problema si lega al fenomeno dell'inflazione e della progressiva *perdita di valore reale (potere d'acquisto) della moneta*. Se l'obbligazione pecuniaria deve essere adempiuta in un tempo successivo a quello in cui è nata (ad es., in una compravendita fatta l'anno scorso per 100.000 euro, si stabilisce che il prezzo sarà pagato a distanza di un anno), ci si può domandare: oggi, alla scadenza, il debitore deve pagare sempre 100.000 euro, anche se questa somma ha oggi un potere d'acquisto (e dunque rappresenta un valore economico) inferiore a quello che la stessa somma aveva un anno prima, quando l'obbligazione è nata? Oppure deve pagare una somma superiore, che rappresenti a valori attuali lo stesso potere d'acquisto che 100.000 euro avevano un anno fa (diciamo 102.000 euro, posto che da un anno all'altro si sia registrata un'inflazione del 2%)?

Vale la prima risposta, che applica il **principio nominalistico**, accolto nel nostro sistema: «i debiti pecuniari si estinguono con moneta avente corso legale nello Stato al tempo del pagamento e *per il suo valore nominale*» (art. 1277). La ragione principale consiste in un'*esigenza di certezza*, a tutela dei debitori: se valesse il criterio opposto, tutte le obbligazioni pecuniarie avrebbero un contenuto indeterminato e variabile, e fino al giorno della scadenza nessun debitore saprebbe con precisione che somma deve pagare; inoltre, un'indicizzazione automatica dei debiti di denaro sarebbe essa stessa alimento dell'inflazione.

C'è un'importante *eccezione*, stabilita dalla legge per una determinata categoria di debiti pecuniari: i debiti per le *retribuzioni dei lavori dipendenti*. Nel condannare il datore di lavoro al pagamento, il giudice deve infatti *rivalutare automaticamente le somme* relative, sulla base degli indici Istat (art. 429, c. 3, c.p.c.).

Al di fuori di siffatta specifica previsione legale, il superamento del principio nominalistico può realizzarsi per *accordo fra le parti*, che nel titolo da cui nasce l'obbligazione pecuniaria possono inserire vari *meccanismi di rivalutazione della somma dovuta*: ad es., stabilendo che alla scadenza il debitore pagherà una somma corrispondente al valore che una certa quantità di oro avrà a quella data (*clausola oro*); oppure una somma che tenga conto degli aumenti del costo della vita, registrati nel corso di un periodo definito (*clausola numeri-indice*); oppure una somma espressa in *moneta straniera* (in tal caso il debitore si libera pagando la corrispondente quantità di euro, calcolata «al corso del cambio nel giorno della scadenza»: art. 1278).

Attenzione, però. Il principio nominalistico vale per i **debiti di valuta**, cioè per le *obbligazioni che nascono avendo per oggetto, fin dal principio, una somma di denaro precisamente determinata*: ad es., l'obbligo di pagare i 100.000 euro, stabiliti come prezzo della compravendita, è un debito di valuta. Altra cosa sono i **debiti di valore**. Anche questi sono debiti pecuniari, che si adempiono pagando una somma di denaro: ma nel momento in cui il debito nasce, la somma non è determinata nel suo preciso ammontare, perché qui *l'obbligazione ha per oggetto un valore, che sarà tradotto in moneta solo al momento del pagamento*. Ad es., se un anno fa A ha distrutto una cosa di B, è nata allora la sua obbligazione di risarcire il danno, corrispondente al valore della cosa distrutta (che al momento della distruzione corrispondeva a 100.000 euro); ma se A paga il risarcimento solo oggi (perché nel frattempo si è svolto il processo per accertare la sua responsabilità), A deve pagare la somma che corrisponde oggi al valore della cosa: e dunque i 100.000 euro più la rivalutazione degli stessi dal tempo del danno al tempo del pagamento (in ipotesi 102.000, posto che il tasso di svalutazione sia del 2% annuo).

Un debito di valore non ancora tradotto in moneta si dice non liquido; diventa *liquido* non appena sia tradotto in una somma di denaro. E l'operazione necessaria a tal fine si dice, appunto, *liquidazione* del debito. Per effetto della liquidazione, l'oggetto del debito si cristallizza in una quantità di moneta precisamente determinata: *il debito di valore si converte in debito di valuta*.

15. Gli interessi

Il denaro può produrre, nel tempo, altro denaro: gli interessi sono *l'ulteriore denaro prodotto, nel tempo, da una somma di denaro, e quantificato in una percentuale della somma base (o somma capitale)*. A seconda della funzione che svolgono, e della situazione in cui si producono, gli interessi si distinguono in varie categorie, e principalmente in due – corrispettivi e moratori:

☞ gli **interessi corrispettivi** sono quelli *prodotti «di pieno diritto» dai «crediti liquidi ed esigibili di somme di denaro»* (art. 1282, c. 1). Se A vende a B una cosa per 100.000 euro, e non si indica un termine dell'adempimento, il credito di A è liquido e immediatamente esigibile: se B lo paga dopo sei mesi, deve pagare 100.000 euro e in più un'ulteriore somma, pari agli interessi calcolati su 100.000 euro per sei mesi. Questi interessi formano oggetto di un'*obbligazione accessoria* che nasce a carico del debitore «di pieno diritto», cioè *automaticamente*, senza bisogno che le parti l'abbiano prevista. Il presupposto è l'idea che il denaro sia una *«cosa» fruttifera*: i frutti (civili) da esso prodotti sono appunto gli interessi; e gli interessi maturati nel tempo in cui il debitore trattiene la somma che dovrebbe già essere nelle mani del creditore sono frutti che vanno attribuiti al creditore stesso, in quanto idealmente titolare della «cosa» che li produce. Questo spiega perché il meccanismo operi solo per i crediti *liquidi ed esigibili*: se il credito non è esigibile, la somma relativa non può ancora considerarsi di pertinenza del creditore; se non è liquido, manca il necessario riferimento (la somma capitale) su cui calcolare gli interessi. A seconda della fonte da cui deriva la corrispondente obbligazione, gli interessi si distinguono in interessi legali e convenzionali: la distinzione è importante per la loro misura, che si chiama *tasso di interesse* (o saggio di interesse), ed è espressa in una percentuale, da applicarsi sulla somma capitale con riferimento al tempo di un anno: ✦ gli interessi **legali** sono quelli che maturano automaticamente, quando le parti non hanno previsto nulla al riguardo; si calcolano in base al *tasso legale* (art. 1284, c. 1), che viene fissato annualmente dal Ministro dell'Economia in base all'andamento dell'inflazione (per il 2016 è pari allo 0,20%): perciò nel nostro esempio B dovrebbe pagare 100.100 euro, di cui 100.000 per capitale e 100 per interessi (lo 0,20% su 100.000 euro per sei mesi, cioè mezzo anno); ✦ gli interessi **convenzionali** sono quelli eventualmente stabiliti dalle parti del rapporto, le quali possono concordare che la loro obbligazione pecuniaria produca interessi. Se le parti, nel prevedere interessi convenzionali, non ne hanno stabilito il tasso, si applica il tasso legale (art. 1284, c. 2). Se no, si applica il *tasso convenzionale*, cioè quello fissato d'accordo fra le parti, che può essere inferiore o superiore al tasso legale: ma se il tasso convenzionale *è superiore a quello legale*, deve essere fissato *per iscritto*; ove questa forma non sia rispettata, si applica il tasso legale (art. 1284, c. 3);

☞ agli interessi corrispettivi, dei quali si è parlato fin qui, si contrappongono gli **interessi moratori**: quelli *dovuti dal debitore che sia in ritardo nel pagamento della somma dovuta, e perciò risulti costituito in mora*. La loro funzione non è attribuire al creditore i frutti prodotti da un'entità economica di sua pertinenza, ma *risarcire il creditore per il danno causatogli dal ritardo del debitore* (che, come sappiamo, è una forma di inadempimento). Li illustreremo parlando degli effetti della mora del debitore (**25**.5).

La giurisprudenza ha creato anche un'altra categoria di interessi: gli **interessi compensativi**, utilizzati per la quantificazione del risarcimento del danno nella responsabilità extracontrattuale (**45**.2).

16. L'anatocismo

Gli interessi prodotti dalla somma capitale sono, a loro volta, una somma di denaro dovuta dal debitore: *questa somma, rappresentata dagli interessi maturati, produce a sua volta interessi*? Se la risposta è sì, si ha il fenomeno dell'anatocismo (o degli interessi composti, o della *capitalizzazione degli interessi*).

La legge (art. 1283) limita la possibilità di anatocismo, per tutelare il debitore contro un eccessivo incremento del suo debito complessivo, e anche per ragioni di trasparenza (con l'anatocismo diventa difficile al debitore sapere esattamente qual è la somma da lui dovuta). Gli interessi producono ulteriori interessi solo se: ☞ sono interessi *scaduti* (cioè è terminato il periodo entro il quale dovevano essere regolati); ☞ sono interessi *maturati per almeno sei mesi*; ☞ c'è un atto espressamente diretto a ottenerli: o una *domanda giudiziale* del creditore, o una *convenzione* fra debitore e creditore, *successiva alla scadenza* degli interessi base.

La materia è disciplinata in modo ancora più restrittivo *nel campo dei rapporti bancari, a tutela dei clienti delle banche* (**59**.9). Dapprima si sono vietate le previsioni contrattuali che regolavano l'anatocismo in modo diverso a seconda che gli interessi fossero dovuti dalla banca ai clienti (ad es. sulle somme depositate) o viceversa (ad es. per un'apertura di credito). Poi l'anatocismo è stato *escluso del tutto*: con il nuovo art. 120, c. 2 t.u.b. (introdotto dalla l. 49/2016) gli interessi dovuti dal cliente alla banca non producono interessi, salvi quelli di mora.

17. Obbligazioni pecuniarie, moneta bancaria e moneta elettronica

Un altro problema posto dalle obbligazioni pecuniarie riguarda le modalità del loro esatto adempimento.

Tradizionalmente il denaro si considerava una *«cosa» mobile* come un'altra (retaggio dei tempi in cui la moneta consisteva in «pezzi» aventi un valore intrinseco, in ragione del metallo prezioso che li formava); e l'obbligazione pecuniaria si concepiva come tipica *obbligazione di dare*, cioè di consegnare appunto quella «cosa». Con una conseguenza: considerare l'obbligazione esattamente adempiuta solo tramite la consegna materiale del denaro contante; e ritenere altri mezzi di pagamento (un assegno, un bonifico bancario) ammissibili e capaci di estinguere l'obbligazione solo se accettati dal creditore, che però sarebbe anche libero di rifiutarli.

Questa concezione appartiene al passato, ed è sempre meno compatibile con gli sviluppi moderni.

Per cominciare, tende a essere incompatibile con gli *sviluppi economici, tecnologici e del costume sociale*. Sempre di più, nell'economia contemporanea, i movimenti di denaro avvengono attraverso banche, non con modalità fisiche ma con gli *strumenti dell'attività bancaria* (titoli di credito, ordini dei clienti alle banche, conseguente annotazione dei movimenti nelle scritture che documentano i rapporti fra banche e soggetti interessati). E sempre di più queste operazioni si realizzano su base informatica, mediante ricorso alle *tecnologie elettroniche*, che consentono collegamenti istantanei fra le banche e riducono l'incidenza dell'errore umano. Su analoghe tecnologie si basano dispositivi di pagamento come bancomat e carte di credito. Si parla, al riguardo, di moneta bancaria, di moneta elettronica, di trasferimento elettronico di fondi, che costituiscono una *«nuova generazione» di mezzi di pagamento* (**48**.19). E si affacciano tipi di "moneta" ancora più nuovi (come i bitcoin, basati sulla tecnologia blockchain), difficili da inquadrare legalmente.

Inoltre, quella concezione comincia ad essere incompatibile con la stessa *evoluzione legislativa*. Le norme c.d. *antiriciclaggio*, per prevenire la circolazione di «denaro sporco» connesso ad attività criminali, *vieta di trasferire denaro contante oltre un certo valore*: attualmente *2.000 euro*, destinato a scendere a 1.000 dal 2023 (d.l. 162/2021). Le obbligazioni pecuniarie per importi più elevati devono pagarsi con altri mezzi (principalmente con moneta bancaria ed elettronica), che con la loro evidenza documentale assicurano la «tracciabilità» dei pagamenti.

18. Le altre cause di estinzione delle obbligazioni

L'*adempimento* estingue l'obbligazione perché, dando al creditore l'esatta prestazione cui egli ha diritto, *realizza lo scopo dell'obbligazione* stessa, che è appunto *soddisfare l'interesse del creditore*: non avrebbe senso tenere in vita un rapporto che ha esaurito la sua funzione. Ma ci sono altri casi, diversi dall'adempimento, in cui pure non ha senso che l'obbligazione resti in vita, anche se il creditore non ottiene la prestazione attesa: operano allora altre cause di estinzione dell'obbligazione. Si usa distinguere, all'interno di queste, fra *cause satisfattive* e *cause non satisfattive* di estinzione.

Le **cause satisfattive** danno pur sempre al creditore qualche utilità, benché diversa dal conseguimento della prestazione attesa, o almeno si collegano a qualche suo interesse. Sono: ☞ la *compensazione*; ☞ la *confusione*; ☞ la *novazione*; ☞ la *remissione*; ☞ l'*impossibilità sopravvenuta* della prestazione.

Le **cause non satisfattive** estinguono l'obbligazione senza alcuna utilità per il creditore. Di una si è già detto: ☞ la *prescrizione* (**8**.8), che estinguendo il diritto di credito estingue la corrispondente obbligazione. Di un'altra si dirà più avanti: ☞ l'*esdebitazione* del debitore sovraindebitato o insolvente (**61**.12).

19. La compensazione

Si estinguono per compensazione le obbligazioni che due soggetti hanno reciprocamente, l'uno verso l'altro, per cui ciascuno è al tempo stesso debitore e creditore dell'altro. Ad es., se per qualche ragione X deve a Y 25.000 euro, e per qualche altra ragione Y deve 25.000 euro a X, i due debiti-crediti incrociati si eliminano a vicenda, con il risultato che entrambi si estinguono. Se Y deve a X solo 15.000 euro, la compensazione è parziale: il debito di Y si estingue, e quello di X si riduce a 10.000 euro (art. 1241). In questo modo si soddisfa un'esigenza di semplificazione dei rapporti: al posto di due trasferimenti di ricchezza, l'uno in senso inverso all'altro, lo stesso risultato si raggiunge con uno solo o addirittura con nessuno. E l'interesse del creditore, che perde il credito senza ricevere la prestazione, sta nella liberazione dal debito che a sua volta ha verso controparte.

Esistono tre tipi di compensazione:

☞ la compensazione **legale** è quella che *opera automaticamente*: i due debiti si considerano estinti dal giorno stesso in cui sono venuti a coesistere. Tuttavia *il giudice non può rilevare d'ufficio* che la compensazione è avvenuta, decidendo di sua iniziativa che il debito di X, del quale Y chiede in giudizio l'adempimento, è estinto perché si è compensato con un controdebito di Y verso X: occorre che sia X a prendere l'iniziativa di far valere (eccepire) la compensazione (art. 1242). Perché la compensazione legale operi, i debiti devono presentare alcune caratteristiche (art. 1243, c. 1), e cioè: ✦ avere per oggetto *prestazioni fungibili e omogenee fra loro*: due debiti di denaro, due debiti di consegnare merci di identico genere e qualità; non un debito di denaro contro un debito di consegnare merci; ✦ essere entrambi *liquidi ed esigibili*: la compensazione non opera, perciò, se uno dei due debiti non è ancora scaduto. Inoltre, la compensazione non opera quando sono in gioco determinati rapporti obbligatori, individuati dalla legge in relazione al titolo da cui nascono (art. 1246): ad es. non si compensano le obbligazioni alimentari (**62**.16), che nascono per sopperire allo stato di bisogno del creditore;

☞ la compensazione **giudiziale** può operare quando – esistendo tutti gli altri requisiti appena visti – uno dei due debiti *non è liquido, ma è di facile e pronta liquidazione*: il giudice, su richiesta dell'interessato, può liquidarlo e dichiararlo compensato con l'altro (art. 1243, c. 2);

☞ la compensazione **volontaria** opera quando i due debitori-creditori *si accordano* per considerare estinti debiti reciproci, che *non presentano tutte le caratteristiche* appena esaminate (art. 1252).

20. La confusione

L'obbligazione si estingue per confusione quando «*le qualità di creditore e di debitore si riuniscono nella stessa persona*» (art. 1253). Si ha confusione, per es., quando il debitore diventa erede del creditore, o viceversa; o quando una società incorpora un'altra società, sua debitrice o sua creditrice. A questo punto il creditore dovrebbe ricevere la prestazione da sé stesso, ovvero il debitore dovrebbe pagare a sé stesso: e allora tanto vale dire che non c'è più nessuna obbligazione. Il soggetto, in quanto creditore, non riceve la prestazione attesa: ma lo stesso soggetto, in quanto debitore, può trattenere la prestazione stessa, che non deve più eseguire.

21. La novazione

La novazione è l'*accordo fra creditore e debitore per sostituire un'obbligazione diversa a quella originaria, che si estingue.*

La nuova obbligazione deve differenziarsi da quella estinta per l'oggetto o per il titolo (art. 1230): la **novità dell'oggetto o del titolo** è il *requisito oggettivo* della novazione. La differenza riguarda l'oggetto se ad es. X concorda con Y cui deve una somma di denaro, che al posto di questa gli consegnerà, alla scadenza, un certo quantitativo di merci. Riguarda invece il titolo se ad es. X, creditore verso Y di 50.000 euro per prestazioni professionali, accetta di riceverli tra un anno, maggiorati dell'interesse del 6%, considerando che nel frattempo Y li abbia in prestito da lui: a questo punto fra X e Y non c'è più un credito nato da prestazioni professionali, bensì un credito nato a titolo di mutuo. È chiara l'analogia con la *dazione in pagamento* (**23**.7), ma è chiara anche la differenza: la dazione in pagamento non fa nascere nessuna nuova obbligazione; se attuata, si limita ad estinguere l'originaria (e unica) obbligazione.

La nuova obbligazione è il vantaggio che il creditore riceve in cambio di quella estinta. Ma la nuova obbligazione è un'*obbligazione diversa* da quella estinta: può essere regolata da norme diverse (ad es. quelle sul mutuo anziché quelle sul contratto d'opera professionale); e, se le parti non si sono espressamente accordate in senso contrario, le garanzie che eventualmente assistevano il credito originario si estinguono con esso, e non si trasferiscono al nuovo credito (art. 1232).

Tutto questo fa sì che la novazione possa essere rischiosa per il creditore: di qui il *requisito soggettivo* della novazione – detto **animus novandi** –, concepito in modo molto rigoroso a tutela del creditore: «la *volontà di estinguere l'obbligazione precedente* deve risultare in modo *non equivoco*» (art. 1230, c. 2);

un semplice atto quale il rilascio o la rinnovazione di un documento non basta a produrre novazione (art. 1231).

D'altra parte, la nuova obbligazione è pur sempre collegata con l'obbligazione precedente: nasce proprio per sostituire quest'ultima. La legge ne tiene conto, a tutela del debitore: se l'*obbligazione originaria* risulta *inesistente*, la novazione è senza effetto, e non sorge nessuna nuova obbligazione; e se l'obbligazione originaria deriva da un *titolo annullabile* (**35**.11), la novazione è valida solo a patto che il debitore abbia assunto il nuovo debito pur conoscendo il difetto del titolo originario (art. 1234).

Quella di cui si è parlato fin qui è la **novazione oggettiva**, il cui effetto è estinguere l'obbligazione. Da essa si distingue la **novazione soggettiva**, in cui l'elemento di novità riguarda la persona del debitore, perché «*un nuovo debitore è sostituito a quello originario, che viene liberato*» (art. 1235). La novazione soggettiva può derivare dalla delegazione, dall'espromissione e dall'accollo (**24**.5-9). Essa produce un effetto diverso rispetto alla novazione oggettiva: *non estingue l'obbligazione*, ma la lascia vivere, semplicemente modificandone il soggetto passivo.

22. La remissione

La remissione è *l'atto con cui il creditore rinuncia al proprio credito*. Per effetto di essa, l'obbligazione si estingue, e il debitore è liberato: effetto che si produce quando la remissione è *comunicata al debitore*. Bisogna però rispettare l'autonomia (cioè la libertà di scelta) del debitore, che per le ragioni più varie potrebbe non gradire la liberazione dal debito: per questo gli è consentito di *rifiutare la remissione*, comunicando al creditore, entro un congruo termine, di non volerne approfittare (art. 1236). È un'applicazione del principio, basato sul valore dell'autonomia privata, per cui nessuno può imporre a un altro, contro la sua volontà, una modificazione delle sue situazioni, anche se la modificazione è, come in questo caso, vantaggiosa per lui (principio dell'accordo: **28**.4).

La *restituzione volontaria del titolo* originale del credito, fatta dal creditore al debitore, è sufficiente a *provare* che il debito è stato rimesso (art. 1237). Invece, la rinuncia del creditore alle garanzie del credito non fa presumere la liberazione del debitore dal debito (art. 1238).

Ci si può domandare quale sia qui l'*interesse del creditore*, a fronte della perdita del suo credito: la risposta è che la remissione è un atto volontario del creditore, che ha deciso liberamente di farlo; e se lo ha fatto volontariamente e liberamente, si suppone che l'abbia fatto per qualche interesse o ragione per lui apprezzabile (ad es. per spirito di liberalità, analogo a quello che spinge il donante a donare).

23. L'impossibilità sopravvenuta della prestazione

L'obbligazione si estingue se la prestazione diventa impossibile (art. 1256): ad es., se in base a un contratto di locazione X è obbligato a mettere la propria casa di montagna a disposizione di Y, che ci vuole passare le vacanze, per il periodo dal 1° luglio al 31 agosto, e il 22 aprile una disastrosa alluvione spazza via la casa, l'obbligazione di X si estingue. Si badi: stiamo parlando di impossibilità della prestazione **sopravvenuta dopo la nascita dell'obbligazione**; se la prestazione risultava già *impossibile al momento in cui l'obbligazione veniva assunta*, questa non sarebbe neppure nata per mancanza del requisito della possibilità della prestazione (**22**.3).

L'esempio appena fatto riguarda un caso in cui il *concetto di «impossibilità»* si presenta in termini molto chiari. Ma accade sovente che, di fronte alla varietà di circostanze sopravvenute che possono influire negativamente sulla prestazione, non sia così facile stabilire se una prestazione è diventata impossibile o è rimasta possibile: ritorneremo sulla questione più avanti, parlando della *responsabilità per inadempimento* (**26**.3).

Se l'impossibilità è solo **temporanea**, il debitore continua a essere obbligato: adempirà quando la prestazione sarà tornata possibile, e naturalmente non risponderà dei danni subiti dal creditore per il ritardo con cui riceve la prestazione. Però il vincolo del debitore non può durare indefinitamente: e allora l'obbligazione finisce per estinguersi, se *l'impossibilità dura tanto a lungo* che il debitore non può più essere ritenuto obbligato a eseguire la prestazione, o che il creditore perde ogni interesse a riceverla (art. 1256, c. 2).

Se l'impossibilità è solo **parziale**, il debitore si libera eseguendo la prestazione per la *parte rimasta possibile* (art. 1258).

Un chiarimento importante. L'art. 1256, c. 1 dice che l'impossibilità sopravvenuta che estingue l'obbligazione è quella **derivante da causa non imputabile al debitore**, come nell'esempio della casa promessa in locazione, e distrutta dall'alluvione. Si immagini che l'impossibilità derivi invece da *causa imputabile al debitore*: ad es. il proprietario non può mettere la casa a disposizione del creditore perché nel frattempo l'ha abbattuta per realizzare un più ampio complesso edilizio. È ovvio che anche in questo caso quell'obbligazione non può più essere adempiuta, e dunque può considerarsi estinta: ma al suo posto ne subentra un'altra, e cioè l'obbligazione di risarcire il danno che il mancato adempimento causa al creditore. E allora, fermo restando che se la prestazione diventa impossibile per qualunque ragione, l'obbligazione comunque si estingue, il senso dell'art. 1256, c. 1 è questo: se l'impossibilità non è imputabile al debitore, questi *è completamente liberato da qualsiasi obbligazione* (tranne, come vedremo, il caso che sia in mora: **25**.5); se invece l'impossibilità è imputabile al debitore, questi non è liberato, perché *resta obbligato verso il creditore a risarcire il danno*.

Il creditore che perde la prestazione diventata impossibile per causa non imputabile al debitore (e quindi non ha neppure diritto al risarcimento) si consola in qualche modo, perché è a sua volta *liberato dall'eventuale contro-obbligazione* che abbia verso controparte: Y non utilizzerà come conduttore la casa di X distrutta dalla frana, ma almeno non sarà più tenuto a pagare a X il canone pattuito. Questa regola ha però un'eccezione: se l'impossibilità non imputabile si verifica mentre il creditore è in mora, egli è ugualmente tenuto alla controprestazione (**23**.13).

24
LE MODIFICAZIONI DELLE OBBLIGAZIONI

1. Modificazioni dal lato attivo e passivo

I meccanismi di cui si parla in questo capitolo non estinguono l'obbligazione, ma semplicemente la modificano. Più di preciso, la modificano nei suoi soggetti: o dal lato attivo, *cambiando la persona del creditore* (un nuovo creditore entra in scena, al posto del vecchio), o dal lato passivo, *aggiungendo o sostituendo al debitore originario un nuovo debitore.*

La modificazione dell'obbligazione **dal lato attivo** (o **successione nel credito**) si realizza con la *cessione del credito* (**24**.2), oltre che tramite la figura, già esaminata, del *pagamento con surrogazione* del terzo (**23**.4).

La modificazione dell'obbligazione **dal lato passivo** (o **successione nel debito**) implica sempre l'entrata in scena di un nuovo debitore, ma può realizzarsi in tanti modi, con strumenti ed effetti diversi. Può realizzarsi *fra vivi*, oppure a *causa di morte* (l'erede subentra nei debiti del defunto). Può realizzarsi con un atto che riguarda esclusivamente la *successione in un singolo debito* (è il caso della delegazione, dell'espromissione e dell'accollo, di cui ci occuperemo in questo capitolo); oppure può inserirsi in un *atto più complesso*, che ha oggetto ed effetti più ampi, come accade con la cessione del contratto (**33**.17), con la cessione dell'azienda (**56**.6) e con la fusione delle società (**51**.10). Può realizzarsi con *effetto cumulativo*, quando il nuovo debitore semplicemente si aggiunge al vecchio debitore, che resta parte del rapporto obbligatorio e continua ad essere obbligato; oppure con *effetto liberatorio*, quando il nuovo debitore sostituisce completamente il debitore originario, che viene liberato e cessa di essere parte del rapporto: in quest'ultimo caso si realizza la *novazione soggettiva* dell'obbligazione (**23**.21).

La modificazione soggettiva dell'obbligazione, a seconda che riguardi il lato attivo o il lato passivo, *incide diversamente sull'interesse di chi rimane parte del rapporto obbligatorio*. Per un debitore è poco importante avere come creditore un soggetto oppure un altro (il suo problema è che deve pagare, a chi pagare non gli fa gran differenza): per questo la modificazione *non richiede il consenso del debitore*. Invece per un *creditore* è molto importante avere come debitore un soggetto piuttosto che un altro: non solo quando la prestazione consiste in un'attività personale e infungibile, ma anche quando è impersonale e fungibile come nelle obbligazioni pecuniarie (perché anche in queste la concreta realizzazione del credito resta affidata alla correttezza, alla serietà, allo scrupolo e infine alla consistenza patrimoniale del debitore – tutte qualità che possono grandemente variare da debitore a debitore). Perciò la novazione soggettiva *richiede il consenso del creditore*.

2. La cessione del credito

Sappiamo che il credito è una forma di ricchezza (**22**.1), e come tale, per essere economicamente produttiva, deve avere la possibilità di circolare. La legge (art. 1260, c. 1) offre questa possibilità: *il creditore* (**cedente**) *può trasferire a un terzo* (**cessionario**) *il suo credito verso il debitore* (**ceduto**); per effetto della cessione, creditore non è più il cedente bensì il cessionario, ed è al cessionario che il debitore deve eseguire la prestazione.

La cessione è *esclusa* (art. 1260, c. 1): per i crediti strettamente *personali* (come quelli che implicano una relazione intensa e diretta fra debitore e creditore), e per i crediti che la legge dichiara *incedibili* o in assoluto (come il credito alimentare: art. 447) o in relazione a determinati cessionari (ad es., il giudice di un tribunale non può acquistare crediti su cui penda una lite davanti allo stesso tribunale: art. 1261).

L'art. 1260, c. 1 precisa che la cessione può essere fatta «a titolo oneroso o gratuito». In realtà, un credito si può cedere *per tanti titoli diversi*: e lo specifico titolo per cui è ceduto influisce sulla disciplina della cessione. Il credito può essere ceduto a titolo gratuito per spirito di liberalità, e allora l'atto di cessione è una donazione, a cui si applicano sia le norme sulla cessione dei crediti sia le norme sulla donazione. Può essere ceduto per un prezzo in denaro, e allora si tratta di una vendita; oppure in cambio di una cosa, e allora abbiamo una permuta. Può essere attribuito da un socio al patrimonio della società, e allora è un conferimento (**51**.3). Può essere ceduto allo scopo di comporre una lite, e allora dà luogo a una transazione (**41**.4). Può essere dato in pagamento di un debito, se il creditore lo accetta (A ha un credito verso B e un debito verso X: per pagare quest'ultimo gli cede il credito che ha verso B): si realizza allora una dazione in pagamento (**23**.7), che estingue il debito di A verso X solo nel momento in cui X riscuote da B il credito cedutogli (art. 1198).

Se ne ricava che la cessione del credito non è, in generale, un tipo di atto, ma è *un possibile elemento di tanti diversi tipi di atti*. Esiste peraltro un atto tipico, il cui contenuto caratteristico ed essenziale è rappresentato proprio dalla cessione di crediti: il contratto di *factoring* (**38**.20). Il trasferimento di crediti è poi la sostanza di un altro tipo di operazione finanziaria: la c.d. *cartolarizzazione* (**47**.19).

La disciplina della cessione del credito comprende regole che riguardano i rapporti fra cessionario e debitore ceduto, e regole che riguardano i rapporti fra cedente e cessionario.

3. I rapporti fra cessionario e debitore ceduto

La cessione si realizza anche *senza il consenso del debitore ceduto* (art. 1260, c. 1): perché essa produca i suoi effetti, *è sufficiente l'accordo fra cedente e cessionario*. Questa regola ha una ragione (**24**.1), e tuttavia pone un problema. Se il debitore ceduto, a cui nessuno chiede il consenso per la cessione, non sa nulla di questa, neppure sa di dover pagare a un creditore diverso. Può dunque accadere che paghi al creditore originario (cedente) e che questi, scorrettamente, si appropri della prestazione che spetterebbe adesso al cessionario. Nascerebbe allora un dilemma: se questo pagamento «sbagliato» libera il debitore, ci rimette il cessionario che non può più chiedergli la prestazione; se non lo libera, ci rimette il debitore costretto a pagare una seconda volta.

Per evitare questo inconveniente, occorre un meccanismo che, senza possibilità di equivoci, metta il debitore a conoscenza della cessione: questo meccanismo è l'**accettazione** della cessione da parte del debitore, oppure la **notificazione** della cessione al debitore stesso. Solo dopo che la cessione è stata da lui accettata o a lui notificata, essa «ha *effetto nei confronti del debitore ceduto*» (art. 1264, c. 1); a questo punto, egli è ufficialmente informato di avere un nuovo e diverso creditore (il cessionario) e se nonostante questo paga al cedente, non è liberato: il cessionario può pretendere da lui un secondo pagamento. Se invece paga al cedente in mancanza di accettazione o notificazione, come regola egli è liberato, tranne che in un caso: il caso di sua **mala fede**; se il cessionario prova che egli *era comunque a conoscenza dell'avvenuta cessione*, il debitore non è liberato (art. 1264, c. 2).

La notificazione o l'accettazione della cessione servono anche per risolvere il *conflitto fra diversi cessionari dello stesso credito*: se un creditore cede il suo credito prima a X e poi, disonestamente, anche a Y, non è detto che prevalga automaticamente X, per il fatto di avere acquistato in data anteriore; prevale invece, fra le due cessioni, quella che è stata notificata prima al, o accettata prima dal, debitore ceduto (art. 1265). È chiara la *funzione pubblicitaria* (**9**.4) di questo meccanismo.

Con la cessione cambia la persona del creditore, ma *il credito rimane qual era*, e si trasferisce al cessionario con tutte le sue qualità precedenti: conseguenza del fatto che il cessionario acquista il credito *a titolo derivativo* (**8**.2). Passano perciò al cessionario gli elementi di forza del credito: in particolare rimangono ferme, anche a favore del cessionario, tutte le **garanzie** che assistevano il credito (fideiussioni, ipoteche, ecc.). Ma passano anche gli elementi di debolezza: infatti rimangono vive le **eccezioni** che il debitore poteva opporre al cedente per sottrarsi al pagamento, e che adesso può ugualmente opporre al cessionario: ad es., il debitore può rifiutarsi di pagare, eccependo che il contratto fra lui e il cedente, da cui nacque il credito, è invalido; oppure che il suo debito si è estinto per compensazione con un controdebito che il cedente aveva verso di lui.

4. I rapporti fra cedente e cessionario: cessione pro soluto e pro solvendo

Nei rapporti fra cedente e cessionario, il problema essenziale è vedere cosa accade, *se il cessionario non ottiene il pagamento dal debitore*. Le conseguenze sono diverse, a seconda che la cessione sia pro soluto o pro solvendo:

☞ con la cessione **pro soluto**, la regola è *che il cedente è tenuto a garantire semplicemente l'esistenza del credito* al tempo in cui la cessione fu fatta; se poi il debitore risulta insolvente, e non paga il cessionario, questi si tiene il danno perché il cedente non ne risponde nei suoi confronti (art. 1266, c. 1). Se la cessione è a titolo gratuito, la garanzia dovuta dal cedente è ancora più attenuata (art. 1266, c. 2). Lo schema della cessione pro soluto è quello che *si applica normalmente*: regola i rapporti fra cedente e cessionario, tutte le volte che questi non hanno previsto diversamente;

☞ ma le parti possono, appunto, formulare una previsione diversa, e regolare i loro rapporti secondo lo schema della cessione **pro solvendo**, che è *più sicuro e vantaggioso per il cessionario*. Infatti in questo caso *il cedente garantisce la solvenza del debitore*, che è il presupposto essenziale per l'effettivo pagamento del credito: se il debitore risulta insolvente (cioè privo dei mezzi per pagare), *il cessionario può rivolgersi contro il cedente* e ottenere da lui il pagamento (nei limiti di quanto il cedente ha incassato come corrispettivo della cessione), oltre agli interessi, alle spese e ai danni (art. 1267, c. 1). Però la garanzia viene meno, se la mancata realizzazione del credito dipende da colpa del cessionario, che sia stato negligente nell'agire contro il debitore ceduto (art. 1267, c. 2).

5. La delegazione di debito: rapporto di provvista e rapporto di valuta

La delegazione di debito è il primo dei tre meccanismi che realizzano la successione nel debito, introducendo nel rapporto obbligatorio un nuovo debitore: gli altri due sono l'espromissione e l'accollo.

La delegazione di debito coinvolge tre soggetti – il debitore A, il creditore B e un terzo X –, e si realizza con la combinazione di diversi atti. Essenzialmente: ☞ l'atto con cui *il debitore A* (**delegante**) *chiede al terzo X* (**delegato**) *di assumere su di sé il debito che A ha verso il creditore B* (**delegatario**); ☞ l'atto con cui *il terzo delegato, accogliendo la richiesta del delegante, si obbliga verso il delegatario* (prima di questo atto, il delegante può revocare la delegazione: art. 1270, c. 1).

A questo punto, può accadere che B rifiuti l'obbligazione di X: e allora non succede niente. Se invece l'accetta (o se anche, semplicemente, non la rifiuta), il terzo X risulta obbligato verso B per la stessa originaria obbligazione fra A e B: a questo punto X cessa di essere terzo, visto che è diventato parte debitrice di un rapporto in cui B è la parte creditrice. Ci si può domandare perché mai il terzo X dovrebbe assumere su di sé l'obbligazione di un altro (A). La ragione, normalmente, è che fra X e A preesiste un rapporto, per il quale X risulta debitore di A. E infatti la delegazione si fonda su due distinti rapporti: ☞ un **rapporto di valuta**, consistente in un *debito del delegante verso il delegatario* (ad es., A deve 20.000 euro a B, a titolo di restituzione di un prestito); ☞ un **rapporto di provvista**, consistente in un *credito del delegante verso il delegato* (ad es., A deve ricevere 20.000 euro da X, come prezzo di merce acquistata).

Il senso e l'utilità della delegazione a questo punto sono chiari: essa realizza una *semplificazione dei rapporti*. Il suo effetto è creare l'obbligazione del delegato verso il delegatario: e grazie a questa risultano superflue sia l'obbligazione del delegante verso il delegatario (rapporto di valuta), sia quella del delegato verso il delegante (rapporto di provvista); lo stesso risultato economico, anziché con due obbligazioni (fra A e B, e fra A e X), si ottiene con una sola obbligazione (fra B e X).

6. Segue: delegazione titolata e pura; cumulativa e liberatoria

La delegazione di debito può assumere configurazioni diverse.

Una prima differenza dipende da come giocano i rapporti di provvista e di valuta, appena richiamati. È chiaro che se tali rapporti non esistessero, l'obbligazione del delegato verso il delegatario, prodotta dalla delegazione, sarebbe ingiustificata. La mancanza o il difetto di tali rapporti hanno perciò delle conseguenze giuridiche sulla delegazione. Tali conseguenze sono diverse, a seconda che la delegazione sia titolata, o invece pura:

☞ si ha delegazione **titolata** quando il delegato, nell'assumere l'obbligazione verso il delegatario, *fa riferimento ai sottostanti rapporti di provvista e di valuta*. In questo modo egli esplicita il fondamento dell'operazione: e cioè chiarisce che si impegna a pagare 20.000 euro al delegatario per la ragione che egli deve 20.000 euro al delegante (a titolo di pagamento della merce acquistata), il quale a sua volta deve 20.000 euro al delegatario (a titolo di restituzione del prestito ricevuto). Si chiama anche **causale**, perché indica la causa, cioè la ragione giustificativa che dà fondamento e senso all'operazione (**31**.7). Quando la delegazione è titolata, se uno dei rapporti base risulta poi mancante o difettoso (ad es.: il prestito fra delegante e delegatario era già stato rimborsato; oppure la vendita fra delegante e delegato non è valida), *il delegato può opporre al delegatario la relativa eccezione*, e rifiutare di adempiere l'obbligazione assunta verso di lui con la delegazione (art. 1271, c. 3);

☞ si ha invece delegazione **pura** (o **astratta**) quando *l'assunzione del debito da parte del delegato verso il delegatario non menziona né il rapporto di provvista né il rapporto di valuta* («astrae», come si usa dire, da tali rapporti: **31**.13). In tal caso, i rapporti base non incidono sull'obbligazione assunta: *il delegato non può eccepire il difetto di uno dei due rapporti*, e così rifiutarsi di pagare il delegatario (art. 1271, c. 3). Questa regola sulla delegazione pura non si applica, però, nel caso limite di **nullità della doppia causa**, e cioè quando *difettano sia il rapporto di valuta sia il rapporto di provvista: in questo caso il delegato può eccepire il doppio difetto*, e rifiutare il pagamento. La ragione di questa disciplina è chiara: se è difettoso solo un rapporto (ad es. quello di provvista, cioè la vendita da A a X), la delegazione – cioè l'obbligazione assunta da X verso B – conserva utilità, perché almeno attua il rapporto di valuta, che è valido (B ha pur sempre diritto alla restituzione della somma prestata ad A). Ma se sono difettosi entrambi, l'obbligazione di X verso B sarebbe totalmente ingiustificata, e la delegazione non avrebbe alcun senso (art. 1271, c. 2).

Una seconda distinzione riguarda gli *effetti della delegazione*, con riferimento alla *posizione del debitore originario* (delegante). La delegazione assegna al creditore (delegatario) un nuovo debitore (delegato); ma che ne è del delegante (debitore originario)? La risposta varia, a seconda che la delegazione sia cumulativa oppure liberatoria:

☞ con la delegazione **cumulativa**, *il delegante resta obbligato* verso il delegatario; il delegato si aggiunge, come nuovo debitore, al debitore originario. Però, contrariamente alla regola della solidarietà, i due debitori non sono obbligati sullo stesso piano: *il delegante ha il beneficio di escussione*, per cui il creditore deve chiedere l'adempimento prima al delegato, e solo se non riceve soddisfazione da questo può rivolgersi contro il delegante (art. 1268, c. 2). La delegazione è, come regola, cumulativa: ha questa natura tutte le volte che il delegatario si limita ad accettare l'obbligazione del delegato;

☞ la delegazione ha natura di delegazione **liberatoria** solo se interviene *un'espressa dichiarazione del delegatario, diretta a liberare il delegante*: solo in tal caso il debitore originario esce di scena, e unico obbligato resta il delegato, che subentra in modo esclusivo al delegante; solo in tal caso si ha *novazione soggettiva* (art. 1268, c. 1).

7. La delegazione di pagamento

Si è parlato fin qui della delegazione di debito, il cui effetto è far nascere l'obbligazione del delegato verso il delegatario. Cosa diversa è la delegazione di pagamento, in cui *il delegato, su invito del delegante, fa direttamente un pagamento al delegatario* (art. 1269).

Con la delegazione di debito, il delegato diventa debitore del delegatario; quando lo paga, il suo è adempimento del debitore, non di un terzo. Invece, con la delegazione di pagamento il delegato non diventa debitore del delegatario: il suo è perciò *adempimento del terzo* (**23**.3). Anche la delegazione di pagamento punta alla semplificazione dei rapporti. Questa però non avviene tramite una nuova obbligazione del delegato: unico obbligato continua a essere il delegante, che semplicemente *si serve del delegato come mezzo per adempiere* il proprio debito verso il delegatario.

Un esempio di delegazione di pagamento è costituito dell'*assegno bancario*: che è l'ordine, rivolto dal debitore (delegante) alla propria banca (delegata) di fare un pagamento al creditore (delegatario). Altri esempi: il bonifico bancario; il pagamento sistematico delle utenze (gas, acqua, energia elettrica, telefono, ecc.) per mezzo della banca. Anche la delegazione di pagamento si giustifica per l'esistenza di un *rapporto di provvista* e di un *rapporto di valuta*. Nel caso dell'assegno, il rapporto di valuta è il debito che il debitore paga con l'assegno, e il rapporto di provvista è quello fra il debitore e la banca presso cui egli ha il suo conto, e che è impegnata a onorare i suoi assegni (**48**.15).

8. L'espromissione

L'espromissione è *l'atto del terzo* (**espromittente**) *che, rivolgendosi al creditore, assume su di sé l'obbligazione che il debitore* (**espromesso**) *ha verso il creditore* (**espromissario**).

La differenza con la delegazione consiste nel fatto che l'assunzione del debito avviene *per iniziativa spontanea del terzo che si obbliga*, e non su invito del debitore originario (si pensi alla moglie che spontaneamente va dal creditore del marito e gli dice: «ci penserò io a pagare il debito che mio marito ha verso di lei»). La situazione che si crea è, peraltro, analoga a quella che consegue alla delegazione: il debitore rimane coobbligato in solido con l'espromittente (espromissione *cumulativa*), tranne che il creditore dichiari espressamente di liberarlo (espromissione *liberatoria*), nel qual caso resta obbligato solo l'espromittente: art. 1272, c. 1.

Il regime delle **eccezioni** opponibili dall'espromittente al creditore impone di distinguere: ☞ le eccezioni *relative ai rapporti fra espromittente e debitore originario* di regola non sono opponibili (lo sono solo se l'opponibilità è stata convenuta nell'atto di espromissione: art. 1272, c. 2); ☞ le eccezioni *relative ai rapporti fra debitore originario e creditore* sono invece opponibili, tranne alcuni casi (art. 1272, c. 3): in pratica, sono sempre opponibili quelle basate sul fatto che il preteso debito originario (dell'espromesso verso l'espromissario) in realtà non esiste.

9. L'accollo

L'accollo è *l'accordo fra il debitore e un terzo, per effetto del quale il terzo* (**accollante**) *si assume un debito che il debitore* (**accollato**) *ha verso il creditore* (**accollatario**). Realizza, come l'espromissione, l'assunzione del debito altrui; se ne distingue, perché consiste in *un accordo del terzo con il debitore*, anziché con il creditore. Se ne ha un esempio frequente nella vendita di appartamenti: il compratore paga al costruttore-venditore una parte del prezzo, e anziché pagare il resto si accolla, per la somma corrispondente, il debito di restituzione del finanziamento che la banca aveva accordato al costruttore.

A seconda dell'atteggiamento che il creditore assume rispetto all'accordo di accollo, questo può essere interno o esterno: ☞ l'accollo **interno** è quello a cui *il creditore resta estraneo*, perché non vi partecipa né vi aderisce: in tal caso, l'impegno assunto dall'accollante può sempre essere revocato; ☞ si ha invece accollo **esterno**, quando *il creditore aderisce* all'accordo fra debitore e terzo: a questo punto l'impegno dell'accollante non può più essere revocato, di modo che l'accollante diventa definitivamente debitore dell'accollatario (art. 1273, c. 1).

A seconda della posizione del debitore originario, l'accollo può essere cumulativo o liberatorio:

☞ si ha accollo **cumulativo** se *il debitore originario non viene liberato, ma resta obbligato in solido con l'accollante*, che si aggiunge a lui come nuovo debitore (art. 1273, c. 3);

☞ si ha invece accollo **liberatorio**, quando *il debitore originario viene liberato*, e unico obbligato rimane l'accollante. Ciò si verifica solo a due condizioni (art. 1273, c. 2): ✦ se *il creditore dichiara espressamente* di liberare il debitore originario; oppure ✦ se la liberazione del debitore originario è *una previsione espressa dell'accordo di accollo*, cui il creditore ha aderito. Quest'ultima condizione si spiega rilevando che il creditore, il quale si avvantaggia della convenzione di accollo, deve prenderla così com'è. Lo stesso rilievo spiega la regola per cui «il terzo è obbligato verso il creditore ... *nei limiti in cui ha assunto il debito*» (ad es., l'accollo può riguardare solo la metà del debito). E spiega anche la regola sull'opponibilità delle eccezioni, per cui l'accollante «può opporre al creditore le *eccezioni fondate sul contratto in base al quale l'assunzione è avvenuta*» (art. 1273, c. 4): per riprendere l'esempio, se il contratto di compravendita dell'appartamento, in cui si prevede l'accollo al compratore delle rate di mutuo bancario dovute dal venditore, è invalido, l'eccezione di invalidità può essere opposta dal compratore (accollante) contro la banca (creditore accollatario), e giustificare il rifiuto del primo di pagare le rate di mutuo alla seconda.

10. Regole comuni ai casi di novazione soggettiva

Il codice detta alcune regole, che si applicano a tutti i casi in cui delegazione, espromissione e accollo sono di tipo liberatorio (novazione soggettiva). Tali regole riguardano:

☞ l'*estinzione delle garanzie* annesse al credito, che è l'effetto normale della liberazione del debitore originario, salvo che il garante acconsenta espressamente a mantenerle (art. 1275);

☞ la conseguenza dell'*eventuale invalidità della nuova obbligazione*: rivive la vecchia obbligazione del debitore originario (art. 1276);

☞ l'*eventuale insolvenza del nuovo debitore*: questa non fa rivivere l'obbligazione del debitore originario, salvo che il creditore ne avesse fatto espressa riserva, o che l'insolvenza preesistesse all'assunzione del debito (la regola non si applica però all'espromissione: art. 1274).

25

INADEMPIMENTO DELLE OBBLIGAZIONI E MORA DEL DEBITORE

1. L'inadempimento

Si ha inadempimento dell'obbligazione quando *il debitore non esegue esattamente e tempestivamente la prestazione dovuta*. L'inadempimento può assumere forme diverse, più o meno gravi. Schematicamente, può presentarsi come:

☞ **inadempimento radicale e definitivo**, quando *il debitore non esegue per nulla la prestazione* (ad es.: X è obbligato, in base a un contratto di locazione, a mettere a disposizione di Y un suo immobile a partire dal 1° ottobre successivo, ma non lo fa, né mai lo farà, perché nel frattempo ha fatto demolire l'immobile per realizzare sul terreno una lucrosa operazione edilizia);

☞ **adempimento inesatto**: sul piano *qualitativo*, quando il debitore esegue sì la prestazione, ma secondo standard qualitativi inadeguati (ad es. il meccanico, obbligato a riparare un'auto, ci lavora sopra, ma per la sua incompetenza non riesce a eliminare il guasto; X, obbligato a fornire a Y 1.000 esemplari di un prodotto con particolari caratteristiche tecniche, fornisce prodotti simili ma con caratteristiche tecniche un po'diverse); oppure sul piano *quantitativo*, quando il debitore esegue la prestazione in misura inferiore al dovuto (ad es., X fornisce prodotti qualitativamente perfetti, ma anziché consegnare i 1.000 esemplari attesi dal creditore, ne consegna solo 975);

☞ **ritardo nell'adempimento**, quando il debitore esegue la prestazione *oltre il termine fissato per il suo adempimento* (**23**.8): ad es., X fornisce i 1000 pezzi della giusta qualità, ma anziché consegnarli entro il 15 aprile, li consegna solo il 10 maggio.

In ciascuno di questi casi si ha inadempimento.

2. I rimedi per l'inadempimento

Quando si verifica inadempimento, il problema fondamentale consiste nel *tutelare il creditore insoddisfatto, compatibilmente con la giusta considerazione delle ragioni del debitore.*

Lo spirito degli ordinamenti moderni è, al riguardo, molto diverso da quello dei *sistemi giuridici del passato*, talvolta animati da autentica ferocia verso il debitore inadempiente. Nel diritto romano, la persona stessa del debitore era data alla mercé del creditore insoddisfatto; e ancora nell'ottocento si finiva in carcere «per debiti». Il fatto è che, in quei contesti, la materia veniva caricata di una fortissima *pregiudiziale etica*: non pagare i debiti era considerato soprattutto riprovevole dal punto di vista morale. Oggi questa dimensione etica è molto affievolita: l'atteggiamento del diritto è, più semplicemente, cercare di sistemare gli interessi in gioco secondo criteri di equilibrio, razionalità ed efficienza.

La tutela del creditore può realizzarsi in modi diversi, a cui corrispondono le varie possibili conseguenze giuridiche dell'inadempimento: in concreto, i vari possibili rimedi offerti al creditore contro il debitore inadempiente, ciascuno dei quali scatta solo in presenza dei presupposti specificamente previsti per quel determinato rimedio. In sintesi:

☞ un primo rimedio è dato in relazione a quella particolare forma di inadempimento che è il *ritardo*: è la **mora del debitore**, che si illustra in questo capitolo;

☞ un secondo rimedio, che vale per il ritardo come per qualsiasi altra forma di inadempimento, è il **risarcimento del danno**, che il creditore risente a causa dell'inadempimento: il debitore inadempiente, che sia riconosciuto *responsabile dell'inadempimento*, è tenuto a risarcire il danno in favore del creditore. Questo fondamentale rimedio – il più importante fra quelli dati contro l'inadempimento – sarà illustrato nel prossimo capitolo;

☞ altri rimedi contro l'inadempimento scattano in una situazione particolare (ma molto importante e diffusa): quando l'obbligazione inadempiuta nasce da un contratto e perciò *si inserisce in un rapporto contrattuale, dove si intreccia con una contro-obbligazione*, per cui il creditore (ad es., il cliente che ha diritto di ricevere la merce dal fornitore) figura a sua volta come debitore (essendo obbligato a pagarne il prezzo al fornitore). I principali rimedi per l'**inadempimento contrattuale** sono due: ✦ prima di tutto l'**eccezione d'inadempimento**, in base a cui la vittima dell'inadempimento può *rifiutarsi di eseguire la controprestazione* che deve a controparte, giustificando il rifiuto con l'inadempimento di quest'ultima (art. 1460): se il fornitore non consegna la merce, il cliente è autorizzato a non pagare il prezzo, e viceversa (**37**.2); ✦ poi un rimedio ancora più radicale, che le consente di *liberarsi del tutto delle proprie obbligazioni* nei confronti della controparte inadempiente (e non semplicemente di sospenderle, come con l'eccezione di inadempimento): la **risoluzione del contratto**, che ha l'effetto di cancellare le obbligazioni e gli altri effetti nati dal contratto stesso, come si vedrà meglio più avanti (**37**.3).

Quando sussistono tutti i presupposti di ciascun rimedio, *i diversi rimedi possono cumularsi fra loro*. Ad es., il cliente a cui il fornitore non consegni la merce nel termine stabilito può sospendere il pagamento del prezzo (eccezione di inadempimento); quindi può metterlo in mora, facendo scattare a proprio vantaggio le relative conseguenze (mora del debitore); persistendo l'inadempimento, può cancellare l'affare, e così liberarsi definitivamente del proprio obbligo di pagare il prezzo o, se l'ha già pagato, ottenerne la restituzione (risoluzione del contratto); e oltre a tutto questo può chiedere il risarcimento del danno che ha risentito per l'inadempimento di controparte (cioè per non avere ricevuto la merce, o averla ricevuta in ritardo).

Di fronte all'inadempimento dell'obbligazione, l'esigenza fondamentale è tutelare il creditore, il cui interesse è fondamento e sostanza dell'obbligazione stessa. Ma la legge non può trascurare del tutto la posizione e gli interessi del debitore. Ecco perché i rimedi per l'inadempimento scattano, a favore del creditore, compatibilmente con la *giusta considerazione delle ragioni del debitore inadempiente*. Possono così darsi casi, in cui – benché ci sia inadempimento, nel senso che obiettivamente il debitore non esegue la prestazione, e il creditore non la riceve – al creditore non è consentito utilizzare questi rimedi. Un caso limite già lo conosciamo: è quello in cui la mancata esecuzione della prestazione dipende dal creditore stesso (mora del creditore: **23**.13). Altri, variamente previsti dalla legge per tenere conto della posizione e degli interessi del debitore, si vedranno nel seguito.

3. La mora del debitore

La mora del debitore è la situazione giuridica che può determinarsi quando *il debitore non esegue la prestazione nel termine stabilito per l'adempimento*: dunque, quando si ha **ritardo**. E infatti la parola latina «mora» significa appunto indugio, ritardo.

Dalla mora del debitore derivano conseguenze a carico del debitore stesso, e vantaggiose per il creditore. Peraltro la mora può scattare, e determinare tali conseguenze, solo *se il ritardo del debitore è ingiustificato*: non sarebbe ingiustificato il ritardo causato da mora del creditore (**23**.11-13), di fronte alla quale il debitore, per evitare la propria mora, può limitarsi a fare una semplice offerta non formale (art. 1220); né quello dipendente da qualche altra causa capace di escludere la responsabilità del debitore, secondo i criteri che vedremo a suo tempo (**26**.2).

La mora del debitore presuppone che la prestazione non fatta entro il termine possa ancora essere eseguita. È allora ovvio che *non ha senso parlare di mora* del debitore: ☞ quando *il ritardo nell'adempimento si identifica con un inadempimento definitivo*, perché la prestazione non può più essere fatta, o perde ogni valore (l'immobile non viene consegnato al conduttore nel termine stabilito, perché il proprietario l'ha demolito; il teatro preso in locazione per il comizio conclusivo della campagna elettorale, dalle 18 alle 20 del venerdì precedente il voto, non viene consegnato in tempo per colpa del proprietario, ed è chiaro che non servirebbe a nulla averlo disponibile il giorno dopo, a campagna elettorale chiusa); e poi ☞ riguardo alle *obbligazioni di non fare*: per queste è concettualmente impossibile parlare di ritardo, giacché qualsiasi fatto compiuto in violazione di esse costituisce inadempimento definitivo (art. 1222).

4. La costituzione in mora

Come regola, gli *effetti* della mora *non si producono automaticamente* a vantaggio del creditore per il fatto puro e semplice del ritardo del debitore, ma solo se il creditore stesso prende un'iniziativa: la **costituzione in mora**, consistente nell'intimazione *o richiesta di adempimento, rivolta per iscritto dal creditore al debitore* ritardatario (art. 1219, c. 1). Senza questo atto, normalmente non c'è mora del debitore, né si hanno, perciò, gli effetti della mora. La regola ha una precisa ragione: in assenza di un atto così energico e formale, il debitore potrebbe essere autorizzato a pensare che il creditore non è particolarmente interessato al rispetto del termine, e tollera il suo ritardo.

La regola conosce però *tre eccezioni*, che corrispondono a casi in cui *gli effetti della mora si producono automaticamente*, senza bisogno di intimazione scritta (**mora automatica**: art. 1219, c. 2). Sono i casi in cui: ☞ l'obbligazione deriva da *fatto illecito extracontrattuale* (**44**), perché la vittima dell'illecito – creditrice del risarcimento – presumibilmente non ha alcuna intenzione di manifestare tolleranza verso l'autore dell'illecito, che la deve risarcire; inoltre, facendo decorrere la mora dal momento stesso del fatto dannoso, si assicura al danneggiato la più integrale riparazione del pregiudizio sofferto, anche se il risarcimento verrà determinato e pagato – come spesso accade – molto tempo dopo il fatto stesso; ☞ il debitore *ha dichiarato per iscritto di non voler adempiere*, perché a questo punto una sollecitazione chiarificatrice del creditore sarebbe superflua; ☞ l'obbligazione aveva un *termine* che è *scaduto*, e doveva essere *adempiuta al domicilio del creditore* (è il caso dei debiti pecuniari: **23**.9): qui la ragione è che in queste obbligazioni l'adempimento è rimesso completamente all'iniziativa del debitore, mentre il creditore ha un ruolo passivo, di semplice attesa.

Si noti che nel primo dei tre casi si ha mora del debitore pur senza un vero e proprio ritardo nell'adempimento: anche perché l'obbligazione di risarcimento, nel momento in cui nasce, non è liquida (**23**.14).

5. Gli effetti della mora: interessi moratori e passaggio del rischio

Una volta avvenuta la costituzione in mora del debitore (a seconda dei casi, per intimazione scritta del creditore o in modo automatico), si producono fondamentalmente due effetti.

Il primo opera nei riguardi delle sole *obbligazioni pecuniarie*, e consiste nel maturare degli **interessi moratori** (art. 1224, c. 1). Quando il debitore finalmente pagherà, dovrà pagare, oltre alla somma capitale, anche *gli interessi sulla somma stessa, calcolati dal giorno della mora fino al giorno del pagamento*. Il tasso può variare: ☞ come regola, gli interessi moratori sono calcolati al *tasso legale* (**23**.15); ☞ ma se già prima della mora erano dovuti interessi a un *tasso superiore a quello legale* (ad es. perché le parti li avevano concordati in tale superiore misura), anche gli interessi moratori si calcolano a questo tasso ultralegale.

Gli interessi moratori hanno *funzione risarcitoria*: compensano il creditore per non avere avuto la disponibilità della somma nel periodo per il quale è durato il ritardo del debitore: per questo sono dovuti anche se in precedenza sulla somma non decorrevano interessi. Rispondono però a una *logica forfetaria, di semplificazione*: per questo sono calcolati in una misura standard, e soprattutto sono dovuti «anche se il creditore non prova di avere sofferto alcun danno».

Questa semplificazione non garantisce la piena soddisfazione del creditore, tutte le volte che il ritardo nel pagamento gli causa *danni superiori all'ammontare degli interessi moratori*: la legge gli consente di ottenere il risarcimento anche di questo danno ulteriore, se riesce a provarlo (art. 1224, c. 2). Ma su questo argomento dovremo tornare (**26**.18).

Con riferimento ai *debiti commerciali*, il ritardo nel pagamento può avere le serie implicazioni viste sopra (**23**.8). A ulteriore tutela dell'impresa creditrice, il d.lgs. 231/2002 dispone che in caso di ritardo gli interessi moratori a suo favore scattano *automaticamente senza bisogno di costituzione in mora*, e vanno calcolati a un *tasso superiore al tasso legale*.

Il secondo effetto della mora si sintetizza nella formula **passaggio del rischio**: in termini più distesi, *spostamento sul debitore del rischio di impossibilità della prestazione a lui non imputabile*. Sappiamo che se la prestazione diventa impossibile per causa non imputabile al debitore, di regola l'obbligazione si estingue e il debitore è liberato (**23**.23). Ma se l'impossibilità si verifica durante la mora, questa regola non si applica: il debitore non è liberato, perché *resta* *obbligato a risarcire il creditore* per la perdita della prestazione, anche se tale perdita non è imputabile a lui. La legge parte infatti dal presupposto che se il debitore avesse adempiuto tempestivamente, il creditore avrebbe potuto evitare la perdita della cosa ricevuta. Per sfuggire a tali conseguenze, il debitore ha solo un mezzo: smentire quella presunzione, e cioè *dimostrare che l'oggetto della prestazione sarebbe andato ugualmente distrutto, anche se si fosse trovato presso il creditore* (art. 1221, c. 1). Ma questa prova liberatoria incontra a sua volta un limite: non serve a liberare il debitore obbligato a restituire una *cosa illecitamente sottratta* (art. 1221, c. 2).

6. Cessazione (o purgazione) della mora

Gli effetti della mora vengono meno (o, come anche si dice, la mora è «purgata») quando viene compiuto un *atto capace di cancellarne o interromperne gli effetti*.

Può essere un *atto del creditore*, che ad es. rinuncia agli effetti creati dalla mora a suo vantaggio. Più frequentemente è un *atto del debitore*: in particolare l'adempimento della prestazione, oltre al pagamento di quanto maturato a suo carico fino a quel momento in conseguenza della mora (ad es. gli interessi moratori).

26

LA RESPONSABILITÀ PER INADEMPIMENTO

SOMMARIO: 1. La funzione della responsabilità per inadempimento. – 2. I criteri della responsabilità. – 3. L'impossibilità della prestazione. – 4. L'imputabilità al debitore: responsabilità per colpa e responsabilità oggettiva. – 5. La responsabilità per colpa: il criterio della diligenza. – 6. Le gradazioni della colpa. – 7. Il dolo. – 8. I principali casi di responsabilità per colpa. – 9. La responsabilità oggettiva (senza colpa). – 10. I principali casi di responsabilità oggettiva. – 11. La responsabilità per il fatto degli ausiliari. – 12. Il caso fortuito. – 13. Altre formulazioni dei criteri di responsabilità: inesigibilità della prestazione; obbligazioni di mezzi e di risultato. – 14. L'onere della prova. – 15. Il danno. – 16. La riparazione del danno: risarcimento per equivalente e riparazione in forma specifica. – 17. Il danno risarcibile. – 18. Il risarcimento nelle obbligazioni pecuniarie. – 19. La clausola penale. – 20. Clausole di esonero e di limitazione della responsabilità.

1. La funzione della responsabilità per inadempimento

Per effetto dell'*inadempimento* il creditore, che non riceve la prestazione attesa o la riceve difettosa o in ritardo, subisce normalmente un *danno*. Si pensi all'organizzatore di concerti che ha ingaggiato un famoso gruppo per una esibizione: se il gruppo rifiuta di esibirsi come promesso, l'organizzatore deve rimborsare i biglietti venduti, perdendo così il guadagno che avrebbe potuto ricavare dall'iniziativa; e inoltre si trova ad avere buttato via soldi per spese risultate inutili (affitto del palasport, manifesti e altre forme di pubblicità, ecc.).

In tutti i casi di inadempimento, il problema fondamentale è: *il danno creatosi rimane a carico del creditore che lo subisce? o invece il creditore può recuperarlo dal debitore inadempiente, chiedendo a costui di risarcirglielo?* A questo problema danno risposta le regole sulla responsabilità per inadempimento, che ci dicono se, in presenza di un inadempimento, il debitore inadempiente è responsabile e perciò deve risarcire, oppure no (e infatti, come abbiamo visto, nel diritto privato «responsabilità» significa essenzialmente obbligo di risarcire un danno: **4**.12). Il problema si pone, perché *non è detto che la responsabilità del debitore sia una conseguenza necessaria e automatica del suo inadempimento.* Il creditore che subisce l'inadempimento vorrebbe sempre essere risarcito: ma il debitore può avere buone ragioni per sostenere che non è giusto accollare a lui il risarcimento. La legge ne tiene conto, e parte dal presupposto che di alcuni inadempimenti il debitore risponde, e di altri no.

Le regole sulla responsabilità – quelle che ci dicono appunto quando il debitore risponde, e quando no – esprimono nel modo più rilevante l'esigenza fondamentale dell'intero diritto delle obbligazioni: *realizzare il giusto punto di equilibrio fra interesse del creditore e ragioni del debitore* (**22**.17). A seconda di come sono fatte, queste regole possono essere più favorevoli al debitore o più favorevoli al creditore, e in questo modo accentuare l'una oppure l'altra delle possibili funzioni della responsabilità. La responsabilità può essere concepita (e regolata) secondo una prevalente *funzione punitiva nei confronti del debitore inadempiente*: e allora tende a nascere a suo carico solo quando l'inadempimento dipende da una condotta riprovevole del debitore stesso. Oppure secondo una prevalente *funzione di garanzia dell'interesse del creditore*: e allora il debitore ha un trattamento più severo, perché può essere obbligato a risarcire anche se a lui non può muoversi nessun rimprovero per l'inadempimento.

Su questo punto fondamentale, le posizioni degli ordinamenti giuridici possono essere molto diverse. Diverse da ordinamento a ordinamento: alcuni più propensi a tutelare l'interesse dei creditori, altri più indulgenti verso i debitori. Entro lo stesso ordinamento, diverse nel tempo: a fasi in cui domina la preoccupazione di proteggere fortemente i creditori, succedono fasi in cui si tende a essere meno severi con gli obbligati. E infine diverse – nello stesso ordinamento, nella stessa fase storica – a seconda del tipo di obbligazioni, cioè delle particolari categorie di debitori e creditori, che vengono in gioco.

La responsabilità per inadempimento si chiama comunemente **responsabilità contrattuale**, perché la maggior parte delle obbligazioni deriva da contratto. Ma il termine è un po' riduttivo: questa responsabilità riguarda *tutti i casi di inadempimento di obbligazioni*, anche se l'obbligazione inadempiuta non deriva da contratto, ma da qualche altra fonte (**22**.14).

2. I criteri della responsabilità

Dal punto di vista del creditore interessato ad avere il risarcimento, le regole sulla responsabilità per inadempimento dicono quali sono i *criteri di attribuzione della responsabilità*, in base a cui il debitore inadempiente risulta responsabile. Al tempo stesso dicono, mettendosi dal punto di vista del debitore interessato a evitare il risarcimento, quali sono le *cause di giustificazione dell'ina-*

dempimento: i fattori per i quali il debitore inadempiente sfugge alla responsabilità.

La regola generale è posta dall'**art. 1218**: «Il debitore che non esegue esattamente la prestazione dovuta è tenuto al risarcimento del danno *se non prova che l'inadempimento o il ritardo è stato determinato da impossibilità della prestazione derivante da causa a lui non imputabile*». Da essa risulta che i criteri di attribuzione della responsabilità sono due: ☞ il criterio della **possibilità/impossibilità della prestazione**; ☞ il criterio della **imputabilità/non imputabilità al debitore**. Essi sembrerebbero da applicare in modo combinato fra loro. Di fronte alla pretesa del creditore, che lamenta l'inadempimento e chiede il risarcimento, il debitore che vuole sottrarsi alla responsabilità dovrebbe provare innanzitutto che egli non ha adempiuto perché *la prestazione è diventata impossibile* (e se non ci riesce, è senz'altro responsabile). Ma questa prova non gli sarebbe sufficiente: il debitore dovrebbe ulteriormente provare che *l'impossibilità non è imputabile a lui*. Un sistema del genere si presenta in apparenza molto severo con i debitori: tutte le volte che l'inadempimento interviene in situazioni nelle quali la prestazione è comunque «possibile», il debitore cadrebbe inesorabilmente in responsabilità.

Ma per avere un'idea più realistica delle regole di responsabilità effettivamente operanti, bisogna subito introdurre alcune precisazioni: ☞ l'art. 1218 dà solo lo *schema base della responsabilità per inadempimento*, al quale si aggiungono – sparse nel codice – tante *altre regole, più particolari e circostanziate*, che disciplinano casi specifici di responsabilità, individuati per lo più in relazione ai *diversi tipi di obbligazione* che concretamente vengono in gioco (regole che introducono, caso per caso, criteri anche notevolmente diversi da quelli dell'art. 1218); ☞ anche considerando solo lo schema generale dell'art. 1218, il suo apparente rigorismo a carico dei debitori trova delle *attenuazioni*, per l'esistenza di *altri principi o regole* che portano a interpretare i criteri posti dalla norma nel senso di una *maggiore comprensione per i problemi dei debitori*.

Fatte queste premesse, possiamo ora esaminare più da vicino i due criteri dell'art. 1218: con la consapevolezza che, nelle applicazioni pratiche, essi finiscono sovente per sovrapporsi e confondersi. Più che come due criteri rigidamente distinti e separati, essi devono perciò intendersi come due diversi modi per formulare la questione che riassume in sé i problemi della responsabilità per inadempimento: *fino a che punto deve spingersi lo sforzo del debitore, impegnato a eseguire la prestazione?*

3. L'impossibilità della prestazione

Che cosa significa «impossibilità» della prestazione?

Di sicuro è diventata «impossibile» la prestazione di consegnare merci, delle quali un atto sopravvenuto della pubblica autorità vieta il commercio e ordina la distruzione in quanto dannose per la salute; o di consegnare un quadro, che nel frattempo sia andato distrutto in un incendio. Questa è la c.d. *impossibilità oggettiva e assoluta*: oggettiva, perché non deriva da una particolare condizione propria del soggetto debitore, ma da fatti esterni; assoluta, perché insuperabile da chiunque. Questo tipo di impossibilità (posto che non dipenda dal debitore) certamente libera il debitore stesso. Ma è l'unico tipo di impossibilità che può liberarlo? Rispondere di sì equivarrebbe a dire – in risposta alla questione formulata poco sopra – che lo sforzo del debitore deve spingersi fino a un limite estremo, perché anche se la prestazione è diventata costosissima, difficilissima, pericolosissima – ma non proprio impossibile nel rigido senso appena visto – egli è ugualmente tenuto ad adempierla.

Ma una tale risposta, oltre che eccessivamente dura per la categoria dei debitori, sarebbe anche inconciliabile con *altri principi generali* posti dalla legge in materia di obbligazioni. L'art. 1176 stabilisce che nell'adempimento il debitore deve usare la *normale diligenza*: ma adottare il criterio visto poco sopra equivarrebbe a pretendere da lui molto di più della normale diligenza. L'art. 1175 stabilisce che l'attuazione del rapporto obbligatorio deve obbedire alla regola della *correttezza*: ma pretendere dal debitore l'adempimento di una prestazione diventata enormemente più costosa, difficile e pericolosa – anche se non proprio «impossibile» in senso oggettivo e assoluto – non sarebbe corretto. Questo significa che l'«impossibilità» dell'art. 1218 va intesa in un altro senso.

Facciamo un esempio. Il gestore di un piccolo traghetto che fa servizio dalla terraferma all'isola si impegna, per l'indomani, a trasportare sull'isola il pacco affidatogli da un cliente. Se l'indomani c'è mare a forza quattro, il trasporto risulta un po' più difficile e oneroso del normale (le manovre di attracco sono più complicate, si consuma più carburante, ecc.): ma è pacifico che questo sforzo in più al traghettatore si può chiedere, e che il suo eventuale inadempimento sarebbe ingiustificato; *l'impossibilità liberatoria non può confondersi con quella che è solo una maggiore difficoltà o onerosità della prestazione*, di cui il debitore deve farsi carico. Ma poniamo che il mare sia a forza otto: in condizioni così pericolose i traghetti normalmente non navigano, e il trasporto non viene fatto. Il gestore del traghetto risponde di questo inadempimento? Se adottassimo il criterio dell'impossibilità oggettiva e assoluta, dovremmo dire di sì, perché la prestazione non era impossibile in quel senso: il traghetto avrebbe ben «potuto» affrontare il mare, e forse, con un po' di fortuna e molto rischio, ce l'avrebbe fatta a raggiungere l'isola; oppure, non volendo correre un tale pericolo, il gestore avrebbe ben «potuto» provvedere al trasporto con un elicottero. E, non essendosi avvalso di queste «possibilità» di adempimento, il debitore dovrebbe rispondere per l'inadempimento.

Ma è chiaro che una soluzione del genere sarebbe irragionevole e ingiusta: in circostanze come quelle descritte, è giusto e ragionevole che il debitore non risponda dell'inadempimento, perché non si può pretendere da lui uno sforzo così estremo come quello consistente nell'affrontare situazioni di grave pericolo, o nel ricorrere a mezzi completamente diversi e infinitamente più costosi dei mezzi normalmente impiegati per l'adempimento di quell'obbligazione. A questo risultato si arriva, con un concetto di impossibilità per cui la prestazione deve ritenersi impossibile quando, per adempierla, *occorrerebbero attività e mezzi che vanno al di là di ciò che normalmente e ragionevolmente può richiedersi per quel tipo di prestazione*; attività e mezzi che corrisponderebbero a una *prestazione sostanzialmente diversa* da quella formante oggetto dell'obbligazione assunta.

Così inteso, il concetto di impossibilità della prestazione non ha un significato univoco e definito una volta per tutte, ma assume volta a volta *significati diversi – e diversamente rigorosi – a seconda del tipo di prestazione* che viene in gioco. Con la conseguenza che, a seconda del tipo di prestazione dovuta, al debitore inadempiente può essere più o meno facile provare che ricorre una «impossibilità» capace di giustificare il suo inadempimento e liberarlo dalla responsabilità.

4. L'imputabilità al debitore: responsabilità per colpa e responsabilità oggettiva

L'inadempimento (derivante dall'impossibilità della prestazione, intesa nel modo appena spiegato) è imputabile al debitore, quando esiste *una ragione che, in relazione a quell'inadempimento, giustifica l'attribuzione della responsabilità a suo carico*. A seconda di come s'individua questa ragione, varia il criterio dell'imputabilità, e il regime della responsabilità ne risulta più o meno rigoroso verso il debitore. Infatti l'imputabilità può intendersi, fondamentalmente, in due significati diversi, cui corrispondono due diversi tipi di responsabilità:

☞ si ha **responsabilità per colpa** quando la ragione per cui appare giusto accollare la responsabilità al debitore inadempiente è che l'inadempimento dipende da sua colpa: in questa logica, *il debitore risponde solo degli inadempimenti determinati da sua colpa* (cioè, come vedremo meglio fra poco, da una sua negligenza, imprudenza o imperizia). Questo è un criterio abbastanza favorevole per il debitore: egli riesce a liberarsi dalla responsabilità se dimostra che l'inadempimento non dipende da sua colpa, e cioè se prova di avere impiegato, nell'adempiere, la necessaria cura, attenzione e competenza;

☞ si ha invece **responsabilità oggettiva (senza colpa)** quando *il debitore risponde anche se non è in colpa*: l'inadempimento gli è imputato, tutte le volte che sia riconducibile a *cause rientranti nella sua sfera di organizzazione e di controllo*, anche se a lui personalmente non può rimproverarsi nessuna negligenza, imprudenza o imperizia. Questo sistema è più rigoroso verso il debitore: per liberarsi dalla responsabilità, non gli basta provare che l'inadempimento non dipende da sua colpa.

Il nostro sistema di responsabilità per inadempimento può definirsi un *sistema misto*: a seconda dei diversi tipi di rapporto obbligatorio, esso prevede sia ipotesi di responsabilità per colpa sia ipotesi di responsabilità oggettiva.

5. La responsabilità per colpa: il criterio della diligenza

«Colpa» significa **negligenza, imprudenza, imperizia**: è in colpa il debitore che non esegue la prestazione per distrazione o dimenticanza, o la esegue male per incompetenza, superficialità, mancanza delle necessarie cautele. Un chirurgo che opera con un bisturi arrugginito (e infetta il paziente), una compagnia aerea che trascura la manutenzione dei velivoli (e l'aereo cade), un ingegnere che sbaglia i calcoli del cemento armato (e l'edifico crolla), un maestro di sci che porta il cliente inesperto su una pericolosa pista nera (e il poveretto si fa male): tutti questi sono debitori colpevoli, il loro inadempimento è inadempimento colposo.

Il concetto di colpa ha una caratterizzazione negativa, perché esprime una «mancanza». E infatti è l'esatto rovescio di un altro concetto – caratterizzato in positivo – al quale si collega strettamente: il concetto di **diligenza**. «Diligenza» è *tutta la cura, l'attenzione, la prudenza e la competenza che il debitore deve usare nell'adempiere l'obbligazione*. Il debitore che usa la diligenza dovuta non è in colpa; è in colpa se non usa la diligenza dovuta.

Ma uno può essere preciso così così o precisissimo, abbastanza competente o supercompetente, ecc. Qual è il livello della diligenza «dovuta»? La legge parla di «diligenza del *buon padre di famiglia*» (art. 1176, c. 1): un'espressione arcaica, per indicare *quel grado di diligenza che è normale in una persona seria e scrupolosa*. Aggiunge poi che «nell'adempimento delle obbligazioni inerenti all'esercizio di un'*attività professionale*, la diligenza deve valutarsi con riguardo alla *natura dell'attività esercitata*» (art. 1176, c. 2). È una precisazione importante, dato che nella società moderna la gran parte delle prestazioni impegnano l'attività di operatori professionali. Essa significa che non esiste un unico criterio di diligenza, astratto, indifferenziato e buono per tutti i casi: esistono tanti *diversi criteri di diligenza* che dovranno applicarsi, in ciascun caso concreto, a seconda del tipo di prestazione dovuta.

Per ogni attività, specie professionale, esistono *regole che indicano come l'attività va svolta*: qualche volta regole codificate (per il debitore impegnato a guidare un automezzo, vi rientrano ad es. le regole del «codice della strada»); più spesso regole non formalizzate, ma note e accettate nell'ambiente professionale (ad es. quelle che spiegano come il buon cardiochirurgo deve intervenire sul ventricolo del paziente con una certa patologia, o come il buon operaio metalmeccanico deve manovrare la fresatrice, o come il buon imprenditore edile deve scegliere le tecniche costruttive e i materiali giusti per l'edificio che è impegnato a costruire, ecc.). Chi non osserva queste regole, non usa la diligenza dovuta; dunque è in colpa. Si badi che la diligenza dovuta è quella richiesta in linea di principio al *buon operatore del settore considerato*: se in un ambiente professionale si è diffusa la cattiva abitudine di osservare livelli di diligenza più bassi, il debitore è in colpa anche se dimostra di essersi attenuto allo standard corrente («così fan tutti» non è giustificazione valida).

Questo modo di intendere la diligenza definisce la colpa come **colpa in senso oggettivo**, cioè legata all'*inosservanza di uno standard generale di condotta*, e non come *colpa soggettiva*, che cioè tenga conto delle *condizioni individuali e particolari del debitore* (per cui ad es., l'errore del cardiochirurgo sarebbe soggettivamente comprensibile e giustificabile, perché dovuto allo stress causato dalla recente separazione coniugale). Il criterio della colpa soggettiva trova spazio nella responsabilità penale, dove è prevalente la funzione di sanzionare comportamenti riprovevoli; per la responsabilità civile, dove prevale la funzione di tutelare l'interesse del creditore, è più adatto il criterio della colpa oggettiva.

6. Le gradazioni della colpa

La colpa può presentazioni con gradazioni d'intensità diverse:

☞ a un livello più basso abbiamo la colpa **ordinaria** (o colpa *lieve*), che è la violazione dell'ordinaria diligenza (la *diligenza media del buon professionista).* Se il cliente affida all'albergatore i suoi gioielli perché li custodisca, e l'albergatore li chiude a chiave in un cassetto di scrivania che viene facilmente scassinato da un ladro, il furto dipende certo da colpa del debitore: un albergatore diligente mette in cassaforte i gioielli che i clienti gli affidano;

☞ ma la colpa può presentarsi a un livello di maggiore gravità, e allora si configura appunto come colpa **grave**. Questa è *l'inosservanza addirittura dei livelli minimi di attenzione, di prudenza, di competenza* concepibili per la prestazione: è la disattenzione o la trascuratezza più imperdonabile, l'imprudenza più macroscopica, l'incompetenza più grossolana. È il caso dell'albergatore il quale non solo non mette i gioielli del cliente in cassaforte, ma neppure in un cassetto chiuso a chiave, bensì li lascia sbadatamente sul banco della reception, di dove vengono rubati dal primo che passa.

La distinzione può essere importante, perché ci sono casi in cui la legge – con atteggiamento di particolare benevolenza per il debitore – stabilisce che non basta la colpa ordinaria a determinare la responsabilità: questa scatta *solo se l'inadempimento del debitore dipende da colpa grave*. Il caso più importante riguarda l'inadempimento del *libero professionista* verso il cliente, quando la prestazione «implica la soluzione di *problemi tecnici di speciale difficoltà*» (art. 2236). Inoltre, la distinzione è importante, in relazione ai limiti di ammissibilità delle *clausole di esonero o limitazione della responsabilità* (**26**.20).

La responsabilità del debitore, dipendente dalla valutazione della sua colpa, può essere graduata anche in relazione ad altri criteri: ad es. in relazione al fatto che il debitore riceva oppure no un compenso per la sua prestazione. Se ad es. la prestazione del mandatario e del depositario è *gratuita*, in caso di inadempimento «la responsabilità per colpa è *valutata con minor rigore*» (art. 1710, c. 1; 1768, c. 2).

7. Il dolo

Dolo significa *coscienza e volontà di danneggiare qualcuno*. Inadempimento doloso è quello del debitore che consapevolmente e deliberatamente viola il diritto del creditore: ad es., il gruppo rock, già impegnato a esibirsi a Milano il 30 giugno, manca l'impegno perché preferisce cogliere l'occasione sopraggiunta di un concerto fissato per lo stesso giorno a San Francisco.

Si ha dolo anche se il danno portato al creditore non è direttamente voluto, ma *previsto e accettato come possibile conseguenza del proprio comportamento* (c.d. *dolo eventuale*). Il dolo è invece escluso se il debitore tiene deliberatamente la condotta che costituisce inadempimento, ma senza sapere che in questo modo egli viola il diritto del creditore: ad es., chi deve restituire una cosa rifiuta di consegnarla, perché pensa in buona fede che il termine della riconsegna non sia ancora scaduto (il suo errore può se mai dare luogo a colpa).

Il dolo è un comportamento più riprovevole della colpa. Perciò è evidente che là dove la legge indica nella colpa (ordinaria, oppure grave) il criterio della responsabilità, a maggior ragione il debitore risponde se il suo inadempimento dipende da dolo. Ma proprio perché il dolo è più grave della colpa, la legge tratta l'inadempimento doloso in modo più severo dell'inadempimento colposo, per ciò che riguarda la misura del risarcimento: in certi casi il debitore responsabile per dolo può essere tenuto a un *risarcimento maggiore* (**26**.17).

8. I principali casi di responsabilità per colpa

Il criterio della responsabilità per colpa si applica, in generale, a tre categorie di obbligazioni:

☞ le obbligazioni che implicano la *detenzione e custodia di cose altrui*, e la loro *restituzione al termine del rapporto*: è il caso delle obbligazioni dell'usufruttuario (art. 1001, c. 2), del conduttore (art. 1587, n. 1), del depositario (art. 1768, c. 1), del comodatario (art. 1804, c. 1; 1807), per le quali la legge dice che il debitore deve osservare l'ordinaria diligenza, esattamente come dire che risponde per colpa;

☞ le obbligazioni che hanno per oggetto lo *svolgimento di un'attività a favore del creditore*, come ad es. quelle dell'appaltatore (art. 1668, c. 1), del mandatario (art. 1710, c. 1) o del lavoratore subordinato (art. 2104, c. 1): anche costoro rispondono in base al criterio della colpa/diligenza;

☞ le obbligazioni che si collegano alla *consegna di una cosa determinata*, con riferimento al danno causato al creditore dalla presenza di *difetti della cosa*: ad es. la cosa consegnata dal venditore al compratore (art. 1494, c. 1), dal locatore al conduttore (art. 1578, c. 2), dal mutuante al mutuatario (art. 1821, c. 1); il debitore risponde se per colpa ignorava i difetti, o non li ha segnalati al creditore.

9. La responsabilità oggettiva (senza colpa)

Responsabilità oggettiva significa responsabilità senza colpa. Ci sono rapporti obbligatori in cui *il debitore inadempiente è tenuto a risarcire il danno anche se l'inadempimento non dipende da sua colpa*: la prova di non avere potuto evitare l'inadempimento e il danno, pur impiegando l'ordinaria diligenza, non lo libera dalla responsabilità.

La regola sulla *responsabilità del vettore di cose* illustra bene il senso e il fondamento della responsabilità oggettiva. A, che fa piccoli trasporti con il suo camioncino, si impegna a trasportare alcuni mobili, che B vuole spostare nella casa di campagna. Durante il trasporto, il camioncino è coinvolto in un incidente causato per colpa esclusiva del terzo X, che è passato col rosso; nell'incidente, il camioncino si rovescia e i mobili vanno distrutti. Del danno sofferto dal creditore B, il debitore A risponde? Ce lo dice l'art. 1693, c. 1, indicando tutte le possibili cause che A può invocare per sfuggire alla responsabilità. La distruzione delle cose affidategli per il trasporto (cioè il fatto che dà luogo al suo inadempimento) non determina responsabilità del vettore solo se dipende da: *caso fortuito* (cioè un avvenimento straordinario imprevedibile, oltre che inevitabile: come l'inatteso crollo di un ponte, non certo un normale incidente di circolazione: **26**.12); *natura o difetti delle cose* trasportate (del tutto inesistenti nel nostro caso); *cattivo imballaggio* (ma qui l'imballaggio era adeguato); *fatto del mittente o del destinatario* (che non c'entrano nulla con l'accaduto). Dunque A risponde del danno subìto da B. Ne ha qualche colpa? Certamente no: A guidava con prudenza, e l'incidente è stato causato esclusivamente da X. Dunque A risponde senza sua colpa: la sua è responsabilità oggettiva.

Questa responsabilità si fonda sul **rischio**: il debitore risponde di tutti *i fatti, anche non dipendenti da sua colpa, che si manifestano nella sfera della sua organizzazione e del normale svolgimento della sua attività* (come è il caso di un incidente di circolazione, per chi fa trasporti su strada), perché la legge ritiene più giusto e più razionale che il rischio di tali fatti cada sul debitore che esercita l'attività, anziché sul creditore che a quella attività è estraneo. E perciò chiaro che le regole sulla responsabilità oggettiva si ispirano all'esigenza prevalente di *tutelare l'interesse del creditore.*

La scelta di regolare determinate obbligazioni secondo il criterio della responsabilità oggettiva si basa su varie *ragioni*, che svilupperemo parlando della responsabilità oggettiva in campo extracontrattuale (**43**.11): perché l'organizzazione e l'attività del debitore sono sotto il controllo del debitore stesso e non del creditore; perché portano profitti al debitore e non al creditore; perché il debitore, molto meglio del creditore, può assicurarsi contro questi rischi. Viceversa, non è giusto né razionale che siano addossati al debitore *rischi estranei alla sua sfera organizzativa, o addirittura riconducibili alla sfera del creditore*, come quelli corrispondenti ai fatti liberatori indicati dall'art. 1693, c. 1.

10. I principali casi di responsabilità oggettiva

Le principali categorie di obbligazioni regolate secondo il criterio della responsabilità oggettiva sono le seguenti:

☞ prima di tutto le obbligazioni aventi per oggetto *prestazioni rese da imprenditori a un pubblico di utenti, e implicanti la detenzione e la custodia di cose.* È il caso dell'obbligazione del vettore di cose, appena considerato (art. 1693, c. 1). È il caso, ancora, delle obbligazioni dell'albergatore, del gestore di magazzini generali e della banca, con riguardo alla responsabilità per perdita o deterioramento delle cose portate dal cliente in albergo (art. 1784-1785), depositate nei magazzini (art. 1787) o custodite nelle cassette di sicurezza (art. 1839);

☞ poi le obbligazioni di *fornire cose fungibili, riguardo alle quali non sia ancora avvenuta l'individuazione* (**33**.4): chi è impegnato, per es., a consegnare una partita di stoffe, e non può farlo perché tutta la merce del magazzino va distrutta nell'incendio causato da un corto circuito, risponde della mancata consegna anche se a lui non può rimproverarsi alcuna colpa. Diverso sarebbe se fosse già avvenuta l'individuazione: con questa la stoffa, anche se materialmente è ancora presso il debitore, passa giuridicamente nella sfera del creditore, su cui è allora giusto che gravi il rischio relativo; a questo punto, il fornitore risponde solo per colpa, come custode della cosa altrui (**26**.8);

☞ poi ancora le *obbligazioni pecuniarie* (che sono una sottospecie delle precedenti, visto che il denaro è tipicamente un bene fungibile): chi deve una somma, e non paga alla scadenza, è responsabile anche se si è trovato privo del denaro necessario per cause non riconducibili a sua colpa (ad es., perché ha speso ogni suo avere per curarsi di un'improvvisa, gravissima malattia; o perché ha perso tutti i suoi risparmi nel fallimento della società finanziaria presso cui li aveva investiti). Più in generale, chi deve eseguire una qualsiasi prestazione non può mai giustificare il proprio inadempimento con la circostanza di essersi trovato, anche senza propria colpa, sfornito del denaro necessario per predisporla (c.d. *impotenza finanziaria*);

☞ infine, le *obbligazioni adempiute per mezzo di ausiliari*, di cui ora si dice.

11. La responsabilità per il fatto degli ausiliari

Un'importante ipotesi di *responsabilità oggettiva del debitore* è quella derivante dal fatto degli ausiliari di cui egli si avvale per l'adempimento. Può trattarsi anche di debitori che non esercitano un'attività organizzata, ma il caso di gran lunga più importante e diffuso è quelle delle prestazioni rese da organizzazioni economiche professionali, cioè da *imprese*: debitore è il titolare dell'impresa (ad es., il proprietario dell'officina meccanica incaricata di riparare l'auto), che però ne affida l'esecuzione materiale, in tutto o in parte, a suoi dipendenti o a collaboratori esterni (eventualmente anche ad altre imprese).

La regola è che «*il debitore che nell'adempimento dell'obbligazione si vale dell'opera di terzi, risponde anche dei fatti dolosi o colposi di costoro*» (art. 1228): ad es., se il meccanico dipendente dell'officina danneggia l'auto con un intervento maldestro, il titolare dell'officina ne risponde. E ne risponde anche se a lui personalmente non può imputarsi alcuna colpa: non quella di avere scelto dipendenti incapaci (perché finora quel meccanico aveva dato buona prova); né quella di non averli adeguatamente diretti e sorvegliati (per la stessa ragione; e poi perché non sarebbe possibile, se non in organizzazioni microscopiche). La giustificazione è nota: l'inadempimento e il danno si determinano *nella sfera organizzativa del debitore, da lui creata e gestita nel proprio interesse*: è perciò sensato che il *rischio* corrispondente ricada sul debitore anziché sul creditore, che a quella sfera è estraneo.

Un'ipotesi particolare, non prevista dalla legge, riguarda lo *sciopero dei dipendenti del debitore*: il debitore che non adempie (ad es., non esegue in tempo le forniture promesse) perché la sua produzione è stata bloccata dallo sciopero dei suoi dipendenti, è responsabile? La giurisprudenza adotta questo criterio: il debitore non risponde se lo sciopero è di tipo politico, generale o esteso a un intero settore o a un'intera zona; se investe solo la sua azienda, il debitore risponde quando lo sciopero è la reazione a suoi atteggiamenti scorretti o irragionevoli sul piano delle relazioni sindacali.

12. Il caso fortuito

Ha senso che il debitore risponda dei rischi relativi alla sua attività organizzata: è il fondamento della responsabilità oggettiva. Ma ha senso che egli risponda solo dei *rischi che sono tipici della sua attività* (come ad es. l'incidente stradale per il vettore terrestre): rischi che risultano *prevedibili, calcolabili e quindi facilmente assicurabili.* Non avrebbe senso, invece, chiamarlo a rispondere anche dei *rischi anomali*, di quegli *eventi così straordinari da sfuggire a ogni ragionevole previsione e a ogni possibilità di controllo del debitore* (la c.d. «fatalità»): ad es., gli oggetti trasportati dal camioncino vanno distrutti non in un normale incidente stradale, ma perché un elicottero che sorvola la strada ha un guasto, cade e si schianta sull'automezzo.

Eventi del genere si definiscono caso fortuito: e provando che il danno è dipeso da caso fortuito, il debitore è sempre liberato da responsabilità, sia che la responsabilità si fondi sulla colpa, sia che si tratti di responsabilità oggettiva (cfr. l'art. 1693, c. 1).

Al concetto di caso fortuito si associa normalmente quello di **forza maggiore**: il *fatto a cui non si può resistere.* Sono sostanzialmente sinonimi.

13. Altre formulazioni dei criteri di responsabilità: inesigibilità della prestazione; obbligazioni di mezzi e di risultato

Le regole sulla responsabilità, dirette a trovare il giusto punto di equilibrio fra interesse del creditore e interesse del debitore, vengono talora espresse anche con formule diverse, non contemplate dalle norme ma create dagli interpreti.

Per affermare che in determinate circostanze l'inadempimento del debitore è giustificato perché, in quelle circostanze, non si può pretendere da lui la prestazione, anziché dire che la prestazione è diventata «impossibile» (art. 1218), si dice che essa è diventata inesigibile. Chi usa questa formula, per lo più fonda il giudizio di **inesigibilità** sul *criterio della correttezza* fra creditore e debitore (art. 1175): il creditore che, in quelle circostanze, pretendesse dal debitore la prestazione, si comporterebbe in modo scorretto (**22**.16).

Oppure le regole sulla responsabilità vengono, per così dire, mascherate come criteri di definizione dell'obbligazione. Si distingue, ad es., fra due «tipi» di obbligazione: ☞ le **obbligazioni di mezzi** sono quelle in cui *il debitore deve semplicemente svolgere un'attività a favore del creditore*, ma senza garantirgli che quell'attività porterà al risultato atteso dal creditore stesso (ad es., si dice, l'obbligazione del medico consiste nel curare il malato, non necessariamente nel guarirlo); ☞ le **obbligazioni di risultato** sono invece quelle in cui *il debitore è tenuto a fornire al creditore proprio il risultato che gli interessa* (l'impegno dell'appaltatore non è semplicemente svolgere l'attività costruttiva, bensì fornire la costruzione finita a regola d'arte). In realtà, ciò che conta è sempre il risultato, cioè l'interesse del creditore in vista del quale è stata assunta l'obbligazione: e la mancanza del risultato è, obiettivamente, inadempimento. Quel che si vuole dire è che nelle c.d. obbligazioni di mezzi il debitore risponde del mancato risultato in base al *criterio della colpa* (egli si libera se prova che il risultato è mancato benché l'attività sia stata da lui svolta con l'ordinaria diligenza); mentre nelle c.d. obbligazioni di risultato il criterio della responsabilità è *più severo*: per liberarsi, non gli basta provare di avere operato con l'ordinaria diligenza.

14. L'onere della prova

Il principio generale è *che chi fa valere un diritto ha l'onere di provare i fatti che lo fondano* (**9**.14). Applicato all'inadempimento, significa che il creditore che pretende il risarcimento dovrebbe dimostrare: ☞ l'*obbligazione* fra sé e il debitore; ☞ l'*inadempimento* del debitore; ☞ il *danno causato* dall'inadempimento; ☞ l'*imputabilità* dell'inadempimento al debitore.

Quest'ultima è la prova più delicata e difficile: e proprio su questa la legge *deroga* al principio generale, stabilendo l'**inversione dell'onere della prova**. Non è il creditore che, per ottenere il risarcimento, deve provare che l'inadempimento è imputabile al debitore (a seconda dei casi, per colpa o per responsabilità oggettiva); *è il debitore che, per evitare responsabilità e obbligo di risarcire, deve provare che l'inadempimento non è imputabile a lui.* Ciò risulta chiaramente dalla formulazione dell'art. 1218: «Il *debitore ... è tenuto* al risarcimento del danno *se non prova che ...*».

Questa regola eccezionale è forse quella che esprime con più forza l'intento del legislatore di disciplinare l'obbligazione dando prevalente considerazione all'*interesse del creditore*: infatti le liti sulla responsabilità si decidono, per lo più, in base alla capacità delle parti di dare determinate prove. Essa, peraltro, ha anche una giustificazione obiettiva: dato che *l'inadempimento si produce prevalentemente nella sfera del debitore*, è costui (molto più che il creditore) a possedere gli elementi che decidono se l'inadempimento gli è imputabile, o no. La regola viene intesa dai giudici in senso particolarmente favorevole al creditore. Questi è esonerato dal provare non solo l'imputabilità dell'inadempimento al debitore, ma *il fatto stesso dell'inadempimento*: gli basta affermare l'inadempimento, da cui deriva le sue pretese; è il debitore che per difendersi deve provare che invece non c'è inadempimento, o che se c'è non è imputabile a lui.

15. Il danno

Quando, applicando le regole appena illustrate, risulta che il debitore è responsabile dell'inadempimento, sorge a suo carico l'obbligo di risarcire il danno al creditore.

Il danno è la *diminuzione di valore che il patrimonio del danneggiato subisce per effetto dell'inadempimento*. Può venire in gioco sia la diminuzione di valore attuale sia anche la diminuzione di valore potenziale, e in relazione a questa distinzione la norma (art. 1223) individua due componenti del danno: ☞ il **danno emergente**, cioè «la *perdita* subita dal creditore» (ad es., il valore intrinseco delle merci andate distrutte per responsabilità del vettore impegnato a trasportarle); ☞ il **lucro cessante**, cioè «il *mancato guadagno*» (ad es., i profitti che il creditore avrebbe ottenuto se, arrivate le merci integre a destinazione, avesse potuto rivenderle in una situazione di mercato particolarmente favorevole, profitti sfumati per l'inadempimento del vettore).

Il danno considerato fin qui è il danno **patrimoniale**, consistente in una *perdita di valori economici*, secondo la corrente accezione del termine «patrimoniale» (**7**.16). Può esserci però anche un danno **non patrimoniale**, consistente nella *lesione di un valore o interesse non economico*: e infatti, come sappiamo (**22**.4), la prestazione che forma oggetto dell'obbligazione deve sì essere patrimoniale, ma può servire a soddisfare anche un interesse non patrimoniale del creditore (art. 1174). Il danno non patrimoniale viene in rilievo soprattutto nel campo della responsabilità extracontrattuale: ce ne occuperemo più diffusamente in quella sede (**43**.3).

16. La riparazione del danno: risarcimento per equivalente e riparazione in forma specifica

Fin qui abbiamo sempre parlato di «risarcimento» del danno, che consiste nell'attribuire al danneggiato *una somma di denaro che equivale al danno, cioè al valore distrutto*. Si chiama perciò **risarcimento per equivalente**, ed è la forma più diffusa e importante di riparazione del danno.

C'è però un altro modo di riparare il danno: la **riparazione in forma specifica**, che consiste nel *ripristinare, a favore del danneggiato, proprio quello specifico interesse che l'inadempimento ha leso.* Ad es., se non è adempiuto l'obbligo di *consegnare una cosa*, il creditore può ottenere che il debitore sia condannato (e costretto con i meccanismi dell'esecuzione forzata) non semplicemente a pagare la somma che corrisponde al valore della cosa non data, ma a fargli avere proprio quella cosa; se è violato un *obbligo di non fare* (ad es., non costruire in un certo luogo), la riparazione a favore del creditore può consistere (anche) nella distruzione di ciò che è stato illecitamente fatto.

La riparazione in forma specifica è di applicazione più rara, anche perché spesso risulta impossibile: non sarebbe praticabile, ad es., per le prestazioni di fare infungibili; né per quelle di dare una cosa che sia andata distrutta o sia stata trasferita a terzi; né per quelle di non fare, quando ciò che è stato illecitamente fatto non può più essere cancellato.

17. Il danno risarcibile

Nel risarcimento per equivalente, sorge il problema della *quantificazione* del danno risarcibile, cioè della determinazione della somma di denaro che vi corrisponde. Lo si risolve attraverso una serie di criteri, offerti dalle norme.

Il criterio base opera in senso estensivo, perché afferma che va risarcito *tutto il danno sofferto dal creditore*, sia come **danno emergente** sia come **lucro cessante** (art. 1223). Gli altri criteri operano invece in senso restrittivo, perché possono portare a una limitazione del danno risarcibile:

☞ per il criterio della **causalità**, il danno va risarcito nella sola misura in cui sia «*conseguenza immediata e diretta* dell'inadempimento» (art. 1223). Ad es.: se il taxi impegnato a trasportare uno da Genova a Milano per un appuntamento d'affari resta in panne per cattiva manutenzione, e così fa mancare l'appuntamento al creditore, questi può chiedere il risarcimento del danno derivante dalla perdita dell'appuntamento; ma se, mentre dall'area di servizio autostradale telefona a un collaboratore per farsi venire a prendere, viene derubato della borsa da uno scippatore, non può pretendere dal taxista il risarcimento anche di questo danno, perché fra il guasto del taxi e lo scippo non c'è nesso di causalità. Ritorneremo sul tema a proposito della responsabilità extracontrattuale (**43**.5);

☞ per il criterio della **prevedibilità**, normalmente va risarcito solo *il danno che poteva essere previsto nel momento in cui è nata l'obbligazione*; del danno imprevedibile il debitore risponde solo in caso di *inadempimento doloso* (art. 1225). Chi è obbligato a custodire un'auto, e per distrazione lascia che venga rubata, risponde per il valore dell'auto; non risponde per l'ingentissimo valore di un quadro che il proprietario aveva lasciato nel bagagliaio, senza avvertire il custode;

☞ il criterio del **concorso di colpa del creditore danneggiato** si applica quando alla produzione del danno contribuisce, insieme al comportamento del debitore, anche il fatto colposo dello stesso creditore che lo subisce: in tal caso, «il risarcimento è diminuito secondo la *gravità della colpa* e *l'entità delle conseguenze* che ne sono derivate» (art. 1227, c. 1). Ad es.: il tetto della casa costruita dall'appaltatore lascia infiltrare acqua sia perché l'appaltatore ha usato materiali scadenti, sia anche perché il progetto, fatto fare dal committente e da lui imposto all'appaltatore, conteneva gravi errori d'impostazione;

☞ per il criterio della **evitabilità del danno**, «il risarcimento non è dovuto per i *danni che il creditore avrebbe potuto evitare usando l'ordinaria diligenza*» (art. 1227, c. 2). Ad es.: se la cattiva esecuzione del tetto causa infiltrazioni che rovinano soffitti e tappezzerie dell'appartamento, di questo danno l'appaltatore risponde; non risponde del deterioramento subito dai quadri, che il proprietario ha negligentemente lasciato esposti all'umidità;

☞ c'è infine il criterio della **valutazione equitativa**: un criterio residuale e di chiusura, nel senso che si applica nei casi in cui risulta accertato che un danno esiste, ma *il creditore non riesce a provarlo «nel suo preciso ammontare»*. Il danno viene allora «liquidato dal giudice con *valutazione equitativa*» (art. 1226), cioè con una stima approssimativa e di buon senso, che tenga il più possibile conto di tutti gli elementi del caso concreto.

Il presupposto implicito delle norme sul risarcimento è che questo copra tutto il danno, ma solo il danno, effettivamente subito dal creditore, e non più di questo. Sfuggono a questo criterio i c.d. *danni punitivi*: e cioè un *risarcimento superiore al danno effettivo*, imposto al danneggiante o come *sanzione* di una condotta particolarmente riprovevole, o come *deterrente* rispetto a comportamenti di forte disvalore sociale. In America sono accettati e praticati. Da noi si discute della loro compatibilità col sistema italiano, che l'opinione prevalente nega.

18. Il risarcimento nelle obbligazioni pecuniarie

Particolare importanza pratica ha il problema della determinazione del *danno da ritardo* nel pagamento di obbligazioni pecuniarie.

Sappiamo che il creditore ha automaticamente diritto agli **interessi moratori** (**25**.5). Ma il danno da lui effettivamente subito può essere superiore (e normalmente lo è, quando il tasso di *svalutazione* della moneta è superiore al tasso di interesse legale): la legge consente al creditore di ottenere il risarcimento del **maggior danno**, se prova di averlo subito (art. 1224, c. 2).

Sui presupposti per accordare il risarcimento del maggior danno, e sul modo di calcolarlo, gli interpreti hanno lungamente discusso, e sono state prospettate di tempo in tempo soluzioni diverse. Oggi la giurisprudenza applica queste regole:

☞ il creditore ha *automaticamente* diritto a una rivalutazione della somma non pagata, in misura pari alla *differenza fra il tasso di rendimento dei titoli di Stato e il tasso di interesse legale*;

☞ questo automatismo può però subire *correzioni*, in doppio senso: ✦ in *diminuzione*, e quindi nell'interesse del *debitore*, se questi *prova* che il creditore ha effettivamente subito un *danno minore*; oppure ✦ in *aumento*, e quindi nell'interesse del *creditore*, se questi *prova* di avere subito in concreto un *danno maggiore* (ad es. dimostrando che la mancata disponibilità della somma lo ha costretto a chiedere un finanziamento bancario, che gli è costato tassi più alti).

19. La clausola penale

L'applicazione dei criteri legali di determinazione del danno risarcibile può essere difficile e incerta, e causa di ulteriori controversie. Le parti possono evitarle stipulando una clausola penale: che è *l'accordo fra debitore e creditore, con cui si determina convenzionalmente, in anticipo, quale somma di denaro, o quale altra prestazione risarcitoria, sarà dovuta dal debitore al creditore in caso di inadempimento.*

La clausola penale ha la funzione di semplificare i rapporti fra debitore e creditore: e questa semplificazione può giocare sia a vantaggio sia a svantaggio del debitore, per effetto di una serie di regole che nel loro complesso si equilibrano:

☞ a vantaggio del creditore, scatta la regola per cui, verificatosi l'inadempimento, quanto previsto nella clausola è senz'altro dovuto, «*indipendentemente dalla prova del danno*»: e quindi anche se il creditore in concreto ha subito un danno minore o addirittura nessun danno (art. 1382, c. 2);

☞ a vantaggio del debitore, scatta la regola per cui il risarcimento dovuto *si limita a quanto previsto nella clausola*, anche se di fatto il danno è maggiore (art. 1382, c. 1); la regola è però derogabile, sicché il creditore può ottenere il risarcimento anche del danno non coperto dalla penale, se la *risarcibilità del danno ulteriore* è stata *pattuita* fra le parti.

Altre due regole tendono a evitare che la penale determini un arricchimento esagerato del creditore e un onere sproporzionato e vessatorio per il debitore:

☞ la regola del *divieto di cumulo* stabilisce che il creditore non può chiedere insieme la prestazione non eseguita e la penale per la sua inesecuzione; ma se la penale riguarda esclusivamente il ritardo, può cumularsi al risarcimento per l'inesecuzione definitiva (art. 1383);

☞ infine, il debitore può chiedere al giudice di *ridurre secondo equità* l'ammontare della penale, in due ipotesi: ✦ quando la prestazione è stata eseguita in parte (*inadempimento parziale*); e ✦ quando la penale risulta di *ammontare «manifestamente eccessivo»* (in tal caso, secondo un orientamento il giudice potrebbe ridurlo d'ufficio, anche senza richiesta del debitore interessato). Il criterio della riduzione è: commisurare la penale all'effettivo interesse che il creditore poteva avere all'adempimento, nel momento in cui è nata l'obbligazione (art. 1384).

20. Clausole di esonero e di limitazione della responsabilità

Anche questi accordi semplificano la determinazione del risarcimento: con essi debitore e creditore stabiliscono che i danni subiti dal secondo per l'eventuale inadempimento del primo *non saranno risarciti, o lo saranno solo entro un tetto massimo*, preventivamente definito.

Si tratta di una semplificazione molto *pericolosa per il creditore*, a cui le clausole sottraggono la garanzia del risarcimento, lasciando il suo interesse in balia della buona o cattiva volontà del debitore. Le clausole, infatti, possono avere l'effetto di attenuare l'impegno e la diligenza del debitore, reso meno scrupoloso dalla sicurezza che un suo eventuale inadempimento non avrà conseguenze a suo carico, o avrà conseguenze limitate. Per questo la legge le guarda con sospetto, e le ammette solo entro limiti stretti (art. 1229):

☞ sono *valide* solo le clausole che limitano o escludono la responsabilità derivante da *colpa ordinaria*, cioè dal mancato rispetto della normale diligenza;

☞ invece sono **vietate** (e dichiarate *nulle*) le clausole che: ✦ escludono o limitano la responsabilità derivante da *dolo o colpa grave*; oppure ✦ escludono o limitano la responsabilità collegata alla *violazione di obblighi posti da norme di ordine pubblico* (ad es., le regole antinfortunistiche imposte agli imprenditori per tutelare la salute e la sicurezza dei lavoratori).

Per alcune obbligazioni la disciplina è ancora più rigorosa, perché le clausole non sono ammesse neppure entro i limiti della colpa ordinaria. Ciò accade quando la prestazione mette in gioco valori fondamentali come la vita o l'integrità fisica del creditore, al quale perciò si vuole garantire il massimo impegno di diligenza del debitore: per questo sono nulle tutte le clausole che comunque «limitano la *responsabilità del vettore per i sinistri che colpiscano il viaggiatore*» (art. 1681, c. 2).

Inoltre, la legge considera con particolare sospetto e rigore le clausole di esonero o limitazione della responsabilità che siano contenute in contratti standard, o nei contratti dei consumatori (**60**.5-6).

27
LA GARANZIA DEL CREDITO

1. L'obbligazione, e l'esecuzione forzata

L'obbligazione non avrebbe senso, se non fosse prevista la responsabilità del debitore per l'inadempimento. Sarebbe un po' come se tutte le obbligazioni fossero solo «naturali», e non «legali»: l'adempimento – quindi l'interesse del creditore – sarebbe affidato esclusivamente alla coscienza del debitore, peraltro consapevole che l'inadempimento non porterebbe conseguenze negative a suo carico; in questo modo il valore dell'obbligazione, cioè del credito, sarebbe solo simbolico. Invece il valore del credito è protetto se il creditore sa che, in caso di mancata esecuzione della prestazione, potrà avere al suo posto almeno il risarcimento corrispondente.

A sua volta, la responsabilità del debitore non avrebbe valore pratico, se non ci fosse un *meccanismo che consenta al creditore di realizzare effettivamente il suo diritto al risarcimento*, cioè di ottenere effettivamente la corrispondente somma di denaro, anche di fronte all'inerzia o alla resistenza del debitore inadempiente. Questo meccanismo esiste, ed è l'**esecuzione forzata sui beni del debitore**. L'esecuzione forzata è messa in moto dall'*azione esecutiva* del creditore, e si realizza attraverso il conseguente *processo di esecuzione* (**9**.9). L'obiettivo generale dell'esecuzione forzata è assicurare una concreta soddisfazione al creditore vittima dell'inadempimento, anche contro la volontà del debitore, e quindi con mezzi coattivi. I suoi scopi e risultati possono essere diversi, a seconda dei vari tipi di obbligazione inadempiuta, a cui corrispondono diversi *tipi di esecuzione forzata*. I tipi fondamentali sono due:

☞ l'**espropriazione forzata** serve a realizzare coattivamente i *crediti pecuniari*: consiste nella *vendita dei beni del debitore* (o anche, come vedremo, di un terzo), così da ricavare un prezzo che viene attribuito al creditore nella misura corrispondente al suo credito (art. 2910 e segg.; art. 474 e segg. c.p.c.). Si compie attraverso una complessa procedura formata da vari passaggi, fra cui particolare importanza ha il *pignoramento* dei beni (art. 2912 e segg.): dopo il pignoramento, i beni non possono essere alienati; se lo sono, gli atti di alienazione sono inefficaci verso il creditore pignorante (per lui, è come se quegli atti non esistessero);

☞ l'**esecuzione in forma specifica** serve a realizzare altri tipi di crediti, e attribuisce al creditore il risultato che si sarebbe dovuto produrre col regolare adempimento dell'obbligazione. Vi rientrano: ✦ l'esecuzione forzata per *consegna o rilascio*, con cui si costringe il debitore a consegnare la cosa determinata che deve al creditore (art. 2930); ✦ l'esecuzione forzata degli *obblighi di fare*, con cui si fa eseguire da qualcun altro, ma a spese del debitore, proprio l'attività o il servizio (ovviamente fungibili) non eseguiti (art. 2931); ✦ l'esecuzione forzata degli *obblighi di non fare*, consistente nel distruggere, a spese del debitore, quanto da lui fatto in violazione dell'obbligo (art. 2933); ✦ l'esecuzione specifica dell'*obbligo di concludere un contratto* (art. 2932), su cui torneremo più avanti, parlando del contratto preliminare (**34**.8).

2. La responsabilità patrimoniale del debitore come garanzia «generica» del credito. Patrimoni destinati e separati

L'esecuzione forzata, diretta ad attuare concretamente il diritto del creditore, ha come oggetto i beni del debitore, che concorrono a formare il suo patrimonio (inteso qui nella sua componente attiva: **7**.16). Si chiama **responsabilità patrimoniale** la *posizione del debitore, in quanto titolare di beni idealmente al servizio del creditore, ed esposti alle sue azioni esecutive*. Qui il significato di «responsabilità» non coincide con quello visto a proposito della «responsabilità» per inadempimento (**26**.1): non allude all'obbligo di risarcire un danno, ma al fatto che i beni del debitore sono vincolati a realizzare la soddisfazione (anche coattiva) del diritto del creditore. È assumendo questo diverso senso che talora si descrive l'*obbligazione* come formata da due elementi fondamentali: il **debito**, cioè *l'obbligo del debitore di tenere un determinato comporta-*

mento; e appunto la **responsabilità** (patrimoniale), cioè la *soggezione del suo patrimonio a garantire la soddisfazione del creditore.*

Qual è l'estensione di tale responsabilità? Vale, in generale, il principio della responsabilità patrimoniale **illimitata**: una norma che ci è nota, perché l'abbiamo incontrata parlando della persona giuridica (**12**.6), afferma che «*Il debitore risponde dell'adempimento delle obbligazioni con tutti i suoi beni presenti e futuri*» (art. 2740, c. 1). Dunque l'intero patrimonio del debitore è vincolato alla realizzazione del credito; *tutti i suoi beni* possono essere destinati coattivamente a soddisfare il diritto del creditore: sia quelli «presenti» nel patrimonio del debitore quando è nato il credito, sia quelli «futuri», cioè entrati successivamente nel suo patrimonio.

Quel principio costituisce la regola: ma la legge prevede eccezioni, stabilendo che in certi casi determinati beni del debitore non possono essere aggrediti dal creditore insoddisfatto, con un'azione esecutiva. Queste **limitazioni della responsabilità patrimoniale** possono avere giustificazioni diverse, e in particolare: ☞ l'esigenza di evitare che i debiti fatti nell'esercizio di certe attività organizzate coinvolgano l'intero patrimonio di chi le intraprende, per cui di quei debiti risponde solo il *patrimonio autonomo dell'organizzazione* creata a quel fine (autonomia patrimoniale perfetta delle persone giuridiche: **12**.5); ☞ l'esigenza di *non privare il debitore di beni essenziali per la sua vita e il suo lavoro* (beni che non possono assoggettarsi a espropriazione forzata: art. 514 e segg. c.p.c.); ☞ l'esigenza di *destinare certi beni del debitore a soddisfare solo certi suoi debiti, e non altri*, per cui quei beni formano idealmente un *patrimonio separato* dal resto del patrimonio del debitore: ad es., i beni dei coniugi, costituiti in *fondo patrimoniale*, non possono essere aggrediti dai loro creditori per crediti estranei ai bisogni della famiglia (**63**.11); i beni personali di chi ha *accettato l'eredità con beneficio d'inventario* non possono essere aggrediti dai creditori del defunto, che pure sono adesso creditori dell'erede (**69**.6). Il fenomeno dei **patrimoni destinati e separati** (destinati a una funzione specifica, e per questo idealmente separati dal resto del patrimonio del titolare, onde tenerli fuori dalla sua responsabilità patrimoniale) è in crescita: ne sono altri esempi il *trust* (**34**.10); i *finanziamenti dati a una società per uno specifico affare* (**53**.16); la separazione patrimoniale prevista in relazione ai *servizi d'investimento* (**59**.17).

Come si vede, le eccezioni al principio della responsabilità patrimoniale illimitata sono tutt'altro che marginali. Peraltro, sono anche *tipiche*, cioè sono *solo quelle stabilite da norme di legge*: limitazioni ulteriori e diverse non possono essere introdotte per accordo privato fra debitore e creditore (art. 2740, c. 2).

Spostando la visuale dal lato passivo al lato attivo del rapporto obbligatorio, possiamo dire che la responsabilità patrimoniale del debitore determina la garanzia patrimoniale del credito: il *patrimonio del debitore* è la *garanzia del credito*, nel senso che le prospettive di concreta soddisfazione del creditore (mediante l'esecuzione forzata) dipendono dal patrimonio del debitore, e più precisamente dall'entità e composizione del suo attivo. Si può aggiungere: garanzia «generica», per distinguerla dalle garanzie «specifiche» di cui diremo più avanti (**27**.11).

3. La conservazione della garanzia patrimoniale

Quanto maggiore è la consistenza del patrimonio del debitore, tanto più forte è la garanzia del credito, perché tanto più forte è la sicurezza del creditore di potersi soddisfare attraverso l'esecuzione forzata; e viceversa, se il patrimonio del debitore è scarso. Il creditore ha dunque *interesse che il patrimonio del debitore abbia la massima consistenza*: per questo, prima di fare credito a qualcuno, conviene accertare la consistenza patrimoniale del futuro debitore; e, una volta fatto credito, conviene al creditore che il patrimonio del debitore, se possibile, si arricchisca; in ogni caso, che non si impoverisca. In altre parole, il creditore ha interesse alla conservazione della garanzia patrimoniale. La legge ne tiene conto, offrendo al creditore diversi strumenti, che costituiscono **mezzi di conservazione della garanzia patrimoniale**.

Un paio li abbiamo già incontrati: ☞ il **diritto di ritenzione**, in base al quale *il creditore può trattenere nelle sue mani la cosa di proprietà del debitore*, rifiutandosi di riconsegnarla, fino a che il debitore non abbia pagato il suo debito, sorto in collegamento con la cosa stessa (**18**.13; **21**.19; per altre ipotesi v. ad es. gli art. 1006; 1011; 1502, c. 2); e ☞ la **decadenza del debitore dal termine**, quando il debitore diventa insolvente, ovvero rifiuta o diminuisce le garanzie dovute (**23**.8): grazie ad essa, il creditore può avviare subito l'esecuzione forzata, e quindi può contare su tutti i beni attualmente esistenti nel patrimonio del debitore, evitando il rischio di una loro futura dispersione.

Ma i più importanti mezzi di conservazione della garanzia patrimoniale sono *tre strumenti processuali*, che il creditore può attivare mediante apposite azioni giudiziarie: ☞ **azione surrogatoria**, ☞ **azione revocatoria** e ☞ **sequestro conservativo**. Queste azioni possono essere esercitate *anche se il credito non è né liquido né esigibile* (ad es. perché sottoposto a una condizione o a un termine non ancora scaduto); liquidità ed esigibilità del credito sono invece presupposti necessari per l'esecuzione forzata.

4. L'azione surrogatoria

Si immagini che il debitore trascuri di esercitare suoi diritti che, se esercitati, incrementerebbero il suo patrimonio: ad es., non provvede a esigere e riscuotere crediti che ha verso qualcuno, o a rivendicare sue cose in mano d'altri. Un tale comportamento può essere comprensibile dal suo punto di vista: egli sa che, se anche incassa quei denari o recupera quei beni, subito rischia di riperderli con l'esecuzione forzata promossa dal creditore. Ma è ovvio che un comportamento del genere potrebbe danneggiare il creditore, impedendo al patrimonio del debitore di raggiungere la consistenza necessaria per garantire efficacemente il credito.

In questa situazione, il creditore può tutelarsi esercitando l'azione surrogatoria, mediante la quale *il creditore si sostituisce al debitore, esercitando al suo posto i diritti e le azioni che a costui spettano verso terzi e che egli trascura di esercitare* (art. 2900).

I **presupposti** dell'azione sono: ☞ l'*inerzia del debitore*, che non esercita diritti o azioni che ha verso terzi; ☞ il *pregiudizio* che tale inerzia causa al creditore, rendendo *insufficiente la garanzia patrimoniale*; ☞ la *natura patrimoniale dei diritti o azioni* che il creditore intende esercitare in via surrogatoria: sono esclusi i diritti e le azioni di natura personale, anche se possono avere conseguenze patrimoniali vantaggiose (ad es., l'azione di disconoscimento della paternità, che farebbe cessare l'obbligo di mantenimento verso il figlio disconosciuto); e anche quelli che, pur avendo oggetto patrimoniale, presentano forti implicazioni personali (ad es., l'azione per ottenere l'aumento dell'assegno di mantenimento dovuto dal coniuge separato o divorziato).

L'**effetto** dell'azione è *incrementare il patrimonio del debitore*, arricchendolo dei valori che formano oggetto dei diritti o azioni esercitati in via surrogatoria. Su tali valori può soddisfarsi il creditore che l'ha esercitata; ma insieme con lui *possono soddisfarsi anche tutti gli altri creditori*, che non l'hanno esercitata.

5. L'azione revocatoria: requisiti

Mentre la surrogatoria reagisce contro una condotta passiva del debitore, la revocatoria reagisce contro una sua condotta attiva: è lo strumento dato al creditore per *reagire contro atti del debitore che minacciano l'integrità del suo patrimonio, diminuendolo o alterandolo in modo da rendere precarie le possibilità di soddisfacimento del credito.*

I requisiti necessari perché il creditore possa esercitarla sono indicati dall'art. 2901:

☞ occorre prima di tutto che il debitore abbia compiuto un **atto di disposizione patrimoniale**, cioè un qualsiasi *atto che incida sulla consistenza delle componenti attive del patrimonio del debitore*. Può essere un atto *gratuito*, che impoverisce seccamente il patrimonio (ad es. una donazione), ma anche un atto *oneroso*, come ad es. una vendita, che al posto della cosa venduta fa entrare nel patrimonio il denaro del prezzo: infatti per il creditore è più sicuro contare sulla presenza di beni «reali» anziché di denaro, che il debitore può più facilmente sottrarre all'esecuzione forzata, spendendolo o nascondendolo. Può anche essere un atto che non fa perdere al debitore la proprietà del bene: ad es. una locazione di lungo periodo (che rende il bene più difficilmente utilizzabile); e tanto più la *costituzione di una garanzia reale sul bene*, perché questa, attribuendo una preferenza al creditore cui è data, rischia di rendere quel bene indisponibile per tutti gli altri creditori (**27**.9). Invece *non è revocabile il pagamento di un debito scaduto* (art. 2901, c. 3), in quanto atto dovuto (potrebbero invece revocarsi il pagamento anticipato, e la dazione in pagamento);

☞ in secondo luogo, occorre che l'atto porti un **pregiudizio al creditore**, nel senso di *diminuire la garanzia patrimoniale al punto di rendere impossibile o difficile la soddisfazione del suo diritto*. Perciò l'azione non può essere esercitata se, nonostante l'atto di disposizione, nel patrimonio del debitore rimangono ancora beni sufficienti a coprire tutte le sue obbligazioni. Se non valesse questo requisito, si finirebbe per *paralizzare l'attività giuridica dei soggetti*, solo perché hanno qualche debito: chi ha un patrimonio di 10 milioni di euro, e debiti per 20.000, non potrebbe vendere una sua cosa del valore di poche migliaia di euro, per paura di vedersi revocare la vendita, e questo sarebbe assurdo;

☞ occorre poi la **mala fede del debitore**: e cioè che egli fosse *consapevole, compiendo l'atto, di portare pregiudizio al creditore*. La revocatoria può esercitarsi anche contro un *atto anteriore al sorgere del credito*: in tal caso non basta questa semplice consapevolezza del debitore, ma occorre qualcosa di più grave, e cioè la *dolosa preordinazione* dell'atto al fine di frodare il creditore;

☞ c'è infine un ulteriore requisito, solo eventuale. L'azione revocatoria non si limita a coinvolgere creditore e debitore, ma tocca anche il *terzo che, per effetto dell'atto di disposizione, ha ricevuto il bene*, e che sarebbe danneggiato dagli effetti della revoca (**27**.6). Per tenere conto del suo interesse, la legge richiede anche la **mala fede del terzo**, e cioè la sua consapevolezza del pregiudizio che l'atto porta al creditore. Questo requisito, però, vale *solo se il terzo ha acquistato a titolo oneroso*; non vale se il suo acquisto è gratuito, nel qual caso l'atto può essere revocato anche se il terzo era in buona fede. Il requisito si ispira al principio di *tutela dell'affidamento*: e l'esigenza di tutelare l'affidamento è fortissima nel campo degli atti onerosi, cioè degli affari; molto meno forte nel campo degli atti gratuiti, estranei alla logica degli affari.

La *costituzione di una garanzia* (come pegno o ipoteca) si considera atto *oneroso*, ma solo se è *contestuale* al credito garantito (art. 2901, c. 2).

6. Effetti dell'azione revocatoria

L'effetto dell'azione revocatoria non consiste nel rendere l'atto invalido, e nel far rientrare il bene nel patrimonio del debitore. L'atto *rimane valido* e continua a produrre i suoi *effetti fra il debitore e il terzo acquirente*, il quale *conserva la proprietà* del bene acquistato.

L'azione revocatoria produce la semplice **inefficacia relativa dell'atto**: questo diventa *inefficace solo nei confronti del creditore* che ha esercitato l'azione. In concreto, per lui è come se l'atto non fosse stato compiuto: egli può quindi esercitare sul bene oggetto dell'atto revocato le *azioni esecutive e conservative* necessarie per realizzare concretamente il suo credito (compresa la vendita forzata), anche se il bene in questione non è più del debitore, ma è di un terzo estraneo al rapporto obbligatorio (art. 2902, c. 1). In questo senso, può vedersi qui una deroga al principio per cui il diritto di credito non è opponibile ai terzi (**19**.3). Si badi: il potere di agire sul bene spetta *solo al creditore che ha esercitato l'azione*, non anche agli altri creditori (a differenza di quanto si è visto per l'azione surrogatoria).

Con l'esecuzione forzata, il terzo acquirente perde la proprietà del bene. A fronte di questa perdita, nasce il suo *diritto al risarcimento verso il debitore*: ma egli non può soddisfarlo con il ricavato dell'esecuzione forzata, se non dopo l'integrale soddisfazione del creditore che ha esercitato la revocatoria (art. 2902, c. 2).

La situazione può complicarsi *se il terzo acquirente ha ritrasferito il bene a un altro terzo*. Scatta anche qui la tutela dell'affidamento: il terzo subacquirente salva il suo acquisto se ha acquistato a *titolo oneroso* e se era *in buona fede* al momento dell'acquisto (art. 2901, c. 4). In caso contrario (mala fede, o acquisto gratuito), il creditore può aggredire il bene anche in danno del terzo subacquirente.

La *prescrizione* dell'azione revocatoria è di *cinque anni* dalla data dell'atto da revocare (art. 2903).

Quella appena illustrata è l'azione revocatoria *ordinaria*. Una disciplina speciale riceve l'azione revocatoria che può esercitarsi, nell'ambito delle *procedure di liquidazione giudiziale*, contro gli atti pregiudizievoli per i creditori compiuti dall'impresa prima della procedura (**61**.7).

7. Il sequestro conservativo

Il sequestro conservativo si realizza attraverso un *processo cautelare* (**9**.9), e quindi presuppone l'esistenza dei due **requisiti** tipici dell'azione corrispondente: ☞ il *fumus boni iuris*, cioè la verisimiglianza (qualcosa di meno della piena prova) del diritto di credito; e ☞ il *periculum in mora*, cioè il rischio che, se non si interviene subito, il debitore diminuirà la garanzia patrimoniale in modo da rendere impossibile l'attuazione del diritto (art. 2905; art. 671 e segg. c.p.c.).

L'**effetto** è che il debitore, pur rimanendo proprietario dei beni sequestrati, non può alienarli; e se viola il divieto gli *atti di alienazione* sono *inefficaci* per il creditore sequestrante (art. 2906, c. 1).

8. Sovraindebitamento e insolvenza: rinvio

Se un debitore ha pochi beni ma anche pochi debiti, i suoi creditori possono stare tranquilli; e così pure se il debitore ha molti debiti ma anche molti beni: in entrambi i casi fra beni e debiti c'è una relazione proporzionata, di adeguatezza, per cui i beni sono una garanzia patrimoniale sufficiente per i creditori. Le cose si fanno problematiche quando *fra beni e debiti c'è sproporzione: il debitore ha una massa di debiti eccessiva rispetto alla consistenza dei suoi beni*, che costituiscono una garanzia patrimoniale insufficiente.

Situazioni del genere mettono a rischio la soddisfazione del creditore, e si chiamano (a seconda della tipologia di debitore) sovraindebitamento oppure insolvenza. Nella sua preoccupazione di proteggere i creditori (e con essi il credito, funzione essenziale in ogni economia evoluta), la legge dedica ad essa una speciale e complessa disciplina, contenuta nel c.c.i.i. (**61**).

9. La parità di trattamento dei creditori

Finora abbiamo affrontato il problema della garanzia del credito, con riguardo al rapporto fra creditore e debitore. Ma il problema si pone anche con riguardo al *rapporto fra i diversi creditori di uno stesso debitore*; e, da questo punto di vista, si pone soprattutto quando il patrimonio del debitore è insufficiente per la piena soddisfazione di tutti i creditori. La questione allora è: quali debitori vanno sacrificati, e in quale misura?

La legge afferma il principio della parità di trattamento dei creditori: questi hanno tutti «*eguale diritto di essere soddisfatti sui beni del debitore*» (art. 2741, c. 1). È un principio molto generale e anche un po' astratto, perché non sempre porta al risultato per cui i tutti i creditori sono trattati nello stesso modo: anzi, questo è un risultato che si verifica molto di rado. Il significato del principio è solo questo: *non esiste nessun criterio generale che permetta di stabilire una graduatoria fra i crediti*, per cui alcuni devono essere soddisfatti prima, e altri dopo (e solo se resta qualche bene del debitore). Una graduatoria del genere sarebbe teoricamente possibile (ad es. stabilendo che prima vanno soddisfatti i crediti più vecchi e poi i più recenti, o viceversa; o prima i più grossi e poi i più piccoli, o viceversa): ma nel nostro sistema non esiste.

In base al principio di pari trattamento, se un debitore ha beni per 150.000 euro, e contemporaneamente fanno azione esecutiva contro di lui A, creditore per 200.000 euro, e B, creditore per 100.000, i due creditori verrebbero sacrificati e soddisfatti nella stessa percentuale (del 50%): A otterrebbe 100.000 euro, e B 50.000. Ma non sempre il risultato è così egualitario, perché diversi fattori possono intervenire a impedirlo, determinando nei fatti una differenza di trattamento fra i creditori:

☞ il primo è la *possibilità che il debitore paghi spontaneamente i suoi debiti secondo l'ordine preferito*. S'immagini che, poco prima dell'azione esecutiva di A e B, il debitore avesse altri 500.000 euro e che li abbia usati tutti per pagare C, creditore per quella somma: il risultato è che – dei tre creditori – C resta soddisfatto per intero, A e B solo per metà (ciò è possibile perché, come sappiamo, il pagamento del debito scaduto è un atto non revocabile dagli altri creditori);

☞ un secondo fattore è il meccanismo dell'**esecuzione individuale**, per cui *ogni creditore è libero di esercitare l'azione esecutiva da solo, indipendentemente dagli altri creditori*. Si immagini che, dopo l'azione esecutiva di A e B, si faccia avanti un quarto creditore D, che deve avere 300.000 euro: costui non ottiene nulla, perché il patrimonio del debitore è oramai esaurito. Il risultato è ancora meno paritario: dei quattro creditori, uno è soddisfatto completamente, due al 50%, e uno resta completamente insoddisfatto. Un'attuazione più piena ed effettiva della parità di trattamento dei creditori (impedita dal meccanismo dell'esecuzione individuale) si avrebbe se si applicasse il diverso meccanismo dell'**esecuzione concorsuale**: in base a esso, sui beni del debitore si apre un'*unica procedura esecutiva a cui partecipano insieme tutti i creditori, ciascuno dei quali viene così soddisfatto nella stessa proporzione degli altri*. Ma nel nostro sistema il metodo dell'esecuzione concorsuale costituisce *non la regola, bensì l'eccezione*: il caso più importante è rappresentato dalle procedure di regolazione della crisi e dell'insolvenza delle imprese (**61**). Altri casi in cui per pagare i diversi creditori dello stesso debitore si usa un metodo concorsuale sono: la *liquidazione delle associazioni e delle fondazioni* (**12**.10); gli accordi per sistemare *crisi da sovraindebitamento* (**27**.19); il pagamento dei *creditori del defunto*, la cui eredità sia stata accettata con *beneficio d'inventario* (**69**.6);

☞ ma il fattore più importante, che può portare alla vanificazione pratica del principio di pari trattamento dei creditori, emerge dalla stessa norma, la quale ammette la possibilità che *alcuni crediti, e non altri*, siano assistiti da **«cause legittime di prelazione»** (art. 2741, c. 1).

10. Le cause legittime di prelazione

Le cause legittime di prelazione sono quegli elementi, propri solo di determinati crediti, che attribuiscono ad essi il *diritto di essere soddisfatti, su determinati beni del debitore, prioritariamente rispetto agli altri crediti.* I crediti possono perciò essere classificati in due grandi categorie, e l'appartenenza all'una o all'altra è spesso decisiva per sapere se il credito verrà concretamente soddisfatto, e in che misura: ☞ i **crediti con prelazione** (o più comunemente crediti **privilegiati**) sono quelli *assistiti da una causa di prelazione*, il che aumenta grandemente la probabilità della loro concreta soddisfazione; ☞ i **crediti chirografari** sono quelli *non assistiti da nessuna causa di prelazione*: possono essere soddisfatti *solo dopo l'integrale soddisfazione dei crediti con prelazione* (e quindi solo se nel patrimonio del debitore sia avanzato qualcosa); per essi è molto più alto il rischio di non avere effettiva realizzazione.

Le cause legittime di prelazione sono tre: ☞ il privilegio; ☞ il pegno; e ☞ l'ipoteca (art. 2741, c. 2). Il **pegno** e l'**ipoteca** sono *diritti reali di garanzia* o, come anche si dice, *garanzie reali*: se ne parlerà nel prossimo capitolo. Invece il **privilegio** non è (o almeno non sempre) un autonomo diritto reale che si affianca al diritto di credito per garantirlo, ma è piuttosto una *qualità del credito, attribuita al credito stesso dalla legge.*

11. I privilegi

Il legislatore valuta che determinati crediti debbano essere anteposti, in sede di esecuzione forzata, ad altri crediti verso il medesimo debitore: ciò *in ragione della «causa del credito»* (art. 2745), cioè del particolare titolo da cui il credito nasce, e che lo rende meritevole di maggiore tutela. Stabilisce allora che tali crediti sono assistiti da privilegio *su determinati beni del debitore*: con la conseguenza che questi beni sono riservati prioritariamente a soddisfare quei crediti, e solo dopo la loro integrale soddisfazione possono (ammesso che resti ancora qualcosa) venire destinati ai creditori chirografari.

A seconda del loro **oggetto**, cioè dei beni del debitore su cui gravano, i privilegi si distinguono in due categorie (art. 2746): ☞ il privilegio **generale** ha per oggetto *tutti i beni mobili del debitore*. Fra i crediti assistiti da privilegio generale la legge indica le retribuzioni dei lavoratori subordinati, i crediti tributari e previdenziali, e così via (art. 2751 e segg.); ☞ il privilegio **speciale** ha per oggetto *singoli beni determinati, mobili o immobili*, che presentano una *particolare connessione con la causa del credito*; ad es., il credito dell'albergatore verso il cliente ha privilegio sulle cose portate da quest'ultimo in albergo (art. 2760, c. 1); il credito del vettore, relativo al compenso per il trasporto, ha privilegio sulle cose trasportate (art. 2761, c. 1).

I due tipi di privilegio hanno **efficacia** diversa:

☞ il privilegio **generale** ha un'efficacia più ridotta: *non può esercitarsi in pregiudizio dei terzi* che abbiano acquistato diritti sui beni che ne formano oggetto (art. 2747, c. 1); perciò, se il debitore ha trasferito a un terzo un suo bene mobile, anche dopo la nascita del credito privilegiato, su questo bene il creditore non può soddisfarsi;

☞ invece il privilegio **speciale su beni mobili** ha un'efficacia superiore: *può esercitarsi anche in pregiudizio dei terzi* che abbiano acquistato i beni dopo il sorgere del privilegio stesso (cioè del credito privilegiato): dunque il creditore può sottoporre a esecuzione forzata il bene, anche se questo non appartiene più al debitore, che nel frattempo lo ha trasferito a un terzo (art. 2747, c. 2). In altre parole, il privilegio speciale sui mobili è *opponibile ai terzi*: ha perciò una caratteristica che lo accomuna ai *diritti reali*. E difatti qualcuno lo classifica fra i diritti reali di garanzia (**27**.11). Questa particolare efficacia del privilegio speciale è però subordinata a una condizione: che *continui a sussistere la «particolare situazione» cui la legge ricollega il privilegio.* Ad es., il privilegio dell'albergatore sussiste, ed è opponibile ai terzi, solo fino a che il bagaglio del cliente resta in albergo (art. 2760, c. 1); quello del vettore sussiste, ed è opponibile ai terzi, solo fino a che le cose trasportate rimangono presso di lui (art. 2761, c. 1). La ragione è chiara: quella certa situazione è un *segnale*, da cui i terzi possono capire che il bene in questione può dare qualche problema a chi lo acquista; l'esigenza che in tal modo si vuole soddisfare è un'esigenza di *pubblicità*, a tutela dei terzi (**9**.4). La stessa esigenza può essere soddisfatta anche in altri modi: ad es. il privilegio del venditore di macchine, per il credito relativo al loro prezzo, è subordinato alla trascrizione dei relativi documenti in un apposito registro, e si estingue se la macchina esce dal possesso del compratore o viene spostata in altro luogo (art. 2762).

I privilegi determinano una graduatoria, per cui i crediti chirografari sono posposti ai privilegiati. Ma esiste anche una *graduatoria interna fra i diversi crediti privilegiati*, in base a cui alcuni sono «più privilegiati» di altri, e hanno precedenza. nel ricevere soddisfazione. La graduatoria è fissata dalla legge, che stabilisce in dettaglio l'«ordine dei privilegi» (art. 2777 e segg.).

Il sistema dei privilegi risulta così molto complesso e anche un po' disordinato, sicché la l. delega 155/2017 ne ha prospettato la riforma (art. 10): ma il legislatore delegato non ha provveduto.

12. Garanzie «specifiche»: i diritti reali di garanzia

L'intero *patrimonio del debitore* costituisce la garanzia del credito, nel senso che abbiamo visto: si parla, al riguardo, di *garanzia generica*. Si parla invece di garanzia specifica quando non un intero patrimonio, ma *determinati beni* vengono destinati a garantire un credito, e lo *garantiscono in modo particolarmente forte e sicuro*. La garanzia specifica si realizza attraverso due figure: il **pegno** e l'**ipoteca**, accomunate al privilegio in quanto sono anch'esse *cause legittime di prelazione*. Dal privilegio si distaccano invece sia per la loro natura di *diritti reali*, sia perché normalmente nascono per un *atto di autonomia privata*, cioè in base a una libera scelta degli interessati (mentre il privilegio è stabilito dalla legge).

La garanzia specifica dà al creditore che abbia pegno (*creditore pignoratizio*) o ipoteca (*creditore ipotecario*) due diritti fondamentali riguardo al bene costituito in garanzia: ☞ un **diritto di seguito**, cioè la *possibilità di aggredire il bene, e sottoporlo a esecuzione forzata, anche se è uscito dal patrimonio del debitore* per essere stato nel frattempo trasferito a un terzo (cosa non possibile con i beni costituenti la garanzia generica, se non attraverso l'azione revocatoria); questa caratteristica, che si esprime dicendo che la garanzia è *opponibile ai terzi*, deriva dal fatto che pegno e ipoteca sono *diritti reali* (**19**.3); ☞ un **diritto di prelazione**, cioè la *possibilità di soddisfarsi sul bene con priorità rispetto agli altri creditori*, che su quel bene potranno a loro volta soddisfarsi solo se avanzi qualcosa dopo l'integrale soddisfazione del creditore garantito.

Oltre alle due prerogative appena viste, pegno e ipoteca presentano altri elementi in comune. Vale per entrambi: ☞ il principio di **accessorietà**: pegno e ipoteca sono accessori e *strumentali al credito garantito, e non potrebbero esistere indipendentemente da esso*; se il credito si estingue per qualsiasi ragione, si estinguono anche le garanzie; se risulta che il credito non esiste (ad es. perché il suo titolo non è valido), è invalido anche l'atto di costituzione della garanzia; ☞ l'esigenza di **pubblicità**, cioè di mezzi idonei a segnalare all'esterno che su quel bene grava la garanzia reale; l'esigenza punta a *tutelare i terzi interessati all'acquisto*, avvertendoli dell'esistenza di un vincolo sul bene, che – in quanto a loro opponibile – li espone al rischio di perdere poi il bene stesso per l'azione esecutiva del creditore; ☞ la regola della **surrogazione reale**, per cui se la cosa oggetto della garanzia (ma anche del privilegio) è *distrutta o danneggiata*, e un assicuratore deve per questo pagare un'indennità, tale indennità assicurativa va impiegata per il ripristino o la riparazione della cosa, oppure resta vincolata al pagamento del credito garantito (art. 2742); ☞ il divieto del **patto commissorio**, di cui diremo più avanti (**27**.17).

Pegno e ipoteca si differenziano per il *tipo di beni* che ne formano oggetto.

13. Il pegno, e le garanzie mobiliari non possessorie

Il pegno è il diritto reale di garanzia costituito sopra: ☞ **beni mobili non registrati**; oppure ☞ **universalità di mobili**; ☞ oppure **crediti** (art. 2784, c. 2). Il bene può essere di proprietà *del debitore*, o anche *di un terzo* che accetta di vincolarlo per il debito altrui (art. 2784, c. 1). Vediamo le regole principali:

☞ la **costituzione** del pegno presuppone due elementi, entrambi essenziali: ✦ il **titolo costitutivo**, rappresentato dall'accordo (che dà luogo a un *contratto*) fra il proprietario della cosa e il creditore; tale contratto deve risultare da un *atto scritto con data certa* (art. 2787, c. 3); ✦ lo **spossessamento**, consistente nel fatto che *il proprietario rilascia il possesso della cosa, consegnandola al creditore o a un terzo* scelto d'intesa fra le parti, che ne acquista il possesso e la custodia (art. 2786). Senza lo spossessamento, il pegno non nasce; se esso viene meno in seguito, perché la cosa esce dal possesso del creditore o del terzo custode, il creditore non può far valere la prelazione (art. 2787, c. 2). Lo spossessamento è essenziale, perché realizza l'indispensabile *funzione di pubblicità* di cui si è detto sopra (ma per una recente deroga v. in fine di paragrafo);

☞ quanto all'**esercizio** del diritto: ✦ il creditore che ha nelle sue mani la cosa data in pegno deve *custodirla* (art. 2790); di regola non può usarla né farla usare da altri (art. 2792); però può *percepirne i frutti*, a parziale scomputo del suo credito (art. 2791); ✦ una volta che il debitore abbia pagato integralmente il proprio debito, può esigere la *restituzione* della cosa (art. 2794): se però il pegno ha per oggetto *cose fungibili* (ad es., un certo quantitativo di titoli di Stato), basta restituire lo stesso quantitativo di cose dello stesso genere (c.d. *pegno irregolare*). Di fronte a un pagamento solo parziale, il pegno resta fermo nella sua interezza a garantire il credito residuo, anche se la cosa è divisibile (*indivisibilità* del pegno: art. 2799); ✦ se invece il credito, alla scadenza, non viene spontaneamente adempiuto, il creditore *può far vendere la cosa* secondo una particolare procedura pubblica (art. 2796 e segg.), e quindi prelevare dalla somma ricavata quanto gli è dovuto. Ciò che eventualmente residua serve a pagare i creditori chirografari; oppure, se non ci sono altri creditori, viene attribuito al debitore; ✦ per evitare le lungaggini della procedura di vendita forzata, il creditore può domandare al giudice che *la cosa, dopo essere stata stimata, gli venga direttamente attribuita in proprietà*, a soddisfazione parziale o totale (e salvi eventuali conguagli) del suo credito (art. 2798).

Oltre che una cosa mobile non registrata o una universalità di mobili, il pegno può avere per oggetto un credito, che il debitore vanti ad es. verso X. Anche il **pegno di credito** deve risultare da *atto scritto*; inoltre, non essendo qui ipotizzabile il materiale spossessamento del debitore, per realizzare la necessaria funzione di *pubblicità* occorre che la costituzione del pegno venga *notificata al debitore del debitore* (cioè a X), o sia da costui *accettata* con scrittura di *data certa* (art. 2800). Solo a questo punto, infatti, X è messo in grado di sapere che non deve pagare al suo creditore, ma al creditore (pignoratizio) del suo creditore: è evidente l'analogia con quanto previsto in materia di cessione del credito (**24**.3). Alla scadenza del credito dato in pegno, *il creditore pignoratizio lo riscuote*: utilizza quindi il ricavato per soddisfare il proprio credito, con modalità diverse a seconda che questo sia già scaduto o no (art. 2803).

Un altro caso di pegno senza spossessamento (**pegno non possessorio**) è stato introdotto di recente. Si costituisce *su beni mobili destinati all'esercizio di un'impresa, per garantire crediti verso l'impresa stessa*: mantenendo il possesso, l'impresa debitrice può continuare a utilizzare i beni per la sua attività produttiva. La *funzione pubblicitaria* normalmente svolta dallo spossessamento si realizza in altro modo: con l'*iscrizione del pegno in apposito registro informatizzato* (l. 119/2016). Ma adesso si annuncia l'estensione dello schema al di là di questa ipotesi specifica: l'art. 11 l. 155/2017 delega il Governo a emanare un decreto che introduca un *modello generale di garanzie non possessorie*, applicabile a qualunque debitore e a qualunque tipo di bene mobile (compresi quelli immateriali, futuri, indeterminati ma determinabili); e consenta al creditore di *escutere la garanzia al di fuori di un processo di esecuzione forzata*, purché il valore del bene sia determinato in modo oggettivo, e l'eventuale eccedenza vada al debitore, secondo lo schema del *patto marciano* (**27**.17).

14. L'ipoteca: oggetto, costituzione, titoli

Come il pegno, l'ipoteca è un diritto reale di garanzia, che attribuisce al creditore ipotecario il diritto di seguito e il diritto di prelazione sul bene ipotecato (art. 2808, c. 1). E anche l'ipoteca può costituirsi sia su un *bene del debitore* sia sul *bene di un terzo* (art. 2808, c. 2). Differisce dal pegno per l'**oggetto**.

Infatti si costituisce su: ☞ *beni immobili*; o ☞ *diritti reali immobiliari* (e precisamente superficie, enfiteusi, usufrutto su immobili); poi ☞ *beni mobili registrati* (autoveicoli, navi e aeromobili), e ☞ *diritti reali sugli stessi*; poi ancora ☞ *rendite dello Stato*; e infine ☞ *quote di comunione* dei diritti precedenti (art. 2810). Questi tipi di beni hanno un elemento comune: sono tutti soggetti a un particolare regime di pubblicità, attraverso l'iscrizione in *pubblici registri* (**7**.5-6). La stessa caratteristica presenta un altro bene: il brevetto industriale, soggetto a trascrizione presso l'apposito ufficio (**57**.3); e siccome anche un *brevetto* può costituirsi in garanzia (art. 138-140 c.p.i.), tale garanzia è assimilabile all'ipoteca.

L'elemento pubblicitario condiziona il modo stesso in cui l'ipoteca nasce. Infatti per la **costituzione** dell'ipoteca occorrono *due requisiti*: ☞ un **titolo** che la giustifichi; e ☞ l'**iscrizione nei pubblici registri**, relativi al bene che ne forma oggetto (registri immobiliari, registro automobilistico, registro navale, registro aeronautico, ecc.).

A seconda del **titolo** che giustifica la costituzione dell'ipoteca, questa può essere di tre tipi (art. 2808, c. 3):

☞ l'ipoteca **volontaria** (art. 2821) nasce in base a un *atto giuridico compiuto dal proprietario del bene*. Può trattarsi di un *contratto* concluso con il creditore, o anche di un *atto unilaterale* del concedente (ma solo di un atto *fra vivi*, giacché l'ipoteca non si può disporre per testamento). L'atto richiede la forma dell'*atto pubblico* o della *scrittura privata autenticata* (**9**.19-20);

☞ l'ipoteca **giudiziale** è quella che ogni creditore può iscrivere sui beni del debitore in base a *sentenza o altro provvedimento giudiziario che condanni il debitore* stesso a pagare una somma, a eseguire un'altra obbligazione o a risarcire un danno, anche se non ancora liquidato (art. 2818);

☞ l'ipoteca **legale** è quella che può iscriversi su beni di proprietà del debitore, in alcuni casi previsti dalla legge (art. 2817). I principali sono due: ✦ l'ipoteca dell'*alienante*, che si può iscrivere sull'immobile venduto, a garanzia del credito che il venditore ha verso il compratore-debitore per il pagamento del prezzo; ✦ l'ipoteca del *condividente*, che grava sugli immobili assegnati ad alcuni dei condividenti a garanzia degli altri condividenti che abbiano diritto a conguaglio (**17**.5). In entrambi i casi l'iscrizione dell'ipoteca è automatica: il conservatore dei registri immobiliari, nel trascrivere un atto di alienazione o divisione, deve iscrivere d'ufficio ipoteca a favore dell'alienante o del condividente, salvo che ci sia l'espressa rinuncia dell'avente diritto (art. 2834).

15. Iscrizione e grado dell'ipoteca

L'esistenza del *titolo non è sufficiente* per costituire l'ipoteca: questa nasce soltanto attraverso l'iscrizione nei pubblici registri (art. 2808, c. 2). L'**iscrizione** ha, per l'ipoteca, la medesima *funzione di pubblicità* che per il pegno ha lo spossessamento della cosa: avvertire ogni terzo che su quel bene grava un diritto reale di garanzia, che lo assoggetta all'azione esecutiva del creditore. E poiché senza iscrizione l'ipoteca non nasce, si tratta di *pubblicità costitutiva* (**9**.7).

Sullo stesso bene possono gravare *più ipoteche*, iscritte da creditori diversi. L'*ordine cronologico dell'iscrizione* determina il **grado** di ciascuna, espresso attraverso numeri progressivi (art. 2852). E il grado delle diverse ipoteche determina l'*ordine di priorità* con cui, in caso di vendita forzata del bene, vengono soddisfatti i relativi creditori: in pratica, chi ha iscritto prima la sua ipoteca ha maggiori possibilità di soddisfare il suo credito.

L'iscrizione ha *efficacia per 20 anni*, dopodiché l'ipoteca *si estingue* (art. 2847). Il creditore può allora reiscriverla, facendo una **nuova iscrizione**: però l'ipoteca reiscritta non conserva il grado che aveva prima, ma *prende grado dalla data della nuova iscrizione*, e quindi diventa l'ultima della serie; inoltre, se un *terzo* aveva in precedenza acquistato il bene, e *trascritto l'acquisto*, la nuova iscrizione non si può fare contro di lui (art. 2848). Questo può evitarsi, se il creditore, *prima che scada il ventennio*, fa la **rinnovazione** dell'iscrizione (art. 2847): l'ipoteca rinnovata *conserva il grado originario e l'opponibilità ai terzi.*

16. L'estinzione dell'ipoteca

L'estinzione dell'ipoteca può avvenire per diverse **cause**, fra cui: ☞ l'*estinzione del credito* garantito; ☞ la *distruzione del bene* ipotecato; ☞ la *rinuncia* del creditore ipotecario; ☞ la *scadenza* del termine eventualmente apposto all'ipoteca; ☞ la *vendita forzata* del bene in seguito alla procedura esecutiva promossa dal creditore; ☞ la *scadenza del ventennio* senza che si proceda a rinnovazione (peraltro l'ipoteca può rivivere, grazie a una nuova iscrizione).

Verificatasi una causa di estinzione dell'ipoteca, questa viene cancellata dai registri: solo con la **cancellazione** il bene è liberato dal vincolo. Si esegue con un'*apposita annotazione* in margine all'iscrizione: lo scopo è rendere pubblico il fatto che il bene è tornato libero. Per i suoi effetti, la cancellazione è un atto molto delicato: per questo presuppone o il formale consenso del creditore, o un provvedimento giudiziario che la ordini (art. 2882 e segg.).

Cosa diversa è la **riduzione** dell'ipoteca, che può aversi quando si registra un'eccessiva *sproporzione* fra il *valore del credito* garantito e il *valore del bene* ipotecato o la *somma* per cui l'ipoteca è iscritta (ad es. perché pagamenti parziali fatti dal debitore hanno ridotto l'ammontare del credito): in tal caso si riduce la somma per cui l'ipoteca risulta iscritta, oppure si restringe l'iscrizione a una parte soltanto dei beni ipotecati (art. 2872 e segg.).

17. L'ipoteca su bene del terzo

Il bene ipotecato può risultare di proprietà di un terzo, diverso dal debitore, in due casi: perché *è il terzo stesso che fin dall'inizio ha costituito l'ipoteca* (terzo datore d'ipoteca); o perché *il bene, originariamente del debitore costituente, è stato in seguito trasferito a un terzo* (terzo acquirente del bene ipotecato). I due casi hanno un trattamento alquanto diverso, soprattutto con riguardo all'ipotesi che il debitore non adempia, e il creditore intenda quindi procedere all'esecuzione forzata:

☞ il **terzo datore d'ipoteca** che voglia evitare l'esecuzione forzata ha un solo mezzo: *pagare egli stesso* i creditori; se non lo fa, deve rassegnarsi a subire la vendita forzata del suo bene. In entrambi i casi potrà poi esercitare *azione di regresso contro il debitore*, per farsi rimborsare della perdita subita (art. 2871);

☞ al **terzo acquirente del bene ipotecato**, che voglia evitare l'esecuzione forzata, la legge offre qualche possibilità in più (art. 2858 e segg.). Egli ha tre alternative, fra cui può scegliere: ✦ *pagare* egli stesso i debiti ipotecari; ✦ *rilasciare* il bene a un amministratore nominato dal tribunale: la procedura esecutiva si svolge allora nei confronti dell'*amministratore*, evitando al terzo di essere coinvolto in una situazione sgradevole; ✦ realizzare la c.d. *purgazione dell'ipoteca* (art. 2889 e segg.): a tal fine, deve *offrire ai creditori una somma pari al prezzo* che ha pagato per il bene (o al valore da lui stimato, se ha fatto l'acquisto a titolo gratuito); se i creditori fanno acquiescenza, il bene è liberato col deposito della somma da parte del terzo. Qualche creditore potrebbe non accontentarsi della somma offerta: può allora chiedere l'espropriazione, ma solo se contestualmente offre di acquistare egli stesso il bene per un prezzo che superi di almeno il 10% quello offerto dal terzo.

C'è un'altra regola a favore del terzo acquirente: normalmente l'ipoteca non si estingue per *prescrizione*; in via eccezionale si prescrive, a beneficio del terzo, nel termine di 20 anni dalla trascrizione del suo acquisto (art. 2880).

18. Il divieto del patto commissorio

Il patto commissorio è il *patto fra debitore e creditore, con cui si stabilisce che, in caso d'inadempimento, la cosa ipotecata o data in pegno passi automaticamente in proprietà al creditore*, il quale in tal modo si soddisfa senza ricorrere alle procedure pubbliche di esecuzione forzata.

Questo patto è *vietato dalla legge*, che lo dichiara *nullo* (art. 2744). La ragione sta in una *esigenza di tutela del debitore*: il creditore potrebbe approfittare del bisogno del debitore per imporgli un risultato economico pesantemente svantaggioso, come accade tutte le volte che il valore della cosa data in garanzia superi l'ammontare del debito.

Può accadere che le parti cerchino di *aggirare il divieto*, facendo un patto apparentemente diverso dal patto commissorio, ma che in sostanza raggiunge lo stesso risultato pratico di garantire il creditore attribuendogli in proprietà una cosa del debitore. Questo risultato potrebbe raggiungersi per es. attraverso una *vendita con patto di riscatto* (**38**.12). Il «prezzo» pagato è in realtà la somma data a credito, e il «venditore» è in realtà il debitore della somma: se alla scadenza la restituisce, recupera la proprietà della cosa; se invece non adempie l'obbligo di restituzione (e dunque non esercita il riscatto), la cosa rimane definitivamente in proprietà del creditore, che in questo modo si soddisfa (c.d. *vendita a scopo di garanzia*). Ma i giudici sanno smascherare questa elusione del divieto legale, che realizza una *frode alla legge* (**35**.9). Essi riconoscono che, sotto l'apparente vendita con patto di riscatto, le parti hanno compiuto un atto che produce gli stessi effetti pratici del patto commissorio, e lo dichiarano nullo.

Una variante del patto commissorio è il **patto marciano**: prevede che *se il valore del bene attribuito al creditore supera l'ammontare del credito, la differenza va riversata al debitore*. Proprio questa salvaguardia dell'interesse del debitore porta la giurisprudenza a considerarlo *lecito*; di recente lo ha riconosciuto anche il legislatore, che lo prevede e lo regola nel campo dei debiti per la restituzione di finanziamenti bancari (l. 119/2016; d.lgs. 72/2016).

19. Garanzie reali e garanzie personali

Pegno e ipoteca sono **garanzie reali**, perché il modo in cui garantiscono il credito consiste nell'attribuire al creditore un *diritto reale*. Lo stesso obiettivo si può perseguire anche in modo diverso, e cioè munendo il credito di **garanzie personali**.

La più tipica garanzia personale deriva dal contratto di *fideiussione* (**41**.1); altre si realizzano con le *lettere di «patronage»* e con il *contratto autonomo di garanzia* (**41**.2). Con la fideiussione una persona diversa dal debitore, chiamata fideiussore, garantisce al creditore l'adempimento del debito altrui, assumendolo anche su di sé: il fideiussore diventa obbligato insieme con il debitore, per lo stesso suo debito. Se il debitore è inadempiente, il creditore può chiedere il pagamento al fideiussore ed eventualmente sottoporre anche i suoi beni a esecuzione forzata. La garanzia del credito è perciò costituita non solo dal patrimonio del debitore, ma anche dal patrimonio del fideiussore.

Anche il fideiussore, così come il terzo datore di pegno o di ipoteca, garantisce il debito altrui. Ma fra le due forme di garanzia esistono differenze, che si legano proprio alla natura personale della prima, e reale della seconda. La garanzia personale ha un *oggetto più ampio*: il terzo datore garantisce solo con il bene dato in pegno o ipoteca (e il creditore non può aggredire altri suoi beni), mentre *il fideiussore garantisce con l'intero suo patrimonio*, perché il creditore può aggredire qualunque suo bene. Ma la garanzia che il patrimonio del fideiussore offre al creditore è *garanzia generica*, non specifica: e questa è una differenza che va a vantaggio del pegno e dell'ipoteca. Infatti, mentre la garanzia reale dà al creditore una sicurezza forte come quella basata sui diritti di seguito e di prelazione, la garanzia personale ha un'efficacia meno intensa. Infatti *sui beni del fideiussore il creditore non ha diritto né di seguito né di prelazione*: se il fideiussore aliena a terzi un suo bene, questo, a differenza della cosa ipotecata o data in pegno, cessa di garantire il credito (salva la possibilità di esercitare l'azione revocatoria: **27**.5-6); e altri creditori del fideiussore possono aggredire i suoi beni prima che il creditore garantito prenda analoga iniziativa, esaurendoli tutti e così praticamente vanificando la garanzia personale.

Il grado di sicurezza dato da una garanzia personale dipende dunque dalla solidità patrimoniale del garante, e dalla sua prontezza a pagare: la fideiussione di una banca o di una compagnia di assicurazione rende il creditore molto sicuro; quella di un tizio con pochi mezzi e scarsa affidabilità, vale poco o nulla.

VI
IL CONTRATTO

28
LA DEFINIZIONE DEL CONTRATTO

1. Il contratto nel sistema del diritto privato

Il contratto è forse l'istituto più importante dell'intero diritto privato. Di certo è quello a cui il legislatore dedica il maggior numero di norme, contenute sia nel codice (prevalentemente nel quarto libro, ma non solo), sia in leggi speciali. Ma soprattutto si collega con tutti i principali istituti della nostra materia: di qui la sua importanza per capire il diritto privato come «sistema».

Il contratto si collega con l'*obbligazione*: è la principale fonte di obbligazioni (art. 1173) e dei corrispondenti *diritti di credito* (**22**.14). Si collega poi con la *proprietà* e l'*uso dei beni*: per essere valorizzata, la proprietà ha bisogno di circolare fra chi la cede e chi l'acquista; e il contratto è il mezzo più usato per l'acquisto della proprietà (art. 922: **16**.10), come pure per creare altri modi di uso dei beni (i diritti sulle cose nascono per lo più da contratti). Il contratto si collega perciò con la *circolazione giuridica* (**8**.16). E si collega con il tema dell'*attività giuridica* (**5**.10): il contratto è l'esemplare più importante degli *atti giuridici*, e più precisamente dei *negozi giuridici* (**5**.3); un collegamento che illumina il nesso fra il contratto e l'*autonomia privata* (**5**.10), di cui il contratto costituisce la principale manifestazione. Vedremo più avanti, ancora, gli stretti collegamenti fra il contratto e quell'altro istituto centrale del diritto privato, che è l'*impresa* (**51**.2, **55**, **60**.4). E segnaleremo infine che il contratto gioca qualche ruolo anche rispetto alla *famiglia* (**63**.10; **63**.14) e alle *successioni* (**69**.17).

2. La definizione del contratto

La legge (**art. 1321**) definisce il contratto come «l'accordo di due o più parti per costituire, regolare o estinguere tra loro un rapporto giuridico patrimoniale».

Se ne ricavano tre dati utili per capire cos'è il contratto. Il contratto è: ☞ un *atto negoziale*; ☞ un *atto bilaterale*; ☞ un *atto patrimoniale*.

3. Il contratto come atto negoziale: il valore della volontà

Sappiamo che un atto giuridico è un negozio, quando *la volontà dell'autore è diretta proprio a produrre gli effetti giuridici* che deriveranno dall'atto (**5**.3). La definizione dell'art. 1321 colloca chiaramente il contratto in questa categoria, parlando di «accordo ... per costituire ecc.»: l'«*accordo*» non è altro che la volontà (concorde) delle parti contraenti; questa volontà è specificamente finalizzata (come indica la preposizione di scopo «*per*») a incidere su un «*rapporto giuridico*», e dunque a produrre effetti giuridici.

Il contratto si distingue così da altri atti o fatti (fattispecie) che hanno in comune con esso la capacità di produrre effetti giuridici, ma se ne differenziano per la *mancanza di quel particolare atteggiamento della volontà*, che impedisce di qualificarli negozi giuridici: come il contratto, i *fatti illeciti* producono obbligazioni, ma non sono negozi; come il contratto, l'*accessione* o la *specificazione* o l'*usucapione* producono l'acquisto della proprietà, ma non sono negozi. E si consideri la situazione in cui l'autostoppista chiede un passaggio, e l'automobilista accetta di darglielo: questo accordo non dà luogo a un contratto, perché *manca la volontà di creare un rapporto giuridico*, e in particolare un'obbligazione (si crea tutt'al più un *rapporto di cortesia*, nel cui ambito l'automobilista rende una prestazione di cortesia: **22**.6). Ovviamente, se l'automobilista causa un incidente e il passeggero resta ferito, un effetto giuridico nasce, e cioè l'obbligo di risarcire il danno: ma questo effetto non è voluto, dunque non nasce da un negozio (un contratto), bensì è extracontrattuale (**42**).

Nel contratto l'elemento della volontà ha dunque un *valore fondamentale e centrale*, come vedremo studiando la sua disciplina (in particolare i «vizi della volontà»: **35**.11). È la volontà, del resto, l'elemento che raccorda il contratto al principio dell'autonomia privata, facendone il principale strumento di questa. Per intendere bene il senso della «volontà contrattuale» – *volontà di fare il contratto, e di produrne gli effetti* – conviene però chiarire tre dati:

☞ la formula *va intesa in senso lato*. Quando uno fa un contratto di vendita, è sufficiente che sappia che, con quell'atto, la proprietà della cosa passa al compratore, in cambio del prezzo, e voglia questo (è il c.d. *intento empirico*, cioè la rappresentazione per grandi linee del risultato giuridico-economico del contratto); non è necessario che si rappresenti e persegua con assoluta precisione tutti gli specifici effetti giuridici che ne derivano (ad es., tutte le garanzie legali che impegnano il venditore in relazione a eventuali difetti della cosa);

☞ la «volontà» qui *non va intesa in senso esasperatamente psichico e soggettivo*: rispettare la volontà contrattuale non significa legare il contratto alle rappresentazioni mentali dei singoli contraenti;

☞ la volontà contrattuale può essere *messa fuori gioco dalla legge*, che può regola il rapporto contrattuale in modo contrastante con quanto voluto dalle parti; e lo fa quando la volontà contrattuale punta a risultati che la legge considera indesiderabili nell'*interesse generale*.

Ma su tutto questo torneremo più avanti.

4. Il contratto come atto bilaterale: il valore dell'accordo

Secondo la definizione dell'art. 1321 il contratto è «accordo», e questo lo qualifica come atto bilaterale (o plurilaterale). Perché ci sia contratto, occorre cioè che all'atto partecipino *(almeno) due parti*, e che tutte le parti siano d'accordo sul contratto: cioè siano animate dalla *comune volontà di produrre gli effetti del contratto*. In questo modo il contratto si distingue da altri atti (anche negoziali), che anziché essere bilaterali sono *atti unilaterali*, che si formano e producono effetti giuridici in base alla volontà di una sola parte, e non richiedono l'accordo di nessun'altra parte (**28**.5).

Il valore dell'accordo, come elemento essenziale del contratto, si coglie alla luce del principio di autonomia, che contrappone il diritto privato al diritto pubblico (**2**.1): *i soggetti sono toccati nella propria sfera giuridica, e subiscono modificazioni delle proprie situazioni giuridiche, solo se lo vogliono*. Ovvero, rovesciando la prospettiva: nessuno può incidere nella sfera e nelle situazioni giuridiche di un altro, se questi non è d'accordo. E allora la legge stabilisce che gli atti i quali hanno questo tipo di effetti richiedono l'accordo di tutti coloro che sono toccati dagli effetti dell'atto; dunque sono atti bilaterali, cioè contratti.

Il principio si presenta con la massima evidenza in un contratto come la *vendita*, dove entrambi gli interessati subiscono pesanti modificazioni delle loro posizioni giuridiche: il venditore perde la proprietà, il compratore assume l'obbligo di pagare il prezzo: sarebbe assurdo se questi effetti si producessero ad es. solo per la volontà del compratore, con il venditore che la subisce anche se non è d'accordo: sarebbe un'espropriazione! Dunque la vendita non può non essere un contratto, fondato sulla concorde volontà delle parti.

Il principio sembra presentarsi con evidenza attenuata nel caso della *donazione*, dove apparentemente la sfera del donatario è toccata in senso tutto vantaggioso per lui, che si arricchisce a spese del donante senza dare o promettere niente in cambio: e allora si potrebbe pensare che la donazione può costruirsi come atto unilaterale del donante, che non richiede l'accordo del donatario. Invece anche la donazione è un contratto. La ragione è che anche la donazione *può incidere in modo svantaggioso nella sfera giuridica del donatario*, creando pesi, rischi e obblighi a suo carico: ad es., la donazione di materiali inutili e ingombranti espone chi la riceve ai fastidi e alle spese per la loro collocazione; la donazione di un immobile pericolante può essere molto rischiosa per il donatario, che in caso di crollo è responsabile dei danni; ecc. Ecco perché la legge costruisce la donazione come contratto, fondato sull'accordo di entrambe le parti: occorre la volontà del donante di donare, e la volontà del donatario di ricevere la donazione (**70**.1-2).

Una certa attenuazione del principio si registra per altri atti, che incidono sulle situazioni giuridiche di qualcuno, ma con effetti che sono sicuramente ed esclusivamente vantaggiosi per lui, e non gli addossano nessun obbligo, nessun rischio, nessun peso neppure potenziale ed eventuale: si pensi alla *remissione del debito*, il cui unico effetto per il debitore è liberarlo dall'obbligazione. Ma perché escludere che il debitore, per qualche sua ragione (e fosse anche per orgoglio, capriccio, stravaganza) possa desiderare di non essere liberato? E in tal caso, perché consentire che sia liberato contro la sua volontà? Si giustifica quindi che anche qui occorra l'accordo di entrambi gli interessati, che anche la remissione sia un atto bilaterale, cioè un contratto. È vero però che quasi sempre questo accordo del debitore c'è: e allora la legge lo presume, ritenendo superfluo che esso venga manifestato con un'esplicita accettazione della remissione. Se per caso il debitore non è d'accordo, la legge gli dà la possibilità di impedire l'effetto liberatorio, manifestando il suo *rifiuto* (art. 1236); ma se non rifiuta, il mancato rifiuto indica che è d'accordo. Si tratta di un accordo «leggero»: ma è pur sempre un accordo.

5. Gli atti unilaterali

Fuori dal campo dei contratti stanno gli atti unilaterali, che *si formano e producono effetti giuridici in base alla volontà di una sola parte, e non richiedono l'accordo di nessun'altra parte* (sicché i loro effetti non possono essere bloccati dal rifiuto di un altro soggetto, anche se interessato). La ragione per cui un atto viene configurato dalla legge come unilaterale piuttosto che bilaterale, dipende da *se e come esso produce effetti verso soggetti diversi dall'autore*.

Sono unilaterali gli atti con **effetti che incidono esclusivamente su situazioni giuridiche dell'autore**. È il caso dell'abbandono di una cosa mobile da parte del proprietario (*derelizione:* art. 923), che gli fa perdere la proprietà senza che nessun altro l'acquisti; o dell'*accettazione dell'eredità* (**69**.4), che fa subentrare l'accettante nel patrimonio del defunto. Può sembrare che siano toccati anche altri soggetti: la derelizione toglie ai futuri eredi del soggetto la possibilità di subentrare nella proprietà del bene abbandonato; l'accettazione dell'eredità taglia fuori chi potrebbe subentrare come erede al posto dell'accettante, se questi non accettasse. Ma giuridicamente non è così: ciò che viene toccato non sono situazioni giuridiche («diritti»), bensì semplici aspettative di fatto (**4**.6).

Ci sono poi atti unilaterali con **effetti che incidono su situazioni giuridiche altrui, ma in modo non vincolante**, bensì lasciando agli interessati la possibilità di rendere quegli atti, e i loro effetti, del tutto indifferenti per sé. Ad es., la *procura* – atto unilaterale di chi la dà – tocca anche la posizione di chi la riceve, attribuendogli il potere di rappresentanza (**30**.3): ma se chi la riceve decide di non esercitarla, e non la esercita, per lui è come se la procura non esistesse. Anche il *testamento* – atto unilaterale del testatore – tocca la posizione di chi è designato erede, dandogli la possibilità legale di acquisire il patrimonio del testatore: ma, appunto, è solo una possibilità, che si può liberamente decidere se cogliere (con l'accettazione dell'eredità) oppure lasciar cadere (non accettando l'eredità, nel qual caso per il designato il testamento è come se non esistesse). Si noti la differenza con la remissione: se il debitore non si preoccupa di rifiutare, si crea nei suoi confronti, in modo irreversibile, una situazione giuridica diversa da quella precedente (prima era debitore, adesso non è più debitore).

Nelle situazioni di cui sopra, la configurazione dell'atto come unilaterale è perciò perfettamente compatibile col principio dell'accordo. Ma in qualche caso il principio conosce deroghe: perché esistono atti unilaterali con **effetti che incidono pesantemente su situazioni giuridiche altrui**. È il caso del *recesso unilaterale*, che ha l'effetto di sciogliere il contratto cancellando le situazioni giuridiche da esso create per entrambe le parti. Peraltro, come vedremo (**33**.10-11), ciò può accadere o perché il potere di liberarsi unilateralmente dal contratto, senza bisogno dell'accordo di controparte, è stato da questa *autorizzato*, in quanto previsto nel contratto stesso (e dunque si basa, in definitiva, sull'accordo di entrambe le parti); oppure perché è *giustificato*, agli occhi della legge, in relazione agli interessi coinvolti nel contratto (il dipendente che dà le dimissioni toglie al datore di lavoro il diritto alle sue prestazioni lavorative: ma di fronte a un contratto con così forti implicazioni esistenziali, è giusto permettere a chi vi è coinvolto di liberarsene per propria scelta unilaterale).

Qualche volta la qualificazione di un atto come bilaterale o unilaterale è incerta. Ad es. per gli *atti di rinuncia relativi a diritti reali minori*: la rinuncia dell'usufruttuario all'usufrutto, che incide sulla posizione del nudo proprietario attribuendogli la proprietà piena, è un atto unilaterale o richiede l'accordo del controinteressato? E qualcuno dubita che la remissione sia un contratto, preferendo pensarla come atto unilaterale.

6. Il contratto come atto patrimoniale

Dalla definizione dell'art. 1321 risulta infine che il contratto è un atto giuridico patrimoniale (**5**.5): esso incide su situazioni giuridiche patrimoniali. Ciò non sorprende, se si considera che una delle funzioni principali del contratto è creare obbligazioni, caratterizzate dal requisito della patrimonialità (**22**.4). La necessaria patrimonialità del contratto fa di questo lo strumento principale per realizzare *operazioni economiche*: e spiega la grande importanza che il contratto e la sua disciplina legale hanno per il funzionamento del sistema economico.

Se fra due parti si forma l'accordo per creare un rapporto giuridico, ma questo coinvolge esclusivamente o prevalentemente situazioni non patrimoniali, tale accordo non è un contratto. Per questo non è un contratto il *matrimonio* (**62**.3), che ha in comune con il contratto la bilateralità, in quanto si fonda sull'accordo degli sposi, ma se ne differenzia perché gli manca la patrimonialità, in quanto incide su situazioni che riguardano prevalentemente la sfera personale ed esistenziale. Sono invece contratti, perché incidono su situazioni patrimoniali, le c.d. *convenzioni matrimoniali*, cioè gli accordi con cui i coniugi regolano la proprietà dei beni che si acquisteranno durante il matrimonio (**63**.10).

D'altra parte, non è detto che i contratti siano sempre funzionali ad attività e finalità economiche: ad es. è un contratto l'atto con cui si costituisce un'associazione culturale, cui sia estraneo qualsiasi interesse economico. L'interesse e la finalità possono essere di tipo non economico; ma lo strumento è un meccanismo che incide su situazioni patrimoniali. Come per l'obbligazione (**22**.4).

7. Il contratto come atto (fattispecie) e come rapporto (effetti)

Il termine «contratto» può esprimere due significati diversi:

☞ se si dice «il contratto fra A e B è stato fatto il 10 marzo 2016», oppure «quando X ha venduto la cosa era minorenne, perciò il contratto non è valido», si parla di contratto nel senso di **atto**, cioè come *fattispecie*;

☞ la fattispecie produce effetti, che nel caso del contratto consistono nel costituire, modificare ecc. un rapporto giuridico fra le parti. Se si dice «quando muore il marito, la moglie subentra nel contratto di locazione intestato a lui», oppure «il contratto in corso fra H e K scade fra sei mesi», si parla di contratto come **rapporto**, cioè come l'insieme degli *effetti* giuridici prodotti dal contratto-fattispecie.

Nel seguito useremo il termine in entrambi i sensi: perché nella disciplina del contratto alcuni problemi e regole riguardano il contratto come atto; altri problemi e regole riguardano il contratto come rapporto.

8. Classificazioni dei contratti: rinvio

Il contratto è una *categoria estremamente ampia ed eterogenea*, nella quale rientrano tante realtà, molto diverse fra loro. L'utilità di una categoria così generale deriva dal fatto che tutti i contratti hanno degli elementi in comune, a cui corrispondono problemi che si ripropongono indifferentemente per tutti, e regole giuridiche applicabili a tutti: parlare in generale di «contratto» è un espediente concettuale e linguistico, che permette di indicare riassuntivamente quegli elementi, quei problemi e quelle regole, così semplificando il discorso. Però l'eccesso di generalità rischia di rendere il discorso troppo astratto, e poco aderente alla realtà. Di qui l'utilità di distinguere, *all'interno della categoria generale, diverse sottocategorie di contratti*, ciascuna delle quali si presenta per qualche ragione differente dalle altre, e richiede un trattamento diverso.

La differenza fra contratto e contratto può essere enorme sul piano pratico ed economico, ma restare irrilevante dal punto di vista giuridico: l'acquisto del giornale all'edicola, l'acquisto di un'automobile per 40.000 euro, l'acquisto di un complesso immobiliare del valore di 50 milioni di euro sono tutti contratti che, in linea di principio, non si differenziano giuridicamente fra loro. Qui interessano soprattutto quelle altre differenze, fra i vari contratti, che hanno rilevanza giuridica: ad esse corrispondono classificazioni dei contratti, il cui senso è che i contratti di una classe ricevono un trattamento diverso da quello che si applica ai contratti appartenenti ad altra classe.

Da questo punto di vista, possiamo considerare due modi di classificazione: ☞ la classificazione per **tipi** distingue i contratti in relazione al *modello di operazione giuridico-economica* che il contratto realizza: una vendita, una locazione, un'assicurazione, un appalto, ecc. Questi diversi «tipi» sono tutti contratti, ma ciascun «tipo» ha regole sue proprie. Dei tipi contrattuali ci occuperemo più avanti (**38-41**); ☞ la classificazione per **categorie** distingue i contratti in base a varie *caratteristiche significative*, la cui presenza o mancanza suggerisce di sottoporli a certe regole oppure a regole diverse: contratti consensuali o reali, onerosi o gratuiti, aleatori o commutativi, ecc. Illustreremo le diverse classificazioni e categorie nei diversi luoghi pertinenti rispetto a ciascuna. Qui di seguito introduciamo quella che si basa sul numero delle parti del contratto.

9. Contratti bilaterali e plurilaterali. Contratti con comunione di scopo

Questa classificazione si fonda sulla stessa norma che definisce in generale il contratto. Infatti dall'art. 1321 si ricava che i contratti possono essere: ☞ contratti **bilaterali**, quando sono fatti fra *due parti* (una vendita fra venditore e compratore, una locazione fra locatore e conduttore, un appalto fra committente e appaltatore); oppure ☞ contratti **plurilaterali**, quando sono fatti fra *più di due parti.*

Dei contratti plurilaterali si occupano gli *art. 1420, 1446, 1459 e 1466*, che affrontano questo problema: il difetto che colpisce la partecipazione di un contraente lascia sopravvivere le posizioni contrattuali delle altre parti, o cancella l'intero contratto? Tali norme suggeriscono un'ulteriore distinzione. Infatti parlano di contratti plurilaterali che oltre alla presenza di più di due parti hanno un'ulteriore caratteristica: la comunione di scopo. In relazione ad essa, fra i contratti con più di due parti distinguiamo: ☞ i contratti plurilaterali **con comunione di scopo**, caratterizzati dal fatto che *le prestazioni di ciascuna delle parti «sono dirette al conseguimento di uno scopo comune»* (art. 1420). Fra essi rientrano, tipicamente, i *contratti associativi* (**31**.9), con cui si crea addirittura una struttura comune (ad es. la società) che rappresenta lo strumento per realizzare lo scopo condiviso da tutte le parti (nell'es., realizzare utili per dividerseli); e ☞ i contratti plurilaterali **senza comunione di scopo**, in cui ci sono più di due parti, ma le loro prestazioni non sono dirette a uno scopo comune, bensì ciascuna persegue uno scopo proprio, distinto e magari conflittuale rispetto agli altri: ad es. la *cessione del credito* accettata dal debitore ceduto (**24**.3), la *delegazione cumulativa* (**24**.6), la *cessione del contratto* (**33**.17) la divisione fra più di due condividenti (**17**.5), la *transazione* fra tre o più litiganti (**41**.4).

Ai contratti plurilaterali con comunione di scopo si applicano sicuramente gli art. 1420, 1446, 1459 e 1466. Ai contratti plurilaterali senza comunione di scopo queste norme non si applicano direttamente: ma se la fattispecie lo giustifica può ipotizzarsi una loro applicazione per analogia.

10. La disciplina del contratto, e i suoi ambiti di applicazione

La disciplina del contratto si può distinguere in due grandi settori:

☞ da una parte c'è la **disciplina generale del contratto**, che si applica in linea di principio a *qualunque contratto, indipendentemente dal particolare tipo* a cui il contratto stesso appartiene: sia una vendita o una locazione, un leasing o un appalto, un'assicurazione o un trasporto, ecc. È formata da norme comprese negli articoli che vanno *da 1321 a 1469*-bis, raccolti nel *titolo II* del quarto libro del codice, che s'intitola appunto «*Dei contratti in generale*»;

☞ dall'altra parte ci sono le **discipline dei singoli tipi contrattuali**, ciascuna delle quali si applica solo ai *contratti del tipo corrispondente*: come anticipato, se il contratto è una vendita, ad esso si applicano le norme sulla vendita e non quelle sull'assicurazione o sul trasporto; se è una locazione, si applicano le norme sulla locazione e non quelle sull'appalto o sul contratto di lavoro; e così via. Le norme relative sono comprese principalmente nel *titolo III* del quarto libro («*Dei singoli contratti*»: art. 1470-1986); ma anche in *altri libri del codice* (ad es. il contratto di lavoro è regolato nel quinto libro) e fuori del codice, in *leggi speciali* (ad es. la locazione di immobili urbani è regolata dalle l. 392/1978 e 431/1998: **39**.4-6).

Normalmente *le due discipline si cumulano.* A ogni contratto possono applicarsi sia le norme sul contratto in generale (che regolano determinati aspetti, e risolvono determinati problemi), sia le norme sul tipo di contratto in questione (che si occupano di altri aspetti e problemi). Ad es., se si tratta di individuare il momento in cui un contratto di vendita si è formato, o di sapere se è valido o invalido, si applicano norme contenute nella disciplina generale del contratto; se si tratta di definire le garanzie del compratore circa l'integrità della cosa, si applicano norme contenute nella disciplina del tipo contrattuale vendita (artt. 1470-1547). Se lo stesso aspetto è regolato (in modi diversi e incompatibili) sia dalle une sia dalle altre, *prevalgono le norme sul singolo tipo contrattuale*, in base al principio di specialità (**3**.1).

Può dunque accadere che norme della disciplina generale del contratto non si applichino, in certi casi, a certi contratti. Per contro, può accadere che esse– per una specie di *forza espansiva* che il legislatore riconosce loro – si applichino anche ad atti che non sono contratti, perché sono atti unilaterali: e precisamente agli **atti unilaterali fra vivi aventi contenuto patrimoniale** (dunque non a quelli per causa di morte, come il testamento; né a quelli non patrimoniali, come il matrimonio). Lo dice l'art. 1324, che però pone due condizioni: ☞ che l'applicazione *non sia esclusa* da qualche particolare norma di legge; ☞ che le norme sul contratto, della cui applicazione si discute, *siano compatibili con l'atto unilaterale da regolare* (e la compatibilità va accertata in concreto, con riguardo al particolare atto e al particolare aspetto che si deve disciplinare).

11. I contratti delle pubbliche amministrazioni

Uno dei principali problemi, relativi all'ambito di applicazione della disciplina del contratto, riguarda i contratti di cui è parte lo Stato o un altro ente pubblico.

Il fenomeno è regolato in parte dal diritto pubblico, e in parte dal diritto privato. Infatti bisogna distinguere due diversi aspetti o momenti:

☞ la **fase che precede e prepara il contratto** – e riguarda il modo in cui l'ente pubblico arriva alla decisione di farlo, e di farlo con quella determinata controparte – è regolata dal *diritto pubblico:* essa dà luogo a un procedimento amministrativo, formato da una serie di atti amministrativi (ad es., la deliberazione del competente organo del Comune di acquistare nuove divise per i vigili urbani; la gara per individuare il fornitore più conveniente; ecc.): tutto questo è regolato dal *diritto amministrativo*, e la relativa disciplina è adesso raccolta nel nuovo *«codice» dei contratti pubblici* (d.lgs. 50/2016, che sostituisce il previgente d.lgs. 163/2006);

☞ ma una volta che, esaurita la fase di cui sopra, il contratto è stato stipulato fra l'ente pubblico e il privato, questo **contratto** – sia come **atto**, sia come **rapporto** che ne deriva – è regolato dal *diritto privato*: i diritti e gli obblighi delle parti, gli effetti e i rimedi contrattuali applicabili fra loro sono in linea di principio quelli fissati dal codice (diritto privato come diritto «comune»: **2**.2).

Questo principio si è affermato con un po' di fatica, e solo in tempi abbastanza recenti. Prima, *un'idea malintesa della «supremazia» dello Stato* portava a ritenere che alcune regole sui contratti non potessero applicarsi quando il contraente fosse un ente pubblico: ad es. le regole sulla responsabilità precontrattuale (**29**.16), sull'esecuzione specifica del contratto preliminare (**34**.8), sulla specifica approvazione scritta delle clausole vessatorie nei contratti standard predisposti unilateralmente (**60**.5), così come quella sugli interessi moratori per il ritardato adempimento di debiti pecuniari (**25**.5). Ma progressivamente la giurisprudenza ha riconosciuto che tutte queste regole sono *applicabili anche allo Stato contraente, che agisce nella sua capacità di diritto privato* (**12**.18).

29
FORMAZIONE E FORMA DEL CONTRATTO

1. La formazione dell'accordo contrattuale

Il contratto esiste quando si è formato, o «concluso» (*«conclusione» del contratto* non indica la sua fine, ma al contrario il suo momento iniziale). Il problema della formazione del contratto è definire se il contratto si è formato o no; e se sì, *in quale tempo e in quale luogo* si è formato.

Il problema può avere grande *importanza pratica*, da molti punti di vista. Se il contratto si è formato, normalmente si producono i suoi effetti; in caso contrario non si producono. È incerto se il contratto si è formato il giorno 8 oppure il giorno 12 di maggio, e il giorno 10 è entrata in vigore una legge che proibisce quel tipo di contratti, oppure scatta l'incapacità legale di un contraente: se la data di conclusione è 8 maggio, il contratto è valido; se la data è 12 maggio, il contratto non è valido. È incerto se il contratto si è formato a Venezia o a Perugia: a seconda di come si risolve l'incertezza, il giudice competente in caso di lite è quello di Venezia o invece quello di Perugia.

Per impostare correttamente il problema, bisogna chiarire un dato. Un contratto non è un elemento della realtà fisica, del quale si possa riscontrare l'*esistenza* nello stesso modo in cui la si riscontra per gli oggetti del mondo naturale. Bisogna perciò sfuggire alla tentazione di impostare il problema come accertamento empirico di fatti del mondo reale: sarebbe positivismo ingenuo l'idea di interpretare i fenomeni sociali – e dunque anche quelli giuridici – con le stesse categorie concettuali con cui si interpretano i fenomeni della realtà naturale. In una prospettiva più moderna e realistica, il giudizio se un contratto si sia formato, e quando, e dove, dipende dalla *qualificazione di comportamenti umani, fatta in base a norme giuridiche*: dunque da criteri che sono non già «naturali» (e quindi «necessari» e «universali»), bensì risultano fissati dalle norme giuridiche in modo convenzionale, e in un certo senso arbitrario. Disciplinare la formazione del contratto secondo queste o quelle regole è una *scelta politica del legislatore*: la quale corrisponde al modo in cui il legislatore intende sistemare i confliggenti interessi delle parti, relativi alla formazione del loro contratto.

2. Gli schemi legali per la formazione del contratto

Nella prospettiva appena indicata, si può dire che la formazione del contratto implica un procedimento, cioè una *sequenza di comportamenti umani, che deve risultare conforme al modello stabilito dalle norme.* Se la sequenza dei comportamenti reali corrisponde allo schema procedimentale fissato dalla legge, allora si può affermare che il contratto è concluso; se no, no.

Questo significa che il problema della conclusione del contratto risponde a una logica di *relatività*, e non di assolutezza. Gli schemi legali per la formazione del contratto possono essere diversi da ordinamento a ordinamento (ad es., negli Stati Uniti un contratto si considera concluso in base a criteri diversi da quelli che valgono in Italia). Entro un medesimo ordinamento, possono modificarsi col tempo, per l'introduzione di nuove norme che regolano la materia diversamente dal passato; e, contemporaneamente, *possono coesistere differenti schemi legali per la formazione del contratto.*

Ciò vale anche per il sistema giuridico italiano, dove possono identificarsi: ☞ uno **schema base**, che regola in generale la formazione di *tutti i contratti*, per i quali non valga una previsione diversa; e ☞ svariati **schemi particolari**, ciascuno dei quali regola la formazione di *una determinata classe di contratti.*

Centrale in questa materia è il concetto di **dichiarazione contrattuale**, intesa come *esplicita manifestazione della volontà di fare il contratto*: i diversi schemi di formazione del contratto non sono altro che diversi modi in cui si presentano e operano le dichiarazioni contrattuali. Il trattamento giuridico delle dichiarazioni contrattuali dipende da certe loro caratteristiche, in relazione alle quali le dichiarazioni stesse si distinguono in ricettizie e non ricettizie: distinzione importante per comprendere gli schemi di formazione del contratto.

3. Destinatari ed effetti delle dichiarazioni contrattuali: dichiarazioni ricettizie e non ricettizie

Le dichiarazioni di volontà emesse da una parte nel procedimento di formazione del contratto sono normalmente *dirette «a una determinata persona»* (art. 1335). La stessa caratteristica presentano anche le dichiarazioni dirette a formare atti unilaterali: ad es. il recesso da un contratto è diretto dal recedente all'altra parte del rapporto (**33**.10). Le dichiarazioni di questo tipo si chiamano **dichiarazioni ricettizie**, e gli atti che esse formano si chiamano **atti ricettizi**.

Il punto principale del loro trattamento giuridico è questo: per la produzione dei loro effetti non basta che la dichiarazione sia emessa: gli *effetti* si producono solo *se, e dal momento in cui, la dichiarazione arriva a conoscenza del destinatario* (art. 1334). Peraltro, l'applicazione del criterio può dare luogo a problemi: la conoscenza è un fatto mentale, interno alla sfera psichica del soggetto, sicché è difficile accertare con sicurezza se e quando uno prende conoscenza di qualcosa? La legge prevede allora che l'accertamento del fatto psichico possa essere sostituito con l'accertamento di un fatto riscontrabile in modo oggettivo: la dichiarazione *si reputa conosciuta dal destinatario nel momento in cui giunge al suo indirizzo* (art. 1335), sicché è da questo momento che, come regola, si producono gli effetti della dichiarazione. Peraltro la legge dà al destinatario la possibilità di provare che, nonostante l'accettazione sia giunta al suo indirizzo, egli è «*stato, senza sua colpa, nell'impossibilità di averne notizia*» (art. 1335): se ci riesce, gli effetti della dichiarazione non si producono.

Sono invece **dichiarazioni non ricettizie** quelle *non indirizzate a un destinatario*; gli effetti degli atti così formati si producono *indipendentemente dalla conoscenza che altri soggetti abbiano della dichiarazione.* Ad es., il *testamento* è un atto tipicamente non ricettizio: produce effetti dalla morte del testatore (e non dal momento in cui l'erede designato viene a conoscere la designazione testamentaria: **67**.1); così pure la promessa al pubblico, che produce effetti dal momento in cui è resa pubblica (**46**.3).

4. Lo schema base: proposta e accettazione

Il problema di accertare la formazione del contratto in molti casi è di facile soluzione, come quando le parti agiscono *nello stesso contesto di tempo e di luogo:* se le parti, chiuse in una stanza, discutono e definiscono con precisione tutti gli aspetti del contratto, su cui raggiungono così il pieno accordo, o addirittura firmano insieme il testo del contratto, è ovvio che il contratto si è concluso in quel momento e in quel luogo.

Il problema si complica quando le parti contrattano *scambiandosi dichiarazioni a distanza* (con lettere, telegrammi, telefax, e-mail, ecc.); o comunque quando il procedimento di formazione del contratto *si sviluppa nel tempo* (ad es. perché una parte vuole rifletterci meglio, e si riserva una risposta più avanti, e quando la dà introduce un elemento nuovo sul quale l'altra parte a sua volta si riserva di riflettere e poi rispondere, ecc.). Per ordinare questa realtà complessa, la legge individua le *due componenti elementari dell'accordo contrattuale*, e dunque della formazione del contratto: la proposta e l'accettazione, che sono *tipiche dichiarazioni contrattuali*. Essa presuppone che una parte (**proponente**) formuli all'altra parte (**oblato**) la proposta del contratto: ad es., «le propongo di vendermi la sua auto per 10.000 euro»; e presuppone che, per aversi l'accordo contrattuale, occorre che l'oblato faccia la relativa accettazione («va bene, accetto di vendergliela per il prezzo che lei propone»).

Siamo ora in grado di capire meglio lo schema base della formazione del contratto: «Il contratto è concluso *nel momento in cui chi ha fatto la proposta ha conoscenza dell'accettazione dell'altra parte*» (art. 1326, c. 1). In sintesi: **proposta + accettazione conosciuta dal proponente**. Nulla avrebbe impedito al legislatore di fissare un criterio diverso: ad es. quello per cui il contratto è formato nel momento in cui l'oblato accettante spedisce al proponente la sua accettazione. E invece il legislatore ha scelto il criterio dell'art. 1326, c. 1. È, del resto, un criterio coerente con la natura dell'accettazione come dichiarazione ricettizia: l'accettazione produce effetti (conclude il contratto) nel momento in cui giunge a conoscenza del suo destinatario, che è il proponente. Ma noi sappiamo che l'art. 1335 equipara alla conoscenza della dichiarazione il suo arrivo all'indirizzo del destinatario: e allora allo schema visto sopra ne equivale un altro, di più facile gestione: **proposta + accettazione giunta all'indirizzo del proponente**. Dimostrato che l'accettazione è giunta all'indirizzo del proponente, il contratto risulta formato. Se il proponente vuole sostenere che il contratto non si è formato, ne ha la possibilità – sempre in base all'art. 1335 – purché provi che nonostante l'arrivo dell'accettazione al suo indirizzo egli è stato, *senza sua colpa, nell'impossibilità di conoscerla* (potrà ad es. dimostrare che quando la lettera di accettazione è giunta al suo indirizzo, egli era ricoverato in ospedale per una delicata operazione, o era in viaggio d'affari a Singapore).

C'è un'altra possibilità di escludere la formazione del contratto, benché l'accettazione sia giunta al proponente: dimostrare che l'accettazione è **tardiva**. Infatti l'accettazione deve giungere nel *termine stabilito dal proponente* stesso, o in quello normalmente *necessario in base alla natura dell'affare o agli usi*. Il proponente può ritenere efficace anche un'accettazione tardiva (e quindi accettare che il contratto sia formato): ma deve comunicarlo immediatamente all'accettante (art. 1326, c. 2-3).

È chiaro, poi, che il contratto si conclude solo se l'accettazione è *conforme alla proposta*. Se invece è *difforme* (ad es.: «accetto di venderle la mia auto, ma per 12.000 euro», equivale a una *nuova proposta* (art. 1326, c. 5): l'oblato si trasforma in proponente, e all'originario proponente – ora in veste di oblato – spetta dire se accetta la controproposta.

5. Il contratto formato mediante esecuzione

Una prima classe di contratti, a cui si applica uno schema diverso da quello generale, comprende i *contratti che richiedono di essere eseguiti senza bisogno di preventiva accettazione comunicata al proponente*. Ciò può accadere su *richiesta del proponente* stesso, o perché così richiedono la *natura dell'affare* oppure gli *usi*. Se ad es. il dettagliante A ordina al grossista B (suo fornitore abituale) un certo quantitativo di prodotti, al prezzo dell'ultimo listino, è normale che B, ricevuto l'ordine (che giuridicamente è una proposta di contratto), spedisca subito i prodotti richiesti, senza preoccuparsi di scrivere prima ad A che accetta la sua proposta.

In tal caso, il contratto «è concluso *nel tempo e nel luogo in cui ha avuto inizio l'esecuzione*» della prestazione richiesta (cioè si sono spediti i prodotti): art. 1327, c. 1. Dunque lo schema è: **proposta + inizio dell'esecuzione**.

Però A ha bisogno di sapere al più presto se B accetta la sua proposta ed è disposto ad assicurargli i prodotti richiesti (in caso contrario, deve rivolgersi ad altro fornitore): per questo «l'accettante deve *dare prontamente avviso* all'altra parte dell'iniziata esecuzione», e in mancanza deve *risarcire il danno* (art. 1327, c. 2).

6. Il contratto formato mediante proposta non rifiutata

Questo schema di formazione del contratto si applica quando il proponente propone all'oblato un contratto, dal quale nascono obbligazioni solo a carico del proponente stesso, mentre nessuna obbligazione nasce a carico dell'oblato (**contratti con obbligazioni del solo proponente**): è il caso di chi offre una fideiussione (**41**.1), un'opzione (**29**.13) o una prelazione (**29**.14) gratuite.

Qui la particolarità è che *non occorre l'accettazione, né alcun altro gesto dell'oblato*: il contratto si forma in base alla semplice proposta, *se l'oblato non la rifiuta* «nel termine richiesto dalla natura dell'affare o dagli usi» (art. 1333, c. 2). Dunque per questi contratti lo schema di conclusione è: **proposta + mancato rifiuto dell'oblato**. Si può dire anche in altro modo: il contratto si conclude se, ricevuta la proposta, l'oblato non fa e non dice assolutamente nulla. Ovvero: **proposta + silenzio dell'oblato**.

La ragione è che questi contratti non mettono nessun peso a carico dell'oblato, ma si limitano ad attribuirgli un vantaggio: perciò la legge dà per scontato che egli sia d'accordo, e quindi si accontenta di un *accordo nella sua versione minima* – l'accordo «leggero» espresso dal *silenzio*, o più precisamente dal *mancato rifiuto* – nella stessa logica vista per la remissione (**28**.4).

7. I contratti formati mediante consegna della cosa: contratti consensuali e contratti reali

La regola generale è che, anche quando il contratto implica la *consegna* di una cosa, la consegna non è necessaria per la formazione del contratto, ma costituisce *esecuzione del contratto (già formato):* la vendita si conclude quando c'è l'accordo fra le parti (proposta + accettazione), anche se la cosa si trova ancora presso il venditore, e sarà consegnata al compratore solo un anno dopo. I contratti che obbediscono a questo schema si chiamano **contratti consensuali**, perché *si formano in base al semplice consenso* (accordo) delle parti.

C'è una limitata categoria di contratti che fanno eccezione a questo principio: si chiamano **contratti reali**, e il loro schema di formazione *non si accontenta dell'accordo* fra le parti, ma richiede, in più, la *consegna della cosa*. Un esempio è il comodato (**39**.9): se X chiede a Y di prestargli l'auto per un paio di giorni, e Y dice sì, c'è l'accordo, ma non c'è ancora il contratto: questo si forma solo quando Y effettivamente dà a X le chiavi dell'auto.

La ragione è che stiamo parlando di *contratti gratuiti*, come il *comodato* e la *donazione manuale* (**70**.9), oppure di contratti che possono essere sia onerosi sia gratuiti (**31**.8), come il *mutuo* (**38**.19) e il *deposito* (**40**.17). Ora, quando una parte assume un impegno senza ricevere niente in cambio, *si può dubitare della sua reale volontà di impegnarsi legalmente*: la consegna della cosa serve a sciogliere il dubbio, dimostrando nei fatti tale volontà. Se invece la parte si impegna in cambio di un vantaggio, non c'è ragione di dubitare della sua volontà di impegnarsi legalmente: tanto è vero che se A si impegna con B a prestargli una somma da restituire con interessi (mutuo oneroso), il suo impegno legale scatta anche senza consegna del denaro: la consegna servirà solo a *produrre l'effetto reale*, cioè a trasferire a B la proprietà del denaro (**33**.3-4).

8. L'adesione al contratto aperto

I **contratti aperti** sono quelli per i quali esiste la *possibilità che altre parti entrino successivamente nel contratto, aggiungendosi alle parti che in origine lo hanno formato.* Il tipico esempio è dato dai contratti associativi: iscriversi a un'associazione, aderire a una cooperativa, significa entrare a far parte del contratto con cui gli originari fondatori avevano costituito l'organizzazione.

Qui la particolarità riguarda non la formazione del contratto originario, per cui valgono le regole ordinarie, ma il modo in cui diventano parti del contratto gli aderenti successivi. La loro **adesione** ha il valore di *accettazione della proposta, contenuta nella clausola di apertura* del contratto originario. In base ad essa, la partecipazione al contratto può formarsi secondo tre criteri (art. 1332): ☞ se esistono *modalità per l'adesione, fissate nel contratto originario*, l'adesione deve avvenire in base a queste; ☞ in mancanza di modalità così determinate, la partecipazione del nuovo aderente si forma quando la sua adesione giunge all'*organo «costituito per l'attuazione del contratto»* (a seconda dei casi, consiglio di amministrazione, presidente, direttore, segretario, ecc.); ☞ in mancanza di organo siffatto, occorre che l'adesione pervenga a *tutti i contraenti originari.*

9. L'offerta al pubblico

L'offerta al pubblico è un particolare tipo di *proposta*, che ha la caratteristica di essere *indirizzata non a un destinatario determinato, ma a una collettività indeterminata di possibili destinatari*: l'esposizione dei prodotti nelle vetrine di un negozio o sui banchi del supermercato vale come proposta di vendita, rivolta a ogni cliente interessato; così pure gli annunci di chi offre di acquistare per un dato prezzo, da chiunque le possieda e voglia venderle, le azioni di una determinata società. Di fronte a questo genere di proposte contrattuali, il problema è: quando, e a quali condizioni, si forma il contratto corrispondente? La risposta è data dai criteri dell'art. 1336, c. 1.

Il primo criterio è che l'offerta al pubblico *può valere come vera e propria proposta di contratto.* Ne consegue che per la formazione del contratto *basta l'accettazione* di un interessato: quando un cliente entra nel supermercato, e manifesta l'intenzione di comprare qualcuno dei prodotti esposti, il contratto è concluso.

Però la regola incontra dei *limiti.* L'offerta al pubblico vale come proposta, e così permette la formazione del contratto con la semplice accettazione di essa, solo a due condizioni: ☞ che l'offerta contenga gli *estremi essenziali del contratto* da concludere (è necessario, ad es., che sui prodotti esposti sia indicato il prezzo); ☞ che il valore di vera e propria proposta *non sia escluso dalle circostanze o dagli usi*: ad es., l'annuncio sul giornale di un appartamento in locazione può contenere gli estremi essenziali del contratto (precisa individuazione dell'immobile, durata, canone), ma non per questo il contratto si forma senz'altro appena un qualsiasi interessato dichiara al proprietario di accettare; è normale che il proprietario, prima di concludere il contratto, voglia parlare col potenziale inquilino per conoscerlo, valutarlo e discutere i dettagli.

In casi come questi, l'offerta al pubblico vale non come proposta, ma come **invito a proporre**: chi legge l'annuncio e si presenta al proprietario dicendogli che vuole l'appartamento, assume lui il ruolo di chi propone la locazione; e il proprietario può decidere se accettare o meno la sua proposta.

10. Vicende della formazione del contratto: morte e incapacità sopravvenuta del dichiarante

Fra il momento in cui proposta o accettazione sono formulate, e il momento in cui il contratto arriva a concludersi, può passare un periodo di tempo più o meno lungo. Nel corso di esso, possono verificarsi alcune vicende, capaci di influire sulla formazione del contratto non ancora concluso.

Una prima ipotesi si ha quando *il proponente o l'accettante muore o diventa legalmente incapace*. Se ciò accade dopo la conclusione del contratto, il problema non riguarda la formazione di esso, ma la sua esecuzione: se ne occuperà l'erede del defunto, o il rappresentante legale dell'incapace. Se invece l'evento si verifica *prima della conclusione del contratto*, la regola è che *proposta o accettazione perdono efficacia*: il procedimento di formazione si interrompe, e il contratto non può più formarsi. La regola ha però *due eccezioni*:

☞ la prima riguarda il caso della proposta *irrevocabile* (**29**.12): questa sopravvive agli eventi che colpiscono il suo autore (art. 1329, c. 2);

☞ la seconda riguarda la qualità del dichiarante e del contratto (art. 1330): se il dichiarante è un *imprenditore*, e il contratto in itinere è *attinente all'esercizio dell'impresa*, proposta o accettazione rimangono efficaci: il procedimento può proseguire, e concludersi con la formazione del contratto, che a questo punto fa capo a chi subentra nell'esercizio dell'impresa (l'erede del defunto, il rappresentante dell'incapace). La ragione è che i contratti relativi all'impresa hanno normalmente *carattere impersonale*: sono legati non tanto alla persona dell'imprenditore, quanto all'organizzazione dell'impresa, e dunque possono sopravvivere alle vicende che colpiscono personalmente l'imprenditore. Questo spiega l'*eccezione all'eccezione*: si torna alla regola generale (proposta e accettazione perdono efficacia) in due casi: ✦ se il dichiarante è un *piccolo imprenditore* (nella piccola impresa domina la personalità dell'imprenditore: **50**.11); ✦ se lo richiedono la *natura dell'affare* o altre *circostanze* (si pensi a un contratto di consulenza professionale per l'impresa, basato su uno speciale rapporto di fiducia e amicizia fra il professionista e l'imprenditore).

11. Segue: revoca della proposta e dell'accettazione

La seconda ipotesi ricorre quando il dichiarante, dopo avere formulato la proposta o l'accettazione, si pente e desidera impedire la conclusione del contratto (gli è capitata un'occasione migliore, ha raccolto informazioni preoccupanti su controparte, ecc.). La legge normalmente consente di farlo, con un *atto unilaterale* chiamato revoca, regolato in modo un po' diverso per la proposta e per l'accettazione:

☞ la **proposta** può essere revocata *fino al momento in cui il contratto risulta concluso*: è chiaro perciò che il proponente non può revocare la sua proposta dopo essere venuto a conoscenza che questa è stata accettata (**29**.4). Se la revoca della proposta riesce a bloccare la formazione del contratto, ma intanto l'altra parte ha già accettato e, senza sapere che è intervenuta la revoca, comincia in buona fede a eseguire il contratto, il revocante deve *indennizzarla delle spese e delle perdite* causate da questo inizio di esecuzione (art. 1328, c. 1). È revocabile anche quella particolare proposta che è l'*offerta al pubblico*: e se la revoca «è fatta nella stessa forma dell'offerta o in forma equipollente», ha effetto anche verso chi non ne ha avuto notizia (art. 1336, c. 2);

☞ anche l'**accettazione** può essere revocata, «purché la revoca *giunga a conoscenza del proponente prima dell'accettazione*» (art. 1328, c. 2): uno ha spedito l'accettazione per lettera, e il giorno dopo la revoca per telegramma; se il telegramma arriva al proponente prima della lettera, il contratto non si forma.

È sicuro che la revoca dell'accettazione produce il suo effetto di bloccare la formazione del contratto *solo se arriva prima* della sua conclusione (il che significa che è un *atto ricettizio*: **29**.3). Non c'è altrettanta sicurezza circa la revoca della proposta, per la quale potrebbe anche ritenersi sufficiente che sia *emessa prima* della conclusione del contratto (a prescindere da quando arriva): ma per la giurisprudenza più recente anche la revoca della proposta è atto ricettizio, che blocca il contratto solo se *arriva prima* della conclusione.

12. La proposta irrevocabile

Ci sono casi in cui la proposta non si può revocare, perché è una proposta irrevocabile. Qualche volta l'irrevocabilità è stabilita dalla *legge*: ad es., la proposta di contratto con obbligazioni del solo proponente è irrevocabile appena giunge a conoscenza dell'oblato (art. 1333, c. 1). Più spesso dipende da una *decisione dello stesso proponente, che si obbliga «a mantenere ferma la proposta per un certo tempo»* (art. 1329, c. 1). Ad es.: «le propongo di comprare la mia auto per 10.000 euro, e tengo ferma questa proposta per 10 giorni da oggi».

La conseguenza è che il proponente non può revocare la proposta prima che sia scaduto il termine; e se per caso lo fa, «*la revoca è senza effetto*» (art. 1329, c. 1). Per tutto il tempo prima della scadenza, l'oblato può riflettere tranquillamente sulla proposta, perché sa che questa non può essere ritirata. Se l'accetta, il contratto si conclude. Se *il termine scade* senza che egli l'abbia accettata, la proposta resta in piedi (salvo che il termine fissato dal proponente valesse anche come termine massimo per l'accettazione, in base all'art. 1326, c. 2): ma a questo punto è revocabile.

Quando la proposta è irrevocabile, contrariamente alla regola non perde efficacia per morte o sopravvenuta incapacità del proponente, salvo che il persistere dell'efficacia sia escluso dalla natura dell'affare o dagli usi (art. 1329, c. 2).

13. L'opzione

L'opzione è *l'accordo fra il proponente e l'oblato, per cui il proponente si obbliga a tenere ferma la sua proposta, per un determinato tempo*, con gli effetti tipici dell'irrevocabilità della proposta (art. 1331, c. 1). È essenziale che sia stabilito il *termine* per cui la proposta resta ferma: se non lo hanno fissato le parti, può stabilirlo il giudice (art. 1331, c. 2).

La differenza con l'ipotesi dell'art. 1329 è che lì l'irrevocabilità della proposta deriva da un *atto di impegno unilaterale* del proponente, mentre nell'opzione deriva da un *accordo bilaterale* (diciamo pure da un contratto) fra i due interessati. La ragione è che molto spesso *il beneficiario dell'opzione dà o promette qualcosa in cambio*, cioè «paga» l'opzione, dando un corrispettivo per il vantaggio di poter decidere tranquillamente se accettare o no il contratto.

Se decide di accettare, il contratto si forma senza che il proponente possa impedirlo: egli è in posizione di *soggezione*, di fronte al *diritto potestativo* di chi ha l'opzione. Se questi decide di non accettare, anziché lasciare semplicemente scadere l'opzione, può *cederla a un terzo* che eventualmente sia più interessato di lui al contratto, e che gli subentra nel diritto di concluderlo. Tale cessione può essere, a sua volta, onerosa (e far guadagnare il cedente): in questo modo l'opzione si presenta come un «bene» che può circolare.

14. La prelazione

La prelazione può avvicinarsi all'opzione, ma non va confusa con essa. È il *diritto di essere preferito a chiunque altro, a parità di condizioni, nella conclusio-*

ne di un determinato contratto. Dire che X ha prelazione per l'acquisto dell'automobile di Y, significa che se Y vuole vendere la sua auto (e magari ha già trovato qualcuno, per es. Z, pronto a comprarla per 12.000 euro), non è libero di venderla a Z: prima deve proporre a X di comprarla, e solo se X non esercita la prelazione (cioè rifiuta di comprarla, o di comprarla a quel prezzo), Y diventa libero di venderla a Z o a qualcun altro. La dichiarazione con cui Y comunica a X che intende vendere a certe condizioni, e gli chiede se vuole comprare a quelle condizioni, si chiama *denuntiatio.*

È chiara la *differenza rispetto all'opzione.* La prelazione può essere esercitata solo se la parte vincolata decide di vendere (ma Y non è obbligato a vendere, e se Y non decide di vendere X non può acquistare): il gioco della conclusione del contratto è comandato da chi ha concesso la prelazione. Invece l'opzione determina un vincolo più forte: chi l'ha concessa non ha il potere di impedire la formazione del contratto, perché questo si forma senz'altro nel momento in cui il titolare dell'opzione dichiara di accettare. Qui il gioco è comandato da chi ha ricevuto l'opzione.

Si distinguono due tipi di prelazione, diversi per la *fonte* e per gli *effetti*: ☞ la prelazione **convenzionale** nasce per *volontà degli interessati.* Essa ha *efficacia obbligatoria*, cioè attribuisce al titolare un diritto di credito, *non opponibile ai terzi.* Questo è decisivo per sapere quali sono le conseguenze in caso di violazione della prelazione: se Y non rispetta la prelazione di X, e senza interpellarlo vende l'auto a Z, X non può contestare l'acquisto di Z (terzo rispetto al rapporto di prelazione); può solo avanzare pretese di risarcimento contro Y, suo debitore inadempiente nell'ambito di quel rapporto; ☞ la prelazione **legale** è disposta dalla *legge*: ne sono esempi la prelazione del *coerede* per la vendita di quote ereditarie da parte di altro coerede (**69**.13), e quella del *conduttore* per la vendita dell'immobile locato con destinazione non abitativa (**39**.6). La prelazione legale ha *efficacia reale*, dunque è *opponibile ai terzi*: se il locatore viola la prelazione, vendendo a un terzo senza interpellare il conduttore, il conduttore non ha una semplice pretesa risarcitoria verso il locatore; può attaccare l'acquisto del terzo, e riscattare l'immobile, facendolo proprio.

15. La formazione progressiva del contratto

Alla conclusione di un contratto può arrivarsi in tempi lunghi, per fasi e tappe successive: l'accordo contrattuale, specie se l'operazione è complessa, non nasce tutto d'un colpo, ma si costruisce pezzo per pezzo. Può così accadere che, a un certo punto, le parti abbiano *raggiunto l'accordo su alcuni aspetti del contratto* (magari quasi su tutti, e comunque sui più importanti), ma non ancora su altri. Il problema è: il contratto è formato, anche se l'accordo non copre al 100% la materia del contratto? Per rispondere si applicano due criteri:

☞ il primo è che il contratto non si conclude fino a che non si sia raggiunto *accordo su tutti gli aspetti del contratto considerati nella trattativa, sia quelli essenziali sia anche quelli secondari.* Anche il mancato accordo su un punto obiettivamente marginale impedisce la formazione del contratto (ad es., c'è l'accordo su tutti gli elementi della vendita, salvo che il compratore vuole la consegna a domicilio, mentre il venditore insiste perché al ritiro e al trasporto provveda il compratore): se le parti ne hanno discusso, e sono rimaste in disaccordo, si deve pensare che per esse quel punto non fosse così trascurabile;

☞ questo primo criterio può essere corretto da secondo: nonostante il persistere di qualche punto di disaccordo, il contratto si conclude se *le parti dicono chiaramente di considerare che l'accordo pur parziale sia sufficiente a impegnarli contrattualmente* (magari rinviando a una futura trattativa la definizione dell'aspetto mancante). In questo caso il contratto si forma con una *lacuna*, che si potrà colmare con una *successiva ricerca dell'accordo fra le parti*, o in mancanza con i *meccanismi di integrazione legale del contratto* (**32**.7): ad es., c'è una norma di legge che indica il luogo di consegna della cosa venduta. Se integrare la lacuna è impossibile (perché ad es. nessuna norma dice come determinare il prezzo del contratto, che le parti hanno lasciato indefinito), il contratto potrà risultare nullo per indeterminabilità dell'oggetto (**35**.6).

Quando l'accordo parziale non è sufficiente per formare il contratto, dà luogo a una semplice **minuta**, o **puntuazione**: il *documento che indica i punti già concordati.* Questo accordo non è ancora il contratto, ma ci si domanda se abbia comunque qualche *valore giuridico*: ad es., se una parte possa «ripudiarlo» nel seguito della trattativa, pretendendo di ridiscutere punti che sembravano già definitivamente concordati. Si può rispondere che l'accordo parziale non è di per sé vincolante, ma che la pretesa di disattenderlo, quando in base alle circostanze risulti irragionevole e scorretta, crea responsabilità (*responsabilità precontrattuale*: **29**.16).

Il valore giuridico di un accordo contrattuale parziale, in via di completamento, è rafforzato quando le parti decidono di dargli una veste formale, come accade con le **lettere di intenti**: queste sono dichiarazioni scambiate fra le parti in trattativa per un affare, con cui le parti stesse dichiarano di essere d'accordo su alcuni elementi essenziali dell'affare stesso, e si impegnano a proseguire la trattativa per perfezionare definitivamente il contratto.

Fenomeno diverso è la **ripetizione** (o riproduzione o rinnovazione) del contratto. Qui c'è *un contratto già concluso e valido, che le parti rifanno in altra forma* (**29**.20): ad es. una compravendita immobiliare fatta per scrittura privata viene successivamente rifatta per atto pubblico. Ciascuno dei due contratti produce gli effetti suoi propri: il trasferimento della proprietà e l'obbligo del prezzo scattano già con la scrittura privata; ma solo con l'atto pubblico il contratto diventa trascrivibile.

16. Le trattative e la responsabilità precontrattuale

La conclusione del contratto viene generalmente preceduta e preparata da una fase di trattative, nel corso della quale *le parti discutono i termini dell'affare, e ciascuna cerca di far prevalere il proprio interesse*, in conflitto con quello dell'altra (il venditore cerca di spuntare il prezzo più alto possibile, il compratore quello più basso possibile, ecc.). Se fra i contrastanti interessi delle parti si trova infine un punto di equilibrio soddisfacente per entrambe, si raggiunge l'accordo e il contratto si fa: in caso contrario, non c'è accordo e il contratto non si forma. Questa fase è perciò molto importante. La legge la regola con un principio generale, che impone alle parti di comportarsi secondo **buona fede**, vale a dire *con correttezza e lealtà* (art. 1337). La parte che viola questo principio, e nella fase che precede la conclusione del contratto si comporta scorrettamente e slealmente contro l'altra, incorre in una responsabilità che si chiama appunto responsabilità precontrattuale.

La scorrettezza può dare luogo a tre situazioni:

☞ **il contratto non si forma**, perché la parte scorretta abbandona ingiustificatamente la trattativa (*rottura dalla trattativa*). È vero che finché il contratto non è concluso, le parti non sono contrattualmente vincolate (tanto è vero che la legge consente di bloccare un contratto che sta per formarsi, con la revoca della proposta o dell'accettazione), ma possono esserci circostanze, in cui la rottura dalla trattativa costituisce una slealtà. Ciò accade in presenza di due requisiti: che la trattativa fosse abbastanza avanzata da avere creato un ✦ *ragionevole affidamento nella conclusione del contratto*; e che la rottura di essa sia avvenuta ✦ *senza una seria giustificazione*;

☞ **si forma un contratto invalido**, perché *la parte che, conoscendo o dovendo conoscere una causa d'invalidità del contratto, non avverte l'altra parte*, che pensando di fare un contratto valido rimane poi delusa in questo suo affidamento (art. 1338): si pensi alla vendita immobiliare nulla perché l'immobile presenta irregolarità urbanistiche, che il proprietario tace al compratore;

☞ **si forma un contratto valido, ma sconveniente** per la vittima delle scorrettezze (che possono consistere ad es. in *inganni* o *minacce*; oppure in una *reticenza*, quando la parte nasconde all'altra informazioni essenziali sul contratto, che per obbligo di lealtà avrebbe dovuto comunicarle): per effetto di esse, la vittima accetta condizioni penalizzanti, che senza le scorrettezze non avrebbe accettato. È il caso del *dolo incidente*, previsto dall'art. 1440 (**35**.17).

In ciascuno di questi casi la vittima riceve un *danno*, che l'autore della scorrettezza deve *risarcire*. Attenzione, però: va risarcito solo il danno che corrisponde al c.d. **interesse negativo**, cioè il danno che deriva dall'avere *intrapreso la trattativa finita male* (ad es. perché controparte è receduta ingiustificatamente). Esso può comprendere sia le *spese inutilmente fatte* in vista del contratto mancato (viaggi, perizie, progetti, consulenze legali, ecc.), sia la *perdita di occasioni alternative* che la parte ha trascurato per tenere dietro alla trattativa finita male per colpa di controparte. Non è invece risarcibile il danno corrispondente al c.d. *interesse positivo*, e cioè quello causato dal mancato raggiungimento del risultato contrattuale (la *prestazione* cui la parte avrebbe avuto diritto, se il contratto si fosse concluso): questo è il danno che sarebbe risarcibile in base alla *responsabilità per inadempimento dell'obbligazione* nata dal contratto (**26**); ma qui, per l'appunto, il contratto non c'è, e l'obbligazione non è nata.

Si discute se questa responsabilità vada qualificata e trattata come *contrattuale* (**26**) oppure *extracontrattuale* (**42**): in dottrina prevale la tesi contrattuale; la giurisprudenza tradizionalmente affermava la natura extracontrattuale, ma da ultimo è in atto un ripensamento.

17. Contratti per adesione e contratti standard: rinvio

Un fenomeno importante dell'odierna realtà dei contratti è il fenomeno dei contratti standard. Esso riguarda le modalità di formazione del contratto, perché la sua caratteristica è l'*assenza di trattative* fra le parti, dato che *il testo contrattuale è predisposto da una sola parte*, e l'altra non fa che aderire passivamente ad esso (di qui anche la formula «*contratti di adesione*»): e infatti il codice lo regola nella sezione «Dell'accordo delle parti» (art. 1341-1342).

Peraltro, esso si caratterizza ancora di più per il fatto di riguardare l'attività contrattuale delle *imprese*, specie nei loro rapporti con i *consumatori*: per questo se ne parlerà nella parte dedicata a questi argomenti (**60**.5-6).

18. Volontà e manifestazione di volontà

La proposta e l'accettazione portano alla formazione dell'accordo, e quindi del contratto, perché corrispondono alla volontà delle parti: che sappiamo essenziale per il contratto (**28**.3). Attenzione, però: *la volontà, di per sé, non basta a formare il contratto*. Infatti la volontà è un atteggiamento mentale della persona, un modo di essere della sua sfera psichica. Ma il diritto si occupa di *rapporti sociali*, fondati sulle *relazioni e comunicazioni sociali* fra gli uomini, e quindi non considera rilevante ciò che resta allo stato di soggettiva condizione mentale, e non diventa socialmente conoscibile.

Ne consegue che la volontà contrattuale diventa giuridicamente rilevante solo se *esce dalla sfera psichica del soggetto*; solo se viene *manifestata all'esterno con mezzi oggettivi*, in modo da diventare *socialmente conoscibile*. Per concludere un contratto, non basta la volontà (di farlo): occorre la corrispondente **manifestazione di volontà**.

19. Le modalità della manifestazione: dichiarazione, silenzio e comportamento concludente

La volontà (come ogni altra condizione interiore dell'uomo) viene manifestata attraverso *segni*. Nella grande maggioranza dei casi, i segni usati per manifestare la volontà sono i *segni del linguaggio* (parlato o scritto), che è il sistema di segni normalmente impiegato per le comunicazioni fra gli uomini. Quando la manifestazione di volontà si realizza con il linguaggio, essa esprime nel modo più chiaro la volontà stessa, e l'intenzione di comunicarla al destinatario: abbiamo allora una **manifestazione espressa** di volontà (o **dichiarazione di volontà**, come già visto).

Ma la volontà di fare un contratto può anche manifestarsi in modo non espresso, senza una dichiarazione, e cioè con *segni diversi dal linguaggio*: si parla allora di **manifestazione tacita** della volontà. Sappiamo che chi riceve una proposta in forma di ordine di merci, può concludere il contratto semplicemente cominciando a eseguirlo (**29**.5): l'avvio dell'esecuzione è il segno che manifesta la sua volontà contrattuale. Il gesto di chi, senza dire una parola, prende le merci dal banco del supermercato, le porta alla cassa e le paga, è la manifestazione della sua volontà di comprarle. Chi sale sull'autobus, manifesta con ciò la sua volontà di concludere un contratto di trasporto con l'impresa che offre il servizio: anzi, fa qualcosa di più, *perché forma il contratto con un gesto che nel medesimo tempo lo attua*, appropriandosi direttamente della prestazione contrattuale (c.d. **negozio di attuazione**).

La manifestazione tacita di volontà è un comportamento silenzioso: ma è, appunto, un comportamento. Ed è il comportamento (sia pure silenzioso) a costituire il segno (sia pure diverso dal linguaggio) capace di manifestare la volontà. Infatti la manifestazione tacita di volontà contrattuale si definisce **comportamento concludente**: intendendosi *le azioni del soggetto che, nel quadro delle circostanze date, segnalano chiaramente la sua volontà contrattuale*.

È importante il riferimento alle circostanze, perché in circostanze diverse quello stesso comportamento potrebbe avere tutt'altro significato. Ciò accade, in particolare, quando il soggetto esplicita che il suo comportamento non va inteso in quel significato (c.d. «*protestatio*»). Ma non sempre la «protestatio» è ammessa: se ad es. uno sale sull'autobus dichiarando che non intende con ciò concludere un contratto di trasporto, non per questo sfugge all'obbligazione contrattuale di pagare il biglietto, perché la protestatio è incompatibile con il suo comportamento attuativo (un atteggiamento non ammissibile, perché equivale a «*venire contro il fatto proprio*», cioè a contraddirsi). Inoltre, ci sono contratti per i quali la legge non si accontenta di una manifestazione tacita, ma *richiede una manifestazione espressa* di volontà: la delegazione, l'espromissione e l'accollo di tipo liberatorio richiedono la dichiarazione espressa del creditore di voler liberare il debitore originario (art. 1268, c. 1; 1272, c. 1; 1273, c. 2); nel contratto di fideiussione, la volontà del fideiussore di prestare la garanzia «deve essere espressa» (art. 1937).

Dire che la volontà può manifestarsi anche tacitamente non significa che il **silenzio** vale generalmente come manifestazione di volontà. Di per sé, il silenzio è assenza di segni, e quindi *non manifesta alcuna volontà*. S'immagini che uno riceva a casa il primo volume di un'enciclopedia in 48 volumi, con una lettera in cui lo si invita ad acquistare l'intera opera alle condizioni lì specificate, e gli si dice che se non è interessato dovrà restituire il volume campione entro 10 giorni; in caso contrario, si considererà che abbia accettato l'acquisto. Se il soggetto non fa nulla (non risponde alla lettera né per accettare né per rifiutare, e neppure restituisce il volume saggio), non per questo si forma il contratto: il suo silenzio non vale affatto come accettazione della proposta.

Il silenzio può portare alla formazione del contratto solo in casi particolari, e per particolari ragioni che lo giustificano. Ad es., quando un tale valore gli sia espressamente attribuito dalla *legge*: è il caso dei contratti che si concludono per il mancato rifiuto dell'oblato (**29**.6). Oppure da un *precedente accordo* delle parti interessate: ad es., in un contratto di durata biennale le parti prevedono che se nessuna delle due comunicherà all'altra di voler terminare il contratto alla scadenza, il contratto si considererà automaticamente rinnovato per altri due anni (*rinnovo tacito* del contratto); qui il precedente accordo è la circostanza che dà al silenzio il valore di comportamento concludente.

20. I contratti formali: funzioni della forma

La circostanza che i contratti si possano formare con comportamenti concludenti (dunque senza usare il linguaggio, né parlato né scritto) ci dice che nel nostro sistema vale generalmente il principio della **libertà di forma**. Esso significa che *la manifestazione di volontà contrattuale non richiede modalità particolari, ma può avvenire con qualunque modalità idonea a comunicarla e farla comprendere.* Questo principio contrappone i diritti moderni ai diritti arcaici (dove si dava molto peso al rispetto di elementi cerimoniali o rituali): il suo fondamento sta nell'esigenza di snellire il compimento delle operazioni economiche (di cui i contratti sono la veste legale).

E tuttavia, anche nel diritto moderno il principio della libertà di forma conosce delle eccezioni. Per alcuni contratti (e altri atti) la legge richiede che la volontà sia manifestata non in qualsiasi modo, ma solo attraverso *particolari modalità espressive stabilite dalla legge* stessa. Questi sono i contratti **formali** (o a **forma vincolata**), che si contrappongono agli altri, per cui vale la libertà di forma, e che si dicono perciò contratti **non formali** (o **a forma libera**).

Il principale tipo di forma vincolata è la *scrittura*: determinati contratti non possono farsi a voce, né tanto meno per comportamento concludente; devono farsi in forma scritta. Questa si traduce sempre in un *documento*; ma a seconda dei casi può presentarsi con diversi gradi di complessità:

☞ il grado più elementare è la **scrittura privata**, di cui abbiamo già parlato (**9**.20). Essa è richiesta (art. 1350): ✦ per i contratti che trasferiscono la *proprietà di immobili*, ovvero costituiscono, trasferiscono, modificano o estinguono *diritti reali su immobili*; ✦ per i contratti che attribuiscono diritti (non reali) di *godimento di immobili di durata ultranovennale* (in particolare locazioni); ✦ per i contratti delle *pubbliche amministrazioni*; ✦ per una serie di altri contratti (anche relativi a beni mobili) indicati da varie *norme di legge*: ad es. i contratti relativi a servizi bancari e finanziari (art. 117, c. 1, t.u.b.; art. 23, c. 1, t.u.f.). La forma della scrittura è rispettata anche se la volontà delle parti non è manifestata in un *unico documento* sottoscritto da entrambe, ma risulta da *documenti separati*: ad es. una lettera di proposta, e un'altra lettera di accettazione. Qualche volta la scrittura di per sé non basta, e deve essere *integrata da altri elementi*. Ad es., i contratti bancari e finanziari non solo richiedono la scrittura, ma la legge precisa che una copia del documento deve essere *consegnata* al cliente. Oppure la legge stabilisce che il testo scritto del contratto deve contenere determinate indicazioni (c.d. requisito di *forma-contenuto*): ad es., in certi contratti con consumatori (**60**.7) il documento contrattuale deve riportare determinati contenuti, oltre che rispettare particolari modalità grafiche (art. 49 ss. c.cons.);

☞ una forma più complessa e solenne della scrittura privata è l'**atto pubblico**, che oltre alla scrittura richiede l'intervento del *notaio* o di un altro *pubblico ufficiale* (**9**.19). Si devono fare per atto pubblico, fra l'altro: ✦ i contratti che costituiscono *società di capitali* (**53**.3); ✦ le *convenzioni matrimoniali* (**63**.10); ✦ le *donazioni*, per le quali si richiede, in più, la presenza di *due testimoni* (**70**.2).

Le **funzioni della forma** (cioè le ragioni per cui la legge la impone) sono diverse: ☞ la funzione principale è garantire *certezza sull'esistenza e sul contenuto del contratto*, così da ridurre dubbi e liti al riguardo; ☞ un'altra importante funzione è la *protezione del contraente.* Si spiega anche così la forma della donazione: costringendo il donante ad andare dal notaio, lo si porta a riflettere meglio sulla sua decisione di donare. E si spiega perché la legge generalmente richieda la forma scritta per i contratti fra le imprese e i loro clienti: leggendo il testo, il cliente può capire meglio diritti e obblighi conseguenti, e fare una scelta più consapevole; ☞ la forma serve poi a rendere possibili i *controlli sul contratto*, previsti nell'interesse pubblico: per questo richiedono la forma scritta tutti i contratti delle pubbliche amministrazioni; ☞ un'altra funzione della forma si collega alla *pubblicità*: sarebbe impossibile dare pubblicità ai contratti che la richiedono (ad es. trascriverli), se questi non fossero scritti. (**20**.2).

Queste funzioni tendono ad assumere importanza crescente, e così tendono a moltiplicarsi le norme che impongono forme vincolate per determinati contratti: per questo si parla di una *rinascita del formalismo.*

21. Forma per la validità e forma per la prova

C'è un ovvio collegamento tra forma del contratto e prova del contratto: il modo più semplice ed efficace per provare il contratto, dal quale discende il diritto affermato, consiste nel mostrare al giudice il documento scritto nel quale è manifestata la volontà contrattuale (del resto, la scrittura privata e l'atto pubblico, qui considerati come forme, li abbiamo già incontrati fra i mezzi di prova: **9**.19-20). E tuttavia i due aspetti vanno tenuti ben distinti.

Il senso principale della forma vincolata è non tanto e non solo agevolare la prova del contratto, bensì è che *senza la forma il contratto non è valido e non produce i suoi effetti.* Quando il senso è questo, si dice che la forma è richiesta «*ad substantiam*», cioè **per la validità** del contratto, di cui costituisce allora elemento essenziale (art. 1325, n. 4). Se la forma non è osservata (ad es., la compravendita di un appartamento è conclusa a voce anziché per iscritto; la donazione è fatta con semplice scrittura privata, anziché con atto pubblico), il contratto è **nullo** e senza effetti: in questi casi, si dice infatti che la forma è richiesta «*sotto pena di nullità*» (art. 1350).

Ci sono poi altri casi in cui la legge stabilisce che determinati contratti devono essere «*provati per iscritto*», come accade ad es. per l'*assicurazione* (art. 1888) e la *transazione* (art. 1967): si dice allora che la forma (scritta) è richiesta **per la prova** (o «*ad probationem*»). Le conseguenze giuridiche sono diverse: qui la mancata osservanza della forma (ad es., la transazione è fatta a voce) non determina la nullità del contratto: *il contratto è valido e produce i suoi effetti.* Ne deriva solo la *maggiore difficoltà, per la parte interessata, di dare al giudice la prova del contratto*, conseguente a una **limitazione dei mez-**

zi di prova utilizzabili: la legge esclude che il contratto possa essere provato per *testimoni* o per *presunzioni* (art. 2725, c. 1; 2729, c. 2). Chi fa valere in giudizio un diritto derivante dalla transazione verbale, in sostanza può contare solo su due mezzi per provare che la transazione è stata fatta (a voce), e con quei contenuti: il *giuramento* deferito a controparte, o la *confessione* di questa.

22. Forme convenzionali, e altre formalità

Si parla di **forme convenzionali** quando una particolare forma della dichiarazione di volontà è richiesta non per previsione di legge, ma *per accordo delle parti interessate* (detto *patto sulla forma*): ad es., in un contratto di appalto le parti stabiliscono che eventuali lavori aggiuntivi e diversi potranno essere affidati dal committente e accettati dall'appaltatore solo per iscritto: oppure si stabilisce che la disdetta, per evitare il tacito rinnovo, debba farsi per mezzo di lettera raccomandata con avviso di ricevimento; ecc. Se il patto è fatto per iscritto, la legge *presume che la forma convenzionale sia voluta per la validità dell'atto*, e non solo per la prova (art. 1352).

Non vanno confuse con la forma **altre formalità**, che le norme possono richiedere per determinati contratti: *formalità pubblicitarie* (trascrizione, iscrizione nel registro delle imprese); oppure adempimenti fiscali, come la *registrazione* del contratto in vista del pagamento dell'imposta di registro (che può essere rilevante anche ai fini della data certa: **9**.20). Anche l'inosservanza di queste altre formalità ha conseguenze giuridiche: ma diverse da quelle portate dall'inosservanza della forma.

23. I contratti conclusi per via informatica

Le regole su formazione, forma e prova degli atti devono tenere conto delle nuove tecniche di comunicazione informatica. Se ne occupa adesso il d.lgs. 82/2005 (c.d. *codice dell'amministrazione digitale*).

Il concetto base è quello di **documento informatico**, inteso come «*rappresentazione informatica di atti, fatti o dati giuridicamente rilevanti*». In linea di principio esso è equiparato al documento cartaceo: «gli atti, dati e documenti formati ... con strumenti informatici e telematici, i contratti stipulati nelle medesime forme ... sono *validi e rilevanti a tutti gli effetti di legge*», purché realizzati con determinate modalità tecniche (art. 20 c.a.d.). I problemi legali del documento informatico sono sostanzialmente gli stessi che si pongono per i documenti cartacei: il documento dà luogo alla formazione di un contratto? Rispetta l'eventuale requisito di forma? Qual è il suo valore probatorio? La risposta a queste domande dipende dalle caratteristiche del documento, e in particolare dalle garanzie di sua effettiva riferibilità a chi ne appare l'autore.

Sappiamo che un documento è legalmente riferibile a chi vi appone la sua firma (**9**.20): e allora il *valore giuridico del documento informatico* dipende dal grado di *affidabilità della firma* apposta su di esso (ovviamente con l'impiego delle tecnologie informatiche, in concreto usando una smart card). Vengono in gioco tre tipi di firma, che assicurano in grado diverso l'autenticità e l'integrità della firma stessa. Al grado più basso si colloca la ☞ **firma elettronica semplice** (non qualificata): è qualunque insieme di dati in forma elettronica, collegati con associazione logica ad altri dati elettronici costituenti un messaggio, che consentono di riferire tale messaggio a un determinato autore. Se poi la firma elettronica presenta certe caratteristiche tecniche che ne accrescono il grado di sicurezza, prende il nome di ☞ **firma elettronica qualificata**, e aumenta l'intensità del suo valore legale. Il più alto grado di sicurezza circa la genuinità della provenienza del documento si ha con quella sottospecie di firma elettronica, che è la ☞ **firma digitale**. Si realizza con una *procedura di validazione* basata su un sistema di *chiavi asimmetriche*: una chiave *privata* per l'autore del messaggio, nota solo a lui; e una chiave *pubblica*, conoscibile da tutti e quindi a disposizione dei destinatari.

Queste nozioni sono importanti, per definire se le modalità informatiche possono garantire il rispetto dei requisiti di forma prescritti per la validità del contratto. In breve: ☞ il documento informatico con *firma digitale* o con *firma elettronica qualificata* vale come **scrittura privata**; ☞ se è con *firma digitale* e questa è *autenticata da notaio*, vale come **scrittura privata autenticata**; ☞ in base a una disciplina introdotta nel 2010 può valere anche come atto pubblico (**atto pubblico informatico**), purché abbia la *firma digitale del notaio*, apposta subito dopo le firme delle parti e dagli eventuali testimoni (le quali invece possono essere anche firme elettroniche semplici, non qualificate).

Il documento informatico che *non segue queste modalità* (perché ad es. porta una firma elettronica semplice, o nessuna firma elettronica) non soddisfa il requisito della forma scritta. Ma è pur sempre un documento che incorpora una dichiarazione di volontà contrattuale: e allora se riguarda un *contratto a forma libera*, in base ad esso il contratto *si forma validamente* (così come potrebbe formarsi a voce, o per comportamenti concludenti).

Quest'ultima modalità operativa è quella normalmente usata nell'ambito del **commercio elettronico**: cioè per *acquisti di beni o servizi on-line* – in particolare presso siti Internet – tramite la conclusione informatica di contratti (che di solito sono, appunto, contratti a forma libera). I contratti del commercio elettronico sono regolati dal d.lgs. 70/2003, che fra l'altro prescrive *obblighi di informazione precontrattuale* a carico di chi offre beni o servizi on-line; e chiarisce che quando un cliente invia l'ordine per via telematica, cliccando sul suo computer, si applicano le *comuni norme sulla conclusione dei contratti* (art. 12-13).

30
LA RAPPRESENTANZA

SOMMARIO: 1. La formazione del contratto in sostituzione dell'interessato: rappresentanza e spendita del nome. – 2. Ambiti di applicazione e fonti della rappresentanza: rappresentanza legale, volontaria, organica. – 3. La procura. – 4. Gli interessi in gioco nella disciplina della rappresentanza: conflitto d'interessi e contratto con sé stesso. – 5. Segue: revoca e modificazioni della procura. – 6. Segue: rappresentanza senza potere e contratto del falso rappresentante. – 7. Il rappresentante apparente. – 8. Forme speciali di rappresentanza: rinvio. – 9. Il contratto per persona da nominare.

1. La formazione del contratto in sostituzione dell'interessato: rappresentanza e spendita del nome

È possibile che i contratti siano formati da soggetti che non sono quelli direttamente interessati ai contratti stessi: ad es., è in vendita l'appartamento di A (e B è disposto a comprarlo), ma la vendita a B non è fatta da A, bensì da X. Ciò può accadere grazie al meccanismo della rappresentanza: X fa il contratto in rappresentanza di A. L'idea chiave è quella di **sostituzione**: X sostituisce A nella conclusione del contratto. Abbiamo già incontrato il meccanismo parlando degli incapaci di agire: il minore è sostituito dai genitori, che lo rappresentano nel compimento degli atti di suo interesse (**11**.11).

Con la rappresentanza *il contratto è fatto da un soggetto* (che compie tutte le attività necessarie: certamente la manifestazione di volontà contrattuale, ma eventualmente anche le precedenti trattative e valutazioni di convenienza), ma *gli effetti del contratto si producono in capo a un soggetto diverso*, perché riguardano le situazioni giuridiche di quest'altro soggetto: chi fa il contratto si chiama **rappresentante**, chi riceve gli effetti del contratto è il **rappresentato**. Come dice la legge, «Il contratto concluso dal rappresentante ... produce direttamente effetto nei confronti del rappresentato» (art. 1388): la vendita fatta fra X e B trasferisce a B la proprietà dell'appartamento di A; e da essa nasce l'obbligo di B di pagare il prezzo ad A, e il corrispondente credito di A.

Oggi la vita economica e sociale – dominata dalla *divisione e specializzazio-*

ne del lavoro – non sarebbe concepibile senza un diffuso impiego della rappresentanza: le attività, le situazioni, le relazioni umane sono diventate troppo differenziate e complesse, per pensare che i soggetti debbano sempre compiere personalmente tutti gli atti che li riguardano, e non possano farsi sostituire.

Si usa dire che, nel contratto fatto in rappresentanza, il rappresentante è la *parte in senso formale*, mentre *parte in senso sostanziale* è il rappresentato: il rappresentante partecipa al contratto, ma non è lui il titolare dell'interesse su cui il contratto incide, perché tale interesse (cioè la sostanza giuridica ed economica del contratto) appartiene al rappresentato. Di questa ripartizione dei ruoli fra rappresentante e rappresentato, la legge tiene conto con alcune regole:

☞ in un contratto, può essere importante che la parte sia in buona oppure in mala fede (cioè che ignori o viceversa conosca) determinati fatti; così come può essere importante che sia caduta in errore o sia stata ingannata o minacciata (**35**.12-18): c.d. **stati soggettivi rilevanti**. Ora, siccome il contratto è fatto dal rappresentante, di regola ciò che conta è se nella condizione di *buona o mala fede*, di *conoscenza o ignoranza*, di *errore, minaccia e inganno*, si trovi il *rappresentante* stesso, non il rappresentato (art. 1390-1391, c. 1). Questa regola, però, non può spingersi fino a consentire frodi del rappresentato a danno di terzi: se A acquista da B una cosa mobile di cui B non è proprietario, sappiamo che il suo acquisto è efficace solo se, fra l'altro, egli è in buona fede (**21**.18); sarebbe ingiusto se A, essendo in mala fede, aggirasse l'ostacolo facendo compiere l'acquisto da un suo rappresentante (il quale invece ignora che B non è il proprietario); e allora la legge stabilisce che «In nessun caso il *rappresentato ... in mala fede* può giovarsi dello stato d'ignoranza o di buona fede del rappresentante» (art. 1391, c. 2);

☞ per contro, il fatto che il rappresentato sia la parte «sostanziale» del contratto, cioè quella che ne riceve gli effetti giuridico-economici, spiega la regola secondo cui «per la validità del contratto concluso dal rappresentante è necessario che *il contratto non sia vietato al rappresentato*» (art. 1389, c. 2): un'applicazione del principio per cui, a differenza dell'incapacità di agire, l'incapacità giuridica non può essere supplita dall'intervento di un rappresentante che sostituisca l'incapace (**10**.3).

È importante fissare un dato. Il contratto concluso dal rappresentante «produce direttamente effetto nei confronti del rappresentato», solo a una precisa condizione: che il rappresentante lo concluda «in nome e nell'interesse del rappresentato» (art. 1388); che cioè, nel concludere il contratto, *il rappresentante dichiari a controparte che in quel contratto egli agisce non per sé, ma in nome e per conto del rappresentato* (c.d. **spendita del nome** del rappresentato). Se il rappresentante non spende il nome del rappresentato, la rappresentanza non opera, e il contratto produce effetto nei confronti del rappresentante stesso, che lo fa. Ciò porta a escludere che sia vera e propria rappresentanza la c.d.

rappresentanza indiretta, in cui uno fa un contratto «per conto» di un altro, ma non anche «in nome» dell'interessato, bensì in nome proprio, e dunque senza spendita del nome: ce ne occuperemo parlando del mandato (**40**.8-9).

Non si ha rappresentanza neppure quando il contratto è concluso con l'intervento di un **nuncius**, che opera come semplice *strumento usato dall'interessato per manifestare la propria volontà contrattuale*: se ad es. A, per comunicare a B che accetta la sua proposta, anziché scrivergli o telefonargli manda da lui X, il quale dice a B «le comunico, da parte di A, che A accetta la sua proposta», il contratto con B è formato direttamente da A, e non da X in rappresentanza di A. Qui, perciò, buona o mala fede, errore, minaccia e inganno vanno verificati nei confronti di A, non di X, che non è il suo rappresentante. Il nuncius può essere *anche incapace di intendere e di volere* (non è lui che forma la volontà contrattuale): l'importante è che sia in grado di comunicare al destinatario la dichiarazione della parte.

2. Ambiti di applicazione e fonti della rappresentanza: rappresentanza legale, volontaria, organica

Riferendosi al **campo di applicazione** della rappresentanza, fin qui si è parlato della conclusione di ☞ **contratti**. Ma alla rappresentanza si può ricorrere anche *fuori del campo dei contratti*. Uno può essere rappresentato nel compimento di ☞ **atti unilaterali**: ratifiche, convalide, rinunce, recessi, promesse unilaterali, ecc. possono essere fatte da un rappresentante, in nome dell'interessato. L'importante è, anche qui, che venga speso il nome del rappresentato. Inoltre, uno può essere sostituito, oltre che nel compimento di atti, anche nella ☞ **ricezione di atti** (c.d. **rappresentanza passiva**): se X è il rappresentante di A, l'atto di B verso A (disdetta, intimazione, recesso, ecc.) è efficace anche se B lo indirizza materialmente a X. Del resto, abbiamo già incontrato l'ipotesi del pagamento fatto al rappresentante del creditore (**23**.5).

Per contro, esistono atti per i quali *la possibilità di compierli per mezzo di un rappresentante è esclusa o molto ridotta:* sono i c.d. **atti personalissimi**, caratterizzati dall'essere intimamente legati alla personalità dell'autore. Così, uno non può farsi rappresentare nella celebrazione del *matrimonio*, nella redazione del *testamento*, nel *riconoscimento del figlio naturale*. Nella *donazione*, la rappresentanza è ammessa in limiti ristretti (**70**.4).

La rappresentanza è un *potere* (**4**.13): il potere del rappresentante di incidere, con le proprie manifestazioni di volontà, sulle situazioni giuridiche del rappresentato. Il tema delle **fonti** della rappresentanza riguarda l'*origine di tale potere*: da chi, e come, il rappresentante riceve l'abilitazione a fare atti che producono effetti sul patrimonio altrui? La risposta è data, in termini generali, dall'art. 1387: «*Il potere di rappresentanza è conferito dalla legge ovvero dall'interessato*». La norma porta a distinguere due tipi di rappresentanza:

☞ nella **rappresentanza legale**, il potere di rappresentanza è attribuito dalla legge, in un doppio senso: la legge stabilisce che, in certi casi, un soggetto non può compiere personalmente gli atti che lo riguardano, ma deve essere sostituito; e stabilisce come individuare il rappresentante. L'autonomia dell'interessato non ha spazio: *non decide lui (e non può impedire) di essere sostituito da un rappresentante*; e *non decide lui chi è il rappresentante che lo sostituisce.* Il campo tipico della rappresentanza legale è quello degli *incapaci di agire:* il minore è legalmente rappresentato dai genitori; l'interdetto dal tutore (**11**.11). Alla logica della rappresentanza legale si avvicina la situazione del *debitore soggetto a liquidazione giudiziale*: la legge gli toglie la possibilità di compiere atti sul proprio patrimonio, che vengono compiuti al suo posto dal *curatore* (**61**.6). La differenza è questa: il rappresentante legale dell'incapace riceve questo ruolo, e lo deve svolgere, nell'interesse dell'incapace; il curatore opera invece primariamente nell'interesse non del debitore, al posto del quale opera, ma dei suoi creditori;

☞ invece nella **rappresentanza volontaria** domina l'*autonomia dell'interessato*: è lui che decide se farsi sostituire nel compimento degli atti che lo riguardano, e da chi farsi sostituire. L'atto con cui egli conferisce il potere di rappresentanza al rappresentante, da lui prescelto, si chiama **procura** (**30**.3).

Nel dettare le norme sulla rappresentanza (art. 1387 e segg.), il codice ha in mente soprattutto la rappresentanza volontaria. Di qui il problema se alcune di queste norme (e quali) possano trovare applicazione anche alla rappresentanza legale. La risposta è affermativa, se la norma in discussione risulta compatibile con la peculiare logica che è tipica della rappresentanza legale.

A metà strada fra rappresentanza volontaria e legale sta un terzo tipo di rappresentanza: la c.d. ☞ **rappresentanza organica**, la cui caratteristica di base è che il soggetto rappresentato non è una persona fisica, ma un'*organizzazione.* Qui c'è qualcosa in comune con la rappresentanza legale: l'interessato non è libero di decidere se agire personalmente o farsi rappresentare, perché l'organizzazione *non può fare a meno di rappresentanti*, cioè di organi che agiscono in nome e per conto dell'organizzazione stessa (**12**.2). Ma c'è qualcosa in comune con la rappresentanza volontaria: le persone fisiche che, in qualità di organi, rappresentano l'organizzazione, non sono predeterminate per legge, ma sono *liberamente scelte dagli interessati* (ad es. i soci scelgono gli amministratori, e questi scelgono il presidente e l'amministratore delegato della società).

3. La procura

La procura è *l'atto con cui l'interessato conferisce volontariamente al rappresentante il potere di rappresentarlo.*

È un **atto unilaterale**: non richiede l'accettazione del rappresentante. Ed è un atto **non ricettizio**: non si indirizza propriamente al rappresentante (anche se è ovvio che questi ne sia messo a conoscenza), ma opera piuttosto *verso i terzi* con cui il rappresentante potrà contrattare in nome del rappresentato: infatti la sua funzione è giustificare, nei confronti di questi terzi, la circostanza che il contratto venga concluso da una persona diversa dall'interessato.

Quanto alla **capacità** dei soggetti, la procura richiede che *chi la conferisce* abbia la *capacità legale* di agire. Invece non è necessario che sia legalmente capace colui che la riceve e la esercita: al *rappresentante* si richiede solo la capacità di intendere e di volere (*capacità naturale*) nel momento in cui compie l'atto per il rappresentato (art. 1389, c. 1).

La procura può richiedere una **forma** particolare: *la stessa forma prevista dalla legge per il contratto che il rappresentante concluderà* in nome del rappresentato (art. 1392). Quindi la procura a vendere o comprare un quadro può essere data a voce; la procura a vendere o comprare un appartamento va fatta per iscritto. Se non c'è vincolo di forma, può aversi anche *procura tacita*, quando il potere di rappresentanza è attribuito per fatti concludenti.

Chi dà la procura la dà, normalmente, nel proprio interesse: affinché il rappresentante compia atti finalizzati esclusivamente all'*interesse del rappresentato*. Ma in qualche caso la procura può essere data anche *nell'interesse del rappresentante*: quando gli atti che questi è autorizzato a compiere al posto del rappresentato servono anche a realizzare qualche interesse dello stesso rappresentante (si pensi al debitore che dà procura al creditore per vendere suoi beni, con l'intesa che sul ricavato il creditore-rappresentante soddisferà il proprio credito).

Il contenuto della procura può essere vario, in relazione al tipo di poteri che si vogliono attribuire al rappresentante. La distinzione fondamentale è fra ☞ **procura generale**, che autorizza a compiere indistintamente *tutti gli affari del rappresentato*, ovvero *tutta una categoria di affari* (ad es., procura a gestire l'intero patrimonio immobiliare del rappresentato); e ☞ **procura speciale**, che riguarda *uno o più affari determinati*. Inoltre, anche in relazione a singoli affari o tipi di affari, la procura può imporre al rappresentante ulteriori **limiti**: può essere la procura a dare in locazione, ma non a vendere; a vendere gli immobili siti in una città, ma non quelli siti in altre città; a venderli solo per un certo prezzo minimo, e non per una somma inferiore; ecc.

La circostanza che in questo modo il rappresentato possa concorrere a determinare vari aspetti del contratto che il rappresentante concluderà per lui, spiega una previsione che corregge una regola già vista: *buona o mala fede, conoscenza o ignoranza, errore, inganno e minaccia* vanno normalmente verificati nei confronti del rappresentante (**30**.1); ma se riguardano *elementi del contratto, predeterminati dal rappresentato,* è alla condizione psicologica di questo che si deve fare riferimento (art. 1390-1391, c. 1). Si immagini che venga acquistato, col mezzo della rappresentanza, un bene avente determinate caratteristiche, diverse da quelle supposte dall'acquirente: ora, se il bene è stato individuato dal rappresentante, è il suo errore che può avere rilevanza; se invece lo aveva già individuato il rappresentato – autore di procura ad acquistare proprio quel bene – è l'errore del rappresentato che va preso in considerazione.

Normalmente, la procura si inserisce in un **rapporto sottostante** fra rappresentante e rappresentato, che la *giustifica*, ovvero spiega perché al primo viene dato il potere di rappresentare il secondo. Ad es., perché il commesso del negozio ha ricevuto dal titolare procura a rappresentarlo nella vendita dei prodotti e nella riscossione delle somme pagate dai clienti? La risposta sta nel rapporto di lavoro che li lega: il commesso ha ricevuto il potere di rappresentanza, perché questo gli consente di svolgere più efficacemente il suo lavoro nell'interesse del titolare del negozio; l'amministratore ha il potere di rappresentare la società, perché solo con l'esercizio di questo potere riesce a svolgere la sua funzione amministrativa, secondo l'incarico che ha ricevuto dalla società stessa; ecc.

Potere di rappresentanza e rapporto sottostante sono *distinti* fra loro. Producono *effetti diversi:* la rappresentanza è appunto un potere che autorizza, ma non obbliga, il rappresentante a operare; un suo obbligo di operare può discendere se mai dal rapporto sottostante (il commesso è tenuto a vendere ai clienti in forza del rapporto di lavoro, non della procura). Inoltre si possono *scindere*: il proprietario del negozio può togliere la procura al commesso, senza che ciò tocchi il rapporto di lavoro, che continua a esistere fra loro. Ma sono pur sempre *collegati,* dato che il primo è *strumentale* al secondo, e non può conservare vita autonoma, indipendentemente da questo: se il rapporto di lavoro si scioglie (il commesso si dimette, o viene licenziato), cade anche la procura che aveva ricevuto in funzione di quel rapporto.

L'**estinzione** della procura può dunque essere determinata dal ☞ *venire meno del rapporto sottostante*. Ma può dipendere anche da altre cause: fra l'altro, dalla ☞ *morte* del rappresentante o del rappresentato (il che si spiega con il suo carattere personale e fiduciario, che ne impedisce il passaggio agli eredi); dalla ☞ *rinuncia* del rappresentante; dalla ☞ *revoca* del rappresentato. Peraltro la revoca non è ammessa nel caso di *procura irrevocabile*: l'irrevocabilità può dipendere sia dalla volontà del rappresentato, che si sia impegnato a non revocarla; sia dalla natura dell'affare per cui è data (è irrevocabile, ad es., la procura data anche nell'interesse del rappresentante).

4. Gli interessi in gioco nella disciplina della rappresentanza: conflitto d'interessi e contratto con sé stesso

Nelle situazioni di rappresentanza, normalmente vengono in gioco *tre soggetti*: il rappresentante, il rappresentato, e il soggetto (terzo) con cui il rappresentante contratta in nome del rappresentato. In vari casi, e per varie ragioni, può accadere che si crei *contrasto fra l'interesse del rappresentato e l'interesse del terzo*. Le principali regole sulla rappresentanza hanno proprio l'obiettivo di risolvere questo contrasto in modo giusto ed equilibrato, proteggendo l'interesse che di volta in volta appare più meritevole, e sacrificando l'altro. Il principio che ispira la gran parte di queste regole è la *tutela dell'affidamento*.

Il rappresentante è tenuto ad agire nell'interesse del rappresentato. Se viola questo obbligo, e *agisce in modo da avvantaggiare non il rappresentato, bensì sé stesso oppure un terzo*, si crea un ☞ **conflitto di interessi** con il rappresentato. Ad es. il rappresentante, incaricato di acquistare un bene, lo compra per un prezzo esagerato, contando di ricevere un compenso sottobanco dal venditore riconoscente; oppure, incaricato di vendere un bene del rappresentato, lo vende alla propria moglie per un prezzo molto basso. Di fronte a un contratto del genere, le posizioni sono chiare: il rappresentato ha interesse a cancellare il contratto, che rischia di danneggiarlo; il terzo ha interesse a mantenerlo (se lo ha fatto, vuol dire che lo trova conveniente). Entrambe le posizioni sono, astrattamente, meritevoli di tutela. Il criterio per scegliere, in concreto, a quale dare la preferenza è quello della **conoscenza o conoscibilità del conflitto di interessi** da parte del terzo: se questi conosceva o avrebbe potuto riconoscere l'esistenza del conflitto (e quindi non c'è un suo affidamento meritevole di tutela), prevale il rappresentato, e il contratto è *annullabile*. Se invece il terzo non sapeva e non era in grado di sapere del conflitto, si sacrifica la posizione del rappresentato per proteggere l'*affidamento* del terzo: il contratto resta *valido* (art. 1394).

Un'ipotesi estrema di conflitto di interessi fra rappresentante e rappresentato è il ☞ **contratto con sé stesso**, che ricorre quando nel contratto concluso dal rappresentante in nome del rappresentato *la controparte è il rappresentante medesimo*, il quale agisce o per sé (in proprio) o come rappresentante di un altro soggetto: ad es. X, rappresentante di Y in forza di procura a vendere un bene di Y, acquista egli stesso tale bene (o per sé, o in rappresentanza di Z. Il contratto con sé stesso è senz'altro *annullabile* su richiesta del rappresentato (qui non c'è, evidentemente, alcun affidamento da proteggere), salvi due casi nei quali c'è stato un precedente intervento del rappresentato stesso, tale da escludere che egli possa lamentare una lesione del suo interesse (art. 1395): ✦ quando il rappresentato aveva specificamente *autorizzato* il rappresentante a contrarre con sé stesso; e ✦ quando aveva *predeterminato il contenuto* del contratto in modo tale da escludere la possibilità di conflitto di interessi (ad es. aveva fissato in modo rigido il prezzo a cui il rappresentante avrebbe potuto comprare o vendere).

5. Segue: revoca e modificazioni della procura

Un'altra applicazione del principio di *tutela dell'affidamento* si ha nell'ipotesi di revoca o modificazione della procura.

Il rappresentato è generalmente *libero di cancellare o ridurre i poteri di rappresentanza* già conferiti al rappresentante (salvi i casi di procura irrevocabile). Però ha l'onere di *portare a conoscenza dei terzi, con mezzi idonei*, la nuova situazione così creata: ad es., inviando lettere circolari a tutti i terzi con cui il rappresentante ha preso o potrebbe prendere contatti; inserendo annunci su pubblicazioni specializzate del settore di affari in questione; ecc. Se non lo fa, e il rappresentante oramai privato dei necessari poteri conclude ugualmente il contratto con un terzo, in prima battuta il contratto è efficace e *vincola il rappresentato*, benché sia stato concluso quando il rappresentante non ne aveva più il potere. Per respingere da sé gli effetti del contratto il rappresentato ha solo un modo: provare che *il terzo era in mala fede*, cioè ha contrattato col rappresentante (anzi, con l'ex rappresentante), pur sapendo che la procura era stata revocata o modificata; *senza questa prova, revoca e modificazioni «non sono opponibili ai terzi»* (art. 1396, c. 1).

Analogo criterio vale per le *altre cause di estinzione* della rappresentanza (**30**.3): «non sono opponibili ai terzi che le hanno senza colpa ignorate» (art. 1396, c. 2).

6. Segue: rappresentanza senza potere e contratto del falso rappresentante

Nell'ipotesi appena considerata, il potere di rappresentanza mancava nel momento della conclusione del contratto: ma prima c'era. In altre ipotesi il potere di rappresentanza, corrispondente al contratto concluso, non c'è mai stato: sono i casi di **difetto di rappresentanza**, o **rappresentanza senza potere**, in cui *un falso rappresentante fa, in nome del preteso rappresentato, un contratto che* non *è mai stato autorizzato a fare*. Ad es.: X prende contatto con B (chiamato «terzo contraente») e, affermando di rappresentare A, vende a B, in nome A, un appartamento dello stesso A, situato a Milano, per il prezzo di 500.000 euro. Ma X non ne aveva il potere: o perché A non gli ha mai dato nessuna procura a vendere alcunché; o perché gli ha dato procura a vendere un appartamento situato a Torino, e non a Milano; o a vendere l'appartamento di Milano, ma per il prezzo minimo di 600.000 euro.

La situazione è disciplinata sulla base di quattro regole fondamentali:

☞ la prima regola è l'**inefficacia del contratto**: il contratto del falso rappresentante non produce effetti *verso il preteso rappresentato*, che non lo ha mai autorizzato (salvo il caso della rappresentanza apparente: **30**.7); e neppure *verso il falso rappresentante*, posto che il terzo contraente ha fatto il contratto pensando di avere come controparte sostanziale non lui, bensì il preteso rappresentato. Su quest'ultimo aspetto ci sono due *deroghe* importanti: il falso rappresentante resta personalmente vincolato nel caso di *assicurazione* (**59**.3) e di sottoscrizione di una *cambiale* (**48**.4);

☞ la seconda è la possibilità di **ratifica** del contratto. La legge tiene conto che il preteso rappresentato potrebbe trovare conveniente l'affare, che pure non aveva autorizzato: gli dà allora la possibilità di ratificarlo. La ratifica è l'*atto unilaterale con cui il preteso rappresentato rende efficace il contratto fatto in suo nome dal falso rappresentante.* Richiede la *stessa forma* prescritta per il contratto da ratificare (art. 1399, c. 1), ed è atto *ricettizio*: produce effetto quando giunge al terzo. Il suo effetto è rendere efficace il contratto ratificato (prima inefficace): B acquista l'appartamento milanese di A per il prezzo di 500.000 euro. Non solo: gli effetti del contratto ratificato si considerano prodotti non dal momento della ratifica, ma da prima, perché vengono retrodatati al momento del contratto (*retroattività* della ratifica); con la ratifica, è come se il contratto fosse stato fatto da un vero rappresentante, munito dei necessari poteri. La retroattività della ratifica incontra un limite, perché *non intacca «i diritti dei terzi»* (art. 1399, c. 2): se dopo il contratto fra X e B, con un successivo contratto A vende l'appartamento a Z, la successiva ratifica del primo contratto non può toccare l'acquisto di Z;

☞ la terza regola tiene conto del fatto che il contratto del falso rappresentante crea una **situazione di incertezza**, perché non si sa se il preteso rappresentato ratificherà (rendendo il contratto efficace) o non ratificherà (lasciandolo inefficace). Per evitare che questa incertezza si protragga, la legge offre due rimedi: ✦ uno è la possibilità che il falso rappresentante e il terzo contraente *sciolgano consensualmente il contratto* (art. 1399, c. 3): in questo modo viene impedita la successiva ratifica, e il contratto resta definitivamente inefficace; ✦ l'altro è che il terzo contraente può fare un *interpello al preteso rappresentato*, dandogli un *termine*, entro cui decidere se ratificare o no: scaduto il termine nel silenzio dell'interessato, la ratifica si intende definitivamente negata (art. 1399, c. 4);

☞ l'ultima regola è la **responsabilità del falso rappresentante verso il terzo contraente**. Se interviene la ratifica, il terzo contraente non ha di che lamentarsi. Se invece *la ratifica non interviene*, egli resta danneggiato, perché l'inefficacia del contratto fa sfumare l'affare che pensava di avere concluso. Per tutelarlo, la legge gli accorda la possibilità di pretendere dal falso rappresentante il *risarcimento del danno da lui «sofferto per avere confidato senza sua colpa nella validità del contratto»* (art. 1398). La responsabilità del falso rappresentante si inquadra nella categoria della *responsabilità precontrattuale*: e infatti la norma determina il risarcimento secondo il criterio del *danno negativo* (**29**.16). Il presupposto è che il terzo non solo ignori il difetto dei poteri, ma che il suo affidamento circa la regolarità dell'operazione non dipenda da sua *colpa*: questa potrebbe per es. ravvisarsi nel non aver chiesto a chi contratta in nome altrui, affermandosi rappresentante, di *giustificare i suoi poteri* (richiesta che il terzo contraente ha sempre il diritto di rivolgergli: art. 1393).

7. Il rappresentante apparente

La regola dell'inefficacia del contratto concluso dal falso rappresentante conosce una deroga, di origine giurisprudenziale, che si basa sul *principio di apparenza* (**9**.8).

Secondo la giurisprudenza, *il preteso rappresentato è vincolato al contratto col terzo* (che quindi è efficace), quando ricorrono tre condizioni: ☞ un'*apparenza di poteri rappresentativi*, e cioè indici esteriori tali da giustificare l'impressione che il falso rappresentante sia munito di poteri rappresentativi; ☞ l'*imputabilità* di tale apparenza al preteso rappresentato, il quale abbia colposamente concorso a crearla o tollerarla; ☞ l'*affidamento incolpevole* del terzo contraente sull'esistenza dei poteri (in altre parole: che il terzo, fidandosi dell'apparenza, pensi che i poteri esistano; e che questo suo errore non dipenda da negligenza).

Qui la protezione dell'affidamento è particolarmente forte: rende vincolante per il falso rappresentato un contratto, fatto da un altro per lui, e che lui non aveva autorizzato.

8. Forme speciali di rappresentanza: rinvio

L'art. 1400 rinvia alle norme del *quinto libro* la disciplina di quelle speciali – ma importantissime – ipotesi di rappresentanza che si collocano nell'ambito dell'organizzazione e del funzionamento delle imprese e soprattutto delle società (che sono il principale campo di applicazione della rappresentanza organica).

Ce ne occuperemo più avanti (**52**.2).

9. Il contratto per persona da nominare

Il contratto per persona da nominare è quello in cui *un contraente si riserva di comunicare successivamente a controparte il nome della diversa persona che acquisterà i diritti e assumerà gli obblighi del contratto* (art. 1401). Ha in comune con la rappresentanza che gli effetti del contratto possono prodursi verso un soggetto che non ha partecipato alla sua formazione. Se ne distingue, perché nella conclusione del contratto *non viene speso il nome* di tale soggetto.

Se poi il contraente fa effettivamente la **dichiarazione di nomina** del vero interessato al contratto, *gli effetti contrattuali si producono nei confronti del nominato*, e si producono *retroattivamente*, cioè a far tempo dall'originaria conclusione del contratto (art. 1404). Ciò, però, solo alle seguenti condizioni: ☞ che la nomina sia *tempestiva*, e cioè sia fatta entro il *termine previsto dalle parti* o, in mancanza di previsione, entro *tre giorni* (art. 1402, c. 1); ☞ che la nomina sia accompagnata dall'*accettazione* del nominato, o dall'esistenza di una *procura* anteriore al contratto (art. 1402, c. 2); ☞ che la nomina e l'accettazione o la procura siano fatte nella *stessa forma* che le parti hanno usato per il contratto, anche se non è una forma imposta dalla legge (art. 1403, c. 1).

Se la nomina non viene fatta, o non è valida per mancanza di qualche requisito, il contratto produce *effetti fra i contraenti originari* (art. 1405).

Una ragione per cui si ricorre a questo meccanismo può essere il desiderio del vero interessato di *non comparire* nelle trattative e nella conclusione del contratto (dove il suo nome non viene speso), per non rivelarsi a controparte. Un'altra ragione è realizzare un *risparmio fiscale*, evitando un doppio trasferimento: se A compra da B e poco dopo rivende a C, su ciascuno dei due passaggi si paga l'*imposta di registro*; ma se A compra da B per persona da nominare, e successivamente nomina C, che acquista, viene tassato un solo passaggio (a condizione – dice la legge fiscale – che la nomina sia fatta entro tre giorni).

Altra cosa è il ☞ **contratto per conto di chi spetta**. Se ad es. è incerto chi abbia diritto alla consegna delle cose trasportate, il vettore può depositarle o, se sono deperibili, venderle per conto di chi risulterà l'avente diritto (art. 1690, c. 2; v. anche gli art. 1513 e 1891): qui è chiaro fin dall'inizio che *chi fa il contratto non è il vero interessato all'operazione*; il vero interessato, *attualmente incerto*, si determinerà in seguito.

31
GLI ELEMENTI DEL CONTRATTO

1. I «requisiti» del contratto

Dopo avere esaminato il *procedimento di formazione* del contratto, passiamo ora ad esaminare la sua *struttura*, cioè gli elementi essenziali che lo compongono. L'art. 1325 li chiama i «requisiti» del contratto, e ne indica quattro: ☞ l'**accordo**; ☞ la **causa**; ☞ l'**oggetto**; ☞ la **forma** (se prescritta per la validità).

Dell'accordo si è già detto, parlando del contratto come atto bilaterale (**28**.4), e dalla sua formazione (**29**.1-19). Anche della *forma* abbiamo già parlato (**29**.20-22). Ci occupiamo adesso degli altri due elementi.

2. L'oggetto del contratto

L'oggetto del contratto è costituito dalle **prestazioni contrattuali**. Il concetto di prestazione contrattuale indica *gli impegni che il contratto mette a carico della parte*. Quindi implica un significato più ampio di quello che il termine assume quando si parla di prestazione come oggetto dell'obbligazione (**22**.2): la prestazione contrattuale può prescindere da un'obbligazione in senso proprio. Ad es., in una vendita la prestazione del compratore è il pagamento del prezzo (e questa è un'obbligazione in senso proprio), mentre la corrispettiva prestazione del venditore è il trasferimento della proprietà della cosa: qui non abbiamo un'obbligazione, se non sotto il limitato profilo che il venditore è tenuto a consegnare la cosa al compratore; abbiamo piuttosto un effetto giuridico che si produce indipendentemente dal comportamento della parte, ma la cui regolare produzione è pur sempre un impegno legale della parte.

Spesso le prestazioni contrattuali riguardano *un determinato bene* (la cosa venduta, la cosa locata, il credito ceduto, il brevetto dato in licenza, ecc.): e allora è forte la tentazione di dire, per brevità, che oggetto del contratto è quel bene. In realtà oggetto del contratto è la prestazione (relativa a quel bene), il cui senso e valore giuridico possono essere molto diversi da caso a caso: la prestazione del locatore di una cosa è ben diversa dalla prestazione del venditore di quella stessa cosa. In molti casi, del resto, la prestazione contrattuale non ha come punto di riferimento alcun bene: in un patto di non concorrenza l'oggetto del contratto si esaurisce in un obbligo di non fare.

Un'altra espressione, che si usa sostanzialmente come *sinonimo* di oggetto del contratto è **contenuto del contratto**: contenuto di una vendita sono il pagamento del prezzo (previsto con quelle certe modalità, scadenze, ecc.) e il trasferimento della cosa (previsto con quelle certe modalità, garanzie, ecc.).

3. I requisiti dell'oggetto: possibilità e liceità

Il codice indica i requisiti dell'oggetto contrattuale, stabilendo che deve essere (art. 1346): ☞ *possibile*; ☞ *lecito*; ☞ *determinato* o almeno *determinabile*.

Il requisito della **possibilità** significa che *il contratto non può prevedere prestazioni irrealizzabili:* sia dal punto di vista *materiale o tecnico* (come l'appalto per la costruzione di un edificio di struttura e volumetria assolutamente incompatibili con l'area su cui dovrebbe sorgere); sia dal punto di vista *giuridico* (ad es.: il proprietario di un terreno su una porzione del quale sorge un edificio vende l'edificio riservandosi la proprietà dell'intero terreno, e senza costituire diritto di superficie a favore dell'acquirente). Non è impossibile l'oggetto consistente nella prestazione di una *cosa futura*: il contratto può benissimo riguardare una cosa non ancora esistente al momento del contratto (ad es., vendita di appartamenti la cui costruzione è appena iniziata), salvi i casi in cui la legge lo vieta (art. 1348).

Il requisito della **liceità** significa che il contratto non può prevedere *prestazioni disapprovate dall'ordinamento giuridico*, perché contrastanti con interessi o valori che all'ordinamento stanno particolarmente a cuore. Ma su cosa propriamente significhi «illiceità», dobbiamo soffermarci meglio.

4. I criteri dell'illiceità: norme imperative, ordine pubblico e buon costume

Quali siano i criteri dell'illiceità lo dice l'art. 1343, indicando tre parametri: illiceità significa *contrarietà a norme imperative*, oppure *all'ordine pubblico*, oppure *al buon costume*.

Le **norme imperative**, o inderogabili, limitano la libertà contrattuale delle parti: *vietano* di fare determinati contratti; o vietano di inserire nel contratto determinati contenuti; o *impongono* che il contratto abbia determinati contenuti. Il loro obiettivo è *proteggere valori fondamentali o interessi generali*, che sarebbero minacciati o lesi dal contratto che la norma proibisce, o dal contratto con i contenuti vietati, o dal contratto senza i contenuti imposti. Possono essere norme del diritto privato, contenute nel codice civile (è norma imperativa, per es., quella dell'art. 771, che vieta di donare beni futuri, sicché la donazione di beni futuri ha oggetto illecito), oppure in leggi speciali. Ma anche norme del diritto pubblico (amministrativo, penale, ecc.): ad es. se il contratto prevede l'impegno di un assessore comunale, contro promessa di una tangente, a favorire ingiustamente un privato in una pratica che lo riguarda, esso ha oggetto illecito perché in contrasto con la norma del codice penale che punisce la corruzione.

Le norme imperative sono di regola *dettagliate e specifiche*, nel senso che individuano con precisione i contratti o i contenuti contrattuali vietati. E questa è una loro *forza*: perché permettono di colpirli, con il rimedio della nullità, in modo mirato e sicuro. Ma è anche una loro debolezza, perché il legislatore non può prevedere tutto, e fare altrettante norme imperative per ciascuno dei casi (in larga misura imprevedibili ex ante) in cui un contratto potrebbe contrastare con l'interesse generale: sicché possono esistere *contratti che meritano la disapprovazione dell'ordinamento giuridico, ma non risultano contrari a nessuna particolare norma imperativa*. A questo inconveniente mettono riparo le categorie dell'*ordine pubblico* e del *buon costume*, che consentono di colpire tali contratti. La loro funzione è esattamente quella che le *clausole generali* svolgono rispetto alle norme analitiche e di dettaglio; e come tutte le clausole generali mettono fortemente in gioco il ruolo e la responsabilità del giudice (**1**.7).

L'**ordine pubblico** comprende i *principi e valori che informano l'organizzazione politica ed economica della società* in una certa fase della sua evoluzione storica, e perciò stanno a fondamento dell'intero ordinamento giuridico, pur senza essere espressamente enunciati in una precisa norma imperativa. Questo non significa che possano scaturire esclusivamente dalla coscienza dell'interprete; essi devono avere pur sempre una *base normativa*: ricavabile per es. da principi o norme della costituzione, o dall'insieme delle norme imperative relative a un determinato settore, ecc. Ad es., non c'è una norma imperativa che esplicitamente vieti i contratti di assicurazione contro il rischio di incorrere in responsabilità penali: ma tali contratti hanno oggetto illecito, perché la copertura assicurativa di quel rischio pregiudica l'effetto deterrente della sanzione penale, in contrasto col principio (di ordine pubblico) di prevenzione dei reati.

L'ordine pubblico non s'identifica coi *principi generali dell'ordinamento giuridico* (**1**.8), che non sono necessariamente inderogabili. È principio generale dell'ordinamento che quando un evento imprevedibile sopravviene a rendere più gravosa la posizione di un contraente, questi abbia diritto a un rimedio; ma le parti vi possono derogare, stabilendo che il contratto resterà fermo nonostante qualsiasi futuro evento imprevedibile.

Il **buon costume** è l'insieme delle *regole di comportamento non scritte, ma riconosciute come vincolanti secondo la coscienza etica diffusa nella società*, e la cui violazione sarebbe generalmente avvertita come immorale o indecente. Riguardano prima di tutto la *morale sessuale* (e portano a considerare nulli, per es., i contratti che fanno di prestazioni sessuali l'oggetto di uno scambio economico). Ma anche l'*etica professionale*: sono ad es. immorali i contratti con cui un professionista dello sport si impegna a giocare «a perdere» per favorire chi ha scommesso sulla sconfitta della sua squadra.

5. Determinatezza o determinabilità dell'oggetto: il contratto «per relationem»

Il requisito della **determinatezza** significa che *il contratto non può prevedere prestazioni che attribuiscono a una parte vantaggi indefiniti, e all'altra parte, correlativamente, sacrifici altrettanto indefiniti*: si pensi al contratto con cui A vende a B, per un certo prezzo, 50.000 azioni, senza indicare quali azioni fra le tante che A possiede (Telecom? Generali? Mediaset?); o con cui X vende a Y un suo appartamento «per un prezzo equo e di favore», senza alcuna indicazione di somma. La ragione del requisito è doppia: la sua mancanza rende dubbia la serietà dell'accordo; e rende impossibile applicare al contratto rimedi diretti ad attuare i diritti delle parti, nel caso che fra esse sorga controversia.

C'è tuttavia la possibilità che il contratto abbia un oggetto non determinato: purché questo sia almeno **determinabile**. L'oggetto è determinabile quando c'è la possibilità di riferirsi *a criteri o elementi esterni al contratto stesso, che permettano di determinare la prestazione contrattuale:* ad es., 50.000 azioni della società i cui titoli avranno registrato in borsa il maggiore incremento di valore nel primo trimestre successivo alla conclusione del contratto. Si parla di **contratto per relationem**: «relatio» significa appunto «riferimento».

Si pone il problema se possa essere determinabile per relationem l'oggetto di un *contratto formale*: la risposta è affermativa, se ciò che va determinato per rinvio è un aspetto non essenziale dell'oggetto; in caso contrario, occorre che anche l'elemento esterno a cui si fa rinvio abbia la forma richiesta. Si consideri ad es. una vendita immobiliare: se resta indeterminato (ma determinabile per relationem) il tempo del pagamento del prezzo, l'elemento da cui ricavare il dato può anche non rivestire la forma scritta; se invece si tratta dell'ammontare del prezzo, l'elemento per determinarlo deve risultare da uno scritto.

6. La determinazione dell'oggetto ad opera di un terzo (arbitraggio)

Un caso particolare di contratto per relationem è quello in cui la «relatio» è costituita dalla *successiva decisione di un terzo, a cui le parti affidano la determinazione dell'oggetto del loro contratto*: ad es., si fa una vendita senza indicare il prezzo, e si stabilisce che questo verrà stabilito dall'ingegner Tal dei Tali. Questo terzo si chiama **arbitratore**, e l'operazione che gli viene affidata si chiama arbitraggio. Essa può seguire due schemi:

☞ come regola, il terzo deve procedere con **equo apprezzamento**, cioè decidere in modo ragionevole. In tal caso la sua valutazione può essere impugnata (cioè contestata) se risulta *manifestamente iniqua o erronea:* la parte può chiedere che l'oggetto sia rideterminato dal *giudice*; e può rivolgersi al giudice per chiedere a lui la determinazione, quando il terzo manca di farla (art. 1349, c. 1);

☞ la disciplina è diversa quando risulta che le parti si sono rimesse al **mero arbitrio** del terzo, cioè gli hanno dato carta bianca: la decisione del terzo si può allora impugnare solo provando la sua *mala fede*; e se il terzo non decide, e le parti non si accordano per sostituirlo, il contratto è nullo (art. 1349, c. 2).

È appena il caso di dire che l'arbitraggio non va confuso con l'arbitrato, e l'arbitratore con l'arbitro (9.7).

7. La causa del contratto

Il contratto trasferisce diritti, e fa nascere debiti e crediti: in questo modo determina spostamenti di ricchezza. Ora, è principio fondamentale del nostro sistema che *qualsiasi spostamento di ricchezza deve essere giustificato*; se lo spostamento risulta ingiustificato, si deve ripristinare l'assetto precedente (abbiamo già visto che se uno paga un debito inesistente, può recuperare ciò che ha pagato senza ragione: **22**.7). Il concetto di causa del contratto si lega a questo principio: **causa** è la *ragione giustificativa degli spostamenti patrimoniali realizzati con il contratto.* Per questo la causa è elemento essenziale del contratto, e ogni contratto deve avere una causa. Un contratto senza causa darebbe luogo al fenomeno (inammissibile) di spostamenti patrimoniali non giustificati. Il contratto di *compravendita*, ad es., realizza un doppio spostamento di ricchezza: la proprietà della cosa passa dal venditore al compratore; e il compratore deve pagare il prezzo al venditore. Il primo spostamento è giustificato dal secondo, e insieme lo giustifica: i due spostamenti si giustificano reciprocamente. Il compratore fa il contratto *perché* questo gli dà la proprietà della cosa (ed è disposto, in cambio, a pagare il prezzo); il venditore fa il contratto *perché* questo gli dà il prezzo (ed è disposto, in cambio, a cedere la cosa); compratore e venditore fanno il contratto *perché* questo realizza lo scambio della cosa contro il prezzo. Lo *scambio fra cosa e prezzo* è, appunto, la causa della compravendita: è *il «perché» del contratto*, è la ragione che giustifica i conseguenti trasferimenti di ricchezza. Se non ci fosse lo scambio, in entrambi i suoi elementi, quei trasferimenti sarebbero ingiustificati: se non ci fosse il passaggio di proprietà, non avrebbe senso il pagamento del prezzo; e viceversa.

Non sempre la causa implica uno scambio di vantaggi e sacrifici, come nel caso della compravendita. Ci sono contratti in cui la giustificazione (la causa) è diversa. In relazione alla diversa causa – alla diversa ragione, al diverso «senso» – che può giustificare i vari contratti, questi si classificano in onerosi e gratuiti. E nell'ambito dei contratti onerosi, sempre in relazione alla causa si operano ulteriori classificazioni: fra contratti di scambio (a prestazioni corrispettive) e contratti associativi; fra contratti commutativi e contratti aleatori.

8. Contratti onerosi e contratti gratuiti

Questa classificazione riguarda il *modo in cui il contratto organizza vantaggi e sacrifici economico-giuridici* per le parti:

☞ i contratti **onerosi** sono quelli in cui *entrambe le parti sostengono un sacrificio per avere in cambio un vantaggio*: intesi in senso giuridico-economico, come *prestazione patrimoniale* che una parte ha l'obbligo di eseguire e l'altra parte ha il diritto di ricevere. La causa sta in questo «dare per avere»: ad es., nella vendita il venditore cede il bene per avere denaro, e il compratore si obbliga a pagare per avere il bene; nella locazione locatore e conduttore assumono obblighi reciproci; nel mutuo il mutuante si priva della disponibilità della somma per la durata del prestito, e il mutuatario lo ricompensa impegnandosi (oltre che alla restituzione del capitale) al pagamento degli interessi; ecc.;

☞ invece i contratti **gratuiti** sono quelli in cui solo una parte sostiene un sacrificio, mentre l'altra parte consegue il vantaggio corrispondente senza affrontare alcun sacrificio; ovvero, la prestazione contrattuale è prevista a carico di una sola parte, e a vantaggio dell'altra. Questo risultato economico può realizzarsi con modalità giuridiche molto diverse: con il trasferimento e il correlativo acquisto di un diritto (come nella donazione); con l'assunzione di un obbligo di prestazione e l'acquisto del credito corrispondente (come nel deposito, nel trasporto e nel mandato gratuiti, dove depositario, vettore e mandatario si obbligano a esercitare un'attività per l'altra parte, senza ricevere nulla in cambio); con l'attribuzione della disponibilità temporanea di una cosa o di una somma, che il beneficiario deve semplicemente restituire alla scadenza, senza essere tenuto a remunerare il godimento fruito (come nel comodato o nel mutuo senza interessi); con la rinuncia a un credito e la correlativa liberazione dal debito (come nella remissione); con la rinuncia a un diritto reale e la conseguente riespansione della proprietà in proprietà piena.

Anche i contratti gratuiti hanno una *causa: la ragione per cui la parte sacrificata accetta di affrontare il sacrificio*. Tale ragione può consistere nel semplice desiderio di favorire il beneficiario dell'impegno con un gesto di generosità: è il caso della donazione, la cui causa si identifica appunto con lo *spirito di liberalità* del donante. Oppure in un'*aspettativa di vantaggi indiretti o eventuali* (peraltro diversi dall'avere in cambio un vantaggio giuridico-economico, che qui per definizione non c'è): si pensi ad A, che offre un trasporto gratuito a B sulla propria auto, perché interessato a offrirgliela in vendita. In quest'ultimo caso abbiamo un contratto «interessato»; nel caso della donazione un contratto «disinteressato» (un atto di liberalità). Ma in entrambi i casi il contratto è gratuito.

Alcuni tipi di contratto sono ☞ *essenzialmente gratuiti*, ovvero non possono non esserlo, perché se non fossero gratuiti non sarebbero quel tipo di contratto: la donazione, il comodato. Altri sono, al contrario, ☞ *essenzialmente onerosi*: la vendita e la locazione, ad es., non sono concepibili fuori da uno scambio di vantaggi e sacrifici. Altri ancora possono essere *sia onerosi sia gratuiti*, a seconda che chi riceve la prestazione tipica del contratto sostenga o non sostenga un sacrificio in cambio. Ma fra questi può esserci una differenza: alcuni sono ☞ *naturalmente onerosi*, il che significa che se le parti non dicono nulla il contratto si considera oneroso, e la prestazione ricevuta va compensata, mentre se le parti lo vogliono gratuito hanno l'onere di dirlo espressamente: così il trasporto (art. 1678), il mandato (art. 1709), il mutuo (art. 1815, c. 1); altri sono ☞ *naturalmente gratuiti*, e per essi vale l'inverso: è il caso del deposito (art. 1767).

9. Contratti con prestazioni corrispettive (di scambio) e contratti associativi

Il criterio di questa classificazione riguarda il *modo in cui il contratto oneroso realizza l'interesse delle parti*:

☞ i contratti **con prestazioni corrispettive** sono quei contratti onerosi in cui *vantaggi e sacrifici delle parti sono interdipendenti*, nel senso che ciascuna delle prestazioni è fatta e ricevuta come diretta contropartita dell'altra: la *prestazione* sta a fronte di una *controprestazione*. Ne sono esempi la vendita (trasferimento della cosa contro pagamento del prezzo), la locazione (attribuzione del godimento temporaneo contro pagamento di canoni periodici), l'appalto (realizzazione dell'opera contro pagamento del prezzo), l'assicurazione (copertura di un rischio contro pagamento di un premio), il contratto di lavoro (svolgimento di attività lavorativa contro pagamento della retribuzione), ecc. Si definiscono anche contratti **di scambio** (a indicare che prestazione e controprestazione sono in rapporto diretto di scambio reciproco); o contratti **sinallagmatici** (dal greco «synallagma», che significa appunto scambio). In essi *ciascuna delle parti persegue un proprio scopo disomogeneo rispetto allo scopo dell'altra*: il venditore punta al prezzo, il compratore alla proprietà della cosa. E questo è il dato fondamentale che li distingue dai contratti associativi;

☞ i contratti **associativi** sono infatti caratterizzati da uno *scopo comune alle parti*, che viene perseguito mediante un'*organizzazione*, generata dal contratto ma che poi si rende in qualche misura autonoma rispetto al contratto stesso, diventando un soggetto del diritto a sé stante: è il caso dei contratti di *società* e di *associazione* (dove lo scopo comune è, rispettivamente, realizzare tramite la società profitti da dividere fra i soci, e perseguire tramite l'associazione la finalità non profit che gli associati condividono). Appartengono ai contratti con *comunione di scopo*, di cui si è parlato a proposito dei contratti plurilaterali (**28**.9): ma ricordando che un contratto associativo non è necessariamente plurilaterale (una società può nascere dal contratto fra due soli soci). I contratti associativi *sono onerosi*, perché ogni parte affronta un sacrificio (conferisce denaro o beni alla società, paga la quota associativa) in vista di un vantaggio (diventare socio della società o membro dell'associazione); ma *non sono a prestazioni corrispettive*, perché il vantaggio conseguito da ciascuna non corrisponde immediatamente al sacrificio delle altre, bensì è mediato della struttura comune.

10. Contratti commutativi e contratti aleatori

Questa classificazione riguarda il *modo in cui le prestazioni contrattuali sono esposte al rischio* (cioè alla possibilità di qualche evento avverso). In genere tutti i contratti fanno correre qualche rischio ai contraenti. Chi compra un immobile corre il rischio di una successiva perdita di valore per la depressione del mercato immobiliare, o della sua espropriazione verso un'indennità non remunerativa, o di una sua distruzione fortuita; chi lo vende corre il rischio di un accentuarsi dell'inflazione, che esalta il valore dell'immobile ceduto e deprime il valore del denaro ricevuto; e così via. Però questi rischi restano sullo sfondo, e le prestazioni previste dalla compravendita sono certe e precise nella loro consistenza: il trasferimento di quell'immobile contro il pagamento di quel prezzo. E questo fa della compravendita un contratto tipicamente commutativo:

☞ infatti i contratti **commutativi** sono quelli in cui *le prestazioni dovute e attese delle parti sono certe e non determinate dal caso*. Il compratore è sicuro di avere la proprietà di quell'immobile; il venditore è sicuro di avere diritto a quel prezzo (anche se poi l'uno o l'altro scoprono di non avere fatto un buon affare);

☞ i contratti **aleatori** sono invece quelli in cui in cui il rischio dei contraenti si presenta in modo assolutamente particolare e qualificato: e cioè come *rischio che un evento incerto o ignoto incida sulla stessa esistenza o consistenza della prestazione dovuta da una parte, e attesa dall'altra.* Un tale rischio si chiama tecnicamente **alea** (che in latino significa appunto rischio). Nella compravendita dell'immobile non c'è alea, perché le prestazioni sono certe e non dipendono dal caso. L'alea è invece presente nell'*assicurazione* (**59**.3), perché – essendo incerto se si verificherà o meno il sinistro assicurato – l'assicuratore non sa se avrà l'obbligo di pagare l'indennità prevista per quell'evenienza, e l'assicurato non sa se avrà il diritto di riceverla. È presente pure nella *rendita vitalizia* (**38**.21). A maggior ragione è presente nel *gioco* e nella *scommessa* (**41**.8). L'alea può essere caratteristica essenziale di un determinato tipo di contratto, come negli esempi appena fatti: e allora dà luogo ai ✦ contratti aleatori **per natura**. Oppure può venire introdotta nel singolo contratto (normalmente commutativo) attraverso la particolare conformazione che volontariamente le parti gli danno: si hanno allora i ✦ contratti aleatori **per volontà delle parti**. La compravendita è normalmente commutativa: ma se A compra da B, per un prezzo determinato, l'uva che nell'autunno successivo sarà prodotta dai vigneti di B, e si precisa che il prezzo sarà dovuto in ogni caso (anche se la vendemmia sarà scarsissima per una grave siccità, e perfino se non ci sarà nessuna vendemmia perché l'uva risulterà completamente distrutta dalla grandine), allora questa compravendita si presenta come un contratto aleatorio (c.d. *vendita «di speranza»*: art. 1472, c. 2).

Il fatto che nei contratti aleatori il diritto alla prestazione sia a rischio, non esclude il loro inquadramento fra i *contratti di scambio*: infatti essi prevedono prestazioni corrispettive a carico e a favore delle parti, anche se la prestazione è esposta all'alea, sicché la parte ha non la certezza ma solo il rischio di doverla eseguire, non la certezza ma solo la chance di poterla acquisire.

Ai contratti aleatori non si applicano i rimedi contrattuali della rescissione per lesione (**35**.20) e della risoluzione per eccessiva onerosità sopravvenuta (**37**.7).

11. Causa tipica e causa concreta

Della causa possiamo parlare in due sensi.

La **causa in senso tipico** risponde alla domanda: perché l'ordinamento giuridico considera generalmente giustificate le compravendite? La risposta è: perché ritiene generalmente utile che si facciano operazioni di quel tipo (scambi di beni contro denaro). Dicendo così, si viene a dire che la causa del contratto – la sua ragione giustificativa – è la **funzione economico-sociale** del contratto stesso: i *caratteri essenziali del tipo di operazione che il contratto realizza, e in ragione dei quali l'ordinamento ritiene giustificati gli spostamenti patrimoniali che ne derivano.* L'utilità della funzione di scambiare cose contro denaro giustifica, in generale, tutte le compravendite. I contratti di assicurazione sono in generale giustificati, per l'utilità della loro funzione di garantire rischi con le disponibilità che si creano mediante i premi pagati dagli assicurati. Così pure i contratti di lavoro, la cui funzione – socialmente utile – è scambiare attività lavorativa con una retribuzione. La causa astratta, cioè la funzione economico-sociale del contratto, può dirsi anche **causa tipica**: nel senso che è la causa ugualmente presente in tutti i contratti appartenenti a un medesimo tipo contrattuale (**32**.3): tutte le compravendite hanno la funzione di scambiare cosa contro prezzo, tutte le fideiussioni hanno la funzione di garantire un credito, ecc.

Ora, se questo può bastare a giustificare il contratto dal punto di vista dell'ordinamento giuridico, può non bastare a giustificarlo compiutamente *dal punto di vista dei contraenti interessati, in relazione al loro particolare contratto.* Se la ragione per cui A dà fideiussione alla banca creditrice della società K è che A è il socio maggioritario di K, nella causa di questo particolare contratto rientra non solo la funzione di garanzia del credito (tipica di ogni fideiussione), ma anche l'interesse del socio di maggioranza a mettere la sua società in condizione di avere credito bancario: e questo elemento appartiene alla **causa in senso concreto**, costituita dagli *specifici interessi che costituiscono la specifica ragione giustificativa di quel determinato contratto.* Consideriamo una vendita «di speranza» (**31**.10): la sua causa ha una componente di causa astratta, che è lo scambio fra cosa e prezzo, tipica di ogni vendita; e anche una componente di causa concreta, introdotta per volontà delle parti in quel loro particolare contratto di vendita, che è l'assunzione dell'alea da parte del compratore.

La legge si occupa della causa fondamentalmente per due tipi di situazioni problematiche: quando la causa *manca* (**31**.12-13); e quando la causa esiste ma è *illecita* (**31**.14). Per entrambi gli aspetti, la giurisprudenza tende a dare sempre maggiore importanza alla causa concreta.

12. La mancanza di causa

Può succedere che in un contratto manchi la causa. L'esempio tipico (anche se un po' scolastico) è quello di X che compra da Y un bene che entrambi credono in proprietà di Y, mentre in realtà appartiene già allo stesso X: questo contratto sarebbe senza causa, perché non realizza nessuno scambio e quindi non svolge la funzione tipica della vendita.

Qui mancherebbe la causa astratta, ma è anche più interessante considerare situazioni in cui manca la causa concreta: con riferimento all'esempio della fideiussione data da A in favore della società K, si pensi al caso in cui poi risulti che in realtà A non è azionista maggioritario di quella società, perché il pacchetto di controllo appartiene a un altro soggetto. Verrebbe meno in questo modo la ragione per cui A ha dato la fideiussione.

Come vedremo, la legge stabilisce che i contratti senza causa non possono stare in piedi, né produrre effetti: vanno cancellati, con il rimedio della nullità (**35**.6).

13. L'astrazione dalla causa (il negozio astratto)

Il concetto di causa è essenziale per comprendere la categoria del negozio astratto (il negozio che fa astrazione – cioè prescinde – dalla causa). Possiamo in prima battuta definirlo come *il negozio che non indica la propria causa.*

Se una scrittura fra A e B dice che A vende a B un bene, o che A trasferisce a B un bene per un certo prezzo, questo è un contratto che indica la sua causa: lo scambio fra bene e prezzo, causa tipica della vendita. Ma immaginiamo un contratto, sottoscritto da A e da B, che semplicemente dice: «A trasferisce a B la proprietà della tal cosa». In questo contratto non c'è traccia della causa, perché *non è indicata la ragione che giustifica lo spostamento di ricchezza da A a B*. Non si può dire che la ragione sia lo scambio di cosa contro prezzo, come in una vendita, perché qui non si parla di vendita e non si prevede nessun prezzo; né lo spirito di liberalità di A, perché non risulta affatto che A voglia fare una donazione a B; né la definizione di una lite fra A e B (causa della transazione: **41**.4), perché qui non c'è traccia di liti da risolvere. Insomma non risulta nessuna ragione che giustifichi quel contratto, né dal punto di vista dei contraenti (perché mai A dovrebbe impoverirsi per arricchire B, posto che non gli sta facendo una donazione?); né dal punto di vista dell'ordinamento, dato che spostare la proprietà di beni per ... nessuna ragione non è una funzione economico-sociale apprezzabile. Però non è escluso che una causa in realtà ci sia: se in previsione del trasferimento un prezzo fosse già stato pagato da B ad A (benché non menzionato nell'atto di trasferimento), emergerebbe la causa della vendita; se il trasferimento fosse fatto per definire una lite fra i due (pur non menzionata nell'atto), emergerebbe la causa della transazione.

Ora, alcuni ordinamenti giuridici (come quello tedesco) ammettono il negozio astratto. Questo significa che il contratto che non indica la sua causa *si presume ciononostante avere una causa (benché ignota), e quindi è considerato valido e produttivo di effetti.* La sua validità e i suoi effetti si possono mettere in discussione solo se chi vi ha interesse prova che la causa non esiste o è difettosa. Nel nostro esempio: in prima battuta si dovrebbe considerare che la scrittura fra A e B è valida e trasferisce il bene a B; A potrebbe impugnare il trasferimento solo provando che c'è qualche problema con la causa (ad es., che la causa era di vendita, ma che B non ha pagato il prezzo). Un motivo per ammettere il negozio astratto è che esso *tutela i terzi*, e dunque *rende più sicura la circolazione giuridica*: se la causa del contratto che trasferisce un diritto è come messa fra parentesi, è più difficile che emergano difetti del contratto, capaci di pregiudicare i successivi passaggi del diritto, nella catena degli acquisti a titolo derivativo (**16**.10).

Il motivo per non ammetterlo è altrettanto serio: garantire da subito, in modo visibile e controllabile, che il trasferimento del diritto è fatto per una buona ragione giustificativa; qui si punta soprattutto a *tutelare chi dispone del diritto.* Nel diritto italiano si giudica prevalente questa seconda esigenza, a cui consegue il principio della **inammissibilità del negozio astratto rivolto a trasferire diritti**: da noi, il contratto fra A e B di cui all'esempio sarebbe considerato in prima battuta nullo per mancanza di causa (salvo che l'interessato all'acquisto dimostri che la causa, pur non dichiarata, in realtà esiste).

Invece il nostro sistema è più aperto verso l'astrazione quando è in gioco non il trasferimento di diritti, ma l'assunzione di obblighi (in altre parole: non un effetto reale, bensì un *effetto obbligatorio*: **19**.1). Se A dichiara a B di assumere un'obbligazione in suo favore (ad es. pagargli 10.000 euro a una certa scadenza), senza indicarne la ragione – cioè la causa –, questo impegno si considera valido, e B può azionarlo contro A per chiedergli il pagamento. A potrà evitare il pagamento, solo provando che il suo impegno non aveva nessuna causa, o aveva una causa difettosa (ad es.: riguardava il prezzo di una vendita fatta da B ad A, ma la vendita era nulla o è rimasta ineseguita perché B ha rifiutato di consegnare il bene). Torneremo sul tema più avanti – spiegando la differenza fra **astrazione processuale** e **astrazione sostanziale** dalla causa – quando parleremo della *promessa di pagamento* e del *riconoscimento del debito* (**46**.4), nonché della *cambiale* (**47**.15, **48**.2).

14. L'illiceità della causa

Oltre ai casi in cui la causa manca (o non è indicata), un secondo filone problematico è quello dei casi in cui la causa è indicata ed esiste, ma è illecita: cioè *disapprovata dall'ordinamento giuridico.*

Sono i casi in cui gli spostamenti patrimoniali che si vogliono realizzare con il contratto hanno una loro interna coerenza e giustificazione, per cui l'operazione si presenta comprensibile e sensata: ma proprio *il senso dell'operazione è disapprovato* dall'ordinamento giuridico, perché *in contrasto con l'interesse generale o con valori meritevoli di tutela.* I parametri dell'illiceità della causa sono gli stessi che definiscono l'illiceità dell'oggetto (**31**.4): anzi, la norma che li enuncia – art. 1343 – si riferisce propriamente all'illiceità della causa.

Se l'assessore all'urbanistica si impegna, in cambio di una tangente, ad approvare una pratica edilizia che in base alla normativa dovrebbe invece essere respinta, il contratto ha *oggetto illecito* (prevede una prestazione vietata dalla legge, alla quale ripugna che un pubblico ufficiale faccia atti contrari ai doveri del suo ufficio). Ma s'immagini che la pratica sia regolare e meritevole di approvazione, e che l'interessato prometta un compenso all'assessore semplicemente perché la segua con zelo e la faccia approvare senza troppi ritardi. Anche questo contratto non piace all'ordinamento. Ma che cosa, propriamente, va disapprovato qui? Non la prestazione contrattuale in sé e per sé considerata: non c'è nulla di male nell'attività del pubblico ufficiale che segue con zelo le pratiche del suo ufficio, e se regolari le fa approvare tempestivamente, per cui non può parlarsi di oggetto illecito. Va disapprovato il fatto che il compimento del proprio dovere di ufficio sia scambiato con una ricompensa: ma questo scambio è la causa del contratto, che quindi ha *causa illecita.*

Come la mancanza di causa, anche l'illiceità della causa impedisce al contratto di essere valido e di produrre effetti: il contratto è nullo (**35**.8).

15. Causa e motivi del contratto

Alla nozione di causa si contrappone la nozione di motivi del contratto. I **motivi** sono i *particolari interessi (bisogni, desideri, aspettative) che spingono ciascun contraente a fare il contratto*, ma restano *estranei alla ragione giustificativa del contratto stesso, oggettivamente considerata.*

Per questo si distinguono dalla causa, che invece è un *elemento oggettivo* del contratto, che caratterizza il contratto nella sua unitarietà e in questo senso appartiene a entrambi i contraenti, non a uno solo di essi: in una vendita, la funzione di scambiare cosa contro prezzo caratterizza unitariamente il contratto nella sua oggettività, e vale allo stesso modo per entrambi i contraenti (sia per il venditore sia per il compratore la funzione del contratto è quella e non altra). Invece i motivi possono variare enormemente, e di solito *sono qualcosa che non accomuna le parti, bensì resta chiuso nella sfera particolare di una sola fra esse.* Ciascun contraente può decidere di fare il contratto per mille motivi suoi: il venditore, ad es., perché è stufo di avere una cosa che non usa e gli dà solo oneri di manutenzione, o per procurarsi il denaro con cui fare un acquisto che gli sta a cuore, o per pagare suoi debiti o i debiti del fratello, ecc., e tutto questo al compratore non interessa; il compratore, a sua volta, acquista per fare un investimento o una speculazione, o perché la cosa gli serve per il suo lavoro, o solo per impedire a un concorrente di acquisirla, o per farne il regalo di nozze all'amico che si sposa, ecc., e di nuovo tutto questo non interessa a controparte.

Si spiega così la regola fondamentale che vale in proposito: **rilevanza della causa**, e **irrilevanza dei motivi**. Se il contratto presenta qualche *problema relativo alla causa*, tale problema *può influenzare la sorte del contratto* stesso: se invece nel contratto si manifesta un *problema relativo ai motivi* di un contraente, a quel problema *il contratto resta indifferente, e non ne viene toccato.*

Consideriamo un contratto di fideiussione, con cui A garantisce B per il debito che il terzo X ha nei confronti di B: se poi risulta che in realtà non esisteva nessun debito di X verso B, questo è qualcosa che distrugge la causa del contratto, intesa come causa astratta, cioè come funzione tipica della fideiussione (garantire un debito); e l'inesistenza della causa determina la nullità del contratto. Immaginiamo adesso che A abbia garantito B per il debito di X, perché X è la sua società e B è la banca che le fa credito: se poi risulta che invece la società X non appartiene a B, viene meno la causa concreta della fideiussione (**31**.11), e questo avrà qualche incidenza sul contratto. Immaginiamo infine che la fideiussione sia data da A solo per fare un favore a X, cui è legato da amicizia e simpatia, e che poco dopo A scopra che X da tempo va in giro parlando male di lui, sicché non merita affatto la sua amicizia e simpatia: ciò senza dubbio distrugge il motivo che aveva spinto A a contrarre la fideiussione; ma qui, appunto, è in gioco solo un motivo e non la causa del contratto, per cui il contratto non subisce nessuna ripercussione. È chiara la differenza con il caso precedente, dove il rapporto tra il fideiussore A e il debitore X non era un dato chiuso nella sfera di interesse personale e individuale di A, bensì in qualche modo interessava anche B: perché la fideiussione è nata a favore della banca sul chiaro presupposto di un socio di maggioranza che garantisce il debito della sua società.

Vedremo tuttavia che ci sono *due casi in cui la legge eccezionalmente deroga al principio dell'irrilevanza dei motivi*, e – se sussistono determinate condizioni – attribuisce ad essi la capacità di influire sulla sorte dell'atto: quello del *motivo illecito comune* ad entrambe le parti contraenti (**35**.8); e quello del *motivo erroneo* nel testamento (**67**.10) e nella donazione (**70**.7).

32
IL REGOLAMENTO CONTRATTUALE

1. Il regolamento contrattuale, e le sue fonti

Il contratto serve alle parti per sistemare i propri interessi, o meglio per regolarli: il termine «regolare» compare nella definizione generale dell'art. 1321; e l'idea di «regola» è la sostanza di quel concetto di «autonomia» (il potere di darsi da sé le proprie regole) che sta alla base del contratto. Il contratto è, dunque, l'*autoregolamento degli interessi delle parti.*

A queste idee si lega un concetto molto utile per capire l'essenza e i problemi del contratto: il concetto di **regolamento contrattuale**. Regolamento contrattuale è *l'insieme delle regole che il contratto detta alle parti, e che esprimono gli impegni e i risultati legali previsti come sistemazione dei loro interessi.* Se A vende a B una cosa per 100.000 euro, il regolamento contrattuale di questa vendita comprende due regole fondamentali: che la proprietà della cosa passa da A a B; e che B ha l'obbligazione di pagare 100.000 euro ad A. Ma comprende anche una serie di altre regole, alcune più importanti altre più di dettaglio: che la cosa vada consegnata in un luogo piuttosto che in altro, e nel frattempo custodita dal venditore in un modo piuttosto che in un altro; che per il caso di difetti della cosa il venditore abbia certi impegni di garanzia piuttosto che impegni più pesanti, o più leggeri; che il prezzo vada pagato tutto subito, piuttosto che con dilazione; se con dilazione, a certe scadenze piuttosto che ad altre, con interessi o senza interessi; se con interessi, al tasso del 5% piuttosto che del 7%; e così via.

Possiamo anche dire che il regolamento contrattuale è *il contratto stesso, inteso non come atto ma come rapporto* (**28**.7).

Il primo problema da porsi al riguardo è: *chi determina il regolamento contrattuale?* Da quali «fonti» derivano le tante, diverse regole che lo compongono? Cominciamo col dire che il regolamento contrattuale non è determinato da un unico tipo di fonte, ma da *più fonti diverse, che non si escludono a vicenda ma possono operare congiuntamente.* In prima approssimazione le possiamo ordinare in due categorie: ☞ la **fonte autonoma**, o volontaria, corrispondente alla *volontà delle parti*; ☞ le **fonti eteronome**, che operano *a prescindere dalla volontà delle parti* e danno luogo all'**integrazione del contratto** (**32**.7).

2. La fonte autonoma: il principio di libertà contrattuale

In prima battuta, determinare il regolamento contrattuale *spetta alle parti, titolari degli interessi che il contratto serve a regolare*: spetta alla loro volontà (e s'intende: alla loro comune volontà, al loro accordo). Il regolamento della compravendita fra A e B, per cui la cosa di A passa a B che in cambio è obbligato a pagare un prezzo ad A, deriva fondamentalmente dalla loro comune volontà di vendere e rispettivamente comprare quella cosa per quel prezzo. Non deriva da una volontà esterna, ad es. da una pubblica autorità che imponga coattivamente il trasferimento della cosa da A a B, e stabilisca a che prezzo deve avvenire. Se valesse questo principio, il contratto non sarebbe un atto di autonomia; apparterrebbe alla logica del diritto pubblico, anziché essere – come è – uno degli istituti che esprimono con più forza lo spirito del diritto privato.

Vale invece il principio della libertà contrattuale, che applica nel campo dei contratti il principio generale dell'*autonomia privata* (**5**.11): gli ordinamenti giuridici moderni – usciti dalla lotta contro l'autoritarismo dei sovrani assoluti, e contro le società dell'«antico regime» che vincolavano in mille modi le iniziative e le possibilità di scelta degli individui – riconoscono ai privati il *potere di conformare i propri rapporti patrimoniali secondo le proprie inclinazioni e i propri interessi, dunque secondo la propria volontà, senza subire imposizioni di autorità esterne.* D'altra parte, proprio per il suo carattere di patrimonialità, il contratto è essenzialmente la veste giuridica delle operazioni economiche: la libertà contrattuale è perciò anche il riflesso e la conseguenza della *libertà di iniziativa economica privata*, riconosciuta in tutti i sistemi di economia capitalistica e di tradizione liberale (art. 41 C.).

La libertà contrattuale – il principio che fa della volontà delle parti la principale fonte del regolamento contrattuale – si manifesta in modi diversi, che corrispondono a vari aspetti del regolamento contrattuale. Alcuni di essi sono indicati nella norma che contiene l'enunciazione generale del principio: l'**art. 1322**, intitolato «Autonomia contrattuale». La **libertà (o autonomia) contrattuale** è: prima di tutto ☞ libertà di *decidere se fare o non fare un contratto* (il proprietario di un terreno può essere espropriato; ma non può essere costretto a fare un contratto per la vendita del terreno che non vuole vendere); poi, se la decisione è fare il contratto, ☞ libertà di *scegliere la controparte contrattuale* (il proprietario che intende vendere non può essere costretto a vendere a X, se per convenienza o capriccio preferisce vendere a Y o a chiunque tranne X); poi ancora ☞ libertà di *determinare il contenuto del contratto* (come dice l'art. 1322, c. 1), cioè il suo oggetto, le prestazioni da esso previste: spetta al venditore e al compratore decidere – senza che nessun altro possa imporgli soluzioni diverse – che il loro contratto riguarda 5.000 mq. di terreno, e non 2.000 né 8.000; che il prezzo è 60.000 euro, e non 50.000 né 90.000, da pagare entro due mesi, e non immediatamente né fra un anno; infine ☞ libertà di *scegliere il tipo di contratto* (fare una vendita del terreno, piuttosto che una locazione), o anche libertà di *fare contratti atipici* (o innominati), e cioè «contratti che non appartengono ai tipi aventi una disciplina particolare» (art. 1322, c. 2): ad es. né una vendita né una locazione, ma un leasing. Di questo si parla nel prossimo paragrafo.

3. Tipi contrattuali e contratti atipici: la qualificazione del contratto

La legge prevede e disciplina numerosi tipi di contratto (compravendita, locazione, appalto, trasporto, assicurazione, lavoro subordinato, ecc.), che corrispondono alle *operazioni economiche più collaudate e più diffuse*, e sono riconoscibili e distinguibili fra loro proprio perché ciascuno riflette un particolare schema (un «tipo», appunto) di operazione: si sa a cosa serve una vendita; e si sa che una vendita è cosa diversa da una locazione o un appalto. Si parla di **tipi legali**, per indicare che questi schemi sono previsti e regolati dalla legge. I *contratti che corrispondono a un qualche tipo legale* si chiamano **contratti tipici**. Si chiamano anche **contratti nominati** (perché è possibile individuarli con il «nome» del tipo, previsto dalla legge).

Quando due parti devono regolare fra loro degli interessi patrimoniali, il più delle volte gli basta ricorrere a un contratto tipico. Ma qualche volta nessun tipo legale risulta idoneo a realizzare il loro programma: la legge gli consente allora di fare un *contratto che non corrisponde a nessuno degli schemi tipici previsti e regolati dalla legge*. Contratti del genere, inventati dalle parti al di fuori dei tipi legali, si chiamano **contratti atipici** o **contratti innominati**. La libertà di fare contratti atipici permette di dire che in questo campo vale un *principio di atipicità* (lo stesso che vale in materia di illeciti extracontrattuali: **42**.3), in contrasto con l'opposto principio della tipicità – o del numero chiuso – che abbiamo visto valere per i diritti reali (**19**.5), e che incontreremo di nuovo a proposito delle promesse unilaterali (**46**.2) e delle società (**51**.12).

La libertà di fare contratti atipici è subordinata dalla legge a un limite: devono essere «diretti a realizzare *interessi meritevoli di tutela secondo l'ordinamento giuridico*» (art. 1322, c. 2), il che significa, in sostanza, che *non devono avere causa illecita né oggetto illecito*. Sappiamo che lo stesso limite vale in genere per tutti i contratti: qui lo si enuncia con questa formula particolare perché nei contratti atipici *manca quella preventiva approvazione legislativa dello schema dell'operazione*, che per i contratti tipici è implicita nel fatto stesso che la legge li prevede e li regola.

Il fenomeno dei contratti atipici si lega soprattutto alle *attività economiche organizzate* e alla continua evoluzione che le caratterizza: di fronte ai nuovi problemi, bisogni e obiettivi generati dalla trasformazione delle tecniche e dei mercati, accade spesso che nessuno dei contratti tipici sia adeguato a soddisfare le esigenze degli operatori. Questi non possono attendere che il legislatore introduca nuovi e più idonei tipi contrattuali, perché i tempi delle imprese sono più stretti di quelli della legislazione: e allora inventano e applicano essi stessi i nuovi schemi contrattuali di cui c'è bisogno. È così che si sono affermati, anche in Italia, contratti atipici come il *leasing*, il *factoring* o il *franchising*, che diffondendosi nella prassi hanno assunto una fisionomia consolidata dall'uso (tanto che si è parlato anche per essi di «tipi»: *tipi sociali*, anziché legali); ma nondimeno contratti atipici, perché non corrispondenti a nessun tipo legale. Può accadere che, prima o poi, il legislatore si decida a «nominare» e regolare qualcuno di questi schemi contrattuali, trasformandolo così da tipo sociale in tipo legale: è accaduto con il factoring, diventato un contratto tipico da quando la l. 52/1991 lo disciplina, sotto il nome di «cessione dei crediti d'impresa» (**38**.20); è accaduto lo stesso con il franchising, che la l. 129/2004 regola e denomina «affiliazione commerciale» (**38**.18).

Al concetto di tipo contrattuale si lega il concetto di **qualificazione** del contratto: l'operazione logica mediante cui, *di fronte a una concreta fattispecie di contratto, si stabilisce che essa corrisponde a uno piuttosto che a un altro tipo legale, oppure che è un contratto atipico perché non corrisponde a nessun tipo legale*. Ad es., se fra A e B si stabilisce che A, in cambio di un determinato prezzo, realizzerà un certo manufatto per B che ne diventerà proprietario, può non essere chiaro se il contratto appartiene al tipo «compravendita» (di cosa futura) oppure al tipo «appalto»: qualificare il contratto significa chiarire il dubbio. Se X dà in uso a Y, per cinque anni, un macchinario industriale in cambio di canoni periodici, e con facoltà per Y di acquistarlo alla fine del quinquennio a un prezzo predeterminato, la qualificazione può far concludere che il contratto non è né una locazione né una vendita con riserva di proprietà (anche se assomiglia un po' ad entrambi), né nessun altro contratto tipico, ma è invece il contratto atipico chiamato leasing (**39**.8).

4. Contratti misti e contratti collegati

Può accadere che per realizzare il loro programma le parti non abbiano la necessità di uscire fuori dall'orizzonte dei tipi legali (e quindi di fare un contratto atipico), ma neppure possano accontentarsi di ricorrere a un singolo contratto tipico: quello di cui hanno bisogno è fare un **contratto misto**, cioè *un contratto nel quale si combinano prestazioni caratteristiche di diversi tipi legali.* È il caso del contratto di *portierato*, in cui si combinano elementi della locazione e del lavoro subordinato (col condominio nella posizione di locatore dell'alloggio concesso al portiere e insieme di suo datore di lavoro, e il portiere nella posizione di conduttore-dipendente); del contratto di *parcheggio* (locazione del posto auto più prestazione di custodia tipica del deposito); del contratto di *residence* (locazione del miniappartamento più contratto d'opera per i servizi accessori).

Il problema fondamentale del contratto misto, che ad es. combini il tipo contrattuale x e il tipo contrattuale y, è: al contratto si applicano le regole previste per il tipo x, oppure quelle previste per il tipo y, oppure entrambe? La risposta può essere orientata da due diversi criteri: ☞ il *criterio dell'assorbimento,* per cui si applicano esclusivamente le regole del tipo che di caso in caso risulta prevalente (quello che caratterizza più marcatamente l'operazione); e ☞ il *criterio della combinazione*, per cui a ciascuna prestazione tipica si applicano le regole del tipo corrispondente. La tesi più seguita è di *compromesso*: si applica in linea di principio la disciplina del tipo legale prevalente, e inoltre – ma solo in quanto non sia incompatibile con la prima – la disciplina dell'altro tipo legale (criterio dell'assorbimento, temperato col criterio della combinazione).

Anche il fenomeno dei **contratti collegati** (così come quello dei contratti atipici e dei contratti misti) s'inquadra nel principio che dà alle parti la libertà di determinare il regolamento contrattuale più adatto ai loro programmi e interessi. La differenza è che esso implica non un solo contratto, ma *due (o più) distinti contratti, i quali sono «collegati» nel senso che l'esistenza e la funzionalità congiunta di entrambi sono necessarie per realizzare l'operazione programmata delle parti.* Ciascuno di essi ha la sua causa, che corrisponde alla funzione tipica di quel contratto, ma con in più un elemento di causa concreta: la necessaria esistenza e funzionalità dell'altro contratto, proprio perché *ciascun contrat-*

to si giustifica anche attraverso l'altro, e senza l'altro non avrebbe il senso che le parti hanno inteso dargli. L'impresa edile A vende a B un terreno edificabile, e in collegamento con tale vendita B appalta ad A la costruzione di un edificio su quel terreno: nella causa di questa vendita, oltre alla funzione tipica di scambiare la proprietà dell'area contro il prezzo pattuito (causa astratta) è presente anche la considerazione che chi dà l'area riceve o ha ricevuto o riceverà la commessa di realizzarvi un edificio (causa concreta); e nella causa di quell'appalto c'è che il committente ha comprato l'area dallo stesso appaltatore.

Il collegamento dei contratti si riflette sul loro trattamento: nel senso che, *se uno dei due presenta problemi che ne mettono in discussione gli effetti, vengono messi in discussione anche gli effetti del contratto collegato. Così, se viene cancellata una vendita di computer* (ad es., perché il prodotto risulta difettoso), il cliente può chiedere che si cancelli anche il separato, ma collegato, contratto concluso con la stessa impresa informatica per la manutenzione delle macchine o l'aggiornamento del software.

Tutto ciò ha un preciso presupposto: che il collegamento fra i contratti non sia rimasto il semplice *motivo* di un contraente, ma sia entrato oggettivamente nel contratto, diventando così parte integrante della sua *causa*. E questo richiede che il collegamento non resti chiuso nella sfera di interessi di una sola parte, e indifferente all'altra, ma sia in qualche modo condiviso da entrambe (**31**.15).

5. La determinazione volontaria: elementi essenziali, elementi non essenziali, clausole del contratto

Abbiamo visto che determinare il regolamento contrattuale è, in prima istanza, compito e potere delle parti interessate, attraverso la ricerca dell'accordo fra loro. Nello svolgere questo ruolo, le parti determinano innanzitutto quelli che si usano definire gli **elementi essenziali** del contratto, cioè quegli *aspetti del regolamento contrattuale che definiscono i punti chiave dell'operazione (causa e oggetto, quanto meno nelle linee fondamentali)*, e le attribuiscono il suo senso: ad es., le parti determinano che il loro contratto è una compravendita, fatta per trasferire quella certa cosa per quel certo prezzo; in un appalto, determinano l'opera da realizzare e il corrispettivo dovuto all'appaltatore; in un'assicurazione, il rischio assicurato e l'importo dei premi dovuti all'assicuratore; e così via. Anzi, non solo è possibile, ma di regola *è necessario che le parti provvedano a determinare con la loro volontà (concorde) gli elementi essenziali*, in modo da esprimere almeno per grandi linee il senso del loro programma contrattuale: in caso contrario, si dovrebbe concludere che non c'è un loro *accordo* sul contratto, e che quindi non c'è nessun contratto fra loro.

Di solito, peraltro, le parti non si limitano a questo, e provvedono a determinare anche *aspetti marginali o accessori dell'operazione*, cioè concordano **elementi non essenziali** del regolamento contrattuale: in una vendita, le modalità e i termini per la consegna della cosa, per il pagamento del prezzo, le garanzie di integrità e funzionalità della cosa, ecc.; in un appalto, le questioni relative alla fornitura dei materiali, alla possibilità di variare il progetto dell'opera, ai termini di esecuzione e consegna della stessa, ecc. In altre parole, è normale che le parti inseriscano nel regolamento contrattuale tutte le previsioni opportune per impostare e realizzare l'operazione nel modo più rispondente al loro programma.

Queste *previsioni, con cui le parti definiscono i vari elementi (essenziali e non essenziali) del regolamento contrattuale*, si chiamano **clausole** del contratto: e il regolamento contrattuale è formato principalmente dalle clausole concordate fra le parti.

Qualche volta nel testo del regolamento contrattuale compaiono «clausole» con cui le parti non danno un'autonoma regola al loro rapporto, ma si limitano a richiamare la disciplina legale che si applicherebbe comunque, anche in assenza di quel richiamo (ad es. la clausola che dicesse: «In caso di mancato pagamento del prezzo da parte del compratore, il venditore potrà chiedere la risoluzione del contratto»). Si chiamano *clausole di stile.*

6. L'interpretazione del contratto

Alla determinazione volontaria del regolamento contrattuale si lega il problema dell'interpretazione del contratto.

Il testo del contratto (di questa o quella clausola), così come le parti lo hanno formulato, può essere di *significato incerto, in quanto oscuro (non si percepisce alcun significato) oppure ambiguo (si percepiscono due o più significati diversi e incompatibili).* In questa situazione ciascuna parte, portatrice di interessi antagonistici a quelli dell'altra, sosterrà il significato più funzionale al proprio interesse, e respingerà il significato sostenuto dall'altra. Ne può nascere un conflitto, che rischia di disturbare o paralizzare la regolare attuazione del rapporto contrattuale: bisogna risolverlo, così da definire con chiarezza gli impegni delle parti, che dipendono dall'espressione controversa.

Lo strumento a tale fine è l'interpretazione del contratto: l'*operazione logica diretta ad attribuire alle* clausole *del contratto il giusto significato.* Essa è affidata al *giudice*: che però deve attenersi a una serie di **criteri legali di interpretazione**, codificati negli art. 1362 e segg. Questi criteri sono di due tipi:

☞ i criteri di **interpretazione soggettiva** puntano ad accertare quella che la legge chiama *la «comune intenzione delle parti»* (art. 1362, c. 1). L'espressione va intesa con la consapevolezza che di intenzione «comune» delle parti può parlarsi solo in senso molto relativo, posto che ciascun contraente è animato da interessi, e dunque da «intenzioni» non coincidenti, anzi di solito confliggenti, con quelli dell'altro; e che comunque non conta l'interna, soggettiva intenzione dei contraenti, ma solo la manifestazione esterna che la rende socialmente conoscibile. Chiarito ciò, la norma pone la regola che il giusto senso dell'accordo manifestato fra le parti può ricercarsi anche *al di là del «senso letterale delle parole»* usate da esse. Ad attribuire al testo contrattuale un significato che non risulta letteralmente dalle parole che lo compongono, si può arrivare con due criteri: ✦ il criterio del *comportamento complessivo delle parti*, anche posteriore alla conclusione del contratto (art. 1362, c. 2): se ad es. le parti si sono sempre comportate come se il contratto avesse un certo significato, eseguendolo in conformità, è difficile sostenere che esso ha un senso diverso (benché più vicino al suo testo letterale); ✦ il criterio dell'*interpretazione contestuale*, per cui ciascuna clausola va interpretata non in modo avulso dal contesto in cui è inserita, ma *alla luce di tutte le altre clausole* che compongono il regolamento contrattuale (art. 1363). Se i criteri di interpretazione soggettiva consentono di accertare la «comune intenzione» delle parti, quello è il significato del contratto, e l'interpretazione ha raggiunto il suo scopo. Può tuttavia accadere che l'interprete non riesca a ricostruire in nessun modo tale «comune intenzione»;

☞ e allora, siccome un significato va comunque identificato, si fa ricorso ai criteri di **interpretazione oggettiva**, i quali puntano non più a ricercare una «comune intenzione» risultata non accertabile, ma ad *attribuire al contratto il senso – fra quelli possibili – più rispondente a valori di ragionevolezza, funzionalità, equità.* Fra tali criteri (che hanno valore sussidiario, perché entrano in gioco solo in seguito al fallimento dell'interpretazione soggettiva), ricordiamo: ✦ il criterio dell'interpretazione secondo *buona fede*, per cui va scelto il significato che sarebbe fatto proprio da un contraente corretto e leale (art. 1366); ✦ il criterio della *conservazione*, per cui va scelto il significato che attribuisce al contratto qualche effetto, e scartato quello che lo priverebbe di effetti (art. 1367); ✦ il criterio degli *usi interpretativi*, che porta a scegliere il significato conforme a quanto generalmente si pratica nel luogo di conclusione del contratto (art. 1368, c. 1); ✦ il criterio dell'*interpretazione «contra stipulatorem»*, per cui il testo predisposto unilateralmente da una parte va inteso nel senso più favorevole all'altra (art. 1370); ✦ le c.d. *regole finali*, per cui in ultima istanza il contratto *gratuito* va inteso nel senso meno gravoso per l'obbligato, e quello *oneroso* nel senso di bilanciare equamente gli interessi delle parti (art. 1371).

7. L'integrazione del contratto

L'integrazione del contratto è il fenomeno per cui *il regolamento contrattuale può essere determinato anche da fonti eteronome, esterne alla volontà delle parti.* La norma base in materia è l'art. 1374: «Il contratto obbliga le parti non solo a quanto è nel medesimo espresso» (cioè a quanto risulta dalle clausole volontariamente concordate fra le parti), «ma anche a tutte le conseguenze che ne derivano secondo la legge o, in mancanza, secondo gli usi e l'equità».

La norma allude a una pluralità di fonti di integrazione del contratto, che sono azionate da agenti diversi e obbediscono a logiche differenti.

Dal punto di vista della *logica* che la ispira, possiamo distinguere: ☞ l'integrazione **suppletiva**, la cui logica è *rispettare e favorire le scelte dell'autonomia privata*: qui lo scopo non è mettere in discussione l'assetto di interessi programmato dalle parti, ma al contrario agevolarne l'attuazione; ☞ l'integrazione **cogente**, la cui logica è *contrastare le scelte dell'autonomia privata*: qui l'integrazione punta a impedire la realizzazione dell'assetto di interessi perseguito dalle parti, perché disapprovato dal punto di vista dell'interesse generale.

Dal punto di vista degli *agenti* che operano come fonti di integrazione, distinguiamo: ☞ l'integrazione **legale**, che si realizza mediante norme giuridiche i cui contenuti entrano direttamente nel regolamento contrattuale; ☞ l'integrazione **giudiziale**, quando il regolamento è integrato tramite valutazioni e decisioni del giudice.

8. L'integrazione suppletiva di fonte legale: norme dispositive e usi

Sappiamo che le parti possono inserire nel contratto le clausole ritenute più opportune per regolare i diversi aspetti dell'operazione. Ma è *praticamente impossibile che, formando il contratto, le parti riescano a prevedere e regolare proprio tutti i punti che possono venire in gioco nello svolgimento del rapporto*: è inevitabile che su qualcuno di tali punti – per dimenticanza, per sottovalutazione, per l'incapacità di trovare l'accordo riguardo ad esso – le parti non dicano nulla. Ad es., in una vendita le parti individuano la cosa, concordano il prezzo e il termine di pagamento, fissano le garanzie dovute dal venditore, ecc., ma non fanno alcuna previsione circa le modalità di consegna della cosa: non dicono se è il compratore che deve preoccuparsi di ritirarla dal venditore, o se invece è questo che deve provvedere a recapitarla al compratore. Fatto il contratto, e venuto il momento di eseguirlo, ciascuno dei due contraenti sostiene la tesi più favorevole per sé: nasce un conflitto, che va risolto; ma le clausole concordate fra le parti non portano a risolverlo (neanche per via di interpretazione, perché non c'è nulla da interpretare).

A risolverlo *provvede allora la legge*, con la norma per cui «In mancanza di patto ... contrario, la consegna della cosa deve avvenire nel luogo dove questa si trovava al tempo della vendita ..., ovvero nel luogo dove il venditore aveva il suo domicilio o la sede dell'impresa» (art. 1510, c. 1). Questa previsione *entra nel regolamento contrattuale*; la norma di legge che la contiene opera così come *fonte di integrazione* del regolamento stesso (in conformità all'art. 1374, per cui il contratto «obbliga le parti non solo a quanto è nel medesimo espresso, ma anche a tutte le conseguenze che ne derivano secondo la legge»).

Peraltro, la norma opera *solo «in mancanza di patto contrario»*: se le parti avessero previsto qualcosa sul punto, regolando esse stesse, con una clausola, le modalità di consegna, si applicherebbe la previsione delle parti e la norma non entrerebbe in gioco. Norme del genere si chiamano **norme dispositive**, a indicare che le parti possono «disporne» e cioè hanno la *libertà di metterle fuori gioco adottando soluzioni diverse da quelle in esse suggerite* (di qui un'altra possibile denominazione: norme **derogabili**): se ci avessero pensato e avessero concordemente voluto, le parti avrebbero potuto inserire nel regolamento una clausola per cui, contrariamente a quanto previsto dall'art. 1510, c. 1, sarà obbligo del venditore recapitare la cosa al domicilio del compratore. Si chiamano anche norme **suppletive**, proprio perché hanno la funzione di *supplire a un difetto di previsione delle parti, riempire una lacuna da esse lasciata nel regolamento concordato*.

Di regola, le norme dispositive intervengono sui punti del regolamento contrattuale, corrispondenti a *elementi non essenziali*: una lacuna lasciata dalle parti su qualche elemento essenziale equivale a mancanza di accordo, e dunque a mancanza di contratto. Solo in casi eccezionali, e a determinate condizioni, possono intervenire anche per colmare lacune relative a *elementi essenziali*: ad es. per il prezzo di determinate vendite (art. 1474).

Lo stesso ruolo delle norme dispositive può essere svolto dagli usi. Ma al riguardo si deve distinguere fra due diverse categorie di usi: ☞ gli **usi normativi** sono quelli di cui parla l'art. 1374, e s'identificano con *consuetudini*, che sono vere e proprie fonti del diritto quando presentano i requisiti visti a suo tempo (**3**.2). Se una consuetudine vigente in un particolare ambito prescrive che una certa prestazione contrattuale debba farsi con certe modalità, queste modalità sono obbligatorie per la parte tenuta alla prestazione, anche se il contratto nulla dice al riguardo; ☞ gli **usi contrattuali** (o **clausole d'uso**), di cui parla l'art. 1340, sono invece regole che corrispondono alla *prassi prevalente nei contratti di in un certo settore o di una certa impresa*, e possono anche non essere assistite da quella convinzione di doverosità giuridica che invece caratterizza gli usi normativi. Nondimeno anch'esse «s'intendono inserite nel contratto, se non risulta che non sono state volute dalle parti».

Di regola *gli usi prevalgono sulle norme dispositive*: così, riguardo al luogo di consegna della cosa venduta, prima di tutto vale l'eventuale clausola delle parti; in mancanza, l'eventuale uso; e solo «in mancanza di patto o di uso contrario», si applica la previsione dell'art. 1510, c. 1.

Norme dispositive e usi (normativi o contrattuali) *non entrano in contrasto con l'autonomia privata*, di cui è espressione il contratto fatto dalle parti: bensì le permettono di funzionare e realizzare gli obiettivi programmati, rimediando alle sue inevitabili lacune.

9. L'integrazione suppletiva di fonte giudiziale

In altri casi la legge, di fronte alla lacuna lasciata dalle parti – che non hanno previsto nulla su qualche aspetto dell'operazione – anziché colmarla direttamente con una norma dispositiva, affida al giudice il compito di integrare il regolamento incompleto, con una sua determinazione ad hoc.

I casi riguardano talora la fissazione di un *termine* (cfr. gli art. 1183; 1331; c. 2; 1817).

Spesso riguardano anche aspetti più sostanziali dell'operazione, e in particolare l'*oggetto del contratto*: ad es. quando l'arbitratore non svolge adeguatamente il suo ruolo (art. 1349, c. 1); quando non sia fatta la scelta fra le diverse prestazioni dedotte in obbligazione alternativa (art. 1286, c. 3); quando le parti non concordano le variazioni da introdurre nell'appalto (art. 1660, c. 1); o la misura del *corrispettivo di una prestazione di fare* (art. 1657 per l'appalto; 1709 per il mandato; 1733 per la commissione; 1751, c. 2 per la mediazione; 2099, c. 2 per il lavoro subordinato; 2225 per il contratto d'opera; 2233, c. 1 per il contratto con il libero professionista intellettuale; 2263, c. 2 per la parte di utili e di perdite spettante al socio d'opera).

10. Segue: l'integrazione giudiziale secondo i principi dell'equità e della buona fede

Quando non c'è nessuna norma dispositiva che copra la lacuna lasciata dal difetto di previsione delle parti, l'art. 1374 dice che il regolamento è integrato in base all'equità. E anche questa previsione chiama in causa il *ruolo del giudice*.

L'equità si definisce infatti come la «giustizia del caso singolo», applicata dal giudice competente a decidere su quel caso: e l'equità contrattuale è il criterio in base al quale il giudice – di fronte a un singolo, particolare contratto – può *determinare qualche aspetto del regolamento, applicando la soluzione che appare la più equilibrata alla luce delle caratteristiche concrete del rapporto contrattuale in presenza delle quali il contratto è stato fatto e deve essere eseguito.* Oltre che essere richiamata in termini generali dall'art. 1374, l'equità è richiamata da numerose norme specifiche che riguardano particolari situazioni contrattuali: ad es. gli art. 1371; 1384; 1447; 1467, c. 3; 1468; 1526, c. 1; 1660; 1664, c. 2; 1733; 1736; 1738; 1749, c. 2; 1751, c. 1; 1755, c. 2; 2109, c. 2; 2110; 2118, c. 1.

Si deve però evitare un equivoco. Non si deve pensare che nel nostro sistema valga il principio per cui i contratti devono essere in generale equi, cioè avere contenuti oggettivamente equilibrati e conformi a «giustizia». In un sistema che riconosce la libertà contrattuale, *l'equilibrio e la giustizia del contratto sono decisi fondamentalmente dalle parti stesse*: le quali, in linea di principio, sono libere di vendere per 10.000 euro ciò che vale 30.000, o di comprare per 100.000 euro ciò che vale 40.000. I contratti si fanno per regolare interessi delle parti: e le parti sono arbitre dei propri interessi. Alla valutazione delle parti possono sovrapporsi, modificando il regolamento contrattuale concordato, solo le norme imperative, e solo nei casi e nei modi da queste previsti (**31**.4). Invece *il giudice non ha il potere di modificare d'autorità il regolamento contrattuale, contro l'accordo delle parti,* neanche quando esso gli sembri profondamente ingiusto, e la sua modificazione opportuna nell'interesse generale: infatti le norme che attribuiscono al giudice poteri equitativi per la determinazione del regolamento contrattuale riguardano (a differenza delle norme imperative) solo casi nei quali questo presenta una lacuna. Ovvero: *i giudici non possono rifare i contratti fatti dalle parti*. La ragione è chiara: un intervento così profondamente lesivo dell'autonomia privata richiede, a tutela dei cittadini esposti a subirlo, garanzie che possono essere date solo dalle previsioni della *legge* – generali, certe, conoscibili in anticipo –, e non invece dalle determinazioni – discrezionali, mutevoli, imprevedibili – formulate dai *giudici* caso per caso.

Questo principio conosce qualche isolata *eccezione*, per cui il giudice può modificare un punto del regolamento contrattuale, sostituendo la sua valutazione equitativa a quella espressa dai contraenti: in materia di riduzione della penale eccessiva (**26**.19), e di riduzione dell'indennità eventualmente dovuta al venditore nella vendita con riserva della proprietà (**38**.13). Ma sono eccezioni che confermano la regola.

Alla medesima logica di integrazione suppletiva – funzionale e non antagonista all'autonomia privata – obbedisce il principio della **buona fede**, altro importante criterio di integrazione giudiziale del regolamento: criterio, anzi, molto più importante dell'equità nelle applicazioni pratiche che riceve da parte dei giudici. Per l'art. 1375, il contratto «deve essere eseguito secondo buona fede» (in senso oggettivo, da intendere come sinonimo di **correttezza**: **22**.16). Questa norma è utile nei casi in cui A pretende da B qualcosa in relazione al loro contratto, B respinge la pretesa dicendo di non esservi tenuto, e la risposta non si trova né nelle clausole del contratto che non dicono nulla al riguardo, né in nessuna norma dispositiva. I giudici danno ragione ad A se valutano che la posizione di B sia contraria a buona fede (perché, nelle circostanze del caso concreto, il suo rifiuto di accogliere la pretesa di A sarebbe scorretto); o viceversa danno ragione a B se valutano che sia contrario a buona fede il comportamento di A (perché avanzare quella pretesa verso B sarebbe una scorrettezza). In questo modo, attraverso la buona fede il giudice integra il regolamento contrattuale: è come se in questo fosse presente la regola per cui A può (o non può) pretendere quella certa cosa da B.

Attenzione, però: come l'equità, anche la buona fede è *funzionale e non antagonista all'autonomia privata.* Non può portare il giudice a sovvertire il programma concordato dalle parti con il loro contratto, e il relativo assetto di interessi; deve invece essere *coerente al programma e all'assetto di interessi fissati dalle parti.*

11. L'integrazione cogente: norme imperative e sostituzione automatica di clausole

Come le norme dispositive, anche un altro tipo di norme – le norme imperative – concorrono a determinare il regolamento contrattuale: lo fanno però secondo una logica e con modalità operative molto diverse.

Mentre le norme dispositive intervengono solo in mancanza di volontà delle parti (che se c'è le mette fuori gioco), le **norme imperative** intervengono *anche contro l'esistente volontà delle parti.* È di questo genere, ad es., la norma per cui le locazioni di immobili per uso non abitativo hanno una durata minima di sei anni (**39**.6). Ora, immaginiamo che locatore e conduttore abbiano provveduto a regolare la durata del loro contratto, stabilendo una durata di tre anni. Qui *non c'è nessuna lacuna nel regolamento contrattuale concordato fra le parti*: e tuttavia la norma interviene ugualmente, perché il suo scopo non è solo supplire a un eventuale difetto di previsione delle parti, ma fare in modo che il regolamento contrattuale contenga, sul punto, una determinata previsione e non una previsione diversa; la legge non tollera che quel contratto duri solo tre anni. La ragione è che la previsione della norma imperativa persegue un *interesse generale*, che deve prevalere sull'interesse particolare dei contraenti. In altre parole: *le parti non possono, nella determinazione volontaria del regolamento contrattuale, inserire clausole contrastanti con le norme imperative*, le quali perciò si chiamano anche **norme inderogabili**.

Dunque una locazione non abitativa della durata di tre anni, come previsto dalle parti, non può esistere. E allora i casi sono teoricamente due: o quel contratto viene completamente cancellato; oppure *resta in piedi, ma con un regolamento diverso da quello volontariamente concordato.* La soluzione è quest'ultima: il contratto permane, ma la sua durata non sono i tre anni voluti dalle parti, bensì i sei anni voluti dalla norma imperativa. Vale infatti il principio della **sostituzione automatica** della norma imperativa al posto della clausola che la viola: «Le clausole, i prezzi di beni o di servizi, imposti dalla legge, *sono di diritto inseriti nel contratto, anche in sostituzione delle clausole difformi apposte dalle parti*» (art. 1339).

Anche in questo modo la legge contribuisce a determinare il regolamento contrattuale: ma qui in una logica di *antagonismo all'autonomia privata*, per metterne fuori gioco le scelte quando queste contrastino con l'interesse generale. Si realizza quella che può chiamarsi un'**integrazione cogente** (nel senso che le parti non possono evitarla manifestando una volontà diversa).

Talora l'interesse generale perseguito dalla norma imperativa s'identifica con l'*interesse della categoria economico-sociale cui appartiene una delle parti*, che si considera particolarmente meritevole di tutela. Lo strumento per la sua protezione può allora consistere in **norme derogabili solo in un senso**: cioè *derogabili solo in senso più favorevole alla parte protetta, e invece inderogabili se la deroga va in senso meno vantaggioso per questa*. È quanto accade, a protezione dell'assicurato, per alcune norme sul contratto di assicurazione (art. 1932); a protezione del cliente della banca, per i contratti bancari (art. 127, c. 1, t.u.b.); a protezione del conduttore, per le norme sul contratto di locazione (art. 79, c. 1, l.e.c.). Ad es., la legge considera sei anni una giusta durata per le locazioni non abitative: vieta la clausola per durata minore, ma consente quella per durata maggiore perché andrebbe a vantaggio del conduttore che è la parte protetta.

12. Le restrizioni della libertà contrattuale

Abbiamo visto, all'inizio del capitolo, che per il principio della libertà contrattuale «Le parti possono liberamente determinare il contenuto del contratto» (art. 1322, c. 1). Ma poi abbiamo incontrato le norme imperative e il meccanismo della sostituzione automatica: che, negli ambiti in cui operano, non solo precludono alle parti di determinare il regolamento contrattuale nel modo desiderato, ma determinano e impongono alle parti regolamenti contrattuali indesiderati. Ciò potrebbe sembrare incompatibile con il principio della libertà contrattuale. In realtà, ne troviamo ragione nella stessa norma che afferma il principio, e della quale dobbiamo completare la lettura: l'art. 1322, c. 1 riconosce sì la *libertà contrattuale* delle parti, ma solo «**nei limiti imposti dalla legge**». La libertà contrattuale subisce dunque restrizioni, che colpiscono i vari aspetti in cui essa si manifesta (**32**.2).

Subisce restrizioni la libertà di *determinare il contenuto del contratto*, come si è visto analizzando il ruolo delle norme imperative (contenute sia nel codice civile sia, in misura crescente, nella legislazione speciale).

Può subire restrizioni la libertà di *fare contratti atipici*, perché in determinati settori la legge vincola le parti a utilizzare esclusivamente uno dei tipi legali previsti per quella certa materia: ad es. nel campo delle convenzioni matrimoniali (**63**.10) e in quello dei contratti agrari (**50**.10).

Può subire restrizioni la libertà di scelta se *fare o non fare un determinato contratto*. Talora questa libertà è ristretta con un vincolo negativo, attraverso *divieti legali di contrarre* (ad es. divieti di alienare certi beni, che la legge qualifica inalienabili). Altre volte la libertà è ristretta addirittura con un vincolo positivo, attraverso **obblighi legali di contrarre**. Un tale obbligo è posto a carico, per es., di *chi esercita un'impresa in condizioni di monopolio legale*: l'imprenditore monopolista «ha l'obbligo di contrattare con chiunque richieda le prestazioni che formano oggetto dell'impresa, osservando la parità di trattamento» (art. 2597). Lo stesso obbligo grava sull'imprenditore di trasporti che esercita *pubblici servizi di linea* (art. 1679, c. 1). E quando la legge stabilisce la *proroga legale* di determinati contratti (come avveniva in passato per le locazioni), in sostanza impone a qualcuno un contratto non voluto.

Gli stessi esempi appena citati dicono che subisce restrizioni anche la libertà di *scegliere la controparte contrattuale:* il monopolista legale e il vettore non sono liberi di discriminare fra cliente e cliente, ma devono «servire» chiunque lo chieda; né possono farlo per via indiretta, ad es. prospettando a un cliente sgradito condizioni contrattuali pesantissime per scoraggiarlo, perché sono tenuti a osservare la *parità di trattamento*. Un altro caso è quello delle *assunzioni obbligatorie* e del *collocamento* nel campo del lavoro subordinato: non sempre il datore di lavoro è libero di assumere chi vuole; talora il personale da assumere gli viene imposto dall'esterno (anche se in questo campo di recente si è verificata una marcata liberalizzazione: **55**.6).

In casi come quelli richiamati sopra si parla di **contratti imposti**.

13. Le ragioni politiche delle restrizioni della libertà contrattuale

La crescente limitazione della libertà contrattuale da parte del potere pubblico è uno degli aspetti più significativi nella moderna evoluzione del diritto dei contratti, e dell'intero diritto privato. Il fenomeno si lega alle *trasformazioni sociali, economiche e politiche* che caratterizzano il passaggio *dallo Stato liberale allo Stato sociale* (**2**.3).

Nello Stato liberale il principio dell'*assoluta libertà di iniziativa economica privata* («laissez-faire») portava con sé il corollario dell'*assoluta libertà contrattuale*: i privati erano lasciati liberi di fare i loro contratti come volevano e come potevano, senza che il potere pubblico intervenisse a controllarli o limitarli o sostenerli. Un sistema del genere – in presenza delle profonde disuguaglianze esistenti fra le diverse categorie di contraenti – faceva sì che i contraenti più deboli sul piano economico e sociale godessero di una libertà solo formale, perché nella sostanza la loro libertà risultava schiacciata dal superiore potere contrattuale dei contraenti forti: non era vera libertà contrattuale quella del lavoratore che, per sfuggire allo spettro della disoccupazione, accettava un contratto di lavoro pesantemente squilibrato a suo danno; o quella del consumatore che, se non voleva rinunciare al bene o al servizio offerto dalla grande impresa, doveva accettare tutte le condizioni contrattuali predisposte da questa a proprio vantaggio.

Nello Stato sociale, si afferma l'idea che compito del potere pubblico è assicurare ai cittadini *libertà e uguaglianza* non solo in senso formale, ma anche *in senso sostanziale* (**2**.5-6); e comunque impedire che la ricerca dell'interesse privato danneggi l'interesse generale. Cominciano così a moltiplicarsi gli interventi pubblici limitativi della libertà contrattuale, finalizzati a proteggere *l'interesse generale o gli interessi di categorie sociali relativamente «deboli»* (lavoratori subordinati, inquilini, consumatori, clienti di grandi imprese, ecc.), che uscirebbero sostanzialmente prevaricati nel rapporto con le controparti «forti» (datori di lavoro, proprietari, imprese, ecc.) se ci fosse libertà assoluta nelle contrattazioni fra privati: la *disuguaglianza economico-sociale* fra le parti si traduce infatti in una **disparità di potere contrattuale**, per cui la parte «debole» non avrebbe l'effettiva possibilità di salvaguardare adeguatamente i suoi interessi attraverso il contratto. Per rimediarvi, la legge tratta in modo diverso le due parti: ma la *differenza di trattamento* non è incostituzionale perché è *ragionevole* (**2**.6), essendo rivolta a obiettivi di uguaglianza sostanziale.

È evidente, del resto, il nesso fra le restrizioni della libertà contrattuale e quelle della libertà di iniziativa economica, indicate in Costituzione: "L'iniziativa economica privata è libera", ma "Non può svolgersi in contrasto con l'utilità sociale o in modo da recare danno alla salute, all'ambiente, alla sicurezza, alla libertà, alla dignità umana" (art. 41, c. 1-2, C.). Ed è altrettanto evidente il parallelismo con il fenomeno delle progressive limitazioni pubbliche del diritto di proprietà (**14**.4-5).

Nelle situazioni estreme di restrizione della libertà contrattuale, quelle che danno luogo ai contratti imposti, ci si potrebbe porre una domanda: visto che il contratto è accordo di volontà, e visto che qui la legge prescinde dalla volontà della parte di fare il contratto, in situazioni del genere *siamo di fronte a un contratto vero e proprio?* Qualcuno lo nega, sostenendo che senza reale volontà di entrambe le parti non c'è contratto. Si può ribattere che la volontà contrattuale non va intesa in senso strettamente psicologico, e che comunque è una scelta volontaria del soggetto esercitare l'attività cui si legano i contratti imposti. E comunque in situazioni come quelle considerate la restrizione della libertà di un contraente è il presupposto per ampliare la libertà dell'altro contraente, e valorizzare l'effettiva volontarietà e spontaneità delle sue scelte contrattuali.

Un'ultima osservazione. Nel campo dei contratti si manifesta con particolare evidenza quel fenomeno dell'**autonomia collettiva**, accennato a suo tempo. Si pensi al *contratto collettivo di lavoro*, stipulato dalle associazioni sindacali. Si pensi ai casi, sempre più numerosi, di c.d. **contrattazione assistita**, in cui si prevede che determinati contratti vengano fatti dall'interessato *con l'assistenza di organizzazioni che rappresentano e tutelano la categoria sociale cui egli appartiene*: così, i patti in deroga all'equo canone possono farsi solo con l'assistenza delle associazioni di inquilini e proprietari immobiliari (**39**.5); le conciliazioni su controversie di lavoro si fanno con l'assistenza del sindacato (**55**.12); ecc. Sono modi per riequilibrare la disparità di potere contrattuale, che in partenza esiste fra le parti.

14. La costruzione del regolamento contrattuale: interpretazione, qualificazione e integrazione del contratto

Ripercorriamo velocemente le diverse «tappe», attraverso cui si compie la determinazione del regolamento contrattuale:

☞ il punto di partenza è l'*accordo delle parti*, senza il quale non c'è contratto: dunque le clausole con cui le parti realizzano la *determinazione volontaria* del regolamento. Delle clausole che compongono il testo contrattuale occorre accertare il giusto significato: e questo si fa con l'**interpretazione** del contratto;

☞ il passaggio successivo è la **qualificazione**: si accerta se l'accordo delle parti (debitamente interpretato) è nel senso di fare un contratto di *un tipo*, oppure di *un altro tipo,* oppure di fare un contratto *atipico*;

☞ a sua volta, la qualificazione apre la porta all'**integrazione**. Infatti le *norme* (*dispositive o imperative*) *che integrano il regolamento*, così come quelle che affidano questo compito al giudice, sono generalmente riferite a *questo o quel tipo di contratto*: sapere se il particolare contratto di cui ci occupiamo è integrato da una certa norma prevista in materia di vendita, o da una diversa norma prevista in tema di appalto, dipende dalla circostanza che quel contratto sia qualificato come vendita o invece come appalto.

Tutto questo non è un gioco teorico, ma ha uno *scopo pratico*: definire quali sono le conseguenze giuridico-economiche del contratto, cioè in che modo il contratto incide sulle situazioni delle parti, creando, spostando o cancellando diritti e obblighi fra loro; in una parola, *definire gli effetti del contratto.*

33
GLI EFFETTI DEL CONTRATTO E IL VINCOLO CONTRATTUALE

1. Gli effetti del contratto

Occuparsi degli effetti del contratto significa abbandonare il terreno del contratto come atto, e considerare il *contratto come rapporto* (**28**.7).

Il contratto, formato nei modi che sappiamo, è la *fattispecie* che produce i relativi *effetti*, corrispondenti al regolamento contrattuale, determinato nei modi che sappiamo. Ed è ovvio che le parti formano i contratti proprio perché ne vogliono gli effetti.

Gli effetti del contratto possono essere molto diversi: a seconda del *tipo di effetti* che producono, si identificano varie *categorie di contratti*.

2. Contratti di attribuzione e contratti di accertamento

Una prima classificazione è questa:

☞ i contratti **di attribuzione** sono quelli che *determinano spostamenti patrimoniali fra le parti*, perché *modificano le loro situazioni giuridiche*: fanno nascere debiti e crediti che prima non c'erano; cancellano diritti che prima esistevano; trasferiscono diritti da un soggetto a un altro; ecc. In realtà, quasi tutti i contratti che possono venire in mente sono contratti di attribuzione;

☞ i contratti **di accertamento** sono una piccola categoria residuale, che si contrappone alla precedente: sono quelli che non determinano spostamenti patrimoniali fra le parti perché non modificano le loro situazioni giuridiche, ma *si limitano a chiarire quali sono le situazioni giuridiche preesistenti, che non vengono toccate ma solo accertate.* Si tratta, peraltro, di una categoria su cui i giuristi non hanno idee univoche. Vi si riconducono i *contratti ricognitivi* di diritti e obblighi delle parti. Fra i contratti tipici, si discute se vi si possano ricondurre la *transazione* (**41**.5) e la *divisione* (**17**.5).

3. Contratti con effetti obbligatori e con effetti reali

Questa classificazione è forse la più importante fra quelle che possono farsi in base agli effetti contrattuali:

☞ i contratti **con effetti obbligatori** sono quelli i cui effetti *si esauriscono nel generare debiti e crediti*, cioè obblighi di comportamento e correlativi diritti alla prestazione: ad es. la locazione (per il locatore, mettere la cosa a disposizione, garantirne il pacifico godimento, curarne la manutenzione straordinaria; per il conduttore, pagare il canone, conservare e poi restituire la cosa); oppure il contratto di lavoro (per il lavoratore, svolgere l'attività lavorativa; per il datore di lavoro, pagare la retribuzione), ecc.;

☞ i contratti **con effetti reali** sono quelli che *costituiscono o trasferiscono fra le parti diritti reali* (un contratto costitutivo di usufrutto o di servitù; una vendita, che trasferisce la proprietà; ecc.); e inoltre quelli che *trasferiscono fra le parti qualche altro diritto preesistente,* non appartenente alla categoria dei diritti reali (la cessione di un credito; il trasferimento di un brevetto; ecc.). Insieme con tali effetti, possono produrre anche obbligazioni (dalla vendita nasce il debito del compratore per il prezzo): ma ciò che li qualifica è l'effetto di trasferimento di un qualsiasi diritto, o di costituzione di un diritto reale.

Essi si individuano per il tipo di effetti che producono; non vanno confusi con i *contratti reali*, individuati per il modo in cui si formano (**29**.7).

4. L'effetto traslativo del consenso, e i suoi limiti

Nei *contratti con effetti reali*, la produzione degli effetti obbedisce a un criterio particolare, sul quale bisogna soffermarsi.

Lo enuncia l'art. 1376, per il quale i diritti che formano oggetto del contratto «*si trasmettono e si acquistano per effetto del consenso delle parti legitti-*

mamente manifestato». In una compravendita, ad es., la proprietà della cosa passa dal venditore al compratore *appena il contratto è validamente concluso* (questo significa «consenso legittimamente manifestato»). Per il passaggio della proprietà non occorre aspettare che la cosa venga materialmente consegnata dal venditore al compratore; né che il compratore paghi il prezzo al venditore; né che si adempiano eventuali formalità pubblicitarie.

Nei sistemi giuridici moderni, questo principio ha trovato la sua prima importante enunciazione nel *codice napoleonico*, di dove il diritto italiano lo ha recepito. In questo modo, il nostro sistema si distacca dalla tradizione del diritto romano, conservata ancora oggi dal diritto tedesco, secondo cui il trasferimento della proprietà non si produce con il semplice consenso, ma richiede attività o adempimenti ulteriori. Il principio dell'effetto traslativo del consenso può giustificarsi per *ragioni economiche*: svincolare i trasferimenti della proprietà dalla consegna fisica della cosa asseconda le moderne tendenze alla smaterializzazione della ricchezza, e favorisce la possibilità che essa circoli in modo più veloce e più intenso; svincolarli dal pagamento del prezzo valorizza il ricorso al credito, che a sua volta è un requisito essenziale delle economie evolute.

Il principio consente di individuare con precisione il *momento del passaggio di proprietà* del bene trasferito, che si identifica con il momento della *conclusione del contratto* di trasferimento. Ciò è praticamente importante a vari fini: ☞ se la cosa va *accidentalmente distrutta* prima di quel momento, la perdita grava sul venditore; se la distruzione fortuita è successiva a quel momento, la perdita cade sul compratore; ☞ se la cosa produce *danno a terzi*, ne risponde chi aveva la proprietà al momento del danno; ☞ finché la cosa è proprietà del venditore, può essere aggredita dai creditori di questo; dal momento in cui la proprietà passa, la cosa è *garanzia patrimoniale dei creditori* del compratore.

L'effetto traslativo del consenso conosce peraltro **limiti**:

☞ in una prima serie di casi (**effetto traslativo differito**), il consenso non riesce a operare il trasferimento a causa di particolari **caratteristiche del bene**. Ad es. perché non si tratta di cose individualmente determinate, bensì di cose generiche (**7.10**): è lo stesso art. 1376 a precisare che il principio opera solo quando il trasferimento riguardi la «proprietà di una cosa determinata» (quel certo quadro, quella certa automobile, quel certo appartamento); se invece il trasferimento riguarda ✦ una certa **quantità di cose generiche**, come ad es. nel caso di vendita di 5.000 litri di un certo tipo di vino, prodotto dal venditore e conservato nelle sue cisterne, la proprietà passa non nel momento della conclusione del contratto, ma nel successivo momento in cui è fatta l'**individuazione** della partita da fornire. L'individuazione va fatta *d'accordo fra le parti*, o nei modi da queste stabiliti; se si tratta di cose che vanno trasportate, l'individuazione avviene con la loro *consegna al vettore* o allo spedizioniere (art. 1378). Prima di questo momento, dalla vendita nasce, per il venditore, solo l'obbligo di predisporre quanto è necessario per giungere all'individuazione: per adesso *la vendita non ha effetti reali, bensì solo effetti obbligatori*. Ipotesi diversa è quella in cui il trasferimento riguarda sì *cose generiche, ma formanti una massa ben determinata* (ad es. vendita di tutto il vino contenuto nelle cisterne n. 1 e 2 del magazzino del venditore): in tal caso la proprietà passa con il consenso, come se si trattasse di una cosa determinata; e non importa che le cose debbano essere ancora misurate, ad es. per determinare l'esatta quantità della partita venduta, onde calcolare con precisione il prezzo (art. 1377). Gli effetti traslativi di un contratto normalmente traslativo sono poi impediti dal fatto che il bene non sia attualmente esistente, ma sia ✦ un **bene futuro**; e inoltre dal fatto che sia ✦ un **bene altrui**, cioè non appartenente a chi lo trasferisce. La vendita che riguardi beni con queste caratteristiche si chiama *vendita obbligatoria*, a indicare che nell'immediato riesce a produrre effetti solo obbligatori, e non reali. Ne parleremo più avanti (**38**.5);

☞ in una seconda serie di casi (**effetto traslativo precario**), l'effetto traslativo del consenso è sì immediato ma non è stabile, essendo esposto alla possibilità di cadere: ciò dipende da scelte di politica legislativa legate a esigenze di **tutela dell'affidamento e sicurezza della circolazione**, spesso in connessione con l'operare di **mezzi di pubblicità**. Chi acquista un immobile o un mobile registrato ne diventa proprietario appena il suo contratto è concluso: ma il successivo trasferimento dello stesso bene a un terzo può fargli perdere il diritto, che passa al secondo acquirente se questi trascrive prima di lui (**20**.3): l'effetto traslativo prodottosi nei confronti del primo acquirente si dissolve con la trascrizione del secondo acquirente; nei confronti del secondo acquirente, per l'effetto traslativo non basta il consenso (il contratto di acquisto), ma occorre il consenso più la *trascrizione*. Un ragionamento analogo può farsi per il caso di successive cessioni dello stesso bene mobile non registrato a più acquirenti (**21**.18) o dello stesso credito a più cessionari (**24**.3), sostituendo alla trascrizione la *consegna* della cosa o rispettivamente la *notificazione* al debitore ceduto.

5. I contratti normativi

Gli effetti dei contratti normativi non consistono nel regolare direttamente uno specifico rapporto giuridico patrimoniale, bensì nel definire, in via preventiva e generale, uno *schema di regolamento contrattuale che dovrà essere uniformemente recepito in una serie di concreti contratti da concludere in futuro*. Il fenomeno può manifestarsi in tante varianti, in relazione alle quali può parlarsi anche di *contratto tipo* e di *contratto quadro*.

L'esempio più importante è il *contratto collettivo di lavoro*: da esso nasce l'obbligo, per i datori di lavoro e i lavoratori iscritti ai sindacati stipulanti, di inserire nei futuri contratti individuali, che si concluderanno fra loro, le stesse clausole contrattuali (relative ai diversi aspetti del rapporto di lavoro) formulate nel contratto collettivo. Un altro esempio: un produttore e un distributore concordano in anticipo le condizioni contrattuali che regoleranno le future eventuali forniture che il primo farà al secondo; questo accordo non è ancora la fornitura; se e quando il contratto di fornitura sarà concluso, gli si applicherà il regolamento fissato nel precedente contratto normativo.

6. Contratti con effetti istantanei e contratti di durata

Questa classificazione riguarda il modo in cui gli effetti contrattuali si producono nel tempo:

☞ i contratti **con effetti istantanei** sono quelli in cui *le prestazioni contrattuali si esauriscono in un atto o effetto puntualizzato nel tempo*: come accade con le prestazioni della vendita (trasferimento della proprietà, pagamento del prezzo). Possono distinguersi in due classi: ✦ i contratti **a esecuzione immediata** sono quelli in cui *le prestazioni si attuano immediatamente, alla conclusione del contratto*: ad es. la vendita di una cosa determinata (che si trasferisce immediatamente al compratore), il cui prezzo venga pagato alla firma del contratto; ✦ i contratti **a esecuzione differita** sono quelli in cui *le prestazioni contrattuali, o una fra esse, devono attuarsi in un momento posteriore alla conclusione del contratto*: ad es., una vendita di cose generiche, dove il trasferimento della proprietà si realizzerà solo con la successiva individuazione; o una vendita che preveda una dilazione di sei mesi per il pagamento del prezzo;

☞ i **contratti di durata** sono quelli in cui *le prestazioni contrattuali si sviluppano nel tempo*. Si distinguono, al loro interno, due sottocategorie: ✦ i contratti **a esecuzione periodica** sono quelli in cui *le prestazioni vengono eseguite a intervalli periodici* (ad es. il contratto per la manutenzione di un giardino, che impegna il giardiniere a prestarvi la sua opera ogni martedì e venerdì pomeriggio); ✦ i contratti **a esecuzione continuata** sono quelli in cui *le prestazioni si realizzano in modo permanente e non frazionato:* è tale ogni prestazione di non fare; è tale, inoltre, la prestazione del locatore, perché il godimento della cosa, da lui assicurato al conduttore, si sviluppa nel tempo senza soluzione di continuità; la contrapposta prestazione del conduttore – pagare i canoni ogni mese – è invece periodica (d'altra parte, spesso la legge considera congiuntamente le due ipotesi, parlando di *contratti a esecuzione continuata o periodica*).

7. Il vincolo contrattuale

La nozione di effetti del contratto richiama l'idea del vincolo contrattuale.

Una volta concluso, il contratto getta un vincolo sopra le parti, le «impegna», nel senso che esse *non possono più sottrarsi ai suoi effetti*, i quali a questo punto si producono, piaccia o non piaccia alle parti. Fatta la vendita, il venditore è vincolato a subire la perdita della proprietà della cosa, che passa al compratore; egli non può più fare nulla per impedirla o farla rientrare, anche se nel frattempo si è pentito e vorrebbe recuperarla. A sua volta, il compratore non può rifiutarsi di pagare il prezzo né, se lo ha pagato, ottenerne la restituzione, anche se nel frattempo si è accorto che l'acquisto non gli interessa o non gli conviene: oramai egli è vincolato all'obbligazione nata per effetto del contratto.

È il principio espresso nell'antica formula «*pacta sunt servanda*» (i patti devono essere rispettati), che il codice enuncia con una formula ancora più solenne: «Il contratto ha **forza di legge tra le parti**» (art. 1372, c. 1). Questo principio riceve il suo senso da un altro principio: quello del contratto come *atto di volontà e di autonomia*, ovvero della *libertà contrattuale*. Il vincolo contrattuale nasce dalla libertà contrattuale: ciascuno è libero di fare o non fare un contratto; ma se lo fa, è vincolato ai suoi effetti; e di un tale vincolo non può dolersi, perché è un vincolo che si è assunto volontariamente. Ricordiamo che «autonomia» è il potere di *darsi da sé la propria legge*.

Se non valesse il principio del vincolo contrattuale (se cioè ciascuno fosse libero di rispettare o non rispettare i contratti fatti), gli impegni reciproci presi dalle persone non avrebbero nessun valore: il sistema economico, e più in generale il sistema sociale, ne sarebbero distrutti.

8. La liberazione dal vincolo contrattuale

Il principio appena visto non va però inteso in modo drammaticamente rigido e assoluto. Non è vero che – fatto un contratto – le parti non possono mai, in nessun caso e in nessun modo, liberarsi dal relativo vincolo, cioè respingere o mettere in discussione gli effetti contrattuali. In diverse ipotesi, *il vincolo contrattuale può essere sciolto*.

C'è tutta una serie di casi in cui la legge consente alle parti di liberarsi dal vincolo contrattuale, perché riconosce che esso nasce da un *contratto difettoso*: possono allora applicarsi *rimedi contrattuali*, che hanno lo scopo di fare emergere il difetto del contratto, e su questa base di cancellarne gli effetti, liberando le parti dal vincolo. Se ne parlerà lungamente più avanti (**35**-**37**).

Ci sono poi altri casi, in cui le parti possono sciogliersi dal vincolo contrattuale, benché il contratto che lo genera non sia difettoso: sono i casi di *mutuo dissenso* e di *recesso unilaterale*.

9. Il c.d. mutuo dissenso (risoluzione convenzionale del contratto)

Il mutuo dissenso è *l'accordo con cui le parti di un contratto decidono di scioglierlo, cancellandone gli effetti.* Vi fa riferimento l'art. 1372, c. 1, dicendo che il contratto «può essere sciolto ... per mutuo consenso». Si chiama anche *risoluzione convenzionale* del contratto; ed è, a sua volta, *un contratto*: diretto (si ricordi la definizione dell'art. 1321) a «estinguere» il «rapporto giuridico patrimoniale» corrispondente al contratto che si vuole sciogliere.

Qui l'idea del vincolo contrattuale non è violata, perché il suo scioglimento dipende dalla volontà concorde degli stessi soggetti che lo hanno creato. Anche sciogliere concordemente il contratto è un modo per sistemare i propri interessi in modo contrattualmente vincolante: concordato il mutuo dissenso, nessuna delle parti può pretendere di resuscitare il contratto ormai sciolto!

10. Il recesso unilaterale dal contratto: recesso convenzionale e caparra penitenziale

Dal principio che ammette lo scioglimento del contratto se c'è accordo di entrambe le parti, si ricava che normalmente non può ammettersi il suo scioglimento per **recesso unilaterale** di una sola parte: che è *l'atto unilaterale (ricettizio) con cui una parte manifesta all'altra la volontà di sciogliere il vincolo contrattuale* («recedere» significa tornare indietro). Ammettere generalmente tale possibilità significherebbe: da un lato, svuotare il principio del vincolo contrattuale; dall'altro, contraddire il principio dell'accordo (**28**.4).

Questo però non vale nel caso di recesso **convenzionale**, e cioè quando il recesso unilaterale dal contratto è previsto (a favore di una o di entrambe le parti) in una *clausola del contratto stesso.* In tal caso, la parte che recede unilateralmente esercita un *potere attribuitole dallo stesso contratto* che viene sciolto. Neppure qui viene violato il principio del vincolo, né quello dell'accordo, perché anche qui lo scioglimento deriva, sia pure in via mediata, dall'accordo di entrambe le parti: la parte che lo subisce aveva manifestato anticipatamente il suo consenso a subirlo.

È possibile, poi, che questa parte riceva qualcosa in cambio del fatto di subire l'altrui recesso. Infatti, alla clausola che prevede il recesso convenzionale le parti possono accompagnare una **caparra penitenziale**, cioè una *somma consegnata da una parte all'altra come «corrispettivo del recesso»* (art. 1386, c. 1): e allora il recedente perde la caparra data, che l'altra parte può trattenere; o, se è il recedente che l'ha ricevuta, *deve restituirla raddoppiata* (art. 1386, c. 2). E il recesso comincia ad avere effetto solo quando il recedente dà quanto pattuito come corrispettivo (art. 1373, c. 3).

C'è il problema di stabilire le **conseguenze** del recesso, e cioè *come il recesso gioca sugli effetti contrattuali*, che possono avere già incominciato a prodursi (sempre che le parti non abbiano già previsto esse stesse come regolare questo aspetto). La legge distingue: ☞ nei *contratti a esecuzione continuata o periodica*, il recesso può esercitarsi in ogni momento, ma se interviene quando ci sono *prestazioni già eseguite o in corso di esecuzione*, esso non tocca queste prestazioni, che restano ferme (art. 1373, c. 2): se ad es. il recesso è esercitato dopo due anni dall'inizio della locazione, il locatore non deve restituire i canoni nel frattempo ricevuti, così come è chiaro che il conduttore non può restituire il godimento della cosa realizzato nel frattempo; ☞ negli *altri contratti*, il recesso può esercitarsi *solo «finché il contratto non abbia avuto un principio di esecuzione»* (art. 1373, c. 1); questo sembrerebbe escludere l'ammissibilità del recesso nei contratti con effetti reali, dove la prestazione di trasferimento si realizza nel momento stesso del consenso contrattuale (**33**.4); ma il problema è superabile per la natura solo dispositiva della norma, che fa «*salvo ... il patto contrario*» (art. 1373, c. 4).

11. I recessi legali

Il recesso legale è *il potere di recedere unilateralmente, attribuito alla parte direttamente dalla legge*, che in determinate ipotesi ritiene opportuno consentire a un contraente di sciogliersi dal vincolo contrattuale.

Il genere di contratti in cui ciò accade più spesso sono i *contratti di durata a tempo indeterminato*, in cui cioè le parti non hanno stabilito nessun termine per la fine degli effetti contrattuali (**34**.6): così ad es. per la somministrazione (art. 1569); per l'agenzia (art. 1750, c. 1); per il comodato (art. 1810); per il conto corrente (art. 1833, c. 1); per l'apertura di credito (art. 1845, c. 3). In questi casi, ciascuna delle parti può recedere: la ragione è consentire alla parte di recuperare la propria libertà da un vincolo che altrimenti la ingabbierebbe a vita. Normalmente chi recede deve dare un *preavviso* all'altra parte, e il contratto si scioglie solo quando scade il termine di preavviso. Il recesso senza preavviso (che la legge autorizza in casi eccezionali) si chiama recesso *in tronco*.

Ma il recesso legale può essere previsto anche per *contratti che non sono a tempo indeterminato*: così, ad es., nell'appalto (art. 1671); nel contratto con il libero professionista (art. 2237); in certi contratti dei consumatori (**60**.7).

Questi ultimi esempi segnalano un altro dato. Non sempre la legge, nello stabilire ipotesi di recesso legale, mette i due contraenti sullo stesso piano. Talora tratta uno di essi con maggior favore rispetto all'altro, perché considera che la sua posizione e i suoi interessi siano meritevoli di maggiore tutela, o comunque perché ritiene che sia giusto attribuirgli una più ampia possibilità di sciogliere il vincolo contrattuale. Questo *trattamento asimmetrico* del recesso legale può manifestarsi in due modi: ☞ talora *il potere di recesso è attribuito a un contraente, e non all'altro*: è il caso dell'appalto, da cui può recedere il committente (art. 1671), ma non l'appaltatore; o dei contratti per la vendita di multiproprietà (**17**.10) nonché dei contratti negoziati fuori dei locali commerciali o a distanza (**60**.7), da cui può recedere il consumatore, ma non l'operatore commerciale; ☞ altre volte il potere di recesso è attribuito a entrambi, ma uno può esercitarlo con piena libertà, *senza limiti e senza bisogno di giustificazioni o motivazioni*, mentre l'altro può recedere solo in presenza di un elemento di giustificazione (*«giusta causa»* o *«giustificato motivo»*), di cui è suo onere provare l'esistenza: è quanto si prevede nel contratto con il libero professionista, a favore del cliente (art. 2337, c. 1-2); e soprattutto nel contratto di lavoro subordinato, a favore del lavoratore (**55**.10).

Qualche volta la legge, nell'attribuire a una parte il potere di recedere unilateralmente dal contratto, lo chiama con un termine diverso: parla ad es. di *dimissioni* e *licenziamento*, con riguardo al contratto di lavoro; di *revoca* del mandato e di revoca degli amministratori di società. Ma la sostanza è sempre lo scioglimento del contratto per volontà unilaterale di una parte.

12. Il ius variandi

Considerazioni parallele a quelle svolte per il recesso, possono farsi per il c.d. ius variandi: il *potere di una parte di modificare unilateralmente l'oggetto del contratto o qualche altro aspetto del regolamento contrattuale*. Ad es.: il contratto (di durata) prevede che A esegua la sua prestazione con certe caratteristiche qualitative e quantitative; nel corso del rapporto, B decide che in futuro la prestazione di A avrà caratteristiche diverse. Se la variazione fosse concordata, nessun problema (deriverebbe da un contratto, che ha la funzione di modificare il precedente contratto). Ma essendo unilaterale, sembra contraddire con il principio dell'accordo (perché B incide nella sfera giuridica di A senza il suo consenso) e con il principio del vincolo (perché B si sottrae alle originarie previsioni contrattuali).

Tuttavia la legge accorda talora questo potere, in casi nei quali c'è una particolare *esigenza di flessibilità del rapporto contrattuale* (ius variandi **legale**). Ad es. il committente può variare in corso d'opera il progetto che l'appaltatore deve eseguire (art. 1661): ma leggendo la norma si vede che nel momento in cui attribuisce il potere, lo sottopone a *limiti rigorosi*, per evitare che sia esercitato in modo arbitrario e oppressivo.

Quando non previsto dalla legge, il ius variandi a favore di una parte potrebbe essere **convenzionale**, e cioè *previsto da una clausola del contratto*. In mancanza di una norma che le legittimi in via generale (come fa l'art. 1373 per le clausole di recesso convenzionale), si discute se clausole di ius variandi siano ammissibili o meno. Prevale l'idea che il ius variandi convenzionale possa ammettersi (in nome della flessibilità che utilmente dà al rapporto), purché sia accompagnato da limiti o altri dispositivi capaci di dare alla parte che lo subisce adeguata *tutela contro il rischio di un suo esercizio irragionevole o iniquo.*

13. La relatività degli effetti del contratto

Il principio della relatività degli effetti contrattuali è espresso dalla norma per cui «Il contratto **non produce effetto rispetto ai terzi»** (art. 1372, c. 2). È un significato di «relatività» analogo a quello che abbiamo incontrato a proposito dei diritti di credito, «relativi» in quanto non opponibili ai terzi (**19**.3).

La ragione è chiara. Il vincolo contrattuale nasce dal contratto, e dunque dall'accordo delle parti, dalla loro volontà. E allora è giusto che i suoi effetti vincolino le parti, ma solo le parti; non è giusto che vincolino anche i terzi, i quali sono estranei a quell'accordo, e non hanno manifestato nessuna volontà di accettare quel regolamento contrattuale. Una soluzione diversa finirebbe per vanificare il *valore dell'accordo*, e il senso del contratto come atto bilaterale (**28**.4).

Il principio va però inteso bene. Esso non esclude che gli effetti di un contratto possano incidere *indirettamente*, o in via *di fatto*, sugli interessi di un terzo: se X è interessato a comprare la cosa di A, ma A la vende a B e non a lui, è chiaro che il contratto fra A e B produce effetti svantaggiosi per il terzo X, che perde la possibilità di avere la cosa desiderata. Ma il principio di relatività del contratto ha un significato diverso.

Significa che sul terzo non può venire a gravare lo specifico vincolo creato dal contratto; che le situazioni giuridiche del terzo non possono venire incise dai corrispondenti, specifici effetti contrattuali (reali o obbligatori). Più di preciso, significa essenzialmente che **il contratto non può**: ☞ *creare obbligazioni a carico di un terzo* (come dimostra la disciplina della promessa del fatto del terzo: **33**.14); ☞ *impedire l'acquisto di un diritto da parte di un terzo* (come dimostra la disciplina del patto di non alienare: **33**.15); ☞ *disporre di un diritto del terzo*: se A vende a B una cosa di X, normalmente il contratto non ha la forza di far perdere al terzo X il suo diritto in favore di B, ma produce altre conseguenze (vendita di cosa altrui: **38**.5).

Su quest'ultimo punto, peraltro, il principio è derogato dalle *regole a tutela dell'affidamento e della sicurezza della circolazione:* nel trasferimento di immobili o mobili registrati, di mobili non registrati, di crediti, il trasferimento da A a B, successivo a quello da A a X e avente lo stesso oggetto, toglie al terzo X il diritto da lui acquistato se B è più veloce di X a trascrivere (**20**.3), a ottenere la consegna (**21**.18), a notificare al debitore ceduto (**24**.3).

14. La promessa del fatto del terzo

La disciplina della promessa del fatto del terzo applica la regola, derivante dal principio di relatività degli effetti contrattuali, per cui *il contratto non può creare obbligazioni a carico di un terzo.* Se A fa un contratto con B, promettendogli che X darà o farà qualcosa a suo favore, non per questo X è obbligato a dare o a fare. Se egli rifiuta di dare o di fare, del rifiuto *risponde non il terzo, ma il promittente A nei confronti del promissario* B, che ha diritto di farsi indennizzare da A (art. 1381): gli effetti del contratto si mantengono *all'interno del rapporto fra le parti* di questo.

Anche qui, tuttavia, si registra qualche *eccezione:* se per es. A loca una cosa a B, e poi la vende a X, a certe condizioni X è tenuto a rispettare la *locazione* (art. 1599, c. 1); come dire che le obbligazioni prodotte dal contratto fra A e B a carico del locatore A vanno a scaricarsi su X, terzo estraneo a quel contratto (**39**.3).

15. Il patto di non alienare

Costituisce applicazione del principio di relatività anche la norma per cui «*Il divieto di alienare stabilito per contratto ha effetto solo tra le parti*» (art. 1379). Se A, proprietario di una cosa, si impegna contrattualmente con B a non cederla a terzi, e nonostante questo poi la vende a X, l'acquisto di X non viene toccato, perché l'effetto di inalienabilità, creato dal contratto fra A e B, non opera nei confronti di chi, come X, è terzo estraneo ad esso. Il contratto produce effetti solo fra le parti: fa nascere un'obbligazione (e, in caso di inadempimento, la responsabilità) di A verso B.

La figura è abbastanza vicina alla *prelazione*, e può richiamarsi quanto detto in proposito: se la prelazione è *volontaria* (cioè nasce da contratto) ha efficacia solo *obbligatoria e «relativa»*, dunque non è opponibile al terzo che abbia acquistato in violazione di essa; solo la prelazione legale ha efficacia reale, che la rende opponibile al terzo acquirente (**29**.14).

L'effetto del patto di non alienare (responsabilità nel rapporto interno fra le parti) si producono validamente solo a due condizioni (art. 1379): ☞ che l'inalienabilità risponda a qualche *apprezzabile interesse della parte* a favore della quale è pattuita; ☞ che sia contenuta «entro *convenienti limiti di tempo*».

Questi requisiti manifestano la *diffidenza del legislatore* per i vincoli che impacciano la libera circolazione dei beni. Diverso è, ovviamente, il caso dei *divieti legali di alienazione*, con cui il legislatore giudica opportuno limitare la circolazione di determinati beni, in nome di qualche specifico interesse (è frequente, ad es., che un vincolo temporaneo di inalienabilità gravi per legge su beni acquistati con il sostegno finanziario pubblico, o con agevolazioni fiscali).

16. Il contratto a favore di terzo

Il contratto a favore di terzo è il contratto con cui *una parte si obbliga a fare una prestazione in favore di un terzo indicato dall'altra parte*. La parte che si obbliga si chiama **promittente**; l'altra parte, che riceve la promessa, **stipulante**; il terzo, che avrà la prestazione, è il **beneficiario**.

Non stiamo parlando di casi in cui il contratto porta qualche generico o indiretto vantaggio a un terzo (ad es., se un'impresa edile ottiene un lucroso appalto, questo contratto avvantaggia i suoi dipendenti, cui aumenta la sicurezza del posto di lavoro; e i suoi fornitori, che hanno più chances di essere pagati). Si ha contratto a favore di terzo quando *il contratto tocca direttamente la sfera giuridica del terzo, attribuendogli un vero e proprio diritto*. Esempi: il *trasporto di cose* (dove il destinatario è il terzo avente diritto alla consegna della cosa trasportata dal vettore su incarico del mittente: art. 1689); la *rendita vitalizia* costituita a favore di un terzo (art. 1875); l'*assicurazione* sulla vita a favore di un terzo (art. 1920); l'*accollo*, che attribuisce al creditore – estraneo all'accordo fra accollante e debitore – il diritto di chiedere il pagamento all'accollante.

La figura costituisce una deroga al *principio di relatività del contratto*? Sembra di poter rispondere no: sia perché il principio opera essenzialmente per salvaguardare i terzi contro l'imposizione di obblighi o la perdita di diritti, mentre qui il contratto non fa altro che attribuirgli un diritto; sia perché *il terzo può rifiutare* la stipulazione a suo favore, nel qual caso non acquista il diritto (sicché l'effetto del contratto nei suoi confronti dipende pur sempre dalla sua volontà).

Dal contratto *nasce immediatamente un diritto azionabile del terzo verso il promittente*, che diventa suo debitore: e può opporgli le *eccezioni* fondate sul contratto, ma non quelle fondate su altri rapporti fra lui e lo stipulante (art. 1413). Dunque l'acquisto del diritto *non è subordinato all'adesione del terzo* (art. 1411, c. 2). L'eventuale adesione del terzo – atto ricettizio rivolto sia allo stipulante sia al promittente – non serve a realizzare l'acquisto del diritto, bensì *serve a renderlo definitivo*. Infatti prima dell'adesione del terzo lo stipulante può *revocare la stipulazione* a suo favore; dopo l'adesione del terzo perde il potere di farlo (art. 1411, c. 3). Quest'ultima regola ha un'eccezione: se la prestazione a favore del terzo deve farsi *dopo la morte dello stipulante* (come nel caso di assicurazione sulla sua vita: **59**.6), questi conserva il potere di revoca anche dopo l'adesione del terzo (art. 1412, c. 1). In caso di revoca dello stipulante, o di rifiuto del terzo, la prestazione di regola rimane a *beneficio dello stipulante* (art. 1411, c. 4).

L'interesse del promittente a obbligarsi verso il terzo sta normalmente nel fatto che per questo egli riceve un corrispettivo dallo stipulante. Ma la validità del contratto richiede che esista anche un *interesse dello stipulante* ad attribuire il diritto al terzo (art. 1411, c. 1): questo può essere uno spirito di liberalità nei suoi confronti (e allora l'acquisto del terzo è *gratuito*); oppure l'attribuzione costituisce adempimento di un precedente obbligo dello stipulante verso il terzo, o elemento di uno scambio fra loro (e in tal caso l'acquisto è *oneroso*). In ogni caso, l'interesse dello stipulante fa parte della *causa* del contratto.

È incerto se il contratto può attribuire al terzo, oltre che diritti di credito, anche *diritti reali*. Analoga questione si pone per il contratto (con obbligazioni del solo proponente) formato mediante proposta non rifiutata (**29**.6). Ciò equivale a domandarsi – in generale – se il meccanismo che attribuisce un diritto a un beneficiario senza la sua accettazione (ma salvo il suo rifiuto) vale solo per i diritti di credito o anche per i diritti reali.

17. La cessione del contratto

Si immagini che A e B abbiano concluso un contratto: successivamente *A può cedere il suo contratto (con B) al terzo X, con la conseguenza che X subentra al posto di A nel rapporto contrattuale con B*. A si chiama **cedente**; X **cessionario**; B **contraente ceduto**.

La cessione richiede peraltro due presupposti (art. 1406):

☞ che il contratto ceduto sia un *contratto a prestazioni corrispettive, non ancora completamente eseguite* (questo porta a escludere la possibilità di cedere un contratto con effetti reali immediati);

☞ che oltre al consenso del cedente e del cessionario (parti del contratto di cessione) ci sia anche il **consenso del contraente ceduto**: un requisito ovvio, dal momento che per effetto della cessione questi si trova ad avere una nuova controparte, diversa da quella in relazione alla quale aveva manifestato il suo accordo contrattuale. Un contraente può anche dare *consenso preventivo* alla cessione: e allora questa è efficace nei suoi confronti nel momento in cui gli viene *notificata* (art. 1407, c. 1). La necessità del consenso del contraente ceduto subisce *deroghe* in alcuni casi, nei quali la legge prevede che un terzo, estraneo alla formazione di un contratto, subentri nel rapporto contrattuale al posto del contraente originario, senza bisogno che l'altro contraente manifesti il suo consenso (c.d. *cessione legale* del contratto): questo accade con ✦ i *contratti aziendali*, relativi all'azienda ceduta (**56**.6); e con ✦ il contratto di *locazione della casa coniugale*, fatto da un coniuge, nel quale può subentrare l'altro coniuge per effetto della separazione (**39**.5, **65**.4).

La cessione del contratto è un *contratto plurilaterale (a tre parti)*, che dà luogo a *tre serie di rapporti*, per ciascuna delle quali il codice detta regole: ☞ nei **rapporti fra le parti originarie del rapporto** (cedente e contraente ceduto), vale la regola che *il cedente è liberato dalle sue obbligazioni verso il contraente ceduto* nel momento in cui la cessione risulta efficace verso quest'ultimo (art. 1408, c. 1): momento che coincide con il suo consenso, o con la notificazione ricevuta, nel caso di consenso preventivo; egli può tuttavia *dichiarare di non liberare il cedente:* e allora conserva il diritto di agire contro di lui se il cessionario, sua nuova controparte, non adempie (salvo l'obbligo di informare il cedente di tale inadempimento: art. 1408, c. 2-3); ☞ nei **rapporti fra le attuali parti del rapporto** (cessionario e contraente ceduto), il contraente ceduto può opporre al cessionario le *eccezioni fondate sul contratto oggetto di cessione* (anche se il cessionario non vi ha partecipato), ma non quelle relative ad altri suoi rapporti col cedente (art. 1409); ☞ nei **rapporti fra le parti della cessione** (cedente e cessionario), il cedente è tenuto a *garantire la validità del contratto* ceduto (art. 1410, c. 1). Può, in aggiunta, assumere anche la *garanzia dell'adempimento* del contratto: in tal caso risponde come un fideiussore (**41**.1) per le obbligazioni del contraente ceduto (art. 1410, c. 2).

18. Il subcontratto

Con la cessione del contratto non va confusa la figura del subcontratto, o *contratto derivato*, che ricorre quando *la parte di un contratto fa, con una diversa controparte, un altro contratto, il cui oggetto si identifica, almeno in parte, con l'oggetto del primo, o lo presuppone.* Ad es., dato il contratto con cui A loca a B un appartamento di 10 stanze, è subcontratto (sublocazione) quello con cui il conduttore B, trasformandosi in (sub)locatore, subloca a X (subconduttore) lo stesso appartamento, o tre stanze di esso. Oppure: A appalta a B l'esecuzione di un'opera, dopo di che B la subappalta in parte a X (subappalto).

Il subcontratto pone due problemi principali, che a seconda dei casi possono avere diverse soluzioni: ☞ il subcontratto può farsi liberamente fra la parte del contratto base e il terzo, oppure richiede il *consenso dell'altra parte* (nell'esempio, del locatore A)? ☞ come si configurano i *rapporti fra quest'altra parte e il terzo*, con cui si è fatto il subcontratto (ad es., fra locatore principale e subconduttore, fra committente e subappaltatore)?

34

EFFETTI DEL CONTRATTO, INTERESSI DELLE PARTI E AUTONOMIA PRIVATA

1. Le manovre delle parti sugli effetti contrattuali

Esistono strumenti con cui le parti, conformando in un certo modo il regolamento contrattuale, possono *fare sì che la produzione degli effetti operi secondo modalità diverse da quelle «normali»*. Essi permettono alle parti di «manovrare» gli effetti contrattuali in modo da renderli più aderenti ai propri obiettivi e interessi: il fatto che la legge li metta a disposizione delle parti è un ulteriore spazio aperto all'*autonomia privata*.

Con la **condizione**, le parti influiscono addirittura sull'*esistenza degli effetti* del loro contratto. Con il **termine**, influiscono sulla *dimensione temporale degli effetti* contrattuali programmati. Secondo una vecchia classificazione, condizione e termine (e insieme con essi il modo, del quale si parlerà in altra sede: **70**.6) si qualificano come *elementi accidentali* del contratto, contrapposti agli *elementi essenziali*: ma è una classificazione senza grande utilità.

Con il **contratto preliminare**, le parti giocano con il tempo, e con la qualità degli effetti contrattuali: rinviano al futuro gli *effetti finali* programmati, e nell'immediato producono solo *effetti preparatori*.

Con il **contratto fiduciario**, realizzano i loro interessi mediante una certa *combinazione di effetti reali e di effetti obbligatori*.

Con la **simulazione del contratto**, infine, perseguono i propri obiettivi sovrapponendo agli effetti contrattuali realmente desiderati un'*apparenza di effetti contrattuali diversi.*

2. La condizione: sospensiva e risolutiva

La condizione è *la clausola che subordina gli effetti contrattuali al verificarsi di un avvenimento futuro e incerto.* Per capire in che modo la condizione può servire gli interessi delle parti, consideriamo un esempio. A è un imprenditore edile che ha messo gli occhi sul terreno di B, ideale per costruirci un complesso di appartamenti; l'unico problema è che il piano regolatore vigente considera quell'area come non edificabile, anche se è in corso la sua revisione che – stando alle voci – potrebbe rendere quell'area liberamente edificabile. A è stretto in un dilemma. Può comprare subito l'area (che B è disposto a vendere): ma in tal caso corre il rischio di fare un acquisto inutile, se il nuovo piano regolatore confermerà l'inedificabilità. Oppure può aspettare che il nuovo piano regolatore esca, per comprare a colpo sicuro: ma allora corre il rischio di arrivare in ritardo e vedersi sfumare l'affare, perché nel frattempo B potrebbe avere cambiato idea, decidendo di non vendere più o di vendere a un altro. A può evitare entrambi i rischi facendo subito il contratto con B, ma inserendoci (se B è d'accordo) una condizione: per la quale gli effetti della vendita si realizzeranno solo se e quando il nuovo piano regolatore avrà reso edificabile il terreno acquistato.

In relazione ai diversi modi in cui la condizione può incidere sugli effetti del contratto, si distinguono due tipi di condizione (art. 1353):

☞ la **condizione sospensiva** è quella che *blocca agli effetti del contratto, in attesa di vedere se l'evento da essa previsto si verificherà.* Vale l'esempio appena considerato. A e B fanno la compravendita del terreno; ma il contratto, pur perfettamente formato, non produce i suoi effetti: A non acquista la proprietà del terreno, che resta di B; e non è ancora obbligato a pagare il prezzo. Il contratto produrrà i suoi effetti (la proprietà del terreno passerà da B ad A, e A dovrà pagare il prezzo a B) solo se il nuovo piano regolatore, quando uscirà, prevederà che l'area venduta sia edificabile. È un caso di *fattispecie a formazione progressiva* (**5**.1): per la produzione degli effetti contrattuali non basta la conclusione del contratto, ma occorre l'ulteriore, successivo elemento costituito dal verificarsi della condizione;

☞ la **condizione risolutiva** è quella che *consente l'immediata produzione degli effetti contrattuali, ma li farà venire meno se l'evento da essa previsto si verificherà.* Immaginiamo che a X capiti un'ottima occasione per l'acquisto di una casa di campagna per i fine settimana vicino a Torino, dove vive; lo trattiene solo la prospettiva (peraltro non sicura) che l'azienda di cui è dirigente lo promuova mettendolo a capo della filiale di Bari, dove allora dovrebbe trasferirsi; nel qual caso non saprebbe cosa farsene di una casa nella campagna torinese. X può comprare la casa, subordinando il contratto alla condizione risolutiva del suo trasferimento a Bari: appena fatto, il contratto produce subito gli effetti (X acquista la proprietà, ed è obbligato a pagare il prezzo); ma se poi sarà trasferito a Bari, quegli effetti saranno cancellati (la casa tornerà al venditore, che dovrà restituire il prezzo a X).

L'utilità della condizione, rispetto ai programmi e agli interessi delle parti, si coglie con un richiamo al concetto di *motivo*: se nel contratto non fosse inserita la condizione, l'utilizzazione edificatoria del terreno acquistato e il desiderio di avere una casa di campagna solo se vicina alla città di residenza sarebbero rimasti dei motivi irrilevanti, incapaci di influenzare il contratto (**31**.15); con la condizione diventano elementi rilevanti del contratto, capaci di influenzarne gli effetti.

La disciplina della condizione nel contratto (art. 1353-1361) può generalmente applicarsi – per il richiamo dell'art. 1324 – anche agli *atti unilaterali fra vivi con contenuto patrimoniale* (ad es. un recesso). Per gli atti diversi (atti a causa di morte, atti non patrimoniali) valgono regole diverse, che via via esamineremo. Anticipiamo che esistono *atti a cui è vietato apporre condizioni*: sono i c.d. **actus legitimi**, come ad es. il matrimonio, il riconoscimento del figlio naturale, l'accettazione dell'eredità e la rinuncia all'eredità, l'emissione e la girata di una cambiale.

Si parla talora di **condizione legale** (o «condicio iuris») per indicare *l'evento futuro e incerto al quale non la volontà delle parti, ma la legge, subordina la produzione degli effetti contrattuali*: ad es., gli effetti del contratto concluso dal falso rappresentato dipendono dalla ratifica del preteso rappresentato; i contratti delle pubbliche amministrazioni diventano efficaci solo dopo le approvazioni o i controlli cui la legge li sottopone; ecc.

3. Altre qualificazioni della condizione

Le condizioni possono poi classificarsi in relazione alla natura dell'evento futuro e incerto, da cui dipendono gli effetti del contratto. La condizione può essere: ☞ **potestativa**, se l'avveramento del fatto *dipende dalla volontà di una delle parti* (ad es.: «se entro il prossimo anno darò le dimissioni dal mio attuale posto di lavoro»); ☞ **casuale**, se il verificarsi dell'evento è *indipendente dall'iniziativa delle parti* (ad es.: «se l'attuale legislatura finirà prima del tempo per lo scioglimento anticipato delle Camere»); ☞ **mista**, se al verificarsi dell'evento concorrono insieme la *volontà di una parte e circostanze estranee* a questa (ad es.: «se sarò assunto dalla Fiat come dirigente della divisione commerciale»); ☞ **meramente potestativa**, se il verificarsi dell'evento dipende dal *puro e semplice arbitrio di una parte* (ad es.: «se ne avrò voglia»; «se deciderò che il contratto mi conviene»). Se una tale condizione è *sospensiva*, il contratto che subordina a essa il *trasferimento di un diritto* o l'*assunzione di un obbligo è nullo* (art. 1355): perché è chiaro che la parte «arbitra» di questi effetti non ha inteso assumere un impegno giuridico serio, un vero e proprio vincolo contrattuale. La legge non disciplina espressamente il caso che una condizione del genere sia *risolutiva*: ma argomenti nel senso dell'ammissibilità sembrano offerti dalla previsione legislativa di meccanismi non troppo diversi: le clausole di recesso convenzionale (**33**.10); il patto di riscatto nella vendita (**38**.12).

La condizione può presentare due patologie:

☞ è **illecita** la condizione che risulta contraria a norme imperative, all'ordine pubblico o al buon costume (**31**.4), sicché il suo inserimento nel contratto confligge con interessi generali o con valori fondamentali dell'ordinamento giuridico. Ciò è ovvio quando l'evento previsto risulta illecito in sé e per sé (ad es.: «se si riuscirà a corrompere il funzionario del fisco, per convincerlo a ridurre l'imposta»), perché la condizione rappresenta allora un incentivo al compimento di attività vietate dalla legge. Ma può accadere anche se l'evento di per sé non è illecito, quando la sua previsione come condizione di un contratto viola principi o valori fondamentali (ad es.: «se divorzierai da tuo marito», «se ti convertirai alla mia religione»): la legge non vieta né di divorziare né di cambiare religione; ma proprio perché in queste scelte si vuole garantire la massima libertà degli individui, è inammissibile legare ad esse gli effetti di un contratto, perché ciò finirebbe per condizionare impropriamente tale libertà. Quando nel contratto è inserita una qualsiasi condizione illecita, il contratto è sempre nullo (art. 1354, c. 1);

☞ è **impossibile** la condizione riferita a *un evento che ragionevolmente non può realizzarsi*: mancherebbe qui quella *incertezza*, che è una caratteristica fondamentale della condizione (ad es.: «se il prossimo Papa sarà una donna»). Quanto al trattamento del contratto che la prevede, occorre distinguere (art. 1354, c. 2): ✦ se la condizione impossibile è *sospensiva*, ne consegue che i suoi effetti, essendo subordinati a un evento che non accadrà mai, non si produrranno mai: perciò *il contratto è nullo*; ✦ se la condizione impossibile è *risolutiva*, vuol dire che gli effetti del contratto dovrebbero cessare in un momento che non verrà mai; perciò essi continuano a prodursi, come se nel contratto non ci fosse nessuna condizione: *la condizione si considera non apposta.*

4. La pendenza della condizione

La pendenza della condizione è la fase in cui, concluso il contratto condizionato, *permane l'incertezza sul verificarsi o non verificarsi dell'evento.* Durante la pendenza, le posizioni delle parti si configurano come segue: ☞ una parte ha un **diritto condizionato**: è la posizione di *chi ha ceduto un diritto sotto condizione sospensiva* (ad es. il venditore del terreno, con la condizione sospensiva della previsione di edificabilità nel nuovo piano regolatore), o di *chi ha acquistato un diritto sotto condizione risolutiva* (ad es. il compratore della casa, con la condizione risolutiva del trasferimento in altra città). Egli per adesso *ha il diritto*, perché nel primo caso non l'ha ancora perduto, e nel secondo caso intanto l'ha acquistato: però *ha la prospettiva di perderlo*, se la condizione si avvera; ☞ controparte ha un'**aspettativa di diritto**: è la posizione di *chi ha acquistato un diritto sotto condizione sospensiva,* o di *chi ha ceduto un diritto sotto condizione risolutiva.* Per lei vale l'inverso: *non ha il diritto*, perché nel primo caso l'acquisto non si è ancora prodotto, e nel secondo caso il diritto si è trasferito subito; però *ha la prospettiva di acquistarlo o riacquistarlo*, se la condizione si avvera.

Il **titolare del diritto condizionato** può esercitarlo, compiendo tre tipi di atti: ☞ *atti di disposizione*, consistenti ad es. nel trasferire (vendere, donare ecc.) il diritto ad un terzo: ma *l'acquisto del terzo è soggetto alla medesima condizione*, per cui l'eventuale avveramento della condizione cancellerà tale acquisto (art. 1357); ☞ *atti di amministrazione*, come ad es. la locazione della cosa, o la riscossione del credito oggetto di trasferimento condizionato (art. 1361); ☞ *atti di godimento* (art. 1356, c. 2). Questi, peraltro, pongono un problema: il titolare del diritto condizionato, sapendo della probabilità di perderlo, potrebbe essere tentato di farne un uso negligente o avventuroso (lascia andare in rovina l'immobile, lo trasforma da abitazione a magazzino), così da *pregiudicare l'aspettativa di controparte*, che – avverandosi la condizione – acquisterebbe un bene deteriorato o trasformato. La legge tiene conto del suo interesse all'integrità del diritto, che pure non è ancora il suo, e lo autorizza a compiere *atti conservativi* (art. 1356).

La possibilità di atti conservativi, data al titolare dell'aspettativa, è un rimedio per il caso che il titolare del diritto condizionato non osservi l'obbligo che la legge gli impone: egli «deve, in pendenza della condizione, comportarsi secondo **buona fede** per *conservare integre le ragioni dell'altra parte*» (art. 1358). Un altro rimedio generale è rappresentato dal risarcimento dei danni.

La violazione dell'obbligo di buona fede in pendenza della condizione può avere una manifestazione specifica: quando la scorrettezza consiste nel *determinare (con dolo o per colpa) il mancato avveramento della condizione*, in modo da far fallire l'affare (ad es., l'imprenditore edile cambia idea e non è più interessato all'operazione; per evitare di acquistare e pagare un terreno che non gli interessa più, briga presso il Comune affinché il nuovo piano regolatore conservi il vincolo di inedificabilità sull'area). Altrettanto specifico è il rimedio: *la situazione è regolata come se la condizione si fosse verificata,* anche se in realtà non si è avverata (**finzione di avveramento** della condizione: art. 1359); nell'esempio, l'imprenditore scorretto acquista e paga il terreno, anche se questo rimane (per colpa sua) inedificabile.

5. Avveramento e mancamento della condizione

Lo stato di pendenza si chiude quando *l'incertezza dell'evento viene meno*: o perché la condizione si avvera (esce il nuovo piano regolatore, dove si prevede l'edificabilità dell'area; il compratore viene effettivamente trasferito a Bari); o perché manca definitivamente, cioè diventa chiaro che non potrà avverarsi (esce il piano regolatore, che conferma l'inedificabilità; la filiale di Bari viene chiusa, e al compratore l'azienda affida un nuovo incarico, sempre a Torino). Le conseguenze sugli effetti del contratto sono opposte: ☞ se la condizione **manca**, succede che *la situazione esistente durante la pendenza si consolida*: il diritto condizionato diventa diritto pieno; l'aspettativa si dissolve; ☞ se la condizione **si avvera**, succede che *la situazione esistente durante la pendenza si rovescia*: avverandosi la condizione *sospensiva*, si producono gli effetti del contratto, finora bloccati (la proprietà del terreno passa al compratore; nasce il suo obbligo di pagare il prezzo); avverandosi la condizione *risolutiva*, gli effetti del contratto, finora operanti, vengono meno (la casa di campagna torna in proprietà del venditore, che deve restituire il prezzo al compratore).

I nuovi effetti determinati dall'avveramento operano retroattivamente (dal momento del contratto) o non retroattivamente (dal momento dell'avveramento)? Il criterio generale sembra essere quella della **retroattività**, per cui «Gli effetti ... retroagiscono *al tempo in cui è stato concluso il contratto*» (art. 1360, c. 1); ne costituisce applicazione una regola già vista: se durante la pendenza il diritto condizionato viene ceduto a un terzo, l'acquisto del terzo è travolto dal successivo avveramento (c.d. *retroattività reale*, in quanto opponibile ai terzi). In realtà, si prevedono tante *eccezioni,* che fanno dubitare che la retroattività costituisca davvero la regola. Infatti: ☞ la retroattività può essere esclusa dalla *volontà delle parti o dalla natura del rapporto* (art. 1360, c. 1); ☞ nei *contratti a esecuzione continuata o periodica*, l'avveramento non tocca le prestazioni già eseguite, salvo patto contrario (art. 1360, c. 2); ☞ gli *atti di amministrazione* compiuti dal titolare del diritto condizionato restano validi (art. 1361, c. 1); ☞ i *frutti* percepiti dal titolare del diritto condizionato di regola sono dovuti solo dal giorno dell'avveramento (art. 1361, c. 2).

6. Il termine

Il termine è *la clausola che disloca gli effetti contrattuali nel tempo.* Differisce dalla condizione perché il giungere del termine è un *fatto certo* (anche se può essere *incerto «quando»* esso giungerà: ad es., A e B stabiliscono che il loro contratto duri fino alla morte del contraente A). Può essere di due tipi: ☞ il termine **iniziale** indica il momento *a partire dal quale gli effetti del contratto cominceranno a prodursi*: fra la conclusione del contratto e il sopraggiungere del termine iniziale le parti sono già soggette al vincolo contrattuale, da cui non possono liberarsi; ma i corrispondenti effetti ancora non si producono; ☞ il termine **finale** indica il momento *a partire dal quale gli effetti cesseranno:* al giungere del termine finale gli effetti vengono meno, salva la possibilità di farli proseguire con una *proroga* del contratto. Ad es., se il 15 gennaio 2010 X e Y fanno un contratto di locazione stabilendo che la sua durata è dal 1° luglio 2010 al 30 giugno 2016, il 1° luglio 2010 è il termine iniziale, il 30 giugno 2016 è il termine finale.

Questi sono i termini di efficacia del contratto; cosa diversa è il *termine di adempimento* delle obbligazioni nate dal contratto (ad es., quello per cui Y deve pagare i canoni della locazione entro il giorno 5 di ciascun mese): **23**.8.

È ovvio che il termine, una volta giunto, opera *non retroattivamente*: la retroattività contrasterebbe con la sua stessa funzione; le parti hanno inserito quel termine proprio perché volevano che gli effetti del contratto cominciassero a prodursi, ovvero cessassero, proprio da quel giorno e non da un giorno diverso.

I problemi più interessanti riguardano il **termine finale**:

☞ un primo problema è il termine **non indicato**: in un contratto di durata, le parti non indicano il termine finale. Le conseguenze possono essere diverse: ✦ normalmente il contratto si considera a *tempo indeterminato*, e i suoi effetti continuano a prodursi fino a che non intervenga una causa di cessazione dei medesimi (ad es. il recesso unilaterale di una parte: cfr. gli art. 1569; 1750; 1810; 1833); ✦ altre volte la legge ritiene che il contratto non può essere a tempo indeterminato, ma *deve avere un termine finale:* a fissarlo può provvedere la legge, con una *norma dispositiva* che colma la lacuna lasciata dalle parti (cfr. l'art. 1574 per la locazione); oppure la legge può affidare questo compito al *giudice* (cfr. l'art. 1817 per il mutuo);

☞ in altri casi, la legge si pone un problema diverso: non ritiene semplicemente che occorra un termine purchessia, ma lo stabilisce essa stessa in modo vincolante, con **norma imperativa**, per cui quel termine entra nel regolamento contrattuale al posto del diverso termine eventualmente previsto dalle parti. Il termine legalmente vincolante può essere: ✦ un *termine massimo*, per quei contratti la cui eccessiva durata è vista con sfavore (i patti di non concorrenza, ad es., non possono durare oltre cinque anni: art. 2596; il patto di non alienare non può eccedere «convenienti limiti di tempo»: art. 1379; cfr. anche gli art. 1573 e 1629); oppure ✦ un *termine minimo*, per quei contratti cui è opportuno garantire una certa stabilità: ad es. le locazioni di immobili non abitativi devono durare almeno sei anni (**39**.6).

Un trattamento speciale era tradizionalmente riservato al *contratto di lavoro*, la cui stabilità si garantiva – a vantaggio del lavoratore – prevedendolo come *normalmente a tempo indeterminato*; mentre la possibilità di contratti di lavoro a tempo determinato (c.d. contratti a termine) era limitata a ipotesi particolari. Peraltro la legislazione più recente ha alquanto allargato queste maglie (**55**.6).

7. Il contratto preliminare

Il contratto preliminare è quello con cui *le parti si obbligano a concludere in futuro un determinato contratto, del quale hanno già concordato gli elementi essenziali, ma del quale desiderano rinviare gli effetti* (e che si chiama *contratto definitivo*). Immaginiamo due parti che trattano per la compravendita di un appartamento. L'accordo è raggiunto, ma può esserci qualche ragione per non fare subito la compravendita: ad es. perché il compratore vuole verificare con calma che sull'immobile non gravino ipoteche o trascrizioni pregiudizievoli; o perché al momento non ha l'intera somma (attende un finanziamento dalla banca), e il venditore non vuole trasferirgli la proprietà se contestualmente non riceve tutto il prezzo. D'altra parte entrambi hanno interesse a «fermare» l'affare, per evitare che controparte cambi idea o trovi un altro contraente. Il problema si risolve facendo un contratto preliminare di compravendita (quello che nel linguaggio corrente si chiama «compromesso»).

Per effetto di esso, *il (futuro) compratore non acquista ancora la proprietà dell'appartamento, che rimane al (futuro) venditore; né sorge ancora, per lui, l'obbligo di pagare il prezzo*. Dal contratto preliminare nasce solo, per entrambi, l'obbligo di concludere, entro un termine stabilito, il contratto definitivo di compravendita: ecco perché le parti di esso non si chiamano, propriamente, «venditore» e «compratore», bensì *«promittente venditore» e «promissario compratore»*. La proprietà dell'appartamento si trasferirà, e l'obbligo di pagare il prezzo nascerà, solo con la compravendita definitiva: dunque il contratto preliminare ha *effetti obbligatori, e non reali*. Ma è un contratto esistente, e produttivo di effetti: nessuna confusione, quindi, con la minuta o puntuazione (**29**.15). Peraltro, per accordo delle parti qualcuno degli effetti può essere anticipato rispetto alla conclusione del definitivo: ad es., si conviene che il promissario compratore anticipi una parte del prezzo alla firma del preliminare, e sia immesso nel possesso dell'appartamento, che pure non è ancora suo (c.d. *preliminare con effetti anticipati*).

La legge impone per il preliminare una forma vincolata: *la stessa forma richiesta per il contratto definitivo* (art. 1351); dunque il preliminare di vendita immobiliare, ad es., è nullo se non è scritto.

Non sempre è facile e sicuro qualificare un contratto come preliminare o come definitivo. Le parti possono avere usato espressioni contraddittorie: ad es. rubricando il contratto «preliminare di compravendita», e poi scrivendo nel testo che «X vende, Y compra», anziché scrivere che «X promette di vendere, Y promette di comprare». Soccorrono i criteri dell'interpretazione. In ogni caso, un contratto non deve essere qualificato come preliminare solo perché prevede la *redazione di un successivo contratto, magari in forma diversa*: può trattarsi di una semplice ripetizione o *riproduzione del contratto* (ad es. per atto pubblico, mentre la versione precedente era per scrittura privata), il che non esclude che già il primo fosse un contratto definitivo, produttivo di effetti reali.

Nell'esercizio della libertà contrattuale, le parti possono costruire il regolamento del contratto preliminare secondo diverse varianti e combinazioni con altri meccanismi a disposizione dell'autonomia privata: possono fare ad es. un preliminare sottoposto a condizione; un preliminare per persona da nominare; un preliminare a favore di terzo; un *preliminare unilaterale*, in cui obbligato a contrarre è solo uno dei due contraenti, mentre per l'altro la conclusione del definitivo è solo un diritto e non un obbligo (una figura molto vicina all'opzione).

Ma qualche limite c'è: per es. è incerta l'ammissibilità del preliminare di donazione, e si discute del preliminare di contratto reale (ammesso, di solito, per il mutuo: **29**.7, **38**.19). Fino a qualche anno fa la giurisprudenza tendeva a non ammettere il *preliminare di preliminare*: ma adesso la preclusione è superata, e la figura trova spazio.

8. L'inadempimento del contratto preliminare

Quando *una parte rifiuta ingiustificatamente di concludere il definitivo* nel termine stabilito, commette inadempimento del preliminare. L'altra parte può allora attivare un rimedio peculiare e molto efficace: può chiedere al giudice non la semplice condanna dell'inadempiente al risarcimento del danno, ma una **sentenza costitutiva** (**9**.9) che *produce «gli stessi effetti del contratto non concluso»* (art. 2932, c. 1). In pratica, la sentenza determina il trasferimento della proprietà dell'appartamento dal promittente venditore (che in ipotesi rifiuta di fare la vendita definitiva) al promissario compratore, dandogli proprio il risultato atteso: è dunque un tipico mezzo di *esecuzione in forma specifica* (**27**.1). L'emanazione della sentenza costitutiva è peraltro subordinata a due condizioni: ✦ che il risultato chiesto «sia *possibile* e *non ... escluso* dal titolo» (art. 2932, c. 1); e ✦ che la parte che la chiede contestualmente *offra di eseguire la prestazione* a suo carico (art. 2932, c. 2).

Che accade se nel frattempo il promittente venditore trasferisce il bene a un terzo? In passato il promissario acquirente non aveva alcuna possibilità di recuperare il bene, ma una nuova norma introdotta nel codice gli permette ora di premunirsi: egli può *trascrivere il contratto preliminare*; se fa ciò, e se poi ottiene e trascrive l'atto che esegue il preliminare (stipulazione del definitivo, o sentenza costitutiva), la trascrizione del preliminare rende a lui *inopponibile l'acquisto del terzo, che sia stato trascritto dopo* (art. 2645-*bis*): cfr. **20**.3.

9. Il contratto fiduciario

Il contratto fiduciario *combina effetti reali ed effetti obbligatori*, in modo da realizzare al meglio gli interessi delle parti. Il codice non lo prevede, ma deve ritenersi ammissibile in base al principio della libertà contrattuale. È il contratto con cui *una parte trasferisce la proprietà di un bene all'altra parte, che si obbliga a gestirlo secondo le direttive del fiduciante* (ritrasferirlo successivamente allo stesso fiduciante oppure a un terzo, amministrarlo secondo determinati criteri, ecc.). Chi trasferisce il bene si chiama **fiduciante**; chi lo riceve in proprietà e assume gli obblighi di gestione e ritrasferimento è il **fiduciario**.

L'operazione può servire interessi diversi. Può essere diretta a realizzare prevalentemente l'*interesse del fiduciante*: ad es., A vuole cedere un bene a X, ma sapendo che X non accetterà mai di acquistarlo da lui, lo cede fiduciariamente a B, con la direttiva di cederlo poi a X (l'operazione non si potrebbe realizzare con una procura, perché B dovrebbe spendere con X il nome di A); oppure A, proprietario di pacchetti azionari e altri valori mobiliari, li trasferisce fiduciariamente a una società (detta appunto fiduciaria), con l'incarico di amministrarli, e se del caso anche di venderli reimpiegando il ricavato nell'acquisto di altri valori, per poi attribuirgli i risultati – sperabilmente i profitti – della gestione (*gestione fiduciaria*). Altre volte viene in primo piano l'*interesse del fiduciario*: B, creditore di A, per maggiore sicurezza del suo credito si fa trasferire fiduciariamente un bene di A, assumendo l'impegno di ritrasferirlo ad A non appena questi avrà pagato il debito (c.d. *fiducia a scopo di garanzia*, che sta ai confini dell'illecito meccanismo del patto commissorio: **27**.17).

Quali sono le **conseguenze giuridiche** del contratto fiduciario? La risposta dipende dal modello a cui si fa riferimento, posto che esiste una fiducia di tipo romanistico e una fiducia di tipo germanistico:

☞ nella nostra tradizione latina tende a prevalere la **fiducia romana**: il fiduciario acquista la proprietà piena del bene, e *il fiduciante resta privo di qual-*

siasi situazione di tipo reale sul bene stesso; ha solo *diritti di credito verso il fiduciario*, su cui gravano le corrispondenti obbligazioni. Ciò ha precise conseguenze rispetto ai creditori delle parti: il bene può essere *aggredito dai creditori del fiduciario*, anche se in questo modo viene distolto dalla destinazione fiduciaria. E ha conseguenze ancora più importanti quando *il fiduciario viola l'impegno preso col fiduciante*: se la violazione consiste semplicemente nel rifiuto di ritrasferirgli il bene, il fiduciante può ricorrere alla sentenza costitutiva dell'art. 2932 (**34**.8); ma se *il fiduciario trasferisce il bene a un terzo,* il fiduciante non può contestare l'acquisto del terzo (perfino se in mala fede!), perché il patto fiduciario ha *valore non reale ma solo obbligatorio*, e quindi è *inopponibile ai terzi.* Tutto ciò che può fare è far valere la violazione del patto *nei confronti del fiduciario*, chiedendogli il *risarcimento* del danno. È chiaro che questo modello tutela la posizione dei terzi molto più della posizione del fiduciante, allo scopo di rafforzare la *sicurezza della circolazione*;

☞ la **fiducia germanica** si ispira a una *tutela più forte della posizione del fiduciante:* il fiduciario ha solo la *proprietà formale*, che serve a legittimare nei confronti dei terzi le operazioni che egli compie sul bene nell'interesse del fiduciante; ma questi conserva la *proprietà sostanziale* del bene, proprio perché la gestione del bene (pur formalmente non suo) deve essere funzionale al suo interesse; e dunque ha, rispetto al bene, una posizione legale più forte, anche nei confronti dei terzi. E infatti, secondo questo modello il fiduciario ha la possibilità di recuperare il bene opponendo al terzo acquirente il patto fiduciario, che risulta quindi dotato di un'*efficacia reale*.

10. Il trust e l'affidamento fiduciario

Al modello della fiducia germanistica si avvicina il **trust**: una delle figure più antiche e più importanti del diritto patrimoniale nei sistemi di *common law*, ma da qualche tempo utilizzata anche nel nostro sistema. I beni costituiti in trust sono *intestati al fiduciario* (che si chiama *trustee*), il quale è tenuto ad amministrarli secondo le direttive del fiduciante (chiamato *settlor*), nell'interesse suo o di qualche altro beneficiario; ma – questo è l'aspetto importante – essi *non si confondono con il restante patrimonio del trustee*, bensì restano *autonomi e separati* da questo (c.d. **segregazione**).

Dopo una fase di incertezza, oggi anche il legislatore ammette che la figura abbia spazio nel nostro ordinamento: ☞ la l. 364/1989 ha ratificato la *convenzione dell'Aja* (1985), per la quale i trust creati nei paesi che prevedono l'istituto possono avere riconoscimento legale anche in Italia; ☞ l'art. 2645-*ter* (introdotto dalla l. 51/2006) indica l'atto costitutivo di trust fra quelli ammessi alla *trascrizione* nei registri immobiliari (**20**.2); ☞ la l. 112/2016 (c.d. del "dopo di noi") menziona espressamente (e ammette ad agevolazioni fiscali) sia il trust sia il **contratto di affidamento fiduciario**, figura affine al trust con cui l'affidante trasferisce beni all'affidatario, che si impegna a utilizzarli a vantaggio di determinati beneficiari (soggetti con gravi disabilità), secondo un programma concordato.

11. La simulazione del contratto

La simulazione è lo strumento a cui le parti ricorrono quando hanno interesse a *creare l'apparenza di una situazione giuridica diversa da quella che è la situazione reale* (in altre parole: a far figurare degli effetti contrattuali che in realtà non esistono).

Si ha simulazione quando *le parti dichiarano di fare un determinato contratto, mentre in realtà sono d'accordo che non vogliono quel contratto.* A tale dichiarazione corrisponde il **contratto simulato** (cioè finto). L'accordo delle parti, nel senso di non volere il contratto simulato, si chiama **accordo simulatorio**, e risulta dalla **controdichiarazione** che le parti si scambiano a margine del contratto simulato. Il contratto simulato crea una *situazione apparente* (non reale), mentre la *situazione reale* è quella indicata dall'accordo simulatorio.

A seconda del contenuto dell'accordo simulatorio risultante dalla controdichiarazione, e quindi del modo in cui si configura la situazione reale, si distinguono due tipi di simulazione: ☞ si ha **simulazione assoluta** quando le parti controdichiarano che, in luogo del contratto simulato, non vogliono *nessun contratto*; per cui la situazione reale è l'*inesistenza di qualsiasi effetto contrattuale* (ad es., A e B simulano la vendita di un bene da A a B, e controdichiarano che in realtà non intendono fare nessuna vendita né alcun altro contratto); ☞ si ha **simulazione relativa** quando le parti controdichiarano che, in luogo del contratto simulato, vogliono *un contratto diverso* (che si chiama **contratto dissimulato**, cioè nascosto); per cui la situazione reale consiste in *effetti contrattuali diversi da quelli apparenti.* Ad es.: le parti A e B dichiarano di fare una vendita con cui A vende un bene a B per 200.000 euro, e controdichiarano che in realtà il prezzo vero è 500.000 euro; o che in realtà A intende donare e non vendere a B; o che in realtà il compratore del bene non è B ma X.

Posto che la simulazione serve a creare un'apparenza contraria alla realtà, è ovvio che mentre il contratto simulato (fonte della situazione apparente) viene reso pubblico, la *controdichiarazione* (fonte della situazione reale) viene tenuta *nascosta* dalle parti. Peraltro, la controdichiarazione deve essere *scambiata fra le parti,* deve avere carattere di bilateralità: nel caso di *intento simulatorio concepito da un solo contraente, e non condiviso dall'altro*, si avrebbe una semplice **riserva mentale**, che non dà luogo a simulazione ed è giuridicamente irrilevante.

Le ragioni che spingono le parti a simulare possono essere varie: in qualche caso *lecite* (ad es. uno finge di vendere al nipote prediletto, al quale in realtà vuole donare, per non suscitare gelosie e recriminazioni negli altri nipoti); in altri casi *illecite* (ad es. si finge di vendere a 400.000 euro ciò che in realtà si vende a 500.000 euro, per pagare un'imposta di registro più bassa di quella dovuta; uno finge di vendere beni che in realtà intende tenersi, per cercare di sottrarli all'azione esecutiva dei creditori).

Per comprendere la disciplina della simulazione, occorre considerare separatamente i rapporti interni fra le parti, e i rapporti di queste con i terzi: distinguendo a seconda che si tratti di terzi acquirenti o di terzi creditori.

12. La simulazione nei rapporti fra le parti

Nei rapporti fra le parti, *il contratto simulato non produce alcun effetto*, dal momento che in realtà le parti non lo vogliono e dichiarano di non volerlo (art. 1414, c. 1). Se A e B simulano una vendita, non si producono gli effetti della vendita: il simulato venditore non perde la proprietà della cosa e non ha diritto al prezzo; il simulato compratore non diventa proprietario della cosa, né è debitore del prezzo.

Quando la simulazione è assoluta, tutto si esaurisce qui. Invece, con la *simulazione relativa* succede qualcos'altro: *ha effetto fra le parti il contratto dissimulato*, che è quello realmente voluto (art. 1414, c. 2). Se la vendita simulata dissimula una donazione, il simulato compratore acquista gratuitamente la proprietà della cosa, senza dovere il prezzo; se la vendita simulata per 400.000 euro dissimula una vendita per 500.000 euro, il compratore deve pagare 500.000 euro; se la vendita simulata da A a B dissimula una vendita da A a X, X e non B diventa proprietario della cosa ed è debitore del prezzo. In quest'ultimo caso si realizza la c.d. *interposizione fittizia di persona* (a cui si contrappone l'*interposizione reale* attuata ad es. con il contratto fiduciario, dove il fiduciario riceve realmente la proprietà della cosa).

Tutto ciò a una condizione: che del contratto dissimulato sussistano i *requisiti di sostanza e di forma* (art. 1414, c. 2). Requisiti «di sostanza» significa che *non devono esserci ragioni di invalidità*: ad es. non si può dissimulare una donazione dietro una vendita che abbia per oggetto una cosa futura, perché la legge vieta di donare beni futuri; non si può interporre fittiziamente X nella cessione di un credito simulata fra A e B, se X è una delle persone cui la legge vieta di rendersi cessionarie di quel credito. Requisiti «di forma» significa che *deve essere osservata la forma richiesta per il contratto dissimulato*: se la vendita simulata dissimula una donazione, si producono gli effetti di questa solo se la vendita è stata fatta per atto pubblico, alla presenza di due testimoni.

Lo stesso trattamento è riservato alla simulazione degli *atti unilaterali ricettizi* (**29**.3), per la quale occorre *l'accordo simulatorio fra l'autore e il destinatario dell'atto* (si pensi, ad es., alla simulazione della ratifica o del recesso: art. 1414, c. 3). È invece esclusa la possibilità di simulare atti unilaterali non ricettizi (come il testamento). Regole particolari valgono per la simulazione di altri atti, sia patrimoniali (come le società), sia non patrimoniali (come il matrimonio: **62**.9).

13. La simulazione rispetto ai terzi: i terzi acquirenti

Il problema centrale della simulazione è stabilire se valgono gli effetti del contratto simulato o gli effetti della controdichiarazione; e cioè *se deve prevalere l'apparenza oppure la realtà.*

Si è visto che *fra le parti prevale la realtà*: il contratto simulato non produce effetti. In linea di principio questo vale *anche per i terzi,* ai quali la legge consente di far emergere la situazione reale, quando questa sia per loro più vantaggiosa della situazione apparente: «*I terzi possono far valere la simulazione in confronto delle parti, quando essa pregiudica i loro diritti*» (art. 1415, c. 2). Supponiamo che A venda simulatamente a B, e poi con una vendita reale ceda lo stesso bene al terzo X: X è interessato a dimostrare che ha acquistato dal vero proprietario; a tal fine, può far emergere che la vendita da A e B era finta, e che la proprietà del bene non è mai passata a B.

Nel caso appena visto, il terzo ha interesse che prevalga la realtà. Il discorso cambia quando entrano in gioco *terzi il cui interesse è che prevalga l'apparenza*, sulla quale hanno fatto *affidamento.* Ad es.: dopo la vendita simulata da A (simulato alienante, vero proprietario) a B (simulato acquirente, proprietario apparente), B vende al terzo Y. A rigore, l'acquisto di Y dovrebbe considerarsi inefficace, perché egli ha acquistato non dal vero proprietario (che è rimasto A), bensì da un proprietario solo apparente. Ma la legge deroga al rigore dei principi, per tutelare l'affidamento di Y: se egli, tratto in inganno dall'apparenza creata con il contratto simulato, pensava di acquistare dal vero proprietario (ovvero, è in buona fede), allora *l'apparenza prevale sulla realtà* e l'acquisto del terzo è salvo: «la simulazione non può essere opposta ... ai *terzi che in buona fede hanno acquistato diritti dal titolare apparente*» (art. 1415, c. 1).

In altre parole, i controinteressati non sono ammessi a far valere la situazione reale. E l'art. 1415, c. 1 ci dice che questo vale per tutti i possibili controinteressati: le *parti del contratto simulato* (A non può contestare l'acquisto di Y, sostenendo che B gli ha venduto un bene che non poteva vendergli, perché era un bene di A); gli *aventi causa del simulato alienante* (Y prevale anche su X, che pure ha acquistato dal vero proprietario); i creditori del simulato alienante (un creditore di A non può aggredire il bene, sostenendo che, essendo stato venduto simulatamente, è rimasto nel patrimonio di A).

Tutto ciò vale con una riserva: «salvi gli effetti della *trascrizione della domanda di simulazione*» (art. 1415, c. 1). Rinfrescando la nozione (**20**.5), è facile capire cosa questo significhi.

14. La simulazione rispetto ai terzi creditori

Bisogna distinguere fra diverse categorie di creditori (**27**.10):

☞ i **creditori con prelazione**, avendo acquistato un diritto (reale di garanzia) sul bene oggetto del contratto simulato, hanno in realtà posizione di *acquirenti,* o *aventi causa* dalle parti di questo: per essi valgono dunque le regole viste sopra;

☞ quando sono in gioco **creditori chirografari**, bisogna partire dal presupposto che i creditori del simulato alienante sono *interessati al prevalere della realtà*, mentre i creditori del simulato acquirente sono *interessati al prevalere dell'apparenza*. Valgono queste regole: ✦ i *creditori del simulato alienante* possono, come qualunque terzo, far emergere la realtà; ✦ se però entrano in *conflitto con i creditori del simulato acquirente*, la legge risolve il conflitto in base a un *criterio cronologico*: se il credito verso il simulato alienante è anteriore all'atto simulato, la legge tutela questi creditori, facendo prevalere la realtà (art. 1416, c. 2); se è nato dopo, quando già si è creata l'apparenza, prevale questa e sono tutelati i creditori del proprietario apparente; ✦ i *creditori del simulato acquirente* prevalgono anche nei confronti delle parti del contratto simulato, se *in buona fede* hanno compiuto *atti di esecuzione* sul bene oggetto di questo (art. 1416, c. 1): un'altra ipotesi in cui, a tutela dell'affidamento, l'apparenza prevale sulla realtà.

15. La prova della simulazione

Quando la legge fa prevalere la realtà (e dunque consente di far valere la simulazione), chi è interessato ha *l'onere di provare l'accordo simulatorio* risultante dalla controdichiarazione. La legge dà possibilità probatorie diverse alle parti e ai terzi (art. 1417):

☞ se la domanda di simulazione è proposta dalle **parti**, valgono le regole generali, che *limitano il ricorso alla prova testimoniale e alle presunzioni semplici* (**9**.21, **9**.15). Con una *eccezione*: le parti possono sempre servirsi di questi mezzi, quando puntano a far emergere l'*illiceità del contratto dissimulato* (un risultato da agevolare il più possibile, nell'interesse pubblico);

☞ se la domanda è proposta da **terzi**, quelle limitazioni non valgono: i terzi possono *liberamente ricorrere a testimonianze e presunzioni.* La ragione è che le controdichiarazioni restano chiuse nel rapporto fra le parti e non sono accessibili ai terzi, estranei all'accordo simulatorio.

35
I RIMEDI CONTRATTUALI: INVALIDITÀ DEL CONTRATTO

1. Il contratto difettoso o disturbato, e i rimedi contrattuali

Il contratto vincola le parti: cioè produce effetti ai quali le parti non possono sottrarsi (vincolo contrattuale: **33**.7). Ma questo presuppone che, rispetto al contratto, tutto vada bene. Non sempre, peraltro, è così: il contratto può presentare *difetti o disturbi*, che comportano la *lesione di qualche interesse meritevole di tutela.* Per tutelare tale interesse, la legge consente di mettere in discussione il vincolo contrattuale e gli effetti che vi corrispondono. Lo fa, dando la possibilità di azionare un «rimedio» contro il contratto.

Definiamo **rimedi contrattuali** i diversi meccanismi offerti dalla legge per reagire al difetto o disturbo che il contratto presenta, e metterne in discussione gli effetti. L'idea è questa: senza il rimedio, gli effetti del contratto conserverebbero forza vincolante, e questo sarebbe lesivo di qualche interesse meritevole di tutela, proprio perché sono effetti derivanti da un contratto difettoso o disturbato: il rimedio serve a evitare questo risultato indesiderabile, a protezione dell'interesse toccato negativamente dal difetto o disturbo del contratto.

2. Tipi di rimedi

I principali rimedi contrattuali sono quattro: ☞ la *nullità*; ☞ l'*annullamento*; ☞ la *rescissione*; ☞ la *risoluzione*.

I difetti o disturbi che possono affliggere un contratto sono diversi; e diversi sono i modi con cui possono mettersi in discussione gli effetti contrattuali. In relazione a ciò, *ciascun rimedio ha i suoi presupposti di applicazione e le sue conseguenze giuridiche*, diversi da presupposti e conseguenze degli altri rimedi. Una prima classificazione dei rimedi si basa sul *tipo di interesse* che il contratto difettoso o disturbato mette a rischio, e che il rimedio tutela. Distinguiamo:

☞ da una parte la **nullità**, che si ispira all'**interesse generale**: essa infatti reagisce contro contratti difettosi, in cui *il difetto pregiudica qualche valore fondamentale dal punto di vista sociale*; sarebbe socialmente dannoso se tali contratti producessero i loro effetti, e quindi la loro cancellazione è nell'interesse generale;

☞ dall'altra parte, l'**annullamento**, la **rescissione** e la **risoluzione**: rimedi ispirati alla tutela di un **interesse particolare**, che reagiscono contro contratti difettosi, in cui *il difetto o problema pregiudica la posizione di uno dei contraenti*; gli effetti contrattuali toccherebbero negativamente questo contraente, ed è quindi nel suo interesse particolare che la legge consente di metterli in discussione.

Un'altra classificazione si basa sul *momento in cui si presenta il difetto o disturbo*, contro cui il rimedio reagisce. Qui distinguiamo:

☞ da una parte, la **nullità**, l'**annullamento** e la **rescissione**, che reagiscono contro **difetti originari** del contratto (inteso come atto), cioè difetti *preesistenti o contemporanei alla formazione del contratto* stesso, il quale nasce difettoso fin dall'inizio; questi tre rimedi si chiamano anche **impugnazioni** del contratto: in base ad essi, il contratto viene impugnato, cioè contestato, proprio in nome del difetto che ha inficiato la sua formazione,

☞ dall'altra parte la **risoluzione**, che normalmente reagisce contro **disturbi sopravvenuti** del contratto (inteso qui come rapporto): il contratto-atto nasce regolare, ma successivamente si presentano, *durante la fase di esecuzione del rapporto contrattuale*, eventi che ne disturbano il buon funzionamento.

Peraltro queste classificazioni hanno carattere tendenziale e non assoluto: incontreremo fattispecie che non vi si inquadrano perfettamente.

3. I rimedi contro i contratti viziati: l'invalidità del contratto

I rimedi contro difetti originari del contratto – nullità, annullamento, rescissione – sono accomunati sotto una categoria generale che li comprende tutti e tre: invalidità del contratto. I contratti *nulli, annullabili o rescindibili* sono contratti **invalidi**.

L'invalidità è una *categoria prevalentemente dottrinale*, più che normativa. Infatti la legge non disciplina e neppure definisce in generale la figura del contratto invalido, ma sembra presupporla in varie norme che usano termini come «valido», «invalido», «validità», «invalidità», «validamente»: cfr. ad es. gli art. 1234, c. 2; 1338; 1347; 1352; 1404; 1410. Nel pensiero della dottrina, il concetto di invalidità del contratto indica *mancanza o difetto di qualche elemento costitutivo di quella particolare fattispecie che è il contratto* (inteso appunto come fattispecie-atto). Tali elementi costitutivi sono quelli che l'art. 1325 chiama i *«requisiti» del contratto* (**31**.1). E infatti un contratto è invalido proprio quando in esso c'è qualcosa che non va riguardo all'accordo, o alla causa, o all'oggetto, o alla forma. I difetti che portano invalidità si chiamano abitualmente **vizi** del contratto: e il contratto che li presenta è un *contratto viziato.*

Accomunati dal fatto di reagire contro vizi originari del contratto, i rimedi in questione si differenziano fra loro per il tipo di interesse a cui si ispirano: la nullità è orientata all'*interesse generale*; annullamento e rescissione all'*interesse particolare* di uno dei contraenti.

4. Invalidità e inefficacia del contratto

L'invalidità non va confusa con l'**inefficacia** del contratto. Questa ricorre quando per qualche ragione *il contratto non produce gli effetti che normalmente ha la forza di produrre.*

Tra le due figure può esserci un punto di contatto o addirittura di sovrapposizione. Infatti l'invalidità, come tutte le altre situazioni in cui opera un rimedio contrattuale, porta alla cancellazione degli effetti del contratto, il quale si trova perciò a non produrre i suoi effetti: dunque si può dire che l'obiettivo dell'invalidità è l'inefficacia, per cui *un contratto invalido è anche inefficace.* Invece non è vero l'inverso: l'inefficacia può presentarsi al di fuori dei casi di invalidità; *un contratto può essere valido, e al tempo stesso inefficace.*

L'inefficacia del contratto (valido) può dipendere da varie ragioni, e operare con modalità diverse:

☞ a seconda del *momento* in cui si manifesta l'incapacità del contratto di produrre i suoi effetti, distinguiamo: ✦ l'inefficacia **originaria**, quando *il contratto è improduttivo di effetti a partire dal momento stesso in cui viene formato* (è il caso del contratto concluso dal falso rappresentante, o del contratto sottoposto a condizione sospensiva); e ✦ l'inefficacia **sopravvenuta**, quando *il* *contratto è inizialmente efficace, e solo da un certo momento in avanti diventa improduttivo di effetti* (come accade per il verificarsi della condizione risolutiva, o per l'accoglimento dell'azione revocatoria esercitata contro il contratto);

☞ a seconda dell'ambito in cui si manifesta l'inefficacia, distinguiamo: ✦ l'inefficacia **assoluta**, che si ha quando *il contratto non produce effetti né fra le parti, né verso terzi* (come il contratto sottoposto a condizione sospensiva, o quello concluso dal falso rappresentante); e ✦ l'inefficacia **relativa**, che si ha quando il contratto produce effetti fra le parti e anche verso la generalità dei terzi, ma *non produce effetti verso determinati terzi che si trovino in una certa posizione*: il contratto si dice allora *inopponibile* a questi terzi (ad es. l'azione revocatoria rende l'atto revocato inefficace solo verso il creditore che l'ha esercitata; l'atto di acquisto trascritto posteriormente è inefficace solo verso il terzo che abbia trascritto anteriormente; la mancata notificazione rende la cessione del credito inefficace solo per il debitore ceduto che in buona fede abbia pagato al cedente; ecc.).

Un contratto inefficace non produce i suoi effetti tipici e caratterizzanti (in una vendita: passaggio di proprietà e obbligazione per il prezzo). Ciò non esclude che esso produca *qualche altro effetto* giuridico: ad es. dal contratto sospensivamente condizionato – quindi inefficace – nasce comunque l'obbligo di comportarsi secondo buona fede (**34**.4).

Non sempre la terminologia del legislatore è coerente con i concetti qui illustrati: ad es., l'art. 1398 parla di «validità» in un caso dove sarebbe più corretto parlare di «efficacia» del contratto.

5. Le ragioni della nullità: nullità strutturali e nullità politiche

Procediamo adesso a esaminare le cause dei diversi tipi di invalidità, cominciando dalla nullità.

In quali casi un contratto è nullo lo dice l'**art. 1418**, che si intitola «Cause di nullità del contratto». Comprende tre commi, che indicano un gran numero di fattispecie diverse. Esse possono ricondursi a due grandi filoni: ☞ da un parte stanno le cause da cui derivano quelle che possiamo chiamare le **nullità strutturali**: e cioè vizi che toccano qualche elemento essenziale del contratto, in modo tale da fare di questo un *contratto incompleto e/o assurdo*; ☞ dall'altra stanno le cause che danno luogo alle **nullità politiche**: quelle che rendono il contratto nullo non perché sia un contratto incompleto o assurdo, ma perché è un *contratto disapprovato* dall'ordinamento giuridico.

Un esempio per capire in concreto il significato della distinzione. Se A vende a B una cosa indeterminata e indeterminabile, questo è un contratto assurdo: ed è nullo. Ma è nullo anche il contratto con cui A vende a B una cosa ben determinata, che però la legge, nell'interesse pubblico, vieta di vendere: questa volta perché è un contratto (non assurdo né incompleto, bensì) disapprovato.

6. Le nullità strutturali

Quando il contratto è gravemente incompleto (perché nella fattispecie manca qualche elemento, senza il quale è difficile riconoscerlo come un contratto) oppure quando è assurdo (e cioè esprime un'operazione incomprensibile o insensata), è nell'interesse generale che esso non produca effetti giuridici. Il diritto si occupa dei contratti perché i contratti sono una cosa seria: solo su questo presupposto la legge mobilita i suoi apparati per garantire ai contratti riconoscimento e attuazione. Ma se un contratto non si presenta come una cosa seria, dedicare ad esso questa attenzione equivarrebbe a uno spreco di risorse pubbliche.

I casi riconducibili a questo filone di cause di nullità si ricavano dall'art. 1418, c. 2, là dove parla di «*mancanza di uno dei requisiti indicati dall'art. 1325*» e di «*mancanza nell'oggetto dei requisiti stabiliti* dall'art. 1346». Quindi il contratto è nullo:

☞ quando **manca l'accordo**, e cioè quando, *nonostante l'apparenza di due manifestazioni di volontà concordi, provenienti dalle parti, una tale volontà di fatto non esiste.* Vi rientrano i casi di: ✦ contratto fatto per *costrizione fisica o annientamento psichico* (ad es., firmato sotto ipnosi); ✦ contratto fatto da persona che non abbia *neppure un minimo di capacità di intendere e di volere* (ad es., si fa sottoscrivere a un bambino di sei anni una grossa compravendita immobiliare: in un caso del genere, la conseguenza deve essere più radicale della semplice annullabilità per incapacità di agire); ✦ contratto *non riferibile a chi ne appare l'autore* (ad es., il contratto porta la firma di A, ma questa è stata falsificata; oppure il contratto è stato fatto, per rappresentanza, in nome di una persona inesistente); ✦ contratto fatto *in modo scherzoso e non serio* (da due amici, per gioco, e nella reciproca consapevolezza che si sta scherzando), o fatto *per rappresentazione scenica o didattica* (come scena di un film, o a mo' di esempio durante una lezione universitaria); ✦ contratto basato sul *dissenso occulto* fra i contraenti, quando le loro dichiarazioni, benché esteriormente congruenti, sono intese da ciascuno con significato difforme rispetto all'altro (ad es., A vende a B «la sua Honda»: ma A intende vendere la sua auto di quella marca, mentre B intende acquistare la moto Honda, di cui pure A è proprietario);

☞ quando **manca la causa** (**31**.12): essendo la causa la ragione giustificativa del contratto, il contratto senza causa è un contratto senza ragione, assurdo;

☞ quando ha un **oggetto inesistente, impossibile, indeterminato e indeterminabile** (**31**.3-5): un contratto che mette a carico di una parte, e attribuisce all'altra, una prestazione che non esiste, o è irrealizzabile, o non si capisce in cosa consista, è un contratto assurdo, senza senso. Si riconduce alla stessa logica la nullità del contratto che contiene una *condizione sospensiva impossibile* (**34**.3);

☞ quando sussiste **difetto di forma** (se richiesta per la validità). Qui, per la verità, non si può parlare di contratto assurdo; ma piuttosto di contratto incompleto: manca un elemento che la legge considera necessario, in nome degli interessi e degli obiettivi che sono alla base del vincolo di forma (**29**.20). In questo senso, siamo in una zona intermedia fra le nullità strutturali e le nullità politiche.

7. Nullità e inesistenza del contratto

Dire che un contratto è nullo implica che *un contratto esista, o più precisamente esista una fattispecie che si presenta a prima vista come un contratto.*

Quando non c'è neppure questo minimo, si parla di **contratto inesistente**: ad es., se A fa a B una proposta, cui non segue l'accettazione di B, fra A e B non c'è nessun contratto, perché nessun contratto si è formato; così pure se l'accettazione di B è evidentemente difforme dalla proposta (*dissenso palese*). Talora il *confine* fra nullità e inesistenza è chiaro: se una scrittura contrattuale fra A e B porta la firma del solo A e non quella di B, il contratto è inesistente (si percepisce a prima vista che la fattispecie è incompleta); se porta due firme, e una è falsa, il contratto è nullo per mancanza di accordo (qui la fattispecie si presenta a prima vista completa). In altri casi è più incerto: alcuni dei casi di mancanza di accordo, qui presentati come ipotesi di nullità (costrizione fisica, scherzo, rappresentazione scenica o didattica, contratto del bambino) da taluno sono qualificati come inesistenza.

Comunque, in materia di contratti la categoria dell'inesistenza ha scarsa rilevanza pratica. Ne ha di più in relazione ad altri tipi di atto: in particolare per le *deliberazioni delle assemblee condominiali* (**17**.7) *e di società* (**53**.11), che la giurisprudenza considera inesistenti ad es. quando qualcuno dei condomini o dei soci non risulti regolarmente convocato all'assemblea. La ragione è che qui l'alternativa all'inesistenza non è un'impugnativa «forte» come la nullità, bensì un'impugnativa «debole» come l'annullamento (che può essere fatta valere solo in termini molto brevi: qualificare la deliberazione come inesistente è l'unico modo per consentire di impugnarla al di là di questi termini ristrettissimi).

8. Le nullità politiche: il contratto illecito

Consideriamo adesso i contratti nulli perché *disapprovati* dall'ordinamento giuridico: i contratti illeciti. E ricordiamo quali sono i parametri dell'illiceità: norme imperative, ordine pubblico e buon costume (**31**.4).

Il contratto è illecito in una serie di casi indicati dall'art. 1418, c. 2, e precisamente quando: ☞ ha un **oggetto illecito**, allorché le prestazioni contrattuali sono disapprovate in sé e per sé (**31**.3-4); ☞ ha una **causa illecita**, allorché è disapprovato lo scambio delle prestazioni, o comunque la funzione del contratto (**31**.14); l'ipotesi comprende i casi di contratto in frode alla legge (**35**.9); ☞ ha una **condizione illecita**, non importa se sospensiva o risolutiva, perché il contratto che la contiene diventa veicolo di risultati socialmente riprovevoli (**34**.3); ☞ è fatto per un **motivo illecito comune** a entrambe le parti (art. 1345).

Sappiamo che il motivo, per definizione, si distingue dalla causa in quanto appartiene alla sfera individuale del singolo contraente e non entra nella struttura obiettiva del contratto: per questo di regola è irrilevante (**31**.15). Le cose cambiano se il motivo è comune a entrambe le parti. Attenzione, però: per essere «*comune*», non basta che il motivo sia proprio di un contraente, e semplicemente noto all'altro: occorre che sia *condiviso da entrambi, e da entrambi messo a fondamento del contratto*, sia pure in relazione a scopi e interessi diversi. L'impiego che uno intende fare della somma presa a mutuo è un motivo del contratto: se l'impiego è il gioco d'azzardo illegale, il motivo è illecito; se uno prende a mutuo da una banca una somma per giocare, e la banca lo sa, non per questo il contratto è illecito; diventa illecito se il mutuante è la stessa casa da gioco, perché essa condivide con il mutuatario la destinazione della somma, nel senso che si avvantaggia del particolare impiego che il mutuante ne farà. Se il proprietario dà in locazione il suo appartamento, sapendo che il conduttore vuole gestirci una casa squillo, il contratto non è illecito perché questo illecito motivo non è comune a entrambe le parti; ma lo diventa se viene pattuito un canone triplo del canone di mercato, che il locatore riesce a spuntare proprio per il tipo di attività cui la locazione è strumentale; il motivo diventa anche «suo», perché egli ne approfitta. Stiamo evidentemente parlando di qualcosa che non è lontano dalla ragione giustificativa del contratto, cioè dalla causa.

9. Il contratto in frode alla legge

Il contratto in frode alla legge è quello che «*costituisce il mezzo per eludere l'applicazione di una norma imperativa*»: è nullo perché ha causa illecita (art. 1344).

Il concetto di frode alla legge si basa sul *rapporto fra risultati e strumenti.* Le norme imperative vogliono impedire un *risultato* socialmente indesiderabile: ad es. che, per garantire il creditore, il debitore gli trasferisca la proprietà di una cosa. Per impedire il risultato, di solito le norme vietano l'*atto* che è lo *strumento* normale e tipico per realizzarlo: il patto commissorio (art. 2744). Ma le parti possono cercare di aggirare il divieto, facendo *un contratto diverso, di per sé non vietato, ma costruito in modo tale da realizzare, nella sostanza, il medesimo risultato tipico dell'atto vietato.* Ad es.: il debitore vende al creditore una cosa per un prezzo pari al suo debito, prezzo che non viene pagato perché formalmente si compensa col debito; e si stabilisce che il debitore-venditore potrà riscattare la cosa, della quale ritornerà proprietario se a una certa scadenza restituirà il prezzo (in realtà: pagherà il debito); in caso contrario il creditore-compratore resterà proprietario della cosa, che ha l'effettiva funzione di garantire il suo credito. Questo contratto si presenta come una *vendita con patto di riscatto*, di per sé lecita (**38**.12): ma il particolare contesto in cui viene usato, e il particolare regolamento contrattuale che le parti gli danno, ne fanno una *vendita a scopo di garanzia* che realizza un risultato sostanzialmente equivalente al *patto commissorio*; dunque un contratto in frode alla legge, da considerare nullo.

La frode alla legge si può realizzare anche con un *collegamento fra contratti* (**32**.4), ciascuno dei quali di per sé lecito, ad es. per eludere divieti di alienazione: se una norma imperativa vieta a X di cedere un bene a Y (cfr. gli art. 1261 e 1471), X potrebbe cedere fiduciariamente il bene a Z, con l'intesa che Z lo ritrasferirà a Y; il collegamento fra le due cessioni (da X a Z, e da Z a Y) è in frode alla legge, e i contratti collegati sono perciò nulli.

Il contratto in frode alla legge ha causa illecita, perché *è illecita la funzione che le parti concretamente gli danno*, anche se la funzione economico-sociale dell'atto, astrattamente considerata, appare lecita (**31**.11).

Il contratto in frode alla legge non va confuso con il *contratto simulato* (non c'è scarto fra realtà e apparenza: le parti vogliono davvero il contratto che dichiarano di fare); né con l'*atto di disposizione in frode ai creditori* (che non è nullo, ma può essere reso inefficace con l'azione revocatoria).

10. Nullità testuale e nullità virtuale

Finora ci siamo occupati delle cause di nullità indicate dal c. 2 dell'art. 1418. Ma ci sono altri due commi.

Non presenta particolare interesse né utilità pratica il c. 3, che in sostanza dice che il contratto è nullo quando la legge lo dichiara nullo (o direttamente o indirettamente, ad es. vietando o imponendo certi contenuti contrattuali «a pena di nullità»): si parla al riguardo di **nullità testuale**. Ciò avviene molto spesso: sia nel *codice civile* (ad es. art. 1229 per le clausole di esonero da responsabilità; art. 2744 per il patto commissorio; ma cfr. anche gli artt. 778, c. 1; 779, c. 1; 785, c. 2; 788; 794; 1354, c. 1-2; 1471; 1472, c. 2; 1895; 1904; 1972, c. 1); sia nelle *leggi speciali* (per limitarsi a un solo esempio fra i moltissimi, l'art. 2, c. 3 l. 287/1990 dichiara espressamente nulli i contratti che realizzano intese restrittive della concorrenza). Quest'ultimo riferimento ci dice che in molti casi la previsione testuale della nullità è superflua: a considerare nulle le intese restrittive della concorrenza, senza bisogno che lo dica esplicitamente la legge, si arriverebbe rilevando che hanno oggetto illecito; e se anche l'art. 1895 non precisasse che è nulla l'assicurazione quando il rischio assicurato non esiste, ciò si ricaverebbe dal criterio per cui è nullo il contratto senza causa o senza oggetto.

Molto più interessante dal punto di vista sia teorico sia pratico il c. 1 dell'art. 1418: «Il contratto è nullo quando è *contrario a norme imperative*». Questa si usa chiamare **nullità virtuale**, perché ricorre in una serie aperta di casi, non definibili *ex ante*: ogni contratto è virtualmente nullo, in relazione al fatto che possa esistere una qualche norma imperativa con la quale il contratto stesso possa risultare in contrasto. Si consideri un contratto di investimento, in cui l'operatore finanziario non risulta iscritto all'apposito albo pubblico degli intermediari (**59**.14): la sua prestazione è lecita in sé, e così pure lo scambio con il corrispettivo pagato dal risparmiatore, sicché non ricorre illiceità dell'oggetto né della causa; però una norma imperativa vieta lo svolgimento di servizi finanziari a chi non è iscritto all'albo, e allora a quel soggetto è vietato fare quel contratto, che quindi è nullo per contrarietà alla norma.

Peraltro, il meccanismo della nullità virtuale incontra limiti: *non qualsiasi violazione di una norma imperativa* produce nullità del contratto. La banca vende al cliente un prodotto finanziario senza informarlo adeguatamente circa le sue caratteristiche e i suoi rischi, così violando la norma imperativa che le impone di farlo: il contratto è nullo? Dopo acceso dibattito, la giurisprudenza si orienta per il no, perché questo non è il genere di norma imperativa a cui si riferisce l'art. 1418, c. 1 (al cliente sono offerti altri rimedi, ma non la nullità).

Va segnalato inoltre l'inciso finale dell'art. 1418, c. 1: il contratto contrario a norma imperativa è nullo, «*salvo che la legge disponga diversamente*»: ciò accade ad es. con l'art. 1339 (sostituzione automatica: **32**.11), per il quale la vendita fatta a prezzo diverso da quello imposto con norma imperativa non è nulla, ma è valida al prezzo fissato dalla norma; o con l'art. 2357 sulla società che acquista azioni proprie (l'acquisto è sottoposto a limiti imperativi, ma se questi non sono osservati non scatta la nullità dell'acquisto, bensì l'obbligo di rivendere le azioni acquistate in violazione dei limiti).

11. Le ragioni dell'annullabilità: incapacità di agire e vizi della volontà; altre cause

Passiamo a esaminare le cause che determinano la seconda ipotesi di invalidità del contratto: l'annullabilità, cui corrisponde il rimedio dell'annullamento. I vizi che portano all'annullabilità del contratto si riuniscono in due grandi filoni:

☞ l'**incapacità di agire**, che rende il contratto annullabile secondo i criteri illustrati a suo tempo (art. 1425): si richiama in particolare la distinzione *fra incapacità legale* e *incapacità naturale* (**11**.16); e, nell'ambito della prima, fra *incapacità assoluta* e *incapacità relativa* (**11**.11-13);

☞ i **vizi della volontà**, che sono *fattori i quali disturbano o devìano il processo di formazione della volontà contrattuale di una parte, che per questo conclude un contratto che non corrisponde ai suoi programmi*. Si chiamano anche vizi del consenso (cioè dell'accordo, che risulta dalla volontà delle due parti). Sono tre: ✦ l'**errore**, ✦ il **dolo** e ✦ la **violenza** (art. 1427).

Al di fuori di questi due filoni, il contratto è annullabile in qualche altro caso, in cui la legge lo dichiara tale. I casi principali sono due: il contratto concluso dal rappresentante in *conflitto d'interessi con il rappresentato*, ivi compreso il *contratto con sé stesso* (**30**.4); e il contratto di straordinaria amministrazione *compiuto da un coniuge su un bene della comunione*, che sia immobile o mobile registrato (**63**.9). Ma non sono gli unici (cfr. ad es. l'art. 1471, c. 2).

Con le cause dell'annullabilità, l'interesse che viene in gioco è l'interesse particolare di un contraente (la vittima del vizio): di qui l'esigenza di trovare *un ragionevole punto di equilibrio fra l'interesse del contraente protetto e l'interesse di controparte*. Il conflitto fra i due interessi in gioco – entrambi meritevoli di tutela – si delinea così: la vittima del vizio ha *interesse a cancellare il contratto*; l'altra parte ha *interesse che il contratto resti vivo*. Contemperare i due interessi in modo giusto è il problema centrale nella definizione delle cause di annullabilità. Un ruolo decisivo ha qui la *tutela dell'affidamento*.

12. L'errore: interessi in gioco e criteri di rilevanza

L'errore *è l'ignoranza o la falsa conoscenza di elementi rilevanti per decidere in merito al contratto.*

Chi conclude un contratto in base a un suo errore, fa un affare che molto probabilmente non gli conviene: A vuole un'auto diesel, e compra nell'autosalone di B una vettura, convinto che sia un modello diesel; ma si sbaglia, perché l'auto è a benzina. Chiaro che A è interessato all'annullamento del contratto, che gli permette di restituire l'auto «sbagliata», e di non pagare il prezzo, o di riaverlo indietro. La legge considera questo interesse meritevole di tutela, per una buona ragione: il contratto vincola le parti, in quanto il vincolo contrattuale è assunto volontariamente (**33**.7); ma *la volontarietà del vincolo è fasulla, se il processo decisionale è viziato da un errore.* Di qui la prima risposta della legge: il contratto fatto per errore è annullabile.

Ma la risposta della legge non può fermarsi qui, per una ragione altrettanto buona: tenere conto anche dell'*interesse di controparte, che ha fatto affidamento sulla dichiarazione contrattuale dell'errante*, e dunque sul contratto e suoi effetti. Mettiamoci nei panni di B: A gli ha chiesto quell'auto, e lui gliel'ha venduta (magari perdendo l'occasione di venderla a un altro cliente): per quale ragione lo si dovrebbe penalizzare, dicendogli che il contratto va cancellato, solo perché A si è sbagliato nella scelta dell'auto? Viene in gioco, con l'interesse particolare di B, anche un interesse più generale: l'interesse alla sicurezza della circolazione giuridica (dunque al buon funzionamento del sistema economico: **8**.7): se ogni contraente potesse annullare il contratto semplicemente provando di avere fatto un qualsiasi errore in relazione ad esso, diventerebbe facilissimo liberarsi dal vincolo contrattuale; nessuno potrebbe più contare sulla serietà e sulla stabilità degli impegni presi da controparte, e questo sarebbe un disincentivo per le iniziative economiche.

La legge concilia questi interessi contrapposti, con una seconda risposta che completa la prima: *non tutti gli errori determinano l'annullabilità del contratto, ma solo alcuni, che presentino determinati requisiti.* I requisiti sono due, e funzionano come un doppio filtro che screma gli errori rilevanti da quelli irrilevanti: l'errore è rilevante solo se è, insieme, ☞ **essenziale** e ☞ **riconoscibile** (art. 1428). Se un errore non presenta entrambi i requisiti, resta a carico di chi lo ha commesso: l'errante rimane vincolato al contratto, che non è annullabile e produce regolarmente i suoi effetti.

La disciplina dell'errore, di cui stiamo parlando, si applica ai contratti onerosi: per i contratti gratuiti – in particolare per la *donazione* – vale una disciplina alquanto diversa (**70**.7). Peraltro, c'è un contratto oneroso non annullabile per errore: la *divisione.* Un errore può essere commesso anche nel compimento di atti (negozi) diversi dai contratti. Per alcuni l'annullabilità è esclusa: accettazione dell'eredità (**69**.4); rinuncia all'eredità (**69**.12); riconoscimento del figlio naturale (**64**.8). Una disciplina particolare vale per l'errore nel matrimonio (**62**.9) e nel testamento (trattato in modo simile all'errore nella donazione: **67**.10).

13. L'essenzialità dell'errore

L'errore è essenziale quando *cade su determinati elementi obiettivi del contratto*, indicati dalla legge (**art. 1429**), e cioè quando riguarda:

☞ la **natura del contratto** (vale a dire il tipo contrattuale: ad es., si pensa di concludere una compravendita con dilazione del prezzo, mentre in realtà si firma una vendita a rate con riserva della proprietà);

☞ l'**oggetto del contratto**: e allora può riguardare: ✦ la *prestazione* in quanto tale (l'imprenditore edile pensa che l'incarico ricevuto implichi, a fronte di un certo prezzo, la ristrutturazione di un immobile quando invece riguarda la demolizione dell'immobile e la sua ricostruzione); ✦ l'*identità del bene* oggetto della prestazione (ad es.: errore nell'individuazione dell'appartamento da comprare, fra i tre che il costruttore aveva offerto in vendita); ✦ oppure *una qualità del bene* stesso: ma in tal caso occorre un elemento aggiuntivo, e cioè che quella qualità sia abbastanza importante per la vittima da rendere l'errore *determinante del consenso* (ad es.: il compratore acquista quell'auto per la ragione decisiva che pensa sia diesel; se sapesse che in realtà è a benzina, non la comprerebbe);

☞ la **persona dell'altro contraente**: e anche in questo caso può riguardare la stessa *identità della persona* (ad es.: dopo la selezione fra due aspiranti a un posto di lavoro, in cui A è risultato di gran lunga il più brillante, l'azienda per errore scrive la lettera di assunzione a B); oppure le *qualità della persona* (ad es.: il gestore di un piano bar ingaggia per la stagione un pianista che crede diplomato al conservatorio, mentre si tratta solo di un mediocre dilettante). Occorre però che identità e qualità della persona risultino *determinanti del consenso*: se ad es. il titolare del piano bar è convinto che il pianista ingaggiato sia lombardo e valdese, mentre in realtà è siciliano e buddista, l'errore non è essenziale.

Gli errori appena individuati possono essere ☞ **errori di fatto**, quando cadono su elementi di fatto: e gli esempi portati erano tutti di questo genere. Ma possono essere anche ☞ **errori di diritto**, consistenti nella *ignoranza o falsa interpretazione di norme che incidono sulle «qualità giuridiche» dell'oggetto del contratto o della persona dell'altro contraente.* Ad es.: un americano acquista un importante quadro da collocare nella sua casa di Boston, senza sapere che la legge italiana ne vieta l'esportazione; un imprenditore edile assume un geometra al quale pensa di affidare tutte le progettazioni relative ai lavori dell'impresa, non sapendo che, per legge, le strutture in cemento armato vanno progettate da un ingegnere. Anche l'errore di diritto è essenziale se, oltre a toccare uno degli elementi indicati sopra, risulta *determinante del consenso.*

Due avvertenze. L'errore di diritto *non va confuso con l'errore sulla disci-*

plina giuridica del contratto: se il venditore ignora che l'art. 1490 gli impone di garantire il compratore contro i difetti della cosa, non per questo può annullare il contratto; la garanzia è compresa nel regolamento del contratto su cui egli ha manifestato il suo accordo, restando vincolato a tutte le sue conseguenze, comprese quelle determinate dall'integrazione legale. Inoltre, la rilevanza dell'errore di diritto *non contrasta con il principio «l'ignoranza della legge non scusa»*: questo significa che uno non sfugge ai comandi o divieti della legge anche se li ignora, per cui l'americano non può esportare il quadro, anche se pensava di poterlo fare; e l'acquisto è annullabile proprio perché a causa dell'errore egli dovrebbe sopportare questo divieto legale, contrastante con il suo programma.

È importante chiarire che *errore essenziale non è sinonimo di errore determinante del consenso*. È essenziale solo l'errore che presenti i requisiti dell'art. 1429 (fra i quali c'è talora – ma non sempre – essere determinante del consenso). Un *errore determinante del consenso, ma non rientrante in una delle classi di errori elencate all'art. 1429*, non è un errore essenziale: si chiama ☞ **errore sul motivo**, e per definizione l'errore sul motivo è *irrilevante* e non porta all'annullamento del contratto. Ad es.: se X, che ha bisogno di un frigorifero per casa sua, l'acquista perché non sa che il giorno prima sua moglie ne aveva già comprato uno in un altro negozio, è chiaro che il suo errore è determinante del consenso, perché di certo egli non avrebbe fatto l'acquisto se avesse saputo come stavano le cose; ma è un errore non essenziale, che non gli permette di annullare il contratto. La ragione è un'esigenza di tutela dell'altro contraente: non è giusto che la posizione contrattuale di questo sia influenzata da qualcosa che *riguarda la sfera delle esigenze soggettive, dei progetti personali, delle aspettative individuali dell'errante, e non un elemento obiettivo del contratto* (**31**.15). Eccezionalmente l'errore sul motivo ha rilevanza nel testamento e nella donazione (dove è meno forte l'esigenza di tutela dell'affidamento).

Tipico caso di errore sul motivo è l'*errore di previsione*: ad es., X acquista un'enorme partita di soia perché pensa che le condizioni del mercato di quel legume siano tali per cui nel giro di un mese il prezzo della soia aumenterà molto; se si sbaglia, e dopo qualche settimana il prezzo della soia ha un crollo, non può certo pretendere di annullare per errore il contratto di acquisto. Così pure l'*errore sul valore*: se A acquista un quadro del seicento genovese, permutandolo con la sua Bmw sul presupposto che i valori economici siano più o meno equivalenti, e invece risulta che il valore di mercato del dipinto è molto inferiore a quello da lui immaginato, il suo errore non è essenziale. Attenzione: sarebbe diverso se il minor valore del quadro dipendesse dal fatto che non è un autentico seicento genovese, bensì è una copia ottocentesca: l'errore cadrebbe allora su importanti qualità dell'oggetto (influenti, come è normale, anche sul suo valore economico), e sarebbe quindi essenziale *ex* art. 1429, n. 2.

Può essere essenziale anche ☞ l'**errore sulla quantità** della prestazione, purché determinante del consenso: se X, dovendo fare tre tende per casa sua, per ignoranza tecnica ordina un quantitativo di stoffa 10 volte superiore al fabbisogno, questo è un errore essenziale che può portare all'annullamento; non così, se avesse ordinato solo un paio di metri più del necessario. Cosa diversa è ☞ l'**errore di calcolo** (il prezzo della stoffa viene determinato erroneamente, perché il prezzo al metro e il numero dei metri – entrambi determinati correttamente – sono stati moltiplicati in modo sbagliato): qui basta correggere l'errore rimoltiplicando in modo giusto (*rettifica*), senza bisogno di annullare il contratto (art. 1430).

14. La riconoscibilità dell'errore

Per determinare l'annullabilità del contratto, non basta che l'errore sia essenziale: deve essere anche **riconoscibile dall'altro contraente**. Ha questa caratteristica quando, «in relazione al contenuto, alle circostanze del contratto ovvero alla qualità dei contraenti, una *persona di normale diligenza avrebbe potuto rilevarlo*» (art. 1431).

Il requisito è chiaramente posto a *tutela dell'affidamento* (e svolge, in definitiva, la stessa funzione che il requisito della mala fede dell'altro contraente svolge rispetto al contratto dell'incapace naturale: **11**.16). Se un contraente non è in grado di accorgersi che l'altra parte sta trattando sulla base di un suo errore, pur essenziale (ad es., il titolare dell'autosalone non può immaginare che il cliente vuole un modello diesel e non a benzina), non è giusto che sia lui a subire le conseguenze dell'errore altrui: il contratto è valido, e l'errore resta a carico di chi l'ha commesso. Se invece l'errore è riconoscibile (ad es., perché nella trattativa il cliente ha detto: «compro quest'auto anche per risparmiare, visto che il gasolio costa meno della benzina»), allora non c'è ragione di proteggere il venditore: che è stato quanto meno negligente a non chiarire il punto così emerso.

A maggior ragione non c'è un suo affidamento meritevole di tutela, quando egli abbia concretamente riconosciuto l'errore di controparte: anzi, la giurisprudenza ritiene che, in caso di *errore riconosciuto*, il contratto sia annullabile anche se l'errore poteva considerarsi in astratto non riconoscibile. La giurisprudenza ritiene inoltre che possa essere rilevante un errore astrattamente non riconoscibile, se è un *errore comune*, nel quale cioè siano cadute entrambe le parti (ma non tutti sono d'accordo).

15. L'errore ostativo

Tutti gli esempi proposti fin qui riguardano casi di ☞ **errore vizio**: quello che *tocca la formazione della volontà*, perché si inserisce nel procedimento di valutazione e decisione circa il contratto.

Da esso si distingue ☞ l'**errore ostativo**, che invece *tocca la comunicazione della volontà*, perché si inserisce nel procedimento con cui la volontà è manifestata o trasmessa al destinatario: la volontà si forma bene (A, conoscendo correttamente tutti gli elementi dell'affare, decide di comprare la cosa di B per 35.000 dollari canadesi), ma viene comunicata male (nel formulare la relativa proposta, A si sbaglia e anziché 35.000 scrive 53.000, o anziché dollari canadesi scrive per un lapsus dollari Usa). L'errore ostativo può essere del dichiarante stesso (*errore nella dichiarazione*) oppure della persona o dell'ufficio da lui incaricati di trasmettere la sua dichiarazione (*errore nella trasmissione*, come quello commesso dalla segretaria, che trascrive male il testo della proposta): anche questa è la «sua» dichiarazione, perché è giusto che gli venga imputato tutto quanto dipende dai mezzi che egli sceglie di utilizzare.

La disciplina dell'errore ostativo è la stessa dell'errore vizio (art. 1433): il contratto è annullabile se l'errore è *essenziale* e *riconoscibile*.

16. Il dolo (determinante)

Qui «dolo» ha un significato diverso rispetto al dolo come coscienza e volontà di tenere un comportamento dannoso, che abbiamo incontrato in materia di responsabilità per inadempimento (**26**.7). Il dolo come vizio della volontà è l'**inganno** nella formazione del contratto: è *il raggiro o la menzogna usati contro un contraente, per indurlo a fare un contratto.* Ad es.: A accetta di permutare la sua Bmw con un quadro di B, perché B – mostrandogli la stima fasulla di un perito compiacente – lo convince che il quadro vale almeno 30.000 euro (mentre in realtà ne vale meno di 10.000).

È una situazione che ha punti di contatto con la fattispecie dell'errore: la differenza è che chi cade in errore, ci cade da solo, senza che un altro si adoperi per farcelo cadere; chi subisce il dolo, cade anch'egli in errore, ma perché un altro ha fatto in modo di attirarcelo. E se la legge tutela la vittima di un errore spontaneo, a maggior ragione deve tutelare la vittima dell'errore indotto dalla macchinazione altrui. La tutela consiste anche qui nel rimedio dell'annullabilità del contratto. Il rimedio scatta però solo a una condizione, relativa alla *gravità dell'inganno*: deve trattarsi di un **dolo determinante**, e cioè di *un* *inganno decisivo per la conclusione del contratto*, nel senso che, *senza il raggiro, la vittima non avrebbe fatto il contratto* (art. 1439, c. 1).

Il rilievo consente di precisare meglio i rapporti fra dolo ed errore, portando a concludere che alla vittima del dolo si dà *tutela più ampia di quella data alla vittima dell'errore*. In breve: la vittima del dolo può annullare il contratto tutte le volte che l'inganno è stato per lui determinante del consenso, anche quando l'errore provocato a carico della vittima si presenta come *errore sul motivo* (perché determinante del consenso, ma non essenziale). Torniamo all'esempio di prima: se A fosse caduto spontaneamente nell'errore sul valore del quadro (errore certo determinante del suo consenso), il contratto non sarebbe annullabile perché si tratterebbe di errore sul motivo, non essenziale; ma siccome in quell'errore A è caduto per l'inganno di B, il contratto è annullabile per dolo.

Oltre che in una condotta attiva di raggiro o menzogna (*dolo commissivo*), il dolo può presentarsi anche come *dolo omissivo*, o **reticenza**: quando l'inganno consiste nel tacere alla parte elementi decisivi del contratto, a lei ignoti. La legge dà esplicita rilevanza alla reticenza nel contratto di assicurazione (art. 1892): fuori di questo caso, la reticenza equivale a dolo solo quando, nelle particolari circostanze del contratto, tacere quegli elementi rappresenta una *violazione dell'obbligo di buona fede* (correttezza, lealtà). Se non ha gravità tale da potersi qualificare dolo, e così portare all'annullamento del contratto, può almeno dare luogo a risarcimento per responsabilità precontrattuale (**29**.16).

Normalmente l'inganno di cui una parte è vittima proviene da controparte (o da un ausiliario di questa, il che è lo stesso). Ma potrebbe anche provenire da un terzo estraneo. Il **dolo del terzo** determina l'annullabilità del contratto, solo se risulta *noto alla parte che ne trae vantaggio* (art. 1439, c. 2); se invece questa parte è all'oscuro dell'inganno, il contratto resta valido: altra applicazione del principio di *tutela dell'affidamento*.

Oltre all'annullamento del contratto, la vittima del dolo ha un rimedio aggiuntivo, perché può chiedere all'ingannatore il *risarcimento del danno*: per responsabilità precontrattuale (**29**.16) o extracontrattuale (**42**.1), a seconda che l'ingannatore sia controparte oppure un terzo.

17. Dolo incidente, e dolus bonus

Solo il dolo determinante rende il contratto annullabile. Ci sono altri tipi di inganno contrattuale, meno gravi, che non hanno una conseguenza così drastica.

Tradizionalmente si ritiene che non abbia nessuna conseguenza il c.d. **dolus bonus**, consistente nella *generica, e magari iperbolica, esaltazione della qualità* *del bene offerto* (come quella del commerciante il quale afferma che i suoi prodotti sono «i migliori del mondo» o «risolveranno tutti i vostri problemi»): nessuna persona ragionevole deciderebbe di acquistarli solo per effetto di queste vanterie un po' ingenue. Può osservarsi che messaggi del genere smettono di essere così innocui, quando sono diffusi in modo martellante e pervasivo con le tecniche della pubblicità rivolta al pubblico tramite i mezzi di comunicazione di massa. L'osservazione è giusta: ma il problema non può risolversi con il rimedio dell'annullabilità dei contratti, bensì con gli altri rimedi legali, previsti a tutela dei consumatori contro la *pubblicità ingannevole* (**60**.3).

Cosa diversa è il **dolo incidente**: quell'inganno non tanto grave da risultare decisivo per la conclusione del contratto (il contraente lo avrebbe fatto ugualmente, anche se non fosse stato ingannato), ma abbastanza grave da *indurre la vittima ad accettare condizioni diverse e meno vantaggiose* di quelle che avrebbe accettato senza l'inganno. Ad es.: A acquista l'appartamento di B che, mostrandogli delibere condominiali e fatture false, gli fa credere che il tetto del condominio sia stato appena rifatto; invece il tetto deve ancora essere rifatto, e la relativa spesa viene a gravare in parte su A, nuovo condomino; se lo avesse saputo, A non avrebbe rinunciato all'acquisto, ma avrebbe preteso uno sconto sul prezzo.

La conseguenza del dolo incidente non è l'annullabilità del contratto, che resta valido; è il diritto del contraente ingannato a ottenere il *risarcimento del danno*, consistente nell'avere fatto un contratto svantaggioso (art. 1440). Questo danno deriva dal comportamento sleale di controparte durante le trattative: è dunque un tipico caso di *responsabilità precontrattuale* (**29**.16).

18. La violenza

La violenza come vizio della volontà (causa di annullabilità del contratto) non è la violenza fisica, che determina la nullità (**35**.6). È invece la *violenza psichica* (o *morale*), sinonimo di **minaccia**: è la minaccia rivolta contro un contraente, *per costringerlo a fare un contratto che egli non vorrebbe fare*. E la vittima accetta di fare il contratto, solo perché questa gli appare l'unica alternativa per sfuggire al male minacciato.

La violenza è causa di annullabilità del contratto solo se presenta tre caratteristiche. La minaccia deve:

☞ essere **inerente al contratto**, nel senso che il suo *scopo immediato e diretto* sia *forzare la vittima a fare quel contratto*. Questo distingue la violenza da altre fattispecie in cui pure la parte fa un contratto per sfuggire a un male da cui si sente minacciata, ma la minaccia del male è estranea al contratto, non è sorta in funzione esso. È il caso del commerciante che – non sopportando più le richieste estorsive del racket di quartiere, e temendo d'altra parte le ritorsioni della banda criminale – vende in tutta fretta il negozio e la casa, per trasferirsi in altra città. Un contratto del genere non è annullabile per violenza; potrebbe dare luogo al diverso rimedio della rescissione (**35**.19);

☞ essere **ragionevolmente grave**. Questo requisito si articola in una serie di criteri più specifici: ✦ il male prospettato dalla minaccia può riguardare sia *beni economici* (la distruzione dell'auto; l'incendio della casa), sia *beni della personalità* (la divulgazione di fatti lesivi dell'onore, un attentato all'integrità fisica o alla vita stessa); ma deve essere comunque *un male notevole*: nel doppio senso che il *bene* sottoposto a minaccia deve essere abbastanza rilevante, e la *lesione* di esso, che viene minacciata, abbastanza grave; ✦ la minaccia deve essere *verosimile*, e cioè *tale «da fare impressione sopra una persona sensata»* (non, quindi, una minaccia chiaramente inattuabile); peraltro questo requisito, come pure il precedente, va valutato in modo elastico caso per caso, perché si deve avere riguardo «all'*età*, al *sesso* e alla *condizione delle persone*» (art. 1435: una persona anziana o depressa è, di solito, più impressionabile della media); ✦ il bene messo a rischio deve appartenere allo *stesso contraente* cui la minaccia si rivolge, oppure a *persone a lui vicine*, perché se la minaccia riguarda un estraneo non sembra probabile che il contraente se ne faccia impressionare al punto di fare un contratto sgradito: perciò la regola è che la violenza vizia il contratto se la minaccia non diretta contro il contraente riguarda il *coniuge* (ma anche il partner nell'unione civile omosessuale: **62**.14), gli *ascendenti* o *discendenti* (art. 1436, c. 1); se riguarda persone diverse (il fidanzato, il fratello, l'amico, il collega di lavoro e via via allontanandosi), «l'annullamento del contratto è rimesso alla *prudente valutazione del giudice*», che terrà conto delle circostanze del caso concreto (art. 1436, c. 2);

☞ prospettare un **male ingiusto**. È certamente ingiusto il male causato da un *comportamento illecito* (una lesione dell'integrità fisica o della proprietà; un boicottaggio commerciale; la propalazione di notizie diffamatorie; ecc.). Ma può essere ingiusto anche il male causato da un *comportamento di per sé lecito*, e addirittura dall'esercizio di un diritto del minacciante: infatti *la minaccia di far valere un diritto* può determinare l'annullabilità «quando è *diretta a conseguire vantaggi ingiusti*» (art. 1438). Vantaggi ingiusti significa vantaggi *non collegati all'attuazione del diritto* che si minaccia di far valere. Immaginiamo per es. che il locatore minacci l'inquilino di dargli lo sfratto per morosità, come è suo diritto visto che da un anno non paga il canone: se la minaccia è formulata per costringere il conduttore a vendergli quel suo quadro di famiglia, che da tempo gli chiede inutilmente, essa persegue un vantaggio ingiusto; se invece punta a ottenere che il conduttore costituisca a suo favore una garanzia del credito per i canoni arretrati, lo scopo perseguito col contratto è direttamente *strumentale all'attuazione del diritto*, e dunque non c'è ingiustizia.

Diverso dalla violenza è il **timore reverenziale**, cioè lo stato *di soggezione psicologica in cui una persona si trova di fronte a un'altra:* ad es. A accetta, a malincuore, di vendere a B il quadro di famiglia, perché B è il suo superiore aziendale e A non se la sente di dirgli di no. Qui la pressione psicologica sul contraente si genera *dall'interno*, e non deriva da una minaccia esterna: il contratto non è annullabile (art. 1437). Molte situazioni possono stare ai confini fra violenza e timore: spetta al giudice qualificarle, in base alle circostanze del caso concreto.

Come il dolo, anche la violenza può provenire da un terzo: X minaccia A per costringerlo a contrattare con B. Ma qui la regola è diversa: la **violenza del terzo** causa l'annullabilità del contratto, *anche se il contraente che se ne avvantaggia non ne sapeva nulla* (art. 1434). La violenza è un *vizio più grave* del dolo, e la vittima merita una *protezione più forte*: l'esigenza di proteggere la vittima prevale sull'esigenza di proteggere l'affidamento di controparte.

19. La rescissione del contratto: presupposti e fondamento

La rescissione è un rimedio che si applica ai contratti conclusi in circostanze anomale, tali da costringere uno dei contraenti ad accettare condizioni contrattuali molto svantaggiose. Esso scatta in presenza di due requisiti: ☞ un *requisito interno* al contratto, consistente in un suo grave **squilibrio economico** che penalizza un contraente e avvantaggia l'altro; ☞ un *requisito esterno* al contratto, consistente nelle **circostanze anomale** entro cui il contratto viene fatto: circostanze che esercitano sul contraente una pressione così forte, da indurlo ad accettare un contratto tanto squilibrato. Queste circostanze possono essere di due tipi, a cui corrispondono le due ipotesi di rescissione: uno *stato di pericolo*, oppure uno *stato di bisogno*.

Dunque la rescissione si offre come rimedio a contratti economicamente squilibrati e «ingiusti», *solo se e in quanto* tali contratti sono stati conclusi in circostanze fortemente anomale e penalizzanti per una delle parti. Per l'operare del rimedio occorre che sia presente *sia il requisito interno sia quello esterno*, perché ciascuno dei due da solo non basterebbe a giustificarlo. Un contratto squilibrato non sarebbe rescindibile se non risultasse fatto in stato di pericolo o di bisogno: infatti *la legge tutela la spontaneità dell'accordo contrattuale, e non il giusto equilibrio economico del contratto*, di cui lascia arbitre le parti (**32**.10). Viceversa, un contratto fatto in stato di pericolo o di bisogno non sarebbe rescindibile, se non fosse intrinsecamente squilibrato (perché mancherebbe la ragione sostanziale della tutela).

20. Le due ipotesi di rescissione: contratti conclusi in stato di pericolo e in stato di bisogno (rescissione per lesione)

Il contratto concluso in **stato di pericolo** è rescindibile quando ricorrono i seguenti requisiti (art. 1447, c. 1): ☞ una parte fa il contratto solo perché vi è costretta dalla *necessità di salvare sé o altri dal pericolo attuale di un danno grave alla persona*; ☞ la necessità, creata dal pericolo, è *nota a controparte*; ☞ come risultato di tutto questo, il contratto viene concluso a *condizioni inique*. Ad es.: nel cuore della notte, A chiama un medico perché assista la moglie, che ha avuto un grave malore; il medico accetta di intervenire e praticare una terapia d'urgenza solo dopo che A gli dà o gli promette 2.000 euro. Oppure: una guida alpina, ingaggiata per accompagnare due turisti in un'escursione di mezza giornata, accetta di prolungare il suo impegno all'intera giornata per poter assistere uno dei due, che si è avventurato da solo per un sentiero difficile e rischioso ed è incapace di rientrare da solo; ma per questo chiede che un compenso esagerato. È chiara la *differenza con la violenza psichica*: in quest'ultima, la minaccia del pericolo viene creata da controparte o da un terzo, e finalizzata alla conclusione del contratto; qui il pericolo nasce all'esterno, e controparte si limita ad approfittarne. È altrettanto chiaro che, nella realtà contemporanea, le fattispecie di contratto concluso in stato di pericolo non sono molto frequenti.

Meno infrequente (perché legata a un presupposto meno «drammatico») è la fattispecie del contratto concluso in **stato di bisogno**. Per la sua rescissione occorrono i seguenti requisiti (art. 1448, c. 1-3): ☞ una parte fa il contratto perché si trova in *stato di bisogno* (che non significa necessariamente indigenza, ma può consistere anche in una temporanea difficoltà economica, determinata ad es. dalla mancanza congiunturale di denaro liquido, necessario per dei pagamenti indifferibili), e il contratto è il modo per ovviare a tale bisogno; ☞ controparte *ne approfitta per trarne vantaggio* (il che non significa che debba essere lei a proporre il contratto: l'iniziativa contrattuale può partire anche dal contraente in stato di bisogno); ☞ il danno di quest'ultimo, e il vantaggio di controparte, consistono in uno *squilibrio economico fra le prestazioni delle parti*. Non, però, un qualsiasi squilibrio, o uno squilibrio genericamente indicato come «iniquo»: ma uno squilibrio puntualmente identificato dalla legge con un parametro quantitativo che non lascia spazio alla valutazione discrezionale del giudice: lo *scarto di valore* fra la prestazione ricevuta dal contraente bisognoso e quella a suo carico deve essere almeno di *uno a due* (c.d. **lesione «ultra dimidium»**). Ad es.: X, pressato dall'urgenza di procurarsi il denaro per pagare i canoni arretrati dovuti al locatore, che altrimenti minaccia di sfrattarlo dall'oggi al domani, vende per 7.000 euro un quadro che ne vale almeno

20.000; ☞ lo squilibrio deve perdurare *fino al tempo in cui è proposta la domanda* di rescissione: questa non è proponibile se, nel frattempo, un crollo nel mercato dell'arte deprime il valore del quadro a 10/12.000 euro.

Il rimedio della rescissione per lesione non si applica ai *contratti aleatori* (art. 1448, c. 4): nei contratti dove il rapporto di valore fra le prestazioni è deliberatamente affidato al caso (**31**.10), non ha senso che un contraente si lamenti di avere perduto, quando quello stesso contraente avrebbe potuto guadagnare, se solo il caso avesse voluto diversamente.

21. Il controllo sull'equilibrio economico del contratto

La rescissione reagisce contro contratti «ingiusti», cioè economicamente squilibrati. Ma da essa non può affatto ricavarsi, come principio generale, che i contratti debbano essere «giusti», nel senso di economicamente equilibrati. Se mai se ne ricava, indirettamente, il principio opposto: proprio perché la rescissione interviene contro i contratti ingiusti solo di fronte a circostanze estreme, anomale e patologiche (stato di pericolo o di bisogno), se ne può implicare che in ogni altro caso – e quindi nella generalità dei casi – il contratto ingiusto non può essere messo in discussione; ovvero, che *lo squilibrio economico non è di per sé ragione sufficiente per invocare rimedi* contro il contratto.

Ciò, del resto, è conforme al principio della *libertà contrattuale*, a sua volta collegato con i principi della libertà economica, della concorrenza e del mercato (**32**.2). In base a esso, uno è libero di vendere per 20.000 euro un bene che ne vale 50.000, e se lo fa non può poi pentirsi e ribellarsi al vincolo contrattuale: la legge e i giudici non intervengono con nessun rimedio a suo favore (salvo che egli sia incapace, o vittima di un vizio della volontà o di uno stato di pericolo o di bisogno), perché si pensa che i migliori giudici dell'equilibrio economico e della «giustizia» del contratto siano le stesse parti interessate. Da questa logica si esce solo quando la legge ritiene – per l'interesse generale, o per esigenze di protezione sociale – di sovrapporre le proprie valutazioni di «giustizia» a quelle delle parti: ad es. con le clausole o i prezzi imposti da norme imperative.

Tradizionalmente, ciò accadeva in casi limiti ed eccezionali: che, proprio per questo, confermavano il principio della libertà di fare contratti squilibrati. Ma sviluppi recenti della legislazione lasciano intravvedere una tendenza a ridimensionare tale principio, e ad ampliare notevolmente i casi in cui la legge introduce un *controllo pubblico sulla «giustizia» (nel senso di equilibrio, e in particolare di equilibrio economico) del contratto*: anche quando il contratto sia concluso in circostanze «normali», e comunque molto lontane dalla patologia dello stato di pericolo o di bisogno. In particolare: ☞ la legge sull'*usura* (l. 108/1996) vieta gli interessi usurari nel mutuo (**38**.19), ma ha una portata più generale perché considera reato farsi «dare o promettere ..., in corrispettivo di una prestazione ..., vantaggi usurari»: sicché il contratto usurario (che non è altro se non un contratto economicamente squilibrato) dovrebbe, in quanto vietato penalmente, essere illecito anche per il diritto privato, e quindi nullo; ☞ nei contratti fra professionisti e consumatori non possono inserirsi *clausole vessatorie*, e cioè clausole che determinano un «significativo squilibrio» fra le parti (**60**.6); ☞ sono vietati i contratti che realizzano un *abuso di dipendenza economica fra imprese*, e cioè un «eccessivo squilibrio» nei rapporti fra esse (art. 9 l. 192/1998: **60**.11).

36

IL TRATTAMENTO DEI CONTRATTI INVALIDI

1. Differenze fra nullità e annullabilità: il trattamento dei contratti invalidi

Come sappiamo, la nullità protegge un *interesse generale,* l'annullabilità un *interesse particolare*: questa *differenza di fondamento* spiega le *differenze di trattamento* giuridico dei due rimedi.

Esse corrispondono al *diverso modo in cui la legge ritiene di valutare e sistemare gli interessi coinvolti nel contratto difettoso.* Dunque la scelta se un contratto con un determinato difetto sia da considerare (e trattare) come nullo oppure come annullabile, è una scelta in senso lato politica: dipende da come il legislatore intende bilanciare gli interessi in gioco. Questo spiega, ad es., perché il contratto fatto per errore ostativo, che sotto il codice del 1865 era considerato nullo, col codice del 1942 è diventato annullabile (**35**.15): il legislatore ha voluto dare una protezione più forte all'affidamento di controparte, e a tale scopo ha spostato la fattispecie dalla casella della nullità a quella dell'annullabilità, la cui disciplina protegge l'affidamento molto più di quella della nullità.

Si spiega così anche il criterio per risolvere i casi di *coesistenza fra le due cause di invalidità:* se un contratto è al tempo stesso nullo (ad es. per illiceità della causa) e annullabile (ad es. per dolo), *prevale la nullità*, che in un certo senso assorbe l'annullabilità; le conseguenze sul contratto sono quelle della nullità, non quelle dell'annullabilità. E si spiega allo stesso modo l'importanza di qualificare correttamente l'invalidità del contratto, nei *casi di confine* che possono dare luogo a dubbi: può non essere facile, per es., stabilire se il contratto è difettoso per dissenso occulto (che porta alla nullità: **35**.6) o per errore sull'identità dell'oggetto (che genera annullabilità: **35**.13).

Sul medesimo fondamento si spiega infine perché, di regola, la *nullità* può scattare in una *serie aperta di casi* (si pensi alla nullità virtuale), mentre l'*annullabilità* scatta solo nei *casi tipici previsti dalla legge*. Il rapporto eccezionalmente si rovescia per le *deliberazioni delle assemblee* di condominio e di società: le deliberazioni invalide normalmente sono annullabili; sono nulle nei casi particolari indicati dalla legge. La ragione è che – essendo qui in gioco l'atto di un'organizzazione, che coinvolge una pluralità di interessati – si vuole *limitare la possibilità di attaccare e distruggere l'atto*: limitazione che per l'appunto è insita nella disciplina dell'annullabilità. E questo a sua volta spiega perché, quando le conseguenze di questa limitazione appaiono ingiuste, per aggirarle si ricorre alla categoria dell'*inesistenza* (**35**.7).

Cominciamo, a questo punto, a esaminare le differenze di trattamento giuridico dei contratti nulli e dei contratti annullabili. Esse riguardano fondamentalmente quattro aspetti: ☞ la *legittimazione* ad attivare il rimedio; ☞ la *prescrizione* del diritto di attivarlo; ☞ il *recupero* del contratto difettoso; ☞ le *conseguenze* dell'applicazione del rimedio.

C'è poi un contratto, in relazione al quale il trattamento della nullità si presenta molto diverso da quello comune: il contratto di società (**53**.4).

2. La legittimazione a far valere l'invalidità

Una prima differenza riguarda chi è legittimato a far valere l'invalidità del contratto:

☞ per la **nullità** si prevede una *legittimazione allargata* (art. 1421): il rimedio ✦ può essere invocato da *chiunque vi abbia interesse*: sia l'una e l'altra parte, sia anche un terzo che possa ricavarne qualche vantaggio giuridico (ad es. un creditore del venditore, a cui la nullità della vendita consente di aggredire la cosa venduta). Inoltre ✦ può essere applicato *d'ufficio dal giudice*, chiamato a decidere una lite sull'esecuzione del contratto: se il giudice scopre la nullità, la dichiara (e respinge la domanda basata sul contratto nullo) anche se nessuna parte glielo ha chiesto, in deroga al principio processuale della domanda (**9**.13). La ragione è che la nullità serve l'*interesse generale*: per questo la legge allarga al massimo la possibilità che la nullità sia scoperta e dichiarata;

☞ invece il rimedio dell'**annullabilità** può essere invocato solo dalla *parte nel cui interesse la legge lo prevede* (art. 1441, c. 1): l'incapace, chi ha commesso l'errore, chi è stato ingannato o minacciato, il rappresentato tradito dal rappresentante infedele, ecc. Non può invocarlo l'altra parte, né un terzo; non può applicarlo il giudice d'ufficio. La ragione è che l'annullabilità serve l'*interesse particolare di quel contraente*: e allora la legge abilita solo lui a valutare e decidere in merito.

Ci sono tuttavia **eccezioni**, che si spiegano:

☞ da un lato, casi di **annullabilità assoluta**, in cui il rimedio può essere invocato da *chiunque vi abbia interesse*: così per il contratto dell'*interdetto legale* (art. 1441, c. 2), e la ragione è che, a differenza degli altri casi di incapacità, questa non è un'incapacità di protezione (**11**.10);

☞ dall'altro lato, casi (inversi, e molto più significativi) di **nullità relativa**, in cui eccezionalmente *la nullità può farsi valere solo da una delle parti*. Qui la ragione è che queste nullità derivano dalla violazione di *norme imperative poste a tutela di una determinata categoria di contraenti*, da proteggere contro la superiore forza contrattuale di controparte: ad es., le nullità previste dalle norme sui contratti bancari possono essere fatte valere solo dal cliente, e non anche dalla banca (art. 127, c. 2, t.u.b.); idem per quelle derivanti dal divieto di clausole vessatorie nei contratti dei consumatori. Il fenomeno si sta notevolmente espandendo, per l'espandersi delle discipline di regolazione del mercato dirette a tutelare consumatori e clienti.

3. La prescrizione del diritto di invocare l'invalidità

Anche su questo abbiamo una contrapposizione:

☞ il diritto di far accertare e dichiarare dal giudice la **nullità** (azione di nullità) è *imprescrittibile* (art. 1422), per agevolare al massimo la scoperta dei contratti nulli: non si vogliono mettere limiti di tempo alla possibilità di eliminare tali contratti, perché la loro eliminazione è nell'interesse generale. Peraltro, gli *effetti pratici* della regola possono essere *neutralizzati* in due modi (art. 1422): ✦ prima di tutto perché *resta soggetta a prescrizione l'azione di ripetizione delle prestazioni* fatte in base al contratto nullo: se nel 1985 A compra da B una cosa, pagandone il prezzo, A può far valere la nullità della vendita anche nel 2015; ma non può ottenere la restituzione del prezzo (che è la normale conseguenza della nullità) perché questa pretesa nel frattempo si è prescritta; ✦ inoltre, per l'operare dell'*usucapione*: B può far dichiarare nullo il contratto anche 30 anni dopo la sua conclusione, ma questo non lo porta a riavere la proprietà della cosa venduta, se questa nel frattempo è stata posseduta da qualcuno per il tempo necessario a usucapirla (**21**.15). In breve: il tempo non lavora contro chi è interessato alla nullità, salvo che lavori a favore di qualche controinteressato;

☞ invece l'azione per far valere l'**annullabilità** del contratto *si prescrive in* *cinque anni* (art. 1442, c. 1). Nei principali casi di annullabilità il termine decorre da quando viene meno la causa di questa: dalla fine dell'incapacità; dalla scoperta dell'errore o dell'inganno; dalla cessazione della minaccia (art. 1442, c. 2). Negli altri casi, dalla conclusione del contratto (art. 1442, c. 3).

Si prescrive l'azione, ma *non si prescrive l'eccezione di annullabilità* (art. 1442, c. 4). Nel 2009 X compra una cosa da Y in base a un suo errore rilevante, del quale si accorge poco dopo, senza però prendere nessuna iniziativa: nel 2015 non è più in grado di ottenere l'annullamento del contratto, perché la relativa azione si è prescritta, e dunque, se ha già pagato il prezzo, non riesce a recuperarlo; ma se non l'ha ancora pagato, e nel 2015 Y gli chiede il pagamento, X può paralizzare questa pretesa opponendogli che essa si fonda su un contratto annullabile. Il rimedio, morto come azione, resta vivo come eccezione (**9**.14).

4. Il recupero dei contratti invalidi: la convalida del contratto annullabile

Una terza differenza concerne la possibilità o meno di convalidare il contratto invalido, rendendolo valido: ☞ il contratto viziato da **nullità** non può diventare valido: *la convalida non è ammessa* (1423). Questo tipo di invalidità serve l'interesse generale: non è ammissibile che il rimedio sia messo fuori gioco da chi abbia un interesse particolare a farlo. Un'eccezione è prevista per la *donazione* nulla, che può essere convalidata (**70**.7); ☞ all'opposto della nullità, nei casi di **annullabilità** la regola è che *il contratto può essere convalidato* (art. 1444).

La **convalida** è un *atto unilaterale ricettizio, che rende il contratto valido* e recupera pienamente i suoi effetti. Ha queste caratteristiche:

☞ può compierla *solo la parte legittimata a invocare l'annullabilità* (per le stesse ragioni che suggeriscono di attribuire solo a lei tale legittimazione);

☞ la parte legittimata deve essere «in condizione di concludere validamente il contratto» (art. 1444, c. 3), cioè deve essere *venuta meno la causa di annullabilità* (la maggiore età deve essere stata raggiunta, l'errore o inganno deve essere stato scoperto, ecc.);

☞ la parte legittimata deve *manifestare la volontà di convalidare*, e ciò può farsi in due modi, a cui corrispondono due tipi di convalida: ✦ la convalida **espressa**, consistente nell'esplicita *dichiarazione di voler convalidare* quel certo contratto, del quale *si menziona la causa di annullabilità* (art. 1444, c. 1); ✦ la convalida **tacita**, che la parte realizza con il comportamento concludente consistente nel *dare volontaria esecuzione al contratto* (sull'ovvio presupposto che le sia nota la causa di annullabilità: art. 1444, c. 2).

Quando il contratto è annullabile per *errore*, c'è un altro modo per salvarlo:

l'annullamento non può essere pronunciato, se la parte non in errore offre di eseguire il contratto alle condizioni che aveva in mente la parte in errore (**mantenimento del contratto rettificato**: art. 1432). Con la convalida il contratto si salva per iniziativa della parte legittimata all'annullamento; qui per iniziativa di controparte.

Questi meccanismi riflettono il principio generale di **conservazione degli atti**, per cui l'ordinamento favorisce per quanto possibile il «salvataggio» degli atti di autonomia privata, anche in presenza di elementi capaci di pregiudicarne o limitarne l'operatività: ne abbiamo incontrato un altro esempio in materia di *interpretazione* del contratto (**32**.6).

Il principio di conservazione opera, in qualche misura, anche verso i *contratti nulli*. Ad es., con la regola in materia di *contratto plurilaterale:* se in un tale contratto la nullità colpisce il vincolo di uno dei partecipanti, il contratto resta valido per tutti gli altri, salvo che la partecipazione nulla sia essenziale (art. 1420). Identico criterio si applica nel caso di annullabilità (art. 1446). E ancora: è vero che il contratto nullo non si può convalidare, e quindi non è possibile recuperare la pienezza dei suoi effetti; ma è possibile un certo *recupero dei suoi effetti* attraverso il meccanismo della *conversione*, che ora s'illustra.

5. La conversione del contratto nullo

La conversione è il meccanismo per cui il contratto nullo (incapace di produrre i suoi effetti) *può produrre gli effetti di un contratto diverso* (art. 1424). Ciò può accadere, a due condizioni: ☞ il contratto nullo deve avere i *requisiti di sostanza e di forma* previsti per il contratto diverso; ☞ deve risultare che *le parti avrebbero voluto il contratto diverso*, se avessero saputo della nullità del loro contratto.

In base al secondo requisito, ciò che deve accertarsi sembrerebbe dunque la *«volontà ipotetica» delle parti*. Questa però va intesa *non in senso psicologico, ma in senso oggettivo*: il criterio è la coerenza degli effetti del contratto diverso, rispetto al *programma (assetto di interessi) che le parti avevano inteso realizzare con il loro contratto.* Ad es.: la locazione di 12 anni, fatta verbalmente, e quindi nulla per difetto di forma, può convertirsi in una locazione novennale (che non richiede lo scritto), se per le parti non era assolutamente essenziale che durasse proprio 12 anni. Oppure: il patto di non alienare, nullo perché di durata eccessivamente lunga, può convertirsi, per quella stessa durata, in un patto di prelazione, se questo non stravolge l'assetto di interessi voluto dalle parti.

A un criterio diverso risponde la c.d. **conversione legale**, che si ha quando la legge, di fronte a un contratto considerato con sfavore, prevede la possibilità di *convertirlo in un contratto di tipo diverso, a prescindere dalla volontà ipotetica delle parti*: così, la l. 203/1982 stabilisce che i contratti agrari di tipo associativo vengano convertiti in affitto di fondi rustici (**50**.10). È la stessa logica che ispira l'art. 1419, c. 2 e lo contrappone all'art. 1419, c. 1 in tema di nullità parziale, come ora si dice.

6. La nullità parziale del contratto

La regola sulla nullità parziale risolve questo problema: quando è *nulla una singola clausola* del contratto, cade solo la clausola nulla e il resto del contratto rimane valido (*nullità parziale*)? O invece ne consegue la nullità dell'intero contratto (*nullità totale*)?

Di regola la nullità è solo parziale, cioè elimina dal regolamento contrattuale solo la clausola direttamente colpita; ma può diventare totale, e determinare la nullità dell'intero contratto, «*se risulta che i contraenti non lo avrebbero concluso senza quella parte* del suo contenuto che è colpita dalla nullità» (art. 1419, c. 1). Come per la conversione, anche qui la norma fa riferimento alla c.d. *volontà ipotetica* delle parti. E anche qui il criterio da applicare non è un criterio psicologico: è un *criterio oggettivo*, fondato sulla valutazione degli effetti contrattuali – con e senza la clausola nulla – alla luce dell'*assetto di interessi che le parti avevano inteso realizzare con il contratto.* Tutto dipende dunque dall'*importanza che la clausola obiettivamente riveste nell'ambito del regolamento contrattuale*: se la clausola non è essenziale, e la sua cancellazione non altera sostanzialmente l'equilibrio di interessi che il contratto intendeva realizzare, la nullità è solo parziale; se invece la clausola è così importante che il suo venire meno altera sostanzialmente quell'equilibrio di interessi (a danno di una parte, e a vantaggio dell'altra), tenere in piedi il contratto senza la clausola significherebbe tradire il programma dell'autonomia privata, e allora il contratto è totalmente nullo.

Può tuttavia accadere che il contratto resti in piedi, anche se la clausola nulla è essenziale: ciò si verifica «quando *le clausole nulle sono sostituite di diritto da norme imperative*» (art. 1419, c. 2), e cioè quando opera il meccanismo della *sostituzione automatica* (**32**.11). Un contratto di locazione non abitativa, in cui è nulla la clausola che prevede una durata di tre anni (inferiore al minimo di legge), resta valido – per la durata di sei anni – anche se la durata solo triennale era essenziale per le parti (o almeno per il locatore, che non avrebbe fatto il contratto per una durata superiore). La ragione è che qui *le scelte dell'autonomia privata sono messe fuori gioco dalla norma imperativa:* la legge sovrappone il proprio schema di sistemazione degli interessi allo schema concordato fra le parti; e vuole che il contratto abbia valore, secondo lo schema legale, perché l'opposta soluzione (nullità totale) frustrerebbe lo scopo della norma, che è la protezione del contraente debole (qui, il conduttore). Ed è escluso che, in questa situazione, la parte possa annullare il contratto per errore di diritto (qui se mai c'è un errore sulla disciplina giuridica del contratto, che è irrilevante: **35**.13).

7. Le conseguenze dell'invalidità: fra le parti

Finora, parlando delle conseguenze giuridiche dell'invalidità, abbiamo usato espressioni generiche come «cancellare» o «eliminare» gli effetti del contratto. È venuto il momento di essere più precisi su questo punto. Ciò impone di considerare separatamente le conseguenze dell'invalidità fra le parti, e nei confronti dei terzi; e, in relazione a certi aspetti, di distinguere fra nullità e annullabilità.

Nei rapporti interni fra le parti, i due rimedi hanno un trattamento tendenzialmente omogeneo: sia la sentenza con cui il giudice dichiara che il contratto è *nullo*, sia quella con cui lo riconosce *annullabile* e lo annulla, operano **retroattivamente**: ciò significa che *il contratto invalido si considera, fin dal principio, incapace di produrre effetti*; e quindi è come se i suoi effetti non si fossero mai prodotti. In concreto: sia che la vendita da A a B risulti nulla, sia che venga annullata, il risultato è che la cosa venduta si considera non mai uscita dalla proprietà di A, e quindi non avrebbe mai dovuto essere consegnata a B, che perciò è obbligato a restituirla; così come si considera non mai sorta l'obbligazione di B per il prezzo (e se B l'ha già pagato, ha diritto alla restituzione). È una tipica applicazione del principio della **ripetizione dell'indebito** (**46**.7-8).

La regola per cui nullità e annullamento retroagiscono fra le parti (donde la possibilità di ripetere le prestazioni eseguite in base al contratto invalido) conosce però alcune **eccezioni**: ☞ una riguarda il *contratto nullo per violazione del buon costume*: il contraente che vi ha dato esecuzione *non può ripetere la prestazione* fatta, se anch'egli risultava compartecipe dell'immoralità (art. 2035); ☞ un'altra riguarda l'annullamento: se il contratto è *annullato per incapacità*, l'incapace non è tenuto a restituire all'altro contraente la prestazione ricevuta, se non nei limiti in cui questa si è *rivolta a suo vantaggio* (art. 1443); la *ratio* è analoga a quella che ispira la regola sul pagamento al creditore incapace (**23**.2); ☞ una terza eccezione riguarda entrambi i tipi di invalidità: la *nullità* e l'*annullamento* del *contratto di lavoro* non operano retroattivamente, perché *gli effetti del contratto sono salvi «per il periodo in cui il rapporto ha avuto esecuzione»*, e quindi il lavoratore conserva il diritto alla retribuzione (art. 2126, c. 1). Si torna alla regola della retroattività quando il contratto è nullo per *illiceità dell'oggetto o della causa* (art. 2126, c. 1); ma anche in tal caso, se l'illiceità dipende dalla violazione di norme a protezione del lavoratore, e il lavoro è stato effettivamente prestato, il lavoratore ha comunque *diritto alla retribuzione* (art. 2126, c. 2).

8. Le conseguenze dell'invalidità rispetto ai terzi

La disciplina della nullità e quella dell'annullamento divergono in modo molto più netto, se si considerano le conseguenze rispetto ai terzi:

☞ la **nullità** del contratto è *sempre opponibile ai terzi*. Immaginiamo che A venda una cosa a B, e che successivamente B rivenda la stessa cosa a X. Se in seguito la vendita fra A a B viene dichiarata nulla, tale nullità può essere fatta valere da A nei confronti di X (terzo rispetto alla vendita nulla), il quale deve restituire la cosa ad A: infatti X l'ha comprata da B, che però non era il proprietario perché a sua volta l'aveva comprata da A in base a un contratto nullo. Si può quindi dire che la nullità *opera retroattivamente sia fra le parti, sia verso i terzi*;

☞ invece l'**annullamento** del contratto è, in linea di principio, *inopponibile ai terzi* (ovvero, *opera retroattivamente fra le parti, ma non rispetto ai terzi*): una regola volta a tutelare il loro affidamento sugli acquisti fatti, e dunque a proteggere la sicurezza della circolazione. Risulta *eccezionalmente opponibile ai terzi* solo in tre casi (art. 1445), e cioè: ✦ se il terzo è *in mala fede*, cioè acquista sapendo che il proprio dante causa aveva acquistato in base a un contratto annullabile (perché la mala fede, per definizione, esclude l'affidamento); ✦ se il terzo ha acquistato *a titolo gratuito* (perché l'affidamento di chi si arricchisce gratuitamente è meno meritevole di protezione); ✦ se l'annullamento dipende da *incapacità legale* (perché qui l'affidamento non è esente da colpa: il terzo, consultando i registri dello stato civile, avrebbe potuto facilmente accertare che il suo dante causa aveva acquistato da un incapace legale). Fuori di questi casi, l'annullamento non pregiudica i diritti acquistati dai terzi. Con una sola possibile eccezione (art. 1445): che il terzo abbia trascritto il suo acquisto dopo la *trascrizione della domanda giudiziale di annullamento* (**20**.5).

Per contro, quando l'invalidità è opponibile ai terzi (sempre, se si tratta di nullità; nei tre casi appena specificati, se si tratta di annullamento), può intervenire qualche altra regola a salvare i loro acquisti: la regola «*possesso vale titolo*» (**21**.18); e la regola sulla *pubblicità sanante* (**20**.5).

Il fatto che la nullità opera sempre retroattivamente, mentre l'annullamento in molti casi opera non retroattivamente, si esprime di solito con il dire che *il contratto nullo non produce mai nessun effetto*, mentre *il contratto annullabile produce i suoi effetti fino al momento in cui viene annullato dal giudice*; oppure che la sentenza con cui il giudice riconosce la nullità del contratto è una *sentenza dichiarativa*, mentre quella con cui il giudice annulla il contratto annullabile è una *sentenza costitutiva* (**9**.9).

9. Il trattamento del contratto rescindibile

Il trattamento giuridico della rescissione per la maggior parte degli aspetti si avvicina a quello dell'*annullabilità* (a cui lo accosta il fatto di essere finalizzato alla protezione di uno dei contraenti), mentre se ne allontana per un singolo aspetto, che lo accosta alla nullità:

☞ come l'azione di annullamento, anche quella di rescissione: ✦ può essere proposta esclusivamente dalla *parte protetta*; ed ✦ è soggetta anch'essa a *prescrizione*, peraltro con un termine più breve: un anno dal contratto (art. 1449, c. 1); ma a differenza dell'annullabilità, qui ✦ si prescrive *anche l'eccezione* (art. 1449, c. 2). Un altro dato in comune riguarda le conseguenze: ✦ *fra le parti gli effetti contrattuali cadono*: quanto promesso non deve essere pagato, quanto pagato deve essere restituito; ma se il contratto è rescisso perché concluso in stato di pericolo, il giudice può «assegnare un *equo compenso all'altra parte* per l'opera prestata» (art. 1447, c. 2: il medico e la guida degli esempi non avranno tutto il denaro pattuito, ma qualcosa potranno ottenere per il servizio reso); invece la rescissione ✦ *non è opponibile ai terzi* (art. 1452), che rispetto alle sue conseguenze hanno una protezione perfino più ampia di quella goduta nei confronti dell'annullamento: ne sono immuni anche se acquistano in mala fede, e a titolo gratuito;

☞ con la nullità, la rescissione ha in comune che *il contratto rescindibile non può essere convalidato* (art. 1451).

Però esiste un mezzo per salvarlo, e questo mezzo consiste nel modificarlo: la *parte che ha approfittato* della situazione può evitare la rescissione, domandata dall'altra parte, se *offre una modificazione del contratto tale da eliminare lo squilibrio* economico (**offerta di riduzione a equità**: art. 1450). Riprendendo l'esempio già fatto (**35.**20), il compratore può evitare la rescissione del contratto – e quindi tenersi il quadro, che altrimenti dovrebbe restituire – se offre un supplemento di prezzo pari a 13.000 euro (non basterebbe una somma minore – ad es. 4.000 o 5.000 euro – pur sufficiente a ridurre lo squilibrio sotto la metà). Anche questo ci ricorda la disciplina del contratto annullabile (per errore): si ricordi il mantenimento del contratto rettificato (**36.**4).

Una disciplina alquanto diversa – nel trattamento, e anche nei presupposti – riceve la rescissione del contratto di *divisione* (art. 1448, c. 5): ne parleremo a suo tempo (**69.**15).

37

RISOLUZIONE DEL CONTRATTO, E ALTRI RIMEDI

1. La risoluzione del contratto

Risoluzione significa *scioglimento:* con la risoluzione, il contratto si scioglie; e si scioglie (liberando le parti dal vincolo) generalmente per qualche *difetto di funzionamento che sopravviene dopo la conclusione del contratto.* Questo porta a individuare la fondamentale differenza che esiste fra la risoluzione e gli altri tre rimedi considerati nel capitolo precedente (le impugnazioni):

☞ le **impugnazioni** reagiscono a *difetti originari* del contratto, che viziano il contratto fin dall'inizio, ovvero rendono difettoso il contratto inteso come atto: ed esse servono proprio ad attaccare («impugnare») il *contratto come atto.* Ecco perché, quando il vizio tocca la causa del contratto, si dice che esse reagiscono contro un *difetto genetico della causa* (o contro un *difetto genetico del sinallagma,* quando la causa si identifica nello scambio fra prestazioni, e il difetto consiste nello squilibrio fra esse, come nei casi di rescissione);

☞ invece la **risoluzione** riguarda contratti che nascono senza vizi. Essa reagisce a *difetti sopravvenuti,* che toccano non il contratto come atto, ma il *contratto come rapporto contrattuale* generato dall'atto: ed è propriamente il rapporto contrattuale, non l'atto contrattuale, che viene sciolto con la risoluzione. Si comprende allora che, rispetto ad essa, si parli di *difetto funzionale della causa* (e più precisamente di *difetto funzionale del sinallagma,* dato che il rimedio riguarda per lo più i contratti di scambio).

La risoluzione non è, peraltro, l'unico meccanismo che determina lo scioglimento del contratto (del rapporto contrattuale): allo stesso risultato si giunge con il mutuo dissenso (**33**.9), con il recesso unilaterale (**33**.10), con la condizione risolutiva (**34**.5).

Ferme le importanti differenze che si sono segnalate, la risoluzione ha qualcosa in comune con due impugnazioni, e cioè con l'annullabilità e la rescissione: serve a *proteggere l'interesse particolare di uno dei contraenti*, quello colpito sfavorevolmente dal sopravvenuto fattore di disturbo del contratto.

Le cause generali di risoluzione sono tre: ☞ l'**inadempimento**: qui il difetto che disturba il buon funzionamento del rapporto contrattuale è che un contraente *non riceve la prestazione attesa, per causa imputabile* all'altro contraente; ☞ l'**impossibilità sopravvenuta della prestazione**: qui il difetto è che *un contraente non riceve la prestazione attesa, per causa non imputabile* all'altro contraente; ☞ l'**eccessiva onerosità sopravvenuta**: qui il difetto consiste nel sopravvenuto *squilibrio di valore fra le prestazioni*, che rende il contratto estremamente svantaggioso per uno dei contraenti.

Al di fuori di esse, la legge prevede poi singole ipotesi di risoluzione, con riferimento a particolari tipi contrattuali e in presenza di particolari presupposti: ad es. la risoluzione del contratto di *vendita*, come conseguenza della garanzia per *vizi della cosa* e per *evizione* (**38**.8-10); o quella dell'*appalto*, per *difetti dell'opera* (**40**.4). Un'ulteriore causa di risoluzione non prevista dalla legge, ma costruita dalla giurisprudenza, è la *presupposizione* (**37**.10).

2. Attuazione e inattuazione del contratto: caparra confirmatoria ed eccezioni sospensive

Un contratto a prestazioni corrispettive svolge bene la sua funzione solo se risulta pienamente attuato dall'una e dall'altra parte, e cioè se ciascun contraente esegue esattamente la sua prestazione: in caso contrario, perde senso. Di qui l'utilità di *strumenti capaci di rafforzare l'attuazione del contratto*; e, per il caso che il contratto risulti inattuato, la necessità di *rimedi che reagiscano alla sua inattuazione*, proteggendo la parte che ne è vittima (fra questi, il rimedio estremo è la risoluzione per inadempimento).

Uno strumento per rafforzare l'attuazione del contratto è ☞ la **caparra confirmatoria**, consistente in una *somma di denaro (o quantità di cose fungibili) che una parte dà all'altra alla conclusione del contratto.* Essa funziona, per entrambe le parti, come *incentivo all'adempimento*, perché *penalizza l'inadempimento*: infatti se chi ha dato la caparra è inadempiente, egli rischia di perderla, dato che l'altra parte può recedere dal contratto trattenendo la caparra; mentre se inadempiente è la parte che ha ricevuto la caparra, chi l'ha data può recedere ed esigere il doppio della caparra (art. 1385, c. 2). Se invece entrambi adempiono, la caparra viene restituita oppure imputata alla prestazione dovuta (art. 1385, c. 1).

Quando si profila una minaccia all'attuazione del contratto, chi subisce la minaccia è immediatamente protetto con rimedi che gli permettono di *sospendere a sua volta, temporaneamente, l'attuazione del contratto* per la parte a suo carico. Si chiamano **eccezioni sospensive** (o dilatorie), e le principali sono due:

☞ la più importante, è l'**eccezione d'inadempimento**: in base ad essa, *se una parte è inadempiente, l'altra parte può rifiutare di eseguire la propria prestazione* (art. 1460, c. 1). Esempio: il venditore A deve consegnare la merce il 10 giugno, e il compratore B deve pagarla il 15 giugno; se A non consegna la merce, e il 15 giugno pretende il pagamento da B, questi può respingere la pretesa di A eccependogli il suo inadempimento. Ovvero: l'inadempimento di una parte giustifica l'inadempimento dell'altra. La sua funzione è *stimolare le parti ad adempiere*, perché in caso contrario rischiano di non ottenere la prestazione attesa. L'applicabilità del rimedio non è però assoluta: l'eccezione non si può opporre (la parte non può rifiutare il proprio adempimento, pur di fronte all'inadempimento di controparte) se, in relazione alle circostanze del caso, il rifiuto è contrario a *buona fede* (art. 1460, c. 2). Questo vuol dire, ad es., che ci deve essere una *ragionevole correlazione e proporzione* fra l'inadempimento di una parte e il successivo rifiuto di adempimento dell'altra;

☞ il secondo rimedio protegge il contraente non contro un inadempimento già verificatosi, ma contro il semplice *rischio di inadempimento.* Di fronte al **mutamento delle condizioni patrimoniali** di un contraente, tale da mettere in evidente pericolo l'esecuzione della sua prestazione, l'altro può *sospendere la propria prestazione,* salvo che gli venga data idonea *garanzia* (art. 1461): ad es., se il committente attraversa una grave crisi di liquidità che rende molto dubbia la sua capacità di pagare, l'appaltatore può sospendere i lavori che sta facendo per lui.

Peraltro, il contratto può contenere una *clausola limitativa della proponibilità di eccezioni*, con cui si stabilisce che una parte non può invocare, come eccezioni, fatti che pure giustificherebbero il suo rifiuto di adempiere: deve comunque pagare, e solo dopo può avvalersi di quei fatti, come fondamento di un'azione per ottenere la restituzione di quanto indebitamente pagato (c.d. **clausola solve et rèpete**, cioè: «prima paga, e poi chiedi indietro»). Una clausola del genere è ammessa per neutralizzare le eccezioni sospensive viste sopra, ma non quelle di *nullità, annullabilità e rescissione* (art. 1462, c. 1): la parte può sempre rifiutare l'adempimento, se dimostra che il contratto presenta uno di questi vizi. Ma anche negli altri casi l'efficacia della clausola può essere paralizzata, se il giudice riconosce che esistono *gravi motivi* (art. 1462, c. 2).

3. Domanda di adempimento e risoluzione per inadempimento

A parte i rimedi sospensivi (che operano nell'immediato, in modo provvisorio) la parte di un contratto a prestazioni corrispettive può scegliere due strade contrapposte per reagire all'inadempimento di controparte (art. 1453, c. 1): domandare l'adempimento o domandare la risoluzione. In altre parole:

☞ o la parte *conserva la speranza e l'interesse* di ottenere, sia pure in ritardo, la prestazione attesa: allora tiene fermo il contratto e propone una **domanda di adempimento**, con cui chiede al giudice di condannare l'inadempiente a eseguire la prestazione inadempiuta;

☞ oppure *non ha più tale speranza o interesse*: ad es., si è convinto che controparte non eseguirà mai in modo soddisfacente la prestazione dovuta; o non intende aspettare tutto il tempo del processo per averla, e preferisce procurarsela subito, con un altro contratto. In tal caso il suo obiettivo non è mantenere e attuare il contratto, ma al contrario distruggerlo: è vero che così egli perde definitivamente il diritto ad avere la prestazione attesa; ma in compenso *non deve più la sua prestazione, e se l'ha già eseguita può ottenerne la restituzione.* A questo fine, egli propone allora **domanda di risoluzione** del contratto. La domanda di risoluzione incanala la situazione, in modo sostanzialmente irreversibile, verso lo scioglimento del contratto. A questo punto sono infatti precluse le iniziative che potrebbero salvarlo mediante un'attuazione tardiva: una volta chiesta la risoluzione, da un lato ✦ *la vittima dell'inadempimento non può cambiare idea e chiedere l'adempimento* (art. 1453, c. 2): di fronte alla domanda di risoluzione, è normale che l'inadempiente si metta nella posizione di chi non deve più eseguire il contratto, e non sarebbe giusto sorprenderlo con una tardiva domanda di adempimento (invece non c'è preclusione in senso contrario: chi ha chiesto l'adempimento, può poi cambiare idea e chiedere la risoluzione); dall'altro lato ✦ *all'inadempiente non è più consentito un adempimento tardivo*, che l'altra parte può rifiutare (art. 1453, c. 3).

Sia che chieda l'adempimento, sia che chieda la risoluzione, la parte adempiente può chiedere, in più, il **risarcimento dei danni** (art. 1453, c. 1): in quest'ultimo caso, per non avere ottenuto la prestazione, o per averla ricevuta incompleta o inesatta; nel primo caso, per il ritardo con cui la ottiene.

4. La risoluzione giudiziale

Come regola, la risoluzione per inadempimento è risoluzione giudiziale: viene *pronunciata dal giudice con la sua sentenza*, in base alla domanda dell'interessato e dopo avere accertato che ne esistono tutti i presupposti. E fino a che la sentenza non è emanata e non produce i suoi effetti, il contratto non è risolto. Dunque la sentenza di risoluzione incide sulla situazione esistente fra le parti, modificandola: prima di essa fra le parti esisteva il rapporto contrattuale; per effetto di essa il rapporto contrattuale cessa di esistere, perché la sentenza lo scioglie. Si tratta dunque di una *sentenza costitutiva* (**9**.9).

Per concedere la risoluzione, il giudice deve verificare due presupposti:

☞ il primo, e più ovvio, è l'esistenza dell'**inadempimento**. Meno sicuro è se debba anche trattarsi di un inadempimento *imputabile all'inadempiente* (ad es. perché dipendente da sua colpa). La giurisprudenza lo sostiene. Gran parte della dottrina non è d'accordo, e ritiene che per la risoluzione basti il fatto oggettivo della mancata prestazione, mentre l'imputabilità all'inadempiente occorrerebbe solo per la diversa e ulteriore conseguenza della responsabilità del debitore e del risarcimento del danno;

☞ il secondo e più specifico presupposto è un certo livello di **gravità dell'inadempimento**: il contratto si risolve solo se l'inadempimento ha *importanza non scarsa, avuto riguardo all'interesse della parte* che lo subisce (art. 1455). La ragione è chiara: sarebbe ingiusto e pericoloso, se un contraente potesse liberarsi dal vincolo contrattuale, prendendo a pretesto qualsiasi minima e insignificante inesattezza riscontrabile nella prestazione dell'altra parte. Normalmente accertare se un inadempimento ha un sufficiente grado di importanza, è compito affidato alla *valutazione del giudice.* In qualche caso, interviene un più preciso *criterio legale:* ad es., nella vendita a rate, il contratto non si risolve per il mancato pagamento di una sola rata, che non superi un ottavo del prezzo (art. 1525).

5. La risoluzione di diritto

La regola per cui la risoluzione per inadempimento è determinata dalla sentenza del giudice conosce *tre eccezioni*, in cui la risoluzione non è giudiziale, ma è risoluzione di diritto: in presenza di determinati presupposti, *il contratto si risolve senza bisogno di un provvedimento del giudice.* I casi di risoluzione di diritto sono tre:

☞ la **clausola risolutiva espressa**, che le parti possono inserire nel contratto, *prevede che il contratto si risolverà, se una determinata obbligazione nascente da questo non verrà regolarmente adempiuta* (art. 1456, c. 1). Se si verifica un tale inadempimento, il contratto va senz'altro incontro a risoluzione (anche se dovesse trattarsi di un inadempimento di scarsa importanza: qui non c'è spazio per questa valutazione, perché le parti hanno già valutato, pattuendo la clausola risolutiva, che quell'inadempimento giustifica la risoluzione). È necessario, peraltro, che la clausola *individui con precisione le obbligazioni*, il cui inadempimento determinerà la risoluzione: non è ammissibile che essa si riferisca in modo generico a «qualunque obbligazione nascente dal presente contratto», o formula analoga (con una clausola così formulata, bisognerebbe passare comunque per la risoluzione giudiziale). Verificatosi l'inadempimento considerato dalla clausola, la risoluzione non si produce però in modo automatico, ma richiede un'*iniziativa della vittima dell'inadempimento*: il contratto si risolve solo quando questa *dichiara di volersi avvalere della clausola* (art. 1456, c. 2). Infatti essa potrebbe avere interesse, nonostante l'inadempimento, a tenere fermo il contratto e cercarne l'attuazione; per questo la legge le riserva la possibilità di decidere se risolvere o meno;

☞ il **termine essenziale** è il termine di esecuzione della prestazione, scaduto il quale *la prestazione non ha più utilità per la parte che doveva riceverla:* si pensi alla fornitura di manifesti e volantini per propagandare una iniziativa pubblica che si terrà in un certo giorno; se la fornitura è fatta in ritardo, non serve più a nulla. (L'essenzialità del termine può essere convenuta *espressamente* dalle parti, oppure risultare per *implicito* dal contenuto o dalle circostanze del contratto). Scaduto il termine essenziale senza che la prestazione sia stata eseguita, si crea il presupposto per la risoluzione automatica. Anche qui, tuttavia, la parte che subisce l'inadempimento potrebbe avere ugualmente interesse a ricevere la prestazione, sia pure in ritardo: la legge gli consente di *esigerla* (rinunciando alla risoluzione del contratto); ma – a tutela del debitore, che non sarebbe giusto tenere in uno stato d'incertezza – stabilisce che di tale eventuale decisione egli deve *dare notizia* a quest'ultimo *entro tre giorni* (art. 1457, c. 1). Passati i tre giorni, in mancanza di tale notizia il contratto è risolto di diritto (art. 1457, c. 2);

☞ la **diffida ad adempiere** può essere utilizzata per risolvere il contratto senza bisogno dell'intervento giudiziale, se il termine lasciato scadere dall'inadempiente non è essenziale, o se la prestazione è fatta entro il termine, ma in modo inesatto. A questo scopo, la vittima dell'inadempimento formula *intimazione scritta all'inadempiente di adempiere esattamente entro un congruo termine* (di regola non inferiore a *15 giorni)*, accompagnata dalla *dichiarazione che, decorso inutilmente tale termine, il contratto sarà risolto* (art. 1454, c. 1-2). Decorso il termine così assegnato senza che ci sia l'adempimento, il contratto è risolto di diritto (art. 1454, c. 3): a condizione – precisa la giurisprudenza – che il ritardo o l'inesattezza lamentati non abbiano scarsa importanza.

La parte che si avvale della risoluzione di diritto ottiene il vantaggio di distruggere un contratto che non le interessa più, liberandosi dal relativo vincolo, per una *via più rapida ed economica* di quella che passa per la risoluzione giudiziale. Ma corre anche un *rischio*: che successivamente si constati che non esistevano i presupposti della risoluzione di diritto (ad es., l'inadempimento lamentato non era coperto dalla clausola risolutiva espressa), e che dunque, in realtà, il contratto non si è risolto; con la conseguenza che se la parte in questione, pensandolo risolto, ha mancato di eseguire la propria prestazione, incorre in responsabilità per inadempimento. Questo accertamento a posteriori compete al giudice: la cui sentenza, questa volta, è una *sentenza dichiarativa*, che si limita ad accertare la situazione giuridica esistente (il contratto si è, a suo tempo, risolto di diritto; oppure, il contratto è rimasto in piedi nonostante la pretesa risoluzione di diritto, invocata a torto).

6. La risoluzione per impossibilità sopravvenuta

Il diritto delle obbligazioni insegna che *la sopravvenuta impossibilità della prestazione, non imputabile al debitore, estingue l'obbligazione* (**23**.23).

Se l'obbligazione estinta nasce da un contratto a prestazioni corrispettive, e ad essa fa riscontro una controprestazione dovuta dall'altro contraente, è ovvio che *la controprestazione perde la sua giustificazione* (la sua causa, consistente nello scambio), e si estingue anch'essa: se è diventato impossibile eseguire il servizio pattuito, sicché il prestatore è liberato, è chiaro che l'utente non deve più pagare il prezzo; e se l'ha già pagato, gli deve essere restituito. Questo significa che gli effetti del contratto vengono meno: ovvero che il rapporto contrattuale si scioglie, che *il contratto si risolve* (art. 1463). E qui la risoluzione opera *di diritto*: il giudice potrà accertarla ex post, con una *sentenza dichiarativa.*

Il meccanismo della risoluzione di diritto per impossibilità sopravvenuta incontra però qualche limite, che si lega a regole già note:

☞ il contratto non si risolve, se l'impossibilità si verifica *durante la mora del creditore*: infatti questi, pur non ricevendo la prestazione, rimane obbligato a eseguire la controprestazione (**23**.13);

☞ nel caso di *contratto con effetti reali* avente per oggetto una *cosa determinata* (**33**.4), se la cosa va distrutta per causa non imputabile all'alienante, il contratto non si risolve benché l'alienante sia nell'impossibilità di fare la consegna: l'acquirente non riceve la cosa acquistata, ma rimane obbligato a eseguire la sua prestazione (art. 1465, c. 1). La ragione è semplice: per l'*effetto traslativo del consenso*, l'acquirente diventa proprietario della cosa alla conclusione del contratto, anche se la cosa non gli è stata ancora consegnata; quando va distrutta, la cosa è già sua, e la relativa perdita resta a suo carico (ma se la distruzione è imputabile un terzo, l'acquirente può chiedere a costui il risarcimento del danno). Non sarebbe giusto addossare la perdita all'alienante (che non è responsabile della distruzione), privandolo della controprestazione;

☞ la stessa *ratio* spiega il trattamento del contratto che trasferisce una *quantità di cose generiche*: il contratto non si risolve, se le cose vanno distrutte *dopo l'individuazione* (**33**.4): art. 1465, c. 3. Ugualmente non si risolve il contratto con effetto traslativo *differito a un termine* successivo, se la cosa va distrutta prima della scadenza del termine (art. 1465, c. 2): anche se al momento della distruzione la cosa è ancora proprietà dell'alienante. Vale la regola opposta (il contratto si risolve, e il cedente non ha più diritto alla controprestazione) se la cosa va distrutta durante la pendenza di una *condizione sospensiva* (art. 1465, c. 4).

Nel caso di **impossibilità parziale** della prestazione, occorre distinguere: ☞ se l'avente diritto non ha un *apprezzabile interesse* a ricevere una prestazione ridotta, può *recedere* dal contratto, che si scioglie; ☞ se invece accetta la prestazione ridotta, ha diritto a una *riduzione della controprestazione* da lui dovuta (art. 1464).

Nel caso di **impossibilità temporanea** l'obbligazione vive o muore in base alla regola dell'art. 1256, c. 2 (**23**.23); e correlativamente vive o muore la contro-obbligazione, e dunque il contratto.

Alla fattispecie qui considerata possono equipararsi casi che mettono in gioco *non l'impossibilità del debitore di eseguire la prestazione, ma del creditore di riceverla*. Norme introdotte per l'epidemia Covid-19 prevedono ad es. la risoluzione dei contratti di trasporto e soggiorno alberghiero, di cui il cliente non abbia potuto usufruire a causa delle restrizioni anti-contagio (art. 28 d.l. 9/2020; art. 88 d.l. 18/2020).

7. La risoluzione per eccessiva onerosità sopravvenuta

Il rimedio della risoluzione per eccessiva onerosità opera solo per i **contratti di durata** (**33**.6): art. 1467, c. 1. Si applica quando, *nel corso dell'esecuzione del contratto* (dopo la sua conclusione, ma prima della sua completa attuazione) si verificano *fatti che alterano notevolmente, a svantaggio di una parte, l'originario equilibrio economico* del contratto stesso: c.d. **sopravvenienze**.

La parte svantaggiata dai fatti sopravvenuti può chiedere la risoluzione del contratto, in base al principio per cui il vincolo contrattuale si considera assunto «*rebus sic stantibus*»: se lo stato delle cose cambia, è giusto che la parte sia liberata dal vincolo. Per ammettere una conseguenza così radicale come la distruzione del contratto, la legge esige però una serie di requisiti, che riguardano sia i fatti che determinano lo squilibrio economico, sia lo squilibrio stesso. Le sopravvenienze devono essere: ☞ ovviamente **successive alla conclusione del contratto**, perché se i fatti fossero stati già esistenti a quel tempo la parte, conoscendoli, ne avrebbe tenuto conto nel definire l'equilibrio economico del contratto; mentre, se li avesse ignorati, potrebbe eventualmente invocare l'annullabilità per errore; ☞ peraltro **anteriori all'esecuzione del contratto**: il rimedio non è applicabile se lo squilibrio interviene quando *entrambe le prestazioni sono già state eseguite* (perché a questo punto ciascuna parte ha già ricevuto quanto il contratto doveva attribuirle, e ha già dato quanto in base al contratto doveva dare, e ciò che accade di qui in avanti tocca solo la sua sfera individuale, e non il contratto che ha ormai esaurito la sua funzione); ed è inapplicabile, per la stessa ragione, quando risulti *completamente eseguita anche una sola delle due prestazioni, e cioè quella toccata dal fatto squilibrante*; ☞ **oggettive ed esterne**, nel senso che devono dipendere da cause non riconducibili alla sfera del contraente colpito, e tanto meno a lui imputabili; ☞ **straordinarie e imprevedibili** (art. 1467, c. 1), perché il rimedio protegge solo contro le *sopravvenienze anomale*, non contro quelle che un contraente diligente e accorto avrebbe potuto considerare e mettere in conto (una soluzione diversa, che tutelasse i contraenti contro sopravvenienze prevedibili ma da loro non previste o previste in modo sbagliato, significherebbe dare rilevanza all'errore di previsione, che invece è irrilevante: **35**.13).

Veniamo allo **squilibrio economico** determinato dalle sopravvenienze. Esso può derivare sia da aumenti di costo della prestazione dovuta dalla parte penalizzata (*onerosità diretta*), sia da diminuzioni di valore della prestazione attesa da lei (*onerosità indiretta*). In ogni caso, ciò che conta è che il contratto diventi economicamente squilibrato non rispetto a un equilibrio idealmente «giusto» (in base ai valori di mercato o ad altri criteri), ma *rispetto all'equilibrio originario*, così come le parti lo avevano liberamente stabilito.

Inoltre, occorre che lo squilibrio abbia una certa consistenza: perché l'onerosità sopravvenuta sia «eccessiva», deve superare l'**alea normale del contratto** (art. 1467, c. 2). Questo criterio parte dal presupposto che ogni contratto implica un certo rischio per i contraenti: e indica appunto *il margine di rischio normalmente insito in un determinato tipo di contratto* (dunque variabile da tipo a tipo), e che perciò qualunque contraente sa di dover affrontare facendo quel contratto. Il contratto è risolubile solo se lo squilibrio supera quel margine; se rimane al di sotto, non c'è risoluzione, perché lo svantaggio contrattuale sopravvenuto corrisponde a un rischio che il contraente si era assunto.

In applicazione di questi criteri, si è ammessa per es. la risoluzione del contratto di trasporto marittimo da un porto del Mediterraneo a un porto del Mar Rosso, nel corso del quale l'inattesa chiusura del canale di Suez costringe il vettore a circumnavigare l'Africa, con una rotta per lui molto più lunga, difficile e costosa. Così pure, nel caso che il contratto preveda il pagamento in valuta straniera, e questa subisca una fortissima svalutazione o una fortissima rivalutazione rispetto a tutte le altre valute: nel primo caso l'onerosità colpisce la parte creditrice della somma, nel secondo la parte debitrice. E non c'è contraddizione col *principio nominalistico* della moneta (**23**.14): questo riguarda l'adempimento di un'obbligazione pecuniaria, isolatamente considerata; il rimedio ora in esame riguarda il rapporto di valore fra prestazione e controprestazione all'interno del contratto. Invece non giustificherebbe la risoluzione un'inflazione contenuta entro limiti fisiologici, anche se erode parte del valore reale del prezzo che il contraente deve ricevere a una scadenza successiva: il fenomeno non è imprevedibile, e lo squilibrio da esso determinato rientra nell'alea normale per qualunque contraente che accetti un pagamento differito.

La risoluzione non può essere chiesta, se il contraente onerato risultava già *inadempiente* quando si è verificata la sopravvenienza.

La risoluzione per eccessiva onerosità è una *risoluzione giudiziale*: il rapporto contrattuale si scioglie solo con la sentenza di risoluzione, che è una *sentenza costitutiva*.

Quando la parte onerata chiede la risoluzione, l'altra parte può evitarla se offre di *modificare equamente le condizioni del contratto*, in modo da riportare o riavvicinare il contratto all'equilibrio economico originario (art. 1467, c. 3): di fronte alla chiusura del canale di Suez, per es., il mittente dovrebbe offrire al vettore un supplemento di nolo, che tenga conto della rotta più lunga e costosa che il vettore è costretto a percorrere. È l'**offerta di riduzione a equità**, analoga a quella che può evitare la rescissione (**35**.20). Il rimedio della riduzione a equità è l'unico applicabile ai *contratti gratuiti*, quando l'eccessiva onerosità colpisce l'unica parte obbligata alla prestazione. La risoluzione metterebbe la parte obbligata in una situazione migliore di quella in cui si trovava prima della sopravvenienza: è più sensato consentirle solo «una *riduzione della sua prestazione ovvero una modificazione delle modalità di esecuzione,* sufficienti per ricondurla ad equità» (art. 1468).

La risoluzione per eccessiva onerosità tutela i contraenti contro il *rischio imprevedibile*. Perciò non ha senso applicarlo ai contratti che si basano in modo deliberato sul rischio connesso all'imprevedibilità di certi eventi: ecco perché questo rimedio, al pari della rescissione, *non opera per i contratti aleatori* (**31**.10): art. 1469.

8. Le conseguenze della risoluzione

La risoluzione scioglie il rapporto contrattuale: *gli effetti del contratto vengono meno*. Ma bisogna distinguere: ☞ nei rapporti **fra le parti**, ne consegue la reciproca *liberazione* dagli impegni del contratto, e la *restituzione* delle prestazioni già eseguite: il compratore recupera il prezzo, e il venditore recupera la proprietà della cosa. In questo ambito, dunque, la risoluzione opera *retroattivamente*. Ma con un'importante *eccezione*: nei *contratti a esecuzione continuata o periodica* (**33**.6) la risoluzione non tocca le *prestazioni già eseguite* (art. 1458, c. 1: risolta la locazione, il locatore non deve restituire i canoni che ha percepito fino alla risoluzione, a fronte del godimento realizzato per lo stesso periodo dal conduttore); ☞ invece, **nei confronti dei terzi** la regola è la *non* *retroattività* della risoluzione. Infatti questa *non pregiudica i diritti acquistati in precedenza dai terzi* (se A vende a B un bene che poi B vende a X, e successivamente la vendita da A a B viene risolta, l'acquisto di X non si tocca), con la sola *riserva* altre volte incontrata: «salvi gli effetti della *trascrizione della domanda* di risoluzione» (art. 1458, c. 2).

Un particolare problema si pone riguardo alle conseguenze della risoluzione nei **contratti plurilaterali**: la legge lo risolve con una regola dettata a proposito della risoluzione per inadempimento (art. 1459) e per impossibilità sopravvenuta (art. 1466). È la regola per cui, quando l'inadempimento o l'impossibilità riguardano la prestazione di una sola delle parti, ne deriva la risoluzione dell'intero contratto solo se la *prestazione mancata* deve ritenersi *essenziale*; in caso contrario, il contratto resta fermo rispetto alle altre parti (una regola che ha la stessa ratio di quella sulla nullità parziale: **36**.6). Infine, lo scioglimento del contratto ha una specifica disciplina quando il contratto plurilaterale (o anche bilaterale) è il *contratto di società* (**52**.3, **53**.17).

9. L'esigenza di stabilità del contratto: rimedi non risolutori

Quando si manifestano *problemi o difficoltà che disturbano il buon funzionamento del rapporto contrattuale*, il rimedio tipico previsto dal sistema giuridico è la risoluzione. Il rimedio ha un senso: è certamente meglio cancellare il vincolo piuttosto che tenere in piedi un contratto che presenta gravi difetti di funzionamento (perché inattuato in tutto o in parte, o perché economicamente squilibrato da eventi sopravvenuti). Ma non è detto che la risoluzione sia sempre il rimedio ideale, quello che soddisfa al meglio l'interesse delle parti.

In particolare, la risoluzione si presenta inidonea nei casi in cui il contratto serve a realizzare *operazioni molto complesse e di lunga durata* (ad es. appalti per grandi opere impiantistiche o infrastrutturali; progettazione e fornitura di sistemi informatici per grandi aziende o organizzazioni pubbliche; ecc.). Se nel corso dell'operazione intervengono fattori di disturbo del buon funzionamento del contratto, in molti di questi casi non sarebbe accettabile, né per l'una né per l'altra parte, un rimedio consistente nell'azzerare l'operazione stessa: la diga o la centrale nucleare non può restare a metà, né può essere completata da un'impresa diversa da quella che ci ha lavorato fin qui. Occorre che il contratto resti fermo e anzi vada avanti, con gli aggiustamenti necessari per superare i problemi e le difficoltà di funzionamento che si sono manifestati: occorrono quindi rimedi non risolutori, capaci di *assicurare il mantenimento del contratto, sul presupposto del suo adeguamento alle circostanze ed esigenze sopravvenute.*

Qualche rimedio del genere è previsto dalla legge, sia in generale (ad es. la riduzione ad equità), sia in relazione a particolari tipi di contratto (ad es. per l'appalto: cfr. gli art. 1660 e segg.). Ma è soprattutto l'*autonomia privata* a trovare risposte per quell'esigenza, inserendo nel regolamento contrattuale, mediante *apposite clausole*, meccanismi di adeguamento, riaggiustamento, integrazione successiva che consentano al contratto di reagire ai difetti di funzionamento via via incontrati, senza farsene distruggere: *clausole di completamento successivo* (con cui le parti si riservano di definire in seguito, alla luce dei futuri sviluppi, elementi contrattuali che al momento della conclusione non possono ancora essere precisati); *clausole di adeguamento automatico* del contratto in presenza di determinate sopravvenienze; *clausole di rinegoziazione*, che impegnano le parti – al sopravvenire di determinate novità – a riaprire una trattativa per modificare questo o quell'aspetto del contratto.

Anche in assenza di tali clausole, si può pensare che di fronte a certe sopravvenienze scatti a carico delle parti un *obbligo di rinegoziazione*, discendente dal principio di *buona fede* (**37**.11).

10. La presupposizione

La presupposizione è una causa di risoluzione del contratto non prevista specificamente dalla legge, ma creata e applicata dalla *giurisprudenza*. Si identifica con una *situazione di fatto che entrambe le parti, pur non menzionandola esplicitamente, hanno considerato come presupposto fondamentale del contratto*, di modo che la sua inesistenza o il suo venire meno toglierebbero al contratto stesso la sua base.

Consideriamo un paio di esempi. Il primo tratto da un caso giudiziario inglese degli inizi del novecento: A prende in locazione, a caro prezzo, un balcone per un determinato giorno, allo scopo di assistere al corteo reale per l'incoronazione del nuovo sovrano, previsto per quel giorno e destinato a passare proprio sotto il balcone: ma il corteo viene soppresso. Il secondo dalla giurisprudenza italiana di questi anni: X compra un terreno con l'intento di costruirci, e lo paga come terreno edificabile; ma una variante del piano regolatore, intervenuta dopo la vendita, rende il terreno non edificabile.

In entrambi i casi, le effettive circostanze in cui il contratto dovrebbe avere attuazione sono tali da renderlo privo di senso e di utilità per uno dei contraenti. Si potrebbe osservare che ciò che viene frustrato è un suo motivo individuale, non rilevante (guardare il corteo, costruire sul terreno acquistato): in realtà, anche l'altra parte è interessata a quel motivo, perché è proprio in relazione ad esso che chiede ed ottiene il corrispettivo pattuito; per cui può dirsi che *un tale «motivo» entra a far parte della concreta ragione giustificativa del contratto, dunque della sua «causa»*. Comunque, tenere il conduttore e il compratore vincolati al contratto non sembra giusto. D'altra parte, in casi del genere può non essere applicabile né il rimedio dell'annullabilità per *errore* (ad es. perché il presupposto viene meno solo dopo la conclusione del contratto) né quello della risoluzione per *eccessiva onerosità* (ad es. perché manca qualche requisito voluto dall'art. 1467). La giurisprudenza applica allora il rimedio della presupposizione, affermando che il contratto si risolve per *l'inesistenza o il venire meno del presupposto su cui le parti hanno fondato il contratto* stesso (il passaggio del corteo, l'edificabilità del terreno).

Qualcuno cerca di ricondurre questo rimedio a una figura prevista dalla legge – la condizione –, affermando che nel contratto è presente una *condizione implicita* («se il corteo passerà di lì quel giorno», «se il terreno resterà edificabile») che, per quanto non espressa dalle parti, corrisponde alla loro volontà, desumibile con l'interpretazione del contratto. Ma dire così significa introdurre una *finzione*: la verità è che alle parti non è proprio venuto in mente di inserire una tale condizione. È più realistico, invece, riferirsi a un altro principio legale: il principio della **buona fede** nell'esecuzione del contratto (art. 1375). Per esso *le parti, nel corso del rapporto contrattuale, devono comportarsi in modo reciprocamente corretto*: e se, in casi come quelli esemplificati, il locatore e il venditore pretendessero da controparte la normale esecuzione del contratto come se nulla fosse accaduto, terrebbero un comportamento non conforme a correttezza.

11. La buona fede contrattuale

Quest'ultimo richiamo consente di introdurre un discorso più generale sul ruolo della buona fede nella disciplina del contratto. Noi abbiamo incontrato molte volte il concetto di buona fede: ma non sempre con lo stesso significato. E infatti il termine può intendersi in due sensi diversi: ☞ la buona fede **soggettiva** è una *condizione psicologica* del soggetto, e significa *ignoranza di tenere un comportamento che contrasta con il diritto altrui* (è in questo senso che si parla, per es., di possesso di buona fede, acquisto in buona fede, terzo di buona fede, ecc.); ☞ la buona fede **oggettiva** è una *regola di condotta* imposta ai soggetti, e significa *obbligo di comportarsi con correttezza e lealtà* (secondo standard non generici e astratti, ma riferiti allo *specifico tipo di situazione e operazione* concretamente in gioco).

La regola della buona fede oggettiva è molto importante nella disciplina dei rapporti obbligatori e contrattuali. Ricordiamo velocemente le situazioni in cui la legge la richiama:

☞ nel *rapporto obbligatorio*, debitore e creditore devono comportarsi secondo le regole della correttezza (**22**.16): art. 1175;

☞ le parti devono comportarsi secondo buona fede nelle *trattative* e nella formazione del contratto (**29**.16): art. 1337;

☞ il contratto deve essere *interpretato* secondo buona fede, che qui, più che come regola di condotta, funziona come criterio di giudizio (**32**.6): art. 1366;

☞ il contratto deve essere *eseguito* secondo buona fede (art. 1375), in forza di un principio generale che riceve alcune applicazioni specifiche, come quelle per cui: ✦ le parti devono comportarsi secondo buona fede durante la *pendenza della condizione* (**34**.4): art. 1358-1359; ✦ la parte non può avvalersi dell'*eccezione d'inadempimento*, quando il rifiuto della propria prestazione è contrario a buona fede (**37**.2): art. 1460, c. 2.

Ma il principio della buona fede può influire sul rapporto contrattuale *anche al di là delle ipotesi previste da norme particolari:* ad es., può obbligare una parte a tenere certi comportamenti, pur non imposti espressamente né dalla legge né dalla lettera del contratto, che sono necessari per la giusta considerazione dell'interesse di controparte, e il cui rifiuto costituirebbe una scorrettezza (c.d. *obblighi di protezione*: **22**.16); e si è appena visto che ad esso può ricondursi il rimedio, non scritto, della *presupposizione.*

Ne ricaviamo due importanti caratteristiche del principio di buona fede. Prima di tutto, esso opera come **fonte di integrazione del contratto** (**32**.10), perché nel regolamento contrattuale possono essere comprese previsioni o conseguenze che non discendono né dalla volontà delle parti, né da precise norme di legge, ma dal criterio della buona fede. Inoltre, esso ha natura di **clausola generale** (**1**.7): è come una valvola, che – attraverso il filtro delle valutazioni giudiziali – consente alla disciplina del contratto di aprirsi e adeguarsi all'evoluzione del costume, delle prassi, delle esigenze che maturano fra i protagonisti delle relazioni contrattuali.

12. L'oggettivazione del contratto

Il ruolo della buona fede, come fonte di effetti contrattuali non previsti dalla volontà delle parti, è uno dei tanti indizi che segnalano una *tendenza generale del moderno diritto dei contratti:* la tendenza all'oggettivazione del contratto. Si tratta di questo: nel diritto privato ottocentesco la disciplina del contratto si basava sul c.d. «dogma della volontà», per cui *la volontà delle parti condizionava il contratto – la sua disciplina, le sue vicende – in modo totale e assoluto*; invece nel diritto privato moderno la volontà delle parti, pur continuando a costituire il fondamento del contratto, non ha più questo valore rigidamente condizionante. In un certo senso, il contratto si rende autonomo dall'elemento soggettivo che gli ha dato vita; acquista una sua oggettività, e le sue vicende sono relativamente indipendenti da quel fattore psicologico.

Il **declino del dogma della volontà** risponde a diverse esigenze di interesse generale, affermatesi nella società e nell'economia moderne:

☞ una prima esigenza è la **standardizzazione** dei contratti, specie nel settore degli *acquisti di beni e servizi di serie destinati al grande pubblico*, sempre più importanti per il funzionamento di un mercato che si basa su produzione, distribuzione e consumi di massa: essa si realizza con i contratti standard, in cui l'apporto volitivo delle parti è molto ridotto;

☞ una seconda esigenza è la **protezione dell'affidamento** di chi contratta. Questo implica valorizzare la dichiarazione di volontà rispetto alla volontà interna del soggetto (**29**.18); e, in molti casi in cui fra le due c'è contrasto, affermare la **prevalenza della dichiarazione sulla volontà**. Si spiegano così alcune regole che conosciamo. Il contratto dell'*incapace naturale* ha una base psicologica gravemente difettosa, perché la volontà contrattuale non è sorretta da un'adeguata consapevolezza: per il dogma della volontà non dovrebbe avere valore; e invece, se controparte è in buona fede e dunque fa affidamento sulla dichiarazione dell'incapace, il contratto è valido (**11**.16). Il contratto fatto per *errore* si basa su una volontà viziata: ma se l'errore non è riconoscibile da controparte, il contratto resta valido (**35**.14). Il contratto fatto dall'ex rappresentante dopo la *revoca della procura* non corrisponde più alla volontà dell'ex rappresentato: ma nonostante questo, a certe condizioni, il contratto è efficace e vincola quest'ultimo (**30**.5). E così via;

☞ una terza esigenza è **colmare le lacune della volontà** delle parti, senza di che il contratto non potrebbe funzionare. A questo provvedono i meccanismi di *integrazione del contratto* – legale e giudiziale – il cui operare ha come risultato *un regolamento contrattuale che, in larga misura, non scaturisce dalla soggettiva volontà delle parti,* ma da fonti esterne che consentendo al contratto di funzionare evitano la frustrazione dei programmi e degli interessi delle parti (**32**.7-8). Questo ci dice che *l'oggettivazione del contratto non è nemica dell'autonomia privata*: molto spesso, al contrario, dà a questa un indispensabile sostegno;

☞ una quarta esigenza è assicurare la **protezione di interessi generali**, che nell'ordinamento giuridico di un moderno Stato democratico e sociale devono prevalere anche sulla contraria volontà dei privati interessati. In relazione ad essa, abbiamo fenomeni di oggettivazione del contratto che si presentano *antagonisti all'autonomia privata*, come accade per l'operare delle *norme imperative* e dei meccanismi di sostituzione automatica di contenuti contrattuali.

VII
I CONTRATTI

38

I TIPI CONTRATTUALI. CONTRATTI PER IL TRASFERIMENTO DI BENI

1. Il contratto in genere, e i contratti speciali

Dobbiamo a questo punto richiamare le nozioni di tipo contrattuale, e di contratto tipico (**32**.3). E ricordare che la disciplina dei contratti si divide idealmente in due grandi settori: la disciplina generale del contratto (*contratto in genere*: art. 1321-1469-*bis*), che si applica tendenzialmente a qualunque contratto; e le discipline dei singoli tipi contrattuali (*contratti speciali*), ciascuna delle quali si applica soltanto ai contratti appartenenti al tipo corrispondente.

Dall'entrata in vigore del codice civile, la disciplina del contratto in genere è rimasta sostanzialmente immutata. Trasformazioni ampie e profonde hanno invece toccato la disciplina dei contratti speciali, sotto almeno due punti di vista. Ci sono state *trasformazioni interne ai tradizionali contratti tipici*, molti dei quali hanno oggi una disciplina assai diversa da quella originariamente dettata dal codice: per sapere com'è regolato un contratto di lavoro o un contratto di locazione, non basta più consultare i corrispondenti articoli del codice; occorre rivolgersi alle varie leggi speciali che sono via via intervenute a modificare e integrare la disciplina codicistica di quei tipi contrattuali. Inoltre, si sono affermati *molti nuovi tipi di contratto*, che vanno ad aggiungersi ai vecchi tipi tradizionali: si sono affermati dapprima come contratti atipici; poi – con la crescente diffusione nella prassi – si sono affermati come tipi sociali; e finalmente, in qualche caso, sono stati riconosciuti e regolati dal legislatore, trasformandosi in tipi legali.

Il fatto che molte operazioni economiche (e le relative discipline legali) diventino sempre più complesse e sofisticate determina un ulteriore fenomeno: nell'ambito di uno stesso tipo, possono sovente individuarsi diversi **sottotipi**, ciascuno con una propria autonoma funzione e disciplina. Ad es.: la vendita con patto di riscatto, con riserva della proprietà, con riserva di gradimento, ecc. (**38**.11-13) sono sottotipi del tipo vendita; e così pure per le locazioni abitative e non abitative (**39**.5-6), per il trasporto terrestre, marittimo e aereo, di persone e di cose (**40**.13-15); per l'assicurazione danni e vita (**59**.4-6); ecc.

2. L'importanza della disciplina dei tipi contrattuali

Le discipline dei contratti speciali hanno una grande importanza pratica, che riguarda la determinazione del regolamento contrattuale (**32**.1).

Come sappiamo, questo è determinato in larga misura dall'*integrazione legale*, che introduce nel regolamento le previsioni di norme che disciplinano vari aspetti del rapporto fra le parti (**32**.7). Ma queste norme sono dettate, per lo più, *in relazione al tipo* cui il contratto appartiene. Quindi il regolamento di un contratto (il complesso dei diritti e degli obblighi che ne nascono per le parti) dipende essenzialmente dalla disciplina del tipo contrattuale di appartenenza, che a sua volta si determina con la *qualificazione* del contratto (**32**.3). Ciò vale per i *contratti tipici*. Ma vale anche per i *contratti atipici*: per colmare le lacune lasciate nel regolamento dalle incomplete determinazioni delle parti, l'unico modo è riferirsi alla disciplina del tipo contrattuale a cui il contratto atipico si avvicina di più. E vale altresì per i *contratti misti* (**32**.4).

Per tutto questo, le discipline dei contratti speciali tendono ad acquistare un'importanza crescente, rispetto alla disciplina del contratto in genere. E infatti, le più significative novità portate dalla legislazione recente in materia contrattuale riguardano soprattutto singoli tipi di contratto.

3. Classificazione dei tipi contrattuali

I tipi contrattuali possono raggrupparsi in categorie formate sulla base di vari criteri. Qui si adotta un criterio che tiene conto principalmente del tipo di *effetti giuridici* determinati dai vari contratti: peraltro, i raggruppamenti che ne risultano hanno una certa omogeneità anche dal punto di vista della *funzione economica* che li caratterizza.

Consideriamo prima i contratti che *trasferiscono la titolarità di beni* (**38**.4-21); poi quelli che ne *trasferiscono il godimento* (**39**); poi ancora quelli che non hanno per oggetto beni esistenti, ma piuttosto *servizi*, oppure la creazione di *beni nuovi* (**40**); infine una serie di altri contratti, individuati in via residuale (**41**).

Nelle prossime pagine, peraltro, non si esaurisce l'esame di tutti i contratti speciali. Altri tipi di contratto vengono considerati *in parti diverse del manuale:* per es. la divisione e la donazione, trattati in connessione con le successioni; poi i contratti agrari, i contratti di società, i contratti relativi alle attività assicurative, bancarie e finanziarie, di cui ci si occupa in connessione con il fenomeno e la disciplina delle imprese, a cui sono tipicamente legati. Un importantissimo tipo contrattuale – il contratto di lavoro subordinato – forma oggetto di una specifica disciplina (il diritto del lavoro) che da tempo si è resa autonoma dal diritto privato generale.

4. La vendita

La vendita è il contratto che realizza il *trasferimento della proprietà di una cosa, o di un altro diritto, verso il corrispettivo di un prezzo* (art. 1470). È un contratto oneroso, a prestazioni corrispettive; la sua causa tipica è lo scambio di un bene contro denaro.

La prestazione di trasferimento può avere per oggetto la *proprietà di una cosa materiale* (mobile o immobile). Ma anche un altro diritto: un *diritto su cosa materiale, diverso dalla proprietà* (ad es., vendita di usufrutto; vendita di quota di comproprietà); oppure un *diritto che non implica cose materiali* (vendita del credito, vendita del brevetto, vendita del diritto d'autore). Il trasferimento può riguardare anche universalità di beni, in cui, insieme ai diritti sui beni stessi, normalmente sono compresi anche debiti (vendita dell'azienda; vendita dell'eredità o di quota dell'eredità).

Proprio in quanto ha l'effetto di trasferire diritti, la vendita è un *contratto con effetti reali* (**33**.3). È inoltre un *contratto consensuale* (**29**.7), per cui di regola ha *effetto traslativo immediato*: la proprietà (o il diverso diritto) si trasferisce nel momento stesso in cui la vendita è conclusa (**33**.4), salva ovviamente la presenza di un termine iniziale o di una condizione sospensiva. Ma ci sono alcuni *casi, in cui l'effetto traslativo non è immediato:* sono i casi di vendita «obbligatoria», cioè con effetti obbligatori.

5. La vendita obbligatoria (con effetti obbligatori)

Il termine non deve creare equivoci. Anche la vendita con effetti obbligatori è destinata ad avere effetti reali, cioè a trasferire la proprietà (o altro diritto). Solo che l'effetto reale non è immediato: *la proprietà non si trasferisce alla conclusione del contratto, ma in un momento successivo*; al momento della conclusione, dal contratto nascono solo obbligazioni a carico di entrambe le parti.

I principali casi di vendita di vendita obbligatoria sono i seguenti:

☞ la vendita **alternativa** è quella in cui l'oggetto del trasferimento deve essere scelto, dopo la vendita, fra due o più. Il trasferimento si verifica al *momento della scelta* (cfr. **22**.13); prima di quel momento, il venditore è obbligato a mantenere integra la possibilità di scelta;

☞ nella vendita **di cose generiche** il trasferimento avviene con l'*individuazione* (**33**.4): prima, il venditore è obbligato a fare quanto occorre perché si giunga all'individuazione;

☞ nella vendita **di cosa futura** (per es., acquisto di un quadro che il pittore non ha ancora terminato di dipingere; acquisto del prossimo raccolto di un frutteto), il venditore è obbligato a *fare quanto occorre perché la cosa venga a esistenza,* e il trasferimento si produce quando la cosa viene a esistenza (quando il quadro è finito; quando i frutti sono raccolti): art. 1472, c. 1. Se le parti intendono impostarla sul rischio, perché il compratore sarà tenuto a pagare il prezzo anche in caso di raccolto inesistente (c.d. «*vendita di speranza*»: **31**.10), la vendita di cosa futura è un contratto *aleatorio*. Se non risulta tale intenzione il contratto è *commutativo*, e si chiama «*vendita di cosa sperata*»: in tal caso, se poi la cosa non viene a esistenza, la vendita è nulla (art. 1472, c. 2);

☞ la vendita **di cosa altrui** si ha quando il venditore non è proprietario della cosa che vende. Non è affatto detto che si tratti di un'ipotesi patologica: può trattarsi di una normale operazione commerciale, come nel caso che il rivenditore preferisca acquistare e pagare la merce da rivendere, solo dopo avere fatto la rivendita al cliente finale. È ovvio che la vendita non può comunque produrre il trasferimento immediato (salvo che ricorrano, ad es., i requisiti per l'applicazione della regola «possesso vale titolo»: **21**.18): produce solo *l'obbligo del venditore di procurare l'acquisto al compratore*; e ciò accade, automaticamente, «*nel momento in cui il venditore acquista la proprietà dal titolare*» *della cosa* (art. 1478); oppure con atto di trasferimento dal terzo proprietario (a ciò sollecitato dal venditore) a favore del compratore. Se però, al momento della vendita, *il compratore ignora che il venditore non è proprietario della cosa,* può chiedere la *risoluzione* del contratto, se nel frattempo il venditore non gli ha fatto acquistare la proprietà: ottiene così la restituzione del prezzo e il rimborso delle spese fatte (art. 1479). Quando la vendita riguarda *cosa solo parzialmente altrui* (ad es., il venditore è solo comproprietario della cosa), dipende: ✦ il compratore ha diritto alla *risoluzione* se per lui è essenziale acquistare la proprietà piena ed esclusiva; ✦ in caso contrario la vendita non si risolve, ed egli ottiene solo una *riduzione del prezzo* e il *risarcimento* del danno (art. 1480). L'ipotesi di vendita di cosa altrui interferisce con la garanzia per evizione, come vedremo fra poco (**38**.10).

La figura più importante di vendita obbligatoria è la **vendita a rate con riserva della proprietà**, che esamineremo separatamente (**38**.13).

6. Le obbligazioni del compratore: il prezzo

L'obbligazione principale del compratore è pagare il prezzo. Di regola questo è *fissato d'accordo fra le parti*. Ma può accadere che nel contratto il prezzo risulti *non determinato, né determinabile* in base a criteri stabiliti dalle parti. Come regola, il contratto dovrebbe allora essere nullo (**35**.6). Ma nel caso di vendita la legge attenua il rigore del principio, per salvare il più possibile dalla nullità le operazioni di scambio: il prezzo applicabile è quello che risulta da una serie di *criteri legali*, indicati dall'art. 1474 con riferimento ad alcune categorie di beni, e fondati sulla ragionevole presunzione di ciò che può corrispondere al programma delle parti. (Il problema, naturalmente, non si pone quando si tratta di beni da vendere a prezzi imposti dalla pubblica autorità, sulla base di norme imperative: art. 1474, c. 1).

Le parti possono affidarne la determinazione a un *terzo arbitratore*: se per qualche ragione manca la determinazione del terzo, la vendita non è nulla (cfr. **31**.6), ma si attende la determinazione di un nuovo arbitratore, nominato dal presidente del tribunale (art. 1473).

Il prezzo va pagato *nel tempo e nel luogo fissati dal contratto* (art. 1498, c. 1). Se il contratto non dice nulla, il prezzo va pagato al momento della *consegna*, e nel luogo di questa (art. 1498, c. 2).

Se la vendita riguarda *cose mobili*, la legge prevede dei rimedi particolarmente energici e veloci per tutelare il diritto del venditore a ottenere il prezzo dovutogli. Se il compratore non paga, il venditore può chiedere: ☞ l'*esecuzione coattiva*, consistente nel far vendere la cosa per conto e a spese del compratore, incassare il ricavato e chiedere inoltre la differenza rispetto al prezzo pattuito e l'eventuale maggior danno (art. 1515); ☞ la *risoluzione di diritto* della vendita, se – avendo il venditore offerto la consegna della cosa – il compratore non si presenta per riceverla o non paga il prezzo nel termine stabilito (art. 1517).

Oltre al prezzo, il compratore deve pagare le *spese* della vendita, se il contratto non stabilisce diversamente (art. 1475).

7. Le obbligazioni del venditore

La legge pone a carico del venditore tre obbligazioni principali (art. 1476):

☞ la prima è **far acquistare la proprietà** al compratore, se l'acquisto non è effetto immediato del contratto (come avviene nei casi di vendita obbligatoria: **38**.5);

☞ la seconda è **consegnare la cosa** al compratore. Al riguardo la legge disciplina: ✦ le *modalità della consegna*, stabilendo che la cosa va consegnata nello stato in cui si trovava al momento della vendita, con accessori, pertinenze, frutti e documenti relativi (art. 1477); e che fino al momento della consegna il venditore ha l'obbligo di custodirla (art. 1177); ✦ il *luogo della consegna*, che – in mancanza di patto o uso contrario – deve farsi nel luogo dove la cosa si trovava al momento della conclusione del contratto, se le parti ne erano a conoscenza; ovvero nel luogo dove il venditore aveva il suo domicilio o la sede dell'impresa; mentre, se la cosa deve essere trasportata da un luogo all'altro, il venditore si libera dall'obbligo di consegna affidandola al vettore o allo spedizioniere (art. 1510). Nel caso di inadempimento del venditore, a tutela del diritto del compratore alla consegna scattano i rimedi dell'*esecuzione coattiva* (se la vendita riguarda cose fungibili: art. 1516) e della *risoluzione di diritto* (art. 1517);

☞ la terza obbligazione del venditore verso è prestare al compratore **garanzia per i vizi** della cosa (**38**.8-9) e **per l'evizione** (**38**.10).

8. La garanzia per i vizi

La garanzia per vizi è un rimedio a tutela del compratore, per l'ipotesi che la cosa acquistata presenti dei difetti materiali o funzionali: l'auto ha il motore fuso, o è gravemente sottosterzante; il cavallo da corsa ha una malattia ossea che lo rende zoppo; il computer non riesce a memorizzare i dati immessi; ecc.

Perché la garanzia operi, i «vizi» (cioè i difetti della cosa) devono presentare alcuni requisiti. Devono essere: ☞ vizi **rilevanti**, e cioè abbastanza gravi da *rendere la cosa inidonea all'uso cui è destinata, o diminuirne in modo apprezzabile il valore* (art. 1497, c. 1); e ☞ vizi **occulti**, e cioè *non conosciuti* dal compratore al momento del contratto (perché in tal caso si deve pensare che egli li abbia accettati, e la cosa lo soddisfi ugualmente), *né facilmente conoscibili* (perché consentire la successiva doglianza del compratore significherebbe premiare la sua negligenza, e deludere l'affidamento di controparte); in quest'ultimo caso, però, il compratore ha diritto alla garanzia se il venditore gli ha dichiarato che la cosa è esente da vizi (art. 1491).

Ammesso che il vizio presenti tali requisiti, il compratore che vuole avvalersi della garanzia deve prima di tutto adempiere un onere: **denunciare il vi-**

zio al venditore *entro otto giorni dalla scoperta,* o nel diverso termine stabilito dal contratto. Il termine è di *decadenza*: in mancanza di tempestiva denuncia, il compratore perde la garanzia (art. 1495, c. 1). Ci sono tuttavia due casi in cui il compratore è *esonerato dalla denuncia*: se il venditore ha *riconosciuto* l'esistenza del vizio, o se l'ha *occultato* (art. 1495, c. 2).

Fatta la denuncia, il compratore ha due possibilità, che corrispondono à due rimedi alternativi – l'uno più radicale, l'altro più morbido – in cui può realizzarsi la garanzia (art. 1492, c. 1). Il compratore può esercitare contro il venditore, a sua scelta: ☞ l'*azione redibitoria*, per ottenere la **risoluzione del contratto** (salvo che si tratti di vizi per cui gli usi escludono un rimedio così distruttivo); oppure ☞ l'*azione estimatoria*, che – mantenendo fermo il contratto e lasciando la cosa in proprietà al compratore – serve a ottenere semplicemente una **riduzione del prezzo**.

La scelta è *irrevocabile*: esercitata una delle due azioni, il compratore non può più cambiare idea e optare per l'altra (art. 1492, c. 2). In certi casi, peraltro, *non c'è scelta*: se la cosa va distrutta per i vizi, l'unico rimedio utile è la risoluzione; se non può essere restituita al venditore (ad es. perché il compratore ne ha causato la distruzione, o l'ha alienata o trasformata), l'unico rimedio praticabile è la riduzione del prezzo (art. 1492, c. 3).

Le azioni derivanti dalla garanzia *si prescrivono in un anno dalla consegna.* Prescritta l'azione, il compratore conserva però l'*eccezione*, purché abbia denunciato i vizi entro otto giorni dalla scoperta ed entro l'anno dalla consegna (art. 1495, c. 3): potrà cioè rifiutare il pagamento chiesto dal venditore (uno schema analogo a quello previsto per il contratto annullabile: **36**.3).

Oltre agli effetti propri delle due azioni, può esserci un'ulteriore conseguenza a favore del compratore, e cioè il **risarcimento dei danni**: sia dei danni derivati dalla mancata disponibilità della cosa (che sia stata, per es., restituita dopo la risoluzione); sia degli ulteriori danni derivati dai vizi della cosa (ad es., i capi di bestiame acquistati erano malati, e hanno contagiato anche il resto dell'allevamento). A differenza della garanzia, che scatta a prescindere dalla colpa del venditore, la responsabilità per i danni implica la *colpa del venditore*; e l'onere probatorio è a suo carico: egli risponde, *se non prova di avere ignorato senza colpa i vizi della cosa* (art. 1494).

La garanzia può essere *esclusa per accordo delle parti:* ma anche in questo caso il compratore la conserva per i *vizi taciuti in mala fede* dal venditore (art. 1490, c. 2).

Un rimedio diverso dalla garanzia per i vizi è la **garanzia di buon funzionamento**, che opera, per la vendita di cose *mobili*, solo se prevista dal *contratto* o dagli *usi* (è, per es., quella in relazione alla quale si dice che l'auto acquistata è «in garanzia» per due anni, o per i primi 40.000 km.). Per avvalersene, il compratore ha l'onere di *denunciare* il difetto di funzionamento entro *30* *giorni* dalla scoperta, a pena di decadenza, e di *esercitare l'azione* entro il termine di prescrizione di *sei mesi.* Scopo dell'azione è che il giudice assegni al venditore un termine entro cui *riparare o sostituire* la cosa; inoltre è dovuto il *risarcimento* del danno (art. 1512).

Quando il compratore lamenta non vizi, ma la **mancanza di qualità promesse o essenziali** per l'uso della cosa, può chiedere la *risoluzione per inadempimento* (secondo qualcuno, in alternativa, anche la riduzione del prezzo) se il difetto eccede l'usuale *limite di tollerabilità.* Però l'azione è soggetta agli stessi limiti di *decadenza* (denuncia entro otto giorni dalla scoperta) e di *prescrizione* (un anno dalla consegna) stabiliti nella garanzia per i vizi (art. 1497).

Dalle ipotesi di vizi e mancanza di qualità va distinta l'ipotesi in cui la cosa è così gravemente difettosa o difforme rispetto a come doveva essere, che la si può considerare in un certo senso una *cosa diversa da quella pattuita* (**aliud pro alio**). Essa è trattata come un normale caso di *inadempimento:* il compratore può esercitare i relativi rimedi, col solo vincolo della prescrizione ordinaria (e si può sospettare che quando la giurisprudenza allarga le maglie di questa figura, lo faccia proprio per liberare il compratore dagli stretti termini di decadenza e prescrizione della garanzia, che potrebbero precludergli il rimedio).

In molti casi, può non essere facile capire se la fattispecie vada qualificata come vendita di cosa affetta da vizi (cui applicare la garanzia), oppure come vendita viziata da *errore del compratore su qualità della cosa* (suscettibile di annullamento: **35**.13).

9. La garanzia di conformità nella vendita di beni di consumo

Dal 2002 la disciplina della vendita si è arricchita di nuove norme, introdotte in attuazione di direttive europee (a partire dalla direttiva 1999/44, fino alla più recente 2019/77, recepita col d.lgs. 170/2021). Esse riguardano una precisa categoria di vendite: le *vendite di beni mobili da un venditore «professionista» a un «consumatore»* (il significato tecnico di questi due termini è precisato più avanti: **60**.1). L'obiettivo è proteggere i consumatori che abbiano acquistato un bene difettoso, dotandoli di una *garanzia più forte* di quella degli art. 1490 e segg. La nuova disciplina è inserita non nel codice civile, ma nel *codice del consumo* (**60**.1), e nel tempo ha subito modifiche finalizzate a estendere sempre più la protezione dei consumatori acquirenti. Da ultimo col d.lgs. 170/2021 si è arricchita di previsioni specifiche sui difetti che riguardano le *componenti digitali* dei beni (si pensi per es. agli smartphone).

Il concetto chiave della disciplina è: **conformità** del bene al contratto (art. 129 c.cons.). Il bene è conforme, se presenta i *requisiti di completezza, qualità, sicurezza e funzionalità* che il consumatore si attende, in quanto previsti dal contratto (requisiti *soggettivi*); e inoltre quelli che il consumatore si attende in quanto normalmente presenti in un bene di quel tipo o in quanto descritti o pubblicizzati dal venditore (requisiti *oggettivi*). La conformità può riguardare anche la corretta installazione del bene. Se qualche requisito manca, c'è **difetto di conformità** (a meno che lo scostamento sia stato *segnalato* dal venditore al compratore, e *accettato* da questo, al momento della conclusione del contratto). In presenza di un difetto di conformità, scattano rimedi a favore del consumatore, e a carico del venditore. Il **sistema dei rimedi** è organizzato su due livelli, e in relazione a ciascuno il consumatore ha la *scelta fra due alternative* (art. 135-*bis*-135-*quater* c.cons.):

☞ in prima battuta il consumatore può scegliere fra **riparazione** e **sostituzione** del bene. Può darsi però che questa alternativa non risulti praticabile (perché riparare o sostituire il bene è impossibile o esageratamente costoso per il venditore); oppure non dia risultati soddisfacenti (perché il venditore rifiuta di riparare o sostituire o comunque non lo fa entro un congruo termine, o lo fa in modo inadeguato). Si passa allora ad altri rimedi, per cui

☞ a questo punto la scelta del consumatore è fra **riduzione del prezzo** e **risoluzione** della vendita (in caso di risoluzione il consumatore restituisce il bene e recupera il prezzo pagato).

La concreta attuabilità dei diritti del consumatore è legata al fattore tempo, e precisamente al rispetto di certi **termini** (peraltro più larghi di quelli dell'ordinaria garanzia per i vizi): bisogna che il difetto si manifesti entro *due anni dalla consegna*; e l'azione del consumatore si prescrive comunque in *26 mesi dalla consegna* (art.133, c. 1 e 4, c.cons.). Fino al 2021 c'era un altro vincolo a carico del compratore: denunciare il difetto di conformità entro due mesi dalla scoperta. Dal 2022 il compratore non ha più questo onere.

Il venditore può offrire una **garanzia convenzionale**, che preveda a favore del consumatore diritti diversi da quelli della garanzia legale, in termini che il venditore deve esporre in modo chiaro e preciso (c.d. garanzia "commerciale"). Ciò dà al consumatore una possibilità in più, senza togliergli nulla: egli conserva la possibilità di esercitare la garanzia legale; ma se crede, può anche avvalersi di quella convenzionale (art. 135-*quinquies* c.cons.).

Mentre la normale garanzia per i vizi è derogabile, quella del consumatore per difformità del bene venduto è *imperativa* (art. 135-*sexies* c.cons.). I suoi diritti non possono essere esclusi o limitati: se le parti si accordano in tal senso, il patto è nullo (ma si tratta di *nullità relativa*, perché solo il consumatore può invocarla: **36**.2).

Il consumatore esercita i suoi diritti contro il venditore finale, che subisce i relativi costi. Ma il difetto può dipendere in realtà da qualcun altro, che sta a monte nella *catena produzione-distribuzione-consumo*: ad es. da un vizio di fabbricazione imputabile al fabbricante, o da un problema di deposito o trasporto, imputabile al grossista. In tal caso *il venditore ha un diritto di regresso* verso i responsabili a monte, a cui può rivolgersi – entro un anno – per *recuperare quanto sborsato a favore del consumatore* (art. 134 c.cons.).

La disciplina della vendita di beni di consumo è integrata da due previsioni introdotte dal d.lgs. 21/2014: ☞ una in materia di **consegna del bene** venduto: questa va fatta di regola *entro 30 giorni*, e in mancanza il consumatore può arrivare facilmente alla *risoluzione* del contratto e recuperare tutto quanto già pagato (art. 61 c.cons.); ☞ un'altra sul **passaggio del rischio** per il caso di perdita o danneggiamento dei *beni spediti tramite vettore*: se il vettore è scelto dal consumatore questi sopporta il rischio dal momento della consegna al vettore; se è scelto dal professionista, il consumatore sopporta il rischio solo dal momento in cui riceve il bene (art. 63 c.cons.).

10. La garanzia per evizione

La garanzia per evizione è un rimedio che tutela il compratore quando la cosa acquistata presenta non difetti materiali o funzionali, bensì *«vizi giuridici» che impediscono il pieno e incontestato acquisto della proprietà*. Ciò accade, tipicamente, quando *un terzo afferma che la cosa è sua, e la reclama in giudizio contro il compratore*. In tal caso il compratore ha un rimedio immediato: può *sospendere il pagamento* del prezzo (art. 1481). Se poi il rischio si concreta, perché il terzo effettivamente agisce in giudizio contro il compratore, e vincendo la causa gli sottrae la cosa, il compratore può far valere la garanzia contro il venditore. Le conseguenze sono quelle previste nel caso di vendita di cosa altrui, quando l'altruità è ignorata dal compratore (**38**.5): risoluzione del contratto, e quindi *restituzione del prezzo, rimborso di spese od oneri sostenuti, risarcimento del danno* (art. 1483).

Il compratore rischia di *perdere la garanzia*, in due casi: ☞ se, convenuto in giudizio dal terzo, *non chiama in causa il venditore*, il quale dimostri che esistevano ragioni sufficienti per far respingere la domanda del terzo (art. 1485, c. 1); ☞ se *riconosce spontaneamente* il diritto del terzo, salvo che provi l'impossibilità di impedire l'evizione (art. 1485, c. 2).

Se il compratore non subisce la perdita totale del bene, perché il bene è gravato da **oneri o diritti di godimento di terzi**, che non escludono ma semplicemente limitano il diritto del compratore (ad es., sul terreno venduto grava un usufrutto, o una servitù, o un vincolo di inedificabilità), e se tali vincoli risultano *non apparenti e non dichiarati in contratto*, il compratore ha due possibilità (art. 1489): ☞ può chiedere la *risoluzione*, se la diminuzione di utilità è tale che egli avrebbe rinunciato all'acquisto; ☞ in caso contrario, può chiedere la *riduzione del prezzo*.

In entrambi i casi, ha diritto al *risarcimento* del danno. La stessa disciplina si applica nel caso di **evizione parziale** (quando il terzo rivendica solo una parte o una quota del bene): art. 1484.

La garanzia può essere *modificata* o anche *esclusa* per accordo delle parti (art. 1487-1488).

11. Sottotipi di vendita

La legge regola diversi sottotipi di vendita (di beni **mobili**), identificati in base all'oggetto e agli effetti giuridici:

☞ la vendita **con riserva di gradimento** si perfeziona solo quando il compratore comunica al venditore che la cosa è di suo gradimento (art. 1520); però il venditore è vincolato già prima di quel momento: ricorre la figura dell'*opzione* (**29**.13);

☞ la vendita **a prova** è sottoposta alla *condizione sospensiva* della verifica che la cosa abbia le caratteristiche pattuite (art. 1521);

☞ la vendita **su campione** è sottoposta alla *condizione risolutiva* della difformità fra la merce consegnata e il campione; anche una lieve difformità consente la risoluzione del contratto, salvo che il campione servisse solo a indicare in modo approssimativo la qualità (c.d. *vendita su tipo di campione*), nel qual caso la risoluzione si può chiedere solo se la difformità dal campione è notevole (art. 1522);

☞ la vendita **su documenti** ha per oggetto *cose mobili rappresentate da documenti*, come per es. merci in viaggio rappresentate da una polizza di carico, o merci depositate in magazzino e rappresentate da una fede di deposito (c.d. titoli rappresentativi di merci: **47**.12). Il venditore si libera dall'obbligo della consegna trasmettendo al compratore il documento, e in questo momento il compratore è tenuto a pagare il prezzo: se i documenti sono regolari, egli non può rifiutare il pagamento eccependo che le cose sono difettose, a meno che tali difetti non risultino già provati (art. 1527 e segg.). Spesso compratore e venditore si accordano perché il pagamento avvenga per mezzo di una banca, incaricata dal compratore (*pagamento contro documenti a mezzo di banca*): in tal caso, il venditore deve presentare alla banca i documenti rappresentativi delle merci; se nonostante tale presentazione la banca rifiuta il pagamento, il venditore può rivolgersi direttamente al compratore (art. 1530);

☞ la legge dedica poi particolari regole alla vendita di **immobili** (art. 1537 e segg.). Questa può essere: ☞ vendita *a misura*, se nel contratto è indicata con precisione la misura dell'immobile, e il prezzo è stabilito in un tanto per ogni unità di misura (ad es., vendita di un terreno di 7,35 ettari a 44 euro per mq.: art. 1537); oppure ☞ vendita *a corpo*, se invece il prezzo è fissato in modo globale con riferimento all'intero immobile, sia o non sia stata indicata la misura di questo (art. 1538). La differenza è importante perché, quando la misura effettiva dell'immobile non corrisponde a quella indicata in contratto, i *rimedi* applicabili (riduzione o supplemento di prezzo; recesso dal contratto) sono *diversi* nella vendita a misura e in quella a corpo. Questa disciplina riguarda essenzialmente la *vendita di terreni*. Per la *vendita di edifici*, assume rilevanza, ai fini della validità del contratto, la *regolarità urbanistica* della costruzione (art. 46, d.P.R. 380/2001);

☞ posto che si possono vendere beni futuri (**38**.5), è ammissibile la vendita di **immobili da costruire**. Anzi, è abbastanza diffusa: il costruttore, per finanziare il progetto edilizio ancora da iniziare o completare, vende (o più spesso promette in vendita con un preliminare) gli appartamenti non ancora costruiti; e normalmente incassa un acconto. Ma l'operazione può finire male, se il venditore entra in crisi, non completa la costruzione, cessa l'attività e magari fallisce: *il compratore rischia di non avere l'immobile, e perdere l'acconto già pagato.* Il legislatore è intervenuto con la l. 210/2004 (e il d.lgs. 122/2005, modificato dal d.lgs. 14/2019) per *proteggere i compratori* contro tale rischio. Essa prevede, in particolare: l'obbligo del venditore di garantire con fideiussione bancaria l'eventuale restituzione degli acconti versati, e di garantire con polizza assicurativa l'integrità dell'immobile; una serie di indicazioni da inserire in contratto per rendere precisi e trasparenti i termini dell'operazione; regole contro il rischio di perdita dell'immobile per procedimenti di esecuzione forzata promossi dai creditori del venditore;

☞ regole particolari sono infine dedicate alla vendita **di eredità** (art. 1542 e segg.). Di altri due importanti sottotipi ci occupiamo nei prossimi paragrafi: vendita con patto di riscatto, e vendita a rate con riserva della proprietà.

12. La vendita con patto di riscatto

Nella vendita con patto di riscatto, *il venditore si riserva il diritto di recuperare la proprietà del bene* (mobile o immobile), restituendo al compratore il prezzo ricevuto, più alcuni rimborsi (art. 1500, c. 1). È utilizzata da chi ha contingenti esigenze di liquidità, ma pensa di superarle a breve e così di poter recuperare il bene per intanto ceduto, al quale non vuole rinunciare definitivamente.

Il riscatto è un *diritto potestativo* (**4**.4) del venditore: si esercita con la *dichiarazione di riscatto*, atto unilaterale ricettizio per effetto del quale il venditore riacquista la proprietà della cosa, senza che il compratore possa impedirlo. Si ha perciò un contratto sottoposto a *condizione risolutiva:* la vendita produce subito l'effetto traslativo, ma questo verrà meno se si verificherà l'evento futuro e incerto del riscatto.

Secondo il tipico meccanismo della condizione risolutiva, il riscatto opera con *retroattività reale:* esso travolge l'eventuale *acquisto del terzo* che nel frattempo abbia acquistato la cosa dal compratore (salve, naturalmente, le norme sulla trascrizione e la regola «possesso vale titolo»): art. 1504. Travolge anche i *diritti reali* costituiti nel frattempo sulla cosa, che il venditore recupera libera da ogni peso; il riscattante deve invece rispettare le *locazioni* fatte senza frode, purché abbiano data certa e durata non superiore a tre anni (art. 1505).

Per la sua opponibilità ai terzi, il patto di riscatto costituisce un *vincolo alla circolazione* del bene. Per evitare che il vincolo gravi troppo a lungo, con effetti antieconomici, la legge stabilisce, con norma imperativa, un *termine massimo* entro cui il riscatto può essere esercitato: *due anni* per i mobili; *cinque anni* per gli immobili (art. 1501).

Anche il *corrispettivo del riscatto* è stabilito inderogabilmente dalla legge: è pari al *prezzo* della vendita, maggiorato dei *rimborsi* stabiliti dall'art. 1502; e il patto di restituire un prezzo superiore è nullo per l'eccedenza (art. 1500, c. 2). La norma vuole impedire vessazioni economiche a carico del venditore in crisi di liquidità, ed evitare che il contratto diventi sostanzialmente un'operazione di credito (dove l'eccedenza rispetto al prezzo rappresenterebbe gli interessi), assistita da garanzia reale (la proprietà della cosa): operazione che sarebbe in contrasto con il divieto del *patto commissorio* (**27**.17). Se le parti tentano di eludere il divieto, piegando impropriamente la funzione del contratto a quella di una vendita con scopo di garanzia, il contratto è nullo per *frode alla legge* (**35**.9).

Diverso dal patto di riscatto è il **patto di retrovendita**, con cui il compratore si obbliga a ricedere successivamente la cosa al venditore. Esso equivale a un *contratto preliminare* (**34**.7): dunque la sua efficacia è solo obbligatoria e non reale (non pregiudica l'acquisto del terzo intervenuto nel frattempo); il riacquisto non avviene con la semplice dichiarazione unilaterale del venditore, ma richiede la manifestazione del consenso anche di controparte; in mancanza, si può ricorrere all'art. 2932 (**34**.8).

13. La vendita a rate con riserva della proprietà. Il rent to buy

Nella vendita a rate con riserva della proprietà (che il codice disciplina con riferimento ai *beni mobili*), *il prezzo viene pagato frazionatamente, a scadenze periodiche (rate), e il compratore acquisterà la proprietà solo dopo avere pagato l'ultima rata* (art. 1523): dunque essa non ha effetti reali immediati (**38**.5). La sua funzione è dare una *garanzia* molto forte al credito del venditore per il prezzo; se il compratore paga, tutto bene; se non paga, il venditore conserva comunque la proprietà della cosa.

Però la cosa viene subito *consegnata al compratore*, che la può utilizzare anche se non ne è ancora proprietario. E subito, con la consegna, *passano al compratore i rischi della cosa* (art. 1523): se la cosa va distrutta, la perdita è a carico del compratore, che resta obbligato per il prezzo; se la cosa fa danni, ne risponde il compratore, benché non ancora proprietario (cfr. **33**.4).

Il compratore può usare la cosa, ma *non può trasferirla a terzi*. Se ciononostante la trasferisce, *il venditore può opporre al terzo la riserva della proprietà,* impedendogli di acquistare; ma nel caso che la vendita riguardi macchine, la riserva è opponibile solo se si è fatto un certo adempimento pubblicitario (art. 1524, c. 2); e se l'oggetto è un mobile registrato, valgono le relative regole pubblicitarie (art. 1524, c. 3). Inoltre la cosa, essendo ancora di proprietà del venditore, non può essere aggredita dai *creditori del compratore*: a questo fine, è però necessario che la riserva risulti da atto scritto con data certa anteriore al pignoramento (art. 1524, c. 1).

Una particolare disciplina riceve l'**inadempimento del compratore** rispetto al pagamento delle rate di prezzo. Valgono, essenzialmente, tre regole: ☞ il mancato pagamento di *una sola rata, che non superi un ottavo del prezzo*, non basta a giustificare la risoluzione, e non fa perdere al compratore il beneficio del termine per le rate successive (art. 1525: una norma inderogabile, diretta a tutelare il compratore, che in genere è la parte economicamente più debole); ☞ se il contratto si risolve, il venditore deve *restituire le rate già riscosse*; ha però diritto a un *equo compenso* per l'uso della cosa, oltre al *risarcimento* del danno (art. 1526, c. 1); ☞ se, in deroga a quanto sopra, il contratto prevede che le rate già pagate restino *acquisite al venditore* come indennità, il giudice può *ridurne l'ammontare* (art. 1526, c. 2).

I due elementi dell'*acquisto differito* e del *godimento immediato* caratterizzano anche il nuovo contratto **rent to buy**, previsto dall'art. 23, l. 164/2014. Le differenze principali con la vendita a rate sono che il rent to buy riguarda solo **immobili**, e che l'acquisto della proprietà non è scontato ma solo eventuale.

Il proprietario («concedente») attribuisce all'altra parte («conduttore») il godimento dell'immobile per un certo tempo e per un certo canone; al termine del contratto il conduttore avrà *facoltà (ma non obbligo) di acquistare* l'immobile per un certo prezzo. Gli aspetti principali sono questi: ☞ una *parte di canone* (quantificata nel contratto) costituisce *anticipo del prezzo*; ☞ al termine del contratto, ✦ se il conduttore *decide per l'acquisto*, paga il prezzo (dedotta la parte già incorporata nel canone) e diventa proprietario; ✦ se invece *decide di non acquistare*, restituisce l'immobile al concedente, recuperando l'anticipo prezzo (nella misura fissata in contratto); ☞ in caso di *risoluzione*: ✦ se dipende da *inadempimento del concedente*, questi restituisce la parte di canone costituente anticipo prezzo, con interessi; ✦ se dipende da *inadempimento del conduttore*, questi deve restituire l'immobile e (salvo patto contrario) perde l'intero canone pagato, compresa la parte di anticipo prezzo; ☞ nella fase del godimento i rapporti fra le parti sono regolati in base alle norme sull'*usufrutto*.

14. Le convenzioni internazionali sulla vendita

L'esigenza di un diritto uniforme (**3**.12) è particolarmente forte nel campo del commercio internazionale, e dunque in relazione alle vendite internazionali, che ne sono il principale strumento.

A questa esigenza si è risposto con convenzioni internazionali. Dapprima con le *convenzioni dell'Aja* del 1964 in materia di vendita internazionale e di formazione del contratto di vendita internazionale, ratificate dall'Italia con la l. 816/1971 (ma scarsamente applicate). Poi con la più fortunata **convenzione di Vienna** sulla vendita internazionale di cose mobili (cvim) del 1980, ratificata dall'Italia con l. 765/1985 ed entrata in vigore nel 1988. Nel suo ambito di applicazione ricadono le vendite che siano: ☞ vendite *internazionali* (cioè fatte fra parti di paesi diversi, entrambi aderenti alla cvim); ☞ vendite *di cose mobili*; ☞ vendite *commerciali*, cioè non dirette a uso personale o familiare (dunque, in sostanza, solo le vendite fra operatori economici; non quelle fra soggetti non professionali, o fra imprese e consumatori).

15. La permuta

La permuta ha per oggetto il *reciproco trasferimento della proprietà di cose o di altri diritti* da un contraente all'altro (art. 1552). Ad es.: A trasferisce a B un quadro, e in cambio B trasferisce ad A un'automobile, o un credito, o un brevetto, o un usufrutto. Oppure: il proprietario del terreno edificabile lo cede al costruttore, in cambio di alcuni degli appartamenti che questi realizzerà (permuta di cosa futura).

Mentre la vendita realizza lo scambio di cosa contro prezzo (cioè contro denaro), con la permuta si ha scambio di *cosa contro cosa* (o cosa contro diritto, o diritto contro diritto). In generale, si applicano tutte le norme stabilite per la vendita, in quanto compatibili (art. 1555): ad es., sono certo compatibili con la permuta le norme sulle garanzie per i vizi e per l'evizione; non lo sono quelle relative al pagamento del prezzo.

16. Il contratto estimatorio

Il contratto estimatorio è il contratto fra due parti, che si chiamano **tradens** («chi consegna») e **accipiens** («chi riceve»): con esso, *il tradens consegna cose mobili all'accipiens e questo si obbliga a pagarne il prezzo, salvo che restituisca le cose nel termine stabilito* (art. 1556). Ad esso ricorrono i commercianti al dettaglio di beni a rapida obsolescenza, e quindi particolarmente esposti al rischio dell'invenduto: è, ad es., il contratto con cui gli edicolanti e i librai si procurano, dagli editori, i giornali e i libri che poi offriranno in vendita al pubblico. Infatti edicolanti e librai pagano agli editori solo le copie che sono riusciti a vendere al pubblico; non invece le copie rimaste invendute, delle quali fanno la «resa» entro un termine stabilito.

Il contratto estimatorio è *contratto reale*: si forma con la *consegna* delle cose dal tradens all'accipiens. L'aspetto più rilevante della sua disciplina riguarda la **proprietà delle cose**. Concluso il contratto con la consegna, *l'accipiens non acquista la proprietà delle cose, che rimangono di proprietà del tradens*: l'accipiens le riceve, come suole dirsi, «in conto deposito», e ha semplicemente il potere di venderle nel proprio interesse, incassandone il prezzo (art. 1558, c. 1); correlativamente *il tradens, pur conservandone la proprietà, perde il potere di disporne* (art. 1558, c. 2). Con la vendita dall'accipiens al consumatore finale, il tradens ne perde la proprietà, ma acquista il diritto di ricevere dall'accipiens il prezzo concordato. Lo stesso diritto spetta al tradens, con riguardo alle cose – rimaste invendute – che l'accipiens non gli abbia reso nel termine pattuito: in questo caso il tradens perde la proprietà delle cose, a favore dell'accipiens, nel momento in cui ne riceve il prezzo.

Il fatto di conservare la proprietà delle cose serve a *garantire il tradens*, e anche i suoi *creditori*: questi possono aggredire, per soddisfarsi, le cose consegnate all'accipiens. Invece i creditori dell'accipiens non possono aggredirle, se non dopo che siano passate in proprietà a lui (art. 1558, c. 1).

L'accipiens non ha la proprietà delle cose, ma se le tiene presso di sé è per il proprio interesse (l'interesse ai guadagni realizzati con la loro vendita al pubblico). Perciò *il rischio di distruzione o danneggiamento accidentale delle cose è a carico dell'accipiens*: egli «non è liberato dall'obbligo di pagarne il prezzo, se la restituzione di esse nella loro integrità è divenuta impossibile per causa a lui non imputabile» (art. 1557).

17. La somministrazione

La somministrazione è il contratto con *cui una parte si obbliga, verso corrispettivo di un prezzo, a eseguire in favore dell'altra parte prestazioni periodiche o continuative di cose* (art. 1559): chi fa le prestazioni si chiama **somministrante**; che le riceve **somministrato**. Serve a soddisfare un bisogno costante del somministrato: ricevere ogni settimana la rivista (quello che comunemente si definisce «abbonamento»); ricevere regolarmente i quantitativi di gasolio via via necessari per il riscaldamento del condominio; ricevere dalle aziende erogatrici gas, acqua ed energia elettrica; ricevere dall'impresa di catering i pasti preconfezionati che la compagnia aerea servirà ai passeggeri.

L'**entità** della somministrazione può essere determinata precisamente fin dall'inizio: se non lo è, s'intende pattuita quella che corrisponde al *normale fabbisogno* del somministrato. È anche possibile che il somministrato si riservi di *stabilire di volta in volta* le quantità desiderate, *fra un minimo e un massimo* concordati col somministrante (art. 1560). Così pure per le *scadenze* delle singole forniture (art. 1563). Il **prezzo** va pagato ad ogni singola fornitura nella somministrazione periodica; alle scadenze d'uso nella somministrazione continuativa (art. 1562).

La **durata** della somministrazione può essere stabilita dalle parti, ma può anche non esserlo: il rapporto è allora *a tempo indeterminato*, e ciascuna parte ha il diritto di *recedere*, dando preavviso all'altra (art. 1569).

Nel contratto può essere inserita una clausola di **esclusiva**: sia *a favore del somministrante* (e in tal caso il somministrato non può rifornirsi da terzi: art. 1567); sia *a favore del somministrato* (e allora il somministrante non può fornire a terzi, nella zona per cui l'esclusiva è concessa, prestazioni come quelle fornite al somministrato: art. 1568).

Qui l'*esigenza di stabilità* del contratto è più forte del normale: perciò l'inadempimento giustifica la **risoluzione** non semplicemente se è di importanza non scarsa, come di regola (**37**.4); deve avere «*notevole importanza*» ed essere «tale da *menomare la fiducia* nell'esattezza dei futuri adempimenti» (art. 1564). Anche l'eccezione d'inadempimento è un po' depotenziata: se l'inadempimento del somministrato è di lieve entità, il somministrante non può sospendere l'esecuzione senza congruo preavviso (art. 1565).

La somministrazione non va confusa con la *vendita a consegne ripartite*, in cui l'oggetto e il prezzo sono individuati unitariamente, anche se la consegna viene fatta frazionatamente (ad es., una grossa azienda deve rinnovare il parco macchine: ne ordina 20, ma si stabilisce che 10 vengano consegnate subito, cinque dopo sei mesi e le altre cinque dopo un anno). Questo non è, come la somministrazione, un *contratto a esecuzione continuata o periodica*: perciò, a differenza che nella somministrazione, non vale la regola sulla non ripetibilità delle prestazioni già eseguite, in caso di risoluzione (**37**.8) o recesso (**33**.10).

18. La concessione di vendita e il franchising

Questi contratti sono utilizzati nel settore della distribuzione commerciale, dove regolano i rapporti fra produttori e rivenditori al dettaglio. Presentano elementi della somministrazione, ma hanno, in più, particolari e importanti caratteristiche che suggeriscono di considerarli contratti non appartenenti a quel tipo legale.

La **concessione di vendita** è il contratto che lega *un produttore di beni (specie beni di consumo durevole) e i rivenditori* che li collocano presso il pubblico degli acquirenti finali. È il caso del contratto fra una casa produttrice di automobili e i suoi «concessionari» di vendita nelle diverse città. In base a esso, il produttore si impegna a fornire al rivenditore, e il rivenditore si impegna ad acquistare da lui, determinati quantitativi di vetture (che poi quest'ultimo venderà al pubblico con la propria autonoma organizzazione aziendale): e in questo riconosciamo un elemento tipico della somministrazione. L'impegno del concessionario ha normalmente carattere di *esclusiva*: al concessionario Fiat di solito non è consentito vendere Bmw o Renault.

Un elemento importante del contratto è che il concessionario è autorizzato dal concedente (anzi, è contrattualmente obbligato) a utilizzare, nella propria impresa, il *marchio* e l'*insegna* che sono propri del produttore: in questo modo *l'immagine aziendale del rivenditore si identifica con quella del produttore*, con vantaggi pubblicitari e promozionali per entrambi. Inoltre, il produttore normalmente impone al rivenditore i *prezzi* e le *condizioni contrattuali* che quest'ultimo dovrà introdurre nei contratti di vendita con i singoli acquirenti (secondo il meccanismo del contratto normativo: **33**.5).

Un grado ancora maggiore di identificazione dell'impresa distributrice con quella di produzione si realizza mediante il **franchising**: qui *il produttore concedente (franchisor) vincola ancora di più l'organizzazione e l'attività del concessionario (franchisee)*, imponendogli tassativamente l'esclusiva e prescrivendogli regole minuziose da osservare nelle tecniche di vendita, nei rapporti con la clientela, nell'arredamento dei locali, nella formazione e nell'abbigliamento degli addetti alla vendita, ecc.; e al tempo stesso gli offre un supporto di consulenza e servizi in tutti questi campi. In questo modo il franchisee, benché sia formalmente imprenditore indipendente, è in realtà un *imprenditore satellite*, che dipende sostanzialmente dal franchisor; e agli occhi del pubblico egli appare, più che come titolare di un'autonoma impresa, come addetto a una semplice filiale della stessa impresa produttrice. Il *corrispettivo* a carico del franchisee è di solito formato da più componenti: una somma versata una tantum, all'inizio del rapporto, per poter entrare nella catena (c.d. «entry fee»); il prezzo dei prodotti acquistati per la rivendita; una percentuale sul fatturato (c.d. «royalty»).

Il franchising si applica nella distribuzione di *beni:* si pensi alla catena dei negozi Benetton (ciascuno dei quali non appartiene a Benetton, bensì a un autonomo titolare, che lo gestisce a proprio rischio). Ma può applicarsi anche ai *servizi*: catene alberghiere, fast food, locazione di automobili.

Il contratto di franchising è disciplinato – sotto il nome di **affiliazione commerciale** – dalla l. 129/2004. Lo scopo della legge è proteggere il franchisee, considerato la parte più debole del rapporto, contro abusi del franchisor resi possibili dal suo superiore potere contrattuale. La protezione si realizza fondamentalmente in tre modi: ☞ prevedendo *obblighi di informazione precontrattuale* a carico del franchisor: prima della conclusione del contratto egli deve fornire numerosi dati relativi alla propria organizzazione, che permettano al franchisee di capire bene le caratteristiche della rete distributiva in cui va a inserirsi; ☞ poi assicurando la massima *trasparenza delle condizioni contrattuali*, che devono essere indicate con precisione per iscritto; ☞ infine regolando la durata del contratto, per evitare che una sua fine prematura impedisca al franchisee di ammortizzare gli investimenti fatti: la *durata minima* è tre anni.

19. Il mutuo

Il mutuo è il contratto fra due parti dette **mutuante** e **mutuatario**, con cui *il mutuante consegna al mutuatario una determinata quantità di denaro o di altre cose fungibili, e il mutuatario si obbliga a restituire altrettante cose della stessa specie e quantità* (art. 1813). Il suo oggetto prevalente è il denaro; più raro il mutuo di altre cose fungibili. L'area d'impiego del contratto è molto ampia: il mutuatario può farvi ricorso per soddisfare sia esigenze personali (ad es. comprare la casa di abitazione), sia esigenze di tipo professionale o aziendale (l'impresa che ottiene un prestito per fare investimenti o per fare fronte a una crisi di liquidità); a sua volta, il mutuante può essere un privato qualsiasi, oppure un soggetto come la banca, che esercita professionalmente attività creditizia (e in tal caso si applica un regime speciale).

Il mutuo è un *contratto reale* (**29**.7). Il contratto si perfeziona con la consegna del denaro: a questo punto il mutuatario ne acquista la proprietà (art. 1814: perciò trattiamo il mutuo insieme con i contratti che trasferiscono beni), e ne può disporre liberamente; contemporaneamente ne nasce per il mutuatario l'obbligazione di restituire la somma. Prima della consegna può esserci solo una **promessa di mutuo**, che è in sostanza un *contratto preliminare* con cui il finanziatore si impegna a erogare successivamente il prestito: può rifiutarsi di farlo, se nel frattempo le condizioni patrimoniali dell'altro sono molto peggiorate (art. 1822); se invece il suo rifiuto di adempiere la promessa non ha questa né altra giustificazione, risponde dei danni (non sembra invece ammissibile il rimedio dell'esecuzione specifica in base all'art. 2932: **34**.8).

Il mutuo è *naturalmente oneroso* (**31**.8): in altre parole, può essere gratuito, ma solo se c'è l'accordo delle parti in tal senso; se le parti non stabiliscono nulla, il mutuo è oneroso. Esso obbliga allora il mutuario, oltre che a restituire il capitale, anche a pagare gli **interessi** (che di solito vanno pagati a scadenze periodiche – ad es. annuali, o semestrali – per tutta la durata del contratto). Se le parti non determinano il *tasso*, gli interessi sono dovuti al tasso *legale* (**23**.15). Le parti possono pattuire un tasso *superiore a quello legale*, ma incontrano un doppio limite: la pattuizione non è valida se non è fatta *per iscritto* (art. 1284, c. 3, richiamato dall'art. 1815, c. 1); e comunque il tasso non può essere così alto da dare luogo a *interessi usurari*. Su quest'ultimo punto è intervenuta la l. 108/1996, che ha indicato i criteri per definire il tasso di **usura**, e ha modificato la norma del codice che regola le conseguenze: se nel mutuo sono stabiliti interessi usurari, prima questi si convertivano al tasso legale, mentre ora non è dovuto *nessun interesse* (art. 1815, c. 2).

Di solito le parti fissano anche il **termine di restituzione**: in mancanza, lo stabilisce il giudice (art. 1817). Se è stabilita una *restituzione rateale*, il mancato pagamento di una rata consente al mutuante di chiedere la *restituzione immediata dell'intera somma* ancora dovuta (art. 1819). La stessa conseguenza deriva dal mancato pagamento degli interessi: il mutuante può chiedere la *risoluzione* (art. 1820), che gli dà diritto all'*immediata restituzione del capitale*.

Nell'ambito delle politiche di sostegno pubblico alle attività produttive o ad altre finalità sociali, è diffusa la figura del *mutuo agevolato:* in cui, cioè, il mutuatario paga interessi inferiori a quelli di mercato, e la differenza viene sostenuta dall'ente pubblico agevolatore. A fronte di tale beneficio, il mutuatario è però obbligato a usare la somma solo per il particolare fine a cui è diretta l'agevolazione (ristrutturare l'azienda, acquistare la prima casa, ecc.), e per nessun altro: si parla, al riguardo, di **mutuo di scopo**. Qui, in un certo senso, il «motivo» del mutuo entra a far parte della sua «causa», con la conseguenza di diventare giuridicamente rilevante: il rispetto di quel fine è un *obbligo del mutuatario*; dal suo inadempimento può derivare la *risoluzione* del mutuo.

20. La cessione dei crediti d'impresa (factoring)

Il factoring è un'operazione fondata sulla *cessione dei crediti* (**24**.2) a un soggetto specializzato, che si chiama **factor**. Si è affermata prima come contratto atipico, poi legalmente tipizzato dalla l. 52/1991. Viene utilizzata soprattutto dalle *imprese che, nel loro ciclo aziendale, accumulano molti crediti di futura scadenza* (verso i clienti a cui si accordano dilazioni di pagamento).

Il factoring può svolgere semplicemente una funzione di **gestione dei crediti** dell'impresa cedente: il factor cessionario intrattiene i necessari rapporti con i debitori, contabilizza i crediti, li riscuote e rimette i relativi importi all'impresa cedente. In questo caso la cessione ha lo scopo di consentire al factor, diventato formalmente titolare dei crediti, di svolgere più agevolmente tutti questi compiti: a fronte dei quali il factor riceve un compenso che di solito è calcolato in percentuale sull'ammontare dei crediti incassati.

Ma la funzione principale del factoring è una funzione di **finanziamento**: a fronte dei crediti ceduti, *il factor versa subito delle somme al cedente*. Per quest'ultimo, l'utile del contratto consiste allora nel *trasformare i propri crediti da ricchezza futura in attuale liquidità*, e dunque appunto nel finanziarsi. Per il factor deriva dal fatto che la somma corrisposta è inferiore all'importo del credito: e questa differenza (che tiene conto della data di scadenza del credito, delle spese e dei rischi della riscossione, del margine di utile per il factor) determina il suo guadagno. La cessione può essere *pro solvendo*: in questo caso, se il factor non riesce a incassare il credito per l'insolvenza del debitore ceduto, può rivolgersi contro il cedente. Oppure *pro soluto*: in tal caso il rischio di insolvenza del debitore ceduto è tutto a carico del factor, che monetizzerà il maggior rischio con un più largo scarto fra importo del credito ceduto e somma corrisposta al cedente (**24**.4).

La legge disciplina le operazioni di factoring che presentano determinati requisiti, stabilendo che – in mancanza di questi – si applicano le ordinarie regole del codice sulla cessione del credito (art. 1, l. 52/1991):

☞ alcuni requisiti riguardano i **crediti ceduti**. Deve trattarsi di *crediti di un imprenditore, nati da contratti stipulati nell'esercizio dell'impresa* (per questo la legge parla di «cessione dei crediti d'impresa»). Possono essere *crediti futuri*, che sorgeranno da contratti non ancora conclusi dall'impresa cedente: ma l'intervallo fra la cessione dei crediti futuri e il successivo sorgere di questi non può superare *24 mesi*. È possibile anche la *cessione di crediti in massa:* anziché farsi una cessione per ciascun credito, con un solo atto di cessione vengono ceduti tutti i crediti, pur non individualmente determinati, che sorgeranno da una certa tipologia di operazioni che l'impresa cedente farà con un certo debitore (art. 3, l. 52/1991);

☞ altri requisiti riguardano la **figura del factor**: deve essere una banca o un'impresa che esercita professionalmente attività di factoring; deve presentare determinate caratteristiche organizzative; e la sua attività è soggetta a controlli pubblici, secondo la disciplina degli *intermediari finanziari* (**59**.14).

Salvo patto contrario, la cessione è fatta pro *solvendo* (art. 4, l. 52/1991).

Se il factor ha pagato il corrispettivo della cessione, e il *pagamento* ha *data certa*, dalla data di tale pagamento la cessione diventa *opponibile ai terzi* (cessionari dello stesso credito, oppure creditori del cedente interessati ad agire sul credito per soddisfarsi): art. 5, l. 52/1991.

La legge precisa infine le conseguenze del *fallimento* del debitore ceduto e di quello dell'imprenditore cedente.

La convenzione di Ottawa del 1988, ratificata con l. 260/1993, disciplina il *factoring internazionale*, in cui i crediti ceduti nascono da operazioni internazionali perché il cedente e il debitore ceduto operano in Stati diversi.

21. La rendita

Sono previsti due sottotipi di rendita:

☞ la rendita **vitalizia**, di gran lunga la più diffusa, è il contratto con cui *una parte si obbliga a pagare una rendita al beneficiario, per tutta la vita del beneficiario stesso, ovvero di un terzo.* Il beneficiario può essere la stessa controparte, o anche una persona diversa: in tal caso ricorre lo schema del contratto a favore di terzo (**33**.16). Normalmente è un contratto *oneroso*: l'obbligazione viene assunta verso il corrispettivo della *cessione di un bene mobile o immobile, o di un capitale* (art. 1872, c. 1); ma può costituirsi anche a titolo *gratuito*, con un contratto di donazione; oppure per testamento: e allora si applica la disciplina di questi atti (art. 1872, c. 2). La rendita vitalizia è un *contratto aleatorio* (**31**.10), perché l'entità della prestazione dipende da un fatto incerto, qual è la durata di una vita umana: se questa sarà breve, se ne avvantaggia la parte obbligata a pagare la rendita; se sarà lunga, il vantaggio è del beneficiario. Per questo il debitore non può liberarsi dall'obbligo di pagare la rendita, anche se diventato molto oneroso (art. 1879, c. 2). E non può liberarsene neppure restituendo il capitale e rinunciando alle rate già pagate (art. 1879, c. 1), perché ciò dissolverebbe la *funzione previdenziale* che è tipica dell'operazione;

☞ scarsa applicazione pratica ha la rendita **perpetua**, che è il contratto con cui una parte *cede un immobile (rendita fondiaria) o un capitale (rendita semplice)* all'altra parte, che in cambio le attribuisce il *diritto di esigere in perpetuo la prestazione periodica di una somma di denaro o di una certa quantità di cose fungibili* (art. 1861). Al debitore è riconosciuto un diritto di **riscatto**: egli può liberarsi dal suo obbligo di prestazione periodica, pagando la somma che risulta dalla *capitalizzazione della rendita* annua, sulla base dell'interesse legale (art. 1866). Tale diritto è attribuito con norma imperativa, e non può essere escluso per accordo delle parti (art. 1865, c. 1): la ragione è l'*ostilità della legge ai vincoli perpetui.* Tutt'al più le parti possono stabilire che il riscatto non si compia durante la vita del beneficiario, o prima di un certo termine (per il quale la legge fissa però un limite massimo: 10 anni nella rendita semplice, 30 anni nella rendita fondiaria: art. 1865, c. 2).

39

CONTRATTI PER L'UTILIZZAZIONE DI BENI

1. La locazione

La locazione è il contratto fra un **locatore** e un **conduttore**, con cui *il locatore si obbliga a fare utilizzare al conduttore una cosa per un dato tempo, verso un determinato corrispettivo (canone)*: art. 1571. Può riguardare qualunque cosa, mobile o immobile: ma in relazione all'oggetto può cambiare la disciplina, perché la legge prevede regimi particolari per le locazioni di determinati beni.

Come regola, la locazione non è un contratto formale: richiede la *forma scritta* solo se riguarda *beni immobili* e ha durata *ultranovennale* (art. 1350, n. 8).

Quanto alla **durata** del contratto, la locazione può essere stabilita a tempo determinato o senza determinazione di tempo: ☞ la locazione *a tempo determinato* può avere il termine massimo di *30 anni*, al quale si riducono automaticamente le locazioni stabilite per un termine più lungo, o in perpetuo (art. 1573); alla scadenza, cessa automaticamente, senza bisogno di disdetta (art. 1596, c. 1); se però, scaduto il termine, il conduttore continua a utilizzare la cosa senza opposizione del locatore, la locazione si intende rinnovata (*rinnovazione tacita*: art. 1597); ☞ la locazione *a tempo indeterminato* ha la durata stabilita dalla legge, in relazione alle diverse categorie di beni che possono formarne oggetto (art. 1574); essa, però, non cessa alla scadenza di legge se prima di questa una parte non comunica all'altra la *disdetta* (art. 1596, c. 2): infatti, in mancanza di disdetta, la locazione è *tacitamente rinnovata* (art. 1597).

Prima di illustrare le altre regole principali, avvertiamo che esse hanno oramai un'applicazione residuale e marginale. Esistono infatti numerosi e importanti **sottotipi di locazione**, individuati in base al bene che ne forma oggetto, i quali ricevono una disciplina particolare da altre norme del codice o di leggi speciali. Così, se l'oggetto è una cosa produttiva, si parla di *affitto* (**39**.7): e se è quella particolare cosa produttiva che è l'azienda, o il terreno agricolo, il contratto sottostà alla speciale disciplina dell'*affitto di azienda* (**56**.5) o rispettivamente dell'*affitto di fondi rustici* (**50**.10). Se l'oggetto è una nave o un aeromobile, si applicano le norme sulla *locazione di nave o di aeromobile*, contenute nel codice della navigazione. Se è un *immobile urbano*, la locazione è regolata dalle l. 392/1978 e 431/1998 (**39**.4). In conclusione: le norme degli art. 1571 e segg. si applicano solo alle locazioni con oggetto diverso da quelli appena menzionati; o alle locazioni con uno di questi oggetti, solo per regolare aspetti non contemplati dalle discipline speciali.

2. Diritti e obblighi delle parti

Le principali **obbligazioni del locatore** sono (art. 1575): ☞ *consegnare al conduttore la cosa, in buono stato di manutenzione*: se la cosa presenta *vizi occulti* che ne diminuiscono apprezzabilmente l'uso pattuito, la legge offre al conduttore dei rimedi – essenzialmente la risoluzione del contratto o una riduzione del canone, oltre al risarcimento del danno (art. 1578); nel caso di vizi tali da rendere la cosa pericolosa per la salute, egli può attivare i rimedi anche se i vizi gli erano noti (art. 1580); ☞ *mantenere la cosa in buono stato locativo:* questo significa, in concreto, eseguire durante la locazione tutte le riparazioni necessarie, eccettuate quelle di piccola manutenzione, che spettano al conduttore; se però si tratta di cose mobili, le spese di conservazione e ordinaria manutenzione sono normalmente a carico del conduttore (art. 1576); ☞ *garantire al conduttore il pacifico godimento della cosa:* il locatore deve evitare di impedire o disturbare il godimento del conduttore; e deve fare in modo che impedimenti o disturbi (che il codice chiama «*molestie*») non gli provengano da terzi. Ce ne occuperemo parlando della posizione del conduttore rispetto ai terzi (**39**.3).

Le principali **obbligazioni del conduttore** sono (art. 1587): ☞ *prendere in consegna* la cosa; ☞ *pagare il corrispettivo* nei termini pattuiti; ☞ *utilizzare la cosa per l'uso stabilito dal contratto*, osservando la normale *diligenza:* se durante la locazione la cosa è distrutta o danneggiata, il conduttore ne risponde, salvo provare che ciò è dipeso da causa a lui non imputabile; ugualmente ne risponde, se il danno risale a persone da lui ammesse al godimento della cosa (art. 1588); ☞ *restituire la cosa* al termine della locazione, nello stato in cui l'ha ricevuta, salvo il deterioramento dovuto a vetustà (art. 1590); il conduttore *in mora* per inadempimento di quest'obbligo, deve continuare a pagare il canone fino alla riconsegna, oltre al maggior danno (art. 1591).

La legge regola infine diritti e obblighi delle parti, in relazione a eventuali *miglioramenti* e *addizioni* fatti dal conduttore (art. 1592-1593).

Il codice disciplina anche la **sublocazione** (**33**.18): il conduttore può sublocare la cosa, salvo che il contratto lo vieti; solo se la locazione riguarda una *cosa mobile*, la sublocazione deve essere *autorizzata* dal locatore *o consentita* dagli usi (art. 1594). Fra contratto e subcontratto ci sono *collegamenti:* se il locatore ha un credito insoddisfatto verso il conduttore, può esigere dal sub-conduttore il corrispettivo dovuto da quest'ultimo al conduttore-sublocatore; e le vicende del contratto di locazione influiscono sulla sublocazione (art. 1595).

3. La locazione e i terzi

Il conduttore non ha un diritto reale sulla cosa locata, ma solo un diritto di credito verso il locatore: un *diritto personale di godimento* (**19**.1). Dunque il suo potere sulla cosa lo rende *non possessore, ma semplice detentore* (**21**.2).

Ciò spiega le regole sulla posizione del conduttore, di fronte alle **molestie provenienti da terzi.** Bisogna distinguere: ☞ se il conduttore subisce molestie **di fatto**, recate cioè da *terzi che non pretendono di avere diritti sulla cosa*, egli può difendersi da sé, agendo contro essi in nome proprio (art. 1585, c. 2): con un'azione di risarcimento, o con l'azione di reintegrazione (**21**.11); ☞ se il conduttore subisce molestie **di diritto**, che sono quelle recate da *terzi i quali pretendono di avere diritti sulla cosa* (ad es., un terzo sostiene di avere l'usufrutto della cosa locata, e in base a questo contesta il diritto del conduttore), *viene meno la possibilità di difendersi da solo.* Infatti il diritto del conduttore, in quanto relativo, non è opponibile ai terzi: la sua protezione deve passare attraverso la controparte del rapporto, cioè il locatore, tenuto a garantirlo (art. 1585, c. 1). Il conduttore aggredito dal terzo deve perciò *dare al locatore pronto avviso* della molestia (art. 1586, c. 1): e se il terzo agisce in giudizio, il locatore deve *assumere la lite* al posto del conduttore, che ne può uscire (art. 1586, c. 2).

C'è un'altra regola, già richiamata, che in qualche modo *deroga alla relatività del diritto del conduttore* (**19**.3): se durante la locazione il locatore aliena la cosa a un terzo (**terzo acquirente della cosa locata**), la regola è che la locazione è *opponibile al terzo acquirente*, a condizione che abbia *data certa anteriore all'alienazione* (art. 1599, c. 1); ma in certi casi il terzo acquirente può prevalere, grazie al possesso in buona fede o alla trascrizione (art. 1599, c. 2-3).

4. La locazione di immobili urbani

Le locazioni di immobili urbani (singoli appartamenti, o edifici più ampi) ricevono specifica attenzione e un'apposita disciplina giuridica, per la particolare rilevanza economico sociale dei beni che ne formano oggetto e dei bisogni umani che tali beni soddisfano: il bisogno di luoghi dove abitare, e dove svolgere attività produttive. Per questo il legislatore se n'è ripetutamente occupato, con interventi di regolamentazione dei relativi contratti che sono al tempo stesso misure di politica economica e sociale.

Questi interventi si misurano con *due contrapposti interessi*: l'interesse dei proprietari locatori a valorizzare la loro proprietà, e l'interesse dei conduttori non proprietari a disporre di immobili in una prospettiva di equità e stabilità. L'idea di fondo è che l'interesse dei conduttori sia particolarmente meritevole di tutela, così da richiedere un adeguato sostegno legislativo. Nel tempo, la *protezione dei conduttori* è stata perseguita dalla legge secondo modelli diversi.

Per tutta una fase, prevalse il modello vincolistico, basato sul *«blocco» della durata dei contratti e dei relativi canoni:* la conseguenza fu l'irrigidimento del mercato, messo nell'impossibilità di soddisfare la nuova domanda di immobili in locazione. Per riaprire il mercato, si pose fine alla politica dei blocchi e si varò – con la l. 392/1978 *(legge sull'equo canone)* – una nuova disciplina che avrebbe dovuto dare alla materia una sistemazione organica. Si introdusse il principio di un *trattamento differenziato fra locazioni abitative e non abitative*, fissando per le locazioni abitative due criteri inderogabili: il canone non poteva essere liberamente concordato, ma doveva essere calcolato in base a parametri predeterminati per legge («equo» canone); la durata del contratto non poteva essere inferiore a quattro anni. Ma anche questa disciplina si rivelò inefficace di fronte al dilagare dei contratti «in nero», con cui le parti pattuivano nascostamente canoni superiori ai massimi di legge. Di qui un ulteriore intervento di riforma con la *l. 431/1998*, che sostituisce pressoché integralmente la legge sull'equo canone per la parte relativa alle locazioni abitative (mentre le locazioni non abitative restano disciplinate nella l. 392/1978).

5. Locazioni abitative

Le locazioni abitative soddisfano un bisogno primario del conduttore: per questo sono soggette a regole più stringenti. Ad esse la l. 431/1998 non dedica una disciplina unitaria, bensì *due discipline differenziate* che corrispondono alle due *diverse modalità di contrattazione* fra cui le parti possono scegliere: una contrattazione «collettiva» e una contrattazione «libera»:

☞ la **contrattazione collettiva** è quella per cui le parti uniformano le condizioni del loro contratto (e soprattutto le condizioni economiche) a quanto previsto in appositi *contratti tipo concordati a livello locale fra le associazioni dei proprietari edilizi e quelle degli inquilini*. In questo caso, la disciplina del contratto si basa sui seguenti punti (art. 2, c. 3-5, l. 431/1998): ✦ il *canone* non è fissato liberamente, ma corrisponde a quello *previsto nel contratto tipo*; ✦ la *durata* del contratto è almeno *tre anni*; ✦ alla scadenza, o le parti concordano il rinnovo; oppure, in caso contrario, scatta una *proroga legale di due anni* a cui il locatore può sfuggire, dando disdetta, ma solo in casi eccezionali e cioè se intende: utilizzare l'immobile per sé o i propri familiari; oppure ricostruirlo, ristrutturarlo o trasformarlo; oppure venderlo;

☞ in alternativa, le parti possono ricorrere a una **contrattazione libera**, cioè non vincolata a uniformarsi ai contratti tipo (art. 2, c. 1, l. 431/1998). In tal caso: ✦ il *canone* può essere fissato *liberamente*; ✦ la *durata* del contratto è almeno *quattro anni*; ✦ alla scadenza, il contratto subisce un *rinnovo automatico per altri quattro anni*, a cui il locatore può sottrarsi solo se sussiste qualcuna delle prospettive dette sopra.

È chiara la logica: nella contrattazione libera, la possibilità che il conduttore paghi un canone più alto è compensata dalla maggiore stabilità del rapporto (quattro anni più quattro); nella contrattazione collettiva, la durata più breve (tre anni più due) è compensata da un canone calmierato sui livelli dei contratti tipo.

Altre **norme a tutela del conduttore** (art. 3, l. 431/1998) prevedono che: ☞ in caso di mancato rinnovo per vendita, il conduttore ha *prelazione per l'acquisto*; ☞ in caso di mancato rinnovo per lavori, il conduttore ha *prelazione per una nuova locazione*, se il proprietario intende rilocare; ☞ in caso di illegittimo diniego del rinnovo, il conduttore ha diritto al *risarcimento*, forfetizzato in 36 mensilità dell'ultimo canone; ☞ il conduttore, se ricorrono *gravi motivi*, può **recedere** dal contratto con preavviso di sei mesi; inoltre può recedere anche senza gravi motivi, ma sempre con preavviso di sei mesi, se tale facoltà è *prevista nel contratto* (art. 4 l.e.c.); invece il locatore non ha alcun diritto di recesso.

La disciplina delle locazioni abitative comprende infine alcune previsioni, contenute in articoli della l. 392/1978, non abrogati dalla l. 431/1998:

☞ in tema di **sublocazione**: quella *totale* richiede sempre il consenso del locatore; invece quella *parziale* (se non esclusa dal contratto) può essere liberamente fatta dal conduttore, che deve solo comunicarla al locatore (art. 2 l.e.c.);

☞ la legge prevede poi casi di **successione nel contratto**, in cui una persona diversa dal conduttore subentra a quest'ultimo nel rapporto con il locatore, in relazione a particolari situazioni familiari: una cessione del contratto (**33**.17) stabilita dalla legge, a prescindere dalla volontà delle parti. Più precisamente (art. 6 l.e.c.): ✦ alla *morte del conduttore*, nella locazione subentrano il coniuge, gli eredi e i parenti ed affini abitualmente conviventi con lui; e inoltre il convivente di fatto (**63**.14); ✦ con la *crisi del rapporto coniugale* (separazione, divorzio) nella locazione della casa ex coniugale al conduttore può subentrare il coniuge (se l'uso della casa è assegnato a questo, per accordo degli interessati o per decisione del giudice: **65**.4).

6. Locazioni non abitative

Le locazioni non abitative sono quelle destinate ad *attività industriali, commerciali, artigianali, turistiche o libero-professionali* del conduttore. Qui l'interesse del proprietario va bilanciato con l'interesse alle attività produttive.

Il **canone** può essere liberamente concordato fra le parti. Il solo limite legale riguarda il caso che le parti prevedano *aggiornamenti* del canone inizialmente pattuito, per adeguarlo all'inflazione: l'aggiornamento annuale non può superare il 75% dell'incremento del costo della vita (indici Istat): art. 32 l.e.c.

Un vincolo è invece posto in tema di **durata** della locazione. Anche qui è stabilita una durata minima – *sei anni* come regola, e *nove anni* per gli immobili destinati ad albergo – con sostituzione automatica delle clausole per durate inferiori (art. 27, c. 1-4, l.e.c.). C'è un'*eccezione*: la durata può essere più breve, se l'immobile è destinato a un'*attività di carattere transitorio* (art. 27, c. 5, l.e.c.).

Scaduto il termine, il contratto si rinnova tacitamente per lo stesso periodo (sei o nove anni), se nessuna delle parti dà all'altra tempestiva disdetta (*rinnovazione tacita*: art. 28, c. 1, l.e.c.). Ma c'è di più. Alla *prima scadenza*, mentre il conduttore può disdettare liberamente, *il locatore può dare disdetta solo in presenza di particolari ragioni giustificative* (utilizzare l'immobile per esigenze abitative o economico-professionali, proprie o di stretti congiunti; demolire e ricostruire l'immobile, o ristrutturarlo): art. 28, c. 2 e 29, l.e.c. Il locatore riacquista piena libertà di disdetta alla seconda scadenza. In pratica: se non ricorre qualcuna di quelle esigenze del locatore, la locazione ha una durata di 12 anni, e 18 per gli alberghi (salva la disdetta del conduttore alla prima scadenza).

Il **recesso** prima della scadenza ha la stessa disciplina delle locazioni abitative: spetta solo al conduttore, che può esercitarlo o se *previsto in contratto*, o se ricorrono *gravi motivi* (art. 27, c. 7-8, l.e.c.).

Si segnalano poi altre tre regole particolari, che non valgono per le locazioni abitative: ☞ il conduttore ha diritto di **sublocare** l'immobile e anche di **cedere il contratto**, pur *senza il consenso del locatore*, quando insieme viene *locata o ceduta l'azienda* di cui l'immobile è una componente (art. 36 l.e.c.), mentre un'altra norma è dedicata alla *successione nel contratto* (art. 37 l.e.c.); ☞ il conduttore ha un diritto di **prelazione** (**29**.14), per il caso che il locatore intenda vendere l'immobile. Il locatore deve *notificare* questa intenzione al conduttore, il quale ha *60 giorni* per esercitare la prelazione alle condizioni indicate dal locatore. Se il locatore vende a un terzo senza avere fatto la notificazione, o a un prezzo inferiore a quello indicato nella medesima, il conduttore ha il potere di *riscattare l'immobile dal terzo:* questa prelazione – opponibile ai terzi – ha dunque natura *reale* (art. 38 e segg. l.e.c.); ☞ quando la locazione riguarda un *immobile adibito ad attività commerciali implicanti contatto con il pubblico dei consumatori ed utenti*, alla fine della locazione (e sempre che questa non finisca per una causa imputabile al conduttore, come il suo recesso o la risoluzione per il suo inadempimento), il conduttore ha diritto a un'**indennità per perdita dell'avviamento**: che (come vedremo meglio: **56**.10) rappresenta quel sovrappiù di valore economico che s'incorpora in un immobile per avere lungamente ospitato l'esercizio di un'attività produttiva, che ne ha fatto un centro di attrazione per la clientela. L'indennità è pari a un *multiplo dell'ultimo canone mensile* (18 volte, e 21 per gli alberghi); e si raddoppia se l'immobile è adibito da un nuovo soggetto alla stessa attività esercitata dal vecchio conduttore (art. 34-35 l.e.c.).

7. L'affitto

L'affitto è un tipo di contratto che si distingue dalla locazione solo per la natura del bene che ne forma oggetto: esso riguarda *cose produttive* (art. 1615).

Il codice prevede per la sua disciplina alcune norme, ispirate all'idea di garantire, al di là delle posizioni soggettive delle parti, l'obiettivo «interesse della produzione» (art. 1615-1620). Tuttavia almeno due, fra le ipotesi di affitto più importanti dal punto di vista pratico, hanno altrove la loro disciplina: l'*affitto di azienda*, regolato nel quinto libro del codice (**56**.5), e l'*affitto di fondi rustici*, regolato prevalentemente nella legislazione speciale (**50**.10).

8. La locazione finanziaria (leasing)

La locazione finanziaria – più comunemente detta leasing, con termine che ne rivela la derivazione dalla prassi commerciale anglosassone – è stato a lungo un contratto con forte tipicità sociale, per la sua grande diffusione, ma legalmente atipico perché non disciplinato espressamente dalla legge (a differenza del *leasing internazionale*, con parti operanti in Stati diversi, che è regolato dalla convenzione di Ottawa del 1988, ratificata dall'Italia con l. 259/1993).

La lacuna è stata colmata dalla l. 124/2017 (art. 1, c. 136-140), che dà al contratto tipicità legale, definendolo e regolandone gli aspetti più importanti.

Definito in termini generali, il leasing è il contratto fra un **concedente** e un **utilizzatore**, con cui *il concedente attribuisce all'utilizzatore l'uso di un bene per un periodo determinato,* in cambio del pagamento di *canoni periodici*, e gli dà *opzione per l'acquisto del bene alla fine del rapporto*. La definizione legale è però più precisa, e contiene elementi che chiariscono la funzione del contratto. In particolare questi:

☞ il *concedente* è una *banca* o un *operatore finanziario* (una «società di leasing»), il che ci dice che la funzione del leasing è essenzialmente una *funzione di finanziamento*: l'utilizzatore – che può essere un imprenditore o un professionista a cui il bene serve per la sua attività economica, ma anche un consumatore che ne ha bisogno per esigenze personali – non ha o non vuole impegnare il denaro necessario per l'acquisto del bene; col leasing può averlo subito senza pagarlo, perché il concedente lo compra e lo paga per lui, che restituirà il finanziamento attraverso le rate periodiche;

☞ infatti il bene da dare il leasing non appartiene in origine al concedente: questi si impegna ad *acquistarlo o farlo costruire da un fornitore*, "su scelta e secondo le *indicazioni dell'utilizzatore*" alle cui esigenze il bene dovrà servire, e solo una volta acquistato o costruito il bene diventa proprietà del concedente; in questo modo l'operazione presenta un carattere di *trilateralità*, perché oltre al concedente e all'utilizzatore entra in scena un terzo protagonista, appunto il **fornitore** del bene;

☞ i *rischi relativi al bene* sono *a carico dell'utilizzatore*, incluso il rischio di perimento (distruzione): una previsione coerente col fatto che è l'utilizzatore a scegliere il bene e il relativo fornitore (cosa che di solito lui fa prima ancora di mettersi in contatto con la banca o la società di leasing).

Le *obbligazioni del concedente* si esauriscono con la consegna del bene: come detto, è normale che egli non garantisca per eventuali vizi o mancanze di qualità, dato che il bene è stato scelto dall'utilizzatore.

Più complessa la **posizione dell'utilizzatore**. Egli: ☞ deve pagare i *canoni* pattuiti al concedente (che è garantito nel suo credito dal fatto di avere la proprietà del bene); ☞ assume i *rischi* di distruzione o deterioramento del bene, e deve curarne la *manutenzione*; ☞ alla fine del rapporto, può esercitare l'*opzione di acquisto* per il prezzo convenuto, e così diventare proprietario del bene: sarà indotto a farlo, se il bene conserva ancora un significativo valore residuo, superiore al prezzo di opzione (in tal caso, vuol dire che i canoni via via pagati non si limitavano a remunerare il godimento, ma erano abbastanza alti da incorporare quote del valore di scambio del bene).

Una delle questioni praticamente più importanti in materia di leasing riguarda la **risoluzione del contratto per mancato pagamento del canone**. Prima, in mancanza di norme scritte, si applicavano regole elaborate dalla giurisprudenza. Adesso la questione è regolata dalla l. 124/2017, e i punti principali sono questi: ☞ si ha *grave inadempimento* dell'utilizzatore, presupposto per la risoluzione, nel caso di mancato pagamento di *quattro canoni* mensili (*sei canoni* nel leasing immobiliare); ☞ se il concedente risolve il contratto, l'utilizzatore è tenuto alla *immediata restituzione* del bene; ☞ a questo punto il concedente (che non è interessato a tenersi il bene, scelto in base a esigenze altrui) procede a *ricollocare sul mercato il bene* stesso, per realizzarne il valore monetario; ☞ sul valore così ricavato il concedente *soddisfa i propri crediti verso l'utilizzatore* (canoni scaduti e non pagati, canoni di futura scadenza, prezzo dell'opzione finale), e riversa *all'utilizzatore l'eventuale residuo*; ☞ per limitare la discrezionalità del concedente e tutelare l'aspettativa dell'utilizzatore circa il valore residuo, la legge dà alcuni *criteri circa la determinazione del valore di realizzo* del bene.

Gli altri inadempimenti dell'utilizzatore, diversi dall'inadempimento finanziario (ad es. danneggiamento del bene, inosservanza dell'obbligo di manutenzione), sono trattati secondo le regole comuni dell'inadempimento contrattuale.

La nuova disciplina non regola un'altra importante questione: qual è la **tutela dell'utilizzatore contro l'inadempimento del fornitore** (mancata consegna, difetti del bene)? Il problema è che formalmente *non c'è rapporto contrattuale diretto fra utilizzatore e fornitore*: i rapporti sono fra utilizzatore e concedente (leasing) e fra concedente e fornitore (fornitura). Ma la sostanza è che i due rapporti sono collegati, e si influenzano reciprocamente (secondo una tesi più spinta, confluiscono addirittura in unico rapporto trilatero). Di qui la soluzione della giurisprudenza: l'utilizzatore può *agire direttamente contro il fornitore per ottenere l'adempimento* (consegna o riparazione o sostituzione del bene); o in alternativa può *pretendere che il concedente agisca contro il fornitore per la risoluzione della fornitura*, che a sua volta produce la *risoluzione del leasing collegato*.

Una variante del leasing è il «sale and lease back» (o semplicemente **lease back**): si caratterizza perché *il bene appartiene originariamente all'utilizzatore*, che lo trasferisce in proprietà al concedente dal quale subito dopo ne riacquista il godimento a titolo di leasing. Qui la funzione finanziaria è evidentissima; e così pure la contiguità con la figura del *patto commissorio*: ma i sospetti di illiceità per violazione dell'art. 2744 (**27**.17) generalmente non sono condivisi.

Un'altra più recente variante, introdotta e regolata dalla l. 208/2015, è il *leasing immobiliare abitativo*, in cui l'utilizzatore è una persona fisica che prende in leasing un immobile da adibire a sua abitazione principale.

Per la natura finanziaria della loro attività, le **imprese di leasing**, sono assoggettate dalla legge a una particolare disciplina e a *controlli pubblici*.

9. Il comodato

Il comodato è il contratto fra **comodante** e **comodatario**, con cui *il comodante consegna al comodatario una cosa, affinché se ne serva per un tempo o un uso determinato, con l'obbligo poi di restituirla* (art. 1803, c. 1). Ad es.: presto a un amico la mia automobile per una settimana, perché la sua è in riparazione; o la mia casa di campagna, perché ci trascorra una vacanza; oppure dei libri, che gli servono per la tesi.

Il comodato è un *contratto reale*: si forma solo con la consegna della cosa. Ed è *essenzialmente gratuito* (art. 1803, c. 2): se fosse previsto un corrispettivo, si scivolerebbe nel tipo locazione. Questo non significa che il comodato non possa inserirsi in un'operazione economica, e quindi soddisfare indirettamente anche un interesse patrimoniale del comodante: ad es., gli impianti per la distribuzione del carburante di solito sono dati in comodato dall'azienda petrolifera ai gestori delle stazioni di servizio. Come regola, il comodato ha per oggetto *cose inconsumabili*: usare cose consumabili equivale infatti a distruggerle, con la conseguente impossibilità di restituirle (il contratto che attribuisce l'uso temporaneo di cose consumabili è un altro, e cioè il mutuo).

La **posizione del comodatario** si può illustrare osservando che egli: ✦ deve *custodire e conservare* la cosa con l'ordinaria diligenza, e può *usarla* solo per l'uso determinato dal contratto o dalla natura della cosa (art. 1804, c. 1); ✦ non può *concedere a terzi* il godimento della cosa senza il *consenso del comodante* (art. 1804, c. 2); ✦ se viola gli obblighi suddetti, il comodante può chiedere la *restituzione immediata* della cosa, oltre al *risarcimento* del danno (art. 1804, c. 3); in qualche caso, *risponde della distruzione* della cosa perfino se dipendente da caso fortuito o altra causa a lui non imputabile (art. 1805); ✦ deve *restituire la cosa* alla scadenza del termine o alla fine dell'uso stabiliti in contratto; ma il comodante può esigere la restituzione anche prima, se gli sopravviene un *bisogno urgente e imprevisto* (art. 1809); ugualmente, il comodante può esigere la restituzione immediata se il termine di riconsegna non è determinato né determinabile (c.d. *precario*: art. 1810); alla restituzione immediata sono pure tenuti gli eredi del comodatario, se questi muore prima del termine di riconsegna (art. 1811).

Dal comodato non nascono obbligazioni a carico del comodante. Se però il bene ha *difetti che causano danno al comodatario* (ad es., la bicicletta imprestata ha i freni difettosi, e chi la usa fa una brutta caduta), il comodante ne risponde ed è tenuto a risarcirlo se, pur conoscendo l'esistenza del difetto, non ne ha avvertito il comodatario (art. 1812).

40
CONTRATTI PER L'ESECUZIONE DI OPERE E SERVIZI

1. L'appalto

L'appalto è il contratto con cui *una parte, con organizzazione dei mezzi necessari e con gestione a proprio rischio, assume su incarico dell'altra parte il compimento di un'opera o di un servizio, verso un corrispettivo in denaro* (art. 1655): chi dà l'incarico si chiama **committente** (*o appaltante*); chi lo riceve e lo esegue, **appaltatore**. Ad es.: un costruttore edile si impegna a costruire un edificio sull'area di proprietà del committente (*appalto d'opera*); un'impresa di ristorazione collettiva si impegna a fornire il servizio mensa per i dipendenti di un'azienda (*appalto di servizi*). L'appalto di servizi è ai confini con la somministrazione (**38**.17), e gli si possono applicare anche le norme relative (art. 1677).

Caratteristica essenziale dell'appalto è che l'esecuzione dell'opera o del servizio viene assunta dall'appaltatore *con propria organizzazione di mezzi* (ivi compresa, salvo patto contrario, la fornitura dei materiali necessari: art. 1658), e *a proprio rischio*: principalmente il rischio che la produzione dell'opera o del servizio – per errori di valutazione, per cattiva gestione dell'attività, ecc. – gli vengano a costare più del corrispettivo pattuito a suo favore, così che il contratto gli causa perdite anziché profitti. Ma questo è coerente con la sua qualità di **imprenditore** (**49**.7).

La caratteristica appena indicata distingue l'appalto dai *contratti di lavoro autonomo:* contratto d'opera e contratto del professionista intellettuale (**40**.5-6), in cui chi esegue l'opera o il servizio non ha un'organizzazione d'impresa. L'appalto va distinto anche dalla *vendita di cosa futura*, benché in molti casi il confine possa essere incerto: il criterio è che si ha vendita di cosa futura se il prodotto rientra nella produzione di serie del fornitore, e quindi viene realizzato a prescindere dalla specifica ordinazione dei destinatari finali (una grossa impresa edile avvia la realizzazione di un complesso di 120 appartamenti, e prima ancora di iniziare i lavori comincia a venderli «sulla carta»; una casa produttrice di motoscafi accetta l'ordine di un esemplare che rientra nella produzione standard, e quindi lo mette in lavorazione); invece si ha appalto se il prodotto *non rientra nella produzione standardizzata del fornitore, ma viene realizzato su specifica richiesta dell'interessato* (l'impresa edile costruisce una villa appositamente per il committente, secondo il progetto fatto predisporre da questo; il cantiere navale costruisce una nave con determinate caratteristiche, su specifico incarico di un armatore).

La disciplina dell'appalto contenuta nel codice civile vale per gli appalti privati. Vale in qualche misura anche per gli *appalti pubblici* (in cui il committente è lo Stato o un altro ente pubblico), secondo il principio per cui le organizzazioni pubbliche che utilizzano strumenti del *diritto privato* si assoggettano alle norme di questo, che sono diritto comune (**2**.2). Ma per molti aspetti agli appalti pubblici si applicano *norme particolari*, contenute in una complessa legislazione speciale ora raccolta e sistemata nel codice degli appalti pubblici (d.lgs. 50/2016).

2. L'esecuzione dell'appalto

L'opera o il servizio deve essere eseguito direttamente dall'appaltatore, perché il contratto si fonda sulla *fiducia* che il committente ripone in lui. Perciò non è ammesso il **subappalto** (con cui l'appaltatore fa eseguire l'opera o il servizio da un altro imprenditore, che si chiama subappaltatore), se non dietro *autorizzazione del committente* (art. 1656).

L'appaltatore deve compiere l'opera o il servizio secondo le *modalità pattuite*, spesso precisate in un **progetto** predisposto dal committente, che l'appaltatore deve seguire. Peraltro è possibile che il progetto subisca delle modifiche durante l'esecuzione del contratto (c.d. **varianti** in corso d'opera), che costituiscono vere e proprie modifiche successive del regolamento contrattuale. Si distinguono tre tipi di variazioni: ☞ le *variazioni concordate* sono quelle apportate per iniziativa dell'appaltatore, con l'autorizzazione del committente (senza la quale non sono consentite): salvo patto contrario, non danno diritto a un compenso supplementare per l'appaltatore (art. 1659); ☞ le *varia-*

zioni necessarie sono quelle che si rendono tecnicamente indispensabili per realizzare l'opera a regola d'arte: se le parti non si accordano al riguardo, spetta al giudice determinarle e fissare le relative variazioni di prezzo (un tipico caso di integrazione giudiziale: **32**.9); se le variazioni e il loro importo economico *superano una certa entità*, ciascuna delle parti può *recedere*, e in tal caso l'appaltatore ha diritto a un'equa indennità (art. 1660); ☞ le *variazioni ordinate* sono quelle apportate per iniziativa del committente, che può farlo solo se il loro importo non supera *un sesto del prezzo* convenuto: a fronte di esse, l'appaltatore ha diritto a compenso per i maggiori lavori (art. 1661).

Durante l'esecuzione dei lavori, il committente ha un diritto di **verifica**: può sorvegliare lo svolgimento e controllare lo stato di avanzamento dell'opera, cosa che generalmente fa attraverso un tecnico di sua fiducia, detto *direttore dei lavori*. Se constata che l'esecuzione non procede come stabilito, può assegnare un termine entro cui l'appaltatore deve adeguarsi: e se l'appaltatore non lo fa, il contratto si risolve (art. 1662).

Quando l'opera è terminata, scatta un ulteriore diritto del committente: fare il **collaudo** dell'opera, e cioè verificare se l'opera risulta eseguita a regola d'arte e conformemente al progetto (in caso contrario, e cioè se l'opera presenta vizi o difformità, il committente può far valere una garanzia contro l'appaltatore: **40**.4). Il committente ha interesse a fare il collaudo (e a chiarirne bene i risultati) prima di ricevere la *consegna* dell'opera, perché con la consegna al committente l'opera si considera accettata da lui (art. 1665): e l'**accettazione** dell'opera limita la possibilità di utilizzare il rimedio della garanzia per eventuali vizi e difformità.

Nel corso dell'appalto, possono verificarsi **eventi con incidenza negativa sull'opera**. Se gli eventi sono imputabili a una parte, questa ne sopporta le conseguenze. Se sono *non imputabili a nessuna delle parti*, la legge ne distribuisce il rischio in questo modo: ✦ se l'opera diventa *impossibile*, il committente deve pagare la parte di opera già fatta, nei limiti in cui gli è utile (art. 1672); ✦ se l'opera è *deteriorata o distrutta prima dell'accettazione* (o prima che il committente sia messo in mora, per il ritardo ingiustificato nel fare il collaudo), il rischio è messo per lo più a carico dell'appaltatore (art. 1673).

L'appalto può subire uno **scioglimento anticipato**, per varie ragioni. Alcune le abbiamo già viste (recesso in caso di variazioni notevoli del progetto; andamento inadeguato dei lavori). Un'altra è la facoltà di *recesso del committente*, che la legge gli attribuisce in via generale a condizione che egli indennizzi l'appaltatore delle spese sostenute, dei lavori eseguiti e del mancato guadagno (art. 1671). Un'altra ipotesi di scioglimento anticipato si ha in caso di *morte dell'appaltatore:* questa come regola non scioglie il contratto, che continua con gli eredi; ma se la considerazione della persona dell'appaltatore è stata determinante, il contratto si scioglie; e il committente può sempre recedere se gli eredi non gli danno affidamento per la buona esecuzione dell'opera (art. 1674).

3. Il prezzo dell'appalto

Il corrispettivo dovuto dal committente all'appaltatore di regola viene determinato dalle parti: può essere *a corpo* (o *à forfait*), se è stabilito in una somma globale a fronte dell'intera opera; oppure *a misura*, se prevede un prezzo unitario da moltiplicare in relazione all'entità finale dell'opera (ad es.: ripristino delle facciate di un palazzo di 12 piani, per x euro al mq.). In mancanza di previsione delle parti, il prezzo si determina in base alle *tariffe* o agli *usi*; se mancano anche questi parametri, lo fissa il *giudice* (art. 1657).

La legge prevede la possibilità di una **revisione del prezzo** pattuito (generalmente in aumento), in relazione a circostanze che possono manifestarsi nel corso dell'appalto: ☞ se si verificano *variazioni imprevedibili nel costo dei materiali o della manodopera*, che incidono per *oltre il 10%* del prezzo dell'appalto, la parte onerata ha diritto alla corrispondente revisione del prezzo, ma per la sola parte eccedente il 10% (art. 1664, c. 1); ☞ se l'appaltatore incontra *difficoltà impreviste di tipo geologico o idrico*, che aggravano notevolmente la sua prestazione (c.d. *sorpresa geologica*), ha diritto a un *equo compenso* (art. 1664). Sono rimedi riconducibili al principio di tutela dei contraenti contro gli squilibri sopravvenuti per cause imprevedibili (**37**.7). Peraltro le parti possono regolare la materia liberamente, anche in modo difforme dalla disciplina legale (che è dispositiva). Possono escludere qualsiasi revisione, stabilendo che il prezzo resti comunque *fisso e invariabile*. E possono al contrario disporre che la revisione operi al di là delle cause di legge: ad es. stabilendo (come è frequente negli appalti di lunga durata) che il prezzo originario venga *automaticamente aggiornato* in base alle variazioni degli indici Istat.

È dispositiva anche la norma per cui il prezzo va pagato *ad opera finita e accettata* (art. 1665, c. 5). Di solito viene derogata con la previsione di pagamenti parziali già durante l'esecuzione, per frazioni corrispondenti alla progressione dell'opera: c.d. *stati di avanzamento dei lavori* (sal).

Al debito del committente per il prezzo si lega una norma che tutela i *dipendenti dell'appaltatore*: questi, per ottenere quanto loro dovuto come retribuzione, possono *agire direttamente contro il committente*, nei limiti del suo debito verso l'appaltatore (art. 1676).

4. La garanzia per difformità e vizi

L'appaltatore è tenuto a garantire il committente, per il caso che *l'opera si discosti dal progetto* (**difformità**) o comunque *presenti dei difetti* (**vizi**). La garanzia opera a queste condizioni (art. 1667, c. 1-2): ☞ che il committente *non abbia accettato* l'opera; o, se l'ha accettata, che le difformità e i vizi fossero da lui *non conosciuti né riconoscibili* (salvo che gli siano stati taciuti in mala fede dall'appaltatore); ☞ che il committente, a pena di decadenza, ne faccia *denuncia entro 60 giorni dalla scoperta* (ma la denuncia è superflua se l'appaltatore ha riconosciuto o viceversa occultato difformità o vizi).

I **rimedi** della garanzia sono graduati secondo la gravità dei difetti: ☞ nel caso estremo di *difetti gravissimi*, tali da rendere l'opera *del tutto inidonea* alla sua destinazione, il committente può chiedere la **risoluzione** del contratto (art. 1668, c. 2); ☞ in caso di *difetti meno gravi*, può chiedere (art. 1668, c. 1): ✦ l'**eliminazione dei vizi** a spese dell'appaltatore; oppure, in alternativa, ✦ la **riduzione del prezzo**; può chiedere, in aggiunta, ☞ il **risarcimento** del danno: ma solo se c'è *colpa* dell'appaltatore (art. 1668, c. 1).

L'azione derivante dalla garanzia è soggetta a *prescrizione*, nel termine di *due anni dalla consegna* dell'opera (art. 1667, c. 3).

Una garanzia più ampia è prevista per gli edifici e altri **immobili destinati a lunga durata**, con riguardo all'ipotesi di *crollo, minaccia di crollo* o *gravi difetti* dell'immobile (ipotesi che la giurisprudenza interpreta con larghezza, ricomprendendovi per es. semplici infiltrazioni d'acqua o di umidità dal tetto o dalla facciata). Si traduce nel rimedio del *risarcimento del danno*, e opera a queste condizioni (art. 1669): ☞ che l'*evento dannoso* si sia manifestato *entro 10 anni dalla fine dell'opera* (per questo si parla di **garanzia decennale**); ☞ che ne sia fatta *denuncia entro un anno dalla scoperta* (termine di decadenza); ☞ che l'*azione* contro l'appaltatore sia esercitata *entro un anno dalla denuncia* (termine di prescrizione).

Il rimedio contro l'appaltatore è dato sia al committente sia ai suoi aventi causa (ad es., i successivi acquirenti dell'immobile fatto costruire dal committente), terzi rispetto all'appalto. Anche in relazione a ciò, la giurisprudenza afferma che si tratta di *responsabilità extracontrattuale* dell'appaltatore (**42**.1).

5. Il contratto d'opera

Il contratto d'opera è il contratto con cui *una persona si obbliga a compiere, verso corrispettivo, un'opera o un servizio, con lavoro prevalentemente proprio e senza vincolo di subordinazione nei confronti del committente* (art. 2222). Ad es.: il contratto per cui il giardiniere si impegna a curare un giardino, il sarto a confezionare un abito, il tappezziere a foderare un divano, ecc.

La *mancanza di subordinazione* nei confronti del committente lo distingue dal contratto di lavoro subordinato (**55**.2), e lo inserisce fra i contratti di lavoro autonomo. La *prevalenza del lavoro proprio*, e quindi l'assenza di una complessa organizzazione produttiva, lo distingue dall'appalto, che presuppone la qualità di imprenditore in chi esegue l'opera o il servizio (**40**.1).

Le regole su esecuzione dell'opera, corrispettivo, garanzie del committente, recesso unilaterale e impossibilità sopravvenuta sono ricalcate su quelle dell'appalto.

6. Il contratto del professionista intellettuale

Nell'ambito dei contratti di lavoro autonomo, hanno particolare importanza quelli conclusi con chi esercita libere professioni intellettuali, che richiedono l'iscrizione in appositi *albi* o *elenchi* (avvocati, medici, ingegneri, architetti, commercialisti, psicologi, ecc.): art. 2229.

Il *compenso* può essere concordato dalle parti; in mancanza, si determina in base alle tariffe professionali; se queste non ci sono, lo stabilisce il giudice (art. 2233). Se la prestazione è eseguita da un *professionista non iscritto all'albo*, egli non può agire in giudizio per ottenere il compenso (art. 2231); ma se il cliente paga spontaneamente, il compenso non deve essere restituito: si tratta di *obbligazione naturale* (**22**.7).

Il professionista deve *eseguire personalmente* la prestazione: può avvalersi di ausiliari solo se ciò è consentito dal contratto o dagli usi, e non è incompatibile con l'oggetto della prestazione (art. 2232). Se la prestazione professionale implica la soluzione di *problemi tecnici di speciale difficoltà*, il professionista risponde dell'inadempimento solo per *dolo* o *colpa grave* (art. 2236).

Il cliente può sempre *recedere* dal contratto, rimborsando al professionista le spese e compensandolo per l'opera svolta: invece il professionista può recedere solo per giusta causa, e in modo tale da evitare pregiudizio al cliente (art. 2237).

Per molte professioni esistono leggi professionali ad hoc, che ne regolamentano i vari aspetti (al di là del rapporto contrattuale con il cliente): **49.5**.

7. Il contratto di ingegneria (engineering)

Ci sono opere di ingegneria civile o industriale che presentano enorme complessità: si pensi alla costruzione di una centrale nucleare, di una piattaforma oceanica per prospezioni ed estrazioni petrolifere, di un villaggio turistico con tutti i relativi servizi e infrastrutture. La realizzazione di opere così ingenti si sviluppa attraverso fasi diverse: la progettazione (talora preceduta da uno studio di fattibilità tecnica ed economica); la costruzione vera e propria; spesso infine – specie per gli impianti tecnologicamente più sofisticati – lo specifico addestramento del personale addetto al loro funzionamento, e un adeguato servizio di manutenzione dell'opera nel corso del tempo.

Sono prestazioni diverse, ma strettamente coordinate fra loro, che il committente può ritenere utile affidare a una sola impresa, impegnata a fornire l'opera «*chiavi in mano*». Si rivolge allora a un'*impresa di ingegneria* (o di engineering), e fa con questa l'omonimo contratto: per effetto del quale l'impresa si obbliga a progettare ed eseguire l'opera, nonché metterla in condizioni di funzionare.

Il tipo legale più vicino è l'*appalto*: appalto di opere per la costruzione delle strutture e infrastrutture materiali; appalto di servizi per le altre prestazioni preliminari o conseguenti. Per certe fasi dell'esecuzione del contratto (ad es., costruzione di determinate parti del manufatto) è normale che l'impresa ne affidi la realizzazione, in subappalto, ad altre imprese: le quali non entrano però in rapporto giuridico con il committente, il quale preferisce avere rapporti solo con l'impresa di ingegneria, che ha ruolo – come si dice con espressione inglese – di «main contractor» (appaltatore principale).

Si è dubitato che alcune fondamentali prestazioni del contratto di ingegneria (in particolare quelle di progettazione) possano lecitamente essere effettuate da organizzazioni imprenditoriali, trattandosi di prestazioni riservate per legge a *professionisti intellettuali* iscritti negli appositi *albi* (ingegneri, architetti). Questi dubbi non hanno fondamento: tali prestazioni si inseriscono in un quadro di attività così complesse e di così grande portata economica, organizzativa e tecnica, da superare nettamente l'ambito delle tradizionali professioni liberali, che la legge configura in una chiave eminentemente individualistica e non imprenditoriale.

8. Il mandato

Il mandato è il contratto con cui *una parte incarica l'altra di compiere per suo conto uno o più atti giuridici, e l'altra si obbliga a compierli* (art. 1703): chi dà l'incarico è il **mandante**; chi lo riceve ed esegue è il **mandatario**. Ad es.: A incarica B, che sta per fare un viaggio a Londra, di acquistare per lui alcuni libri inglesi, che gli servono. Anche nell'appalto e nel lavoro autonomo c'è l'incarico di fare qualcosa per conto (cioè nell'interesse) di chi dà l'incarico: la differenza è che il mandato implica un'*attività non materiale, ma giuridica* (essenzialmente fare contratti).

Il mandato *si presume oneroso* (art. 1709): se il mandante vuole evitare di *pagare il compenso* al mandatario, deve dimostrare che le parti erano d'accordo che fosse gratuito. Se è oneroso, il mandante è obbligato a pagare il compenso; in ogni caso deve fornire al mandatario i *mezzi necessari* per l'esecuzione del mandato e rimborsargli le *anticipazioni* fatte (artt. 1719-1720).

Il mandato implica sempre l'*interesse del mandante*; ma può implicare anche l'*interesse del mandatario*. Un interesse del mandatario sicuramente c'è se il mandato è oneroso: l'interesse al compenso. Ma l'interesse del mandatario per il mandato può riguardare proprio il compimento dell'atto: si ha allora **mandato in rem propriam** (ad es., X incarica Y di riscuotere un suo credito, con l'intesa che Y tratterrà la somma a garanzia dell'adempimento di un debito che X ha verso di lui); ciò è rilevante ai fini della revoca del mandato (**40**.9).

Tra gli **obblighi del mandatario**, quello fondamentale è eseguire il mandato con l'*ordinaria diligenza* (art. 1710). Ad esso si collegano obblighi più specifici: ☞ *informare* il mandante dei fatti sopravvenuti che incidono sul mandato (art. 1710, c. 2); ☞ rispettare i *limiti* del mandato e le *istruzioni* ricevute, salva la facoltà di discostarsene in casi particolari (art. 1711); ☞ *comunicare l'esecuzione* del mandato (art. 1712); ☞ fare il *rendiconto* e rimettere quanto ricevuto a causa del mandato (art. 1713); ☞ *custodire* le cose ricevute per conto del mandante (art. 1718).

La legge non prescrive una **forma** vincolata: in passato la giurisprudenza richiedeva la scrittura per il mandato ad *acquistare immobili*; ma di recente ha cambiato idea, ammettendo la forma libera.

9. Effetti ed estinzione del mandato

Il mandato non va confuso con la rappresentanza. Infatti il **mandato** è un *contratto*, che opera e produce effetti *fra le parti*: in particolare, fa nascere a carico del mandatario l'*obbligo* di compiere atti giuridici per conto del mandante. Invece la **rappresentanza** nasce da un *atto unilaterale* (la procura), che produce effetti *verso i terzi:* dà al rappresentante il *potere* (e non l'obbligo) di compiere atti che vincolano il rappresentato nei confronti dei terzi. Ciò detto, il mandato può essere conferito con o senza rappresentanza, e le differenze sono notevoli:

☞ nel mandato **con rappresentanza** – dove il mandato è il rapporto sottostante in cui si innesta la procura (**30**.3) – gli atti compiuti dal mandatario-rappresentante per conto (e anche in nome) del mandante-rappresentato producono *effetti direttamente nella sfera del mandante* stesso (art. 1704: **30**.1);

☞ nel mandato **senza rappresentanza** questo di regola non avviene: gli atti compiuti dal mandatario (in nome proprio) con i terzi producono *effetti solo nei rapporti fra mandatario e terzi, non nei confronti del mandante*; e ciò anche se i terzi sono a conoscenza del mandato (art. 1705). Ciò ha due conseguenze: ✦ la prima è la necessità di un *doppio trasferimento*: se X dà a Y mandato di acquistare per lui un bene di Z, l'esecuzione del mandato richiede che prima Y lo acquisti da Z, diventandone il proprietario; e che poi, con un *separato e successivo atto*, Y lo trasferisca a X, il quale solo per effetto di questo secondo atto ne acquista la proprietà. (Questo è un possibile disincentivo all'uso del mandato: il doppio trasferimento implica doppia imposizione fiscale.) L'atto di ritrasferimento è un obbligo del mandatario: se il mandatario non lo adempie, il mandante può procurarsi una *sentenza costitutiva* che produca l'effetto del ritrasferimento (art. 1706, c. 2), analogamente a quanto previsto per il contratto preliminare (**34**.8); ✦ la seconda è che, per ottenere il pagamento del prezzo, *il terzo può rivolgersi esclusivamente al mandatario*, con cui ha contrattato, non al mandante.

Il principio della mancanza di effetti diretti nei confronti del mandante è molto rigido nel senso di proteggere la sfera del mandante contro le pretese dei terzi. Subisce invece qualche attenuazione nel senso opposto, e cioè quando sono in gioco **posizioni attive del mandante verso terzi**. E infatti: ☞ nel caso di *mandato ad acquistare beni mobili non registrati*, il mandante li può *rivendicare immediatamente*, non appena il mandatario li abbia acquistati dal terzo (art. 1706, c. 1): dunque è come se ne fosse già il proprietario, a prescindere da un atto di ritrasferimento; ☞ se dall'esecuzione del mandato deriva un *credito* (ad es., eseguito il mandato a vendere una cosa del mandante, il terzo diventa debitore del prezzo), *il mandante può esigerlo direttamente* dal terzo, sostituendosi al mandatario (art. 1705, c. 2); ☞ benché i beni acquistati dal mandatario per conto del mandante siano ancora di proprietà del primo, i *creditori del mandatario* non possono aggredirli, a una condizione: che il mandato risulti da *scrittura con data certa anteriore al pignoramento* del terzo (se si tratta di mobili non registrati o crediti), o che sia anteriore al pignoramento la *trascrizione dell'atto di ritrasferimento* dal mandatario al mandante, o della relativa domanda giudiziale (se si tratta di immobili o mobili registrati): art. 1707.

L'**estinzione** del mandato può avvenire per varie cause (art. 1722): ☞ la *scadenza* del termine o il *compimento* dell'affare; ☞ la *morte* o la sopravvenuta *incapacità* (interdizione, inabilitazione) di una delle parti, salvo che il mandato sia anche nell'interesse del mandatario o di terzi; ☞ la *rinuncia* del mandatario: ma se la rinuncia è senza giusta causa, il mandatario deve risarcire il danno (art. 1727); ☞ la *revoca* da parte del mandante, che di regola è ammessa, ma con qualche limite: ✦ se il mandato è conferito anche *nell'interesse del mandatario o di terzi*, la revoca è ammessa solo per *giusta causa* (art. 1723, c. 2); ✦ se il mandato è pattuito come *irrevocabile*, o se è *oneroso*, la revoca è possibile anche senza giusta causa, ma in tal caso obbliga il mandante a *risarcire* il danno (art. 1723, c. 1; 1725).

Le cause di estinzione si giustificano col *carattere fiduciario* del mandato, che non può sussistere senza un rapporto personale di fiducia fra le parti.

10. La commissione

Il contratto di commissione è un *sottotipo di mandato*, in base a cui *il commissionario si obbliga a compiere operazioni di acquisto o di vendita per conto del committente, ma in nome proprio* (art. 1731). Si tratta di *mandato senza rappresentanza*: se acquista, il commissionario deve poi trasferire al committente la proprietà delle cose acquistate; se vende, deve versargli le somme ricevute.

Il compenso del commissionario consiste in una *provvigione* su ciascun affare concluso: la misura (una percentuale dell'importo dell'affare) è stabilita, in mancanza di previsione delle parti, secondo gli usi locali (art. 1733).

Come regola, i *rischi* delle operazioni gravano *sul committente*, per conto del quale si fanno gli acquisti o le vendite, e non sul commissionario: se le cose vanno distrutte o danneggiate, se non si riesce a rivenderle con profitto, se il compratore non paga, le relative perdite economiche sono sopportate dal committente. Ma l'accordo delle parti o gli usi possono stabilire una regola diversa, e cioè che il commissionario sia tenuto allo **star del credere**: ciò significa che egli *garantisce che l'affare vada a buon fine*, con la conseguenza che l'eventuale insolvenza del compratore grava economicamente su di lui (generalmente per una quota minoritaria della perdita, mentre il resto rimane a carico del committente). Quando il commissionario è tenuto allo star del credere, ha diritto a una *maggiore provvigione* (art. 1736).

Di regola il commissionario non può acquistare egli stesso le cose che è incaricato di vendere, o fornire egli stesso le cose che ha l'incarico di acquistare: ciò per prevenire conflitti di interessi e rischi di abuso a danno del committente. Conflitti e rischi però non sussistono, quando si tratta di beni che hanno un *prezzo ufficiale:* in tal caso *il commissionario può acquistare o vendere egli stesso*, mantenendo il suo diritto alla provvigione (c.d. **entrata del commissionario**: art. 1735).

La commissione può essere *revocata* dal committente, fino a che l'affare non sia concluso: in tal caso, spetta al commissionario *parte della provvigione*, che si calcola tenendo conto delle spese sostenute e dall'attività svolta (art. 1734).

11. L'agenzia

L'agenzia è il contratto per cui *una parte assume stabilmente l'incarico di promuovere, per conto dell'altra e verso retribuzione, la conclusione di contratti in una zona determinata* (art. 1742): chi svolge l'incarico è l'**agente**; chi lo dà e riceve il servizio (generalmente un'impresa) si dice **preponente**. Il contratto di agenzia è uno strumento molto importante per organizzare in modo efficiente ed economico la distribuzione dei prodotti. L'impresa produttrice ha bisogno di collocare i suoi prodotti sul mercato (per es. vendendoli ai dettaglianti, che a loro volta li rivenderanno ai consumatori finali): anziché svolgere questa attività assumendo dipendenti, che la graverebbero di costi fissi, si avvale di una «rete» di agenti, che sono operatori autonomi da retribuire solo in base all'entità degli affari che riescono a procurare all'impresa preponente.

L'originaria disciplina del codice è stata modificata, in molti articoli, da norme speciali via via emanate in attuazione di direttive europee.

L'agente può essere *agente senza rappresentanza*: in tal caso, si limita a raccogliere gli «ordini» della clientela, e li trasmette all'imprenditore preponente; i relativi contratti saranno conclusi da quest'ultimo (a differenza del commissionario, che invece conclude i contratti per conto del committente). Ma può essere anche *agente con rappresentanza:* allora conclude egli stesso i contratti, in nome del preponente (art. 1752).

Il contratto di agenzia è caratterizzato da una certa *stabilità del rapporto* fra preponente e agente. È un *contratto di durata*; e la sua durata può essere: ☞ *a tempo determinato*, e allora dura fino alla scadenza del termine; oppure ☞ *a tempo indeterminato*, e allora dura fino a che una delle parti *recede*, con l'onere però di dare *preavviso* all'altra (art. 1750).

Agente e preponente devono agire, l'uno verso l'altro, «con lealtà e buona fede» (artt. 1746, c. 1 e 1749, c. 1). Alla luce di questo criterio generale devono valutarsi diritti e obblighi delle parti:

☞ i **diritti dell'agente** riguardano essenzialmente due aspetti: ✦ ricevere dal preponente *informazioni e documentazione* sui beni o servizi trattati, nonché sul volume delle operazioni attese e sull'esecuzione degli affari procurati (art. 1749, c. 1); ✦ ma soprattutto (questo è il suo diritto principale) ricevere le **provvigioni** per gli affari procurati (art. 1748). Il diritto scatta nel momento in cui l'affare è stato o avrebbe dovuto essere eseguito. In certi casi la provvigione è dovuta all'agente anche per affari conclusi direttamente dal preponente (c.d. *provvigioni indirette*): quando l'affare è concluso con clienti acquisiti in precedenza dall'agente; e quando è concluso in un ambito riservato all'esclusiva dell'agente. Se il contratto non dispone altrimenti, le parti hanno infatti un ✦ diritto di **esclusiva** che opera in modo reciproco: l'agente non può «assumere l'incarico di trattare nella stessa zona e per lo stesso ramo gli affari di più imprese in concorrenza tra loro», e viceversa «il preponente non può valersi contemporaneamente di più agenti nella stessa zona e per lo stesso ramo di attività» (art. 1743);

☞ oltre all'obbligo di osservare l'esclusiva, esistono altri specifici **obblighi dell'agente**. In particolare: ✦ seguire, nella sua attività, le *istruzioni* del preponente; ✦ dare al preponente *informazioni* sulle condizioni del mercato, e altre informazioni utili per consentirgli di valutare la convenienza dei singoli affari (art. 1746, c. 1); ✦ avvertire immediatamente il preponente di eventuali *impedimenti* a eseguire l'incarico (art. 1747).

L'agente sopporta in proprio le *spese* di agenzia (art. 1748, c. 7). Questo dato – insieme con l'altro già visto, per cui egli sopporta il rischio circa l'esito degli affari promossi – è coerente con la sua natura di *operatore autonomo* (e più precisamente di imprenditore), che collabora con l'impresa preponente senza esserne dipendente. Ci sono però altri dati (la stabilità del rapporto, il normale vincolo di esclusiva) che determinano una *sostanziale dipendenza economica* dell'agente dall'imprenditore preponente, e così avvicinano la sua figura a quella del lavoratore subordinato (al riguardo si parla di un fenomeno di «parasubordinazione», che dà luogo a un rapporto di *lavoro parasubordinato*: **55**.2).

Ciò spiega due elementi caratteristici dell'agenzia: ☞ i rapporti contrattuali fra le parti sono regolati sulla base di **accordi collettivi** stipulati fra le organizzazioni degli agenti e quelle dei preponenti, e che hanno una funzione analoga a quella dei contratti collettivi di lavoro (**55**.4); ☞ alla cessazione del rapporto, il preponente deve corrispondere all'agente un'**indennità di fine rapporto**, proporzionale all'ammontare delle provvigioni liquidategli nel corso del contratto, che ricorda molto da vicino l'indennità di anzianità spettante ai lavoratori subordinati (**55**.10). L'indennità è dovuta se l'agente ha ampliato il c.d. «*portafoglio clienti*», conquistando nuova clientela, o ha incrementato il giro d'affari con la clientela preesistente, con vantaggio permanente del preponente; o se comunque ciò appare equo alla luce delle circostanze del caso (in particolare, alla luce del fatto che l'agente non avrà più le provvigioni sugli affari con la clientela da lui procurata). Non è dovuta se il rapporto cessa per decisione dell'agente (suo recesso ingiustificato), o per una sua grave inadempienza che giustifica il recesso del preponente (art. 1751).

Il contratto può contenere un *patto di non concorrenza*, che limita l'attività dell'agente per il periodo successivo alla fine del rapporto. Richiede forma scritta, ed è soggetto a limiti: vale solo per la stessa zona, clientela e tipologia di prodotti cui si riferiva l'agenzia; e non può durare oltre due anni. Inoltre comporta, a favore dell'agente, un'indennità come corrispettivo dell'obbligo assunto: l'importo è fissato sulla base di accordi collettivi; in mancanza, è fissato equamente dal giudice alla luce delle caratteristiche del pregresso rapporto di agenzia (art. 1751-*bis*).

Fino al 2010 l'attività e l'organizzazione professionale degli *agenti di commercio* erano soggette a vincoli e adempimenti burocratici, ora smantellati dal d.lgs. 59/2010 (in attuazione della direttiva europea 2006/123). A una certa disciplina pubblicistica continuano invece a sottostare gli *agenti di assicurazione*, che promuovono la conclusione di contratti di assicurazione per conto delle imprese assicuratrici e sono tenuti a iscriversi in apposito albo (**59**.2).

12. La mediazione

Il codice non definisce la mediazione, bensì il **mediatore**: vedremo fra poco quale significato può avere questa scelta legislativa. Il mediatore è colui che *mette in relazione due o più parti per la conclusione di un affare, senza essere legato ad alcuna di esse da rapporti di collaborazione, di dipendenza o di rappresentanza* (art. 1754). Questa posizione di **imparzialità** non viene meno anche se il mediatore, come accade spesso, riceve l'incarico da uno dei due futuri contraenti (ad es., A affida a un mediatore l'incarico di cercare un compratore per la sua casa, che vuole vendere): il mediatore si limita a mettere in contatto le parti, senza operare nell'interesse particolare di una. Ciò differenzia il mediatore dal mandatario e dall'agente, che invece agiscono nello specifico interesse di una delle parti dell'affare che promuovono. Dall'agente il mediatore si distingue anche perché, mentre l'attività dell'agente ha carattere di stabilità, l'attività del mediatore può essere occasionale.

Se le parti messe in relazione grazie al suo intervento concludono l'affare, il mediatore ha diritto a una **provvigione**: questa, salvo patto contrario, grava su entrambe le parti; la sua misura è determinata (generalmente in percentuale sul valore dell'affare) per accordo degli interessati; in mancanza, dalle tariffe professionali o dagli usi o, infine, dal giudice secondo equità (art. 1755). La provvigione spetta al mediatore non per il fatto di mettere in contatto le parti, bensì *per il fatto che le parti, messe in contatto dal mediatore, concludono l'affare*. Se per qualsiasi ragione l'affare non si conclude, il mediatore non ha diritto a provvigione nonostante l'attività svolta.

Una ragione può essere che la stessa parte che aveva incaricato il mediatore cambia idea e rinuncia a vendere (o a vendere alla persona presentata dal mediatore): può farlo, perché *chi dà l'incarico al mediatore non è obbligato a concludere l'affare* con la persona con cui il mediatore lo mette in contatto; in caso di rifiuto deve semplicemente *rimborsare le spese* al mediatore (art. 1756). D'altra parte, anche *il mediatore non è obbligato ad adoperarsi per mettere il cliente in contatto con possibili controparti:* lo fa se vuole; e solo se lo fa, e se in base a ciò l'affare si conclude, ha diritto a provvigione. (Questo elemento segna un'ulteriore differenza con il mandatario e l'agente, che con il contratto assumono invece l'obbligo di compiere o promuovere affari per il cliente).

Tutto ciò, insieme con il rilievo che il codice non definisce il contratto di mediazione, ha portato a pensare che *la mediazione non sia un contratto*, cioè un atto volontario da cui nascono effetti giuridici conformi alla volontà; ma sia piuttosto una fattispecie composta da alcuni fatti materiali – l'intervento del mediatore che mette in contatto due parti; la conclusione dell'affare fra queste –, a cui la legge ricollega la nascita dell'obbligazione di pagare la provvigione (questa deriverebbe perciò non da contratto, ma da una delle «altre fonti» cui si riferisce la parte finale dell'art. 1173: **22**.14). Secondo una diversa teoria, la mediazione è un *contratto unilaterale*, che genera obbligazioni non a carico del mediatore, ma solo a carico di chi sollecita o accetta il suo intervento: l'obbligazione di pagare la provvigione se l'affare si conclude; di rimborsare le spese se l'affare viene rifiutato.

L'attività del mediatore è soggetta ad alcune regole, che individuano suoi **obblighi e responsabilità**. Il mediatore: ☞ deve *comunicare* alle parti le circostanze, a lui note, relative alla valutazione e alla sicurezza dell'affare, che possono influire sulla conclusione di esso (art. 1759, c. 1); ☞ risponde dell'*autenticità della sottoscrizione* dei documenti (art. 1759, c. 2). Obblighi particolari gravano sul **mediatore professionale**, che fra l'altro: ☞ deve annotare su un apposito libro gli estremi degli affari conclusi grazie al suo intervento, rilasciando alle parti copia dell'annotazione (c.d. *stabilito*: art. 1760). Vale anche per i mediatori professionali quanto detto per gli agenti di commercio: la disciplina amministrativa cui erano soggetti si è molto alleggerita con il d.lgs. 59/2010.

Una disciplina particolare è dettata per i *mediatori di assicurazione* (detti comunemente **broker**): coloro che – per incarico di un cliente (generalmente un'impresa) – individuano il tipo di servizio assicurativo più adatto per le esigenze di questo, e lo mettono in contatto con la compagnia di assicurazione più idonea a fornirlo, per la stipula del relativo contratto. Tale attività presuppone l'iscrizione in apposito *albo*, ed è regolata dal codice delle assicurazioni (d.lgs. 209/2005): **59**.2.

13. Il trasporto

Il trasporto è il contratto con cui *una parte si obbliga, verso corrispettivo, a trasferire persone o cose da un luogo a un altro* (art. 1678): si chiama **vettore**. La definizione identifica i due fondamentali sottotipi: trasporto di persone e trasporto di cose.

Le norme del codice civile sul trasporto non si applicano a tutti i contratti di trasporto. Ne restano esclusi i *trasporti marittimi* e i *trasporti aerei*, disciplinati dal codice della navigazione. Fra i trasporti terrestri, ne restano ulteriormente esclusi i *trasporti ferroviari* e *postali*, che vengono esercitati in base a «concessione» della pubblica amministrazione e sono soggetti a discipline speciali. A tutte queste particolari varianti del contratto di trasporto le norme del codice civile si applicano solo in via residuale, e cioè solo per gli aspetti non regolati dai rispettivi regimi speciali (art. 1680).

Il trasporto di persone o di cose richiede poi una «concessione» amministrativa quando viene esercitato come *servizio di linea*, e cioè con regolarità secondo itinerari e orari prestabiliti: infatti, si configura in tal caso come *pubbli-*

co servizio (anche se è gestito da un imprenditore privato). Sul vettore concessionario la legge impone, a tutela del pubblico, un *obbligo legale di contrarre* (**32**.12): egli è tenuto ad «accettare le richieste di trasporto che siano compatibili con i mezzi ordinari dell'impresa, secondo le condizioni generali stabilite o autorizzate nell'atto di concessione e rese note al pubblico» (art. 1679, c. 1).

L'obbligazione fondamentale del vettore consiste nel *portare tempestivamente a destinazione le persone o le cose, facendo in modo che arrivino integre.* L'inadempimento di questa obbligazione (inesecuzione o ritardata esecuzione del trasporto; e soprattutto lesioni dell'integrità fisica dei viaggiatori, ovvero distruzione o danneggiamento delle cose trasportate) determina una **responsabilità del vettore**, che la legge regola diversamente nel trasporto di persone e in quello di cose.

I diritti derivanti dal contratto di trasporto sono soggetti a *prescrizione* breve: un anno, e 18 mesi per i trasporti extraeuropei (art. 2951).

14. Il trasporto di persone

Nel trasporto di persone, le parti del contratto sono il **vettore** e il **viaggiatore**.

La **responsabilità del vettore** verso il viaggiatore può dipendere: ☞ da *ritardo* o *mancata esecuzione* del trasporto: in tal caso, è regolata dalle norme comuni sulla responsabilità per inadempimento (**26**); oppure può dipendere ☞ da *sinistri che colpiscono la persona del viaggiatore* durante il viaggio, o dalla *perdita o avaria dei bagagli* che il viaggiatore porta con sé. Egli risponde di questi danni, e se vuole liberarsi ha l'onere di fornire una prova che può essere difficile: dimostrare di *avere adottato tutte le misure idonee a evitare il danno* (art. 1681, c. 1). Le *clausole di esclusione o limitazione della responsabilità* del vettore per i sinistri che colpiscono la *persona del viaggiatore* sono sempre *nulle* (art. 1681, c. 2): una norma più severa di quella dell'art. 1229 (**26**.20), e giustificata dalla tutela di un valore primario come l'integrità fisica.

Queste severe regole di responsabilità valgono anche per il contratto di trasporto *gratuito* (art. 1681, c. 3). Da questo va distinto il trasporto *amichevole* (o di cortesia), che non fa sorgere obbligazioni contrattuali (**22**.6).

Il c.d. trasporto **cumulativo** è quello *assunto, con un unico contratto, da più vettori successivi.* In tal caso, ciascun vettore di regola risponde nell'ambito del proprio percorso: ma il danno per il ritardo o l'interruzione del viaggio si determina in ragione dell'intero percorso (art. 1682).

Regole un po' diverse (soprattutto in tema di responsabilità) valgono per i trasporti non terrestri: ☞ nel trasporto **marittimo**, la responsabilità del vettore è regolata secondo un *criterio meno severo*, sostanzialmente coincidente con il criterio generale della responsabilità per inadempimento delle obbligazioni: il vettore risponde, se non prova che l'evento dannoso è derivato da *causa a lui non imputabile* (art. 408 e segg. c.n.); ☞ nel trasporto **aereo** la responsabilità è regolata con rinvio alle «norme comunitarie e internazionali», nonché agli artt. 414 e 417 in tema di trasporto marittimo (art. 941 c.n.).

15. Il trasporto di cose

Nel trasporto di cose le parti del contratto sono il **vettore** e il **mittente**. Ma il contratto può stabilire che le cose siano consegnate a un terzo (**destinatario**), che allora acquista il diritto di ricevere le cose dal vettore: è lo schema del *contratto a favore di terzo* (**33**.16). Il mittente deve indicare con esattezza al vettore il nome del destinatario e il luogo di destinazione, nonché la natura, il peso, la quantità e il numero delle cose da trasportare (art. 1683). Se il vettore lo richiede, deve poi rilasciargli un documento da lui sottoscritto, con l'indicazione di tali elementi (*lettera di vettura*: art. 1684, c. 1). A sua volta, se il mittente lo richiede, il vettore deve rilasciargli un documento, da lui sottoscritto, contenente la descrizione delle cose trasportate e le condizioni del trasporto (*duplicato della lettera di vettura, o ricevuta di carico*): art. 1684, c. 2. Sono titoli di credito, che rappresentano le cose trasportate e incorporano i diritti nascenti dal contratto di trasporto (**47**.12).

Il *destinatario* acquista i diritti nascenti dal contratto di trasporto dal momento in cui, arrivate le cose a destinazione o scaduto il termine entro cui sarebbero dovute arrivare, ne *richiede la consegna* al vettore (art. 1689). Prima di questo momento, il *mittente* può emettere un *contrordine*, chiedendo la restituzione delle cose o disponendo che siano consegnate a un destinatario diverso, salvo l'obbligo di rifondere al vettore spese e danni derivanti dal contrordine (art. 1685).

Anche qui, il profilo fondamentale è la **responsabilità del vettore**. Se le cose trasportate vanno *perdute* o sono *distrutte* o *danneggiate* fra il momento in cui il vettore le riceve e quello in cui le riconsegna al destinatario, il vettore ne risponde e deve risarcire il danno. Può liberarsi dalla responsabilità solo provando che la perdita o l'avaria è derivata da *caso fortuito*, da *natura o vizi delle cose* o dal loro *imballaggio*, o infine dal *fatto del mittente* o dal *fatto del destinatario* (art. 1693): una prova liberatoria alquanto difficile, perché richiede al vettore la dimostrazione specifica dell'evento che ha causato il danno (con la conseguenza che *i danni causati da eventi ignoti restano a suo carico*); una regola che abbiamo già individuato come esemplare di un regime di *responsabilità oggettiva*, che prescinde dalla colpa e si fonda sul rischio d'impresa (**26**.9).

L'azione di responsabilità contro il vettore si estingue se le cose vengono *ricevute senza riserve*, con *pagamento* di quanto dovuto al vettore; salvi due casi, in cui l'azione resta viva: ☞ se il danno alla cosa dipende da *dolo* o *colpa grave*; ☞ se il danno era *non riconoscibile* al momento della consegna (purché se ne faccia *immediata denuncia*, entro otto giorni dalla consegna): art. 1698.

Anche il trasporto di cose può essere trasporto **cumulativo**. Qui però tutti i vettori rispondono *in solido* per l'esatto adempimento del contratto, dal luogo di partenza a quello di destinazione: ma chi ha risposto per fatto non proprio, può agire in *regresso* contro gli altri vettori (art. 1700 e segg.).

Anche qui, abbiamo regole particolari per i trasporti non terrestri:

☞ nel trasporto **marittimo** (dove il mittente si chiama *caricatore*, e il documento che rappresenta le merci viaggianti si chiama *polizza di carico*), la responsabilità del vettore per perdite, avarie e ritardi è notevolmente attenuata. Qui il criterio della responsabilità è la colpa – del vettore o dei suoi ausiliari –, e la sua applicazione richiede che si distingua fra due concetti di colpa: ✦ la **colpa nautica** (che è la *mancanza di diligenza del comandante e dell'equipaggio nella conduzione della nave*, come ad es. un errore di manovra che fa incagliare o affondare la nave), e ✦ la **colpa commerciale** (che è la loro *mancanza di diligenza nell'utilizzazione della nave per il trasporto delle merci*, come ad es. un difetto di manutenzione dell'impianto frigorifero, che guasta i prodotti trasportati): art. 422 c.n.;

☞ nel trasporto **aereo**, il vettore risponde per il ritardo, la perdita e l'avaria se non prova che sono state prese *tutte le misure necessarie e possibili, secondo la normale diligenza, per evitare il danno*; può liberarsi anche dimostrando che il danno è dipeso da *colpa nautica lieve* (art. 951 c.n.).

Se il danno non dipende da dolo o colpa grave, l'ammontare del risarcimento è limitato a un *tetto massimo* (art. 423 e 952 c.n.).

16. La spedizione

La spedizione è il contratto di *mandato (senza rappresentanza) con cui lo spedizioniere assume l'obbligo di concludere, in nome proprio e per conto del mandante, un contratto di trasporto, e di compiere le operazioni accessorie* (art. 1737). Chi deve inviare o ricevere merci può evitarsi la noia di cercare egli stesso il vettore, stipulare con lui il contratto di trasporto e compiere tutte le operazioni accessorie, che possono essere complicate (come lo sdoganamento dei prodotti provenienti dall'estero): si rivolge a uno spedizioniere, e questi provvede a tutto.

Lo spedizioniere è tenuto a osservare le *istruzioni del mandante* per quanto concerne la scelta della via, del mezzo e delle modalità del trasporto; in mancanza di istruzioni, deve operare nel migliore *interesse del mandante* (art. 1739). Il suo *compenso* è determinato, in mancanza di accordo delle parti, secondo le tariffe professionali (art. 1740).

Può accadere che lo spedizioniere si assuma egli stesso l'esecuzione del trasporto: si chiama allora *spedizioniere-vettore*, e ha gli stessi obblighi e gli stessi diritti del vettore (art. 1741).

17. Il deposito

Il deposito è il contratto con cui *una parte riceve dall'altra una cosa mobile, con l'obbligo di custodirla e restituirla in natura* (art. 1766): chi fa il servizio è il **depositario**; chi lo utilizza è il **depositante**. Se ne ha un'applicazione ad es. quando l'automobilista lascia l'auto in un parcheggio custodito o in un garage, per riprenderla successivamente. Il contratto si perfeziona nel momento in cui la cosa è consegnata al depositario: il deposito è un *contratto reale.* Non può avere per oggetto *immobili:* l'interesse alla custodia di un immobile si realizza con altri tipi di contratto (lavoro subordinato o autonomo, appalto di servizi).

Il deposito può essere gratuito oppure oneroso, a scelta delle parti. Nel silenzio delle parti, *si presume gratuito:* ma il contrario può risultare dalle circostanze, e in particolare dalla qualità professionale del depositario (art. 1767). Se il deposito è oneroso, il depositante è obbligato a pagare il *compenso*; in ogni caso deve rimborsare al depositario le *spese* fatte e le *perdite* subite per il deposito (art. 1781).

Fra le **obbligazioni del depositario**, quella fondamentale è *custodire la cosa con la normale diligenza* (art. 1768, c. 1). Il depositario non può usare la cosa affidatagli, né darla in subdeposito a terzi, senza il consenso del depositante (art. 1770). Infine, è obbligazione del depositario *restituire* la cosa. Di regola, la **restituzione** può essere chiesta dal depositante *in ogni momento*, se non si è convenuto un termine nell'interesse del depositario. Reciprocamente, se non è fissato un termine nell'interesse del depositante, il depositario può chiedergli *in ogni momento* di riprendersi la cosa (art. 1771). La restituzione va fatta al depositante o alla persona da lui indicata: il relativo diritto *nasce dal contratto* di deposito e *non dalla proprietà* della cosa, e il depositante può esercitarlo anche se non prova di essere il proprietario. Se *un terzo agisce contro il depositario*, rivendicando la proprietà della cosa o affermando di avere diritti sulla medesima, il depositario deve *denunciare la lite* al depositante, e in questo modo ne esce; può anche liberarsi dall'obbligo di restituzione, depositando la cosa a spese del depositante, nei modi stabiliti dal giudice (art. 1777).

La **responsabilità del depositario** (che scatta essenzialmente nel caso di perdita o danneggiamento della cosa) è responsabilità per colpa, e dunque implica una sua negligenza, imprudenza o imperizia nell'attività di custodia (se poi il deposito è gratuito, la responsabilità è valutata con minor rigore: art. 1768, c. 2). Se il depositario è *nell'impossibilità di restituire la cosa per un fatto* *a lui non imputabile*, egli è liberato (salvo l'obbligo di avvertire immediatamente il depositante): art. 1780, c. 1. Ma l'onere di provare il fatto, e la non imputabilità, grava su di lui: con la conseguenza che i fatti ignoti, che rendono impossibile la restituzione, sono a suo carico. E la responsabilità dei *depositari professionali* tende a essere oggettiva (**40**.18-19).

Dal deposito vero e proprio va distinto il c.d. **deposito irregolare**, che ha per oggetto *denaro o altre cose fungibili:* il depositario ne acquista la proprietà; se ne può servire; ed è tenuto a restituire altrettante cose della stessa specie e quantità (vi rientra, ad es., il deposito di denaro presso una banca). Lo schema è simile a quello del *mutuo* (**38**.19): e infatti per il deposito irregolare valgono, in quanto applicabili, le norme sul mutuo (art. 1782). Con una differenza di fondo, però: nel mutuo le cose vengono consegnate e trasferite essenzialmente nell'interesse di chi le riceve (il mutuatario); invece nel deposito irregolare la consegna e il trasferimento sono essenzialmente *nell'interesse di chi le dà* (il depositante, perché è costui che, avendo 200.000 euro liquidi, ha convenienza a tenerli in banca piuttosto che in un cassetto della scrivania).

Accanto alla disciplina generale del deposito, il codice prevede *due sottotipi* di deposito, esercitati da *operatori professionali*: il deposito in albergo e il deposito nei magazzini generali.

18. Il deposito in albergo

L'albergatore incorre in **responsabilità** per ogni *deterioramento, distruzione o sottrazione delle cose portate dal cliente in albergo* (art. 1783, c. 1). Di regola questa responsabilità è **limitata** a una somma, oltre la quale l'albergatore non è tenuto a risarcire: 100 volte il prezzo dell'albergo per un giorno (art. 1783, c. 3). Ma in alcuni casi la responsabilità è **illimitata** (art. 1784): ☞ quando il danno è dovuto a *colpa* dell'albergatore o dei suoi familiari o dei suoi ausiliari (art. 1785-*bis*); ☞ quando le cose gli sono state *consegnate in custodia*; ☞ quando egli ha *rifiutato di ricevere in custodia* denaro, carte-valori e oggetti preziosi, tranne che il rifiuto fosse giustificato (come nel caso che siano oggetti pericolosi, o ingombranti, o di valore eccessivo).

L'albergatore dispone di una **prova liberatoria**, peraltro difficile. Sfugge a responsabilità solo provando che il deterioramento, la distruzione o la sottrazione sono dovuti (art. 1785): ☞ al *cliente*, ai suoi accompagnatori o visitatori o dipendenti; ☞ a *forza maggiore* o alla *natura della cosa*. In altre parole, all'albergatore non basta provare di essersi comportato con diligenza: la sua non è responsabilità per colpa (la colpa è solo un'aggravante, che gli sottrae il beneficio della limitazione della responsabilità), ma *responsabilità oggettiva*.

È nulla ogni clausola che esclude o limita la responsabilità (art. 1785-*quater*).

Le stesse regole si applicano a case di cura, stabilimenti balneari o di pubblici spettacoli, ristoranti, carrozze-letto e simili (art. 1786).

19. Il deposito nei magazzini generali

I magazzini generali sono imprese che offrono il servizio di conservare e custodire merci, che i clienti vi depositano per un determinato tempo.

I magazzini generali *rispondono della conservazione delle merci:* se queste vanno perdute o subiscono avarie, devono risarcire il danno al depositante. Possono liberarsi dalla responsabilità solo provando che il danno è dipeso da *caso fortuito*, dalla *natura* o dai *vizi* delle merci, oppure dal loro *imballaggio* (art. 1787). Si tratta dunque di *responsabilità oggettiva.*

In certi casi (ad. es. mancato ritiro alla scadenza, rischio di deperimento), i magazzini generali possono *vendere le merci*, previo avviso al depositante: devono allora tenere a disposizione del depositante la somma ricavata, dedotte le spese e quant'altro di loro spettanza (art. 1789).

Se il depositante lo richiede al momento del deposito, i magazzini gli rilasciano una *fede di deposito* con acclusa *nota di pegno*: sono titoli di credito che rappresentano le merci depositate (come si è visto per il duplicato della lettera di vettura, in relazione al trasporto); e il depositante può disporre delle merci, trasferendo i titoli (**47**.12).

20. I contratti turistici

Con l'aumento del benessere, del tempo libero, dell'abitudine a spostarsi, si moltiplicano i contratti relativi al turismo organizzato: in particolare i contratti con cui *il turista, in cambio di una somma di denaro, riceve un complesso coordinato di servizi* (trasporto, soggiorno alberghiero, visite artistiche, ecc.) che nel loro insieme gli offrono un *viaggio o vacanza «tutto compreso»* (c.d. «pacchetto turistico»). Controparti del turista sono il c.d. *tour operator*, che organizza e offre il pacchetto turistico, e l'*agenzia turistica*, tramite la quale egli acquista il pacchetto.

Questi contratti pongono essenzialmente problemi di *tutela del turista insoddisfatto o danneggiato per inconvenienti da lui subiti nell'utilizzazione dei servizi turistici* (ritardi o indisponibilità dei trasporti previsti, scadente qualità della sistemazione alberghiera, lesioni all'integrità fisica o alla salute, perdita o deterioramento di beni, pretese di imporgli cambiamenti di programma o supplementi di prezzo, ecc.).

Se ne occupano le norme che recepiscono la direttiva europea 1990/314 (aggiornata nel 2015): tali norme – prima contenute in un testo a sé, poi confluite nel codice del consumo – sono state da ultimo spostate nel titolo VI del *codice del turismo*, introdotto dal d.lgs. 79/2011, che raccoglie e organizza in modo unitario le varie norme – di diritto pubblico e di diritto privato – relative al settore (la parte relativa ai contratti turistici è stata notevolmente aggiornata dal d.lgs. 62/2018).

I punti principali della disciplina sono i seguenti: ☞ la *trasparenza del contratto turistico*: il contratto (nonché l'eventuale opuscolo informativo) deve essere scritto in modo chiaro, e indicare con precisione e completezza diritti e obblighi delle parti; e prima della sua conclusione il turista deve ricevere un'ampia informazione sugli elementi essenziali del pacchetto; ☞ la *tutela del turista contro «sorprese» successive alla conclusione del contratto*: la facoltà del tour operator di modificare le condizioni contrattuali (ad es., sistemazione in hotel diverso da quello previsto), o di aumentare il prezzo del pacchetto rispetto a quello stabilito in origine, o di cancellare il viaggio, è rigidamente limitata; là dove può esercitarsi, si dà al turista il rimedio del recesso (per contro, al turista che non possa o voglia utilizzare il pacchetto acquistato è consentito far partire qualcun altro al posto suo); ☞ la *responsabilità del tour operator*: questi risponde verso il turista per la mancata o cattiva esecuzione dei servizi, salvo che provi che tale difetto di conformità non è imputabile a lui; il rimedio per il turista è in generale la possibilità di scegliere fra riduzione del prezzo e risoluzione del contratto con risarcimento dei danni. I danni risarcibili possono riguardare sia lesioni fisiche o perdite materiali (un'intossicazione alimentare, lo smarrimento dei bagagli), sia il danno non patrimoniale consistente nel non avere potuto godere del pacchetto turistico come occasione di svago e di riposo (c.d. *danno da vacanza rovinata*). La risarcibilità di questo danno, già prima ammessa dalla giurisprudenza, a partire dal 2011 è espressamente riconosciuta dal legislatore (art. 46 c.tur.).

41
ALTRI CONTRATTI

1. La fideiussione (e il mandato di credito)

La fideiussione è il contratto con cui *una parte (fideiussore) garantisce l'adempimento di un'obbligazione altrui, obbligandosi personalmente verso il creditore* (art. 1936, c. 1). Realizza, tipicamente, la *garanzia personale* del credito, di cui si sono indicate le differenze con le garanzie reali (**27**.18).

Le **parti** del contratto sono il *fideiussore* e il *creditore*, e dunque *non si richiede il consenso del debitore:* anzi, la fideiussione è efficace perfino se il debitore non ne sa nulla (art. 1936, c. 2). Ma di fatto una situazione del genere non si verifica quasi mai: normalmente il debitore non solo sa della fideiussione, ma è colui che sollecita il fideiussore a prestarla. Dalla fideiussione nascono *obbligazioni solo a carico del fideiussore:* perciò la dichiarazione del fideiussore forma il contratto senza bisogno di accettazione del creditore, secondo la regola che vale per i contratti con obbligazioni del solo proponente (**29**.6). Si richiede tuttavia che la fideiussione risulti da una *dichiarazione di volontà espressa* (art. 1937): qui non basta una manifestazione tacita (comportamento concludente); né basta la dichiarazione con cui, ad es., si assicura in modo generico al creditore che il debitore è solvibile o che il credito andrà a buon fine.

La *causa* del contratto è: garantire per l'obbligazione altrui. Questo spiega la sua caratteristica fondamentale, consistente nell'**accessorietà**: la fideiussione non è valida, se non esiste o risulta invalida l'*obbligazione principale* (con un'eccezione: è valida la fideiussione prestata per l'obbligazione assunta da un incapace): art. 1939. Per contro, non è necessaria l'attuale esistenza del debito: è possibile prestare fideiussione anche per *debiti condizionali* e per *debiti futuri* (art. 1938). Il legame con l'obbligazione principale si manifesta anche attraverso la regola sui *limiti della fideiussione:* questa non può eccedere l'ammontare del debito principale, né essere prestata a condizioni più onerose; può prevedere condizioni meno onerose, o garantire solo una parte del debito (art. 1941).

Quanto agli **effetti** della fideiussione, distinguiamo fra due ordini di rapporti:

☞ nei **rapporti tra fideiussore e creditore garantito** l'effetto è che *il fideiussore diventa obbligato verso il creditore, in solido con il debitore principale,* per cui il creditore può chiedere il pagamento indifferentemente all'uno o all'altro (art. 1944, c. 1). Con due possibili *limiti,* conseguenti a eventuali accordi delle parti: ✦ se è stato pattuito il *beneficio di escussione* a favore del fideiussore, questi può pretendere che il creditore si rivolga prima al debitore principale (ma ha l'onere di indicargli i beni del debitore, da sottoporre a esecuzione: art. 1944, c. 2); ✦ se, nel caso di più fideiussori, è stato pattuito il *beneficio della divisione*, ogni fideiussore risponde non per l'intero debito, ma solo per la quota assunta a proprio carico (art. 1947). Per evitare il pagamento, il fideiussore può opporre al creditore *tutte le eccezioni che spettano al debitore principale*, esclusa soltanto quella relativa all'incapacità (art. 1945). La fideiussione resta viva *anche dopo la scadenza dell'obbligazione principale:* a condizione, però, che il creditore agisca entro sei mesi contro il debitore (art. 1957). Per contro, *si estingue anticipatamente* la fideiussione *per debito futuro*, se il creditore fa credito al debitore pure dopo il *notevole peggioramento* delle sue condizioni economiche, *senza autorizzazione* del fideiussore (art. 1956);

☞ nei **rapporti tra fideiussore e debitore principale** vale questa regola*: il fideiussore che ha pagato il debito è surrogato nei diritti del creditore verso il debitore principale* (art. 1949), e può rivolgersi a costui, con *azione di regresso*, per ottenere il rimborso del capitale, oltre agli interessi e alle spese (art. 1950); anzi, la legge prevede una specie di tutela preventiva di questo diritto di regresso, con il c.d. *rilievo del fideiussore* (art. 1953).

Quando le *banche* fanno credito a qualcuno, spesso richiedono la garanzia di un terzo nella forma della c.d. **fideiussione omnibus**. Essa si caratterizza per avere un *oggetto indeterminato*: il fideiussore garantisce non per uno specifico debito, ma per *tutti i debiti che il debitore principale assumerà in futuro verso la banca* (ad es., per i finanziamenti che potrà chiedere e ottenere da questa). Inoltre, deroga a molte delle norme che compongono l'ordinaria disciplina della fideiussione, e sempre in un senso favorevole alla banca e sfavorevole al fideiussore. Di qui molti dubbi sulla sua validità, peraltro sempre respinti dalla giurisprudenza (secondo cui essa ha oggetto indeterminato ma determinabile). Per mitigarne la durezza è intervenuta la l. 154/1992 (c.d. sulla «trasparenza bancaria»), modificando due norme sulla fideiussione per *debiti futuri*: questa ora è ammessa solo se indica l'*importo massimo* entro cui il fideiussore può essere chiamato a rispondere (art. 1938); e la regola sulla *liberazione* *anticipata del fideiussore*, illustrata poco sopra, è diventata *inderogabile* (art. 1956).

Nello schema della fideiussione rientra il **mandato di credito**, anche se il codice lo regola separatamente: è il contratto con cui *una parte (A) si obbliga verso l'altra (B), che le ha conferito il relativo incarico, a fare credito a un terzo (C)*: B acquista allora veste di fideiussore, che garantisce il debito (futuro) che C assumerà verso A, non appena questi gli avrà fatto credito (art. 1958).

2. Garanzie personali atipiche: lettera di patronage e contratto autonomo di garanzia

La **lettera di patronage** è una garanzia personale atipica, *più debole della fideiussione*, utilizzata prevalentemente nell'ambito dei *gruppi di società* (**54**.5). Quando una società controllata chiede credito a una banca, la quale vuole una garanzia, questa può realizzarsi con una *dichiarazione della società controllante*, la quale comunica alla banca creditrice: che essa *manterrà il controllo* sulla società debitrice fino all'estinzione del debito, e *vigilerà sul puntuale adempimento* del debito assunto dalla società controllata. È una garanzia più debole della fideiussione, perché *non fa nascere un'obbligazione solidale* a carico del dichiarante, autore della lettera. L'effetto giuridico del patronage è questo: il dichiarante, con le informazioni/assicurazioni offerte al creditore, lo induce a fare credito; se poi il debitore non è in grado di pagare, questo per il creditore è un danno cui ha contribuito il dichiarante, che con la sua lettera ha suscitato affidamenti del creditore, poi andati delusi; di tale danno il creditore può chiedere il risarcimento al dichiarante, per responsabilità *extracontrattuale* (**42**.1).

Il **contratto autonomo di garanzia** è una garanzia personale atipica, *più forte della fideiussione*, diffusa soprattutto nell'ambito del commercio internazionale. In base ad esso, *il garante (di solito una banca) si obbliga, per il caso di inadempimento del debitore principale, a eseguire la prestazione «a prima richiesta» del creditore, e cioè senza possibilità di opporgli nessuna eccezione*. La clausola «a prima richiesta», insieme con la solidità finanziaria del garante, rende la garanzia particolarmente forte per il creditore: questi è sicuro che riceverà quanto gli spetta, perché lo chiederà a una banca, e perché questa non potrà rifiutarglielo per nessuna ragione. Emerge di qui la differenza con la fideiussione: nel contratto autonomo di garanzia *non vale il principio di accessorietà*, perché l'obbligazione del garante persiste anche se l'obbligazione principale ha qualche problema di validità o efficacia. In questo senso la garanzia è «autonoma» (cioè non accessoria) rispetto all'obbligazione principale: appunto perché opera senza essere influenzata da questa.

Siccome l'obbligazione principale è la causa della garanzia, si potrebbe pensare che in questo modo il contratto autonomo di garanzia si configuri come un *negozio astratto*, senza possibilità di far valere il difetto della causa (**31**.12-13). In un certo senso è vero: però *l'astrazione dalla causa è solo temporanea*. La banca paga il creditore (rivalendosi immediatamente, in regresso, sul debitore principale) anche se ci sarebbero buone ragioni per non pagare: ad es., il contratto da cui è nato il credito non è valido, o è risolubile; il creditore è a sua volta inadempiente; ecc. Ma *dopo il pagamento queste ragioni possono farsi valere*: il debitore principale (che ha dovuto rifondere la banca) può agire contro il creditore per recuperare la prestazione che risulta da lui ricevuta senza titolo. Qualcosa di simile al meccanismo della clausola «solve et rèpete» (**37**.2).

È vero, peraltro, che questo recupero spesso può essere praticamente molto difficile. Di qui l'esigenza di *proteggere il debitore principale contro l'escussione abusiva della garanzia «a prima richiesta»*: si ammette allora che la richiesta del creditore va respinta quando si presenta come palesemente scorretta, in base al *principio generale di buona fede* (**37**.11).

3. L'anticresi

Anche l'anticresi è un contratto di garanzia, ma a differenza dei precedenti la sua diffusione è molto ridotta. Con esso, *il debitore o un terzo si obbliga a consegnare un immobile al creditore a garanzia del credito, affinché il creditore ne percepisca i frutti*: i quali vengono imputati (**23**.10) prima agli interessi e poi al capitale (art. 1960).

Dura fino a che il credito sia stato interamente soddisfatto, ma con il limite massimo di 10 anni (art. 1962).

4. La transazione

La transazione è il contratto con cui *le parti, facendosi concessioni reciproche, pongono fine a una lite già iniziata o prevengono una lite che può sorgere fra loro* (art. 1965). (Qui il linguaggio tecnico-giuridico si distacca da quello economico-commerciale, nel cui ambito «transazione» indica qualunque affare, dunque qualunque contratto).

Perché si abbia transazione, occorrono due elementi, che nel loro insieme compongono la *causa* del contratto:

☞ il primo è che fra le parti esista una **lite**: ad es., il creditore sostiene di avere subito un inadempimento che gli ha causato un danno di 90.000 euro; il debitore sostiene che non c'è stato nessun inadempimento, o che se c'è stato non è imputabile a sua responsabilità, o che se egli ne è responsabile il danno risarcibile non supera i 20.000 euro. La lite può essere *attuale* (se ad es. il creditore ha già agito contro il debitore, ed è aperto il processo fra loro), o anche solo *potenziale* (le posizioni confliggenti delle parti non sono ancora sfociate in iniziative giudiziarie). Ci sono però **liti non transigibili**. La transazione non è ammessa – e se fatta nonostante il divieto, è nulla – quando riguarda: ✦ *diritti indisponibili* (**6**.5): art. 1966; sarebbe nulla, ad es., la transazione con cui il figlio naturale rinuncia, in cambio di una somma, alla domanda di dichiarazione giudiziale della paternità, proposta contro il genitore naturale (**64**.7); ✦ diritti dei *lavoratori subordinati*, derivanti da disposizioni *inderogabili* di legge o di contratto collettivo (art. 2113); ✦ un *contratto illecito* (art. 1972, c. 1);

☞ il secondo elemento è che le parti devono chiudere la lite facendosi **concessioni reciproche**: l'una rinuncia in parte alle proprie pretese iniziali, e l'altra le accoglie in misura superiore a quanto inizialmente si diceva tenuta a fare (ad es., i litiganti si accordano per un risarcimento di 50.000 euro). Se manca la reciprocità delle concessioni, perché una parte accoglie integralmente la pretesa dell'altra, o rinuncia completamente alla propria pretesa, non si ha transazione. Del resto, l'elemento delle concessioni reciproche è quello che spiega la funzione pratica della transazione: *evitare il rischio che la lite possa concludersi con un risultato ancora più svantaggioso* (per il debitore, il rischio di essere condannato a risarcire tutti i 90.000 euro chiesti dal creditore; per il creditore il rischio opposto, di ricevere ancora meno di 50.000 euro o addirittura nulla, se il giudice darà ragione al debitore). Peraltro è possibile che le concessioni reciproche coinvolgano *rapporti diversi da quelli direttamente toccati dalla lite* (art. 1965, c. 2): ad es., il creditore si accontenta di un risarcimento di 25.000 euro, o anche rinuncia a qualunque somma, a fronte dell'opzione che il debitore gli concede sopra un suo immobile.

Quanto alla **forma**, la transazione richiede la *scrittura solo per la prova* (**29**.21). Se però produce gli effetti che sono propri di atti a forma vincolata *anche per la validità*, per essere valida deve rivestire tale forma (art. 1967): così, la transazione che implica la cessione di un immobile è nulla se non è fatta per iscritto.

Circa i **rimedi** applicabili contro la transazione, vale quanto segue:

☞ alcuni rimedi sono **esclusi**, in ragione del fatto che la transazione serve a risolvere definitivamente un conflitto giuridico obiettivamente incerto, a prescindere dalla effettiva distribuzione della ragione e del torto fra le parti. Questo spiega perché sono inapplicabili alla transazione: ✦ la *rescissione per lesione* (art. 1970), in quanto l'incertezza della lite impedisce di applicare un criterio oggettivo con cui misurare lo squilibrio economico fra le prestazioni; ✦ l'*annullamento per errore di diritto* sulle questioni oggetto della lite (art. 1969): una lite ha sempre esiti incerti, e una volta chiusa transattivamente, non si può permettere alla parte di riaprirla sostenendo che ignorava o aveva mal valutato elementi giuridici idonei a rafforzare la sua posizione;

☞ il rimedio dell'**annullabilità** viene in gioco per ipotesi in cui la transazione si fonda su presupposti falsi o gravemente lacunosi. La transazione è annullabile: ✦ se una delle parti è *consapevole della temerarietà della propria pretesa*, che sa essere totalmente infondata (art. 1971); ✦ se riguarda un *titolo nullo*, e una delle parti ignora tale nullità (art. 1972, c. 2); ✦ se è fatta sulla base di *documenti falsi* (art. 1973); ✦ se dopo la sua conclusione *si scoprono documenti* da cui risulta che una delle parti non aveva alcun diritto (art. 1975); ✦ se la lite transatta era già stata *decisa con sentenza passata in giudicato* (**9**.11), all'insaputa di una o di entrambe le parti (art. 1974).

Se la prestazione prevista nella transazione non viene regolarmente eseguita, di norma è applicabile il rimedio della **risoluzione per inadempimento**, che – cancellata la risoluzione – fa rivivere la situazione precedente: questo perché, *come regola, la transazione non ha carattere novativo*. Ma è possibile che le parti la configurino invece come **transazione novativa**, la quale cancella il rapporto preesistente, al quale si sostituisce il nuovo rapporto creato dalla transazione: qui l'*impossibilità di far rivivere il vecchio rapporto* determina, salvo patto contrario, l'*impossibilità della risoluzione* (art. 1976).

5. La transazione e i contratti di accertamento; figure affini alla transazione

Si è accennato alla discussa categoria dei contratti di accertamento, contrapposta a quella dei contratti di attribuzione (**33**.2): la transazione ci rientrerebbe, proprio perché ha la funzione di *chiarire e definire il rapporto esistente fra le parti, sostituendo a una situazione giuridicamente incerta una situazione certa*.

In realtà, ci sono *transazioni che escono dallo schema del contratto di accertamento:* ad es. quelle che non si limitano a definire la situazione esistente, ma vi introducono elementi di novità (come quando toccano rapporti diversi da quello oggetto di lite: art. 1965, c. 2). Per contro, ci sono *contratti di accertamento non qualificabili come transazioni*: si pensi ad accordi che definiscono una situazione giuridica incerta, ma mancano di qualche elemento essenziale della transazione (non c'è una lite fra le parti; le parti non si fanno concessioni reciproche). Ad es.: una clausola del contratto è ambigua, e le parti concordano in quale senso deve essere interpretata (c.d. *convenzione interpretativa*).

Alla transazione sembrano invece da ricondurre figure come l'**arbitrato irrituale** (o libero) e la **perizia contrattuale**. Il presupposto è una lite fra le parti: queste non la definiscono esse stesse (nel qual caso farebbero una transazione); né affidano a degli arbitri il compito di definirla con un lodo in esito a un procedimento arbitrale (nel qual caso farebbero un compromesso: **9**.9); bensì *i* *litiganti incaricano uno o più terzi di definire la lite al posto loro*, impegnandosi a considerare tale definizione *vincolante per loro*, come se fosse stata concordata transattivamente dai diretti interessati.

6. La cessione dei beni ai creditori

La transazione evita il processo di cognizione. Invece la cessione dei beni ai creditori evita il processo di esecuzione: è il contratto con cui *il debitore incarica uno o più dei suoi creditori di liquidare tutte o alcune sue attività, e di ripartirne il ricavato fra i creditori stessi in soddisfacimento dei loro crediti* (art. 1977). La sua funzione è risparmiare ai creditori le lungaggini dell'esecuzione forzata, e al debitore la pubblicità negativa che gliene deriverebbe.

Per effetto di esso, *il debitore non perde la proprietà dei beni ceduti, ma solo il potere di disporne, che passa ai creditori*, i quali amministrano i beni, in attesa di venderli (art. 1979-1980); il debitore ha però il diritto di controllare la gestione, e di avere il *rendiconto* (art. 1983). Venduti i beni, *i creditori ripartiscono fra loro le somme ricavate*, in proporzione dei rispettivi crediti, ma rispettando le eventuali cause di prelazione (art. 1982). A questo punto, il debitore è liberato dai suoi debiti solo nei limiti di quanto i creditori hanno effettivamente conseguito (art. 1984): se la soddisfazione non è stata integrale, egli rimane *obbligato per il residuo.*

Il contratto si configura come un *mandato conferito anche nell'interesse del mandatario*: perciò il debitore non può recedere unilateralmente revocando la cessione (**40**.9), e così recuperare la disponibilità dei suoi beni; può farlo solo se offre ai creditori l'integrale pagamento del capitale e degli interessi (art. 1985).

Nell'interesse dei creditori, poi, la cessione è *annullabile* se risulta che il debitore ha mentito circa l'effettiva consistenza del suo patrimonio (art. 1986).

7. Il conto corrente ordinario

Il conto corrente è il contratto con cui *le parti si obbligano ad annotare in conto i crediti derivanti da reciproche rimesse, e a considerarli inesigibili e indisponibili fino alla chiusura del conto* (art. 1823, c. 1). Serve a semplificare i rapporti di dare e avere fra *soggetti che hanno continue relazioni di affari* (per lo più imprenditori, ma non necessariamente): e lo strumento che realizza tale semplificazione è la compensazione (**23**.19). Si definisce conto corrente ordinario per distinguerlo dal conto corrente bancario (**59**.12).

A e B sono due operatori che si fanno continuamente forniture e servizi reciproci, da cui nascono altrettanti crediti e debiti incrociati. Anziché regolarli volta per volta, si stabilisce che: ☞ i crediti saranno *annotati* in un **conto** apposito; ☞ fino alla chiusura del conto i crediti saranno *inesigibili* (non se ne potrà chiedere il pagamento) e *indisponibili* (non si potranno cedere a terzi); e per intanto produrranno *interessi* (art. 1825); ☞ i crediti si estingueranno reciprocamente per *compensazione* (e infatti dal conto sono esclusi i crediti non suscettibili di compensazione: art. 1824, c. 1); ☞ alla chiusura del conto, il *saldo* risultante sarà *esigibile* dalla parte in attivo.

La **chiusura** del conto, con la *liquidazione del saldo*, si fa alle *scadenze* previste dal contratto o dagli usi; in mancanza di tale previsione, al termine del *semestre* (art. 1831). Alla scadenza, un correntista trasmette all'altro l'**estratto conto**: questo si intende *approvato*, se non viene *tempestivamente contestato*; peraltro, l'approvazione non esclude l'impugnazione per errori materiali o di calcolo (art. 1832). Se alla scadenza non viene richiesto il pagamento del saldo, questo si considera la *prima rimessa di un nuovo conto*, e il contratto s'intende rinnovato a tempo indeterminato (art. 1823, c. 2). Se il contratto è a tempo indeterminato, ciascuna parte può *recedere* a ogni chiusura del conto, con un preavviso di 10 giorni (art. 1833, c. 1). Il recesso è inoltre consentito in caso di sopravvenuta incapacità, insolvenza o morte di controparte (art. 1833, c. 2).

8. Gioco e scommessa

Il gioco e la scommessa sono *contratti aleatori* (**31**.10), perché la vincita o la perdita dipendono dalla sorte (anche se può influire in varia misura l'abilità del giocatore). In alcuni casi sono proibiti e *puniti penalmente* (gioco d'azzardo: art. 718 e segg. c.p.). In altri casi sono *penalmente leciti* (ad es., quelli che si praticano nelle case da gioco legalmente autorizzate e gestite o vigilate da un Comune: Sanremo, Saint Vincent, Venezia, ecc.). Ma anche in questi ultimi casi, il debito che nasce dalla perdita *non dà al vincitore azione in giudizio* per ottenere la posta; però *se il perdente paga spontaneamente, e non è un incapace, egli non può chiedere la restituzione*, sempre che il gioco si sia svolto senza frode (art. 1933): è una tipica ipotesi di **obbligazione naturale** (**22**.7).

Solo in alcune ipotesi tassativamente previste il gioco e la scommessa danno luogo a un'**obbligazione legale**, e il vincitore può agire in giudizio per ottenere la vincita: ☞ nel caso di *competizioni sportive*, sia per chi vi partecipa direttamente (il compenso previsto per il vincitore di un torneo di tennis), sia per chi scommette sul risultato (art. 1934); ☞ nel caso di *lotterie autorizzate* (lotto): art. 1935.

Per espressa previsione di legge (art. 23, c. 5 t.u.f.) non si considerano scommesse ai fini dell'art. 1933 i contratti finanziari strutturalmente rischiosi, come i c.d. derivati (**59**.14).

VIII
LA RESPONSABILITÀ EXTRACONTRATTUALE

42

DANNI EXTRACONTRATTUALI E RESPONSABILITÀ CIVILE

1. Il problema del danno extracontrattuale

Di danno, risarcimento e responsabilità si è già parlato, a proposito dell'inadempimento delle obbligazioni (**26**). Lì si era anticipato che danni possono verificarsi anche *al di fuori di un preesistente rapporto obbligatorio fra danneggiante e danneggiato*, e cioè in situazioni nelle quali danneggiante e danneggiato sono, fra loro, giuridicamente estranei. Anche danni di questo genere determinano una responsabilità del danneggiante, e mettono a suo carico un obbligo di risarcimento (o altra forma di riparazione) in favore del danneggiato. Proprio perché fanno nascere un obbligo (di risarcire), le fattispecie che creano responsabilità sono comprese tra le *fonti delle obbligazioni* (art. 1173).

Questa responsabilità viene qualificata con diverse formulazioni. La si chiama **responsabilità extracontrattuale**: e così la si contrappone alla c.d. responsabilità contrattuale, segnalando che, a differenza di questa, fra danneggiante e danneggiato non esisteva un precedente rapporto contrattuale (o meglio obbligatorio: **26**.1). La si chiama anche **responsabilità per fatto illecito**, sul presupposto che il comportamento del danneggiante violi qualche norma giuridica. Con terminologia ricavata dal diritto romano, dove la materia era disciplinata dalla «lex Aquilia», la si chiama pure **responsabilità aquiliana**. E infine la si chiama **responsabilità civile**, per distinguerla da altre forme di responsabilità, e in particolare dalla responsabilità penale (a rigore, è responsabilità «civile» anche la responsabilità per inadempimento di obbligazioni: ma con «responsabilità civile» si allude comunemente alla responsabilità extracontrattuale.

Vediamo il punto chiave della responsabilità civile. Nella vita sociale è inevitabile che le persone vengano a contatto fra loro, e che da tali contatti qualcuno possa uscire danneggiato: ciò soprattutto nelle società moderne – più complesse e dinamiche di quelle antiche –, in cui il ritmo intenso delle attività moltiplica le interferenze reciproche fra i soggetti. Ma *non è detto che, ogniqualvolta un soggetto patisce un danno, necessariamente scatti la responsabilità di un altro soggetto, e l'obbligo di risarcirlo*: se accadesse questo, la libertà delle persone risulterebbe eccessivamente compressa, e importanti attività sociali rischierebbero di restare paralizzate. Se fra due uomini innamorati della stessa donna uno viene preferito, l'altro patisce un «danno»; ma non si può chiedere a nessuno di rinunciare a corteggiare l'amata, solo per evitare che qualcun altro ne soffra le conseguenze; né può ammettersi che lo sconfitto pretenda un risarcimento. L'imprenditore di successo, che con la migliore qualità dei suoi prodotti sottrae clientela ai concorrenti meno abili, di sicuro porta loro un danno, che altrettanto sicuramente non dà luogo a responsabilità e a risarcimento; lo stesso vale per il candidato che con la sua migliore preparazione vince il posto a concorso, togliendolo agli altri candidati meno forti. Questi sono danni, ma non sono illeciti: anzi, sono comportamenti socialmente utili, che non vanno colpiti bensì incoraggiati. Oppure sono «fatti della vita», eventi da mettere nel conto dell'esistenza umana, contro i quali sarebbe assurdo invocare rimedi legali.

Dunque ci sono danni che sicuramente, già a prima vista, non generano responsabilità e obblighi di risarcimento. Ma ci sono anche *danni che, in modo altrettanto sicuro ed evidente, chiamano in causa un responsabile che li deve risarcire*: si pensi a chi, volontariamente e senza giustificazione, ferisce una persona, o distrugge la sua proprietà. E fin qui la questione non sembra eccessivamente problematica. I problemi nascono in tutti quei casi – e non sono pochi – nei quali la risposta non è per nulla intuitiva e sicura. Il giornalista che indaga sulla vita di un personaggio, si procura sul suo conto notizie capaci di interessare l'opinione pubblica, e le offre poi alla conoscenza dei lettori, deve risarcire il danno lamentato dalla vittima delle indiscrezioni? L'imprenditore che contatta alcuni dipendenti di un suo concorrente, particolarmente capaci, e con la prospettiva di uno stipendio più alto li convince a dimettersi dall'attuale impiego per passare a lavorare con lui, è responsabile del danno subito dal concorrente per la perdita di quei preziosi collaboratori?

Il problema della responsabilità civile consiste essenzialmente nel selezionare fra atti dannosi che creano responsabilità e atti dannosi che non creano responsabilità; ovvero, *selezionare fra danni risarcibili e danni non risarcibili.*

Uno stesso fatto può dare luogo a *responsabilità civile* e, insieme, a *responsabilità penale*: chi ferisce una persona risponde civilmente del danno che la vittima subisce per la menomazione della sua integrità fisica, e risponde penalmente del reato di lesioni.

2. Danni, illeciti e responsabilità

La formula «responsabilità per fatto illecito» suggerisce che la responsabilità di un soggetto sorge solo se egli commette un illecito (vìola una norma): sembra confermarlo il codice, chiamando «*Dei fatti illeciti*» il titolo IX del quarto libro. Non è così: realtà *ci sono danni che si producono senza che nessuno violi nessuna norma, e che tuttavia obbligano qualcuno a risarcirli.* Se in una raffineria di petrolio, nella quale pure sono presenti i dispositivi di sicurezza richiesti dalla legge, avviene per cause inspiegabili un'esplosione che danneggia le proprietà vicine, il titolare dell'industria è responsabile dei danni e li deve risarcire (**44**.4). In questo senso, può esserci *responsabilità che non si collega a un illecito del responsabile,* il quale non ha violato alcuna norma.

Per sostenere che la responsabilità discende necessariamente da un illecito, e non è concepibile senza violazione di una norma, bisogna immaginare l'esistenza di una *norma generalissima*, del tipo: «è vietato danneggiare gli altri» (e allora si potrebbe dire che il titolare della raffineria ha violato questa norma, per il solo fatto di avere installato e di far funzionare l'impianto che ha causato il danno). Soprattutto in passato si affermava che una norma del genere è implicita nel sistema: «*neminem laedere*», che in latino significa appunto «non danneggiare nessuno». Oggi si considera più realistico ammettere che può esserci responsabilità senza violazione di alcuna norma, e dunque senza illecito.

3. L'individuazione dei casi di responsabilità: tipicità e atipicità dei danni risarcibili

Il problema fondamentale della responsabilità civile è determinare quando un danno genera responsabilità, e quando no: nel primo caso il responsabile lo deve risarcire al danneggiato; nel secondo caso il danno resta su chi lo ha subito. Questo problema può risolversi, fondamentalmente, in due modi diversi, che corrispondono a *due diversi sistemi di responsabilità civile*: ☞ il sistema di **tipicità** dei danni risarcibili consiste nella *preventiva descrizione, da parte delle norme, di tutti i casi in cui un danno deve essere risarcito da qualcuno, che ne è il responsabile*; e qualsiasi danno non compreso in nessuna delle «voci» di questo elenco non genera responsabilità, e resta su chi lo ha subito. Con una formula che già conosciamo (**19**.5), potremmo dire che in base a questo sistema i danni risarcibili sono in «*numero chiuso*»; ☞ con il diverso sistema della **atipicità** dei danni risarcibili, invece, le norme non elencano analiticamente i casi in cui un danno genera responsabilità e obblighi di risarcimento, ma li individuano con *formule ampie e generiche*, sulla cui base *spetta al giudice identificare in concreto i singoli casi di danno risarcibile.* Ciò non toglie che le norme possano prevedere e disciplinare specificatamente determinate ipotesi di danno risarcibile: ma tali ipotesi legali non esauriscono la serie dei possibili danni risarcibili, che è una *serie aperta*, e non un catalogo chiuso.

Il sistema italiano accoglie il principio di **atipicità dei danni risarcibili**. Lo dice la norma base in materia, che è l'**art. 2043**: «*Qualunque fatto doloso o colposo, che cagiona ad altri un danno ingiusto, obbliga colui che ha commesso il fatto a risarcire il danno*». È vero che gli articoli successivi prevedono particolari ipotesi di danno risarcibile; ma anche un danno non compreso fra esse può essere risarcibile: infatti «*qualunque* fatto», che presenti le caratteristiche generali indicate dalla norma, può creare responsabilità, e obbligare il suo autore a risarcire il danno che ne deriva.

Al principio di atipicità nel campo della responsabilità civile si contrappone il principio di *tipicità degli illeciti penali*, fissato dalla costituzione (art. 25, c. 2, C.). La maggiore gravità delle conseguenze dell'illecito penale (che incidono sulla persona del responsabile, e non solo sul suo patrimonio) richiede maggiori garanzie per i soggetti esposti alla responsabilità: questi devono essere messi in grado di sapere in anticipo, e con precisione, se un determinato comportamento è reato e implica responsabilità penale.

La distinzione fra il sistema della tipicità e quello dell'atipicità dei danni risarcibili può sembrare molto netta e rigida: in realtà essa si attenua molto, nella vita reale degli ordinamenti giuridici. Da un lato, gli ordinamenti che hanno scelto il principio dell'atipicità – come quello italiano e quello francese – hanno codificato nelle norme una serie di ipotesi tipiche, in cui finiscono per rientrare la gran parte dei danni di cui si chiede e si ottiene il risarcimento. Dall'altro lato, gli ordinamenti basati sul sistema della tipicità – come quello inglese e quello tedesco – hanno progressivamente allargato le maglie del sistema attraverso il metodo della interpretazione estensiva o della applicazione analogica delle norme regolatrici dei singoli casi di illecito, che sono state impiegate per coprire anche nuovi casi, inizialmente non considerati nell'elaborazione del catalogo legale dei danni risarcibili.

4. Le questioni della responsabilità civile

Le norme sulla responsabilità civile affrontano e risolvono tre questioni:

☞ la questione del «**se**» consiste nello stabilire *se il danno verificatosi debba essere risarcito, o no.* È la questione fondamentale, che tocca il cuore della responsabilità civile: la selezione fra danni risarcibili e non risarcibili. Per darle risposta entrano in gioco diverse regole, che riguardano essenzialmente la natura e l'origine del danno;

☞ la questione del «**chi**» si apre sul presupposto che la prima abbia avuto risposta affermativa: posto che il danno è risarcibile, occorre definire *chi è obbligato a risarcirlo*. Se ne occupano le regole sull'individuazione dei responsabili;

☞ la questione del «**quanto**» (o più in generale del «come») dà per scontato che il danno sia risarcibile, e che se ne sia individuato il responsabile: si tratta a questo punto di stabilire *quale somma di denaro il responsabile deve pagare al danneggiato, o in quale altro modo deve riparare il danno verificatosi*. Intervengono a questo punto le regole sui rimedi contro il danno.

5. Le funzioni della responsabilità civile

Domandiamoci quali possono essere le funzioni della responsabilità civile, cioè gli obiettivi che l'istituto punta a realizzare. Possiamo individuarne tre:

☞ la **funzione compensativa** è la più immediata: occorre *compensare il danneggiato per la perdita subita, reintegrare il suo patrimonio ingiustamente diminuito, riportandolo alla consistenza che aveva prima del fatto dannoso*. Questa è una funzione molto importante, che risponde a un elementare criterio di giustizia sostanziale. Ha però un limite: corrisponde solo, o prevalentemente, al *punto di vista individuale del singolo danneggiato*; non opera a vantaggio della società nel suo insieme. Se A, avendo distrutto l'auto di B che vale 20.000 euro, lo risarcisce con questa somma, B è soddisfatto, perché si trova nella stessa situazione economica in cui si trovava prima del fatto dannoso (ha recuperato in forma monetaria il valore della cosa distrutta). Chi non si trova nella stessa situazione è la società complessivamente considerata: anche dopo il risarcimento, resta il fatto che a disposizione della società c'è, rispetto a prima, un'auto in meno; per la società quel valore è perso per sempre (non si recupera l'auto distrutta, solo perché 20.000 euro passano dalle tasche di A alle tasche di B). Possiamo perciò dire che la funzione compensativa, anche se realizza la piena soddisfazione individuale del danneggiato, *non è mai pienamente soddisfacente dal punto di vista sociale*. Inoltre, *in molti casi non riesce soddisfacente neppure per il danneggiato*: se X ferisce Y in modo da renderlo cieco, o uccide suo padre, certo Y ha diritto a un risarcimento in denaro; ma è evidente che questo non può compensare adeguatamente la perdita subita;

☞ la **funzione preventiva** entra in gioco proprio per permettere alla responsabilità civile di operare come strumento efficiente dal punto di vista non solo individuale ma anche sociale: anziché limitarsi a intervenire dopo che il danno si è verificato, per redistribuirne il peso fra danneggiato e responsabile, qui l'obiettivo è *intervenire prima che i danni si verifichino, allo scopo di impedire che si producano o almeno di ridurne il numero*, con il risultato – vantaggioso per la società, oltre che per gli individui – di evitare o almeno limitare la distruzione di ricchezza. La responsabilità civile realizza questo obiettivo (secondo il meccanismo che abbiamo incontrato parlando in generale della sanzione: **1**.4) con *l'efficacia deterrente della minaccia del risarcimento*: una conseguenza che spaventa, posto che a nessuno piace sborsare denaro. In questo modo, la funzione preventiva concentra l'attenzione *non sui (potenziali) danneggiati, ma sui (potenziali) responsabili*, che sono poi tutti quanti i soggetti: se i soggetti sanno che, ove causino un danno, devono risarcirlo, per evitare questa sgradevole evenienza sono portati a comportarsi in modo tale che non se ne creino i presupposti; cioè a comportarsi con maggiore attenzione, prudenza, competenza; a impiegare nelle loro attività dispositivi di cautela o di sicurezza, in modo da non causare danni. Il risultato è che si verificano meno danni di quelli che si verificherebbero se – non esistendo responsabilità e obblighi di risarcimento – i soggetti non avessero da temere nessuna conseguenza per i danni causati;

☞ un'altra possibile funzione della responsabilità civile è la **funzione sanzionatoria**, che come la precedente concentra l'attenzione soprattutto sul responsabile: infatti qui l'obiettivo è *punire il responsabile per un suo comportamento riprovevole*. Questa funzione ha perciò senso, nei soli casi in cui la responsabilità deriva da *un illecito, consistente nella violazione di qualche norma giuridica*: perché solo in tal caso c'è un comportamento socialmente e giuridicamente riprovevole del soggetto. (Ma la responsabilità può nascere, come anticipato, anche se al soggetto non si può rimproverare nessun illecito).

Negli ordinamenti giuridici ottocenteschi prevaleva una *concezione etica* della responsabilità civile, che portava a considerare la funzione sanzionatoria come quella prevalente. In seguito, soprattutto a partire dagli inizi del novecento, la prospettiva cambia: la dimensione etica si attenua, e si afferma una *concezione pratica* della responsabilità civile. Per essa, non è tanto essenziale che, in nome di un astratto principio di giustizia, la società colpisca l'autore di un fatto illecito; essenziale è piuttosto che chi ha patito un danno riceva un adeguato risarcimento. Questa nuova concezione, che *valorizza la funzione compensativa* della responsabilità civile, si usa esprimere con la formula per cui l'attenzione si sposta «*dal danneggiante al danneggiato*».

6. Responsabilità e assicurazione

La tendenza appena segnalata trova conferma nel crescente ricorso all'assicurazione, come strumento per affrontare il fenomeno dei danni.

Già agli inizi del novecento, nel settore degli *infortuni sul lavoro* si afferma il sistema dell'assicurazione obbligatoria, gestito da un'organizzazione pubblica: l'operaio che si fa male sul lavoro non ha bisogno, per essere risarcito, di fare causa al datore di lavoro e dimostrare la sua responsabilità; più semplicemente, ottiene il risarcimento dall'apposito istituto previdenziale. Dal 1969 vige il sistema dell'assicurazione obbligatoria per la *responsabilità civile automobilistica* (introdotto dalla l. 990/1969): la vittima di un incidente stradale normalmente ottiene il risarcimento non dal responsabile, ma dalla compagnia assicuratrice presso la quale il responsabile si è (obbligatoriamente) assicurato. E, anche al di fuori di obblighi legali, si diffonde la pratica di *assicurarsi contro i danni*, per es. contro l'incendio della propria abitazione: e allora, se la casa è distrutta dal fuoco, il proprietario non ha bisogno di cercare il responsabile, convincere il giudice della sua responsabilità e così ottenere la sua condanna al risarcimento: in modo più semplice e veloce, si fa risarcire dal proprio assicuratore.

Il significato di questa tendenza è chiaro: sempre più *si valorizza l'obiettivo di compensare il danneggiato*; sempre meno ci si preoccupa di individuare e colpire il responsabile. E la tendenza trova un'espressione lampante nell'istituto del «*fondo di garanzia per le vittime della strada*» (art. 283 e segg. c.a.): la vittima di un incidente causato da automobilista ignoto o non assicurato viene risarcita (per una parte del danno) da un apposito fondo alimentato con una quota dei premi assicurativi pagati dagli automobilisti assicurati.

Il fenomeno per cui i danni sempre meno vengono risarciti dai responsabili, e sempre di più dai loro assicuratori, può però creare un inconveniente: il *deperimento della funzione preventiva della responsabilità civile*. Se uno è assicurato per i danni che può causare, e sa che il peso del risarcimento non graverà su di lui, nei suoi confronti la responsabilità non ha alcuna efficacia deterrente; per lui causare danni o non causarli è quasi indifferente (tutt'al più rischia di dovere pagare un premio più alto per l'assicurazione); quindi non è incentivato a comportarsi con lo scrupolo e l'attenzione necessari per evitarli. Su questa base, qualcuno ha pensato che si dovesse vietare questo tipo di assicurazione. Ma l'idea non è stata accolta, perché si giudica prevalente l'esigenza di garantire comunque un risarcimento ai danneggiati (specie in settori socialmente importanti come quello dei danni creati dalla circolazione automobilistica, dove l'assicurazione della responsabilità civile non solo non è vietata, ma è obbligatoria: **59**.5).

Quel che è certo, è che l'espansione del fenomeno assicurativo *modifica i tradizionali connotati della responsabilità civile*. Tradizionalmente, il problema del danno si affronta e si risolve nel rapporto fra danneggiato e responsabile. Oggi questo rapporto tende a non essere più il centro esclusivo del problema: sempre più spesso *il responsabile di un danno non lo risarcisce personalmente*; e sempre più spesso *il danneggiato cerca il risarcimento non dal responsabile, ma dal suo assicuratore*.

43
I PRESUPPOSTI DELLA RESPONSABILITÀ CIVILE

1. I presupposti della responsabilità

La responsabilità e l'obbligo di risarcimento nascono a carico di un soggetto (responsabile), solo in presenza di una serie di presupposti.

In linea generale occorre: ☞ prima di tutto, che ci sia un **danno**, subìto da un altro soggetto; ☞ che questo danno possa qualificarsi «**ingiusto**»; ☞ che ci sia un **nesso di causalità** tra il fatto e il danno; ☞ che l'autore del fatto, da cui il danno deriva, abbia **capacità di intendere e volere**; ☞ che il fatto, da cui il danno deriva, sia stato compiuto **senza giustificazione**; ☞ che il danno sia **imputabile al soggetto** di cui si indaga la responsabilità, in base a due possibili criteri: ✦ che il danno sia stato causato per *colpa* o con *dolo* del soggetto; oppure ✦ che il danno rientri in un *rischio* che la legge addossa al soggetto.

2. Il danno: patrimoniale e non patrimoniale

Perché sorgano responsabilità e obbligazione di risarcimento, occorre in primo luogo che si sia verificato un danno: se un fatto, pur compiuto in violazione di una norma, non fa danno a nessuno, non c'è nulla da risarcire. L'automobilista che passa con il semaforo rosso, senza creare incidenti, commette certo un illecito: ma un illecito amministrativo; solo se investe un pedone o scontra un'altra auto, così facendo danni, commette un illecito civile e incorre in responsabilità civile. La necessità di questo elemento risulta con chiarezza dal testo dell'art. 2043: «Qualunque fatto ... che cagiona ad altri *un danno* ...».

Il concetto di danno è già stato illustrato, là dove si parlava del danno derivante dall'inadempimento di obbligazioni (**26**.15). Si rinvia perciò alle nozioni esposte in quella sede, dove si richiamava la distinzione generale fra due tipi di danno: il *danno patrimoniale* (nel cui ambito si individuano le sottocategorie del *danno emergente* e del *lucro cessante*); e il *danno non patrimoniale*. L'importanza della distinzione dipende essenzialmente dalla presenza di una norma diretta a limitare la risarcibilità del danno non patrimoniale, come ora si spiega.

3. Il danno non patrimoniale

Danno non patrimoniale sono le *conseguenze negative che il soggetto patisce per la lesione recata a un valore della sua persona, come tale non suscettibile di diretta valutazione economica*: la lesione dell'integrità fisica; l'offesa all'onore, derivante da ingiurie o diffamazioni; una violenza sessuale; l'abuso del nome o dell'immagine, fatta da un estraneo; la perdita di una persona cara, della quale qualcuno ha causato la morte. Ne derivano prima di tutto conseguenze spiacevoli come *sofferenza, paura, umiliazione, ecc.* (con una vecchia formula, il loro risarcimento si definiva «prezzo del dolore»). Esse costituiscono il danno morale in senso stretto, o **danno morale soggettivo**; e per una lunga fase il danno non patrimoniale era identificato con il danno morale soggettivo.

Ora, nel sistema del codice il danno non patrimoniale ha un trattamento giuridico diverso dal danno patrimoniale: mentre quest'ultimo è risarcibile in via generale, il danno non patrimoniale è dichiarato *risarcibile «solo nei casi determinati dalla legge»* (art. 2059). Ciò equivale a dire che i casi di risarcibilità del danno non patrimoniale sono casi *tipici*, previsti in *numero chiuso*: se nessuna norma specificamente prevede che un certo danno non patrimoniale è risarcibile, quel danno non è risarcibile. Il caso praticamente più importante in cui danni non patrimoniali risultano risarcibili in base a questo criterio, è quello in cui tali danni derivano da un **reato**: la norma che lo prevede è l'art. 185 c.p. È perciò sicuramente risarcibile, ad es., il danno morale causato da lesioni fisiche, dall'omicidio di un familiare, da violenza sessuale, da diffamazioni o ingiurie o calunnie, perché tutti questi sono reati. Al di fuori di questa previsione, la risarcibilità del danno non patrimoniale è normativamente disposta solo in casi particolari e marginali: ad es., espressioni offensive rivolte all'avversario in un processo civile (art. 89, c. 2, c.p.c.); trattamento illecito di dati personali (art. 15 d.lgs. 196/2003); ingiusta privazione della libertà personale per responsabilità di un magistrato (art. 2 l. 117/1988).

La conseguenza di questa impostazione era in sostanza: se il danno non patrimoniale deriva da reato, è risarcibile; se deriva da un fatto che non è reato, la vittima non ha diritto al risarcimento. Ma siccome molti danni non patrimoniali possono derivare da fatti senza rilevanza penale, questo significava lasciare tutti questi danni senza risarcimento. Col tempo, ciò è parso sempre meno tollerabile; e *si sono cercate vie per allargare la risarcibilità del danno non patrimoniale*. Si è prospettato addirittura di cancellare l'art. 2059, sostenendone l'incostituzionalità: ma la Corte costituzionale ha sempre rifiutato un'idea così radicale, pensando che il problema potesse risolversi con l'interpretazione. E in effetti gli interpreti hanno lavorato in vari modi per allargare le maglie dell'art. 2059. Un modo è consistito nel sostenere (un po' artificiosamente) che certi tipi di danno, anche se a prima vista sembrano non patrimoniali, in realtà hanno natura patrimoniale: ad es. si è affermato che se una lesione dell'integrità fisica causa un *danno estetico*, questo è un danno patrimoniale anche se non incide attualmente sulla capacità di lavoro e di guadagno del soggetto, perché può tradursi in un *danno alla vita di relazione*, suscettibile di sottrargli chances di carriera o di sviluppo delle sue attività; e nella stessa prospettiva (riconoscerne la risarcibilità anche se non deriva da reato) si è affermata la natura patrimoniale del c.d. *danno biologico* (**44**.14).

Ma il modo che oggi prevale passa attraverso la valorizzazione della costituzione: i giudici affermano che la lesione di un interesse della persona, che risulti costituzionalmente protetto, deve sempre essere risarcita anche nelle sue conseguenze non patrimoniali. Oggi il trattamento del danno non patrimoniale si basa perciò su questi punti: ☞ quel particolare tipo di danno non patrimoniale che corrisponde al *danno morale soggettivo* è risarcibile solo nei casi tassativamente fissati dalle legge (in sostanza: *solo se deriva da reato*); ☞ il danno non patrimoniale diverso dal danno morale soggettivo è risarcibile, *anche se non deriva da reato,* quando consiste nella **lesione di un interesse costituzionalmente protetto**: ad es. l'interesse a una serena vita familiare (su questa base si è deciso che in caso di lesione che impedisce l'attività sessuale, il risarcimento spetta non solo alla vittima, ma anche al suo coniuge); l'interesse all'integrità psico-fisica (la cui lesione dà luogo a quella particolare, ma importantissima categoria di danno non patrimoniale che è il *danno biologico*: **44**.14); l'interesse al pieno realizzarsi delle proprie potenzialità di vita (la cui lesione è il c.d. *danno esistenziale*).

Oltre che pregiudizi non patrimoniali, la lesione di valori della persona può infliggere alla vittima anche *danni economici.* Chi subisce una lesione fisica ne ricava sofferenza, e questo è danno non patrimoniale; ma affronta anche spese per curarsi, e perde guadagni (per un periodo non può lavorare, e anche in seguito la sua capacità lavorativa è ridotta per i postumi della lesione): e questo è danno patrimoniale, nella doppia forma del danno emergente e del lucro cessante. Chi viene diffamato soffre un danno morale per l'umiliazione e la vergogna che prova; ma se la diffamazione lo scredita nel suo ambiente professionale, facendogli perdere affari e clienti, la vittima riceve anche un danno patrimoniale. In casi del genere, la vittima ha diritto a *cumulare i risarcimenti di entrambi i tipi di danno.*

4. L'ingiustizia del danno

L'art. 2043 ci dice che un danno è risarcibile solo se è «ingiusto». «Ingiusto» viene da «ius», con un prefisso di negazione; dunque significa, etimologicamente, «*contrario al diritto*», «antigiuridico»: e infatti il requisito dell'ingiustizia del danno si esprime anche con il termine «antigiuridicità». Una qualificazione come questa è molto vaga: bisogna perciò precisare i criteri, in base ai quali può dirsi che un danno è contrario al diritto.

Il primo e più intuitivo criterio porta a qualificare come ingiusto (antigiuridico) il danno causato da un **comportamento che vìola una norma,** e che perciò è senz'altro un «illecito». Norme (penali) vietano l'omicidio, le lesioni personali, la diffamazione: questo è sufficiente per concludere che il danno derivante dall'uccisione di un uomo, dal suo ferimento, dalla diffusione di affermazioni offensive è un danno ingiusto. Un'altra norma (civile) vieta agli imprenditori di farsi concorrenza con metodi scorretti (art. 2598): già in base ad essa possiamo concludere che il danno subito dalla vittima di concorrenza sleale è un danno ingiusto. E così via. Questo criterio è, per l'interprete, il più semplice da applicare. Ed è il più coerente alla *funzione sanzionatoria* della responsabilità civile: applicandolo, si colpisce con la sanzione della responsabilità un soggetto che ha tenuto un comportamento riprovevole, perché ha violato una norma.

Però questo criterio non è sufficiente. Infatti possono esserci casi di *danno causato da un comportamento che non vìola nessuna norma* (che non sia la norma generalissima «neminem laedere»): ma anche il danno che non deriva da un comportamento qualificabile come illecito *può essere ingiusto*, perché anche rispetto ad esso può manifestarsi con forza l'esigenza di risarcire il danneggiato (in relazione a quell'altra fondamentale funzione della responsabilità civile che è la *funzione compensativa*). Occorre dunque un secondo criterio, orientato alla funzione compensativa della responsabilità: è ingiusto il danno che corrisponde alla **lesione di un interesse protetto dal diritto**.

Questo criterio sposta l'attenzione *dal danneggiante al danneggiato*; dalla condotta di chi ha causato il danno alla posizione di chi l'ha subito. Ed è un criterio la cui applicazione si presenta più problematica e difficile per l'interprete. Infatti, accertare che il danno lamentato corrisponde a un interesse protetto dal diritto può non essere sufficiente per concludere senz'altro che chi lo ha subito può ottenerne il risarcimento da chi lo ha causato: in particolare, non è sufficiente ogniqualvolta risulti che *anche l'interesse sottostante all'azione produttiva del danno è un interesse protetto dal diritto.* A lamenta che il giornalista B abbia scritto articoli in cui divulga fatti intimi della sua vita privata, e chiede il risarcimento del danno corrispondente alla lesione del suo interesse a tenere quei fatti sotto riserbo; un tale interesse di A è senz'altro protetto dalle norme (che tutelano il diritto alla riservatezza: **13**.8). Ma è protetto dalle norme – perfino costituzionali (art. 21 C.) – anche l'interesse di B a fare il suo mestiere di giornalista, e informare i suoi lettori su fatti che possono interessare l'opinione pubblica (libertà di manifestazione del pensiero, diritto di cronaca). E allora è difficile dire con assoluta sicurezza che il danno lamentato da A è ingiusto, e B deve risarcirlo.

In casi come questo, per accertare se il danno sia ingiusto occorre svolgere un **giudizio comparativo fra i due interessi in gioco**, che consenta di verificare *quale dei due è prevalente.* Se si giudica prevalente l'interesse di A al riserbo della sua vita privata, la divulgazione giornalistica dà luogo a un danno ingiusto; se invece si considera prevalente l'interesse al libero esercizio del diritto di cronaca e all'informazione del pubblico, la conclusione è opposta: il danno lamentato da A non è ingiusto, e B non lo deve risarcire.

Protagonista di questa valutazione comparativa è il *giudice*, chiamato a decidere sulle pretese di risarcimento. Nello svolgerla, egli deve tenere conto di molti elementi, che a seconda di come si presentano nel caso concreto possono orientare la decisione in un senso o nell'altro: ad es., è ovvio che se l'indiscrezione riguarda un personaggio pubblico (attore, cantante, presentatore televisivo, uomo politico, ecc.), la lesione della sua privacy ha meno probabilità di essere considerata «ingiusta» rispetto al caso in cui la vittima delle indiscrezioni sia una persona qualunque. Inoltre, il giudice deve collocarsi dal punto di vista dell'interesse generale, più che da quello individuale dei litiganti, e dare la prevalenza all'interesse più importante per la società nel suo insieme. Peraltro, nel compilare questa «graduatoria» degli interessi il giudice non può seguire in modo arbitrario le proprie personali convinzioni: deve invece fondare il suo giudizio sopra argomenti razionali, basati su *norme o principi giuridici*, ricavabili dal complesso dell'ordinamento, pure in mancanza di una regola specificamente dettata per quel caso.

Si comprende perciò che il giudizio sull'ingiustizia del danno è uno di quelli che impegnano di più la coscienza e la capacità professionale dell'interprete, e soprattutto del giudice (così come normalmente accade con le clausole generali: **1**.7). E si comprende anche come nel campo della responsabilità civile sia facile registrare, fra gli interpreti, soluzioni diametralmente opposte dello stesso problema. Lo esemplifica bene il caso della *seduzione con promessa di matrimonio.* La donna che sia stata convinta dall'uomo al rapporto sessuale con la falsa promessa del futuro matrimonio ha diritto a ottenere il risarcimento? Rispondevano di sì quegli interpreti che consideravano la prospettiva matrimoniale un interesse essenziale della donna, e la verginità una condizione per realizzarla più facilmente; e quindi valutavano che la perdita dell'illibatezza e la conseguente diminuzione delle chances matrimoniali siano danno ingiusto. La tesi opposta era sostenuta da chi valorizzava la più evoluta condizione sociale e culturale raggiunta dalla donna, osservando che con la liberalizzazione dei costumi la scelta del rapporto sessuale è diventata un atto libero e spontaneo, non condizionato dalla prospettiva del matrimonio col partner; e che, per altro verso, il crescente accesso delle donne al mondo del lavoro porta a escludere che il matrimonio possa considerarsi per esse l'unica o la prevalente forma di «sistemazione». Quest'ultima è la tesi che si è affermata, e oggi è generalmente condivisa.

Si comprende, infine, che la responsabilità civile è soggetta, più di altre materie del diritto privato, a una *costante evoluzione* delle sue regole. Con il mutare delle condizioni e delle esigenze economico-sociali, con il mutare del costume e della sensibilità culturale prevalenti, mutano anche le *gerarchie degli interessi*: interessi prima trascurati o posposti ad altri possono col tempo assumere, nelle valutazioni sociali e giuridiche, importanza superiore, così da prevalere su altri che in precedenza li sovrastavano; e viceversa, interessi un tempo molto valorizzati possono poi regredire. Conseguentemente, mutano le regole del «diritto in azione», quali risultano dalle interpretazioni della giurisprudenza. Un esempio anche qui. In passato la giurisprudenza affermava che danno ingiusto è solo quello corrispondente alla violazione di un *diritto soggettivo assoluto*, e negava il risarcimento alla lesione di interessi privi di questa veste. Col tempo, ha allargato questa rigida concezione dell'ingiustizia del danno, riconoscendo che danno ingiusto può aversi anche se è stata violata una situazione soggettiva diversa: così ha ammesso il risarcimento per la lesione di diritti non assoluti bensì relativi, come i *diritti di credito* (**44**.15); e lo ha ammesso per la lesione di situazioni che non sono neppure diritti soggettivi, come gli *interessi legittimi* del privato verso la pubblica amministrazione (**44**.10), o addirittura sono situazioni di fatto come il possesso (al possessore spogliato, in quanto tale, è stato riconosciuto il risarcimento del danno causato dallo spoglio).

5. Il nesso di causalità

La responsabilità sorge, a carico di un soggetto, solo se *tra il fatto* che gli viene addebitato e *il danno* subito da un altro soggetto esiste un nesso di causalità. Ciò risulta dall'art. 2043, che parla di «fatto ... che *cagiona* ... un danno» («cagionare» è sinonimo di «causare»); e risulta anche dalla circostanza che l'art. 2056, c. 1 rende applicabile alla responsabilità extracontrattuale la norma dell'art. 1223, dettata in relazione alla responsabilità contrattuale: per essa, il danno è risarcibile solo in quanto sia «*conseguenza immediata e diretta*» del fatto dannoso.

Per accertare l'esistenza del nesso di causalità, si fa ricorso a diversi criteri.

Il primo è il criterio della **causalità materiale**, che corrisponde al «cagiona» dell'art. 2043: un danno può dirsi «causato» da un fatto, se in assenza di quel fatto quel danno non si sarebbe verificato; se, in altre parole, il fatto ha rappresentato una *condizione necessaria* («condicio sine qua non») del danno. Un esempio. A chiede a B di raggiungerlo in un certo luogo, prima di andare al lavoro, per un appuntamento urgente; la pioggia improvvisa e torrenziale che quella mattina si scatena sulla città sorprende e bagna completamente B, causandogli una brutta polmonite. Se B chiedesse il risarcimento ad A, sostenendo di essersi ammalato per la pioggia presa mentre era in giro a causa dell'appuntamento chiesto da A, la sua pretesa sarebbe respinta per mancanza del nesso di causalità materiale: B avrebbe ugualmente preso la pioggia (e contratto la polmonite) anche se A non gli avesse dato alcun appuntamento, perché comunque sarebbe uscito per andare al lavoro.

L'esistenza del nesso di causalità materiale tra fatto e danno *è un requisito necessario* della responsabilità; ma *non è un requisito sufficiente*. È possibile che un danno e un fatto siano legati da un nesso di causalità materiale, e che tuttavia il danno non implichi la responsabilità dell'autore del fatto. Accertata la causalità materiale, bisogna infatti proseguire l'indagine, sulla base di un ulteriore criterio: il criterio della **causalità giuridica**, cui fa riferimento la formula della «conseguenza immediata e diretta» dell'art. 1223.

Può aiutarci un altro esempio. X urta sbadatamente Y, che cade e batte la testa; al pronto soccorso viene diagnosticato un leggero trauma cranico guaribile con 5 giorni di degenza in ospedale, dove Y si ricovera. Due giorni dopo, un corto circuito provoca un incendio nell'ospedale, e Y ne riporta gravissime ustioni. Qual è la responsabilità di X? È certo che X risponde del trauma cranico; ma risponde anche delle ustioni? Queste sono legate all'urto da un nesso di causalità materiale: Y si è ustionato a causa dell'incendio scoppiato nell'ospedale dove si trovava; Y si trovava nell'ospedale a causa del trauma cranico riportato nella caduta; Y era caduto a causa dell'urto di X. Eppure X non risponde delle ustioni, perché fra queste e l'urto manca il nesso di causalità giuridica.

Il nesso di causalità giuridica esiste quando, *in base a un criterio di regolarità statistica, c'è la ragionevole probabilità che quel determinato fatto abbia prodotto quel determinato danno*. Non occorre la certezza assoluta; basta una *probabilità relativa*, che si usa esprimere con la formula **«più probabile che non»**. Il nesso manca quando non c'è questa ragionevole probabilità, superiore alla probabilità contraria. La relativa valutazione passa attraverso il c.d. **giudizio «controfattuale»**: se il fatto non si fosse verificato, la vittima avrebbe ugualmente subito il danno oppure no?

Nella logica del giudizio controfattuale, il nesso di causalità manca quando *il danno realizza un rischio al quale il danneggiato sarebbe stato esposto comunque, anche in assenza del fatto.* Se uno viene urtato e cade, è ragionevolmente probabile che possa riportare un trauma cranico; non che possa soffrire di gravissime ustioni. Le ustioni da incendio per corto circuito, sofferte da Y, corrispondono a un rischio al quale la vittima sarebbe stata esposta anche se non si fosse ricoverato in ospedale per il trauma cranico causatogli da X, perché è un rischio nel quale Y sarebbe incorso frequentando uno qualsiasi dei tanti luoghi chiusi in cui la sua normale esistenza lo avrebbe portato (casa sua, la casa altrui frequentata per un invito a cena; il suo ufficio, un cinema, un ristorante, ecc.). Può anche dirsi che l'urto di X (con il conseguente ricovero ospedaliero) è stato l'*occasione*, ma non la *causa in senso giuridico*, delle ustioni sofferte da Y. E per esprimere lo stesso concetto si parla anche di *causalità adeguata*, o di adeguatezza causale: a indicare che il fatto deve potersi considerare, in base a un ragionevole criterio di frequenza statistica, adeguato a produrre quel danno.

Si supponga ora che nell'ospedale non si verifichi nessun incendio, ma che, qualche giorno dopo il ricovero, le condizioni di Y subiscano un peggioramento improvviso e inspiegabile, e che nel giro di una settimana egli muoia; l'autopsia accerta che ciò è dipeso da una congenita patologia cerebrale del paziente – molto rara e di difficile accertamento, perciò non diagnosticata subito – che può rendere mortali anche piccoli traumi, normalmente guaribili senza problemi. In un caso come questo, può sostenersi che c'è nesso di causalità fra la morte di Y e l'urto di X, il quale perciò risponde della morte. Che il trauma cranico provocato da un urto possa avere, in determinate condizioni (sia pure non facilmente preventivabili), conseguenze mortali, è qualcosa che non è irragionevole pensare, qualcosa che può essere messo nel conto della propria azione.

Questo ci dice che *il criterio della causalità giuridica non si identifica con il criterio della prevedibilità del danno*: il nesso causale può esistere, anche se il danno, successivamente verificatosi, non era prevedibile al momento del fatto. Lo conferma la regola per cui il responsabile deve risarcire anche il danno imprevedibile (**45**.7).

Un danno può essere «causato» non solo dall'azione positiva di un soggetto, ma anche da una sua omissione. Qui il principio della causalità giuridica si specifica nel criterio per cui sorge **responsabilità per omissione** solo se *l'omissione costituisce violazione di un dovere di agire, esistente a carico del soggetto.* Se A vede un'auto vuota prendere fuoco, non è obbligato a intervenire per spegnere le fiamme, pur potendolo fare (il suo comportamento è forse censurabile moralmente, ma non giuridicamente): perciò il proprietario non può chiedergli il risarcimento per la distruzione dell'auto. Se invece A incontra per strada un ferito, e tira dritto omettendo di soccorrerlo, viola l'obbligo imposto dall'art. 593 c.p.: e se il ferito si aggrava e muore proprio per non essere stato tempestivamente soccorso, A ne risponde.

6. Il concorso di responsabili

Il danno può essere *causato dai fatti di più persone*, non importa se operanti di concerto oppure indipendentemente l'una dall'altra. In questo caso *tutte sono responsabili*, e **obbligate in solido** al risarcimento (art. 2055, c. 1). Il titolare di un bar tiene vicino alla cassa una pistola incustodita e facilmente accessibile a chiunque; un cliente se ne impadronisce e, maneggiandola per scherzo, ferisce un altro cliente: del danno rispondono solidalmente sia il titolare del bar sia il feritore.

Nei *rapporti interni fra i corresponsabili*, il peso del risarcimento si distribuisce in base a due criteri, da applicarsi in relazione alle circostanze del caso concreto: la *gravità delle rispettive colpe*; e l'*entità delle conseguenze* che ne sono derivate. Chi ha risarcito tutto il danno, ha perciò *regresso* verso gli altri per le corrispondenti quote di risarcimento (art. 2055, c. 2). Nel dubbio, le colpe dei singoli corresponsabili si *presumono uguali* (art. 2055, c. 3).

7. La capacità di intendere e di volere

Il danno non obbliga al risarcimento l'autore del fatto da cui il danno deriva, se tale soggetto era *privo della capacità di intendere e di volere nel momento in cui ha compiuto il fatto*. La ragione della regola è intuitiva: se uno non è in grado di comprendere il senso e la portata delle sue azioni, non è giusto addossargliene le conseguenze. Ugualmente intuitiva è la ragione dell'eccezione posta alla regola: l'incapace *risponde, se lo stato d'incapacità dipende da sua colpa*, come ad es. nel caso che si sia ubriacato (art. 2046).

La regola non significa che il danno causato dall'incapace debba restare senza risarcimento: ne *risponde chi era tenuto alla sorveglianza dell'incapace*. Così, del danno causato dal malato di mente ricoverato presso un'organizzazione sanitaria, rispondono questa e il personale addetto; e la baby sitter risponde del danno causato da un bambino di sette anni mentre le era affidato. Il sorvegliante ha un modo per liberarsi dalla responsabilità (c.d. *prova liberatoria*): dimostrare «di *non aver potuto impedire il fatto*» (art. 2047, c. 1).

Può accadere che il danneggiato non riesca a ottenere il risarcimento dal sorvegliante: sia per ragioni giuridiche (il sorvegliante riesce a dare la prova liberatoria), sia per ragioni pratiche (il sorvegliante, pur responsabile, è nullatenente). In questo caso, rischia di consumarsi un'ingiustizia: il danneggiato (magari un poveraccio) dovrebbe tenersi il danno causato da altri; e l'incapace (magari molto ricco) non soffrirebbe nessuna conseguenza per un fatto che è dipeso pur sempre da lui. Per evitare tale ingiustizia, si prevede che il giudice, *tenuto conto della condizione economica delle parti*, possa condannare l'incapace a pagare un'*equa indennità* (art. 2047, c. 2). «Indennità» non equivale a «risarcimento»: non è commisurata all'intero ammontare del danno, ma all'esigenza di ripararlo in qualche misura, anche solo parziale.

L'incapacità considerata da questa norma è l'**incapacità naturale**, non quella legale (**11**.15): qui ciò che conta non sono le risultanze formali dei registri di stato civile, bensì le effettive condizioni fisio-psichiche del soggetto. Perciò la norma si applica anche ai soggetti legalmente capaci (maggiorenni non interdetti) che siano in stato di incapacità naturale. Non si applica agli *incapaci legali che, al compimento del fatto, avessero la capacità naturale*, cioè fossero in grado di intendere e di volere (un ragazzo di 17 anni normalmente è in grado di capire cosa sta facendo): questi soggetti rispondono, in base alle regole ordinarie.

8. Le cause di giustificazione

Il danno causato da un soggetto non deve essere da lui risarcito, se *il fatto dannoso è stato compiuto in circostanze idonee a giustificarlo*: così che il comportamento del danneggiante, astrattamente qualificabile come illecito, di fronte a quelle circostanze perde il suo carattere di illiceità, e non genera responsabilità a carico dell'autore.

Le principali cause di giustificazione sono tre:

☞ il **consenso dell'avente diritto** ricorre quando *il comportamento dannoso è stato autorizzato dallo stesso danneggiato*: se invito alcuni amici a giocare a calcio nel mio giardino, non posso pretendere che mi risarciscano i danni eventualmente recati a fiori e piante nel normale esercizio del gioco;

☞ per il criterio della **legittima difesa**, non è responsabile chi causa il danno *per difendere un diritto proprio o altrui, al quale il danneggiato portava minaccia* (art. 2044). Occorre però che la difesa sia *proporzionata* all'offesa minacciata. Il proprietario di un frutteto che, vedendo un ladro allontanarsi con i frutti rubati, lo raggiunge e per recuperare il maltolto lo strattona rompendogli l'orologio, non risponde di questo danno. Invece non potrebbe avvalersi di questa causa di giustificazione se, per fermare il ladro, gli sparasse alle gambe spezzandogli il femore: qui ci sarebbe eccessiva sproporzione fra il valore difeso (una proprietà, oltretutto di scarso valore economico) e il valore offeso (l'integrità fisica, lesa in modo serio);

☞ lo **stato di necessità** ricorre quando l'autore del fatto dannoso è stato costretto a compierlo per la *necessità di salvare sé o altri dal pericolo attuale di un danno grave alla persona*: a condizione, però, che si tratti in un pericolo *non volontariamente causato* dal danneggiante, e *non altrimenti evitabile* (art. 2045); quest'ultimo dato differenzia la fattispecie da quella che giustifica la rescissione del contratto concluso in stato di pericolo (**35**.20). Pertanto non risponde del danno l'automobilista che, per evitare di investire un pedone sceso improvvisamente dal marciapiede, sterza di colpo e danneggia un'auto in sosta. L'automobilista non sarebbe invece liberato dalla responsabilità se avesse fatto la manovra per evitare di investire un gatto (manca il presupposto del pericolo di danno alla persona); né se il rischio di investimento fosse dipeso dalla velocità eccessiva dell'auto (il pericolo sarebbe dipeso dallo stesso danneggiante); né se risultasse che c'era spazio sufficiente per frenare (il pericolo sarebbe stato evitabile, anche senza la manovra dannosa). Quando il danno è stato causato in stato di necessità, il danneggiante non è responsabile e non deve risarcirlo. Qualcosa però deve comunque, anche se è qualcosa di meno: corrispondere al danneggiato un'**indennità**, quantificata con *equo apprezzamento del giudice*. La regola risponde a un principio di equità: non è giusto che il danno sia messo interamente a carico del danneggiante, né che rimanga interamente a carico del danneggiato; e allora si ripartisce equamente fra i due.

9. Dolo e colpa del responsabile

L'art. 2043 indica, fra i presupposti della responsabilità, che il fatto dannoso sia stato compiuto con dolo o con colpa: «Qualunque fatto *doloso o colposo* ...».

Il **dolo** è la *volontà di tenere il comportamento dannoso, con la coscienza della sua idoneità a recare danno*; può presentarsi anche nella forma del c.d. *dolo eventuale*. La **colpa** è la *negligenza, imprudenza o imperizia* che caratterizzano il comportamento del danneggiante: è il mancato impiego della diligenza richiesta per l'attività, nel cui svolgimento si è verificato il danno. A sua volta, la colpa può essere colpa ordinaria o colpa grave. Sono concetti che abbiamo già illustrato, parlando del dolo e della colpa nella responsabilità contrattuale: a quelle nozioni facciamo quindi rinvio (**26**.5-7).

Come nel campo della responsabilità contrattuale, anche nel campo extracontrattuale per determinate ipotesi di danno la colpa ordinaria non è sufficiente a generare responsabilità del danneggiante. In certi casi occorre almeno la *colpa grave*, per cui se il danno dipende da semplice colpa ordinaria del danneggiante, non è risarcibile: è il caso, per es., del danno causato dal giudice nell'esercizio dell'attività giurisdizionale (**44**.11). In altri casi non basta neppure la colpa grave, e perché sorga responsabilità occorre che il fatto dannoso sia compiuto con *dolo*: ad es., il proprietario risponde per i suoi atti emulativi (**15**.4) solo se era animato dallo «scopo ... di nuocere o recare molestia» (art. 833); il secondo acquirente che prevale sul primo in base alle regole della trascrizione risponde verso di lui solo se ha agito in mala fede (**20**.3).

Negli ordinamenti giuridici dell'ottocento, il dolo o la colpa del danneggiante erano gli elementi essenziali e centrali del sistema della responsabilità civile. Anzi, erano elementi indispensabili: senza dolo o almeno colpa del danneggiante si riteneva che non dovesse sorgere alcuna sua responsabilità: il principio «*nessuna responsabilità senza colpa*» era del resto coerente alla *concezione etica* della responsabilità civile, che allora prevaleva. Oggi le cose sono diverse. Tramontata la concezione etica della responsabilità civile, il *criterio della colpa* conserva valore soprattutto in collegamento con la *funzione preventiva* della responsabilità: se i soggetti sanno che, in base al criterio della colpa, rispondono dei danni causati da una loro condotta negligente, imprudente o incompetente, per evitare l'onere del risarcimento sono portati a comportarsi con diligenza, prudenza e perizia, e in questo modo la quantità dei danni si riduce. Questo, però, vale solo per certi settori delle attività umane. In altri settori, i danni non dipendono principalmente da negligenza, imprudenza o imperizia dei soggetti. E comunque, quando si verificano, c'è l'esigenza che siano risarciti (*funzione compensativa* della responsabilità civile) sia che dipendano sia che non dipendano da colpa di qualcuno: un'esigenza sempre più forte, man mano che l'attenzione si sposta «dal danneggiante al danneggiato» (**42**.5).

Tutto questo porta gli ordinamenti giuridici, a cavallo fra ottocento e novecento, a *superare il principio «nessuna responsabilità senza colpa»*, e ad ammettere che un danno possa essere accollato a un responsabile, anche se costui non lo ha causato per sua colpa. Entra in scena la *responsabilità oggettiva*.

10. La responsabilità oggettiva: le origini

Responsabilità oggettiva (un concetto che abbiamo già incontrato a proposito della responsabilità contrattuale: **26**.4) significa **responsabilità senza colpa**.

Il principio opposto – «nessuna responsabilità senza colpa» – era adeguato alla *società preindustriale*, caratterizzata da scarsa mobilità degli uomini e delle risorse, da strutture produttive semplici e facilmente controllabili da singole persone: in una società di questo tipo, la gran parte dei danni dipendeva effettivamente da negligenze di questo o di quel soggetto, alla cui colpa era facile risalire. Il quadro muta con l'avvento della *società industriale*: e quindi delle grandi e complesse macchine utilizzate per la produzione, delle fonti di energia a elevato potenziale distruttivo, dei mezzi di trasporto a sempre più alta velocità, ecc. Questi fattori moltiplicano positivamente le opportunità dell'esistenza umana, ma hanno anche un risvolto negativo perché *moltiplicano le occasioni di danno.* E si tratta sovente di *danni «anonimi»*, cioè di danni che è difficile imputare alla colpa di questo o di quel soggetto, perché dipendono piuttosto dalla nuova, complessa e impersonale organizzazione entro cui molte attività vengono a svolgersi. Una caldaia scoppia improvvisamente; le scintille emesse da una locomotiva incendiano il bosco che costeggia la ferrovia; un macchinario industriale, per una imprevista anomalia di funzionamento, ferisce un operaio: tutti danni che non è possibile ricondurre alla colpa di un soggetto; tutti danni che – in base al principio «nessuna responsabilità senza colpa» – non sarebbero risarcibili, e dovrebbero restare a carico di chi li subisce.

Il moltiplicarsi di questi danni, generati dal progresso industriale, poneva un problema molto serio. Per risolverlo, si prospettavano diverse possibili strade.

Una prima strada poteva consistere, teoricamente, nel *vietare le nuove attività dannose.* Ma questa strada non era in realtà praticabile, perché avrebbe sì eliminato la fonte di danni numerosi e gravi, ma insieme avrebbe privato la società di strumenti oramai irrinunciabili del suo progresso e del suo benessere. Come potrebbe pensarsi di vietare la produzione industriale, solo per evitare gli incidenti e i danni che l'accompagnano? O la circolazione automobilistica o il trasporto aereo, solo per scongiurare le perdite umane e materiali che statisticamente si associano agli incidenti? La *valutazione comparativa dei costi e dei benefici sociali* di questa soluzione porta a concludere che una prevenzione dei danni perseguita con uno strumento tanto radicale avrebbe un prezzo troppo alto, e intollerabile per la società.

Una seconda strada può consistere nel *consentire le attività pericolose, ma solo a condizione che vengano svolte con l'adozione dei dispositivi di sicurezza* necessari per garantire che non siano più fonte di rischi e di danni. Questa è una soluzione più ragionevole, ma presenta limiti tecnici ed economici. Per molte attività, è tecnicamente impossibile garantire in modo pieno e assoluto che nel loro ambito non si creeranno danni: si può migliorare la sicurezza degli aerei, ma non esistono tecnologie o procedure capaci di escludere al cento per cento qualsiasi incidente di volo. E poi c'è un dato economico: la sicurezza costa. La si può teoricamente aumentare con tecnologie supersofisticate, con modalità operative ispirate a cautela e prudenza estreme, con controlli continui e capillari; ma oltre una certa soglia queste misure di sicurezza hanno costi insostenibili: imporle come condizione per l'esercizio dell'attività significherebbe, in pratica, impedire l'attività stessa.

Ma se determinate attività devono continuare a svolgersi nell'interesse sociale, se da esse è comunque ineliminabile una certa quota di danni, se non è tollerabile che questi danni rimangano senza risarcimento, la soluzione è un'altra. L'attività viene consentita, si impongono le misure di sicurezza ragionevolmente compatibili con l'economicità del suo esercizio, e **il residuo rischio di danni viene messo a carico di chi esercita l'attività**: questi diventa responsabile dei danni che si producono, ed è obbligato a risarcirli. Ma siccome tali danni sovente non dipendono da una colpa del titolare dell'attività, ciò implica che costui sia responsabile anche se a lui non è addebitabile nessuna colpa: questo significa superare il principio «nessuna responsabilità senza colpa», e introdurre il principio della responsabilità oggettiva.

E infatti la legge prevede numerose ipotesi di responsabilità oggettiva, che esamineremo (**44**).

11. Il rischio lecito: fondamento e ragioni della responsabilità oggettiva

Al di fuori dei casi di responsabilità oggettiva, la responsabilità si fonda sulla **colpa** del danneggiante: la ragione per cui si ritiene socialmente adeguato mettere su di lui il peso del risarcimento, è che egli si è comportato in modo negligente, imprudente o incompetente. Invece la responsabilità oggettiva si fonda sul **rischio**: la ragione per cui si ritiene giusto addossare il danno al responsabile, è che egli esercita un'attività rischiosa, dunque *espone la società a un rischio*, e sia pure un rischio lecito (dato che l'attività, socialmente utile, è consentita). E siccome l'attività in questione è per lo più un'attività economica organizzata e svolta in modo professionale – cioè un'impresa –, si può dire che la responsabilità oggettiva si fonda, in genere, sul **rischio d'impresa** (**49**.7).

Ma perché è giusto che sia proprio il titolare dell'attività a rispondere dei danni che questa produce, anche se non ne ha nessuna colpa? Le ragioni che giustificano questa scelta sono diverse. ☞ egli svolge l'attività *nel proprio interesse*, per ricavarne un *profitto*: e se questa genera un danno, è più giusto che il peso di questo gravi su di lui (che svolge l'attività per guadagnarci), anziché sul malcapitato che ne risulta occasionalmente colpito, e che con l'attività non ha un legame così forte; ☞ può assorbire facilmente il peso del risarcimento, attraverso l'*assicurazione*: se l'attività causa un danno, questo viene risarcito dall'assicuratore, a cui il titolare dell'attività paga periodicamente un premio in cambio di questa copertura. In questo modo, per il titolare dell'attività il peso del risarcimento non è casuale e imprevedibile nella sua entità, ma diventa un costo fisso e calcolabile della sua impresa (come il costo del personale, delle materie prime, ecc.); ☞ è colui che *organizza e controlla l'attività*. Quindi è colui che meglio di ogni altro sa dove e come intervenire (con nuove tecniche produttive, nuove procedure di gestione, nuove misure di sicurezza, ecc.) per minimizzare i danni prodotti dalla sua attività; ed è anche colui che più di ogni altro ha interesse a farlo, per ridurre il peso dei risarcimenti o dei costi assicurativi a suo carico: in questo modo la responsabilità oggettiva svolge, oltre alla fondamentale funzione compensativa, anche un'utile *funzione preventiva.*

Queste ragioni spiegano il limite generale che la responsabilità oggettiva incontra in campo extracontrattuale, così come anche in campo contrattuale: *il titolare dell'attività non risponde, se il danno dipende da* **caso fortuito** (un concetto già noto: **26**.12). Non è giusto né razionale che egli risponda di un evento così straordinario, anomalo e imprevedibile da risultare *estraneo al rischio tipico* di quella determinata attività; e per la stessa ragione *non assicurabile, né evitabile* con ragionevoli misure di prevenzione.

Il tema che stiamo considerando segnala un'ulteriore differenza fra responsabilità civile e responsabilità penale: generalmente *la responsabilità penale non è oggettiva*, ma presuppone il dolo o la colpa dell'autore del reato (art. 27, c. 1, C.: «La responsabilità penale è personale»).

Invece in campo civile responsabilità per colpa e responsabilità oggettiva coesistono. Ma con una differenza. Il principio dell'*atipicità* vale solo riguardo alla *responsabilità per colpa (o dolo)*, e quindi un fatto dannoso atipico, non previsto come fonte di responsabilità da nessuna norma, obbliga al risarcimento solo se dipende da colpa (o dolo) del danneggiante: in tal caso, infatti, fonte della responsabilità sarebbe la clausola generale dell'art. 2043, che si riferisce sì a «qualunque fatto», ma purché sia un fatto «doloso o colposo». Invece le *ipotesi di responsabilità oggettiva* sono *tipiche*: se si produce un danno senza colpa di A, A può essere obbligato a risarcirlo solo se la fattispecie è prevista da una norma che stabilisca la responsabilità del soggetto che si trovi nella posizione di A. Questo non significa che le norme di responsabilità oggettiva siano norme eccezionali; non lo sono, perché il criterio della responsabilità oggettiva esprime non un'esigenza occasionale e congiunturale, bensì un'esigenza stabile e duratura del sistema giuridico: ne consegue che possono essere interpretate estensivamente, e anche applicate per analogia (**1**.8).

L'avvento della responsabilità oggettiva è la risposta del sistema legale agli sviluppi della tecnica. Qualcuno si domanda se oggi non sia il caso di elaborare *nuove regole di responsabilità in relazione alle novità tecnologiche dei nostri giorni*, che aprono scenari inediti per la materia dei danni e dei risarcimenti: si pensi all'evoluzione ed espansione delle *tecnologie digitali*; si pensi ai crescenti impieghi dell'*intelligenza artificiale* (auto e navi a guida autonoma, impieghi della robotica in medicina, investimenti finanziari basati su algoritmi, ecc.).

44
PARTICOLARI IPOTESI DI RESPONSABILITÀ

1. Premessa

In questo capitolo esaminiamo una serie di ipotesi di responsabilità civile, che presentano particolare importanza pratica.

Hanno natura molto varia. Alcune sono previste dal *codice*; altre da *leggi speciali*; altre ancora risultano definite, più che da norme ad hoc, dagli orientamenti della *giurisprudenza*. Alcune si fondano sul criterio della *colpa*, altre sono ipotesi di *responsabilità oggettiva*. Alcune riguardano particolari *ambiti di relazioni o settori di attività*; altre si caratterizzano per il particolare *tipo di danno*.

2. La responsabilità dei genitori e degli insegnanti

I **genitori** sono responsabili del danno causato dal *fatto illecito del figlio minore non emancipato,* a condizione che *abiti con loro* (art. 2048, c. 1). Quindi i genitori non rispondono se il fatto dannoso del figlio non è un illecito (ad es. è stato compiuto in presenza di una causa di giustificazione), e se il figlio non abita con loro (ad es., sta abitualmente in collegio).

La norma va coordinata con quella sulla capacità d'intendere e di volere (art. 2047: **43**.7). Se il minore è naturalmente incapace (come accade quando è molto piccolo), si applica l'art. 2047: egli non risponde; risponde invece chi è tenuto alla sua sorveglianza (potranno essere anche i genitori, se il fatto si è verificato quando il bambino era sotto la loro sorveglianza). L'art. 2048 si applica quando il danno è stato compiuto da un *minore capace d'intendere e di volere* (diversamente, il suo fatto non potrebbe qualificarsi come «illecito»): in tal caso, del danno risponde personalmente il minore e anche, in solido con lui, i genitori.

La stessa disciplina si applica ai **tutori**, per gli illeciti commessi dagli *interdetti* affidati alla loro tutela (art. 2048, c. 1).

Il medesimo criterio di responsabilità vale anche per gli **insegnanti** (i «precettori» e «coloro che insegnano un mestiere o un'arte» è l'arcaica espressione del codice) per gli *illeciti compiuti da «allievi» e «apprendisti» nel periodo in cui sono sotto la loro vigilanza* (art. 2048, c. 2). È il caso del ragazzo che ferisce il compagno di classe (ne risponde il maestro o il professore) o il compagno di sport durante un allenamento (ne risponde l'istruttore). Se ricorrono i presupposti dell'art. 2048, c. 1, con la loro responsabilità concorre quella dei genitori, oltre a quella del ragazzo stesso.

Genitori, tutori e insegnanti hanno la possibilità di una **prova liberatoria**: dimostrare di *non aver potuto impedire il fatto* (art. 2048, c. 3). La giurisprudenza precisa il contenuto della prova, stabilendo che occorre dimostrare di avere svolto *un'attenta vigilanza* sull'autore del danno (assenza di «culpa in vigilando») e, per i genitori, anche di avere impartito al figlio *un'adeguata educazione* (assenza di «culpa in educando»).

3. La responsabilità per il fatto dei collaboratori

Per l'art. 2049, il **datore di lavoro** è responsabile dei danni causati a terzi dal *fatto illecito dei suoi collaboratori* (anche questa norma usa un linguaggio arcaico, parlando di «padroni» e «committenti», e di «domestici» e «commessi»), purché il fatto sia stato compiuto *nell'esercizio delle loro incombenze*. Se ad es. il dipendente di un'impresa edile, incaricata di riparare un tetto, fa cadere un attrezzo che ferisce un passante, il titolare dell'impresa ne risponde e deve risarcire (e in solido con lui, ovviamente, risponde anche l'autore materiale).

Presupposti della responsabilità sono dunque: ☞ il *rapporto di «preposizione»* fra responsabile e autore del danno, che deve risultare *inserito nell'organizzazione* del primo: può essere un dipendente, ma anche un collaboratore formalmente autonomo (ad es. un agente); ma il committente di regola non risponde *ex* art. 2049 per il fatto dell'appaltatore, che come imprenditore concentra su di sé il rischio d'impresa (**40**.1); ☞ l'*illiceità del fatto* del preposto (il che significa ad es., che deve essere doloso o colposo); ☞ il *nesso tra fatto dannoso e incombenze* di chi l'ha compiuto: la giurisprudenza intende questo requisito in modo non rigido, ritenendo sufficiente che le incombenze del dipendente abbiano agevolato il fatto (c.d. *rapporto di occasionalità necessaria*).

L'art. 2049 offre un tipico esempio di *responsabilità oggettiva* (basata sul rischio d'impresa, dato che il datore di lavoro è per lo più un imprenditore). Infatti è evidente che il datore di lavoro risponde anche senza propria colpa. Non sarebbe realistico sostenere che una colpa gli è comunque imputabile, per non avere scelto dipendenti abbastanza abili o prudenti (c.d. «*culpa in eligendo*»): è facile obiettare che se anche il datore di lavoro dimostrasse di avere scelto con la massima cura dipendenti capacissimi e attentissimi, questo non lo libererebbe dalla responsabilità per il danno occasionalmente fatto da uno di loro. Altrettanto irrealistico sarebbe pensare che il datore di lavoro sia comunque in colpa, per non avere sorvegliato il dipendente in modo da impedirgli di fare danni (c.d. «*culpa in vigilando*»): nel gran numero dei casi la mancata sorveglianza non può considerarsi violazione di un dovere di diligenza del datore di lavoro, perché – soprattutto nelle imprese più grandi e complesse, fondate sulla divisione del lavoro e sull'autonomia delle varie funzioni – sarebbe assurdo pretendere che il titolare sorvegli in modo capillare, minuto per minuto, l'attività di ogni singolo dipendente.

Il datore di lavoro obbligato a risarcire può *rivalersi, in via di regresso, sul dipendente* colpevole del danno.

4. La responsabilità per l'esercizio di attività pericolose

Chi esercita un'attività pericolosa risponde del danno causato nello svolgimento di essa (art. 2050). L'attività può qualificarsi pericolosa sia *per la sua natura intrinseca* (ad es.: produzione e distribuzione di gas in bombole o di energia elettrica ad alta tensione; raffineria di petrolio; produzione di esplosivi) sia *per la natura dei mezzi utilizzati* (ad es.: sbancamento con uso di mine; attività edilizia con impiego di gru).

È ammessa una **prova liberatoria**: dimostrare di *avere adottato tutte le misure idonee a evitare il danno.* È una prova molto difficile: non basta provare di avere osservato tutte le cautele normalmente impiegate nell'esercizio di quell'attività; e neppure di avere rispettato le normative di sicurezza disposte da leggi o regolamenti che la disciplinano. Se risulta che esiste qualche accorgimento tecnico – anche non impiegato normalmente, per la sua eccezionale complessità e il suo costo elevato – capace di evitare quel danno, e il titolare dell'attività non l'ha adottato, la prova liberatoria è destinata a fallire.

È chiaro, quindi, che il titolare dell'attività risponde anche se non gli si può rimproverare una colpa: la sua responsabilità è *responsabilità oggettiva.*

5. Le responsabilità per il danno da cose

Il codice prevede varie ipotesi di responsabilità, accomunate dal fatto che il *danno prodotto da una cosa* viene messo a carico di un soggetto, *in quanto ha la proprietà o il controllo* di essa:

☞ una prima ipotesi riguarda il **danno causato da cose in custodia**. Chi ha la «custodia» di una cosa (cioè la tiene nella sua sfera di controllo, per qualche suo interesse) risponde dei danni causati dalla medesima (art. 2051): se per le cattive condizioni del tetto infiltrazioni di pioggia allagano l'appartamento dell'ultimo piano, ne risponde il condominio; così pure se dal tetto cade un blocco di neve o una formazione di ghiaccio, danneggiando qualcuno; se c'è una macchia d'olio sul pavimento di un negozio, e un cliente scivola e si fa male, ne risponde il titolare del negozio (sia che abbia la proprietà dei locali, sia che li utilizzi come conduttore). La **prova liberatoria** è quella tipica delle ipotesi di *responsabilità oggettiva*: per sfuggire al risarcimento, il custode deve provare il *caso fortuito*;

☞ il codice prevede poi la responsabilità per il **danno da animali**. Il *proprietario* o l'*utilizzatore* di un animale risponde dei danni causati da questo, sia che fosse sotto la sua custodia, sia che fosse *smarrito o fuggito*: può liberarsi solo provando il *caso fortuito* (art. 2052);

☞ la responsabilità per **rovina di edificio** grava sul *proprietario* dell'edificio, per i danni causati dalla sua «rovina» (art. 2053). La giurisprudenza interpreta in modo ampio sia il concetto di *edificio* (considerando tale anche una passerella, la tribuna di uno stadio, il cartellone pubblicitario fissato a un balcone, una paratia fatta di mattonelle di vetro, ecc.); sia quello di *rovina* (in cui ricomprende anche la caduta di un frammento di pietra, o di calcinacci). La **prova liberatoria** ha un contenuto negativo: il proprietario deve provare che *la rovina non dipende né da difetto di manutenzione né da vizio di costruzione*. Da essa si ricava la natura della responsabilità: se la rovina dipende da difetto di manutenzione, può identificarsi in questo una colpa del proprietario; se invece dipende da vizio di costruzione, non è detto che tale colpa ci sia (il vizio poteva minare le strutture interne dell'edificio, senza essere in alcun modo riscontrabile all'esterno, neanche con la più grande attenzione), e in tal caso la responsabilità è oggettiva.

6. La responsabilità per la circolazione di veicoli

In materia di danni prodotti dalla circolazione di automezzi («veicoli senza guida di rotaie» dice la norma), l'art. 2054 distingue fra responsabilità del conducente e responsabilità del proprietario.

Il **conducente** del veicolo coinvolto nell'incidente è, in linea di principio, responsabile dei danni conseguenti. Può evitare la responsabilità solo dimostrando di *avere fatto tutto il possibile per evitare il danno* (art. 2054, c. 1): una prova liberatoria che la giurisprudenza intende in modo molto rigoroso.

Una regola particolare è dettata per il caso di *scontro fra veicoli*: si presume, fino a prova contraria, che *tutti i conducenti abbiano concorso in misura uguale* a causare lo scontro e il danno conseguente. Se A e B si scontrano e A subisce un danno di 50 mentre B ne subisce uno di 80, in base a questa regola A si tiene metà del proprio danno (25) e risarcisce metà del danno di B (40), mentre B sopporta l'altra metà del proprio danno e risarcisce A nella misura di 25, pari a metà del danno di costui. Per ottenere un risultato più favorevole a sé, l'interessato deve *rovesciare* la *presunzione*, dimostrando che il contributo dell'altro conducente al verificarsi dell'incidente supera il 50%.

Può accadere che l'auto coinvolta nell'incidente sia guidata da persona diversa dal proprietario. In tal caso, alla responsabilità del conducente si aggiunge la *responsabilità solidale* del **proprietario**, che può evitarla solo dimostrando che *la circolazione del mezzo è avvenuta contro la sua volontà* (art. 2054, c. 3). Anche questa prova liberatoria è intesa dalla giurisprudenza in termini molto rigorosi: al proprietario non basta neppure dimostrare che l'auto gli è stata rubata; deve dimostrare che aveva preso misure idonee a evitare il furto (cosa che non gli riuscirebbe, se risultasse ad es. che aveva posteggiato l'auto senza chiuderla a chiave). È chiaro che si tratta di *responsabilità oggettiva*: se uno presta l'auto a un amico, che ne ha bisogno per ragioni gravi e urgenti, e che è noto come guidatore abile e prudente, per l'incidente malauguratamente provocato dall'amico non si può davvero addossare alcuna colpa al proprietario: eppure egli ne risponde (salvo, come ovvio, il regresso verso il conducente).

Se il proprietario non coincide con il normale utilizzatore del veicolo, al posto del proprietario risponde l'utilizzatore: *usufruttuario* o *acquirente con riserva della proprietà* (art. 2054, c. 3); ma anche *utilizzatore in leasing*.

In ogni caso, il danno è messo a carico del conducente e del proprietario (o soggetti assimilati) se risulta che l'incidente dipende da due cause: *vizio di costruzione* o *difetto di manutenzione* del veicolo (art. 2054, c. 4). Quest'ultima può identificare un difetto di diligenza del responsabile; invece la prima ben difficilmente implica una sua colpa: è un altro caso di responsabilità oggettiva.

La responsabilità per i danni causati nella circolazione di navi e aeromobili è regolata da norme diverse, contenute nel codice della navigazione.

7. La responsabilità indiretta (per fatto altrui)

Nelle pagine precedenti abbiamo incontrato diverse situazioni in cui *un soggetto risponde del danno causato dal fatto di un altro soggetto*: il sorvegliante risponde per il fatto dell'incapace (art. 2047); i genitori e il tutore per il fatto del figlio minore e dell'interdetto (art. 2048); il datore di lavoro per il fatto del collaboratore (art. 2049); il proprietario del veicolo per il fatto del conducente (art. 2054). Si parla in questi casi di responsabilità indiretta, o responsabilità per fatto altrui.

Però, al di là di questo dato esteriore che le accomuna, le ipotesi di responsabilità indiretta si differenziano fra loro per il modo in cui sono disciplinate: per alcune la prova liberatoria è molto severa, per altre è più facile; alcune sono ipotesi di responsabilità oggettiva, altre di responsabilità per colpa.

8. La responsabilità del produttore

Nei sistemi industriali, caratterizzati da produzione e consumi di massa, sono sempre più frequenti i danni sofferti da consumatori che vengono a contatto con *prodotti di serie difettosi* (un elettrodomestico che va in corto circuito, e incendia la casa, un cosmetico che provoca dermatiti, ecc.). Per lungo tempo il problema è stato affrontato – prima negli Stati Uniti, solo più tardi nei paesi europei – esclusivamente dalla giurisprudenza e dalla dottrina, senza specifici interventi legislativi. Gli interpreti si sforzavano di affermare la *responsabilità oggettiva del produttore* per quel genere di danni, così da consentire al consumatore di ottenere il risarcimento anche in assenza della prova di una colpa del produttore stesso: ciò in base ai motivi di equità e razionalità che giustificano la responsabilità oggettiva per rischio d'impresa (**43**.11).

Questa tesi ha ottenuto un riconoscimento normativo. È stata emanata una direttiva europea (1985/374), e l'Italia l'ha recepita con norme che adesso si trovano negli art. 114 e segg. c. cons. La disciplina si fonda sui seguenti principi:

☞ il produttore, che abbia messo in circolazione un prodotto rivelatosi difettoso, è responsabile dei **danni causati dal difetto del prodotto**, con la precisazione che: ✦ *prodotto* è ogni bene mobile; ✦ *produttore* è il fabbricante del prodotto finito o di una sua componente o della materia prima; ✦ *prodotto difettoso* è quello che non offre la sicurezza che ci si può legittimamente attendere; ✦ il *danno risarcibile* consiste nella morte o nella lesione dell'integrità fisica di una persona, o nella distruzione o nel deterioramento di qualche altro oggetto;

☞ il produttore risponde anche **senza colpa**: per liberarsi da responsabilità non gli basta provare di avere operato con la diligenza dovuta. La **prova liberatoria** a sua disposizione gli impone di dimostrare: ✦ che il danno non dipende dal difetto del prodotto; o ✦ che il prodotto non è stato da lui messo in circolazione; o ✦ che il difetto non esisteva quando il prodotto è stato messo in circolazione, o ✦ che la presenza del difetto dipende da un provvedimento dell'autorità pubblica, o ✦ che il prodotto non poteva considerarsi difettoso, in base allo stato delle conoscenze scientifiche e tecniche disponibili al tempo della produzione (il produttore viene esonerato dal c.d. *rischio di sviluppo*, consistente nell'esistenza di situazioni che ex post si rivelano pericolose, ma che non potevano essere riconosciute come tali ex ante, perché la scienza e la tecnica non erano ancora avanzate al punto da consentire di accertarne la pericolosità).

Quando il produttore non è individuato, la responsabilità può colpire il *distributore* del prodotto.

9. La responsabilità per danno ambientale

Si pensi a un'impresa che, usando nella sua attività produttiva sostanze tossiche, inquina gravemente il terreno e le sottostanti falde acquifere, facendo ammalare gli alberi del bosco attiguo. In un caso del genere, si verificano contemporaneamente due tipi di danno: ☞ il *danno subito dal proprietario del bene* (il bosco) pregiudicato dall'inquinamento (e di questo il danneggiato può chiedere il risarcimento all'inquinatore, secondo le regole ordinarie); ☞ il **danno subito dalla collettività**, che non può più godere della presenza di quelle risorse naturali (terreno non contaminato, falde acquifere pure, un bel bosco sano). Quest'ultimo è «danno ambientale», che la legge definisce «*qualsiasi deterioramento significativo e misurabile, diretto o indiretto, di una risorsa naturale*», in particolare di *specie e habitat naturali*, di *acque interne e marine*, del *terreno* (art. 300 c.amb.). L'autonoma risarcibilità del danno ambientale è stata introdotta nel diritto italiano con una legge del 1986, oggi abrogata perché le varie norme a protezione dell'ambiente sono state raccolte a unità nel codice dell'ambiente (d.lgs. 152/2006).

Quando si verifica un danno ambientale, scatta la corrispondente *responsabilità* (art. 311 c.amb.). Essa colpisce chi lo abbia causato «realizzando un *fatto illecito*, o omettendo attività o comportamenti doverosi, con violazione di legge, di regolamento o di provvedimento amministrativo, con negligenza, imperizia, imprudenza o violazione di norme tecniche». A carico del responsabile possono scattare, alternativamente, due conseguenze: ☞ il *ripristino della situazione precedente*, a sue spese; o, in mancanza, ☞ il *risarcimento per equivalente* (da quantificarsi secondo appositi criteri).

Il risarcimento spetta *allo Stato*, che impersona la collettività danneggiata.

10. La responsabilità della pubblica amministrazione

In un passato oramai lontano, si riteneva che lo Stato, gli enti pubblici e i loro funzionari – in quanto titolari di una posizione di autorità e supremazia nei confronti dei privati – non potessero essere chiamati a rispondere dei danni causati nell'esercizio delle loro funzioni. Questa teoria, riflesso di vecchie concezioni illiberali, è da tempo abbandonata: oggi lo Stato e gli altri enti pubblici rispondono dei danni più o meno secondo le stesse le regole del diritto privato che stiamo esaminando, e che sono «diritto comune» (**2**.2). Il principio appare così importante, da essere inserito nella stessa costituzione (art. 28 C.).

Lo studio della responsabilità della pubblica amministrazione viene compiuto, tradizionalmente, nell'ambito del diritto amministrativo. Qui ci limitiamo a indicare i punti fondamentali: ☞ chi riceve un danno da un'attività della pubblica amministrazione può *chiedere il risarcimento all'ente pubblico* (Stato, Comune, Università, ente previdenziale, ecc.) titolare dell'attività; ☞ il danneggiato può agire *anche contro il singolo dipendente pubblico* che è l'autore materiale del fatto dannoso (ma, per un vecchio privilegio dei dipendenti pubblici, questi rispondono solo per *dolo* o *colpa grave*: art. 23 d.P.R. 3/1957); ☞ se l'ente pubblico è stato costretto a risarcire, ha *regresso contro il dipendente*, autore materiale del danno, che sia in dolo o colpa grave.

Si è discusso a lungo se la pubblica amministrazione risponda solo per la violazione di diritti soggettivi, o anche per la *lesione di interessi legittimi* dei cittadini. Per una lunga fase è prevalsa in giurisprudenza (contro le idee di gran parte della dottrina) la tesi restrittiva. Ma la restrizione è stata prima erosa da leggi che in casi particolari (specie nel settore degli appalti pubblici) prevedevano la risarcibilità anche di interessi legittimi lesi dall'amministrazione; e infine decisamente smantellata con un'importante sentenza della Corte di cassazione (1999), che rovesciando l'orientamento precedente ha affermato in generale che la pubblica amministrazione risponde *ex* art. 2043 quando suoi comportamenti ledono non solo diritti soggettivi, ma anche interessi legittimi.

La casistica è molto ampia. Se il motociclista cade per l'asfalto sconnesso, l'ente pubblico responsabile della cattiva manutenzione stradale deve risarcirlo; se il Comune illegittimamente nega la concessione edilizia impedendo al privato di costruire, deve risarcirlo; se il risparmiatore perde il suo investimento in titoli perché la società emittente cade in dissesto, può chiedere il risarcimento alle autorità (Consob, Banca d'Italia) che non hanno vigilato con la dovuta attenzione sull'affidabilità dell'operazione; e così via.

Un altro ampliamento della responsabilità dell'organizzazione pubblica viene dall'Unione europea. Vale infatti il principio (vincolante per il giudice italiano) che se il legislatore nazionale viola il diritto comunitario e tale violazione causa danno a un cittadino (ad es. perché non è stata recepita o è stata recepita scorrettamente una direttiva europea che prevedeva benefici per quel cittadino), allora il cittadino danneggiato può ottenere il risarcimento dallo Stato: c.d. *responsabilità dello Stato per illecito comunitario*.

11. La responsabilità per l'esercizio di attività giudiziaria

Una decisione giudiziaria sfavorevole può causare gravi danni a chi la subisce: si pensi alla sentenza che condanna X a 15 anni di carcere o a pagare 3,5 milioni di euro, o al provvedimento che ordina il sequestro di qualche suo bene di ingente valore. Un grave pregiudizio può venire pure dal fatto che il giudice trascura di compiere qualche atto che dovrebbe compiere: Y ha un credito di 750.000 euro, ma per l'inerzia del giudice a cui si è rivolto non riesce a recuperarlo. Quando tali atti o comportamenti del giudice sono sbagliati o irregolari, chi ne sopporta gli effetti negativi può pensare che sta subendo un danno ingiusto, e pretenderne il risarcimento.

Il problema ha suscitato vivaci *polemiche politico-culturali*, che si sono concentrate sull'opportunità o inopportunità di affermare la responsabilità dei giudici per tali danni, e il loro obbligo di risarcirli. Da una parte si è osservato che non c'è ragione di sollevare i giudici da una responsabilità per comportamenti sbagliati o irregolari, che vale per tutti gli altri operatori (pubblici e privati). Dall'altra parte si è osservato che il timore di incorrere in responsabilità per le conseguenze economiche delle proprie decisioni potrebbe indurre il magistrato ad eccessi di cautela, e così menomare la sua indipendenza di giudizio, costituzionalmente garantita. Dopo un referendum popolare (1987) che manifestò un orientamento favorevole ad affermare la responsabilità, si cercò di costruire una disciplina legislativa che trovasse il giusto equilibrio fra l'esigenza di *tutelare i cittadini ingiustamente danneggiati* e quella di *salvaguardare l'indipendenza della magistratura*: l. 117/1988 (modificata con la l. 18/2015, per allargare la possibilità di far valere la responsabilità).

In base alla legge, chi subisce un danno del tipo indicato ha diritto al risarcimento solo se il danno deriva: ☞ da **diniego di giustizia** (quando il giudice, nonostante specifica e formale richiesta dell'interessato, persiste nel non compiere un atto da lui dovuto); ☞ da *atti giudiziari* compiuti dal giudice con **dolo** o **colpa grave**: quest'ultima si ha in particolare quando il giudice compie una *violazione manifesta della legge*; oppure *afferma l'esistenza di un fatto chiaramente inesistente* o al contrario *nega l'esistenza di un fatto palesemente esistente*; oppure commette *travisamento dei fatti o delle prove*.

In questi casi sorge responsabilità: ma del danno **risponde lo Stato**: il danneggiato può chiedere il risarcimento solo allo Stato, non al giudice che l'ha direttamente causato. Il giudice, autore del danno, entra in gioco in altro modo: lo Stato, che abbia risarcito il danneggiato, esercita contro il giudice un'**azione di rivalsa**, per recuperare da lui quanto ha pagato al cittadino; ma questa rivalsa ha un preciso *limite quantitativo:* al giudice lo Stato può richiedere al massimo *metà del suo stipendio annuo* (ma in caso di dolo questo limite non vale).

L'amministrazione della giustizia pregiudica il cittadino non solo quando produce decisioni sbagliate, ma anche quando produce decisioni in tempi troppo lunghi. La *«ragionevole durata» del processo* è adesso costituzionalmente prevista (art. 111, c. 2, C., introdotto dalla l.c. 2/1999). La l. 89/2001 prevede che chi ha subito un danno perché il processo che lo riguarda non si è concluso in un tempo ragionevole, può chiedere allo Stato una *equa riparazione*.

12. La responsabilità per l'esercizio di attività medica

Quando un paziente subisce *danni (all'integrità fisica o alla salute) in dipendenza di un trattamento sanitario* cui si è sottoposto, e che non ha avuto l'esito sperato, può sorgere responsabilità del *medico* e della *struttura sanitaria* cui il paziente si sia affidato (ospedale pubblico, clinica privata).

La giurisprudenza ha elaborato, in proposito, alcune regole:

☞ in linea di principio, la responsabilità medica si qualifica come responsabilità non oggettiva, ma *per colpa*: anzi come una responsabilità attenuata, perché si ritiene applicabile, in generale, il criterio per cui quando la prestazione professionale implica la soluzione di *problemi tecnici di speciale difficoltà*, il professionista risponde solo per *dolo* o *colpa grave* (art. 2236);

☞ peraltro questo criterio di favore per il medico è bilanciato da altre regole giurisprudenziali, che hanno il risultato di *aggravare la sua responsabilità*: ✦ se risulta che il trattamento sanitario applicato al paziente non implica problemi particolarmente difficili (ed è la norma, posto che i giudici sono restii a riconoscere la «speciale difficoltà»), scatta la *presunzione che il trattamento sia stato eseguito in modo negligente o comunque inadeguato*, con la conseguenza che *l'onere della prova liberatoria si scarica sul medico o sulla struttura sanitaria*: per evitare la responsabilità, spetta a loro dimostrare che l'esito insoddisfacente del trattamento è dipeso da *caso fortuito* (come il sopravvenire di complicazioni imprevedibili, o l'emergere di un'atipica condizione patologica del paziente, non preventivabile né accertabile); ✦ in ogni caso c'è responsabilità, se il medico non si è preoccupato – prima di eseguire il trattamento – di ottenere il **consenso informato** del paziente: cioè di informarlo in modo chiaro e completo sulle prospettive e sui rischi del trattamento, e quindi di accertarsi che il paziente, valutati questi elementi, fosse d'accordo di sottoporsi al trattamento stesso.

La responsabilità del medico che opera all'interno di una struttura sanitaria è tipica *responsabilità «da contatto»* (**45**.7).

La materia suscita discussioni anche sul piano politico-sociale: c'è chi teme che a una *responsabilità troppo estesa* i sanitari reagiscano con pratiche di *«medicina difensiva»*, suscettibili di ritorcersi contro gli stessi pazienti. Il legislatore è intervenuto con la l. 189/2012 per alleggerire la responsabilità penale; e – nel campo della responsabilità civile – con la l. 24/2017: questa qualifica contrattuale la responsabilità delle strutture sanitarie, mentre riporta nel campo extracontrattuale la responsabilità dei singoli operatori; inoltre stabilisce per le une e per gli altri un obbligo di assicurazione.

13. La responsabilità per l'esercizio di attività giornalistica

Se un giornale pubblica articoli che contengono *notizie o commenti offensivi* per qualcuno, il diffamato può sostenere che la conseguente *lesione del suo onore o reputazione* gli causa un danno, che va risarcito. A questa pretesa può contrapporsi una difesa, consistente nel dire che l'articolo diffamatorio costituisce a sua volta l'esercizio di un diritto individuale (diritto di cronaca, libertà di manifestazione del pensiero) oltre che di un'importante funzione sociale (l'informazione del pubblico). È il tipico caso in cui la decisione sulla responsabilità richiede un *giudizio comparativo* fra valori e interessi in conflitto.

Secondo la giurisprudenza, il giudizio si basa sui criteri seguenti: ☞ c'è responsabilità se la comunicazione offensiva si basa su *fatti non veri* (o anche falsi, ma creduti in buona fede veri – c.d. *verità putativa* –, purché il giornalista sia caduto in errore nonostante abbia svolto accertamenti e controlli); ☞ quando il fatto riferito è vero (o creduto vero), può sorgere ugualmente responsabilità se esso *non presenta un apprezzabile interesse sociale* (interesse che esiste se si parla ad es. delle scorrettezze amministrative di un sindaco o di un ministro, o della nocività di un prodotto di largo consumo; che difficilmente esiste là dove si raccontano le stravaganti inclinazioni sessuali di una persona qualunque); ☞ quando il fatto è vero, e presenta un apprezzabile interesse sociale, non è ancora detto che la responsabilità sia esclusa; essa può sorgere in relazione alle *modalità espressive* della notizia o del commento: ad es. per la sottolineatura eccessiva di particolari umilianti, per la deliberata omissione di fatti capaci di mettere in diversa luce quelli riferiti, per un linguaggio insistentemente derisorio, ecc. (*difetto di «continenza»*).

Se in base a questi criteri il danno alla reputazione risulta risarcibile, la responsabilità colpisce tre soggetti, obbligati in solido al risarcimento: il *giornalista* autore del pezzo, il *direttore del giornale* e l'*editore.*

Le stesse regole appena viste per la stampa valgono, in linea di principio, anche per la *televisione:* ma per l'informazione televisiva la giurisprudenza tende ad applicare i criteri di responsabilità in modo più severo.

14. La responsabilità per danno alla persona: danno biologico e altre voci di danno

Grande rilevanza ha l'ipotesi di responsabilità che si lega alla *lesione dell'integrità fisica o della salute (fisica o psichica)* della persona, soprattutto quando questa risulti menomata in via definitiva (c.d. *invalidità permanente*). In seguito a una complessa evoluzione della giurisprudenza, oggi il risarcimento del danno alla persona comprende tre voci, corrispondenti a tre tipi di danno:

☞ il primo è il **danno patrimoniale**: danno emergente e lucro cessante. Il calcolo si basa su due parametri fondamentali: il grado in cui la capacità di lavoro del soggetto risulta menomata in conseguenza della lesione (grado che si esprime attraverso una certa *percentuale di invalidità*, più o meno alta a seconda della gravità della lesione, dell'organo o della funzione interessati, ecc.); e il *reddito* che il soggetto ricavava dalla sua attività lavorativa. Combinando questi due parametri, e tenendo conto dell'età del soggetto, si ricava il «mancato guadagno» di cui egli soffre e soffrirà a causa della lesione. E il risarcimento corrispondente può liquidarsi sia con una *somma complessiva* da pagare una volta tanto, sia «sotto forma di una *rendita vitalizia*» (art. 2057);

☞ può aggiungersi un secondo tipo di danno, e cioè il danno non patrimoniale in senso stretto, o **danno morale soggettivo** (la *sofferenza fisica e psichica* patita dalla vittima): ma per l'art. 2059 questo è risarcibile solo se deriva da un fatto costituente reato, e nei pochi altri casi previsti dalla legge (**43**.3);

☞ la terza e ulteriore componente del risarcimento corrisponde al c.d. **danno biologico**, che i giudici hanno cominciato a considerare risarcibile a partire dagli anni '70. È *la lesione dell'integrità fisio-psichica dell'uomo, in sé e per sé considerata* e identificata con il semplice fatto dalla menomazione della salute. Esso è *distinto e indipendente* dai riflessi successivi che la lesione può avere a carico del soggetto: sia da quelli economici (danno patrimoniale) sia da quelli avvertiti sotto forma di sofferenza (danno morale soggettivo). Come quest'ultimo, anche il danno biologico è non patrimoniale: ma consistendo nella lesione di un interesse costituzionalmente protetto non subisce il limite dell'art. 2059, e quindi è risarcibile anche se non deriva da reato (**43**.3).

La risarcibilità del danno biologico è materia di vivaci discussioni scientifiche e anche di uno scontro di interessi economici (l'avversano duramente le compagnie di assicurazione). Esso risponde a una logica di *valorizzazione della persona umana* come tale, a prescindere dalla sua capacità di produrre reddito; e anche a una logica di *superamento delle disuguaglianze economico-sociali*, perché – a parità di lesione e di età del soggetto – attribuisce a tutti lo stesso risarcimento (invece il criterio di calcolo del danno patrimoniale attribuisce risarcimenti superiori a chi ha redditi più alti). Per quantificarlo i giudici fanno uso dei loro poteri di valutazione equitativa (**45**.2), ricorrendo a svariati parametri organizzati in apposite «**tabelle**»: non si è ancora formato, in materia, un orientamento unitario. Un intervento legislativo ha parzialmente risolto il problema, fissando parametri standard per il danno biologico relativo alle lesioni di minore entità (c.d. «micropermanenti») prodotte da incidenti stradali (art. 5 l. 57/2001). Più di recente (l. 124/2017) il sistema delle tabelle è stato esteso alle lesioni di maggiore entità («macropermanenti»), ma solo per quelle derivanti da incidenti stradali.

C'è poi il problema del **risarcimento in favore dei familiari** della persona uccisa. A loro spetta il risarcimento danno sia patrimoniale (perdita di una fonte di mantenimento) sia non patrimoniale (sofferenze, sconvolgimento delle prospettive di vita ecc.): e questo è un diritto che nasce direttamente in capo a loro («*iure proprio*»). Inoltre acquistano per eredità («*iure successionis*») il diritto risarcitorio nato in capo al familiare morto: ma – dice la giurisprudenza – solo se la morte interviene dopo un significativo lasso di tempo dal fatto lesivo; non se la morte è immediata o quasi (*irrisarcibilità del c.d. «danno tanatologico»*).

In ogni caso, è molto netta la *tendenza ad allargare i confini del risarcimento per danni alla persona*. La tendenza si manifesta in vari modi: ☞ da un lato, si ammette la *risarcibilità per nuovi tipi di danni*, che in passato non ci si sarebbe sognati di risarcire. È il caso per es. del c.d. *danno esistenziale*, consistente nella perdita di opportunità piacevoli che la vita può offrire (chi per il trauma subito diventa cieco o sordo non può più godersi un bel film o una bella musica); e questa minore piacevolezza della vita sarebbe per alcuni un danno da risarcire specificamente; altri si oppongono a questo allargamento, che giudicano eccessivo e ingiustificato; e i giudici oscillano fra aperture e restrizioni; ☞ dall'altro lato, si ammette il *risarcimento a favore di soggetti che al tempo del fatto dannoso non erano ancora nati ma solo concepiti*. Se un errore commesso dal ginecologo causa la nascita di un bimbo disabile, hanno diritto al risarcimento non solo i genitori ma anche, direttamente, lo stesso interessato (secondo una tesi ancora più audace, il soggetto nato con problemi di salute trasmessigli dai genitori – ad es. contagio di hiv – avrebbe diritto al risarcimento contro gli stessi genitori). E se il medico colpevolmente non rileva con l'indagine prenatale i problemi del feto che, ove conosciuti, avrebbero giustificato l'aborto, risponde per la nascita del bambino con handicap? Si tende a dire: per questa «*nascita indesiderata*» può sorgere diritto al risarcimento in favore della madre, ma non in favore del bambino.

15. La responsabilità per lesione del credito

Un problema importante della responsabilità civile è se sia risarcibile la lesione del diritto di credito. A ha un credito verso B, che deve eseguire una prestazione a suo vantaggio; il terzo X fa in modo che B non adempia; A ne rimane danneggiato, perché non riceve la prestazione attesa. A prescindere dalla possibilità che A ottenga il risarcimento da B a titolo di responsabilità contrattuale, può chiederlo a X a titolo di responsabilità extracontrattuale?

In passato la giurisprudenza dava risposta negativa, in base al principio che la responsabilità nasce solo dalla *lesione di diritti soggettivi assoluti* (integrità fisica e altri diritti della persona; proprietà e altri diritti reali; diritti sulle opere dell'ingegno e sulle invenzioni industriali). I diritti di credito, come *diritti relativi*, darebbero invece pretese esercitabili esclusivamente contro il debitore e non anche contro i terzi, ai quali sono inopponibili (**19**.3-4). Per questo, in un famoso caso degli anni '50, i giudici negano che la società calcistica del Torino – gravemente danneggiata dalla morte dei suoi giocatori nel disastro aereo di Superga – possa ottenere dalla compagnia aerea, responsabile dell'incidente, il risarcimento del danno consistente nel non poter più ricevere le prestazioni calcistiche dovute dai giocatori in base al rapporto obbligatorio fra loro e la società.

Ma progressivamente la giurisprudenza abbandona la sua vecchia posizione. Comincia a riconoscere che i familiari della persona uccisa possono chiedere all'uccisore il risarcimento per il venire meno della fonte di sostentamento rappresentata dai redditi della vittima (con ciò facendo valere la lesione di un diritto che è un diritto di credito verso l'ucciso). Poi, negli anni '60, ribalta il principio affermato in precedenza, e lo fa in un caso molto vicino al «caso di Superga». Ancora il Torino – privato del suo giocatore Meroni, investito e ucciso da un automobilista – aveva chiesto il risarcimento all'investitore: e questa volta i giudici riconoscono la risarcibilità del danno, ammettendo la *responsabilità del terzo per la lesione del credito* (a condizione che il creditore sia stato privato di una prestazione insostituibile: nel caso concreto, che il giocatore ucciso fosse essenziale per la squadra).

Questa soluzione è giusta, e la vecchia opinione contraria si basava su un equivoco. La *«relatività» del diritto di credito* significa solo che il creditore non può pretendere da un terzo la prestazione dovuta dal debitore, o il risarcimento se il debitore è inadempiente. Non significa affatto che il terzo sia libero di pregiudicare impunemente l'interesse del creditore a ricevere la prestazione: se lo fa, gli causa un danno ingiusto; e non si vede perché non dovrebbe risponderne in base all'art. 2043. Tanto più quando il comportamento del terzo è deliberatamente rivolto, in modo consapevole e interessato, a privare il creditore della prestazione convincendo il debitore a rendersi inadempiente (c.d. *induzione all'inadempimento*: si pensi all'imprenditore che, per mettere in difficoltà il concorrente A, persuade il fornitore B a negare ad A le materie prime necessarie per la sua produzione, che B si era impegnato a fornirgli).

16. Altre ipotesi di responsabilità: rinvio

Oltre alle ipotesi di responsabilità extracontrattuale esaminate in questo capitolo, ce ne sono altre, previste e disciplinate dal codice in collegamento con determinate materie, delle quali ci occuperemo a suo tempo: ad es. la responsabilità per *concorrenza sleale* fra imprenditori (**58**.2).

45

I RIMEDI CONTRO IL DANNO, E I DIVERSI TIPI DI RESPONSABILITÀ

1. La riparazione del danno

Il risarcimento del danno è la conseguenza più frequente e più importante, ma non è l'unica possibile conseguenza della responsabilità; accanto al risarcimento, la responsabilità può far scattare altri rimedi a carico del responsabile e a favore del danneggiato. Per indicare le *conseguenze della responsabilità*, è allora meglio usare un concetto più ampio: il concetto di riparazione del danno.

La riparazione del danno può realizzarsi in varie forme, e principalmente attraverso *due diversi rimedi* (**26**.16): ☞ il rimedio del **risarcimento** (quello più diffuso, e praticamente più importante), che consiste nel pagamento di una *somma di denaro* in favore del danneggiato, e dà luogo alla c.d. *riparazione per equivalente*; ☞ il rimedio della **riparazione in forma specifica**.

2. La determinazione del risarcimento

Il risarcimento è una forma di riparazione per equivalente, nel senso che dà al danneggiato qualcosa che non s'identifica con il valore distrutto o l'interesse leso (valore o interesse che non vengono ripristinati nella precisa consistenza che avevano prima del fatto dannoso), bensì qualcosa che semplicemente «equivale» ad essi: una somma di denaro che «rappresenta» il valore o l'interesse violati. Sorge allora un problema: come si determina questa somma di denaro?

I giudizi in materia di responsabilità civile comprendono così due questioni: la questione dell'**an** (X deve risarcire Y, o no?); e, se la risposta sull'an è sì, la questione del **quantum** (con quanti soldi X deve risarcire Y?).

La determinazione del risarcimento del danno extracontrattuale obbedisce agli *stessi criteri previsti per la responsabilità contrattuale* (**26**.17): infatti l'art. 2056, c. 1 dispone che «Il risarcimento si deve determinare secondo le disposizioni degli articoli 1223-1226 e 1227» (dettati, appunto, nel capo sull'inadempimento delle obbligazioni). Ci limitiamo a richiamarli per cenni: ☞ il criterio (art. 1223) per cui il risarcimento deve comprendere sia il **danno emergente** (perdita subita) sia il **lucro cessante** (mancato guadagno); con la precisazione che in campo extracontrattuale «Il lucro cessante è valutato dal giudice con *equo apprezzamento delle circostanze* del caso» (art. 2056, c. 2); ☞ il criterio della **causalità giuridica** (che influisce non solo sul «se», ma anche sul «quanto» del risarcimento), per cui vanno risarciti solo i *danni che rappresentano «conseguenza immediata e diretta» del fatto* (art. 1223); ☞ il criterio del **concorso di colpa del danneggiato** (art. 1227, c. 1): se l'automobilista, che andava a velocità eccessiva, investe un pedone anche perché questi è sceso dal marciapiedi improvvisamente e fuori dalla strisce pedonali, il risarcimento dovuto dall'investitore è diminuito «secondo la *gravità della colpa*» del pedone «e l'*entità delle conseguenze* che ne sono derivate»; ☞ il criterio dell'**evitabilità del danno** da parte del danneggiato (art. 1227, c. 2): se il morso di un cane causa una brutta cicatrice, ma anche la rabbia perché la vittima ostinatamente rifiuta la profilassi antirabbica, il danno risarcibile è solo quello della cicatrice, non anche quello della rabbia, che la vittima «avrebbe potuto evitare *usando l'ordinaria diligenza*»; ☞ l'ulteriore criterio limitativo (di fonte giurisprudenziale) della c.d. **compensatio lucri cum damno**: il responsabile non deve risarcire quella parte di danno che sia stata compensata da benefici di cui la vittima ha goduto in conseguenza del medesimo fatto che gli ha causato il danno.

Quando «il danno non può essere provato nel suo preciso ammontare», la sua determinazione è rimessa alla **valutazione equitativa del giudice** (art. 1226). Questo accade regolarmente per il *danno non patrimoniale*, impossibile da quantificare sulla base di parametri economici oggettivi. Ciò suggerisce che per questo tipo di danno la funzione della responsabilità e del risarcimento sia non tanto compensativa, quanto piuttosto sanzionatoria e preventiva. Lo stesso vale per i c.d. *danni punitivi*, di cui si discute (**26**.17).

Una tecnica usata dai giudici per calibrare l'entità del risarcimento è la c.d. **«perdita di chance»**. Si applica quando non è certo, ma solo possibile/probabile, che il danno sia stato «causato» dal fatto. Se il grado di possibilità/probabilità è molto basso, si dice che non c'è nesso di causalità. Se è abbastanza alto («più probabile che non») si dice che il nesso c'è (**43**.5), e si risarcisce l'intero danno. Se sta a metà strada, si dice che *il fatto ha tolto alla vittima non la cer-*

tezza ma solo la «chance» del risultato utile. Così, se in una causa che per la parte vale 100 l'avvocato dimentica di appellare la sentenza sfavorevole, il cliente non perde 100 ma solo la chance di avere 100, la cui consistenza dipende dal grado di probabilità di accoglimento dell'appello, se fosse stato proposto (ad es. il 40%): e il danno è risarcito nella misura corrispondente.

3. La riparazione in forma specifica. L'inibitoria

La riparazione in forma specifica rimette il danneggiato esattamente nella posizione in cui si trovava prima del fatto dannoso: in un certo senso cancella il fatto stesso, e così ripristina l'interesse violato nella sua precisa consistenza, anziché limitarsi (come il risarcimento) a compensarne la perdita o la diminuzione. Se ad es. il fatto dannoso consiste nell'illecita realizzazione di un'opera, il danno si ripara in forma specifica con la distruzione dell'opera.

La legge (art. 2058) dà al danneggiato la facoltà di chiedere, anziché il risarcimento per equivalente, la riparazione in forma specifica, ma a due condizioni: ☞ che il rimedio sia **possibile**, in tutto o almeno in parte (sarebbe impossibile, ad es., nel caso di distruzione di un quadro d'autore); ☞ che risulti **non eccessivamente oneroso** per il danneggiante.

Particolari ipotesi di riparazione in forma specifica sono previste da norme speciali: la violazione delle distanze legali fra costruzioni può essere riparata con la «riduzione in pristino» (art. 872, c. 2); alla violazione dei diritti di proprietà industriali si può rimediare con la distruzione dei prodotti creati con la violazione (art. 124 c.p.i.); in caso di danno ambientale, il giudice condanna il trasgressore a ripristinare, ove possibile, lo stato dei luoghi a proprie spese (**44**.9); e anche la rettifica (**13**.11) si avvicina a una riparazione in forma specifica.

L'**inibitoria** è un rimedio che serve a prevenire il danno, o almeno a impedire la prosecuzione del fatto dannoso: si realizza attraverso un *provvedimento del giudice che vieta di tenere o ordina di cessare il comportamento che determina il danno.*

La legge prevede diversi casi di ricorso all'inibitoria: per es. contro la violazione del diritto al nome e all'immagine (**13**.5-6); contro gli atti di concorrenza sleale (**58**.3); contro le violazioni della proprietà industriale (**57**.1); contro la lesione degli interessi collettivi dei consumatori (**60**.9). Qualcuno sostiene che queste norme possono applicarsi *per analogia*, consentendo il rimedio dell'inibitoria anche in casi non espressamente previsti.

Peraltro, sia la riparazione in forma specifica sia l'inibitoria non eliminano completamente il danno: lasciano sussistere quello già prodotto prima della loro attivazione. Per questo, ad esse può cumularsi un risarcimento per equivalente.

4. I diversi generi di responsabilità: contrattuale ed extracontrattuale

Le discipline della responsabilità extracontrattuale e della responsabilità contrattuale contengono molti principi e regole comuni; ma presentano anche alcune differenze.

Le **differenze** principali riguardano tre aspetti: ☞ l'*onere della prova*; ☞ la risarcibilità dei *danni imprevedibili*; ☞ la *prescrizione* del diritto al risarcimento.

In passato s'ipotizzavano altre differenze: ma oramai si è chiarito che non hanno fondamento. Ad es., in materia di *riparazione in forma specifica* il dubbio è nato perché il rimedio è previsto espressamente per la responsabilità extracontrattuale (art. 2058), mentre nessuna norma ne parla a proposito della responsabilità contrattuale: ma la giurisprudenza afferma che l'art. 2058 è generalmente applicabile anche per la riparazione del danno contrattuale (e d'altra parte, un rimedio del genere – la sentenza costitutiva – è previsto dall'art. 2932 per l'inadempimento dell'obbligo nascente dal contratto preliminare: **34**.8). Così pure per il *risarcimento del danno non patrimoniale*: in passato alcuni pensavano che fosse riservato alla sola vittima dell'illecito extracontrattuale, e precluso alla vittima dell'inadempimento contrattuale; oggi nessuno dubita che possa scattare per entrambi i tipi di responsabilità.

5. Le differenze di disciplina: onere della prova; risarcibilità del danno imprevedibile; prescrizione

La prima differenza riguarda l'**onere della prova**.

Come sappiamo (**9**.14), il principio generale in materia di onere della prova stabilisce che «*Chi vuol far valere un diritto in giudizio deve provare i fatti che ne costituiscono il fondamento*» (art. 2697, c. 1). E nel campo della **responsabilità extracontrattuale** si applica, in linea di massima, il principio generale: *l'onere della prova grava sul danneggiato che vuole il risarcimento*. Il danneggiato X, che agisce contro Y, deve dunque dimostrare: che ha subìto un danno ingiusto; che questo danno deriva da un determinato fatto in base a un nesso di causalità giuridica; che di questo fatto Y risponde o perché l'ha compiuto con dolo o per colpa, oppure in base a una regola di responsabilità oggettiva applicabile al caso. Dimostrato ciò, X ha adempiuto l'onere probatorio gravante su di lui. A questo punto l'onere si sposta su Y che – se vuole evitare il risarcimento – deve provare qualche fatto capace di impedire il sorgere della sua responsabilità: ad es. che ha compiuto il fatto mentre era, non per sua colpa, incapace di intendere e di volere; o per qualche causa di giustificazione.

Invece per la **responsabilità contrattuale** (da inadempimento di obbligazioni) si deroga al principio generale: la legge prevede l'*inversione dell'onere della prova*, che viene in parte *spostato dal creditore danneggiato, che agisce per il risarcimento, sul debitore che cerca di evitarlo*. Al creditore A basta provare: che aveva un credito verso B; che quel credito non è stato regolarmente adempiuto; che tale inadempimento di B gli ha causato un danno. Non gli è richiesto, invece, di provare che l'inadempimento è imputabile a B a titolo di colpa o di responsabilità oggettiva. È B che, se vuole sottrarsi alla responsabilità, ha l'onere di provare che l'inadempimento non è imputabile a lui (**26**.2-4).

Questo schema, valido in generale, subisce però deroghe per ipotesi particolari. Anche in alcuni *specifici casi di responsabilità extracontrattuale* le norme dispongono un'*inversione dell'onere della prova* a carico del presunto responsabile (*prova liberatoria*): ad es., sono i genitori che, se vogliono evitare di rispondere del danno causato dal figlio minore, devono provare «di non aver potuto impedire il fatto» (art. 2048, c. 3); spetta al titolare dell'attività pericolosa dimostrare «di avere adottato tutte le misure idonee a evitare il danno» (art. 2050); ecc.

La seconda differenza tocca la risarcibilità del **danno imprevedibile**. Nel campo della **responsabilità contrattuale**, una regola speciale *esclude il risarcimento dei danni non prevedibili* nel momento in cui è nata l'obbligazione, tranne il caso di *inadempimento doloso* (art. 1225). Questa limitazione non è prevista per la **responsabilità extracontrattuale**: vanno risarciti *anche i danni imprevedibili* al momento del fatto dannoso.

Infine, i due tipi di responsabilità si differenziano riguardo alla **prescrizione** del diritto al risarcimento. Per la **responsabilità contrattuale** il diritto è soggetto, in linea di massima, alla *prescrizione ordinaria*, che matura nel termine di 10 anni (anche se, per particolari rapporti obbligatori, le norme prevedono termini più brevi). Per la **responsabilità extracontrattuale** si ha invece una *prescrizione abbreviata*: il termine è *cinque anni* (art. 2947, c. 1), e *due anni* per il danno causato dalla circolazione di «veicoli di ogni specie» (art. 2947, c. 2). Questi termini abbreviati possono però allungarsi: *se il fatto dannoso costituisce reato*, per il quale la legge penale stabilisce una *prescrizione più lunga*, questa più lunga prescrizione si applica anche all'azione civile per il risarcimento (art. 2947, c. 3).

La *ragione* della differenza è di tipo pratico. Quando la responsabilità deriva da inadempimento di obbligazioni, la prova di essa si basa per lo più su documenti scritti, che «parlano» anche a distanza di molto tempo. Invece nelle liti di responsabilità extracontrattuale *è raro che esistano documenti* rilevanti: la prova si affida di solito a *testimonianze*, che perdono affidabilità man mano che si allontanano nel tempo dai fatti testimoniati; per questo si preferisce che i relativi processi non si svolgano a eccessiva distanza dai fatti stessi.

Il decorso *inizia «dal giorno in cui il fatto si è verificato»*: ma la giurisprudenza interpreta con larghezza, facendo partire la prescrizione solo dal momento in cui la vittima ha la *possibilità di conoscere tutti gli elementi che permettono di agire per il risarcimento.* Così, se uno contrae epatite o hiv per una trasfusione di sangue infetto, la prescrizione parte non dal giorno della trasfusione, ma da quello in cui si scopre che la malattia dipende dalla trasfusione.

6. Concorso e cumulo delle azioni di responsabilità

Può accadere che *uno stesso fatto* sia qualificabile come *inadempimento di un'obbligazione* (fonte di responsabilità contrattuale) e nel medesimo tempo come *fatto produttivo di danno ingiusto* a norma degli art. 2043 e segg., e dunque fonte anche di responsabilità extracontrattuale. Il presupposto per questa doppia qualificazione è – secondo la tesi più diffusa – che l'interesse leso sia materia di un *diritto assoluto* (integrità fisica, proprietà, ecc.). Qualche esempio. Il passeggero ferito in un incidente di trasporto è vittima sia di un inadempimento del contratto di trasporto, sia di un fatto dannoso, lesivo della sua integrità fisica, rientrante nello schema dell'art. 2043. Se il tetto di un villino crolla con gravi danni per il conduttore che ci abita, il proprietario è responsabile sia contrattualmente (per inadempimento dell'obbligo di manutenzione, discendente dal contratto di locazione), sia extracontrattualmente, in base all'art. 2053. Lo stesso quando il compratore subisce danni a causa di un difetto presente nella cosa acquistata: il venditore risponde sia a titolo contrattuale (art. 1494) sia a titolo extracontrattuale (art. 2043).

In casi del genere, *il danneggiato ha a sua disposizione entrambe le azioni* – una regolata secondo la disciplina della responsabilità contrattuale, l'altra secondo quella della responsabilità extracontrattuale –, e fra esse può scegliere (**concorso di azioni**). È una *scelta di convenienza*: se un'azione è prescritta, il risarcimento viene chiesto sulla base dell'altra, soggetta a prescrizione più lunga; se una impone un onere probatorio più difficile, si sceglie l'altra; ecc.

Quando entrambe sono esercitabili, *il danneggiato può esercitarle insieme* (**cumulo di azioni**): ciò non significa che egli chieda di cumulare due risarcimenti per lo stesso danno; semplicemente, chiede il risarcimento di quel danno, *in alternativa*, a titolo contrattuale oppure extracontrattuale.

Fin qui si è considerato uno stesso fatto, che causa danno a uno stesso soggetto, a titolo sia contrattuale sia extracontrattuale. Ma possono presentarsi situazioni anche più complicate. Uno stesso fatto può causare *danno a due soggetti diversi*, ma verso l'uno il danneggiante risponde a *titolo contrattuale* e verso l'altro a *titolo extracontrattuale*: ad es., l'amministratore di società risponde del danno causato dalla sua cattiva amministrazione (**53**.12) sia verso la società (a titolo contrattuale) sia verso i creditori della società e i singoli soci (a titolo extracontrattuale). Oppure uno stesso fatto, che causa danno a uno stesso soggetto, può determinare *la responsabilità di due diversi soggetti*, che rispondono a titoli diversi: se il paziente ricoveratosi in un ospedale pubblico o in una clinica privata subisce danno per un errore del medico che direttamente lo cura, del danno rispondono sia la struttura sanitaria (a titolo *contrattuale*, per inadempimento dell'obbligazione contratta con il paziente) sia il medico (in via teoricamente *extracontrattuale*, perché fra lui personalmente e il paziente non c'è un rapporto contrattuale).

In situazioni come queste, peraltro, i giudici tendono ad applicare *regole uniformi*, concepite in funzione del *tipo di attività* fonte del danno e del *tipo di interesse* esposto alla lesione, piuttosto che in funzione della «natura» contrattuale oppure extracontrattuale della responsabilità: ad es. assoggettano alle stesse regole sia la responsabilità del medico sia quella della struttura sanitaria (anche se hanno relazioni giuridiche diverse con il paziente). Alla luce di ciò, si comincia ad osservare che la *distinzione fra i due tipi di responsabilità* tende ad essere un po' *meno netta e rigorosa*, e anche un po' *meno importante dal punto di vista pratico*, di quanto fosse in passato. Del resto, abbiamo segnalato l'incertezza – circa la qualificazione (contrattuale o extracontrattuale?) della responsabilità precontrattuale: **29**.16.

7. La responsabilità «da contatto»

Quanto appena detto trova conferma nella c.d. responsabilità «da contatto» (o «*contatto sociale*»): una figura recentemente creata dalla giurisprudenza.

Essa riguarda fattispecie di danno, in cui il danneggiante e il danneggiato *non sono legati da un vero e proprio rapporto obbligatorio* (perché fra loro non si è propriamente concluso nessun contratto); e tuttavia non possono considerarsi degli estranei, bensì *sono entrati «in contatto» creando fra loro una relazione qualificata*; e il danno ha radice proprio in questa relazione, in quel contatto. Due esempi: il paziente che entra in contatto col *medico* entro la struttura sanitaria in cui è ricoverato; il cittadino che entra in contatto con la *pubblica amministrazione* per una qualche pratica che lo riguarda.

Ora, la relazione di cura e la relazione amministrativa che così si creano non sono relazioni contrattuali in senso proprio; e il danno verificatosi all'interno di esse (perché il medico commette un errore; perché la P.A. emana illegittimamente un atto contrario all'interesse del cittadino) non deriva da inadempimento contrattuale. E tuttavia la giurisprudenza preferisce *trattare questo danno secondo le regole della responsabilità contrattuale* piuttosto che di quella extracontrattuale.

La ragione pratica è che il regime della responsabilità contrattuale è per molti aspetti (onere della prova, prescrizione) *più vantaggioso per la vittima del danno*, che si vuole tutelare al massimo. La giustificazione teorica è che dal «contatto» nasce a carico dell'operatore professionale (il medico, la P.A.) una specie di obbligazione, da lui violata: oggetto di questa non è eseguire la prestazione a favore dell'utente (e infatti si parla di «*obbligazione senza prestazione*»); ma più genericamente proteggere la sua sfera contro il rischio di danni ingiusti, conseguenti all'attività svolta.

A pensarci bene: anche coloro che riconducono la *responsabilità precontrattuale* a quella contrattuale lo fanno per la relazione qualificata (il «contatto») che si crea fra parti in trattativa.

IX
ALTRE FONTI DI OBBLIGAZIONI

46
PROMESSE UNILATERALI E «QUASI CONTRATTI»

1. Le fonti di obbligazioni, diverse dal contratto e dalla responsabilità extracontrattuale

Con il lungo discorso dedicato al contratto (**28**-**41**) e all'illecito (o per meglio dire alla responsabilità) extracontrattuale (**42**-**45**), abbiamo esaurito la trattazione delle prime due fonti di obbligazioni menzionate dall'art. 1173. Ci occupiamo adesso della terza categoria di fonti, che la norma indica con la formula generica *«ogni altro atto o fatto idoneo» a produrre obbligazioni «in conformità dell'ordinamento giuridico»*.

Queste fonti si caratterizzano *in termini negativi* e *in via residuale*: sono tutte le fonti di obbligazioni *non qualificabili né come contratto né come illecito extracontrattuale.* In positivo, le accomuna solo un dato formale: per tutte esiste una qualche norma che le qualifica fonti di obbligazioni (ecco perché le obbligazioni da esse generate si dicono anche **obbligazioni «nascenti dalla legge»**). Ma, sul piano sostanziale, sono quanto mai *eterogenee* fra loro. Inoltre, mentre la disciplina del contratto e dell'illecito è concentrata essenzialmente nel quarto libro del codice, le altre fonti sono previste in tanti luoghi diversi.

Abbiamo già incontrato alcune di queste fonti: per es. con riguardo all'obbligo del comproprietario di partecipare alle spese per la cosa comune (**17**.3); all'obbligo di rimborsare le spese fatte dal possessore (**21**.19); all'obbligo legale di contrarre a carico del monopolista (**32**.12); all'obbligo di restituire le prestazioni fatte in esecuzione di un contratto invalido (**36**.7), oppure risolto (**37**.8); ecc. Altre le incontreremo più avanti, in vari luoghi del manuale: per es. le obbligazioni nascenti da rapporti familiari, come quelle di mantenimento dei figli (**64**.14) o quelle alimentari (**62**.15); le obbligazioni testamentarie, che nascono a carico dell'erede e del legatario (**67**.6); ecc.

Trattiamo ora alcune di queste fonti, che per tradizione si considerano unitariamente, e che lo stesso codice disciplina in una sede unitaria: subito dopo il contratto, e subito prima degli illeciti. Sono: ☞ le **promesse unilaterali**; ☞ tre figure che il vecchio codice del 1865 chiamava «**quasi contratti**» (a indicare che, pur non essendo contratti, hanno in comune con i contratti di essere eventi leciti che creano obbligazioni): ✦ la *gestione di affari altrui*; ✦ il *pagamento dell'indebito*; ✦ l'*arricchimento senza causa*.

2. Le promesse unilaterali, e il principio di tipicità

La **promessa** è la *dichiarazione di volontà, con cui il dichiarante assume un'obbligazione*.

Molto spesso la promessa risulta inserita in un contratto: ad es., la dichiarazione contrattuale del compratore, diretta a concludere la vendita, esprime la promessa di pagare il prezzo al venditore. Ma la promessa può anche risultare, anziché da un contratto, da un atto unilaterale (**28**.5). Tutti gli **atti unilaterali** hanno in comune un elemento, relativo alla loro struttura: si formano con la dichiarazione di volontà di una sola parte. Ma possono produrre effetti giuridici diversi. Alcuni *incidono su diritti reali*: ad es. l'atto unilaterale costitutivo di una fondazione, che attribuisce al nuovo ente beni del fondatore (**12**.14); o l'atto unilaterale con cui si costituisce un'ipoteca (**27**.13), o si rinuncia a una servitù (**18**.11). Altri *fanno nascere obbligazioni*: e sono appunto le promesse.

Vale la regola che «La promessa unilaterale di una prestazione *non produce effetti obbligatori fuori dei casi ammessi dalla legge*» (art. 1987). Le promesse unilaterali sono dunque soggette a un principio di **tipicità**: i privati non sono liberi di «inventare» promesse unilaterali non corrispondenti agli schemi previsti dalla legge in numero chiuso. O meglio: se lo fanno, la loro «promessa» atipica non fa nascere l'obbligazione che vorrebbe far nascere. In altre parole, una promessa fa nascere obbligazioni a carico del promittente solo se si verifica una di queste due condizioni: o la promessa è inserita in un contratto (e allora può essere anche atipica, per il principio di atipicità dei contratti); oppure corrisponde a uno degli schemi legali tipici di promessa unilaterale.

Questo limite può spiegarsi con due ragioni:

☞ la prima è la logica implicita nel **principio dell'accordo**, che spiega la bilateralità del contratto (**28**.4): *nessuno può unilateralmente invadere la sfera giuridi-*

co-patrimoniale di un altro, se questi non è d'accordo; e ciò vale anche per le «invasioni» che recano vantaggi al destinatario. Ora, obbligarsi verso un altro significa precisamente invadere la sua sfera, inserendovi un diritto di credito verso il promittente. Se fosse sempre possibile farlo unilateralmente, il principio dell'accordo sarebbe smantellato. Il principio è invece salvaguardato se questa possibilità si riduce ai soli casi specificamente previsti dalla legge, in numero chiuso;

☞ la seconda ragione riguarda la **razionalità dello scambio**. Nella prassi sociale, è normale che chi si obbliga lo faccia in cambio di qualcosa: cioè faccia un contratto di scambio. È molto meno normale (anzi, è assai raro) che uno si obblighi senza corrispettivo: e questi rari casi corrispondono ai tipi legali di promesse unilaterali. Ammettere qualunque promessa unilaterale, anche fuori da questi schemi tipici, rischierebbe di svuotare la disciplina del contratto. Se A e B fanno un contratto da cui nascono obbligazioni contrapposte, e A non esegue la sua, scattano a favore di B una serie di rimedi che si basano proprio sul nesso di interdipendenza delle due obbligazioni (il c.d. sinallagma: **31**.9). Se l'operazione si costruisse come coppia di due promesse unilaterali slegate fra loro (A promette unilateralmente a B la sua prestazione; e così, in senso inverso, B verso A) si perderebbe il legame fra i due spostamenti patrimoniali, che spiega l'operazione (ne è la causa: **31**.7) e costituisce la base per il suo trattamento giuridico secondo criteri di razionalità, giustizia ed efficienza.

Va detto, peraltro, che la linea di confine fra promesse contrattuali e unilaterali può essere molto tenue, e la distinzione difficile: ad es., se A dichiara a B la volontà di obbligarsi a suo favore (senza prevedere nessun contro-impegno di B), può essere dubbio se la dichiarazione si qualifichi come promessa unilaterale oppure proposta di contratto con obbligazioni del solo proponente, in cui l'accordo si presenta con l'esile consistenza del mancato rifiuto (**29**.6).

Alle promesse unilaterali, in quanto «atti unilaterali fra vivi aventi contenuto patrimoniale» (art. 1324), sono *tendenzialmente applicabili le norme sui contratti* (**28**.10): per chiarire il senso di una promessa, si ricorre alle regole sull'interpretazione dei contratti; se la promessa è viziata da errore del dichiarante, può porsi il problema di annullarla in base agli art. 1428 e segg.; ecc.

La legge prevede e regola le seguenti categorie di promesse unilaterali: ☞ la *promessa al pubblico*; ☞ la *promessa di pagamento* e il *riconoscimento del debito*; ☞ i *titoli di credito*.

3. La promessa al pubblico

La promessa al pubblico è la *promessa, rivolta a una collettività indistinta, di eseguire una prestazione a favore di chi si trovi in una determinata situazione o compia una determinata azione* (art. 1989).

La promessa può non implicare nessun vantaggio corrispettivo per il promittente: ad es. il bando pubblico per un premio all'autore della migliore tesi di laurea su un determinato argomento. Oppure implicare un tale vantaggio del promittente, legato a una specifica attività a carico dei destinatari: ad es., la promessa di ricompensa in denaro, pubblicata su un quotidiano, a favore di chi ritroverà e riconsegnerà un cane smarrito. Anche in quest'ultimo caso, però, non si esce dal campo della promessa unilaterale per entrare in quello del contratto con prestazioni corrispettive: nessuno è obbligato, per effetto della promessa, a cercare e riportare l'animale.

Per **effetto** della promessa, nasce solo un *vincolo a carico del promittente*; e nasce immediatamente, non appena la promessa è resa pubblica (art. 1989, c. 1): trattandosi di atto unilaterale, l'effetto giuridico si produce senza bisogno dell'accettazione di nessuno. Questo vincolo non è ancora una vera e propria obbligazione: l'obbligazione nascerà solo se e quando qualcuno riporterà il cane smarrito; se nessuno compirà questa azione, dalla promessa non nascerà alcuna obbligazione. Il vincolo del promittente è assimilabile piuttosto a una *soggezione* (**4**.11): il promittente è esposto a subire la nascita dell'obbligazione a suo carico, alle condizioni appena viste, e non può fare nulla per evitare questo risultato (salva una limitata possibilità di revocare la promessa).

Questo vincolo tiene il promittente in uno *stato di incertezza*: egli non sa se e quando qualcuno mai gli riporterà il cane, ma continua a rimanere esposto agli effetti di questa eventualità. È *giusto che questa situazione non si protragga indefinitamente*, e per questo la legge prevede che la promessa abbia un **termine di efficacia**, oltre il quale la promessa decade. Tale termine: ☞ può essere *fissato dal promittente* stesso; in mancanza ☞ è fissato direttamente dalla legge in *un anno* (o nel diverso termine risultante da *natura o scopo della promessa*). Trascorso il termine di efficacia senza che nessuno comunichi al promittente che la situazione si è avverata o l'azione compiuta, la promessa perde efficacia e il vincolo cessa (art. 1989, c. 2).

Inoltre, il promittente ha la possibilità di liberarsi anticipatamente dal vincolo, con la **revoca** della promessa prima della scadenza del termine di efficacia. Però la revoca è ammessa solo alle seguenti condizioni (art. 1990): ☞ che sia sorretta da una *giusta causa* (non è ammessa una revoca capricciosa o immotivata); ☞ che la revoca sia fatta nella *stessa forma* della promessa, o in *forma equivalente* (piattaforma informatica, giornali locali o nazionali, radio o televisioni, manifesti affissi nel quartiere, ecc.); ☞ che l'azione o la situazione indicate nella promessa *non si siano ancora verificate* (se ciò è accaduto, anche all'insaputa del promittente, la revoca non vale a liberarlo da un'obbligazione già sorta a suo carico).

La legge regola il caso che *più persone* compiano *separatamente* l'azione, o si trovino nella situazione, previste dalla promessa: quando la prestazione promessa è unica, essa spetta a *chi per primo ne dà notizia* al promittente (art. 1991).

La promessa al pubblico non va confusa con l'*offerta al pubblico*, che è solo elemento di un contratto in formazione e non costituisce di per sé fonte di obbligazioni: queste nasceranno dal contratto, se e quando il contratto sarà formato con l'accettazione dell'offerta. Inoltre, essa è revocabile senza i limiti che circondano la revoca della promessa (**29**.11).

4. Promessa di pagamento e riconoscimento del debito

La promessa di pagamento e il riconoscimento (la legge dice «ricognizione») del debito sono *dichiarazioni unilaterali con cui un soggetto promette a un altro di eseguire una prestazione a suo favore, o riconosce di avere un debito verso di lui*. Ad es.: A scrive e firma una dichiarazione indirizzata a B, in cui gli promette di procurargli un biglietto aereo per New York, andata e ritorno, e di coprirgli le spese alberghiere e le altre spese di soggiorno in quella città per una settimana; o in cui riconosce di dovergli 25.000 euro. Queste promesse unilaterali sono fonti di obbligazioni solo in senso molto relativo: infatti, come vedremo subito, *non fanno propriamente nascere un'obbligazione che prima non c'era; ma hanno un effetto diverso.*

Per comprendere tale effetto, occorre richiamare prima di tutto il concetto di **causa** (**31**.7). Come ogni spostamento patrimoniale, l'obbligo di eseguire una prestazione a favore di un altro soggetto è valido ed efficace solo se ha una causa (un titolo) che lo giustifica. Il più delle volte sarà un titolo contrattuale: ad es., causa di mandato (A si impegna a sostenere le spese di B per viaggio e soggiorno a New York, *perché* gli ha dato mandato di compiere per lui un certo affare in quella città); o causa di vendita (A riconosce di dovere 25.000 euro a B, *perché* quello è il prezzo di un mobile antico che ha acquistato da lui un mese prima). Il problema è che qui un tale «perché» non risulta dalla promessa, la quale non indica la causa per cui è fatta.

A questo punto bisogna richiamare un'altra regola, quella **sull'onere della prova**: chi vuole far valere un diritto, deve provare i fatti che ne costituiscono il fondamento (**9**.14). Se B pretende che A gli paghi viaggio e soggiorno a New York, o gli versi 25.000 euro, dovrebbe quindi provare il fatto su cui si fonda il credito vantato: e cioè *provare la causa che giustifica l'obbligazione di A nei suoi confronti* (in concreto, il contratto fra loro due). Bene: avere ricevuto la promessa unilaterale da A *esonera B da tale prova*; *a B basta esibire la promessa di A,* senza bisogno di provare la causa lì non espressa (e cioè il mandato implicante la trasferta del mandatario a New York, o la vendita di un mobile antico per 25.000 euro).

Si potrebbe pensare che ciò apra le porte al riconoscimento del *negozio astratto* (**31**.13): che possa esserci uno spostamento di ricchezza (da A a B) senza che si sappia qual è, e addirittura se c'è, una causa che lo giustifica. Questo è solo parzialmente vero: *se la causa non esiste (o è viziata, o è già esaurita), A ha la possibilità di opporsi alla pretesa di B, e farla respingere:* provando per es. l'invalidità del mandato o della compravendita da cui deriva il credito fatto valere; o che B ha già fatto a spese di A il viaggio a New York cui si riferisce la promessa; o che B non ha diritto di pretendere i 25.000 euro perché non gli ha ancora consegnato il mobile di cui la somma costituisce il prezzo, o ha scoperto che non è autentico come garantito.

Tutto ciò si concentra nelle poche parole dell'art. 1988. La promessa o il riconoscimento «*dispensa colui a favore del quale è fatta dall'onere di provare il rapporto fondamentale*»: non è l'attore, come si solito accade, che *in via di azione* deve provare la causa del suo credito; *l'onere della prova si rovescia a carico del convenuto*, che deve provare, *in via di eccezione*, l'inesistenza o l'invalidità o l'esaurimento del titolo su cui si basa il diritto fatto valere contro di lui. Quindi la promessa o il riconoscimento non produce un'obbligazione che prima non esisteva; determina semplicemente l'**inversione dell'onere della prova** circa un'obbligazione preesistente. Dice ancora l'art. 1988 che *l'esistenza del rapporto fondamentale (cioè della causa) «si presume fino a prova contraria»*, che l'interessato può sempre dare: provando che l'obbligazione invocata contro di lui è in realtà senza causa. Dunque non abbiamo qui un'astrazione dalla causa in senso sostanziale, cioè un negozio che produce effetti anche se privo di causa: tutt'al più può parlarsi di una semplice **astrazione processuale dalla causa**, perché la causa è messa fra parentesi solo dal limitato punto di vista del gioco processuale, e in particolare della distribuzione dei ruoli probatori fra le parti del processo.

Gli stessi effetti del riconoscimento del debito possano derivare dal *riconoscimento di un diritto reale*? Ad es. A riconosce che un immobile intestato a lui è in comproprietà con B: sulla base di questa dichiarazione, B può rivendicare la comproprietà senza indicare il titolo che la fonda? Se ne discute, ma tende a prevalere l'opinione negativa.

5. I titoli di credito: rinvio

Un ulteriore tipo di promesse unilaterali (che comprende al suo interno diversi sottotipi) è rappresentato dai titoli di credito.

Per la loro rilevantissima importanza pratica, meritano una trattazione separata: ce ne occuperemo nei prossimi due capitoli (**47**-**48**).

6. La gestione di affari altrui

Si ha gestione di affari altrui quando *un soggetto (il gestore) agisce nell'interesse di un altro soggetto (l'interessato), senza averne ricevuto l'incarico e senza esservi per altra ragione obbligato* (art. 2028). Ad es. A, vedendo che un pezzo di cornicione della casa (disabitata) del suo vicino B minaccia di crollare, interviene spontaneamente per scongiurare il rischio di crollo. Per la legge, *iniziative del genere vanno considerate con favore, e incoraggiate*: sia per ragioni etiche (manifestano altruismo e buoni sentimenti), sia per ragioni economiche (evitano danni e distruzione di ricchezza). Il mezzo legale per incoraggiarle consiste nel ricollegare ad esse la nascita di *obbligazioni dell'interessato in favore del gestore.*

C'è però una contro-esigenza: *non incoraggiare intrusioni arbitrarie e ingiustificate nella sfera altrui* (dettate magari, più che da obiettive necessità, dal carattere intrigante di chi interviene). Questa esigenza si soddisfa in due modi: ☞ facendo nascere *obbligazioni anche a carico del gestore* (il che può disincentivare le iniziative futili e avventate, lasciando spazio solo a quelle serie e meditate); ☞ limitando le conseguenze vantaggiose per il gestore (la nascita di crediti a suo favore) ai soli casi di **assenza dell'interessato**, e cioè quando *l'interessato non era in grado di provvedere da sé.* Quelle conseguenze sono invece negate quando ci sarebbe stato tempo e modo per un diretto intervento dell'interessato. E a maggior ragione sono negate quando il gestore interviene contro il **divieto dell'interessato** (salvo che il divieto sia contrario alla legge, all'ordine pubblico o al buon costume, come sarebbe ad es. il divieto di accudire i sei cani dell'interessato, che stanno morendo di fame, sete e malattie): art. 2031, c. 2. Un intervento del gestore al di fuori di questi limiti non solo non gli darebbe diritti verso l'interessato, ma potrebbe esporlo a *responsabilità per illecita invasione della sfera altrui.*

L'art. 2028, c. 1 pone un ulteriore requisito. La gestione deve essere assunta «scientemente», cioè con la *convinzione di intervenire, senza obbligo, nell'interesse altrui.* Il possessore illegittimo di una cosa, che esegue una riparazione sulla stessa, obiettivamente interviene per un interesse altrui (quello del titolare del diritto); ma se è possessore di buona fede, e dunque pensa di essere lui titolare del diritto, crede di agire nel proprio interesse: in tal caso non si applicano le regole sulla gestione d'affari, ma quelle già viste (**21**.19).

Dall'iniziativa del gestore nascono **obbligazioni del gestore** stesso: essenzialmente l'obbligo di *continuare e condurre a termine la gestione finché l'interessato non sia in grado di provvedere da sé* (art. 2028, c. 1). La legge precisa le modalità di questo obbligo, disponendo che «Il gestore è soggetto alle stesse *obbligazioni che deriverebbero da un mandato*» (art. 2030, c. 1). L'inadempimento colposo delle obbligazioni del gestore può determinare la sua **responsabilità** per il danno che ne derivi all'interessato: ma il giudice può *moderare il risarcimento*, in considerazione delle circostanze che hanno indotto il gestore a intervenire (art. 2030, c. 2: ad es., tenendo conto che, anche senza il pur difettoso intervento del gestore, l'interessato avrebbe ugualmente subito un danno).

Le **obbligazioni dell'interessato** possono essere varie (art. 2031, c. 1), a seconda del tipo di intervento eseguito dal gestore:

☞ può darsi che il gestore sia intervenuto personalmente, sopportando in proprio delle spese (ad es., ripara lui stesso, con propri materiali, il cornicione che minaccia di crollare): e allora l'interessato gli deve *rimborsare tutte le spese necessarie o utili* da lui sostenute, con gli interessi;

☞ può darsi che il gestore, per realizzare l'intervento, abbia assunto obbligazioni verso terzi (ad es., dà l'incarico di riparare il cornicione a un'impresa, la quale attende di essere pagata da lui): in tal caso, l'interessato deve *tenere indenne il gestore delle obbligazioni assunte in nome proprio* (come accadrebbe in un caso di mandato senza rappresentanza);

☞ infine, può darsi che il gestore abbia assunto obbligazioni in nome dello stesso interessato (ad es. A incarica l'impresa X di riparare il cornicione di B, precisando che l'incarico è dato non solo per conto, ma anche in nome di B): se è così, l'interessato deve *adempiere direttamente le obbligazioni assunte dal gestore in nome di lui*. È la stessa situazione che deriverebbe da un mandato con rappresentanza; in altre parole, la legge attribuisce al gestore il potere di agire in rappresentanza dell'interessato, anche senza averne ricevuto procura: un'ipotesi riconducibile alla categoria della *rappresentanza legale* (**30**.2).

Le obbligazioni dell'interessato sorgono, però, ad una condizione: che la gestione sia **utilmente iniziata** (art. 2031, c. 1): non, invece, se fin dall'inizio l'intervento del gestore risulta inutile o dannoso. Non si richiede, per contro, che vada a buon fine: il rischio dell'esito finale grava sull'interessato.

Infine, può accadere che l'*interessato ratifichi la gestione*: si producono allora tutti gli effetti di un *mandato* (art. 2032), ivi compreso il diritto del gestore-mandatario a un compenso.

7. Il pagamento dell'indebito: oggettivo e soggettivo

«Indebito» significa, letteralmente, «non dovuto», e implica due parti: il **solvens** (cioè «chi paga») e l'**accipiens** («chi riceve»). Si ha pagamento dell'indebito quando *il solvens esegue a favore dell'accipiens una prestazione che non gli deve*. Esso è fonte dell'*obbligazione dell'accipiens* di restituire al solvens quanto questi gli ha indebitamente pagato: vi corrisponde il *diritto del solvens* di chiedere la restituzione, e per questo si parla di **ripetizione dell'indebito** («ripetere» significa «chiedere indietro»).

La ragione di fondo del meccanismo ci è già nota. L'*obbligazione* vale come giusta causa dell'attribuzione patrimoniale che si realizza con l'adempimento della prestazione; dunque vale come *giustificazione dello spostamento di ricchezza* che ne deriva. Se l'obbligazione non c'è, il pagamento perde giustificazione, e lo spostamento patrimoniale va azzerato ritornando alla situazione precedente, perché *il diritto non ammette trasferimenti di ricchezza senza causa giustificativa* (**22**.7, **31**.7).

Occorre distinguere fra indebito oggettivo e indebito soggettivo:

☞ l'**indebito oggettivo** si ha in due casi, accomunati dal fatto che in entrambi *l'accipiens non ha alcun credito*, per cui il pagamento viene fatto a chi non ha diritto di riceverlo (art. 2033). Ciò accade quando: ✦ *il solvens non ha quel debito e l'accipiens non ha quel credito* (il caso di gran lunga più frequente e importante è quello della prestazione eseguita in base a un contratto che poi si rivela difettoso: il compratore paga il prezzo, ma poi la vendita viene dichiarata nulla, o annullata, o rescissa, o risolta, e la retroattività di questi rimedi fra le parti cancella fin dall'inizio il debito-credito per il prezzo, che quindi risulta non dovuto); oppure quando ✦ *il solvens ha quel debito, ma non nei confronti dell'accipiens, bensì nei confronti di un altro soggetto*: si tratta dunque di pagamento fatto da un vero debitore a un falso creditore. Quando è così, possono ricorrere ipotesi eccezionali in cui il debitore è ugualmente liberato: ad es. se il vero creditore ratifica il pagamento al terzo; o se si tratta di pagamento al creditore apparente, nel qual caso il vero creditore può rivolgersi al falso creditore (**23**.5); e allora per il solvens non c'è nessun problema di ripetizione. Ma normalmente *il solvens che paga il suo debito a un falso creditore non è liberato*, rimanendo obbligato verso il vero creditore: e allora ha *interesse, e diritto, a ripetere dall'accipiens*;

☞ l'**indebito soggettivo** si ha quando *l'accipiens ha quel credito, ma non nei confronti del solvens, bensì di un altro soggetto*: dunque il solvens paga un debito esistente ma senza essere lui il debitore; si tratta di pagamento fatto da un falso debitore a un vero creditore. L'indebito soggettivo richiede però un altro elemento, e cioè che *il solvens paghi per errore*, e cioè pensando erroneamente di essere lui il debitore: in caso contrario, e cioè se il solvens fosse consapevole del fatto di pagare un debito altrui, si ricadrebbe nella fattispecie dell'adempimento del terzo, regolata diversamente (**23**.3). In presenza di indebito soggettivo, bisogna essere più cauti nel consentire al solvens la ripetizione contro l'accipiens, perché dopotutto questi ha ricevuto quanto aveva diritto di ricevere. E infatti la ripetizione è ammessa solo a due condizioni (art. 2036, c. 1): ✦ che l'errore del solvens sia un *errore scusabile* (se il suo errore è imperdonabile, è più meritevole di tutela l'accipiens); ✦ che l'accipiens *non si sia privato in buona fede del titolo o delle garanzie* del suo credito.

Nei casi in cui *la ripetizione non è ammessa*, e l'accipiens trattiene quanto gli è stato indebitamente pagato, *il solvens è surrogato* nei diritti di costui verso il vero debitore (art. 2036, c. 3).

Ricordiamo infine che ci sono due ipotesi in cui il principio della ripetizione dell'indebito subisce una **deroga**. Chi ha fatto un pagamento cui legalmente non era obbligato, non può chiedere la restituzione: ☞ se con ciò il solvens ha spontaneamente adempiuto un'*obbligazione naturale*, a patto che il solvens non fosse incapace (**22**.7): art. 2034, c. 1; ☞ se la prestazione è stata fatta dal solvens per uno *scopo contrario al buon costume*, come ad es. per adempiere un contratto immorale (**36**.7): art. 2035.

8. Le conseguenze dell'indebito

Per illustrare le conseguenze del pagamento e della ripetizione dell'indebito, conviene distinguere i rapporti fra le parti, e le situazioni in cui vengono in gioco terzi.

Nei rapporti **fra le parti**, l'accipiens è comunque tenuto a *restituire la somma o la cosa* indebitamente prestate (art. 2033; 2037, c. 1). Ma per *interessi e frutti* conta il suo stato soggettivo: ☞ se l'accipiens ha ricevuto *in buona fede*, deve interessi e frutti *dal giorno della domanda* di restituzione (art. 2033; 2036, c. 2); inoltre, nel caso di distruzione o deterioramento della cosa a lui imputabili, risponde solo nei limiti del suo arricchimento (art. 2037, c. 3); ☞ se invece l'accipiens era *in mala fede*, deve interessi e frutti *dal giorno del pagamento* dell'indebito (art. 2033; 2036, c. 2); e se la cosa va distrutta o si deteriora, anche per caso fortuito, egli risponde della perdita (art. 2037, c. 2).

Se *l'oggetto del pagamento indebito è stato alienato dall'accipiens*, viene in gioco il **terzo acquirente**. Vale allora il principio che *l'acquisto del terzo non viene toccato*: il solvens non può recuperare la cosa rivolgendosi contro di lui. Questo si esprime dicendo che la ripetizione dell'indebito è un'**azione personale** e non reale, per cui non pregiudica i diritti dei terzi (**19**.4). Il solvens ha solo una *pretesa verso l'accipiens alienante:* pretesa che ha un contenuto più ridotto se l'accipiens ha alienato in buona fede (art. 2038, c. 1); più ampio se l'accipiens ha alienato in mala fede (art. 2038, c. 2).

9. L'arricchimento senza causa: presupposti

Richiamiamo ancora una volta il principio generale per cui sono *inammissibili gli spostamenti di ricchezza da un soggetto (che si impoverisce) a un altro (che si arricchisce), non sostenuti da una causa che li giustifichi.* Il principio trova una quantità di applicazioni, in regole o istituti che offrono rimedi per riparare lo squilibrio patrimoniale ingiustificatamente creatosi fra due soggetti. Se A compra una cosa da B e poi non la paga, all'ingiusto impoverimento di B si reagisce con i rimedi contro l'inadempimento delle obbligazioni e dei contratti. Se A deliberatamente sottrae una cosa a B, e poi la usa o la vende con profitto, A si arricchisce e B si impoverisce: qui il rimedio è la responsabilità per illecito extracontrattuale, che obbliga A a risarcire B; così pure se A incrementa i suoi affari e guadagni, sottraendo affari e guadagni a B con metodi di concorrenza sleale. Se A riceve da B un pagamento che B non gli deve, l'ingiustificato spostamento di ricchezza si può rimediare con la ripetizione dell'indebito, appena vista. E così via.

Ma l'arricchimento ingiustificato di un soggetto, in danno di un altro soggetto che ne risulta impoverito, può verificarsi *anche al di fuori del campo d'applicazione di qualunque rimedio tipico*, come quelli appena menzionati. Per questi casi, la legge offre un rimedio residuale, attraverso il principio per cui «*Chi, senza una giusta causa, si è arricchito a danno di un'altra persona è tenuto ... a indennizzare quest'ultima*» (art. 2041). L'arricchimento ingiustificato è dunque fonte di obbligazioni, perché fa nascere a carico dell'arricchito l'obbligo di indennizzare l'impoverito.

L'effetto si produce in presenza dei seguenti elementi, che costituiscono i requisiti dell'azione di arricchimento: ☞ l'**arricchimento** patrimoniale di un soggetto (che può manifestarsi in tanti modi: acquisto di un diritto, godimento di un bene, utilizzazione di servizi, risparmio di spese, ecc.); ☞ l'**impoverimento** patrimoniale di un altro soggetto, che correlativamente può consistere nella perdita di un diritto, nel mancato godimento di un bene, nell'erogazione di servizi, nella sopportazione di spese, ecc.; ☞ un **nesso di correlazione** fra arricchimento e impoverimento: l'uno deve dipendere dell'altro; ☞ la **mancanza di cause giustificative** dell'arricchimento e del correlato impoverimento (ma su questo si tornerà più avanti); ☞ **l'impraticabilità di qualsiasi altro rimedio tipico**, con cui l'impoverito possa recuperare la perdita subita (come quelli indicati in apertura di paragrafo). L'azione generale di arricchimento costituisce infatti *l'estremo rimedio a disposizione*, in mancanza di ogni altro: ciò si esprime dicendo che essa ha natura **sussidiaria** (art. 2042).

Il principio dell'arricchimento senza causa è la *ratio di svariate norme*, che se ne possono considerare altrettante applicazioni specifiche. Alcune reagiscono contro *arricchimenti che derivano da comportamenti dell'arricchito*, consistenti nell'appropriazione di utilità che appartengono a un diritto altrui: ad es. le norme che impongono pagamenti a carico di chi lecitamente si appropria di cose o valori altrui, per effetto di accessione, unione o commistione, specificazione (**16**.5-8). Altre norme reagiscono invece contro *arricchimenti che derivano da un comportamento dell'impoverito*, il quale sopporta spese di cui profitta l'arricchito: ad es. quella che prevede obblighi di rimborso delle spese per riparazioni, miglioramenti e addizioni fatte dal possessore illegittimo sulla cosa, che l'avente diritto riottiene incrementata di valore (**21**.19).

Ma è chiaro che il principio dell'arricchimento manifesta la sua importanza pratica soprattutto nei *casi non previsti da alcuna norma specifica.* A possiede illegittimamente, ma in buona fede, una cosa mobile di B; immaginiamo che A la consumi o la venda a un terzo che ne diventa proprietario in base alla regola «possesso vale titolo». È chiaro che c'è un arricchimento di A e un impoverimento di B: in assenza di una norma apposita che preveda il caso, e nell'impossibilità di attivare qualsiasi altro rimedio (supponendo, in particolare, che la buona fede di A escluda il suo illecito e la sua responsabilità), B può esercitare contro A l'azione di arricchimento senza causa, della quale sussistono tutti i requisiti.

D'altra parte, *non si deve pensare a un'applicazione indiscriminata del principio*, che rischierebbe di vanificare altri istituti giuridici e gli interessi da questi perseguiti. Se A usucapisce un bene di B, o se B lascia prescrivere il suo credito verso A, certo A si arricchisce e correlativamente B si impoverisce: ma qui è la ratio stessa dell'usucapione e della prescrizione che «giustifica» lo spostamento di ricchezza da B ad A, ed esclude che B possa agire per arricchimento contro A. Se A, con metodi di concorrenza leale, sottrae affari e guadagni a B, questi se ne impoverisce ma non può certo rivalersi contro A, il cui arricchimento è «giustificato» dal corretto esercizio di un'attività lecita, che è suo diritto svolgere. Se A e B fanno un contratto che fa guadagnare A e fa perdere B, senza che ci siano i presupposti perché B possa attaccarlo con qualche rimedio contrattuale, l'arricchimento di A è «giustificato» dal valido contratto concluso con B. Se B, di propria iniziativa e a proprie spese, pubblica e diffonde un opuscolo che propaganda i prodotti di A, il quale si arricchisce per questa campagna promozionale, non per questo B può rivolgere una pretesa contro di lui: qui emerge anche l'esigenza di *tutelare i soggetti contro gli «arricchimenti imposti»* da un estraneo che li crea contro la volontà dell'interessato, salvo poi ... presentargli il conto (è la stessa ratio che, come abbiamo visto, limita l'operare della gestione di affari altrui).

10. L'obbligazione dell'arricchito

Il contenuto dell'obbligazione dell'arricchito può essere vario:

☞ se l'arricchimento ha per oggetto una *cosa determinata*, l'arricchito deve *restituirla in natura*, sempre che esista ancora al tempo della domanda (art. 2041, c. 2);

☞ negli altri casi, l'obbligazione consiste nel pagamento di una *somma di denaro*. Il suo ammontare è la *somma minore, fra quella che esprime l'arricchimento e quella che esprime l'impoverimento* (art. 2041, c. 1), secondo il criterio previsto per i rimborsi a favore del possessore di mala fede (art. 1150, c. 3). Si immagini che il possessore illegittimo di un appartamento lo faccia ristrutturare, spendendo 100.000 euro: se la ristrutturazione risulta poco economica, e per effetto di essa l'appartamento (nel frattempo restituito al titolare) ha un aumento di valore di soli 40.000 euro, 40.000 euro è la somma che il possessore può esigere dal titolare; se invece la ristrutturazione ne ha incrementato il valore di 150.000 euro, il possessore può chiedere solo i 100.000 euro spesi.

A questa regola si lega un problema ancora non risolto in modo univoco: se B esegue a favore di A un servizio (una *prestazione di fare*) che non è obbligato a rendergli, qual è il rimedio a favore di B? Se si afferma l'applicabilità anche in questo caso delle regole sulla *ripetizione dell'indebito*, B può pretendere da A il valore del servizio (anche se superiore al vantaggio ricavatone da A). Se invece si sostiene che la ripetizione dell'indebito riguarda solo le prestazioni di dare e non quelle di fare, l'unico rimedio per B è l'*azione di arricchimento*: ma in tal caso deve accontentarsi della somma minore fra il valore del servizio e il vantaggio che A ne ritrae.

11. Fonti negoziali e non negoziali

Se a questo punto ci volgiamo indietro, per abbracciare con uno sguardo panoramico tutte le fonti di obbligazioni via via incontrate, ci troviamo di fronte a un quadro molto complesso.

Abbiamo incontrato fonti che non si legano a *nessuna attività del soggetto*, ma piuttosto a una sua *posizione:* l'obbligazione di concorrere alle spese del condominio non nasce perché il condomino fa, dice o vuole qualcosa, ma solo perché egli ha posizione di condomino; così pure, ad es., l'obbligazione dell'interessato di rimborsare le spese fatte per lui da chi, senza suo incarico, ha gestito un suo affare; o l'obbligazione di pagare gli alimenti al familiare indigente.

Altre fonti, invece, dipendono da un'*attività di chi si obbliga*. Ma in quest'ultimo ambito, siamo in grado di fare un'ulteriore distinzione. Abbiamo visto che dalla gestione di affari altrui nascono, per il gestore, le stesse obbligazioni che dal mandato nascono per il mandatario. In entrambe le situazioni l'obbligazione si collega a un atto di chi si obbliga: nel primo caso, l'atto di intraprendere la gestione; nel secondo, l'atto di accettare il mandato. Eppure fra esse c'è un'importante differenza. Chi intraprende la gestione di affari altrui lo fa volontariamente, ma *la sua volontà non è diretta ad assumere obbligazioni* di mandatario: è la legge che ricollega alla sua iniziativa questo effetto giuridico. Invece chi accetta volontariamente un mandato fa un contratto, e qui *la sua volontà è diretta precisamente a produrre gli effetti giuridici* di quel contratto, dunque ad assumere obbligazioni di mandatario.

Riprendendo concetti già esposti: solo in quest'ultimo caso l'obbligazione deriva da un atto negoziale, da un *negozio giuridico*. Negli altri casi la fonte dell'obbligazione non è un negozio: è un *atto non negoziale* (**5**.3) nel caso della gestione d'affari; un semplice *fatto* (la relazione familiare, unita all'indigenza del congiunto) nell'obbligazione alimentare (**5**.2).

La nascita di obbligazioni è uno dei più importanti effetti giuridici. Ma ce n'è un altro non meno importante: *il trasferimento e l'acquisto della proprietà o di altri diritti*. La fattispecie che lo produce si chiama comunemente «titolo»: e anche qui possiamo distinguere fra *titoli negoziali* e *titoli non negoziali*. Ad es.: con l'usucapione, l'accessione, ecc. (in genere con i modi di acquisto originario) il diritto non si trasmette e si acquista tramite un negozio giuridico; invece, quando il diritto si trasferisce per contratto o per testamento, la trasmissione e l'acquisto hanno titolo in un negozio giuridico (**16**.10).

12. Il negozio giuridico

A questo punto dello studio della materia, siamo in grado d'intendere meglio senso e valore della categoria del negozio giuridico, che abbiamo incontrato nella parte iniziale (**5**.3).

Né il codice civile né nessun'altra legge parlano di negozio giuridico: si tratta di una *categoria non legislativa, bensì dottrinale*, e cioè costruita dagli studiosi del diritto. Nella storia del pensiero giuridico, la sua origine è abbastanza recente, e non è italiana. Infatti viene elaborata in *Germania*, nel secolo XIX, dai giuristi appartenenti alla *scuola della «pandettistica»*, chiamata così perché si prefiggeva di riutilizzare in chiave moderna le «pandette» (o «digesto»), una specie di codificazione del diritto romano promossa dall'imperatore Giustiniano nel VI secolo d.C. La teoria del negozio giuridico (in tedesco «Rechtsgeschäft») rispondeva a una funzione pratica e a una funzione ideologica:

☞ la **funzione pratica** era quella di creare uno strumento concettuale capace di *razionalizzare e semplificare i ragionamenti e discorsi giuridici*, nel senso che si è già accennato a suo tempo (**5**.9, **12**.19). La categoria del negozio si fonda sull'individuazione – mediante un processo di generalizzazione e astrazione –

di caratteristiche, problemi e regole comuni a una pluralità di atti diversi. E allora: se una vendita, una promessa al pubblico, un matrimonio e un testamento sono tutti negozi giuridici, anziché moltiplicare i discorsi – analizzando e descrivendo separatamente caratteristiche, problemi, regole di ciascuno di essi – è sufficiente un unico discorso nel quale si parla di caratteristiche, problemi e regole del negozio giuridico;

☞ la **funzione ideologica** si lega al *ruolo dominante che la teoria del negozio assegnava alla volontà individuale.* Il negozio era definito come «dichiarazione di volontà diretta a produrre effetti giuridici», e gli effetti giuridici si consideravano generati dalla volontà stessa: un'idea che rifletteva la concezione – già maturata nel pensiero giuridico-filosofico dell'illuminismo – che guardava alla volontà umana come al fattore decisivo di ogni trasformazione realizzata nel mondo del diritto, forza creatrice di diritti e di obblighi, motore fondamentale dell'intera dinamica giuridica. E tutto questo si legava strettamente all'*esaltazione dell'autonomia privata*, in linea con i principi della società liberale e dell'economia liberista: il negozio giuridico, basato sulla volontà – anzi, come si usava dire, sulla «signoria del volere» – di chi lo compie, è lo strumento offerto agli individui per autodeterminare le proprie situazioni e i propri rapporti giuridici (dunque per perseguire i propri interessi), con il massimo di libertà e al riparo da controlli, limiti, interventi condizionanti del potere pubblico.

Intorno alla categoria del negozio giuridico si sviluppa, nella scienza giuridica tedesca, un complesso imponente di teorie che esercita grande influenza anche al di fuori del suo ambiente di origine: soprattutto in Italia, dove la categoria diviene, *nella prima metà del novecento*, un elemento centrale delle elaborazioni scientifiche di diritto privato e di teoria generale del diritto. Invece in altri ambienti giuridici la categoria non incontra altrettanta fortuna: in quelli angloamericani è del tutto sconosciuta; in quello francese resta marginale.

C'è comunque una significativa differenza fra la posizione del negozio giuridico in Germania e in Italia: in Germania il codice civile del 1898 lo prevede e lo regola, facendone così una categoria anche legislativa; invece *il codice italiano del 1942 lo ignora*, lasciandolo nella condizione di categoria puramente dottrinale. Il nostro codice, quando vuole esprimere un concetto più o meno corrispondente a quello di negozio giuridico, usa la parola «atto». Ma sono molto rari i casi in cui lo fa nel senso così ampio e generale che è proprio della categoria del negozio: ciò accade essenzialmente negli art. 2, c. 1; 428, c. 1; e 1350, n. 13.

13. Il declino della categoria generale del negozio giuridico

Nella seconda metà del novecento, la categoria del negozio giuridico comincia ad essere riconsiderata criticamente anche nella dottrina italiana, e così si avvia a perdere l'importanza e la centralità che aveva nei decenni precedenti. Il ripensamento investe proprio le due funzioni che ne avevano, in un certo senso, giustificato la creazione:

☞ la **funzione pratica** è messa in discussione, perché si osserva che proprio la generalità della categoria finisce per risolversi in *eccessiva genericità e astrattezza* dei suoi contenuti. Con la pretesa di considerare e trattare in modo unitario atti così diversi come vendite, donazioni, cambiali, matrimoni, adozioni, riconoscimenti di figli naturali, costituzioni di società commerciali ed enti di beneficenza, testamenti, accettazioni di eredità e rinunce all'eredità, si rischia di smarrire le specificità proprie di ciascuno, e di perdere quell'aderenza alle realtà concrete che è il presupposto necessario per individuare soluzioni giuridiche adeguate;

☞ è messa in discussione anche la **funzione ideologica**, per almeno due ragioni: ✦ la prima è che l'esaltazione ottocentesca dell'assoluta libertà individuale non è più concepibile negli stessi termini in un'epoca come la nostra, in cui *la libertà e l'autonomia dei privati subiscono restrizioni crescenti*, in nome dell'interesse generale e dei valori di giustizia sociale e uguaglianza sostanziale delle persone (**32**.12-13); ✦ la seconda è che, anche là dove continua a darsi spazio alla libertà e all'autonomia dei privati, non si pensa più che l'unico modo per rispettarne e valorizzarne le scelte autonome consista nel dare peso esclusivo alla loro «volontà», intesa nel senso soggettivo-psicologico in cui la intendeva la teoria del negozio («dogma della volontà»): conseguenza di quel processo di *oggettivazione degli atti di autonomia*, che si è segnalato a proposito del contratto (**37**.12).

È vero che la categoria generale del negozio (e la sua contrapposizione agli atti non negoziali) conserva valore nella misura in cui identifica un campo molto rilevante: quello in cui gli effetti giuridici derivano da **atti di autonomia** (cioè da *azioni giuridiche libere, volontarie e consapevoli del soggetto*), piuttosto che da fattispecie non implicanti azioni siffatte (fatti, atti non negoziali). Ma nella più concreta prospettiva del trattamento giuridico degli atti, la categoria generale del negozio dovrebbe essere scomposta quanto meno in tre più ristrette categorie, ciascuna delle quali abbastanza omogenea al suo interno (e significativamente differenziata dalle altre): ☞ la categoria dei **negozi personali** (e principalmente **familiari**), in cui l'elemento dominante è il fatto di incidere su situazioni giuridiche non patrimoniali, e di legarsi molto intimamente alla sfera di personalità del soggetto; ☞ la categoria dei **negozi a causa di morte**, in cui l'elemento dominante è il fatto di essere compiuti in vista della morte del soggetto, e di produrre effetti in relazione a tale evento; ☞ la categoria dei **negozi patrimoniali fra vivi**, che includono sia i contratti sia gli atti unilaterali fra vivi a contenuto patrimoniale: una categoria a cui l'art. 1324 dà una base normativa di unitarietà (**28**.10).

47
I TITOLI DI CREDITO

SOMMARIO: 1. La funzione dei titoli di credito. – 2. Le caratteristiche dei titoli di credito. – 3. L'incorporazione. – 4. La letteralità. – 5. L'autonomia. – 6. La legittimazione del possessore. – 7. La legge di circolazione del titolo. – 8. Titoli al portatore. – 9. Titoli all'ordine: la girata. – 10. Titoli nominativi. – 11. Altre classificazioni dei titoli di credito. – 12. Titoli monetari, titoli rappresentativi di merci e titoli di partecipazione. – 13. Titoli individuali e titoli di serie. – 14. Rapporto cartolare e rapporto fondamentale. – 15. Titoli causali e titoli astratti. – 16. Le eccezioni opponibili dal debitore. – 17. L'ammortamento dei titoli di credito. – 18. Documenti di legittimazione e titoli impropri. – 19. Nuovi sviluppi dei titoli di credito: cartolarizzazioni e dematerializzazione.

1. La funzione dei titoli di credito

I diritti di credito sono forme di ricchezza sempre più importanti, dacché nei moderni sistemi economici la ricchezza tende a smaterializzarsi (**14**.4). L'economia moderna esige che la ricchezza abbia una *circolazione rapida, semplice e sicura*. Per la circolazione dei crediti, quello che sembrerebbe lo strumento giuridico più naturale – la *cessione del credito* – non garantisce affatto questa esigenza. Infatti la cessione ha bisogno di essere notificata al debitore ceduto, perché senza *notificazione* il cessionario rischia di non poter esercitare il credito acquistato: e la notificazione è macchinosa. Ma anche con la notificazione il cessionario non è totalmente sicuro: perché rimane esposto a *tutte le eccezioni* che il debitore ceduto poteva opporre al cedente (**24**.3).

I titoli di credito servono proprio a evitare questi inconvenienti, consentendo che i crediti circolino in modo più semplice, rapido e sicuro. In tal modo svolgono una funzione molto importante per il sistema economico.

Possiamo considerare il titolo di credito mettendoci prima di tutto *dal punto di vista del soggetto che lo ha formato* (o «emesso»: per questo si chiama **emittente**). Lo definiamo allora come il **documento che esprime l'obbligo dell'emittente di eseguire la prestazione lì indicata**: e la definizione ricollega i titoli di credito alla categoria delle promesse unilaterali, fonti di obbligazioni

(**46**.2). Ma è utile considerare il titolo di credito anche *dal punto di vista del soggetto che lo riceve*: e allora lo definiamo il **documento che attribuisce al suo legittimo possessore il diritto alla prestazione lì indicata**. Entrambe le definizioni parlano di **«documento»**: e vedremo subito che sta proprio qui la chiave essenziale per comprendere il meccanismo dei titoli di credito.

La disciplina dei titoli di credito è contenuta sia nel *codice civile* (art. 1992-2027), dove si enunciano i principi generali della materia; sia nelle *leggi speciali* che riguardano i diversi tipi di titoli di credito: in particolare nel r.d. 1669/1933 sulla cambiale e nel r.d. 1736/1933 sull'assegno, che furono emanati – in sostituzione delle corrispondenti norme del codice di commercio – per adeguare il diritto italiano a *convenzioni internazionali*.

2. Le caratteristiche dei titoli di credito

I titoli di credito garantiscono *rapidità e sicurezza della circolazione dei diritti* in essi indicati, grazie alle particolari regole che ne disciplinano la formazione, il trasferimento e l'acquisto. Un modo riassuntivo per indicare tali regole consiste nel dire che esse attribuiscono ai titoli di credito determinate caratteristiche, che sono: ☞ l'**incorporazione** del diritto nel documento; ☞ la **letteralità**; ☞ l'**autonomia**; ☞ la **legittimazione** all'esercizio del diritto, data dal **possesso del documento** che lo incorpora.

I titoli di credito sono naturalmente destinati alla *circolazione*: se A emette un titolo a favore di B («primo prenditore»), è fisiologico che B non se lo tenga, ma lo trasferisca a C, e questi a D, e così via. Ciò ha una conseguenza: quando viene il momento di esercitare contro il debitore-emittente il diritto incorporato nel titolo, *chi esercita il diritto di solito non è il «primo prenditore», che ha avuto il rapporto diretto con il debitore-emittente, bensì è un successivo acquirente estraneo a qualsiasi rapporto con il debitore*. Le regole sui titoli di credito muovono da questo presupposto, che va sempre tenuto presente.

3. L'incorporazione

Il diritto cui si riferisce il titolo di credito è necessariamente incorporato nel **documento** in cui il titolo consiste: vale a dire, nel *foglio di carta sul quale è scritto e sottoscritto l'obbligo del debitore*. Il significato specifico dell'incorporazione è questo: il titolo di credito si forma solo con la formazione materiale del documento; uno è titolare del diritto incorporato, solo se è proprietario del documento; può esercitare concretamente il diritto, solo se dispone materialmente del documento. In altre parole: il diritto si identifica con il documento; e siccome questo è una cosa materiale (un pezzo di carta), si può dire che *il diritto si materializza.*

Ciò sembra contrastare, un po' paradossalmente, con la tendenza alla smaterializzazione della ricchezza: eppure, è proprio in questo modo che i titoli di credito riescono a svolgere la loro fondamentale funzione. Con l'incorporazione, il diritto incorporato nel documento diventa una *cosa materiale*, e più di preciso una *cosa mobile*: dunque circola secondo le stesse *regole che valgono per la circolazione delle cose mobili*, e che molto più delle regole sulla circolazione dei crediti garantiscono rapidità dei trasferimenti e sicurezza degli acquisti.

Ciò vale, in particolare, per la *regola «possesso vale titolo»* (art. 1153), che a determinate condizioni fa salvo perfino l'acquisto di chi acquista dal non proprietario (**21**.18). Applicata ai titoli di credito, la regola significa che *uno può acquistare la proprietà di un titolo di credito – e quindi la titolarità del diritto in esso incorporato – anche se lo acquista e lo riceve da chi non ne è il proprietario* (ad es., dal ladro che l'aveva rubato), a condizione che abbia acquistato il *possesso del titolo* (art. 1994): ☞ *in buona fede*, e cioè ignorando che il dante causa non ne è il legittimo titolare; e ☞ in modo qualificato, e cioè *in conformità delle norme che ne regolano la circolazione* (vedremo fra breve il senso di questo requisito: **47**.7-10).

Anche al di fuori dei titoli di credito, un diritto può trovare riscontro in un documento che lo riguarda e consente di esercitarlo: ad es., se A vende a B una cosa con un contratto scritto, il suo credito per il prezzo risulta dal documento contrattuale, ed esibendo il documento egli può far valere il diritto. Ma c'è differenza: qui il diritto non è incorporato nel documento, nel senso che esiste a prescindere dal documento (salvo il caso di *forma* scritta per la validità); e si può esercitare anche senza documento, la cui mancanza rende solo più difficile l'onere della *prova.*

4. La letteralità

Letteralità significa che *il contenuto e i limiti del diritto sono determinati dal tenore letterale del titolo*, vale a dire dalle parole scritte sul documento.

Anche questa caratteristica *garantisce l'acquirente del titolo*, rendendo il suo acquisto più sicuro e meno attaccabile. Se il titolo indica un credito per 50.000 euro, esigibile alla scadenza del 31 marzo 2017, l'acquirente del titolo ha la sicurezza di poter esigere quella somma (e nulla di meno) a quella scadenza (e non più tardi): anche se, in ipotesi, un precedente titolare aveva accordato al debitore una parziale remissione del debito, «scontandogli» 10.000 euro, o aveva già ricevuto da lui 10.000 euro, residuando così un credito di soli 40.000 euro; o se gli aveva concesso una dilazione di pagamento al 30 settembre. Questa garanzia può anche esprimersi così: l'acquirente del titolo di credito è *immune dalle eccezioni contrastanti con il tenore letterale del titolo.*

Attenzione: la letteralità *protegge solo i successivi acquirenti del titolo, terzi* rispetto al rapporto che contrasta col tenore letterale di questo; non protegge invece chi sia parte di questo rapporto. Immaginiamo che un prenditore del titolo conceda al debitore dilazione fino al 30 settembre, e poi esiga il pagamento alla scadenza scritta nel titolo (31 marzo): il debitore può respingere la pretesa, opponendogli l'eccezione di concessa dilazione. Tutto questo sarà ancora più chiaro quando distingueremo – nell'ambito delle eccezioni opponibili dal debitore – fra quelle reali e quelle personali (**47**.16).

5. L'autonomia

Autonomia significa che chi acquista un titolo di credito, e con esso acquista il diritto che vi è incorporato, fa *un acquisto autonomo rispetto alla posizione e ai rapporti di tutti i precedenti titolari*, attraverso cui – di passaggio in passaggio – il titolo è pervenuto all'ultimo acquirente. È come se, a ogni trasferimento del titolo, il diritto rinascesse vergine in capo all'acquirente attuale.

Ciò rende più sicuro l'acquisto (e quindi giova alla circolazione), sotto due profili: ☞ se l'acquirente acquista non lo stesso diritto del precedente titolare, ma *un diritto idealmente nuovo*, il diritto da lui acquistato è *immune dalle eccezioni che il debitore avrebbe potuto opporre ai precedenti titolari:* ad es., non può sentirsi opporre dal debitore che il credito si è estinto per compensazione con un controcredito verso un precedente titolare (come invece potrebbe accadere al normale cessionario di un credito); ☞ se ciascun acquisto è autonomo dai precedenti passaggi del titolo, *l'eventuale difetto di uno dei passaggi «a monte» non pregiudica gli acquisti successivi*, in deroga alla regola generale che vale per i trasferimenti a titolo derivativo (**16**.10). Se A trasferisce a B e poi B trasferisce a C, di norma l'acquisto di C può essere pregiudicato da un difetto presente nel passaggio fra A e B; ma se si trasferisce un titolo di credito, grazie all'autonomia l'acquisto di C non è toccato da qualsivoglia vizio presente nei passaggi precedenti (un po' come accade con gli *acquisti a titolo originario*: **16**.2).

6. La legittimazione del possessore

Questa caratteristica si lega al principio dell'incorporazione, e implica la necessità di distinguere fra titolarità e legittimazione: ☞ la **titolarità** è la *posizione di chi è legalmente proprietario del documento,* e dunque è il *titolare lega-*

le del diritto incorporato; essa dipende da un *dato giuridico*, e cioè dalla regolarità giuridica dell'acquisto del titolo (se uno ruba un titolo di credito altrui, è ovvio che non ne diventa titolare; se lo acquista dal titolare, sì); ☞ la **legittimazione** è la *posizione di chi ha i requisiti per esercitare il diritto incorporato nel titolo*; il requisito fondamentale è un *dato di fatto*, e cioè il **possesso del titolo** (**21**.1): può esigere la somma indicata in una cambiale o in un assegno solo chi ha in mano il documento che materializza il titolo e incorpora il diritto. Normalmente le due posizioni coincidono: il titolare ha il possesso del documento (dunque è legittimato all'esercizio del diritto); e chi ha il possesso del documento è il titolare. Ma qualche volta possono presentarsi scisse: *il titolare non è legittimato perché non ha il possesso del titolo* (che per es. ha perso, o gli è stato rubato); e *la legittimazione spetta al possessore del documento, che non è il titolare* (perché l'ha trovato, o rubato).

Il rapporto fra legittimazione e possesso del titolo è sintetizzato dall'art. 1992, c. 1 («Il possessore di un titolo di credito ha diritto alla prestazione in esso indicata verso presentazione del titolo, purché sia legittimato nelle forme prescritte dalla legge»). Se ne ricava che: ☞ il possesso del titolo è **necessario** per la legittimazione: *senza possesso, non c'è legittimazione*; il debitore non è tenuto a pagare a chi non è in grado di esibire il titolo; ☞ il possesso è, di regola, anche **sufficiente** per la legittimazione, nel senso *che il possessore, per legittimarsi, non ha bisogno di dare la prova della titolarità*: si presume che egli sia il titolare, per il solo fatto che ha il possesso; ☞ peraltro, il possesso utile per la legittimazione non è un possesso qualunque, ma deve essere un **possesso qualificato**, e cioè *corrispondente alle «forme prescritte dalla legge»*. Deve avere quella stessa caratteristica che, oltre alla buona fede, abbiamo visto necessaria per l'acquisto dal non proprietario: la *conformità alle «norme che ... disciplinano la circolazione»* del titolo (art. 1994), di cui parleremo subito dopo.

Spostiamo ora lo sguardo dal possessore del titolo al *debitore, cui il titolo viene presentato per il pagamento*. Per il possessore il problema era: a che condizioni è legittimato (anche se non è il titolare)? Per il debitore il problema è: a che condizioni è liberato dal pagamento fatto (anche se ha pagato a chi non è il titolare)? Risponde l'art. 1992, c. 2. Il *debitore che paga al possessore non titolare* (ad es. al ladro che ha rubato il documento al titolare), è di regola *liberato*, e quindi non deve pagare una seconda volta al vero titolare, a meno che: ☞ sia in *dolo*, e cioè sappia che il possessore a cui paga non è il vero titolare; oppure ☞ sia in *colpa grave*, e cioè lo ignori per un imperdonabile difetto di diligenza (ad es., la firma di girata a favore del possessore è falsificata in modo così grossolano, che chiunque se ne sarebbe accorto).

La legittimazione basata sul possesso ha un'ulteriore conseguenza: il debitore che paga al possessore del titolo ha *l'onere di chiedergli la restituzione del titolo stesso*. Se non lo fa, e il titolo circola ulteriormente e perviene a un terzo che ne acquista il possesso in buona fede, questo terzo ne diventa il legittimo titolare, e il debitore deve pagare una seconda volta a lui. (Ciò rappresenta un'ulteriore sicurezza per l'acquirente del titolo: egli non ha da temere l'eccezione di già compiuto pagamento, come invece deve temerla il normale cessionario di un credito).

7. La legge di circolazione del titolo

Il modo in cui si determina la legittimazione del possessore dipende dalle *norme che regolano la circolazione del titolo* (c.d. legge di circolazione). Esse impongono *formalità* da osservare o *adempimenti* da compiere per il regolare trasferimento del titolo, senza i quali il titolo non viene regolarmente acquistato: questo consente di dire che per i titoli di credito *non opera l'effetto traslativo del consenso* (**33**.4).

In base alla legge di circolazione che vale per ciascuno, i titoli di credito si dividono in tre categorie: ☞ titoli **al portatore**; ☞ titoli **all'ordine**; ☞ titoli **nominativi**.

8. Titoli al portatore

I titoli al portatore sono quelli con la legge di circolazione più elementare: *non indicano il nome del titolare*, e si trasferiscono con la semplice **consegna** del documento dal dante causa all'acquirente. Conseguentemente, il possessore si legittima dimostrando che il titolo gli è stato consegnato, e dunque in base alla semplice **presentazione** del titolo stesso (art. 2003).

Riguardo a essi la legge limita l'autonomia privata, con un criterio di *tipicità:* i titoli contenenti l'obbligazione di pagare una somma di denaro non possono essere al portatore, se non nei casi stabiliti dalla legge (art. 2004). Diversamente, i privati avrebbero sostanzialmente la libertà di emettere moneta: funzione riservata alle apposite autorità pubbliche. La *sostanziale equiparazione con il denaro contante* spiega perché i limiti ai trasferimenti di quest'ultimo, previsti dalle norme antiriciclaggio, valgano anche per i titoli monetari al portatore.

Sono al portatore i titoli del debito pubblico (come i cct); le obbligazioni emesse da enti pubblici e società per azioni (**53**.16); possono esserlo anche le azioni di risparmio (**53**.7), i certificati di fondi comuni di investimento e le azioni di sicav (**59**.15), che però possono anche essere nominativi.

9. Titoli all'ordine: la girata

La legge di circolazione dei titoli all'ordine è più complicata. Essi *indicano il nome del titolare del diritto*: colui a favore del quale il titolo viene originariamente emesso (primo prenditore), oppure colui al quale il titolo viene successivamente trasferito, e più precisamente girato. Infatti i titoli all'ordine si trasferiscono mediante **girata** all'acquirente, seguita dalla **consegna** del titolo al nuovo titolare: la girata è la *dichiarazione di volontà, scritta e sottoscritta sul titolo, con cui il titolare (girante) ordina al debitore di eseguire la prestazione a favore di un nuovo titolare (giratario)*: art. 2009, c. 1.

Il possessore di un titolo all'ordine è **legittimato** all'esercizio del diritto in base a una **serie continua di girate** (art. 2008). Occorre, cioè, che chi presenta il titolo per il pagamento risulti come l'ultimo giratario, e che il suo girante risulti come giratario della girata precedente, il cui girante a sua volta deve essere indicato come il precedente giratario, e cosi via *risalendo fino alla prima girata*, fatta dal primo prenditore).

Questa disciplina riceve un'applicazione integrale solo quando si ha girata **piena**: quando cioè *il girante indica il nome del giratario.* Ma può aversi anche girata **in bianco**, che consiste nella semplice *dichiarazione del girante di voler girare, ma senza indicazione del nome del giratario*, a cui il documento viene consegnato. A questo punto, il titolo può circolare con la *semplice consegna* dall'attuale titolare al titolare successivo, *come se fosse un titolo al portatore.* Proprio per questo la girata in bianco consente una *circolazione più snella* del titolo, ma presenta *più rischi* per il nuovo titolare: se questi viene derubato del titolo o lo perde, chi se ne impossessa è senz'altro legittimato all'esercizio del diritto, per il semplice fatto di presentarlo al debitore (il quale facilmente pagherà senza dolo né colpa grave, e quindi con effetto liberatorio); se invece il titolo smarrito o rubato era stato girato in modo pieno, l'illegittimo possessore può apparire legittimato solo falsificando la firma del legittimo titolare (dunque ci sono maggiori probabilità che il debitore non paghi, o paghi senza per questo liberarsi verso il titolare).

Quando un titolo all'ordine è girato in bianco, e quindi circola come un titolo al portatore, qualunque successivo possessore del titolo può interrompere questo tipo di circolazione *riempiendo la girata* (art. 2011, c. 2).

Segnaliamo altri due tipi di girata, che si caratterizzano in relazione al particolare scopo per cui la girata è fatta: ☞ la girata **per incasso** o **per procura** si fa apponendo alla girata una di queste due formule. In questo *modo il giratario è incaricato dal girante di ricevere per suo conto la prestazione:* egli può esercitare tutti i diritti inerenti al titolo, ma non può a sua volta girarlo, se non per procura (art. 2013, c. 1); ☞ la girata **in garanzia** attribuisce al giratario un *diritto di pegno sul credito* incorporato nel titolo. Il giratario in garanzia può esercitare tutti i *diritti inerenti al titolo* (in particolare, può riscuotere il credito, trattenendo la somma a lui dovuta e restituendo l'eventuale eccedenza al girante); ma non può girarlo, se non per procura (art. 2014, c. 1). In relazione a entrambe, la legge limita rigorosamente le *eccezioni* che il debitore può opporre al giratario (art. 2013, c. 2; 2014, c. 2).

Sono titoli all'ordine: la cambiale; l'assegno bancario e circolare; il duplicato della lettera di vettura e la polizza di carico; la fede di deposito.

10. Titoli nominativi

I titoli nominativi sono quelli con la legge di circolazione più complicata. Sono *sempre intestati all'avente diritto*, il cui nome deve risultare in due luoghi: sul titolo stesso, e nel registro dell'emittente (ad es., il libro dei soci di una società per azioni). Il trasferimento richiede perciò (oltre alla *consegna* del titolo all'acquirente) un doppio adempimento (art. 2022, c. 1): ☞ l'annotazione del nome dell'acquirente **sul titolo**, oppure l'emissione di un *nuovo titolo* intestato all'acquirente; e inoltre ☞ la corrispondente annotazione **nel registro dell'emittente**.

Coerentemente, è *legittimato* all'esercizio del diritto il possessore del titolo, che abbia il proprio nome indicato sia sul titolo sia nel registro dell'emittente (art. 2021).

Il titolo nominativo può essere trasferito anche mediante **girata**. Ci sono però *requisiti di forma-contenuto*: la girata deve essere *piena*, e la firma del girante deve essere *autenticata* da un notaio. E *limiti di efficacia*, perché il trasferimento vale solo *fra girante e giratario*: diventa efficace *verso l'emittente* solo quando viene annotato nel suo registro; e il giratario ha diritto di ottenere l'*annotazione* se, oltre a possedere il titolo, si legittima in base a una serie continua di girate (art. 2023).

Titoli obbligatoriamente nominativi sono le azioni di società, tranne le azioni di risparmio e quelli di sicav. Possono essere nominativi anche i titoli del debito pubblico e le obbligazioni di enti pubblici e di società: più spesso, però, sono al portatore; lo stesso vale per i certificati dei fondi comuni. Può essere nominativa anche la polizza di carico: ma generalmente è all'ordine.

11. Altre classificazioni dei titoli di credito

Oltre che in base alla legge di circolazione, i titoli di credito possono classificarsi in base ad altri criteri.

Con riguardo al contenuto – cioè al *tipo di diritto* incorporato nel documento – possiamo distinguere titoli monetari, titoli rappresentativi di merci e titoli di partecipazione (**47**.12).

Con riguardo ai *destinatari dell'emissione*, distinguiamo fra titoli individuali e titoli di serie (**47**.13).

Infine, con riguardo al *modo in cui la ragione dell'emissione influenza la disciplina del titolo*, distinguiamo fra titoli causali e titoli astratti (**47**.14-15).

12. Titoli monetari, titoli rappresentativi di merci e titoli di partecipazione

Questa classificazione si basa sul tipo di diritto incorporato nel documento.

I **titoli monetari** incorporano il diritto al pagamento di una *somma di denaro*: vi rientrano la cambiale, l'assegno, le obbligazioni di società ed enti pubblici, i titoli del debito pubblico.

I **titoli rappresentativi di merci** sono emessi in collegamento con operazioni di trasporto o di deposito. Attribuiscono al titolare il diritto alla *consegna di merci trasportate o depositate, o altri diritti sulle merci* stesse. Ad es., le merci affidate a un vettore per il trasporto sono rappresentate dal *duplicato della lettera di vettura* o dalla *ricevuta di carico*, oppure dalla *polizza di carico* (**40**.15). Per il principio dell'incorporazione, trasferire il titolo (il che si fa mediante girata: art. 1691, c. 1) equivale a disporre delle merci; e chi, in buona fede, acquista il titolo da chi non ne è proprietario, ottenendone la consegna, acquista la disponibilità giuridica delle merci in base alla regola «possesso vale titolo». Lo stesso vale per le merci depositate nei magazzini generali, che sono rappresentate dalla *fede di deposito* (**40**.17). Ad essa è unita la *nota di pegno*: se il titolare la stacca e, dopo averla girata ad altra persona, gliela consegna, quest'ultima acquista un diritto di pegno sulle merci depositate (art. 1791 e segg.).

I **titoli di partecipazione** attribuiscono al titolare non un singolo diritto, ma *un complesso di diritti e posizioni di varia natura*, che nel loro insieme potrebbero considerarsi uno *status* (**4**.15). Ne sono esempio le azioni di società, che incorporano lo status di socio (**54**.6); e i certificati dei fondi comuni, che rappresentano i diversi diritti dei partecipanti al fondo (**59**.15).

13. Titoli individuali e titoli di serie

Questa classificazione distingue i titoli di credito, con riguardo ai destinatari dell'emissione.

I **titoli individuali** sono quelli *emessi a favore di un destinatario determinato*, che si presenta come l'unico protagonista dell'operazione per la quale il titolo viene emesso: una cambiale viene emessa per meglio garantire il recupero del credito fatto all'emittente; l'assegno viene emesso a favore di quel determinato soggetto, a cui si deve fare un pagamento; se una certa partita di merce va consegnata a un soggetto determinato, a favore di quel soggetto si rilascia la polizza di carico.

I **titoli di serie** (o **di massa**) sono invece emessi in relazione a un gran numero di possibili destinatari, non individualmente noti al momento dell'emissione; per questo sono emessi in un grandissimo numero di esemplari, con identico contenuto. Si pensi ai titoli del debito pubblico, alle azioni e obbligazioni di società, ai certificati dei fondi comuni di investimento. La loro funzione economica è il finanziamento dell'emittente, che attraverso essi raccoglie il risparmio del pubblico a cui li offre. Sostanzialmente la categoria dei titoli di serie coincide con la categoria degli strumenti finanziari, che sono appunto il mezzo tipico per la raccolta del pubblico risparmio (**59**.14).

14. Rapporto cartolare e rapporto fondamentale

Ai titoli di credito si collegano *due rapporti giuridici*, la cui distinzione è essenziale per comprendere la differenza fra titoli causali e titoli astratti.

I titoli di credito vengono sempre creati per qualche ragione, che ne spiega l'emissione: ad es., una cambiale dell'importo di 30.000 euro può venire emessa da A a favore di B perché A ha comprato da B una cosa per quel prezzo, che è obbligato a pagargli; oppure perché A ha avuto un prestito da B, che è tenuto a restituire; o anche perché A intende donare a B 30.000 euro; e così via. In altre parole, sotto l'emissione di un titolo di credito sta sempre un'*operazione economica*, di cui il titolo di credito è uno strumento attuativo; è tale operazione a costituire il *fondamento* e la *giustificazione* del titolo stesso: in altre parole, la sua «*causa*» (**31**.7). Negli esempi appena formulati, l'operazione che funziona da causa della cambiale emessa è, di volta in volta: un contratto di vendita, di mutuo, di donazione. E ancora: le azioni di società hanno la loro causa nel contratto costitutivo della società o nella delibera che ne aumenta il capitale (**53**.9); una polizza di carico e una fede di deposito si fondano sui corrispondenti contratti di trasporto e di deposito; e così via.

Rispetto a ogni titolo di credito, possono così individuarsi due rapporti:

☞ prima di tutto il **rapporto cartolare**, che *nasce dall'emissione del titolo*: se A emette una cambiale a favore di B, fra A e B nasce un rapporto cartolare, fatto dell'obbligazione di A e del corrispondente diritto di B. Il rapporto cartolare può subire modifiche, in relazione alle vicende del titolo: ad es., se la cambiale viene pagata da A e a lui restituita, il rapporto cartolare si estingue; se B gira la cambiale a C, il rapporto cartolare adesso corre fra A e C. L'azione diretta a far valere i diritti nascenti dal rapporto cartolare si chiama **azione cartolare**;

☞ ma a fianco, o al di sotto, del rapporto cartolare, sta il **rapporto fondamentale**, che nasce *dall'operazione (dal negozio) costituente la causa del titolo emesso*: ad es. il rapporto fra il compratore A e il venditore B; o fra il mutuante B e il mutuatario A; o fra il donante A e il donatario B. Questo rapporto esiste a prescindere dall'emissione della cambiale di A a favore di B. L'azione per far valere il diritto nato dal rapporto fondamentale si chiama **azione causale**.

Fra rapporto cartolare e rapporto fondamentale esistono collegamenti. Il problema è individuare in che modo un rapporto può influenzare l'altro; in che modo le vicende che toccano l'uno si ripercuotono sull'altro. In proposito valgono questi principi:

☞ per cominciare, **il rapporto cartolare influenza sempre il rapporto fondamentale**, in due sensi: ✦ *finché il rapporto cartolare è in corso e attende di essere attuato, il rapporto fondamentale è sospeso e non può farsi valere*: il venditore B non può agire contro il compratore A, in base al contratto di vendita, per ottenere il prezzo, finché la cambiale, emessa da A in relazione al prezzo del contratto, è in circolazione (art. 66, c. 3, l. camb.); ✦ *l'attuazione del rapporto cartolare estingue anche il rapporto fondamentale*: una volta che A ha pagato la cambiale, B non può più agire contro di lui per ottenere il prezzo in base al contratto di vendita (sarebbe come chiedere ad A di pagare di nuovo il prezzo già pagato!);

☞ per quanto riguarda la relazione inversa, e cioè **come il rapporto fondamentale influenza il rapporto cartolare**, si deve distinguere a seconda di quali soggetti vengono in gioco: ✦ quando sono in gioco pretese **fra le parti del rapporto fondamentale**, le vicende di questo possono sempre dare luogo a *eccezioni capaci di incidere sul rapporto cartolare*. Consideriamo anche qui la vendita con emissione di cambiale per il prezzo: quando il venditore B presenta la cambiale al compratore A e gli chiede di pagarla, A può opporgli ad es. che B non gli ha consegnato la cosa venduta (eccezione di inadempimento); o che il contratto è invalido (eccezione di nullità o di annullabilità); ✦ quando invece entrano in gioco **terzi estranei al rapporto fondamentale** (in pratica, i *successivi acquirenti del titolo*, a cui è stata girata la cambiale originariamente emessa da A a favore di B) non sempre il rapporto fondamentale influenza il rapporto cartolare: in certi casi le *eccezioni basate sul rapporto fondamentale* sono *opponibili* anche a questi terzi; in altri casi, sono *non opponibili*. A questa differenza si lega la distinzione fra titoli di credito causali e astratti.

15. Titoli causali e titoli astratti

I **titoli causali** sono quelli che, *nel testo del documento, fanno riferimento al rapporto fondamentale*, e dunque alla causa della loro emissione. Ad es.: l'azione fa riferimento al contratto costitutivo della società; la polizza di carico e il duplicato della lettera di vettura menzionano il contratto di trasporto.

Ciò ha questa conseguenza: **il rapporto fondamentale influenza sempre il rapporto cartolare**, anche quando sono in gioco **terzi**; le vicende del rapporto fondamentale generano *eccezioni opponibili anche ai terzi successivi acquirenti del titolo, estranei al rapporto fondamentale*. Ad es., il vettore, emittente di una polizza di carico, può respingere la pretesa alla riconsegna della merce opponendo che le merci sono andate distrutte per un caso fortuito (che, nel regime del contratto di trasporto, libera il vettore da ogni responsabilità), anche se l'azione cartolare è esercitata non dal caricatore – parte del contratto di trasporto, a cui fu originariamente rilasciata la polizza – ma da un terzo successivo acquirente del titolo.

Anche con i titoli causali, peraltro, continua a valere il principio della *letteralità*: l'emittente della polizza di carico non può opporre ai terzi, successivi acquirenti del titolo, eccezioni fondate su particolari clausole del contratto di trasporto – specificamente pattuite fra le parti di questo – se tali clausole non sono riprodotte o richiamate nel documento.

I **titoli astratti** sono quelli che *non fanno nessun riferimento al rapporto fondamentale*. Ad es. la cambiale, dal cui testo risulta solo che A deve pagare a B 30.000 euro a una certa scadenza; ma non risulta se la causa è una vendita di cui va pagato il prezzo, o un prestito da restituire, o una semplice liberalità, o qualcos'altro. Ciò spiega la conseguenza: quando entrano in gioco dei **terzi**, la regola è che **il rapporto fondamentale non influenza il rapporto cartolare**. In altre parole: *le eccezioni fondate su vicende del rapporto fondamentale non sono opponibili ai terzi estranei a questo, che esercitano l'azione cartolare*. Se, nel solito esempio, B gira a C la cambiale emessa da A in relazione alla vendita fra A e B, quando C ne chiede il pagamento ad A, questi non può rifiutarlo, eccependo che B non gli ha consegnato la merce venduta, o che la vendita non è valida (salva l'eccezione di dolo generale: **47**.16). Eccezioni del genere potrebbero opporsi a B, se fosse B a presentare la cambiale per il pagamento: l'astrattezza opera *in funzione della circolazione* della cambiale (per renderla più sicura); dunque opera *solo a vantaggio dei terzi acquirenti*, non anche di chi è parte del rapporto fondamentale.

16. Le eccezioni opponibili dal debitore

Chi risulta debitore in base a un titolo di credito può cercare di evitare il pagamento opponendo delle eccezioni al possessore che afferma di avere la legittimazione. Tali eccezioni si dividono in due categorie (art. 1993, c. 1):

☞ le **eccezioni reali** (o **assolute**) sono quelle che il debitore può opporre *a qualunque possessore* del titolo. Sono: ✦ le eccezioni di *forma*, fondate sulla mancanza di qualche requisito formale del titolo: ad es., se il documento non reca la denominazione «cambiale», non può farsi valere come cambiale; ✦ le eccezioni fondate sul *contesto letterale del titolo*: ad es., il portatore di una cambiale non può esigere il pagamento prima della scadenza scritta sul documento, o per una somma superiore a quella che vi è indicata; ✦ le eccezioni relative alla *non riferibilità dell'obbligazione a chi risulta debitore in base al titolo*: vi rientrano i casi di *falsità della firma* (chi risulta debitore eccepisce che la sua firma sul titolo è stata falsificata); di *difetto di capacità* (l'emittente eccepisce che al momento dell'emissione era incapace di agire); di *difetto di rappresentanza* (chi risulta debitore in base a un titolo emesso da altri in suo nome eccepisce che l'emittente non aveva il potere di rappresentarlo); ✦ le eccezioni relative alla *mancanza delle condizioni necessarie per l'esercizio dell'azione*: ad es., il debitore eccepisce che l'azione cartolare si è prescritta;

☞ le **eccezioni personali** (o **relative**) sono quelle che il debitore può opporre solo a determinati possessori. Sono: ✦ le eccezioni fondate sul *difetto di legittimazione del possessore:* ad es. il debitore eccepisce che la cambiale a lui presentata non contiene la girata al possessore (manca perciò la «serie continua di girate»: **47**.9); ✦ l'eccezione di *illegittimo possesso del titolo:* ad es., il debitore eccepisce che sa – o ha forti ragioni per sospettare – che il possessore non sia il legittimo titolare (sappiamo del resto che, se il debitore pagasse in queste condizioni, non sarebbe liberato verso il vero titolare: art. 1992, c. 2); ✦ le eccezioni fondate sul *rapporto fondamentale*, che il debitore può opporre solo a chi è controparte nel rapporto stesso (e, ai terzi, solo nei titoli causali, e solo nei limiti della letteralità); ✦ le eccezioni fondate su *altri rapporti personali fra debitore e possessore del titolo*: ad es., il debitore eccepisce la compensazione del debito cartolare con un suo controcredito verso il possessore, o la remissione del debito da parte di quest'ultimo.

C'è tuttavia un caso, in cui il debitore può opporre al possessore del titolo eccezioni che non sono personali a questo, ma nascono da *rapporti personali con un precedente titolare*: il caso in cui, nell'acquistare il titolo, *l'attuale possessore ha agito intenzionalmente a danno del debitore* (art. 1993, c. 2: c.d. **eccezione di dolo generale**). Un esempio: A fa un acquisto da B, e gli rilascia una cambiale per il prezzo; B sa di non poterne ottenere il pagamento perché – non avendo consegnato la cosa – è esposto all'eccezione d'inadempimento;

per aggirare l'ostacolo, B si accorda con C di girargli la cambiale, così che C ne ottenga il pagamento per poi riversarlo a B; l'eccezione d'inadempimento, benché personale a B, può essere opposta da A anche al terzo C, complice della sleale macchinazione.

17. L'ammortamento dei titoli di credito

Il *proprietario del titolo che ne ha perso il possesso* (ad es. perché lo ha smarrito, o ne ha subito il furto o la distruzione) non può esercitare il diritto: egli è privo della legittimazione, che presuppone il possesso. Per altro verso, può accadere che il titolo smarrito o rubato finisca nelle mani di qualche terzo che, avendone il possesso e legittimandosi con questo agli occhi del debitore, eserciti lui il diritto (dal che può derivare – come sappiamo – la liberazione del debitore verso il legittimo titolare).

Per rimediare a questo doppio inconveniente, il titolare può ricorrere al meccanismo dell'ammortamento, che produce un **doppio effetto**, e cioè: ☞ *toglie efficacia al titolo* rubato o smarrito, così evitando che qualcuno possa esercitare il corrispondente diritto al posto del titolare (art. 2019, c. 1); ☞ *ricostituisce la legittimazione del titolare*, consentendogli di esercitare il diritto anche senza il possesso del titolo (art. 2019, c. 2).

Però la legge tiene anche conto della possibilità che il titolo smarrito o rubato, continuando a circolare, pervenga ad un terzo che lo acquista in buona fede. L'interesse del proprietario del titolo deve essere contemperato con l'*interesse dei terzi di buona fede*: vi provvedono le particolari modalità previste per la **procedura** di ammortamento.

Chi afferma lo *smarrimento*, la *sottrazione* o la *distruzione* del proprio titolo di credito, può farne *denuncia al debitore* e chiederne l'ammortamento con **ricorso al presidente del tribunale** del luogo in cui il titolo è pagabile. Il giudice, accertata la verità dei fatti esposti, pronuncia l'ammortamento con suo **decreto**, che poi va **pubblicato** nella *Gazzetta ufficiale*. A questo punto il *terzo detentore* del titolo, entro 30 giorni dalla pubblicazione, può fare **opposizione** contro il decreto (ad es., affermando di essere divenuto proprietario del titolo per averlo acquistato in buona fede): si apre allora un giudizio, che può accogliere o respingere l'opposizione. Il decreto di ammortamento produce i suoi *effetti* solo decorsi *30 giorni dalla pubblicazione*, senza che ci siano opposizioni; oppure, in caso di *opposizioni*, solo una volta che queste siano *respinte* (art. 2016-2017).

In questo modo, la legge tutela in modo equilibrato sia il titolare, sia i terzi. Ma è giusto pensare anche al debitore, per evitare che sia esposto a una doppia richiesta di pagamento: a questo fine il decreto di ammortamento va anche *notificato al debitore*; e se questi paga al terzo detentore prima della notificazione, è liberato (art. 2016, c. 5).

Questo sistema vale solo per i titoli **all'ordine** e per i titoli **nominativi**; non vale per i titoli al portatore. Per i titoli **al portatore**, il titolare può ottenerne un *duplicato* solo se prova la loro *distruzione* (art. 2007). Se, invece, riesce a provare soltanto lo *smarrimento* o la *sottrazione*, egli ha diritto di ricevere la prestazione: ma solo dopo che sia *decorso il termine di prescrizione* del titolo. Se prima del termine il debitore paga a un terzo possessore del titolo, è liberato, salvo si provi che sapeva di pagare a un possessore illegittimo (art. 2006).

18. Documenti di legittimazione e titoli impropri

Esistono documenti che presentano qualche analogia con i titoli di credito, pur non essendo confondibili con questi (art. 2002).

I **documenti di legittimazione** hanno lo scopo di *identificare facilmente chi ha diritto a una determinata prestazione:* ad es., i biglietti di viaggio, le contromarche di deposito, i biglietti di cinema o teatro, i libretti di risparmio pagabili al portatore (**59**.10).

I **titoli impropri** sono quei documenti di legittimazione che rappresentano *diritti destinati a circolare:* ad es., i c.d. «stabiliti» di contratto (art. 1407, c. 2: **33**.17), le polizze di assicurazione (**59**.3) all'ordine o al portatore, che consentono la circolazione delle corrispondenti posizioni contrattuali senza le formalità proprie della cessione.

La differenza fondamentale rispetto ai titoli di credito sta nel fatto che questi documenti non presentano i caratteri dell'incorporazione e dell'autonomia. La *mancanza dell'incorporazione* fa sì che il possesso del documento non sia necessario per l'esercizio del diritto: il titolare può pretendere la prestazione anche se non ha il documento (purché riesca per altra via a provare il proprio diritto, cosa che può essere molto difficile). La *mancanza di autonomia* si manifesta nel fatto che il diritto rappresentato dal documento si trasferisce secondo le regole della cessione del credito: per cui al cessionario sono opponibili tutte le eccezioni che si sarebbero potute opporre al cedente.

C'è tuttavia una regola che li avvicina ai titoli di credito: il debitore che, senza dolo o colpa grave, adempie la prestazione a chi gli presenta il documento, è liberato anche se questi non è il vero titolare del diritto (art. 1836, c. 1 per il libretto a risparmio; art. 1889, c. 2 per la polizza di assicurazione).

19. Nuovi sviluppi dei titoli di credito: cartolarizzazioni e dematerializzazione

La più recente evoluzione economica e tecnologica ha introdotto nel campo dei titoli di credito alcune novità, che mutano il quadro tradizionale della materia.

Alcuni titoli, tradizionalmente molto importanti e diffusi, *tendono oggi a perdere spazio*. È il caso della *cambiale:* una delle sue funzioni principali – consentire la «smobilizzazione» dei crediti, rendendoli facilmente trasferibili e quindi «monetizzabili» – si realizza sempre di più con altri strumenti, come il factoring. Ed è anche il caso dell'*assegno*: sempre più spesso sostituito da mezzi di pagamento alternativi – come il bonifico bancario, la carta di credito, la tessera bancomat – basati sulle procedure di «trasferimento elettronico di fondi» (**48**.19).

La tendenza a valorizzare le risorse economiche incorporandole (in un certo senso trasformandole) in titoli di credito che le rappresentano si estende, occupando nuovi campi e inventando nuovi strumenti: è il fenomeno detto «*cartolarizzazione*», con riferimento alla «carta» che incorpora la risorsa (o «*securitisation*», dall'inglese «securities» = titoli di credito). Così, la l. 130/1999 regola la *cartolarizzazione dei crediti*, basata sulla cessione di ingenti quantità di crediti (ad es. quelli che una banca ha verso i soggetti da lei finanziati) a un apposito operatore, detto «società veicolo». Per procurarsi il denaro onde pagare al cedente i crediti acquistati, la società veicolo emette e colloca sul mercato appositi titoli, i quali incorporano il diritto di ricevere una certa somma, in correlazione con i pagamenti fatti dai debitori ceduti. E la tendenza investe perfino i diritti su beni immobili: come indicano le operazioni di «cartolarizzazione degli immobili pubblici» (l. 410/2001); e lo strumento dei fondi immobiliari (**59**.15).

Ma c'è un altro processo, non meno interessante: la **dematerializzazione** dei titoli di credito legata alla *diffusione delle tecnologie informatiche*, che segna un ulteriore punto di svolta nelle forme e nei modi in cui si presenta la ricchezza economica. Sappiamo che nelle economie moderne la ricchezza si smaterializza: anche i crediti sono ricchezza. Ma poi abbiamo visto che, per potersi massimamente valorizzare, la ricchezza rappresentata dai crediti ha avuto bisogno di rimaterializzarsi: di incorporarsi nel supporto cartaceo del documento. Adesso sembra aprirsi una fase ulteriore, all'insegna di una nuova smaterializzazione: lo scambio di molti titoli sul mercato è *sempre meno uno scambio fisico, e sempre più uno scambio che si riduce a registrazione nella memoria di computer*.

Oggi l'emissione di titoli di serie destinati a circolare nei mercati regolamentati (come le azioni quotate in borsa), e più in generale l'emissione di strumenti finanziari destinati a essere largamente diffusi presso il pubblico (**59**.16) non avviene con la produzione di carta, ma con la semplice *registrazione informatica* dell'emissione presso una *società di gestione accentrata degli strumenti finanziari*, dove si costituisce un «conto» intestato all'emittente. Gli acquisti e le vendite si realizzano allora senza la consegna materiale dei documenti, ma con la semplice *registrazione informatica delle operazioni*. Vi provvedono, per conto degli interessati, appositi *intermediari autorizzati* (per lo più banche), che a loro volta aprono «conti» intestati ai clienti interessati. La materia è regolata dagli art. 28 e segg. d.lgs. 213/1998, che disciplina problemi quali la legittimazione, l'acquisto in buona fede, l'opponibilità di eccezioni relativamente ai titoli dematerializzati, secondo criteri analoghi a quelli degli art. 1992-1994.

48

CAMBIALE, ASSEGNO E NUOVI MEZZI DI PAGAMENTO

1. La cambiale: tipi, funzioni e caratteristiche

La cambiale è un *titolo di credito all'ordine* che incorpora *l'obbligazione incondizionata di pagare (o far pagare) la somma di denaro indicata nel titolo*, alla scadenza e nel luogo indicati nel titolo. È regolata dal **r.d. 1669/1933**.

Esistono *due tipi* di cambiale:

☞ il **pagherò cambiario** (o vaglia cambiario) ha la struttura più semplice, perché coinvolge due soli soggetti: contiene *la promessa, formulata da un soggetto* (**emittente**), *di pagare una somma di denaro a un altro soggetto* (**prenditore**);

☞ la **cambiale tratta** implica invece tre soggetti: contiene *l'ordine, che un soggetto* (**traente**) *rivolge a un altro soggetto* (**trattario**), *di pagare una somma a un terzo soggetto* (**prenditore**). L'ordine è, di regola, giustificato dal fatto che il trattario è debitore del traente (*rapporto di provvista*), mentre il traente è a sua volta debitore del prenditore, cui la cambiale viene rilasciata (*rapporto di valuta*): è lo schema della *delegazione di debito* (**24**.5). E, secondo lo schema della delegazione, se *il trattario accetta* l'ordine, diventa obbligato verso il prenditore. Se invece *il trattario non accetta*, obbligato verso il prenditore rimane solo il traente, che ha emesso e sottoscritto la cambiale.

Quest'ultimo rilievo ci introduce a un principio fondamentale in materia di cambiale, di cui vedremo varie applicazioni: *chiunque, a qualunque titolo, mette la sua firma su una cambiale, assume l'obbligazione indicata nella cambiale* (salvo che firmi in rappresentanza di un altro, e ne abbia il potere).

Si è detto che la cambiale indica la **scadenza** entro cui va pagata. La scadenza può risultare in modi diversi. Può essere: ☞ **a data fissa** (ad es.: 15 marzo 2011); ☞ **a certo tempo data** (ad es.: sei mesi dalla data di emissione); ☞ **a vista**: in tal caso scade, ed e pagabile, nel momento stesso in cui il portatore la presenta per il pagamento; ☞ **a certo tempo vista** (ad es.: sei mesi dalla presentazione). Se la cambiale non indica la scadenza, si considera pagabile *a vista* (art. 2, c. 2, l.camb.).

La primaria **funzione** della cambiale è consentire una *circolazione dei crediti di denaro molto sicura per l'acquirente*. I caratteri della cambiale, funzionali a questo obiettivo, sono quelli che valgono in generale per i titoli di credito – incorporazione, letteralità, autonomia, legittimazione del possessore –, e in più quel particolare carattere dell'**astrattezza**, che è tipico solo della cambiale (oltre che dell'assegno).

Un'ulteriore funzione è offrire ai creditori uno *strumento particolarmente forte e rapido per la concreta attuazione del diritto* (cioè per l'effettivo conseguimento della somma dovuta). Ciò si ottiene grazie al carattere dell'**efficacia esecutiva**: se la cambiale è *in regola con il bollo* fin dall'inizio, *vale come titolo esecutivo*, e semplicemente in base ad essa, senza bisogno di procurarsi una sentenza di condanna del debitore, il creditore può avviare il procedimento di *esecuzione forzata* sopra i beni di questo (**9**.9).

2. Autonomia e astrattezza della cambiale

Il carattere dell'**autonomia** – proprio di tutti i titoli di credito (**47**.5) – assume particolare importanza in materia di cambiale. Infatti la cambiale è un titolo all'ordine, che circola mediante una serie di successive girate; e ciascun girante, mettendo la firma di girata sulla cambiale, diventa obbligato cambiario. Quindi è molto probabile che, in relazione alla stessa cambiale, ci sia una *pluralità di obbligati* da cui il creditore può ottenere il pagamento. E «autonomia» significa precisamente che *l'obbligazione di ciascun obbligato cambiario è indipendente dall'obbligazione degli altri*; ovvero, che *l'eventuale invalidità di una delle obbligazioni non tocca le altre*, che continuano a sussistere: il che rappresenta un sovrappiù di *sicurezza per il creditore*.

Come sappiamo, **astrattezza** significa *che il rapporto fondamentale non risulta dal titolo, e le sue vicende non influenzano il diritto cartolare dei successivi acquirenti* del titolo stesso (**47**.15). Sappiamo anche che l'astrattezza *non opera fra le parti del rapporto fondamentale* (che dà luogo a eccezioni personali al possessore della cambiale, a lui opponibili: **47**.16). Essa opera solo *a tutela dei terzi estranei al rapporto fondamentale*: se il venditore gira a un terzo la cambiale ricevuta dal compratore come prezzo della vendita, il compratore emittente non può opporre al terzo l'eccezione di inadempimento o di invalidità del contratto. Egli – come obbligato cambiario – deve pagare il terzo in base al rapporto cartolare; potrà poi rivolgersi contro il venditore, facendo valere nei suoi confronti il difetto del rapporto fondamentale, e su questa base recuperare da lui quanto pagato al terzo. «Astrattezza» non significa dunque che il rapporto fondamentale perde ogni rilevanza: ma solo che viene messo fra parentesi, per impedirgli di pregiudicare la posizione dei terzi acquirenti del titolo.

Alla luce dei principi appena descritti, si spiega la disciplina della **cambiale di favore**: quella che l'emittente rilascia al prenditore *senza avere alcun debito, e senza intenzione di assumere alcun debito, nei confronti del prenditore*, ma solo per consentirgli di «monetizzare» la cambiale nei rapporti con qualche terzo (ad es., girandola a un venditore come prezzo di un acquisto fatto, o scontandola presso una banca per procurarsi denaro liquido). Questa intesa fra emittente e prenditore – detta *convenzione di favore* – è il rapporto fondamentale sottostante alla cambiale di favore. Ne consegue che, *se il prenditore la gira a un terzo*, questi può pretendere il pagamento dall'emittente (che non può opporgli la relativa eccezione, fondata su un fatto a lui estraneo); invece *se il prenditore si rivolge direttamente all'emittente*, questi può rifiutare il pagamento, opponendogli la convenzione di favore (materia di un'eccezione personale a lui).

3. I requisiti della cambiale

La cambiale deve presentare requisiti di forma e di contenuto.

Quanto alla **forma**, la dichiarazione cambiaria deve essere redatta per iscritto: di regola, su appositi *moduli* filigranati, venduti per un prezzo che comprende l'*imposta di bollo*. Peraltro, la cambiale non in regola con il bollo è ugualmente valida e produce tutti i suoi effetti, tranne uno: non ha efficacia esecutiva (**48**.1).

Quanto al **contenuto**, essa deve contenere le seguenti indicazioni (art. 1 l.camb.): ☞ la denominazione di «*cambiale*», affinché chi la sottoscrive sia consapevole del particolare tipo di obbligazione che assume; ☞ la *promessa* (se è un pagherò) o l'*ordine* (se è una tratta) di *pagare una somma di denaro*, precisamente indicata; la promessa o l'ordine devono essere *incondizionati*; ☞ il nome del *prenditore*; ☞ il nome del *trattario*, se è una tratta; ☞ la *scadenza*; ☞ il *luogo* e la *data* di emissione; ☞ il *luogo del pagamento*; se questo è diverso dal domicilio del trattario o dell'emittente, ma appartiene a un terzo presso il quale va fatto il pagamento – ad es. una banca –, si ha la c.d. *cambiale domiciliata*; ☞ la *sottoscrizione* dell'emittente o del traente.

Salvo ipotesi particolari (come la cambiale in bianco: **48**.5), se uno dei requisiti manca il documento non vale come cambiale (art. 2, c. 1, l.camb.). Può tuttavia valere come *promessa di pagamento*, con l'effetto di dispensare chi risulta creditore dall'onere di provare il rapporto fondamentale (**46**.4).

4. Capacità e rappresentanza nella cambiale

Chi sottoscrive una cambiale deve avere la *capacità di agire*. Se l'emittente è un incapace assoluto, deve essere *sostituito* dal rappresentante legale, che firma la cambiale in suo nome (**11**.11). Se è un incapace relativo deve essere *assistito* dal curatore, che firma anch'egli la cambiale «per assistenza» (emettere una cambiale è atto di straordinaria amministrazione: **11**.12).

Può aversi anche *rappresentanza volontaria*: se la procura rilasciata da A a B copre l'emissione di cambiali, e B sottoscrive una cambiale in nome di A, A diventa obbligato cambiario. Se invece B è un *falso rappresentante*, si ha una deroga alla regola generale (**30**.6): mentre di solito il contratto concluso dal falso rappresentante non vincola quest'ultimo (tenuto solo al risarcimento del danno), chi senza potere firma una cambiale in nome di un altro diventa *obbligato cambiario in proprio* (art. 11 l.camb.).

5. La cambiale in bianco

Senza firma dell'emittente o del traente la cambiale non esiste. Ma gli altri elementi possono mancare al momento dell'emissione, ed essere inseriti dopo.

La cambiale in bianco è appunto quella in cui *non sono indicati alcuni elementi* (ad es., la somma da pagare). La cambiale sarà *completata successivamente*, con l'indicazione degli elementi mancanti, dal prenditore: ma questi dovrà farlo, attenendosi all'accordo stabilito con l'emittente (*convenzione di riempimento*). Un esempio: A deve rifornirsi da B di merci per un quantitativo che non è in grado di fissare subito, ma che potrà definire solo nel corso della fornitura; in pagamento, B si fa rilasciare da A una cambiale con la somma in bianco, e con l'intesa che B vi segnerà la somma corrispondente al quantitativo che risulterà effettivamente consegnato ad A al termine della fornitura.

La cambiale in bianco deve essere riempita *entro tre anni* dall'emissione, a pena di *decadenza* (art. 14, c. 2, l.camb.).

Nel caso di *violazione dell'accordo di riempimento* da parte del prenditore (che ad es. completa la cambiale con una somma superiore a quella che avrebbe dovuto indicare), il prenditore che pretende di farsela pagare dall'emittente si espone all'*eccezione di abusivo riempimento* (eccezione personale a lui). Non così se la cambiale viene presentata da un terzo giratario: l'eccezione non può essergli opposta, salvo che egli abbia acquistato la cambiale in mala fede o con colpa grave (art. 14, c. 1, l.camb.).

6. Gli obbligati cambiari

Diversi soggetti possono risultare obbligati al pagamento della somma indicata nella cambiale. Essi si dividono in due categorie:

☞ gli obbligati **principali** sono quelli a cui il portatore del titolo deve rivolgersi *in prima battuta* per ottenere il pagamento. Sono: ✦ nel pagherò cambiario, l'*emittente*; ✦ nella cambiale tratta, il *trattario accettante* (che abbia cioè accettato l'ordine del traente, sottoscrivendo la cambiale «per accettazione»: se non accetta, il trattario non è obbligato cambiario); l'accettazione deve essere incondizionata, a pena di nullità; ma può essere parziale, cioè limitata a una parte della somma portata in cambiale; ✦ gli *avallanti* (**48**.8) dell'emittente o dell'accettante;

☞ gli obbligati **di regresso** sono quelli a cui il portatore della cambiale può chiedere il pagamento solo in *seconda battuta*, se non riesce a ottenerlo dagli obbligati principali. Sono: ✦ il *traente*, nella cambiale tratta: egli risponde solo se il trattario non accetta o se, avendo accettato, non paga; ✦ i *giranti*, cioè gli ex titolari della cambiale, che l'hanno trasferita ad altri mediante girata; ✦ gli *avallanti* del traente o dei giranti.

Obbligati cambiari sono dunque *tutti coloro che hanno apposto la loro firma sul documento:* firmare una cambiale, a qualunque titolo, significa assumersi la responsabilità (in via principale o di regresso) per il suo pagamento.

Gli obbligati cambiari appartenenti alla stessa categoria (principali o di regresso) sono *obbligati in solido* fra loro.

7. La girata della cambiale

Come titolo all'ordine, la cambiale si trasferisce mediante girata (art. 15 e segg. l.camb.): che è *la dichiarazione con cui il prenditore (girante) ordina al debitore (emittente o trattario) di pagare a un terzo (giratario)*. Il giratario, diventato il nuovo titolare, può diventare a sua volta girante, trasferendo la cambiale a un successivo giratario; e così via.

La girata deve essere *scritta* sul documento e *sottoscritta* dal girante. Non può riguardare solo una parte del credito, né essere subordinata a condizioni: la *girata parziale* e la *girata condizionata* sono *nulle* (art. 16 l.camb.).

Come sappiamo, il girante diventa *obbligato (di regresso) verso tutti i suc-*

cessivi giratari. Può evitare questa responsabilità, se inserisce nella girata la *clausola «senza garanzia»*, ovvero se *vieta la girata successiva* (e infatti, se il giratario viola il divieto e gira ulteriormente, il girante non risponde verso i successivi giratari: art. 19 l.camb.). Anche il traente o l'emittente possono vietare le girate, inserendo nella cambiale la *formula «non all'ordine»*: in tal caso, la cambiale si trasferisce con le forme e con gli effetti (meno favorevoli per gli acquirenti) di un'ordinaria cessione del credito.

Vale per la girata della cambiale quanto già detto in termini generali: sull'*autonomia* fra le varie girate; sui *diversi tipi* di girata (piena oppure in bianco; per incasso; per procura); sulla *legittimazione del possessore* attraverso una *serie continua di girate* (**47**.9).

8. L'avallo

L'avallo si riconduce alle garanzie personali del credito (**27**.18): è la *garanzia che un soggetto (avallante) presta per un altro obbligato cambiario (avallato)*. Deve essere scritto sulla cambiale, e consiste nella formula «per avallo a favore di X» seguita dalla *firma dell'avallante*. Se l'avallante non indica per chi dà l'avallo, questo si intende dato per l'emittente o per il traente (art. 36, c. 4, l.camb.).

Con l'avallo *l'avallante diventa obbligato cambiario*, e «obbligato nello stesso modo di colui per il quale l'avallo è stato dato» (art. 37, c. 1, l.camb.): a seconda che l'avallato sia obbligato principale o di regresso, anche l'avallante diventa *obbligato principale o di regresso*. L'avallo può essere anche *parziale*, e cioè coprire solo parte del debito cambiario (art. 35, c. 1, l.camb.).

Pur avendo la stessa natura di garanzia personale, l'avallo *si distingue dalla fideiussione* (**41**.1). Infatti: ☞ per la fideiussione vale il *principio di accessorietà*, per cui la fideiussione è invalida se non è valida l'obbligazione garantita; al contrario, per l'avallo vale il *principio di autonomia*: l'obbligazione cambiaria dell'avallante è valida anche se risulta invalida l'obbligazione dell'avallato, con l'unica eccezione dell'invalidità per difetto di forma (art. 37, c. 2, l.camb.); ☞ mentre il fideiussore può opporre al creditore le stesse *eccezioni* che spettano al debitore principale, l'avallante non può opporre al portatore della cambiale le eccezioni che spettano all'avallato: autonomia delle obbligazioni cambiarie.

Se l'avallante è costretto a pagare la cambiale, egli *subentra al creditore* nei diritti cambiari contro l'avallato e contro coloro che sono cambiariamente obbligati verso quest'ultimo (altri suoi avallanti, girante dell'avallato e giranti anteriori; emittente o traente): art. 37, c. 3, l.camb.

9. Il pagamento della cambiale

Alla *scadenza* della cambiale, il *portatore* (legittimato nel modo che sappiamo) può esigerne il pagamento, presentandola all'*obbligato principale*. Se l'obbligato principale non paga, il portatore può rivolgersi (alle condizioni che vedremo fra poco) contro gli *obbligati di regresso*.

Il *luogo* del pagamento, in cui il portatore deve presentare il titolo, è quello indicato nel documento (ricordiamo l'ipotesi di *cambiale domiciliata*: **48**.3).

Il portatore non può rifiutare un *pagamento parziale* (art. 45, c. 2-3, l.camb.), in deroga alla regola generale per cui il creditore non è tenuto ad accettare un pagamento non integrale (art. 1181). La ragione è che il pagamento della cambiale libera non solo chi lo fa, ma anche gli obbligati di regresso: e la legge tiene conto del loro interesse a essere liberati (anche solo parzialmente).

Il debitore che paga al portatore legittimato in base a una serie continua di girate, è *liberato*: a lui si chiede di controllare solo le apparenze esteriori, e cioè la continuità delle girate, non anche di verificare l'autenticità delle firme di girata. Perciò il debitore si libera anche se paga a chi non è il legittimo titolare, tranne il caso estremo che fosse in *dolo* o *colpa grave* (art. 46, c. 3, l.camb.).

Il pagamento fatto dall'*obbligato principale* estingue la cambiale: nessuno deve avere più niente da nessuno. Non così se il pagamento è fatto da un *obbligato di regresso*: infatti l'obbligato di regresso che paga al posto dell'obbligato principale deve essere messo in condizione di recuperare quanto ha sborsato. Perciò egli viene *surrogato nei diritti del portatore*: può agire a sua volta contro l'obbligato principale e, se non ottiene il pagamento da questo, contro coloro che sono obbligati in via di regresso nei suoi confronti (ad es., i giranti anteriori e gli avallanti di questi), come ora vediamo meglio.

10. Le azioni cambiarie

Le azioni cambiarie sono le *azioni che possono esercitarsi contro gli obbligati cambiari*, in mancanza di loro pagamento spontaneo. Si distinguono in due categorie (art. 49 l.camb.):

☞ l'**azione diretta** si esercita *contro l'obbligato principale*; è soggetta a *prescrizione triennale* (art. 94, c. 1, l.camb.);

☞ l'**azione di regresso** si esercita *contro gli obbligati di regresso*, e presuppone che il portatore della cambiale non abbia ottenuto il pagamento dall'obbligato principale. Può essere esercitata, in progressione, da una pluralità di soggetti: ✦ prima di tutto dal portatore della cambiale contro un obbligato di regresso (*azione di regresso del portatore*); ✦ poi da questo obbligato di regresso, interessato a recuperare quanto ha dovuto pagare, contro gli altri obbligati di regresso che hanno firmato la cambiale prima di lui; e così via risalendo nella catena delle obbligazioni di regresso (*azione di regresso dei giranti*).

In breve. Chi acquista una cambiale sa che può contare, per il pagamento, su *tutte le persone la cui firma sta sulla cambiale* (alcune in via principale; altre in via di regresso). Chi gira una cambiale, sa che ne risponde verso *tutti coloro che l'acquisteranno dopo di lui in seguito a sua girata,* e vedranno la sua firma sul titolo (giratari successivi).

L'azione di regresso è *subordinata a una condizione*, senza la quale non può esercitarsi: il **protesto** della cambiale. Del protesto può farsi a meno, solo se la cambiale reca la formula «*senza protesto*» o «*senza spese*» (art. 53 l.camb.).

11. Il protesto e l'azione di regresso

Il **protesto** è un *atto pubblico* con cui un pubblico ufficiale (notaio, ufficiale giudiziario) accerta in forma solenne che: ☞ la cambiale non è stata pagata dall'obbligato principale (protesto **per mancato pagamento**); oppure che ☞ la cambiale tratta non è stata accettata (protesto **per mancata accettazione**): in quest'ultimo caso l'azione di regresso può esercitarsi *anche prima della scadenza* della cambiale (art. 50 l.camb.).

Il protesto deve essere fatto entro termini molto stretti, a pena di *decadenza*: nel caso di protesto per mancato pagamento, in uno dei *due giorni feriali successivi alla scadenza* della cambiale. Dalla data del protesto, decorre quindi il termine di *prescrizione – un anno –* entro cui il portatore della cambiale deve esercitare l'azione di regresso. (Invece l'*azione di regresso dei giranti* si prescrive nel termine di *sei mesi* da quando il girante ha pagato o è stato colpito dall'azione di regresso: art. 94, c. 3, l.camb.).

Eseguito il protesto, scatta un *obbligo di avviso a catena*, a favore degli obbligati di regresso: il portatore avvisa il proprio girante (e il traente); quindi il girante avvisato deve a sua volta avvisare il proprio girante, che a sua volta deve avvisare il proprio, e così via risalendo nella catena delle girate. In questo modo gli obbligati di regresso sono avvertiti che il pagamento della cambiale, non fatto dall'obbligato principale, può essere chiesto a loro. Chi manca di dare l'avviso dovuto è tenuto a *risarcire l'eventuale danno* (art. 52 l.camb.).

I protesti sono resi pubblici attraverso il *bollettino dei protesti*, tenuto presso la cancelleria del tribunale: consultandolo, si può facilmente verificare se una determinata persona ha subito dei protesti, e così sapere se si tratta di un debitore affidabile o no.

12. L'accettazione e il pagamento per intervento

Sappiamo che se il trattario non accetta, il portatore della cambiale tratta può fare il protesto e quindi agire in via di regresso contro il traente e i successivi giranti. Ciò, peraltro, può essere evitato se *un altro soggetto (interveniente) interviene ad accettare al posto del trattario*: si ha allora **accettazione per intervento**, in forza della quale *l'interveniente diventa l'obbligato principale.* Se l'interveniente era già stato indicato a tale scopo dal traente nella cambiale, egli si dice «indicato al bisogno», o **bisognatario**. L'intervento può essere fatto *in favore di uno qualsiasi degli obbligati cambiari:* esso obbliga l'interveniente verso i giranti successivi a quello per cui è stato fatto, giù giù fino al portatore. Peraltro *il portatore può rifiutare l'intervento*, cosa che gli conviene fare se l'interveniente non gli sembra un debitore affidabile: infatti *l'intervento, accettato dal portatore, gli fa perdere l'azione di regresso* sia contro colui a favore del quale è stato fatto, sia contro i giranti successivi.

Si ha **pagamento per intervento** quando, scaduta la cambiale senza che l'obbligato principale la paghi, *il titolo viene pagato al posto suo da un altro soggetto.* Tale pagamento libera tutti coloro che sono obbligati verso il soggetto in favore del quale l'intervento è fatto (*giranti successivi* a lui, e loro avallanti). Viceversa, l'interveniente acquista i diritti cambiari sia verso colui per cui è intervenuto, sia verso coloro che sono obbligati nei suoi confronti (cioè i *giranti anteriori*, e i loro avallanti).

Se l'interveniente non indica per chi intende fare l'accettazione o il pagamento, l'intervento si considera *in favore del traente.*

13. Azione causale e azione di arricchimento

Come sappiamo, sia l'emissione sia anche la girata di una cambiale sono giustificate da un *rapporto fondamentale* sottostante (causa), anche se questo, per via dell'astrattezza, non risulta dal documento. Il rapporto fondamentale non viene assorbito e cancellato dal rapporto cambiario: il portatore della cambiale può esercitare contro l'obbligato cambiario (al tempo stesso sua controparte nel rapporto fondamentale) anziché l'azione cambiaria, l'*azione che nasce dal rapporto fondamentale*: cioè, appunto, l'**azione causale**.

L'esercizio dell'azione causale è però subordinato all'adempimento di due oneri: ☞ prima di tutto, l'onere di levare il *protesto* (art. 66, c. 2, l.camb.). La ragione è chiara soprattutto per i casi in cui l'azione causale è fatta da un giratario contro il suo girante: il girante deve essere messo in grado di esercitare poi l'azione di regresso contro il suo girante anteriore, e a questo fine è necessario appunto il protesto;

☞ inoltre l'onere di offrire la *restituzione della cambiale*, depositandola in cancelleria (art. 66, c. 3, l.camb.). E si comprende: se la cambiale continua a circolare, il debitore può essere esposto al rischio di dover pagare due volte (prima in base al rapporto fondamentale, poi in base al rapporto cambiario). inoltre, il debitore ha bisogno del titolo per esercitare le sue azioni di regresso.

Può accadere che il portatore non possa esercitare *né l'azione cambiaria* (ad es., per mancato protesto), *né l'azione causale* (ad es., perché prescritta). In tal caso, egli subisce un impoverimento; se correlativamente l'emittente o l'accettante o il girante si arricchisce, il portatore può esercitare contro di lui l'**azione di arricchimento senza causa** (**46**.9): art. 67 l.camb. Un esempio: A emette a favore di B una tratta per pagare merce acquistata; però il trattario C, pur avendo accettato, non paga, perché A gli ha dato solo parte della provvista; B, per qualche ragione, perde sia le azioni cambiarie (contro A e C) sia l'azione causale (contro A). Può tuttavia agire contro i medesimi per farsi restituire il loro ingiustificato arricchimento: consistente, per il trattario C, nella parte di provvista comunque ricevuta; e, per il traente A, nella differenza fra il prezzo della merce e la parziale provvista data a C.

14. L'assegno: natura e funzione

Come la cambiale, anche l'assegno è *l'ordine (assegno bancario) o la promessa (assegno circolare) di pagare una somma di denaro.* Con questa particolarità: l'ordine è dato a, e la promessa è fatta da, una **banca**.

Questo dà al titolare una *sicurezza particolarmente forte circa l'effettivo pagamento* (mentre con la cambiale è molto più alto il rischio di insolvenza degli obbligati). Ciò spiega la *differente funzione* che cambiale e assegno svolgono sul piano economico. La *cambiale* è uno *strumento di credito*: serve, in sostanza, a concedere finanziamenti. Invece, l'assegno è un **mezzo di pagamento**: serve, in sostanza, a estinguere debiti. Infatti l'assegno, proprio per la sicurezza che dà al prenditore, viene comunemente accettato dai creditori, al posto del denaro, in pagamento dei debiti pecuniari, anche se a rigore potrebbe essere rifiutato dal creditore perché, a differenza del denaro, non è un «mezzo legale» di pagamento (ma con la legislazione «antiriciclaggio» questo tradizionale rapporto sembra invertirsi: per i pagamenti superiori a 3.000 euro l'assegno è «mezzo legale», mentre è vietato l'uso del contante: **23**.17).

Esistono due tipi fondamentali di assegno: l'assegno bancario e l'assegno circolare. Entrambi sono disciplinati dal **r.d. 1736/1933**.

15. L'assegno bancario

L'assegno bancario è *l'ordine, che l'emittente* (**traente**) *rivolge alla propria banca* (**trattaria**)*, di pagare una somma alla persona cui l'assegno è rilasciato* (**prenditore**). Lo schema ricorda quello della cambiale tratta. Più di preciso, è lo schema della *delegazione di pagamento* (**24**.7): la banca trattaria non assume un'obbligazione verso il prenditore (infatti non è previsto, a differenza che per il trattario nella cambiale tratta, che la banca «accetti» l'assegno tratto su di lei); essa si limita a fare un pagamento al portatore del titolo.

Naturalmente, deve esserci una *ragione* (causa) per cui la banca trattaria esegua l'ordine del traente e paghi l'assegno. Anzi, una doppia ragione: ☞ deve esistere un *precedente accordo fra banca e traente* (che è cliente della prima), in base a cui il traente riceve dalla banca un apposito libretto di assegni, utilizzabili per i suoi pagamenti (**convenzione di assegno**); ☞ presso la banca deve esistere la **provvista**, cioè *fondi a disposizione del traente, sufficienti a coprire l'assegno* emesso (art. 3, c. 2, l.ass.): la provvista può essere costituita da denaro depositato presso la banca (**59**.10), o da un fido concesso dalla banca (**59**.11).

Se il traente emette un assegno *senza adeguata provvista* presso la banca trattaria (assegno *a vuoto*), commette un illecito. L'assegno resta tuttavia *valido*: in base ad esso, il portatore, cui la banca rifiuta il pagamento, può esercitare l'*azione di regresso* contro il traente, nonché contro gli eventuali giranti.

L'assegno bancario può venire emesso in tre modalità (art. 5 l.ass.): ☞ *all'ordine*, e in tal caso è trasferibile mediante *girata* (salvo che abbia la clausola «non trasferibile»); ☞ con la clausola «*non all'ordine*», e allora circola secondo le regole sulla cessione del credito; ☞ *al portatore*. Se viene emesso *senza indicazione del prenditore* (assegno **in bianco**), vale come assegno al portatore. Peraltro, in base alla disciplina *antiriciclaggio* gli assegni superiori a un certo importo devono sempre indicare il nome del beneficiario, e avere la clausola «non trasferibile» (**48**.17).

16. Il pagamento dell'assegno bancario

L'assegno non può avere una scadenza futura: è sempre pagabile *a vista* (art. 31 l.ass.). Ciò è coerente con la sua funzione economica di mezzo di pagamento: se fosse pagabile a una scadenza futura (ad es. perché nel momento dell'emissione non c'è ancora la provvista, che il traente spera di costituire prima della scadenza), diventerebbe uno strumento di credito. Di qui il *divieto di emettere assegni postdatati* e anche *non datati*. Nella pratica il divieto viene violato molto spesso.

L'assegno deve essere **presentato** per il pagamento *entro un breve termine* dall'emissione (art. 32 l.ass.): 8 o 15 giorni, a seconda che sia pagabile nello stesso comune di emissione (assegno «*su piazza*») o in altro Comune (assegno «*fuori piazza*»). Scaduto il termine, il traente può *revocare* l'assegno e disporre altrimenti della provvista: ma se non lo fa, la banca può pagare ugualmente, anche quando (come accade non di rado) l'assegno è presentato dopo il termine (art. 35 l.ass.). In concreto, per ottenere la disponibilità della somma, non è necessario che il portatore presenti l'assegno alla banca trattaria: può presentarlo alla propria banca (in ipotesi, diversa dalla banca trattaria) e girarlo ad essa, che provvede ad accreditare l'importo corrispondente sul conto del soggetto.

Per molti aspetti (avallo, azioni di regresso, protesto, ammortamento, ecc.) valgono regole analoghe a quelle della cambiale tratta.

Cosa accade in caso di *falsificazione dell'assegno*? Uno perde il suo libretto di assegni; il disonesto che lo trova ne compila uno, falsificando la firma del titolare; quindi lo presenta alla banca, lo incassa e sparisce. Chi deve sopportare la perdita: il titolare dell'assegno falsificato, oppure la banca che lo ha pagato? Se il titolare aveva provveduto a informare tempestivamente la banca dello smarrimento, chiedendole di «bloccare» gli assegni smarriti, la banca che paga ugualmente ne risponde; in caso contrario, la banca non risponde – e quindi la perdita ricade sul titolare dell'assegno falsificato –, salvo il caso limite di suo dolo o colpa grave (come quando la falsità della firma è evidente).

17. Figure particolari di assegno bancario

Esistono alcuni tipi di assegni, caratterizzati da *particolari cautele per evitare i rischi di utilizzazione illegittima*:

☞ l'assegno **sbarrato** è quello che può essere *pagato solo a una banca, o a un cliente della banca trattaria.* Lo sbarramento si compie segnando due linee parallele sulla parte anteriore del documento: se fra le due linee non c'è nessuna indicazione, si ha lo *sbarramento generale*; se c'è scritto il nome della banca cui l'assegno è pagabile, si ha lo *sbarramento speciale* (art. 40-41 l.ass.);

☞ l'assegno **non trasferibile** è quello che può essere *pagato solo al prenditore o accreditato nel suo conto corrente,* e dunque non può essere girato a terzi (se non a una banca per l'incasso): art. 43 l.ass. Occorre, a tal fine, che sull'assegno sia scritta la formula «non trasferibile» (obbligatoria, in base alle norme antiriciclaggio, per gli assegni superiori a certi importi);

☞ l'assegno **turistico** (o **traveller's cheque**) è quello pagabile solo se vi figurano *due firme identiche del prenditore* (di cui la prima viene apposta *al momento dell'emissione*, e la seconda *al momento della presentazione* per l'incasso): art. 44 l.ass. Il requisito della doppia firma conforme, verificato dalla banca, garantisce che chi si presenta per l'incasso è davvero il prenditore.

18. L'assegno circolare

L'assegno circolare è un titolo di credito all'ordine, che contiene la *promessa* dell'emittente *di pagare una somma determinata*: ha dunque lo schema del pagherò cambiario (art. 82 e segg. l.ass.). Se ne distingue per questa caratteristica: *l'emittente può essere solo una banca, autorizzata* dalle competenti autorità monetarie. Inoltre, può venire emesso solo per somme attualmente disponibili presso la banca; e questa è tenuta a costituire, a copertura degli assegni circolari emessi, una *cauzione* su cui i portatori dei titoli hanno privilegio speciale.

La sicurezza del pagamento è superiore a quella che si ha con l'assegno bancario: il prenditore dell'assegno circolare non corre il rischio che l'emittente non abbia la provvista presso la banca (assegno a vuoto), perché qui l'emittente – che s'identifica con l'obbligato – è la banca stessa.

Anche all'assegno circolare si applicano le norme relative alla cambiale.

19. Nuovi mezzi di pagamento: bonifico bancario, carta di credito, trasferimento elettronico di fondi

La consegna di *denaro contante* è il più tradizionale mezzo di pagamento. Con lo svilupparsi delle attività e dei rapporti bancari, ad essa si è progressivamente sostituito un nuovo mezzo di pagamento: l'*assegno*. Ma da qualche tempo anche l'assegno tende a essere sempre più diffusamente sostituito da altri, più evoluti mezzi di pagamento: ai quali ci si riferisce perciò come alla *«terza generazione» dei mezzi di pagamento*.

Sono caratterizzati da una sempre più spinta *smaterializzazione dei trasferimenti di ricchezza*: si fa a meno perfino dell'esile materia costituita dal pezzo di carta che, nell'assegno, incorpora il diritto del creditore a ricevere il pagamento dalla banca.

Il **bonifico bancario** implica che sia il debitore sia il creditore abbiano un conto bancario. Il debitore ordina alla propria banca (presso la quale abbia la necessaria provvista) di trasferire la somma dovuta dal proprio conto al conto del creditore, che ne riceve così la disponibilità. Con l'ordine di bonifico «permanente» si possono fare pagamenti ricorrenti nel tempo: ad es. per canoni di locazione; per utenze domestiche (energia elettrica, acqua, gas); ecc.

La **carta di credito** è un documento che serve per *pagare debiti di denaro*. Implica quattro soggetti: il debitore titolare della carta; la banca presso cui si trova la sua provvista; il creditore beneficiario del pagamento; e infine un quarto soggetto, che è un operatore finanziario specializzato nella prestazione di servizi di pagamento (American Express, Visa, Master Card, ecc.).

Questo operatore *emette la carta al nome del cliente* che intende utilizzarla, sulla base di un apposito rapporto contrattuale con lui. Con l'emittente hanno un rapporto contrattuale (sono «convenzionate») anche numerose *imprese che forniscono beni o servizi di massa al pubblico*: supermarket, negozi, alberghi, ristoranti, agenzie di viaggi, compagnie aeree, ecc. Quando il titolare della carta fa un acquisto presso un'impresa «convenzionata», questa – anziché ricevere dal cliente denaro contante o assegni – gli fa sottoscrivere la «nota di spesa» corrispondente all'acquisto fatto (verificando che la firma dell'acquirente sia uguale a quella apposta sulla carta di credito). Quindi la trasmette all'emittente, che provvede periodicamente ai pagamenti maturati in favore dell'impresa convenzionata. A sua volta l'emittente recupera periodicamente le somme pagate per ciascun cliente (oltre a un ricarico per il servizio reso), prelevandole dal suo conto bancario in forza di un parallelo accordo con la banca.

La sua natura giuridica non è quella di un titolo di credito, ma assomiglia piuttosto a quella di un *documento di legittimazione*: serve al titolare per farsi identificare come uno che ha diritto di utilizzare quella particolare modalità per i propri pagamenti.

Ma il processo di smaterializzazione dei pagamenti può spingersi ancora oltre, grazie alle tecnologie elettroniche e informatiche, con cui gli intermediari finanziari realizzano – per conto degli interessati – trasferimenti di denaro da un soggetto all'altro: è il fenomeno del **trasferimento elettronico di fondi**, già segnalato – parlando di «moneta elettronica» – a proposito dell'adempimento delle obbligazioni pecuniarie (**23**.17). Presso molti fornitori di beni o servizi è possibile pagare gli acquisti senza bisogno di compilare e firmare la «nota di spesa»: basta inserire la carta (opportunamente magnetizzata) in un apposito terminale, sulla cui tastiera si digita il numero di codice del titolare, e la somma da pagare, perché questa si trasferisca dal conto del titolare al conto del creditore (così funziona il pagamento con *bancomat*; con un sistema analogo si pagano le «ricariche» del cellulare, ecc.). In questo modo viene abolito ogni elemento di «carta» e di «scrittura»: i pagamenti si realizzano *con semplici impulsi elettronici*.

La disciplina legale di questi meccanismi, e dei connessi rapporti contrattuali, è uniformata a livello europeo dalle *direttive sui servizi di pagamento* c.d. SPD 1 (2007/64) e SPD 2 (2015/2366), recepite in Italia con i d.lgs. 11/2010 e rispettivamente 218/2017.

X
IMPRESA E SOCIETÀ

49
L'IMPRESA

1. L'unificazione del diritto privato: dal commerciante all'imprenditore

Come abbiamo accennato parlando del codice civile (**3**.5), fino a metà del XX secolo il diritto privato si presentava diviso in due: un diritto civile e un diritto commerciale, ciascuno riferito a un suo proprio e distinto ambito di rapporti, retto da una sua propria e distinta fonte normativa, governato da una sua logica propria e distinta. Il **diritto civile** aveva la sua fonte nel *codice civile*, e ruotava intorno al *diritto di proprietà* (specie fondiaria): era il diritto dei proprietari, di chi gode la propria ricchezza in modo tendenzialmente non produttivo; le sue regole – che riflettono uno stadio più arretrato dell'economia – risalivano in gran parte alla tradizione del diritto romano. Il **diritto commerciale** aveva invece la sua fonte nel *codice di commercio*, e rispondeva alle esigenze dell'economia capitalistica: era il *diritto del capitalismo*, il *diritto della nuova borghesia delle industrie e dei commerci*; si fondava non sull'idea statica di proprietà, ma sull'idea dinamica di attività, risultante da una serie coordinata di atti. E infatti, al centro di questo nuovo sistema c'era la categoria degli **atti di commercio**, cioè le *operazioni inserite in un'attività economica organizzata*. Il *soggetto che compie abitualmente atti di commercio* aveva la qualità giuridica di **commerciante**; e la loro disciplina era diversa da quella dei corrispondenti atti, non fatti da commercianti (atti civili): si aveva così, per es., una vendita civile, regolata dal codice civile, e una vendita commerciale, regolata dal codice di commercio. Ne risultava una *scissione/duplicazione del diritto delle obbligazioni e dei contratti.*

Il sistema muta profondamente con l'entrata in vigore del codice civile del 1942, che sostituisce il vecchio codice civile del 1865. Insieme con quest'ultimo, infatti, viene abrogato anche il codice di commercio del 1882, peraltro non viene sostituito da nessun nuovo codice di commercio. La materia «commerciale» viene trasfusa nel nuovo codice civile, e specialmente nel quinto libro. Il codice civile diventa perciò l'unica fonte normativa generale del diritto privato: scompare quella duplicazione/scissione del diritto privato, che a questo punto è riunificato.

Formalmente morto il codice di commercio, il suo «spirito» continua tuttavia a vivere all'interno del nuovo codice civile, dove influenza profondamente le regole su obbligazioni e contratti, contenute nel quarto libro: regole che esprimono quei principi di tutela dell'affidamento, di sicurezza e velocità degli scambi, che prima caratterizzavano il solo diritto commerciale, e lo contrapponevano al diritto civile (*«commercializzazione» del diritto privato*: **3**.5). Questo sviluppo si lega all'evoluzione del sistema capitalistico: nel novecento, il progresso tecnico-scientifico e l'avvento della produzione, della distribuzione e dei consumi di massa estendono a *tutto il mercato* quelle esigenze di rapidità e sicurezza degli scambi, che prima si manifestavano in settori circoscritti del mercato (per i quali si erano create le norme speciali del codice di commercio).

Al centro di questo nuovo sistema di disciplina delle attività economiche il codice civile del 1942 colloca i concetti di **imprenditore** e di **impresa**, che prendono il posto delle vecchie categorie del commerciante e dell'atto di commercio. La centralità dell'impresa nel sistema dei rapporti economico-sociali ha trovato da ultimo un riconoscimento simbolico con la l. 180/2012 (c.d. *statuto delle imprese*). Il legislatore riconosce anche che le più significative liti giudiziarie riguardanti imprese richiedono di essere giudicate sulla base di competenze specifiche: per questo le ha affidate a un giudice specializzato, detto appunto *Tribunale delle imprese* (l. 27/2012).

2. Il concetto di imprenditore

Nella scienza economica, è imprenditore *chi organizza i fattori della produzione e, combinandoli fra loro, ne ricava nuova ricchezza.* Non va confuso con il capitalista: l'imprenditore può non essere il proprietario dei capitali che sono immessi e valorizzati nel processo produttivo (e, viceversa, il proprietario dei capitali può non occuparsi direttamente della loro valorizzazione economica). Abbiamo già segnalato la possibile *scissione tra figura del proprietario (capitalista) e figura dell'imprenditore*, e sottolineato l'autonomia e la crescente rilevanza della funzione imprenditoriale (**14**.4).

Molti degli elementi che connotano la figura dell'imprenditore, elaborata dalla scienza economica, si ritrovano nella definizione che ne dà il codice civile, all'**art. 2082**: «È **imprenditore** chi esercita professionalmente un'attività economica organizzata al fine della produzione o dello scambio di beni o di servizi». Dunque la legge definisce l'imprenditore, non direttamente l'impresa. Ma la definizione di questa si ricava facilmente: l'**impresa** è l'attività dell'imprenditore, cioè l'*attività economica organizzata, esercitata professionalmente e diretta alla produzione o allo scambio di beni o di servizi*. Questa nozione legislativa di *impresa come attività* non coincide perfettamente con quella del senso comune, che tende talora a identificare l'impresa con il *complesso organizzato dei beni e dei rapporti* (beni strumentali, prestazioni dei dipendenti, ecc.) di cui l'imprenditore si avvale. Nel linguaggio del codice tale complesso si definisce non impresa bensì *azienda* (**56**.1).

Esaminiamo adesso i vari elementi che, in base alla definizione dell'art. 2082, costituiscono la figura dell'imprenditore (ovvero il concetto d'impresa).

3. Produzione o scambio di beni o di servizi

È impresa l'attività diretta alla produzione o allo scambio di beni o di servizi. Funzione dell'impresa è creare nuova ricchezza: la ricchezza si crea non solo producendo nuovi beni o servizi (*attività produttiva* in senso stretto), ma anche facendo circolare beni o servizi prodotti da altri, per agevolarne il passaggio dal produttore al consumatore finale (*attività distributiva*, o commerciale in senso stretto).

Questo elemento della definizione va completato: l'impresa è produzione di beni o servizi *per il mercato*, e non per l'autoconsumo del produttore. Non è vero imprenditore chi produce vino o olio solo per i propri consumi familiari, o per farne dono agli amici (invece è imprenditore chi produce vino o olio per venderli).

Questo requisito si collega anche al secondo elemento che caratterizza la figura dell'imprenditore: la professionalità.

4. La professionalità: scopo di lucro ed economicità di gestione

È attività d'impresa solo quella esercitata «professionalmente».

Ciò significa, in primo luogo, che l'attività deve essere svolta *con una certa sistematicità, in modo non occasionale e sporadico*: pertanto non è imprenditore chi compie un'operazione isolata (ad es., l'acquisto di un bene allo scopo di rivenderlo e guadagnare la differenza; o la costruzione e la vendita di un singolo immobile, realizzata una volta tanto). Peraltro, professionalità non significa che l'attività deve essere *continuativa e ininterrotta*: è imprenditore anche chi esercita un'attività stagionale (ad es., gestisce uno stabilimento balneare, nei soli mesi estivi). Né significa che deve essere l'attività *unica*, e nemmeno l'attività *prevalente*, di chi la svolge: un'attività può essere esercitata professionalmente, e costituire impresa, anche se l'impegno e il guadagno prevalenti del soggetto riguardano altre attività.

Il requisito della professionalità *non si identifica con lo scopo di lucro*: può aversi impresa, anche se l'attività è esercitata per un fine diverso dal profitto. E infatti esistono attività, da qualificare senz'altro come imprese, che non sono finalizzate al profitto: ad es., quelle di determinate società, che contrariamente al modello generale non hanno scopo di lucro (**51**.4). Ciò porta a ritenere *ammissibile l'esercizio di attività d'impresa da parte di associazioni o fondazioni*, che sono organizzazioni con scopo non di profitto (**12**.9).

Nell'elemento della professionalità è implicito se mai un altro requisito, diverso dallo scopo di lucro: l'*obiettiva economicità* dell'impresa, che ricorre *quando l'attività esercitata è astrattamente idonea a raggiungere il pareggio di bilancio*, cioè a equilibrare costi e ricavi. Perciò non può qualificarsi impresa l'attività che si svolge strutturalmente e necessariamente in perdita: ecco perché non è impresa l'attività del servizio sanitario nazionale, che non si finanzia con ricavi ottenuti dagli utenti a fronte dei servizi resi, ma con contribuzioni pubbliche derivanti dal prelievo fiscale (mentre è impresa l'attività delle cliniche private, che fanno pagare le loro prestazioni a prezzi di mercato).

5. L'organizzazione: imprenditori e liberi professionisti

L'art. 2082 parla di «attività economica *organizzata*».

Il requisito dell'organizzazione implica che non è imprenditore chi produce o scambia beni o servizi avvalendosi solo della propria attività personale. È l'imprenditore chi si avvale di mezzi esterni, e appunto li organizza: mezzi consistenti o nel *lavoro altrui*; oppure in *capitale*, cioè mezzi materiali; oppure, come accade più spesso, in una combinazione di entrambi.

Secondo l'opinione tradizionale, è proprio la mancanza del requisito dell'organizzazione a spiegare perché i *liberi professionisti intellettuali* (**40**.6) non sono considerati dalla legge come imprenditori, benché esercitino professionalmente attività dirette alla produzione di servizi: come risulta con chiarezza dall'art. 2238, che dichiara applicabili nei loro confronti le norme sull'impresa solo «se l'esercizio della professione costituisce elemento di una attività organizzata in forma d'impresa» (così, il medico che gestisce una clinica privata è imprenditore, mentre il medico che esercita nel proprio studio non è imprenditore). La ragione di ciò veniva comunemente identificata nel fatto che i servizi prodotti dal libero professionista deriverebbero essenzialmente dalla sua sfera personale (capacità intellettuali e relazionali, preparazione tecnica). Ma questa spiegazione si scontra con la realtà della moderna organizzazione dei grandi studi professionali, che spesso impiegano numerosi dipendenti e grandi mezzi materiali: di qui il paradosso per cui non è imprenditore l'ingegnere titolare di uno studio con decine di collaboratori e attrezzature per milioni di euro, mentre è considerato imprenditore il piccolo commerciante che gestisce da solo un negozietto, o il mediatore che lavora a casa, col suo telefono privato e senza dipendenti.

La vera ragione per cui le libere professioni non sono qualificate come imprese sembra perciò da vedere non tanto nella mancanza di organizzazione, quanto piuttosto nella volontà del legislatore di riservare un *privilegio al ceto dei professionisti intellettuali*, esonerandoli da quel rischio d'impresa – con conseguente soggezione al fallimento – che è proprio dell'imprenditore.

Peraltro, l'evoluzione legislativa più recente tende a *superare la tradizionale contrapposizione fra imprenditore e professionista*, e avvicinare le due figure: la nuova disciplina di regolazione del mercato protegge i consumatori allo stesso modo verso gli imprenditori e verso i professionisti (**60**.1); dal 1997 si ammette che anche le attività professionali (prima svolte necessariamente in forma individuale) possano essere svolte tramite società, così come le attività di impresa; come le imprese, anche i professionisti possono essere coinvolti in procedure di regolazione della crisi e dell'insolvenza (**61**); e il legislatore europeo abitualmente assimila le due figure.

Di recente il legislatore ha dettato norme generali sulle libere professioni: sia quelle organizzate in appositi ordini o collegi professionali (c.d. professioni regolamentate: d.P.R. 137/2012) sia quelle prive di tale organizzazione (l. 4/2013). Norme più specifiche possono riguardare singole professioni (come quelle della l. 247/2012, dedicate agli avvocati).

6. L'inizio e la fine dell'impresa

L'impresa ha **inizio** (e la qualità giuridica di imprenditore si acquista) con *l'inizio effettivo dell'attività*. Questo si verifica senza dubbio con il compimento del primo *atto di gestione* dell'impresa, anche se non esaurisce da solo le finalità dell'impresa stessa: ad es., è già imprenditore il commerciante che – predisposti i locali del negozio, assunti i commessi, ecc. – abbia semplicemente acquistato all'ingrosso la prima partita della merce che intende vendere al dettaglio, benché non abbia ancora incominciato le vendite. Invece è meno sicuro se a determinare l'inizio dell'impresa sia sufficiente il compimento di *semplici atti di organizzazione* (predisposizione di locali e macchinari, assunzione di personale, ecc.), senza che siano ancora compiuti atti di vera e propria gestione, rivolti al mercato. Si tende a rispondere affermativamente, tutte le volte che vengono in gioco non singoli atti isolati, ma *una serie di atti coordinati fra loro e chiaramente preordinati al fine di produrre o scambiare beni o servizi.*

La **fine** dell'impresa coincide con *l'effettiva cessazione dell'attività.* L'impresa continua a esistere anche durante la fase della *liquidazione*, che prepara l'esaurimento dell'attività (quando non si fanno più nuovi ordini, e ci si limita a smaltire le giacenze di magazzino). Fissare con precisione il momento in cui l'impresa finisce è importante, perché l'imprenditore che abbia cessato l'attività può essere dichiarato fallito solo entro un anno dalla fine dell'impresa (**61**.3).

7. Titolarità e rischio dell'impresa: la spendita del nome

Se esercitata efficacemente, l'attività dell'imprenditore rende *profitti*. In caso contrario, procura perdite, perché l'imprenditore è esposto al **rischio d'impresa** (principio di cui abbiamo già visto qualche riflesso: **43**.11).

Il rischio grava sull'imprenditore, inteso come titolare dell'impresa. Ma nell'impresa possono intervenire, a vario titolo e con varie funzioni, *più soggetti diversi*: sorge allora il problema di identificare quale fra essi è propriamente il *titolare dell'impresa*, quindi *colui al quale fa capo il rischio* corrispondente: colui che deve pagare i debiti dell'impresa, e sopporta sul proprio patrimonio le relative perdite. Per identificare l'imprenditore, la legge usa un *criterio formale*: l'imprenditore non è necessariamente colui che di fatto compie l'attività di gestione dell'impresa; bensì è *colui nel cui nome l'attività è compiuta.* In altre parole, requisito necessario per l'attribuzione della qualifica di imprenditore è la spendita del nome del soggetto.

Molto spesso il criterio formale coincide con quello sostanziale: quando l'imprenditore compie egli stesso, in nome proprio, l'attività di gestione dell'impresa. In tal caso alla sopportazione del rischio fa riscontro, nell'imprenditore, un potere effettivo di controllo e direzione: egli è davvero, in questi casi, il «capo dell'impresa» (art. 2086). Ma ci sono anche ipotesi in cui i due elementi si scindono, e *l'imprenditore, che sopporta il rischio dell'impresa*, è un *soggetto diverso da colui che di fatto la gestisce* (non in nome proprio, ma in nome del primo): sono i casi di sostituzione nell'esercizio dell'impresa.

8. La sostituzione nell'esercizio dell'impresa

La sostituzione nell'esercizio dell'impresa può avvenire per volontà dell'imprenditore; oppure per disposizione di legge.

La **sostituzione legale** si ha quando titolare dell'impresa è un **incapace di agire**. Al riguardo, la legge distingue fra incapaci assoluti e relativi (**11**.11-12):

☞ quando titolare dell'impresa è un **incapace assoluto** (minore o interdetto), *la sostituzione, e la conseguente scissione fra titolarità e gestione dell'impresa, sono inevitabili.* Per questi incapaci vale la regola che «l'esercizio di un'impresa commerciale non può essere continuato se non con l'*autorizzazione del tribunale*, su parere del giudice tutelare» (art. 320, c. 5; 425): ma – s'intende – *continuato dal rappresentante legale.* Perciò, se il tribunale autorizza, l'impresa viene gestita dai genitori o dal tutore in nome dell'incapace: il quale conserva la titolarità dell'impresa e, in qualità di imprenditore, risponde con i suoi beni dei debiti, e sopporta sul suo patrimonio le eventuali perdite (pur derivanti dall'esercizio di un'impresa alla cui gestione resta estraneo);

☞ quando titolare dell'impresa è un **incapace relativo**, è invece *possibile che non si abbia sostituzione*, e che *titolarità e gestione dell'impresa coincidano* in capo all'incapace: infatti l'inabilitato e il minore emancipato possono essere autorizzati dal tribunale a esercitare personalmente l'impresa. Con questa differenza: che il *minore emancipato* può essere autorizzato anche a *iniziare* una nuova impresa (art. 397), mentre l'*inabilitato* può essere autorizzato solo a *continuare* l'esercizio di un'impresa già esistente (art. 425). La ratio di questa differenza è già stata indicata (**11**.12).

La **sostituzione volontaria** si ha quando il titolare dell'impresa, per *libera scelta*, nomina un **institore**, cioè una persona che, fornita dei necessari poteri di rappresentanza, *gestisce l'impresa in nome e per conto del titolare* (**50**.6): imprenditore non è l'institore, bensì il rappresentato, anche se di fatto non dirige e non controlla la sua impresa.

9. L'imprenditore occulto

Le situazioni appena considerate implicano una scissione fra titolarità e gestione dell'impresa. Invece il caso dell'imprenditore occulto implica una *scissione fra titolarità reale e titolarità apparente dell'impresa.* È il caso del soggetto (A) che esercita un'impresa nel proprio interesse, ma nascondendosi sotto il nome di un altro soggetto (B) che funge da semplice *prestanome.* A fornisce tutti i mezzi necessari per l'esercizio dell'impresa, ne decide gli indirizzi di gestione, ne fa propri i profitti. Ma tutto questo lo fa di nascosto, senza comparire all'esterno: tutti gli atti esterni (acquisti, vendite, pagamenti, riscossioni, assunzioni, ecc.) sono compiuti in nome di B: cosicché i terzi che vengono a contatto con l'impresa la identificano esclusivamente con B, e non sanno che il vero titolare dell'impresa – in senso reale ed economico – è invece A.

Dal punto di vista giuridico, questa situazione crea un problema. Applicando rigorosamente i principi, si dovrebbe concludere che imprenditore è solo B, e non A, perché nell'esercizio dell'attività viene speso solo il nome del primo: quindi solo B, e non A, dovrebbe sopportare il rischio dell'impresa; solo contro B, e non contro A, dovrebbero rivolgersi i creditori dell'impresa. Ma una tale conclusione può risultare ingiusta, perché spesso B è un nullatenente, del cui nome l'imprenditore occulto si serve proprio per sfuggire al rischio e alla responsabilità di un'impresa che è, nella realtà, la sua impresa.

Per evitare questo ingiusto risultato, occorre dimostrare che anche l'imprenditore occulto può essere chiamato a rispondere per i debiti contratti nel suo interesse (anche se non in suo nome). A questo fine si fa riferimento a una regola che in passato stava nella vecchia legge fallimentare e oggi è contenuta nel c.c.i.i.: se, messa una società in liquidazione giudiziale, risulta l'esistenza di soci illimitatamente responsabili, anche questi subiscono la procedura benché non si fossero mai manifestati all'esterno, e i creditori ne avessero sempre ignorato l'esistenza (**61**.11). Applicata al nostro caso, la norma consentirebbe di dire che fra il prestanome e l'imprenditore occulto c'è una società occulta (**52**.8), che in caso di insolvenza va messa in liquidazione giudiziale; e con essa i suoi soci.

50
CATEGORIE DI IMPRESE

1. Classificazioni e discipline delle imprese

Ci sono regole applicabili a tutte le imprese indistintamente: ad es. quelle sulla concorrenza sleale (**58**.2). Ma le imprese non sono tutte uguali: si va dall'impresa di chi gestisce, nel quartiere, un negozietto o una piccola bottega artigiana, a quella esercitata da una gigantesca società per azioni con ingentissimi capitali e migliaia di dipendenti; da quella privata a quella che fa capo allo Stato; ecc. Questa differenziazione si traduce sul piano giuridico: la legge distingue varie categorie di imprese, a ciascuna delle quali riserva una determinata disciplina.

Le classificazioni giuridiche delle imprese si operano in base a vari criteri:

☞ in base al *tipo di attività* esercitata, si distinguono imprese **commerciali** (**50**.2) e imprese **agricole** (**50**.9);

☞ in base alle *dimensioni* dell'impresa, si distinguono **piccole** imprese e imprese **non piccole** (**50**.11);

☞ in base alla *natura del soggetto* che esercita o controlla l'impresa, si distinguono imprese **private** e imprese **pubbliche** (**50**.13);

☞ infine, a seconda che l'impresa sia esercitata da un *singolo individuo* o da un'*organizzazione*, si distinguono imprese **individuali** e imprese **collettive** (o **sociali**), in cui l'imprenditore è di regola una società (**51**.1).

2. Le imprese commerciali

Gli imprenditori commerciali sono gli *imprenditori che esercitano un'attività «commerciale»* (il termine si scosta dal linguaggio economico, e anche da quello comune: indica non solo il commercio in senso stretto, ma in genere tutte le attività diverse dall'agricoltura, incluse industria, servizi, ecc.). Le **attività commerciali** sono elencate all'*art. 2195*, che individua cinque categorie:

1) **attività industriali, dirette alla produzione di beni o di servizi**: comprende tutte le imprese che producono beni diversi dai prodotti agricoli: si tratti di beni di consumo, durevoli o no, oppure di beni strumentali; di prodotti finiti oppure di semilavorati. Comprende inoltre le imprese che producono servizi: ad es., imprese di telecomunicazioni, televisive, alberghiere, sanitarie, di spettacoli (calcistici, teatrali, musicali, ecc.);

2) **attività intermediaria nella circolazione dei beni**: è quella che nel linguaggio economico e comune si definisce «commerciale» in senso stretto, e consiste nella distribuzione dei beni sul mercato (all'ingrosso o al dettaglio; piccolo punto vendita o grande distribuzione);

3) **trasporto per terra, per acqua e per aria** (di persone o di cose);

4) **attività bancaria e assicurativa**;

5) altre **attività ausiliarie** delle precedenti: vi si riconducono attività come quelle dei mediatori, degli agenti di commercio, degli spedizionieri, dei broker di assicurazione, delle agenzie di pubblicità e di relazioni pubbliche, ecc. (anche se queste attività consistono tutte nella produzione di servizi, per cui dovrebbero già ritenersi comprese nella categoria 1). La menzione separata significa essenzialmente che quelle attività, anche se esercitate in appoggio a un'impresa «principale», danno vita ad autonome imprese.

3. Lo statuto dell'impresa commerciale: contenuto e ambiti di applicazione

Lo statuto dell'impresa commerciale è *l'insieme delle regole che si applicano agli imprenditori commerciali,* e non si applicano invece agli imprenditori non commerciali (cioè agricoli).

Le regole che formano lo statuto dell'imprenditore commerciale impongono a suo carico prescrizioni da osservare, oneri da sostenere, responsabilità da affrontare: è una disciplina complessivamente più severa e meno vantaggiosa di quella comune. La sua finalità è, essenzialmente, la *tutela del pubblico* che viene a contatto con l'impresa, e in particolare la *tutela dei creditori* di questa. Ciò risulterà bene quando esamineremo i fondamentali aspetti dello statuto dell'impresa commerciale, che sono: ☞ l'obbligo di iscrizione nel **registro delle imprese** (**50**.4); ☞ l'obbligo di tenuta delle **scritture contabili** (**50**.5); ☞ una particolare disciplina dei poteri di **rappresentanza dei collaboratori** dell'imprenditore (**50**.6); ☞ la soggezione alla **liquidazione giudiziale** (**50**.7).

Il legislatore valuta che le esigenze di tutela del pubblico e dei creditori siano molto forti quando è in gioco l'esercizio di un'attività commerciale; meno forti quando si tratta di attività agricola. Perciò indirizza questo particolare complesso di regole ai soli imprenditori commerciali, escludendone invece gli **imprenditori agricoli** (**50**.8-9).

Tuttavia tra la figura dell'imprenditore commerciale e l'ambito di applicazione delle regole che ne formano lo statuto, non c'è perfetta coincidenza. L'ambito di applicazione è talora più ristretto, perché certe regole dello statuto *non si applicano a determinati imprenditori commerciali*; talora è più ampio, perché certe regole dello statuto *si applicano anche a imprenditori non commerciali*. E infatti:

☞ i **piccoli imprenditori** (**50**.11-12), anche se commerciali, sono esonerati dall'iscrizione nel *registro delle imprese* (art. 2202) e dalla tenuta delle *scritture contabili* (art. 2214, c. 3): le loro ridotte dimensioni rendono meno forti le esigenze di tutela del pubblico e del credito, cui tali meccanismi sono finalizzati;

☞ gli **enti pubblici** (**12**.18), anche se esercitano un'impresa commerciale, non sono soggetti alla liquidazione giudiziale né ad altre procedure di regolazione della crisi e dell'insolvenza (art. 2221);

☞ le **società** (fatta eccezione per la società semplice: **52**.2) sono tenute all'iscrizione nel *registro delle imprese*, anche se non esercitano un'attività commerciale (art. 2200).

Vediamo adesso i singoli aspetti dello statuto dell'impresa commerciale.

4. L'iscrizione nel registro delle imprese: efficacia probatoria e modalità operative

Il registro delle imprese è un *mezzo di pubblicità* (**9**.4). La sua funzione è *rendere generalmente conoscibili i fatti più rilevanti dell'organizzazione e della vita delle imprese.*

L'obbligo di iscrizione nel registro delle imprese grava su: ☞ tutti gli *imprenditori commerciali non piccoli*; ☞ tutte le *società diverse dalla società semplice* (che per questo si chiamano società soggette a registrazione), anche se non esercitano un'attività commerciale.

Nella domanda d'iscrizione (rivolta all'apposito «ufficio del registro delle imprese» entro 30 giorni dall'inizio dell'impresa), l'imprenditore deve indicare gli *elementi fondamentali per l'identificazione dell'impresa* (cognome e nome propri, nonché degli institori e dei procuratori; ditta; attività esercitata; sede). Inoltre, vanno successivamente iscritte nel registro tutte le *modificazioni* di tali elementi; e infine la *cessazione* dell'impresa (art. 2196). Le modalità e gli effetti dell'iscrizione sono regolati dagli art. 2188 e segg.

All'iscrizione (e, per contro, alla mancata iscrizione) la legge assegna una particolare **efficacia probatoria** nei confronti dei terzi. Si distinguono due livelli: ☞ efficacia probatoria **positiva** significa che se uno dei fatti da iscrivere è *effettivamente iscritto, i terzi non sono ammessi a provare* che in realtà lo ignoravano (art. 2193, c. 2): il fatto opera contro di loro anche se risulta che non lo conoscevano, il che equivale a una *presunzione assoluta di conoscenza* (**9**.17); ☞ efficacia probatoria **negativa** significa che se uno dei fatti da iscrivere *non è iscritto, si presume che i terzi lo ignorino*: ma l'imprenditore è ammesso a dare la prova contraria, dimostrando che in realtà essi lo conoscevano (art. 2193, c. 1): si ha perciò una *presunzione relativa di ignoranza*.

Le previsioni del codice sul registro delle imprese sono rimaste inattuate per oltre 50 anni, fino all'emanazione della l. 580/1993 che per la prima volta ha reso operativo l'istituto.

Il registro è tenuto dall'apposito ufficio, istituito *presso ogni Camera di commercio* e retto da un *conservatore*, sotto la vigilanza di un *giudice delegato* dal presidente del tribunale. Oltre alla parte dedicata alle imprese soggette all'obbligo di iscrizione (per cui valgono gli effetti probatori visti poco fa), il registro comprende anche *sezioni speciali*, in cui sono iscritte le imprese esonerate dall'obbligo di iscrizione: le imprese agricole, le piccole imprese, le imprese artigiane e le società semplici (per tali imprese l'iscrizione ha solo «funzione di certificazione anagrafica e di pubblicità notizia»).

La l. 580/1993 intende assicurare la massima *trasparenza* dell'organizzazione e dell'attività delle imprese, nell'*interesse generale del mercato e della concorrenza*: prevede che il registro sia gestito «secondo *tecniche informatiche*», e «in modo da assicurare completezza e organicità di pubblicità ..., garantendo la tempestività dell'informazione su tutto il territorio nazionale». Per il suo concreto funzionamento, le previsioni generali della legge sono specificate in un apposito *regolamento* (d.P.R. 581/1995).

5. Le scritture contabili: tipi, modalità di tenuta, efficacia probatoria

Gli imprenditori commerciali (tranne i piccoli imprenditori) sono obbligati alla regolare tenuta di scritture contabili, che documentino lo svolgimento e lo stato dei loro affari. La legge la impone soprattutto *nell'interesse dei creditori dell'impresa*, per agevolarli nella prova e nella realizzazione dei loro crediti.

Le scritture contabili si distinguono in obbligatorie e facoltative.

Le scritture **obbligatorie** sono quelle che l'imprenditore è obbligato per legge a tenere. Vanno *conservate per 10 anni* (art. 2220), e si distinguono a loro volta in due categorie:

☞ le scritture obbligatorie **in via generale** sono quelle che tutti indistintamente gli imprenditori commerciali (non piccoli) devono tenere. Sono: ✦ il **libro giornale**, dove si registrano, *giorno per giorno, tutte le operazioni relative all'esercizio dell'impresa* (art. 2216): le operazioni vanno indicate in ordine cronologico dopo il loro compimento, con ragionevole precisione e tempestività; ✦ il **libro degli inventari** (art. 2217), che comprende l'inventario redatto *all'inizio dell'impresa* (inventario di apertura) e poi quelli redatti periodicamente *ogni anno* (inventari annuali): vi si devono indicare e valutare (cioè tradurre in valore monetario) le *attività* e le *passività* dell'impresa. L'inventario si conclude con il *bilancio* e con il *conto dei profitti e delle perdite*, il quale deve dimostrare con chiarezza e verità gli utili conseguiti o le perdite subite (art. 2217, c. 2): ma norme più dettagliate sulla redazione dei bilanci sono dettate nella disciplina delle società (**53**.15); ✦ la **corrispondenza d'affari**: l'imprenditore deve conservare ordinatamente per ciascun affare gli originali delle *fatture, lettere*, e *telegrammi* ricevuti; nonché le copie di quelli spediti (art. 2214, c. 2);

☞ le scritture obbligatorie **in via speciale** sono quelle richieste *solo per determinate categorie di imprese*, in relazione alla natura e alle dimensioni di queste (art. 2214, c. 2). Ad es., particolari scritture devono essere tenute dalle imprese che esercitano attività bancarie o assicurative (**59**).

Le **scritture facoltative** sono quelle che l'imprenditore può tenere, se crede, senza averne l'obbligo legale. Fra esse ricordiamo: il *libro mastro*, che registra le operazioni, anziché in ordine cronologico, secondo altri criteri più funzionali (ad es., cliente per cliente); il *libro di cassa*, che registra entrate e uscite di denaro; il *libro di magazzino*, che registra entrate e uscite di merci.

Le scritture contabili devono obbedire a determinate **formalità di tenuta**. Si distinguono: ☞ *formalità estrinseche*, che consistono nella numerazione progressiva di ogni pagina, e nella bollatura ad opera dell'ufficio del registro delle imprese o di un notaio (art. 2215); e ☞ *formalità intrinseche*, per cui le scritture devono essere tenute secondo le norme di un'ordinata contabilità, senza spazi in bianco, senza interlinee e senza trasporti in margine; le cancellazioni eventualmente necessarie devono farsi in modo che le parole cancellate restino leggibili (art. 2219).

L'originaria disciplina del codice è ancora legata al presupposto che la contabilità delle imprese si tenga su supporti cartacei scritti a mano. Ma nella realtà odierna il presupposto è ampiamente smentito dalla crescente diffusione delle *tecnologie informatiche* anche in questo campo: oramai i dati relativi alla contabilità d'impresa tendono ad essere immessi e conservati nella memoria di computer, molto più che su fogli di carta. Di questi sviluppi ha preso atto anche il legislatore, stabilendo che le scritture e i documenti contabili «possono essere conservati sotto forma di *registrazioni su supporti di immagini*» (art. 2220, c. 3, nel testo modificato della l. 489/1994).

Le scritture contabili hanno una particolare **efficacia probatoria**, stabilita prevalentemente *a vantaggio dei terzi* che entrano in rapporto con l'imprenditore: ☞ fanno piena prova **contro l'imprenditore** (art. 2709). Se ad es. indicano un suo debito, chi risulta creditore è esonerato dal provare il proprio credito; è l'imprenditore che, se vuole evitare il pagamento, ha l'onere di provare che il credito non esiste o è estinto: in altre parole, si ha un'*inversione dell'onere della prova* a carico dell'imprenditore; ☞ possono fare prova anche **a favore dell'imprenditore** che le tiene: ma solo per le pretese rivolte *contro un altro imprenditore, per rapporti inerenti all'esercizio dell'impresa*; e a condizione che le scritture siano *bollate* nelle forme di legge, e *regolarmente tenute* (art. 2710).

6. Collaboratori e rappresentanti dell'imprenditore commerciale: institore, procuratori, commessi

Se l'impresa non ha dimensioni minuscole, l'imprenditore generalmente non svolge da solo tutte le attività necessarie per la sua gestione: è normale che si avvalga di collaboratori. Possono essere *collaboratori subordinati* (cioè «dipendenti» che hanno concluso con lui un contratto di lavoro subordinato); oppure *collaboratori autonomi*, che prestano la loro attività per l'impresa come lavoratori autonomi (o addirittura imprenditori essi stessi: ad es. gli agenti).

Per lo svolgimento dei loro compiti nell'impresa, spesso i collaboratori dell'imprenditore devono *trattare affari e concludere contratti con terzi*: questo implica che siano dotati di poteri di **rappresentanza** (**30**). La rappresentanza dell'imprenditore commerciale ad opera dei suoi collaboratori è disciplinata con *regole parzialmente diverse da quelle che valgono per la rappresentanza in generale*. Queste differenze di disciplina mirano a tutelare i terzi che contrattano con l'impresa, rendendo più sicuri e più stabili i rapporti giuridici che ne nascono. I poteri di rappresentanza dei collaboratori dell'imprenditore commerciale sono diversi, a seconda del livello a cui i collaboratori sono collocati nella gerarchia aziendale. Si distinguono tre figure: institore, procuratore, commesso.

L'**institore** è colui che viene *preposto dal titolare all'esercizio di un'impresa commerciale, o di un ramo particolare dell'impresa* (art. 2203). In pratica sostituisce l'imprenditore: occupa il vertice della gerarchia aziendale; sopra di lui c'è solo l'imprenditore. Per questa sua posizione, l'institore è fornito di una *rappresentanza generale*: egli ha il potere di compiere tutti gli atti pertinenti all'esercizio dell'impresa cui è preposto, con la sola eccezione degli atti diretti ad alienare o ipotecare gli immobili del preponente, per i quali occorre che sia stato espressamente autorizzato. Inoltre ha poteri di *rappresentanza processuale*: «può stare in giudizio in nome del preponente per le obbligazioni dipendenti da atti compiuti nell'esercizio dell'impresa» (art. 2204).

Questi poteri spettano all'institore *in virtù della sua stessa posizione*, senza bisogno che l'imprenditore glieli attribuisca con apposita procura. La *procura* è invece necessaria se l'imprenditore vuole *limitare i poteri* (ad es., stabilendo che l'institore non possa trattare una data categoria di affari). Egli ha anche l'onere di compiere una formalità pubblicitaria: la procura deve essere iscritta nel *registro delle imprese*; in mancanza, i limiti in essa contenuti *non sono opponibili ai terzi, se non provando che essi li conoscevano* al momento della conclusione dell'affare (art. 2206). Identica regola vale per le *modificazioni* successive o la *revoca* totale dei poteri di rappresentanza (art. 2207).

Una tutela ancora più forte per i terzi risulta dall'art. 2208. Il meccanismo della rappresentanza presuppone, in generale, la *spendita del nome*: se il rappresentante non dichiara di agire in nome del rappresentato, il contratto vincola solo il rappresentante, che in definitiva agisce in nome proprio (**30**.1). Questo principio subisce una *deroga* nel caso di rappresentanza institoria: se l'institore tratta un affare con il terzo senza dichiarare che sta trattando per l'imprenditore, l'institore è obbligato in proprio; ma *se l'affare rientra nell'esercizio dell'impresa, anche l'imprenditore risulta obbligato* verso il terzo.

Il **procuratore** è colui che, in base a un rapporto continuativo, ha il *potere di compiere per l'imprenditore gli atti pertinenti all'esercizio dell'impresa, pur non essendo preposto ad essa* (art. 2209). Si tratta di dirigenti intermedi che, benché non siano al vertice della gerarchia aziendale, non si limitano a eseguire direttive di superiori ma hanno una certa sfera di poteri decisionali. In questo ambito i procuratori possono agire in nome dell'imprenditore, con effetti impegnativi per lui. Se l'imprenditore vuole limitare i loro poteri di rappresentanza, deve *indicare i limiti in apposita procura*, che va *iscritta nel registro delle imprese* per fini di opponibilità ai terzi.

I **commessi** sono dipendenti di rango meno elevato, con mansioni che li pongono *in contatto con l'ordinaria clientela dell'impresa*: impiegati di sportello bancario, addetti alla vendita in negozi o supermarket, camerieri di ristorante o bar, ecc. I loro poteri di rappresentanza sono *commisurati alle mansioni* che svolgono: possono compiere «gli atti che ordinariamente comporta la specie delle operazioni di cui sono incaricati» (art. 2210). In genere sono *privi di autonomia decisionale*, e le loro funzioni hanno natura prevalentemente esecutiva: perciò non possono, senza espressa autorizzazione, «concedere dilazioni o sconti che non sono d'uso» (art. 2210, c. 2), né «derogare alle condizioni generali di contratto o alle clausole stampate sui moduli dell'impresa» (art. 2211). Possono invece ricevere per conto dell'imprenditore le dichiarazioni riguardanti «l'esecuzione del contratto e i reclami relativi alle inadempienze contrattuali» (art. 2212); nonché esigere il prezzo delle merci vendute, purché ne effettuino contestualmente la consegna (art. 2210, c. 2), e sempre che non ci sia una cassa speciale palesemente destinata alla riscossione (art. 2213).

7. La soggezione alle procedure concorsuali: rinvio

Come già accennato, un elemento importante dello statuto dell'impresa commerciale è la sua posizione riguardo alle procedure di regolazione della crisi d'impresa e dell'insolvenza, dirette alla *protezione dei creditori dell'impresa*. Solo le imprese commerciali (escluse però quelle minori) sono soggette alla *liquidazione giudiziale* e al *concordato preventivo*; ai debitori diversi dalle imprese commerciali si applicano altri strumenti di regolazione delle crisi. Ne tratteremo più avanti (**61**).

8. Imprese commerciali e imprese agricole

La ragione per cui la legge stabilisce una profonda differenza di regime giuridico fra imprese commerciali e agricole, esonerando queste ultime dallo statuto dell'impresa commerciale, sta nella considerazione speciale che storicamente l'attività agricola ha ricevuto rispetto alle altre attività economiche. L'agricoltura era tradizionalmente esercitata dalla classe dei proprietari fondiari, che non amava confondersi con la nuova classe emergente della borghesia industriale e commerciale; la sua legge si identificava con la disciplina della proprietà, e perciò si esauriva nel codice civile; le norme del codice di commercio non la toccavano. Inoltre la si riteneva meritevole di speciale benevolenza, in quanto esposta a imprevedibili e incontrollabili rischi atmosferici.

Ma il trattamento differenziato che la legge riserva all'impresa agricola appare oggi meno giustificato. Nelle sue manifestazioni più evolute, anche l'agricoltura è oramai costantemente caratterizzata da processi di intensa meccanizzazione, dal ricorso a tecnologie avanzate, dall'impiego di ingenti capitali: fattori che consentono di assimilarla, sul piano organizzativo e gestionale, alle attività economiche dei settori industriale e terziario.

9. L'imprenditore agricolo: attività agricole principali e connesse

La definizione dell'impresa agricola si trova nell'**art. 2135** (peraltro modificato nel 2001). La *nuova definizione* è *più larga* di quella originaria: adesso vi rientrano attività che prima ne erano escluse (una scelta che potrebbe ritenersi discutibile, alla luce di quanto osservato in chiusura del paragrafo precedente).

Le attività che danno luogo a impresa agricola si dicono **attività agricole principali** e sono fondamentalmente tre (art. 2135, c. 1):

☞ la **coltivazione del fondo** è l'impiego dell'energia genetica della terra per la produzione di frutti, mediante appropriate tecniche basate sul lavoro umano e su mezzi strumentali. «Fondo» è, propriamente, il terreno: alla luce di ciò, potrebbe dubitarsi che siano attività agricole le coltivazioni effettuate non su un vero e proprio «fondo», bensì in ambienti che ne simulano artificialmente alcune condizioni (di luce, temperatura, umidità, struttura chimica, ecc.). Ma il dubbio viene meno di fronte alla precisazione (art. 2135, c. 2) che «coltivazione del fondo» comprende tutte «*le attività dirette alla cura e allo sviluppo di un ciclo biologico o di una fase necessaria del ciclo stesso, di carattere vegetale ..., che utilizzano o possono utilizzare il fondo*»: formula che comprende ad es. le coltivazioni in serra;

☞ la **selvicoltura** è la coltivazione di quel particolare fondo che è il *bosco*, diretto a ricavarne quel particolare frutto che è il legname degli alberi;

☞ l'**allevamento di animali** comprende «le attività dirette alla cura e allo sviluppo di un ciclo biologico o di una fase necessaria del ciclo stesso, di carattere ... animale, che utilizzano o possono utilizzare il fondo ... o le acque dolci, salmastre o marine» (art. 2135, c. 2). E quindi vi rientrano anche gli allevamenti di animali diversi dal «bestiame» (a cui si limitava il vecchio testo), o comunque realizzati senza collegamento con un fondo: ad es. allevamento di lombrichi, lumache, animali da pelliccia, api, bachi da seta, pollame cresciuto in batteria, acquacoltura.

L'imprenditore agricolo non cessa di essere tale quando, oltre a qualcuna delle attività principali, esercita **attività agricole connesse**. Queste possono consistere (art. 2135, c. 3): ☞ nella «*manipolazione, trasformazione, commercializzazione e valorizzazione*» *dei prodotti della coltivazione del fondo o dell'allevamento di animali* (ad es. produzione e vendita di vino o olio con l'uva o le olive coltivate, di formaggio con il latte dei bovini allevati, di prosciutti con le opportune parti dei suini allevati, ma pure l'attività di chi surgela e/o inscatola altri prodotti dell'allevamento, anche con metodi «industriali»); oppure ☞ nella «*fornitura di beni o servizi mediante ... attrezzature o risorse dell'azienda ... agricola*» (in cui rientrano principalmente le attività dell'*agriturismo*). Ma se uno esercita solo un'attività connessa senza collegamento con un'attività principale (ad es. produce vino con uva comprate e non coltivate da lui) non è imprenditore agricolo bensì commerciale.

I *poteri di rappresentanza* dei dirigenti preposti all'impresa agricola sono determinati dall'imprenditore, oppure, in mancanza, dagli usi (art. 2138).

10. I contratti agrari: associativi e non associativi

Chi coltiva il fondo può esserne il proprietario. Ma può anche accadere che *un soggetto coltivi un fondo appartenente ad altro soggetto*: gli occorre allora un titolo giuridico che lo legittimi a utilizzare il terreno altrui; tale titolo è un contratto agrario stipulato con il proprietario del fondo (detto «concedente»).

Esistono diversi tipi di contratti agrari, classificabili in due categorie: contratti *di tipo associativo* e contratti *di tipo non associativo*. Alcuni tipi sono disciplinati dalla legge, ma le consuetudini delle campagne hanno creato molte figure di rapporti agrari, non previsti né regolati legislativamente, caratteristici delle diverse zone geografiche. Si tratta dunque di *contratti atipici*: a cui la legge guarda, in questo campo, con fortissimo sfavore.

I contratti agrari **di tipo associativo** sono caratterizzati dal fatto che *il concedente e l'utilizzatore cooperano all'esercizio dell'attività agricola*. La loro disciplina si trova nella l. 756/1964, che individua tre tipi principali:

☞ la **mezzadria** è il contratto con cui il concedente e il mezzadro, anche quale capo di una famiglia colonica, si associano per la coltivazione di un podere al fine di ripartirne i prodotti e gli utili (art. 2141). In questa ripartizione, al mezzadro non può toccare una quota inferiore al 58% (art. 4 l. 756/1964). Il concedente mette a disposizione il podere, dotato di quanto occorre per l'esercizio dell'impresa e di una casa per la famiglia del mezzadro; il mezzadro è tenuto a prestare il lavoro proprio e della famiglia colonica. Le spese necessarie per la coltivazione sono ripartire fra i due, in base a vari criteri. Mezzadro e concedente cooperano nella direzione dell'impresa agricola, e prendono insieme tutte le decisioni più importanti, secondo le esigenze della buona tecnica agraria (art. 6 l. 756/1964): dunque anche il mezzadro è imprenditore;

☞ la **colonia parziaria** è il contratto con cui *il concedente e uno o più coloni si associano per la coltivazione di un fondo e per l'esercizio delle attività connesse, al fine di dividerne i prodotti e gli utili* (art. 2164). Tale ripartizione avviene secondo le quote fissate dall'art. 9 l. 756/1964, variabili in relazione alla misura nella quale le parti concorrono alle spese della coltivazione. Il *concedente* deve mettere a disposizione un fondo adatto alla produzione stabilita. Il *colono* deve prestare il proprio lavoro, mantenendo il fondo in normale stato di produttività. La direzione dell'impresa è affidata a entrambe le parti, in collaborazione. La differenza fondamentale con la mezzadria sta nel fatto che la colonia parziaria *non presuppone una famiglia colonica*;

☞ la **soccida** riguarda *attività zootecniche*: è il contratto con cui *il soccidante e il soccidario si associano per l'allevamento* e lo sfruttamento di una certa quantità di bestiame e per le attività connesse, al fine di ripartire l'accrescimento del bestiame e gli altri prodotti e utili che ne derivano (art. 2170). I criteri della ripartizione sono fissati per accordo delle parti o, in mancanza, dagli usi. La soccida può assumere varie forme: ✦ *soccida semplice* (il bestiame viene conferito dal soccidante, che ne conserva la proprietà: art. 2171); ✦ *soccida parziaria* (il bestiame è conferito da entrambe le parti, che ne diventano proporzionalmente comproprietarie art. 2182); ✦ *soccida con conferimento di pascolo* (il bestiame è conferito dal soccidario, e il soccidante fornisce il terreno per il pascolo: art. 2186).

Fra i contratti agrari **di tipo non associativo** (che non prevedono *nessuna cooperazione fra il proprietario della terra e chi la coltiva*) il più importante è l'**affitto di fondi rustici**, regolato dal codice (art. 1628 e segg.), ma soprattutto da diverse *leggi speciali* (l. 567/1962; 606/1966; 11/1971; 814/1973; 203/1982). Con esso, *il proprietario del terreno (concedente) lo mette a disposizione dell'affittuario, che lo coltiva con propria autonoma organizzazione*: perciò imprenditore è solo l'affittuario. In corrispettivo, l'affittuario deve pagare al concedente un *canone annuo in denaro*: il suo ammontare non è lasciato all'accordo delle parti, ma è stabilito in base al reddito catastale del terreno, aggiornato da appositi coefficienti di rivalutazione (*equo canone*).

La legge dedica particolare attenzione ai casi in cui l'affittuario è **coltivatore diretto**, e cioè coltiva il fondo con il *lavoro proprio e della famiglia*, sempre che tale forza lavorativa costituisca *almeno 1/3 di quella occorrente* per le normali necessità di coltivazione (precisandosi che il lavoro della donna è equivalente a quello dell'uomo): art. 6 l. 203/1982. La *durata minima* del contratto è *15 anni*: si vuole garantire al coltivatore una prospettiva di stabilità dell'esercizio, senza la quale verrebbe meno l'incentivo a compiere investimenti e miglioramenti. Alla scadenza del contratto, se nessuna delle parti dà disdetta, il contratto è *tacitamente rinnovato* per altri 15 anni. L'affittuario può sempre *recedere* dal contratto, dando *preavviso* almeno un anno prima della scadenza dell'annata agraria. La determinazione dell'*equo canone* avviene sulla base di *tabelle* elaborate per zone agrarie omogenee dalla *commissione tecnica provinciale*, sulla base di appropriati parametri. Sia il locatore sia l'affittuario possono promuovere *miglioramenti, addizioni e trasformazioni* del fondo, purché non ne modifichino la destinazione agricola. All'affittuario coltivatore diretto (come pure al mezzadro e al colono) spetta – a determinate condizioni – un diritto di prelazione sul fondo, nel caso che il proprietario lo trasferisca a titolo oneroso (c.d. **prelazione agraria**). Al proprietario invece può spettare il **di-**

ritto di ripresa, consistente nella *risoluzione anticipata del contratto* al fine di riacquistare la disponibilità del fondo per sé o per un familiare.

Quando il terreno è concesso a un affittuario **non coltivatore diretto**, il contratto segue una disciplina di meno accentuato favore per l'affittuario.

Il legislatore punta a *eliminare i contratti atipici* (la cui costituzione è stata vietata dall'art. 13 l. 756/1964), e anche *i contratti associativi*, allo scopo di *generalizzare l'impiego dell'affitto*, considerato il tipo di contratto più efficiente e più equo per l'utilizzazione agricola della terra altrui. In questa linea, la l. 203/1982 ha previsto la **conversione dei contratti associativi in affitto**, se il coltivatore garantisce di svolgere un'adeguata attività produttiva).

11. Il piccolo imprenditore

Talora la legge fa riferimento alla dimensione dell'impresa, per ricollegarvi conseguenze giuridiche. Il quadro che ne esce non è del tutto lineare.

Il codice identifica una nozione di «piccolo imprenditore», rilevante soprattutto per le imprese commerciali: infatti gli *imprenditori commerciali* che siano *piccoli imprenditori* sono *sottratti allo statuto dell'imprenditore commerciale* (**50.**3).

Secondo l'**art. 2083** sono piccoli imprenditori: ☞ il *coltivatore diretto* del fondo; ☞ l'*artigiano*; ☞ il *piccolo commerciante*; nonché ☞ coloro che esercitano un'attività professionale organizzata prevalentemente con il *lavoro proprio e dei componenti della famiglia*. Quest'ultima definizione consente di qualificare come «piccoli» anche imprenditori che non appartengono a una delle tre categorie tipiche indicate subito prima: ad es., un agente di commercio che operi con strutture esigue, senza dipendenti. D'altra parte, essa indica un requisito che deve essere presente anche nelle tre figure tipiche: così, un commerciante non è «piccolo» se nella sua impresa l'apporto di lavoro personale o familiare è soverchiato dall'attività di dipendenti estranei o anche dall'impiego di ingente capitale (si pensi a un antiquario che tratta, sia pure senza grosso apporto di dipendenti, oggetti del valore di molti milioni di euro).

Per effetto della nuova disciplina delle crisi d'impresa e dell'insolvenza, dal 2020 la nozione di piccolo imprenditore definita dal codice civile non è più rilevante ai fini delle *procedure concorsuali* (in particolare di quella che una volta si chiamava fallimento, e oggi si chiama liquidazione giudiziale). A questi fini rileva la diversa figura dell'*impresa minore*, con suoi requisiti specifici (art. **61.**3).

La definizione dell'art. 2083 non coincide neppure con la nozione di piccola impresa propria delle scienze economiche e aziendali, e che si ritrova anche nella *legislazione che dispone benefici o incentivi* (fiscali, creditizi, ecc.) a favore delle imprese di minori dimensioni. A queste sono dedicate due interi capi dello statuto delle imprese (**49.**1), che seguendo la legislazione europea ne individua tre categorie: in ordine discendente, le *medie imprese* sono quelle fino a 250 dipendenti e 43 milioni di fatturato; le *piccole imprese* fino a 50 dipendenti e 10 milioni di fatturato; le *microimprese* fino a 10 dipendenti e 2 milioni di fatturato. Solo le microimprese (e nemmeno tutte) potrebbero considerarsi piccole imprese ai sensi dell'art. 2083. E una nuova categoria di "piccole o medie imprese" (PMI) è stata introdotta nel 2014, come destinataria di regole speciali in materia di opa (**59**.20): comprende le società sotto i 300 milioni di fatturato, o sotto i 500 milioni di capitalizzazione di borsa. Al lato opposto della scala dimensionale sta la categoria delle «grandi imprese», assoggettate nel caso di insolvenza alla procedura dell'amministrazione straordinaria (**61**.15).

12. L'artigiano

L'artigiano è qualificato espressamente piccolo imprenditore dall'art. 2083. Ma sembra esserci contrasto fra i criteri di questa norma e quelli posti dalla *legislazione speciale* sull'artigianato (l. 443/1985).

In base alla legge speciale, è imprenditore artigiano chi, svolgendo attività di *produzione di beni e prestazione di servizi* (esclusi certi beni e servizi): ☞ ha *non più di un certo numero massimo di dipendenti,* variabile a seconda del tipo di attività esercitata (ad es.: fino a 40 dipendenti per una sartoria); ☞ esercita l'impresa «personalmente, ... svolgendo *in misura prevalente il proprio lavoro* ... nel processo produttivo»; ☞ *dirige personalmente* l'attività dei dipendenti.

Titolare dell'impresa artigiana può essere anche una società (*società artigiana*): ma sono escluse le società di capitali (**53**-**54**) e la società in accomandita semplice (**52**.6); ed è comunque richiesto che «la maggioranza dei soci ... svolga in prevalenza *lavoro personale* ... nel processo produttivo e che ... il lavoro abbia funzione *prevalente sul capitale*».

La definizione della legge speciale potrebbe sembrare sfasata rispetto a quella del codice civile (portando a pensare che nel sistema esistano due diverse figure di artigiano). Ma gli interpreti si sforzano di sostenere che i criteri del codice e quelli della legge speciale sono sostanzialmente omogenei.

13. Le imprese pubbliche, e le «privatizzazioni»

La categoria delle imprese pubbliche si lega al fenomeno dell'*intervento dello Stato nell'economia*, di cui abbiamo accennato le ragioni storico-politiche (**2**.3). Le forme tecnico-giuridiche in cui esso si realizza si riducono essenzialmente a due modelli: ☞ quello dell'*ente pubblico imprenditore*, e ☞ quello dell'*ente pubblico azionista.*

Secondo il modello dell'**ente pubblico imprenditore**, lo Stato o un altro ente pubblico *esercita direttamente, in prima persona, un'attività economica organizzata rivolta al mercato.* L'ente pubblico imprenditore assume qualità di imprenditore commerciale se ricorrono due requisiti: ✦ che l'attività economica svolta sia un'*attività commerciale*, ex art. 2195; e inoltre ✦ che l'esercizio dell'attività commerciale costituisca *oggetto esclusivo o principale* dell'ente (art. 2201). Ma la soggezione allo statuto dell'imprenditore commerciale è solo parziale: l'ente pubblico è obbligato all'iscrizione nel registro delle imprese e alla tenuta delle scritture contabili; invece è *sottratto alla disciplina del fallimento* (art. 2221). I requisiti appena visti impedivano di qualificare imprenditore commerciale lo Stato anche quando (fino agli anni '80 del secolo XX) esercitava direttamente, tramite apposite «aziende autonome», attività postale, telegrafica e telefonica; e così pure i Comuni, in relazione al diretto esercizio delle attività di distribuzione del gas e dell'acqua, o di trasporto urbano. E infatti, rispetto all'insieme delle funzioni proprie dello Stato e dei Comuni, queste attività non sono prevalenti e tanto meno esclusive, ma solo marginali. Imprenditori commerciali potevano invece considerarsi, ad es., l'Enel (Ente nazionale per l'energia elettrica) o l'Ina (Istituto nazionale delle assicurazioni) o l'Ente ferrovie, o alcuni «istituti» bancari, i quali erano enti pubblici aventi per oggetto esclusivo o principale, rispettivamente, la produzione e distribuzione di energia elettrica, l'attività assicurativa, il trasporto su rotaia, l'attività bancaria. Se ne parla al passato, perché con le «privatizzazioni» degli anni '90 del XX secolo, quei tre soggetti – come pure l'Iri e l'Eni – hanno perso la qualità di enti pubblici, perché sono stati trasformati in società per azioni (a partecipazione pubblica): ricadendo così nel secondo modello.

Nel modello dell'**ente pubblico azionista** (o della **società a partecipazione pubblica**), l'ente pubblico non esercita direttamente un'attività economica, ma si limita ad *acquisire e gestire azioni di società che esercitano l'attività per cui lo Stato ha interesse*, in modo tale da avere *la maggioranza o comunque il controllo della società* in questione, e così da influenzarne l'azione economica: sono società a partecipazione pubblica (statale) ad es. quegli stessi Eni ed Enel che prima erano enti pubblici, o Poste Italiane che prima era un'azienda di Stato, e poi ancora Leonardo (già Finmeccanica), Fintecna, Fincantieri, Rai, ecc. Esse danno vita a un fenomeno giuridico molto diverso da quello dell'ente pubblico imprenditore (anche se nel linguaggio corrente sono accomunate dalla formula generica di «imprese pubbliche»): benché il suo maggiore azionista sia un ente pubblico, la società per azioni a partecipazione pubblica non è un ente pubblico (**12**.18), ma rimane una *persona giuridica privata*, soggetta – in via di principio – allo statuto dell'impresa privata e all'ordinario regime delle società per azioni (ma v. **54**.6).

In Italia il fenomeno dell'intervento pubblico nell'economia ha conosciuto un grande sviluppo a partire dagli anni '30 del secolo scorso, si è notevolmente incrementato nel secondo dopoguerra, e ha quindi raggiunto dimensioni molto ampie. Esso ha utilizzato entrambe le forme giuridiche appena viste. C'erano grandi enti pubblici imprenditori: alcuni – come Enel, Ina, Ente ferrovie – gestivano direttamente attività industriali. Altri – come Iri ed Eni – gestivano le partecipazioni azionarie, da essi possedute, in numerosissime società per azioni (a partecipazione pubblica): l'Iri gestiva partecipazioni azionarie in importanti società nel settore bancario, elettromeccanico, siderurgico, cantieristico, agroalimentare, delle telecomunicazioni; l'Eni svolgeva analoga funzione nel settore energetico e chimico. Tutto ciò dava vita a una complessa organizzazione pubblica (sistema delle partecipazioni statali), che aveva il suo vertice politico-amministrativo nel Ministero delle partecipazioni statali.

Il quadro è profondamente cambiato all'inizio degli anni '90, con l'affermarsi di una tendenza politico-culturale a ridurre la presenza statale nell'economia. Si è così aperto il fenomeno delle **privatizzazioni**, avviato dalle l. 35/1992 e 359/1992. Esse hanno previsto essenzialmente due cose: ☞ che i *principali enti pubblici economici* – sia quelli direttamente impegnati in attività industriali (come Enel e Ina), sia i c.d. enti di gestione di partecipazioni azionarie pubbliche (come Eni) *si trasformino in società per azioni* (il cui azionista è direttamente lo Stato, attraverso il Ministero dell'economia), sul presupposto che, quando è in gioco la gestione di imprese, la società per azioni è uno strumento organizzativo più efficiente dell'ente pubblico (in questo modo, la figura dell'ente pubblico imprenditore è quasi scomparsa); ☞ che le *azioni di società in mano pubblica* siano *vendute a imprenditori e risparmiatori privati*, italiani o stranieri: talora in misura tale da lasciare allo Stato la maggioranza e il controllo di tali società (che perciò rimangono a prevalente partecipazione pubblica); ma più spesso in misura tale da attribuire ai privati la maggioranza se non totalità delle azioni. In quest'ultimo caso, le società cessano di essere a prevalente partecipazione pubblica ed escono definitivamente dall'area delle imprese pubbliche: è già accaduto per banche come Credito Italiano (oggi UniCredit) o Istituto San Paolo di Torino e Cariplo (oggi fuse in Banca Intesa); per grandi imprese di telecomunicazioni come Telecom. E il Ministero delle partecipazioni statali è stato soppresso (1993).

E tuttavia continuano a esistere molte imprese pubbliche, specie in forma di *società partecipate dallo Stato o da enti locali*. Anzi, il quadro delle partecipazioni pubbliche è così complesso che si avverte l'esigenza di riordinarlo. È uno degli obiettivi della l. 124/2105 (legge delega finalizzata alla riforma complessiva della pubblica amministrazione); vi provvede un apposito decreto attuativo: d.lgs. 175/2016.

14. L'impresa familiare: rinvio

L'impresa familiare è l'impresa in cui lavorano stabilmente familiari dell'imprenditore (art. 230-bis).

Non è un autonomo «tipo» di impresa, assoggettato in quanto tale a una particolare disciplina. Una particolare disciplina ricevono semplicemente i *diritti dei familiari* che vi collaborano, come vedremo a suo luogo (**63**.12). A parte ciò, ogni impresa familiare va ricondotta, in relazione alle sue concrete caratteristiche, all'uno o all'altro dei tipi di impresa che conosciamo: a seconda delle sue dimensioni, può essere un'impresa piccola o non piccola; a seconda della sua attività, può essere un'impresa commerciale o non commerciale.

51
LA SOCIETÀ

1. L'impresa collettiva: funzioni della società

L'impresa può essere esercitata da un singolo individuo: si ha allora *impresa individuale*. Può anche essere esercitata da un'organizzazione creata a questo scopo: è, in tal caso, *impresa collettiva*. Questa organizzazione si chiama società: l'impresa è esercitata da una società, ed è la società che assume veste di imprenditore. Nei sistemi economici moderni, *tutte le imprese più importanti sono imprese collettive, esercitate da società*: solo le imprese piccole o piccolissime si presentano come imprese individuali. La ragione va vista nelle due essenziali *funzioni della società*.

La prima funzione è la **raccolta di capitali**. L'avvio e l'esercizio di un'impresa richiedono spesso capitali ingenti, che difficilmente sono a disposizione di un singolo: per raccoglierli, è necessario sommare i capitali di diverse persone, che proprio per questo si mettono insieme e svolgono in comune quella attività che ciascuna da sola non avrebbe i mezzi per intraprendere. La seconda funzione è la **distribuzione del rischio**. Molte attività economiche sono rischiose: possono portare profitti, ma anche perdite. E il timore del rischio può scoraggiare le iniziative. Ma il timore si riduce se l'operatore intraprende l'iniziativa non da solo (come imprenditore individuale), bensì costituendo una società insieme con altri: così, infatti, il rischio dell'impresa si ripartisce fra i diversi soci; le eventuali perdite non fanno carico a uno solo, ma si distribuiscono fra tutti. Peraltro quest'ultima funzione non si realizza allo stesso modo in tutte le società: come vedremo è più debole nelle società di persone, più forte nelle società di capitali.

Quest'ultimo rilievo introduce un dato molto importante, che conviene fissare subito: non esiste un unico tipo di società, bensì esistono *vari tipi di società*, con caratteristiche molto diverse; e la distinzione fondamentale corre fra società *di persone* e società *di capitali* (**51**.13).

Quale che sia il tipo, vale il principio che ogni società deve avere "un *assetto organizzativo, amministrativo e contabile adeguato* alla natura e alle dimensioni dell'impresa", tale da garantire la continuità aziendale (art. 2086, c. 2, introdotto dal d.lgs. 14/2019).

2. La società come contratto e come organizzazione (soggetto del diritto)

L'organizzazione per l'esercizio di un'impresa collettiva si crea con un apposito contratto fra i soggetti interessati. Il **contratto di società** è «il contratto con cui *due o più persone conferiscono beni o servizi per l'esercizio in comune di un'attività economica, allo scopo di dividerne gli utili*» (art. 2247). Dalla definizione si ricavano gli **elementi essenziali** del contratto di società (che esamineremo nei prossimi paragrafi): ☞ i *conferimenti di beni o servizi*; ☞ l'*esercizio in comune di un'attività economica* (oggetto sociale); ☞ lo *scopo della divisione degli utili* (scopo di lucro).

La **forma** richiesta varia a seconda dei diversi tipi di società, come vedremo.

Anche riguardo alla **capacità di agire** dei contraenti, occorre distinguere in relazione ai vari tipi di società: ☞ se la società implica *responsabilità illimitata del socio*, gli incapaci possono partecipare alla sua costituzione negli stessi limiti cui è subordinato l'*inizio di un'impresa* da parte dell'incapace; ☞ se invece la società implica *responsabilità limitata*, la stipulazione del relativo contratto è un *atto di straordinaria amministrazione*, con le note conseguenze: l'incapace assoluto è sostituito dal rappresentante legale; l'incapace relativo è assistito dal curatore (**11**.11-12).

Ma per «società» può anche intendersi (e generalmente si intende) un'altra cosa: l'**organizzazione** creata dal contratto. Intesa come organizzazione, la società si distacca dalle persone dei soci e dai rapporti contrattuali che li legano: acquista una sua autonomia, si configura come *autonomo soggetto del diritto.* Alla luce di ciò, si comprende la **distinzione fra società e comunione** (**17**.1): ☞ la società ha carattere *dinamico*, perché implica un'attività, mentre la comunione si esaurisce nel godimento *statico* di un bene, e nella sua amministrazione: se A e B acquistano insieme un immobile per locarlo e percepirne i canoni, non danno vita a una società; ☞ con la comunione non si crea un *nuovo e autonomo soggetto del diritto*: rapporti contrattuali, diritti e obblighi continuano a fare capo ai comunisti; ☞ la società ha maggiore *resistenza allo scioglimento*: il socio non ha il potere di determinare lo scioglimento della società, e i suoi creditori non possono soddisfarsi direttamente sui beni della società; al contrario, ciascun comunista può chiedere lo scioglimento della comunione, e i suoi creditori possono aggredire la quota del bene comune, di sua spettanza.

3. I conferimenti: patrimonio sociale e capitale sociale

I conferimenti sono *le prestazioni che i soci devono eseguire a favore della società, per dotarla dei mezzi che le consentano di svolgere la sua attività.*

Il conferimento di solito ha per oggetto **beni**. Il termine va inteso in senso ampio: comprende *beni materiali* (in primo luogo denaro), ma anche *beni immateriali* (come un brevetto) e *crediti*. Il bene può essere conferito alla società **in proprietà**: e allora si realizza l'*effetto traslativo (reale)* per cui il bene esce dal patrimonio del socio ed entra in quello della società (**33**.3); oppure **in godimento**, nel qual caso il socio conserva la proprietà, e la società ha un diritto simile a quello del conduttore. Le *modalità del conferimento* ne determinano la *disciplina*: se il bene è conferito in proprietà, il socio deve prestare alla società le stesse garanzie (per vizi ed evizione) che il venditore deve al compratore, e se il bene è immobile occorre la forma scritta; se si conferisce un credito, valgono le regole sulla cessione dei crediti.

Anziché beni, il socio può conferire **servizi**, cioè attività (in concreto, prestazioni lavorative) a favore della società: si definisce allora **socio d'opera**.

Anche la società, come tutti i soggetti del diritto, ha un patrimonio: all'inizio questo è formato dai *conferimenti fatti*, e inoltre dai *crediti* della società verso i soci, per i conferimenti che questi sono obbligati a fare ma non hanno ancora fatto. In seguito, la consistenza del patrimonio sociale può variare in relazione alle vicende economiche della società. Infatti il concetto di **patrimonio sociale** è un concetto dinamico: rappresenta *l'effettivo valore che a un dato momento hanno le attività della società* (beni e crediti), *decurtate delle passività* (debiti sociali); dunque varia continuamente, aumentando o diminuendo a seconda che la società realizzi guadagni o invece abbia perdite.

Diverso è il concetto di **capitale sociale**. A differenza del patrimonio, il capitale è un elemento tendenzialmente *statico* e *invariabile*: rappresenta *l'entità patrimoniale minima di cui la società garantisce ai terzi di essere dotata*, in modo che i creditori sappiano su quale consistenza economica possono fare affidamento entrando in rapporto con quella società. Il capitale sociale è pari al valore di tutti i conferimenti fatti e promessi dai soci (dunque coincide con il patrimonio iniziale della società). Il capitale sociale resta tendenzialmente fisso: il suo valore *non muta automaticamente con il continuo mutare del patrimonio sociale.* Se, ad es., la società realizza profitti che non vengono distribuiti ai soci ma restano alla società, il patrimonio sociale assume un valore superiore a quello del capitale sociale: ciò avvantaggia i terzi, perché l'effettiva consistenza patrimoniale della società, su cui possono contare, è in concreto superiore a quella che figurativamente risulta a disposizione della società. Invece i terzi possono essere pregiudicati nel caso opposto, se cioè l'effettivo patrimonio sociale scende al di sotto del capitale (per es., a causa di perdite): per *tutelare i terzi* contro questa eventualità, la legge stabilisce varie regole a *garanzia dell'integrità del capitale sociale* (**52**.5, **53**.8-9).

In cambio dei conferimenti il socio ottiene qualcosa: la partecipazione nella società, che gli attribuisce diritti (**51**.6)e ha un valore economico.

4. Oggetto sociale e scopo di lucro

L'**oggetto sociale** è *l'attività per il cui «esercizio in comune» la società è stata creata.* Va indicato nel contratto di società, e in base ai noti requisiti previsti a pena di nullità (**31**.3) deve essere: *possibile*; *lecito*; *determinato o determinabile.*

Normalmente l'*oggetto sociale* è un'*attività d'impresa.* Ma possono darsi casi in cui la coincidenza è dubbia, perché l'oggetto sociale non sembra presentare tutti i requisiti dell'art. 2082. Si segnalano due ipotesi, in cui potrebbe parlarsi di **società senza impresa**: la *società occasionale* è quella creata per il compimento di un unico affare (ad es., acquistare un determinato bene per rivenderlo), cioè per un'attività che non presenta il carattere della professionalità (art. 2082); la *società di mero godimento* è quella creata esclusivamente per intestarle e farle amministrare (ad es., dandoli in locazione) beni, specie immobili dei soci, in vista di vantaggi soprattutto fiscali (per questo si dice anche *società di comodo*): qui è dubbio che sia presente una vera e propria «attività economica», e dunque un elemento essenziale della società.

L'attività economica, che costituisce l'oggetto sociale, è diretta alla *produzione di utili da ripartire fra i soci:* ciò si esprime dicendo che la società è caratterizzata dallo **scopo di lucro**. Si distingue fra lucro **oggettivo** (la finalizzazione dell'*attività sociale* al conseguimento di profitti) e lucro **soggettivo** (l'aspirazione dei *singoli soci* a percepire una quota degli utili sociali). Lo scopo di lucro *distingue la società dall'associazione*, che ha finalità non di profitto (**12**.10). Peraltro, è possibile che un'associazione, eserciti un'impresa, strumentale ai suoi scopi (si pensi a un'organizzazione culturale che pubblica e vende una propria rivista periodica): infatti per l'impresa non è essenziale lo scopo di lucro (**49**.4).

Lo scopo di lucro è invece essenziale per la società. Per questo non sarebbe concepibile una società in cui si prevedesse l'integrale devoluzione degli utili a persone diverse dai soci (ad es., in beneficenza); per la stessa ragione è inammissibile, ed è *nullo*, il c.d. **patto leonino**, cioè la clausola del contratto di società, la quale *prevede che un socio sia completamente escluso da ogni partecipazione agli utili o da ogni partecipazione alle perdite* (art. 2265).

Quanto detto fin qui vale per la generalità delle società, che si definiscono appunto **società lucrative**. Non vale invece per una particolare categoria di società, il cui scopo non è fare profitti da distribuire fra i soci, ma uno scopo diverso, che si chiama *scopo mutualistico*: le **società mutualistiche** (**54**.7-9).

Inoltre, esistono società che – pur corrispondendo a un tipo di società lucrativa – non hanno scopo di lucro: è il caso delle *società sportive*, in cui è escluso il lucro soggettivo (**54**.6); delle *società consortili*, che hanno scopo consortile (**51**.16); delle *imprese sociali*, enti del terzo settore (quindi senza scopo di lucro: **12**.18) che possono costituirsi anche secondo un tipo di società lucrativa (d.lgs. 112/2017). Oppure società che, oltre allo scopo di lucro, hanno nell'oggetto sociale anche la realizzazione di «benefici» a favore di comunità, territori, ambiente o altri «stakeholders» (**53**.17). Si chiamano «*società benefit*» (SB): le ha introdotte la l. 208/2015, con una disciplina speciale che tiene conto di queste loro finalità «sociali».

5. Lo status di socio: obblighi sociali

Il socio di una società è titolare di una *complessa serie di posizioni giuridiche*: perciò si parla di status di socio. Ne fanno parte obblighi e diritti: li illustriamo adesso in termini generali, avvertendo che la loro configurazione specifica varia grandemente in relazione ai diversi tipi di società.

Fra gli **obblighi** del socio *verso la società*, è fondamentale quello di *fare i conferimenti* a cui si è impegnato con il contratto di società. L'essenzialità di quest'obbligo è evidente: senza conferimenti, la società non avrebbe i mezzi per conseguire l'oggetto sociale e per realizzare il lucro cui è finalizzata. Per questo, l'*inadempimento* ha conseguenze molto drastiche a carico del socio: può costituire causa della sua *esclusione dalla società*. Altri obblighi particolari dei soci possono essere previsti dallo *statuto* della società (**51**.7).

Oltre che obblighi verso la società, a carico del socio possono nascere obblighi anche *nei confronti di terzi*: in particolare dei *creditori della società*. Tali obblighi si configurano diversamente, a seconda dei diversi tipi di società (**51**.13).

6. I diritti sociali: patrimoniali, di amministrazione, di controllo

I diritti del socio possono classificarsi in tre categorie:

☞ i **diritti patrimoniali** del socio sono essenzialmente tre: ✦ in primo luogo il diritto agli **utili** (corrispondente al lucro soggettivo), la cui misura è, di regola, *proporzionale al valore dei suoi conferimenti*; ✦ nelle sole società di capitali, il diritto di **partecipare agli aumenti di capitale** (che vedremo in seguito: **53**.9); ✦ infine il diritto alla **quota di liquidazione**, che scatta quando il rapporto sociale viene a cessare (o perché il socio esce dalla società, o perché questa si estingue): in tal caso il socio ha diritto di ottenere una *somma pari alla quota del patrimonio sociale* corrispondente alla misura del suo conferimento. È, in sostanza, il *rimborso del conferimento* fatto dal socio: questo si collegava alla nascita e all'esistenza del rapporto sociale: cessato il quale viene meno la ragione del conferimento, che va restituito. Peraltro *la somma corrispondente può non essere uguale al valore del conferimento*: può essere inferiore, se nel corso della gestione la società ha subito perdite, e il suo attuale patrimonio risulta perciò minore di quello iniziale; può essere superiore, nel caso opposto. Questo diritto *non esiste nelle associazioni:* venuto meno il rapporto associativo, l'ex associato non ha diritto di ricevere una quota del patrimonio associativo (**12**.10);

☞ i **diritti di amministrazione** consistono nel *potere d'influire sulla gestione e sugli indirizzi dell'impresa sociale*. In alcuni limitati casi il socio può compiere direttamente, e da solo, atti di amministrazione della società. Ma normalmente il socio ha solo ✦ il diritto di **concorrere alla formazione delle deliberazioni sociali**. Ciò avviene sulla base del **principio maggioritario**: in generale, per decidere su un affare sociale non occorre il consenso di tutti i soci, ma basta il *consenso della maggioranza* di essi: maggioranza che si calcola non in base alle teste, ma *in base al valore delle quote di capitale sociale* di cui i soci sono titolari; e che, a seconda delle decisioni da prendere, può essere semplice (il 51%) o invece qualificata (ad es., i 2/3). In questo modo, la volontà della maggioranza diventa la volontà della società. È chiaro che, senza quel principio, la società non potrebbe funzionare: se per ogni decisione occorresse il consenso unanime di tutti i soci, l'attività sociale rischierebbe di restare paralizzata. In ogni caso, i soci hanno una tutela contro le decisioni della maggioranza, da essi non condivise. Vi corrisponde un ulteriore diritto del socio: ✦ il diritto dei soci assenti o dissenzienti di **impugnare le deliberazioni** della società, per ottenerne l'*annullamento*. Ciò è possibile quando si tratta di deliberazioni *illegittime*: e cioè prese senza il rispetto delle modalità procedurali o dei limiti sostanziali che la legge o lo statuto impongono;

☞ ai soci spettano infine **diritti di controllo**, finalizzati a *verificare che la gestione sociale si svolga con regolarità ed efficacia* (anche se a tale gestione essi non partecipano direttamente, sono molto interessati ai suoi esiti). Essi hanno intensità maggiore nelle società di persone; minore nelle società di capitali.

7. La costituzione della società: atto costitutivo e statuto; altri adempimenti

Il presupposto perché una società si costituisca è la formazione dell'**atto costitutivo** (di regola un *contratto* fra i soci): le forme e i contenuti di esso variano a seconda dei diversi tipi di società.

All'atto costitutivo si affianca normalmente lo **statuto**, che contiene le *regole di funzionamento della società* (numero e criteri di nomina degli amministratori, svolgimento delle assemblee, ecc.) e quelle relative ai *diritti e obblighi dei soci* (ad es. in materia di utili, di rendiconti, di partecipazione alle spese sociali, ecc.).

In relazione ai diversi tipi di società, la costituzione può essere accompagnata da *altri adempimenti* (in particolare pubblicitari) che si vedranno più avanti.

8. I patti parasociali

Può accadere che, separatamente dall'atto costitutivo e dallo statuto, i soci (o alcuni dei soci) stipulino fra loro degli accordi, detti patti parasociali. Con essi, *i soci si impegnano reciprocamente a osservare determinati comportamenti, a cui non sarebbero tenuti in base all'atto costitutivo*: è, in sostanza, una reciproca autorinuncia dei soci contraenti a esercitare, nella loro pienezza, i diritti sociali ad essi attribuiti dal contratto di società.

I più importanti patti parasociali sono i **patti di sindacato**. Si distinguono: ☞ i sindacati **di blocco**, che limitano *la libertà dei soci di trasferire le proprie azioni*: stabilendo, ad es., il diritto degli altri membri del sindacato di essere preferiti a qualsiasi altro acquirente (*clausole di prelazione*); o prescrivendo che le azioni non possano essere cedute se non c'è il consenso degli altri membri sulla persona del cessionario (*clausole di gradimento*). Clausole del genere possono essere inserite direttamente *nello statuto*: in tal caso non sono patti parasociali, ma formano parte integrante del contratto sociale; ☞ i sindacati **di voto**, che *limitano la libertà dei partecipanti nell'esercizio del diritto di voto in assemblea*: stabilendo, ad es., che tutti i membri del sindacato debbano votare nel modo fra loro concordato (o deciso a maggioranza) prima dell'assemblea.

In passato, questi patti (o alcuni fra essi) erano sospettati di invalidità per contrasto con principi fondamentali della disciplina legale delle società, ritenuti di ordine pubblico. Col tempo, il rigore si è attenuato, e prevale la tendenza ad ammetterne più largamente la validità. La nuova disciplina delle società per azioni li riconosce espressamente, limitandosi a imporre la *durata massima di 5 anni*, a prevedere un *diritto di recesso* quando i patti sono a tempo indeterminato, e a prescrivere che in certi casi ne sia pubblicizzata l'esistenza (art. 2341-*bis*).

In ogni caso, i patti parasociali hanno *efficacia solo nei rapporti interni* fra i soci che ne sono parti, e *nessuna efficacia esterna, cioè verso la società o i terzi* (inclusi fra questi i soci non stipulanti). Perciò la vendita di azioni a terzi è perfettamente efficace anche se fatta in violazione di una clausola di gradimento o di un diritto di prelazione previsti per patto parasociale. La violazione del patto ha una sola conseguenza: il *risarcimento del danno* che l'inadempimento reca agli altri contraenti.

9. Vicende delle società: trasformazione

La trasformazione è, in senso lato, il fenomeno per cui la società di un certo tipo diventa una società di altro tipo, o un ente che non è società diventa società, o viceversa una società diventa ente non societario.

Si distinguono due generi di trasformazioni: ☞ le **trasformazioni omogenee** sono quelle che coinvolgono esclusivamente *società lucrative*, e hanno regole diverse (specie per quanto riguarda le maggioranze necessarie a deliberarle) a seconda che *società di persone si trasformino in società di capitali* (art. 2500-*ter*), o all'inverso *società di capitali si trasformino in società di persone* (art. 2500-*sexies*); ☞ le **trasformazioni eterogenee** sono quelle che coinvolgono *società non lucrative* (cooperative, società consortili) o *enti non societari* (comunioni di azienda, consorzi, associazioni, fondazioni): art. 2500-*septies*-2500-*octies*. Anche qui, il fenomeno è regolato diversamente a seconda che sia *trasformazione di società di capitali in società non lucrative o enti non societari*, o invece *trasformazione di società non lucrative o enti non societari in società di capitali* (ad es., per trasformare una fondazione occorre il provvedimento dell'autorità governativa).

In ogni caso, la *trasformazione in società di capitali* deve risultare da *atto pubblico*, contenente le indicazioni prescritte per l'atto costitutivo del tipo di società adottato; e devono osservarsi i relativi *adempimenti pubblicitari*, in particolare l'iscrizione nel registro delle imprese (art. 2500).

La trasformazione produce **effetti** verso la società e verso i soci: ☞ **verso la società**, si ha *continuità dei rapporti giuridici*: la società trasformata conserva i diritti e gli obblighi anteriori alla trasformazione (art. 2498); ☞ **verso i soci**, possono prodursi effetti attivi e passivi: ai soci spettano *azioni o quote di parte-*

cipazione della nuova società, in misura corrispondente alle rispettive partecipazioni nella vecchia (art. 2500-*quater*); e se nella vecchia società c'erano *soci illimitatamente responsabili*, può accadere – a tutela dei creditori – che quei soci continuino a rispondere personalmente per le obbligazioni sociali anteriori alla trasformazione, anche se la società trasformata prevede la responsabilità limitata dei soci (art. 2500-*quinquies*).

10. Segue: fusione e scissione

La fusione è l'operazione per cui *due o più società si uniscono fra loro, in modo che ne risulta una sola società*. Si distinguono due tipi di fusione (art. 2501): ☞ la **fusione in senso stretto**, con cui *tutte le società interessate si estinguono*, e al loro posto *nasce una società nuova*; ☞ la **fusione per incorporazione**, con cui *una società (incorporante) assorbe le altre (incorporate), che si estinguono*, mentre l'incorporante continua a esistere.

La disciplina della fusione ha come obiettivo principale *garantire un'informazione chiara e completa ai creditori e ai soci* delle società interessate, per evitargli di subire inconsapevolmente un'operazione capace di danneggiarli. A questo fine, il **procedimento** che porta alla fusione (art. 2501-*bis* e segg.) passa attraverso le fasi seguenti: ☞ gli organi amministrativi delle società interessate redigono il *progetto di fusione*, da cui risultano gli elementi essenziali dell'operazione, insieme con una *relazione* illustrativa e con una *situazione patrimoniale* aggiornata delle società interessate, curandone l'*iscrizione* nel registro delle imprese; ☞ viene poi redatta una *relazione di esperti*, che dimostri l'adeguatezza del *rapporto di concambio* delle azioni o quote (decisivo per valutare la convenienza della fusione); ☞ i documenti di cui sopra, insieme con gli ultimi tre bilanci delle società, restano *depositati nella sede sociale* per 30 giorni prima dell'assemblea che dovrà deliberare la fusione, in modo che i soci possano esaminarli; ☞ le *assemblee* delle società interessate deliberano la fusione, approvando il relativo progetto (**deliberazione di fusione**), e la deliberazione viene *iscritta nel registro delle imprese*; ☞ a questo punto i *creditori* delle società interessate *possono opporsi* alla fusione, se si ritengono danneggiati da questa (come nel caso che la società loro debitrice, economicamente solida, voglia fondersi con una società dissestata); in mancanza di opposizioni (o se le opposizioni sono respinte dal tribunale) viene stipulato l'**atto di fusione**, cioè il contratto con cui le società interessate convengono di fondersi, che richiede la forma dell'*atto pubblico*, e va *iscritto nel registro delle imprese*.

La nuova società risultante dalla fusione (o la società incorporante) assume *diritti e obblighi delle società estinte* (art. 2504-*bis*), subentrando nel loro patrimonio complessivo: è un caso di *successione a titolo universale* (**8**.5). I soci delle società estinte diventano soci della società risultante dalla fusione (o incorporante): al posto delle vecchie partecipazioni, acquistano *nuove partecipazioni* (azioni o quote) in quest'ultima, secondo il rapporto fra valore delle azioni o quote della società estinta e valore delle azioni o quote della società risultante dalla fusione. Tale rapporto si definisce *concambio*, ed è quello che determina la convenienza della fusione per i soci interessati.

La **scissione** è il fenomeno inverso alla fusione: si ha quando *il patrimonio di una società viene trasferito, in tutto o in parte, ad altre società*, già esistenti o appositamente costituite, e i soci della società che si scinde ricevono azioni o quote delle società che ne acquistano il patrimonio. La società beneficiaria risponde dei debiti della società scissa anteriori alla scissione, ma solo nei limiti del patrimonio ricevuto (art. 2506-*quater*, c. 3). Il *procedimento* per arrivare alla scissione (art. 2504-*septies* e segg.) ricalca quello previsto in materia di fusione: progetto di scissione, stati patrimoniali, relazione degli esperti, atto di scissione, eventuale opposizione dei creditori, iscrizione nel registro delle imprese.

11. Segue: estinzione

L'estinzione della società è il fenomeno per cui *la società cessa di esistere come autonomo soggetto*. Si determina attraverso una sequenza di tre passaggi:

☞ il primo è lo **scioglimento** della società, che può verificarsi per cause riconducibili al fatto che *la società ha esaurito la sua funzione* (decorso del termine fissato nell'atto costitutivo, pieno conseguimento dell'oggetto sociale), o al contrario non è più in grado di realizzarla (sopravvenuta impossibilità di conseguire l'oggetto sociale); oppure alla *volontà dei soci* (deliberazione di scioglimento anticipato; cause di scioglimento previste nell'atto costitutivo);

☞ verificatasi una causa di scioglimento, la società non è ancora estinta, ma entra nella fase di **liquidazione**. A questo punto, lo scopo della società si riduce al *pagamento dei debiti sociali* e alla *ripartizione fra i soci del patrimonio sociale* che residui. Di regola (e necessariamente, nelle società commerciali) la liquidazione si attua sempre con l'intervento dei *liquidatori*, nominati dai soci o, in mancanza, dall'autorità giudiziaria. I liquidatori compiono, in nome della società, gli *atti necessari per la liquidazione* (in sostanza, vendita dei beni sociali); ma *non possono intraprendere nuove operazioni*, e se violano il divieto ne rispondono personalmente. I liquidatori devono in primo luogo *pagare i creditori* della società. Solo dopo che sia estinto il passivo sociale, procedono a *ripartire fra i soci l'eventuale residuo attivo* (in denaro o in natura). Fatto il riparto, la liquidazione si chiude;

☞ chiusa la liquidazione, per le *società commerciali* (registrate) si richiede un ulteriore adempimento: i liquidatori devono chiedere la **cancellazione dal registro delle imprese**.

Dopo la cancellazione, i creditori sociali rimasti insoddisfatti possono rivolgersi *contro i soci*: i quali rispondono *illimitatamente*, se sono soci a responsabilità illimitata; mentre in caso contrario rispondono *nei limiti della somma percepita con il riparto*.

12. Tipi di società, e classificazioni

La legge prevede diversi tipi di società, ciascuno con le sue caratteristiche e la sua disciplina. I soggetti interessati a esercitare in comune un'attività economica a scopo di lucro possono scegliere quello che ritengono più adeguato alle loro esigenze. Però possono scegliere solo all'interno dei tipi legali: non si possono costituire società che non corrispondano a uno dei tipi legalmente previsti. In altre parole, vale un principio di **tipicità**: non sono ammesse società atipiche; i tipi di società sono in «numero chiuso». La ragione sta in un'*esigenza di tutela dei terzi* che hanno rapporti con la società: si vuole che i terzi possano contare con certezza su determinati diritti e garanzie da far valere nei confronti delle società con cui entrano in contatto (diritti e garanzie che la legge stabilisce inderogabilmente per i diversi tipi di società da essa previsti).

I diversi tipi di società si classificano in diverse categorie, sulla base di vari criteri. E precisamente:

☞ in base al criterio dello scopo, distinguiamo ✦ società **lucrative** (che hanno *scopo di lucro*, e sono la gran parte dei tipi sociali) e ✦ società **mutualistiche** (che non hanno scopo di lucro, bensì *scopo mutualistico*: **54**.7);

☞ in base al criterio del possibile oggetto sociale, distinguiamo ✦ società **commerciali** (quelle che *possono esercitare attività commerciale*, e quindi essere imprenditori commerciali) e ✦ società **non commerciali** (quelle che *non possono esercitare attività commerciale*, e dunque non possono essere imprenditori commerciali). C'è un solo tipo di società non commerciale: la società semplice; tutti gli altri tipi sono società commerciali. Le società commerciali sono soggette all'iscrizione nel registro delle imprese: perciò si chiamano anche *società soggette a registrazione*, o più brevemente società **registrate**. Invece la società semplice è società non registrata;

☞ in base al criterio dell'autonomia patrimoniale, distinguiamo ✦ società **di persone** (che hanno *autonomia patrimoniale imperfetta*, e dunque non sono persone giuridiche: **12**.4-5) e ✦ società **di capitali** (che hanno *autonomia patrimoniale perfetta*, e perciò hanno *personalità giuridica*). Questa è la distinzione più importante, e merita di essere sviluppata.

13. Società di persone e società di capitali

In generale, le società di persone sono più *influenzate dalle posizioni e dalle vicende personali dei soci*; invece le società di capitali sono meno sensibili a tali posizioni e vicende. Nelle società di capitali c'è un più marcato *distacco fra società e soci*. E infatti: nelle prime l'autonomia patrimoniale è perfetta; nelle seconde, imperfetta.

Questa differenza si manifesta in diversi campi: ☞ nel campo dei *poteri di amministrazione*: di regola, le società di persone sono amministrate direttamente dai soci; invece è normale che le società di capitali siano amministrate da non soci; ☞ nel campo dei *poteri di controllo* dei soci: questi sono ampi e penetranti nelle società di persone; molto meno nelle società di capitali; ☞ nel campo dei *divieti legali di concorrenza*: i soci di società di persone non possono esercitare attività in concorrenza con la società, mentre questo non è vietato ai soci di società di capitali. La ragione è che i primi partecipano più intensamente alla vita della società; ☞ nel campo delle *modificazioni del contratto sociale*: nelle società di persone si richiede il consenso di tutti i soci; nelle società di capitali basta la maggioranza; ☞ nel campo della *trasferibilità della posizione di socio*: di regola, nelle società di persone il socio può trasferire a terzi la propria quota di partecipazione solo col consenso degli altri soci; nelle società di capitali, la regola è la libera trasferibilità. In caso di *morte del socio*, nelle società di persone il rapporto sociale di regola non continua con l'erede; nelle società di capitali, l'erede subentra automaticamente nel rapporto sociale; ☞ nel campo dell'*influenza che vicende personali del socio possono avere sul rapporto sociale*: nelle società di persone il fallimento, l'interdizione e l'inabilitazione del socio possono determinare la sua esclusione dalla società; ciò non accade nelle società di capitali.

Ma il campo principale è quello della **responsabilità personale dei soci per i debiti della società**: ☞ nelle società di persone, i soci (o almeno alcuni soci) *rispondono illimitatamente, con il loro patrimonio personale*, per i debiti della società; ☞ nelle società di capitali, i soci *non rispondono personalmente* delle obbligazioni sociali; per queste risponde solo la società con il suo patrimonio; i soci rischiano, al massimo, di perdere i conferimenti fatti alla società (e confluiti nel patrimonio sociale). Ciò è coerente con la qualifica della società di capitali come persona giuridica, dotata di autonomia patrimoniale perfetta; e con la funzione fondamentale della personalità giuridica, che è attribuire a chi intraprende iniziative economiche rischiose il beneficio e l'incentivo di una limitazione della responsabilità per le perdite che possono derivarne (**12**.7).

Quanto alle società di persone, deve dirsi che *il grado di imperfezione dell'autonomia patrimoniale può variare*. Ad es., nella società semplice è «più imperfetta» che nella società in nome collettivo: ciò risulta bene se si confrontano le regole che – nell'una e nell'altra – disciplinano aspetti come la responsabilità personale dei soci per le obbligazioni della società, o l'influenza che i debiti personali del socio possono avere sulla vita della società (**52**.3, **52**.5).

Nei prossimi capitoli esamineremo i diversi tipi di società: di persone (**52**), e di capitali (**53**-**54**). Prima però, nella parte conclusiva di questo stesso capitolo, consideriamo alcune *forme di organizzazione* create per l'esercizio in comune di attività economiche, ma *diverse dalle società*.

14. Altre forme associative per l'esercizio di attività economiche: l'associazione in partecipazione

La società è la principale forma organizzativa per la collaborazione fra operatori economici in vista di interessi e finalità comuni. Ma non è l'unica: esistono altre forme associative, che si differenziano in vario modo dallo schema della società.

L'associazione in partecipazione è il *contratto* con cui un soggetto (associato) *versa un determinato apporto*, per lo più in denaro – a un imprenditore (associante); in cambio, l'associante attribuisce all'associato una *partecipazione agli utili* generali della sua impresa, ovvero agli utili di un determinato affare (art. 2549).

A differenza che nella società, nell'associazione in partecipazione: ☞ non nasce *nessuna organizzazione con autonoma soggettività e titolarità di posizioni giuridiche*: l'apporto entra nel patrimonio dell'associante; i debiti e crediti che sorgono per effetto dell'attività sono dell'associante (art. 2551); ☞ non c'è *nessun esercizio «in comune» dell'attività economica*, la quale rimane *di esclusiva pertinenza dell'associante*: infatti «la gestione dell'impresa o dell'affare spetta all'associante». All'associato spettano solo quei diritti di *controllo* che siano previsti dal contratto; inoltre, il diritto al *rendiconto* dell'affare o della gestione; e, naturalmente, il diritto agli *utili* pattuiti (art. 2552).

Se non c'è patto contrario, l'associato partecipa alle perdite nella stessa misura in cui partecipa agli utili; ma le *perdite* non possono gravare su di lui in misura superiore al valore del suo apporto (art. 2553). Si può anche stabilire che *l'associato partecipi agli utili, ma non alle perdite*: si ha allora il c.d. *contratto di cointeressenza* (art. 2554). Si pensi al caso del cantante che incide per una casa discografica, pattuendo come compenso una percentuale di quanto si ricaverà da ogni disco venduto.

15. Segue: i consorzi di imprese

Più imprenditori operanti nel medesimo settore possono coordinare le rispettive attività, facendo un contratto di consorzio: il contratto che serve a creare un'*organizzazione comune per regolare determinate fasi delle rispettive imprese* (art. 2602 e segg.).

Il contratto di consorzio richiede *forma scritta* per la validità, e deve contenere una serie di elementi necessari per identificare con precisione la struttura e le modalità di funzionamento dell'organizzazione consortile (art. 2603). In particolare, deve indicare gli *obblighi assunti dai consorziati* al fine di coordinare reciprocamente le attività di ciascuno (ad es., se il consorzio punta a governare i flussi di produzione immessi sul mercato, il contratto deve stabilire le quote che ciascun consorziato può commercializzare). E «i consorziati devono *consentire i controlli e le ispezioni* da parte degli organi previsti dal contratto, al fine di accertare l'esatto adempimento delle obbligazioni assunte» (art. 2605).

Le *deliberazioni* necessarie per attuare le finalità del consorzio sono prese *a maggioranza*, e, se illegittime, possono essere *impugnate* davanti all'autorità giudiziaria (art. 2606). Altre norme disciplinano le modificazioni del contratto di consorzio (art. 2607); le conseguenze del recesso e dell'esclusione di un consorziato (art. 2609), nonché quelle del trasferimento dell'azienda di un consorziato (art. 2610); infine le cause di scioglimento del consorzio (art. 2611).

Quando i consorziati devono entrare *congiuntamente in rapporto con terzi* (clienti, fornitori, ecc.), possono costituire un consorzio di tipo particolare: cioè un **consorzio con attività esterna**, caratterizzato dalla presenza di un *ufficio comune, «destinato a svolgere un'attività con i terzi»* (art. 2612, c. 1). Se, ad es., il consorzio persegue il contingentamento della produzione e delle vendite, i consorziati conferiscono le loro quote di produzione all'ufficio comune, il quale provvede esso stesso alla vendita al pubblico. Il consorzio con attività esterna, pur non essendo formalmente una persona giuridica, ha **autonomia patrimoniale perfetta**: per le obbligazioni assunte in nome del consorzio i singoli consorziati non rispondono personalmente (art. 2615); e il fondo consortile (creato con gli apporti dei consorziati) è tendenzialmente indivisibile e inattaccabile da parte dei creditori particolari dei consorziati (art. 2614).

L'organizzazione consortile si rende ancora più forte e autonoma costituendo una **società consortile**, cioè una società di un *qualsiasi tipo di società commerciale*, avente come oggetto sociale gli *scopi di coordinamento propri del consorzio* (art. 2615-*ter*). La sua peculiarità è che, pur corrispondendo a un tipo di società lucrativa, ha uno *scopo non lucrativo*, qual è appunto lo *scopo consortile*.

16. Segue: raggruppamenti temporanei di concorrenti; distretti produttivi e reti di imprese; joint ventures

Altre forme associative hanno un campo di applicazione molto specifico: è il caso dei **raggruppamenti temporanei di concorrenti** per la partecipazione congiunta ad *appalti pubblici*, dove le imprese raggruppate sono rappresentate verso l'amministrazione appaltante da una sola di esse – la c.d. «*capogruppo*» –, mandataria delle altre (art. 45 d.lgs. 50/2016).

La legislazione recente prevede poi due strumenti dedicati soprattutto alle imprese medio-piccole. I **distretti produttivi** sono «*libere aggregazioni di imprese*» costituite al fine di creare un interlocutore unico che per conto delle imprese aderenti possa entrare in rapporto con le pubbliche amministrazioni e con banche o altri soggetti finanziatori (art. 1, c. 366-371 l. 266/2005). Le **reti di imprese** sono strutture di cooperazione fra imprese, che s'impegnano a «esercitare in comune una o più attività economiche rientranti nei rispettivi oggetti sociali allo scopo di accrescere la reciproca capacità innovativa e la competitività sul mercato». Si creano mediante un contratto – detto *contratto di rete* – che indica il *programma comune* perseguito e gli impegni assunti per realizzarlo, e ne affida l'attuazione a un *organo comune* che rappresenta le imprese verso i terzi in vari ambiti di rapporti; la previsione di un «*fondo patrimoniale*» della rete e il richiamo agli art. 1614-1615 fanno pensare a una struttura non molto diversa dai consorzi con attività esterna (art. 3, c. 4-*ter* e segg. l. 33/2009).

Le **joint ventures** sono contratti di collaborazione conclusi fra un imprenditore che vuole *investire all'estero* e un operatore locale, al fine di integrare le proprie capacità tecniche, finanziarie, organizzative in vista di uno o più affari.

52
LE SOCIETÀ DI PERSONE

1. Premessa

I caratteri generali delle società di persone, che le differenziano dalle società di capitali, sono già stati indicati (**51**.13).

In questo capitolo esaminiamo i tre tipi di società di persone: società semplice, società in nome collettivo, società in accomandita semplice. Per poi considerare, in chiusura, alcune figure anomale di società di persone.

2. La società semplice: amministrazione e rappresentanza

La società semplice è l'unico tipo di *società non commerciale*: può esercitare solo attività diverse da quelle indicate nell'art. 2195; dunque attività economicamente marginali. Perciò l'impiego di questo tipo sociale è raro. Ciò non significa che sia rara l'applicazione delle norme che lo disciplinano. E infatti, molte norme dettate per la società semplice *si applicano – per espresso rinvio – ad altri tipi di società di persone*, più frequentemente utilizzati: in questo senso, la disciplina della società semplice costituisce il *modello generale di disciplina delle società di persone*.

La **costituzione** della società semplice avviene con la stipulazione del relativo *contratto sociale*. Esso non è vincolato a *forme* particolari, salve quelle richieste dalla natura dei beni conferiti (art. 2251): se un socio conferisce in proprietà un immobile, l'atto costitutivo richiede la forma scritta.

Al contratto sociale possono portarsi *modificazioni* successive: ma solo con il *consenso di tutti i soci.*

La società semplice *non richiede registrazione* (art. 2200, c. 1): è l'unico tipo di società non registrata.

Il socio deve fare i *conferimenti* determinati nel contratto sociale. Se il contratto non li determina, si presume che i soci siano obbligati a conferire, in parti uguali, quanto necessario per conseguire l'oggetto sociale (art. 2253).

Per l'amministrazione della società semplice (cioè l'insieme delle decisioni e operazioni necessarie per conseguire l'oggetto sociale) vale in generale la regola dell'**amministrazione disgiuntiva attribuita a ciascun socio** (art. 2257, c. 1), sicché *ogni socio può compiere da solo* le operazioni sociali. Questo potere è però bilanciato dal potere di **opposizione di ogni altro socio**, che può opporsi all'operazione prima che sia compiuta; il conflitto si risolve in base al *parere della maggioranza* dei soci (art. 2257, c. 2-3).

La regola può essere derogata da una *diversa previsione del contratto sociale*, il quale stabilisca: ☞ l'*amministrazione disgiuntiva attribuita ad alcuni soltanto dei soci,* con esclusione degli altri: in tal caso ogni socio-amministratore può opporsi all'operazione avviata da un altro socio-amministratore; oppure ☞ l'*amministrazione congiuntiva attribuita a più soci*: occorre allora il consenso di tutti i soci-amministratori sull'operazione; ma il contratto sociale può prevedere che basti il consenso della maggioranza (art. 2258, c. 1-2); se però c'è *urgente necessità* di un atto per evitare danno alla società, ciascun socio-amministratore può farlo da solo (art. 2258, c. 3); o infine ☞ l'*amministrazione attribuita a un socio soltanto*, l'unico abilitato a compiere operazioni sociali.

I soci non amministratori hanno *poteri di controllo*: «hanno diritto di avere dagli amministratori *notizia* dello svolgimento degli affari sociali, di consultare i *documenti* relativi all'amministrazione e di ottenere il *rendiconto*» (art. 2261).

Secondo l'opinione prevalente, possono essere nominati amministratori *solo soci* della società, non estranei. La *nomina* degli amministratori richiede il *consenso unanime* di tutti i soci (salvo che il contratto sociale preveda la decisione a maggioranza), e può avvenire con modalità diverse, che influiscono sulle *modalità di revoca* degli amministratori medesimi (art. 2259): ☞ l'amministratore può essere nominato con lo stesso *contratto sociale*: in tal caso, può essere revocato solo per *giusta causa*; ☞ l'amministratore può essere nominato con *atto separato*: allora è revocabile secondo le norme sulla revoca del *mandato* (**40**.9).

I diritti e gli obblighi degli amministratori sono regolati dalle *norme sul mandato.* Essi rispondono solidalmente verso la società per i danni causati dall'inadempimento dei loro obblighi: per liberarsi dalla *responsabilità* devono dimostrare di essere esenti da *colpa* (art. 2260).

È importante distinguere fra amministrazione e rappresentanza, che sono collegate ma non s'identificano: ☞ l'**amministrazione** consiste nel formare le decisioni relative alla gestione della società: riguarda l'*ambito interno* della società, i *rapporti fra i soci*; ☞ la **rappresentanza** è il potere di compiere, in nome e per conto della società, atti giuridici che la impegnano nei confronti dei terzi (fare contratti, assumere obblighi, stare in giudizio: art. 2266, c. 1); dunque è rilevante *verso l'esterno, nei rapporti con i terzi.* Nel linguaggio comune, il potere di rappresentanza della società si chiama *potere di firma sociale.*

Ora, la regola è la *coincidenza fra amministrazione e rappresentanza*: il potere di rappresentanza normalmente «spetta a ciascun socio amministratore e si estende a tutti gli atti che rientrano nell'oggetto sociale» (art. 2266, c. 2). Però il contratto sociale può derogare alla regola, e stabilire la *scissione fra amministrazione e rappresentanza*: ad es., prevedendo che la rappresentanza spetti solo a uno o più soci-amministratori, e non ad altri; o che la rappresentanza sia limitata a determinate categorie di atti, e non si estenda ad altre. Ciò pone il problema delle conseguenze dell'eventuale *atto compiuto dall'amministratore sfornito dei necessari poteri di rappresentanza*: tale atto è efficace o inefficace nei confronti dei terzi (in particolare del terzo contraente)? La soluzione va cercata nelle *regole sulla modificazione ed estinzione della procura* (art. 1396, richiamato dall'art. 2266, c. 3): l'atto non impegna la società se questa aveva portato a conoscenza dei terzi, con mezzi idonei, la riduzione o esclusione della rappresentanza; e comunque se i terzi ne erano a conoscenza (**30**.5).

3. Segue: autonomia patrimoniale; responsabilità dei soci; scioglimento

Come tutti i soggetti del diritto, anche la società semplice ha **autonomia patrimoniale**. Infatti: ☞ i diritti e le obbligazioni, che derivano dagli atti compiuti in nome della società, sono *diritti e obbligazioni della società*, non dei soci (art. 2266, c. 1); ☞ il *creditore particolare del socio* non può soddisfarsi sulla quota che egli ha nella società, se non dopo avere infruttuosamente cercato altri suoi beni; e se, in mancanza di altri beni, si rivolge alla *quota sociale*, non può aggredire direttamente i beni che essa rappresenta (e che sono della società, non del socio!), ma solo chiedere la liquidazione della quota, cioè il controvalore in denaro (art. 2270); ☞ se un terzo è contemporaneamente debitore della società e creditore di un socio, non può valersi della *compensazione*: proprio perché il debito e il credito li ha verso soggetti diversi (art. 2271).

Peraltro, l'autonomia patrimoniale della società semplice è solo **imperfetta.** L'imperfezione si manifesta soprattutto nella regola della *responsabilità personale e solidale dei soci per i debiti della società* (in aggiunta alla responsabilità della società: art. 2267, c. 1). Valgono queste regole: ☞ il socio, richiesto di pagare un debito della società, può domandare la *preventiva escussione del patrimonio sociale*: ha però l'*onere di indicare i beni* su cui il creditore possa agevolmente soddisfarsi (art. 2268); ☞ il socio entrato successivamente in una società già costituita risponde anche delle *obbligazioni sociali anteriori* al suo ingresso (art. 2269); ☞ la responsabilità personale dei soci può essere *limitata o esclusa da apposito patto*, ma con due limiti (art. 2267): il patto non può liberare i soci che hanno agito per la creazione del debito sociale; e va portato *a conoscenza dei terzi con mezzi idonei*; in mancanza, non è opponibile ai creditori sociali, se non si prova che questi lo conoscevano.

Le cause di **scioglimento della società** semplice (art. 2272) sono quelle che valgono in generale per tutte le società (**51**.11), con due precisazioni: ☞ *scaduto il termine* previsto dal contratto sociale, non sempre la società si scioglie: se i soci continuano a compiere operazioni sociali, la società è *tacitamente prorogata* a tempo indeterminato (art. 2273); ☞ c'è una causa di scioglimento che non vale per tutte le società: il *venire meno della pluralità dei soci* (per morti, recessi, esclusioni), se questa non viene ricostituita entro sei mesi (art. 2272, n. 4).

Cosa diversa dallo scioglimento della società è lo **scioglimento del singolo rapporto sociale**, che fa uscire un socio dalla società, ma lascia questa in vita. Lo scioglimento del singolo rapporto sociale può avere tre cause: ☞ la **morte** di un socio: in tal caso, a certe condizioni, gli *eredi* possono subentrare nella società (art. 2284); ☞ il **recesso unilaterale** del socio: se la società è *a tempo indeterminato* il recesso è sempre consentito (con preavviso di tre mesi agli altri soci); se è a tempo determinato, il socio può recedere solo per *giusta causa* (art. 2285); ☞ l'**esclusione** del socio dalla società può presentarsi in due forme: ✦ l'*esclusione di diritto* si ha automaticamente quando il socio è sottoposto a liquidazione giudiziale, e quando la sua quota viene liquidata su richiesta di un suo creditore (art. 2288); ✦ l'*esclusione facoltativa* può legarsi a eventi che colpiscano il socio pregiudicando il rapporto sociale (interdizione o inabilitazione; gravi inadempienze verso la società; impossibilità di fare i conferimenti promessi: art. 2286); essa viene *deliberata dagli altri soci* a maggioranza, e contro di essa il socio escluso può fare *opposizione* al tribunale (art. 2287).

La legge disciplina le **conseguenze** dello scioglimento del singolo rapporto sociale. Il socio uscente, e in caso di morte i suoi eredi: ☞ hanno diritto alla *quota di liquidazione*, nonché agli eventuali *utili* delle operazioni in corso (art. 2289); ☞ partecipano alle eventuali *perdite* delle operazioni in corso (art. 2289, c. 3), e *continuano a rispondere dei debiti sociali anteriori* allo scioglimento. Possono perfino essere chiamati a rispondere dei debiti sociali *posteriori* allo scioglimento: questo, infatti, deve essere portato a conoscenza dei terzi con mezzi idonei; in mancanza, non è opponibile ai terzi che lo hanno ignorato senza colpa (art. 2290).

4. La società in nome collettivo: costituzione e pubblicità; amministrazione e rappresentanza

A differenza della società semplice (e al pari di tutti gli altri tipi di società) la società in nome collettivo è una *società commerciale*: può essere imprenditore commerciale. Questo spiega alcuni tratti della sua disciplina, che la differenziano dalla società semplice (fermo restando che, per i punti non espressamente disciplinati in modo diverso, si applicano ad essa le norme sulla società semplice: art. 2293). Tali differenze hanno lo scopo di rendere la società un protagonista affidabile del traffico giuridico-economico, e di dare *maggiore stabilità e sicurezza alle relazioni fra la società e i terzi.* Esse riguardano essenzialmente: ☞ la *responsabilità personale dei soci* per i debiti sociali, che non può essere limitata o esclusa; ☞ l'introduzione del concetto di *capitale sociale*, e le misure dirette a garantirne l'integrità; ☞ l'obbligo di *registrazione*, e di *pubblicità* dei fatti sociali.

Per l'**atto costitutivo** non c'è un espresso vincolo di *forma*: ma di fatto la forma (atto pubblico o scrittura privata autenticata) è inevitabile, in quanto presupposto necessario per la registrazione (art. 2296).

La legge ne determina il *contenuto* (art. 2295), stabilendo che esso indichi gli elementi essenziali che identificano i *soci* (precisando quali hanno poteri di amministrazione e rappresentanza, e per che quote si ripartiranno utili e perdite) e la *società*: sede; oggetto sociale; conferimenti attesi; e soprattutto *ragione sociale*, che ha la stessa funzione svolta dal nome per la persona fisica, ed è costituita dal nome di uno o più soci con l'indicazione del rapporto sociale (ad es., «Roppo e C. s.n.c.»).

Entro 30 giorni gli amministratori devono curare il *deposito dell'atto costitutivo presso l'ufficio del registro delle imprese*, per l'iscrizione (art. 2296). In caso di mancata registrazione, si ha società irregolare (**52**.8). Anche le *successive modificazioni* dell'atto costitutivo devono essere iscritte: in mancanza, sono inopponibili ai terzi, se non si prova che le conoscevano (art. 2300).

Al socio è imposto un *divieto di concorrenza* (art. 2301): egli non può, senza il consenso degli altri soci, esercitare attività concorrente con quella della società, né partecipare come socio illimitatamente responsabile a società concorrenti, pena l'esclusione dalla società e il risarcimento del danno.

Le regole sull'**amministrazione** (scelta e revoca degli amministratori, modalità dell'amministrazione disgiuntiva o congiuntiva) sono sostanzialmente le stesse che valgono per la società semplice. Qualche particolarità presenta invece la disciplina della **rappresentanza** (art. 2298). Vale anche qui la regola per cui l'amministratore con rappresentanza può compiere *tutti gli atti che rientrano nell'oggetto sociale*, salve le *limitazioni risultanti dall'atto costitutivo o dalla procura*. La differenza, rispetto alla società semplice, è data dal regime di pubblicità: gli amministratori-rappresentanti devono *depositare* presso l'ufficio del registro delle imprese le loro *firme* autografe; e le *limitazioni ai poteri di rappresentanza* vanno anch'esse *iscritte* nel registro delle imprese: in mancanza non sono opponibili ai terzi, a meno di provare che i terzi le conoscevano.

5. Segue: autonomia patrimoniale; tutela del capitale sociale; scioglimento

La società in nome collettivo ha *autonomia patrimoniale imperfetta*: i soci «rispondono solidalmente e illimitatamente per le obbligazioni sociali» (art. 2291, c. 1). Tuttavia qui l'autonomia patrimoniale è più marcata che nella società semplice. Ciò risulta da due regole: ☞ i creditori sociali possono contare sulla *responsabilità personale dei soci*, ma tale responsabilità è *sussidiaria*: i creditori devono prima escutere il patrimonio della società, e solo dopo averlo escusso inutilmente possono rivolgersi contro i singoli soci (art. 2304); ☞ il *creditore particolare del socio* non può chiedere la liquidazione della quota di questo fino a che dura la società (art. 2305), ma può *soltanto opporsi alla proroga* della società venuta a scadenza (art. 2307, c. 1), e chiedere la liquidazione della quota nel caso che la società sia tacitamente prorogata (art. 2307, c. 3).

Per un altro verso, il principio della *responsabilità personale dei soci* per i debiti della società è qui più netto che nella società semplice: a differenza che in questa, tale responsabilità *non può essere esclusa o limitata.* O meglio, il patto che la esclude o limita è efficace solo nei rapporti interni fra i soci, ma «non ha effetto *nei confronti dei terzi*» (art. 2291, c. 2): se nel contratto sociale si stabilisce che uno dei soci non risponda delle obbligazioni sociali, i creditori della società possono ugualmente rivolgersi contro di lui; egli è costretto a pagare, salvo poi agire in regresso contro gli altri soci, per recuperare quanto pagato.

Nella disciplina della società in nome collettivo compare la nozione di **capitale sociale**, che non s'incontra a proposito della società semplice. Abbiamo già visto che essa va distinta da quella di patrimonio sociale; e che la legge si preoccupa di garantire l'integrità del capitale sociale (e cioè la tendenziale corrispondenza del patrimonio al capitale), a tutela dei creditori della società (**51**.3). Infatti: ☞ è vietata la «*ripartizione di somme tra soci* se non per *utili realmente conseguiti*» (art. 2303, c. 1); ☞ se comunque «si registra una *perdita del capitale* sociale» (ad es. perché la società si è impoverita a causa di affari sbagliati), «non può farsi luogo a ripartizione di utili fino a che il capitale non sia reintegrato o ridotto in misura corrispondente» (art. 2303, c. 2).

S'immagini che la società abbia un capitale di 200.000 euro (inizialmente uguale al patrimonio sociale: **51**.3), e che le perdite facciano poi scendere il patrimonio a 80.000 euro: *reintegrare il capitale* significa aumentare il patrimonio sociale fino a ricondurlo al valore del capitale (mediante nuovi conferimenti dei soci, per un ammontare di 120.000 euro); *ridurre il capitale* significa modificare l'atto costitutivo della società, indicando che il capitale di questa non è più 200.000 euro, bensì 80.000. La prima misura tutela i terzi perché incrementa il patrimonio sociale, che è la loro garanzia; la seconda perché gli dà un'immagine più realistica dell'effettiva consistenza patrimoniale della società.

A una logica ben diversa corrisponde la *riduzione del capitale con rimborso ai soci di parte dei conferimenti*: questa adegua il capitale a un patrimonio impoverito non da perdite, ma dalla restituzione ai soci di parte dei conferimenti fatti. L'impoverimento del patrimonio sociale apre l'esigenza di tutelare i terzi: a tal fine si prevede che la deliberazione sia *pubblicizzata* mediante iscrizione nel registro delle imprese; e che i creditori possano fare *opposizione* (su cui decide il tribunale; ma in attesa della decisione, la riduzione è bloccata: art. 2306).

Lo **scioglimento della società** si ha per le stesse cause che valgono per la società semplice, e in più per la sottoposizione della società a liquidazione giudiziale (inconcepibile per la società semplice, che non potendo esercitare un'impresa commerciale è sottratta a questa procedura): art. 2308.

Con lo scioglimento, si apre la fase della *liquidazione*. Quindi, trattandosi di società registrata (a differenza della società semplice), deve seguire la *cancellazione* della società dal registro delle imprese.

Lo **scioglimento del singolo rapporto sociale** si verifica per le stesse cause già viste riguardo alla società semplice: morte, recesso, esclusione.

6. La società in accomandita semplice: accomandanti e accomandatari

La società in accomandita semplice è, come la società in nome collettivo, una *società commerciale di persone, soggetta a registrazione*. Ad essa si applicano le norme sulla società in nome collettivo, salvi alcuni punti soggetti a una disciplina particolare (art. 2315).

Queste particolarità di disciplina dipendono dalla caratteristica essenziale della società, e cioè l'esistenza di due distinte categorie di soci: ☞ gli **accomandatari**, che *rispondono solidalmente e illimitatamente per le obbligazioni sociali:* essi «hanno i diritti e gli obblighi dei soci della società in nome collettivo» (art. 2318, c. 1); ☞ gli **accomandanti**, che *rispondono limitatamente* *alla quota conferita* (art. 2313, c. 1), e in questo senso hanno una posizione simile a quella dei soci di una società di capitali. In concreto: il creditore della società deve escutere prima il patrimonio sociale; se resta insoddisfatto, può rivolgersi contro gli accomandatari; dopodiché non ha altre possibilità, perché non può aggredire il patrimonio personale degli accomandanti: questi rischiano solo di perdere i conferimenti fatti (che sono confluiti nel patrimonio sociale).

La distinzione fra accomandanti e accomandatari determina le più importanti peculiarità della disciplina. In particolare: ☞ l'atto costitutivo *deve indicare i soci accomandatari e i soci accomandanti* (art. 2316), affinché i terzi siano messi in grado di sapere quali sono i soci sulla cui responsabilità personale possono contare, e quali soci invece non rispondono personalmente; ☞ la *ragione sociale* deve essere costituita dal *nome di almeno uno dei soci accomandatari*, seguito dall'indicazione di «società in accomandita semplice»; se anche un accomandante consente che il suo nome sia compreso nella ragione sociale, questa «esposizione» all'esterno gli fa perdere il beneficio dell'irresponsabilità, ed egli risponde personalmente dei debiti sociali, in solido con gli accomandatari.

7. Segue: amministrazione della società, e scioglimento

È giusto che chi ha *poteri di direzione* dell'impresa sociale abbia le corrispondenti *responsabilità*; e, viceversa, che chi non ha responsabilità non abbia neppure i poteri. Di qui la regola per cui «*l'amministrazione della società in accomandita semplice può essere conferita soltanto a soci accomandatari*» (art. 2318, c. 2). La nomina degli amministratori richiede il consenso unanime di tutti gli accomandatari, e il consenso di tanti accomandanti che rappresentino la maggioranza del capitale sottoscritto dagli accomandanti stessi (art. 2319).

Invece «*i soci accomandanti non possono compiere atti di amministrazione* né trattare o concludere affari in nome della società, se non in forza di *procura speciale* per singoli affari»: è il c.d. **divieto di ingerenza** (o di immistione) nell'amministrazione sociale, che la legge pone a carico degli accomandanti (art. 2320, c. 1). Questo non significa che gli accomandanti non possano occuparsi in nessun modo di nessun affare sociale: possono compiere «singoli affari» per cui abbiano ricevuto «procura speciale» (art. 2320, c. 1); inoltre possono «prestare la loro opera sotto la direzione degli amministratori e, se l'atto costitutivo lo consente, dare autorizzazioni o pareri per determinate operazioni e compiere atti di ispezione e sorveglianza» (art. 2320, c. 2). La *violazione del divieto* di ingerenza ha due conseguenze (art. 2320, c. 1). L'accomandante che si è ingerito: ☞ può essere *escluso* dalla società; e inoltre

☞ perde il beneficio della responsabilità limitata: egli «assume *responsabilità illimitata e solidale* verso i terzi per tutte le obbligazioni sociali» (non solo quelle sorte durante la sua ingerenza, ma anche quelle anteriori).

La mancanza di poteri di gestione è compensata da particolari *poteri di controllo*: gli accomandanti «hanno diritto di avere comunicazione annuale del bilancio e del conto dei profitti e delle perdite, e di controllarne l'esattezza, consultando i libri e gli altri documenti della società» (art. 2320, c. 3).

Lo scioglimento dipende in generale dalle stesse cause già viste per la società in nome collettivo, con qualche specificità legata alla distinzione fra accomandanti e accomandatari.

Quanto allo **scioglimento della società**, si aggiunge una causa particolare: il *venire meno di tutti i soci accomandanti o di tutti i soci accomandatari*. La ragione è chiara: in entrambi i casi si dissolverebbe quella coesistenza/distinzione di accomandanti e accomandatari, che è essenziale per questo tipo di società. Però lo scioglimento non si verifica in modo immediato nell'attimo stesso in cui rimangono solo accomandanti o solo accomandatari: bensì solo dopo *sei mesi*, termine entro cui è possibile *sostituire il socio* venuto meno. Se la categoria di soci venuta meno è quella degli accomandatari, in questi sei mesi non c'è chi amministri la società: e allora gli accomandanti nominano un *amministratore provvisorio*, incaricato degli atti di ordinaria amministrazione (art. 2323).

Una volta liquidata la società, i creditori sociali rimasti insoddisfatti possono agire anche contro gli accomandanti, ma solo nei limiti della quota di liquidazione che questi abbiano ricevuto (art. 2324). La regola è coerente al principio per cui gli accomandanti rispondono dei debiti sociali «limitatamente alla quota conferita».

Per lo **scioglimento del singolo rapporto sociale**, valgono due regole particolari relative all'*accomandante* (art. 2322), che si spiegano con il fatto che la partecipazione di questo tipo di socio è una partecipazione più impersonale (più simile a quella del socio di società di capitali): ☞ nel caso di morte dell'accomandante, la sua quota è *trasmissibile all'erede*, che subentra nella società; ☞ l'accomandante può *trasferire la sua quota per atto fra vivi* a un terzo che subentra nella società (purché l'atto costitutivo non lo vieti, e ci sia il consenso maggioritario dei soci).

8. Figure anomale di società di persone

Si segnalano quattro figure.

La **società di fatto** è quella costituita, al di fuori di ogni formalizzazione, per *accordo verbale o comportamento concludente dei soci* (del resto il contratto costitutivo di società di persone non è un contratto formale). Si pensi a due fratelli che ereditano l'azienda del padre, e cominciano a gestirla insieme: fra loro si crea una società di fatto. Ad essa si applica la *disciplina della società semplice*, se esercita attività non commerciale; *della società in nome collettivo irregolare* (di cui si dice fra un attimo), se esercita attività commerciale. Parlare di società di fatto è impossibile riguardo alle società di capitali: infatti la loro costituzione richiede la forma dell'atto pubblico per la validità.

Anche il fenomeno della **società irregolare** riguarda solo le *società di persone*: ma – collegandosi all'obbligo di registrazione, che vale solo per le *società commerciali* – non tocca la società semplice. Società irregolari sono le *società in nome collettivo o in accomandita semplice non registrate* (cioè non iscritte nel registro delle imprese). Di fronte a una società irregolare, i terzi non hanno le possibilità di conoscenza offerte dai meccanismi pubblicitari della registrazione. Allora la legge li tutela in altro modo, cioè sottoponendo la società a una *disciplina diversa e più vantaggiosa per i terzi*, rispetto a quella che la società avrebbe se fosse regolarmente registrata. Più di preciso: ☞ i *rapporti fra la società e i terzi* sono regolati dalle *norme sulla società semplice* (art. 2297, c. 1): quindi per i creditori sociali è più facile aggredire il patrimonio personale dei soci (**52**.3); però i soci accomandanti, che non abbiano partecipato alle operazioni sociali, rispondono solo nei limiti della quota (art. 2317, c. 2); ☞ quando un socio agisce per la società senza avere i poteri di rappresentanza (esclusi o limitati per patto sociale), il *difetto di rappresentanza* è *inopponibile ai terzi* (salvo che se ne provi la *mala fede*: art. 2297, c. 2). Come il fenomeno della società di fatto, anche quello della società irregolare *non tocca le società di capitali*: infatti per queste la registrazione ha efficacia costitutiva; le società di capitali non registrate non esistono come autonomi soggetti giuridici.

Le **società occulte** (o **interne**) sono quelle che i soci costituiscono, *senza manifestare all'esterno l'esistenza della società*: i soci fanno conferimenti per esercitare un'impresa collettiva e ripartirsene gli utili, ma *solo uno si presenta ai terzi, e tratta con loro come imprenditore individuale, senza rivelare il rapporto sociale* costituito con gli altri. L'obiettivo è mettere al riparo i soci, che rimangono occulti, dalla responsabilità per i debiti nascenti dagli affari sociali. Il problema è: quando il terzo si accorge che l'apparente imprenditore individuale, con cui ha contrattato, è in realtà un socio che agiva per una società occulta, può egli *far valere i suoi diritti contro la società e contro gli altri soci?* La giurisprudenza è orientata ad ammetterlo: l'esigenza di tutela dei terzi prevale sul principio per cui la responsabilità si lega alla spendita del nome.

Nelle società occulte non appare l'esistenza di una società, che in realtà esiste. Le **società apparenti** danno vita al fenomeno opposto, cioè l'apparenza di una società che in realtà non esiste: *più persone, che non hanno mai concluso fra loro un contratto di società, si comportano verso i terzi come usano compor-*

tarsi dei soci, così da ingenerare nei terzi la convinzione di avere a che fare con una società, e l'affidamento sulle relative conseguenze giuridiche (ad es., responsabilità personale di tutti i soci). I giudici tendono ad ammettere che coloro i quali hanno determinato, con il loro comportamento, l'apparenza di una società, e hanno così suscitato il ragionevole affidamento di un terzo, *rispondono nei suoi confronti come se fossero effettivamente soci*.

53

SOCIETÀ DI CAPITALI: LA SOCIETÀ PER AZIONI

1. Premessa

Le società di capitali si distinguono dalle società di persone per le caratteristiche generali già viste (**51**.13). Ne esistono tre tipi: società per azioni; società in accomandita per azioni; società a responsabilità limitata. (O meglio: questi sono i tre tipi di società di capitali lucrative; ma anche nelle società mutualistiche prevalgono i caratteri delle società di capitali).

Mentre la disciplina delle società di persone è rimasta sostanzialmente invariata dal tempo del codice, quella delle società di capitali ha conosciuto profonde modifiche. In particolare, il d.lgs. 6/2003 ne ha rivisto in profondità l'ordinamento, sostituendo l'intero capo V (dedicato alla società per azioni) del titolo V del quinto libro del codice (art. 2325-2451). Lo spirito della riforma è: *valorizzare l'autonomia privata degli interessati*, riconoscendo ai soci spazi di libertà più estesi nel determinare le regole di organizzazione e funzionamento della propria società; nella nuova disciplina, le norme dispositive (derogabili) prevalgono largamente sulle norme imperative (inderogabili).

Un'ulteriore miniriforma (riguardante anche la società a responsabilità limitata) è stata introdotta con alcune norme del codice della crisi d'impresa e dell'insolvenza (**61.**1).

2. La società per azioni: caratteri generali, origine storica e funzione economica

La società per azioni è il prototipo delle *società di capitali*. Ha perciò **autonomia patrimoniale perfetta**, che si manifesta nella regola secondo cui «*per le obbligazioni sociali risponde soltanto la società con il suo patrimonio*» (art. 2325, c. 1). I creditori sociali non possono rivolgersi contro i soci, che godono di *responsabilità limitata*: rischiano solo di perdere i conferimenti, diventati patrimonio della società; non rischiano il loro patrimonio personale. La regola subisce una *deroga* in un'ipotesi particolare: l'ipotesi in cui *tutte le azioni si trovano concentrate nelle mani di una sola persona*. Qui la società si identifica sostanzialmente con il socio (unico): e allora, se la società diventa *insolvente*, per i suoi debiti sorti nel periodo in cui tutte le azioni appartenevano a un *unico azionista*, questi può trovarsi a *rispondere personalmente e illimitatamente* (art. 2325, c. 2). Autonomia patrimoniale perfetta significa **personalità giuridica**: a differenza delle società di persone, e al pari delle altre società di capitali, la società per azioni è una persona giuridica (**12.**4-8).

Un'ulteriore caratteristica fondamentale di questo tipo di società è che «*La partecipazione sociale* è rappresentata da **azioni**» (art. 2346, c. 1): cioè da titoli di credito che incorporano i diritti del socio, e sono trasferibili secondo le regole che governano la circolazione dei titoli di credito (**47.**1). Questo garantisce una loro *circolazione facile e sicura*: e quindi offre al socio la possibilità di smobilizzare agevolmente il suo investimento, cedendo la propria partecipazione e ottenendone il controvalore in denaro.

Limitazione del rischio, e facile trasferibilità della partecipazione: sono le due caratteristiche già presenti nell'antenato della moderna società per azioni (le «compagnie coloniali» attive dal XVII secolo: **12.**7), e spiegano il grande successo di questa invenzione legale. Nel XIX secolo la società per azioni diventa strumento indispensabile per l'economia capitalistica in fase di decollo. Da allora il legame si consolida, e perdura: la società per azioni è la tipica forma giuridica dell'impresa capitalistica, e in particolare della media e grande impresa capitalistica; solo le imprese minori si rivestono di tipi sociali diversi.

3. Costituzione della società per azioni: atto costitutivo e statuto; iscrizione nel registro delle imprese

Per costituire una società per azioni occorre svolgere un *procedimento*, le cui *fasi* possono sintetizzarsi così: formazione dell'*atto costitutivo*, e realizzazione delle *altre condizioni* richieste per costituire la società; *deposito* dell'atto costitutivo e sua *iscrizione* nel registro delle imprese.

L'**atto costitutivo** (art. 2328) è il negozio giuridico che costituisce la società: di regola è un *contratto* fra due o più soggetti (ma, come vedremo, può essere anche l'*atto unilaterale* di un solo soggetto: **54**.4). In ogni caso esige la forma dell'*atto pubblico*, stipulato davanti a *notaio*: al notaio spetta *verificarne la legittimità*; se riscontra illegittimità, rifiuta la stipulazione. Per arrivare a formare l'atto costitutivo il metodo normale è quello della **costituzione simultanea**, per cui gli interessati stipulano direttamente, una volta per tutte, l'atto costitutivo. (Teoricamente è previsto anche un metodo alternativo, quello della *costituzione mediante pubblica sottoscrizione*, basato sull'iniziativa originaria di un gruppo di promotori, a cui altri interessati possono aderire successivamente: art. 2333 e segg. Ma esso trova in pratica scarsissima applicazione).

L'**atto costitutivo** ha un contenuto complesso (art. 2328, c. 2). Deve indicare: ☞ generalità dei *soci* (nome, domicilio, cittadinanza), e *numero di azioni* assegnate a ciascuno; ☞ *denominazione* e *sede* della società: la denominazione sociale può essere formata «in qualunque modo», anche con formula di fantasia, ma deve contenere l'indicazione di «società per azioni» (art. 2326: il fatto che nella denominazione sociale possa non comparire il nome di alcun socio spiega perché questo tipo di società era definito nel codice di commercio, ed è tuttora definito in altri sistemi giuridici, «*società anonima*»); ☞ l'*oggetto sociale*: un'indicazione molto importante, perché definisce i poteri degli organi sociali e condiziona la validità delle relative deliberazioni (**53**.11-12); ☞ l'ammontare del capitale sottoscritto e versato: *capitale sottoscritto* è il valore complessivo dei conferimenti promessi dai soci; *capitale versato* è quella parte del capitale sottoscritto, consistente nel valore dei conferimenti effettivamente erogati dai soci alla società. Il *capitale minimo* richiesto, per lungo tempo fissato a 120.000 euro, nel 2014 è stato ridotto a *50.000 euro* (art. 2327); ☞ il *valore dei crediti e dei beni eventualmente conferiti in natura*, attestato dalla *stima giurata* di un esperto (art. 2342-2343); ☞ i criteri per la *ripartizione degli utili* (ad es., la previsione per cui il 50% degli utili sia distribuito, e il 50% trattenuto alla società come riserva); ☞ il *sistema di amministrazione* adottato, il *numero degli amministratori* e i loro *poteri*, con l'indicazione di quali fra essi hanno la *rappresentanza* della società; ☞ il *numero dei sindaci*, che compongono il collegio sindacale (**53**.13); ☞ la nomina dei *primi amministratori e sindaci*, ovvero dei componenti del consiglio di sorveglianza; ☞ la *durata* della società.

Insieme all'atto costitutivo, i soci concordano lo **statuto** della società, contenente le *norme relative al funzionamento della società*, che i soci stessi, nella loro autonomia, giudicano più opportune; lo statuto fa *parte integrante dell'atto costitutivo*, e deve essere allegato a questo (art. 2328, c. 2). In caso di contrasto, le previsioni dello statuto prevalgono su quelle dell'atto costitutivo.

La stipulazione dell'atto costitutivo deve essere accompagnata dall'adempimento di alcune **condizioni per la costituzione** della società (art. 2329). Si richiede: ☞ che sia *interamente sottoscritto il capitale sociale* (cioè che i conferimenti promessi dai soci raggiungano il valore del capitale indicato nell'atto costitutivo); ☞ che siano *rispettate le regole sui conferimenti* stabilite dagli art. 2342 e 2343 (ad es., il 25% dei conferimenti in denaro va versato in banca; ☞ che sussistano le *condizioni amministrative* previste dalle leggi speciali in relazione all'oggetto della società (ad es., se la società intende svolgere attività bancaria, la sua costituzione deve essere autorizzata dalla Banca d'Italia).

Il notaio che ha stipulato l'atto costitutivo lo *deposita entro 20 giorni presso il registro delle imprese*, insieme con i documenti comprovanti l'osservanza delle condizioni per la costituzione. Contestualmente al deposito, *chiede l'iscrizione* della società nel registro delle imprese (art. 2330).

Ricevuta la richiesta di cui sopra, l'ufficio del registro delle imprese *verifica la regolarità formale* della documentazione; e quindi *iscrive* la società nel registro (art. 2330, c. 3). L'**iscrizione della società nel registro delle imprese** è la fase conclusiva del suo procedimento di costituzione. Con l'iscrizione, «la società *acquista la personalità giuridica*» (art. 2331, c. 1): è un'ipotesi di *pubblicità costitutiva* (**9**.5).

Per contro, la **società per azioni non iscritta** non esiste come autonomo soggetto del diritto. Questo dato ha conseguenze circa la *responsabilità* verso i terzi *per le operazioni compiute in nome della società prima dell'iscrizione* (art. 2331, c. 2-3). Per tali operazioni rispondono *coloro che hanno agito per la società* (ancora inesistente). Può darsi che dopo l'iscrizione la società (a questo punto esistente) approvi l'operazione: in tal caso risponde anche la società, che anzi deve rilevare gli altri responsabili.

Dopo l'originaria iscrizione, nel registro delle imprese devono poi essere *iscritti i fatti più rilevanti* che via via si verificano nell'organizzazione e nella vita della società: in particolare, le modifiche dell'atto costitutivo e dello statuto. L'iscrizione ha una *funzione pubblicitaria*: abbiamo visto le *conseguenze probatorie* (opponibilità ai terzi, o meno) dell'iscrizione e della mancata iscrizione (**50**.4).

4. La società nulla

Come ogni atto giuridico, anche l'atto costitutivo di società per azioni può essere nullo. Ma il trattamento della società nulla è molto *diverso dall'ordinaria disciplina della nullità del contratto* (**35-36**). La ragione è che mentre quest'ultima distrugge un rapporto che normalmente coinvolge pochi soggetti, la nullità della società *ripercuote i suoi effetti distruttivi su un gran numero di soggetti:* i soci (che possono essere tanti); e soprattutto i terzi entrati in contatto con la società, che sono di regola molto numerosi. Una distruzione a così largo raggio di rapporti giuridici sarebbe dannosa per la stabilità e la buona funzionalità del sistema economico. Per questo la legge si preoccupa di *contenere sia le cause sia le conseguenze della nullità* (art. 2332), a tutela dei terzi entrati in rapporto con la società nulla. I terzi meritano di essere tutelati in quanto hanno fatto affidamento sulla regolare esistenza della società, e tale affidamento si basa sulle risultanze pubblicitarie: per questo le regole speciali sulla società nulla presuppongono che si tratti di *società iscritta nel registro delle imprese.*

Quanto alle **cause di nullità**, dopo l'iscrizione nel registro la nullità può essere pronunciata solo in pochi casi tassativi, particolarmente gravi: ☞ mancata stipulazione dell'*atto costitutivo* nella forma dell'*atto pubblico*; ☞ *grave incompletezza* dell'atto costitutivo (mancata indicazione della denominazione, dei conferimenti, del capitale, dell'oggetto sociale); ☞ *illiceità* dell'oggetto sociale.

Le **conseguenze della nullità** sono meno distruttive rispetto alla normale nullità del contratto. Infatti la nullità della società: ☞ è *sanabile*, perché non può più essere dichiarata, quando la causa di essa è stata eliminata mediante una *modificazione dell'atto costitutivo, iscritta* nel registro delle imprese; ☞ è *non retroattiva*: i soci non sono liberati dall'*obbligo dei conferimenti* (se non quando risultino soddisfatti i creditori sociali); ☞ è *inopponibile ai terzi*: lascia salva l'*efficacia degli atti* compiuti in nome della società *dopo l'iscrizione* nel registro delle imprese.

Ciò si riassume dicendo che *le cause di nullità della società funzionano come cause di scioglimento* (le quali non retroagiscono e non sono opponibili ai terzi: **37**.8). Infatti la sentenza che dichiara la nullità nomina i liquidatori, mettendo in moto un procedimento analogo a quello che segue lo scioglimento.

5. Modificazioni dell'atto costitutivo e dello statuto; il recesso del socio dissenziente

Durante la vita della società, i soci possono modificare le clausole del contratto sociale (atto costitutivo e statuto). Le **modificazioni** sono deliberate in *assemblea straordinaria* (**53**.10), a *maggioranza* (sia pure qualificata). È un'altra differenza rispetto alle società di persone, in cui l'atto costitutivo può essere modificato solo con il consenso di tutti i soci; e la ragione è chiara: il principio unanimistico si giustifica quando la partecipazione dei soci ha un carattere più intensamente personale; va sostituito dal principio maggioritario, quando la partecipazione dei soci è più impersonale, e la società si distacca più marcatamente dai soci e dalla loro originaria volontà, messa a base del contratto sociale.

Come tutte le deliberazioni dell'assemblea straordinaria, anche quelle in esame sono sempre verbalizzate da un notaio, e spetta al *notaio verbalizzante* controllare la *legittimità* della modifica. Se il notaio la ritiene legittima, deposita la deliberazione presso il *registro delle imprese* per l'iscrizione. In caso contrario avverte gli amministratori, i quali o si adeguano o sottopongono la questione alla decisione del *tribunale* (art. 2346).

La possibilità che l'atto costitutivo venga modificato a maggioranza pone il problema della *tutela delle minoranze*, cioè dei soci che dissentono dalla deliberazione della maggioranza. Le modificazioni dell'atto costitutivo possono alterare profondamente le basi su cui un socio aveva deciso di entrare in società: i *soci dissenzienti* sono allora tutelati con l'attribuzione di un **diritto di recesso** dalla società (art. 2437); esercitandolo, ottengono il *rimborso delle azioni*. Il recesso è riconosciuto dalla legge *inderogabilmente* quando le modificazioni hanno particolare gravità: ad es. quando mutano l'*oggetto sociale*, determinando un *cambiamento significativo* nell'attività della società; o trasformano il *tipo* sociale; o trasferiscono la *sede* sociale *all'estero*. Per altre modifiche – ad es. la proroga della durata della società – la legge attribuisce il recesso; ma consente che lo statuto lo escluda (art. 2437).

Fuori di queste ipotesi, il socio può uscire dalla società solo *vendendo le proprie azioni*. La differenza è notevole (per la società): nel primo caso, nessun nuovo socio subentra al recedente, le cui azioni vengono azzerate (e il loro valore rimborsato), per cui si ha riduzione del capitale sociale; nel secondo caso ciò non avviene, perché al posto del vecchio socio ne subentra uno nuovo.

6. Le azioni, e i diritti dell'azionista

Le azioni sono i *documenti che rappresentano la quota di partecipazione dei soci nella società*. Sono titoli di credito di partecipazione: incorporano il complesso dei diritti derivanti dalla qualità di socio (**47**.12).

C'è un preciso *rapporto fra valore e numero delle azioni, e valore del capitale sociale*: la somma del valore di tutte le azioni emesse è pari al valore del capitale sociale; e siccome «le azioni devono essere di *uguale valore*» (art. 2348, c. 1), il valore di ciascuna azione è pari al valore del capitale sociale diviso il numero delle azioni emesse. Parlando di «valore» delle azioni, si fa qui riferimento al *valore nominale*, che viene indicato sulle azioni stesse ed è invariabile, così come tendenzialmente fisso e invariabile è il capitale sociale; cosa diversa è il *valore reale*, che può variare continuamente perché dipende dalla consistenza del patrimonio sociale, a sua volta determinata dal successo o dall'insuccesso economico della società.

Costituita la società, le azioni emesse vengono distribuite ai soci fondatori, in proporzione alla loro quota di partecipazione, cioè ai conferimenti fatti da ciascuno. Le azioni emesse a fronte di conferimenti promessi ma non ancora fatti si dicono *azioni non liberate*: esse rappresentano capitale sottoscritto ma non ancora versato (**53**.3); e chi *trasferisce* azioni non liberate rimane, per tre anni, obbligato in solido con l'acquirente per i conferimenti ancora dovuti (art. 2356).

Per l'art. 2354, c. 1, le azioni possono essere nominative o al portatore (**47**.7). Ma la previsione è superata dalla legislazione speciale, che vieta le azioni al portatore. Possono essere al portatore solo azioni di tipo particolare: le azioni di risparmio (v. oltre); e le azioni di sicav (**59**.15).

Come già visto in termini generali (**51**.6), i diritti del socio, incorporati nell'azione, possono classificarsi in tre categorie:

☞ i **diritti patrimoniali** sono: ✦ il diritto ai **dividendi**, cioè a una parte degli utili netti realizzati dalla società (art. 2350). Spetta all'*assemblea che approva il bilancio* stabilire se distribuire dividendi agli azionisti, e in che misura, e su questo spesso si registra un conflitto: gli azionisti di minoranza, che non influiscono sulla gestione sociale, puntano a dividendi alti che remunerino il loro investimento; i soci di maggioranza, che comandano la società, preferiscono destinare gli utili a riserva, cioè trattenerli alla società. A tutela dei creditori sociali, la legge vieta la distribuzione di dividendi non corrispondenti a *utili realmente conseguiti e risultanti dal bilancio approvato* (art. 2433); ✦ il diritto di **opzione sulle azioni di nuova emissione**, nel caso di *aumento del capitale* (**53**.9). Se le nuove azioni andassero a estranei, i vecchi soci vedrebbero diminuita («diluita», come si suol dire) la propria quota di partecipazione e di influenza nella società: chi, ad es., avesse un pacchetto azionario pari al 12%, in caso di raddoppio del capitale vedrebbe la propria partecipazione dimezzata al 6%. Per evitare ciò, le azioni di nuova emissione sono offerte in opzione ai vecchi azionisti, «*in proporzione al numero delle azioni possedute*» da ciascuno (art. 2441, c. 1). Se qualche azionista non esercita l'opzione, *le azioni inoptate* sono offerte in *prelazione* a quelli che invece l'hanno esercitata; se questi non si avvalgono della prelazione, le azioni possono essere acquistate da *estranei* (art. 2441, c. 3). Il diritto di opzione può essere *escluso o limitato* dalla stessa deliberazione di aumento del capitale, ma a condizione che questa sia approvata a *maggioranza qualificata*, e corrisponda all'*interesse della società* (art. 2441, c. 5); ✦ il diritto alla **quota di**

liquidazione: cioè a «una parte proporzionale ... del patrimonio netto risultante dalla liquidazione», in caso di *scioglimento della società* (art. 2350), analogamente a quanto si è visto per il caso di *recesso del socio* (**53**.5);

☞ i diritti di amministrazione consentono di influire sul funzionamento della società, concorrendo a determinarne le decisioni. I principali sono i seguenti: ✦ il diritto di partecipazione all'assemblea, che spetta agli azionisti con diritto di voto (art. 2370); ✦ il diritto di voto in assemblea, che spetta a tutti gli azionisti (esclusi quelli le cui azioni appartengano alla particolare categoria delle *azioni senza diritto di voto* o delle *azioni a voto limitato:* art. 2351). Se le azioni sono date in *pegno* o in *usufrutto*, il diritto di voto spetta al creditore pignoratizio o all'usufruttuario; se sono sotto *sequestro*, spetta al custode (art. 2352); ✦ il diritto di impugnare le deliberazioni di assemblea invalide, che spetta ai *soci assenti, dissenzienti e astenuti* (art. 2377); ✦ il diritto di chiedere la convocazione dell'assemblea può essere esercitato da tanti soci che rappresentino almeno il *10% del capitale sociale* (ma lo statuto può indicare una percentuale minore): art. 2367;

☞ i **diritti di controllo** sono qui tanto più importanti, in quanto gli azionisti non hanno poteri diretti di gestione della società. Sono: ✦ il diritto di **denuncia ai sindaci**, che abilita ogni socio a denunciare *fatti «censurabili»*: i sindaci devono darne conto in assemblea, e a certe condizioni devono promuovere indagini e convocare appositamente l'assemblea (art. 2408); ✦ il diritto di **denuncia al tribunale** circa *gravi irregolarità* di amministratori o sindaci, esercitabile dai soci che rappresentino complessivamente una certa quota del capitale sociale (art. 2409); ✦ il diritto di **ispezione dei libri sociali**, che consente di consultare il libro dei soci e il libro delle adunanze dell'assemblea (art. 2422).

7. Particolari categorie di azioni

Di regola tutte le azioni «conferiscono ai loro possessori *uguali diritti*» (art. 2348, c. 1). Ma lo statuto può prevedere la possibilità di creare **categorie di azioni fornite di diritti diversi** (art. 2348, c. 2), che rispetto alle azioni ordinarie tolgono qualcosa all'azionista e qualcos'altro gli attribuiscono, per cui vantaggi e svantaggi tendono a compensarsi.

In particolare:

☞ le **azioni privilegiate** danno una *preferenza nella ripartizione degli utili e nel rimborso del capitale* (art. 2351, c. 2): gli utili sono innanzitutto distribuiti fra i titolari di azioni privilegiate, per garantire loro un dividendo minimo, e se la società è liquidata sono i primi a ricevere la quota di liquidazione. In cambio del privilegio, può stabilirsi che queste azioni diano un diritto di *voto limitato*, consentendo di votare solo nelle *assemblee straordinarie*;

☞ le **azioni di risparmio** (regolate dagli art. 145 e segg. t.u.b.) possono venire *emesse solo da società con azioni quotate in mercati regolamentati* (**59**.18). Rispetto alle azioni ordinarie, da un lato danno agli azionisti speciali vantaggi (quali la garanzia di un *dividendo minimo*); dall'altro comportano limiti ai loro diritti, e in particolare l'*esclusione del diritto di voto*; per questo gli azionisti di risparmio non partecipano alle assemblee della società, ma si riuniscono nell'*assemblea speciale dei possessori di azioni di risparmio*, che nomina il loro *rappresentante comune* con il compito di tutelarne gli interessi nei confronti della società;

☞ altre **azioni senza diritto di voto** o **con voto limitato** per es. a particolari argomenti; o al contrario **azioni a voto plurimo**, fino a un massimo di tre voti per azione (art. 2351); e infine

☞ altre **azioni con diritti patrimoniali speciali**: ad es. una priorità nella ripartizione degli utili o della quota di liquidazione; oppure diritti correlati ai risultati dell'attività sociale in un determinato settore (art. 2350, c. 2).

8. La circolazione delle azioni: modalità, effetti, limiti

Le azioni sono normalmente destinate a circolare, trasferendosi da un soggetto a un altro. Su modalità ed effetti del **trasferimento delle azioni**, bisogna distinguere: ☞ **fra le parti**, per il trasferimento delle azioni *nominative* basta la *girata autenticata* da un notaio, e per quelle *al portatore* (come ad es. le azioni di risparmio) la semplice consegna; ☞ **verso la società emittente** ciò invece non basta per rendere il trasferimento efficace: occorre a tal fine l'*annotazione nei registri dell'emittente* (art. 2355, c. 1); perciò l'acquirente non può far valere i suoi diritti verso la società (partecipare alle assemblee, esigere i dividendi, ecc.), fino a che non si sia fatto annotare nel *libro dei soci* (art. 2421, n. 1).

Esistono **limiti alla circolazione** delle azioni:

☞ limiti eventuali possono risultare dallo stesso **statuto** della società: questo, in particolare, può stabilire che le azioni siano temporaneamente non trasferibili (per un periodo massimo di cinque anni); oppure che il trasferimento sia subordinato al *gradimento* di organi sociali o di altri soci: ma in tal caso deve prevedere che, se il gradimento è negato, scatti o un *obbligo di acquisto* a carico della società o degli altri soci, o un *diritto di recesso* del socio (art. 2355-*bis*);

☞ altri limiti sono posti dalla **legge**, a tutela dell'**integrità del capitale** (**52**.5), per evitare operazioni che creino l'apparenza di nuova ricchezza che in realtà è solo cartacea: ✦ ci sono **limiti all'acquisto di azioni proprie** (il fenomeno per cui, ad es., Fiat spa acquista azioni Fiat spa): l'acquisto deve essere autorizzato dall'*assemblea*; deve limitarsi a un quantitativo di azioni non superiore al *10% del capitale sociale*; deve essere fatto con somme prelevate dagli *utili netti* (art. 2357 e segg.); ✦ ci sono **limiti alle partecipazioni incrociate** (il fenomeno per cui la società A possiede azioni della società B, che a sua volta possiede azioni della società A): la società *controllata* non può acquistare azioni della società *controllante* (**54**.5), se non con deliberazione dell'*assemblea*, e nei limiti degli *utili* e delle *riserve* risultanti dall'ultimo bilancio approvato, e dunque senza intaccare il capitale (art. 2359-*bis*, c. 1); ✦ ci sono vari **divieti di sottoscrivere azioni di nuova emissione**: è vietata la *sottoscrizione di azioni proprie* da parte della società emittente (art. 2357-*quater*); è vietato alla società *controllata* sottoscrivere azioni emesse dalla *controllante* (art. 2359-*quinquies*); è vietata la *sottoscrizione reciproca di azioni*: due società non possono costituire o aumentare i propri capitali, sottoscrivendo l'una le azioni dell'altra, e viceversa (art. 2360). Ad es.: la società X aumenta di un milione di euro il proprio capitale, emettendo nuove azioni che vengono sottoscritte dalla società Y; anche la società Y aumenta di un milione il suo capitale, e le nuove azioni vengono sottoscritte dalla società X. In questo modo, nessuna delle due eroga risorse reali, perché il milione che Y ha pagato a X per sottoscriverne le azioni ritorna da X a Y per l'operazione inversa; i due movimenti di capitali si azzerano a vicenda, e quello che appare come un aumento (per due milioni) della ricchezza complessiva investita nelle due società, è puramente fittizio.

C'è infine il divieto di acquisire partecipazioni in altre società, se ciò determina una sostanziale modificazione dell'oggetto sociale (art. 2361): la ragione è non privare l'assemblea della sua competenza a modificare l'oggetto sociale.

9. Le manovre sul capitale: riduzione e aumenti di capitale

Ricordiamo la distinzione fra capitale e patrimonio sociale, e la funzione del capitale come elemento di garanzia per i terzi che entrano in rapporto con la società (**51**.3). In nome di tale funzione, la legge vuole che il valore del capitale sociale sia un *valore realistico e non illusorio, rispetto all'effettiva consistenza del patrimonio sociale.* A questo fine, detta una serie di regole: alcune, viste sopra, limitano le partecipazioni azionarie della società; altre riguardano le variazioni del capitale (riduzioni e aumenti).

La **riduzione del capitale** può essere:

☞ riduzione **obbligatoria** quando è imposta dalla legge, il che accade in due casi: ✦ il primo è il *recesso del socio* (**53**.5), con conseguente rimborso del conferimento al socio receduto: bisogna correlativamente diminuire il valore del capitale, per adeguarlo alla diminuzione del patrimonio sociale; ✦ analoga operazione, per analogo obiettivo, deve compiersi *quando «il capitale è diminuito di oltre un terzo in conseguenza di perdite»* (non recuperate entro l'esercizio successivo): l'assemblea deve deliberare la riduzione del capitale in misura corrispondente alle perdite, riducendo proporzionalmente il valore nominale delle azioni (art. 2446). Se poi la perdita porta il capitale *al disotto del minimo legale* (50.000 euro), si deve subito convocare l'assemblea, per deliberare la *riduzione del capitale* e il *contemporaneo aumento* del medesimo (con nuovi conferimenti) a una somma non inferiore al minimo legale; oppure la *trasformazione* della società in società di altro tipo, per cui non valga quel minimo legale (art. 2447). Se non si fa questo, la società si scioglie (**53**.17);

☞ riduzione **facoltativa**, che può essere decisa dall'assemblea (per es. quando rilevi che il capitale è eccessivo rispetto alle effettive esigenze della società). Alla riduzione del capitale corrisponde la *riduzione dei conferimenti*, che si attua o liberando i soci dall'obbligo dei conferimenti ancora dovuti, o rimborsando loro i conferimenti già fatti. Così, però, *si riduce il patrimonio sociale*, garanzia dei creditori della società: contro la deliberazione i creditori possono quindi fare *opposizione* al tribunale; e nel frattempo la riduzione è bloccata, salvo che la società presti idonee garanzie (art. 2445).

L'**aumento del capitale** si realizza di solito con l'*emissione di nuove azioni*, per un valore corrispondente all'aumento. C'è però un vincolo: non si possono emettere nuove azioni, fino a che quelle già emesse non siano interamente liberate (art. 2438). L'aumento di capitale può essere: ☞ **a pagamento**, quando c'è bisogno di finanziare la società, procurandole *nuovi conferimenti* e così *incrementando il suo patrimonio*: si attua emettendo *nuove azioni*, sulle quali i vecchi azionisti hanno un diritto di *opzione* (**53**.6); ☞ oppure **gratuito**, quando ad esso *non corrispondono nuovi conferimenti* (e dunque *non c'è incremento del patrimonio* sociale): il capitale si aumenta, imputando a capitale la parte disponibile delle riserve o dei fondi speciali iscritti a bilancio. Si attua, a beneficio dei soci, o emettendo nuove azioni che gli vengono attribuite gratuitamente; o aumentando il valore nominale delle azioni esistenti (art. 2442).

Le variazioni del capitale costituiscono *modificazioni dello statuto*: seguono pertanto la disciplina di queste per modalità di approvazione, controlli e adempimenti pubblicitari (**53**.5). Per gli *aumenti di capitale* è però possibile una deroga: anziché dall'assemblea, possono essere deliberati dagli *amministratori* se ciò è previsto dallo statuto (art. 2443).

10. La «governance» della società per azioni: sistemi di amministrazione e controllo; società chiuse e aperte

Come ogni organizzazione, la società per azioni agisce per mezzo di organi, formati da persone fisiche (**12**.2). Il quadro degli organi della società comprende: da un lato, l'**assemblea** degli azionisti; dall'altro, gli **organi di ammi-**

nistrazione e controllo. Il modo in cui sono organizzati, funzionano e interagiscono fra loro si usa definire, con parola inglese, «governance» della società.

Mentre l'assemblea (**53**.11) è un organo costante, gli organi di amministrazione e controllo presenti in una società possono essere diversi, in relazione alle scelte dello statuto sociale. I sistemi fra cui lo statuto può scegliere sono tre: sistema *ordinario*; sistema *dualistico*; sistema *monistico* (**53**.12-14).

Oltre alla possibile alternativa fra questi diversi sistemi di amministrazione e controllo, le regole sulla governance delle società sono soggette a un'altra variabile. La realtà economica vede la presenza sia di società piccole, con pochi soci, capitale non elevato e ridotte esigenze di finanziamento, le quali vengono soddisfatte con risorse dei soci stessi o con il credito bancario (c.d. **società chiuse**); sia di società molto grandi, che per soddisfare le loro imponenti esigenze di finanziamento devono ricorrere al mercato finanziario, in particolare chiamando nella propria compagine un grandissimo numero di soci, perché la società ha bisogno di tanti apporti di capitale (c.d. **società aperte**). La legge pensa che sia giusto riservare a queste ultime regole di governance un po' differenziate. E quindi prevede: un *regime di base*, che vale in generale per *tutte le società* (chiuse e aperte); e poi una serie di *regole speciali*, applicabili alle sole *società aperte*, definite come le «*società che fanno ricorso al mercato del capitale di rischio*», e individuate più precisamente nelle società con *azioni quotate*, e nelle società con azioni che (pur non essendo quotate) sono *diffuse fra il pubblico in misura rilevante* (art. 2325-*bis*).

11. L'assemblea degli azionisti, e le deliberazioni invalide

L'assemblea è formata da tutti i possessori di azioni (legittimati alle condizioni già viste: **53**.7) riuniti per deliberare su materie di interesse sociale. Per la formazione delle sue deliberazioni, vale il *principio maggioritario*: le maggioranze richieste sono diverse a seconda dei casi, e si calcolano non sul numero dei soci ma sul *numero delle azioni* (cioè sulle quote di capitale rappresentate).

La **convocazione** dell'assemblea è fatta dall'organo amministrativo, e richiede determinate *formalità*, a tutela degli azionisti (art. 2366). Se queste non sono rispettate, l'assemblea non può deliberare validamente: tranne che sia un'*assemblea totalitaria* (e cioè vi sia rappresentato l'intero capitale sociale, e sia presente la maggioranza degli organi amministrativi e di controllo). Se lo statuto lo prevede, il socio può intervenire all'assemblea anche con mezzi di telecomunicazione (ad es. tele- o video-conferenza); e può votare per corrispondenza (art. 2370). Le deliberazioni dell'assemblea devono risultare da un *verbale* (che consente ai soci, specie a quelli assenti, di conoscerle e controllarle).

La competenza dell'assemblea è una **competenza speciale**: l'assemblea non può deliberare su qualsiasi materia di interesse della società, ma solo sulle *materie espressamente riservate* ad essa. In particolare, *non* rientra nella sua competenza deliberare *atti di gestione dell'impresa sociale*, che appartengono alla competenza esclusiva degli amministratori. Inoltre, le sue deliberazioni non possono disporre dei *diritti individuali* dei soci: ad es., stabilendo che un determinato azionista sia privato degli utili.

L'assemblea può essere ordinaria o straordinaria, e la differenza sta nelle *materie* su cui si delibera, e nelle *maggioranze* richieste per la deliberazione:

☞ l'**assemblea ordinaria** delibera: ✦ su **materie** come l'approvazione del *bilancio*; nomina, compensi e revoca di *amministratori, sindaci e revisore*; l'*azione di responsabilità* contro i medesimi (art. 2364); la distribuzione degli *utili* ai soci (art. 2433, c. 1); ✦ con **maggioranze** che sono più alte se l'assemblea è in *prima convocazione* (art. 2368, c. 1); più basse se è in *seconda convocazione* (art. 2369, c. 3), cui si ricorre se nella prima non si raggiunge il quorum necessario. Si tenga presente peraltro che le norme sull'assemblea ordinaria non valgono per le società che adottano il sistema dualistico (**53**.14);

☞ l'**assemblea straordinaria** delibera: ✦ su **materie** come *modificazioni dello statuto*, nomina e poteri dei *liquidatori* (art. 2365); ✦ con **maggioranze** che variano, anche qui, a seconda che si tratti di *prima convocazione* o di *seconda convocazione*; e che si tratti di società *chiusa* o *aperta* (art. 2368-2369).

Secondo la regola generale che vale per gli atti patrimoniali, il titolare del diritto di voto può farsi *rappresentare* nell'esercizio di esso, dando procura («*delega*») a qualcun altro che partecipa all'assemblea e vota al posto suo. Per evitare possibili distorsioni e abusi, la legge pone tuttavia alcuni *limiti*: la delega non può essere conferita in bianco, né a componenti degli organi amministrativi e di controllo, né a dipendenti della società, né a banche; inoltre, una stessa persona non può rappresentare oltre un certo numero di azionisti (art. 2372).

Le deliberazioni assembleari possono essere viziate da qualche causa di **invalidità**, che le rende nulle o annullabili. Rispetto allo schema generale (**36**.1), qui il rapporto fra i due tipi di invalidità è rovesciato: la regola è l'annullabilità, che è virtuale; mentre la nullità è testuale, dunque rappresenta l'eccezione:

☞ le **deliberazioni nulle** ricorrono più di rado (art. 2379): si hanno per *cause particolarmente gravi* (mancata convocazione dell'assemblea; mancanza di verbalizzazione; oggetto impossibile o illecito); e ricevono un *trattamento più severo*: la nullità può farsi valere da chiunque vi abbia interesse e può essere rilevata d'ufficio, entro il termine di 3 anni;

☞ le **deliberazioni annullabili**, più frequenti, sono quelle affette dai seguenti **vizi**: ✦ *violazione della legge o dell'atto costitutivo* (art. 2377, c. 2): ad es., deliberazione su materia che non rientra nella competenza dell'assemblea, o presa con voti dati per delega fuori dai limiti di legge; ✦ *conflitto d'interessi*:

il socio non può votare sulle deliberazioni in cui porta un interesse in conflitto con quello della società (art. 2373). S'immagini che l'assemblea della società A debba deliberare un importante contratto con la società B; e s'immagini che X sia azionista di entrambe, ma abbia interessi molto più forti in B: egli potrebbe essere tentato di votare, nell'assemblea di A, in modo da favorire la controparte B. Perciò la legge gli impone di astenersi; se vota ugualmente, la deliberazione è annullabile a patto che ne derivi un *pericolo di danno per la società*, e sempre che il voto sia stato *determinante* per l'approvazione (c.d. prova di resistenza). La giurisprudenza applica questa norma in senso estensivo, come se esprimesse il principio generale per cui il diritto di voto non può esercitarsi per realizzare interessi estranei all'interesse della società: e conseguentemente annulla le delibere approvate per un *interesse extrasociale*, che normalmente determinano un *abuso della maggioranza* degli azionisti in danno della minoranza.

Il **trattamento della deliberazione annullabile** tiene conto dell'*interesse dei terzi*, a cui bisogna garantire la *stabilità delle deliberazioni sociali* che possono riguardarli. Di qui alcune regole (art. 2377), che: ☞ per un verso *limitano la possibilità di arrivare all'annullamento* (la legittimazione a impugnare la deliberazione annullabile è ristretta agli organi amministrativi e di controllo, nonché ai soci assenti, dissenzienti o astenuti che rappresentino nell'insieme almeno una certa quota di capitale; l'azione di impugnazione è soggetta a un breve termine di decadenza; la deliberazione non può essere annullata se viene sostituita con altra valida); ☞ e per altro verso ne *circoscrivono le conseguenze*: l'annullamento cancella sì gli effetti della deliberazione nei confronti dei soci; ma non pregiudica i *diritti acquistati da terzi di buona fede*, in base ad atti esecutivi della deliberazione (e questa regola vale anche per le deliberazioni nulle: art. 2379, c. 4).

12. Gli amministratori: amministrazione e rappresentanza della società

Gli amministratori, a differenza dell'assemblea, hanno **competenza generale**: gli spetta compiere *tutti gli atti di gestione* funzionali al conseguimento dell'oggetto sociale.

Possono essere sia *soci*, sia *non soci*. Appena costituita la società, i primi amministratori sono nominati nell'*atto costitutivo*; la nomina di quelli successivi spetta all'*assemblea*. La durata della carica non può superare *tre anni*; ma alla scadenza sono rieleggibili. La deliberazione di nomina va *iscritta* nel registro delle imprese. L'iscrizione *sana l'eventuale invalidità* della deliberazione di nomina: questa non può opporsi ai terzi, se non provando che essi la conoscevano (art. 2383). Come ha il potere di nominarli, così l'assemblea ha il potere di *revocare* gli amministratori, anche senza giusta causa: ma in questo caso l'amministratore ha diritto al risarcimento dei danni (art. 2383, c. 3).

Può esserci un solo amministratore (*amministratore unico*) o possono essercene più di uno: si ha allora un **consiglio di amministrazione**, nel cui ambito viene scelto il *presidente* (art. 2380-*bis*). Il consiglio di amministrazione può deliberare validamente se sono presenti almeno *metà dei suoi membri*, e le deliberazioni sono prese a *maggioranza assoluta* (salva diversa previsione dell'atto costitutivo). Non è ammessa rappresentanza nel voto (art. 2388). Tuttavia il consiglio può delegare alcune materie di sua competenza a uno o più dei suoi membri, incaricati di decidere individualmente (*amministratori delegati*) o collegialmente (*comitato esecutivo*). Ci sono però competenze che non possono essere delegate: ad es., la redazione del bilancio (art. 2381).

Anche le **deliberazioni** del consiglio di amministrazione possono essere **invalide** per *contrarietà alla legge o allo statuto* (art. 2388); oppure quando l'amministratore in *conflitto d'interessi* abbia votato, anziché astenersi come avrebbe dovuto, e il suo voto sia stato determinante per approvare la delibera dannosa. La delibera invalida può essere *impugnata* dagli altri amministratori o dal collegio sindacale: ma, a tutela degli affidamenti creatisi, il suo annullamento non pregiudica i *diritti acquistati in buona fede dai terzi* per effetto di essa.

Al potere di amministrazione si ricollega il potere di **rappresentanza** (**52**.2). La rappresentanza della società spetta agli amministratori, o ad alcuni fra essi: l'*atto costitutivo* stabilisce quali amministratori rappresentano la società. Gli amministratori con rappresentanza «possono compiere *tutti gli atti che rientrano nell'oggetto sociale*, salve le limitazioni che risultano dalla legge o dall'atto costitutivo». Gli atti che eccedono tali limiti sono normalmente inefficaci: ma le *limitazioni della rappresentanza*, anche se pubblicate nel registro delle imprese, non sono *opponibili ai terzi* se non provando che questi hanno *agito intenzionalmente a danno della società* (qualcosa di più della semplice mala fede: art. 2384). È una deroga molto forte alla normale efficacia della pubblicità degli atti societari (**53**.3), introdotta per tutelare i terzi e la sicurezza dei traffici.

La legge impone agli amministratori una serie di **obblighi**, che gli amministratori sono tenuti ad adempiere con la dovuta diligenza professionale (art. 2392, c. 1), e la cui violazione determina a loro carico **responsabilità**. Gli amministratori rispondono (in solido fra loro) verso tre ordini di soggetti, che possono risentire danno dal loro cattivo operato:

☞ **verso la società**, per *violazione di doveri specifici* (divieto di agire in conflitto d'interessi, divieto di fare concorrenza alla società ex art. 2390), divieto di compiere nuove operazioni in presenza di una causa di scioglimento della società, ecc.; oppure per *violazione del generale dovere di vigilanza sulla gestione sociale* (art. 2392, c. 2): se gli amministratori vengono a conoscenza di atti pregiudizievoli, anche compiuti o progettati da altri amministratori, devono attivarsi per impedirli o porvi rimedio; se non lo fanno, ne rispondono personalmente. Il mezzo più sicuro per liberarsi dalla responsabilità è *annotare il proprio dissenso* nel libro delle adunanze e delle deliberazioni del consiglio, dandone immediata notizia per iscritto al presidente del collegio sindacale (art. 2392, c. 3). L'azione sociale di responsabilità contro gli amministratori è, di regola, deliberata *dall'assemblea ordinaria*: se approvata col voto favorevole di almeno un quinto del capitale sociale, la deliberazione importa la *revoca degli amministratori* (art. 2393); ma (tenuto conto che la maggioranza degli azionisti può essere riluttante ad agire contro amministratori che essa stessa ha nominato), l'azione può essere anche esercitata da una *minoranza qualificata di soci* (art. 2393-*bis*);

☞ **verso i creditori sociali**, quando gli amministratori violano obblighi finalizzati alla *conservazione del patrimonio sociale*, che garantisce i creditori (art. 2394). A differenza della responsabilità verso la società (che è contrattuale), qui si tratta di *responsabilità extracontrattuale* (non c'è alcun rapporto obbligatorio fra creditori della società e amministratori di questa);

☞ **verso singoli soci o terzi**, quando un singolo socio o un terzo viene specificamente danneggiato da *atti dolosi o colposi* degli amministratori (art. 2395): è il caso dell'amministratore che, fornendo false informazioni sulle prospettive economiche della società, induce soci o terzi a sottoscrivere o acquistare azioni o obbligazioni della società, che poco dopo cade in insolvenza. Attenzione: anche nei casi di danno alla società viene in gioco un danno al singolo socio: ma solo come riflesso indiretto del danno subito in prima battuta dalla società, sicché il socio non può agire personalmente; può farlo solo quando il danno colpisce lui in modo diretto e specifico, a prescindere dalla società.

Un tipico illecito degli amministratori è la *prosecuzione dell'attività in presenza di una causa di scioglimento della società* (in particolare la perdita del capitale); e c'è un criterio legale per quantificare il danno (art. 2486).

13. Il collegio sindacale, e la revisione legale dei conti

Il collegio sindacale è l'*organo di controllo* della società, cui spetta *vigilare sull'osservanza della legge e dell'atto costitutivo* da parte degli altri organi sociali, e più specificamente *controllare l'amministrazione* della società. In particolare, deve accertare la regolare tenuta della *contabilità sociale*, e la correttezza del *bilancio* (art. 2403). Può, a tali fini, chiedere informazioni agli amministratori. Oltre che poteri-doveri di controllo, ha *poteri-doveri di sostituzione* degli amministratori: in caso di loro omissione, deve convocare l'assemblea ed eseguire le pubblicazioni prescritte dalla legge (art. 2406).

È composto da *tre o cinque* membri effettivi e due supplenti, muniti di particolare qualificazione professionale (art. 2397). Possono essere soci o non soci, ma non possono avere rapporti professionali con la società o le sue controllate, né rapporti familiari con gli amministratori (art. 2399). I sindaci sono nominati per la prima volta nell'*atto costitutivo*, e poi dall'*assemblea* (art. 2400).

Il collegio sindacale di regola opera *collegialmente* (deliberando a maggioranza assoluta: art. 2404). Ma anche i *singoli sindaci* hanno il potere di procedere, *individualmente*, ad atti d'ispezione e di controllo (art. 2403-*bis*). L'attività del collegio sindacale può essere sollecitata dalle *denunce dei soci* (**53**.6): se la denuncia è fatta da una minoranza qualificata (almeno un ventesimo del capitale sociale), il collegio deve svolgere indagini e se del caso deve immediatamente *convocare l'assemblea* per proporre adeguate iniziative (art. 2408).

I sindaci devono svolgere i loro compiti con la dovuta diligenza professionale. In caso contrario, incorrono in *responsabilità*: in particolare, rispondono *solidalmente con gli amministratori* per i fatti e le omissioni di questi, quando il danno si sarebbe evitato se essi avessero vigilato come dovevano (art. 2407).

Una specifica funzione, distinta da quella del collegio sindacale, è la **revisione legale dei conti**, che serve a *verificare e attestare la correttezza della contabilità sociale*, a tutela della società e dei terzi che entrano in rapporto con essa. Tale funzione è svolta da professionisti della contabilità aziendale – un *revisore* o una *società di revisione* – iscritti in apposito registro; il soggetto incaricato della revisione e il collegio sindacale devono scambiarsi informazioni di reciproco interesse (art. 2409-*septies*). Peraltro nelle società chiuse lo statuto può prevedere che la revisione legale dei conti sia svolta dallo stesso *collegio sindacale* (art. 2409-*bis*).

14. I sistemi alternativi: dualistico e monistico

Quello appena descritto è il *sistema ordinario di amministrazione e controllo* della società per azioni. Si basa sulla distribuzione di ruoli per cui: gli amministratori svolgono la funzione di amministrazione; il collegio sindacale quella di controllo di correttezza dell'amministrazione; il revisore o la società di revisione quella di controllo contabile. Ma lo statuto può prevedere un modello di governance diverso da quello ordinario, scegliendo fra due sistemi alternativi:

☞ il **sistema dualistico** si basa su due organi: ✦ il **consiglio di gestione** ha un ruolo analogo a quello del consiglio di amministrazione: ad esso spetta in esclusiva la *gestione dell'impresa sociale*, e quindi il compimento di *tutte le operazioni necessarie per realizzare l'oggetto sociale* (art. 2409-*novies*); lo statuto fissa il numero di componenti (non meno di due), che sono *nominati dal consiglio di sorveglianza* (ma i componenti iniziali sono indicati dall'atto costitutivo), e la durata in carica (al massimo per tre esercizi, con possibilità di rielezione alla scadenza). Al consiglio di gestione si applicano molte delle norme dettate per il consiglio di amministrazione (art. 2409-*undecies*). I suoi componenti possono subire, come gli amministratori, un'azione sociale di responsabilità (art. 2409-*decies*); ✦ il **consiglio di sorveglianza** è formato da almeno tre componenti, *eletti dall'assemblea* (salvo i primi, indicati nell'atto costitutivo) per tre esercizi, con possibilità di rielezione. L'assemblea può anche revocarli, salvo il risarcimento del danno se la revoca è senza giusta causa. La carica è incompatibile con l'appartenenza al consiglio di gestione (art. 2409-*duodecies*). Quanto ai suoi compiti (art. 2409-*terdecies*), esso riassume in sé alcune *funzioni dell'assemblea* e alcune *funzioni del collegio sindacale*. In particolare: nomina e revoca i componenti del consiglio di gestione; approva il bilancio; promuove azione di responsabilità contro i consiglieri di gestione; controlla legittimità e correttezza della gestione; riferisce ogni anno all'assemblea sulla vigilanza svolta. Il *controllo contabile* è regolato secondo il sistema ordinario;

☞ il **sistema monistico** è lo schema di governance più semplice (art. 2409-*sexiesdecies* e segg.). Si basa su due organi: ✦ il **consiglio di amministrazione** è nominato dall'assemblea, e svolge tutti i compiti relativi alla *gestione dell'impresa sociale*; inoltre nomina, al proprio interno, il comitato di controllo sulla gestione; ✦ il **comitato di controllo sulla gestione** è nominato dal consiglio di amministrazione al proprio interno, fra componenti con particolari requisiti di onorabilità, professionalità e indipendenza, e senza ruoli operativi nell'ambito del consiglio di amministrazione. Svolge compiti di *controllo sull'adeguatezza organizzativa e sulla correttezza amministrativa e contabile* della società, che nel sistema ordinario spettano al collegio sindacale.

In entrambi i sistemi il controllo contabile segue le regole del sistema ordinario.

15. I libri sociali, e il bilancio di esercizio

Oltre alle scritture che la società deve tenere in quanto sia imprenditore commerciale (**50**.5), ci sono altre *scritture che la società deve tenere in quanto società* (anche se non esercita un'impresa commerciale): sono i **libri sociali**.

Vi rientrano: il libro dei *soci*; il libro delle *adunanze e deliberazioni dell'assemblea*: il libro delle *adunanze e deliberazioni del collegio sindacale* (salvo che il sistema di governance adottato escluda quest'organo); il libro delle *adunanze e deliberazioni del consiglio di amministrazione*, ed eventualmente *del comitato esecutivo* (salvo il caso di amministratore unico): art. 2621 segg.

Al termine di ogni *esercizio* annuale, deve essere redatto il **bilancio di esercizio** della società (art. 2423 e segg.). La sua funzione è offrire a tutti gli interessati (azionisti, dipendenti, creditori sociali, il pubblico in generale) un'*informazione chiara, veritiera e completa sulle condizioni economiche e finanziarie della società.* La relativa disciplina è stata progressivamente innovata in attuazione di direttive europee.

La **struttura** del bilancio comprende tre elementi: ☞ lo **stato patrimoniale**, che fotografa il patrimonio della società, indicandone l'attivo (beni e crediti) e il passivo (debiti, o rischi di debiti); ☞ il **conto economico** – o conto profitti e perdite – che indica l'andamento dei ricavi e dei costi della società nell'anno precedente, e che può risultare in utile o in perdita; ☞ la **nota integrativa**, che contiene una serie di specificazioni e chiarimenti, utili a comprendere meglio i dati scritti nelle altre due parti.

Per quanto riguarda i **principi e criteri di redazione**, la legge dice in generale che il bilancio deve obbedire a parametri di chiarezza, verità e correttezza (art. 2423, c. 2). Per soddisfare l'esigenza di *chiarezza*, la legge indica in modo analitico quali dati devono comparire in ciascuna delle sue tre parti (art. 2423-*ter* e segg.). Per soddisfare le esigenze della *verità* e della *correttezza* dei dati di bilancio, stabilisce i principi generali cui deve ispirarsi la sua redazione (art. 2423-*bis*) nonché i criteri da osservare nella valutazione delle singole poste (art. 2426). Questi concetti non possono però intendersi nel senso di un rigore matematico. Infatti la quantificazione di molti dati di bilancio non deriva da criteri applicabili meccanicamente, ma da stime più o meno ottimistiche circa le prospettive economiche della società, le oscillazioni di valore dei beni compresi nel patrimonio, l'andamento del mercato, ecc., e che quindi presentano margini inevitabili di *discrezionalità*. Inoltre, la legge stessa prevede che in *casi eccezionali* qualche criterio legale possa essere disapplicato per rendere il bilancio più conforme a chiarezza e verità: la *deroga* va motivata nella nota integrativa (art. 2423, c. 4). In generale, però, la legge vuole che l'esercizio della discrezionalità in questo campo s'ispiri a *prudenza*, soprattutto per tutelare i creditori sociali contro la possibilità che gli si presenti un'immagine illusoriamente ottimistica della società (art. 2425 e segg.).

Per le società di minori dimensioni è prevista la possibilità di un *bilancio in forma abbreviata*, con contenuti più semplici (art. 2435-*bis*). Del *bilancio consolidato*, previsto in relazione al fenomeno dei gruppi, si dirà più avanti (**54**.5).

Il **procedimento di formazione** del bilancio si sviluppa attraverso varie fasi: ☞ gli *amministratori* redigono un *progetto di bilancio*, accompagnato da una *relazione* sull'andamento della gestione sociale (art. 2428), e lo trasmettono ai *sindaci*, che lo esaminano e svolgono anch'essi la loro *relazione* (art. 2429, c. 1-2); ☞ una copia del bilancio, insieme con le relazioni degli amministratori e dei sindaci, deve rimanere *depositata*, a disposizione dei soci, durante i 15 giorni che precedono l'assemblea (art. 2429, c. 3); ☞ quindi l'*assemblea approva* il bilancio, di regola entro quattro mesi dalla chiusura dell'esercizio (ad es., entro il 30 aprile 2014 per approvare il bilancio dell'esercizio 2013): art. 2364, c. 2; ☞ dopo l'approvazione il bilancio va *depositato* presso l'ufficio del registro delle imprese (art. 2435, c. 1). Per le società non quotate, insieme con il bilancio si deve depositare l'*elenco dei soci* con l'indicazione del *numero di azioni* possedute (art. 2435, c. 2): una regola che persegue la *trasparenza dell'azionariato*.

Se nella formazione del bilancio non vengono osservati i criteri (sostanziali o procedurali) stabiliti dalla legge, il bilancio è invalido e può essere *annullato*, attraverso l'*impugnazione della delibera assembleare di approvazione*. Gli amministratori che espongono a bilancio dati falsi possono incorrere, a certe condizioni, in *responsabilità penale* (per false comunicazioni sociali: art. 2621).

16. Il finanziamento della società per azioni: obbligazioni; patrimoni e finanziamenti destinati a un affare

La società che ha bisogno di finanziamenti può aumentare il capitale, emettendo nuove azioni. Ma può anche seguire un'altra via: **emettere obbligazioni,** e collocarle presso il pubblico dei risparmiatori («obbligazionisti»).

Le obbligazioni sono *titoli di credito* (al portatore o nominativi) il cui rapporto fondamentale è il mutuo fatto dagli obbligazionisti alla società: quindi incorporano il diritto di credito alla *restituzione della somma* mutuata alla scadenza, e al pagamento periodico degli *interessi*. Come le azioni, sono *titoli di serie*, destinati a un'intensa *circolazione* sul mercato dei capitali (**47**.13). Però, a differenza delle azioni, *non sono titoli di partecipazione*: incorporano un semplice diritto di credito, non lo status di socio. Per questo rappresentano, di regola, un investimento meno rischioso delle azioni: perché non influenzato dall'andamento economico della società, ma solo dalla dinamica dei tassi di interesse (l'unico vero rischio per l'obbligazionista è l'insolvenza della società emittente, con conseguente incapacità di rimborsare l'obbligazione alla scadenza). Tuttavia l'emissione di obbligazioni incontra *limiti e vincoli*, a tutela dell'equilibrio economico della società e della sicurezza dei suoi creditori (art. 2412-2413).

Possono emettersi *obbligazioni convertibili in azioni*: danno all'obbligazionista il diritto di chiedere che i suoi titoli siano convertiti in azioni, secondo un *rapporto di cambio* prefissato: alle nuove azioni che sostituiscono le obbligazioni corrisponde un *aumento del capitale* della società (art. 2420-*bis*).

Come portatori di titoli di serie, di contenuto omogeneo, è opportuno che gli obbligazionisti entrino in rapporto con la società non isolatamente, ma come un *gruppo organizzato e unitario*, che diventa l'unico interlocutore della società emittente. Ciò si realizza con due strumenti: ☞ l'*assemblea degli obbligazionisti*, a cui spetta *deliberare* sulle materie di interesse comune degli obbligazionisti (art. 2415); e il singolo obbligazionista, anche se assente o dissenziente, è vincolato alle deliberazioni dell'assemblea, salva la possibilità di impugnarle se invalide (art. 2416); ☞ il *rappresentante comune degli obbligazionisti*, eletto dall'assemblea, che attua le deliberazioni dell'assemblea e tutela gli interessi comuni degli obbligazionisti nei rapporti con la società, e con le procedure concorsuali che la riguardino (art. 2417-2418). È evidente l'analogia con quanto previsto per i possessori di azioni di risparmio (**53**.7).

I finanziatori della società possono finanziarla, anziché in relazione all'insieme delle sue attività, in relazione a uno specifico affare della società stessa. È un modo per partecipare alle vicende della società, senza diventarne né azionisti né obbligazionisti (art. 2447-*bis* e segg.). Si possono a tal fine sottoscrivere **strumenti finanziari di partecipazione all'affare**, emessi dalla società; o si può semplicemente concludere con la società un **contratto di finanziamento dell'affare**. La caratteristica essenziale di questo meccanismo è che le risorse così raccolte costituiscono un **patrimonio separato** dal patrimonio generale della società, con queste principali conseguenze: ☞ la remunerazione dell'investimento dipende dal successo dell'affare, secondo criteri prefissati; e la restituzione del finanziamento si fa esclusivamente con i proventi dell'affare finanziato; ☞ il patrimonio destinato al singolo affare, così come i proventi da esso generati, *non sono aggredibili dai creditori* della società.

17. Scioglimento, liquidazione ed estinzione della società

Le **cause di scioglimento** della società per azioni (art. 2484) sono le stesse che valgono in generale per ogni società (**51**.11), a cui devono aggiungersi: ☞ l'*impossibilità di funzionamento* o la *continuata inattività dell'assemblea* (ad es., per l'insanabile disaccordo dei due soci al 50%); ☞ la riduzione del *capitale sotto il minimo legale*, salvo che l'assemblea deliberi la riduzione e il contemporaneo aumento del capitale, ovvero la trasformazione della società (**53**.8); ☞ certe eventuali vicende conseguenti al *recesso* di soci; ☞ la dichiarazione di *nullità dell'atto costitutivo*: ricordiamo infatti che nella società per azioni, a tutela dei terzi, le cause di nullità operano come cause di scioglimento (**53**.4); ☞ la sottoposizione a procedura di *liquidazione giudiziale*.

Verificatasi la causa di scioglimento, la società entra nella fase di **liquidazione**, già illustrata (**51**.11). Chiusa la liquidazione, la società deve essere cancellata dal registro delle imprese: con la **cancellazione** la società si estingue.

18. La disciplina della società per azioni: interessi in gioco, e controlli

Il funzionamento delle società per azioni coinvolge interessi di varia natura, che il legislatore deve considerare e garantire.

Innanzitutto gli interessi degli azionisti, e in particolare degli *azionisti di minoranza*, o «passivi»: la legge deve assicurare che l'inevitabile dominio esercitato sulla gestione della società dagli azionisti di comando (quelli che hanno la maggioranza nella società, o comunque la controllano) non degeneri in abusi a danno degli azionisti di minoranza.

Ma la gestione della società per azioni può mettere in gioco interessi ancora più vasti, legati al fatto che le società per azioni sono di regola imprese medie o grandi, che impiegano numerosi dipendenti, fanno largo ricorso al credito, entrano in contatto con risparmiatori che hanno investito o pensano di investire nei titoli emessi dalla società, hanno continui rapporti con fornitori e consumatori, ecc. (tutti questi soggetti, che pur non essendo azionisti, sono sensibili al modo in cui la società opera, si usano chiamare «stakeholders»). In breve: il funzionamento delle società per azioni può influenzare il *funzionamento del sistema economico* nel suo complesso, e così toccare l'interesse della collettività.

Di qui l'esigenza di assoggettarlo a controlli, capaci di garantire la giusta tutela dei vari interessi coinvolti. A parte i controlli di legittimità e di correttezza contabile, svolti dal collegio sindacale e dai revisori (**53**.13), devono segnalarsi soprattutto i c.d. **controlli esterni**, esercitati da *autorità pubbliche*. In estrema sintesi, questi controlli sono di due ordini:

☞ il **controllo giudiziario** (art. 2409) può essere attivato, con una *denuncia al tribunale*, dai soci di minoranza (purché sia una *minoranza qualificata*, che rappresenti almeno il 10% del capitale, e il 5% nelle società aperte), in presenza di *gravi irregolarità nella gestione*, commesse dagli amministratori. Il tribunale svolge indagini per accertare se la denuncia è fondata; quindi, se le irregolarità sussistono, interviene con varie misure, che nei casi più gravi possono arrivare alla *revoca di amministratori e sindaci*, e alla loro temporanea sostituzione con un *amministratore giudiziario*. Il tribunale può intervenire anche su richiesta dell'organo di controllo (collegio sindacale; consiglio di sorveglianza; comitato di controllo sulla gestione); e, nelle società aperte, anche su istanza del pubblico ministero: a riprova del fatto che la regolare amministrazione delle società si considera materia di interesse generale;

☞ i **controlli amministrativi** sono affidati per lo più alla *Commissione nazionale per le società e la borsa* (**Consob**), istituita dalla l. 216/1974: un *ente pubblico*, formato da cinque commissari (compreso il presidente) nominati dal Governo. Peraltro i controlli della Consob riguardano solo una particolare categoria – peraltro importantissima – di società: le *società con azioni quotate nei mercati regolamentati* (in particolare le borse), che sono generalmente società molto grandi, con *azioni diffuse fra un pubblico molto vasto di azionisti, che le possiedono prevalentemente come impiego del loro risparmio.* Ecco perché è forte l'esigenza di controlli sulla trasparenza e correttezza della loro amministrazione: per proteggere il pubblico dei risparmiatori che hanno investito o potrebbero investire i loro risparmi nei titoli emessi da quelle società. Per questo ne parleremo a proposito delle regole per il mercato finanziario e la tutela del risparmio (**59**.18-19).

C'è una società «speciale» che nel suo oggetto sociale comprende attività a favore degli «stakeholders»: la c.d. società benefit (**51**.4).

54

ALTRE SOCIETÀ DI CAPITALI. LE SOCIETÀ MUTUALISTICHE

1. Premessa

In questo capitolo completiamo il discorso sulle società, trattando: gli altri due tipi di società di capitali, diversi dalla società per azioni (società in accomandita per azioni; società a responsabilità limitata: **54**.2-3); poi alcuni particolari problemi e figure cui le società di capitali possono dare luogo (**54**.4-6); infine le società mutualistiche, e in particolare le cooperative (**54**.8-10).

2. La società in accomandita per azioni

La società in accomandita per azioni ha scarsa diffusione nella pratica. Ha in comune con la società in accomandita semplice (**52**.6) la presenza di *due categorie di soci:* gli **accomandanti**, che hanno *responsabilità limitata* (in quanto rispondono solo verso la società per l'esecuzione dei conferimenti promessi); e gli **accomandatari**, che invece *rispondono illimitatamente* e solidalmente per le obbligazioni della società (art. 2452).

Con la società per azioni ha in comune il fatto che «le *quote di partecipazione* dei soci sono rappresentate da **azioni**». La sua organizzazione e il suo funzionamento sono disciplinati sostanzialmente secondo il *modello della società per azioni*, salve le particolarità di disciplina che si legano alla presenza di una categoria di soci illimitatamente responsabili per i debiti sociali.

Alcune riguardano l'**atto costitutivo**: esso deve *indicare i soci accomandatari* (art. 2455), e la *denominazione* della società contiene il nome di almeno uno di questi (art. 2453), per segnalare ai terzi quali sono i soci sulla cui illimitata responsabilità possono contare; inoltre le *modificazioni dell'atto costitutivo* devono essere approvate non solo con le maggioranze richieste per l'assemblea straordinaria; ma con il voto favorevole di *tutti i soci accomandatari* (art. 2460), per il maggior peso che questi hanno nella vita della società.

Altre particolarità riguardano gli **amministratori**: ☞ c'è un legame indissolubile fra qualità di socio accomandatario e qualità di amministratore della società: nel doppio senso che *solo gli accomandatari* possono essere amministratori, e che *tutti gli accomandatari* devono essere amministratori (art. 2455, c. 2); ☞ gli amministratori possono essere *revocati* dall'assemblea, ma solo con la *maggioranza* prescritta per le deliberazioni dell'*assemblea straordinaria*; ☞ l'amministratore che cessa dalla carica diventa in sostanza accomandante, perché non risponde per le obbligazioni sociali sorte dopo che la cessazione è stata iscritta nel registro delle imprese (art. 2461, c. 2); egli deve essere sostituito con un *nuovo amministratore*, che a sua volta diventa *socio accomandatario* (art. 2457); ☞ se *tutti gli amministratori cessano* dal loro ufficio, la società non può funzionare: perciò si scioglie, a meno che entro sei mesi non si provveda alla loro sostituzione (art. 2458).

3. La società a responsabilità limitata

Il tipo della società a responsabilità limitata è molto più diffuso. Come società di capitali, ha personalità giuridica (autonomia patrimoniale perfetta), e quindi offre ai soci il beneficio della *limitazione di responsabilità*: «per le obbligazioni sociali risponde soltanto la società con il suo patrimonio» (art. 2462, c. 1), salva l'ipotesi particolare dell'art. 2462, c. 2.

Organizzazione e funzionamento ricalcano il modello della società per azioni. Segnaliamo i principali punti, in cui la disciplina della società a responsabilità limitata se ne distacca.

Alcuni riguardano il **capitale sociale** e le **quote** di esso: ☞ il limite minimo del capitale sociale è molto più basso rispetto alla società per azioni: bastano *10.000 euro* (art. 2463, c. 2, n. 4); ☞ le *partecipazioni* dei soci non possono essere rappresentate da azioni; l'entità che rappresenta i connessi diritti sociali si chiama generalmente «*quota*» (art. 2468); ☞ le *quote* sono *trasferibili*, salvo che l'atto costitutivo lo escluda (art. 2469, c. 1), il che accade quando i soci vogliono mantenere la società come gruppo chiuso, impedendo l'ingresso di estranei; ☞ la società non può emettere *obbligazioni*, ma solo «*titoli di debito*» che possono essere sottoscritti esclusivamente da qualificati investitori professionali (banche, fondi comuni): art. 2483. Tutti questi elementi (capitale minimo molto basso, impossibilità di finanziarsi mediante ricorso al mercato obbligazionario, circolazione meno facile delle quote) segnalano che questo tipo sociale è adatto per *imprese medio-piccole.*

Altri aspetti riguardano il funzionamento degli **organi sociali**: ☞ le materie riservate alle decisioni dei soci non sempre sono prese con *deliberazioni di assemblea:* lo sono solo le modifiche dell'atto costitutivo e le operazioni straordinarie; per le altre materie, l'atto costitutivo può prevedere che le decisioni siano prese dai soci senza riunirsi in assemblea, con semplici *manifestazioni di volontà redatte per iscritto* (art. 2479); ☞ gli *amministratori*, come regola, devono essere scelti fra i *soci*; possono essere *non soci* solo se l'atto costitutivo lo prevede (art. 2475); ☞ l'*azione sociale di responsabilità* contro gli amministratori qui può essere esercitata da *ciascun socio* (art. 2476, c. 3); ☞ il *collegio sindacale* è di regola *facoltativo*; risulta *obbligatorio* se la società presenta certe condizioni finanziarie, economiche, organizzative (art. 2477); ☞ quando manca il collegio sindacale, il *controllo* sull'amministrazione è esercitato dai soci: ciascuno di questi può ottenere dagli amministratori informazioni sugli affari sociali, e consultare i libri sociali (art. 2476, c. 2).

Il **trasferimento delle quote** è normalmente libero; ma l'atto costitutivo può *escluderlo o limitarlo.* In tal caso, il socio che vorrebbe trasferire le sue partecipazioni ma non può, ha diritto di *recesso* (art. 2469). L'atto di trasferimento richiede la forma della *scrittura privata autenticata*, e la pubblicità consistente nell'*iscrizione nel registro delle imprese*. Questo basta a rendere efficace il trasferimento, sia *fra le parti* sia anche *nei confronti della società* (art. 2470): per quest'ultimo fine non occorre più l'iscrizione nel libro soci (abolito nel 2009).

La quota può formare oggetto di trasferimento non solo volontario, ma anche coattivo: come qualunque altro bene del debitore, può essere sottoposta a *espropriazione forzata* dai creditori del socio (art. 2471).

Quello appena descritto è il tipo di s.r.l. ordinaria. L'art. 2463-*bis* (introdotto con la l. 27/2012) prevede la **s.r.l. semplificata**, con *capitale inferiore a 10.000 euro*, pensata soprattutto per i giovani alle prime esperienze imprenditoriali.

4. La società unipersonale

La società per azioni e la società a responsabilità limitata possono costituirsi (oltre che – come è normale – con un contratto fra due o più soci) anche con un *atto unilaterale* (**28**.5): e quindi nascere con un *unico socio* (società unipersonale). Ammessa per la prima volta nel 1993 limitatamente alla società a responsabilità limitata, nel 2003 questa possibilità è stata estesa alla società per azioni.

A tutela dei terzi che trattano con la società unipersonale, questa è tuttavia sottoposta ad alcune regole speciali (art. 2325, c. 2; 2362): ☞ le *generalità dell'unico socio* vanno sempre *pubblicizzate* nel registro delle imprese; ☞ i *contratti fra la società e l'unico socio* sono opponibili ai creditori della società solo se ricorrono particolari condizioni di certezza; ☞ nel verificarsi di certi presupposti, l'unico socio *perde il beneficio della responsabilità limitata*, e risponde personalmente dei debiti sociali.

5. Società controllate e collegate: i gruppi di società

Una particolare situazione in cui una società può trovarsi, è appartenere a un **gruppo** di società. L'essenza del fenomeno (che riguarda prevalentemente le società di capitali) sta in questo: *diverse società, giuridicamente distinte, sono in realtà fortemente collegate fra loro dal punto di vista economico-finanziario.* La situazione tipica è quella in cui la società H (*capogruppo*) è il socio dominante delle società A, B e C. Se H non produce essa stessa direttamente beni o servizi, ma si limita a gestire le sue partecipazioni dominanti in A, B e C, essa si definisce *holding*, mentre queste ultime sono le *società operative*. Diverse società possono dirsi appartenenti a un gruppo, in quanto siano legate fra loro da rapporti di controllo (*società controllate*) o di collegamento (*società collegate*): nozioni che stanno alla base della disciplina dei gruppi.

Il **controllo** di una società su un'altra può essere di due tipi:

☞ il controllo **interno** si basa sul fatto che *la controllante possiede azioni della controllata* (per questo si dice anche *controllo azionario*), e può presentarsi in diverse forme: ✦ può essere controllo *di diritto*, quando la controllante dispone della maggioranza dei voti esercitabili nell'assemblea ordinaria (art. 2359, c. 1, n. 1); oppure *di fatto*, quando la controllante, pur senza avere tale maggioranza, dispone di voti sufficienti per esercitare un'influenza dominante nell'assemblea ordinaria (art. 2359, c. 1, n. 2); ✦ può essere controllo *diretto*, quando la controllante è essa stessa titolare delle azioni della controllata; oppure controllo *indiretto*, quando la controllante lo esercita tramite un soggetto interposto (ad es. una società fiduciaria) o un'altra società controllata (art. 2359, c. 2): se ad es. la società X controlla la società A, la quale ha la maggioranza delle azioni della società B, si può dire che X controlla indirettamente anche B (è il fenomeno delle c.d. *scatole cinesi*);

☞ il controllo **esterno** (detto anche *contrattuale*) si ha quando la controllante esercita sulla controllata un'*influenza dominante, determinata dai particolari vincoli contrattuali* esistenti fra loro (art. 2359, c. 1, n. 3): ad es., A può risultare controllata da B, se la sua attività esclusiva è svolgere funzioni di agente per conto di B.

Il **collegamento** ricorre quando una società, pur senza essere propriamente controllata da un'altra, è soggetta all'*influenza notevole* di questa: tale influenza si presume in base alla disponibilità di almeno il 20% dei voti (il 10% se la società è quotata) nell'assemblea ordinaria (art. 2359, c. 3).

La **disciplina dei gruppi** è composta da un complesso di regole che riguardano vari aspetti del funzionamento delle società che vi appartengono. Esse partono dal presupposto che il legame economico che esiste fra le società del gruppo deve essere evidenziato agli occhi del pubblico, e avere le opportune conseguenze giuridiche. Ad es.: nella nota integrativa del *bilancio* devono indicarsi le partecipazioni in società controllate o collegate (art. 2427, n. 5), e per i gruppi di maggiori dimensioni è obbligatoria la redazione del *bilancio consolidato*, che rappresenti in modo organico la situazione complessiva dell'intero gruppo (art. 25 e segg. d.lgs. 127/1991); a tutela dell'integrità del capitale, ci sono *limiti alle partecipazioni azionarie* che la controllata può avere nella controllante (**53**.8); ma soprattutto è disciplinata l'attività di **direzione e coordinamento** svolta dalla capogruppo sulle altre società del gruppo, soprattutto per *tutelare i soci delle società controllate* contro il rischio di abusi da parte della controllante; in particolare è prevista la *responsabilità della capogruppo che abusa del potere di direzione*, verso i soci della controllata eterodiretta (art. 2497 e segg.).

Altri aspetti del trattamento giuridico dei gruppi riguardano: la disciplina antitrust (**58**.6); le opa (**59**.20); le procedure di regolazione della crisi e dell'insolvenza (**61**.13).

6. Le società di diritto speciale

Ci sono società per le quali la legge prevede una *disciplina speciale, che si distacca dal normale regime societario.* Le ragioni possono essere diverse.

Prima di tutto, questo può accadere in ragione dell'**oggetto sociale**, cioè del genere di attività economica svolta. Si verifica, in particolare, quando è in gioco un'*attività economica molto impegnativa, che coinvolge gli interessi di un vasto pubblico*: si pensi alle società che esercitano attività editoriale e radiotelevisiva, oppure attività assicurativa, bancaria o finanziaria (**59**). La specialità della disciplina di queste società si manifesta sotto vari aspetti: per lo più devono avere *oggetto sociale esclusivo* (cioè possono esercitare solo quella certa attività, e nessun'altra); devono avere un *capitale minimo* molto più elevato di quello normalmente richiesto; i componenti dei loro organi amministrativi e di controllo devono presentare *requisiti di competenza e onorabilità* molto più rigorosi di quelli normalmente richiesti ad amministratori e sindaci di società; ecc. Talora le differenze sono ancora più profonde: ad es., quelle particolari società per azioni che sono le *sicav* si caratterizzano per la variabilità del capitale (**59**.15).

Società di diritto speciale sono anche le *società sportive* (ad es. le società calcistiche), regolate dalla l. 91/1981: sono società per azioni, con la peculiarità di non avere scopo di lucro; e poi le *società benefit*, che perseguono anche finalità «sociali» (**51**.4).

Oltre che società speciali in relazione all'attività esercitata, la legge ne prevede altre, in cui la «specialità» si lega alla natura dei **soci**. Vengono in gioco soprattutto le **società a partecipazione pubblica**, che hanno la caratteristica di avere fra i soci lo Stato o un altro ente pubblico (ad es. enti territoriali come i Comuni, spesso azionisti di società che gestiscono servizi quali acqua, gas, energia).

Come si è visto parlando delle imprese pubbliche (**50**.13), una società a partecipazione pubblica (anche prevalente) non cessa di essere una *persona giuridica privata*, soggetta alla disciplina generale delle società. Sulla disciplina generale si innestano peraltro alcune regole particolari dettate dall'art. 2449, che variano a seconda che la società a partecipazione pubblica sia di tipo «chiuso» oppure «aperto» (**53**.10): ☞ se si tratta di **società chiusa** (che «non fa ricorso al mercato del capitale di rischio») lo statuto può conferire allo Stato o agli enti pubblici azionisti la *facoltà di nominare uno o più amministratori o sindaci*, ovvero componenti del consiglio di sorveglianza; e gli amministratori e sindaci così nominati possono essere revocati solo dagli enti che hanno fatto la nomina (in questo modo, poteri che normalmente spettano all'assemblea vengono eccezionalmente attribuiti a un singolo azionista; ☞ se si tratta di **società aperta** (che fa «ricorso al capitale di rischio»), lo statuto può prevedere a favore dell'ente pubblico diritti amministrativi particolari (ad es. diritto di veto su determinate operazioni), che possono essere rappresentati da una particolare categoria di azioni: c.d. «golden share».

Esistono anche (ma il fenomeno è più raro) **società di diritto singolare**. Qui la legge non si limita a riservare regole speciali a tutte le società che appartengono a una determinata categoria (tutte le società bancarie, assicurative, a partecipazione pubblica, ecc.); bensì disciplina con norme particolari *una singola, individuata società, in ragione del suo oggetto sociale* che si presenta come «unico»: è il caso della Rai, società per azioni che esercita il servizio radiotelevisivo pubblico.

7. Lo scopo mutualistico

I tipi di società illustrati fin qui hanno come elemento essenziale lo scopo di lucro: sono le *società lucrative*. Esiste un'altra categoria di società, che hanno uno scopo diverso dal lucro – lo scopo mutualistico – e si dicono perciò società non lucrative, o *società mutualistiche* (art. 2511). Le società mutualistiche sono di due tipi: *società cooperative* (le più diffuse) e *mutue assicuratrici*.

Che cosa significhi scopo mutualistico, si ricava analizzando la funzione delle società cooperative, e le ragioni che spingono i soci a costituirle o ad aderirvi. Soci di una cooperativa sono ad es. *consumatori o utenti di determinati beni o servizi*: la società li produce o li acquista, e li fornisce ai soci a un prezzo inferiore al loro prezzo corrente di mercato, perché non gravato della quota di profitto che, nei normali rapporti di mercato, va all'intermediario. È il caso delle *cooperative di consumo*, che acquistano all'ingrosso generi alimentari e li rivendono al dettaglio ai soci; o delle *cooperative di abitazione*, che promuovono la costruzione di case le quali vengono poi assegnate ai soci. La cooperativa può essere anche costituita fra *produttori o lavoratori* che forniscono i loro prodotti o la loro attività alla cooperativa stessa, ricavandone condizioni migliori di quelle che ricaverebbero dal mercato: è il caso delle *cooperative agricole*, in cui più coltivatori si associano per trasformare e vendere al pubblico i loro prodotti (cantine sociali, stalle sociali); delle *cooperative di produzione e lavoro*, i cui soci prestano attività lavorativa per la società a condizioni retributive migliori di quelle normalmente praticate sul mercato del lavoro. In passato anche l'attività bancaria poteva essere esercitata in forma cooperativa, con le c.d. «banche popolari»: ma adesso non più, perché la l. 33/2015 impone che si trasformino in s.p.a.

Lo **scopo mutualistico** consiste appunto nella *possibilità di ottenere, nello specifico campo in cui opera la cooperativa, condizioni migliori rispetto a quelle di mercato*. Per utilizzare in concreto questa possibilità, e così realizzare effettivamente lo scopo mutualistico, essere soci della cooperativa è condizione necessaria ma non sufficiente. Occorre, in più, la *stipulazione dei relativi contratti*: rispettivamente di compravendita (dei beni di consumo, della casa) e di lavoro subordinato, per riferirsi agli esempi appena fatti.

Nell'ambito delle società cooperative, la legge enuclea la categoria delle **cooperative a mutualità prevalente**, in cui lo scopo mutualistico è particolarmente marcato; e fissa i criteri per identificarle (art. 2512-2513). Quando una cooperativa presenta i requisiti della mutualità prevalente, deve contenere nel proprio statuto previsioni coerenti con tale natura: in particolare, il divieto di distribuire *dividendi* in misura superiore a una certa soglia; e l'obbligo di devolvere il *patrimonio sociale*, in caso di scioglimento della società, ai fondi mutualistici per la promozione e lo sviluppo della cooperazione (art. 2514). Solo con il possesso di questi requisiti, la cooperativa è ammessa a godere dei benefici di legge a favore della cooperazione (**54**.10).

8. Le società cooperative

Le società cooperative sono disciplinate dal *codice civile* e da *leggi speciali*, di cui la più importante è il d.lgs. 1577/1947, successivamente innovato più volte. Esistono poi *particolari normative* per determinate *categorie di cooperative* (agricole, di abitazione, ecc.).

Il modello di società cooperativa delineato dal codice ricalca in buona misura gli schemi delle *società di capitali*: in particolare, vale il principio che «per le obbligazioni sociali *risponde soltanto la società* con il suo patrimonio» (art. 2518). Se ne distacca per alcune regole, che derivano dalla peculiare natura di un tipo di società in cui la realizzazione del profitto e la sua distribuzione fra i soci o sono esclusi, o comunque non sono gli scopi prevalenti. Abbiamo così particolari regole:

☞ sui **soci**: ✦ c'è un *numero minimo di soci*, necessario per costituire una cooperativa: di regola ne occorrono *almeno nove*. Se in seguito i soci si riducono a un numero inferiore (per morti, recessi, esclusioni, ecc.), occorre far entrare nuovi soci fino a raggiungere il numero minimo entro un anno: se no, la società si scioglie (art. 2522); ✦ c'è un *limite massimo alla partecipazione di ciascun socio* al capitale sociale: di regola nessun socio può avere una partecipazione superiore a 100.000 euro (art. 2525); ✦ l'atto costitutivo fissa i *requisiti per l'ammissione dei nuovi soci*, su cui decidono gli amministratori, «secondo criteri non discriminatori coerenti con lo scopo mutualistico e l'attività economica svolta» (art. 2527). Se gli amministratori respingono la domanda di ammissione, l'aspirante socio può chiedere che si pronunci l'assemblea (art. 2528); ✦ ai soci ordinari (che la legge chiama *soci cooperatori*) può affiancarsi un'altra particolare categoria di soci, con la funzione di ampliare le possibilità di finanziamento della società: i *soci finanziatori*. Sono quelli che sottoscrivono gli *strumenti finanziari* emessi dalla società (ove previsto dall'atto costitutivo): art. 2526. I loro diritti sociali sono definiti dall'atto costitutivo, che in particolare può prevedere: una *posizione privilegiata* nella ripartizione degli *utili* e nel *rimborso del capitale*; e per contro la *limitazione o esclusione del diritto di voto* (in quest'ultimo caso – come gli obbligazionisti (**53**.16) – si organizzano in un'*assemblea speciale*, e nominano un *rappresentante comune* che tutela i loro interessi nei rapporti con la società: art. 2541);

☞ sul **capitale**, che ha la caratteristica di essere **variabile**. Diversamente dalle società lucrative, dove il capitale sociale è predeterminato in una cifra fissa, nelle cooperative è soggetto a continue oscillazioni: diminuisce con l'uscita di vecchi soci, aumenta con l'ingresso di soci nuovi; e tali variazioni non costituiscono modificazioni dell'atto costitutivo (art. 2524). Si attua in questo modo il c.d. *principio della porta aperta*: mentre nelle società lucrative un nuovo socio può entrare nella società solo sottoscrivendo nuove azioni derivanti da un aumento di capitale, oppure acquistando le azioni di un vecchio socio che le cede, nelle società cooperative nuovi soci possono aggiungersi ai vecchi senza alcun limite;

☞ sulle **deliberazioni sociali**, per cui vale il principio «*una testa un voto*»:

a differenza che nelle società lucrative, il voto di ciascun socio in assemblea vale quanto quello di ogni altro socio, *indipendentemente dalla quota di capitale* posseduta (art. 2538, c. 2). Si realizza così un *tendenziale superamento del principio capitalistico*, che domina nelle società lucrative: nelle cooperative i soci contano per la loro identità e attività personale, non per il capitale posseduto;

☞ sugli **amministratori**, che devono essere *in maggioranza soci*: art. 2542, c. 2;

☞ infine sugli **utili**: l'atto costitutivo deve indicare la *percentuale massima degli utili* ripartibili fra i soci (art. 2518, n. 9); inoltre gli utili devono essere *destinati, in parte, a determinate finalità* (art. 2536).

Lo **scioglimento della società** cooperativa si determina per le stesse cause relative alla *società per azioni* (art. 2545-*duodecies*). Inoltre può essere disposto con atto dell'*autorità di vigilanza*, per impossibilità o irregolarità di funzionamento (art. 2545-*septiesdecies*).

Lo **scioglimento del singolo rapporto sociale** può aversi: ☞ per *recesso* o per *esclusione*, possibili per ragioni previste dalla legge e per quelle eventualmente aggiunte dallo statuto (art. 2532-2533); ☞ per *morte*, salvo che lo statuto preveda la possibilità di subingresso degli eredi (art. 2534). Sciolto il rapporto sociale, sorge per il socio (o gli eredi) il diritto alla *quota di liquidazione* (art. 2535).

L'art. 21 l. 266/1997 ha introdotto la figura della *piccola società cooperativa*: può avere per soci solo persone fisiche (da 3 a 9); l'amministrazione può essere attribuita all'assemblea.

9. Le mutue assicuratrici

Nelle mutue assicuratrici, lo scopo mutualistico è *fornire ai soci le prestazioni tipiche del contratto di assicurazione contro i danni* (**59**.4). La qualità di *socio* e la qualità di *assicurato* fanno tutt'uno: «non si può acquistare la qualità di socio se non assicurandosi presso la società, e si perde la qualità di socio con l'estinguersi dell'assicurazione» (art. 2546, c. 3).

Di solito i soci-assicurati sono esposti a un medesimo tipo di rischi (ad es. eventi atmosferici dannosi per le colture, malattie del bestiame), e se ne coprono reciprocamente costituendo la mutua assicuratrice.

I soci sono tenuti a pagare i *contributi* fissati dall'atto costitutivo. Questi formano il patrimonio sociale, che garantisce le obbligazioni della società (art. 2546, c. 1-2).

Alle mutue assicuratrici si applicano le regole sulle *cooperative* (art. 2547). E in più la disciplina speciale dell'attività assicurativa (**59**.2).

10. Il regime speciale delle società mutualistiche: agevolazioni e controlli

La *costituzione* riconosce che la «cooperazione a carattere di mutualità e senza fini di speculazione privata» svolge un'importante *funzione sociale* (art. 45 cost.). Le stesse origini storiche del fenomeno cooperativo sono molto significative dal punto di vista sociale: esso rappresenta una delle prime forme di organizzazione autonoma delle classi lavoratrici. Oggi le cooperative raccolgono milioni di soci e, soprattutto in alcune regioni del centro-nord, costituiscono una realtà economica molto importante.

Per il loro carattere di massa, danno vita a quello che può definirsi un vero e proprio *movimento cooperativo*, articolato in diverse associazioni nazionali di rappresentanza, assistenza e tutela delle singole cooperative, (c.d. centrali cooperative: «Lega delle cooperative», «Confederazione delle cooperative», ecc.). La legge riconosce il ruolo delle centrali cooperative: infatti attribuisce ad esse la possibilità di costituire *fondi mutualistici per la promozione e lo sviluppo della cooperazione*, con il compito di dare sostegno e impulso a imprese cooperative (finanziamento di nuove iniziative, programmi di innovazione tecnologica, corsi di formazione professionale, studi e ricerche): a questi fondi le cooperative devono destinare una parte degli utili annuali; ad essi si devolve il patrimonio residuo delle cooperative in liquidazione. Spesso le cooperative di uno stesso settore e della medesima area geografica si riuniscono in *consorzi* (**51**.15): questi hanno veste essi stessi di società cooperativa, i cui soci sono dunque società cooperative (c.d. *cooperative di secondo grado*).

In vista della funzione sociale del fenomeno cooperativo – prosegue l'art. 45 C. – «la legge ne promuove e favorisce l'incremento con i mezzi più idonei e ne assicura, con gli opportuni controlli, il carattere e le finalità». Lo strumento principale con cui la legge favorisce il fenomeno cooperativo è costituito da **agevolazioni** di vario genere (creditizie, fiscali, ecc.). Le agevolazioni sono condizionate al *carattere prevalentemente mutualistico*, e non lucrativo, della cooperativa che le chiede (**54**.7). Le cooperative in possesso dei requisiti di mutualità prevalente si iscrivono in apposito *albo*, presso il quale depositano ogni anno i propri bilanci (art. 2512, c. 2).

Per garantire l'effettivo perseguimento degli scopi mutualistici, ed evitare elusioni o abusi, le società cooperative sono sottoposte a un sistema di **controlli amministrativi**, che fa capo al Ministero del lavoro. In caso d'irregolare funzionamento di una cooperativa, l'autorità governativa può anche revocare amministratori e sindaci, e sostituirli con un commissario governativo; nei casi più gravi, può addirittura sciogliere la società (art. 2545-*sexiesdecies*-2545-*septiesdecies*).

XI
ORGANIZZAZIONE DELL'IMPRESA E REGOLAZIONE DEL MERCATO

55
IL LAVORO

1. Il lavoro nel codice e nella costituzione

Nel codice civile, il lavoro è strettamente connesso con l'impresa. Il quinto libro, dedicato in massima parte alla disciplina dell'impresa e delle società, s'intitola «Del lavoro»; e contiene norme sul rapporto di lavoro (art. 2096-2134) collocate subito dopo le norme sull'impresa (art. 2082-2095), all'interno di un titolo II che s'intitola «Del lavoro nell'impresa».

Ma del lavoro si occupa anche la costituzione (anzi: il lavoro è, insieme con proprietà, impresa e famiglia, l'area del diritto privato cui la costituzione dedica maggiore attenzione). E lo fa in una prospettiva diversa da quella del codice: collegando il lavoro non tanto con l'impresa in cui e per cui è svolto, quanto piuttosto alla persona del lavoratore. Al lavoro la costituzione attribuisce un valore centrale, come risulta già dalle norme di apertura: art. 1, c. 1; 3, c. 2; 4 C. Quest'ultimo afferma il *diritto al lavoro*: ed è significativo che lo si trovi *fra i «principi fondamentali»* (a differenza dei diritti di proprietà e d'iniziativa economica, dei quali si parla nell'ambito dei «rapporti economici»). Altre norme, che individuano più specifici diritti dei lavoratori, sia verso i datori di lavoro sia verso lo Stato, sono contenute negli art. 35-40 C.

L'attuazione dei principi costituzionali in materia di lavoro si realizza attraverso una complessa disciplina risultante da un gran numero di norme, che nel loro insieme danno vita al *diritto del lavoro*. Il diritto del lavoro – benché sia tradizionalmente considerato parte del diritto privato, e benché al centro di esso ci sia il fenomeno del contratto di lavoro, disciplinato dal codice civile – tende sempre di più a rendersi autonomo o addirittura a *separarsi dal resto del diritto privato*. Ciò per varie ragioni: intanto, la fonte di gran lunga prevalente del diritto del lavoro è costituita dalla *legislazione speciale*, e le norme del codice diventano rispetto ad esso sempre più marginali; poi la logica dell'autonomia privata, che è l'essenza del diritto privato, nel diritto del lavoro ha spazi molto ridotti, per il prevalere delle *restrizioni dell'autonomia privata* e della libertà contrattuale a *protezione del lavoratore*, parte debole del rapporto (**32**.12-13); infine, nel diritto del lavoro sono dominanti il ruolo e l'attività di *organizzazioni pubbliche*, ed è continuo l'intreccio fra discipline e strumenti privatistici e *discipline e strumenti pubblicistici*.

La conseguenza è, come si diceva, una marcata indipendenza del diritto del lavoro rispetto al resto del diritto privato, e il suo porsi come autonoma materia di studio e di insegnamento. Per questo ci limitiamo qui agli aspetti essenziali.

2. Lavoro subordinato e autonomo; lavoro privato e pubblico

Il particolare regime giuridico del lavoro, frutto della specificità appena segnalata, riguarda essenzialmente il lavoro subordinato. Di qui l'importanza della definizione della figura del lavoratore subordinato, e dei criteri che la distinguono da altre figure di lavoratori, i quali pure svolgono attività a favore di altri soggetti (il medico che cura il paziente, il sarto che confeziona l'abito per il cliente, l'agente che promuove contratti per l'impresa preponente, ecc.). Si tratta, in sostanza, di individuare i *criteri distintivi* fra lavoro subordinato e lavoro autonomo (**40**.5-6).

Nella definizione del codice, è prestatore di lavoro subordinato «chi si obbliga mediante retribuzione a collaborare nell'impresa del datore di lavoro, prestando il proprio lavoro intellettuale o manuale alle dipendenze e sotto la direzione dell'imprenditore» (art. 2094). Se ne ricava che il criterio chiave è la **subordinazione del lavoratore al potere direttivo e organizzativo del datore di lavoro**. Conviene però precisare che il criterio non va inteso nel senso di una *subordinazione tecnica*: spesso il lavoratore non riceve direttive né è sottoposto a controlli di carattere tecnico circa le modalità di esecuzione della prestazione lavorativa (il chirurgo, ad es., opera secondo la sua scienza, e la direzione dell'ente sanitario di cui è dipendente non penserebbe mai di impartirgli istruzioni sulle tecniche chirurgiche da seguire); per contro, è possibile che il prestatore di lavoro autonomo riceva direttive dettagliate dal committente (il sarto resta lavoratore autonomo anche quando il cliente gli indica minutamente, e in ogni particolare, il tipo di abito che desidera). La subordinazione che qualifica il lavoratore dipendente è una *subordinazione organizzativa*, che si collega all'**inserimento del lavoratore nell'organizzazione aziendale del datore di lavoro**. Ecco perché il sarto non è lavoratore subordinato: la sua attività non si inserisce nell'organizzazione del cliente, ma si basa su una sua autonoma, seppur ridotta, organizzazione. Questo si riflette sulla *sopportazione del relativo rischio economico*: il lavoratore autonomo corre il rischio della propria attività e organizzazione; il lavoratore subordinato, operando all'interno di un'organizzazione altrui, non ne corre i rischi.

Ci sono tuttavia *situazioni di confine*. Casi in cui il lavoro si presenta formalmente come lavoro autonomo, ma ha una sostanza molto vicina al lavoro subordinato: si pensi all'agenzia, dove i margini di autonomia dell'agente sono ridottissimi, e di fatto egli «dipende» dal preponente; si pensi a chi lavora per un committente, sulla base di un contratto d'opera, intellettuale o non (**40**.5-6). Per situazioni del genere, ai confini fra autonomia e subordinazione, si parla di **lavoro parasubordinato**. La l. 81/2017 (c.d. "*Jobs act degli autonomi*") prevede a favore dei prestatori d'opera che non siano imprese – considerati parte debole nel rapporto col committente – una serie di tutele, ricalcate un po' sulla posizione del lavoratore subordinato e un po' su quella del consumatore (**60**.6).

Nel nostro ordinamento è poi tradizionale la distinzione fra **lavoro privato**, in cui il datore di lavoro è un *soggetto privato*, e **lavoro pubblico**, svolto alle dipendenze di una *pubblica amministrazione*. In passato, le due situazioni avevano trattamenti giuridici molto diversi. Ma a partire dall'ultimo decennio del XX secolo le differenze si sono notevolmente attenuate: nell'ambito delle politiche di *privatizzazione* attuate in quella fase, la disciplina giuridica del lavoro pubblico si è avvicinata sempre più a quella del lavoro privato.

3. I sindacati, e i diritti sindacali

L'associazione sindacale è il fondamentale modo di organizzazione dei lavoratori subordinati. In materia, la costituzione afferma principi di libertà e di pluralismo (art. 39 C.).

Il principio di **libertà sindacale** significa: ☞ dal punto di vista del *singolo lavoratore*, libertà di iscriversi al sindacato che preferisce, e anche di non iscriversi a nessun sindacato; ☞ dal punto di vista delle *organizzazioni sindacali*, libertà di nascere e operare senza preclusioni, ingerenze e condizionamenti del potere pubblico. La libertà di creare organizzazioni sindacali, porta con sé un principio di **pluralismo**: possono coesistere – come di fatto accade – più organizzazioni sindacali, diverse fra loro per orientamento politico-ideale.

È coerente con il principio di libertà sindacale che i sindacati si configurino, nel nostro sistema, come *associazioni private* (profondamente diversa era la situazione sotto il regime fascista, in cui non esisteva libertà sindacale: c'era un solo sindacato, e l'adesione ad esso era, per i lavoratori, non volontaria ma sostanzialmente obbligatoria; inoltre la sua natura era quella di un soggetto pubblico, quasi organo dello Stato totalitario). L'art. 39 C. prevede anche che i sindacati acquistino *personalità giuridica*, mediante *registrazione* presso uffici pubblici, secondo norme che dovrebbero essere stabilite per legge, e previo controllo che i loro statuti «sanciscano un ordinamento interno a base democratica». Ma per varie ragioni legate alle vicende politiche e sociali del dopoguerra, la legge ordinaria indispensabile per attuare tale sistema non è stata emanata. Perciò *il sistema previsto dalla costituzione non opera:* i sindacati non hanno personalità giuridica, ma sono semplici *associazioni non riconosciute* (**12**.12).

Così come esistono i sindacati dei lavoratori, esistono anche *organizzazioni sindacali* della categoria economico-sociale contrapposta, cioè dei *datori di lavoro* (Confindustria è il sindacato degli imprenditori industriali, Confcommercio degli imprenditori del commercio, ecc.).

Il primo significativo riconoscimento legislativo delle libertà e dei diritti sindacali si ha con la l. 300/1970 (c.d. *statuto dei lavoratori*).

Esso tutela i **diritti sindacali del singolo lavoratore**, in particolare stabilendo: ☞ la libertà di *manifestare opinioni* sindacali all'interno dei luoghi di lavoro (art. 1 s.l.); il diritto di *costituire associazioni* sindacali, di aderirvi e di svolgere attività sindacale (art. 14 s.l.); il diritto di svolgere opera di *proselitismo* sindacale (art. 26 s.l.); ☞ a carico del datore di lavoro, il *divieto di indagini* sulle opinioni sindacali del lavoratore (art. 8 s.l.), e il *divieto di discriminazioni* a danno di lavoratori in nome delle loro scelte sindacali (art. 15-16 s.l.).

Altre norme tutelano i **diritti dell'organizzazione sindacale**: ☞ i sindacati più rappresentativi possono costituire all'interno delle singole imprese «*rappresentanze sindacali aziendali*» (rsa), a cui si garantisce la libertà e la possibilità di svolgere attività sindacali in ambito aziendale (art. 19-21, 25-27 s.l.); ☞ sono previste agevolazioni e garanzie per consentire ai *dirigenti sindacali* di svolgere efficacemente le loro funzioni: il diritto a *permessi*, che consentano loro di assentarsi dal lavoro per l'espletamento del mandato (art. 23 s.l.); e una più forte *tutela contro licenziamenti e trasferimenti* ritorsivi (art. 22 s.l.); ☞ al datore di lavoro è vietato costituire o sostenere i c.d. *sindacati gialli*, subordinati agli interessi dell'imprenditore (art. 17 s.l.).

Oltre che affermare diritti, lo statuto dei lavoratori offre **rimedi** per garantirne l'effettiva attuazione. Un rimedio di carattere generale è dato per tutti i casi in cui il datore di lavoro tiene una **condotta antisindacale**, diretta a *impedire o limitare l'esercizio della libertà e dell'attività sindacale nonché il diritto di sciopero*: i sindacati possono ricorrere al tribunale, il quale, se ritiene fondata la denuncia, ordina al datore di lavoro l'*immediata cessazione del comportamento illegittimo* e la *rimozione degli effetti* (art. 28 s.l.).

4. Il contratto collettivo di lavoro

Uno degli obiettivi principali, per cui i lavoratori si organizzano in sindacato, è la stipulazione di contratti collettivi di lavoro. I contratti collettivi sono gli *accordi fra il sindacato dei lavoratori e il sindacato dei datori di lavoro (ovvero il singolo datore di lavoro), con cui si definiscono i contenuti da inserire nei contratti individuali di lavoro* fra singoli datori di lavoro e singoli lavoratori. In questo modo i lavoratori si presentano alla trattativa come un *gruppo organizzato*, e quindi con una *maggiore forza contrattuale*; così si riduce lo squilibrio che, per le diverse posizioni economiche e sociali, li penalizza in partenza rispetto ai datori di lavoro.

I contratti collettivi hanno un contenuto complesso, che si può distinguere in due parti: ☞ la **parte economica** del contratto collettivo è quella in cui vengono definiti gli aspetti relativi alla retribuzione; ☞ la **parte normativa** disciplina i diritti dei lavoratori non aventi carattere immediatamente patrimoniale, come ad es. i diritti ai permessi o alle ferie, o anche il diritto alla conservazione di determinati livelli di occupazione, o la comunicazione di determinate informazioni. Possono essere *nazionali*, se riguardano tutta una categoria di lavoratori (metalmeccanici, edili, bancari, ecc.); oppure *aziendali*, se riguardano solo i lavoratori di una determinata impresa. La contrattazione al livello aziendale (c.d. *contrattazione articolata*) serve a specificare e integrare le condizioni pattuite nel contratto nazionale di categoria: per questo si chiama anche *contrattazione integrativa.*

È antica aspirazione del movimento sindacale che i contratti collettivi abbiano efficacia non solo per i lavoratori aderenti ai sindacati stipulanti, ma per *tutti i lavoratori della categoria cui il contratto collettivo si riferisce, anche non iscritti al sindacato*, in modo da evitare differenziazioni fra lavoratori iscritti e non iscritti: c.d. **efficacia erga omnes** (che significa «verso tutti»). La costituzione punta a realizzare questa aspirazione, prevedendo uno speciale meccanismo finalizzato a tale risultato (art. 39, c. 4, C.): ma il meccanismo non è mai stato reso operativo. I contratti collettivi seguono quindi le *ordinarie regole sui contratti* (e per questo si dicono *contratti collettivi di diritto comune*): in base ad esse, dovrebbero avere efficacia non erga omnes, ma solo nei confronti dei lavoratori iscritti ai sindacati stipulanti (in base a un potere di rappresentanza, tacitamente conferito all'atto dell'iscrizione).

E invece, la realtà è che i contratti collettivi finiscono per applicarsi a tutti i lavoratori del settore di riferimento, anche se non iscritti al sindacato stipulante. Per giustificare questo risultato si sono escogitate varie costruzioni giuridiche: ☞ la qualificazione del contratto collettivo come *contratto a favore di terzi* (**33**.16), in base a cui, stipulando il contratto collettivo, i datori di lavoro si impegnerebbero (come «promittenti») a praticare le condizioni in esso previste a tutti i lavoratori della categoria, inclusi quelli non iscritti al sindacato («stipulante»), «terzi» rispetto al contratto; e i lavoratori acquisterebbero, in base all'art. 1411, c. 2, il diritto a godere di quelle condizioni; oppure ☞ l'applicazione del *principio della giusta retribuzione* ex art. 36, c. 1, C. (**55**.9), in forza di che, se il contratto individuale di un lavoratore non iscritto al sindacato prevede una retribuzione inferiore ai livelli del contratto collettivo, i giudici la ritengono automaticamente priva dei requisiti costituzionali, e perciò nulla; e colmano la conseguente lacuna del contratto a norma dell'art. 2099, c. 2 («In mancanza ... di accordo delle parti, la retribuzione è determinata dal giudice»), fissando la retribuzione nella misura prevista dal contratto collettivo.

5. Lo sciopero

Lo sciopero è uno dei principali strumenti di cui le organizzazioni sindacali si servono per realizzare i loro obiettivi. Consiste nell'*astensione collettiva e concertata dal lavoro da parte dei lavoratori, i quali rifiutano di eseguire, per un periodo più o meno lungo, le prestazioni lavorative* cui sono obbligati in base al contratto individuale di lavoro.

Mentre il regime fascista (ma anche lo Stato liberale, fino al 1889) reprimeva lo sciopero come reato, la *costituzione* lo considera un *diritto dei lavoratori* (art. 40 C.). Di conseguenza esso è lecito dal punto di vista non solo penale, ma anche civile: a rigore, lo sciopero è inadempimento dell'obbligazione contrattuale del lavoratore di svolgere la prestazione lavorativa; ma il lavoratore che sciopera è giustificato dall'esercizio del diritto (**43**.8), sicché non risponde dei danni subiti dall'imprenditore, né si espone alla risoluzione del contratto; perde sì la retribuzione relativa al periodo di sciopero, ma questa è la conseguenza fisiologica del rapporto sinallagmatico fra retribuzione e lavoro prestato.

Lo speciale trattamento giuridico dello sciopero pone il problema della precisa individuazione della figura, e dunque dei suoi **limiti**: limiti al di là dei quali l'astensione dal lavoro non potrebbe più considerarsi esercizio del diritto costituzionalmente protetto. La costituzione non indica tali limiti, ma fa rinvio ai limiti stabiliti dalla legge ordinaria: legge che peraltro non è stata emanata (se non nel limitato campo dei pubblici servizi). È sorto quindi dubbio se rientrino nel concetto (e dunque nel diritto) di sciopero determinate forme di astensione collettiva dal lavoro che presentano qualche singolarità rispetto alla tradizionale idea di sciopero (c.d. **scioperi anomali**): si pensi allo *sciopero politico*, effettuato per ragioni di carattere non strettamente economico-professionale; allo *sciopero di solidarietà*, effettuato per sostenere le lotte e le rivendicazioni di altre categorie di lavoratori, diversi dagli scioperanti; allo *sciopero bianco*, che consiste nel rallentare il lavoro o nel ridurne artificiosamente il rendimento, benché i lavoratori figurino impegnati sul posto di lavoro; allo *sciopero a scacchiera* o *a singhiozzo*, che consiste nello scioperare solo in singoli reparti, o solo per brevi periodi di tempo, ma ripetutamente, in modo che un'astensione dal lavoro molto limitata (e con una piccola perdita di retribuzione) può avere conseguenze molto pesanti per l'organizzazione e il funzionamento dell'impresa. L'orientamento della giurisprudenza è che questi scioperi anomali sono leciti fino a che si limitano a pregiudicare la produzione aziendale; possono diventare (civilmente) illeciti quando pregiudicano la sopravvivenza dell'impresa.

Una parziale regolamentazione legislativa dello sciopero è stata introdotta dalla l. 146/1990, che pone limiti e vincoli allo **sciopero nei servizi pubblici essenziali** (sanità, trasporti, telecomunicazioni, istruzione, ecc.), con l'obiettivo di *tutelare il pubblico degli utenti.*

Al contrario dello sciopero, non è riconosciuta come un diritto la **serrata**, cioè la *temporanea chiusura dell'azienda da parte dell'imprenditore*, che così impedisce la prestazione di lavoro dei dipendenti (e rifiuta di retribuirli). Essa costituisce *illecito civile*, e precisamente inadempimento contrattuale (oltre che, in ipotesi, comportamento antisindacale ex art. 28 s.l.).

6. Il contratto individuale di lavoro: costituzione e durata

Il rapporto di lavoro subordinato fra lavoratore e datore di lavoro si costituisce con la conclusione del relativo contratto («*assunzione*» del lavoratore).

Circa l'individuazione dei lavoratori da assumere, la libertà di scelta del datore oggi è molto più ampia di quanto non fosse in precedenza, grazie alla *liberalizzazione del mercato del lavoro* intervenuta intorno al 2000. E tuttavia non è assoluta, perché subisce due vincoli: ☞ il sistema delle **assunzioni obbligatorie**, per cui determinati datori di lavoro (la pubblica amministrazione, e le imprese private che superino certe dimensioni) sono obbligati ad assumere una quota dei propri dipendenti fra gli appartenenti alle c.d. *categorie protette*, che difficilmente troverebbero spazio nel libero mercato del lavoro (ad es. disabili); e ☞ i **divieti di discriminazione** (sindacale, politica, religiosa, razziale, di sesso, di condizione personale) fra i lavoratori da assumere: ad es., chi diffonde un annuncio per la ricerca di un dipendente non può dire che è interessato ad assumere solo un uomo e non una donna, o una donna solo se non sposata.

L'assunzione definitiva può essere preceduta da un *periodo di prova*, caratterizzato da un particolare regime del rapporto contrattuale.

Nel rapporto di lavoro subordinato ha grande importanza la **durata**. Tradizionalmente il rapporto **a tempo indeterminato**, e cioè senza termine finale, si considerava come il modello normale e privilegiato, mentre il rapporto **a tem-**

po determinato, cioè limitato a una durata prestabilita, era ammesso solo in casi particolari, tassativamente indicati dalla legge. Combinato con i limiti alla possibilità di licenziare (**55**.10), un sistema del genere voleva garantire al lavoratore una prospettiva di vita più stabile e sicura. Agli inizi del XXI secolo questa concezione è messa in discussione, in nome della flessibilità del lavoro.

Il d.lgs. 350/2001 prevede che il rapporto di lavoro a tempo determinato sia come regola sempre ammissibile, e che solo eccezionalmente sia precluso, nei casi particolari stabiliti dalla legge. Negli anni seguenti si succedono poi diversi interventi legislativi – il d.lgs. 276/2003, che attua la l. 30/2003 (c.d. legge Biagi), poi la l. 92/2012 (c.d. legge Fornero), e da ultimo la l. 183/2014 (c.d. Jobs Act) con i relativi decreti di attuazione – che ridefiniscono la tradizionale figura del contratto di lavoro. La riforma procede secondo diverse linee.

Da un lato, si prevedono e si regolano **forme di lavoro «atipiche»** (nel senso che divergono dal tradizionale modello del rapporto a tempo indeterminato), pensate per rispondere a particolari esigenze delle imprese. Progressivamente queste forme «atipiche» vengono sfoltite e razionalizzate, per evitare che proliferino disordinatamente, e oggi il catalogo è questo: ☞ il contratto di *lavoro a tempo determinato*, sempre più liberalizzato; ☞ la *somministrazione di lavoro*, che sviluppa il meccanismo del c.d. *lavoro interinale*, già introdotto con la l. 196/1997, e funziona così: un'agenzia di somministrazione assume lavoratori non per utilizzarli per sé, bensì per metterli a disposizione di altro soggetto (utilizzatore) che gliene faccia richiesta; i lavoratori sono dipendenti del somministratore, che li paga, ma lavorano per l'utilizzatore, che a sua volta paga il somministratore; ☞ il contratto di *lavoro a tempo parziale* (c.d. part time); ☞ il contratto di *lavoro intermittente*, con cui si assumono dipendenti per esigenze occasionali e di breve durata, con possibilità di ripetere via via l'assunzione tutte le volte che si ripresenta l'esigenza; ☞ il contratto di *apprendistato* (ridisegnato dal d.lgs. 167/2011), che viene visto come fondamentale mezzo per l'ingresso dei giovani nel mondo del lavoro. Tendono invece a recedere figure come il lavoro ripartito e il lavoro a progetto, di cui l'esperienza ha mostrato limiti e inconvenienti.

Dall'altro lato, si tende a collocare le forme atipiche in uno spazio marginale, per rimettere al centro del sistema il rapporto di **lavoro a tempo indeterminato**, visto come il modello da privilegiare. Il modello viene tuttavia alquanto ridefinito rispetto alla sua configurazione passata, assumendo il nuovo nome di contratto di lavoro **a tutele crescenti**: l'elemento di novità sta in una diversa disciplina delle conseguenze del licenziamento, come si dirà fra breve (**55**.11). La nuova disciplina si applica però solo ai nuovi contratti di lavoro, stipulati dopo la sua entrata in vigore (marzo 2015). Ai contratti precedenti continuano ad applicarsi le vecchie regole.

7. La prestazione lavorativa, e il dovere di fedeltà

Il *contenuto del rapporto di lavoro* ha al centro la prestazione lavorativa che il lavoratore ha l'obbligo di eseguire, e il datore ha diritto di ricevere. Essa consiste nello svolgimento delle **mansioni** per cui il lavoratore è stato assunto, indicate nel contratto. In base alle mansioni svolte, il lavoratore è inquadrato nella **qualifica** corrispondente. Le qualifiche si individuano all'interno delle diverse *categorie di lavoratori* che la legge (art. 2095) distingue in: *dirigenti; quadri*; *impiegati; operai*. All'interno delle diverse categorie, i contratti collettivi prevedono un complesso e articolato sistema di qualifiche (ad es., operaio comune, qualificato, specializzato, ecc.). A ogni qualifica corrispondono determinate mansioni; e ovviamente una determinata retribuzione, diversa da quella prevista per le altre qualifiche.

Il datore di lavoro deve *adibire il dipendente alle mansioni per cui è stato assunto*. Può assegnargli mansioni diverse, solo se corrispondenti alla stessa qualifica o a una qualifica superiore. Se il dipendente svolge *mansioni superiori*, ha diritto al *(superiore) trattamento economico* che vi corrisponde; e se le ha svolte per almeno *tre mesi*, ha diritto a *conservare definitivamente* le mansioni superiori e la relativa qualifica (art. 2103).

Il lavoro deve essere prestato secondo un certo **orario**, variamente fissato dai contratti collettivi. Se il lavoratore accetta di lavorare al di là dell'orario contrattuale, si ha prestazione di *lavoro straordinario*, che va retribuito in misura superiore al lavoro ordinario. Una retribuzione maggiorata spetta anche per il lavoro *notturno* e per quello *festivo*.

Il lavoro deve essere intervallato da periodi di riposo: il lavoratore ha un diritto costituzionale, irrinunciabile, al **riposo settimanale** e a **ferie annuali retribuite** (art. 36, c. 3, C.): queste hanno la durata stabilita generalmente dai contratti collettivi, e devono svolgersi per un periodo possibilmente continuativo, scelto in modo da conciliare le esigenze dell'imprenditore e l'interesse del lavoratore (art. 2109).

In presenza di determinate circostanze, previste da varie leggi, può aversi una **sospensione** della prestazione lavorativa: per es. in caso di malattia o infortunio, gravidanza e puerperio, elezione a cariche pubbliche. In tutti questi casi il lavoratore ha diritto alla *conservazione del posto*; in alcuni di essi conserva pure, in tutto o in parte, la retribuzione.

L'importanza che la legge attribuisce alla prestazione lavorativa, e più di preciso al suo effettivo svolgimento da parte del lavoratore, risulta da una regola particolare. Secondo la disciplina generale, la *nullità* e l'*annullamento* di un contratto hanno *effetto retroattivo* fra le parti: con la conseguenza che le prestazioni eseguite in base a esso vanno restituite, secondo il principio della ripetizione dell'indebito (**36**.7, **46**.7-8). Applicata al contratto di lavoro, la regola implicherebbe che, in caso di invalidità del contratto, il lavoratore dovrebbe *restituire le retribuzioni* percepite. Ma è evidente che ciò sarebbe iniquo e assurdo, anche perché il datore di lavoro non potrebbe a sua volta «restituire» l'attività svolta per lui dal lavoratore. Di qui la norma dell'art. 2126, che *esclude la retroattività*: «La nullità o l'annullamento del contratto di lavoro *non produce effetto per il periodo in cui il rapporto ha avuto esecuzione*, salvo che la nullità derivi da *illiceità* dell'oggetto o della causa»; e «Se il lavoro è stato prestato con violazione di norme poste a tutela del prestatore di lavoro, questi ha *in ogni caso diritto alla retribuzione*». Ciò che conta è che il lavoratore ha, di fatto, lavorato (**prestazione di fatto del lavoro**), anche se, in diritto, il titolo in base a cui ha lavorato era giuridicamente difettoso: il difetto giuridico non può cancellare il lavoro effettivamente compiuto, e questo è trattato come se fosse stato svolto in piena regolarità giuridica.

Oltre all'obbligo principale di prestare il lavoro, il lavoratore ha alcuni *obblighi accessori*, che si riassumono nella formula del **dovere di fedeltà**. Sono due (art. 2105): ☞ l'obbligo di *non divulgare segreti aziendali* (organizzazione, prodotti, processi produttivi, rapporti con clienti e fornitori dell'impresa, ecc.), la cui conoscenza potrebbe avvantaggiare le imprese concorrenti; e ☞ l'obbligo di *non svolgere attività in concorrenza* con il datore di lavoro.

Il datore di lavoro ha il potere di infliggere al lavoratore **sanzioni disciplinari** (come ammonizione, multa, sospensione dal servizio e dalla retribuzione) quando egli viola i suoi obblighi contrattuali. Le sanzioni sono graduate in relazione alla *gravità delle infrazioni* commesse; solo per quelle di eccezionale gravità si può giungere al licenziamento. Inoltre devono essere applicate nel rispetto di determinate *procedure*, per consentire al lavoratore di difendersi (art. 7 s.l.).

8. La tutela della personalità del lavoratore

Il rapporto di lavoro subordinato coinvolge intensamente la persona del lavoratore. Di qui l'esigenza (affermata in via generale dall'art. 2087) di assicurare una forte protezione agli aspetti della sua personalità, che potrebbero ricevere lesioni dall'organizzazione del lavoro o dai comportamenti dell'imprenditore.

La prima esigenza è tutelare l'**integrità fisica** e la **salute** del lavoratore. La legge vi provvede con una complessa normativa (nel cui ambito si segnala il d.lgs. 81/2008), che impone all'imprenditore l'obbligo, sanzionato anche penalmente, di adottare nella sua azienda tutte le misure necessarie a *garantire sicurezza e salubrità dell'ambiente di lavoro*, per prevenire infortuni e malattie.

Oltre che l'integrità fisica del lavoratore, la legge ne tutela anche la **perso-**

nalità morale, nei suoi valori di libertà, dignità e riservatezza: ☞ i lavoratori hanno diritto di *manifestare liberamente, sul luogo di lavoro, il proprio pensiero* in materia politica, sindacale e religiosa (art. 1 s.l.); ☞ al datore di lavoro è *vietato svolgere indagini* sulle opinioni politiche, religiose o sindacali, e su altri fatti personali del lavoratore (art. 8 s.l.); ☞ la *vigilanza sull'attività lavorativa* è sottoposta a limiti severi (art. 2-3 s.l.), ed è in genere vietato il *controllo a distanza* dell'attività con impianti audiovisivi e simili (art. 4 s.l.); ☞ non si possono compiere *ispezioni e perquisizioni personali* sui lavoratori, se non nei limiti strettamente necessari «ai fini della tutela del patrimonio aziendale» (art. 6 s.l.); ☞ il datore di lavoro non può svolgere con medici di propria scelta *accertamenti sulle condizioni psicofisiche* del lavoratore, anche in relazione alle sue *assenze* per malattia (art. 5 s.l.), ma deve richiederli al servizio sanitario pubblico.

9. La retribuzione

Pagare la retribuzione è l'obbligazione fondamentale del datore di lavoro: e il diritto del lavoratore a una *giusta retribuzione* (che sia cioè «*proporzionata* alla quantità e qualità del suo lavoro, e in ogni caso *sufficiente* ad assicurare a sé e alla famiglia un'esistenza libera e dignitosa») ha il rango di un principio costituzionale (art. 36 C.). I livelli delle retribuzioni sono generalmente fissati – per le diverse categorie e, all'interno di esse, per le diverse qualifiche – dai *contratti collettivi*: e sappiamo che in pratica trovano applicazione erga omnes (**55**.4).

La retribuzione può essere determinata fondamentalmente in due modi: ☞ in relazione al **tempo** di lavoro: è il metodo più diffuso, e consiste nello stabilire una certa somma per ogni ora, o giorno, o settimana, o mese, o anno di lavoro; ☞ in relazione al **risultato** del lavoro, come accade tipicamente con il sistema del *cottimo*, per cui il lavoratore (c.d. cottimista) riceve, oltre a una certa retribuzione fissa, un supplemento di retribuzione proporzionato alla produzione effettivamente realizzata con il suo lavoro; il cottimo, applicato in passato soprattutto al lavoro operaio, è oggi in disuso.

Alla **retribuzione base** possono aggiungersi **somme accessorie**, erogate a vario titolo e generalmente disciplinate anch'esse dalla contrattazione collettiva: ad es. in relazione a particolari caratteristiche della prestazione lavorativa (premi di presenza e di rendimento, indennità di rischio e di disagio, ecc.).

La retribuzione è messa a rischio quando il datore di lavoro ritenga necessario, per l'economicità della sua azienda, ridurre la produzione e di conseguenza le prestazioni dei dipendenti, tagliandone l'orario di lavoro o addirittura lasciandoli temporaneamente a casa. Se ciò dipende da obiettive ragioni di *crisi del settore produttivo* in cui opera l'impresa, può aversi l'intervento della **cassa integrazione guadagni**: un organismo pubblico che si fa carico di pagare ai lavoratori parzialmente o totalmente inutilizzati una parte consistente della retribuzione che essi non ricevono dal datore di lavoro.

10. L'estinzione del rapporto di lavoro: dimissioni e licenziamenti

Il rapporto di lavoro si estingue: ☞ se a tempo determinato, per *scadenza* del termine; oppure ☞ per *morte* del lavoratore; oppure ☞ per *recesso unilaterale* di una delle parti: il recesso del lavoratore si chiama **dimissioni**; quello del datore di lavoro **licenziamento**.

La disciplina originaria del codice trattava dimissioni e licenziamento in modo formalmente uguale (art. 2118), ma così violava il principio di uguaglianza sostanziale, che vieta di trattare nello stesso modo situazioni diverse (**2**.6-7): e infatti non c'è dubbio che la *disparità di potere economico e contrattuale* fra lavoratori e datori di lavoro, e la profonda *diversità delle conseguenze esistenziali* che possono determinarsi per gli uni e per gli altri, rendono le posizioni delle parti sostanzialmente diverse. Tenerne conto significa tutelare in modo adeguato il fondamentale interesse del lavoratore alla *stabilità del posto di lavoro*; e dunque limitare le possibilità di licenziamento. Vi hanno provveduto *leggi successive al codice*, a partire dalla l. 604/1966.

La disciplina dei licenziamenti si fonda sui concetti di giusta causa e di giustificato motivo: ☞ la **giusta causa** è quell'*evento che non consente la prosecuzione, anche provvisoria, del rapporto di lavoro:* sono i casi più gravi di violazione degli obblighi del lavoratore (danneggiamento volontario dei materiali o degli impianti, rivelazione alla concorrenza di segreti aziendali, atti di violenza contro colleghi o superiori, ecc.); ☞ il **giustificato motivo** si articola in due figure: ✦ il giustificato motivo **soggettivo** è il *notevole inadempimento degli obblighi del prestatore di lavoro*; ✦ il giustificato motivo **oggettivo** consiste in *ragioni inerenti l'attività produttiva, l'organizzazione del lavoro e il funzionamento dell'azienda* (ad es. ristrutturazione dell'impresa, che renda superflua parte dei dipendenti; fallimento dell'impresa).

Ora, il licenziamento è sottoposto in generale a un **doppio limite**: ☞ un *limite sostanziale*, perché il datore di lavoro può licenziare il lavoratore solo in presenza di *giusta causa* o *giustificato motivo*; e ☞ un *limite formale*, perché il datore di lavoro deve *comunicare per iscritto* al lavoratore il licenziamento, indicandone le ragioni. Tali limiti al potere di licenziamento non operano per alcuni rapporti di lavoro, nei quali si continua ad applicare la disciplina del codice: lavoratori domestici, lavoratori in prova e dirigenti.

11. Segue: rimedi contro i licenziamenti illegittimi

Se il licenziamento è stato intimato in violazione dei limiti di legge, esso è invalido e il lavoratore può impugnarlo davanti al giudice. Le **conseguenze** possono però variare, a seconda delle ragioni invocate per il licenziamento, e di ciò che il giudice accerta al riguardo. Possono così scattare due diversi tipi di rimedi: la *reintegrazione* nel posto di lavoro, e l'*indennizzo* monetario.

Oggi il rimedio visto come generale e prevalente è l'**indennizzo monetario**, che il Jobs Act (art. 3 d.lgs. 23/2015) fissa in *due mensilità dell'ultima retribuzione per ogni anno di servizio*, ma col limite minimo di *4 mensilità* e massimo di *24 mensilità*). Quindi il lavoratore illegittimamente licenziato avrà un'indennità tanto più alta quanto maggiore è la durata del suo rapporto di lavoro: ecco perché si parla di contratto di lavoro a *tutele crescenti* (**55**.6). Però la quantificazione basata rigidamente sulla sola durata del rapporto è stata ritenuta incostituzionale: l'indennità va personalizzata tenendo conto anche di altri criteri (Corte cost. 194/2018 e 150/2020).

Nella riforma del 2014 la **reintegrazione** nel posto di lavoro è invece ridotta a *casi più limitati* di quelli originariamente previsti dall'art. 18 s.l. In sostanza può aversi nei casi di: ☞ licenziamento *discriminatorio*, e cioè motivato da posizioni politiche, religione, razza o sesso del lavoratore; ☞ licenziamento in forma *orale*; ☞ licenziamento dichiarato *nullo per legge* (ad es. della lavoratrice in gravidanza); ☞ *insussistenza del fatto materiale* addotto come giusta causa o giustificato motivo del licenziamento. Un ulteriore limite è che la reintegrazione si applica solo rispetto alle *imprese con più di 15 dipendenti* (limite che però non vale per i licenziamenti discriminatori). Oltre alla reintegrazione, il lavoratore ha diritto anche a un'*indennità*, commisurata alle retribuzioni perse per via del licenziamento illegittimo.

Restringere il rimedio della reintegrazione rende più facile al datore di lavoro «liberarsi» di un dipendente (con il semplice pagamento di un'indennità monetaria): si parla di una maggiore «flessibilità in uscita». In compenso, si prevedono a favore del lavoratore che perde il posto più efficaci «*ammortizzatori sociali*» per sostenerlo nelle sue esigenze di reddito e nella ricerca di un nuovo posto di lavoro. Come si usa dire: il lavoratore è tutelato non tanto «*nel rapporto* di lavoro», quanto piuttosto «*nel mercato* del lavoro». Un sistema del genere si descrive come "**flexsecurity**" (più flessibilità e insieme più protezione).

Finora si è parlato di **licenziamenti individuali**. Esistono poi i **licenziamenti collettivi**: quelli fatti dall'impresa (con oltre 15 dipendenti) che licenzia in blocco un gruppo di dipendenti (5 o più). Qui entrano in gioco altri vincoli, relativi ai criteri per individuare i lavoratori da licenziare (l. 223/1991).

Alla fine del rapporto di lavoro (da qualunque causa dipenda) il lavoratore ha diritto a percepire il **trattamento di fine rapporto** (*tfr*), comunemente detto anche *indennità di anzianità*, o *liquidazione*. Esso va considerato come una quota di *retribuzione differita* (che anziché essere periodicamente versata al lavoratore durante il rapporto, viene via via accantonata per essergli erogata tutta insieme alla fine); il suo ammontare è quindi *proporzionale alla durata del rapporto* di lavoro, e consiste in un *multiplo dell'ultima retribuzione* percepita dal lavoratore (art. 2120). Quando il rapporto si estingue per *morte del lavoratore*, l'indennità spetta ai suoi familiari (art. 2122): il loro è un *diritto proprio e originario*, e non acquistato come successori dal lavoratore (**66**.5).

12. Rinunce e transazioni del lavoratore

La disciplina del rapporto di lavoro è fatta in buona parte da *norme inderogabili* (**31**.4), che attribuiscono al lavoratore *diritti indisponibili* (**6**.5). Ebbene le rinunce e le transazioni del lavoratore, relative a tali diritti, sono *invalide*: si pensi, per es., alla transazione sul danno subito dal lavoratore per l'insalubrità dell'ambiente di lavoro. Il lavoratore le può *impugnare entro sei mesi* decorrenti dalla fine del rapporto, se fatte nel corso di questo; o dalla data dell'atto (se compiuto dopo la cessazione del rapporto (art. 2113).

La norma vuole *tutelare il lavoratore, tenendo conto della sua debolezza economica e contrattuale* nei confronti del datore di lavoro, che potrebbe approfittarne: si teme che il lavoratore possa, mentre è in servizio, compiere rinunce o transazioni svantaggiose, spinto dal timore di perdere il posto; ovvero possa rinunciare ai propri diritti o transigere a condizioni inique anche dopo la fine del rapporto, spinto dalla necessità di ottenere subito del denaro (anche se per un importo inferiore a quello dovutogli). Per questo la norma non si applica, quando la transazione ha la forma della c.d. *conciliazione sindacale*, e cioè è stata stipulata dal lavoratore con l'assistenza dell'organizzazione sindacale (art. 410 e 411 c.p.c.). Infatti in queste condizioni viene meno (o si attenua) la disparità di potere contrattuale fra le parti.

13. Il lavoro delle donne e dei minori

La *costituzione* dedica particolari norme di protezione al lavoro delle donne e dei minori.

Quanto alle **donne**, afferma prima di tutto un *principio di uguaglianza*: «La donna lavoratrice ha *gli stessi diritti* e, a parità di lavoro, *le stesse retribuzioni* che spettano al lavoratore». Inoltre, «Le condizioni di lavoro devono consentire l'adempimento della sua essenziale funzione familiare e assicurare alla madre e al bambino una speciale adeguata protezione» (art. 37, c. 1, C.). L'obiettivo dell'uguaglianza (sostanziale, non solo formale) fra i sessi in materia di lavoro è perseguito dalla legislazione speciale. Soprattutto a partire dagli anni '70 del XX secolo si sono succedute numerose leggi, oggi raccolte in due testi fondamentali.

Uno è il d.lgs. 151/2001 (testo unico delle *norme a sostegno della maternità e della paternità*) che contiene fra l'altro norme in tema di: ☞ divieto di adibire le donne a determinati *lavori pericolosi, faticosi e insalubri*, nonché (salvo che siano assicurate particolari garanzie) al *lavoro notturno*; ☞ divieto e inefficacia del *licenziamento* della donna, che cada in coincidenza con il suo *matrimonio* o il suo stato di *gravidanza*; ☞ tutela delle *lavoratrici madri*, per cui la lavoratrice deve osservare un riposo retribuito nel periodo che precede e segue il parto (*astensione obbligatoria*), e può ancora assentarsi dal lavoro, con diritto alla conservazione del posto, per un ulteriore periodo durante il primo anno di vita del bambino (*astensione facoltativa*): ma quest'ultima possibilità è data in alternativa anche al padre, secondo il principio di parità dei coniugi.

Un altro è il *codice delle pari opportunità* (d.lgs. 198/2006), le cui norme puntano a realizzare l'*uguaglianza sostanziale fra uomo e donna*, specie nel campo del lavoro. L'obiettivo si persegue fondamentalmente con due tipi di misure: *divieti di discriminazione* a carico delle donne lavoratrici (nella retribuzione, nella carriera, ecc.); e *azioni positive* capaci di creare le condizioni sostanziali per una più forte presenza e affermazione delle donne nel mondo del lavoro (ad es., progetti mirati di formazione professionale). Con particolare riguardo alle pari opportunità nel campo del lavoro, la tutela delle lavoratrici è stata rafforzata con le modifiche al codice delle pari opportunità introdotte dalla l. 162/2021 (c.d. *legge sulla parità salariale*).

Fra lavoratori e lavoratrici permane tuttavia un'importante differenza, relativa all'*età della pensione*: le donne vanno in pensione prima degli uomini. Ma pure questa differenza si avvia a cadere, anche per necessità di armonizzazione col quadro europeo.

Anche il lavoro dei **minori** è oggetto di previsione costituzionale: «La legge stabilisce il *limite minimo di età per il lavoro salariato*». E ancora: «La Repubblica tutela il lavoro dei minori con *speciali norme* e garantisce ad essi, a parità di lavoro, il diritto alla *parità di retribuzione*» (art. 37, c. 2-3, C.).

La legge esige il compimento dei *15 anni* per essere ammessi al lavoro: con deroghe verso il basso (14 anni) per alcuni lavori meno pesanti e pericolosi; e verso l'alto (18 anni) per lavori particolarmente rischiosi, e per il lavoro notturno.

56
L'AZIENDA

SOMMARIO: 1. Il concetto di azienda. – 2. I segni distintivi dell'azienda: la ditta. – 3. Segue: l'insegna. – 4. Segue: il marchio. – 5. Il trasferimento dell'azienda. – 6. I rapporti giuridici relativi all'azienda ceduta. – 7. La tutela dell'avviamento.

1. Il concetto di azienda

Nel linguaggio corrente, i termini «impresa» e «azienda» sono usati spesso come sinonimi. Invece nel linguaggio giuridico esprimono concetti diversi. Il codice definisce l'azienda come «*il complesso dei beni organizzati dall'imprenditore per l'esercizio dell'impresa*» (art. 2555). Mentre l'impresa è attività economica esercitata professionalmente, l'azienda è dunque lo *strumento* con cui l'imprenditore esercita l'attività di impresa.

Dunque l'azienda è un complesso di beni. E qui il concetto di «*bene*» va inteso *nel senso più ampio*. Comprende *beni materiali*: sia mobili, registrati o non registrati (macchinari, autoveicoli, materie prime, semilavorati, prodotti finiti, ecc.); sia immobili (edifici, terreni, ecc.). Comprende poi *beni immateriali*, e in particolare quelli che formano la c.d. proprietà industriale (**57**.1): i segni distintivi dell'azienda, come la ditta e il marchio; e i brevetti per invenzioni industriali. Ma comprende anche entità che corrispondono a un'idea di «bene» ancora più larga, perché sono, più propriamente, dei *rapporti giuridici, creati da contratti*: tutti quei rapporti contrattuali che servono all'imprenditore per acquistare la disponibilità dei mezzi (beni o servizi) necessari alla gestione dell'impresa: ad es., i contratti di lavoro con i dipendenti, i contratti di fornitura delle materie prime o dell'energia, i contratti di locazione degli immobili, i contratti di leasing dei macchinari, ecc.

Questi esempi ci dicono che i beni materiali che formano l'azienda *possono non essere di proprietà dell'imprenditore*, titolare dell'azienda stessa: l'importante è che egli ne abbia la disponibilità (per es. prendendoli in locazione dal proprietario), e che li coordini con altri beni per destinarli all'esercizio dell'impresa. Dunque l'imprenditore può essere il titolare della «sua» azienda, senza che nessuno dei beni che la compongono sia «suo». Ciò che qualifica un bene come appartenente all'azienda non è l'essere in proprietà dell'imprenditore: è la *destinazione del bene all'attività d'impresa*, e il *nesso di organizzazione con gli altri beni* aventi la medesima destinazione. Questa caratteristica essenziale dell'azienda – la destinazione unitaria dei beni che la compongono – porta ad accostare l'azienda al concetto di *universalità*, che abbiamo incontrato a proposito delle universalità di mobili (**7**.7): ma l'assimilazione può essere solo parziale proprio perché, a differenza dell'azienda, l'universalità di mobili presuppone che tutti i beni appartengano al medesimo proprietario (art. 816).

La medesima caratteristica della destinazione e del coordinamento unitario di tutti i beni che la compongono, fa sì che l'azienda non possa ridursi alla sommatoria dei singoli elementi che la compongono, isolatamente considerati (c.d. *teoria atomistica* dell'azienda), ma sia qualcosa di più e di diverso da tale sommatoria, consistente proprio *nel valore di organizzazione e coordinamento* dei vari beni (c.d. *teoria unitaria* dell'azienda). Ciò spiega alcuni dei più importanti aspetti della disciplina giuridica dell'azienda: in particolare, certe regole sul trasferimento dell'azienda, e le regole a tutela dell'avviamento (**56**.5-7).

2. I segni distintivi dell'azienda: la ditta

I segni distintivi dell'azienda hanno la funzione di identificare alcuni elementi rilevanti dell'impresa cui l'azienda è funzionale, differenziandoli agli occhi del pubblico dei consumatori ed evitando che siano confusi con i corrispondenti elementi di altre imprese. Sono tre: la **ditta**, l'**insegna** e il **marchio**.

La funzione dei segni distintivi è utile da un doppio punto di vista: *nell'interesse dei consumatori*, a cui permettono di orientare le loro scelte di acquisto verso le imprese per essi preferibili; ma soprattutto *nell'interesse degli imprenditori*, a cui consentono di affermare e rendere forte la loro «immagine» sul mercato, e in questo modo attirare clientela, moltiplicare gli affari, incrementare i profitti. Talora, peraltro, questo interesse dell'imprenditore può entrare in contrasto con quello dei consumatori: la disciplina dei segni distintivi cerca di trovare il giusto equilibrio fra i due ordini di interessi.

I segni distintivi sono *elementi dell'organizzazione aziendale*: fanno parte del «complesso dei beni organizzati dall'imprenditore per l'esercizio dell'impresa». Sono, tipicamente, *beni immateriali*, come i brevetti d'invenzione, con cui hanno un altro elemento in comune: attribuiscono al titolare un **diritto di esclusiva** – una sorta di monopolio – che impedisce agli altri imprenditori di utilizzare gli stessi segni distintivi. In questo senso, la materia dei segni distintivi ha stretti *legami con la disciplina della concorrenza* fra gli imprenditori, come indica chiaramente qualche regola in materia di concorrenza sleale (**58**.2).

La **ditta** è *il nome sotto il quale l'imprenditore esercita la sua impresa.* È formata da un elemento necessario, perché deve obbligatoriamente contenere almeno il nome dell'imprenditore (*elemento patronimico*); in più può contenere anche un elemento facoltativo, consistente in parole liberamente scelte (*elemento di fantasia*): art. 2563, c. 2.

«L'imprenditore ha **diritto all'uso esclusivo** della ditta da lui prescelta» (art. 2563, c. 1). Perciò un imprenditore non può adottare una *ditta uguale o simile* a quella già usata da altro imprenditore, quando tale uguaglianza o somiglianza rischia di «creare *confusione* per l'oggetto dell'impresa e per il luogo in cui questa è esercitata» (tale rischio non ci sarebbe, se due ditte simili fossero usate da imprenditori che operano in rami di attività diversissimi, o in mercati geograficamente così lontani da evitare ogni possibilità di interferenza). Quando il rischio di confusione c'è, una delle due ditte deve essere integrata o modificata con *indicazioni idonee a differenziarla* (art. 2564). L'obbligo di differenziare grava: ☞ sul titolare della ditta *iscritta posteriormente* nel registro delle imprese, se si tratta di imprese commerciali; ☞ sul titolare della ditta *usata posteriormente*, se si tratta di imprese non soggette a registrazione.

La ditta può essere di un *imprenditore individuale*, o di un *imprenditore collettivo* (società). In quest'ultimo caso, essa si definisce *ragione sociale* (per le società di persone) o *denominazione sociale* (per le società di capitali): se ne occupa la disciplina delle società, ma anche per esse vale la regola sull'obbligo di differenziare la ditta suscettibile di creare confusione (art. 2567).

Si distingue fra: *ditta originaria*, che è quella creata dallo stesso imprenditore che la usa; e *ditta derivata*, che è quella usata da un imprenditore diverso dal creatore originario, come si verifica nei casi di trasferimento della ditta.

Al trasferimento della ditta la legge dedica un'apposita disciplina. Come bene che costituisce un importante elemento del complesso aziendale, la ditta può avere un notevole *valore economico*, specie se identifica un'impresa di successo, verso la quale indirizza un gran flusso di clientela. Per questo il titolare può essere interessato a trasferirla a un altro imprenditore, realizzandone il valore di scambio: e la legge lo consente. Quando ciò si verifica, la ditta prende a designare l'impresa di un imprenditore diverso da quello che l'ha creata (e a cui si riferisce l'elemento patronimico presente in essa): *ditta derivata.*

Il trasferimento obbedisce però a una regola fondamentale (art. 2565): la ditta *non può essere trasferita separatamente dall'azienda*, perché a tutela dei consumatori si vuole che la ditta, se anche non identifica più l'imprenditore che prima la usava, continui almeno a identificare il complesso produttivo cui era riferita in precedenza. Ci sono poi regole particolari, in relazione al titolo del trasferimento: ☞ nella cessione dell'azienda *per atto fra vivi*, la ditta passa all'acquirente solo con il *consenso dell'alienante*, che deve specificamente accettare il trasferimento della ditta; ☞ nel trasferimento dell'azienda *per causa di morte*, la ditta *di regola si trasmette* al successore: salvo che ci sia una disposizione testamentaria in senso contrario.

3. Segue: l'insegna

L'insegna è il *segno o complesso di segni che identificano i locali dove si esercita l'impresa*: ha particolare importanza per le imprese i cui beni o servizi sono offerti ai consumatori nei locali medesimi. Può consistere in parole o in altro segno grafico.

Vale anche per essa il *principio di esclusività*, e l'*obbligo di differenziare* l'insegna capace di creare confusione con un'insegna preesistente (art. 2568). È ovvio, peraltro, che tale obbligo riguarda solo le insegne che non siano assolutamente generiche (tipo: «Albergo», «Barbiere», «Frutta e verdura»), ma contengano qualche specificazione individualizzante (come «Albergo Majestic», «Barbiere Totò», ecc.).

4. Segue: il marchio

Il marchio è *il segno distintivo che contraddistingue un determinato prodotto o servizio*. Può consistere in parole (ad es. «crodino»), in un'immagine (ad es. il coccodrillo della Lacoste), o anche nella particolare forma del prodotto o della sua confezione (ad es. la tipica bottiglia della coca cola). Si distinguono vari tipi di marchio: ☞ il *marchio di fabbrica* è quello applicato al prodotto dall'imprenditore che lo ha fabbricato, così da identificare l'origine produttiva; ☞ il *marchio di commercio* è quello applicato dall'imprenditore che distribuisce ai consumatori il prodotto fabbricato da altri (ma in tal caso il rivenditore non può sopprimere il marchio del produttore: art. 2572); ☞ il *marchio di servizio* è quello che contraddistingue non prodotti materiali, ma le prestazioni rese da imprese di servizi: ad es., la farfalla stilizzata che contrassegna le trasmissioni televisive della Rai; ☞ il *marchio collettivo* è quello creato da organismi aventi la funzione di garantire l'origine o la qualità di determinati prodotti o servizi, e utilizzato da tutti gli imprenditori del ramo (art. 2570): ad es., il simbolo grafico che attesta nei capi d'abbigliamento la qualità di «pura lana vergine».

Nelle economie fondate su consumi di massa stimolati da tecniche pubblicitarie, il marchio svolge un ruolo decisivo nell'orientare sui prodotti la domanda dei consumatori. L'imprenditore che lo usa ha perciò interesse a una sua forte tutela, che la legge gli dà. La relativa disciplina è contenuta, oltre che nel codice, anche in una *legge speciale*: art. 7-28 d.lgs. 30/2005 (c.d. *codice della proprietà industriale*), che ha sostituito in modo organico tutta la previgente disciplina della proprietà industriale (**57**.1), abrogando fra l'altro la vecchia «legge sui marchi» contenuta nel r.d. 929/1942.

Anche la tutela del marchio consiste essenzialmente nell'attribuzione di un'**esclusiva**: il titolare del marchio ha il diritto di essere l'unico a utilizzarlo; gli imprenditori concorrenti *non possono fare uso di un marchio identico o simile,* se c'è un *rischio di confusione* per il pubblico. Se l'esclusiva è violata, il titolare del marchio può ottenere la cessazione del comportamento illegittimo (con l'azione *inibitoria*), ed eventualmente la *distruzione dei prodotti* segnati dal marchio abusivo, oltre al *risarcimento* del danno. Però il marchio è tutelato solo se presenta il requisito della **novità**: chi adotta un marchio che consiste in segni di uso comune, o simili a quelli già utilizzati come marchio da altro imprenditore, non può avere protezione (anzi, in quest'ultimo caso può esporsi a sanzioni, perché il suo comportamento viola l'altrui diritto di marchio).

L'intensità della tutela data al marchio dipende poi da un ulteriore fondamentale requisito: la *registrazione* di esso, che l'imprenditore può chiedere all'*Ufficio italiano brevetti e marchi* (**57**.3). Infatti: ☞ solo il titolare di un **marchio registrato** ha pieno «*diritto di valersene in modo esclusivo*» (art. 2569): dal momento della registrazione, nessun altro imprenditore può usare quel marchio sull'intero territorio nazionale (salvo quanto si dirà fra poco sul preùso del marchio non registrato). La registrazione dura *10 anni*, ma può essere *rinnovata* di decennio in decennio; ☞ più ridotta è la tutela del **marchio non registrato**, cioè di quel marchio che l'imprenditore usi, senza averne chiesto la registrazione: la tutela gli è concessa solo nei limiti del c.d. **preùso**, per cui egli ha la facoltà di continuare a usare quel marchio, «nonostante la registrazione da altri ottenuta, *nei limiti in cui anteriormente se ne è valso*» (art. 2571). In altre parole: se il marchio non registrato aveva ottenuto *un certo ambito di notorietà* (ad es. in una certa zona geografica), e lo stesso marchio in seguito è registrato da altro imprenditore, il primo utilizzatore mantiene il diritto di usarlo in quell'ambito, ma non in ambiti ulteriori (ormai coperti dall'esclusiva a favore del marchio registrato). Ciò significa che se il marchio non registrato ha raggiunto una *notorietà estesa a tutto il territorio nazionale*, il suo preùso impedisce che un altro imprenditore registri un marchio corrispondente (al quale mancherebbe il requisito della novità).

Il marchio cessa di essere tutelato, e il titolare perde l'esclusiva, con la **decadenza** del marchio, che si ha in due casi: *non uso* del marchio per cinque anni; e *volgarizzazione* del marchio, che ricorre quando il marchio si diffonde a tal punto nel linguaggio comune da diventare denominazione generica del prodotto: è la sorte toccata, per es., a marchi come «cellophane» e «thermos».

Si ha invece **nullità** del marchio, se esso non presenta i requisiti di legge (art. 25 c.p.i.).

La legge regola il trasferimento del marchio. Ancor più della ditta, questo è un bene dotato di *valore economico*, che il titolare può essere interessato a realizzare. Si ammette perciò che il titolare del marchio possa trasferirlo ad altro imprenditore, anche a prescindere dal trasferimento dell'azienda, in due diverse forme: ☞ trasferendo la *titolarità* del marchio, che cessa di appartenere al titolare originario; oppure ☞ concedendo una **licenza** di marchio, per effetto della quale il marchio rimane nella titolarità del titolare originario, e il licenziatario acquista solo il diritto di utilizzarlo per un determinato periodo (ad es., un imprenditore tessile di Hong-Kong fabbrica e vende polo con il marchio Lacoste, «su licenza» della Lacoste medesima). La licenza è *esclusiva* se il licenziatario risulta l'unico abilitato a usare il marchio; *non esclusiva* se, oltre a lui, altri soggetti hanno il diritto di farne uso contemporaneamente a lui.

Peraltro, il trasferimento del marchio è soggetto a un *limite* fissato a tutela del pubblico: si può fare solo a condizione che *non ne derivi inganno* circa i caratteri essenziali che il prodotto o il servizio presentano agli occhi del pubblico (art. 2573, c. 1). Occorre insomma evitare che sotto un certo marchio circolino prodotti o servizi sostanzialmente diversi da quelli che il pubblico associa a quel marchio.

5. Il trasferimento dell'azienda

L'azienda può essere trasferita dall'imprenditore che ne è titolare a un altro soggetto. Il trasferimento può avvenire a *titoli diversi*: fra vivi o a causa di morte; a titolo oneroso o gratuito. Quanto al suo oggetto, può riguardare: ☞ la **titolarità** dell'azienda, che in questo modo viene ceduta definitivamente all'acquirente, il quale acquista la proprietà dei beni aziendali che erano di proprietà del precedente titolare (ad es., vendita dell'azienda, suo conferimento in società); oppure solo ☞ il **godimento** dell'azienda, che viene attribuito all'acquirente *per un tempo determinato*, durante il quale l'azienda è gestita da quest'ultimo, e decorso il quale essa tornerà nella disponibilità del vecchio titolare: questa ipotesi si verifica essenzialmente quando l'azienda viene trasferita a titolo di **usufrutto** o di **affitto**. La legge disciplina la posizione dell'usufruttuario o dell'affittuario d'azienda, con norme le quali tengono conto del fatto che, al termine del rapporto, l'azienda dovrà tornare al titolare originario. Essi devono (art. 2561): esercitare l'azienda *sotto la ditta* che la contraddistingue; e gestirla *senza modificarne la destinazione*, e in modo da *conservare l'efficienza* dell'organizzazione e degli impianti e le normali dotazioni di scorte.

L'art. 2556, c. 1 sottopone a un requisito di *forma scritta per la prova* (**29**.21) tutti i contratti che trasferiscono la proprietà o il godimento delle *aziende relative a imprese soggette a registrazione*. Però fa «salva l'osservanza delle forme stabilite dalla legge per il trasferimento dei singoli beni che compongono l'azienda o per la particolare natura del contratto»: se ad es. l'azienda comprende un immobile, il trasferimento della proprietà di questo richiede la forma scritta per la validità; e se il trasferimento dell'azienda avviene per donazione, l'atto non è valido se non risulta stipulato per atto pubblico. I contratti in questione vanno poi *iscritti nel registro delle imprese* (art. 2556, c. 2).

6. I rapporti giuridici relativi all'azienda ceduta

Come sappiamo, l'azienda è un *complesso di beni*; ma è anche un *fascio di rapporti giuridici*, e in particolare di rapporti contrattuali che il titolare costituisce per le esigenze dell'impresa. Ed è ovvio che dalla gestione aziendale nascono crediti e debiti, che fanno parte anch'essi dell'azienda.

Vediamo la sorte dei rapporti giuridici relativi all'azienda trasferita.

Per i **contratti stipulati per l'esercizio dell'azienda** (art. 2558), l'acquirente, e così pure l'usufruttuario e l'affittuario dell'azienda, *subentrano automaticamente* in essi, tranne che in due casi: ☞ se le parti – cioè il cedente e il cessionario dell'azienda – hanno *pattuito diversamente* (ma una tale pattuizione non è possibile per i contratti di lavoro, che continuano necessariamente con l'acquirente: art. 2112, c. 1); e ☞ se i contratti hanno *carattere personale* (si pensi ai contratti di consulenza legale o fiscale, stipulati dal vecchio titolare con professionisti di sua stretta fiducia).

Dunque la regola è che i contratti si trasferiscono all'acquirente senza bisogno del consenso dell'altro contraente. Questa disciplina *deroga al principio generale*, per cui la cessione del contratto non è efficace senza il *consenso del contraente ceduto* (**33**.17): deroga che ha lo scopo di conservare l'unità e l'integrità del complesso aziendale, condizioni della sua produttività. A questo fine (che è anche di interesse generale) la legge sacrifica l'interesse del *terzo contraente*, negando rilevanza al suo consenso. Ma l'interesse del terzo a non restare vincolato a un rapporto contrattuale con un soggetto non scelto da lui deve essere in qualche misura considerato. La legge gli attribuisce pertanto il *diritto di recedere dal contratto*, a due condizioni: ☞ che il recesso sia fatto *entro tre mesi* dalla notizia del trasferimento dell'azienda; e ☞ che sussista una *giusta causa*.

I **crediti** dell'imprenditore cedente, relativi all'azienda ceduta, *si trasferisco-*

no all'acquirente insieme con questa. Il trasferimento ha *effetto nei confronti dei terzi* dal momento dell'*iscrizione nel registro delle imprese*, senza bisogno di notificazione al debitore ceduto o di sua accettazione, normalmente necessarie nella cessione dei crediti (**24**.3); ma il debitore è liberato se paga in buona fede all'alienante (art. 2559).

I **debiti** relativi all'azienda ceduta *passano dal cedente all'acquirente* secondo il regime dell'*accollo* (**24**.9), ma solo se risultano dai *libri contabili obbligatori*: perciò il passaggio opera soltanto nel trasferimento di aziende relative a imprese commerciali non piccole. In ogni caso, si tratta di *accollo cumulativo* e non liberatorio: l'alienante, debitore originario, continua a rimanere obbligato, salvo che i creditori consentano alla sua liberazione (art. 2560).

7. La tutela dell'avviamento

Se l'azienda è organizzata e gestita dall'imprenditore in modo efficiente, così da attirare numerosa clientela, fare molti affari e realizzare buoni profitti, si suole dire che essa è bene «avviata». L'**avviamento** è la *capacità dell'azienda di dare profitti*: capacità che i *singoli beni aziendali*, presi isolatamente, non avrebbero, ma acquistano solo in quanto *organizzati e gestiti unitariamente*. Perciò l'avviamento non è un elemento aziendale, che si aggiunge agli altri elementi che compongono l'azienda: è piuttosto una *qualità dell'azienda* stessa, dipendente dall'abilità con cui l'imprenditore la organizza e la gestisce. Due aziende possono essere composte di elementi che, sommati, raggiungono lo stesso valore: ma se una è meglio avviata (ha più clientela, fa più profitti, ecc.), vale più dell'altra. L'avviamento ha dunque un suo autonomo valore economico, che il titolare dell'azienda realizza ottenendo in caso di trasferimento un prezzo più elevato della somma dei valori dei singoli beni aziendali.

Il valore dell'avviamento è protetto legalmente con due previsioni:

☞ nei casi di **trasferimento dell'azienda** la legge si preoccupa di impedire che il precedente titolare – che trasferendo l'azienda ha incassato anche il prezzo dell'avviamento – continui a sfruttarlo per sé: cosa che accadrebbe se il cedente continuasse a esercitare l'attività relativa all'azienda ceduta. Per questo sacrifica parzialmente la sua libertà di iniziativa economica, imponendogli un **divieto di concorrenza** (art. 2557, c. 1): «chi aliena l'azienda deve astenersi, per il periodo di *cinque anni* dal trasferimento, dall'iniziare una *nuova impresa* che per l'oggetto, l'ubicazione o altre circostanze, sia *idonea a sviare la clientela* dell'azienda ceduta». Le parti possono concordare per il divieto *limiti ancora più ampi*, purché non sia impedita «ogni attività professionale dell'alienante», e il vincolo non duri comunque più di cinque anni (art. 2557, c. 2-3);

☞ un'altra forma di tutela dell'avviamento riguarda la *cessazione* dei contratti di *locazione di immobili* per attività di impresa implicanti «*contatti diretti con il pubblico* degli utenti e dei consumatori»: abbiamo visto che, a determinate condizioni, il conduttore uscente ha diritto a un'**indennità per la perdita dell'avviamento**, che l'azienda subisce per il fatto di non poter più essere esercitata nella sede abituale, nota alla clientela (**39**.6).

57

INVENZIONI INDUSTRIALI E DIRITTO D'AUTORE

1. I diritti sulle creazioni intellettuali: proprietà industriale e proprietà artistica

Fra i beni dell'azienda, particolare importanza hanno le *tecnologie*: la disponibilità di tecnologie innovative (sia per nuovi prodotti, sia per nuovi processi produttivi) è spesso elemento decisivo per la ricchezza dell'azienda e il successo dell'impresa. L'innovazione tecnologica – quella che nel linguaggio comune si definisce un'«invenzione» – è un bene, ma non è un bene materiale: forma oggetto di un diritto che si chiama diritto di brevetto.

Il *diritto di brevetto* ha molto in comune con i diritti sui segni distintivi, e in particolare con il *diritto di marchio*: entrambi sono diritti su beni immateriali, entrambi attribuiscono al titolare un'esclusiva. Il diritto di brevetto ha molto in comune anche con il diritto d'autore, che spetta a chi crea una nuova opera artistica (c.d. opera dell'ingegno): anche il *diritto d'autore* ha per oggetto un bene immateriale – appunto la nuova opera dell'ingegno –, e dà un'esclusiva al titolare. Questi diritti si definiscono *diritti sulle creazioni intellettuali*: a indicare che il loro *oggetto* è un'idea, o meglio la *rappresentazione di un'idea*. La protezione che la legge gli accorda si lega al fatto che essi rappresentano un'importante forma di ricchezza. Chi inventa nuovi prodotti o nuove tecniche produttive applicabili all'industria – e così pure chi compone un'opera d'arte originale (un romanzo, una poesia, un dipinto, un film, una sinfonia, un brano di musica rock o pop) – crea nuovi valori, meritevoli di protezione giuridica.

Questa protezione giuridica, e il diritto soggettivo che le corrisponde, hanno per oggetto la *creazione intellettuale* (bene immateriale), che non va confusa con le *cose tangibili* (beni materiali) in cui la creazione stessa si materializza. Il diritto di chi inventa un nuovo prodotto non si identifica con il diritto di proprietà sul prototipo in cui si è espressa l'invenzione, o sugli esemplari del prodotto fabbricati con lo sfruttamento industriale dell'invenzione; il diritto d'autore è altra cosa dal diritto di proprietà sul manoscritto del romanzo, e sulle singole copie del libro pubblicato dall'editore. E tuttavia i diritti sulle creazioni intellettuali ricevono una protezione giuridica che può ricordare quella accordata alla proprietà: perché è una *tutela forte, e di tipo assoluto* (cioè azionabile contro chiunque: **19**.3). Ecco perché si parla di **proprietà industriale**, per designare i diritti di brevetto (e di marchio); e si parla di **proprietà artistica**, per indicare i diritti d'autore sulle opere dell'ingegno.

La disciplina dei brevetti (come pure quella dei marchi) era sparpagliata in tanti testi normativi, via via introdotti e spesso aggiornati a fini di armonizzazione internazionale, o per adeguare le vecchie norme alle novità dell'evoluzione tecnologica. Adesso il quadro normativo è razionalizzato e riordinato nel **codice della proprietà industriale** (d.lgs. 30/2005, ampiamente innovato dal d.lgs. 131/2010), che regola organicamente l'intera materia: disciplinando insieme sia i marchi (**56**.4); sia le invenzioni, di cui si occupano specificamente gli art. 45-81 c.p.i. Invece la disciplina della proprietà artistica è ancora contenuta nella vecchia **legge sul diritto d'autore** (l. 633/1941), oltre che in alcuni articoli del codice.

2. Il doppio contenuto del diritto: diritto morale e diritto patrimoniale

Il diritto dell'inventore e dell'autore ha un contenuto complesso. Esso consiste propriamente in due diversi diritti: un diritto morale e un diritto patrimoniale.

Il **diritto morale** comprende una serie di facoltà di *contenuto non economico*, dirette a valorizzare la personalità del creatore: è infatti classificabile fra i *diritti della personalità* (**13**). Ci rientrano: ☞ il *diritto di paternità* dell'invenzione o dell'opera: cioè il diritto di esserne riconosciuti autori, e di impedire che qualcun altro se ne attribuisca abusivamente la paternità; ☞ il *diritto di inedito*: cioè il diritto di non rendere pubblica la propria creazione; per le opere dell'ingegno, questo diritto si spinge ancora più in là, fino a consentire all'autore – e sia pure solo in casi limite («qualora concorrano gravi ragioni morali») – di *ritirare l'opera dal commercio*, indennizzando chi aveva acquistato da lui il diritto di utilizzarla a fini commerciali (art. 2582); ☞ per le opere dell'ingegno, il *diritto all'integrità dell'opera*: cioè il diritto di impedire che l'opera venga pubblicata con modificazioni tali da recare pregiudizio alla reputazione dell'autore (art. 2577, c. 2).

Come diritto della personalità, il diritto morale di inventori e autori è imprescrittibile, irrinunciabile e inalienabile. Dopo la morte del titolare, può essere esercitato dai familiari più stretti (art. 23 l.a.).

Il **diritto patrimoniale** di inventori e autori consiste nella *possibilità di utilizzare economicamente la propria creazione, in esclusiva* (art. 2577 e 2584, c. 1): è il diritto esclusivo di attuare industrialmente l'invenzione e vendere i prodotti che ne risultano; e rispettivamente di pubblicare il romanzo o riprodurre la musica in dischi o in supporti digitali, e venderli. A differenza del diritto morale, il diritto patrimoniale *può essere alienato*, e quindi trasferito ad altri: anzi il suo trasferimento (a un industriale; a un editore, o a una casa discografica) è il modo più comune in cui inventori e autori lo esercitano, e ricavano le corrispondenti utilità economiche.

Il diritto di inventori e autori consiste dunque, essenzialmente, in un'**esclusiva**: qualcosa come un *monopolio* attribuito loro per legge (non diversamente dai segni distintivi dell'azienda). La legge lo accorda non solo nell'interesse individuale dei titolari, ma anche per un *interesse generale*. Infatti esso viene concepito come **incentivo alla creatività**: si pensa che inventori e autori potenziali, se sapessero che chiunque potrà utilizzare economicamente i loro ritrovati industriali (che spesso richiedono ricerche lunghe e faticose, e forti investimenti), o il frutto del loro ingegno artistico, sarebbero scoraggiati dall'impegnarsi nella creazione, e il progresso tecnologico e artistico ne risulterebbe frenato. Invece, assicurargli l'esclusiva dei profitti economici ricavabili dalle loro creazioni li incoraggia a creare, e così ad arricchire il patrimonio tecnologico ed artistico, del quale si avvantaggia l'intera collettività.

Peraltro, è coerente con questo obiettivo di interesse generale che le creazioni intellettuali possano avere *la diffusione e fruizione più ampia*: ciò che non sarebbe possibile, se il monopolio accordato sopra di esse a inventori e autori fosse concepito in modo troppo rigido. Di qui due principi: ☞ il diritto all'utilizzazione economica esclusiva della creazione intellettuale è sempre *limitato nel tempo* (e questo segna una differenza col marchio, la cui tutela non ha limiti temporali); ☞ l'esclusiva ha *confini ben delimitati*: il diritto dell'inventore copre solo un particolare prodotto o processo industriale, ma *non la teoria o il principio scientifico* su cui l'invenzione si basa; il diritto d'autore copre solo una particolare espressione artistica o letteraria, ma *non l'idea* espressa (che chiunque può liberamente riprendere, rielaborare, rivestire di una diversa forma espressiva). Così, non viola l'altrui diritto d'autore chi scrive un romanzo ispirato alla trama di un altro romanzo, uscito l'anno prima.

3. Il brevetto per invenzione industriale

La legge tutela chi inventa un *nuovo prodotto* oppure un *nuovo procedimento di fabbricazione* di un prodotto già noto. La tutela legale è condizionata al fatto che, relativamente a quell'invenzione, venga rilasciato un brevetto. L'invenzione è *brevettabile* se presenta i seguenti requisiti (art. 45 e segg. c.p.i.): ☞ la **novità**, che ricorre quando l'invenzione *non rientra nello stato della tecnica* (che a sua volta consiste in tutte le conoscenze pubblicamente accessibili); ☞ la derivazione da un'**attività inventiva**, riscontrabile quando l'invenzione, agli occhi di una persona esperta del ramo, *non risulta in modo evidente dallo stato della tecnica*, e quindi ha richiesto un apporto originale dell'inventore; ☞ l'**industrialità**, cioè l'*attitudine ad avere applicazioni industriali* (per questo non possono essere brevettate, di per sé, le teorie scientifiche o i metodi matematici; possono esserlo solo le invenzioni industriali che eventualmente si basino su quei metodi o teorie); ☞ la **liceità**, per cui non possono essere brevettate le invenzioni la cui attuazione è *contraria all'ordine pubblico o al buon costume.*

Quando l'invenzione presenta le caratteristiche indicate, l'inventore può chiederne il **brevetto**. Solo ottenendo il brevetto, egli può avere *piena tutela legale* della sua invenzione: a differenza del diritto d'autore, che nasce senza formalità con la stessa creazione dell'opera, il diritto dell'inventore all'utilizzazione esclusiva dell'invenzione nasce solo per effetto di quel particolare *procedimento amministrativo* che si conclude con la concessione del brevetto. La domanda di brevetto si rivolge a un organo della pubblica amministrazione – l'*Ufficio italiano brevetti e marchi* – e deve contenere la *descrizione* dell'invenzione, e del modo per attuarla.

La concessione del brevetto è condizione necessaria per il sorgere dell'esclusiva a favore dell'inventore. Non è però condizione sufficiente a garantire in modo assoluto la permanenza dell'esclusiva. Può infatti accadere che il brevetto venga successivamente *contestato in giudizio, e dichiarato nullo* (art. 76 c.p.i.). In particolare, ciò si verifica: ☞ se l'invenzione non presenta i necessari *requisiti*; ☞ oppure se il brevetto è stato ottenuto indebitamente da persona non avente diritto (*usurpazione* dell'invenzione).

In questi casi, il brevetto nullo può produrre gli effetti di un brevetto diverso, del quale presenti i requisiti (*conversione del brevetto nullo*): ad es., un brevetto per invenzione, nullo per mancanza dei caratteri di vera e propria invenzione, ma relativo a una creazione che presenti i requisiti di un modello di utilità (**57**.7), può valere come brevetto per modello di utilità.

Il brevetto conferisce il «*diritto esclusivo di attuare l'invenzione e di disporne*» (art. 2584). La sua durata è *20 anni* dal deposito della domanda di brevetto, e non è rinnovabile (art. 60 c.p.i.): scaduto il ventennio, l'invenzione cade in dominio pubblico e chiunque può utilizzarla liberamente. L'esclusiva opera nell'ambito del *territorio nazionale*: ma per effetto della convenzione di Monaco del 1973 (ratificata dall'Italia con l. 260/1978), c'è la possibilità di ottenere il c.d. *brevetto europeo*, che si chiede all'Ufficio europeo dei brevetti, e dà al titolare l'esclusiva per diversi stati d'Europa.

Gli atti relativi a brevetti sono soggetti a *pubblicità*, mediante *trascrizione* presso l'Ufficio brevetti.

4. L'invenzione del dipendente

Il diritto di chiedere e ottenere il brevetto *spetta all'inventore* (art. 63 c.p.i.). Peraltro, accade raramente che l'invenzione (l'innovazione tecnologica) scaturisca dal genio di un ricercatore isolato. Più spesso è perseguita in modo sistematico e pianificato all'interno delle industrie e degli istituti di ricerca, che vi destinano ingenti risorse e intere squadre di ricercatori, i quali «producono invenzioni» per mestiere, e sono pagati per questo dal loro datore di lavoro. L'invenzione del dipendente è regolata così:

☞ il **diritto morale**, in particolare il diritto di paternità, spetta sempre *al dipendente* inventore (art. 2590);

☞ quanto al **diritto patrimoniale** (chiedere il brevetto e sfruttarlo economicamente) bisogna distinguere (art. 64 c.p.i.): ✦ se l'invenzione è stata prodotta *in ambiente lavorativo*, il diritto spetta al *datore di lavoro* (che però deve riconoscere un *equo premio* al dipendente inventore se l'invenzione, pur realizzata con i mezzi dell'impresa, non era oggetto specifico della sua prestazione lavorativa); ✦ se l'invenzione si è realizzata *fuori del contesto lavorativo* ma può interessare l'azienda, il datore di lavoro ha diritto di *opzione* per l'acquisto del brevetto o per l'uso dell'invenzione.

5. La licenza di brevetto

Il titolare del brevetto può *utilizzarlo direttamente*, attuando egli stesso l'invenzione su basi industriali; oppure può *disporne*, trasferendo ad altri il diritto (art. 2584). Il trasferimento può essere integrale, e implicare il *passaggio della titolarità del brevetto* dal vecchio a un nuovo titolare. Oppure il titolare può conservarne la titolarità, attribuendo a qualcun altro solo il *diritto di utilizzarlo per un determinato periodo*: ciò si realizza con un contratto di licenza.

La licenza di brevetto può essere: ☞ licenza **esclusiva**, se il titolare del brevetto rinuncia a ogni possibilità di utilizzare in proprio l'invenzione, e trasferisce integralmente il monopolio di essa al licenziatario; ☞ licenza **personale**, se il titolare conserva anche per sé tale possibilità. Il *corrispettivo* della licenza può consistere o in somme fisse, o in percentuali del fatturato o dei profitti realizzati dal licenziatario (c.d. royalties).

È *interesse pubblico* che le invenzioni siano *effettivamente utilizzate a scopo industriale*, perché solo così il patrimonio tecnologico nazionale si arricchisce. Perciò la legge non tollera che un'invenzione brevettata non venga attuata. Di qui la regola per cui se *entro tre anni* dalla concessione del brevetto il titolare di questo non provvede ad attuarla, e non dà licenza perché l'attui qualcun altro, o se a sua volta il licenziatario non l'attua, *qualunque interessato* può chiedere all'Ufficio brevetti *licenza per l'uso non esclusivo* dell'invenzione, pagando un *equo compenso* al titolare del brevetto (art. 70 e segg. c.p.i.): questa licenza si definisce licenza **obbligatoria**, proprio perché imposta al titolare del brevetto anche contro la sua volontà.

6. Invenzione non brevettata e segreti commerciali (know how)

Chi brevetta un'invenzione è certo di averne l'esclusiva per 20 anni, ma è altrettanto certo che al termine di questo periodo l'invenzione potrà essere utilizzata da chiunque: infatti la domanda di brevetto deve contenere una descrizione dettagliata, che renda agevole la comprensione e l'attuazione del nuovo ritrovato. Perciò l'inventore può anche avere *interesse a non brevettare* l'invenzione: se riesce a utilizzarla mantenendo segrete le modalità per la sua attuazione, può godere di un'*esclusiva di fatto più lunga* del ventennio.

Inoltre, ci possono essere *segreti aziendali* che l'imprenditore non può brevettare perché *non presentano i requisiti della brevettabilità*, ma che nondimeno hanno grande valore per la sua attività economica: esperienze tecnico-industriali, sistemi organizzativi, formule commerciali, elenchi di clienti, ecc. Queste conoscenze, che l'imprenditore ha interesse a mantenere segrete, si chiamano abitualmente «know how».

In passato il know how riceveva qualche protezione giuridica al di fuori dei mezzi di tutela della proprietà industriale. Con le norme sul *rapporto di lavoro*: se il dipendente infedele rivela know how della sua impresa a un concorrente, il datore di lavoro può agire contro di lui per violazione del dovere di fedeltà (**55**.7). O con la disciplina della *concorrenza sleale* (**58**.2), considerando tale l'utilizzazione indebita dei segreti aziendali del concorrente. Il codice della proprietà industriale (2005) fa un passo avanti: le informazioni aziendali segrete sono *tutelate come proprietà industriale* (art. 98-99 c.p.i.). La tutela è stata rafforzata con le modifiche introdotte dal d.lgs. 63/2018, che recepisce la direttiva europea 943/2016 (e fra l'altro cambia nome al bene protetto, chiamandolo "*segreti commerciali*").

7. Modelli di utilità; modelli e disegni ornamentali

I **modelli di utilità** sono invenzioni che non introducono prodotti o processi nuovi, ma si limitano a «conferire a macchine o parti di esse, strumenti, utensili od oggetti *particolare efficacia o comodità di applicazione o d'impiego*» (art. 2592): ad es., un nuovo attacco per sci, un nuovo casco da motociclista, ecc. L'autore può brevettarli, e così ottenere il diritto esclusivo alla loro utilizzazione economica per la durata di *10 anni* (art. 82-86 c.p.i.).

I **modelli e disegni ornamentali** servono invece «a dare a determinate categorie di prodotti industriali uno *speciale ornamento*, sia per la *forma*, sia per una particolare *combinazione di linee o di colori*» (art. 2593). È il c.d. disegno industriale, o «design»: si pensi a una nuova carrozzeria di auto, a un nuovo modello di divano, a un nuovo tipo di lampada da tavolo. Anche per essi si può ottenere l'esclusiva, chiedendo la registrazione: l'esclusiva dura *cinque anni*, prorogabili fino a un massimo di *25* (art. 31-44 c.p.i.).

8. Opere dell'ingegno e diritto d'autore

La materia dei diritti sulle opere dell'ingegno (diritto d'autore) è disciplinata, oltre che dal codice, dalla l. 633/1941. Essa riguarda *tutte* «*le opere dell'ingegno che appartengono alle scienze, alla letteratura, alla musica, alle arti figurative, all'architettura, al teatro e alla cinematografia*» (art. 2575).

Peraltro, l'*evoluzione delle tecniche di comunicazione e delle forme di espressione dell'ingegno umano* ha progressivamente ampliato l'area delle opere tutelate, rispetto a quelle contemplate in origine: oggi il diritto d'autore tutela anche, ad es., i programmi televisivi, il software, gli schemi organizzativi delle banche dati. Inoltre, si manifestano inedite modalità di aggressione del diritto, prima sconosciute e oggi rese possibili da nuove tecnologie. In relazione a tutti questi sviluppi, la disciplina ha subito, nel tempo, molti *aggiornamenti*: da ultimo, con la l. 248/2000 e il d.lgs. 68/2003.

Per avere tutela, l'opera deve presentare *carattere creativo*, cioè introdurre qualche *innovazione* nel panorama delle scienze e delle arti. Non si richiede, invece, che abbia particolari pregi qualitativi: il romanzaccio dozzinale è tutelato giuridicamente quanto il più squisito pezzo letterario.

Il diritto d'autore, senza bisogno di formalità, *nasce con la stessa creazione dell'opera* (art. 6 l.a.).

Del suo **contenuto morale** si è già detto (**57**.2). Quanto alle **facoltà patrimoniali**, vi sono comprese, con *esclusiva* a favore dell'autore: la *pubblicazione* o *diffusione* dell'opera, la sua *riproduzione* con qualsiasi mezzo, l'*esecuzione o rappresentazione* in pubblico, la *distribuzione*, la *traduzione* in altre lingue e *ogni altra forma di elaborazione* (come ad es. quella per cui da un romanzo si ricava la sceneggiatura di un film). L'autore può *compiere egli stesso* queste attività di utilizzazione dell'opera, ma più spesso *trasferisce ad altri* il diritto esclusivo di compierle. L'autore dell'opera letteraria, ad es., trasferisce a un editore il diritto di pubblicarla e metterla in commercio, stipulando con lui un *contratto di edizione*; l'autore di un brano musicale trasferisce a una casa discografica il diritto di ricavarne dischi, e di venderli. E di regola lo fa verso un corrispettivo in denaro, che il linguaggio corrente chiama «diritti d'autore».

Se l'opera è stata creata con il contributo inscindibile di più autori, il diritto su essa spetta *in comunione ai coautori*: si pensi, per es., a un romanzo o a un saggio scientifico scritti, come suol dirsi, «a quattro mani». Una previsione particolare è riservata ai *film*: ne sono considerati coautori l'autore del soggetto, lo sceneggiatore, il compositore della colonna musicale e il regista (art. 44 l.a.); ma il diritto patrimoniale è attribuito al produttore (art. 45 l.a.). Diverso è il caso delle *opere collettive*, che risultano dall'organizzazione di più contributi autonomi (una rivista, un giornale, un'enciclopedia): gli autori dei singoli contributi hanno autonomi diritti sopra ciascuno di questi, mentre autore dell'opera collettiva si considera chi l'ha concepita e organizzata: il direttore della rivista o del giornale, il curatore dell'enciclopedia (art. 7 l.a.); ma il diritto di utilizzazione economica spetta all'editore (art. 38 l.a.).

Anche il diritto (patrimoniale) d'autore è *limitato nel tempo*. Dura per *tutta la vita dell'autore*; alla sua *morte* si trasmette agli *eredi*, e dura per un *ulteriore periodo*, che in origine era 50 anni, poi elevato a **70 anni** in conformità a una direttiva europea (art. 25 e segg. l.a.; art. 17 l. 52/1996); dopo di che l'opera cade in pubblico dominio, e può essere liberamente utilizzata da chiunque.

Per certi tipi di opere, il successo dipende non solo dalla qualità intrinseca dell'opera (il cui merito va all'autore), ma anche dalla qualità della sua esecuzione: per un film o un lavoro teatrale è molto importante il contributo dell'attore che lo recita; per una musica, quello del musicista o cantante che la esegue. Dunque anche l'interpretazione o esecuzione di un'opera esistente va considerata creazione artistica. E perciò anche agli *interpreti ed esecutori* la legge (art. 80 e segg. l.a.) riconosce diritti esclusivi sulla performance artistica; così come li riconosce alle case discografiche e ai produttori di opere audiovisive, specie rispetto alle utilizzazioni televisive (art. e 72 segg. l.a.). Si parla al riguardo di **diritti connessi** (art. 2579); e pure la durata di questa protezione è stata recentemente aumentata a 70 anni (d.lgs. 22/2014).

9. La proprietà intellettuale e l'evoluzione tecnologica

Lo sviluppo di nuove tecnologie mette continuamente in tensione la disciplina giuridica della proprietà intellettuale, le cui previsioni originarie risalgono a uno stadio più arretrato dell'evoluzione tecnico-scientifica. Si creano così lacune: talora colmate dal legislatore; altre volte dall'interpretazione evolutiva.

Ad esempio, nel 1975 si è stabilita la brevettabilità di *nuove varietà vegetali* (adesso regolata dagli art. 100-116 c.p.i.): tema che interferisce con quello degli organismi geneticamente modificati (ogm). Nel 1979 quella dei procedimenti microbiologici e dei prodotti derivati (c.d. *biotecnologie*).

Particolari problemi hanno posto gli sviluppi delle *tecnologie informatiche*. Nel 1989 la legge ha dichiarato brevettabile l'elemento dell'hardware costituito dalle topografie dei prodotti a semiconduttori (c.d. chips), mentre ha escluso espressamente la brevettabilità del *software*: esclusione confermata dall'art. 45 c.p.i. Restava così aperto il problema di difendere i creatori dei programmi contro la pratica di copiarli e utilizzarli o commercializzare le copie (c.d. «pirateria informatica»). La difesa si è trovata nel diritto d'autore, equiparando il software a un'opera dell'ingegno (d.lgs. 518/1992). La tutela del diritto d'autore è stata poi estesa a coprire gli schemi di organizzazione e funzionamento delle *banche dati* (d.lgs. 169/1999): già richiamate come possibile fattore di lesione di diritti della persona (**13**.9), qui vengono in considerazione come oggetto esse stesse di diritti da tutelare.

L'evoluzione tecnologica, oltre a creare nuove opere meritevoli di tutela, crea anche nuove possibilità di utilizzazione delle opere, e quindi nuove possibilità di lesione del relativo diritto. I più recenti aggiornamenti legislativi ne tengono conto: ad es. occupandosi del noleggio di *compact disc* e *videocassette* (d.lgs. 685/1994), delle trasmissioni televisive *via satellite* e *via cavo* (d.lgs. 5811996), delle trasmissioni delle *pay tv*, dello scarico di files musicali da *Internet*, oltre che della più tradizionale *fotocopiatura* dei testi (l. 248/2000, particolarmente attenta a rafforzare i controlli e le sanzioni per battere i fenomeni di «pirateria»).

Significativo il mutamento di terminologia legislativa: con riguardo alle opere audiovisive non si parla più di «apparecchi», «dischi», «pellicole», ma solo di «supporti», in coerenza con l'evoluzione delle tecnologie digitali.

Da tempo gli editori lamentano che Google mette in rete contenuti (articoli, foto) presi dai loro giornali, aprendoli al libero accesso del pubblico che può così averli gratis; e pretendono un compenso per questa utilizzazione del loro diritto d'autore. La questione è regolata dalla direttiva Ue 2019/790 (c.d. *direttiva copyright*), che il legislatore italiano ha recepito (d.lgs. 177/2021) integrando la legge sul diritto d'autore.

58

LA CONCORRENZA

1. Il principio della libera concorrenza

In un'economia di mercato, il funzionamento del sistema economico si fonda sui principi della *libera iniziativa* e della *concorrenza* fra le imprese. Secondo le dottrine dell'economia classica, il sistema concorrenziale realizza l'*interesse degli imprenditori* a conseguire il profitto e, insieme, l'*interesse generale del pubblico* al più razionale impiego delle risorse e alla migliore soddisfazione dei bisogni. La libera competizione fra le imprese – si insegna – finisce per premiare quelle che offrono i beni e i servizi di qualità migliore ai prezzi più bassi (producendoli con i minimi costi: donde la spinta a ricercare l'efficienza, tramite innovazioni tecnologiche e organizzative). In questo modo essa realizza obiettivi di utilità generale.

Questa teoria contiene elementi di verità, ma non ha un valore assoluto. Potrebbe essere assolutamente vera, se nella realtà esistessero sistemi di concorrenza perfetta. Ma l'esperienza dice che sistemi di questo genere non esistono, e che l'ideale della concorrenza pura si presenta sempre inquinato, nella pratica, da *effettive distorsioni della concorrenza* che impediscono i risultati socialmente utili, immaginati dalla teoria. La legge tiene conto di tutto ciò: e se da un lato valorizza gli elementi di interesse generale che sono insiti nei sistemi di libera concorrenza, dall'altro si preoccupa di prevenire o rimediare le controindicazioni e le degenerazioni che nella realtà quei sistemi possono presentare, e che si usano definire *fallimenti del mercato* («market failures»).

In primo luogo, la concorrenza non sarebbe socialmente utile se gli imprenditori fossero liberi di combattersi sul mercato con ogni mezzo, compresi i mezzi più scorretti e sleali: la competizione deve invece svolgersi nel rispetto di determinate «regole del gioco», che la legge impone alle imprese, vietando e reprimendo le pratiche di *concorrenza sleale* (**58**.2-3).

In secondo luogo, la legge considera che, in determinate circostanze, la libera concorrenza fra determinate imprese sia non utile, ma invece dannosa dal punto di vista dell'interesse generale o comunque di interessi meritevoli di tutela, e che perciò convenga limitarla o impedirla: stabilisce allora *restrizioni legali della concorrenza* (**58**.4).

Infine, può accadere che la competizione in determinati settori risulti ristretta o esclusa per l'iniziativa delle stesse imprese, che possono avere interesse ad accordarsi per non farsi concorrenza reciprocamente, o per farsela solo entro certi limiti, o addirittura riescono a conquistare posizioni di monopolio o di dominio del mercato, abusandone a danno delle imprese concorrenti e del pubblico dei consumatori. La legge si preoccupa allora di stabilire fino a che punto queste *restrizioni convenzionali della concorrenza* e queste altre *pratiche restrittive della concorrenza* siano ammissibili, e quando invece debbano ritenersi socialmente dannose, e perciò da reprimere come illecite (**58**.5-6).

2. Il divieto della concorrenza sleale. La pubblicità

Non tutti i metodi, che gli imprenditori potrebbero usare per assicurarsi il successo commerciale e il predominio sui mercati, sono buoni per la legge. La legge vieta quei metodi che, per la loro *scorrettezza e slealtà*, sono idonei a *danneggiare ingiustamente gli imprenditori concorrenti*.

Gli atti di concorrenza sleale possono classificarsi in varie categorie (art. 2598):

☞ gli atti di concorrenza sleale per **confusione** sono tutti quelli «*idonei a creare confusione con i prodotti e con l'attività di un concorrente*». Vi si riconducono: ✦ gli atti di chi «usa *nomi o segni distintivi* idonei a produrre confusione con i nomi o con i segni legittimamente usati da altri»; e ✦ gli atti di *imitazione servile* dei prodotti di un concorrente, che ricorrono quando l'imitazione della confezione di prodotti altrui (anche non coperta da brevetto) è tale da ingannare i consumatori circa la provenienza del prodotto;

☞ gli atti di concorrenza sleale per **denigrazione** consistono nel diffondere «*notizie e apprezzamenti sui prodotti e sull'attività di un concorrente, idonei a determinarne* il *discredito*». La legge li vieta non solo se le notizie e gli apprezzamenti sono falsi, ma anche se sono veri, specie ove presentati in modo parziale o tendenzioso: come quando si dice, ad es., che la macchina prodotta da un concorrente è sfornita di un certo dispositivo di sicurezza, senza precisare che le peculiari modalità di funzionamento di quella macchina lo rendono superfluo;

☞ gli atti di concorrenza sleale per **vanteria** si hanno quando l'imprenditore «*si appropria di pregi dei prodotti o dell'impresa di un concorrente*»: sua forma tipica è la *réclame per riferimento*, che consiste nello sfruttare la rinomanza dell'altrui prodotto (x) presentando il proprio prodotto con la formula «tipo x» o «modello x» (ad es.: «scarpe tipo Timberland»);

☞ infine, gli **atti atipici** di concorrenza sleale si riconducono a una categoria che la legge descrive in termini ampi. Ci rientra ogni altro caso in cui l'imprenditore si avvale direttamente o indirettamente di *mezzi* che risultino: ✦ non conformi ai *principi della correttezza professionale*, e ✦ idonei a *danneggiare l'altrui azienda*. Grazie a queste formule elastiche (clausole generali), la qualificazione di «slealtà» dell'atto concorrenziale può aderire bene alle diverse realtà, perché si basa sulle regole di condotta comunemente accettate e praticate dagli operatori dei singoli mercati in un determinato momento storico. Possono rientrarci: il boicottaggio; le minacce contro la clientela di un concorrente per indurla ad abbandonare quel fornitore; lo storno sistematico dei dipendenti altrui; l'utilizzazione indebita di know-how e segreti aziendali altrui (cfr. art. 99 c.p.i.).

Un importante strumento della concorrenza fra imprese è la **pubblicità**. Se svolta in modo scorretto, essa può danneggiare (oltre che i consumatori: **60**.3), anche i concorrenti. Per questo la legge vieta la pubblicità ingannevole, e sottopone a limiti la pubblicità comparativa (d.lgs. 145/2007):

☞ la pubblicità **ingannevole** è quella *capace di trarre in inganno i destinatari*, influenzandone il comportamento economico. Si considera senz'altro tale: ✦ la pubblicità *non trasparente* (ad es. perché mascherata da informazione disinteressata); ✦ quella che riguarda *prodotti pericolosi per la salute e sicurezza* dei consumatori, e trascura di segnalare questa pericolosità; ✦ quella che può minacciare la sicurezza di *bambini e adolescenti*, oppure sfrutta la loro credulità e inesperienza;

☞ la pubblicità **comparativa** è quella che *fa riferimento a prodotti concorrenti*, per segnalarne l'inferiorità. È *lecita* solo entro una serie di *limiti*, e in particolare: se mette a confronto caratteristiche oggettive e verificabili dei prodotti concorrenti; se non crea confusione fra i prodotti messi a confronto; se non denigra i prodotti concorrenti.

Alla repressione della pubblicità illecita provvede l'*Autorità garante della concorrenza e del mercato*, di cui diremo fra poco a proposito della disciplina antitrust (**58**.6).

3. I rimedi contro la concorrenza sleale

L'imprenditore che subisce atti di concorrenza sleale ha diversi strumenti legali di difesa e reazione. Alcuni – a differenza di quanto normalmente previsto per i rimedi contro l'illecito extracontrattuale – prescindono sia dall'esistenza di un danno effettivo causato dalla concorrenza sleale (essendo sufficiente la sua idoneità a causare danno), sia dal dolo e dalla colpa dell'autore dell'atto (art. 2599). Sono: ☞ l'**azione inibitoria**, per ottenere che il concorrente sleale sia condannato a *cessare* le pratiche illecite; ☞ la **rimozione degli effetti** delle pratiche sleali (ad es., il ritiro dal mercato dei prodotti servilmente imitati).

Ulteriori rimedi possono essere attivati, a condizione che l'atto di concorrenza sleale abbia causato un *danno effettivo*, e sia stato compiuto con *dolo o colpa* (art. 2600). Sono: ☞ il **risarcimento del danno**, a titolo di responsabilità extracontrattuale (in proposito, la legge agevola la vittima, perché introduce a suo favore l'*inversione dell'onere della prova*, stabilendo che «la colpa si presume»: è il concorrente sleale che, per sfuggire all'obbligo di risarcimento, deve provare che l'atto non è imputabile a sua colpa); ☞ la **pubblicazione della sentenza** che condanna il concorrente sleale.

L'azione contro la concorrenza sleale può essere promossa anche dalle *associazioni* professionali del settore interessato (art. 2601), e dalle *Camere di commercio* (art. 2, c. 5, l. 580/1993): un embrione di «azione di classe», a tutela di interessi collettivi (**60**.9).

4. Le restrizioni legali della concorrenza

Se di regola la concorrenza (leale) è socialmente utile e va favorita, possono esserci casi in cui la legge giudica più utile, per la tutela di interessi prevalenti, limitarla o addirittura escluderla in determinati settori. Ne risultano restrizioni legali della concorrenza, riferite a situazioni e motivazioni diverse.

Limitazioni legali della concorrenza (anzi, la creazione per legge di posizioni di monopolio), risultano dalla disciplina dei *segni distintivi* dell'azienda e della *proprietà industriale*. Abbiamo visto le ragioni d'interesse generale che le giustificano, e i confini entro cui operano: confini oltre i quali quelle ragioni verrebbero soverchiate dai rischi insiti in ogni posizione monopolistica.

Ci sono poi circostanze in cui la legge valuta inopportuno che un determinato soggetto faccia concorrenza a un determinato altro soggetto, in ragione dei particolari rapporti che esistono fra loro. Pone allora **divieti legali di concorrenza**, come quelli stabiliti: ☞ per *chi trasferisce l'azienda*, che nei limiti visti non può fare concorrenza all'acquirente (**56**.7); ☞ per il *lavoratore dipendente*, il cui «*obbligo di fedeltà*» gli vieta di «trattare affari, per conto proprio o di terzi, in concorrenza con l'imprenditore» (art. 2105); ☞ per il *socio di società in nome collettivo*, che non può esercitare attività concorrente con quella della società, né partecipare come socio illimitatamente responsabile ad altra società concorrente (art. 2301); il divieto vale anche per i *soci accomandatari* di società in accomandita semplice (art. 2318); ☞ per l'*amministratore di società di capitali*, su cui gravano i medesimi divieti (art. 2390).

L'art. 43 C. prevede poi che «determinate imprese o categorie di imprese, che si riferiscano a *servizi pubblici essenziali* o a *fonti di energia* o a *situazioni di monopolio* ed abbiano carattere di *preminente interesse generale*» possano, «a fini di utilità generale», essere per legge riservate originariamente ovvero trasferite «allo Stato, ad enti pubblici o a comunità di lavoratori o di utenti», cui viene attribuito così un **monopolio legale**. È accaduto con l'attività di produzione e distribuzione dell'energia elettrica, che con la «nazionalizzazione» del 1962 è stata sottratta ai privati, che la esercitavano in regime di concorrenza, e attribuita all'Enel (originariamente ente pubblico imprenditore, dal 1992 trasformato in società per azioni a partecipazione pubblica). Era anche il caso delle trasmissioni televisive, riservate allo Stato ed esercitate dalla Rai, società a totale partecipazione statale. (Si ricorderà che, a tutela dei consumatori di beni e servizi offerti dal monopolista legale, è previsto a suo carico un *obbligo legale di contrarre*: **32**.12.) Peraltro, le tendenze politico-culturali favorevoli alla *«liberalizzazione» del mercato*, affermatesi negli ultimi decenni del XX secolo, hanno portato allo smantellamento di questi monopoli pubblici, sostituiti anche in quei settori da un regime di libera concorrenza: oggi l'Enel produce e distribuisce energia, e la Rai svolge attività televisiva, in competizione con imprese energetiche e rispettivamente con imprese televisive private.

L'idea, oggi prevalente, che l'azione pubblica non deve restringere la concorrenza, ma al contrario favorirla, ispira la previsione di una *legge annuale per il mercato e la concorrenza* (art. 47 l. 99/2009): ogni anno il Governo deve perseguire con apposita legge la rimozione degli ostacoli normativi e amministrativi che possono pregiudicare l'apertura dei mercati, lo sviluppo della concorrenza e quindi l'interesse dei consumatori.

5. Le restrizioni convenzionali della concorrenza

Ma restrizioni della concorrenza derivano più spesso dall'azione delle stesse imprese concorrenti, perché ciò corrisponde al loro interesse. Ad es., più imprenditori di un dato settore possono accordarsi per praticare lo stesso prezzo al pubblico per i loro prodotti, e venderli tutti alle medesime condizioni (così che nessuno rischierà di perdere clientela a vantaggio di un concorrente che pratichi prezzi più bassi e condizioni più vantaggiose); o per vendere, ciascuno, solo in una zona a lui riservata, senza «invadere» le zone altrui; o per acquistare, alle stesse condizioni, le materie prime da un unico fornitore; o per limitare, ciascuno, la propria produzione a un contingente stabilito (così che, per la conseguente limitazione dell'offerta complessiva, i prezzi si mantengano alti).

Accordi del genere si chiamano restrizioni convenzionali della concorrenza, o *intese restrittive della concorrenza.* A seconda delle concrete circostanze e degli effetti economici, le intese restrittive della concorrenza possono essere *socialmente dannose* (quando sono utilizzate solo per accrescere i profitti a spese dei consumatori, cui finiscono per arrivare prodotti più scadenti a prezzi più alti); ma possono anche risultare *utili nell'interesse generale*, come quando determinano una razionalizzazione del processo produttivo e distributivo che consente di abbassare i costi dell'impresa e quindi i prezzi ai consumatori.

Il codice dedica agli accordi restrittivi della concorrenza una norma che cerca l'equilibrio fra le potenzialità positive e i rischi appena segnalati (art. 2596). Questi patti sono soggetti: ☞ a una prescrizione di **forma**, imposta *per la prova* (devono essere provati per iscritto); ☞ a limiti di **contenuto**, da rispettare a pena di invalidità, che riguardano: ✦ l'ambito della restrizione, che deve essere circoscritta «ad una *determinata zona* o ad una *determinata attività*»; ✦ la durata della restrizione, che non può superare i *cinque anni* (se si prevede una durata più lunga, questa si riduce automaticamente al limite di legge).

Ma questa norma del codice non è sufficiente a proteggere la concorrenza contro le intese e le pratiche restrittive, suscettibili di pregiudicarla in modo contrastante con l'interesse generale. A questo fine, occorre un'organica *disciplina antimonopolistica* (o, come comunemente si dice, *antitrust*), che in Italia è stata introdotta solo nel 1990.

6. La disciplina antitrust

L'obiettivo della disciplina antitrust è *individuare, vietare e colpire i comportamenti delle imprese che limitano la concorrenza e ostacolano il buon funzionamento del mercato*, e in questo modo danneggiano l'interesse generale.

Norme antitrust esistono da tempo nel **diritto europeo**. Esse vietano due tipi di condotte anticoncorrenziali: ☞ le *intese e pratiche concordate fra imprese*, suscettibili di pregiudicare il commercio fra gli Stati membri, e aventi per oggetto o per effetto di *impedire, restringere o falsare il gioco della concorrenza* all'interno del mercato comune (facendo però salve le intese che «contribuiscano a migliorare la produzione o la distribuzione dei prodotti o a promuovere il progresso tecnico o economico»: art. 101 T.Ue); ☞ lo *sfruttamento abusivo della posizione dominante* che un'impresa o un gruppo di imprese abbia conquistato nel mercato comune (art. 102 T.Ue): ad es., ingiustificate limitazioni della produzione, pratiche discriminatorie o vessatorie verso clienti o fornitori, ecc.

Nel diritto interno italiano, a una **legge antitrust** si è giunti in ritardo rispetto agli altri paesi sviluppati: l. 287/1990. Essa vieta e colpisce tre tipi di *comportamenti anticoncorrenziali* delle imprese:

☞ le **intese restrittive della concorrenza** (accordi sui prezzi di acquisto o di vendita, su limitazioni della produzione o degli investimenti, sulla ripartizione dei mercati o delle fonti di approvvigionamento, ecc.), che sono *nulle*, salva la possibilità di autorizzarle eccezionalmente, e per un periodo limitato, quando si tratti di intese capaci di razionalizzare la produzione, migliorare l'offerta e così avvantaggiare i consumatori;

☞ gli **abusi di posizione dominante**, che si hanno quando risultati come quelli colpiti dal divieto di intese restrittive (imposizione di prezzi, vincoli alle produzioni, agli sbocchi sul mercato, agli investimenti e allo sviluppo tecnologico, imposizione di condizioni commerciali discriminatorie, ecc.) si realizzano non tramite accordi fra imprese, ma con *comportamenti unilaterali di singole imprese*, che approfittano della posizione dominante raggiunta su un certo mercato;

☞ le **concentrazioni**, che possono aversi ad es. quando due società si fondono (**51**.10), o una acquista il controllo azionario sull'altra (**54**.5), e sono vietate tutte le volte che creano una *posizione dominante*, tale da limitare seriamente la concorrenza su un certo mercato; se non presentano questo rischio, possono essere autorizzate caso per caso.

L'applicazione di questi divieti è affidata a un apposito organo pubblico: l'**Autorità garante della concorrenza e del mercato** (c.d. Autorità antitrust), formata da cinque membri. Per attuare la sua funzione, l'Autorità: ☞ svolge *indagini* per accertare se qualche impresa ha realizzato *intese restrittive* della concorrenza o *abusi di posizione dominante* (a tale fine può imporre alle imprese di fornire elementi di conoscenza, e queste a loro volta hanno il diritto di far sentire le proprie ragioni); ☞ se riscontra una delle violazioni suddette, *diffida* le imprese responsabili a regolarizzare entro un certo termine la propria posizione; ☞ nei casi più gravi, ovvero in caso d'inosservanza della diffida, applica alle imprese responsabili *sanzioni pecuniarie*; ☞ valuta le operazioni di *concentrazione* (che devono esserle comunicate preventivamente, quando il fatturato delle imprese interessate superi una certa somma), e decide se vanno autorizzate oppure vietate.

Accanto alla disciplina antitrust generale, esistono poi *discipline antitrust di settore*: come quelle che tutelano la concorrenza nel settore della *stampa* (l. 416/1981) e della *televisione* (l. 249/1997; l. 112/2004; testo unico della radiotelevisione, approvato con d.lgs. 177/2005), e la cui applicazione spetta a un apposito organo che si chiama *Autorità per le garanzie nelle comunicazioni*.

Le pratiche restrittive ledono l'interesse generale del mercato, ma al tempo stesso danneggiano personalmente gli imprenditori estranei, e i consumatori: questi possono chiedere il *risarcimento* alle imprese responsabili delle pratiche anticoncorrenziali. Anche questo è un modo per attuare concretamente la tutela della concorrenza: si parla di «*private enforcement*» della disciplina antitrust, contrapposto al «public enforcement» che si realizza con l'intervento di autorità pubbliche.

59

ATTIVITÀ D'IMPRESA REGOLATE: ASSICURAZIONI, BANCHE, FINANZA

1. Attività d'impresa, interesse pubblico, regolazione del mercato

La costituzione tutela la *libertà di iniziativa economica*: «l'iniziativa economica privata è libera» (art. 41, c. 1, C.). E siccome l'iniziativa economica si manifesta tipicamente in attività d'impresa, ne deriva che l'attività d'impresa è, in generale, libera. Libertà dell'impresa significa libertà dell'imprenditore di perseguire il proprio *interesse particolare*, che è essenzialmente interesse al *profitto*. Qualcuno sostiene una visione diversa, affermando che l'impresa è una «istituzione» la quale in sé e per sé, per il solo fatto di essere un organismo produttivo, realizza interessi generali che trascendono l'interesse individuale dell'imprenditore (c.d. *teoria dell'impresa-istituzione*). Ma questa visione è poco realistica, se non mistificante. La verità è che spesso si creano *conflitti fra l'interesse dell'impresa (dell'imprenditore) e l'interesse del pubblico*, cioè della generalità dei cittadini o di ampie categorie di cittadini. Ad es.: l'impresa ha interesse a insediare i suoi impianti nei luoghi più convenienti per sé, e a scegliere liberamente le tecniche produttive che le garantiscano costi più bassi e più alti profitti; ma se l'insediamento industriale deturpa un bellissimo paesaggio, o utilizza metodi molto inquinanti, è chiaro che ciò contrasta con l'interesse generale alla conservazione delle bellezze naturali e alla salubrità dell'ambiente.

La costituzione ne è consapevole, e stabilisce che in caso di conflitto *l'interesse generale deve prevalere sull'interesse dell'impresa*: l'iniziativa economica privata «non può svolgersi in contrasto con l'utilità sociale o in modo da recare danno alla salute, all'ambiente, alla sicurezza, alla libertà, alla dignità umana» (art. 41, c. 2, C.); e "La legge determina i *programmi* e i *controlli* opportuni perché l'attività economica ... possa essere indirizzata e coordinata a fini sociali e ambientali" (art. 41, c. 3, C.).

Questo vale soprattutto per le attività d'impresa che, rivolgendosi al mercato, implicano *contatti con un vasto pubblico, a cui l'impresa offre i suoi prodotti o servizi*. Tali attività, e i rapporti che si creano fra le imprese e il pubblico, sono soggetti a una particolare regolamentazione che ha lo scopo di *proteggere l'interesse del pubblico*: si parla al riguardo di **regolazione del mercato**.

Fra le attività d'impresa soggette a regolazione, particolare importanza hanno l'attività assicurativa, l'attività bancaria e l'attività finanziaria.

2. L'attività assicurativa e il concetto di rischio; disciplina e controlli

L'attività assicurativa si fonda sul concetto di **rischio**. Il rischio è la *probabilità di un evento sfavorevole*; e l'esistenza quotidiana è piena di rischi. Funzione dell'assicurazione è *trasferire i rischi dal soggetto esposto ad essi (assicurato) a un altro soggetto (assicuratore)*: se il rischio si concreta, con l'effettivo verificarsi dell'evento sfavorevole, le sue *conseguenze economiche* sono sopportate non dalla persona direttamente colpita, ma dall'assicuratore, il quale deve pagarle una somma di denaro (*indennità*) che la sollevi dall'incidenza economica negativa dell'evento. In cambio di questa *prestazione di sicurezza*, l'assicuratore riceve una somma di denaro, detta *premio assicurativo*. E l'insieme dei premi raccolti presso gli assicurati costituisce la massa monetaria da cui l'assicuratore attinge quanto necessario per pagare le singole indennità, al verificarsi dei singoli eventi sfavorevoli che concretano i rischi assicurati.

Il funzionamento di questo meccanismo presuppone alcuni elementi: ☞ la **calcolabilità dei rischi** assicurati: è necessario sapere (mediante tecniche statistiche fondate sulla legge dei grandi numeri) quanti incendi di abitazioni si verificano mediamente in un anno, e qual è l'ammontare medio dei danni che ne risultano. Solo sapendolo, infatti, è possibile fissare un premio adeguato: e cioè tale che la somma dei premi raccolti fra tutti gli assicurati sia sufficiente a coprire l'ammontare dei danni da incendio statisticamente prevedibili in relazione a quelli assicurati; ☞ l'**omogeneità dei rischi** assicurati: il calcolo probabilistico appena accennato può farsi solo per classi di rischi della stessa natura (incendi, furti, malattie, incidenti automobilistici, morti, ecc.), e non mettendo insieme rischi eterogenei. Nei confronti di tutti gli assicurati contro una stessa classe di rischi omogenei, l'assicurazione realizza una sorta di *ripartizione degli oneri economici corrispondenti ai rischi stessi*: chi si assicura contro l'incendio della casa sopporta non più il rischio di subire l'intero danno causato dall'eventuale incendio, ma solo l'onere del premio assicurativo; e l'indennità a favore degli assicurati colpiti dall'incendio viene pagata, sostanzialmente, con i premi versati da tutti gli assicurati (inclusi quelli rimasti immuni dall'evento sfavorevole); ☞ l'organizzazione dell'assicuratore come **impresa di assicurazioni** (spesso chiamata «compagnia» di assicurazioni): per il meccanismo economico dell'assicurazione, non avrebbe senso che l'assicuratore stipulasse casualmente singoli contratti di assicurazione; egli deve invece stipulare una serie coordinata di contratti. L'assicurazione implica quindi un'attività organizzata ed esercitata professionalmente: un'attività d'impresa.

Per la sua grande rilevanza economica e sociale, l'attività assicurativa è sottoposta a una particolare disciplina, che prevede una serie di *vincoli e controlli pubblici*. Tale disciplina, prima sparsa in tanti diversi testi normativi, è adesso organizzata unitariamente nel **codice delle assicurazioni** (d.lgs. 209/2005), composto da ben 355 articoli. Invece il contratto di assicurazione è regolato da norme del codice civile. Le prescrizioni sull'attività assicurativa sono di due tipi:

☞ alcune riguardano **qualità e struttura del soggetto imprenditore**. In particolare: ✦ l'impresa di assicurazione può essere esercitata solo da *enti pubblici*, da *società per azioni* e da *mutue assicuratrici*, con capitale non inferiore a un certo minimo; ✦ l'attività assicurativa deve essere il suo *oggetto esclusivo*; ✦ *amministratori* e *sindaci* devono avere speciali requisiti; ✦ l'attività non può avviarsi senza *autorizzazione del Ministro per lo sviluppo economico*;

☞ altre riguardano lo **svolgimento dell'attività assicurativa**. In particolare: ✦ l'impresa di assicurazioni deve avere un *patrimonio* di consistenza e composizione tali da garantire la sua capacità di fare fronte al pagamento delle indennità; e il suo *bilancio* deve essere certificato (cioè controllato e approvato da una società di revisione: **53**.13); ✦ ci sono vincoli circa le *partecipazioni di controllo* assunte da imprese di assicurazioni in imprese di altra natura (e anche su quelle assunte da imprese di altra natura in imprese di assicurazioni); ✦ sono soggetti a controlli, per la tutela del pubblico, i *contratti di assicurazione* che l'impresa conclude con gli assicurati: si vuole garantire la *trasparenza e correttezza* *delle operazioni*, con regole circa la pubblicità dei prodotti assicurativi, e soprattutto con *regole di comportamento* riassumibili nei doveri di «diligenza, correttezza e trasparenza» che includono specifici *obblighi di informazione* a favore dei clienti; ✦ una speciale disciplina ricevono anche l'attività e l'organizzazione dei c.d. *intermediari di assicurazione*, cioè degli operatori autonomi (non dipendenti dalle compagnie) che per conto di queste si occupano della *distribuzione* sul mercato dei servizi e prodotti assicurativi: *agenti* e mediatori di assicurazione, per i quali si prescrivono particolari requisiti, il superamento di esami e l'iscrizione in apposito albo.

Il governo pubblico dell'attività assicurativa è affidato all'Istituto per la vigilanza sulle assicurazioni - **Ivass** (che in base alla l. 135/2012 ha sostituito il vecchio Isvap). Esso svolge un ruolo analogo a quello della Consob per il mercato finanziario (**59**.15): emana regolamenti o altri provvedimenti su vari aspetti dell'attività assicurativa; interviene nei casi di crisi delle imprese del settore o di irregolarità della gestione.

Qui parliamo delle assicurazioni private, che si basano sulla libera scelta degli utenti, nella logica dell'autonomia privata. Diverse sono le *assicurazioni sociali*, che integrano il sistema della «sicurezza sociale», e sono obbligatorie.

3. Il contratto di assicurazione, e il rischio assicurato

L'assicurazione è il contratto con cui *l'assicuratore, verso pagamento di un premio, si obbliga a rivalere l'assicurato del danno causato da un sinistro, ovvero a pagare un capitale o una rendita al verificarsi di un evento attinente alla vita umana* (art. 1882). La definizione richiama i due tipi fondamentali di assicurazione: l'**assicurazione contro i danni** e l'**assicurazione sulla vita**.

L'assicurazione è un *contratto aleatorio* (**31**.10): la misura in cui il contratto porta vantaggi e sacrifici all'una e all'altra parte dipende da circostanze non controllabili e non prevedibili: il verificarsi o meno del sinistro (ad es., l'incendio); la morte più o meno prematura; ecc.

Le **parti** sono l'*assicuratore* e il *contraente*, che conclude il contratto con il primo, ed è obbligato a pagargli i premi. Se l'assicurazione è stipulata, in nome altrui, da un *rappresentante senza poteri*, il falso rappresentante può essere personalmente obbligato a pagare i premi (art. 1890), in deroga alla regola generale per cui il contratto non produce effetti verso il falso rappresentante (**30**.6).

Dunque il **contraente** è *il soggetto che conclude il contratto di assicurazione*. La sua posizione va distinta da altre due posizioni: quella di **assicurato**, che è *il soggetto cui si riferisce il rischio*; e quella di **beneficiario**, che è *il soggetto avente diritto al pagamento dell'indennità* quando il rischio si concreta nell'evento sfavorevole. Le tre posizioni possono coincidere nello *stesso soggetto*:

il proprietario della casa l'assicura contro l'incendio, e al verificarsi di questo è lui che riceve l'indennità. Ma possono anche distribuirsi fra *soggetti diversi.* Ciò accade quando: ☞ il contraente è diverso dall'assicurato (che si identifica con il beneficiario), come nell'*assicurazione per conto altrui*, o *per conto di chi spetta* (art. 1891), che ricorre ad es. quando il vettore assicura contro i danni le merci trasportate: contraente è il vettore, assicurato (e beneficiario) è chi risulterà proprietario delle merci al momento in cui queste siano colpite dal sinistro; oppure ☞ il contraente coincide con l'assicurato, mentre il beneficiario è un terzo: tipico caso l'*assicurazione sulla propria vita* a favore, per es., del coniuge e dei figli. In entrambi i casi, l'assicurazione è *a favore di terzi* (**33**.16).

Il contratto si perfeziona con il consenso delle parti, ma la sua *efficacia* resta parzialmente *sospesa* (nel senso che l'assicuratore non assume il rischio) fino a che il contraente non paga la *prima rata* di premio. Se poi il contraente non paga, alle scadenze, i *premi successivi*, l'assicurazione resta efficace fino al *quindicesimo giorno successivo alla scadenza* (art. 1901); se l'inadempimento si protrae, il contratto si risolve (art. 1901; 1924).

L'assicurazione richiede la *forma scritta per la prova* (art. 1888), e il documento contrattuale si chiama **polizza**. Le condizioni di polizza sono unilateralmente predisposte dall'assicuratore su moduli a stampa: è un *contratto standard, di adesione* (**60**.5). Per questo il legislatore lo disciplina con norme attente alla tutela dell'assicurato, contraente debole: e molte fra esse «non possono essere *derogate* se non *in senso più favorevole all'assicurato*» (art. 1932).

Per la funzione del contratto di assicurazione, il **rischio assicurato** ne costituisce *elemento essenziale*, fa parte della sua *causa*: è il rischio che dà senso al contratto; e l'entità del rischio, in connessione con l'ammontare del premio, definisce l'equilibrio economico del contratto. Di qui una serie di regole: ☞ l'*inesistenza originaria* del rischio determina la *nullità* del contratto (art. 1895); ☞ la *successiva cessazione* del rischio (comunicata all'assicuratore) ne determina la *risoluzione* (art. 1896); ☞ la *successiva diminuzione* del rischio (comunicata all'assicuratore) dà diritto all'assicurato a una *riduzione del premio*; ma l'assicuratore può *recedere* dal contratto (art. 1897); ☞ il *successivo rilevante aggravamento* del rischio obbliga il contraente a darne immediato *avviso* all'assicuratore: e questi ha facoltà di *recedere* dal contratto (art. 1898).

Generalmente, per conoscere l'entità del rischio l'assicuratore deve affidarsi in gran parte alle dichiarazioni del contraente. Se il contraente gli fornisce **dichiarazioni inesatte o reticenti** tali per cui, conoscendo la realtà, *l'assicuratore non avrebbe concluso il contratto o lo avrebbe concluso per un premio più alto* (ad es., chi si assicura sulla vita nasconde all'assicuratore una marcata familiarità oncologica), l'assicuratore è pregiudicato. Scattano a suo favore rimedi diversi, a seconda del comportamento del contraente: ☞ se inesattezza o reticenza dipendono da *dolo o colpa grave* del contraente, l'assicuratore può chiedere l'*annullamento* del contratto entro tre mesi da quando ne viene a conoscenza; e se il sinistro si verifica prima che scada questo termine, non è tenuto a pagare l'indennità (art. 1892); ☞ se invece non c'è né dolo né colpa grave del contraente, l'assicuratore può *recedere* dal contratto nello stesso termine di tre mesi; se prima del recesso si verifica il sinistro, è tenuto a pagare un'*indennità ridotta* (art. 1893).

Il cliente ha diritto all'indennità al verificarsi del sinistro ma solo se questo rientra nel rischio assicurato. Di qui l'importanza delle *clausole di polizza che contengono la descrizione e delimitazione del rischio*, spesso escludendo espressamente dalla copertura assicurativa determinati rischi (ad es., nell'assicurazione contro i furti nell'abitazione si precisa che non sono coperti i furti consumati mentre non è in funzione il sistema di allarme).

4. L'assicurazione contro i danni

Con l'assicurazione contro i danni, l'assicurato viene indennizzato per il danno che subisce col verificarsi di un sinistro, il quale rientri nel rischio assicurato. Ad es.: assicurazione contro l'incendio della casa, contro il furto dell'auto, contro gli infortuni sportivi, ecc. La sua funzione è rimediare un danno sofferto dall'assicurato, non portargli un arricchimento: serve a collocare l'assicurato in situazione economica equivalente a quella che aveva prima dell'evento sfavorevole, e non più vantaggiosa. Di qui due principi.

In base al **principio dell'interesse**, deve esistere un *interesse dell'assicurato al valore che si assicura*; in mancanza, il contratto è *nullo* (art. 1904): non sarebbe possibile, ad es., assicurarsi contro l'incendio di un immobile su cui non si ha nessun diritto (proprietà, godimento o garanzia).

L'altro è il **principio indennitario**, per cui l'*indennità non può superare il danno effettivamente sofferto* dall'assicurato per il sinistro; e per danno si intende di regola solo il *danno emergente*: il lucro cessante è indennizzabile solo se c'è un'espressa pattuizione al riguardo (art. 1905). Dal principio indennitario discendono alcune regole: ☞ la prima è che l'indennità non può superare il *valore della cosa danneggiata*. Per evitare contestazioni sul punto, al momento del contratto le parti normalmente determinano concordemente tale valore: si ha allora la c.d. **polizza stimata** (art. 1908); ☞ una seconda regola concerne la c.d. **sovrassicurazione**, che si ha quando la cosa è stata *assicurata per una somma superiore al suo reale valore*. Le conseguenze sono diverse a seconda del comportamento del contraente (art. 1909): ✦ se la sovrassicurazione dipende da suo *dolo*, l'assicurazione è invalida, ma l'assicuratore ha diritto ai premi del periodo in corso; ✦ se *non c'è dolo*, l'assicurazione vale entro il valore reale della cosa, e il contraente ha diritto alla riduzione proporzionale dei premi futuri.

Il fenomeno inverso è la c.d. **sottoassicurazione** (o assicurazione parziale), che ricorre quando la cosa risulta *assicurata per una somma inferiore* al suo reale valore al tempo del sinistro (vuoi per difettosa valutazione iniziale, vuoi per deprezzamento sopravvenuto). Si applica allora la **regola proporzionale**, per cui l'indennità si determina *in proporzione al valore assicurato* (art. 1907): se, ad es., si assicura per 50.000 euro un bene che ne vale 100.000, e questo subisce un danno di 30.000, l'indennità dovuta è 15.000 euro. La regola proporzionale è *derogabile*, con la clausola per cui il danno è indennizzabile per l'intero valore assicurato: l'assicurazione si dice allora «*a primo rischio*».

Un'altra regola riguarda l'**assicurazione plurima**, quando cioè il *medesimo rischio* è assicurato presso *diversi assicuratori*: il beneficiario può chiedere l'indennità a ciascun assicuratore; ma le somme complessivamente riscosse non possono superare l'ammontare del danno (art. 1910). Diversa è la **coassicurazione**, in cui il debito per l'indennità è già ripartito fra i diversi assicuratori per quote determinate, e ciascun assicuratore deve solo la propria quota (art. 1911).

Infine, se il sinistro è imputabile alla *responsabilità di un terzo*, si ha **surrogazione dell'assicuratore** nei diritti dell'assicurato verso il terzo responsabile, da cui l'assicuratore può recuperare l'indennità pagata (ma la surrogazione è esclusa se il danno è causato da *familiari dell'assicurato*, salvo il caso di dolo): art. 1916.

Verificatosi il sinistro, scattano due **obblighi dell'assicurato**: ☞ l'*obbligo di avviso*, per cui l'assicurato deve, entro tre giorni, avvisare l'assicuratore del sinistro (art. 1913); e ☞ l'*obbligo di salvataggio*, per cui l'assicurato deve fare il possibile per evitare o diminuire il danno (art. 1914), anche se le spese del salvataggio sono a carico dell'assicuratore. Se viola questi obblighi per *dolo*, l'assicurato perde il diritto all'indennità; se li viola per *colpa*, l'indennità è ridotta in ragione del pregiudizio sofferto dall'assicuratore (art. 1915).

Ci sono altri casi in cui, pur verificatosi un sinistro rientrante nel rischio assicurato, **l'indennità non è dovuta** (salvo patto contrario). L'assicuratore non risponde: ☞ dei sinistri cagionati da *dolo o colpa grave* dell'assicurato, del contraente o del beneficiario (il patto contrario è ammesso solo per la colpa grave: art. 1900); ☞ dei danni prodotti da *vizio della cosa* assicurata, *non denunciato* (art. 1906); ☞ dei danni determinati da *fatti eccezionali* come terremoto, guerra, insurrezione o tumulti popolari (art. 1912).

5. L'assicurazione della responsabilità civile

L'assicurazione della responsabilità civile è un particolare *sottotipo di assicurazione contro i danni*: tiene indenne l'assicurato dai *risarcimenti dovuti a terzi danneggiati per sua responsabilità* (contrattuale o extracontrattuale). Mancando qui la possibilità di riferirsi al valore di una cosa, di solito la prestazione dell'assicuratore viene preventivamente delimitata con riferimento a un «tetto» massimo (c.d. *massimale*): se il danno da risarcire è superiore, l'eccedenza resta a carico dell'assicurato. In ogni caso, l'assicurazione non copre i casi di responsabilità per *dolo* dell'assicurato (art. 1917, c. 1).

Secondo il meccanismo tipico di questa assicurazione, prima l'assicurato responsabile paga al terzo danneggiato il risarcimento, e poi si rivolge all'assicuratore per rivalersi di quanto pagato. Però l'assicuratore ha facoltà, previa comunicazione all'assicurato, di *pagare l'indennità direttamente al terzo*; ed è obbligato a farlo se l'assicurato lo richiede (art. 1917, c. 2).

Il crescente ricorso all'assicurazione della responsabilità civile si collega con i caratteri della società e dell'economia moderna, che moltiplicano le occasioni di danno e di responsabilità, e determinano un *bisogno di sicurezza* sempre più avvertito: sicurezza non solo del potenziale responsabile (di non dover sopportare risarcimenti rovinosi); ma soprattutto dei potenziali danneggiati (di essere effettivamente risarciti). In alcuni settori, dove il rischio di danni e il conseguente bisogno di sicurezza sono particolarmente forti, il legislatore impone a determinati soggetti, l'*obbligo di assicurarsi contro la responsabilità civile*.

Il caso più importante è l'**assicurazione obbligatoria per la responsabilità civile automobilistica** (introdotta nel 1969). Che questa abbia l'obiettivo primario di proteggere l'interesse delle vittime di incidenti di circolazione, risulta bene da alcuni particolari aspetti della disciplina (contenuta ora nel codice delle assicurazioni), che riguardano: ☞ il *calcolo del risarcimento* dovuto alla vittima, con la distinzione fra *danno patrimoniale* e *danno biologico*, e all'interno di quest'ultimo fra *lesioni di entità lieve e non lieve* (art. 137 segg. c.a.); ☞ le *procedure per il risarcimento*: fin dall'inizio era prevista (in deroga alla disciplina comune) l'*azione diretta del danneggiato* contro l'assicuratore dell'automobilista responsabile; poi si è introdotto il c.d. *risarcimento diretto* (art. 143 segg. c.a.), in base a cui, quando l'incidente fra due auto causa solo danni materiali e/o lesioni personali lievi, il danneggiato chiede il risarcimento direttamente alla propria impresa di assicurazione; questa lo paga (un po' come se fosse un'assicurazione danni), e poi recupera dall'assicurazione dell'automobilista responsabile.

La recente l. 189/2012 prevede l'assicurazione obbligatoria delle strutture sanitarie pubbliche e private per i danni causati ai pazienti da errori medici (**44.**12), con azione diretta della vittima verso l'assicuratore.

6. L'assicurazione sulla vita

L'assicurazione sulla vita è il contratto con cui l'assicuratore, verso pagamento di un premio, si obbliga a *pagare un capitale o una rendita al verificarsi di un evento attinente alla vita umana.* L'evento può essere di varia natura, e in relazione ad esso si distinguono vari sottotipi di assicurazione sulla vita:

☞ nell'assicurazione **per il caso di vita** l'evento è che l'assicurato raggiunga e superi *una determinata età.* Esistono diverse varianti: ✦ con il metodo del *capitale differito* o della *rendita vitalizia differita* l'assicuratore pagherà all'assicurato una somma o comincerà a pagare una rendita vitalizia a una scadenza stabilita, purché a tale scadenza l'assicurato sia ancora vivo; ✦ con il metodo della *rendita vitalizia immediata*, l'assicuratore comincia a pagare la rendita fin dalla conclusione del contratto, contro l'immediato pagamento di un premio globale versato una tantum dall'assicurato. In tutti questi casi, il contratto è tanto più oneroso per l'assicuratore quanto più l'assicurato è longevo; di contro, la morte precoce dell'assicurato avvantaggia l'assicuratore;

☞ nell'assicurazione **per il caso di morte**, l'evento è la *morte dell'assicurato*: verificatasi la quale, l'assicuratore pagherà *un capitale o una rendita a un terzo beneficiario*, sempre che questi *sopravviva* all'assicurato. Una sottospecie è la c.d. *assicurazione temporanea*, per cui l'assicuratore pagherà solo se la morte dell'assicurato si verifichi entro un certo termine (ad es., il termine calcolato come quello oltre il quale i propri figli saranno in grado di mantenersi da sé). Qui, al contrario dell'ipotesi precedente, l'assicuratore deve temere la morte precoce dell'assicurato;

☞ nell'assicurazione **mista** l'assicuratore pagherà a una *scadenza* prestabilita, oppure alla *morte* dell'assicurato, se questa si verificherà prima di tale scadenza.

Un punto centrale della disciplina dell'assicurazione sulla vita è che *non si applica il principio indennitario*: non ci sono limiti al valore dell'indennità, che le parti possono stabilire liberamente; e se si stipulano più assicurazioni con diversi assicuratori, le indennità possono cumularsi.

Oltre che sulla propria vita, l'assicurazione può essere stipulata **sulla vita di un terzo** (dalla cui morte il contraente teme di ricevere un pregiudizio): si pensi al caso della donna che si assicura sulla vita del marito, temendo che questi muoia senza lasciarle mezzi. Per la validità del contratto, la legge richiede però il *consenso del terzo*, dalla cui morte il contraente ricaverà un vantaggio patrimoniale (art. 1919). L'assicurazione può essere stipulata **sulla propria vita, ma a beneficio di un terzo**: ad es. dal marito, per il caso di propria morte, a favore della moglie. Secondo le regole generali sul contratto a favore di terzo (**33**.16), il terzo beneficiario acquista un diritto proprio nei confronti dell'assicuratore (art. 1920, c. 3). Ma diversamente da quelle regole, l'assicurato conserva il *diritto di revocare il beneficio*, modificando la designazione del beneficiario, anche dopo che il terzo abbia dichiarato di volerne profittare, salvo che l'assicurato avesse rinunciato per iscritto al potere di revoca (art. 1921). Se il terzo attenta alla vita dell'assicurato, decade dal beneficio (art. 1922).

Alcune norme tutelano l'assicuratore contro eventi suscettibili di pregiudicarlo ingiustamente: *cambiamenti di professione o di attività dell'assicurato*, che aggravano notevolmente il rischio di sua morte; *suicidio dell'assicurato* entro due anni dal contratto. A seconda della gravità dell'evento e delle sue conseguenze possono scattare vari rimedi: riduzione della somma assicurata, aumento dei premi, nei casi più gravi risoluzione del contratto (art. 1926-1927).

La polizza vita prevede due diritti dell'assicurato (art. 1925): ☞ il **diritto di riscatto** consente all'assicurato di *risolvere anticipatamente* il contratto, purché abbia avuto una certa durata minima, e sia stato versato un ammontare minimo di premi: ne consegue la *restituzione di parte dei premi* versati; ☞ il **diritto di riduzione** consente all'assicurato di *cessare il pagamento dei premi*, contro una *riduzione della somma* assicurata.

Una norma introdotta di recente dà all'*assicurato* sulla vita il diritto di liberamente *recedere dal contratto* entro 30 giorni dalla notizia della sua conclusione (art. 177 c.a.).

7. La riassicurazione

L'assicuratore, che offre sicurezza contro i rischi cui sono esposti i suoi clienti, è esposto egli stesso a un rischio: il *rischio che la massa dei premi raccolti non sia sufficiente per pagare le indennità dovute*. Contro questo rischio le stesse imprese di assicurazione possono a loro volta assicurarsi o, come più precisamente si dice, riassicurarsi.

La riassicurazione non è che una *sottospecie dell'assicurazione per la responsabilità civile*, caratterizzata dal soggetto assicurato (un'impresa assicuratrice) e dal rischio coperto (quello indicato poco sopra). In questo modo si ha un'ulteriore redistribuzione del rischio: l'assicurato scarica il suo rischio sull'assicuratore; e questi, a sua volta, lo scarica in parte sul riassicuratore.

La riassicurazione è soggetta alle regole comuni sul contratto di assicurazione, che disciplinano i rapporti fra assicuratore-riassicurato e riassicuratore. Invece non si creano rapporti fra assicurato e riassicuratore (art. 1929).

8. L'attività bancaria: disciplina e controlli

L'attività bancaria comprende due funzioni fondamentali, collegate fra loro: ☞ la **raccolta del risparmio** presso il pubblico, e cioè l'acquisizione di de naro affidato dai risparmiatori alle banche (ad es. nella forma del deposito), con obbligo di restituzione; ☞ l'**esercizio del credito**, per cui il denaro così raccolto viene messo a disposizione dei soggetti (famiglie, imprese, enti pubblici) che hanno bisogno di finanziamento, e a loro volta si impegnano a restituirlo.

L'attività bancaria è importantissima per il sistema economico, e tocca fortemente l'*interesse generale*: al punto che, ancora negli anni '80 del XX secolo, era diffusa l'idea che essa fosse un vero e proprio servizio pubblico. Oggi questa idea è tramontata, e si riconosce che l'attività bancaria ha *carattere privatistico*, come ogni *attività d'impresa*: e tuttavia gli interessi generali coinvolti nel suo esercizio suggeriscono di assoggettarla a una disciplina rigorosa, e a forti controlli pubblici, come previsto in modo esplicito dall'art. 47, c. 1, C.

La disciplina dell'attività bancaria è contenuta essenzialmente nel d.lgs. 385/1993, recante il *testo unico delle leggi in materia bancaria e creditizia* (t.u.b.), punto d'arrivo di una complessa evoluzione legislativa che – soprattutto a partire dai primi anni '90 del secolo scorso – ha profondamente innovato l'ordinamento del settore, rispetto alla disciplina della vecchia «legge bancaria» (l. 141/1938). Parallelamente, il settore è stato investito con forza dai processi di privatizzazione: sia con la trasformazione degli enti pubblici esercenti attività bancaria in società di diritto privato; sia con l'ingresso di soci privati nel capitale delle banche, prima totalmente o prevalentemente pubblico (**50**.13).

Vale in questo settore una **riserva di attività**: l'attività bancaria è *riservata alle banche*; nessun operatore che non sia una banca può raccogliere presso il pubblico risparmio da destinare all'esercizio del credito (art. 10-11 t.u.b.). A loro volta le banche devono presentare i seguenti **requisiti** (art. 14 t.u.b.): ☞ la veste di *società per azioni*, dotata di un capitale non inferiore a un certo minimo; ☞ *onorabilità* dei soci; *onorabilità e professionalità* di amministratori e sindaci; ☞ preventiva *autorizzazione della Banca d'Italia*.

L'attività bancaria è sottoposta a **vigilanza pubblica**, cui provvedono le *autorità creditizie*: il Comitato interministeriale per il credito e il risparmio (Cicr), il Ministro dell'economia e delle finanze e la Banca d'Italia (art. 2 e segg. t.u.b.). Esse svolgono sia compiti di *controllo* ed eventualmente di *sanzione* (ad es. con autorizzazioni preventive e divieti di compiere determinate operazioni, ispezioni, ordini di chiusura di succursali, fino all'estremo dell'amministrazione straordinaria e della liquidazione coatta amministrativa), sia compiti di *regolazione* (con circolari, istruzioni, direttive, regolamenti che tutte le banche devono osservare come vere e proprie norme giuridiche): art. 51 e segg. t.u.b.

Questi interventi hanno un doppio scopo: *governare la circolazione monetaria* a fini di politica economica, evitando che il sistema bancario, concedendo credito con eccessiva larghezza o, al contrario, in modo eccessivamente restrittivo, sia fonte di inflazione o rispettivamente di recessione; e *tutelare il rispar-*

mio, reprimendo e prevenendo comportamenti negligenti o scorretti degli amministratori delle banche, suscettibili di disperdere i risparmi del pubblico ad esse affidati. Alla medesima finalità si ispira il principio della *separazione fra banca e industria*: si ritiene pericoloso che un'impresa industriale controlli una banca, perché la controllante potrebbe tendere a gestire la banca in modo vantaggioso per i propri interessi industriali, e dannoso per il pubblico dei clienti della banca Ecco perché l'acquisto di partecipazioni superiori al 5% nel capitale di una banca deve essere autorizzato dalla Banca d'Italia (art. 19 e segg. t.u.b.).

Una particolare disciplina è dedicata al *gruppo bancario*, formato dalla banca o finanziaria capogruppo e dalle altre società, esercenti attività bancaria o finanziaria, controllate da questa (art. 60 e segg.; 98 e segg. t.u.b.).

Anche per le banche, come per le assicurazioni, vale il principio del *mercato unico europeo*, affermato in un direttive comunitarie: quindi in Italia possono operare liberamente banche di altri paesi europei (*libera prestazione dei servizi*), anche costituendo succursali nel nostro paese (*libertà di stabilimento*), come prevedono gli art. 15 e segg. t.u.b. Inoltre, si sta consolidando un processo di *unificazione della disciplina e della vigilanza bancaria a livello europeo*, di cui è protagonista la Banca centrale europea.

9. Operazioni e contratti bancari

L'attività bancaria risulta dall'insieme delle operazioni bancarie, che si realizzano con la conclusione di contratti con i clienti. Si distinguono due categorie di operazioni bancarie: ☞ le **operazioni passive** corrispondono alla funzione di *raccolta del risparmio*, e sono quelle con cui la banca si procura fondi raccogliendoli presso il pubblico, cui si obbliga a restituirli; ☞ le **operazioni attive** corrispondono all'*esercizio del credito*, e sono quelle con cui la banca mette i fondi raccolti a disposizione di chi chiede liquidità, facendogli credito.

Alle operazioni bancarie in senso stretto si aggiungono le c.d. **operazioni accessorie**, con cui la banca presta alla clientela servizi di vario genere. Sono operazioni non riservate alle banche, ma che possono essere compiute anche da altri operatori del settore finanziario. E viceversa, le banche possono compiere anche molte altre *operazioni finanziarie di tipo non bancario* (**59**.13).

I **contratti** fra banche e clienti sono generalmente contratti standard, il cui regolamento è costituito da condizioni generali predisposte unilateralmente dall'Associazione bancaria italiana per conto delle banche associate, che poi le applicano nei rapporti individuali con la clientela (c.d. *norme bancarie uniformi*). La disciplina dei contratti bancari si trova in parte nel codice civile, che regola alcuni tipi contrattuali; e in parte nel t.u.b., che contiene alcune regole generali. Sono regole preoccupate (molto più di quelle del codice) di proteggere i clienti delle banche (visti come contraenti deboli, di fronte al superiore potere contrattuale delle banche): e lo fanno con norme dirette soprattutto a garantire la **trasparenza delle condizioni contrattuali**, per mettere i clienti in grado di conoscere e valutare con chiarezza i costi reali dei vari servizi, la distribuzione dei rischi e delle responsabilità fra loro e la banca, ed evitare che questa approfitti della loro ridotta consapevolezza e attenzione. Le norme di trasparenza riguardano *diverse fasi del rapporto*:

☞ alcune toccano la **fase precontrattuale**, come quelle che impongono alla banca *obblighi di pubblicità delle condizioni contrattuali*, per agevolare l'informazione del pubblico: nei locali di ogni banca si devono esporre avvisi e mettere a disposizione dei clienti dépliants informativi con l'indicazione di tutte le principali caratteristiche dei servizi offerti (prezzi dei servizi, costi accessori, tassi di interesse praticati, ecc.); alcune di queste informazioni devono essere contenute anche nei messaggi pubblicitari e nelle offerte con cui la banca propaganda i propri servizi (art. 116 t.u.b.);

☞ altre norme riguardano la **disciplina dei contratti** in senso proprio. In particolare (art. 117-119 t.u.b.): ✦ il contratto richiede la *forma scritta* a pena di nullità, e una copia va consegnata al cliente; ✦ il contratto deve avere *contenuti specifici ed espressi*: tassi, prezzi e condizioni contrattuali vanno indicati in modo esplicito, senza possibilità di rinvio agli usi; e non possono essere più sfavorevoli per il cliente, rispetto a quelli pubblicizzati (se no, le condizioni difformi sono nulle, e automaticamente sostituite dalle condizioni pubblicizzate); ✦ è regolata la clausola di *ius variandi* (**33**.12), che riserva alla banca la facoltà di modificare unilateralmente condizioni, tassi e prezzi concordati: la clausola deve essere approvata specificamente dal cliente; e la variazione sfavorevole deve essere comunicata per iscritto al cliente, che se non la gradisce può recedere dal contratto; ✦ nei contratti di durata, la banca deve dare al cliente *informazioni periodiche* sullo svolgimento del rapporto, e fornirgli – a sua richiesta – copia della *documentazione* su singole operazioni. La ratio di tutela del cliente è poi confermata da due regole generali: ✦ tutte le norme appena considerate «sono *derogabili solo in senso più favorevole* al cliente»; e ✦ tutte le nullità da esse previste sono *nullità relative* (**36**.2), che possono farsi valere solo dal cliente e non dalla banca (art. 127 t.u.b.).

10. I contratti per la raccolta del risparmio: deposito di denaro

Il principale contratto «passivo», con cui le banche realizzano la raccolta del risparmio, è il **deposito di denaro**. Per esso, *un soggetto deposita una somma di denaro presso una banca, la quale ne acquista la proprietà, ed è obbligata a* *restituirla* alla scadenza del termine convenuto ovvero a richiesta del depositante, che deve però osservare il periodo di *preavviso* stabilito dalle parti o dagli usi (art. 1834, c. 1). Rientra nello schema del *deposito irregolare*, di cui abbiamo visto analogie e differenze rispetto al mutuo (**40**.17): chi dà a mutuo una somma lo fa per assicurarne la disponibilità al mutuatario (per liberalità o per guadagnare interessi, a seconda che il mutuo sia gratuito o oneroso); chi deposita denaro in banca, lo fa per metterlo al sicuro, conservando la possibilità di recuperarne facilmente la disponibilità. In coerenza, se le parti non hanno stabilito il termine di restituzione, nel deposito bancario il depositante può ottenerla a richiesta (c.d. *deposito a vista*), mentre nel mutuo il termine deve essere fissato dal giudice (art. 1817).

Il deposito può essere documentato o in un *certificato di deposito*, o in un **libretto di deposito a risparmio**, che la banca rilascia al depositante. Ogni versamento e ogni prelevamento devono essere annotati sul libretto: e le *annotazioni* fatte dall'impiegato che appare addetto al servizio fanno piena prova fra banca e depositante (art. 1835). I libretti possono essere nominativi (e cioè intestati a un determinato soggetto), oppure al portatore, se non indicano il titolare. I libretti **nominativi** non sono titoli di credito, ma semplici documenti di legittimazione (**47**.18). Più controversa è la qualifica dei libretti **al portatore**: si discute se siano meri titoli di legittimazione, o invece veri e propri titoli di credito (causali). In ogni caso, se il libretto è al portatore, *la banca che consegna la somma al possessore del libretto è liberata* anche se il possessore è persona diversa dal depositante, salvo il caso di dolo o colpa grave della banca stessa (art. 1836).

Il depositante corre il rischio (anche se remoto) di perdere il proprio denaro, nel caso che la banca depositaria, caduta in insolvenza, non sia in grado di adempiere l'obbligo di restituzione. Operano in tal caso *sistemi di garanzia dei depositi* (art. 96 t.u.b.), con lo scopo di precostituire i mezzi per rimborsare, almeno in parte, i clienti della banca insolvente.

11. I contratti per l'esercizio del credito: apertura di credito, anticipazione bancaria, sconto bancario; contratti di finanziamento

Le banche esercitano il credito, mettendo a disposizione dei richiedenti le risorse monetarie acquisite con la raccolta del risparmio. A tale fine, utilizzano diversi tipi di contratti («attivi»).

In primo luogo il *mutuo* (**38**.19): ma il mutuo è un tipo contrattuale che può essere impiegato, oltre che da banche, da qualunque altro soggetto. Esistono altri tipi di contratti di credito, che hanno invece la caratteristica di essere contratti bancari, perché presuppongono che chi fa credito sia una banca. Il codice ne disciplina tre: apertura di credito, anticipazione bancaria e sconto bancario.

L'**apertura di credito** (comunemente detta affidamento, o fido) è il contratto con cui la banca si obbliga a tenere a disposizione del cliente una somma di denaro per un dato periodo di tempo o a tempo indeterminato (art. 1842): entro il limite di questa somma, il cliente può chiedere e ottenere, volta per volta, le erogazioni che gli sono necessarie, delle quali diventa debitore per la restituzione alla banca. Il contratto conviene quando il cliente non conosce con precisione quante risorse finanziarie gli occorreranno, e in che tempi: quindi non riceve subito l'intera somma, e non sopporta i relativi interessi; riceve solo le somme che di tempo in tempo gli servono, e solo su queste paga interessi. Se a un certo punto si accorge di avere liquidità in eccesso, può con successivi versamenti ridurre l'entità del suo debito verso la banca: con il doppio vantaggio di ridurre l'onere degli interessi e ripristinare la sua disponibilità di credito per il futuro (art. 1843).

Al **termine del rapporto**, il cliente deve *restituire la somma utilizzata*, con gli interessi calcolati sul periodo per cui ne ha disposto (nel linguaggio comune, si dice che il cliente deve «rientrare» dal fido). Il termine può essere determinato dalle parti; in caso contrario il rapporto è a tempo indeterminato. In relazione a ciò, variano le modalità del **recesso** (art. 1845): ☞ se il rapporto è *a tempo indeterminato*, ciascuna delle parti può recedere dando *preavviso* (il recesso della banca è detto comunemente «revoca» del fido); ☞ se è a *tempo determinato*, la banca può recedere prima della scadenza solo se esiste una *giusta causa*; il recesso sospende immediatamente l'utilizzazione del credito, ma la banca deve concedere al cliente un termine di almeno 15 giorni per la restituzione delle somme utilizzate e degli interessi (è tuttavia ammesso il patto contrario, che autorizza la banca a recedere in anticipo anche senza giusta causa: ma per la giurisprudenza è inammissibile il recesso della banca che, pur costituendo formalmente esercizio di un suo diritto, risulti in concreto contrario a *buona fede*).

L'**anticipazione bancaria** è un *contratto di finanziamento garantito da titoli o merci, che il cliente dà in pegno alla banca* (art. 1846). Vi ricorre, ad es., il produttore di merci ancora invendute: egli le dà in pegno alla banca (consegnando i titoli che le rappresentano), e la banca gli anticipa quanto egli si attende di ricevere dai futuri compratori. Il pegno può essere *regolare*: allora la banca deve custodire i titoli o le merci, ma non può disporne; e deve restituirli integralmente quando venga rimborsata. Ma l'anticipazione può essere garantita da *pegno irregolare*, per cui la banca acquista la *facoltà di disporre* dei titoli o delle merci: deve allora restituire solo la parte che eccede l'ammontare del credito garantito (art. 1851).

Lo **sconto bancario** è il contratto con cui la banca, previa deduzione dell'interesse, anticipa al cliente un credito non ancora scaduto, che questi ha verso terzi, contro la cessione del credito stesso (art. 1858). Ad es.: il commerciante, creditore del cliente cui ha fornito merci con dilazione di pagamento, può procurarsi liquidità immediata cedendo il credito alla banca. Questa non gli versa tutto l'importo nominale del credito, ma una somma inferiore: dall'importo del credito si deduce l'interesse, calcolato dal giorno dell'operazione alla scadenza del credito. La cessione del credito è fatta «salvo buon fine», e cioè pro solvendo (**24**.4): se, alla scadenza, la banca non ottiene il pagamento dal debitore ceduto, può rivolgersi contro il cliente beneficiario dello sconto, che resta obbligato verso la banca. Il credito scontato può essere un credito cambiario (sconto di cambiali): la cessione si fa allora con girata della cambiale a favore della banca. In caso di mancato pagamento, la banca può esercitare le relative azioni cambiarie contro il debitore cambiario; ma per recuperare la somma anticipata conserva il diritto di agire contro il cliente, in base al contratto di sconto (art. 1859).

I tre contratti bancari per l'esercizio del credito, appena menzionati, riguardano il c.d. *credito ordinario*. Ma esistono anche figure di **credito speciale**, individuate in base alla qualità del soggetto finanziato e alla destinazione del finanziamento, e sottoposte a discipline speciali (riguardanti soprattutto garanzie e rimedi per la banca creditrice): il *credito fondiario*, cioè il credito a medio o lungo termine garantito da ipoteca su immobili; il *credito alle opere pubbliche*; il *credito agrario*; il *credito alle imprese*, assistito da privilegio speciale su mobili non registrati; il *credito su pegno*, esercitato dai c.d. Monti di credito su pegno, un tempo chiamati Monti di pietà (art. 38 e segg. t.u.b.).

L'esercizio del credito espone la banca a rischi: essenzialmente, il rischio di non recuperare i finanziamenti erogati, se il finanziato diventa insolvente (c.d. «sofferenze»). Ma anche quello di incorrere in obblighi di risarcimento, derivanti da **responsabilità della banca per scorretto esercizio del credito**. Questa può concepirsi in due ipotesi opposte fra loro: ☞ responsabilità per *interruzione abusiva del credito*, quando la banca revoca bruscamente e ingiustificatamente il «fido» già concesso al cliente, determinando la rovina della sua impresa per la conseguente mancanza di liquidità; e ☞ responsabilità per *concessione abusiva di credito*, quando la banca, facendo credito immeritato a un imprenditore già insolvente, contribuisce a mascherare l'insolvenza e così a creare una falsa apparenza di solidità aziendale: fidando sulla quale, terzi possono essere indotti a concedere a loro volta un credito, che finiranno per perdere.

I contratti di credito rientrano nella più ampia categoria dei **contratti di finanziamento**, la cui funzione è, genericamente, «finanziare» un soggetto. Quindi esistono contratti di finanziamento che non sono, propriamente, contratti di credito: è il caso del *leasing*, che finanzia l'utilizzatore dandogli la disponibilità del bene di cui ha bisogno, senza costringerlo a sborsare subito la somma necessaria per acquistarlo (**39**.8); del *factoring*, che finanzia l'imprenditore dandogli liquidità immediata contro cessione di crediti di futura scadenza (**38**.20); è il caso del *credito al consumo*, che finanzia il consumatore consentendogli di acquistare beni senza sborsare subito il denaro del prezzo (se ne parlerà più avanti: **60**.8). Siccome non realizzano «esercizio del credito» in senso stretto, queste attività di finanziamento possono essere svolte non solo da banche, ma anche da operatori che non sono banche: per questo si usano chiamare **attività parabancarie**. Se ne occupa il t.u.b. (art. 106 e segg.) che vi comprende appunto la «concessione di *finanziamenti* sotto qualsiasi forma».

12. Operazioni bancarie in conto corrente, e conto corrente di corrispondenza

Alcune delle *operazioni bancarie* appena descritte – e in particolare il deposito di denaro, l'apertura di credito e l'anticipazione bancaria – possono essere «*regolate in conto corrente*» (art. 1852).

Il meccanismo del conto corrente ordinario, utilizzabile fra due qualsiasi operatori in rapporto costante di affari, da cui nascono crediti e debiti reciproci (**41**.7), può essere applicato ai rapporti nascenti da operazioni bancarie: ad es., uno deposita denaro («apre un conto», come si usa dire) presso una banca, che diventa sua debitrice per la restituzione della somma depositata; il cliente può poi fare operazioni che generano suoi debiti verso la banca, da estinguere con le disponibilità attive di quel conto. Dire che tutte queste operazioni sono regolate in conto corrente significa che i conseguenti debiti e crediti reciproci si compensano fra loro; il risultato delle compensazioni è il «saldo» del conto (attivo se il cliente risulta ancora in credito con la banca, passivo nel caso opposto). C'è però una differenza rispetto al conto corrente ordinario: questo comporta l'inesigibilità e indisponibilità dei crediti fino alla scadenza; invece nel conto corrente bancario «il correntista può *disporre in qualsiasi momento delle somme risultanti a suo credito*, salva l'osservanza del termine di *preavviso* eventualmente pattuito» (art. 1852).

I risultati periodici del conto corrente sono documentati da un **estratto conto**, disciplinato non nel codice ma nella normativa bancaria (art. 119, c. 2-3, t.u.b.). La banca deve inviare l'estratto conto al cliente con una certa periodicità: in mancanza di *opposizione* scritta entro 60 giorni dal ricevimento, l'estratto si intende *tacitamente approvato* dal cliente (che però conserva il diritto di impugnarlo per errori materiali: art. 1832, c. 2, richiamato dall'art. 1857).

Si ha **conto corrente di corrispondenza** quando il correntista dà *mandato alla banca di eseguire determinati incarichi, utilizzando le disponibilità del conto* (art. 1856): in particolare il pagamento di debiti del cliente, fiscali, per utenze telefoniche, elettriche, ecc. Un particolare incarico può consistere nel pagare a terzi le somme indicate negli assegni emessi dal cliente (c.d. *convenzione di assegno*): il presupposto è che il cliente abbia presso la banca la necessaria provvista, fornita per es. da un deposito o un'apertura di credito.

13. Altri servizi e contratti bancari: deposito di titoli in amministrazione; cassette di sicurezza; servizi di pagamento e d'investimento

La banca può offrire ai suoi clienti anche servizi diversi da quelli che realizzano propriamente raccolta del risparmio ed esercizio del credito: si sono già menzionati i *servizi di finanziamento* che rientrano nel c.d. parabancario (**59**.11); qui se ne presentano alcuni altri.

Il **deposito di titoli in amministrazione** è il servizio (e il contratto) per cui *il cliente consegna alla banca dei titoli, affinché questa li custodisca e li amministri* (art. 1838). Rientra nello schema del *deposito regolare*: la banca non diventa proprietaria e non può disporre dei titoli, che rimangono del cliente. Oltre che custodire, la banca deve *amministrare* i titoli: ad es. riscuotere per il depositante gli interessi se si tratta di obbligazioni o titoli del debito pubblico, o i dividendi se si tratta di azioni; incassare il capitale alla scadenza. In queste attività, deve osservare l'*ordinaria diligenza*; ed è nullo il patto che la esoneri dalla relativa responsabilità. Naturalmente la banca si fa pagare per il servizio così reso.

Con il servizio delle **cassette di sicurezza**, la banca mette *a disposizione del cliente contenitori metallici custoditi in appositi locali* della banca stessa, particolarmente sicuri. Il cliente li utilizza per tenerci e ritirarne ciò che crede: titoli, gioielli, denaro, lettere o documenti importanti, ecc. La cassetta si apre con l'uso di *due chiavi*, di cui una è data al *cliente*, l'altra resta alla *banca*: quindi per aprirla occorre l'intervento di entrambi. Però la banca non conosce il contenuto della cassetta: una volta aperta, il cliente provvede da solo a introdurvi o ritirarne le sue cose. Il contratto presenta elementi della locazione e del deposito: della locazione, perché consente al cliente l'utilizzazione di una cosa; del deposito, perché implica un'obbligazione di custodia a carico della banca. Se la cassetta è intestata a *più clienti*, di regola l'apertura è consentita a ciascuno di essi *singolarmente* (art. 1840): un esempio di solidarietà attiva (**22**.12). La *responsabilità della banca* copre l'idoneità e la custodia dei locali, nonché l'integrità della cassetta: se ad es. infiltrazioni d'umidità danneggiano il contenuto delle cassette, o se scassinatori penetrati nei locali le forzano e le svuotano, la banca deve risarcire il danno ai clienti (ma come tutte le ipotesi di *responsabilità oggettiva*, trova il suo limite nel *caso fortuito*: art. 1839).

Altri servizi che le banche possono fornire ai clienti sono: **servizi di paga-**

mento (**48**.19); e **servizi di investimento** (**59**.14). Però le banche non hanno l'esclusiva di questi servizi: i servizi di pagamento possono essere forniti anche da soggetti come quelli abilitati a concedere finanziamenti ex art. 106 t.u.b. (**59**.14); i servizi d'investimento (come ad es. le gestioni patrimoniali) anche da intermediari finanziari diversi dalle banche (**59**.14).

14. L'intermediazione finanziaria: strumenti finanziari, servizi di investimento, intermediari finanziari

In senso ampio, «intermediazione finanziaria» è *ogni attività per cui un operatore mette denaro a disposizione di un altro, o raccoglie denaro da un altro, nella prospettiva di un vantaggio reciproco*. Così largamente intesa, essa comprende anche le attività assicurative (specie del ramo vita) e bancarie. Ma vi sono altre attività, relative alla circolazione del denaro, che non s'identificano né con l'attività assicurativa né con quella bancaria: è ad esse che ci si riferisce parlando di intermediazione finanziaria in senso stretto.

Queste attività si sono straordinariamente sviluppate in Italia soprattutto dagli anni '80 del XX secolo. Il fenomeno – all'inizio non regolato, con conseguenti distorsioni e abusi – ha poi conosciuto l'intervento del legislatore (spesso su impulso di direttive europee), per dare a queste attività una disciplina giuridica capace di proteggere in modo equilibrato ed efficace gli interessi coinvolti: in primo luogo l'**interesse dei risparmiatori** che investono i capitali, frutto dei loro risparmi, affidandoli a professionisti della finanza. Questo processo legislativo ha trovato una sistemazione organica con il *d.lgs. 58/1998*, che ha approvato il c.d. *testo unico dell'intermediazione finanziaria* (t.u.f.). Il t.u.f. ha conosciuto svariati aggiornamenti, tesi a rafforzare la protezione dei risparmiatori: in particolare con i d.lgs. 164/2007 e 129/2017, che recepiscono rispettivamente le *direttive europee c.d. Mifid 1* (2004/39; 2006/73) e *Mifid 2* (2014/65).

Le attività finanziarie sono soggette a forti **controlli pubblici**, che ne sorvegliano il corretto svolgimento. Queste funzioni di vigilanza sono ripartite fra due organi pubblici: ☞ la **Banca d'Italia** vigila sulla *stabilità patrimoniale* degli «intermediari finanziari» (così si chiamano i protagonisti delle attività finanziarie); invece ☞ la vigilanza sulla *trasparenza e correttezza dei comportamenti* (specie verso i risparmiatori) spetta alla **Consob** (Commissione nazionale per le società e la borsa), ente pubblico istituito dalla l. 216/1974 e composto da cinque commissari nominati dal Governo. Banca d'Italia e Consob hanno anche una *funzione normativa*: elaborano regolamenti per integrare e precisare la disciplina delle attività finanziarie, che la legge regola in termini generali.

Fra le attività finanziarie, particolarmente rilevanti sono i servizi e le attività d'investimento, che si basano sulla categoria degli «strumenti finanziari».

Gli **strumenti finanziari** sono la materia prima delle attività finanziarie più significative: svolgere attività finanziarie significa creare o collocare o comunque maneggiare strumenti finanziari; acquistare strumenti finanziari è il modo prevalente in cui i risparmiatori investono i propri risparmi. La legge non ne dà una definizione generale, bensì un *elenco* (art. 1, c. 2, t.u.f.): i principali sono *azioni e obbligazioni di società, titoli del debito pubblico, quote di fondi comuni* (**59**.15); e poi i c.d. «derivati» (*futures, swaps*), e i titoli emessi in seguito a operazioni di cartolarizzazione (**47**.19).

I **servizi e attività d'investimento** sono *attività relative a strumenti finanziari* (art. 1, c. 5, t.u.f.): ad es. attività funzionali alla loro circolazione (negoziazione, collocamento, raccolta e trasmissione di ordini), oppure attività di gestione individuale di portafogli (**59**.17). Dai servizi d'investimento la legge distingue i *servizi accessori*, come ad es. la custodia e amministrazione di strumenti finanziari, la consulenza in materia finanziaria, ecc. (art. 1, c. 6, t.u.f.): sono anch'essi attività finanziarie, ma rispetto ai servizi d'investimento pongono meno problemi, e meritano una disciplina meno stringente.

I protagonisti delle attività finanziarie si chiamano **intermediari finanziari**, e sono ovviamente imprese: sono i *soggetti che svolgono professionalmente attività finanziarie*. Come per le attività assicurative e bancarie, vale anche qui una **riserva di attività**: per l'importanza degli interessi che mettono in gioco, per i rischi che fanno correre, le attività finanziarie non possono essere aperte a chiunque, ma devono essere riservate in esclusiva a *soggetti qualificati*, muniti di particolari requisiti: appunto gli intermediari finanziari. Come esistono vari tipi di attività finanziarie, così esistono vari tipi di intermediari: e ciascun tipo può essere abilitato a svolgere determinate attività finanziarie (e non altre); deve presentare determinati requisiti, e ricevere preventive autorizzazioni delle autorità di vigilanza, che possono variare da intermediario a intermediario.

Le principali categorie di intermediari sono le seguenti: ☞ le **imprese di investimento**, che sostanzialmente coincidono con le c.d. *sim* (società di intermediazione mobiliare), abilitate a svolgere *servizi e attività d'investimento*; ☞ le **banche** hanno un'abilitazione più ampia: oltre all'attività bancaria (che nessun altro a parte loro può esercitare), possono svolgere *servizi e attività d'investimento*; inoltre possono svolgere le c.d. *attività parabancarie* (servizi di pagamento, cambi, leasing, factoring, credito al consumo); ☞ le **società di gestione del risparmio** (e le **sicav**) sono abilitate a esercitare in esclusiva quella particolare attività finanziaria che è la *gestione collettiva del risparmio* (più avanti: **59**.15), e inoltre quel particolare servizio d'investimento che è la *gestione individuale di portafogli*; ☞ gli **intermediari ex art. 106 t.u.b.** sono abilitati a svolgere le c.d. *attività parabancarie*: concessione di finanziamenti, servizi di pagamento, ecc.; devono essere iscritti in appositi *elenchi*.

I **requisiti** che gli intermediari abilitati devono possedere hanno un nucleo comune. In sintesi: ☞ devono essere società di capitali, e in molti casi solo *società per azioni*; ☞ devono avere *capitale* non inferiore a un certo minimo; ☞ gli amministratori e i sindaci devono avere requisiti di *professionalità* e di *onorabilità* (questi ultimi si richiedono anche ai soci).

15. Gli organismi di investimento collettivo del risparmio (oicr): fondi comuni e sicav

In alternativa alla gestione individuale, può aversi gestione collettiva del risparmio. Il denaro investito dal risparmiatore non viene specificamente impiegato per acquistare strumenti finanziari di sua esclusiva pertinenza; viene versato a un organismo di investimento collettivo del risparmio (oicr), che lo fa confluire, insieme con i denari versati da moltissimi altri risparmiatori, in un'unica massa monetaria che si trasforma poi in un'unica massa di strumenti finanziari (acquistati con tutti quei denari). In cambio del suo denaro, il risparmiatore riceve una **quota**, proporzionale alla somma versata, che rappresenta una frazione di quella unitaria massa di strumenti finanziari. L'oicr provvede a gestire questa massa, cercando ovviamente di incrementarne il valore: e i risultati della gestione ricadranno in misura omogenea su tutti i risparmiatori che vi partecipano.

Esistono due tipi di oicr: i fondi comuni d'investimento, e le sicav.

I **fondi comuni d'investimento** hanno come protagonisti quei particolari intermediari che sono le **società di gestione del risparmio** (**sgr**): art. 34 e segg. t.u.f.

L'**istituzione** del fondo avviene ad opera della sgr promotrice. In questa fase si approva il *regolamento del fondo*, che indica i criteri della gestione e i diritti dei risparmiatori che vi partecipano (spese e commissioni a favore della società, diritti di informazione, modalità per il rimborso della quota, ecc.).

La **gestione** del fondo è fatta dalla sgr con i denari versati dai risparmiatori che vi partecipano, secondo lo schema visto. A garanzia dei risparmiatori si prevede: ☞ che le *scelte di gestione* della sgr debbano rispettare determinati *criteri e limiti prudenziali*; ☞ che il denaro e gli strumenti finanziari confluiti nel fondo non restino nella materiale disponibilità della sgr, ma siano affidati a una *banca depositaria*; ☞ che il fondo costituisca un *patrimonio separato* dal patrimonio proprio della sgr che lo gestisce: il fondo è di pertinenza dei risparmiatori che vi partecipano, e non può essere aggredito dai creditori della sgr.

La **partecipazione** al fondo consegue all'acquisto di quote del fondo stesso. Il partecipante *non diventa comproprietario* degli strumenti finanziari che lo compongono (quindi non può chiederne la divisione, per ottenerne una porzione corrispondente alla sua quota). La sua posizione consiste in una serie di **diritti verso la sgr**. In sostanza: ☞ diritti di *informazione* (rendiconti periodici sui risultati della gestione; prospetti indicanti il valore monetario che la quota assume nel tempo); e ☞ diritto al *rimborso della quota*, e cioè a ricevere la somma di denaro corrispondente al valore della quota al momento del rimborso.

Esistono due sottotipi di fondi comuni:

☞ i fondi **aperti** sono caratterizzati dalla *variabilità delle quote di partecipazione*. Il fondo non ha una durata prestabilita: in ogni momento i vecchi partecipanti possono uscire chiedendo il *rimborso della quota*, e nuovi partecipanti possono entrare, apportando al fondo denaro e ricevendo in cambio *quote di nuova emissione*;

☞ nei fondi **chiusi**, invece, le *quote di partecipazione* sono *fisse e invariabili*. Infatti sono emesse fino a un *ammontare prestabilito*, raggiunto il quale non è più possibile l'ingresso di nuovi sottoscrittori. Qui il fondo ha *durata prefissata* (ad es. 4 anni), e i partecipanti non possono uscirne in anticipo, chiedendo il rimborso: il *diritto al rimborso* scatta solo *al termine del fondo*. Chi durante la vita di un fondo chiuso vuole entrarvi, o rispettivamente uscirne, ha solo un modo: rivolgersi al c.d. mercato «secondario», cercando un partecipante che gli venda le sue quote o rispettivamente qualcuno che acquisti le quote di cui vuole disfarsi. Per queste caratteristiche (e anche per il tipo di strumenti finanziari in cui investono), i fondi chiusi sono un *investimento più rischioso* dei fondi aperti. Un sottotipo dei fondi chiusi è rappresentato dai fondi **immobiliari**: investono non in strumenti finanziari ma in immobili, e hanno durata più lunga.

In alternativa ad acquistare quote di fondi comuni, il risparmiatore può acquistare azioni di sicav. Le **sicav** (società di investimento a capitale variabile) sono oicr la cui attività consiste nel *gestire il proprio patrimonio acquistando e vendendo strumenti finanziari* (art. 43 e segg. t.u.f.). Sono caratterizzate dalla *variabilità del capitale*: questo coincide in ogni momento con il *patrimonio netto* della società, che a sua volta cambia continuamente in relazione alle quantità di denaro versate dai risparmiatori a fronte delle nuove azioni sottoscritte, e al valore degli strumenti finanziari posseduti. Correlativamente varia di continuo il valore delle sue azioni, in mano ai risparmiatori.

Il risparmiatore può liquidare l'investimento, chiedendo in ogni momento alla sicav il *rimborso delle azioni possedute*: come nei fondi aperti. La differenza è che chi investe in un fondo resta in posizione esterna all'oicr, con cui ha una semplice relazione contrattuale; invece chi investe in una sicav ne diventa *azionista*, entrando nella struttura di questa come socio, e quindi ha *diritti di amministrazione* (partecipare alle assemblee della sicav, votare sui bilanci e sulla nomina degli amministratori, ecc.) che il partecipante al fondo non ha.

La misura di essi dipende dal tipo delle azioni possedute. Infatti le azioni di sicav possono essere: ☞ *nominative*, e allora l'azionista ha *tanti voti, quante sono le azioni* possedute; oppure ☞ *al portatore*, e allora l'azionista ha *un solo voto*, a prescindere dalla quantità di azioni possedute.

Con gli oicr presentano analogie i *fondi pensione* (regolati dal d.lgs. 252/2005): strutture finanziarie che raccolgono e investono il risparmio dei lavoratori per assicurare loro, quando raggiungeranno l'età della pensione, prestazioni di previdenza complementare aggiuntive rispetto a quelle della previdenza pubblica.

16. La sollecitazione all'investimento, e l'obbligo di prospetto

La legge si preoccupa di proteggere i **risparmiatori**, fin dal primissimo momento in cui essi sono esposti al contatto con gli intermediari finanziari che cercano di farsi affidare il loro denaro. Questo primissimo momento può prescindere da un rapporto diretto e individualizzato fra l'intermediario e il singolo risparmiatore: coincide con il generico «lancio» sul mercato di una occasione d'investimento, che l'intermediario presenta indistintamente al pubblico dei risparmiatori. La legge lo chiama «*appello al pubblico risparmio*» o **sollecitazione all'investimento**, e vi fa rientrare «*ogni offerta, invito a offrire o messaggio promozionale, in qualsiasi forma rivolti al pubblico, finalizzati alla vendita o alla sottoscrizione di prodotti finanziari*» (art. 1, c. 1, lett. *t*), t.u.f.).

Il concetto risulta così molto largo. È sollecitazione all'investimento la presentazione al pubblico di qualsiasi *prodotto finanziario*: che è nozione assai ampia, giacché comprende, oltre agli *strumenti finanziari* in senso stretto, *qualsiasi altra forma di investimento* di natura finanziaria. Ed è sollecitazione all'investimento qualsiasi forma di presentazione di prodotti finanziari: anche il semplice lancio di una campagna pubblicitaria.

Qui la preoccupazione della legge (art. 94 e segg. t.u.f.) è soprattutto garantire la **trasparenza** delle proposte lanciate al pubblico dei risparmiatori, perché questi siano messi in grado di capire con precisione ciò che gli viene prospettato, e così fare scelte consapevoli. A questo fine, chi intende fare una sollecitazione all'investimento ha l'obbligo di redigere e pubblicare un **prospetto informativo**, contenente *tutte le opportune informazioni sull'investimento proposto* (modalità, caratteristiche, vantaggi, costi, rischi, ecc.) nonché *sull'intermediario che lo propone* (situazione patrimoniale, economica e finanziaria). Il prospetto deve essere preventivamente *comunicato alla Consob*, che ne valuta l'adeguatezza. Se il prospetto contiene indicazioni ingannevoli, e i risparmiatori ne sono indotti a fare investimenti che poi si rivelano cattivi, può nascere responsabilità a carico di chi lo ha redatto e diffuso: è la c.d. *responsabilità da prospetto*, inquadrabile nella responsabilità precontrattuale (**29**.16).

17. La disciplina dei servizi d'investimento, e l'offerta fuori sede

I servizi d'investimento sono fra le più importanti attività finanziarie: abbiamo visto quali sono, e a quali intermediari sono riservati. Vediamo adesso le regole principali sul loro svolgimento, che hanno come scopo prevalente la **protezione dei clienti** (per lo più risparmiatori) che ricevono i servizi.

Gli intermediari che prestano servizi d'investimento devono osservare alcune **regole generali di comportamento** (art. 21 t.u.f.). In particolare: ☞ comportarsi con *diligenza, correttezza e trasparenza* nell'interesse dei clienti; ☞ raccogliere dai clienti le *informazioni* necessarie per consigliare gli investimenti più idonei alle loro esigenze; dare ai clienti le informazioni necessarie per permettergli di fare bene le proprie scelte di investimento; ☞ evitare o ridurre al minimo i *conflitti d'interesse* (esempio di conflitto d'interesse: una società di gestione del risparmio investe i denari dei clienti in azioni di società dello stesso gruppo cui essa appartiene).

Per rendere ai clienti i servizi d'investimento, accade spesso che gli intermediari detengano somme di denaro o strumenti finanziari di pertinenza dei clienti stessi. Vale al riguardo il principio della **separazione patrimoniale** (art. 22 t.u.f.): questi valori, anche se sono formalmente intestati all'intermediario, non si confondono col patrimonio di questo, ma sono sostanzialmente trattati come proprietà dei clienti; la principale conseguenza pratica è che non possono essere aggrediti dai creditori dell'intermediario. Si ricordi quanto detto sui patrimoni destinati e separati (**27**.2).

Per i **contratti** fra intermediari e clienti, aventi ad oggetto la prestazione di servizi d'investimento, sono dettate alcune regole (art. 23 t.u.f.): ☞ occorre la *forma scritta*, e una copia va consegnata al cliente; ☞ le *somme dovute dal cliente* vanno specificate chiaramente nel contratto, e non possono determinarsi con rinvio agli usi; ☞ la violazione di tali regole rende il contratto nullo, ma è *nullità relativa*, che solo il cliente può far valere; ☞ se il cliente ha contro l'intermediario pretese di risarcimento, grava sull'intermediario l'*onere della prova* (**9**.16) di avere agito con la specifica diligenza richiesta.

Ulteriori regole speciali (anch'esse a protezione dei clienti) sono previste per i contratti relativi a un particolare servizio d'investimento, e cioè il servizio di **gestione individuale di portafogli** (art. 24 t.u.f.). In base ad esso, l'intermediario *riceve dal cliente una somma di denaro*, con cui *acquista per suo conto strumenti finanziari*; quindi *gestisce tale «portafoglio» del cliente* (vende strumenti finanziari per comprarne altri, secondo le convenienze e le prospettive del mercato) con l'obiettivo di massimizzarne il valore nel tempo.

La legge pensa che il risparmiatore vada protetto con regole particolarmente energiche quando il contatto con l'intermediario avviene non per iniziativa del risparmiatore che vada a cercare l'intermediario nella sede di questo, ma per *iniziativa dell'intermediario che va a cercare il risparmiatore dove questi si trova, per offrirgli occasioni d'investimento.* Questa situazione si definisce **offerta fuori sede**, ed è considerata particolarmente rischiosa per l'«effetto sorpresa» che può giocare contro il risparmiatore. Di qui regole particolari (art. 30 e segg. t.u.f.): ☞ l'offerta fuori sede è *riservata a determinati intermediari*: banche e imprese d'investimento, appositamente autorizzati; ☞ per esercitarla cercando il contatto con i risparmiatori, gli intermediari devono impiegare collaboratori particolarmente qualificati: i *consulenti finanziari abilitati*, iscritti in apposito albo dopo il superamento di un esame ad hoc; ☞ i consulenti finanziari devono osservare una serie di *obblighi di comportamento* nell'interesse dei risparmiatori con cui entrano in contatto; ☞ quando il risparmiatore sottoscrive l'investimento propostogli con l'offerta fuori sede, non nasce subito il vincolo contrattuale: l'*efficacia del contratto* è *sospesa per 7 giorni*, durante i quali il risparmiatore ha un *diritto di recesso.*

All'offerta fuori sede sono sostanzialmente assimilate le tecniche di *promozione e collocamento a distanza*, che prescindono dal contatto fisico con il risparmiatore: ad es. le offerte telefoniche, o via internet.

18. I mercati regolamentati: operazioni su strumenti finanziari e gestione accentrata

Il «mercato» è il luogo dove s'incontrano l'offerta e la domanda dei beni. Quando si tratta di beni sofisticati e delicati, come gli strumenti finanziari, vi è l'esigenza di garantire le migliori condizioni per l'incontro della domanda e dell'offerta, al fine di dare trasparenza alla formazione dei prezzi. Di qui l'esigenza di «regolamentare» i relativi mercati, definendo con chiarezza le modalità con cui vi si devono svolgere gli scambi.

Per un lungo periodo, e fino a tempi recenti, tale esigenza è stata soddisfatta con una impostazione di tipo pubblicistico. L'organizzazione e il funzionamento di questi mercati era affidata alle *borse-valori* (che erano appunto *organismi pubblici*, regolati da una legge del 1913). Adesso la materia è stata *privatizzata*, e la sua disciplina si trova negli art. 61 e segg. t.u.f. L'organizzazione e la gestione dei mercati regolamentati di strumenti finanziari si considerano non più funzioni pubbliche, ma *attività d'impresa*, un «servizio» imprenditoriale svolto da privati a favore di altri privati: vi provvedono società per azioni, che hanno la caratteristica di poter essere senza scopo di lucro (c.d. *società di gestione del mercato*). Spetta a queste società disciplinare, con apposito *regolamento* approvato dall'assemblea, tutti i principali aspetti di *organizzazione e funzionamento dei mercati*: condizioni di ammissione, sospensione ed esclusione degli operatori e degli strumenti finanziari; modalità di svolgimento delle negoziazioni; modalità di accertamento e diffusione dei prezzi; tipi di contratti ammessi per le negoziazioni e quantitativi minimi negoziabili. E spetta ad esse predisporre le strutture e svolgere le attività necessarie per il funzionamento dei mercati. Ciò non significa che il *momento pubblicistico* sia completamente eliminato: le società di gestione sono soggette a vigilanza della Consob, e nei casi più gravi di malfunzionamento agli interventi sanzionatori del Ministro dell'economia e delle finanze.

I principali mercati regolamentati sono le *borse*, dove si trattano le azioni di società quotate: in Italia ve ne sono 10, e la più importante è quella di Milano. Altri, specializzati in particolari strumenti finanziari, sono ad es. il mercato dei titoli di Stato e il mercato dei derivati.

Le operazioni su strumenti finanziari, più diffuse nei mercati regolamentati, possono essere di due tipi: ☞ le **operazioni a pronti** vengono *eseguite immediatamente*: concluso il contratto, si paga subito il prezzo e subito gli strumenti finanziari vengono consegnati; ☞ invece nelle **operazioni a termine** la *consegna* e il *pagamento* sono differiti a un *tempo successivo*: ciò permette di operare anche se non si dispone attualmente degli strumenti da vendere o del denaro per pagare gli strumenti da acquistare (*operazioni allo scoperto*); e soprattutto consente di speculare sulla differenza di valore degli strumenti fra il tempo della conclusione del contratto e il tempo dell'esecuzione: chi vende punta sul futuro ribasso, chi compra punta sul futuro rialzo. Le operazioni a termine si realizzano principalmente con due tipi di contratti: la compravendita di titoli a termine, e il riporto.

La **compravendita di titoli a termine** è disciplinata dal codice, che regola diritti e obblighi delle parti durante la pendenza del rapporto (art. 1531 e segg.).

Il **riporto** è il contratto con cui *una parte (riportato) trasferisce all'altra (riportatore) determinati titoli per un dato prezzo,* e il riportatore si obbliga a *ritrasferire al riportato, alla scadenza del termine, altrettanti titoli della stessa specie, verso rimborso del prezzo, eventualmente aggiustato* secondo l'accordo delle parti (art. 1548). Il contratto può soddisfare l'*interesse del riportato* a procurarsi una *temporanea disponibilità di denaro* contro la temporanea rinuncia ai suoi titoli: e allora, per riacquistare i titoli egli pagherà al riportatore (che lo ha finanziato) un sovrappiù sull'originario prezzo di cessione (*riporto*). Oppure può farsi nell'*interesse del riportatore* ad avere la *temporanea disponibilità di titoli* (ad es. di azioni, per poter partecipare a una determinata assemblea): quando restituirà i titoli riceverà allora dal riportato un prezzo inferiore a quello dell'acquisto, e la differenza (con cui egli paga la disponibilità dei titoli, procuratagli dal riportato) si chiama *deporto*. Se viene rimborsato lo stesso prezzo, il riporto si dice *alla pari*. Il riporto è un *contratto reale* (**29**.7): si perfeziona con la *consegna* dei titoli (art. 1549).

Le operazioni su strumenti finanziari sarebbero molto complicate, se ad ogni trasferimento gli strumenti trasferiti dovessero essere materialmente consegnati da chi li vende a chi li compra. Questo passaggio materiale può evitarsi, grazie al sistema della **gestione accentrata di strumenti finanziari**. Esso consiste in questo: chi ha strumenti finanziari, anziché tenerli presso di sé, li deposita (o li contabilizza come ideale posta attiva, se sono dematerializzati: **47**.19) presso una *struttura centralizzata, che provvede a registrarne e documentarne i successivi passaggi*: in questo modo, gli strumenti finanziari possono giuridicamente trasferirsi da soggetto a soggetto, senza subire alcuno spostamento materiale. Come l'organizzazione e la gestione dei mercati regolamentati, anche questo è un *servizio imprenditoriale* reso agli operatori della finanza; anch'esso è prestato da privati aventi veste di società per azioni (*società di gestione accentrata*); anch'esso è soggetto a regolamentazione e controlli pubblici ad opera di Consob e Banca d'Italia (art. 80 e segg. t.u.f.).

19. Le società quotate

Le azioni negoziate nei mercati regolamentati sono di regola azioni emesse da società molto grandi, e diffuse fra un vasto pubblico di azionisti che le acquistano prevalentemente come impiego del risparmio. Queste azioni sono «quotate» nei mercati regolamentati, nel senso che il mercato ne definisce in modo chiaro e trasparente la «quotazione», cioè il valore: dando così un prezioso punto di riferimento per chi è interessato a comprarle o venderle, e quindi rendendo più facile comprarle e venderle. Le società emittenti si chiamano, a loro volta, società quotate.

Si registra qui un *collegamento molto stretto tra funzionamento delle società e funzionamento del mercato finanziario* (dove si negoziano le azioni di queste): se la società funziona in modo scorretto o poco trasparente, ne soffre anche il mercato finanziario perché il malfunzionamento societario influenza negativamente le azioni negoziate nel mercato, danneggiando i risparmiatori che hanno investito o intendono investire in quelle azioni. E allora si comprende che la legge detti regole particolari per le società quotate; che tali regole siano comprese nella disciplina delle attività e dei mercati finanziari (t.u.f.); e che attribuiscano un ruolo fondamentale all'autorità pubblica competente per le attività finanziarie – la Consob.

Le regole speciali per le società quotate (art. 119 e segg. t.u.f.) sono di vario genere:

☞ ci sono regole dirette a garantire la massima **trasparenza** delle società quotate, rendendo ampia ed effettiva l'*informazione societaria*: lo scopo è dare al pubblico la possibilità di conoscere i fatti più importanti della vita delle società, per valutare e decidere consapevolmente se investire nelle azioni di queste. A tale fine, le società quotate hanno una serie di **obblighi di comunicazione** alla Consob (che poi provvede a rendere pubblici i dati comunicati) o direttamente al pubblico: in generale può dirsi che devono essere comunicati tutti i *fatti della vita societaria idonei a influenzare il valore delle azioni*;

☞ e poi ci sono regole che toccano **organizzazione e funzionamento della vita societaria**, disciplinandola in modo più rigoroso della corrispondente disciplina delle società non quotate. Fra i principali aspetti, ricordiamo: limiti più stretti alle *partecipazioni incrociate* (art. 121 t.u.f.); idem per i *patti parasociali* (art. 122-124 t.u.f.); possibilità di prevedere *voto maggiorato* (fino a due voti) per le azioni che l'azionista abbia posseduto per almeno 24 mesi (art. 127-*quinquies* t.u.f.) una più larga utilizzabilità delle *deleghe di voto*, a fronte però di regole più stringenti sulla trasparenza della loro sollecitazione, e su requisiti e responsabilità degli operatori che svolgono professionalmente tale sollecitazione (art. 136 e segg. t.u.f.); previsione del *voto di lista* in assemblea per la nomina degli amministratori, a tutela delle minoranze (art. 147-*ter* e segg. t.u.f.); rafforzamento dei poteri degli *organi di controllo*, e previsione che almeno un sindaco sia designato dalla minoranza (art. 148 e segg. t.u.f.); più rigoroso regime del *controllo contabile*, con importanti riflessi anche sulla disciplina del *bilancio*, nonché su controlli e responsabilità cui sono soggette le *società di revisione* (art. 155 e segg. t.u.f.).

20. Le offerte pubbliche di acquisto (opa)

Una tipica operazione del mercato finanziario è la compravendita di azioni. Questa può essere fatta da risparmiatori interessati solo a investire il loro risparmio, oppure da imprenditori intenzionati a conquistare il controllo della società per gestirla o comunque influenzarne la gestione. In questo secondo caso, chi punta ad acquistare un gran numero di azioni della società di regola *si rivolge impersonalmente a tutti coloro che le possiedono*, offrendosi di acquistarle per un certo *prezzo* e fino a una certa *quantità*: in questo modo, egli lancia un'offerta pubblica di acquisto (opa). La società di cui cerca di acquisire le azioni si definisce *società-bersaglio*.

La legge ritiene che un'operazione del genere coinvolga interessi rilevanti e meritevoli di tutela; per questo vi dedica un'apposita disciplina, contenuta nel t.u.f. (e più in dettaglio in un regolamento Consob).

Vi sono prima di tutto **regole generali**, che valgono per tutti i casi di opa (art. 102 e segg. t.u.f.). In sintesi: ☞ chi lancia l'opa deve darne *comunicazione preventiva alla Consob*, e diffondere un *documento informativo* che la illustri, permettendo ai destinatari di formarsi un giudizio; ☞ l'opa *è irrevocabile*, e deve prevedere *parità di condizioni* per tutti i destinatari che l'accettino; ☞ sono possibili *offerte concorrenti in aumento*: se Tizio lancia un'opa sulle azioni della società X, Caio può intervenire con una contro-opa sulle stesse azioni, chiedendo agli azionisti di venderle a lui e non a Tizio.

Ci sono poi **regole speciali** per le opa su azioni di **società quotate** (artt. 104 e segg. t.u.f.): ☞ una è la c.d. *passivity rule*, per cui gli amministratori della società-bersaglio non possono compiere *atti idonei a far fallire l'opa*, se non dietro autorizzazione dell'assemblea; ☞ altre regole introducono casi di **opa obbligatoria**, per cui chi si trova in una determinata situazione è obbligato a lanciare un'opa, e la legge detta i criteri per stabilire il *prezzo* a cui essa va lanciata. Esistono fondamentalmente due casi di opa obbligatoria: ✦ l'opa **totalitaria** è quella imposta a chi, per effetto di acquisti fatti, si trovi a possedere *oltre il 25%* delle azioni di una società (egli deve lanciare un'opa sul resto delle azioni); se però la società è una *PMI* (**50**.11) lo statuto può prevedere una *soglia più alta* (fino al 40%) ✦ l'opa **residuale** è quella imposta a chi si trovi comunque a possedere *oltre il 90%* delle azioni di una società (egli deve lanciare un'opa su quelle residue, a meno di rimettere sul mercato un numero di azioni sufficiente a garantire il regolare andamento delle negoziazioni). L'obbligo scatta anche quando le soglie di cui sopra sono raggiunte sommando le azioni possedute da più soggetti formalmente distinti, ma in realtà collegati fra loro in un comune disegno (c.d. *acquisti di concerto*).

L'opa obbligatoria persegue obiettivi di trasparenza ed equità. Di *trasparenza*, perché costringe chi medita la «scalata» di una società a venire allo scoperto (e così impedisce le scalate clandestine, fatte di acquisti azionari silenziosi che mettono la società-bersaglio di fronte al fatto compiuto). Ma soprattutto di *equità*: chi cerca il controllo di una società è disposto a pagare le azioni più della loro quotazione corrente (c.d. *premio di maggioranza*); senza opa, del premio di maggioranza godrebbero solo i pochi, selezionati azionisti contattati direttamente dallo scalatore (di solito azionisti medio-grandi); con l'opa, invece, di quel plusvalore possono avvantaggiarsi tutti gli azionisti disposti a vendere (compresi i piccoli azionisti). Un altro valore che la disciplina delle opa dovrebbe perseguire è la *contendibilità del controllo* delle società: è un bene che le società siano scalabili, perché ciò, mettendo in gara controllanti attuali e aspiranti al controllo, aumenta il valore che la società rappresenta per i suoi azionisti. Ecco perché la legge non ama i meccanismi capaci di ostacolare le scalate, e di rendere il controllo delle società poco contendibile: si spiegano così la passivity rule, e anche i limiti che circondano i patti di sindacato (specie di blocco: **51**.8).

Come si è visto, la legge pensa che questi vincoli possano essere un po' attenuati per le società di minori dimensioni (PMI), anche come incentivo a cercare la quotazione in borsa.

60
IMPRESE E CONSUMATORI

1. La protezione dei consumatori, e il codice del consumo: consumatori e professionisti

Il mercato ha due protagonisti: imprese e consumatori. Le imprese producono beni e servizi, che collocano sul mercato; ma ciò non avrebbe senso, se sul mercato non ci fosse chi li domanda per acquistarli. Da tempo si è consapevoli che gli interessi delle imprese possono confliggere con gli interessi dei consumatori; e si avverte con sempre più forza l'esigenza di proteggere gli interessi di questi ultimi, nei loro rapporti con le prime: un portato dello sviluppo economico che, fondandosi su *consumi di massa*, moltiplica enormemente le occasioni in cui consumatori possono essere ingiustamente danneggiati da comportamenti scorretti delle imprese. Per questo, in tutti i più evoluti paesi industriali i legislatori si preoccupano – anche per impulso delle *organizzazioni di consumatori* – di predisporre strumenti legali per la tutela di quegli interessi. La protezione degli interessi dei consumatori è, in definitiva, l'obiettivo ultimo della disciplina antitrust e più in generale della regolazione del mercato.

Sia pure con un certo ritardo rispetto ad altri paesi, anche l'Italia segue questa tendenza: con vari interventi legislativi (quasi sempre sollecitati da direttive europee) che si fanno più fitti soprattutto nell'ultimo decennio del XX secolo. Dal 2005 le norme dedicate alla protezione dei consumatori – prima sparse in tanti luoghi diversi – sono raccolte in modo più organico in un testo unitario: il **codice del consumo** (d.lgs. 206/2005).

Il codice del consumo definisce prima di tutto chi è il **consumatore**, beneficiario delle sue norme di protezione. Consumatore, per la legge, è solo «la *persona fisica* che agisce per *scopi estranei all'attività imprenditoriale, commerciale, artigianale o professionale* eventualmente svolta» (art. 3, c. 1, lett. *a*), c.cons.). Quindi non è «consumatore» un'organizzazione, quale che sia l'attività svolta o lo scopo perseguito (perché non è una persona fisica); e neppure la persona fisica che compie un atto in funzione della propria attività professionale (ad es., l'ingegnere libero professionista che compra arredi e strumenti per il proprio studio di progettazione; l'imprenditore individuale che acquista *software* per la propria azienda). È invece «consumatore», ad es., l'individuo che acquista mobili per la propria abitazione, o un computer da tenere in casa per le esigenze personali sue e della famiglia. L'ideale controparte del consumatore è il **professionista**, cioè «la *persona fisica o giuridica* che agisce nell'esercizio della propria *attività imprenditoriale, commerciale, artigianale o professionale*» (art. 3, c. 1, lett. *c*), c.cons.). È, in breve, chiunque operi professionalmente sul mercato: per lo più un'impresa; ma anche un libero professionista. Il codice del consumo regola, essenzialmente, *rapporti fra consumatori e professionisti.*

Di recente il consumatore ha ricevuto attenzione legislativa anche al diverso scopo di regolare la sua eventuale situazione di *sovraindebitamento* (**61.**4).

Nella sua parte iniziale, il codice del consumo afferma una serie di *«diritti fondamentali» dei consumatori*: il diritto alla tutela della salute; alla sicurezza e qualità di prodotti e servizi; a un'adeguata informazione sui medesimi; all'educazione al consumo; alla correttezza, trasparenza ed equità nei rapporti contrattuali con i fornitori di beni e servizi. Per la protezione di questi diritti, un ruolo importante è riconosciuto a quelle *associazioni di consumatori* che per i loro requisiti di serietà, consistenza numerica e diffusione possano considerarsi *rappresentative a livello nazionale*; tali associazioni possono *agire in giudizio per la tutela degli interessi collettivi* dei consumatori; inoltre sono rappresentate nel *Consiglio nazionale dei consumatori e degli utenti*, un organismo pubblico creato presso il Ministero dello sviluppo economico con vari compiti finalizzati a rendere effettivi i diritti dei consumatori (art. 136-141 c.cons.).

2. Qualità dei prodotti e responsabilità del produttore

È importante fare in modo che i consumatori non ricevano dalle imprese fornitrici prodotti di qualità scadente o comunque inferiore a quella che ragionevolmente potevano attendersi (e per cui hanno pagato); e soprattutto non ricevano prodotti capaci, per qualche loro difetto, di causare danni materiali o fisici. A questo fine, lo strumento più efficace consiste nell'imporre alle imprese *standard minimi di qualità e sicurezza da osservare nella fabbricazione dei prodotti*, e nel controllare che vengano effettivamente osservati (art. 102 e segg. c.cons.): se gli standard sono adeguati e i controlli funzionano, ciò dovrebbe in buona misura prevenire la messa in circolazione di prodotti scadenti o difettosi.

Un'altra tutela preventiva può realizzarsi sul terreno dell'*informazione*. Ecco perché le confezioni dei prodotti devono indicare non solo qualità, composizione e origine degli stessi, ma anche – più specificamente – l'eventuale presenza di materiali o sostanze dannose o pericolose, nonché le istruzioni e le precauzioni che siano necessarie per garantirne un uso sicuro (art. 6 c.cons.).

Ma una prevenzione totale non è realisticamente immaginabile: è inevitabile che, su milioni e milioni di prodotti, qualche esemplare difettoso finisca sul mercato e danneggi qualche consumatore. Per questa eventualità, ciò che occorre è assicurare ai consumatori danneggiati almeno un congruo *risarcimento*: vi provvede la speciale disciplina della *responsabilità del produttore* (**44**.8). Ma se anche il prodotto difettoso non causa nessun danno, occorre comunque tutelare il consumatore che in cambio del suo denaro ha ricevuto un bene di qualità e valore inferiore alle sue legittime aspettative: vi provvedono le regole sulla *garanzia di conformità nella vendita di beni di consumo* (**38**.9).

3. Le pratiche commerciali scorrette

Fino al 2007, gli art. 18 e segg. c.cons. si occupavano della *pubblicità ingannevole*, cioè dei casi in cui le imprese – per convincere i consumatori ad acquistare i loro beni o servizi – li bombardano di messaggi promozionali (via stampa, tv, manifesti per strada, ecc.) basati su affermazioni false, equivoche o comunque capaci di trarre in inganno i destinatari. Dal 2007 la materia della pubblicità è inglobata in un concetto nuovo e più ampio, che il legislatore italiano ha ricavato da una direttiva europea (2005/29, modificata dalla direttiva 2019/2161): il concetto di «pratiche commerciali scorrette», che comprende la pubblicità ingannevole, ma anche tanti altri fenomeni di scorrettezza delle imprese (più in generale, dei professionisti) verso i consumatori. La pubblicità in senso stretto è adesso regolata a parte: nel d.lgs. 145/2007, che però la considera esclusivamente dal punto di vista dei rapporti fra professionisti, e quindi nella logica della concorrenza (**58**.2).

Alle pratiche commerciali scorrette sono dedicati i nuovi art. 18 e segg. c.cons. Una pratica commerciale è scorretta se presenta due caratteristiche: ☞ è *contraria alla diligenza professionale*; e ☞ risulta idonea a *falsare il comportamento economico del consumatore medio* a cui si rivolge (per es. inducendolo a fare un acquisto che altrimenti non avrebbe fatto).

La legge ne individua due tipi: ☞ le pratiche commerciali **ingannevoli** (artt. 21-23 c.cons.), che consistono in *informazioni false o fuorvianti relative ad aspetti commercialmente importanti* come il prodotto o servizio offerto, il professionista che lo offre, il prezzo, i diritti del consumatore (vi rientra la pubblicità; ma anche altri tipi di comunicazione dal professionista al consumatore); ☞ le pratiche commerciali **aggressive** (artt. 24-26 c.cons.), che influenzano le decisioni del consumatore mediante *molestie, coercizioni psichiche o fisiche o altri indebiti condizionamenti:* ad es., visite sgradite, telefonate insistenti, ecc.

Contro le pratiche commerciali scorrette è competente a intervenire e provvedere quella stessa **Autorità garante della concorrenza e del mercato**, che ha competenza per l'applicazione della legge antitrust (**58**.6): art. 27 e segg. c.cons. Quando accerta che un professionista compie qualche pratica commerciale scorretta, l'Autorità prende *provvedimenti per inibirne la continuazione e cancellarne gli effetti*, e inoltre applica una sanzione pecuniaria a carico del professionista. In casi d'urgenza, può ordinare la sospensione della pratica anche prima di averne compiutamente accertato la scorrettezza.

Originariamente solo i consumatori erano protetti da questa disciplina. Ma poi si è pensato che lo stesso bisogno di protezione riguardi anche altri attori del mercato, e cioè le imprese deboli che fronteggiano imprese più forti: di qui la scelta (fatta nel 2102, col nuovo art. 19 c.cons.) di estendere la disciplina delle pratiche commerciali scorrette anche a favore delle *microimprese* (**50**.11).

4. I contratti delle imprese

Per organizzare e svolgere la sua attività, *l'imprenditore ha bisogno di stipulare molti contratti*: contratti con cui si procura le risorse necessarie per produrre i beni o i servizi che formano oggetto dell'impresa (contratti di lavoro con i dipendenti, di finanziamento per procurarsi i capitali, di acquisto delle materie prime, di acquisto, locazione o leasing degli immobili dove si svolge l'attività e delle macchine impiegate nella produzione, di licenza per lo sfruttamento di brevetti altrui, ecc.); e contratti per fornire ai clienti i beni e i servizi prodotti. Questi ultimi sono importantissimi per l'impresa, perché con essi l'impresa realizza ricavi e profitti; ma sono importantissimi anche per i clienti, perché da essi dipende se l'acquisto dei beni o servizi risulterà conveniente e soddisfacente.

Prima del codice civile vigente i contratti degli operatori economici professionali (i c.d. contratti commerciali) erano disciplinati diversamente dai corrispondenti contratti conclusi fra soggetti estranei all'esercizio professionale di attività economiche (i c.d. contratti civili). Oggi non è più così: con la soppressione del codice di commercio e la conseguente unificazione del diritto delle obbligazioni e dei contratti, formalmente *non esiste più una categoria di contratti commerciali*, sottoposti a una disciplina diversa da quella degli altri contratti: in linea di principio, una compravendita è regolata allo stesso modo, sia che vi partecipi un imprenditore, sia che abbia come parti soggetti non imprenditori (**49**.1). Tuttavia anche oggi si parla di **contratti d'impresa**.

Ciò si spiega sia perché *determinati tipi di contratto presuppongono la qualità di imprenditore* in almeno uno dei contraenti (come potrebbe concepirsi un contratto bancario, se non concluso da una banca, che è ovviamente imprenditore? O un contratto di assicurazione, se non concluso da un'impresa di assicurazione?); sia soprattutto perché la qualità d'imprenditore, eventualmente rivestita da una delle parti, può sottoporre il contratto a una **disciplina giuridica particolare**. Questo accade a proposito di: ☞ *rappresentanza:* la rappresentanza dell'imprenditore commerciale, nei contratti relativi all'impresa, obbedisce a regole diverse da quelle che valgono, in generale, per l'agire in nome altrui (**50**.6); ☞ *cessione del contratto*: in deroga alla regola generale, nel trasferimento d'azienda il cessionario subentra nei contratti aziendali in corso senza bisogno del consenso del contraente ceduto (**56**.6); ☞ *conclusione del contratto*: la morte e l'incapacità sopravvenuta del dichiarante normalmente rendono inefficaci la proposta o l'accettazione; ma queste conservano efficacia se sono fatte da un imprenditore (non piccolo), in relazione a un contratto d'impresa (**29**.10); ☞ *interpretazione del contratto*: fra le regole d'interpretazione oggettiva c'è quella che rinvia agli usi interpretativi (**32**.6), ma essa è derogata per i «contratti in cui una delle parti è un imprenditore», contratti in cui «le clausole ambigue s'interpretano *secondo ciò che si pratica generalmente nel luogo in cui è la sede dell'impresa*» (art. 1368, c. 2). La regola è importante per le imprese che operano in un ampio raggio geografico: se l'impresa fa un contratto in una località diversa dalla sua sede, il contratto s'interpreta non secondo gli usi di quella località, ma secondo gli usi della sede dell'impresa; così si privilegia l'interesse di questa a che tutti i suoi contratti, dovunque conclusi, vengano interpretati in modo uniforme.

5. I contratti standard (condizioni generali di contratto)

La medesima esigenza di uniformità motiva l'impiego di condizioni generali di contratto (contratti standard). L'impresa, che produce *beni o servizi in serie*, e li offre a una *massa indistinta di consumatori*, conclude con costoro un grandissimo numero di contratti, che hanno tutti un medesimo oggetto (la fornitura di quel bene o di quel servizio): si parla perciò di *contratti in serie*, o *contratti di massa.* Dato il gran numero di contratti che deve concludere, l'impresa ha bisogno che la conclusione di ciascuno di essi col singolo cliente avvenga *nel modo più rapido e meccanico possibile*, senza perdite di tempo. Inoltre, le conviene che tutti i contratti relativi allo stesso bene o servizio abbiano *il medesimo contenuto:* un modo per semplificare, razionalizzare, rendere più economica l'organizzazione e l'attività aziendale. Per realizzare entrambi gli obiettivi, l'imprenditore formula egli stesso, una volta per tutte, il contenuto (il regolamento) di tali contratti, cioè l'insieme delle relative clausole.

Questa tecnica di contrattazione presenta così una doppia caratteristica: ☞ la **standardizzazione** dei contratti dell'impresa, perché tutti i contratti conclusi da questa con migliaia o milioni di clienti hanno un *contenuto uniforme*, in quanto formulato preventivamente in via generale (il codice parla infatti di «condizioni generali di contratto»); ☞ la **predisposizione unilaterale** da parte dell'impresa: il testo del contratto è formulato unilateralmente dall'impresa, e presentato ai clienti cui si chiede di accettarlo così com'è. E i clienti finiscono per accettarlo a scatola chiusa, senza discutere e trattare, e spesso senza neanche preoccuparsi di conoscerne il contenuto: sia perché questo è di difficile lettura e comprensione (caratteri piccolissimi, termini tecnici ignoti all'uomo medio); sia perché sanno di non avere sufficiente forza contrattuale per indurre l'imprenditore a modificare le clausole nel senso da essi desiderato («*prendere o lasciare*»). Il cliente si limita ad aderire passivamente al testo contrattuale predisposto da controparte: ecco perché si parla anche di **contratti di adesione** («*predisponente*» è chi li formula e li impone a controparte, che si dice «*aderente*»).

Il codice civile disciplina il fenomeno nella parte sulla conclusione del contratto: art. 1341-1342. Le principali regole sono queste:

☞ le condizioni generali *vincolano l'aderente, solo se risulta che questi «avrebbe dovuto conoscerle usando l'ordinaria diligenza»* (art. 1341, c. 1); in caso contrario, non sono efficaci verso di lui: si vuole evitare che un contraente si trovi vincolato a clausole che egli di fatto non conosceva e non poteva ragionevolmente conoscere (ad es. perché non materialmente allegate al contratto da lui firmato, ma solo richiamate da questo);

☞ se fra le condizioni generali sono presenti determinate clausole che la legge elenca, concepite nell'interesse del predisponente e particolarmente svantaggiose per l'aderente (c.d. **clausole onerose**), tali clausole *vincolano l'aderente solo se questi le ha specificamente approvate per iscritto* (art. 1341, c. 2): occorre, in pratica, che l'aderente non si limiti a sottoscrivere in blocco il testo del contratto predisposto, ma aggiunga una seconda firma riferita alle clausole onerose; in questo modo si vuole *richiamare l'attenzione dell'aderente* sulle condizioni generali più pericolose per lui;

☞ se le condizioni generali sono prestampate su *moduli o formulari* che l'aderente sottoscrive, «*le clausole aggiunte ... prevalgono su quelle prestampate* qualora siano incompatibili con esse, anche se queste ultime non sono state cancellate» (art. 1342).

Queste norme non sono destinate in modo specifico ed esclusivo ai contratti fra imprese e consumatori. È vero che si applicano prevalentemente a questo genere di contratti; ma possono applicarsi anche a *contratti in cui nessuna parte è un'impresa* (si pensi al modulo standard di locazione, predisposto da un'associazione di proprietari immobiliari e utilizzato dai singoli proprietari per i contratti con i loro inquilini), e a *contratti in cui entrambe le parti sono imprese.* In ogni caso, è opinione comune che esse *non garantiscono un'adeguata protezione degli aderenti contro gli abusi dei predisponenti*: la necessità di specifica approvazione scritta delle condizioni generali onerose è un rimedio illusorio, che si riduce all'apposizione meccanica di una firma su un documento che l'aderente continua generalmente a non leggere con attenzione, a non capire, e comunque a non poter modificare, neanche se volesse provarci. Ecco perché – nel momento in cui ci si è posti il problema di una seria protezione dei consumatori contro gli abusi dei contratti predisposti unilateralmente dalle imprese – si è introdotta una disciplina nuova e più efficace.

6. I contratti dei consumatori: informazioni precontrattuali e divieto delle clausole vessatorie

La legge dedica una disciplina particolare ai contratti dei consumatori, e cioè ai **contratti fra un consumatore e un professionista** (come definiti dalla legge: **60**.1) per l'acquisto di beni o servizi a scopi personali: dunque il suo campo di applicazione non coincide con quello dell'art. 1341 (**60**.5), ma è tendenzialmente più ristretto. Simile è però la *ratio*: proteggere la parte considerata più debole nel rapporto contrattuale.

La protezione dei consumatori nei contratti coi professionisti si realizza con due ordini di regole, entrambi contenuti nel codice del consumo: le regole sulle informazioni precontrattuali e quelle sulle clausole vessatorie.

L'art. 48 c.cons. (introdotto con il d.lgs. 21/2014, che attua la direttiva europea 2011/83, modificata dalla direttiva 2019/2161) obbliga il professionista a fornire al consumatore – "in modo chiaro e comprensibile" una serie di informazioni prima che egli si vincoli al contratto. Tali **informazioni precontrattuali** riguardano gli *aspetti essenziali dell'operazione* (caratteristiche del bene o servizio, dati per l'identificazione del professionista, prezzo e spese aggiuntive, modalità di pagamento e consegna, ecc.), in modo da offrire al consumatore *un'adeguata conoscenza dei diritti e degli obblighi* che gli deriveranno dal contratto.

Questa disciplina generale conosce però una serie di *esclusioni*: non si applica ai contratti per cui siano già previste discipline specifiche di protezione del consumatore (ad es. multiproprietà, pacchetti turistici, locazioni abitative, ecc.), o per i quali le esigenze di tutela si presentino in termini diversi, come ad es. per le compravendite di immobili (art. 47 c.cons.).

L'altra disciplina generale di protezione dei consumatori nei contratti coi professionisti è quella che pone il **divieto delle clausole vessatorie**. È più risalente: fu introdotta nel 1996, in attuazione della direttiva europea 1993/13, ed è ora contenuta negli art. 33 e segg. c.cons.

I criteri per individuare quando una clausola è vessatoria, e quindi vietata nei contratti dei consumatori, formano un sistema articolato su due livelli:

☞ il primo livello è una **definizione generale** di clausola vessatoria, che si fonda su un criterio base, precisato da alcuni criteri complementari. Il criterio base è che sono vessatorie tutte le clausole che «determinano a carico del consumatore un **significativo squilibrio dei diritti e degli obblighi** derivanti dal contratto» (art. 33, c. 1, c.cons.). Ma con queste precisazioni (art. 34, c. 1-2, c.cons.): ✦ la vessatorietà non può riguardare né la clausola che individua l'*oggetto* del contratto (cioè il bene o servizio acquistato) né quella che definisce il *prezzo*: su questi elementi il consumatore deve prendersi la piena responsabilità delle proprie scelte, senza poter cercare ex post l'aiuto della legge; ✦ per valutare la vessatorietà delle clausole deve invece tenersi conto della *natura del bene o servizio*; ✦ il giudizio sulla vessatorietà di una clausola può essere influenzato dalla considerazione delle *altre clausole* (una clausola di per sé squilibrata a danno del consumatore può trovare riequilibrio in altre clausole vantaggiose per lui);

☞ al secondo livello, la legge fa un **elenco di clausole che «si presumono vessatorie»** (sono una ventina: art. 33, c. 2, c.cons.). Ciò è molto importante sul piano pratico: se una specifica clausola di un contratto corrisponde a una voce dell'elenco (ad es. limita la responsabilità del professionista), automaticamente si può pensare che corrisponda alla definizione generale di clausola vessatoria, e quindi lo sia: se il professionista vuole cercare di salvarla, è suo onere provare che invece, in base ai criteri visti sopra, non lo è; ma sarà una prova molto difficile. Il senso dell'elenco è quindi mettere *a carico del professionista l'onere di provare la non vessatorietà*: per questo si parla di **lista grigia** (si parlerebbe invece di *lista nera*, se le clausole elencate fossero irrimediabilmente vessatorie, senza alcuna possibilità di provare il contrario).

Ma non basta. Se anche alla luce di quanto sopra una clausola risulterebbe vessatoria, non è ancora detto che in concreto lo sia. Infatti due circostanze possono **escludere la vessatorietà** (art. 34, c. 3-4, c.cons.): ☞ quando la clausola riproduce il contenuto di un *atto normativo* (legge o convenzione internazionale); ma soprattutto ☞ quando ha formato oggetto di *trattativa individuale fra* *le parti*, perché in questa trattativa il consumatore avrà fatto valere i suoi interessi, sicché appare superflua la tutela della legge (è però *onere del professionista* dimostrare che la trattativa c'è stata, ed è stata una trattativa vera e reale).

Contro le clausole vessatorie possono scattare due tipi di rimedi: ☞ il **rimedio individuale**, invocabile dal *singolo consumatore* in relazione a un *singolo contratto*, è la **nullità**: la clausola è cancellata e non vincola il consumatore (art. 36, c. 1, c.cons.). Con la precisazione che è nullità *relativa* (può farla valere solo il consumatore, ma non il professionista: **36**.2); e nullità solo *parziale* (anche se la clausola caduta era essenziale per il professionista, il contratto rimane in piedi: **36**.6); ☞ il **rimedio collettivo** si dirige contro le clausole vessatorie contenute in *condizioni generali*, predisposte da un'impresa o categoria di imprese per un *impiego uniforme in un numero indefinito di rapporti*, e può essere attivato da *associazioni di consumatori o imprenditori* e dalle *Camere di commercio*: è l'**inibitoria**, con cui il giudice proibisce di inserire quella clausola in tutti i futuri contratti che saranno conclusi con i consumatori sulla base di quelle condizioni standard (art. 37 c.cons.). L'art. 37-*bis* c.cons. (introdotto nel 2012) prevede anche un *controllo amministrativo* delle clausole vessatorie: l'*Autorità antitrust* può esaminare le clausole standard presenti sul mercato, e se le ritiene vessatorie lo rende noto con un suo provvedimento, a cui viene data ampia pubblicità. (Peraltro non ne deriva automaticamente la nullità o l'inibitoria del loro impiego, che possono essere pronunciate solo dal giudice).

7. Contratti a distanza e contratti negoziati fuori dei locali commerciali

Esigenze aggiuntive e più specifiche di protezione del consumatore sorgono quando il contratto viene concluso con particolari modalità tecniche o ambientali. Di qui la speciale disciplina (profondamente innovata dal recente d.lgs. 21/2014) prevista per due categorie di contratti.

I **contratti a distanza** sono quelli che si concludono *senza la compresenza fisica* del consumatore e del professionista, utilizzando *tecniche di comunicazione a distanza* come l'invio di cataloghi per posta, il telefono, la televisione (c.d. televendite), l'e-mail, siti web (c.d. commercio elettronico). La mancanza di contatto fisico col professionista crea rischi per il consumatore: da un lato gli rende difficile svolgere il dialogo necessario per comprendere bene gli aspetti essenziali dell'operazione; dall'altro lato, avere a che fare con una controparte lontana e poco afferrabile rende più difficile e aleatoria l'attivazione di rimedi nel caso di cattiva esecuzione del contratto.

I **contratti negoziati fuori dei locali commerciali** sono quelli che si concludono *con la compresenza fisica del consumatore e del professionista, ma fuori dei* *locali di quest'ultimo*: per es. a casa o sul posto di lavoro o nel luogo di vacanza del consumatore. Dunque non è il consumatore a prendere l'iniziativa di raggiungere il professionista per chiedergli il bene o il servizio di cui a bisogno, ma all'inverso è il professionista che lo va a cercare per offrirgli il suo prodotto. Qui il rischio è l'*effetto sorpresa e pressione*: il consumatore – colto di sorpresa o pressato dall'iniziativa del professionista – non riesce ad attivare le opportune difese psicologiche e cede all'offerta del professionista senza rifletterci bene, salvo poi pentirsene quando, ripensandoci a freddo, si accorge di avere fatto un acquisto non conveniente (esattamente come accade per i prodotti finanziari offerti ai risparmiatori «fuori sede»: **59**.17).

La protezione del consumatore si realizza con due strumenti: ☞ il primo è l'**informazione precontrattuale** (artt. 49-51 c.cons.): prima della conclusione del contratto il professionista deve fornire al consumatore da lui contattato una serie di informazioni che gli chiariscano in modo completo e preciso i termini dell'operazione (informazioni ovviamente più stringenti di quelle previste in generale per tutti i contratti dei consumatori: **60**.6); ☞ il secondo è il **diritto di recesso** (artt. 52-59 c.cons.): fatto il contratto nelle circostanze viste, il consumatore che poi se ne sia pentito può svincolarsi da esso. Il recesso: ✦ va comunicato entro 14 giorni dalla conclusione del contratto; ✦ non è più possibile se il consumatore ha già consumato o deteriorato il bene, o utilizzato il servizio, nonché in una serie di altri casi; ✦ ha la conseguenza che, sciogliendosi il contratto, il consumatore restituisce il bene all'impresa e questa restituisce al consumatore il prezzo eventualmente già pagato, senza altri oneri a suo carico; ✦ è escluso in una serie di casi, indicati dall'art. 59 c.cons.

Nel caso di *fornitura non richiesta* di beni o servizi, il consumatore non è tenuto a pagare alcunché (art. 66-*quinquies* c.cons.).

La disciplina descritta in questo paragrafo *non si applica a tutta una serie di contratti*: gli stessi esclusi dalla disciplina generale dell'informazione precontrattuale (**60**.6); inoltre, non si applica ai contratti negoziati fuori dei locali commerciali di importo inferiore a 50 euro (art. 47, c. 2, c.cons.).

8. Il credito ai consumatori

Il credito ai consumatori è un'*attività finanziaria rivolta ai consumatori interessati ad acquistare beni*, per consentirgli di fare l'acquisto anche se non dispongono attualmente del denaro necessario: a tal fine, gli si offrono *dilazioni di pagamento* oppure un *finanziamento* o altra *agevolazione finanziaria*. L'operazione presenta un doppio *rischio per il consumatore*: il rischio di spingerlo ad acquisti non meditati o non coerenti con le sue reali possibilità economiche; e il rischio di accettare, magari senza rendersene ben conto, condizioni finanziarie molto pesanti (alti interessi sul finanziamento), per cui alla fine il bene avrà per lui un costo esagerato. Ecco perché la legge disciplina le operazioni di credito al consumo con regole di protezione del consumatore (identificato sempre nella *persona fisica che acquista beni di consumo personale*: con esclusione quindi di chi acquista beni da impiegare nella propria attività professionale). Nel 2010 tali regole sono state spostate dal codice del consumo al t.u.b. (art. 121 e segg.).

Si prevedono a carico del finanziatore obblighi di **informazione preventiva** sulle condizioni contrattuali, che permettano al consumatore di fare una scelta razionale sulle diverse offerte presenti sul mercato; e obblighi di **verifica del merito creditizio** del consumatore, per valutare se il credito chiesto è sostenibile in base alla sua situazione patrimoniale.

Si prevedono poi regole per la **disciplina dei contratti**, che ricalcano le disposizioni per la «trasparenza» delle operazioni bancarie (**59**.9). In particolare: ☞ il contratto richiede *forma scritta*, e una copia va al consumatore; ☞ il contratto deve avere *determinati contenuti*, necessari per rendere *chiari i termini economici* dell'operazione: in particolare deve indicare il tasso annuo effettivo globale (c.d. *taeg*), cioè la percentuale che indica quanto costa, all'anno, il finanziamento ottenuto dal consumatore; ☞ dopo avere firmato il contratto, il consumatore ha diritto di cambiare idea e recedere entro 14 giorni; ☞ in caso di *inadempimento del fornitore* del bene, il consumatore può, a certe condizioni, sciogliere il contratto di finanziamento e farsi rimborsare quanto già pagato al finanziatore, il quale potrà recuperare rivolgendosi contro il fornitore del bene.

9. Rimedi a protezione dei consumatori: l'azione di classe

Quando l'interesse colpito da un'attività dannosa è di tipo collettivo o «diffuso», i tradizionali strumenti processuali non sono idonei ad offrire la tutela più efficace degli interessi lesi (**4**.8). Un caso tipico è quello in cui i *comportamenti di un'impresa danneggino una pluralità indeterminata di consumatori.*

Per questo genere di situazioni nel 2007 è stato introdotto nel codice del consumo lo strumento dell'**azione di classe** (traduzione letterale dall'americano, anche se la «*class action*» applicata negli USA è un meccanismo molto diverso), per far valere lesioni di *«diritti omogenei» di consumatori*, da riparare mediante *risarcimento o restituzioni*. In tal caso, ciascun consumatore appartenente alla classe lesa può – in proprio, o anche mediante organizzazioni rappresentative della classe (ad es., associazioni di consumatori) – *agire in giudizio per fare accertare la responsabilità dell'impresa*; e tutti gli altri consumatori danneggiati possono, entro un certo termine, *«aderire» a tale azione*, rinunciando ad agire individualmente. Se accerta la responsabilità dell'impresa, la sentenza *determina le somme dovute* a tutti coloro che hanno aderito all'azione. In questo modo, con un solo processo si realizza la tutela di un grandissimo numero di consumatori danneggiati. L'attuale disciplina subirà qualche ritocco per effetto della direttiva europea 1828/2020, che dovrà essere trasposta in Italia entro fine 2022.

Ma come detto a suo tempo (**4**.8), è poi intervenuta la *l. 31/2019*, che modifica l'azione di classe nei suoi aspetti procedurali e soprattutto ne allarga l'impiego: non è più riservata ai soli consumatori, ma *si estende a tutti i soggetti titolari di "diritti omogenei"* (anche se è probabile che i consumatori continueranno a esserne i maggiori utilizzatori per le loro pretese risarcitorie verso le imprese); coerentemente, la disciplina si sposta dal codice del consumo al *codice di procedura civile*.

10. Normative di settore

L'esigenza di proteggere il consumatore è particolarmente forte per gli acquisti di *particolari beni o servizi*, rispetto ai quali il consumatore stesso è più indifeso di fronte alla superiore forza contrattuale delle imprese, e quindi più esposto a subirne gli abusi. Si provvede con leggi di settore, dedicate specificamente a questo o a quel particolare bene o servizio, che disciplinano le attività svolte dalle imprese in quei campi, e soprattutto i relativi contratti con i clienti.

A parte le più forti garanzie date all'acquirente di beni di consumo contro i *difetti di conformità del bene* (**38**.9), si è visto in che modo è tutelato il consumatore che acquista *quote di multiproprietà* (**17**.10) o utilizza servizi della società dell'informazione (*e-commerce*: **29**.23). Norme di protezione dell'utente di *servizi di comunicazione elettronica* (telefonia mobile, Internet) si trovano nel codice delle comunicazioni elettroniche (art. 70 ss.), e sono state aggiornate dal d.lgs. 173/2021 che recepisce la direttiva europea 2018/1972 e con essa il "codice europeo delle comunicazioni elettroniche". La direttiva europea 2019/770, attuata col d.lgs. 170/2021 che inserisce un'apposita nuova sezione nel codice del consumo (art. 135-*octies*-135-*vicies ter*, protegge il consumatore di *contenuti digitali o servizi digitali*: il punto saliente è che la protezione opera non solo quando il consumatore paga al fornitore un prezzo in denaro, ma anche quando in cambio del contenuto o servizio gli consente l'accesso ai propri dati personali (si pensi ai motori di ricerca o alle piattaforme "social"). Quanto infine al servizio radiotelevisivo, il d.lgs. 177/2005 enuncia una serie di *diritti degli utenti radiotelevisivi*: relativi sia alla possibilità di accedere alla più ampia varietà di fonti informative e di programmi; sia ai contenuti delle trasmissioni, che devono rispettare gli interessi patrimoniali e morali del pubblico.

Sappiamo poi che una medesima ratio di protezione della «parte debole» ispira discipline come quelle dei *contratti di assicurazione*, *bancari* e *finanziari* (**59**). La differenza è che queste discipline hanno un raggio più ampio: si applicano non solo ai contratti dei consumatori in senso stretto (persone fisiche che agiscono per ragioni personali/familiari), ma più in generale a tutti i contratti di quel tipo, chiunque sia il cliente della compagnia di assicurazione, della banca, dell'intermediario finanziario (può essere anche un'organizzazione, o una persona fisica che opera per ragioni professionali). L'obiettivo non è solo protezione del consumatore; è una più generale *protezione del cliente.*

11. I rapporti fra imprese con diverso potere contrattuale: subfornitura e abuso di dipendenza economica

La regolazione del mercato tradizionalmente si concentra sulla tutela dei consumatori verso le imprese, e cioè su quei rapporti che si usano chiamare «business-to-consumer» (abbreviato *B2C*): sul presupposto che i rapporti fra un'impresa e un'altra impresa (business-to-business, in sigla *B2B*) non pongano nessuna particolare esigenza di tutela, perché un'impresa non è una «parte debole», e sa difendersi da sé. Ma questo presupposto è stato (giustamente) messo in discussione, e si è riconosciuto che possono verificarsi casi in cui *un'impresa debole entra in rapporto con un'impresa forte*. Si pensi alla piccola impresa che non fa altro se non produrre componenti per auto, per poi fornirli alla grossa casa produttrice di automobili, che li assembla nel prodotto finito: la casa automobilistica è in pratica l'unico cliente del piccolo produttore, e da un punto di vista economico lo tiene in pugno, sicché può essere tentata di abusare della sua posizione di forza imponendole condizioni contrattuali molto svantaggiose. Il legislatore ha ritenuto di intervenire per tutelare l'impresa debole, con la l. 192/1998.

Essa disciplina in primo luogo i **contratti di subfornitura**: cioè tutti quelli per cui un'*impresa subfornitrice* esegue lavorazioni o fornisce componenti su commessa di un'*impresa committente*, che li utilizza per la propria produzione; con l'ulteriore caratteristica che lavorazioni e forniture vengono eseguite secondo progetti, modelli, tecnologie imposti dal committente. La disciplina si basa su questi punti: ☞ il contratto richiede *forma scritta* a pena di nullità (ma in caso di nullità il subfornitore ha comunque diritto al pagamento delle prestazioni eseguite e al rimborso delle spese); ☞ il contratto deve essere *trasparente*, indicando con precisione tutti i principali termini dell'operazione; ☞ alcune *clausole*, particolarmente pesanti per il subfornitore, sono *vietate*; ☞ infine, con la previsione praticamente più importante, si fissano inderogabili *ter-*

mini di pagamento delle prestazioni eseguite dal subfornitore: di regola non oltre 60 giorni.

L'art. 9 l. 192/1998 contiene poi una previsione più generale, che si applica anche al di là dei rapporti di subfornitura: il **divieto dell'abuso di dipendenza economica**. Questa è la situazione in cui un'impresa più forte è in grado di determinare un «*eccessivo squilibrio di diritti e di obblighi*» *a danno di un'impresa debole*: e l'abuso può consistere ad es. nel rifiuto di vendere o comprare, nell'imporre condizioni contrattuali troppo pesanti, nell'interrompere arbitrariamente il rapporto commerciale. I **rimedi** per l'impresa che subisce l'abuso possono essere diversi: se l'abuso si realizza attraverso un *contratto*, questo è *nullo*; se si realizza al di fuori di un contratto, la vittima può chiedere il risarcimento del danno, in base alla *responsabilità extracontrattuale* dell'impresa che abusa; se poi l'abuso dà luogo a un comportamento anticoncorrenziale, possono scattare i rimedi della legge antitrust (**58.**6).

L'obiettivo di proteggere l'impresa debole che contratta con l'impresa più forte ispira anche le norme sul contratto di *franchising* (**38.**18) e quelle più recenti (art. 62 d.l. 1/2012, convertito nella l. 27/2012) sulla *fornitura di prodotti agricoli e agroalimentari* (dove la parte debole è l'imprenditore agricolo che fornisce i prodotti alle strutture della grande distribuzione organizzata). Nella stessa logica, la l. 205/2017 regola il *rapporto fra professionisti intellettuali e grandi clienti* (come banche e assicurazioni) con l'obiettivo di proteggere i primi dalla superiore forza contrattuale dei secondi: si individuano e si vietano una serie di clausole vessatorie; si prevede che il compenso del professionista debba allinearsi a un giusto standard (c.d. *equo compenso*).

61
CRISI E INSOLVENZA DELL'IMPRESA

1. Crisi dell'impresa: i problemi e i principi del nuovo "codice"

Le imprese fanno largo ricorso al credito, e quindi si trovano ad avere molti debiti: verso finanziatori, fornitori, dipendenti, ecc. Quando un'impresa entra in crisi e fatica a pagare i suoi debiti, viene in forte evidenza l'*interesse dei creditori*: la legge è molto sensibile all'esigenza di tutelarlo perché coincide con l'*interesse generale al buon funzionamento del sistema economico*, che senza credito non potrebbe vivere e svilupparsi. I normali rimedi dati al singolo creditore contro l'inadempimento del singolo debitore non sono idonei, perché la crisi dell'impresa coinvolge di solito una *gran massa di creditori*, e può mandare in crisi altre imprese (se l'impresa cliente non paga le imprese fornitrici, queste non possono pagare i dipendenti), con il rischio di dissesti a catena. E comunque, se la crisi diventa così grave da distruggere l'impresa, ne derivano perdita di posti di lavoro e una restrizione della base produttiva che impoverisce il sistema economico nel suo insieme.

Ecco perché esistono *speciali meccanismi legali per affrontare le crisi d'impresa*: se possibile per prevenirle o farle rientrare, e comunque per gestirle in modo da salvaguardare il più possibile tutti gli interessi coinvolti. Il quadro legislativo della materia subisce *vasti e profondi cambiamenti a partire dal 2020*. La vecchia disciplina era contenuta nella "legge fallimentare" (r.d. 267/1942): prevedeva diverse *procedure concorsuali* (chiamate così perché, a differenza delle procedure esecutive individuali, soddisfano tutti i creditori congiuntamente, nel tendenziale rispetto della parità di trattamento), la più importante delle quali era il *fallimento*. Essa è oggi sostituita da una nuova regolazione, che prende corpo nel **codice delle crisi d'impresa e dell'insolvenza** (d.lgs. 14/2019, emanato in attuazione della legge delega 155/2017).

Il c.c.i.i. contiene quasi 400 articoli, e si ispira a principi profondamente diversi da quelli della vecchia legge fallimentare. Indichiamo in sintesi le novità più significative.

La prima è il notevole **allargamento delle situazioni di crisi e di insolvenza regolate**. La disciplina precedente entrava in gioco solo quando il soggetto debitore era un'impresa con determinate caratteristiche: impresa commerciale (non agricola), di dimensioni non piccole, e non pubblica. Oggi la platea dei debitori considerati è molto più estesa, e comprende in sostanza *ogni categoria di debitore: non solo imprese – incluse quelle agricole e quelle piccole – ma anche soggetti che non sono imprese, come consumatori, liberi professionisti, enti senza scopo di lucro* (in questo senso parlare di crisi «d'impresa» è a ben vedere riduttivo). Restano fuori solo gli enti pubblici.

Un'altra novità è la netta **preferenza per soluzioni di tipo preventivo e conservativo, piuttosto che liquidatorio**: prima l'obiettivo fondamentale delle procedure concorsuali (in particolare del fallimento) era soddisfare i creditori con la liquidazione del complesso aziendale che così cessava di esistere; oggi si privilegiano soluzioni che permettano di *superare la crisi* e quindi di *evitare la fine dell'impresa*.

Solo quando ogni tentativo di salvare l'impresa in crisi risulta vano, ci si rassegna alla sua fine e si procede a trasformare in denaro il complesso aziendale (e gli altri beni del debitore) per pagare i creditori. A questo fine scatta come *extrema ratio* la procedura di **liquidazione giudiziale**, che eredita la finalità del vecchio fallimento (ma non il nome stigmatizzante, adesso cancellato dal linguaggio legislativo): qui la novità è che la procedura risulta notevolmente modificata rispetto a quella fallimentare, per obiettivi di **maggiore snellezza, efficienza, velocità ed economicità delle operazioni** finalizzate a vendere l'azienda e gli altri beni del debitore, per soddisfare i creditori nella massima misura possibile.

Un'altra caratteristica della nuova disciplina è il marcato favore per soluzioni che, mettendo da parte il fisiologico antagonismo fra debitore e creditori, si basino su **procedure conciliative e accordi fra i soggetti coinvolti nella crisi**.

Infine, il c.c.i.i. colma una lacuna della vecchia legge fallimentare, dedicando una disciplina organica alle situazioni di crisi e insolvenza riguardanti

gruppi di imprese: lo scopo è garantirne una *gestione unitaria, e così più efficiente.*

Delle crisi d'impresa e dell'insolvenza si occupa anche il *diritto eurounitario*, che vincola il legislatore nazionale. Il c.c.i.i. tiene conto del regolamento Ue 2015/848, ma non della direttiva 2019/1023 (c.d. *direttiva insolvency*), successiva di qualche mese all'emanazione del codice: questo dovrà quindi adeguarsi.

Del resto il codice, pur così giovane, ha già avuto numerose modifiche. Ed è singolare che le abbia avute prima ancora di essere pienamente operativo. Infatti la sua entrata in vigore ha subito numerosi rinvii (suggeriti soprattutto dall'emergenza Covid-19): a parte alcune norme diventate operative già prima, in via generale il codice è in vigore dal 16 maggio 2022; ma qualche sua parte lo sarà solo a partire dal 2024.

2. Crisi e insolvenza. Le procedure di allerta e di composizione assistita della crisi

Come indica il nome stesso del codice, al centro della nuova disciplina ci sono i concetti di crisi e di insolvenza, che ricevono una precisa definizione nell'art. 2, c. 1. lett. *a*) e rispettivamente lett. *b*) c.c.i.i.): ☞ l'**insolvenza** è la situazione più grave, e si verifica quando "*il debitore non è più in grado di soddisfare regolarmente le proprie obbligazioni*": può manifestarsi con sistematici inadempimenti, ma anche con altri "fatti esteriori" (quali svendita a prezzo rovinoso dei propri beni, ricorso al credito usuraio, ecc.); ☞ la **crisi** è "lo *stato di squilibrio economico-finanziario che rende probabile l'insolvenza del debitore*": per le imprese "si manifesta come *inadeguatezza dei flussi di cassa prospettici* a far fronte regolarmente alle obbligazioni pianificate", ed è rilevabile attraverso alcuni *indici* significativi (art. 13 c.c.i.i.).

Per prevenire le crisi prima che esplodano, o permetterne la positiva soluzione in tempi rapidi, sono previste (ma entreranno in vigore solo dal 2024) **procedure di allerta** che puntano alla *tempestiva rilevazione degli indicatori della crisi* stessa, e alla *sollecita adozione di misure idonee* a risolverla (art. 12-15 c.c.i.i.). Non si applicano a tutti i debitori, ma solo alle *imprese medio-piccole*: sono esclusi i soggetti non imprenditori, e fra le imprese sono escluse quelle di grandi dimensioni, nonché quelle di determinati settori (fra cui banche, assicurazioni, intermediari finanziari).

Gli strumenti di allerta sono essenzialmente **obblighi di segnalazione**, posti a carico di determinati soggetti: ☞ gli *organi di controllo societari* (in particolare i sindaci), i *revisori contabili* e le *società di revisione*, quando rilevano *fondati indizi di crisi* della società per cui svolgono le loro funzioni, devono immediatamente *segnalarli all'organo amministrativo* della società stessa, che a sua volta deve rispondere indicando le soluzioni individuate e avviate; se l'organo amministrativo non ottempera, lo si comunica all'organismo di composizione delle crisi d'impresa (OCRI), di cui si dice fra poco; ☞ l'*Agenzia delle entrate* e l'*Inps*, quando rilevano che i debiti fiscali e rispettivamente previdenziali del debitore superano un certo importo rilevante, devono darne *avviso al debitore* stesso con *invito a regolarizzare* entro 90 giorni il proprio debito; in caso di mancata ottemperanza, lo segnalano all'OCRI.

Dunque nelle procedure di allerta può essere coinvolto **l'organismo per la composizione delle crisi d'impresa** (OCRI): è costituito presso ogni Camera di commercio, e svolge le sue funzioni mediante un *collegio di tre esperti indipendenti*. Ricevute le segnalazioni di cui sopra, il collegio sente il debitore e fa le sue valutazioni: se rileva l'esistenza di crisi, *individua col debitore le misure* per porvi rimedio, che il debitore è tenuto ad attuare.

Nell'ambito delle procedure di allerta, ma anche a prescindere da esse, si può attivare su iniziativa del debitore un **procedimento di composizione assistita della crisi**: il suo obiettivo è cercare una *soluzione della crisi concordata fra debitore e creditori, mediante trattative* (che non possono durare più di tre mesi, eccezionalmente prorogabili di altri tre). A questa ricerca *presta assistenza il collegio dell'OCRI*, preparando una relazione sulla situazione dell'impresa e un elenco dei suoi debiti. Durante la procedura il debitore può godere di *misure protettive*, mettendosi al riparo da iniziative dei creditori che possano pregiudicare il buon esito delle trattative. Se l'accordo non si raggiunge, il debitore viene invitato a presentare domanda di accesso a una delle procedure di regolazione della crisi.

Il d.l. 118/2021 introduce, con effetto immediato, una procedura di **composizione negoziata della crisi** per le imprese che siano sull'orlo della crisi o dell'insolvenza ma abbiano una ragionevole possibilità di risanamento. Si basa su trattative fra il debitore e i suoi creditori guidate da un *esperto indipendente*, finalizzate a risanare l'impresa e risolvere la crisi anche mediante la cessione dell'azienda e la rinegoziazione dei contratti in corso. È un meccanismo transitorio, introdotto in attesa dell'entrata in vigore del codice.

3. Gli strumenti di regolazione della crisi: accordi di ristrutturazione dei debiti

Può accadere che le procedure di allerta e di composizione assistita non producano risultati positivi: la crisi dell'impresa permane, o addirittura si trasforma in insolvenza. Bisogna allora ricorrere a strumenti di regolazione della crisi.

Il primo è rappresentato dagli accordi di ristrutturazione dei debiti (artt. 57-64 c.c.i.i.). Non tutti i debitori vi possono accedere: è *riservato alle imprese* – sia commerciali sia agricole –, però *con esclusione delle imprese minori* (quelle caratterizzate, fra l'altro, da ricavi annui non superiori a 200.000 euro e debiti non superiori a 500.000 euro).

L'impresa in stato di crisi o d'insolvenza può proporre ai creditori un accordo per la sistemazione dei propri debiti mediante *agevolazioni concesse al debitore*: riscadenziamento a più lungo termine, rinuncia a interessi e/o a parte del capitale, erogazione di ulteriori crediti (c.d. "nuova finanza"), ecc.; può anche avere un contenuto più complesso, prevedendo a carico dell'impresa impegni o vincoli relativamente alla gestione aziendale, ricapitalizzazione con risorse proprie degli azionisti, cessione di rami d'azienda, inserimento di rappresentanti dei creditori nell'organo amministrativo della società debitrice. La proposta di accordo deve essere corredata da un *piano di risanamento*, che indichi la situazione economico-finanziaria dell'impresa, le cause della crisi, le azioni per superarla. Il piano deve essere *attestato*: occorre cioè che un professionista indipendente attesti la validità dei dati economico-finanziari prospettati, e la realistica fattibilità delle sue previsioni.

I creditori sono liberi di accettarlo o meno: l'accordo si conclude se viene accettato da *tanti creditori che rappresentino almeno il 60%* (a certe condizioni il 30%) dei crediti complessivi. L'accordo deve però soddisfare un requisito: garantire il *pagamento integrale, entro un dato termine, dei creditori estranei.*

Fin qui si è parlato di accordo "coi creditori" genericamente intesi. In realtà spesso l'accordo considera distintamente diverse **categorie di creditori**, differenziati per posizione giuridica (chirografari o privilegiati) ovvero per criteri economici (crediti bancari, crediti commerciali di fornitori, crediti di dipendenti). E gli accordi possono prevedere *condizioni diverse per le diverse categorie*: ad es. pagamento al 100% dei crediti privilegiati, al 75% di quelli chirografari verso fornitori commerciali, al 50% di quelli verso banche).

La conclusione dell'accordo fra debitore e (almeno il 60% o 30% dei) creditori non basta a renderlo operativo: occorre l'**omologazione** del *tribunale competente* (che è quello del luogo in cui il debitore ha il centro principale dei suoi interessi). Il procedimento di omologazione si apre con la *domanda del debitore*: a questo punto i creditori e altri interessati possono fare *opposizione*, su cui decide il tribunale. Se il tribunale concede l'omologazione, l'accordo diventa efficace; in caso contrario può aprirsi la liquidazione giudiziale (artt. 44-45, 48 c.c.i.i.).

Di regola le previsioni dell'accordo di ristrutturazione valgono solo per i creditori che lo hanno accettato. Però *a certe condizioni*, fissate dall'art. 61 c.c.i.i., l'accordo può avere **efficacia estesa**, e cioè valere *anche per i creditori estranei.*

Infine esiste una variante minore degli accordi di ristrutturazione: la **convenzione di moratoria**, con cui l'impresa concorda con *almeno il 75% dei creditori* la *dilazione delle scadenze* dei crediti e/o la *sospensione delle azioni esecutive*. Se raggiunge quella percentuale di adesioni, la convenzione vale anche per i creditori estranei.

4. Composizione delle crisi da sovraindebitamento

Parliamo adesso di strumenti di regolazione delle crisi riservati a una platea di debitori che esclude le imprese più significative: li possono utilizzare solo *soggetti che non sono imprese o sono imprese marginali*. Per indicare il loro presupposto la legge non parla di crisi o insolvenza dei debitori interessati, ma preferisce il termine «sovraindebitamento». Per la loro applicazione svolgono un ruolo centrale appositi organismi: gli **organismi di composizione delle crisi da sovraindebitamento** (OCC). Gli strumenti sono due.

Il primo è la **ristrutturazione dei debiti del consumatore** (artt. 67-73 c.c.i.i.). Il *consumatore* (figura che abbiamo già definito: **60.**1) può proporre ai creditori un *piano di ristrutturazione* dei propri debiti, indicando tempi e modi del loro pagamento (ad es. dilazione di un anno, taglio del 25%). Il piano si propone con *domanda al tribunale*, corredata da una *relazione dell'OCC* che illustra la situazione, ed è pubblicato in modo che tutti i creditori possano conoscerlo e formulare le loro osservazioni. Il tribunale le valuta, e se ritiene l'ammissibilità giuridica e la fattibilità economica del piano, ne pronuncia l'*omologazione*. In caso contrario, dispone nei confronti del debitore una procedura liquidatoria.

Una volta omologato, il piano viene *eseguito sotto la vigilanza dell'OCC*. Se il debitore *non adempie* gli impegni previsti nel piano, o risultano sue gravi *scorrettezze* (come fraudolente alterazioni dell'attivo o del passivo), *l'omologazione è revocata*, e il debitore subisce una procedura liquidatoria.

Quando il debitore sovraindebitato non è un consumatore, bensì è un *libero professionista* o un'impresa di rilievo marginale (*impresa minore*, *impresa agricola*, *start-up*), la procedura applicabile è il **concordato minore** (artt. 74-83 c.c.i.i.). Suo presupposto è che il concordato consenta al debitore di *proseguire l'attività* professionale o imprenditoriale.

La procedura è in larga misura simile a quella prevista per la ristrutturazione dei debiti del consumatore: *domanda* del debitore al tribunale, indicante tempi e modi per uscire dalla crisi di sovraindebitamento, e corredata da una serie di documenti allegati fra cui una *relazione dell'OCC*; comunicazione ai creditori; *omologazione* del concordato se il giudice lo ritiene ammissibile e fattibile; *esecuzione* sotto la vigilanza dell'OCC; *possibilità di revoca* dell'omologazione e conseguente procedura liquidatoria. C'è però una differenza importante: prima dell'omologazione il concordato minore deve ottenere l'*approvazione dei creditori*: è approvato se votano a favore tanti creditori che rappresentino la *maggioranza dei crediti chirografari.*

Questa parte del codice è stata sostanzialmente anticipata di una decina di anni dalla *l. 3/2012*, che per i debitori non soggetti ad altre procedure concorsuali prevede procedure di composizione delle crisi da sovraindebitamento ed eventuale liquidazione del patrimonio.

5. Il concordato preventivo

La procedura di concordato preventivo (artt. 84-120 c.c.i.i.) può riguardare solo imprese, e fra queste solo le **imprese commerciali** (non quelle agricole), però **escluse le imprese minori**. Il suo presupposto oggettivo è lo **stato di crisi o di insolvenza** dell'impresa.

La finalità dello strumento è il *soddisfacimento dei creditori*, che può realizzarsi in *due modi* cui corrispondono *due figure* di concordato (art. 84 c.c.i.i.): ☞ il **concordato in continuità aziendale** prevede che l'impresa prosegua, e che i creditori siano soddisfatti prevalentemente coi suoi *ricavi*; può presentarsi in due forme: ✦ *continuità diretta*, quando l'impresa continua a essere esercitata dal medesimo imprenditore; e ✦ *continuità indiretta*, quando l'impresa prosegue in capo a un altro imprenditore, che subentra per es. in base a cessione o affitto dell'azienda; ☞ il **concordato liquidatorio** prevede la *fine dell'impresa*, e il soddisfacimento dei creditori mediante liquidazione dei beni aziendali; la legge lo circonda di *limiti severi*, richiedendo che esso preveda l'*apporto di risorse esterne* capaci di aumentare di almeno il 10%, rispetto alla liquidazione giudiziale, la soddisfazione dei *crediti chirografari* (che comunque non possono essere soddisfatti in misura inferiore al *20%* del loro ammontare).

La procedura si apre con *domanda del debitore* rivolta al tribunale e corredata di un **piano di concordato**, che deve indicare: ☞ da un lato la *sistemazione dei debiti* proposta (misura e tempi del pagamento, eventuale suddivisione dei debitori in classi diverse con trattamenti differenziati); ☞ dall'altro *situazione e prospettive dell'impresa*, con particolare riguardo alle misure necessarie affinché possa produrre i ricavi con cui pagare i creditori. Il piano deve essere *attestato*, nella sua correttezza e fattibilità, da un professionista indipendente. Se il debitore lo chiede, può scattare a suo favore la *misura protettiva* consistente nella sospensione delle azioni esecutive e cautelari.

Ricevuta la domanda, il tribunale: ☞ nomina gli **organi della procedura** (il **commissario giudiziale**, incaricato di gestire la procedura, e il **giudice delegato**); quindi ☞ fissa il periodo del voto dei creditori sulla proposta di concordato. Presentata la domanda, il debitore conserva l'*amministrazione dei beni* e l'esercizio dell'impresa, sotto la vigilanza del commissario giudiziale: però gli atti di *straordinaria amministrazione* devono essere *autorizzati dal giudice delegato*, pena l'inefficacia verso i creditori. I *contratti in corso di esecuzione* restano fermi, ma se sono incoerenti con le previsioni del piano possono essere sospesi o sciolti.

Importanza centrale ha il **voto dei creditori**. Possono votare i *creditori chirografari* e quelli privilegiati che rinuncino alla prelazione. Il concordato è approvato con la *maggioranza dei crediti* ammessi al voto. Prima del voto, alla proposta del debitore possono però affiancarsi *proposte concorrenti* avanzate da *creditori con almeno il 10% dei crediti complessivi*: in tal caso è approvata la proposta che ottiene la quota più alta dei crediti ammessi al voto.

Se il concordato è approvato, si apre la fase dell'**omologazione**, necessaria perché il concordato diventi operativo. I creditori dissenzienti possono opporsi all'omologazione. Se il *tribunale* riscontra la regolarità della procedura, l'ammissibilità e la fattibilità del piano, e respinge le eventuali opposizioni, omologa il concordato (art. 48 c.c.i.i.).

Il concordato omologato *vincola tutti i creditori*, anche dissenzienti; e *deve essere eseguito*, con i pagamenti e gli altri atti previsti dalla proposta e dal piano. Se questo non accade perché il debitore si rende inadempiente, il concordato può essere *risolto* su domanda dei creditori o del commissario. Può essere invece *annullato*, se risulta che è stato dolosamente esagerato il passivo oppure sottratta o nascosta una parte rilevante dell'attivo.

6. La liquidazione giudiziale: presupposti, organi, effetti dell'apertura

La liquidazione giudiziale corrisponde alla procedura che prima si chiamava fallimento: punta a vendere i beni del debitore, ricavandone il denaro che serve per pagare i creditori. Il *presupposto soggettivo* coincide con quello del concordato: riguarda le **imprese commerciali che non siano imprese minori**. Il *presupposto oggettivo* è più stretto: l'**insolvenza** dell'impresa (non la semplice crisi).

L'**iniziativa** per aprire la procedura (ricorso al tribunale del luogo dove il debitore ha il centro principale degli interessi) può essere presa, oltre che dal *debitore*, anche da altri soggetti: i *creditori*, le *autorità amministrative* che vigilano sull'impresa, il *pubblico ministero* (art. 37, c. 2 c.c.i.i.). Se il tribunale rileva l'esistenza dei presupposti, accoglie la domanda e pronuncia **sentenza che apre la procedura**: con essa, fra l'altro (art. 49 c.c.i.i.); ☞ nomina i principali *organi* della stessa (giudice delegato e curatore); ☞ dà disposizioni funzionali alla *futura verifica dello stato passivo* (cioè dei crediti effettivamente esistenti verso il debitore). Se invece non riconosce i presupposti, il tribunale *rigetta la domanda*. In entrambi i casi il suo provvedimento è soggetto a *reclamo*, su cui decide la corte di appello (art. 50-51 c.c.i.i.).

Allo svolgimento della procedura provvedono appositi **organi**, che sono: ☞ il *giudice delegato*, con compiti di vigilanza e controllo sulla regolarità della procedura); ☞ il *curatore*, che ha l'amministrazione del patrimonio da liquidare e compie tutte le operazioni della procedura; ☞ il *comitato dei creditori*, nominato dal giudice delegato, cui spetta vigilare sul curatore e autorizzare determinati suoi atti. Il **curatore** (di solito un avvocato o un commercialista) è il vero protagonista della liquidazione, della quale *svolge tutti gli atti essenziali*: per quelli di straordinaria amministrazione deve però essere autorizzato dal comitato dei creditori.

L'apertura della liquidazione produce notevoli effetti sia per il debitore sia per i creditori. Gli **effetti per il debitore** sono di due ordini (art. 142-149 c.c.i.i.).

Ci sono **effetti giuridico-patrimoniali**: il principale è ☞ lo **spossessamento**, per cui il debitore *perde la disponibilità e l'amministrazione dei suoi beni* (tranne quelli più strettamente personali e familiari), in cui subentra il curatore; quindi *il debitore non può più compiere atti* sui beni (che pure restano di sua proprietà), perché adesso spetta al *curatore* compierli; se ciononostante il debitore compie atti, questi sono *inefficaci verso i creditori*; inoltre scatta ☞ la **perdita della capacità processuale**: nelle liti (anche già in corso) che incidono sul patrimonio del debitore, al posto suo *sta in giudizio il curatore*.

Ci sono poi **effetti personali** (oggi molto più leggeri di quelli che colpivano il fallito): ☞ il debitore deve consegnare al curatore la propria *corrispondenza* relativa a questioni patrimoniali; inoltre ☞ il debitore persona fisica e gli amministratori della società sotto procedura devono comunicare al curatore i *cambi di residenza o domicilio*.

Non meno rilevanti gli **effetti per i creditori** (art. 150-162 c.c.i.i.), ☞ quello più importante è il **blocco delle azioni esecutive e cautelari individuali**: i creditori non possono più agire individualmente per la soddisfazione dei loro crediti, perché si è aperta una **procedura concorsuale**, in cui i crediti vengono soddisfatti (previa verifica della loro esistenza e consistenza) contestualmente e unitariamente; ☞ altri effetti sono: ✦ il *congelamento degli interessi* sui crediti pecuniari, e ✦ la possibilità di utilizzare i crediti verso il debitore per farne *compensazione* con i debiti che il creditore abbia verso il medesimo.

L'apertura della liquidazione non determina necessariamente la cessazione dell'impresa: a certe condizioni il curatore può essere autorizzato a proseguirla, oppure ad affittare l'azienda a un terzo (artt. 211-212 c.c.i.i.).

7. Effetti sugli atti pregiudizievoli ai creditori: le azioni revocatorie

La liquidazione giudiziale vuole realizzare il massimo possibile soddisfacimento dei creditori, rispettando la parità di trattamento fra gli stessi. Questo obiettivo è pregiudicato da tutti gli *atti che fanno uscire beni o denaro dal patrimonio del debitore*, perché così si riducono le risorse utilizzabili per pagare i creditori. Questo vale non solo per gli atti posteriori all'apertura della liquidazione (che come visto sono inefficaci), ma anche e soprattutto per gli *atti anteriori alla domanda diretta ad aprire la procedura*: ecco perché la legge permette di neutralizzare questi atti, cancellandone gli effetti. Lo logica di fondo è colpire gli atti compiuti entro un certo *periodo che si fissa andando a ritroso dalla domanda di apertura della liquidazione* (detto **periodo "sospetto"**, perché a ridosso del tempo in cui l'insolvenza del debitore diventa conclamata). Ferma questa logica comune, sono previsti trattamenti differenziati (e differenti durate del periodo sospetto) per diverse categorie di atti (art. 163-171 c.c.i.i.).

Alcuni atti vengono colpiti da **inefficacia automatica**, quando risultino compiuti *nei due anni anteriori* alla domanda di procedura. Sono: ☞ gli *atti a titolo gratuito* (con qualche piccola eccezione), e ☞ i *pagamenti di crediti non scaduti, aventi scadenza successiva alla domanda*. Questi atti sono inefficaci di per sé, per il solo fatto di essere stati compiuti nel periodo sospetto.

Altri tipi di atti, compiuti nel periodo sospetto, possono essere resi inefficaci con l'esercizio di un'apposita **azione revocatoria** spettante al curatore (e distinta dall'azione revocatoria ordinaria, che abbiamo incontrato a suo tempo: **27.**5-6). Qui però l'azione ha successo solo se (al di là del compimento nel periodo sospetto) risulta accertato un requisito: la c.d. **scientia decoctionis**, che si ha quando *la controparte del debitore sapeva, nel compiere l'atto, che il debitore stesso era in stato d'insolvenza*. Ora, nella disciplina di questa azione revocatoria il punto chiave è l'*onere della prova* (**9.**14) circa la *scientia decoctionis*: per alcuni atti è la controparte del debitore a dover provare che ignorava l'insolvenza di questo; per altri atti è il curatore a dovere provare che la controparte del debitore conosceva l'insolvenza.

Più precisamente: ☞ gli atti revocabili con **onere della prova a carico di controparte** sono quelli più "discutibili", e in particolare: ✦ gli *atti a titolo oneroso squilibrati* (in cui cioè il valore della prestazione a carico del debitore supera di *oltre un quarto* quello della controprestazione a suo favore), compiuti nel periodo sospetto di *un anno prima* della domanda; ✦ i *pagamenti anomali*, cioè fatti con mezzi diversi dal denaro, e anche qui il periodo sospetto è *un anno*; ✦ costituzione di *garanzie reali* (pegno, ipoteca), e qui il periodo sospetto è *un anno* se sono costituite per *debiti preesistenti non scaduti*, e di *sei mesi* se riguardano *debiti preesistenti scaduti*; ☞ gli atti revocabili con **onere della prova a carico del curatore** sono quelli più "normali", e il relativo periodo sospetto è *sei mesi*: vi rientrano ✦ *atti a titolo oneroso non squilibrati*; ✦ *pagamenti di debiti liquidi ed esigibili*; ✦ *garanzie contestuali* al sorgere del debito. Un regime particolarmente severo riguarda gli *atti compiuti dal debitore col coniuge* (o convivente, o partner di unione civile omosessuale): sono revocabili anche se compiuti *fuori (prima) del periodo sospetto*, con *onere della prova a carico del coniuge* (o convivente, o partner di unione civile).

Le azioni del curatore per l'inefficacia degli atti del debitore sono soggette a *limiti di tempo*: vanno esercitate entro tre anni dall'apertura della liquidazione, e comunque si prescrivono in cinque anni dall'atto.

Quanto agli effetti, l'accoglimento dell'azione revocatoria determina l'**inefficacia dell'atto**: quindi *la controparte deve restituire* quanto ricevuto in base a questo, e ciò incrementa il patrimonio soggetto a liquidazione, con beneficio per i creditori. A questo punto sorge però un *suo credito verso il debitore* (revocata la vendita fatta dal debitore, il compratore che restituisce il bene ha diritto di recuperare il prezzo pagato): ma questo credito va *ammesso al passivo* insieme con tutti gli altri (**61**.9), e potrà essere soddisfatto in tutto o solo in parte, in base alla *regola del concorso*.

Ciò posto in generale, la legge ritiene che determinate classi di atti, pur rientranti in qualcuna delle categorie di cui sopra, non siano attaccabili. Gli **atti esonerati dalla revocatoria** sono atti con una forte connotazione di "normalità" o perfino di meritevolezza: ☞ normali pagamenti di *beni e servizi acquisiti per l'esercizio dell'impresa*; ☞ pagamenti per le prestazioni di *dipendenti o collaboratori*; ☞ acquisto della *casa di abitazione*; ☞ *rimesse su conto concorrente bancario* (salvo che riducano in modo consistente e durevole l'esposizione del debitore verso la banca); ☞ atti funzionali all'*esecuzione di strumenti di regolazione della crisi* (accordi di ristrutturazione, concordato preventivo), tentati prima della liquidazione giudiziale.

La disponibilità di questa speciale azione revocatoria non impedisce al curatore di attaccare gli atti del debitore con l'*azione revocatoria ordinaria*, sui presupposti e con gli effetti di cui agli art. 2901-2903 c.c. (**27**.5-6).

8. Effetti sui rapporti pendenti

Cosa accade ai **rapporti contrattuali pendenti**, quando all'apertura della liquidazione *le prestazioni delle parti risultano non completamente eseguite* (ad es. è in corso una locazione, che scade due anni dopo)? C'è una regola generale, e regole speciali per particolari tipi di contratto (art. 172-192):

☞ la **regola generale** è il *diritto del curatore di scegliere fra prosecuzione del contratto e suo scioglimento*: nel primo caso i crediti che maturano nel corso della procedura (ad es. quelli della società di leasing per i canoni dovuti dall'utilizzatore per il periodo della liquidazione) vanno pagati, come suole dirsi, *in prededuzione*, cioè *integralmente, senza subire la legge del concorso*, mentre i crediti che erano maturati verso il debitore prima dell'inizio della procedura devono ottenere l'ammissione al passivo e subiscono la legge del concorso, coi conseguenti possibili "tagli" (**61.**9);

☞ valgono **regole particolari per singoli contratti**: ✦ per alcuni la regola è lo *scioglimento senza alternative* (così l'associazione in partecipazione e il mandato); ✦ per altri la regola è lo *scioglimento, salvo che il curatore dichiari di subentrare* (così i contratti di carattere personale); ✦ per altri ancora la regola è opposta, cioè è la *prosecuzione, salvo che il curatore dichiari di recedere* (è il caso dell'affitto di azienda); ✦ per la *locazione di immobili* la disciplina è differenziata, a seconda che la liquidazione riguardi il locatore oppure il conduttore; ✦ previsioni molto dettagliate valgono per i *rapporti di lavoro subordinato*, dove il curatore può scegliere fra prosecuzione del rapporto e recesso, e la situazione è fortemente influenzata dalla circostanza che l'azienda sia trasferita o meno a un altro imprenditore.

9. Lo svolgimento della procedura: formazione dello stato passivo, liquidazione e ripartizione dell'attivo, chiusura

Il primo fondamentale momento della procedura è la formazione dello **stato passivo**, cioè l'*atto da cui risultano ufficialmente i crediti verso il debitore e gli altri diritti su beni compresi nella liquidazione*. I passaggi essenziali (art. 200-210 c.c.i.i.) sono questi:

☞ *il curatore invita* coloro che gli risultano essere titolari di crediti verso il debitore, ovvero titolari di diritti reali o personali su beni in possesso o nella disponibilità dello stesso, a partecipare al concorso facendo apposita domanda;

☞ *i soggetti interessati fanno domanda*, la quale può avere per oggetto: ✦ l'*ammissione al passivo di crediti* vantati verso il debitore, con eventuali diritti di prelazione; oppure ✦ la *restituzione o rivendicazione di beni compresi nella procedura* (ad es. presso locali di pertinenza del debitore c'è un quadro di cui Tizio afferma di essere proprietario e di averlo dato in comodato al debitore, oppure c'è qualche bene su cui Caio afferma di avere l'usufrutto); e documentano il titolo del diritto fatto valere;

☞ *il curatore esamina le domande*, indicando motivatamente quali secondo lui vanno accolte e quali respinte; e su questa base predispone un *progetto di stato passivo*;

☞ il progetto viene portato all'attenzione del *giudice delegato*, che in un'apposita udienza *decide sulle singole domande*, accogliendole o respingendole in tutto in parte: queste sue decisioni formano nel loro insieme lo stato passivo, che il giudice ufficializza con un *decreto che lo rende esecutivo*;

☞ il decreto di esecutività dello stato passivo è esposto a vari tipi di contestazione, e principalmente: ✦ l'*opposizione*, con cui il creditore A lamenta che la propria domanda sia stata ingiustamente respinta (in tutto o in parte), e ne chiede l'integrale accoglimento; ✦ l'*impugnazione*, con cui il creditore X e/o lo stesso curatore lamentano che sia stato ingiustamente accolta la domanda del creditore Y, e chiedono che il relativo credito sia escluso dallo stato passivo; su opposizioni e impugnazioni decide il *tribunale*.

A questo punto il quadro dei crediti e degli altri diritti verso il debitore è definito, e si procede a quanto occorre per soddisfarli (art. 213-232 c.c.i.i.). I passaggi essenziali sono tre:

☞ il curatore prepara un *programma di liquidazione*, indicante tempi e modi con cui pensa di procedere a vendere i beni del debitore, e lo sottopone all'approvazione del comitato dei creditori;

☞ una volta approvato, il programma viene attuato con la **vendita dei beni**, secondo le regole fissate dal codice (*stima dei beni* ad opera di esperti, utilizzazione di *procedure competitive* fra più interessati all'acquisto, così da ottenere il massimo ricavo possibile);

☞ si procede infine alla **ripartizione dell'attivo**: il denaro ricavato dalle vendite viene distribuito fra i creditori ammessi al passivo, seguendo un preciso *ordine di priorità*, per cui prima si soddisfano i crediti dell'ordine superiore, poi il residuo viene attribuito a quelli dell'ordine successivo, e così via: prima ✦ i **crediti prededucibili**, che vanno pagati integralmente fuori del concorso con gli altri (sono quelli maturati nel corso della procedura per le esigenze di queste, come il compenso del curatore); poi ✦ i *crediti con prelazione*; infine ✦ i *crediti chirografari*. I crediti di queste due ultime categorie sono **crediti concorsuali**, cioè in competizione fra loro, e rischiano di essere soddisfatti solo in parte o per nulla: se dopo il pagamento dei crediti prededucibili non resta abbastanza attivo per pagare integralmente i creditori privilegiati, i loro crediti sono "tagliati" proporzionalmente, in nome del **pari trattamento dei creditori** (**27**.8), e i creditori chirografari, che in graduatoria vengono dopo, non ricevono nulla; se i creditori privilegiati sono pagati integralmente, dopodiché non resta abbastanza per i crediti chirografari, questi subiscono "tagli" proporzionali in nome dello stesso principio.

Con la *ripartizione dell'attivo* la procedura raggiunge il suo scopo, e non ha più ragione di proseguire: questa è la causa fisiologica della sua **cessazione** (art. 233-239 c.c.i.i.). La procedura può cessare anche per altre ragioni, meno "normali": quando non risultano crediti da soddisfare (*mancanza di domande di ammissione al passivo*), e quando non ci sono risorse per soddisfare i crediti neppure parzialmente (*inconsistenza dell'attivo*).

Chiusa la procedura, *vengono meno gli effetti personali e patrimoniali*: il debitore riacquista la disponibilità dei suoi beni; i creditori recuperano il libero esercizio delle azioni esecutive individuali nei suoi confronti. La procedura può però essere *riaperta* entro i cinque anni successivi, se risulta che nel patrimonio del debitore sono affluiti beni che consentono il pagamento di crediti rimasti insoddisfatti.

10. Il concordato nella liquidazione giudiziale

La procedura può prendere una piega diversa da quella appena descritta, se nel corso di essa interviene un concordato (art. 240-253 c.c.i.i.).

La **proposta di concordato** può venire da *creditori*, da *terzi* o (sotto certe condizioni) dallo stesso *debitore*. Indica tempi e modi della soddisfazione dei creditori. Può prevedere la loro suddivisione in classi, con trattamenti differenziati. Normalmente deve prevedere la soddisfazione integrale dei crediti con prelazione (ma è ammissibile la soddisfazione solo parziale, purché in misura non inferiore a quella che prevedibilmente si otterrebbe con la liquidazione).

La proposta viene presentata al giudice delegato: questi ne valuta la correttezza e, ottenuto il *parere favorevole del curatore e del comitato dei creditori*, dispone che sia sottoposta al **voto dei creditori**. Hanno diritto di voto i *creditori chirografari* (e quelli con prelazione, che vi abbiano rinunciato), risultanti dallo stato passivo reso esecutivo o, se questo non c'è ancora, dall'elenco provvisorio fatto dal curatore. Il concordato è approvato se ottiene la *maggioranza dei crediti* ammessi al voto. Con la particolarità che qui vale il *silenzio-assenso*: i creditori che non votano si considerano favorevoli alla proposta. Se la proposta è approvata, si passa alla **omologazione** del concordato da parte del tribunale, che la concede una volta verificata la regolarità della procedura e respinte eventuali opposizioni. Contro il decreto di omologazione può proporsi *reclamo*, deciso dalla corte di appello.

Il concordato omologato è *vincolante per tutti i creditori*, e deve essere eseguito. Se il proponente non adempie gli obblighi assunti con esso, il concordato è soggetto a *risoluzione*; è soggetto ad *annullamento* se risultano la dolosa esagerazione del passivo o la sottrazione di parte rilevante dell'attivo. Risolto o annullato il concordato, *si riapre la liquidazione giudiziale.*

11. La liquidazione giudiziale delle società, e la liquidazione controllata del sovraindebitato

Quando l'impresa sottoposta a liquidazione fa capo non a un imprenditore individuale ma a una società (e sono questi i casi di maggiore rilievo, perché le imprese più importanti sono appunto le imprese sociali), scattano regole ad hoc, che integrano quelle generali considerate fin qui (art. 254-267 c.c.i.i.). La disciplina particolare riguarda soprattutto le società con **soci che hanno responsabilità illimitata per i debiti della società** (essenzialmente le società di persone: **51.**13).

La regola chiave è questa: aperta la liquidazione giudiziale della società insolvente, si aprono anche le **liquidazioni giudiziali dei soci illimitatamente responsabili**. E quando si dice "soci", si intendono non solo i soci palesi di società palesi, ma anche i *soci occulti di società palesi* nonché i *soci di società esse stesse occulte* (**52.**8). Non vale l'inverso: la liquidazione giudiziale aperta nei confronti del socio non determina liquidazione giudiziale della società.

Anche se hanno *organi comuni* (lo stesso giudice delegato, lo stesso curatore), le procedure che riguardano la società e rispettivamente i singoli soci sono **procedure distinte**: in particolare rimangono distinti i rispettivi patrimoni. Questo perché *gli attivi dell'una e delle altre hanno destinazioni diverse*: ☞ i *creditori sociali* partecipano sia alla liquidazione della società sia a quelle dei singoli soci, e possono trovare soddisfazione su tutti i patrimoni coinvolti; invece ☞ i *creditori particolari del singolo socio* partecipano solo alla liquidazione di questo, e non possono cercare soddisfazione né sul patrimonio della società né su quello degli altri soci.

Quanto alle società con **soci a responsabilità limitata**, la disciplina speciale riguarda essenzialmente i casi di società che abbiano costituito *patrimoni destinati a uno specifico affare* (**53.**16), nonché le *notevoli prerogative del curatore*. Egli può compiere operazioni relative all'organizzazione finanziaria della società, previste nel programma di liquidazione, e per alcune di esse possono essergli attribuiti i poteri dell'assemblea. Ma soprattutto può esercitare *varie azioni di responsabilità* (verso gli amministratori, verso la società controllante, ecc.), che sono un mezzo importante per incrementare, grazie ai risarcimenti dei responsabili, le risorse destinate ai creditori.

Anche le procedure di liquidazione relative a società con soci illimitatamente responsabili si possono definire per via di *concordato*.

Parlando degli strumenti di composizione delle crisi da sovraindebitamento (**61.**4) si è detto che se nello svolgimento delle procedure di ristrutturazione dei debiti del consumatore si verificano criticità che portano alla revoca dell'omologazione, la procedura si converte in procedura liquidatoria. Questa però non è la normale liquidazione giudiziale, bensì è la speciale **liquidazione controllata del sovraindebitato** (art. 268-277). Si tratta di una *procedura molto semplificata*, nella quale accanto al giudice delegato opera non un curatore ma un *liquidatore*; e svolge un ruolo importante l'*OCC*.

12. L'esdebitazione

Come si è detto, spesso le procedure di regolazione della crisi e dell'insolvenza non riescono a soddisfare integralmente i creditori. Di qui la domanda: chiusa la procedura, i creditori conservano il loro credito verso il debitore per la quota non soddisfatta? In passato la risposta era sì; ma da qualche tempo si è fatta strada la soluzione opposta, che garantisce al debitore l'esdebitazione: il beneficio per cui *il debitore sottoposto a una procedura di liquidazione è liberato dai debiti residui* (art. 278-283 c.c.i.i.).

Dell'esdebitazione possono godere *tutti i soggetti incappati in una procedura di liquidazione*: siano consumatori o imprese, siano persone fisiche o società o altre organizzazioni. Il meccanismo è però sottoposto a limiti e condizioni: ☞ *limiti di oggetto*, perché la liberazione non si estende a certi debiti (ad es. quelli per risarcimento dei danni da illecito extracontrattuale); ☞ *condizioni temporali*, perché l'esdebitazione può scattare solo con la chiusura della procedura o comunque dopo tre anni dall'apertura; e soprattutto ☞ **condizioni di meritevolezza**, perché il beneficio è escluso se il debitore abbia certe "macchie" a suo carico (condanne penali, comportamenti scorretti nel corso della procedura, precedente fruizione del beneficio).

Per il *soggetto sovraindebitato*, che sia stato *sottoposto a liquidazione controllata* (**61.**11), l'esdebitazione opera *di diritto*.

Un beneficio ancora più forte è previsto a favore del c.d. **debitore incapiente**: la *persona fisica meritevole che non sia in grado di offrire nulla ai creditori* per soddisfarli. Egli può essere esdebitato anche senza sottoporsi a una procedura liquidatoria (che sarebbe inutile), restando però a suo carico un *obbligo di pagamento se entro quattro anni gli sopravvengono risorse* che (al netto di quanto necessario per le sue esigenze di vita) consentano il pagamento dei creditori in misura non inferiore al 10%. L'esdebitazione è disposta dal giudice, su domanda dell'interessato presentata tramite l'OCC (**61.**4). Il beneficio può essere goduto una volta sola. Questa possibilità è stata anticipata, rispetto all'entrata in vigore del codice, dal d.l. 137/2020 mediante integrazione della l. 3/2012 (**61.**4).

13. Crisi e insolvenza dei gruppi di imprese

Ricordiamo il fenomeno dei gruppi: più società, formalmente distinte, sono fortemente connesse dal punto di vista giuridico-economico (**54.**5). Di questa connessione la legge tiene conto anche quando le società in questione cadono in situazioni di crisi o d'insolvenza, con l'obiettivo centrale di dare alle procedure di regolazione un andamento unitario, in coerenza con l'unitarietà della sottostante realtà imprenditoriale (art. 284-292 c.c.i.i.).

Questo vale già per le procedure non liquidatorie. E così possono aversi ☞ **accordi di ristrutturazione di gruppo**, quando più imprese appartenenti allo stesso gruppo concludono accordi con i rispettivi debitori, e chiedono congiuntamente la loro omologazione; e ☞ **concordati di gruppo**, quando le imprese del gruppo chiedono insieme l'accesso alla procedura concordataria. La domanda va corredata da un *unico piano unitario* oppure da *più piani collegati e interferenti*, e deve spiegare perché questa impostazione unitaria sia più conveniente, in vista della soddisfazione dei creditori, rispetto alla presentazione di piani autonomi per ciascuna impresa. I piani prevedono le *operazioni necessarie per il risanamento e riequilibrio economico-finanziario delle imprese del gruppo*, compresa la liquidazione di alcune imprese del gruppo e la prosecuzione di altre, nonché trasferimenti di risorse infragruppo.

Ma è prevista anche la **liquidazione giudiziale di gruppo**, promossa con *unica domanda* formulata da più imprese del gruppo, quando per il migliore soddisfacimento dei creditori risulti *opportuno che la liquidazione avvenga in modo unitario o coordinato*. In tal caso il tribunale nomina un *unico giudice delegato* e un *unico curatore* (ma comitati dei creditori distinti per ciascuna impresa). Però *le masse attive e passive delle varie imprese rimangono distinte*: i beni dell'impresa A sono destinati a soddisfare esclusivamente i creditori dell'impresa A e non anche quelli dell'impresa B, che possono contare solo sui beni dell'impresa B.

Le azioni revocatorie del curatore possono colpire atti che implicano trasferimenti di risorse dall'una all'altra impresa del gruppo.

14. La liquidazione coatta amministrativa

La liquidazione coatta amministrativa è la procedura di regolazione dell'insolvenza che si applica a determinate *imprese che coinvolgono fortemente l'interesse pubblico, e per questo sono soggette a vigilanza pubblica* (in particolare banche, compagnie di assicurazione, intermediari finanziari, cooperative). In essa il ruolo che nella liquidazione spetta all'autorità giudiziaria viene svolto dall'*autorità amministrativa*. La sua disciplina generale si trova negli artt. 293-315 c.c.i.i., ma è integrata, per le diverse categorie di imprese soggette alla procedura, dalle *leggi speciali* relative a ciascuna (per le banche ad es. il t.u.b.).

Normalmente le imprese soggette a liquidazione coatta amministrativa non possono essere assoggettate a liquidazione giudiziale (possono invece accedere al concordato preventivo); però in certi casi la legge può ammettere entrambe le procedure, e allora si applica il *criterio della prevenzione*: si svolge la procedura aperta per prima, e l'altra è esclusa.

La procedura presuppone l'**accertamento giudiziale dell'insolvenza**, dichiarata con *sentenza del tribunale* su domanda di un creditore o dell'autorità amministrativa competente (ad es. Ministero del lavoro per le cooperative, Ministero dell'economia e delle finanze e Banca d'Italia per le banche). Entra quindi in gioco l'autorità amministrativa competente, che con suo provvedimento dispone la liquidazione coatta e nomina gli **organi della procedura**: ☞ il *commissario liquidatore*, che è l'equivalente del curatore nella liquidazione giudiziale, e ☞ il *comitato di sorveglianza*, formato da esperti nel ramo di attività dell'impresa, scelti possibilmente fra i creditori.

La procedura segue grosso modo lo schema della liquidazione giudiziale (salvo che qui non intervengono né tribunale né giudice delegato, bensì l'autorità amministrativa): *accertamento del passivo*, *liquidazione e ripartizione dell'attivo*; possibilità che intervenga un *concordato*. La differenza di fondo è che l'accento cade sull'interesse pubblico a "bonificare" il mercato eliminando l'impresa malata, piuttosto che sull'obiettivo di soddisfare i creditori.

15. L'amministrazione straordinaria delle grandi imprese

Questa procedura concorsuale riguarda le grandi imprese cadute in insolvenza, e ha l'obiettivo di risanarle, se possibile. Fu introdotta nel 1979, ma la disciplina è stata profondamente modificata con il d.lgs. 270/1999.

La procedura: ☞ si applica solo alle *grandi imprese* (identificate in quelle con almeno *200 dipendenti*) che abbiano un *forte indebitamento* (pari ad almeno due terzi dell'attivo lordo e del fatturato); ☞ ha come obiettivo la *conservazione delle attività aziendali*, cioè il contrario della loro liquidazione, cui tende la liquidazione giudiziale; ☞ presuppone quindi che esistano *concrete prospettive di recupero dell'equilibrio economico* dell'impresa.

La procedura passa attraverso due fasi:

☞ la prima è la **fase giudiziale**, al cui centro sta la *dichiarazione dello stato d'insolvenza*. Questa è pronunciata dal *tribunale*, con un provvedimento che produce gli stessi effetti dell'ammissione al concordato preventivo. Inoltre nomina uno o tre *commissari giudiziali*, con il compito di redigere una *relazione* che dica se esistono *concrete prospettive di risanamento* dell'impresa. Quindi decide gli sviluppi: se le prospettive di risanamento non ci sono, *apre la liquidazione giudiziale*; se invece ci sono, *ammette l'impresa all'amministrazione straordinaria*;

☞ in quest'ultima ipotesi scatta la **fase amministrativa**, che si svolge sotto la competenza del *Ministero per lo sviluppo economico.* In primo luogo il Ministero nomina gli organi della procedura: uno o tre *commissari straordinari*, che assumono la gestione dell'impresa e l'amministrazione dei beni dell'imprenditore; e poi il *comitato di sorveglianza*, formato da creditori ed esperti, con compiti consultivi. Ma il passaggio decisivo è la formulazione del **programma** con cui realizzare la finalità della procedura. Il programma può ispirarsi, in alternativa, a due diversi indirizzi: o ✦ la *cessione dei complessi aziendali* a un nuovo imprenditore (che potrà avvenire dopo una fase di prosecuzione temporanea della gestione, di durata non superiore a un anno); oppure ✦ la *ristrutturazione economica e finanziaria* dell'impresa (che resta al vecchio titolare), da attuarsi entro due anni. Il programma deve ottenere l'autorizzazione del Ministero, e va comunicato al tribunale. Quindi i commissari straordinari procedono alla sua attuazione. Nel frattempo viene predisposto lo stato passivo, e si cominciano a pagare i creditori.

Alla *fine del periodo* di durata del programma, si valutano i risultati. Se il programma è stato regolarmente attuato, significa che la procedura ha avuto successo, e allora *si chiude*. In caso contrario la procedura *si converte in liquidazione giudiziale*: si prende atto che le speranze di risanamento dell'impresa non erano fondate, e non resta che soddisfare i creditori liquidando il patrimonio aziendale.

Conseguenze particolari possono scattare se l'impresa ammessa alla procedura fa parte di un gruppo, come controllata o controllante (**54**.5). In tal caso possono essere *ammesse alla procedura anche le altre imprese del gruppo che siano insolventi*, pur se non presentino i requisiti dimensionali.

La l. 39/2004, emanata in seguito al crack Parmalat, ha introdotto alcune varianti alla procedura per le *imprese di grandissime dimensioni* (almeno 1000 dipendenti; debiti non inferiori a un miliardo di euro) che perseguano obiettivi di *ristrutturazione economica e finanziaria*. La novità principale è la possibilità di soddisfare i creditori mediante un *concordato*, che può prevedere trattamenti differenziati per *classi di creditori* (come nel concordato preventivo).

XII
LA FAMIGLIA

62
FAMIGLIA E MATRIMONIO

1. La famiglia e il diritto di famiglia

Il diritto si occupa sia dell'ipoteca, sia della famiglia. Ma è chiaro che fra le due materie c'è una profonda differenza: l'ipoteca è una creazione artificiale del diritto, ed «esiste» solo in quanto ci sono norme giuridiche che la prevedono e la regolano; la famiglia è *una realtà «pregiuridica», che esiste indipendentemente dal diritto.* A questo allude la Costituzione, quando definisce la famiglia come *«società naturale»* (art. 29, c. 1, C.): cioè come un modo di organizzazione dell'esistenza umana non creato «artificialmente» dalle norme giuridiche, ma costruito e praticato dagli uomini nella effettività (nella «naturalità») della loro esperienza di vita sociale. La famiglia è un dato antropologico, che appartiene alla struttura profonda delle società umane; cosa che non può dirsi per l'ipoteca.

Questo segna un primo **limite del diritto di famiglia**: la forza regolatrice delle sue norme si esercita su una realtà preesistente e socialmente determinata, che *le norme giuridiche non sono in grado di plasmare a proprio arbitrio.* Ad es., una norma prevede il ricorso dei coniugi all'intervento conciliativo del giudice nel caso di conflitti su qualche aspetto della vita familiare (**63**.4); ma è rimasta lettera morta: segno che il costume sociale, per cui i problemi domestici si affrontano all'interno della coppia senza esibirli e affidarli a un'autorità esterna, è troppo radicato per essere scalfito da una norma giuridica. Ciò non significa che il diritto sia impotente di fronte alla famiglia. Ci sono zone dell'esperienza familiare su cui il diritto è in grado di incidere, e determinare trasformazioni effettive: ad es., prima della riforma del 1975 la grandissima parte delle famiglie italiane viveva in regime di separazione dei beni; dopo la riforma, e per effetto di questa l'assetto economico della grandissima parte delle famiglie si è orientato sul diverso modello della comunione (**63**.7).

Ma di limiti del diritto di famiglia si può parlare anche in un altro senso: nella regolazione della vita familiare ci sono *confini che il diritto non solo non può, ma non deve superare*. Questo chiama in causa il valore dell'**autonomia della famiglia**, che riguarda i rapporti tra la famiglia e lo Stato. Schematizzando, esistono in proposito tre concezioni ideali e politiche: due concezioni estreme, l'una opposta all'altra; e una più equilibrata concezione intermedia.

La *concezione statalista* cancella l'autonomia della famiglia: per essa, la famiglia è un ingranaggio della macchina statale, sottoposto agli indirizzi e ai controlli dell'autorità pubblica. È una concezione coerente con la teoria e la prassi dello Stato totalitario o autoritario, nemico della libertà e del pluralismo: trovò seguaci, in Italia, nell'ambito della cultura politico-giuridica del fascismo. E si comprende che, sulla base di essa, si sia potuto sostenere che il diritto di famiglia appartiene più al diritto pubblico che al diritto privato. All'opposto, la *concezione giusnaturalistica* (cioè basata sulle dottrine del diritto naturale) esalta al massimo l'autonomia della famiglia, che vuole sottrarre a qualsiasi intervento regolatore dello Stato e del suo diritto: le norme del diritto statale non possono pretendere di regolare la famiglia, perché questa è regolata dalle superiori norme del diritto naturale, di origine divina.

Il nostro ordinamento rifiuta queste concezioni estreme, e segue una linea di giusto compromesso. La famiglia è un'importantissima realtà sociale; i suoi problemi toccano interessi generali: dunque *lo Stato può e deve occuparsene, disciplinandola con le norme del suo diritto*. Ma, nel farlo, non può superare certi confini, oltre i quali invaderebbe *campi riservati all'autonomia della famiglia*: cioè alla capacità della famiglia di autoregolarsi, di trovare e applicare e modificare liberamente i propri equilibri, i propri schemi di organizzazione e funzionamento, senza dover obbedire a modelli precostituiti, imposti dall'autorità pubblica. È questo il senso della formula per cui «*la Repubblica riconosce i diritti della famiglia come società naturale*» (art. 29, c. 1, C.). Così, costituirebbe un'inammissibile violazione dell'autonomia della famiglia la pretesa del legislatore di fissare imperativamente una certa ripartizione dei ruoli familiari (ad es. al marito il lavoro extradomestico, alla moglie l'attività domestica e la cura dei figli), perché in questo e in analoghi campi spetta a ogni famiglia trovare le soluzioni appropriate alle esigenze, ai bisogni, ai gusti e agli interessi della famiglia stessa, cioè delle persone che la compongono.

E infatti, la formula costituzionale dei «*diritti della famiglia*» (o formule analoghe sparse nelle leggi, come «bisogni della famiglia», «interesse della famiglia») non deve far pensare che la famiglia sia un'entità staccata e sopraordinata – addirittura un soggetto giuridico separato e autonomo – rispetto alle persone fisiche che ne fanno parte: i «diritti della famiglia» sono i *diritti che le persone umane hanno, in quanto membri di una famiglia*. E quando si dice che il diritto disciplina la famiglia, bisogna intendere che ciò che esso disciplina sono in realtà gli interessi e le posizioni (i diritti e i doveri) di singole persone fisiche, considerate nelle loro situazioni e rapporti familiari.

Fin qui abbiamo parlato di famiglia in modo indifferenziato, come se si trattasse di un'entità omogenea. Non è così, perché esiste una **pluralità di forme e strutture familiari diverse**. Ce lo dice lo sviluppo storico: dove alla *famiglia estesa*, formata da un'ampia cerchia di parenti discendenti dal comune capostipite, e conviventi sotto il medesimo tetto, tende a sostituirsi la *famiglia nucleare*, limitata al nucleo ristretto dei coniugi e dei loro figli. Ce lo dice la realtà contemporanea, e lo stesso diritto vigente: dove alla *famiglia «tradizionale»*, fondata sull'unione dell'uomo e della donna formalizzata in un matrimonio, si affiancano le *«nuove famiglie»* costituite dalle «unioni civili» fra coppie omosessuali oppure dalle convivenze di fatto (**62.**14-15).

2. La famiglia nel codice civile e nella Costituzione; l'evoluzione legislativa

Il *primo libro del codice* si intitola «*Delle persone e della famiglia*», ed è per la massima parte dedicato alla disciplina dei rapporti familiari. Ma il gran numero degli articoli che lo compongono hanno oggi un contenuto profondamente diverso da quello che avevano nel testo originario del 1942. Il diritto di famiglia codificato nel 1942 rifletteva *idee e principi arretrati*, poco lontani da quelli della tradizione ottocentesca: concepiva una famiglia fondata sulla subordinazione della moglie al marito, sia nei rapporti personali sia in quelli patrimoniali, sia nelle relazioni di coppia sia nei riguardi dei figli; e fondata sulla discriminazione dei figli nati fuori del matrimonio (o, come si diceva, «illegittimi»), cui riservava un trattamento giuridico deteriore rispetto ai figli legittimi.

Pochi anni dopo, la costituzione afferma principi opposti. I **principi costituzionali** in materia di famiglia sono i seguenti: ☞ il principio di *autonomia della famiglia*, già illustrato (art. 29, c. 1, C.); ☞ il principio di *uguaglianza fra marito e moglie*: «Il matrimonio è ordinato sulla eguaglianza morale e giuridica dei coniugi», e le uniche deroghe ammissibili sono quelle necessarie «a garanzia dell'unità familiare» (art. 29, c. 2, C.); ☞ il principio di *tutela dei figli na-*

ti fuori del matrimonio, cui deve assicurarsi «ogni tutela giuridica e sociale, compatibile con i diritti dei membri della famiglia legittima» (art. 30, c. 3, C.); ☞ il principio dell'*autonomia educativa* (una specificazione del principio di autonomia della famiglia), per cui «mantenere, istruire ed educare i figli» è compito primario dei genitori: al tempo stesso loro «dovere e diritto» (art. 30, c. 1, C.); ☞ il principio del *sostegno pubblico ai compiti educativi* della famiglia (art. 31, c. 1, C.); ☞ il principio dell'*intervento pubblico sussidiario*, per garantire l'adempimento della funzione educativa quando i genitori non siano in grado di provvedervi (art. 30, c. 2, C.).

Il contrasto fra il diritto di famiglia del codice e i principi costituzionali determina, a partire dagli anni '60 del XX secolo, ripetuti interventi della *Corte costituzionale*: numerosi articoli, specie in tema di rapporti fra coniugi e di trattamento dei figli naturali, vengono giudicati costituzionalmente illegittimi, e cancellati da sentenze della Corte. Ma per il pieno adeguamento del vecchio diritto di famiglia ai principi innovativi della costituzione, l'opera della Corte non poteva bastare: occorrevano ampi e profondi interventi del legislatore.

Si spiega così che, fra i vari settori del diritto privato, il diritto di famiglia sia quello più ampiamente e profondamente toccato dagli interventi innovatori della legislazione successiva al codice. La *riforma generale del diritto di famiglia* si attua con la l. 151/1975, che opera con la tecnica della *novellazione*: cioè non ponendosi come corpo legislativo separato dal codice, bensì sostituendo nuovi contenuti ai contenuti originari degli articoli del codice.

Ma l'evoluzione legislativa del diritto di famiglia si avvia già prima della riforma del 1975, e non si arresta con essa. Negli anni '60 vengono integrate le norme del codice in tema di adozione (l. 431/1967); e in seguito la materia viene ancora riformata, con una nuova disciplina dell'adozione (l. 184/1983). Nel 1970 viene introdotto il divorzio (l. 898/1970), la cui disciplina conosce successive modifiche (l. 74/1987). L'accordo del 1984 fra lo Stato italiano e la Chiesa cattolica, per la modifica del concordato del 1929, è reso esecutivo con la l. 121/1985, e così cambia la disciplina del matrimonio concordatario. Ancora: la l. 40/2004 regola la procreazione assistita; la l. 54/2006 innova la disciplina dell'affidamento dei figli nella crisi della coppia; la l. 219/2012 realizza la piena parificazione tra figli nati nel matrimonio e fuori del matrimonio; la l. 76/2016 regola le unioni civili e le convivenze di fatto.

Intervengono novità anche nell'organizzazione giudiziaria e nei modelli processuali. Tradizionalmente le questioni familiari sono affidate a diversi tipi di giudice (tribunale ordinario e tribunale dei minori), ciascuno dei quali segue il suo tipo di processo. La l. 206/2021 sulla riforma del processo civile ha un obiettivo di unificazione: all'art. 1, c. 23-24 prevede un *unico organo giudiziario* (il "tribunale per le persone, per i minorenni e per le famiglie") e un *unico tipo di processo* (il "procedimento in materia di persone, minorenni e famiglie"). Si limita peraltro a indicare i principi generali: la disciplina di dettaglio risulterà da appositi decreti legislativi attesi entro fine 2022.

3. Il matrimonio: atto e rapporto

Il matrimonio è, in primo luogo, *l'atto con cui un uomo e una donna costituiscono una famiglia*: questa è infatti definita, nella costituzione, come «*società naturale fondata sul matrimonio*» (art. 29, c. 1, C.).

Nella concezione accolta dal legislatore, conforme a una radicata tradizione, il matrimonio implica la *diversità dei sessi*. Da tempo questa concezione è contestata come ingiustamente discriminatoria, e si diffondono (sia in Italia sia in altri paesi) le voci e le iniziative in favore del *matrimonio omosessuale*: il legislatore ha dato una risposta, istituendo nel 2016 le «unioni civili tra persone dello stesso sesso» (**62**.14).

Il matrimonio, inteso come **atto**, è precisamente un *negozio giuridico*: infatti la volontà di chi lo compie è volontà di determinarne gli effetti giuridici. Negozio *bilaterale*, perché si fonda sulla volontà concorde (il consenso) degli sposi. E negozio *non patrimoniale*, per la sua prevalente incidenza su posizioni giuridiche di contenuto extraeconomico. Ma il matrimonio può intendersi anche in altro senso: oltre che come atto compiuto dai coniugi (fattispecie), come **rapporto**, cioè complesso di *effetti giuridici che l'atto fa nascere fra i coniugi* stessi. Il codice si occupa di entrambi gli aspetti, nel titolo VI del primo libro, che si intitola «Del matrimonio»: i capi I-III disciplinano i problemi del matrimonio come *atto di matrimonio*, che riguardano essenzialmente le modalità di celebrazione e la validità o invalidità dell'atto; i restanti capi IV-VI si occupano invece del matrimonio come *rapporto matrimoniale*, e quindi di diritti e doveri dei coniugi, rapporti patrimoniali fra essi, separazione personale e scioglimento del matrimonio (quest'ultimo più ampiamente affrontato nella legge sul divorzio).

La distinzione fra matrimonio come atto e come rapporto è essenziale per comprendere il funzionamento dei *sistemi matrimoniali*, e in particolare del sistema concordatario, vigente nel nostro ordinamento.

4. Matrimonio civile e matrimonio religioso: i sistemi matrimoniali

Il matrimonio è regolato dal *diritto*; nello stesso tempo appartiene (per i credenti) alla sfera della *religione*. Perciò è esposto all'influenza normativa di due ordinamenti: quello dello *Stato*, che prevede e disciplina con le sue norme il **matrimonio civile**; e quello della *Chiesa*, che con le sue norme (diritto canonico) prevede e disciplina il **matrimonio religioso**. Ne nasce il problema di regolare i rapporti, i confini, le *competenze rispettive dei due ordinamenti* nella disciplina del matrimonio. I diversi modi in cui il problema può risolversi, danno luogo a vari sistemi matrimoniali:

☞ il più semplice è il **sistema separatista**, basato sull'*assenza di collegamenti e interferenze fra i due tipi di matrimonio*: il matrimonio civile produce effetti esclusivamente nell'ordinamento dello Stato, il matrimonio religioso è efficace solo nell'ordinamento della Chiesa. Se un uomo e una donna vogliono risultare sposati per la legge dello Stato, devono necessariamente celebrare un matrimonio civile. Quell'uomo e quella donna possono celebrare anche, parallelamente, un matrimonio religioso: e allora risultano sposati anche per la Chiesa. Se invece si limitano a celebrare il matrimonio civile, sono marito e moglie per lo Stato, ma non per la Chiesa; e viceversa, se celebrano il solo matrimonio religioso, sono marito e moglie per la Chiesa, ma non per lo Stato. Questo era il sistema matrimoniale vigente in Italia dall'inizio dello Stato unitario fino al 1929;

☞ nel 1929 il concordato fra Stato italiano e Chiesa cattolica introduce un nuovo e più complesso sistema matrimoniale: il **sistema concordatario**, che con l'istituto del *matrimonio religioso con effetti civili* stabilisce un collegamento fra i due ordinamenti, sia pure in senso unidirezionale: *il matrimonio religioso, celebrato e regolato secondo le norme del diritto della Chiesa, a certe condizioni produce effetti anche per l'ordinamento dello Stato.* (Invece il matrimonio civile continua ad avere efficacia esclusivamente nell'ordinamento statale).

Nel sistema concordatario, alcuni vedono una concessione eccessiva fatta dallo Stato alla Chiesa; un'inammissibile rinuncia dello Stato a regolare completamente, secondo i propri principi, il matrimonio dei propri cittadini; un'ingiustificata discriminazione fra i cittadini cattolici e i cittadini di altra religione. E ne chiedono perciò l'abrogazione, con conseguente ritorno al sistema separatista. Ma nel nostro contesto socio-culturale questa posizione rimane minoritaria. Per attenuare gli inconvenienti da essa denunciati prevale un'altra linea: quella di una *revisione consensuale del concordato*, capace di correggerne le punte di più marcato confessionismo (cioè di subordinazione dello Stato alla Chiesa), per adeguarlo allo spirito di uno Stato laico e non confessionista. La revisione si attua con l'accordo fra Italia e Santa Sede del 18 febbraio 1984 (ratificato con la l. 121/1985), che fra l'altro modifica la disciplina del matrimonio concordatario in un senso più favorevole al rispetto delle prerogative dello Stato.

5. Il matrimonio concordatario

Il *matrimonio religioso con effetti civili* (matrimonio concordatario) è disciplinato dalla l. 847/1929 (c.d. legge matrimoniale), emanata per dare attuazione al concordato; e da alcune norme del relativo accordo di revisione (1984), ratificato con l. 121/1985. Questa disciplina riguarda essenzialmente due aspetti: i presupposti in base a cui un matrimonio religioso può ottenere effetti civili; e il trattamento giuridico del matrimonio religioso che abbia ottenuto effetti civili.

Quanto ai **presupposti**, la legge richiede che se un matrimonio religioso è destinato ad avere effetti civili, le relative *pubblicazioni* siano fatte, oltre che presso la parrocchia degli sposi, anche presso la sede del loro Comune di residenza; e che durante la cerimonia religiosa il sacerdote celebrante dia *lettura degli articoli del codice civile*, relativi ai diritti e ai doveri dei coniugi (art. 6-8 l.m.): ma l'eventuale omissione di tali adempimenti non impedisce che il matrimonio religioso consegua effetti civili.

Valore essenziale, a questo fine, ha invece la **trascrizione** del matrimonio religioso nei registri dello stato civile (art. 9 e segg. l.m.). La trascrizione è fatta dall'*ufficiale dello stato civile*, a cui il sacerdote celebrante deve inviare un originale dell'atto *entro cinque giorni dalla celebrazione*; ma la trascrizione opera *retroattivamente*: gli effetti civili del matrimonio si producono dal giorno della sua celebrazione. Se il termine di cinque giorni non è rispettato, si ha *trascrizione tardiva*, che peraltro produce gli stessi effetti: la differenza è che l'ufficiale di stato civile può farla solo su richiesta degli sposi. La trascrizione dà effetti civili al matrimonio religioso. Ma i *requisiti per la validità* di questo (fissati dal diritto canonico) sono *diversi da quelli che lo Stato fissa per il matrimonio civile*: potrebbe così accadere che ottenga effetti civili un matrimonio celebrato in condizioni che impedirebbero la valida celebrazione di un matrimonio civile. Per evitare almeno le conseguenze più gravi di questa possibilità, si prevede che in alcuni casi operi un **divieto di trascrizione**. Il matrimonio religioso, pur valido per la Chiesa, non può essere trascritto se presenta vizi che l'ordinamento statale considera particolarmente gravi: ☞ *interdizione giudiziale* di uno degli sposi; ☞ difetto di *età* minima; ☞ difetto di *libertà di stato* (vincolo di precedente matrimonio civile); ☞ altri *impedimenti matrimoniali inderogabili* secondo la legge dello Stato (**62**.8).

Il **trattamento giuridico** del matrimonio concordatario si basa sulla distinzione fra matrimonio atto e matrimonio rapporto:

☞ quanto all'**atto di matrimonio**, lo Stato accetta che esso sia *regolato dal diritto della Chiesa*: per decidere se il matrimonio è *valido o invalido*, si applicano le norme del diritto canonico. E l'*autorità giurisdizionale* competente a decidere in merito è, in linea di principio, quella della *Chiesa*. Se un cittadino vuole impugnare il suo matrimonio concordatario e ottenerne l'annullamento, può dunque rivolgersi al *giudice ecclesiastico*. Se viene pronunciato l'annullamento, il matrimonio è cancellato per l'ordinamento canonico: i due coniugi cessano di essere tali per la Chiesa. Possono cessare di esserlo anche per lo Stato, se sottopongono la sentenza canonica di annullamento a un *procedimento di delibazione davanti al giudice italiano*: la corte d'appello verifica che il processo canonico sfociato nell'annullamento si sia svolto con le garanzie del contraddittorio e del diritto di difesa in giudizio, e quindi emana un *provvedimento che rende efficace la sentenza canonica nell'ordinamento italiano*; a questo punto vengono meno anche gli effetti civili di quel matrimonio. Ma secondo la giurisprudenza, dopo la revisione del 1984 la giurisdizione ecclesiastica sulla validità dei matrimoni concordatari *non è più giurisdizione esclusiva*: il matrimonio concordatario può essere anche impugnato davanti ai giudici italiani, che possono annullarlo se lo trovano invalido in base alle norme del diritto italiano. In altre parole: sulla validità dei matrimoni concordatari esiste un *concorso di giurisdizione ecclesiastica e giurisdizione statale*;

☞ invece il **rapporto matrimoniale** è soggetto alla *disciplina e giurisdizione esclusiva dello Stato*. Sono regolati esclusivamente dal diritto italiano *i diritti e i doveri dei coniugi*, sia personali sia patrimoniali, sia nei rapporti reciproci sia nei riguardi dei figli; e la decisione delle relative controversie è competenza esclusiva dei giudici italiani. Così pure sono regolate dal diritto italiano, applicato dai giudici italiani, le questioni relative alla *separazione* e al *divorzio*.

I matrimoni concordatari hanno sempre avuto larga prevalenza su quelli civili: nel 2000 sono 212.005 contro 68.478. Ma poi la forbice prende a restringersi: nel 2007 il rapporto è 162.555 contro 87.486. E nel 2018 arriva il sorpasso: sui matrimoni complessivi di quell'anno, il 50,1% è rappresentato da matrimoni civili. All'interno di questo dato, si registra una forte divaricazione fra Sud e Nord: al Nord i matrimoni civili sono quasi il 64% del totale; al Sud siamo intorno al 30%.

6. Il matrimonio degli acattolici

Per evitare un'odiosa sperequazione a danno dei cittadini di religione non cattolica, anche a questi si consente di *sposarsi secondo il proprio rito*, e di ottenere che tale matrimonio abbia *effetti civili, mediante trascrizione* nei registri dallo stato civile (l. 1159/1929).

Tuttavia il matrimonio degli acattolici resta profondamente diverso dal matrimonio concordatario: il ministro del culto acattolico deve avere ricevuto la preventiva approvazione e autorizzazione delle autorità italiane; e soprattutto *il matrimonio è interamente soggetto alla legge e alla giurisdizione italiana*, anche per ciò che riguarda la validità dell'atto. È, in sostanza, un matrimonio civile caratterizzato solo da particolari modalità della celebrazione.

Un alleggerimento dei controlli statali preventivi (approvazione, autorizzazione) si è realizzato nei confronti di alcune confessioni acattoliche (valdese, avventista, ebraica), per effetto delle *intese* intervenute, a partire dal 1984, fra esse e lo Stato italiano.

7. Il matrimonio civile: formalità per la celebrazione

Il matrimonio deve essere preceduto dalle **pubblicazioni** (art. 94 e segg.; art. 50 e segg. d.P.R. 396/2000). Queste vanno *affisse per otto giorni* consecutivi presso la sede del Comune di residenza degli sposi (che solo in casi gravi possono esserne dispensati); e il matrimonio va celebrato nei 180 giorni successivi, se no occorre ripetere le pubblicazioni. La loro funzione è portare alla conoscenza generale il matrimonio imminente, per consentire alle persone a ciò legittimate di fare *eventuale opposizione al matrimonio* (art. 102 e segg.; art. 59 e segg. d.P.R. 396/2000). Si tratta di semplice *pubblicità notizia* (**9**.5): la loro omissione non determina invalidità, ma solo irregolarità del matrimonio, sanzionata con pena pecuniaria (art. 134).

La celebrazione del matrimonio si compie pubblicamente, nella casa comunale, davanti all'*ufficiale di stato civile* (sindaco o suo delegato) e alla presenza di *due testimoni* (art. 106 e segg.). L'ufficiale di stato civile *legge* agli sposi gli art. 143, 144 e 147 del codice; *riceve la dichiarazione*, fatta da ciascuno, di volersi prendere rispettivamente in marito e in moglie; quindi li *dichiara* uniti in matrimonio. La partecipazione necessaria dell'ufficiale di stato civile porta a qualificare il matrimonio come *atto complesso, risultante dalle dichiarazioni di volontà degli sposi ma anche dalla conseguente attestazione da parte del pubblico ufficiale*. Tuttavia è valido il matrimonio celebrato davanti a un *apparente ufficiale* di stato civile – cioè a persona che esercita pubblicamente le relative funzioni senza averne la qualità – purché almeno uno degli sposi sia in *buona fede* (art. 113).

Il matrimonio è un *atto personale*: va compiuto personalmente dagli sposi, che non possono farsi rappresentare (è esclusa sia la rappresentanza legale, sia quella volontaria). Il c.d. *matrimonio per procura* – possibile in casi eccezionali per i militari in guerra e per i residenti all'estero, che possono farsi sostituire nella celebrazione (art. 111) – non dà luogo a rappresentanza: il sostituto è un semplice nuncius (**30**). Il matrimonio è un atto che *non sopporta termine né condizione*: se uno sposo l'introduce nella sua dichiarazione, l'ufficiale di stato civile non può procedere alla celebrazione; se il matrimonio è celebrato ugualmente, termine e condizione si considerano non apposti (art. 108).

L'**atto di matrimonio** si materializza in un *documento, che l'ufficiale di stato civile deve formare e inserire nei registri dello stato civile.* Tale atto-documento costituisce, di regola, l'unico possibile *mezzo di prova* del matrimonio e del conseguente stato coniugale (art. 130). Ma il rigore di questo principio conosce qualche attenuazione. In particolare: ☞ se l'atto è *distrutto o smarrito*, la prova del matrimonio può darsi con ogni mezzo (art. 132, c. 1; 452); ☞ se risulta *non inserito nei registri* per dolo o colpa del pubblico ufficiale, o per forza maggiore, è ammesso ogni mezzo di prova, purché risulti con certezza il *possesso di stato coniugale*, e cioè gli interessati portino lo stesso nome, si trattino reciprocamente come coniugi e siano generalmente considerati tali nell'ambiente sociale (art. 132, c. 2); ☞ se l'atto di matrimonio presenta *difetti di forma*, questi sono sanati dal possesso di stato (art. 131).

8. Gli impedimenti matrimoniali

Gli impedimenti matrimoniali sono determinate *condizioni soggettive che la legge considera incompatibili con l'assunzione del vincolo matrimoniale*, e che perciò precludono al soggetto la possibilità di contrarre matrimonio. Possono essere *assoluti*, se impediscono al soggetto di sposarsi con chiunque; o *relativi*, se gli impediscono di sposarsi con una determinata persona. Possono essere *dispensabili*, se a certe condizioni possono essere superati, così che il matrimonio può celebrarsi ugualmente; o *non dispensabili*, nel caso contrario.

Sono **impedimenti assoluti**: ☞ l'**età** (art. 84): può contrarre matrimonio solo chi abbia raggiunto la *maggiore età*, cioè 18 anni. È possibile una deroga: può sposarsi chi abbia *almeno 16 anni*, e abbia ottenuto l'*autorizzazione del tribunale per i minorenni*, che la concede solo dopo avere verificato la maturità psico-fisica del richiedente e la gravità e serietà dei motivi posti a base della richiesta. Il minore ultrasedicenne che, autorizzato, si sposa diventa *minore emancipato* (**11**.8); ☞ l'**interdizione giudiziale** per infermità di mente (art. 85). Invece non impediscono il matrimonio né l'interdizione legale, né l'inabilitazione (**11**.8); ☞ la **non libertà di stato** (art. 86): non può sposarsi chi è vincolato da un *matrimonio precedente* (civile o concordatario); invece può contrarre matrimonio civile chi risulti sposato con matrimonio solo religioso; ☞ il c.d. **lutto vedovile**, che colpisce solo le donne e comporta un *divieto temporaneo di nuove nozze*: la donna non può risposarsi dopo la fine del precedente matrimonio (per annullamento, divorzio, morte del coniuge), se non *dopo trascorsi 300 giorni* dall'evento che lo ha terminato (art. 89). La ragione è *evitare ogni dubbio sulla paternità dei figli* da lei generati (ad opera dell'attuale marito, o del precedente?); e infatti l'impedimento non scatta, o è dispensabile, quando si ha la certezza che la donna non può generare figli dal precedente marito.

Gli **impedimenti relativi** (alcuni dispensabili, altri no) sono di due ordini:

☞ quelli derivanti da **rapporti familiari** fra gli interessati (art. 87), per cui non possono sposarsi fra loro: ✦ *ascendenti e discendenti in linea retta* (genitori e figli; nonni e nipoti); ✦ *fratelli e sorelle*; ✦ *zii e nipoti* (con possibilità di dispensa, mediante autorizzazione del tribunale); ✦ gli *affini in linea retta* (come suocero e nuora, suocera e genero); ✦ gli *affini in linea collaterale di secondo grado*, cioè i cognati (anche qui, con possibilità di dispensa); ✦ persone legate fra loro in base ad *adozione*;

☞ quello derivante da **delitto** (art. 88): chi è stato condannato per *omicidio consumato o tentato* non può sposare il coniuge della sua vittima.

9. L'invalidità del matrimonio: le cause

Il matrimonio è reso invalido da quattro ordini di cause: ☞ la presenza di un *impedimento matrimoniale*; ☞ l'*incapacità naturale* di un coniuge; ☞ la presenza di un *vizio della volontà*; ☞ la *simulazione*.

Degli **impedimenti matrimoniali** si è appena detto. Vediamo le altre cause:

☞ è invalido per **incapacità naturale** il matrimonio contratto da chi – pur senza essere interdetto – risulti *incapace d'intendere e di volere, anche per causa transitoria, al momento della celebrazione* (art. 120, c. 1). A differenza che nei contratti (**11**.16), qui l'invalidità non è subordinata né alla prova del grave pregiudizio per l'incapace, né a quella della malafede di controparte: l'atto di matrimonio è così delicato e importante, e coinvolge così intensamente la persona dell'autore, che l'esigenza di garantire la consapevolezza e l'integrità del suo consenso prevale sull'esigenza di tutelare l'altrui affidamento;

☞ i **vizi della volontà**, causa d'invalidità del matrimonio, non coincidono perfettamente con quelli che rendono invalido il contratto (**35**.11). Sono tre: ✦ la **violenza**, cioè la *minaccia* esercitata su uno sposo per indurlo al matrimonio (art. 122, c. 1); i caratteri della minaccia si ricavano dalle norme sulla violenza nel contratto, ma tenendo conto della particolare natura di un atto che coinvolge interessi non prevalentemente patrimoniali, bensì personali; ✦ il **timore di eccezionale gravità**, derivante da *cause esterne* allo sposo (art. 122, c. 1); si differenzia dalla violenza perché non deriva da minacce altrui, direttamente finalizzate a indurre al matrimonio, ma piuttosto da *pressioni indirette dell'ambiente familiare-sociale* dello sposo (ad es., la ragazza vorrebbe mandare a monte il matrimonio già concertato, perché s'è accorta di amare un altro, ma poi si rassegna a sposarsi, solo perché teme che la decisione di rottura possa essere fatale al padre, gravemente ammalato di cuore); ✦ l'**errore**, che qui è rilevante solo quando riguarda (art. 122, c. 2-3): l'*identità della persona dell'altro coniuge* (un'ipotesi alquanto romanzesca, e certamente rara); oppure determinate *qualità personali dell'altro coniuge, tassativamente indicate* (malattie fisiche o psichiche, o anomalie sessuali, tali da impedire lo svolgimento della vita coniugale; alcuni specifici precedenti penali; lo stato di gravidanza causato da persona diversa dallo sposo), e sempre che l'errore risulti *determinante del consenso* (nel senso che il coniuge caduto in errore non si sarebbe sposato, se avesse saputo la verità). Rispetto alla disciplina del contratto, nel matrimonio rileva un vizio in più (il timore), e un vizio in meno (il dolo, che qui non è autonoma causa di invalidità, ma può essere all'origine di un errore, il quale rileva allora come tale);

☞ si ha **simulazione** del matrimonio quando i coniugi, a margine della celebrazione, fanno un *accordo simulatorio con cui stabiliscono di non adempiere gli obblighi e non esercitare i diritti che nascono dal matrimonio* (art. 123, c. 1): si pensi alla straniera che, d'accordo con un italiano compiacente, lo sposa esclusivamente per acquistare la cittadinanza italiana. La simulazione ricorre quando le parti escludono completamente gli effetti del matrimonio: se ne escludessero solo alcuni (ad es. i reciproci diritti successori), questo patto sarebbe nullo, e il matrimonio valido. E ricorre solo se implica l'accordo di entrambe le parti: se solo un coniuge manifestasse la volontà di respingere tutti gli effetti del matrimonio, ma senza ottenere su ciò il consenso dell'altro, si avrebbe semplice *riserva mentale*, che non invalida l'atto.

Fra le cause d'invalidità del matrimonio la legge non indica l'**identità di sesso** degli sposi: ma tradizionalmente l'*inammissibilità del matrimonio omosessuale* si considera implicita nel sistema; e porta anzi a ritenere che un tale matrimonio sarebbe, più che invalido, del tutto *inesistente* (adesso due persone dello stesso sesso possono creare una famiglia: ma nella forma dell'unione civile, che non coincide col matrimonio in senso proprio). Situazione diversa si ha quando l'identità di sesso è non originaria ma *sopravvenuta*, come nel caso di *rettificazione del sesso* di uno dei coniugi, successiva al matrimonio (**11**.5): il fatto non incide sull'atto di matrimonio ma sul matrimonio-rapporto, come causa di *divorzio* (**65**.6).

10. La disciplina delle invalidità matrimoniali

L'invalidità del matrimonio è qualificata dalla legge come *nullità* (così si rubrica la sezione VI del capo III: art. 117 e segg.). Ma i caratteri di questa nullità non sempre corrispondono a quelli della nullità del contratto: talora si avvicinano di più a quelli dell'*annullabilità*, sia per le cause (si pensi all'incapacità naturale e ai vizi del consenso), sia per le conseguenze e il trattamento giuridico. Lo stesso linguaggio legislativo è oscillante: quando non usa il più generico termine di «impugnazione», ora parla di matrimonio «dichiarato nullo» (come nell'art. 128), ora di «annullamento» del matrimonio (come nell'art. 89). Ma ciò che importa, è classificare le diverse ipotesi di invalidità matrimoniale in funzione del diverso trattamento giuridico. Consideriamo due criteri di classificazione.

In base al criterio della *legittimazione a far valere l'invalidità*, distinguiamo:
☞ le invalidità **assolute**, in cui l'iniziativa di impugnare il matrimonio può essere presa dal *pubblico ministero* (segno dell'interesse pubblico a far cadere il matrimonio invalido), e da un'ampia cerchia di soggetti, cioè da «*tutti coloro che abbiano ... un interesse legittimo e attuale*»: è il caso del matrimonio viziato da non libertà di stato, da vincoli familiari fra i coniugi, da impedimento di

delitto (art. 117, c. 1) e da interdizione (art. 119, c. 1); nel caso di invalidità per difetto di età la legittimazione è un po' più ristretta: possono agire solo i coniugi, i loro genitori e il pubblico ministero (art. 117, c. 2); e ☞ le invalidità **relative**, in cui legittimati a impugnare il matrimonio sono esclusivamente i *coniugi* (come nella simulazione: art. 123, c. 1), o più spesso *uno solo dei coniugi*, e cioè quello toccato dalla causa di invalidità, come nei casi di violenza, timore ed errore (art. 122, c. 1-2).

In base al criterio della *possibilità di recuperare l'atto invalido*, distinguiamo: ☞ le invalidità **insanabili**, in cui la possibilità di impugnativa resta sempre aperta: vincoli di parentela non dispensabili; non libertà di stato; e ☞ le invalidità **sanabili** – più numerose –, in cui l'impugnativa è esclusa (sicché il matrimonio, pur invalido, resta inattaccabile) quando ci sia stata *coabitazione fra i coniugi per un anno a partire dalla cessazione del vizio:* interdizione (art. 119, c. 2); incapacità naturale (art. 120, c. 2); violenza, timore ed errore (art. 122, c. 4); simulazione (art. 123, c. 2). Una disciplina leggermente diversa ha il matrimonio viziato da *minore età*: non può più essere impugnato dall'interessato dopo che sia trascorso un anno dal raggiungimento della maggiore età; né dai genitori o dal pubblico ministero quando sia stata raggiunta la maggiore età o ci sia stata procreazione o concepimento, e risulti accertata la volontà dell'interessato di mantenere in vita il matrimonio (art. 117, c. 2).

11. Il matrimonio putativo

La figura del matrimonio putativo riguarda le *conseguenze della dichiarazione di nullità*. Normalmente la nullità è *retroattiva* (**36**.7-8): applicando il principio, il rapporto matrimoniale dovrebbe considerarsi non mai sorto; tutte le posizioni connesse allo stato di coniuge dovrebbero essere cancellate; i figli della coppia dovrebbero considerarsi concepiti fuori del matrimonio e perciò non legittimi (**64**.3). La legge deroga alle conseguenze della retroattività, quando *almeno uno dei coniugi era in buona fede al momento del matrimonio*, cioè credeva che il suo matrimonio fosse regolare (in latino «putare» = credere).

Verificandosi tale presupposto, si ha come una **sterilizzazione delle conseguenze della nullità**, nel senso che: ☞ il *coniuge in buona fede* (e così pure quello rimasto vittima di violenza o timore) gode degli *effetti del matrimonio fino alla dichiarazione di nullità*, la quale dunque opera ex nunc, e non ex tunc (art. 128, c. 1-3): se ad es. l'altro coniuge muore prima della dichiarazione di nullità, il coniuge in buona fede ne diventa erede; ☞ i *figli* nati da quell'unione si considerano nati nel matrimonio (art. 128, c. 2)): conseguenza che si produce anche nel caso di mala fede di entrambi i coniugi, tranne che la nullità dipenda da incesto (art. 128, c. 4). Inoltre il coniuge in buona fede, se la nullità è imputabile all'altro coniuge o a un terzo (che ad es. ne hanno determinato l'errore rilevante), ha diritto a pretendere dal responsabile un'*indennità*, pari almeno al mantenimento per tre anni (art. 129-*bis*).

12. La libertà matrimoniale, e la promessa di matrimonio

Il matrimonio è un *atto libero* per eccellenza: la legge vuole che la decisione di sposarsi o non sposarsi, di sposare una persona piuttosto che un'altra, sia presa dal soggetto al di fuori di vincoli o condizionamenti (e questo spiega l'invalidità del matrimonio per violenza e timore). Anche se non scritto esplicitamente, il principio della **libertà matrimoniale** ha valore di *ordine pubblico* (**31**.4): di qui la nullità di patti e condizioni diretti a limitarla o influenzarla.

Allo stesso principio si ispira la disciplina della **promessa di matrimonio**. A differenza della promessa di concludere un contratto (**34**.7), la promessa di matrimonio (nel linguaggio comune, il fidanzamento) non obbliga giuridicamente a compiere l'atto, né a pagare la penale eventualmente stabilita per l'inadempimento (art. 79); e tanto meno è suscettibile di esecuzione specifica (**34**.8). Gli unici **effetti della rottura** della promessa sono: ☞ la reciproca *restituzione dei doni* fatti a causa della promessa (art. 80); e ☞ il *risarcimento del danno* (art. 81), che chi rompe la promessa deve all'altra parte in relazione alle spese fatte e alle obbligazioni contratte da questa, nei limiti corrispondenti alla posizione sociale degli interessati. Ma il risarcimento è dovuto solo a una doppia condizione: ☞ che la promessa avesse una certa ufficialità (deve essere *reciproca*, e fatta per *atto pubblico* o *scrittura privata*, oppure risultare dalla *richiesta di pubblicazioni*); e ☞ che la rottura avvenga *senza giusto motivo* (se poi il giusto motivo della rottura dipende da colpa dell'altro, il risarcimento è dovuto dal fidanzato in colpa).

13. I rapporti familiari: coniugio, parentela, affinità

I rapporti fra i membri di una famiglia possono essere di tre tipi: coniugio, parentela e affinità. A ciascun tipo di rapporto corrisponde un insieme di posizioni giuridiche (un determinato status) dei soggetti interessati.

Il rapporto di **coniugio** è quello che nasce *fra marito* e *moglie* (ciascuno dei quali ha lo *status di coniuge*) per effetto del *matrimonio*. Vi assomiglia per molti aspetti (ma per altri se ne differenzia) il rapporto fra i partner di unioni civili omosessuali (**62**.14).

Il rapporto di **parentela** si crea fra le *persone che discendono da uno stesso stipite* (art. 74), e si definisce in base a due elementi, che sono la linea e il grado:

☞ in base alla **linea** distinguiamo: da una parte, ✦ i parenti **in linea retta**, cioè le *persone che discendono l'una dall'altra*: risalendo da una persona verso le generazioni anteriori si hanno i suoi *ascendenti*; andando verso le generazioni successive s'incontrano i *discendenti* (i figli sono discendenti dei genitori, che ne sono gli ascendenti; così i nipoti rispetto ai nonni, i bisnipoti rispetto ai bisnonni, ecc.); dall'altra parte ✦ i parenti **in linea collaterale** sono le *persone che non discendono l'una dall'altra, ma risalendo nelle generazioni trovano un ascendente comune:* i fratelli, i cugini, zii e nipoti, ecc.;

☞ i parenti possono essere più o meno prossimi, e la prossimità si misura in **gradi**, che corrispondono ai *passaggi di generazione che intercorrono fra le persone interessate*: ✦ il calcolo è più immediato per la parentela *in linea retta*: ad es. il padre è parente (ascendente) del figlio in primo grado; il nipote è parente (discendente) del nonno in secondo grado; ✦ per i *collaterali*, le generazioni si contano prima in salita, fino a trovare l'ascendente comune, e poi ridiscendendo fino al collaterale: i fratelli sono parenti in secondo grado (un grado da un fratello al padre, più un altro grado dal padre all'altro fratello); zio e nipote in terzo grado (uno in salita più due in discesa); i cugini in quarto grado (due in salita più due in discesa). La rilevanza giuridica della parentela si ferma normalmente al *sesto grado* (art. 77).

Fin qui si è parlato di parentela, sul presupposto che i parenti siano fra loro *consanguinei*, cioè discendano biologicamente dallo stesso stipite. Ma esiste anche una *parentela non biologica*, derivante dall'*adozione*, in cui i parenti non sono legati fra loro da vincoli di sangue (**64**.9).

Il rapporto di **affinità** è quello che *lega un soggetto sposato ai parenti del suo coniuge:* suoceri e nuora, suoceri e genero, cognati. Ha la linea e il grado corrispondenti alla linea e al grado della parentela con il coniuge (art. 78): se Bruno è sposato con Chiara, che è sorella di Max, i cognati Bruno e Max sono affini in linea collaterale di secondo grado, perché i fratelli Chiara e Max sono parenti in linea collaterale di secondo grado. Il vincolo di unione civile omosessuale non crea affinità coi parenti del partner.

14. Le unioni civili omosessuali

Dopo un ampio e spesso polemico dibattito politico-culturale, dopo significative aperture della giurisprudenza (ci sono importanti sentenze della Corte europea dei diritti dell'uomo e della Corte costituzionale), il legislatore italiano si è finalmente allineato ai molti sistemi giuridici occidentali che danno un riconoscimento alle coppie omosessuali (**l. 76/2016**).

La **costituzione** dell'unione civile fra due persone dello stesso sesso (che devono essere *maggiorenni*) avviene con loro *dichiarazione davanti all'ufficiale* *dello stato civile*, in presenza di *due testimoni*. La legge prevede una serie di **impedimenti**, in parte ricalcati sugli impedimenti matrimoniali (precedente vincolo, interdizione, rapporti familiari, ecc.).

L'unione civile è colpita da **invalidità**, e può essere impugnata, per una serie di ragioni: ☞ quando si è costituita in presenza di un **impedimento** (in tal caso è nulla, e può impugnarla chiunque vi abbia interesse); per **vizi del consenso**, e cioè ✦ *violenza* o *timore di eccezionale gravità*; ✦ *errore sull'identità o su qualità personali del partner*, che la legge precisa (in questi casi l'impugnativa spetta solo alla vittima del vizio).

Ci si domanda se in questo modo si è introdotto nel sistema il «matrimonio omosessuale». Posta così, la questione è solo nominalistica, o ideologica. Quello che è certo è che il sistema oggi contempla una struttura familiare costituita su basi volontarie e in modo formale da due persone dello stesso sesso impegnate a svolgere una comune esperienza di vita (di tipo, appunto, familiare) la cui disciplina giuridica ricalca largamente la disciplina del tradizionale matrimonio eterosessuale.

Il ricorso al nuovo strumento risulta peraltro contenuto: dopo il picco iniziale (4.376 unioni civili nel 2017) ci si assesta su numeri più bassi (2.808 nel 2018).

15. Le convivenze di fatto

I demografi segnalano una marcata tendenza alla *diminuzione dei matrimoni* (eterosessuali) celebrati in Italia. In 40 anni il loro numero si è più che dimezzato: da oltre 400.000 nel 1973 a meno di 190.000 nel 2014. La leggera ripresa che si registra nel 2018 (195.778) è probabilmente effimera. A questa tendenza fa riscontro la crescente *diffusione delle convivenze extramatrimoniali* (o «more uxorio»), che danno luogo al fenomeno delle famiglie di fatto. In 20 anni i numeri si sono quadruplicati: erano poco meno di 330.000 nel 1998, sono salite a quasi 1.370.000 nel 2018.

Si definisce famiglia di fatto l'*unione stabile di un uomo e una donna non sposati fra loro, e dei loro eventuali figli*. I due non sono coniugi davanti alla legge, però vivono insieme e si comportano, nei rapporti sociali, come marito e moglie; formano quella che sostanzialmente si presenta come una famiglia. Con l'evoluzione del costume, situazioni del genere sempre meno costituiscono oggetto di biasimo morale o di riprovazione sociale. Ma l'accettazione sociale del fenomeno non risolve i problemi del suo trattamento giuridico, che possono sintetizzarsi in queste domande: la convivenza extramatrimoniale è irrilevante per il diritto, e i conviventi sono, agli occhi della legge, dei perfetti estranei? oppure la loro relazione determina – almeno per qualche aspetto – conseguenze giuridiche analoghe a quelle che valgono per le famiglie legittime?

Certamente la *piena equiparazione* fra la condizione giuridica delle coppie non sposate e quella dei coniugi «legali» va *esclusa* non solo e non tanto per il riconoscimento e la garanzia costituzionale della famiglia in quanto «fondata sul matrimonio» (art. 29, c. 1, C.), quanto perché il completo pareggiamento contrasterebbe con la stessa *volontà degli interessati*, che hanno liberamente scelto di non vincolarsi con il matrimonio proprio per evitare, in tutto o in parte, le conseguenze legali del coniugio. Ma altrettanto certamente va *esclusa l'assoluta irrilevanza giuridica* della famiglia di fatto: l'unione seria e stabile, pur non formalizzata in matrimonio, è pur sempre una delle «formazioni sociali ove si svolge la ... personalità» dell'uomo (art. 2 C.).

Per tutta una fase, l'esigenza di attribuire un certo grado di rilevanza giuridica alla famiglia di fatto ha avuto risposte parziali e frammentarie: sia da parte della giurisprudenza sia da parte del legislatore, che con riguardo a particolari aspetti o problemi hanno esteso ai conviventi il trattamento giuridico previsto dalle norme dedicate ai coniugi. Fino a che, dopo varie iniziative legislative politicamente molto contrastate e non andate a buon fine, il legislatore ha finalmente introdotto una disciplina organica delle **convivenze di fatto**: vi provvede quella stessa **l. 76/2016**, che introduce le unioni civili omosessuali.

La legge definisce «conviventi di fatto» *due persone maggiorenni, unite stabilmente da legami affettivi di coppia e di reciproca assistenza morale e materiale, non vincolate da rapporti di parentela, affinità o adozione, da matrimonio o da unione civile.* (Ne risulta che la disciplina delle convivenze di fatto si applica anche alle convivenze fra persone dello stesso sesso). Per definizione, la convivenza di fatto non è formalizzata in nessun atto costitutivo: il suo accertamento si basa sulle semplici risultanze anagrafiche.

I principali aspetti in relazione ai quali la legge estende al convivente di fatto il trattamento giuridico del coniuge riguardano: ☞ i diritti di visita e di informazione presso le strutture sanitarie, nel caso di *malattia e ricovero ospedaliero* del partner; ☞ il diritto di *continuare ad abitare nella casa comune*, appartenente o locata al partner, in caso di sua morte; ☞ l'accesso agli alloggi di *edilizia pubblica*; ☞ il *lavoro* nell'impresa del partner (**63**.13); ☞ la possibilità di essere designato *tutore, curatore o amministratore di sostegno*; ☞ il diritto al *risarcimento nel caso di uccisione* del partner.

16. La solidarietà familiare: gli alimenti

L'esistenza di rapporti familiari fra due soggetti è un «fatto» idoneo a costituire fonte di obbligazioni, che la legge può far nascere a carico dell'uno e a favore dell'altro (**46**.1). Sul presupposto che tra familiari esista, o debba esistere, un particolare vincolo di solidarietà, si stabilisce che, *a certe condizioni, un* *familiare è tenuto a prestare gli alimenti a un altro familiare*. La condizione perché nasca l'obbligo degli alimenti è che chi li chiede si trovi in **stato di bisogno**, e cioè non sia in grado – per ragioni di salute, età o altre circostanze (anche dipendenti da sua colpa) – di *fare fronte alle proprie esigenze materiali di vita* (art. 438, c. 1).

L'obbligo nasce a carico dei familiari elencati dalla legge: ☞ *coniuge* (e anche partner dell'unione civile omosessuale); ☞ *figli o discendenti* (che però, ex art. 448-*bis*, non sono tenuti verso il genitore decaduto dalla potestà: **64.**19); ☞ *genitori o ascendenti*; ☞ *affini in linea retta*; ☞ *fratelli* (art. 433). L'ordine è importante, perché l'obbligo degli alimenti scatta a carico di un familiare, *solo se non esistono (o non sono in grado di provvedere) familiari collocati in un gradino anteriore* nella scala degli obbligati (art. 441, c. 2). Se ci sono più obbligati dello stesso grado, ciascuno deve concorrere in proporzione alle proprie condizioni economiche (art. 441, c. 1). Nella lista degli obbligati può figurare *anche un non familiare*: chi ha ricevuto donazioni dalla persona in stato di bisogno, escluse le donazioni remuneratorie e obnuziali (**70.**9). Anzi, il *donatario* è il primo obbligato in ordine di priorità: chi ha bisogno può chiedere gli alimenti a qualche familiare, solo se non può ottenerli da un donatario (art. 437).

Generalmente gli alimenti consistono nell'*erogazione di un assegno periodico*: la sua misura è proporzionata allo stato di bisogno del beneficiario, cui deve garantire quanto è necessario per le sue esigenze di vita, tenuto conto della posizione sociale; ma deve essere proporzionata anche alle *condizioni economiche dell'obbligato* (art. 438, c. 2). Dunque gli alimenti sono qualcosa di più di quanto occorre alla pura sussistenza fisica; ma *qualcosa di meno del «mantenimento»*, che assicura la conservazione di un determinato tenore di vita della persona, anche al di là dei bisogni elementari dell'esistenza umana (vedremo l'importanza della distinzione, parlando delle conseguenze economiche della separazione: **65.**4). In alternativa all'assegno periodico, c'è un altro modo di adempiere l'obbligazione: accogliere e mantenere nella propria casa l'avente diritto (art. 443, c. 1).

Il diritto agli alimenti non decorre dal manifestarsi dello stato di bisogno, ma solo *dal giorno della domanda giudiziale* (art. 445).

L'obbligazione alimentare è caratterizzata dalla *variabilità*, perché dipende da elementi suscettibili di mutare nel tempo (come le condizioni economiche del beneficiario e dell'obbligato): la modifica di questi può incidere sul contenuto e sulla stessa esistenza dell'obbligo, facendolo cessare o riducendone o viceversa aumentandone il contenuto (art. 440, c. 1).

Il credito alimentare è strettamente *personale*: sia rispetto al beneficiario, che non può trasferirlo a terzi (art. 447); sia rispetto all'obbligato, la cui morte estingue l'obbligo, che non passa agli eredi (art. 448).

63
I RAPPORTI FRA CONIUGI

1. Rapporti fra i coniugi, e principio di uguaglianza

L'atto di matrimonio genera il rapporto matrimoniale, che comprende diversi ordini di rapporti fra i coniugi, ciascuno formato da diritti e doveri reciproci. Più precisamente: ☞ **rapporti personali** fra i coniugi, formati da *posizioni soggettive di contenuto non economico*; ☞ **rapporti patrimoniali** fra i coniugi, relativi a *diritti e obblighi di natura economica*; ☞ rapporti fra i coniugi, collegati all'**esercizio della potestà** sui figli minori. Dei primi due si parla in questo capitolo; del terzo nel capitolo seguente.

L'intera materia dei rapporti fra i coniugi è oggi dominata dal *principio di uguaglianza*. Nella vecchia disciplina del codice, il marito era il «capo della famiglia», e la moglie era subordinata a lui; solo al marito spettava prendere le decisioni familiari, e la moglie doveva subirle; addirittura si riconosceva al marito il potere legittimo di vietare alla moglie il lavoro extra-domestico, la frequentazione di amicizie e ambienti a lui non graditi, ecc. La riforma del 1975 rovescia questa situazione, affermando che «Con il matrimonio *il marito e la moglie acquistano gli stessi diritti e assumono i medesimi doveri*» (art. 143, c. 1).

La norma esprime anche il chiaro *rifiuto di predeterminare per legge una divisione di ruoli familiari*: come ad es. quella che attribuisse al marito una prevalente «competenza» per il lavoro e il guadagno extradomestico, e alla moglie il compito prevalente di occuparsi della casa e dei figli. Una tale divisione di ruoli, stabilita normativamente, contrasterebbe al tempo stesso con il principio di *uguaglianza* (perché offrirebbe ai coniugi opportunità di vita differenti), e con il principio di *autonomia* della famiglia (perché imporrebbe ai coniugi un modello di organizzazione familiare fissato dall'esterno).

2. Nome e cittadinanza dei coniugi

Il *principio di uguaglianza* ispira anche la nuova disciplina del nome e della cittadinanza dei coniugi.

Mentre prima della riforma la *moglie* perdeva il proprio **cognome**, sostituendolo con quello del marito, oggi lo conserva; semplicemente *aggiunge al proprio cognome quello del marito*, che mantiene anche durante la vedovanza, fino a che non si risposi (art. 143-*bis*).

Le precedenti norme sulla **cittadinanza** discriminavano fra moglie e marito circa la capacità di trasmettere al coniuge straniero la cittadinanza italiana, mentre la legge oggi vigente mette i coniugi su un piano di assoluta parità: il cittadino italiano – uomo o donna che sia – che sposa uno straniero *conserva la cittadinanza italiana*, e inoltre *la trasmette al coniuge straniero* (il quale diventa cittadino italiano quando risiede da almeno sei mesi in Italia, o quando siano passati tre anni dal matrimonio: art. 5 l. 91/1992).

3. Diritti e doveri personali dei coniugi

Dal matrimonio derivano per i coniugi gli obblighi reciproci: ☞ di *fedeltà*; ☞ di *assistenza morale e materiale*; ☞ di *collaborazione nell'interesse della famiglia*; ☞ di *coabitazione* (art. 143, c. 2). Con l'uso di termini così generici e poco «giuridici», il contenuto di questi obblighi è lasciato volutamente nel vago: la concreta determinazione dei comportamenti che costituiscono adempimento (o violazione) di essi si preferisce affidarla, anziché a qualche discutibile elenco legislativo, a valutazioni condotte caso per caso alla luce del costume sociale; e ancora prima – come vedremo – all'accordo fra i coniugi interessati.

In questo campo, si manifesta spesso una tensione fra valori opposti: solidarietà e libertà; comunità e individuo. Gli obblighi posti dalla norma sono opportunamente diretti a rafforzare la *comunità familiare* e promuovere la *solidarietà fra i suoi membri*: ma devono conciliarsi con il rispetto dovuto ai valori e ai diritti della *personalità individuale* di ciascun coniuge. Occorre trovare, caso per caso, il giusto equilibrio: pretendere che ciascun coniuge presti all'altro «fedeltà», «assistenza» e «collaborazione», ma non fino al punto di cancellare i suoi spazi di iniziativa individuale, i suoi gusti e le sue inclinazioni personali, le sue zone di riservatezza e solitudine; e, per contro, garantire tutti questi valori dell'individuo, ma non fino al punto di dissolvere la comunità familiare e la solidarietà che deve animarla.

Se gli obblighi in questione hanno natura di *obblighi giuridici*, devono essere presidiati da *sanzioni* per il caso di inadempimento: sanzioni che – per la natura personalissima dei comportamenti dovuti – non possono comunque tendere a un'attuazione in forma specifica. La legge ricollega precise conseguenze sanzionatorie solo alla *violazione del dovere di coabitazione*: se un coniuge si allontana senza giusta causa dalla residenza familiare, e rifiuta di tornarci, perde il diritto all'assistenza morale e materiale dell'altro coniuge (art. 146, c. 1), ma non è sciolto dall'obbligo di contribuire economicamente ai bisogni della famiglia: e per garantirne l'adempimento, si può procedere al sequestro dei suoi beni (art. 146, c. 3). Quanto agli altri obblighi personali, la sanzione dell'inadempimento si manifesta essenzialmente *in caso di separazione*: questa può essere «*addebitata*» al coniuge che abbia tenuto qualche «*comportamento contrario ai doveri che derivano dal matrimonio*» (art. 151, c. 2), il che pone a suo carico conseguenze patrimoniali svantaggiose (**65**.4).

4. La regola dell'accordo

Se i coniugi hanno «gli stessi diritti e i medesimi doveri», le *decisioni familiari* (scelta della residenza, determinazione del tenore di vita, vacanze, ecc.) non sono più prese unilateralmente dal marito, che ha perso il ruolo di «capo della famiglia»: Devono essere *prese insieme da marito e moglie*: di qui la regola dell'accordo, quale criterio fondamentale per il governo della famiglia. Infatti la legge stabilisce che «I coniugi *concordano tra loro l'indirizzo della vita familiare* e fissano la residenza della famiglia secondo le esigenze di entrambi e quelle preminenti dalla famiglia stessa» (art. 144).

Con la regola dell'accordo, la legge coglie due obiettivi: da un lato promuove l'*uguaglianza dei coniugi*; dall'altro valorizza l'*autonomia della famiglia*, perché rinuncia a prescrivere d'autorità modelli rigidi di organizzazione e funzionamento familiare, lasciando che siano gli stessi interessati a fissare in modo originale, concordandole fra loro, le regole più adatte alle specifiche esigenze di ciascun nucleo. Si potrebbe osservare che l'uguaglianza tutelata in questo modo è la sola *uguaglianza formale*: nulla impedisce che il coniuge più «forte» costringa l'altro – più debole psicologicamente, più ricattabile sul piano economico o affettivo – ad accettare un «accordo» che di fatto corrisponde alla volontà unilaterale del primo (un po' come accade con i contratti di adesione:

60.5). È vero, ma a questo non c'è uno specifico rimedio legale: si deve prendere atto dell'impotenza o almeno dei limiti del diritto, di fronte a questa come a tante altre sfere problematiche dell'esistenza umana.

Ma cosa accade se, su qualche decisione familiare da prendere, i coniugi non riescono a trovare l'accordo? La riforma del 1975 ha previsto un **intervento del giudice**, (art. 145), che può svilupparsi in due fasi diverse: ☞ prima un intervento **conciliativo** che il giudice può svolgere su richiesta anche di uno solo dei coniugi, cercando con il consiglio e la persuasione di aiutare i coniugi a superare il disaccordo; ☞ e poi, se neppure così si raggiunge l'accordo, un intervento **decisorio**, con cui il giudice stabilisce lui qual è, sul problema in discussione, la *decisione da prendersi nell'interesse della famiglia*: qui però la condizione è che i coniugi gli facciano *concorde richiesta* di un tale intervento.

Senonché, il meccanismo rimane di fatto *quasi del tutto disapplicato*, a riprova delle limitate possibilità degli strumenti legali in questo campo: se il disaccordo è superabile, i coniugi potranno *trovare da sé i modi per superarlo, senza interferenze di estranei* (e tanto più di un'autorità pubblica); se non ci riescono, vuol dire che il disaccordo è così grave da determinare una vera e propria *crisi della famiglia*, e allora il rimedio più realistico è la *separazione*.

Quando il conflitto fra i coniugi degenera in forme violente, può essere necessario l'intervento urgente del giudice per proteggere la vittima della violenza: di ciò si preoccupano i nuovi art. 342-*bis* e 342-*ter* (introdotti dalla l. 154/2001), che regolano gli *ordini di protezione contro gli abusi familiari*. L'ordine può consistere nell'allontanamento del coniuge violento dalla casa familiare, nel divieto di avvicinarsi alla vittima, nell'attivazione di strutture del servizio sociale o di mediazione familiare.

5. I rapporti patrimoniali fra i coniugi

Nella vita familiare la dimensione affettiva è la più importante, ma non esclude la componente economica. Fra i coniugi esistono rapporti personali, ma anche rapporti patrimoniali: e sono questi ultimi, molto più dei primi, a sopportare e anzi richiedere una regolamentazione legale.

I rapporti patrimoniali nella famiglia corrispondono a diversi ordini di problemi: ☞ il problema di determinare in che modi e in che misura ciascun coniuge deve *fare fronte alle ricorrenti necessità economiche del ménage familiare* (casa, cibo, spese mediche e scolastiche, vacanze, altri consumi, ecc.): lo risolvono le regole sugli **obblighi di contribuzione** (che danno corpo al c.d. regime patrimoniale primario della famiglia); ☞ il problema del regime degli acquisti, cioè di stabilire *chi diventa proprietario dei beni che entrano in famiglia durante il matrimonio:* lo risolvono le regole sul **regime patrimoniale** della famiglia;

☞ il problema del trattamento del *lavoro prestato nell'ambito della famiglia:* lo risolvono le regole sull'**impresa familiare**.

6. Gli obblighi di contribuzione

La vecchia disciplina attribuiva ai coniugi ruoli diversi nell'economia domestica: solo il marito aveva l'obbligo di mantenere la famiglia; la moglie era tenuta a concorrervi solo se i redditi del primo erano insufficienti. Con la riforma, si afferma anche qui il principio di parità: «*Entrambi i coniugi* sono tenuti, ciascuno *in relazione alle proprie sostanze e alle proprie capacità di lavoro* professionale o casalingo, a *contribuire ai bisogni della famiglia*» (art. 143, c. 3).

La norma afferma la pari dignità del lavoro extradomestico e del lavoro casalingo, ma in nessun modo può essere interpretata come un implicito schema di divisione dei ruoli (al marito il lavoro professionale, alla moglie il lavoro domestico), che sarebbe lesivo dell'uguaglianza: i rispettivi carichi di lavoro domestico ed extradomestico dei coniugi dipendono dall'assetto che essi consensualmente scelgono per il loro ménage, secondo la regola dell'accordo (**63**.4).

7. Il regime patrimoniale della famiglia: regime legale e regimi convenzionali

Vediamo il regime di proprietà dei beni acquistati durante il matrimonio.

Può accadere che i coniugi, sposandosi, non stabiliscano nulla circa la proprietà dei loro futuri acquisti: in tal caso è la legge che dispone quale regime si applica, regime che proprio per questo si definisce **regime legale**. Il regime legale è dunque quello che *scatta automaticamente a disciplinare gli acquisti dei coniugi, in mancanza di una loro diversa scelta.* Ma il regime legale ha carattere *suppletivo*, ed è perciò *derogabile* (secondo la logica delle norme dispositive: **32**.7-8). I coniugi sono liberi di preferire un regime diverso: se si accordano in questo senso, fanno scattare uno dei **regimi convenzionali**, che sono quelli *applicabili agli acquisti dei coniugi, sulla base di una loro scelta ad hoc.*

Per avere un'idea realistica delle cose, occorre tenere presente che le coppie le quali, sposandosi, pensano a scegliere un regime convenzionale, sono una minoranza; la grande maggioranza delle coppie si sposano senza fare alcuna esplicita scelta circa il loro regime patrimoniale, per cui ad esse si applica il regime legale. Stabilire qual è il regime legale significa perciò determinare quale disciplina si applicherà, in concreto, al maggior numero di famiglie.

Nel nostro ordinamento, dopo la riforma, il **regime legale** è la *comunione* *legale* dei beni. I **regimi convenzionali** sono: ☞ la *separazione dei beni*; e ☞ la *comunione convenzionale*.

Una certa sistemazione dei rapporti economici nella famiglia si realizza anche con il *fondo patrimoniale*. Questo non è, però, un vero e proprio regime patrimoniale, ma può aggiungersi a un qualsiasi regime patrimoniale.

8. La comunione legale: principi ispiratori, e oggetto

La comunione dei beni è «il regime patrimoniale legale della famiglia», che si applica «in mancanza di diversa convenzione» (art. 159). La sua sostanza è che *i beni acquistati durante il matrimonio, anche individualmente da un singolo coniuge, diventano proprietà comune di entrambi i coniugi*. È una novità della riforma del 1975: in precedenza il regime legale era quello della separazione, per cui ciascun coniuge resta proprietario esclusivo dei beni da lui acquistati.

Le ragioni di politica legislativa che hanno motivato l'innovazione sono sostanzialmente due: ☞ *valorizzare il lavoro domestico del coniuge casalingo* (generalmente la moglie), cui si attribuisce un riconoscimento economico sotto forma di partecipazione agli incrementi patrimoniali realizzati con il denaro che proviene dall'attività extradomestica dell'altro coniuge (un modo, a veder bene, di attuare l'uguaglianza sostanziale fra i coniugi); ☞ *rafforzare la comunità familiare*, affermando un principio di solidarietà fra i suoi membri, contro impostazioni più individualistiche ed egoistiche.

I **beni che cadono in comunione** possono inquadrarsi, in prima approssimazione, nelle seguenti categorie (art. 177, c. 1): ☞ i *beni acquistati durante il matrimonio dai coniugi*, insieme o anche separatamente; ☞ i *redditi di lavoro e di capitale* di ciascun coniuge; ☞ le *aziende costituite durante il matrimonio, e gestite da entrambi i coniugi* (se invece l'azienda apparteneva a uno solo dei coniugi prima del matrimonio, e nel corso di questo viene gestita da entrambi, cadono in comunione solo gli utili e gli incrementi: art. 177, c. 2).

Ma sugli acquisiti di beni la legge introduce delle precisazioni, che limitano notevolmente l'oggetto della comunione. Non tutti i *beni acquistati dai coniugi* durante il matrimonio cadono in comunione. Ne restano esclusi i c.d. **beni personali**, che rimangono *proprietà esclusiva del coniuge* che ha fatto l'acquisto (art. 179). Sono (oltre, ovviamente, ai beni acquistati dal coniuge prima del matrimonio): ☞ i beni acquistati per *donazione o successione* (salvo che l'atto attributivo precisi che essi sono destinati alla comunione); ☞ i beni di *uso strettamente personale*; ☞ i beni destinati all'*esercizio della professione* del singolo coniuge; ☞ il *risarcimento del danno* subito dal singolo coniuge, ivi compresa la pensione attribuita per la perdita di capacità lavorativa; ☞ i beni acquistati con il *ricavato di altri beni personali*, a condizione che ciò sia *espressamente indicato* nell'atto di acquisto.

Si è posto il problema se cada in comunione il bene acquistato dal singolo coniuge *a titolo originario*, anziché derivativo. Ad es.: l'edificio costruito sul terreno personale di un coniuge, che lo acquista per accessione (**16**.5), diventa proprietà esclusiva di questo, oppure cade in comunione? Sono state sostenute entrambe le tesi, ma la seconda pare preferibile.

Quanto ai *redditi di lavoro e di capitale*, il regime è questo. Il coniuge che li percepisce ne diventa il *titolare esclusivo*, e può farne l'*uso che crede* (con il limite di doverne destinare una parte ai bisogni della famiglia, in base ai suoi obblighi di contribuzione). In concreto, può farne tre impieghi: ☞ *consumarli* per sé o per altri, a proprio piacimento; ☞ *investirli* in beni durevoli, i quali – se non rientrano in qualche categoria di beni personali – cadono allora in comunione; ☞ *risparmiarli*, ed è solo in relazione a questa ipotesi che può scattare il meccanismo della comunione: infatti, dei redditi personali dei coniugi, *cade in comunione ciò che risulta risparmiato nel momento in cui la comunione si scioglie* (art. 177, c. 1, lett. *b*) e *c*)). Così i redditi formano oggetto di una *comunione* che si dice: *residuale*, perché comprende solo i redditi che rimangono, non essendo stati consumati né investiti; e *differita*, perché i redditi risparmiati vi cadono in un momento successivo a quello in cui sono stati acquisiti.

9. Amministrazione e scioglimento della comunione

Le regole sull'amministrazione della comunione – cioè sugli atti relativi ai beni che la compongono – si ispirano al *principio di uguaglianza* dei coniugi. Occorre distinguere fra due categorie di atti:

☞ gli **atti di ordinaria amministrazione** possono essere compiuti *disgiuntamente* da ciascun coniuge (art. 180, c. 1);

☞ gli **atti di straordinaria amministrazione** (ivi compresi quelli che attribuiscono diritti personali di godimento, come le locazioni) devono essere fatti col *consenso di entrambi i coniugi* (art. 180, c. 2). Se un coniuge *rifiuta il suo consenso* all'atto voluto dall'altro coniuge, questi può rivolgersi al giudice affermando che l'atto è necessario nell'interesse della famiglia; e con l'*autorizzazione del giudice* l'atto può compiersi anche senza la partecipazione del coniuge dissenziente (art. 181). Può accadere che un atto di straordinaria amministrazione venga compiuto da un coniuge *senza il consenso dell'altro e senza l'autorizzazione del giudice* (art. 184). Il suo trattamento dipende dalla natura del bene: ✦ se l'atto riguarda *beni immobili o mobili registrati*, è *annullabile* su richiesta dell'altro coniuge (e non importa l'eventuale buona fede del terzo, resa irrilevante dal regime pubblicitario: **9**.8; **11**.6); ✦ se l'atto riguarda *beni mobili* *non registrati*, è valido ed efficace: ma il suo autore è obbligato a *reintegrare la comunione*: se possibile in natura (recuperando il bene dal terzo, o sostituendolo con identico bene, se fungibile); altrimenti per equivalente (versandone alla comunione il valore in denaro).

La legge disciplina poi un ulteriore problema: in che misura i beni della comunione costituiscono garanzia patrimoniale per le **obbligazioni assunte dai coniugi**, e quindi possono essere aggrediti dai creditori di questi? Occorre distinguere fra due tipi di obbligazioni: ☞ le obbligazioni **familiari** sono quelle *assunte insieme* da entrambi i coniugi, o da uno solo ma *nell'interesse della famiglia*, o comunque relative ai beni della comunione (ad es. per la riparazione di un bene): per esse *rispondono i beni della comunione* (art. 186); se questi non bastano, scatta la *responsabilità sussidiaria di ciascun coniuge* con i suoi beni personali, ma solo per la *metà del credito* (art. 190); ☞ le obbligazioni **personali** sono quelle assunte da ciascun coniuge *separatamente* per ragioni *estranee all'interesse della famiglia*, e inoltre quelle che ciascun coniuge aveva già prima del matrimonio: per esse *risponde il coniuge obbligato*, con i suoi beni personali; solo se questi non bastano, scatta la *garanzia sussidiaria dei beni della comunione*, che il creditore personale del coniuge può aggredire, ma *nei limiti della quota dell'obbligato* (art. 187; 189).

Questa disciplina indica che la comunione legale fra coniugi ha un *regime diverso dalla comunione ordinaria* (**17**.1): presenta una certa *autonomia patrimoniale* rispetto alle posizioni personali di ciascun coniuge comunista; è un po' come un *patrimonio autonomo e separato* dai loro patrimoni personali. Nulla vieta poi che fra coniugi in regime di comunione legale esista anche una *comunione ordinaria* (come nel caso che i coniugi abbiano acquistato insieme un bene prima del matrimonio): la quota di questa comunione fa allora parte dei beni personali di ciascun coniuge, e non segue le regole della comunione legale.

La comunione finisce per le seguenti **cause di scioglimento** (art. 191): ☞ dichiarazione di *assenza* o di *morte presunta* di un coniuge (**11**.18); ☞ *fine del matrimonio*, per separazione dei coniugi, annullamento o scioglimento del matrimonio stesso (divorzio, morte di un coniuge); ☞ *mutamento convenzionale del regime* patrimoniale (**63**.10); ☞ *fallimento* del coniuge imprenditore; ☞ *separazione giudiziale dei beni*: questa può essere disposta, con provvedimento del giudice, nei casi d'interdizione o inabilitazione di un coniuge; di cattiva amministrazione della comunione; di pericoloso disordine negli affari di un coniuge; d'inadempimento degli obblighi di contribuzione (art. 193).

Lo scioglimento determina una serie di **conseguenze** progressive: ☞ la comunione legale si trasforma in *comunione ordinaria*; ☞ i coniugi procedono ai *rimborsi e restituzioni*, necessari per regolare i rapporti di dare e avere fra la comunione e i patrimoni personali di ciascuno (art. 192); ☞ quindi si procede alla *divisione* dei beni comuni, che vengono attribuiti in proprietà esclusiva a ciascun coniuge, *in parti uguali*; e pure in parti uguali si ripartisce il *passivo della comunione*, cioè i debiti familiari contratti dai coniugi, e gravanti, come sappiamo, sui beni della comunione (art. 194). Naturalmente, i *beni personali* di ciascun coniuge non sono oggetto di divisione: ma se si tratta di *beni mobili non registrati*, il coniuge proprietario ha *l'onere di provarne la proprietà esclusiva*, e solo se ci riesce può prelevarli; infatti «in mancanza di prova contraria si presume che i beni mobili facciano parte della comunione» (art. 195).

10. Le convenzioni matrimoniali

Le convenzioni matrimoniali sono gli *atti con cui i coniugi possono instaurare fra loro un regime patrimoniale diverso dal regime legale.*

Sono atti patrimoniali: se bilaterali, sono dunque *contratti*. Però seguono un principio opposto a quello che generalmente vale per i contratti: obbediscono al principio di **tipicità**. Non si possono inventare e applicare regimi patrimoniali della famiglia diversi da quelli corrispondenti agli schemi previsti dal legislatore: in alternativa alla comunione legale, si può ricorrere solo alla separazione dei beni o alla comunione convenzionale (e inoltre al fondo patrimoniale). Ciò non significa che sia vietato qualsiasi accordo fra coniugi diretto a realizzare determinati risultati patrimoniali, e non rientrante in nessuno degli schemi legali: nella sua autonomia privata, un marito può bene intestare gratuitamente alla moglie (con il consenso di questa) dei beni produttivi di reddito, per garantirle una più piena indipendenza economica. Ma questa sarebbe la *sistemazione di una singola questione patrimoniale* e non un regime patrimoniale, cioè un *assetto generale di tutti i futuri acquisti dei coniugi.* Sarebbe tale, invece, quello consistente nello stabilire ad es. che tutti i beni acquistati dall'uno o dall'altro coniuge diventano proprietà esclusiva solo del marito o solo della moglie: e dovrebbe considerarsi nullo per violazione del principio di tipicità.

Oltre che il limite del tipo, le convenzioni matrimoniali incontrano **limiti di contenuto**. Gli accordi dei coniugi non possono: ☞ contrastare col c.d. *regime patrimoniale primario*, cioè con la disciplina degli obblighi di contribuzione, come ad es. accadrebbe se uno dei coniugi fosse totalmente esentato da qualsiasi contributo ai bisogni della famiglia (è questo il senso principale dell'art. 160: «Gli sposi non possono derogare né ai diritti né ai doveri previsti dalla legge per effetto del matrimonio»); ☞ contrastare con le *norme inderogabili* che disciplinano questo o quell'aspetto del regime prescelto (per la comunione, v. ad es. l'art. 210, c. 2-3); ☞ fare un *generico rinvio* agli usi o a una legge alla quale i coniugi non sono sottoposti; occorre invece che il contenuto dei patti sia enunciato in modo esplicito e puntuale (art. 161).

Le convenzioni matrimoniali sono atti solenni: richiedono la **forma** dell'*atto pubblico* a pena di nullità (art. 162, c. 1); una *forma semplificata* è possibile solo per l'accordo con cui i coniugi scelgono la *separazione dei beni* (**63**.11). Sono inoltre soggette a un regime di **pubblicità**, che ne condiziona l'efficacia verso i terzi: occorre farne *annotazione a margine dell'atto di matrimonio;* in mancanza, non sono *opponibili ai terzi* (art. 162, c. 4). La ragione è chiara: se un terzo contratta con una persona sposata, il contratto può essere influenzato dal regime patrimoniale di questa. La giurisprudenza ritiene che l'annotazione assorba l'ulteriore adempimento pubblicitario della trascrizione, che in linea di principio sarebbe necessario ogniqualvolta le convenzioni abbiano per oggetto immobili o mobili registrati: se annotate, esse sono opponibili ai terzi *anche in mancanza di trascrizione*, che viene così degradata a semplice pubblicità notizia.

La **capacità** a stipulare convenzioni matrimoniali si distacca da quella necessaria per il matrimonio, e si avvicina agli standard della capacità di agire in campo contrattuale: il *minore autorizzato al matrimonio* (che, sposandosi, diventa emancipato) può stipularle con l'assistenza dei genitori o del tutore, o – in caso di conflitti – di un curatore speciale (art. 165); l'*inabilitato* con l'assistenza del curatore (art. 166).

Le convenzioni matrimoniali possono essere fatte «*in ogni tempo*», e quindi sia prima sia dopo il matrimonio (art. 162, c. 3); e possono sempre essere *modificate* (art. 163). Le modifiche richiedono la stessa forma, pubblicità e capacità richieste per la convenzione originaria.

11. I regimi convenzionali: separazione dei beni; comunione convenzionale; fondo patrimoniale

La **separazione dei beni** è il regime per cui *ciascun coniuge diventa proprietario esclusivo dei beni che acquista durante il matrimonio* (art. 215). Fra i regimi convenzionali, è di gran lunga il più praticato; e del resto la legge lo favorisce con una notevole semplificazione del requisito formale: i coniugi possono scegliere la separazione dei beni anche con una *semplice dichiarazione durante la celebrazione del matrimonio*, sia civile (art. 162, c. 2) sia concordatario (art. 8, n. 1 dell'accordo di revisione del concordato).

La **comunione convenzionale** è il regime che risulta dalle *modifiche apportate consensualmente dai coniugi alla comunione legale* (art. 210, c. 1). Ad es., i coniugi possono stabilire che cadano in comunione beni che sarebbero esclusi dalla comunione legale; o, viceversa, che restino proprietà esclusiva di un coniuge acquisti che sarebbero compresi nella comunione legale. Ma l'autonomia privata incontra *limiti*: non si possono includere in comunione i beni di uso strettamente personale, quelli destinati alla professione e i risarcimenti (art. 210, c. 2); inoltre, non si possono derogare le regole sull'amministrazione della comunione; e, fino a un certo punto, quella sull'uguaglianza delle quote (art. 210, c. 3).

Il **fondo patrimoniale** propriamente *non è un regime convenzionale*. Non è un «regime» perché non riguarda la generalità dei futuri acquisti dei coniugi, ma solo *beni determinati*; e solo beni rientranti in particolari categorie: *immobili, mobili registrati, titoli di credito* (art. 167, c. 1). E non è, in senso stretto, «convenzionale» perché si può costituire non solo per accordo dei coniugi, ma pure con atti unilaterali (anche di terzi). Esso si sovrappone al regime patrimoniale applicato in quella famiglia (comunione legale, comunione convenzionale, separazione dei beni che sia), e convive con questo.

Può essere costituito per *atto bilaterale* dei coniugi; oppure per *atto unilaterale*, di un singolo coniuge o di un terzo (art. 167, c. 1). Il terzo può costituirlo per *atto fra vivi*: e allora richiede l'accettazione dei coniugi (art. 167, c. 2); oppure per *testamento*.

Il senso del meccanismo è imprimere sui beni costituiti in fondo patrimoniale un *vincolo di destinazione ai bisogni della famiglia*. I beni in linea di principio sono proprietà di entrambi i coniugi (art. 168, c. 1): ma in forza del vincolo, vengono a formare un *patrimonio autonomo* sia rispetto al patrimonio personale di ciascun coniuge, sia rispetto all'eventuale comunione esistente fra questi. Il **vincolo di destinazione**, e la conseguente **autonomia del fondo**, si manifestano in queste regole: ☞ i *frutti* dei beni vanno impiegati per i *bisogni della famiglia* (art. 168, c. 2); ☞ i beni possono essere *alienati o ipotecati* solo con il *consenso di entrambi i coniugi*; e se ci sono figli minori, solo con l'*autorizzazione del giudice* per necessità o utilità evidente (art. 169); ☞ i beni non possono essere aggrediti in relazione a *debiti* contratti dai coniugi per *scopi estranei ai bisogni della famiglia*, se il creditore conosceva tale estraneità (art. 170).

Per il resto, l'amministrazione del fondo segue le regole sull'*amministrazione della comunione* (art. 168, c. 3).

12. Il lavoro nella famiglia, e l'impresa familiare

Prima della riforma del 1975, il lavoro prestato nell'ambito della famiglia (a favore del fratello, o del coniuge, o del genitore, o del figlio, ecc.) secondo la giurisprudenza si presumeva prestato a titolo gratuito: potevano così verificarsi, nell'ambito delle attività economiche a conduzione familiare, veri e propri fenomeni di sfruttamento. Per porvi rimedio, il legislatore della riforma ha introdotto la disciplina dell'impresa familiare (art. 230-*bis*), che regola il *lavoro prestato in modo continuativo, a favore di un imprenditore, dai suoi familiari più stretti* (coniuge, parenti entro il terzo grado, affini entro il secondo).

La disciplina consiste essenzialmente nell'attribuire a tali familiari una serie di **diritti**: ☞ il diritto al *mantenimento*, secondo la condizione patrimoniale della famiglia; ☞ il diritto di *partecipare agli utili e incrementi dell'impresa* in proporzione alla quantità e qualità del lavoro prestato (al riguardo, la legge precisa che «il lavoro della donna è considerato equivalente a quello dell'uomo»); ☞ il diritto di *partecipare alle decisioni strategiche* dell'impresa (impiego degli utili e incrementi, gestione straordinaria, indirizzi produttivi e cessazione dell'impresa): queste decisioni vanno prese, *a maggioranza*, da tutti i familiari che lavorano nell'impresa; ☞ il diritto di *prelazione sull'azienda*, per il caso di suo trasferimento fra vivi o di divisione ereditaria (e la prelazione ha natura reale: **29**.14).

La *posizione del partecipante* all'impresa familiare, fatta dei diritti ora visti, ha contenuto e valore *patrimoniale*: quando cessa (ad es. perché il familiare smette di lavorare, o l'azienda viene ceduta), egli ha diritto alla sua *liquidazione* in denaro. Peraltro, non è liberamente *trasferibile*, e comunque non ad estranei: può essere trasferita solo a favore di un *altro familiare*, e solo con il *consenso di tutti gli altri partecipanti*.

La disciplina dell'impresa familiare si applica solo *quando fra gli interessati non «sia configurabile un diverso rapporto»*. Se fra loro sussiste un contratto di *lavoro subordinato*, o un contratto di *società*, si applicano le diverse regole sui diritti e gli obblighi esistenti fra datore e prestatore di lavoro, e rispettivamente fra soci. È dubbio se l'art. 230-*bis* possa applicarsi per *analogia* a situazioni non comprese nella lettera della norma: come quella in cui l'impresa non è un'impresa individuale bensì collettiva (ad es. il figlio collabora alla società costituita fra i genitori); o quella in cui il familiare collabora a un'attività non imprenditoriale, ma libero-professionale (ad es., la moglie fa da segretaria al marito avvocato). È invece certo che i familiari dell'imprenditore non assumono a loro volta qualità di imprenditori; e non rispondono dei debiti sorti nell'esercizio dell'impresa.

Gli stessi diritti del coniuge spettano al partner di unione civile; diritti analoghi (un po' minori) al partner della convivenza di fatto (art. 230-*ter*).

13. I rapporti fra partner di unioni civili omosessuali

La legge sulle unioni civili si occupa dei **rapporti personali** fra i partner: ☞ questi possono scegliere, fra i loro, un *nome comune*; ☞ hanno gli *stessi diritti e doveri*, e sono tenuti reciprocamente all'*assistenza morale e materiale* e alla *coabitazione* (la legge non menziona la fedeltà); ☞ concordano la *residen-*

za e l'*indirizzo della vita familiare*; ☞ sono protetti contro gli *abusi familiari*; ☞ possono prendere iniziative per l'*interdizione* o l'*inabilitazione* del partner, e sono preferiti nel ruolo di suo *amministratore di sostegno*.

Sul piano patrimoniale, i partner hanno gli stessi **obblighi di contribuzione** per i bisogni della famiglia, su base paritaria, che valgono per i coniugi.

Quanto al **regime patrimoniale**, vale la stessa disciplina dettata per i coniugi: il regime legale è la *comunione*, che si applica automaticamente, se i partner non scelgono un regime diverso con apposita convenzione matrimoniale.

14. I rapporti fra conviventi di fatto: contratto di convivenza

Al di là delle norme specifiche sui particolari aspetti già indicati (**62.**15), la legge non detta una disciplina generale dei rapporti fra conviventi: questo significa che tali rapporti saranno *regolati autonomamente dai conviventi stessi,* in base ai loro *accordi*. La legge (l. 76/2016) si limita a prevedere e regolare lo strumento (l'atto di autonomia privata) con cui i conviventi possono attuare questa *autoregolamentazione, nel campo dei rapporti patrimoniali*: il **contratto di convivenza**.

Il contratto è a **forma** vincolata: atto pubblico o scrittura privata autenticata. I **contenuti** possono essere: ☞ l'indicazione della *residenza*; ☞ le modalità della reciproca *contribuzione* ai bisogni della vita comune; ☞ la scelta del regime di *comunione dei beni* (peraltro modificabile in seguito).

Il contratto è colpito da **nullità** per queste ragioni: ☞ *insussistenza dei requisiti* della «convivenza di fatto», come definiti dalla legge; ☞ *vincolo della parte* per matrimonio, unione civile, o altro contratto di convivenza; ☞ *minore età* o *interdizione giudiziale* della parte; ☞ impedimento matrimoniale di *delitto* nei confronti di una parte.

La legge disciplina la **risoluzione** del contratto, che può avvenire per: ☞ *accordo* delle parti; ☞ *recesso* unilaterale; ☞ sopravvenire di *matrimonio o unione civile* del convivente (con l'altro, o con un terzo); ☞ *morte* di un convivente. Con la risoluzione del contratto, si scioglie l'eventuale comunione dei beni.

Alla *cessazione della convivenza* di fatto, il convivente che sia in stato di bisogno ha diritto di ricevere dall'altro gli *alimenti*, per un periodo proporzionale alla durata della convivenza cessata.

64

LA FILIAZIONE

1. La filiazione: fattispecie ed effetti (rapporto)

«Filiazione» ha due significati: può intendersi come fattispecie, oppure come effetti determinati dalla fattispecie (allo stesso modo di "contratto": **28.**7).

Come **fattispecie**, indica il *fatto o atto che rende una persona figlio di un'altra persona, e questa suo genitore*. Al riguardo, il sistema originario del codice concepiva due fattispecie di filiazione: la *filiazione legittima*, prodotta all'interno del matrimonio fra i genitori; e la *filiazione naturale*, prodotta al di fuori del matrimonio. Presupposto di tale sistema era che la filiazione in senso proprio fosse esclusivamente la *filiazione biologica*, fondata sul concepimento ad opera del padre, e sulla gravidanza e sul parto della madre. Ma leggi speciali post codice hanno introdotto un terzo tipo di filiazione: la *filiazione adottiva*, che prescinde dalla procreazione biologica del figlio ad opera dei genitori, perché si realizza per *provvedimento del giudice*; e tuttavia è filiazione a ogni effetto. Un'ulteriore complicazione del quadro originario deriva poi dalla nuova disciplina della *filiazione derivante da procreazione assistita* (**64.**14).

Modifiche ancora più profonde hanno investito la filiazione intesa come **effetti giuridici** che derivano dalla filiazione-fatto, e cioè come l'insieme delle *posizioni e dei rapporti giuridici che si creano in capo ai genitori e ai figli, nonché agli altri membri di quella famiglia*. In breve. Nel suo testo originario il codice trattava in modo pesantemente discriminatorio i figli nati fuori del matrimonio (che chiamava "illegittimi"). La riforma del 1975 attenuò moltissimo la differenza di trattamento, spingendosi verso l'equiparazione di quei figli (ora detti "naturali") ai figli legittimi. La **l. 219/2012** completa il processo, equiparando totalmente tutti i figli, siano nati da genitori sposati o non sposati fra loro. Cambia anche la terminologia: non si parla più di figli "naturali" contrapposti ai "legittimi"; tutti i figli sono sempre e soltanto "figli", essendo indifferente che siano nati nel matrimonio o fuori del matrimonio. (Questa variabile conserva rilievo esclusivamente per l'accertamento della filiazione come fatto.)

Il nuovo modo di concepire il rapporto di filiazione ha implicato una vasta revisione delle norme previgenti: realizzata in parte dalla stessa l. 219/2012, ma per la parte maggiore con decreto delegato del Governo (d.lgs. 154/2013).

2. La filiazione matrimoniale, e le presunzioni legali

Si ha filiazione matrimoniale quando il figlio è stato *procreato da genitori uniti in matrimonio*. I suoi presupposti sono tre: ☞ essere *nato da donna coniugata*; ☞ essere stato *concepito dal marito della madre*, e non da un altro uomo; ☞ essere stato *concepito durante il matrimonio* dei genitori. Per agevolare l'accertamento di questi presupposti, la legge ricorre a due presunzioni:

☞ la prima è la **presunzione di paternità del marito**. «Il marito è padre del figlio concepito o nato durante il matrimonio» (art. 231): se Anna, sposata con Carlo, ha un bambino, la legge presume che l'uomo autore del concepimento – dunque il padre – sia Carlo. Ma *la presunzione può essere smentita dalla realtà*: ad es. se il bambino è stato concepito in una relazione extraconiugale fra Anna e Roberto, il vero padre è Roberto, non Carlo. La legge dà modo di far emergere la realtà, sconfiggendo la presunzione (che è solo *relativa*) con una *prova contraria*, mediante l'azione di *disconoscimento della paternità* (**64**.6);

☞ la seconda è la **presunzione di concepimento nel matrimonio** (che è anche strumentale alla precedente, la quale scatta se il figlio risulta «concepito durante il matrimonio»). Si presume concepito durante il matrimonio il figlio *nato, da donna sposata, entro il 300° giorno successivo alla fine del matrimonio o della convivenza matrimoniale* (per annullamento, morte del marito, divorzio, separazione): art. 232. Al contrario della precedente, questa è una *presunzione assoluta*: se uno è nato in questo spazio di tempo, non è ammessa la prova del suo concepimento fuori del matrimonio. Se invece il figlio è *nato dopo il*

300° giorno successivo alla fine del matrimonio, la presunzione non scatta, e occorre provare che è stato concepito durante il matrimonio (art. 234): prova peraltro ardua, posto che si tratterebbe di una gravidanza durata 10 mesi o più!

3. La filiazione extramatrimoniale: riconoscimento del figlio

Quando nasce un bambino procreato da *genitori non sposati fra loro*, le presunzioni appena viste non possono applicarsi, e quindi *il fatto materiale della procreazione* non basta – dal punto di vista giuridico – ad attribuire al bambino la qualità di loro figlio. La filiazione deve risultare, di regola, sulla base di un *atto o procedimento ufficiale*, che normalmente può derivare: ☞ da un'*iniziativa dei genitori*, consistente nel volontario *riconoscimento* del figlio; oppure ☞ da un'*iniziativa del figlio*, che chiede e ottiene nei confronti dei genitori la *dichiarazione giudiziale* della paternità o maternità.

La *filiazione non riconosciuta né dichiarata* non è però del tutto priva di *rilevanza giuridica*: rileva, per es., ai fini degli impedimenti matrimoniali (**62**.8).

La filiazione per dichiarazione giudiziale sarà illustrata più avanti (**64**.8). Ora si parla del riconoscimento.

Il **riconoscimento del figlio (extramatrimoniale)** è *l'atto con cui il genitore riconosce una certa persona come proprio figlio*. È discusso se sia dichiarazione di scienza o di volontà (negozio giuridico e in particolare negozio di accertamento). Sicuramente ha le caratteristiche di: ☞ atto *unilaterale* (anche se i genitori possono farlo congiuntamente: art. 250, c. 1); ☞ atto *personalissimo* (non può compiersi per rappresentanza); ☞ atto *irrevocabile* (art. 256); ☞ atto che non sopporta *né condizione né termine* (art. 257). Inoltre, se il riconoscimento è fatto da un genitore, *non sopporta indicazioni relative all'identità dell'altro genitore*: il pubblico ufficiale deve rifiutarsi di riceverle; se ciononostante compaiono nell'atto, vanno cancellate e sono comunque prive di effetto (art. 258, c. 2-3).

Il riconoscimento è **inammissibile** quando *contrasta con un diverso stato di figlio già acquisito dall'interessato* (ad es. per effetto della presunzione di paternità del marito, o di riconoscimento fatto da un'altra persona): art. 253. Prima bisogna che tale stato cada, in seguito ad apposita azione; e solo dopo può farsi il riconoscimento.

In passato, il riconoscimento era inammissibile in altri due casi. Il primo era quello dei *figli adulterini*, cioè concepiti da un genitore sposato con persona diversa dall'altro genitore: ma la preclusione è adesso eliminata con il nuovo art. 250, c. 1. L'altro caso era quello dei *figli incestuosi*, cioè concepiti fra parenti o affini in linea o in linea collaterale di secondo grado (fratelli e sorelle). Qui la preclusione è stata più dura a morire, ma ora, con la riforma del 2012, è superata: anche i figli incestuosi possono essere riconosciuti dai genitori. L'unico limite al riconoscimento è la necessità della *previa autorizzazione del giudice*, che la darà o la negherà tenendo conto dell'interesse del figlio (art. 251).

Il riconoscimento deve essere posteriore alla nascita o al concepimento (art. 254): dunque è possibile riconoscere un *figlio nascituro*; ma gli effetti del riconoscimento sono subordinati alla nascita (art. 1, c. 2). Il genitore può riconoscere il *figlio premorto*, così da stabilire un rapporto di parentela fra l'autore del riconoscimento e i discendenti del figlio premorto (art. 255).

La **capacità** per il riconoscimento è legata a un limite di età: il genitore è di regola incapace di riconoscere se non ha almeno *16 anni* (ma il genitore infrasedicenne può essere autorizzato dal giudice al riconoscimento, tenuto conto delle circostanze e dell'interesse del figlio: art. 250, c. 5). L'impossibilità di sostituzione per via di rappresentanza ci dice che si tratta di incapacità giuridica (**10**.3).

Ha rilevanza anche l'*età del figlio* da riconoscere: ☞ se ha *più di 14 anni*, occorre anche il suo *consenso*, a pena di inefficacia (art. 250, c. 2); ☞ se ha *meno di 14 anni*, occorre il *consenso dell'altro genitore* che abbia già fatto il riconoscimento; ma l'eventuale diniego di consenso può essere superato dal provvedimento del giudice che autorizza il riconoscimento anche del secondo genitore, se lo valuta corrispondente all'interesse del figlio (art. 250, c. 3-4).

Il riconoscimento è soggetto a requisiti di **forma**. Può essere fatto solo (art. 254): ☞ nell'*atto di nascita*, con dichiarazione raccolta dall'ufficiale di stato civile; ☞ con un diverso *atto pubblico* (dichiarazione ricevuta dall'ufficiale di stato civile, dal giudice tutelare o da notaio); ☞ con *testamento*: questo può essere revocato (**67**.12); ma la sua revoca non travolge il riconoscimento, che è irrevocabile. Il riconoscimento, come ovvio, va annotato nell'atto di nascita.

Se il figlio è riconosciuto congiuntamente da entrambi i genitori, prende il *cognome* del padre; in caso di riconoscimento separato, prende il cognome del genitore che lo ha riconosciuto per primo, ma se il riconoscimento del padre arriva per secondo può prendere il cognome del padre (aggiungendolo o sostituendolo a quello della madre): art. 262).

Gli **effetti** del riconoscimento sono che si crea un *rapporto di filiazione identico a quello matrimoniale*. Fino alla riforma del 2012 tali effetti erano limitati al *rapporto fra il genitore e il figlio*, mentre non nasceva una *parentela, giuridicamente rilevante, fra il figlio riconosciuto e i parenti del genitore*, se non per qualche aspetto particolare. Adesso il nuovo art. 258, c. 1 stabilisce il principio opposto: i figli, i genitori, i fratelli di chi ha fatto il riconoscimento diventano a ogni effetto parenti (rispettivamente fratelli, nonni e zii) del figlio riconosciuto.

Il codice prevedeva che un figlio nato fuori del matrimonio si potesse equiparare totalmente a un figlio legittimo, con lo strumento della *legittimazione*, regolato dagli art. 280-290. Ma la riforma del 2012 ha cancellato qualsiasi distinzione tra figli legittimi e naturali: a questo punto la legittimazione del figlio naturale non ha più senso, e la relativa disciplina è stata abrogata.

La tendenza legislativa a unificare la filiazione, cancellando ogni differenza fra quella matrimoniale e quella extramatrimoniale, corrisponde del resto a un fenomeno sociale: il *costante aumento dei figli nati fuori del matrimonio*, rispetto a quelli nati da coppie sposate. Nel 2003 i figli nati fuori del matrimonio furono poco più di 70.000 contro oltre 460.000 nati nel matrimonio (circa il 13% del totale); nel 2010 (con un numero complessivo di nascite in calo) furono quasi 135.000, pari a oltre il 23% del totale. Dal punto di vista territoriale, il fenomeno è molto più marcato al centro-nord rispetto al sud.

4. La prova della filiazione: atto di nascita e possesso di stato

La prova della filiazione si basa sull'**atto di nascita**, iscritto nei *registri dello stato civile* (**11**.6): art. 236, c. 1.

La *formazione dell'atto di nascita* segue un procedimento (regolato dal d.P.R. 396/2000) che può avere alcune varianti, a seconda delle diverse situazioni. Alla nascita del bambino, i genitori o – in caso di loro inerzia – chi ha assistito al parto devono *denunciare la nascita all'ufficiale di stato civile*. L'atto di nascita contiene di regola l'*indicazione della madre*, la cui identificazione solitamente non dà luogo a problemi, coincidendo con la donna che ha partorito il bambino. A questo punto, però, si deve distinguere a seconda della condizione in cui si trova la madre:

☞ se *la madre è coniugata* (o lo è stata in base a matrimonio finito da meno di 300 giorni) scatta la *presunzione di paternità del marito*, e automaticamente l'ufficiale di stato civile indica nell'atto di nascita il marito di lei quale padre del bambino. L'atto di nascita così formato documenta appunto la filiazione legittima. Lo schema può subire una variante se la madre coniugata è *consapevole che il figlio è stato concepito con uomo diverso dal marito*, e desidera che ciò risulti: in tal caso, *la madre può dichiararlo all'ufficiale di stato civile*, con la conseguenza che si forma un atto di nascita dal quale risulta la sua condizione di *figlio (extramatrimoniale) riconosciuto dalla madre*;

☞ lo stesso risultato si ha senz'altro quando *la madre non è coniugata*: il bambino risulta *figlio (extramatrimoniale) di lei*. La sua eventuale dichiarazione circa l'identità del padre è del tutto irrilevante: chi sia il padre, potrà ufficialmente risultare solo in seguito a riconoscimento volontario da parte del padre stesso (**64**.3) o ad accertamento giudiziale della paternità (**64**.8).

Fin qui si è dato per scontato che nella dichiarazione all'ufficiale dello stato civile, ai fini dell'atto di nascita, risulti l'identità della madre. Ciò è quanto accade normalmente. Ma può succedere che la madre rifiuti espressamente di essere indicata come tale: in tal caso (figlio di *donna che non vuole essere nominata*) l'atto di nascita si forma senza indicazione di maternità (e, normalmente, neppure di paternità); il bambino, è, per adesso, figlio di ignoti.

Esibire l'atto di nascita è il modo normale di provare la filiazione legittima. Ma *se manca l'atto di nascita*, la prova può essere data in un altro modo: attraverso il **possesso di stato** di figlio (art. 236, c. 2). Il possesso di stato consiste in una serie di fatti che nel loro complesso dimostrano la filiazione (art. 237). Occorre che il figlio: ☞ abbia sempre portato il *cognome* del preteso padre; ☞ abbia sempre ricevuto da lui il *trattamento* di un figlio (mantenimento, educazione, inserimento socio-economico); ☞ sia stato ritenuto figlio del preteso padre nell'ambito della famiglia e, al di là di questa, per costante *considerazione sociale*. E occorre che questi fatti si verifichino con *continuità*.

Se poi c'è un *possesso di stato conforme alle risultanze dell'atto di nascita*, lo stato di filiazione è *tendenzialmente blindato*: vale infatti il principio che l'interessato non può contestare quello stato, né reclamare uno stato diverso (art. 238). E si comprende: se quanto risulta dall'atto di nascita (e trova conferma nel possesso di stato) fosse smentito, le conseguenze sarebbero sconvolgenti per l'interessato e per il suo ambiente sociale e familiare.

Il principio conosce però delle *eccezioni*, che danno luogo ad alcune delle c.d. "*azioni di stato*".

5. Le azioni di stato

Le azioni di stato possono puntare a due obiettivi, che si definiscono *in relazione alle risultanze dell'atto di nascita:*

☞ un possibile obiettivo è *contestare le risultanze* dell'atto di nascita, e quindi *eliminare lo stato di filiazione* che esse indicano; vi si riconducono ✦ l'azione di *disconoscimento della paternità* (**64.**6), e ✦ l'azione di *impugnazione del riconoscimento del figlio extramatrimoniale* (**64.**7);

☞ l'altro obiettivo è *colmare le lacune* dell'atto di nascita, *per affermare una filiazione che non risulta* da questo: vi si riconduce ✦ l'azione per la *dichiarazione giudiziale di paternità e maternità* (**64.**8).

Queste azioni sono soggette a *requisiti e vincoli* più o meno stretti, proprio per la particolare forza che sembra giusto attribuire all'atto di nascita (specie se confermato dal possesso di stato). Però requisiti e vincoli sono accantonati di fronte a certi *eventi, molto estremi e rari* a verificarsi (**64.**9).

6. Il disconoscimento della paternità

L'azione di **disconoscimento della paternità** presuppone che l'atto di nascita indichi il figlio come legittimo, in base alla presunzione di paternità del marito (**64.**2): punta a smentire tale presunzione, *dimostrando che il figlio è stato concepito dalla madre con un uomo diverso dal marito.*

Fino alla riforma del 2012 la prova era vincolata, perché l'attore aveva l'onere di dimostrare una delle *circostanze tassativamente indicate dalla legge*: *mancata coabitazione dei coniugi* (e quindi impossibilità di rapporti sessuali fra loro) nel periodo del concepimento; *impotenza o infertilità del marito in tale* periodo; *incompatibilità genetica* tra il figlio e il presunto padre (acquisibile con la prova del DNA). Adesso **la prova è libera**: si può dare con qualunque elemento il quale dimostri «che non sussiste rapporto di filiazione tra il figlio e il presunto padre» (art. 243-*bis*, c. 2).

Il disconoscimento può essere promosso da ciascuno dei tre interessati: dal *marito* (caso più frequente), ma anche dalla *madre* e dal *figlio* stesso. A seconda di chi la esercita, l'azione è soggetta a *termini diversi* (art. 244): ☞ la *madre* può agire entro sei mesi dalla nascita (o dalla presa di conoscenza dell'infertilità del marito, se questa è la ragione del disconoscimento: Corte cost. 170/1999); ☞ il *marito* può agire entro un anno dalla nascita o dalla notizia di essa; ☞ il *figlio* può agire senza limiti di tempo: per lui l'azione è imprescrittibile.

È prevista la trasmissibilità dell'azione: se il titolare dell'azione muore prima del termine per esercitarla, possono agire al suo posto alcuni familiari, indicati dalla legge (art. 246).

Se l'azione di disconoscimento è accolta, viene meno lo stato di figlio del marito della madre, e l'interessato risulta *figlio della sola madre*, e per adesso chi è il vero padre non si sa (lo si saprà solo attraverso uno dei due meccanismi previsti per la filiazione extramatrimoniale: riconoscimento e dichiarazione giudiziale).

7. L'impugnazione del riconoscimento del figlio extramatrimoniale

L'atto di riconoscimento del figlio (extramatrimoniale: **64**.3) può presentare vizi che lo rendono invalido; e allora si può impugnare, col risultato di cancellare quello stato di filiazione.

Il riconoscimento è impugnabile per tre cause: ☞ **difetto di veridicità** (art. 263), dimostrando che chi ha fatto il riconoscimento non è, in realtà, genitore del riconosciuto; l'azione può esercitarsi dall'autore del riconoscimento, dal figlio riconosciuto e anche da *chiunque vi ha interesse*, ed è *imprescrittibile*; ☞ **violenza morale**, cioè minaccia (art. 265): qui legittimato ad agire è solo l'*autore del riconoscimento*, entro *un anno* dalla cessazione della violenza (non rilevano invece gli altri due vizi della volontà, cioè errore e dolo); ☞ **interdizione giudiziale** dell'autore: l'azione può essere esercitata dal rappresentante legale dell'interdetto o personalmente da questo ritornato capace, *entro un anno dalla revoca* dell'interdizione (art. 266).

Nel silenzio della legge, è controverso se il riconoscimento sia impugnabile per *incapacità naturale*: tende ad ammetterlo chi lo qualifica come atto negoziale; a negarlo chi lo qualifica dichiarazione di scienza (**5**.4).

Se il titolare dell'azione muore senza averla esercitata, al suo posto possono esercitarla, entro certi limiti di tempo, i suoi familiari o eredi (art. 267).

8. La dichiarazione giudiziale di paternità e maternità

Chi genera un figlio fuori del matrimonio per la legge non è automaticamente suo genitore, perché qui non operano le presunzioni della filiazione matrimoniale. Può darsi che il genitore si assuma le sue responsabilità, riconoscendo volontariamente il figlio; ma può anche darsi che cerchi di eluderle, e non faccia il riconoscimento. Per quest'ultima eventualità, occorre un meccanismo capace di *costituire legalmente il rapporto di filiazione anche contro la volontà del genitore*: è l'azione per la **dichiarazione giudiziale di paternità e maternità**.

Essa è peraltro soggetta a *limiti* (art. 269, c. 1): gli stessi che valgono per la riconoscibilità del figlio (**64.**3). Così, se si tratta di figlio incestuoso occorre anche qui la preventiva autorizzazione del giudice (art. 278), che può essere negata. Inoltre, per la delicatezza delle sue conseguenze, l'azione è soggetta a un *filtro di ammissibilità*: prima di darle corso col giudizio, il tribunale verifica se «concorrono specifiche circostanze tali da farla apparire giustificata» (art. 274).

Chi la esercita deve *dimostrare di essere stato generato dall'uomo o dalla donna verso cui agisce*. Nel testo originario del codice la prova era rigidamente limitata; oggi invece può essere fornita *con ogni mezzo*: particolarmente utilizzata a tal fine è la *prova ematologica*, diretta al raffronto fra le caratteristiche genetiche del preteso figlio e quelle del preteso genitore. Invece non è prova sufficiente della paternità la sola dichiarazione della madre, o l'esistenza di rapporti fra questa e il preteso padre al tempo del concepimento (art. 269).

L'azione può essere promossa dal *figlio*, ed è *imprescrittibile*; se il figlio è minore o interdetto, possono esercitarla i genitori o il tutore (art. 273); se muore, può essere iniziata o proseguita dai suoi discendenti (art. 270).

La sentenza che dichiara la filiazione produce gli stessi *effetti del riconoscimento* (art. 277): si costituisce legalmente il rapporto di filiazione.

In tutti i *casi in cui l'azione non può essere esercitata* (ad es., mancata autorizzazione all'azione del figlio incestuoso) il figlio non resta privo di tutela: può agire verso il genitore per ottenere almeno il *mantenimento* o, se maggiorenne, gli alimenti (art. 279).

9. Contestazione e reclamo dello stato di figlio

Fuori dei casi in cui si ammette il disconoscimento di paternità, la **contestazione dello stato di figlio** (per dimostrare che uno non è, in realtà, figlio dei genitori che risultano tali dall'atto di nascita) si può fare (art. 240) solo nelle ipotesi estreme o perfino romanzesche dell'art. 239, e cioè quando risulta che la persona indicata come madre dall'atto di nascita non è la vera madre, perché vi è stata ☞ **supposizione di parto** (alla nascita, il bambino è stato dichiarato falsamente figlio di una donna, che in realtà non ha partorito), o ☞ **sostituzione di neonato** (il bambino è stato scambiato con un altro, ad es. per errore di un'infermiera dell'ospedale dove è avvenuto il parto).

In tal caso l'azione è *imprescrittibile*, e può essere esercitata da chi risulta (falsamente) il genitore, e da *chiunque vi abbia interesse* (art. 248). Non valgono dunque i limiti dell'azione di disconoscimento, che può esercitarsi solo dai tre diretti interessati (figlio, madre, marito della madre), ed entro termini di tempo molto stretti.

In presenza delle stesse circostanze estreme (supposizione di parto o sostituzione di neonato), si può fare **reclamo dello stato di figlio** per affermare uno stato diverso da quello risultante dall'atto di nascita. Ma l'azione di reclamo può essere fatta anche da chi, pur essendo nato nel matrimonio, fu *registrato come figlio di ignoti* (art. 239). L'azione spetta al figlio, che può esercitarla senza termini di prescrizione (art. 249).

10. La filiazione adottiva: i presupposti dell'adozione di minori

Un rapporto di filiazione può costituirsi anche *fra due coniugi e un figlio non generato da loro:* esso non si basa sulla procreazione biologica (i genitori non sono genitori «del sangue»), ma su un procedimento e un provvedimento giudiziale, che si chiama **adozione**.

La legge parte dal presupposto che la famiglia («del sangue») sia l'ambiente più idoneo per un equilibrato e felice sviluppo della personalità di bambini e adolescenti: per questo afferma che «il minore ha diritto di crescere ed essere educato nell'ambito della *propria* famiglia» (art. 1, c. 1, l.ad.). Lo steso principio è introdotto nel codice col nuovo art. 315-*bis*, c. 2, che aggiunge il diritto di «mantenere rapporti significativi con i parenti», anche oltre la cerchia della famiglia nucleare. Si segnala in questa prospettiva un'altra previsione della l. 219/2012, che afferma reciprocamente il diritto dei nonni di «mantenere rapporti significativi con i nipoti minori».

Ma può accadere che la famiglia – nonostante il doveroso sostegno pubblico (art. 31, c. 1, C.) – si dimostri inadatta a svolgere bene il suo ruolo educativo. Ciò può dipendere dalle ragioni più varie: difficoltà economiche e altri problemi materiali, gravi malattie, arretratezza culturale, insensibilità morale o incompatibilità caratteriale, ecc. Qualunque ne sia la causa, la legge deve allora trovare il modo di *supplire all'incapacità educativa della famiglia, nell'interesse del figlio minorenne*: è un principio affermato dalla stessa costituzione, là dove stabilisce che «nei casi di incapacità dei genitori, la legge provvede a che siano assolti i loro compiti» (art. 30, c. 2, C.), e che la Repubblica «protegge ... l'infanzia e la gioventù, favorendo gli istituti necessari a tale scopo» (art. 31, c. 2, C.).

Il principale fra gli strumenti finalizzati a questi obiettivi è appunto l'adozione, disciplinata dalla l. 194/1983 (rivista e aggiornata, da ultimo con la l. 149/2001). Si tratta di un rimedio previsto per i casi di *incapacità permanente e definitiva della famiglia d'origine* a svolgere la sua funzione educativa: consiste nel *dare al bambino o adolescente una nuova famiglia, che sostituisce quella d'origine*; e in particolare nel *cancellare il rapporto di filiazione (legittima o naturale)* fra lui e i genitori del sangue, per sostituirlo con un *nuovo rapporto di filiazione (adottiva)* fra lui e i nuovi genitori (adottivi).

La legge stabilisce i **requisiti dell'adottato**. Possono essere adottati (art. 7-8 l.ad.): ☞ i *minori di età* (dunque bambini e ragazzi sotto i 18 anni); ☞ che siano stati *dichiarati in stato di adottabilità*, il quale a sua volta presuppone che il minore si trovi in una *situazione di abbandono*, e cioè: ✦ che il minore sia *privo di assistenza morale* e materiale da parte dei genitori e dei parenti tenuti a provvedervi (per cui, ad es., è stato ricoverato presso un istituto di assistenza); ✦ che la mancanza di assistenza *non dipenda da forza maggiore di carattere transitorio* (ma la forza maggiore è esclusa quando genitori e parenti rifiutano ingiustificatamente il sostegno dei servizi sociali).

La legge fissa poi i **requisiti degli adottanti** (art. 6 l.ad.). L'adozione può essere fatta da *coppie di coniugi* che: ☞ siano *sposati da almeno tre anni* (o abbiano *convissuto stabilmente* per almeno tre anni prima del matrimonio), e non siano separati; ☞ siano «effettivamente *idonei e capaci* di educare, istruire e mantenere i minori che intendono adottare»; ☞ presentino, rispetto al minore da adottare, uno *scarto di età* compreso fra un minimo di *18* e un massimo di *45* anni (ma il requisito di età non è rigidissimo: può essere derogato in alcuni casi specifici e, in generale, tutte le volte che la mancata adozione causerebbe un grave danno al minore).

Gli stessi coniugi possono *adottare più minori*, sia contestualmente sia con atti successivi.

11. L'adozione di minori: procedimento ed effetti

Il **procedimento** di adozione si sviluppa attraverso varie fasi:

☞ la prima è quella della **dichiarazione di adottabilità** (art. 8-21 l.ad.). Quando riceve notizia di un minore che potrebbe essere in stato di abbandono, il *tribunale per i minorenni*, in stretta collaborazione con i servizi sociali del Comune, avvia una procedura per *accertare la situazione effettiva*: sente il minore; se ci sono i genitori e/o altri parenti, li convoca per verificare se e come siano in grado di provvedere in modo più adeguato alla cura del minore; può emettere provvedimenti provvisori nell'interesse del minore; quindi – se dalle indagini risulta che il minore si trova effettivamente in situazione di abbandono, così come definita dalla legge – emette una *sentenza che lo dichiara in stato di adottabilità*; la sentenza può essere impugnata dai familiari del minore, e può essere successivamente revocata se viene meno lo stato di abbandono. La legge si preoccupa di garantire a tutti i soggetti coinvolti il *diritto al contraddittorio*, cioè la possibilità di far sentire la propria voce e far valere le proprie ragioni: l'adottando deve essere sentito se ha più di 12 anni, o anche meno in relazione alla sua capacità di discernimento; i genitori e gli altri parenti devono essere muniti di un difensore, anche d'ufficio;

☞ la seconda fase è l'**affidamento preadottivo** (art. 22-24 l.ad.): le coppie di coniugi, fornite dei necessari requisiti, che intendono adottare un minore abbandonato devono farne *domanda al tribunale per i minorenni*, il quale svolge (anche qui, con l'ausilio dei servizi sociali) una verifica circa la loro idoneità; quando ci sia un minore dichiarato in stato di adottabilità, *il tribunale sceglie fra le coppie richiedenti quella che risulta più idonea* (per attitudine psicologica, condizioni personali, professionali ed economiche, di salute, ambiente familiare, ecc.) ad accogliere il minore come figlio; quindi – sentito anche il minore, e col suo consenso se ha più di 14 anni – il tribunale ne dispone l'affidamento preadottivo alla coppia prescelta, che accoglie il minore presso di sé; comincia così una *convivenza «sperimentale»*, per verificare se la nuova situazione di vita del minore si presenta soddisfacente. Se nel corso di essa si manifestano difficoltà e problemi insuperabili, l'affidamento viene revocato, e si cerca un'altra coppia. L'affidamento dura *un anno*, prorogabile di un altro anno;

☞ al termine di esso si apre la terza e ultima fase, che è quella della **dichiarazione di adozione** (art. 25-26 l.ad.). Il tribunale – sempre con l'ausilio dei servizi sociali – valuta i risultati dell'affidamento; e se constata che il minore si è inserito felicemente nella famiglia affidataria, emana *sentenza* di adozione. Se il minore ha *più di 14 anni*, occorre il suo espresso *consenso* all'adozione; e se la coppia affidataria ha già figli legittimi di oltre 12 anni, il tribunale deve preventivamente sentirli.

Veniamo agli **effetti**. Con l'adozione, *l'adottato diventa figlio degli adottanti* (art. 27, c. 1, l.ad.), con tutte le conseguenze che ciò comporta: prende il loro cognome, è affidato alla loro responsabilità genitoriale (**64**.16); stabilisce rapporti familiari con gli altri membri della famiglia degli adottanti, diventando fratello dei loro figli, nipote dei loro genitori (che a questo punto sono i suoi nonni), ecc. Correlativamente, *cessano i rapporti dell'adottato con la famiglia d'origine*, con la sola eccezione degli impedimenti matrimoniali fra consanguinei (art. 27, c. 3, l.ad.): legalmente, non è più figlio dei suoi genitori di sangue, non è più fratello dei suoi fratelli di sangue, ecc.

Sono *effetti molto drastici*, ma stabiliti *nell'interesse del minore*: per il suo benessere soprattutto psicologico, si vuole che la famiglia adottiva sia la sua vera e unica famiglia, evitando strascichi e interferenze del vecchio ambiente familiare, possibile fonte di turbamenti dannosi. Ciò può essere molto *penalizzante per la famiglia di origine*, cui si toglie un figlio. È vero che essa lo ha «abbandonato»: ma fino a che punto l'abbandono è «colpa» della famiglia d'origine (nel qual caso la «perdita» del figlio potrebbe considerarsi una conseguenza dura ma giusta)? E fino a che punto dipende invece da circostanze ambientali, che rendono improprio parlare di sua «colpa» (nel qual caso potrebbe sentirsi vittima di un'ingiustizia)? È il dramma dell'adozione. S'inserisce in questo ordine di problemi la previsione della l. 219/2012, che vuole legare il *concetto di "abbandono"* alla «provata *irrecuperabilità delle capacità genitoriali in tempo ragionevole*», e afferma che «le *condizioni di indigenza* dei genitori ... non possono essere di ostacolo all'esercizio del diritto del minore alla propria famiglia». In coerenza, il nuovo art. 79-*bis* l.ad. impone al giudice di segnalare ai servizi sociali del Comune le situazioni di povertà che richiedono interventi di sostegno per l'effettiva attuazione di tale diritto.

Il taglio netto dei rapporti con la famiglia di sangue non esclude che l'adottato abbia interesse a *conoscere la sua posizione e le sue origini* (art. 28 l.ad.). Egli viene informato della propria condizione di figlio adottivo, nei modi che i nuovi genitori riterranno opportuni. Inoltre, divenuto adulto, ha diritto di conoscere l'identità dei genitori biologici; e, anche prima, informazioni al riguardo possono essere chieste e ottenute dai genitori adottivi, quando siano necessarie per gravi ragioni (ad es. di tipo sanitario).

12. L'adozione internazionale

Regole e procedure particolari sono previste per l'adozione internazionale, che riguarda *minori stranieri*, provenienti per lo più da paesi poveri del terzo mondo: si applica tutta una serie di *cautele e controlli per prevenire odiosi fenomeni di «compravendita» di bambini*, sottratti alle famiglie di origine approfittando della povertà e ignoranza di queste (art. 29 e segg. l.ad.). Di recente la disciplina è stata ampiamente rivista, per renderla conforme alla Convenzione dell'Aja del 1993 (l. 476/1998).

I **passaggi** essenziali sono i seguenti: ☞ le coppie aspiranti all'adozione, con gli stessi requisiti previsti per l'adozione interna, devono prima di tutto ottenere dal tribunale per i minorenni un *decreto di idoneità all'adozione* (che il tribunale emana dopo le opportune verifiche, condotte con l'ausilio dei servizi sociali); ☞ quindi si mettono in contatto con uno degli *enti che si occupano di adozioni internazionali* (e che devono avere ricevuto apposita autorizzazione pubblica), a cui danno incarico di curare la procedura di adozione presso le autorità del paese di origine del minore; ☞ la procedura comprende vari passaggi intermedi (fra cui l'*incontro* degli aspiranti genitori con il minore) e, se si conclude positivamente, conduce a un *provvedimento dell'autorità straniera* che può essere direttamente di *adozione*, o di semplice *affidamento* a scopo adottivo; ☞ tale provvedimento passa al vaglio di un'apposita *Commissione per le adozioni internazionali*, istituita presso la Presidenza del Consiglio: se questa lo riconosce conforme all'interesse del minore, ne autorizza l'ingresso e la residenza in Italia; ☞ c'è infine un intervento del *tribunale per i minorenni*: se il provvedimento straniero è già di adozione, il tribunale ne verifica la regolarità, e in caso positivo ne *ordina l'iscrizione* nei registri dello stato civile; se è di semplice affidamento, per un anno il minore resta affidato alla nuova famiglia, e solo al termine di questo periodo il tribunale *pronuncia l'adozione*.

13. Adozione dei maggiorenni, e adozione in casi particolari

L'**adozione di maggiorenni** è regolata dal codice (art. 291 e segg.), e ha una finalità completamente diversa dall'adozione dei minori in stato di abbandono: non tanto dare una famiglia a bambini che non ce l'hanno, quanto piuttosto *dare all'adottante una discendenza, attraverso cui trasmettere il suo nome e il suo patrimonio*. E così sono diversi i requisiti, le modalità e gli effetti.

Quanto ai **requisiti**: ☞ l'*adottato* deve essere ovviamente maggiorenne; e *non* deve essere *figlio naturale* dell'adottante (in tal caso l'adozione è vietata: art. 293); ☞ l'*adottante* può anche essere un singolo, e deve superare di almeno 18 anni l'*età* dell'adottato. Dopo la sentenza della Corte cost. 557/1998 l'adozione è consentita anche a chi ha già discendenti legittimi, purché questi siano consenzienti.

Quanto alle **modalità**, l'adozione è disposta con provvedimento del *tribunale ordinario* previa verifica di due presupposti: ☞ il *consenso* dell'adottante e dell'adottato (art. 296); e ☞ l'*assenso* dei loro eventuali coniugi, e dei genitori dell'adottato (art. 297).

Quanto agli **effetti**, l'adottato assume il *cognome* dell'adottante, e ha diritti sulla sua *eredità* (ma non vale il reciproco: l'adottante non ha alcun diritto di successione verso l'adottato). E questo è tutto: l'adottato non entra in rapporto con la famiglia dell'adottante, e non tronca i rapporti con la propria famiglia (artt. 299-300).

A certe condizioni, l'adozione può essere *revocata per indegnità* dell'adottato (art. 306), o per indegnità dell'adottante (art. 307).

L'**adozione in casi particolari** riguarda *minori*, nei cui confronti non sussistono i requisiti dello stato di adottabilità, ma *situazioni diverse, che la legge* *considera idonee a giustificare l'adozione* (art. 44 e segg. l.ad.): ad es., il minore orfano di padre e madre può essere adottato da un parente o da altra persona che si sia stabilmente occupata di lui; il figlio di un vedovo, poi risposato, può essere adottato dalla sua seconda e attuale moglie. Può essere fatta sia da *coppie* di coniugi, sia da *singoli* (coniugati o meno). In certi casi, fra adottante e adottato si richiede uno scarto di *età* di almeno 18 anni. L'adozione è disposta dal *tribunale per i minorenni*, previo consenso dell'adottante e dell'adottato, che abbia più di 14 anni. I suoi *effetti* coincidono sostanzialmente con quelli dell'adozione di maggiorenni.

Un'interessante applicazione di questo tipo di adozione può riguardare le *coppie omosessuali*. La l. 76/2016 sulle unioni civili non prevede nulla in materia di filiazione (la previsione contemplata nel testo originario della proposta di legge è caduta fra molte polemiche durante l'iter parlamentare). Ma pur nel silenzio della legge, niente vieta che se uno dei partner ha già un figlio, l'altro partner (che con quel bambino vive e intrattiene una relazione affettiva) lo adotti in base agli art. 44 e segg. l.ad.: così il bambino diventa, in qualche modo, anche figlio suo. È la c.d. «*stepchild adoption*».

14. La procreazione assistita

La tradizionale disciplina giuridica della filiazione è messa in crisi dalle moderne tecniche di procreazione assistita (o, come anche si dice comunemente, di fecondazione artificiale), applicate per rimediare alle situazioni di sterilità. Dalle tecniche più semplici, come l'*inseminazione artificiale* della donna (che poi porta normalmente a termine la gravidanza), si passa a tecniche più complesse, come la fecondazione in vitro, diretta a formare un embrione che viene successivamente impiantato nell'utero della donna, per l'avvio della gravidanza (c.d. *embryo transfer*).

Di fronte a fenomeni come questi, i criteri legali per l'attribuzione della paternità e maternità (in particolare, le presunzioni di concepimento) possono rivelarsi inadeguati; e sorgono inediti problemi, ai confini fra il diritto e la morale (la disciplina che li studia si chiama *bioetica*). Ad es.: l'inseminazione artificiale può ammettersi anche nei confronti di donna non sposata? Se sì, chi è il padre del bambino? Oppure va ammessa solo nei confronti di donna sposata? E in tal caso, solo con seme del marito o anche con seme di un estraneo? In quest'ultima ipotesi, padre sarà il marito o l'estraneo donatore di seme? Problemi anche più delicati si pongono con le pratiche di embryo transfer, specie quando l'ovulo fecondato in vitro appartiene a una donna, e l'embrione risultante viene impiantato nell'utero di un'altra donna (c.d. *madre surrogata*), che si impegna a condurre la gravidanza per partorire alla fine un bambino «per conto» della prima (si parla volgarmente di «utero in affitto»). Qui addirittura *la maternità biologica si scinde in due*: una maternità genetica, e una diversa maternità che si esprime nella gravidanza e nel parto; chi è la «vera» madre?

E naturalmente occorre che gli interventi di fecondazione assistita si svolgano con le migliori garanzie di efficienza professionale, prima di tutto per salvaguardare la *salute della donna* coinvolta.

Per rispondere a tutto questo occorre una legge. In Italia ci si è arrivati (ultimi in Europa, e fra molte polemiche) solo nel 2004: *l. 40/2004*. A parte la regolamentazione delle strutture autorizzate agli interventi, e le sanzioni amministrative e penali, essa disciplina fondamentalmente: il diritto di accedere alle tecniche di fecondazione assistita; la relativa procedura; la posizione del nascituro; la tutela dell'embrione.

L'**accesso** alla fecondazione assistita è consentito: ☞ solo per rimediare a situazioni documentate di *sterilità o infertilità* (non quindi nei casi in cui la procreazione naturale sarebbe possibile, ma con rischi per la salute della madre o del nascituro); ☞ solo alle *coppie di maggiorenni sposati o conviventi* (ecco un segno di rilevanza delle convivenze di fatto, anche prima della l. 76/2016), ma non alla donna «single», di età potenzialmente fertile. La legge consentiva solo la *fecondazione omologa*, cioè con seme del partner, vietando la *fecondazione eterologa*, realizzata con seme donato da un terzo: ma il divieto è stato cancellato dalla Corte costituzionale (162/2014), in quanto lesivo della libertà di autodeterminazione della coppia.

La **procedura** si basa su questi passaggi: ☞ la *volontà della coppia* di accedere alla procreazione assistita va manifestata *congiuntamente e per iscritto* al responsabile della struttura sanitaria, almeno 7 giorni prima dell'intervento; ☞ la *revoca* della volontà è possibile solo fino al momento della fecondazione dell'ovulo; ☞ va garantito il *consenso informato* degli interessati: il medico deve preventivamente informarli su tutti gli aspetti rilevanti dell'intervento.

Quanto alla **posizione del bambino** che nasce: ☞ egli è *figlio* dei membri della coppia che è ricorsa alla procreazione assistita (ed essendo oramai unico lo stato di filiazione, non importa se la coppia sia sposata o solo convivente); ☞ la madre non può dichiarare la volontà di «non essere nominata», contrariamente a quanto le sarebbe consentito in caso di procreazione naturale (**64**.2); ☞ infine la norma più interessante: la legge vieta la *fecondazione eterologa*, ma immagina che il divieto possa essere violato e regola le conseguenze, disponendo che il coniuge o convivente della madre il quale abbia dato il suo consenso alla fecondazione *non può disconoscere il bambino*, anche se nella fattispecie ricorrono i requisiti dell'art. 235, c. 1 (**64**.6); e stabilendo che *l'estraneo donatore* del seme non ha *nessuna relazione giuridica* col bambino.

Nel dibattito scientifico ed etico-filosofico si discute se l'embrione possa considerarsi già una persona umana: al riguardo c'è un pluralismo di idee non convergenti. Sul piano politico-giuridico, la legge ritiene opportuno disporre comunque una **protezione dell'embrione**, stabilendo che è vietato: ☞ produrre o utilizzare embrioni per fini di ricerca e sperimentazione; ☞ operare sugli embrioni interventi di selezione eugenetica, di manipolazione del patrimonio genetico, di clonazione; ☞ sopprimere embrioni e anche congelarli (crioconservazione); in sostanza: gli embrioni possono essere *prodotti e utilizzati solo a fini di procreazione assistita, e per nessun altro fine.*

Certe soluzioni della legge sono state criticate, perché la loro rigidità fa ostacolo alla ricerca medica, e può mettere a rischio la salute della donna coinvolta. Nel 2005 si è tentato di correggerle mediante referendum; ma il tentativo è fallito. Tuttavia alcuni vincoli sono stati cancellati dalla Corte costituzionale: sono caduti il limite massimo di tre embrioni producibili per ciascun intervento, e l'obbligo di trasferire in utero tutti gli embrioni con unico impianto per evitare che restino embrioni «soprannumerari» (151/2009); l'inseminazione eterologa è consentita se costituisce l'unico rimedio all'infertilità (162/2014); sono ammesse alla procreazione assistita anche le coppie fertili portatrici di malattie genetiche trasmissibili al feto (96/2015).

15. Diritti e doveri nel rapporto di filiazione: la responsabilità genitoriale

Fin qui si è parlato della filiazione intesa come *fattispecie*, cioè come fatti o atti che rendono una persona figlio di un'altra. Adesso parliamo della filiazione intesa come *effetti giuridici* che ne discendono, e che nel loro insieme definiscono il rapporto di filiazione. Al riguardo, il principio fondamentale è che il rapporto di filiazione è regolato *nello stesso identico modo per i figli matrimoniali e per quelli extramatrimoniali*: "Tutti i figli hanno lo stesso stato giuridico" dice il nuovo art. 315, introdotto dalla l. 219/2012.

Un primo punto riguarda il **cognome**. La regola del codice implicava un automatismo: il figlio assume il *cognome del padre*. Ma la Corte costituzionale (286/2016; 131/2022) l'ha ritenuta illegittima in quanto discriminatoria per la madre e lesiva dell'identità del figlio. La regola della Corte è: i genitori concordano se il figlio prenderà il cognome del padre o quello della madre o quello di entrambi (e in che ordine). Ma la sua applicazione può dare luogo a problemi: occorre una legge che ridisciplini la materia.

Il rapporto di filiazione comprende prima di tutto il **dovere dei genitori** di «*mantenere, istruire ed educare i figli*»: dovere sancito costituzionalmente (art. 30, c. 1, C.), e ribadito nel codice (art. 147, dove si aggiunge l'obbligo di *assistenza morale*, e quello di rispettare le «*capacità, inclinazioni naturali e aspirazioni*» dei figli. E ai figli si riconosce il diritto corrispondente (art. 315-*bis*).

Questo dovere grava *su entrambi i genitori, «ciascuno in relazione alle proprie sostanze e alla propria capacità di lavoro»*; quando i genitori non hanno mezzi sufficienti, devono provvedere gli altri ascendenti, ad es. zii e nonni. Se i doveri di mantenimento vengono violati, il giudice può ordinare al datore di lavoro dell'inadempiente di versare una quota dei suoi redditi direttamente all'altro coniuge o a chi provvede per il minore (art. 316-*bis*).

Fra i diritti del figlio il nuovo art. 315-*bis* aggiunge il diritto «di crescere in famiglia e di mantenere rapporti significativi con i parenti», ad es. i nonni). Reciprocamente, agli ascendenti (nonni e zii) si riconosce il diritto a coltivare la relazione coi nipoti minorenni (art. 317-*bis*).

Ci sono *obblighi reciproci a carico del figlio*: questi «deve contribuire, in relazione alle proprie capacità, alle proprie sostanze e al proprio reddito, al mantenimento della famiglia finché convive con essa» (art. 315-*bis*, c. 4). La stessa norma dispone che il figlio «deve rispettare i genitori»: ma è un dovere privo di sanzione giuridica.

La posizione dei genitori rispetto ai figli si riassume nell'idea di **responsabilità genitoriale** (art. 316-317). Essa spetta paritariamente a *entrambi i genitori*, e obbedisce a queste regole principali: ☞ è esercitata "*di comune accordo*", e non in modo unilaterale da uno dei due (salvo quando uno dei genitori sia *lontano o impedito*, nel qual caso la responsabilità spetta in esclusiva all'altro); ☞ in caso di *disaccordo*, ciascun genitore può *rivolgersi al giudice*, che risolve il contrasto o indicando direttamente la soluzione da applicare o affidando la decisione al genitore che in quel caso gli sembra il più adatto a fare scelte nell'interesse del figlio.

16. La responsabilità genitoriale verso i figli minori

La responsabilità genitoriale *prescinde dall'età dei figli* (la giurisprudenza da tempo riconosce che *l'obbligo di mantenimento non cessa automaticamente con la maggiore età del figlio*: anche i ragazzi maggiorenni, non ancora indipendenti sul piano economico, ad es. perché impegnati negli studi, o disoccupati, possono avere diritto a un assegno a carico dei genitori).

Quando però i figli sono ancora **minorenni**, la loro condizione e la correlata posizione dei genitori obbediscono a regole particolari. Tradizionalmente, la posizione dei genitori verso i figli minori si esprimeva nella categoria della **potestà**, che implica l'idea di un *potere* (*sia pure vincolato al perseguimento di interessi altrui*, cioè del minore): si parlava di "potestà dei genitori", e ancora prima, quando ancora non si era realizzata l'uguaglianza di genere, di "patria potestà"). Con la riforma del 2012, la categoria e l'idea stessa di "potestà" spariscono, sostituite da quelle di "responsabilità genitoriale": anche, e soprattutto, nei confronti dei figli minori il ruolo dei genitori è visto non in termini di potere ma piuttosto in termini di servizio, e quindi appunto di responsabilità. Il particolare regime a cui la responsabilità genitoriale obbedisce quando si esercita su figli minori riguarda due funzioni fondamentali: ☞ l'*amministrazione del patrimonio*, e ☞ la *cura della persona*.

Prima di esaminare meglio queste due funzioni della responsabilità genitoriale verso i figli minori, aggiungiamo che se *i genitori muoiono* entrambi o *non sono in grado* di esercitare la loro responsabilità, il minore è soggetto a **tutela**, e le funzioni di cura della persona e amministrazione del patrimonio sono esercitate da un **tutore**, che opera sotto la vigilanza del giudice tutelare (art. 343 e segg.).

17. L'amministrazione del patrimonio

I minori, in quanto incapaci di agire, non possono compiere atti di amministrazione dei loro beni: vi provvedono – al posto loro – i genitori che, come rappresentanti legali, «*rappresentano i figli ... in tutti gli atti civili e ne amministrano i beni*» (art. 320, c. 1).

Le modalità dipendono dal tipo di atto: ☞ gli atti di **ordinaria amministrazione** (**11**.12), possono essere compiuti *disgiuntamente* da ciascun genitore; ☞ gli atti di **straordinaria amministrazione**, cui la legge assimila quelli diretti a cedere o acquistare diritti personali di godimento (**19**.1), vanno compiuti *congiuntamente* da entrambi i genitori (e in caso di contrasto è possibile l'intervento del giudice, con le modalità viste poco sopra: art. 320, c. 2). Inoltre, per tutti gli atti di straordinaria amministrazione (esemplificati nell'elenco dell'art. 320, c. 3), occorre anche la *preventiva autorizzazione del giudice*, che la concede se constata la loro *necessità o utilità evidente*. Gli atti compiuti in violazione di qualche regola sull'amministrazione dei beni del minore sono *annullabili* (art. 322).

I genitori hanno l'**usufrutto legale** sui beni del figlio, *esclusi alcuni beni* (come quelli acquistati dal figlio con i proventi del suo lavoro, o quelli che gli sono stati lasciati o donati per consentirgli di avviarsi al lavoro). Sui beni soggetti all'usufrutto legale i genitori possono percepire i *frutti*, ma devono *destinarli* «al mantenimento della famiglia e all'istruzione ed educazione dei figli» (art. 324).

18. La cura della persona, e l'autonomia del minore

Cura della persona è *l'insieme delle scelte che incidono non sul patrimonio, ma sulla sfera personale del minore*, e in particolare sulla salute, sulle relazioni affettive, sul processo educativo e formativo: sottoposizione a trattamenti medico-chirurgici, frequentazione di parenti e amici, coltivazione di rapporti sentimentali, educazione religiosa o laica, scelta dell'indirizzo scolastico, avvio alla pratica sportiva o musicale, iscrizione a questa o quella associazione (per es. adesione a un partito politico), ecc. In linea di principio, anche queste decisioni vanno prese dai *genitori, d'accordo* fra loro: esse fanno tipicamente parte di quel *ruolo educativo* che la stessa costituzione gli riconosce (art. 30, c. 1, C.).

Ma c'è modo e modo di intendere questo ruolo. In passato prevaleva una *concezione «autoritaria» che assegnava* ai genitori – anzi, in logica maschilista, al solo padre – un potere assoluto di imporre al figlio, anche contro il suo volere, ogni scelta capace di incidere sulla sua personalità. Oggi questa concezione appare *intollerabile*, specie considerando che alcune scelte attinenti alla cura della persona toccano direttamente *diritti fondamentali della persona*, che la Costituzione garantisce a ogni individuo che sia ragionevolmente in grado di esercitarli, a prescindere dall'età: così, sarebbe un'inammissibile violazione di tali diritti costituzionali del minore, se i genitori pretendessero di vietare a un ragazzo di 16/17 anni, o viceversa di imporgli contro la sua volontà, l'adesione a una fede religiosa (art. 19 C.) o un determinato orientamento politico (art. 49 C.). La norma per cui il ruolo educativo dei genitori rispetto al figlio va svolto «*tenendo conto delle sue capacità, delle sue inclinazioni naturali e delle sue aspirazioni*» (art. 147, 315-*bis*, c. 1) indica che tale ruolo ha una *funzione strumentale*, nell'interesse del minore; serve a *sostenere la sua personalità in formazione*, supplendo alle incapacità dipendenti dell'incompleto sviluppo della sua struttura fisica, intellettuale, emozionale. Man mano che questo sviluppo procede, e con esso la capacità di autodeterminazione del minore, il ruolo dei genitori si ritira sullo sfondo.

Questa *progressiva conquista di attitudini da parte del minore* si riflette in varie norme che gli attribuiscono *forme di capacità anticipata*, o comunque valorizzano *espressioni autonome della sua personalità*: il minore a 16 anni può essere autorizzato a sposarsi, può riconoscere il figlio extramatrimoniale, e a 14 si chiede il suo consenso a essere riconosciuto dal genitore; sempre a 14 anni deve essere sentito dal giudice chiamato a decidere sul contrasto fra i genitori; alla stessa età presta consenso all'adozione, e a 12 anni deve essere sentito, in vista dell'adozione; uno spazio di valutazione e scelta è attribuito alla ragazza minorenne (anche contro il parere dei genitori) di fronte alla prospettiva di abortire (l. 194/1978). Con la riforma del 2012 la tendenza trova un'espressione generale nel nuovo art. 315-*bis*, c. 3: «Il figlio minore che abbia compiuto gli *anni 12*, e anche di età inferiore ove capace di discernimento, ha *diritto di essere ascoltato* in tutte le questioni e le procedure che lo riguardano».

L'autonomia del minore è valorizzata anche in contesti extrafamiliari: a 15 anni può essere parte di un contratto di lavoro; e si ricordi la tendenza a considerare validi ed efficaci gli *atti della vita quotidiana* compiuti da lui (**11**.13).

La legge tuttavia non ritiene che l'autodeterminazione del minore possa spingersi fino alla decisione di *lasciare la casa familiare per vivere da solo*: se il minore la abbandona senza permesso, i genitori possono farlo tornare, se necessario anche per mezzo del giudice (art. 318).

19. I controlli giudiziali sull'esercizio della responsabilità genitoriale

La responsabilità genitoriale è al servizio dell'interesse del minore: è quindi logico che si prevedano controlli sull'operato dei genitori, e rimedi per il caso che si comportino in modo contrastante con l'interesse del minore.

Già conosciamo una forma di **controllo preventivo**: gli atti di straordinaria amministrazione sui beni del figlio minore richiedono la preventiva *autorizzazione* giudiziale (**64**.16).

Ma esistono anche **controlli e rimedi successivi**, affidati al tribunale per i minorenni: ☞ la *rimozione dall'amministrazione*, che si può disporre quando risulta che il patrimonio del minore è male amministrato, a carico di uno o di entrambi i genitori (in quest'ultimo caso, l'amministrazione è affidata a un curatore): art. 334; ☞ la *decadenza dalla responsabilità genitoriale*, rimedio più radicale che può disporsi «quando il genitore vìola o trascura i doveri ad essa inerenti o abusa dei relativi poteri con grave pregiudizio del figlio» (art. 330); può riguardare un solo genitore, o entrambi: in quest'ultimo caso, si nomina un tutore (**64**.16); ☞ infine, quando la condotta del genitore non è abbastanza grave per giustificare la decadenza, ma appare comunque pregiudizievole per il figlio, il giudice può adottare i *provvedimenti che risultano convenienti in base alle circostanze* (art. 333): possono consistere perfino nell'*allontanamento* del minore dalla casa familiare o, all'opposto, nell'allontanamento da casa del genitore che maltratta il minore. In casi meno gravi, risolvono conflitti fra esercizio dell'autorità educativa dei genitori e pretese di autonomia individuale del minore: per es. ordinando ai genitori di consentire alla figlia sedicenne di frequentare il ragazzo di cui era innamorata, in nome di una giusta autodeterminazione nelle scelte sentimentali). La decadenza o la temporanea sospensione della responsabilità sono automatiche, quando il genitore venga condannato per determinati *reati* di rilevanza familiare (art. 34 c.p.).

20. La condizione del minore extramatrimoniale

Sappiamo che il figlio extramatrimoniale (riconosciuto o giudizialmente dichiarato) ha *la stessa condizione giuridica del figlio matrimoniale* (art. 315). C'è tuttavia una regola particolare, dettata per il caso che uno dei genitori sia sposato con persona diversa dall'altro genitore: per evitare possibili squilibri e disarmonie, il *figlio riconosciuto* può essere *inserito nella famiglia del genitore* solo dietro *autorizzazione del giudice* (che valuta se ciò sia nell'interesse del minore) e col previo *consenso* del coniuge del genitore e degli altri suoi figli ultrasedicenni, nonché dell'altro genitore. Se non c'è accordo dei genitori o manca il consenso degli altri figli conviventi, decide comunque il giudice in base all'interesse del minore (art. 252).

Si sono visti i criteri per il *cognome* del figlio extramatrimoniale riconosciuto o giudizialmente dichiarato (**64.**3). Qui aggiungiamo che se il figlio è minore, sul suo cognome *decide il giudice*, dopo averlo ascoltato (art. 262, c. 4).

Per il resto – si ripete – la condizione del figlio extramatrimoniale è identica a quella del figlio matrimoniale. Identica è la responsabilità genitoriale che si esercita nei suoi confronti (diritti e doveri, modalità di esercizio, controlli e interventi del giudice, ecc.). L'unica particolarità riguarda le situazioni in cui il figlio extramatrimoniale di A e di B venga inserito nella famiglia di A, sposato con X, trovandosi così a vivere con un solo genitore, il coniuge di lui e gli eventuali loro figli, mentre l'altro genitore vive altrove: in tal caso «*il giudice stabilisce le condizioni cui ciascun genitore deve attenersi*» (art. 252, c. 2).

21. Il diritto del minore alla famiglia, e l'azione pubblica di sostegno: l'affidamento familiare

Per la legge *la famiglia rappresenta l'ambiente più adatto a formare la personalità dei minori.* Di qui l'affermazione del preminente ruolo educativo della famiglia, che si manifesta in due sensi: per i genitori, come diritto-dovere di educare i propri figli (*autonomia educativa dei genitori*); per i figli, come diritto a formarsi nel proprio ambiente familiare, e non in un ambiente estraneo: la legge stabilisce in termini generali e solenni che «*Il minore ha diritto di essere educato nell'ambito della propria famiglia*» (art. 1, c. 1, l.ad.).

Entrambe le pretese si dirigono *verso lo Stato*: al quale si chiede di *non interferire nell'autonomia della famiglia* con prescrizioni o interventi autoritari; ma anche di *sostenere le famiglie in difficoltà* per consentire loro di svolgere adeguatamente la funzione educativa. Però non sempre questo modello ideale riesce a realizzarsi effettivamente. Può accadere che la famiglia svolga il suo ruolo educativo in modo non conforme all'interesse del minore: di qui i controlli successivi sull'esercizio della potestà, e i relativi rimedi (**64.**19). Può anche accadere che, al di là di disfunzioni episodiche, la famiglia si riveli generalmente inadatta a svolgere bene il suo ruolo educativo. In casi del genere, la legge è chiamata a *supplire all'incapacità educativa della famiglia* (art. 30, c. 2;

31, c. 2, C.). Gli strumenti previsti a tale scopo sono due: il più radicale è l'*adozione*, che sposta il minore da una famiglia a un'altra, modificando definitivamente il suo rapporto di filiazione e la sua situazione familiare (**64**.11). L'altro strumento è l'*affidamento familiare*.

L'**affidamento familiare** è un *rimedio meno drastico dell'adozione*, da cui differisce per presupposti, modalità ed effetti:

☞ quanto ai **presupposti**, mentre l'adozione può scattare nei casi in cui l'incapacità o impossibilità della famiglia a svolgere il suo ruolo educativo abbia carattere non transitorio, l'affidamento familiare opera nelle situazioni di *incapacità o impossibilità solo temporanea*: ad es., i genitori sono in carcere per scontare una breve pena detentiva, e non ci sono altri parenti che possano occuparsi dei bambini. In tali casi, il minore può essere *temporaneamente affidato a un'altra famiglia, possibilmente con figli minori, oppure a una persona singola*, che provvedono a mantenerlo, istruirlo ed educarlo; in subordine, può essere affidato a una *comunità* di tipo familiare o a un *istituto* di assistenza (art. 2, c. 1-2, l.ad.);

☞ quanto alle **modalità**, l'affidamento familiare è disposto dal *servizio sociale del Comune*, ed è reso esecutivo con *decreto del giudice tutelare*. Esso presuppone l'audizione del minore ultradodicenne, e il consenso dei genitori esercenti la potestà. Nel provvedimento devono indicarsi le ragioni dell'affidamento, la sua presumibile durata, le modalità per l'esercizio dei poteri dell'affidatario e per il mantenimento dei rapporti con la famiglia (art. 4 l.ad.);

☞ gli **effetti** sono molto *più leggeri* rispetto all'adozione: non si crea *nessuna filiazione*, ma nascono solo alcuni *doveri in capo all'affidatario*. Questi deve accogliere il minore presso di sé, mantenerlo, istruirlo ed educarlo; in questa funzione, deve seguire le indicazioni del provvedimento, e anche quelle eventualmente impartite dai genitori. L'affidamento procede con la supervisione e il sostegno dei *servizi sociali*, che tengono informato il tribunale per i minorenni, avendo sempre di mira il suo fine essenziale: agevolare i rapporti con la famiglia di provenienza e il rientro del minore in quest'ultima (art. 5 l.ad.).

L'affidamento non può durare indefinitamente, ma è sempre *temporaneo*: di regola dura al massimo *due anni*. Alla *scadenza*, può constatarsi che la difficoltà temporanea della famiglia d'origine è venuta meno, e allora questa può tornare a svolgere la sua funzione educativa; o al contrario che la difficoltà familiare permane: e allora il giudice deve prendere altri provvedimenti nell'interesse del minore, ivi comprese le procedure per l'adozione (art. 4, c. 4-6, l.ad.).

65

LA CRISI DELLA FAMIGLIA: SEPARAZIONE E DIVORZIO

1. La legge e le crisi familiari: dalla sanzione al rimedio

L'esperienza mostra che una famiglia può entrare in crisi, quando – per le cause più diverse – vengono meno le ragioni e la stessa possibilità della convivenza coniugale. In queste situazioni, *la legge in passato tendeva ad assumere un atteggiamento rigido*. Da un lato, limitava fortemente la possibilità di sciogliere o anche solo attenuare il vincolo legale del matrimonio, perfino quando fra i coniugi era venuta meno ogni comunione di affetti e di vita: fino al 1970 non era ammesso il divorzio; e la separazione giudiziale era ammessa in un numero ristretto e chiuso di ipotesi tipiche. D'altro lato, partiva dal presupposto che la crisi familiare sia sempre imputabile alla colpa di uno dei coniugi, e che il diritto debba intervenire per *colpire con una sanzione il coniuge colpevole*. Alla base di questa impostazione stavano vecchi pregiudizi moralistici; e soprattutto un'*idea della famiglia come istituzione sociale*, la cui integrità va tutelata dalla legge – nell'interesse pubblico – anche contro gli interessi individuali dei singoli che la compongono.

Oggi queste concezioni sono superate. La legge riconosce che *non ha senso conservare legalmente un vincolo che ha perso la sua sostanza*. E che di fronte ai matrimoni falliti occorre non tanto cercare colpe e applicare sanzioni, quanto prendere atto della crisi familiare nella sua oggettività, e darvi *risposte nell'interesse delle persone coinvolte* (specie di quelle che, per loro «debolezza», appaiono più bisognose di protezione): infatti la vecchia idea della famiglia-istituzione, a cui è giusto sacrificare le posizioni dei singoli, ha perso terreno a favore della concezione per cui non sono gli individui al servizio della famiglia, ma è la famiglia che deve (finché lo può) garantire agli individui l'ambiente dove cercare, nel rispetto delle esigenze altrui, la migliore soddisfazione delle proprie esigenze di vita materiale e affettiva.

Tutto questo si esprime con la formula per cui – nel trattamento legale delle crisi familiari – si è passati *dalla logica della «sanzione» alla logica del «rimedio»*. I rimedi per le crisi familiari sono essenzialmente due: ☞ uno *più morbido* – la **separazione** – con cui il rapporto coniugale non viene sciolto, ma solo attenuato; ☞ uno *più radicale* – il **divorzio** – che (al pari della morte di un coniuge) determina lo scioglimento del rapporto coniugale.

2. La separazione: di fatto, e legale

Di separazione si parla, non del tutto propriamente, anche a proposito della c.d. **separazione di fatto**: la situazione dei coniugi che – o di comune accordo, o per decisione unilaterale di uno dei due – cessano di vivere insieme, senza che la crisi del loro rapporto sia stata accertata e formalizzata con un provvedimento giudiziale. Essa non produce gli effetti legali della separazione, ma non è del tutto priva di rilevanza giuridica: ☞ se la separazione di fatto dipende dall'*allontanamento unilaterale ingiustificato* di uno dei coniugi, scattano le conseguenze già viste (**63**.3); ☞ secondo la Corte costituzionale, anche il coniuge separato di fatto ha diritto a *succedere nella locazione dell'abitazione* stipulata dall'altro coniuge (come previsto dall'art. 6, c. 3, l.e.c.), se questo è l'accordo dei due (sentenza 404/1988); ☞ secondo la giurisprudenza, la separazione di fatto prolungata nel tempo giustifica una *valutazione meno severa*, quanto alla violazione dei doveri coniugali.

Ma gli effetti giuridici della separazione si producono, nella loro pienezza, solo in seguito a una *separazione ufficializzata con l'intervento del giudice*, detta **separazione legale**. Alla separazione legale può giungersi in vari modi, cui corrispondono vari tipi di separazione (art. 150).

3. Separazione consensuale e separazione giudiziale

La **separazione consensuale** presuppone l'accordo dei coniugi, e si realizza con una procedura articolata in due fasi: ☞ la fase dell'**accordo**, in cui i coniugi convengono di separarsi, stabilendo d'intesa fra loro le *condizioni della* *separazione* (eventuale assegno di mantenimento dovuto dall'uno all'altro, diritto dell'uno o dell'altro di continuare ad abitare nella casa coniugale, affidamento dei figli e concorso ai relativi oneri economici, diritto del coniuge non affidatario di vederli e frequentarli, ecc.), e quindi fanno insieme un *ricorso al tribunale*, cui prospettano la loro comune intenzione; ☞ la fase del **giudizio**, finalizzata all'**omologazione** dell'accordo di separazione, e regolata dall'art. 711 c.p.c.: prima di tutto il giudice *tenta di riconciliare* i coniugi (un tentativo per lo più solo formale, e destinato quasi sempre all'insuccesso); quindi *controlla* che le condizioni concordate non contrastino con l'interesse dei figli, e se il controllo è positivo, omologa l'accordo di separazione: solo con l'omologazione la separazione produce i suoi *effetti legali* (art. 158, c. 1). Se il giudice constata che le condizioni concordate sono in *contrasto con l'interesse dei figli*, non può modificarle lui stesso: può solo *indicare ai coniugi le modifiche necessarie*. Se i coniugi accettano di apportarle, l'omologazione viene data; in caso contrario, viene negata (art. 158, c. 2).

Quando non si trova l'accordo per la separazione consensuale, ciascun coniuge può fare domanda al tribunale per ottenere la **separazione giudiziale**. Il presupposto è che in famiglia si siano verificati «fatti tali da rendere *intollerabile la prosecuzione della convivenza* o da recare *grave pregiudizio alla educazione della prole*» (art. 151, c. 1): presupposto che di solito non ha bisogno di particolari indagini da parte del giudice, perché il fatto stesso della domanda di separazione indica che la convivenza è (o almeno è avvertita dal coniuge come) intollerabile. La norma precisa che la separazione è giustificata da un'intollerabilità della convivenza determinatasi «*anche indipendentemente dalla volontà di uno o di entrambi i coniugi*»: chiaro segno del passaggio, con la riforma del 1975, dalla separazione per colpa alla separazione per giusta causa (dalla separazione-sanzione alla separazione-rimedio).

Ma anche in questo nuovo spirito, il legislatore non trascura che il fallimento del matrimonio può, qualche volta, essere chiaramente imputabile alla condotta di un coniuge, della quale l'altro è la vittima; e considera giusto tenerne conto, nel fissare le conseguenze della separazione. Di qui la possibilità che nella sentenza di separazione il giudice dichiari che la separazione stessa è *addebitabile a uno dei coniugi*, in quanto responsabile di «*comportamento contrario ai doveri che derivano dal matrimonio*» (c.d. **separazione con addebito**: art. 151, c. 2). La dichiarazione di addebito non può essere pronunciata dal giudice d'ufficio, ma solo *su richiesta dall'altro coniuge*; è anche possibile che la separazione venga *addebitata a entrambi i coniugi*, se entrambi hanno violato i doveri matrimoniali. (Secondo la giurisprudenza, l'adulterio di un coniuge non comporta in modo automatico che la separazione debba essergli addebitata; motivo di addebito è una relazione extraconiugale svolta con modalità offensive per l'altro coniuge). Vedremo fra poco le *conseguenze dell'addebito* della separazione: più che sanzionare il coniuge «colpevole», esse proteggono l'altro coniuge da situazioni che sarebbero per lui offensive e moralmente intollerabili (come ad es. l'attribuzione al «colpevole» dell'eredità della «vittima»).

Il giudizio di separazione è regolato, nei suoi aspetti procedurali, dagli art. 706 e segg. c.p.c.

Le statistiche mostrano una netta prevalenza delle separazioni consensuali: nel 2006 ne sono state omologate 68.820, contro 11.587 pronunce di separazione giudiziale: segno che prevale il costume di risolvere le crisi coniugali in modo pacato e non conflittuale, senza sgradevoli strascichi di litigiosità e ripicche, che finiscono sempre per ripercuotersi a danno dei figli.

Sia la separazione consensuale sia quella giudiziale implicano l'intervento del giudice. Ma in base alla l. 162/2014 è possibile adesso separarsi con una nuova e semplificata **procedura stragiudiziale**. In alternativa: ☞ con il sistema della *negoziazione assistita* (art. 6), in base a cui i coniugi, assistiti da avvocati, trattano e si accordano sulle condizioni della separazione (se però ci sono figli minori o disabili o non autonomi economicamente, l'accordo va autorizzato dal Pubblico Ministero, che lo valuta nell'interesse dei figli); oppure (art. 12) ☞ per *accordo davanti al Sindaco* come ufficiale dello stato civile (ma questa procedura è esclusa se ci sono figli nelle condizioni di cui sopra). Le stesse procedure possono applicarsi per modificare le condizioni della separazione.

4. Gli effetti della separazione: nei rapporti fra i coniugi, e riguardo ai figli

Nei rapporti **fra i coniugi**, la separazione *non scioglie il vincolo matrimoniale*: i coniugi restano marito e moglie, e non possono risposarsi. Si limita ad *attenuare il rapporto*, riducendo al minimo i diritti e i doveri che lo compongono.

Nei **rapporti personali**: ☞ la moglie conserva il *cognome* del marito, salvo che il giudice – su richiesta della moglie stessa, o anche del marito – disponga che lo abbandoni (art. 156-*bis*); ☞ vengono meno il dovere di *coabitazione* e quello di *assistenza* morale e materiale; anzi, la fine del dovere di coabitazione è anticipata a un momento anteriore: anche prima che la separazione sia omologata o pronunciata dal giudice, il solo fatto che sia stata proposta la relativa *domanda* (e così pure la domanda di divorzio o di annullamento del matrimonio) è *giusta causa di allontanamento* dalla casa familiare (art. 146, c. 2); ☞ il dovere di *fedeltà* si affievolisce, trasformandosi in un dovere di rispetto (diventano illecite solo le relazioni con altra persona, che per le loro modalità costituiscano grave offesa alla dignità del coniuge).

Nei **rapporti patrimoniali**: ☞ se fra i coniugi sussisteva *comunione* degli acquisti, questa *si scioglie* (art. 191); ☞ il *godimento della casa coniugale* è assegnato a un coniuge piuttosto che all'altro (ad es. alla moglie, anche se il titolo legale – proprietà, o locazione – è in capo al marito), in funzione del prevalente interesse dei figli (art. 155-*quater*); ☞ l'obbligo di contribuzione può trasformarsi nell'obbligo, a carico di uno dei coniugi, di corrispondere all'altro (con somma una tantum, o più spesso con versamenti periodici) quanto necessario al mantenimento, se quest'ultimo *non ha adeguati redditi propri* (c.d. **assegno di mantenimento**); l'ammontare dell'assegno è fissato per accordo dei coniugi nella separazione consensuale, mentre nella separazione giudiziale è stabilito dal giudice, «*in relazione alle circostanze e ai redditi dell'obbligato*» (art. 156, c. 2); per il caso di inadempimento del coniuge obbligato, è previsto un energico rimedio a tutela dell'avente diritto (art. 156, c. 6); ☞ i coniugi conservano i reciproci *diritti successori* (**68**.3; **68**.9).

Secondo i giudici sulla misura dell'assegno di mantenimento può incidere, nel senso di ridurlo, la *convivenza di fatto (con persona diversa dall'ex coniuge)* in cui risultino impegnati il coniuge obbligato o il coniuge avente diritto: nel primo caso l'assegno dovuto può diminuire in considerazione degli oneri economici che l'attuale convivenza fa gravare sull'obbligato; nel secondo caso, sul rilievo che l'attuale convivenza può garantire all'avente diritto un adeguato equilibrio economico.

Si manifesta qui la *rilevanza dell'eventuale addebito* della separazione: il coniuge che lo subisce *non ha diritto all'assegno di mantenimento*, ma solo a un *assegno alimentare* nel caso estremo in cui si trovi in stato di bisogno (art. 156, c. 1 e 3); e *perde i diritti successori* nei confronti dell'altro, conservando solo l'eventuale assegno alimentare di cui sopra (art. 548; 585).

La separazione produce anche effetti **riguardo ai figli**. In primo luogo *viene meno la presunzione di paternità del marito*, rispetto ai figli nati dopo il 300° giorno successivo alla separazione stessa (**64**.2): art. 232, c. 2.

Ma il problema fondamentale concerne i figli presenti della coppia, che siano *minori*: ed è il problema del loro **affidamento** e del connesso **esercizio della responsabilità genitoriale**. La relativa disciplina è stata innovata dalla l. 54/2006, e più ampiamente dalla riforma della filiazione (**64**.1).

Il presupposto della disciplina è che il minore ha diritto di *conservare un rapporto significativo con entrambi i genitori, e con i familiari* del ramo sia paterno sia materno (art. 337-*ter*, c. 1). I provvedimenti del giudice devono tendere a questo obiettivo, e ispirarsi all'*interesse morale e materiale del minore*. Fondamentale, fra questi provvedimenti, è la scelta del tipo di affidamento: condiviso, oppure esclusivo.

Il tipo che la legge considera in generale preferibile è l'**affidamento condiviso** (art. 337-*ter*): il minore viene *affidato a entrambi i genitori*. Scelto l'affidamento condiviso, il giudice ne decide le modalità operative, in particolare rispetto a due questioni: ☞ tempi e modi della *permanenza dei figli presso ciascun genitore*; ☞ misura e modo in cui ciascun genitore deve *provvedere a mantenimento, cura, istruzione ed educazione* dei figli: la regola è che ciascuno provvede in misura proporzionale al proprio reddito, e se del caso il giudice dispone il versamento di un assegno periodico a carico di uno dei due.

Se l'affidamento è condiviso, l'esercizio della *responsabilità genitoriale* spetta a *entrambi*: di regola in modo congiunto, ma il giudice può stabilire che per l'ordinaria amministrazione la responsabilità si eserciti separatamente. In ogni caso le *decisioni di maggiore interesse* (istruzione, educazione, salute, residenza) vanno prese *di comune accordo*; e in caso di disaccordo decide il giudice. Nel prendere le sue decisioni, il giudice tiene conto degli *eventuali accordi* fra i genitori, se conformi all'interesse dei figli.

Nei casi (che dovrebbero essere l'eccezione) in cui l'affidamento condiviso sia contrario all'interesse del minore, il giudice decide per l'**affidamento esclusivo** (art. 337-*quater*): il minore è affidato a un solo genitore e non all'altro. In tal caso l'esercizio della *responsabilità genitoriale* spetta *esclusivamente al genitore affidatario*. Ciò non significa che il *genitore non affidatario* sia completamente tagliato fuori: da un lato deve *contribuire economicamente* per le esigenze del figlio; dall'altro, ha il diritto-dovere di *mantenere rapporti* significativi col figlio e di vigilare sulla sua istruzione ed educazione; ma soprattutto, partecipa col genitore affidatario alle decisioni di maggior interesse.

Fra i provvedimenti da prendere c'è quello sulla *casa familiare*: il giudice decide chi potrà continuare a usarla, tenendo conto prioritariamente dell'interesse dei figli (art. 337-*sexies*).

Vale anche qui il principio dell'*ascolto del minore* che abbia compiuto 12 anni, prima di prendere provvedimento che lo riguardano (art. 337-*octies*).

I *provvedimenti* del giudice sull'affidamento dei figli di genitori separati sono sempre *modificabili*, su richiesta dei genitori (art. 337-*quinquies*).

5. Vicende della separazione

La separazione è una situazione non stabile, bensì soggetta a evoluzioni e cambiamenti.

È sempre possibile la **modifica delle condizioni** della separazione (sia quelle relative ai rapporti fra i coniugi, sia quelle riguardanti i figli). La modifica è disposta dal *giudice*, cui il coniuge interessato può chiederla, in presenza di *fatti sopravvenuti che la giustificano* (art. 155, c. 8; 156, c. 7): ad es., se cambiano le condizioni economiche dei coniugi, può essere variato l'assegno di mantenimento; se l'iniziale affidamento congiunto si rivela impraticabile, si passa a quello esclusivo; ecc. È controverso il valore di una semplice *modifica consen-*

suale, concordata fra i coniugi *al di fuori di un procedimento giudiziario*: secondo una tesi, sarebbero efficaci le modifiche consensuali relative ai rapporti patrimoniali fra i coniugi; non, invece, quelle relative all'affidamento e al mantenimento dei figli.

È ammissibile il successivo **mutamento del titolo** della separazione: su richiesta di uno dei coniugi, la separazione *consensuale* può trasformarsi in separazione *giudiziale*; la separazione giudiziale inizialmente *senza addebito* può trasformarsi in separazione *con addebito* a un coniuge. Il presupposto è che la domanda di mutamento si basi su *fatti successivi* alla precedente separazione (o anteriori, ma conosciuti successivamente).

A differenza del divorzio, che scioglie irreversibilmente il matrimonio, la separazione è reversibile. I suoi effetti possono cessare, senza bisogno di un nuovo intervento del giudice, quando fra i coniugi interviene la **riconciliazione**: che può essere ☞ *espressa*, quando i coniugi, d'accordo, dichiarano esplicitamente di riconciliarsi; oppure ☞ *tacita*, quando tengono un comportamento concludente in tal senso. Una nuova separazione può intervenire solo per fatti successivi alla riconciliazione (art. 157; cfr. anche art. 154).

6. Il divorzio, e le sue cause

Il divorzio determina lo *scioglimento del matrimonio*, e così restituisce ai coniugi la *libertà di stato*, consentendo loro di risposarsi. Fu introdotto in Italia solo nel 1970, con la l. 898/1970, successivamente modificata dalla l. 74/1987; prima di allora, l'unica causa di scioglimento del matrimonio era la morte (o la dichiarazione di morte presunta) di uno dei coniugi (art. 149). Contro la legge istitutiva del divorzio si svolse nel 1974 un referendum abrogativo: ma non ebbe successo, perché quasi il 60% dei votanti si espresse per mantenere l'istituto. Il divorzio era stato attaccato anche davanti alla Corte costituzionale, sostenendosi che esso violerebbe i diritti della Chiesa in materia matrimoniale, riconosciuti dal concordato (e quindi dall'art. 7 C., che lo richiama): ma la Corte respinse l'argomento, giudicando il divorzio perfettamente legittimo anche nel nostro sistema concordatario (sentenze 169/1971; 176/1973).

La legge italiana non usa mai la parola «divorzio». Parla di «scioglimento del matrimonio» per indicare il divorzio rispetto ai matrimoni civili; e di «cessazione degli effetti civili del matrimonio» per il divorzio rispetto ai matrimoni concordatari: formula pudica e rassicurante, per manifestare che, ammettendo il divorzio, la legge dello Stato comunque non tocca il matrimonio-atto, lasciato alla legge e alla giurisdizione della Chiesa. La prevalenza numerica dei matrimoni concordatari su quelli civili (**62**.5) si traduce nella prevalenza delle pronunce di «cessazione degli effetti civili»). Complessivamente *il numero dei* *divorzi cresce*: dai 41.835 del 2002 si passa ai 45.097 del 2004 ai 49.534 del 2007. Ma è notevole il divario fra le diverse zone del paese: sui 49.534 divorzi del 2007, quelli del sud non arrivano a 9.000 contro gli oltre 40.000 del centro-nord.

Le **cause di divorzio** (art. 3 l.d.) sono *tassative*; e hanno la comune caratteristica di segnalare una rottura irreversibile del matrimonio, una situazione in cui «*la comunione spirituale e materiale tra i coniugi non può essere mantenuta o ricostituita*» (art. 1 l.d.: formula che parla di divorzio-rimedio, molto più che di divorzio-sanzione). Esse sono:

☞ la **precedente separazione** durata per *12 mesi* se giudiziale, o per *6 mesi* se consensuale (i termini sono stati così abbreviati dalla l. 55/2015: erano in origine 5 anni, poi ridotti a 3 nel 1987): se la causa è questa, al divorzio si può arrivare con la stessa *procedura stragiudiziale* (negoziazione assistita o accordo davanti al Sindaco) prevista per la separazione, sempre col limite relativo alla presenza di figli;

☞ la **sentenza penale** a carico dell'altro coniuge, che rientri in uno di questi gruppi: ✦ sentenza di condanna, *passata in giudicato*, all'*ergastolo* o alla *reclusione superiore a 15 anni*; oppure a una qualunque pena detentiva per *particolari reati* (contro la persona del coniuge o dei figli; contro l'assistenza familiare; relativi alla prostituzione; di incesto); ✦ sentenza di *assoluzione per infermità di mente*, da taluni dei reati di cui sopra; ✦ sentenza di non doversi procedere per *estinzione del reato*, relativamente a uno dei reati di cui sopra; ✦ sentenza di proscioglimento o assoluzione dal reato di *incesto*, per mancanza di pubblico scandalo;

☞ **situazioni matrimoniali create all'estero dal coniuge cittadino straniero** (annullamento o scioglimento del matrimonio, ottenuti all'estero; celebrazione all'estero di nuovo matrimonio);

☞ **non consumazione** del matrimonio;

☞ sentenza di **rettificazione del sesso** (**11**.5), passata in giudicato. Ma se i coniugi (adesso appartenenti allo stesso sesso) non vogliono sciogliere il loro rapporto, fra essi si instaura un'*unione civile omosessuale* (**62**.14). La soluzione, dettata dalla l. 76/2016, era stata suggerita, un paio di anni prima, da Corte cost. 170/2014.

Come nel giudizio di separazione, anche in quello di divorzio il giudice inizialmente tenta la *conciliazione*: di solito senza successo. A differenza della separazione, non è invece prevista una pronuncia di addebito: tuttavia una qualche *rilevanza di eventuali «responsabilità»* dell'uno o dell'altro coniuge può emergere, perché la pronuncia sull'*assegno di divorzio* è legata anche alle «ragioni della decisione» (**65**.7).

Fra le possibili cause di divorzio non c'è l'accordo dei coniugi (che può invece fondare la separazione): nel nostro sistema *non è ammesso il divorzio con-*

sensuale. C'è tuttavia un meccanismo che gli si avvicina: il **divorzio a domanda congiunta** (art. 4, c. 13, l.d.). In presenza di una causa di divorzio, i coniugi possono presentare insieme domanda di divorzio, indicando con precisione (dopo averle concordate fra loro) «*le condizioni inerenti alla prole e ai rapporti economici*». In tal caso la procedura – che non vede, come di regola accade, un coniuge contro l'altro – è abbreviata: il tribunale, accertata l'esistenza di una delle cause previste, pronuncia il divorzio, tenendo conto delle condizioni indicate concordemente dai coniugi (ma a differenza della separazione, qui il tribunale è libero di modificarle nella sua decisione, anche se in pratica ciò non avviene quasi mai).

La legge prevede un altro meccanismo che punta a snellire i procedimenti di divorzio, anche non introdotti con domanda congiunta. Quando è chiaro che esistono i presupposti del divorzio, ma la causa si preannuncia ancora lunga per la definizione dei suoi effetti economici (che spesso richiede accertamenti complessi), il giudice può spezzare in due il procedimento: pronuncia *subito il divorzio* (restituendo ai coniugi la libertà di stato), e *rinvia al seguito del procedimento la definizione degli effetti economici* (art. 4, c. 9, l.d.).

La sentenza che pronuncia il divorzio contiene anche l'ordine all'ufficiale dello stato civile di *annotare la sentenza nell'atto di matrimonio* (art. 5, c. 1, l.d.).

7. Gli effetti del divorzio: nei rapporti fra i coniugi, e riguardo ai figli

Il divorzio determina lo *scioglimento del matrimonio*, di cui fa cessare gli effetti. Dunque *incide sul matrimonio-rapporto*, differenziandosi dall'annullamento, che incide invece sul matrimonio-atto (inoltre, le cause d'invalidità sono preesistenti o contemporanee al matrimonio, mentre quelle di divorzio sono sopravvenute). Per altro verso, si differenzia dalla separazione, che non determina lo scioglimento, ma una semplice attenuazione del rapporto.

I **rapporti personali** fra i coniugi (in molti casi già affievoliti dalla separazione) vengono totalmente meno: la moglie perde il *cognome* del marito, salvo che per un legittimo interesse sia autorizzata dal giudice a conservarlo (art. 5, c. 2-4, l.d.); i coniugi *recuperano lo stato libero*, e possono risposarsi. Nei **rapporti patrimoniali**: ☞ vengono meno i reciproci *diritti successori* (salvo quanto si dirà fra poco); ☞ si scioglie la *comunione legale* (se non già sciolta per separazione); ☞ può essere stabilito, a carico di un coniuge, l'obbligo di corrispondere periodicamente all'altro una determinata somma (c.d. *assegno di divorzio*).

La funzione che giustifica l'**assegno di divorzio** è una *funzione assistenziale*; infatti è riconosciuto solo al coniuge che «non ha mezzi adeguati» e «non può procurarseli per ragioni oggettive»; per la sua quantificazione concorrono un *criterio risarcitorio* (deve tenersi conto delle «ragioni della decisione», che potrebbero identificare la prevalente responsabilità di un coniuge nel fallimento del matrimonio) e un *criterio compensativo* (dovendosi valutare il «contributo personale ed economico dato da ciascuno alla conduzione familiare ed alla formazione del patrimonio di ciascuno o di quello comune», il che impone di tenere conto anche della durata del matrimonio), oltre che l'ovvia considerazione dei *redditi di ciascun coniuge* (art. 5, c. 6, l.d.). Per un lungo periodo, questi criteri si sono tradotti nella regola giurisprudenziale secondo cui il coniuge economicamente più debole ha diritto a un assegno che gli permetta di conservare il *tenore di vita matrimoniale* (dunque a un assegno molto alto, se l'altro coniuge è molto ricco); ma nel 2017 la Cassazione ha adottato un orientamento meno generoso, stabilendo che l'assegno va riconosciuto solo se, e nella misura in cui, il beneficiario non sia in condizioni di *autosufficienza economica*.

Inoltre, valgono queste altre regole: ☞ il giudice deve stabilire un criterio per la *rivalutazione automatica* dell'assegno (art. 5, c. 7, l.d.); ☞ al posto dell'assegno, al coniuge avente diritto può essere attribuita una *somma una tantum*, se le parti sono d'accordo e il tribunale la considera equa (art. 5, c. 8, l.d.); ☞ il diritto all'assegno viene meno se chi lo percepisce passa a *nuove nozze* (art. 5, c. 10, l.d.); ☞ il diritto all'assegno viene meno anche alla *morte dell'obbligato*; ma a determinate condizioni, il titolare dell'assegno può vantare alcuni diritti connessi alla posizione pensionistica dell'ex coniuge (art. 9, c. 2-5, l.d.); inoltre, se il titolare versa in stato di bisogno, può essergli attribuito un assegno periodico a carico dell'eredità (art. 9-*bis* l.d.). Infine, anche per la misura dell'assegno di divorzio può rilevare la convivenza di fatto dell'obbligato o dell'avente diritto, nel senso già visto a proposito della separazione (**65**.4).

Con **riguardo ai figli**, si applicano sostanzialmente le stesse regole già viste per la separazione (**65**.4), con varianti marginali (art. 6, c. 2 e segg., l.d.).

8. La crisi delle unioni civili omosessuali e delle convivenze di fatto

Anche le famiglie non fondate sul matrimonio possono entrare in crisi, e dissolversi.

La l. 76/2016 prevede che le **unioni civili omosessuali** si sciolgano per alcune cause, che in qualche modo corrispondono ad alcune cause di divorzio. Lo **scioglimento** può avvenire: ☞ per determinate *vicende penali* che toccano un partner; ☞ per *dichiarazione dei partner, resa all'ufficiale di stato civile*, con cui si manifesta la volontà di sciogliere l'unione; ☞ per *rettificazione del sesso* di uno dei partner. Quanto alle *modalità processuali* per arrivare allo scioglimento, si fa rinvio alle corrispondenti norme della l.d. E anche le *conseguenze* *sostanziali* dello scioglimento (in particolare per quello che riguarda le rispettive posizioni economiche delle parti) sono definite per *rinvio alla disciplina del divorzio.*

Quanto alle **convivenze di fatto**, in caso di crisi esse possono sciogliersi sia per *decisione consensuale* di cessare la convivenza, sia per *iniziativa unilaterale* di uno dei due. In entrambi i casi non si richiede una procedura particolare, né c'è bisogno di atti formali: quello che conta è, in via di fatto, la cessazione della convivenza. Per tale evenienza, tutto quello che la legge prevede è il diritto del partner in stato di bisogno a ricevere gli alimenti.

Diverso è se le parti hanno concluso un **contratto di convivenza** (**62**.16). Se la relazione finisce, il contratto sarà *sciolto* o per *accordo delle parti* o per *recesso unilaterale* di una delle due: e sia l'accordo sia il recesso vanno formalizzati con atto pubblico o scrittura privata autenticata. Le conseguenze economiche dello scioglimento saranno molto probabilmente precisate nel contratto stesso.

Se la coppia ha *figli minori* (evidentemente extramatrimoniali), si applicano sostanzialmente *le stesse regole che valgono nei casi di separazione o divorzio* delle coppie sposate (affidamento congiunto o esclusivo, ecc.): art. 337-*bis* e segg. Inoltre, la Corte costituzionale (404/1988 e 166/1998) ha stabilito che se dopo la rottura i figli minori restano a convivere con uno dei partner, questi ha diritto di continuare ad abitare nella *casa* già comune, esattamente come il coniuge separato (**65**.4).

XIII
SUCCESSIONI E DONAZIONI

66
LA SUCCESSIONE PER CAUSA DI MORTE

SOMMARIO: 1. La funzione della successione per causa di morte. – 2. I principi generali del sistema successorio. – 3. Il divieto dei patti successori. – 4. Vocazione e delazione ereditaria: il sistema per individuare i successori. – 5. Le successioni anomale. – 6. Limiti di effettività del sistema successorio.

1. La funzione della successione per causa di morte

La *morte della persona fisica* pone il problema di *stabilire la destinazione del suo patrimonio*: cioè in pratica definire chi diventerà proprietario dei suoi beni, o titolare degli altri suoi diritti; e su chi si scaricheranno i suoi debiti.

Il problema, in realtà, non si pone per tutti gli elementi che compongono il patrimonio del soggetto, inteso nel suo senso più ampio (**7**.16). Infatti questo comprende anche *posizioni soggettive che si estinguono insieme col titolare*, e dunque non si trasmettono a nessun altro dopo la sua morte. Fra le **posizioni intrasmissibili** ricordiamo: ☞ i *diritti della personalità* e le altre posizioni non patrimoniali (come i diritti e i doveri legati allo status di coniuge); ☞ alcune *posizioni patrimoniali*, come il diritto di *usufrutto*, e altre più strettamente legate alla persona del titolare (i diritti di *uso e abitazione*; le posizioni connesse al rapporto di *lavoro subordinato* e al contratto di *mandato*; la partecipazione a *società di persone*; il diritto agli *alimenti*, e il correlativo obbligo dell'alimentante; il diritto all'*assegno di mantenimento* del coniuge separato o divorziato, e il correlativo obbligo dell'altro coniuge).

Tutte le altre posizioni patrimoniali sopravvivono al titolare, e dopo la sua morte possono essere trasmesse a qualcun altro. Anzi, *devono* essere trasmesse, perché il buon funzionamento del sistema richiede la **continuità delle relazioni giuridico-economiche**: i beni di chi muore non possono restare senza un nuovo proprietario; e sarebbe assurdo che, alla morte di un debitore, i suoi debiti morissero con lui, e il creditore non potesse pretendere più nulla da nessuno; o che alla morte di un creditore il debitore fosse per questo liberato dal debito. Di qui il problema: chi diventa proprietario dei beni del defunto? Chi acquista i suoi crediti? Chi assume i suoi debiti?

Al problema danno risposta le regole sulla successione per causa di morte. Queste sono contenute nel *secondo libro del codice civile*; ma per alcuni aspetti particolari anche in un *regolamento dell'Unione europea* (2012/650).

2. I principi generali del sistema successorio

Il nostro sistema successorio si basa su alcuni principi generali.

Il primo è il riconoscimento di **legittimità della ricchezza ereditata**. In teoria, l'ordinamento giuridico potrebbe stabilire – in base a una scelta ideologica, o di valori – che l'unico titolo che legittima la ricchezza privata è l'attività personale dei soggetti: ciascuno avrebbe titolo alla sola proprietà dei beni che riesce ad acquisire con i proventi del suo lavoro o facendo fruttare altri suoi beni, e non anche alla proprietà che potrebbe pervenirgli per la morte di un altro soggetto; con la conseguenza che, alla morte dei soggetti, i loro beni andrebbero allo Stato (il quale potrebbe trattenerli in mano pubblica, oppure redistribuirli a privati secondo determinati criteri di politica economica e sociale). Il nostro ordinamento rifiuta questa prospettiva: con una scelta di rango costituzionale (che risulta implicitamente dall'art. 42, c. 4, C.) ammette la legittimità non della sola ricchezza guadagnata, ma anche della ricchezza ereditata. È significativo che tale scelta si esprima nell'articolo dedicato alla proprietà: ammettere la legittimità anche della ricchezza ereditata significa un più ampio riconoscimento e una più forte garanzia della *proprietà privata*.

Il secondo principio è il riconoscimento dell'**autonomia privata**. In teoria l'ordinamento giuridico (una volta ammessa la legittimità della ricchezza ereditata) potrebbe stabilire che la scelta dei successori del defunto sia compiuta in modo esclusivo dalla legge, senza nessuna possibilità per il titolare del patrimonio di determinare, neppure in parte, chi vi subentrerà dopo la propria morte. È ancora l'art. 42, c. 4, C., dando per scontata l'esistenza di una successione «testamentaria», a dirci che il nostro ordinamento segue una linea diversa, consentendo ai privati di disporre delle proprie sostanze, per il tempo successivo alla propria morte, *in modo conforme (almeno in parte) ai propri giudizi, interessi, sentimenti o perfino capricci*. Lo strumento per realizzare ciò è quel particolare atto (negozio giuridico) che si chiama *testamento*: in materia di successioni, l'autonomia privata si identifica con la *libertà testamentaria*. Ma anche in questo campo l'autonomia privata è soggetta a *limiti*: un primo limite si traduce nel divieto dei patti successori (**66**.3); un altro limite discende dal terzo principio.

Il terzo principio generale del sistema successorio è la **trasmissione della ricchezza per via familiare**. L'ordinamento valuta che le relazioni di famiglia costituiscano il canale privilegiato per il passaggio delle posizioni giuridiche del defunto ai suoi successori. Questo principio si attua con due distinti meccanismi: ☞ il meccanismo della *successione necessaria*, che limita la libertà testamentaria: il testatore non è libero di decidere al 100% a chi andranno i propri beni; può deciderlo liberamente solo per una quota di essi, perché un'altra quota è destinata a successori scelti in modo vincolante dalla legge (successori necessari), anche contro la volontà del testatore; e i successori necessari sono *i più stretti familiari del defunto* (**68**.2-3); in breve, la legge inderogabilmente vuole che almeno una quota del patrimonio del defunto resti nell'ambito della sua famiglia; e poi ☞ il meccanismo della *successione legittima*, che non limita la libertà testamentaria, ma vi supplisce per il caso che il titolare del patrimonio non se ne avvalga: se una persona muore senza aver fatto testamento (cosa possibile, perché questo è materia di libertà, non di obbligo), i suoi successori sono individuati dalla legge, per cui si chiamano successori legittimi; e anche i successori legittimi si identificano con i *familiari del defunto* (**68**.8); in altre parole, se manca qualsiasi determinazione di autonomia privata del titolare del patrimonio, la legge vuole che questo resti nell'ambito della sua famiglia, anziché andare a estranei. Un'avvertenza generale sul punto: prima del 2016 per «familiari» si intendevano coniuge, parenti e affini; per effetto della l. 76/2016 bisogna aggiungere il partner dell'unione civile omosessuale (**62**.14).

Fin qui abbiamo parlato di «defunto». I giuristi usano un'altra espressione: **«de cuius»**, cioè colui «della cui» successione si tratta.

3. Il divieto dei patti successori

L'*autonomia privata* in campo successorio è fondamentalmente *vincolata all'uso esclusivo di uno strumento tipico: il testamento.* Il titolare del patrimonio è libero (nella misura consentita dal meccanismo della successione necessaria) di determinare la sorte dei propri beni dopo la propria morte: ma la legge esige che lo faccia solo col testamento, e in nessun altro modo. Di qui il divieto legale, e la *nullità*, dei patti successori (art. 458). In questa categoria rientra tutta una serie di atti – bilaterali o plurilaterali, ma anche unilaterali (che quindi a rigore non sono «patti») – che possono classificarsi così:

☞ i **patti istitutivi** sono gli atti con cui il soggetto *dispone della propria eredità*, ad es. impegnandosi a non fare testamento (con la conseguenza che il suo patrimonio andrà ai successori legittimi, e a nessun altro), oppure a fare testamento in favore di una certa persona, ovvero a escludere una certa persona dal proprio testamento. La nullità di tali atti lascia il soggetto *libero di non fare o fare validamente testamento anche in senso difforme* dagli impegni così assunti (meno facile è stabilire la sorte del *testamento fatto in conformità al patto illeci-*

to: nullo perché condizionato da un impegno nullo? o valido perché, in ipotesi, aderente alla reale volontà del testatore, che avrebbe disposto così anche in assenza del patto?);

☞ i **patti dispositivi** sono gli atti con cui il soggetto *attribuisce a qualcuno suoi futuri eventuali diritti ereditari* (ad es.: A promette in vendita a B la casa di suo padre, che pensa prima o poi di ereditare);

☞ i **patti rinunciativi** sono gli atti con cui il soggetto *rinuncia anticipatamente a suoi futuri eventuali diritti ereditari* (è invece lecita la rinuncia successiva, cioè compiuta dopo l'apertura della successione, determinata dalla morte del de cuius).

La *ratio del divieto* sta, per i patti istitutivi, nella *salvaguardia della libertà testamentaria* (che la legge tutela consentendo sempre, fino all'ultimo, di revocare il testamento già fatto, e che non sopporta perciò di assoggettarsi a vincoli, sia pure volontariamente assunti); alla stessa ratio si riconduce la *nullità della donazione a causa di morte*, cioè la donazione destinata a produrre effetti solo con la morte del donante; e la nullità della clausola dello statuto di società che, per il caso di morte del socio, dispone che la sua quota passi automaticamente agli altri soci. Quanto ai patti dispositivi e rinunciativi, la ratio è piuttosto l'esigenza di *legare le scelte giuridico-economiche a presupposti di certezza, serietà e non precarietà*: esigenza che sarebbe contraddetta se si permettesse ai soggetti di negoziare non su diritti attuali e certi, ma su semplici aspettative di fatto (**4**.6).

Il divieto dei patti successori conosce peraltro una *deroga*: nella sua nuova formulazione (introdotta dalla l. 55/2006), l'art. 458 fa infatti salve le norme sui *patti di famiglia* (**69**.17).

4. Vocazione e delazione ereditaria: il sistema per individuare i successori

Nel sistema successorio è centrale il concetto di **eredità**, che indica il complesso delle posizioni giuridiche attive e passive di una persona, cioè il suo *patrimonio, in quanto destinato a passare ai successori dopo la morte* della persona stessa. Il problema cui dà risposta il sistema successorio può dunque formularsi, più propriamente, come il *problema di individuare chi acquisterà l'eredità del defunto*, ovvero chi saranno i suoi eredi. Un'altra espressione che conviene imparare è **asse** (ereditario): deriva dal latino, e indica *l'intera eredità, nella sua consistenza giuridico-economica complessiva*; si parla perciò di valore globale dell'asse, di beni compresi nell'asse, ecc. Il problema della successione per causa di morte è dunque il problema di individuare a chi andrà l'asse ereditario.

Lo specifico meccanismo che risolve questo problema si basa su due concetti, strettamente connessi se non sostanzialmente coincidenti: ☞ uno è **vo-**

cazione (ereditaria), che dal latino «vocare» = chiamare significa «chiamata»: e infatti il sistema successorio serve fondamentalmente per *determinare quali sono le persone «chiamate all'eredità» del defunto*, cioè le persone che potranno diventare i suoi eredi, ovvero acquistare la sua eredità, ovvero subentrare nelle posizioni giuridiche che formano l'asse ereditario; ☞ l'altro è **delazione** (ereditaria) che viene anch'esso dal latino («deferre» = «attribuire»), e indica il fenomeno per cui *l'eredità è attribuita a qualcuno*: questo qualcuno è appunto *il chiamato* all'eredità.

Volendo essere sottili nella distinzione, si può dire che «vocazione» ereditaria allude al *titolo in base a cui uno può essere chiamato all'eredità* (titolo che, come vedremo subito, può essere rappresentato dal testamento, oppure dalla legge); mentre «delazione» ereditaria si riferisce piuttosto alla *posizione soggettiva in cui il chiamato all'eredità si trova in forza di quel titolo*: la posizione di chi può, accettando l'eredità, diventare effettivamente erede. Ma nella sostanza i due concetti coincidono.

I **meccanismi della vocazione/delazione ereditaria** sono sintetizzati, nelle grandi linee, dall'art. 457, e a ciascuno corrisponde un tipo di successione:

☞ il primo meccanismo è la vocazione *testamentaria*, su cui si basa la **successione testamentaria** (**67**): infatti in prima battuta «l'eredità si devolve ... *per testamento*» (art. 457, c. 1), per cui chiamate all'eredità sono innanzitutto *le persone che lo stesso de cuius chiama all'eredità nel suo testamento*;

☞ ma lo stesso art. 457, c. 3 introduce un limite che dà luogo al meccanismo della **successione necessaria**, in base alla quale i successori sono individuati *anche contro la volontà del testatore* (**68**.2): infatti la norma avverte che «Le disposizioni testamentarie non possono pregiudicare i *diritti che la legge riserva ai legittimari*» (art. 457, c. 3): i legittimari sono i *successori necessari*, cioè quei *più stretti familiari del de cuius*, ai quali la legge vuole comunque che sia attribuita una quota dell'asse ereditario, anche se il testamento li trascura;

☞ per ultimo viene il meccanismo della *vocazione legittima*, cui corrisponde la **successione legittima** (**68**.8). Fin qui abbiamo presupposto che ci sia un testamento, e che le disposizioni testamentarie attribuiscano ai chiamati l'intero asse ereditario. Ma può non essere così: e allora scatta un diverso modo di individuare gli eredi (una diversa vocazione ereditaria), di cui parla la stessa norma là dove dice che, *in alternativa a devolversi per testamento, l'eredità può devolversi «per legge»* (art. 457, c. 1). Se il de cuius non ha fatto testamento, e quindi non ha chiamato nessuno alla propria eredità, la chiamata è fatta dalla legge. Questa può scattare anche se *il de cuius ha fatto testamento, ma senza disporre dell'intero asse ereditario:* in tal caso la parte coperta dal testamento si attribuisce in base a successione testamentaria, mentre la parte residua si devolve secondo le regole della successione legittima. È dunque chiaro che fra i due tipi di successione esiste un preciso *rapporto gerarchico*, che la norma esplicita: «Non si fa luogo alla successione legittima se non quando manca, in tutto o in parte, quella testamentaria» (art. 457, c. 2).

Può stabilirsi un parallelo fra il sistema successorio e il sistema delle fonti di determinazione del regolamento contrattuale: il rapporto fra successione testamentaria, necessaria e legittima è analogo a quello che corre fra le clausole concordate dalle parti, le norme imperative e le norme dispositive (**32**.1).

Ma il problema della vocazione/delazione ereditaria può non finire qui. È possibile che *qualche ostacolo impedisca di attribuire l'eredità secondo la gerarchia di criteri appena considerata:* per individuare gli eredi del de cuius, subentrano allora altri *criteri sostituitivi*, che danno luogo alla c.d. **delazione successiva** (**68**.13).

5. Le successioni anomale

Ci sono casi in cui *la morte di una persona attribuisce ad altre persone posizioni soggettive collegate con posizioni già appartenenti al defunto*: casi che, tuttavia, sono estranei al fenomeno della successione per causa di morte. Si parla, al riguardo, di successioni anomale.

Alcune fattispecie riguardano diritti della personalità o comunque **situazioni non patrimoniali**: il *diritto morale d'autore* può essere difeso, dopo la morte del titolare, dai suoi familiari (**57**.2); determinati familiari del defunto possono esercitare *azioni di stato* che gli spettavano (**64**.4-8).

Altre riguardano **diritti a contenuto patrimoniale, collegati a situazioni personali**: si ricordi il diritto al *risarcimento per l'uccisione del familiare* (**44**.14); e l'eventuale diritto all'*assegno alimentare a favore del coniuge* separato con addebito o divorziato, a carico dell'eredità dell'altro coniuge premorto (**65**.4-7).

Altre ancora riguardano **diritti schiettamente patrimoniali**: la morte dell'usufruttuario determina il riacquisto della *piena proprietà* a favore del proprietario (**18**.4); alla morte del conduttore, coniuge, eredi e familiari conviventi possono subentrargli nei diritti e obblighi derivanti dal *contratto di locazione abitativa* (**39**.5); nell'*assicurazione sulla propria vita a favore di un terzo*, questo acquista il diritto verso l'assicuratore con la morte dello stipulante (**59**.6); se il rapporto di lavoro subordinato si scioglie per morte del lavoratore, l'*indennità di fine rapporto* si devolve al coniuge, ai figli e ai familiari a carico (**55**.11).

In tutti questi casi, *siamo fuori dal fenomeno successorio* in senso proprio: i beni o diritti attribuiti non sono compresi nell'asse ereditario; l'individuazione dei soggetti che li acquistano, e la misura in cui li acquistano, obbediscono a criteri diversi da quelli del sistema successorio; ed è un titolo non successorio il titolo in base a cui avviene l'acquisto (come si usa dire, i soggetti acquistano *«iure proprio», e non «iure successionis»*).

6. Limiti di effettività del sistema successorio

Nella realtà, il sistema successorio prefigurato dal legislatore viene largamente eluso: gran parte della ricchezza attraversa le generazioni secondo criteri divergenti dagli schemi legali, che pure si vorrebbero inderogabili. Un dato spesso comune alle diverse pratiche elusive è che *gli effetti della successione vengono anticipati a un tempo che precede la morte dell'interessato*: i risultati giuridico-economici che dovrebbero conseguire a un atto «per causa di morte», come il testamento, si realizzano già in vita dell'interessato con *atti «fra vivi»*: donazioni, vendite simulate, intestazioni fiduciarie, mandati irrevocabili senza obbligo di rendiconto, cointestazione di cassette di sicurezza o di conti bancari, conferimento di beni in società e altri modi di trasformazione di beni «reali» in beni «finanziari», più facilmente trasmissibili (e occultabili), ecc.

Le *ragioni* possono essere diverse. Ragioni in sé *lecite*, come il desiderio di vedere consolidato già durante la propria vita l'assetto che si pensa di realizzare fra i successori (magari per sperimentarne il buon funzionamento e la tenuta della pace familiare, prevenendo le liti ereditarie che potrebbero esplodere dopo la morte dell'interessato). Ma talora anche ragioni *illecite*: come l'intento di alterare l'equilibrio fra i familiari, inderogabilmente voluto dalla legge con le norme sulla successione necessaria; o quello – di gran lunga il più frequente – di eludere l'imposta di successione che grava sulla ricchezza ereditata (in misura progressivamente crescente, quanto più è lontano il rapporto familiare fra de cuius e successori).

In tal modo, quello che alla morte del soggetto si presenta come il suo asse ereditario spesso risulta (in base alla dichiarazione di successione, su cui si fonda l'applicazione della relativa imposta) di consistenza molto più esigua rispetto alla reale ricchezza di sua pertinenza, che formalmente risulta già passata ad altri soggetti. Se l'assetto extralegale così realizzato soddisfa tutti i possibili interessati alla successione, ben difficilmente le pratiche elusive emergono dopo la morte del de cuius; realisticamente, hanno modo di essere individuate e colpite solo se qualcuno degli interessati ne esce insoddisfatto, e così è indotto a invocare il ripristino degli schemi legali del sistema successorio.

Il sistema legale delle successioni ha poi difficoltà ad affrontare problemi legati all'evoluzione tecnologica, che crea nuovi beni come i "beni digitali" (7.14) a cui dovrebbe corrispondere una *eredità digitale*: chi ha diritto di accedere ai contenuti (testi, video, audio) immagazzinati nel computer o nello smartphone del defunto? si può pretendere dai gestori delle relative piattaforme (Google, Facebook, Instagram, ecc.) di rendere tecnicamente disponibili quei contenuti?

67
LA SUCCESSIONE TESTAMENTARIA

1. Il testamento

Nella definizione legale, «Il testamento è un *atto revocabile con il quale taluno dispone, per il tempo in cui avrà cessato di vivere, di tutte le proprie sostanze o di parte di esse*» (art. 587, c. 1).

La definizione indica alcune delle caratteristiche fondamentali del testamento. Il testamento è: ☞ atto **negoziale**: con esso «taluno dispone ...», sicché la volontà di compiere l'atto s'identifica con la volontà di determinarne gli effetti; ☞ atto **patrimoniale**: ha per oggetto le «sostanze», cioè i beni economici del testatore (vedremo tuttavia che, accanto a questo contenuto essenziale e tipico, il testamento può avere anche *contenuti non patrimoniali*: **67**.8); ☞ atto **revocabile**: in qualunque momento, e fino all'ultimo, il testatore può togliere efficacia al testamento fatto in precedenza, e, se crede, sostituirlo con un testamento diverso in tutto o in parte. La revocabilità serve a garantire nel modo più pieno la *libertà testamentaria*, al pari del divieto dei patti successori di tipo dispositivo: come questi non possono vincolare il soggetto circa il suo futuro testamento, così neppure il testamento già fatto costituisce un vincolo per il testatore; ☞ atto **unilaterale**, formato dalla sola volontà del soggetto che «dispone». L'unilateralità si precisa poi nell'ulteriore qualificazione del testamento come ☞ atto **unipersonale**, nel senso che esso deve avere un *singolo autore*, essendo escluso che alla formazione di esso possano partecipare più persone: di qui il **divieto del testamento collettivo**, nella doppia variante del *testamento congiuntivo* (con cui più persone, nello stesso atto, dispongono delle proprie sostanze a favore di terzi) e del *testamento reciproco* (con cui più persone dispongono, nello stesso atto, l'una a favore dell'altra): art. 589. La ratio del divieto è sempre l'esigenza di *evitare vincoli alla libertà testamentaria*: la stessa ratio cui si ispira il divieto del *testamento a condizione di reciprocità*, con cui uno dispone delle proprie sostanze a favore di una persona, sotto condizione che questa persona faccia a sua volta testamento in suo favore (art. 635).

Il testamento è poi ☞ atto **personale**: non può essere fatto da un *rappresentante*, in nome e al posto dell'interessato; ed è estremamente limitata la possibilità che il suo contenuto essenziale sia affidato dal testatore alla *determinazione di un terzo* (**67**.4-5). Si richiedono poi determinate condizioni di **capacità del testatore**: sono incapaci di testare (né, per quanto appena detto, possono essere sostituiti da un rappresentante) i *minori* e gli *interdetti giudiziali*; lo sono, inoltre, gli *incapaci naturali* (art. 591, c. 2); hanno invece piena capacità di testare gli interdetti legali e (senza bisogno di assistenza del curatore) gli inabilitati.

Quanto ai suoi effetti, il testamento è: ☞ atto **non ricettizio**: i suoi effetti (la vocazione e la conseguente delazione ereditaria) si producono indipendentemente dal fatto che il chiamato all'eredità ne abbia conoscenza; ☞ atto **a causa di morte**: vocazione e delazione ereditaria scattano con la morte del testatore.

Infine, il testamento è ☞ atto **formale**: è radicalmente invalido, o addirittura inesistente, il testamento fatto a voce (c.d. *testamento noncupativo*); per essere valido, il testamento deve essere fatto secondo una di tre possibili forme (**67**.2). La funzione del formalismo testamentario è non tanto garantire un'adeguata *ponderazione dell'atto*, per evitare che questo scaturisca da impulsi incontrollati e momentanei (esigenza a cui può rispondere l'illimitata possibilità di revoca); quanto *rendere facile e certa la prova della sua esistenza e del suo contenuto*.

Come accade per gli altri atti giuridici, anche per il testamento può porsi un problema di **interpretazione**. Benché l'art. 1324 limiti l'estensione delle norme sul contratto ai soli atti unilaterali fra vivi con contenuto patrimoniale (fra i quali non rientra il testamento, che è atto a causa di morte), si ritiene che *alcuni dei criteri legali di interpretazione del contratto* possano utilmente impiegarsi per cercare il giusto significato delle disposizioni testamentarie: in particolare i c.d. *criteri di interpretazione soggettiva* (**32**.6).

2. Le forme di testamento: olografo, pubblico, segreto

A seconda della forma in cui è fatto, il testamento può essere testamento olografo o testamento per atto di notaio, che a sua volta può essere testamento pubblico o testamento segreto (art. 601). Forme diverse sono ammesse, in casi del tutto marginali, per i c.d. testamenti speciali.

Il **testamento olografo** è quello «scritto per intero, datato e sottoscritto di mano del testatore» (art. 602, c. 1). Esso richiede dunque tre elementi: ☞ l'**autografia**, che deve riguardare l'intero atto: questo sarebbe invalido, se risultasse anche solo in parte scritto da persona diversa (sia pure sotto dettatura del testatore) o con mezzi meccanici (per es. a macchina); inoltre occorre che il testatore usi la sua normale scrittura (e non scriva, per es., tutto a stampatello); ☞ la **data**, che deve essere indicata in modo completo (giorno, mese, anno); se il testamento porta una *data falsa*, non è detto che ne risulti inficiato: la prova della falsità della data è ammessa solo quando è diretta a risolvere una *questione per la quale sia decisivo sapere quando il testamento è stato effettivamente formato* (ad es., a verificare se il testatore era capace o incapace al tempo dell'atto; o a chiarire quale fra due testamenti della stessa persona sia posteriore all'altro, e dunque prevalga): art. 602, c. 3; ☞ la **sottoscrizione**, che deve essere posta alla fine del testamento, e può anche non indicare nome e cognome del testatore, purché sia *tale da designarlo con certezza*: il testamento può anche avere forma di lettera con cui il testatore si rivolge ai figli, firmando «vostro padre», o alla moglie, firmando «tuo marito», o usando il solo prenome o l'abituale pseudonimo (art. 602, c. 2).

Il testamento olografo ha il vantaggio di potersi confezionare in modo *semplice e non costoso* (qualsiasi foglio di carta va bene), e di garantire la *riservatezza* circa le ultime volontà del testatore (che può tenerlo nascosto fino alla morte); ha però l'inconveniente di essere esposto al *rischio di smarrimento, distruzione (accidentale o dolosa), falsificazione*. Questi rischi si evitano ricorrendo al **testamento per atto di notaio**, che può essere pubblico o segreto:

☞ il testamento **pubblico** è *redatto dal notaio, che raccoglie la volontà del testatore*: questi gli dichiara le sue ultime volontà, in presenza di *due testimoni*; il notaio le mette fedelmente per iscritto, quindi legge il testamento così formato al testatore e ai testimoni, i quali vi appongono le proprie firme, accanto a quella del notaio (art. 603). Il vantaggio principale è dato dall'intervento di un professionista legale come il notaio, che – pur senza influenzare la volontà del testatore – può dargli chiarimenti e consigli circa le conseguenze delle sue disposizioni e il modo tecnicamente migliore per raggiungere gli assetti desiderati. Il suo difetto è la *mancanza di riservatezza* sul contenuto del testamento;

☞ il testamento **segreto** elimina quest'ultimo inconveniente. Infatti può essere *scritto direttamente dal testatore* (ma anche da un *terzo*, e anche con *mezzi meccanici*), e *sottoscritto* dal testatore stesso (art. 604). Quindi viene *sigillato*, e il testatore, in presenza di due testimoni, lo *consegna al notaio* dichiarandogli che il plico così consegnato contiene il suo testamento; il notaio lo prende in consegna e scrive sull'involucro esterno l'*atto di ricevimento* – firmato dal testatore, dai testimoni e dal notaio – con cui il notaio attesta le operazioni che si sono svolte davanti a lui (art. 605).

Il testamento pubblico e quello segreto possono sempre essere *ritirati* dalle mani del notaio che li custodisce, per iniziativa del testatore (art. 608): e il ritiro può valere revoca del testamento (**67**.12).

Alla morte del testatore, il testamento *olografo* e quello *segreto* (che non sono pubblici) devono essere pubblicati, per consentirne l'esecuzione: la **pubblicazione** implica la stesura di un *verbale notarile che riproduce il contenuto del testamento*, e deve essere inviato al tribunale del luogo di apertura della successione (art. 620 e segg.).

I **testamenti speciali** son quelli che la legge consente di redigere in forme diverse da quelle ordinarie, in ragione delle *circostanze straordinarie* in cui sono formati. La deroga sta, essenzialmente, nel consentire che il testamento venga raccolto da *persona diversa dal notaio* (art. 609-619): ☞ in caso di *malattie contagiose, calamità pubbliche e infortuni*, possono provvedervi il sindaco, il pretore o un ministro del culto; ☞ durante un *viaggio per nave o in aereo*, il comandante del mezzo; ☞ per i militari e le altre persone impegnate in *operazioni di guerra*, gli ufficiali o i cappellani militari. Caratteristica dei testamenti speciali è l'*efficacia temporanea*: diventano inefficaci *tre mesi* dopo la cessazione delle circostanze eccezionali che li hanno giustificati (artt. 610; 615; 618).

La l. 387/1990, che ha ratificato la convenzione di Washington (1973), ha introdotto nell'ordinamento italiano un'ulteriore forma di testamento: il **testamento internazionale**. Esso si caratterizza per una forma mista (presenta elementi del testamento per atto di notaio e del testamento olografo, anche se a differenza di questo non esige l'autografia); se la forma è rispettata, il testamento deve considerarsi formalmente valido a prescindere dalla legge che risulterebbe applicabile ad esso in forza delle norme di diritto internazionale privato (**3**.12). A questo riguardo si segnala che nel 2015 è entrato in vigore il Regolamento Ue 2012/650 sulla scelta della legge applicabile alle successioni.

3. Il contenuto tipico del testamento: eredità e legato

Il **contenuto tipico** del testamento – atto di *disposizione delle proprie «sostanze»* – è un contenuto patrimoniale, che consiste nell'*individuare i successori, che subentreranno nel patrimonio del de cuius*. Ma a questo punto precisiamo che i successori possono essere di due tipi: eredi oppure legatari. Il contenuto tipico del testamento può così articolarsi in due contenuti diversi: attribuire *eredità* (designando gli eredi) e/o attribuire *legati* (designando i legatari).

Se poi si considera che il testamento può avere anche *contenuti atipici*, diversi da quelli appena indicati, e di natura anche non patrimoniale, ne risulta che esso deve concepirsi *non come un atto unitario, dal contenuto omogeneo e indifferenziato*: ma piuttosto come il «contenitore» di diverse **disposizioni testamentarie**, che si presentano relativamente *autonome l'una dall'altra*. La conseguenza più rilevante è la possibilità che solo una parte del contenuto del testamento (una determinata disposizione testamentaria) si presenti affetta da qualche vizio e venga perciò invalidata, mentre le parti restanti (le altre disposizioni testamentarie) si conservano immuni da vizi, restando valide ed efficaci; oppure la possibilità che solo una certa disposizione testamentaria, e non le altre, sia assoggettata a condizione, o revocata; ecc.

Come detto, il testatore può attribuire i suoi beni a due diversi titoli: per **eredità** (a coloro che istituisce eredi); o per **legato** (a coloro che nomina legatari). Entrambi sono successori del de cuius: ma lo sono in modo diverso.

È diverso l'**oggetto** della successione: oggetto dell'eredità è *l'intero patrimonio del defunto*, oppure *una frazione aritmetica dell'intero patrimonio* (la metà, o un terzo, o un quinto, ecc.); invece l'oggetto del legato è costituito da *uno o più singoli beni o diritti patrimoniali determinati*. È diverso il **titolo** della successione: l'erede è successore *a titolo universale*; il legatario succede *a titolo particolare* (**8**.4). Ed è diverso il **trattamento giuridico** applicato alle due posizioni: ☞ l'erede, subentrando nel patrimonio del de cuius (fatto di attività ma anche di passività) *subentra anche in tutti i debiti* di questo, che diventano i suoi debiti, e ne risponde illimitatamente con i propri beni personali (anche «ultra vires», cioè al di là dell'attivo ereditario); invece il legatario *non risponde personalmente dei debiti* ereditari; ☞ se *si scoprono successivamente beni* del de cuius, non menzionati nel testamento e di cui s'ignorava l'esistenza, tali beni sono automaticamente attribuiti all'erede e non al legatario; ☞ chi è designato erede acquista l'eredità solo in base a un suo atto di *accettazione*; invece il legatario acquista il legato in modo automatico, *senza bisogno di accettazione*; ☞ la designazione dell'erede non può assoggettarsi a *termine*; invece l'efficacia del legato può dipendere da un termine (iniziale o finale) apposto dal testatore.

4. L'istituzione di erede, e la diseredazione

L'istituzione di erede è la principale disposizione testamentaria. Distinguerla dall'attribuzione di legato, è un problema di *interpretazione del testamento*. A tale fine non sono decisive le *parole del testatore* (che possono riflettere un'imperfetta conoscenza del loro significato tecnico); decisiva è la ricerca della *volontà del testatore*, che va intesa nel senso dell'istituzione di erede se risulta che egli intendeva designare l'istituito come continuatore ideale del proprio patrimonio, e non come destinatario di qualche singolo bene (art. 588, c. 1).

Perciò l'istituzione di erede può essere esclusa, benché il testatore usi proprio questa parola: se nel testamento si dice che ad A viene lasciata «in eredità» l'automobile del de cuius, questa deve intendersi come semplice attribuzione di un legato. Per contro, l'istituzione di erede può essere affermata non solo quando il testatore usa correttamente il termine o dichiara di voler attribuire l'intero patrimonio o una quota di esso («lascio a B tutti i miei beni»; «a C andrà un terzo del mio patrimonio», ecc.); ma anche quando, pur parlando di beni determinati, il testatore si è chiaramente riferito ad essi come a una frazione del suo patrimonio: se ad es. il patrimonio è formato essenzialmente da proprietà immobiliari, e il testatore dichiara di lasciare a X gli appartamenti di Milano e Venezia, e a Y gli appartamenti di Firenze e la fattoria di Montalcino, deve intendersi che X e Y sono istituiti eredi (c.d. *istituzione di erede ex re certa*: art. 588, c. 2).

Alla luce di questi criteri va valutata la c.d. **diseredazione**, cioè la disposizione testamentaria con cui *si dichiara di voler escludere qualcuno dalla propria successione*. Occorre distinguere. Se il diseredato è *estraneo alla famiglia*, la disposizione è irrilevante, perché anche in mancanza di essa il soggetto non avrebbe titolo a succedere. Se invece la diseredazione colpisce un *successore legittimo* (**68**.8), può avere un senso: se K lascia due fratelli, che in mancanza di testamento succederebbero in parti uguali, e nella scheda scrive semplicemente che intende diseredare Giorgio, questa sua volontà ha il valore di attribuire l'intera eredità a Carlo, anche se espressa in negativo e non in positivo. La diseredazione in senso forte è quella diretta a escludere dall'eredità un *successore necessario*: ma questi ha comunque diritto almeno alla «quota legittima», che non può essergli tolta (**68**.2), sicché la disposizione è sotto questo profilo inammissibile e inefficace (può se mai togliere al diseredato la quota disponibile, che gli sarebbe eventualmente toccata come erede legittimo). Una particolarissima ipotesi di diseredazione di un successore necessario è prevista dal nuovo art. 448-*bis* (introdotto nel 2012): il figlio può escludere dalla successione il padre che, per gli abusi commessi a suo danno, sia decaduto dalla potestà (**64**.19).

La determinazione della persona dell'erede deve essere fatta dal testatore personalmente e in modo inequivoco: è nulla l'istituzione di erede che affida la scelta del beneficiario all'*arbitrio di un terzo* (art. 631, c. 1), o lo lascia *indeterminato e indeterminabile* (art. 628); ma una norma apposita salva le disposizioni fatte genericamente «*a favore dei poveri*» (art. 630).

Come già accennato, l'istituzione di erede *non sopporta termine* né iniziale né finale: l'erede è il continuatore del defunto nel suo patrimonio, e la continuità delle relazioni giuridico-economiche non può essere sospesa o spezzata (è inammissibile che, sia pure per un tempo limitato, un patrimonio risulti privo di titolare). Il termine eventualmente indicato dal testatore si considera *non apposto* (art. 637).

5. I legati

Il legato è la *disposizione testamentaria che attribuisce uno o più beni o diritti determinati*, nei quali il beneficiario (legatario) succede a titolo particolare. E succede *automaticamente, senza bisogno di accettazione*: ma, per il principio che tutela la sfera patrimoniale dei soggetti anche contro gli arricchimenti indesiderati (**28**.4), resta salva la *facoltà di rinunciare* (art. 649, c. 1).

Il legatario si definisce anche *onorato*; e l'erede, normalmente tenuto a eseguire il legato, e quindi a sopportarne il peso economico, si dice perciò *onerato*. Ma il legato può anche essere messo *a carico di un altro legatario* (che diventa a sua volta onerato): si chiama allora **sublegato**. Per contro, è possibile che *onorato di un legato sia lo stesso erede*, e in tal caso si ha il c.d. **prelegato** (ad es., il testatore muore con un patrimonio di 850.000, che lascia in parti uguali agli eredi A e B; ma a B lascia in più, come legato, un oggetto determinato del valore di 50.000): il legato riservato a B *si detrae dall'asse prima della divisione*, per cui A riceve metà del patrimonio al netto del legato (400.000), e B l'altra metà più il legato, per un valore complessivo di 450.000 (art. 661).

A seconda dell'oggetto, si distinguono varie categorie di legati. In base alla distinzione fondamentale: ☞ il legato **di specie** attribuisce la *proprietà di una cosa determinata o un altro diritto* (ad es. un credito) esistente nel patrimonio del testatore: la proprietà del bene o la titolarità del diritto si trasferiscono immediatamente al legatario con la morte del testatore (*effetto traslativo*), mentre a carico dell'onerato sorge l'*obbligo di consegnare* la cosa o il documento del credito (art. 649, c. 2). Il legato può riguardare la costituzione di un *diritto reale minore* (usufrutto, servitù, ecc.) su un bene ereditario: e allora – trattandosi di diritto che sorge ex novo – l'acquisto a favore del legatario è del tipo derivativo-costitutivo (**8**.2); ☞ il legato **di genere** ha per oggetto *una somma di denaro o una quantità di cose fungibili, esistenti o non esistenti nell'asse ereditario* (art. 653): qui non si produce l'effetto traslativo immediato, ma un *effetto obbligatorio*, perché nasce l'obbligazione dell'onerato di prelevare o procurarsi il denaro o la quantità di cose, per poi attribuirle al legatario, a favore del quale sorge il corrispondente diritto di credito; se però il testatore ha indicato che la somma di denaro o le cose fungibili devono prendersi dal suo patrimonio, ma questo in realtà non le contiene, il legato non ha effetto (art. 654).

Sempre in relazione al particolare oggetto, e agli effetti giuridici che ne derivano, si individuano altri tipi di legato: ☞ il *legato di cosa dell'onerato o di cosa di un terzo* crea l'obbligo dell'onerato di trasferire la cosa al legatario (se del caso, acquistandola prima dal terzo), o in alternativa di pagargliene il giusto prezzo; ma se non risulta per iscritto che il testatore conosceva l'appartenenza della cosa all'onerato o al terzo, il legato è nullo (art. 651); ☞ il *legato di debito* è la disposizione con cui il testatore libera il legatario da un debito che egli ha nei suoi confronti (art. 658): in assenza di legato, il legatario diventerebbe debitore dell'erede, che succede nel credito del de cuius; per effetto del legato, il debito del legatario e il correlativo credito dell'onerato si estinguono; ☞ il *legato di alimenti* (art. 660) crea a favore del legatario e a carico dell'onerato un'obbligazione con lo stesso contenuto dell'obbligazione alimentare (**62**.15); una situazione analoga può crearsi – per legge – a favore del coniuge separato con addebito o divorziato, in stato di bisogno (**65**.4-7).

A differenza dell'istituzione di erede, il legato può essere sottoposto a *termine* (art. 637). Un'altra differenza è la possibilità che il *legatario* non sia designato personalmente dal testatore, ma venga scelto dall'onerato o da un terzo *entro una cerchia di persone indicate dal testatore* (art. 631, c. 2-3).

La *scelta dell'onerato* spetta al testatore, che può mettere il legato a carico di uno, di alcuni o di tutti fra gli eredi o i legatari: in mancanza di indicazioni, il legato è a carico di *tutti gli eredi*, e grava su ciascuno *in proporzione* della rispettiva quota (art. 662). Va però segnalata una differenza: se onerato è un erede, egli risponde del legato anche oltre il valore della quota ereditaria (salvo che abbia accettato con beneficio d'inventario: **69**.6); se è un altro legatario (sublegato), questi risponde solo nei limiti del valore del proprio legato (art. 671).

Un'altra differenza rispetto all'erede è che *il legatario non risponde dei debiti ereditari*, per cui l'oggetto del suo legato non può essere aggredito dai creditori del de cuius (salvo che questi abbiano agito per la separazione dei beni: **69**.7).

6. Condizione e onere nelle disposizioni testamentarie

Alle disposizioni testamentarie (istituzione di eredi, attribuzione di legati) possono apporsi due tipi di clausole accessorie, che ne influenzano gli effetti: la condizione e l'onere (o modus).

La **condizione** – che può essere *sospensiva* o *risolutiva* (**34**.2) – fa dipendere l'efficacia della disposizione testamentaria da un evento futuro e incerto (art. 633). Varie norme sono dedicate a disciplinare la fase di *pendenza* della condizione, per garantire la posizione dei titolari dell'aspettativa (art. 639-644). Se la condizione si avvera, i suoi effetti operano retroattivamente: ma in caso di condizione risolutiva, erede e legatario devono restituire i frutti solo dal giorno dell'avveramento (art. 646).

La condizione è in generale **illecita** se contrasta con *norme imperative, ordine pubblico o buon costume*; sono poi espressamente dichiarate illecite la *condizione di reciprocità*, contraria alla libertà testamentaria (art. 635), e la *condizione di non sposarsi*, contraria alla libertà matrimoniale (art. 636). La condizione illecita e quella **impossibile** ricevono qui un trattamento diverso da quello previsto in materia di contratti (**34**.3): di regola non portano alla nullità della disposizione, che sopravvive depurata della condizione, la quale *si considera non apposta* (art. 634); rendono nulla la disposizione solo nel caso estremo in cui costituiscano l'*unico motivo determinante* della stessa (art. 626).

L'**onere** (o **modus**) è un obbligo *imposto dal testatore all'erede o al legatario, con la funzione di limitare l'arricchimento* determinato a loro favore dall'eredità o del legato: in tal caso la disposizione si chiama *disposizione modale* (art. 647, c. 1). L'oggetto e lo scopo possono essere vari: A è nominato erede, ma con l'onere di finanziare la costruzione di un ospedale in un paese povero del terzo mondo, o di far scrivere e pubblicare una biografia del defunto; a B si lascia in legato un pacchetto di azioni, ma con l'onere di erogare la metà dei relativi dividendi a favore di iniziative per la ricerca sul cancro; ecc.

L'onere può presentare punti di somiglianza con il *legato*: se ne distingue perché il beneficiario di esso è indeterminato (mentre il legatario deve essere determinato). E si distingue anche dalla *condizione* che l'erede o il legatario faccia o dia qualcosa: la disposizione condizionata non obbliga l'istituito a fare o dare, ma, se la condizione è sospensiva, la sua efficacia è bloccata; invece l'onere non blocca l'efficacia della disposizione, ma fa scattare una vera e propria obbligazione a carico dell'istituito.

La legge qualifica come onere anche le c.d. *disposizioni a favore dell'anima* (con cui il testatore richiede ad es. la celebrazione di messe o pratiche di beneficenza in sua memoria), e le considera valide, nonostante la genericità del loro contenuto, purché siano determinati i beni o le somme da impiegare (art. 629).

Il trattamento dell'onere **illecito o impossibile** segue quello della condizione: l'onere si considera *non apposto*; rende nulla la disposizione solo se è l'*unico motivo determinante* di essa (art. 647, c. 3).

Una disciplina specifica riceve invece l'**esecuzione** dell'onere: per il suo adempimento può agire *qualunque interessato*; in caso d'inadempimento, il giudice può pronunciare la *risoluzione* della disposizione testamentaria (così che l'erede perde l'eredità, e il legatario il legato), ma solo se la risoluzione è stata *prevista dal testatore*, o se l'adempimento ha costituito l'*unico motivo determinante* della disposizione (art. 648).

7. La fiducia testamentaria

La fiducia testamentaria è il fenomeno per cui *il testatore (fiduciante) istituisce erede o legatario una persona*, ma con l'intesa che *il reale destinatario dell'eredità o del legato è un'altra persona, non indicata nel testamento, a cui l'istituito (fiduciario) si impegna ad attribuire i relativi beni*. Lo schema è analogo a quello della fiducia fra vivi (effetto reale a favore del fiduciario, effetto obbligatorio a suo carico: **34**.9), ma la disciplina è alquanto diversa.

Essa risulta dal combinato disposto degli art. 627 e 590, ed è formata da tre regole: ☞ il fiduciario (istituito apparente, interposto) acquista l'eredità o il legato: e *il reale beneficiario non ha azione* contro di lui per dimostrare di essere il vero destinatario dell'attribuzione (art. 627, c. 1); ☞ se però *l'istituito apparente* esegue – spontaneamente, ed essendo capace d'intendere e di volere – la disposizione fiduciaria, devolvendo l'eredità o il legato al reale beneficiario, egli *non può ripetere* l'attribuzione così fatta (art. 627, c. 2): a suo carico nasce dunque un'*obbligazione naturale* (**22**.7); in tal caso si realizza un *doppio trasferimento*: a causa di morte dal testatore all'interposto, e fra vivi dall'interposto al reale beneficiario; ☞ si applica una disciplina diversa quando risulta *che il reale beneficiario è persona incapace di ricevere per testamento* (**69**.2-3): allora la disposizione fiduciaria è nulla, ed è ammessa *azione per far dichiarare la nullità* (dimostrando che chi risulta come erede o legatario nel testamento è solo un interposto, mentre il reale beneficiario è l'incapace); anzi, quando risultano *istituiti i genitori, i discendenti o il coniuge dell'incapace*, scatta una *presunzione assoluta* per cui costoro si considerano senz'altro interposti a favore dell'incapace (art. 599).

8. Il contenuto atipico del testamento

Il testamento può contenere anche *disposizioni diverse dall'istituzione di eredi o dall'attribuzione di legati*. Tali disposizioni formano il c.d. contenuto atipico del testamento, e hanno per lo più natura **non patrimoniale**. Ricordiamo ad es.: ☞ il *riconoscimento* del figlio naturale (**64**.3); ☞ la *confessione* stragiudiziale (**9**.19); ☞ il *divieto di pubblicare* un proprio inedito (art. 24 l.a.); ☞ la *riabilitazione* dell'indegno a succedere (**69**.3). Disposizioni del genere hanno efficacia purché siano contenute in un *atto che ha la forma del testamento* (olografo, pubblico o segreto), anche se tale atto non contiene né istituzione di eredi, né attribuzione di legati, né altre disposizioni patrimoniali (art. 587, c. 2).

La possibile dissociazione fra disposizioni patrimoniali e non patrimoniali si manifesta anche sotto il profilo della *revoca*: la revoca del testamento (**67**.12) priva di effetto le sue disposizioni patrimoniali, ma lascia sopravvivere quelle non patrimoniali in esso contenute.

Il testamento può contenere l'*atto costitutivo di una fondazione* (**12**.14), o *di un fondo patrimoniale* (**63**.11): tali disposizioni per un verso fanno parte del suo contenuto tipico, perché con esse il testatore dispone di proprie sostanze per il tempo in cui avrà cessato di vivere (art. 587, c. 1); per altro verso, si colorano di atipicità perché non corrispondono alle disposizioni patrimoniali tipiche (istituzione di eredi e l'attribuzione di legati).

9. L'esecutore testamentario

Un'altra disposizione testamentaria consiste nell'eventuale nomina di uno o più esecutori testamentari (art. 700), che devono essere persone capaci di agire, e possono anche coincidere con eredi o legatari (art. 701). Entrano in funzione solo se *accettano* formalmente l'incarico (art. 702).

Il loro compito è «*curare che siano esattamente eseguite le disposizioni di ultima volontà del defunto*»: a tal fine, prendono *possesso dei beni* compresi nell'asse, e li *amministrano* con la diligenza del buon padre di famiglia, per un periodo limitato (al massimo un anno, eccezionalmente prorogabile per un altro anno); per *alienare* beni, gli occorre l'autorizzazione del giudice, che prima di pronunciarsi sente gli eredi (art. 703). Se il testatore lo ha previsto, provvedono anche alla *divisione* dell'eredità fra i coeredi (**69**.14): art. 706.

Al temine dell'incarico devono *rendere conto della gestione*, e rispondono (per colpa) dei danni verso eredi e legatari (art. 709). Se compiono irregolarità o risultano inidonei, possono essere *esonerati* dall'autorità giudiziaria (art. 710).

Le *spese* sostenute per la gestione gravano sull'eredità (art. 712). Così pure il *compenso* agli esecutori, ma solo se previsto dal testatore: in mancanza di previsione, l'incarico è gratuito (art. 711).

10. Inesistenza e invalidità del testamento: testamento nullo e annullabile

Il testamento può essere affetto da *vizi*, che lo rendono invalido. Come per il contratto, l'**invalidità** può presentarsi in due varianti: *nullità e annullabilità*. E anche per il testamento può essere utile distinguere l'invalidità (specie nella forma più radicale della nullità) dall'**inesistenza**, che ricorre quando *mancano anche i requisiti minimi per identificare un testamento*: così, un testamento olografo senza firma è nullo; un testamento fatto a voce non esiste come testamento. La distinzione ha rilevanza pratica: il testamento nullo può essere sanato mediante conferma; quello inesistente non si può sanare in nessun modo. Un'avvertenza importante: quando si parla di *invalidità* del testamento ci si può riferire, a seconda dei casi, all'*atto di testamento considerato unitariamente* (ad es., quando manca la firma del testatore) oppure – come accade più spesso – a *singole disposizioni testamentarie* (ad es. il testore nomina eredi X e Y, ma solo l'istituzione di X è viziata da errore).

La **nullità** delle disposizioni testamentarie può dipendere da una serie di vizi, raggruppabili in tre categorie:

☞ la prima è quella dei **difetti di forma**, che causano nullità quando rendono *dubbia l'autenticità* delle disposizioni (nel testamento olografo: mancanza di autografia o di sottoscrizione del testatore; nel testamento pubblico e in quello segreto: mancanza della redazione scritta da parte del notaio, e mancanza delle sottoscrizioni del testatore o del notaio): art. 606, c. 1. Il testamento notarile, nullo per difetto di forma, può essere recuperato mediante *conversione formale*: vale come testamento olografo, se ne presenta tutti i requisiti (art. 607);

☞ la seconda comprende le ipotesi di **illiceità**, che principalmente riguardano: ✦ *condizione e onere illeciti* (perché espressamente vietati, o comunque contrari a norme imperative, all'ordine pubblico o al buon costume): di regola la nullità si limita alla sola clausola viziata, che si considera non apposta; *si estende all'intera disposizione* solo se la clausola illecita ne è stata *il solo motivo determinante* (art. 634; 647, c. 3); ✦ il *motivo illecito*, che causa nullità nel concorso di due condizioni: se *risulta dall'atto*, e se è stato *l'unico determinante* (ad es., il testatore chiama all'eredità una certa persona, solo perché ne aveva assunto l'impegno con un patto successorio): art. 626; ✦ l'*illiceità (o impossibilità) dell'oggetto*: ad es. il legato prevede, a carico dell'onerato, una prestazione illecita o impossibile; ✦ le disposizioni fatte *a favore di persone incapaci di ricevere* (ad es., il notaio e i testimoni che partecipano alla formazione del testamento pubblico: **69**.3); e la nullità colpisce anche le *disposizioni fiduciarie*, dirette a favorire l'incapace per mezzo di una persona interposta (**67**.7);

☞ infine, può aversi nullità per **indeterminatezza**, che colpisce: ✦ le disposizioni *a favore di persona indeterminata e indeterminabile* (art. 628), o quelle che rimettono la scelta dell'erede o del legatario all'*arbitrio di un terzo* (ma con qualche possibilità in più per la scelta del legatario: art. 631, c. 2); ✦ le disposizioni che rimettono all'*arbitrio di un terzo* la determinazione del proprio *oggetto:* la quota di eredità (art. 631, c. 1); l'oggetto o la quantità del legato (ma in tal caso solo se si tratta di mero arbitrio: art. 632).

Particolari ipotesi di *nullità del legato* riguardano l'*appartenenza della cosa* attribuita in legato: cosa dell'onerato o di un terzo (art. 651); cosa del legatario (art. 656).

Veniamo all'**annullabilità**. Le disposizioni testamentarie sono annullabili per vizi riconducibili a tre ipotesi:

☞ in primo luogo, **difetti di forma** diversi da quelli che sono causa di nullità (art. 606, c. 2): sono i difetti *meno gravi*, come ad es. la mancanza di data nel testamento olografo;

☞ poi **incapacità di agire** del testatore, che può essere: ✦ *incapacità legale*, ma solo quella del *minore* e dell'*interdetto giudiziale* (art. 591, c. 2, n. 1 e 2); ✦ *incapacità naturale* (art. 591, c. 2, n. 3): questa vizia di per sé l'atto, a prescindere dagli ulteriori requisiti necessari in materia di atti fra vivi (**11**.16);

☞ infine, **vizi della volontà**: errore, violenza e dolo (art. 624, c. 1). Riguardo ad essi, possono richiamarsi le nozioni esposte per i contratti (**35**.12-18), ma con alcune precisazioni: ✦ riguardo all'**errore vizio**, rileva come causa di annullamento anche l'*errore sul motivo*, purché il motivo abbia due caratteristiche: deve *risultare dal testamento*, e deve essere l'*unico determinante* (art. 624, c. 2); ad es. il testatore lascia un legato a X, esplicitando che lo fa per compensarlo di un certo intervento da lui fatto in passato a suo favore, mentre in realtà X non ha mai compiuto l'intervento che il testatore gli attribuisce; ✦ al contrario l'**errore ostativo** rileva in termini più limitati che in campo contrattuale (**35**.12), perché la legge ammette la possibilità di salvare l'atto anche in presenza di esso: se il testatore ha indicato erroneamente la *persona* dell'erede o del legatario, oppure l'*oggetto* della disposizione, la disposizione resta valida ed efficace se risulta chiaro a quale altra persona o a quale altro oggetto il testatore voleva riferirsi (art. 625); ✦ quanto alla **violenza**, le caratteristiche della minaccia possono intendersi qui *in senso meno rigoroso* che in campo contrattuale: con riguardo sia alla gravità del male minacciato, sia all'impressionabilità di chi subisce la minaccia; ✦ anche il **dolo** ha qui confini più ampi, perché si estende fino a comprendere la c.d. *captazione*, che è il comportamento diretto non propriamente a ingannare, ma a *suggestionare il testatore* così da convincerlo a disporre in un certo modo (una valutazione da condurre tuttavia con equilibrio: non fino al punto, per es., di invalidare un'istituzione di erede o un legato solo perché il beneficiario si era saputo conquistare la simpatia e la gratitudine del defunto con atteggiamenti affettuosi e servizievoli).

11. L'impugnazione del testamento

Con la dichiarazione di nullità e con l'annullamento, la disposizione impugnata o, a seconda dei casi, l'intero testamento risultano privi di effetti: la conseguenza essenziale è che – cadendo un'istituzione di erede – il patrimonio o la quota che ne formano oggetto si attribuiscono con i criteri della successione legittima; mentre se cade un legato o un onere, l'onerato si libera del peso corrispondente, e la sua attribuzione si riespande.

Le **azioni di nullità e di annullamento** del testamento hanno *discipline ravvicinate fra loro*, molto più di quanto accade in campo contrattuale. Infatti: ☞ l'*annullabilità* si avvicina alla nullità, sotto il profilo della legittimazione a farla valere: può agire per l'annullamento *chiunque vi abbia interesse* (art. 591, c. 3; 606, c. 2; 624, c. 1); è ovvio che qui sarebbe impraticabile il criterio, normale negli atti fra vivi, che circoscrive la legittimazione al solo autore dell'atto; ☞ la *nullità* si avvicina all'annullabilità, sotto il profilo della *sanabilità*: la disposizione nulla può essere sanata, mediante conferma da parte di chi avrebbe interesse a impugnarla. La **conferma** può risultare in due modi: ☞ conferma *espressa* è quella compiuta attraverso la dichiarazione esplicita di voler confermare la disposizione nulla; ☞ conferma *tacita* è quella che risulta dalla sua *volontaria esecuzione*. Così, se il legato è nullo, ma l'erede onerato lo conferma espressamente oppure consegna al legatario l'oggetto del medesimo, non può più agire per la nullità e la restituzione della cosa (art. 590).

La *differenza* più significativa che intercorre fra le due azioni riguarda la *prescrizione*: la nullità può farsi valere senza limiti di tempo; l'azione di annullamento si prescrive in cinque anni (art. 591, c. 3; 606, c. 2; 624, c. 3).

In questo modo, la disciplina delle impugnazioni testamentarie presenta tratti apparentemente contradditori, per le diverse e peculiari esigenze di cui deve tenere conto. Rispetto ai contratti, qui è *più forte l'esigenza di salvaguardare la piena integrità del volere dell'autore dell'atto* (che coinvolge più intensamente la sua personalità), mentre – non trattandosi di «affari» in cui sia presente una «controparte» – è *meno forte l'esigenza di tutelare affidamenti*: di qui *regole che allargano l'impugnativa* (da quelle che ampliano la possibile rilevanza dei vizi della volontà a quelle che legittimano a impugnare chiunque vi abbia interesse). Per contro – a differenza dei contratti, che come atti fra vivi possono essere successivamente rifatti, senza più vizi, dagli stessi contraenti – nel testamento si manifesta con molta più forza l'esigenza di *«salvare» per quanto possibile un atto che non si può rifare* (essendo l'autore morto): di qui – in una logica di segno opposto alle regole appena considerate – *norme che restringono l'impugnativa* (dalla regola per cui la condizione illecita o impossibile non rende nulla la disposizione cui accede, a differenza di quanto accade con i contratti, alla regola sulla sanatoria per conferma delle disposizioni nulle).

12. La revoca del testamento

La revoca è *l'atto con cui il testatore toglie efficacia al testamento fatto in precedenza:* può riguardare l'intero testamento, oppure singole disposizioni testamentarie (mentre le altre restano efficaci). La revocabilità è una caratteristica essenziale del testamento: perciò è inammissibile la rinuncia alla facoltà di revocare (art. 679). La revoca può farsi in due modi:

☞ la revoca **espressa** è la *dichiarazione di voler revocare il precedente testamento*. Può farsi solo in due forme (art. 680): ✦ con un *testamento posteriore*; oppure ✦ con un *atto ricevuto da notaio*, in presenza di *due testimoni*;

☞ la revoca **tacita** è quella che risulta da alcuni *comportamenti concludenti*: ✦ la confezione di un *testamento posteriore* (anche se non contiene la revoca espressa del precedente: in tal caso sono revocate solo le *disposizioni* del precedente testamento, che risultino *incompatibili* con il successivo: art. 682); ✦ la volontaria *distruzione del testamento olografo* (salvo che si provi che fu fatta da persona diversa del testatore, o che questi non intendeva revocarlo: art. 684); ✦ il *ritiro del testamento segreto* (salvo che abbia tutti i requisiti dell'olografo:

art. 685); ✦ l'*alienazione o trasformazione della cosa legata*, che revoca il legato a meno che si provi che il testatore non aveva questa volontà (art. 686).

Si ritiene che la revoca del testamento abbia *natura di disposizione testamentaria*. Si spiega così la possibilità di *revoca (espressa) della revoca*, che fa rivivere le disposizioni revocate (art. 681). E ne consegue che il regime della revoca (requisiti di capacità, cause di invalidità, ecc.) è lo stesso che vale per le disposizioni testamentarie.

La legge prevede poi un caso di revoca **di diritto**, che opera *a prescindere da qualsiasi manifestazione di volontà del testatore*. È il caso della *sopravvenienza di figli*, formula che in realtà comprende: l'esistenza di figli o discendenti ignorati dal testatore al tempo del testamento, e scoperti solo dopo questo; la nascita dopo il testamento di figli o discendenti; l'adozione o il riconoscimento di un figlio extramatrimoniale successivi al testamento. La ratio è *attuare la presunta volontà del testatore* (rimettere in discussione le scelte precedenti, di fronte alla nuova situazione che si manifesta): per questo la revoca non opera, se il testatore aveva già provveduto per il caso di sopravvenienza di figli (art. 687).

68

SUCCESSIONE NECESSARIA, SUCCESSIONE LEGITTIMA E DELAZIONE SUCCESSIVA

1. Premessa

In questo capitolo esaminiamo i titoli della vocazione/delazione ereditaria affiancati al *testamento* (che sta gerarchicamente al primo posto).

Il primo dà luogo alla *successione necessaria*, che è potenzialmente antagonista alla successione testamentaria, e può metterla in parte fuori gioco.

Il secondo dà luogo alla *successione legittima*, che rispetto alla successione testamentaria ha una funzione di supplenza (totale o parziale).

Un ultimo ordine di titoli scatta quando quelli considerati fin qui (successione testamentaria, necessaria, legittima) non riescono ad attribuire l'eredità, perché il soggetto «chiamato» in base ad essi non può o non vuole acquistarla: sono i titoli della *delazione successiva*.

2. La successione necessaria: quota legittima e quota disponibile

Le regole sulla successione necessaria attuano il principio che *privilegia i familiari nella trasmissione della ricchezza per causa di morte.* Con una doppia qualificazione: i familiari privilegiati sono quelli compresi nella *famiglia ristretta* (coniuge, figli e ascendenti); e la loro posizione è tutelata, secondo la logica delle norme imperative, *anche contro la volontà del testatore*.

Il meccanismo della successione necessaria implica dunque una restrizione della libertà del testatore, che si realizza *considerando il suo patrimonio come idealmente diviso in due:* ☞ la quota di riserva, o quota indisponibile, o **quota legittima** (più semplicemente sostantivata in «legittima»), che è quella *riservata dalla legge ai familiari più stretti* del de cuius (detti *legittimari*, in quanto aventi diritto alla legittima), e della quale perciò il testatore non può disporre a favore di altri; ☞ la **quota disponibile**, che è la *parte residua del patrimonio*, la sola di cui il testatore può disporre liberamente.

Se il testatore non rispetta questo limite (per es. fa un testamento in cui nomina un estraneo erede di tutto il suo patrimonio, escludendo completamente moglie e figli), oppure lo elude (prima di morire, dona all'estraneo tutto il suo patrimonio o gran parte di esso, lasciando per i legittimari un asse ridotto a zero o quasi) i legittimari che subiscono la violazione del loro diritto (c.d. *lesione della legittima*), hanno rimedi legali per attuare il loro diritto leso.

Questo meccanismo si chiama «successione necessaria», e i legittimari sono definiti «successori necessari»: a indicare che il meccanismo opera per volontà inderogabile di legge, anche contro la volontà del testatore.

3. I legittimari

I legittimari, aventi diritto alla legittima, sono: il *coniuge* (al quale – lo diciamo qui una volta per tutte – è equiparato il *partner di unione civile omosessuale*), i *figli* e gli *ascendenti* (art. 536). L'esistenza e la misura del loro diritto sono influenzate dalla circostanza che il legittimario partecipi alla successione da solo, oppure insieme (o, come si dice, in concorso) con altri legittimari.

Nel caso di **successione solitaria di una singola categoria** di legittimari, le quote di legittima sono stabilite così:

☞ il **coniuge** ha diritto a *metà* del patrimonio (art. 540, c. 1); ciò vale anche per il *coniuge separato, purché senza addebito* (art. 548, c. 1); invece il coniuge separato con addebito e il coniuge divorziato non hanno diritti successori, se non nella forma di un eventuale assegno alimentare a carico dell'eredità (art. 548, c. 2; art. 9-*bis* l.d.); inoltre il coniuge ha un *diritto di abitazione*, del quale diremo meglio fra poco. (La posizione del coniuge come successore necessario è stata notevolmente rivalutata dalla riforma del 1975: prima aveva diritto solo all'usufrutto di una quota del patrimonio);

☞ quanto ai **figli** (senza distinzione fra matrimoniali, extramatrimoniali, adottivi), se il de cuius ne lascia *uno*, questi ha diritto a *metà* del patrimonio;

se sono *più di uno*, hanno diritto complessivamente a *due terzi* del patrimonio, da dividersi fra tutti in parti uguali (art. 537, c. 1-2). I *figli extramatrimoniali non riconoscibili* (**64**.3), e quindi non riconosciuti né giudizialmente dichiarati, hanno diritto non alla legittima, ma a un *assegno vitalizio* pari alla rendita della corrispondente quota virtuale: se il genitore ha già disposto a loro favore per donazione o testamento, possono scegliere fra tale disposizione e l'assegno di cui sopra (art. 594);

☞ gli **ascendenti** hanno diritto a *un terzo* del patrimonio (art. 538).

Il quadro delle quote cambia, nel caso di **concorso fra diverse categorie** di legittimari: ☞ nel concorso *fra coniuge e un figlio*, al coniuge spetta un terzo, e al figlio un terzo; nel caso di concorso *fra coniuge e più figli*, al coniuge spetta un quarto, e ai figli complessivamente la metà, da dividere fra tutti in parti uguali (art. 542); ☞ nel concorso *fra coniuge e ascendenti*, al coniuge spetta la metà, e agli ascendenti un quarto (art. 544); oltre alla quota legittima (nelle misure indicate sopra), al *coniuge* superstite è attribuito inderogabilmente, anche in caso di concorso, il *diritto di abitazione sulla casa coniugale* e il *diritto di uso sui mobili* che l'arredano (sempre che fossero di proprietà del defunto, oppure comune). Sono diritti reali di godimento (**18**.6), che si considerano oggetto di un *legato ex lege*; essi *gravano sulla quota disponibile*, e quindi non vanno a intaccare la legittima del coniuge, ma si cumulano a essa (art. 540, c. 2).

È *escluso il concorso tra figli e ascendenti*: se il de cuius lascia dei figli, gli ascendenti non hanno diritto alla legittima (come dire che gli ascendenti sono legittimari solo a condizione che il de cuius non abbia figli: art. 538).

4. Il calcolo della legittima: riunione fittizia e imputazione ex se

Per sapere se il diritto del legittimario è stato leso, occorre *identificare il valore base* su cui si applica la quota di sua spettanza. Lo si fa con un calcolo che, per neutralizzare manovre elusive, tiene conto anche delle donazioni fatte in vita dal de cuius (art. 556). Il calcolo si fa sommando: ☞ il valore dell'*attivo patrimoniale* netto lasciato dal de cuius (**relictum**, dal latino «relinquere» = lasciare), formato dal valore delle attività (beni e crediti) meno il valore della passività (debiti); più ☞ il valore delle *donazioni fatte in vita dal de cuius*, attualizzato al tempo della sua morte (**donatum**). Questa operazione si chiama **riunione fittizia**: «riunione» perché somma relictum e donatum; «fittizia» perché si fa solo sulla carta, sommando valori nominali senza toccare i beni corrispondenti.

Il valore espresso dalla riunione fittizia è la *base di calcolo su cui si applica la frazione spettante al legittimario o alla categoria di legittimari*: il valore che a sua volta ne risulta è il *valore della legittima*; e confrontandolo con quanto è stato lasciato al legittimario, si verifica se la sua legittima è stata rispettata oppure lesa. Se ad es. X muore vedovo con un figlio, e lascia beni e crediti per 600mila, debiti per 120, avendo fatto in vita donazioni per 180, la legittima del figlio è 330mila (la metà di 600 – 120 + 180), e il resto è la quota disponibile. Posto che X nel testamento abbia lasciato al figlio solo un appartamentino del valore di 240mila, e tutto il resto a un estraneo, il figlio lamenterebbe una lesione della legittima per 90mila (la differenza fra 330 e 240).

Ma può intervenire una variante, capace di cambiare il quadro: se delle *donazioni fatte in vita dal de cuius*, qualcuna è stata fatta *allo stesso legittimario*, essa si considera come un'*anticipazione sulla legittima*, e il suo valore va idealmente sommato a quanto egli riceve per successione (c.d. **imputazione ex se**): art. 553, ultima parte; 564, c. 2. Torniamo all'esempio precedente, e immaginiamo che – su 180mila di donazioni fatte dal de cuius – 90 siano il valore di un quadro che prima di morire egli aveva donato al figlio: in tal caso, questi non potrebbe lamentare alcunché, perché in definitiva risulterebbe avere ricevuto l'intera legittima (240 dell'appartamento lasciato in eredità + 90 del quadro in precedenza donato = 330). Se anziché il quadro, il padre gli avesse donato denaro per 50mila a valori attuali, egli potrebbe lamentare che la sua legittima è stata lesa per 40mila (la differenza fra 330 e 240 + 50).

L'imputazione ex se riguarda, oltre che le donazioni ricevute dal legittimario durante la via del de cuius, anche i *legati* a lui attribuiti per testamento.

Attenzione, però: il legittimario non è tenuto all'imputazione ex se (per cui, ai fini del calcolo della legittima, è come se non avesse avuto la donazione o il legato), se ne ha ricevuto *espressa dispensa dal de cuius* (art. 564, c. 2).

5. Lesione della legittima e azione di riduzione

Quando il legittimario – in base ai calcoli di cui sopra – lamenta una lesione della sua legittima, la legge gli offre un rimedio per recuperare la pienezza del suo diritto leso: l'azione di riduzione. Questa serve a *rendere inefficaci le disposizioni testamentarie e le donazioni lesive della legittima* (art. 553 e segg.). A seconda dei casi, l'azione di riduzione può avere *più bersagli successivi*, graduati fra loro in base a un certo *ordine di priorità*.

Prima di tutto si riducono le **disposizioni testamentarie** (eredità e legati) *nella misura eccedente la quota disponibile, e proporzionalmente fra loro* (art. 554; 558): se ad es. il testatore lascia un relictum di 400mila, ha donato a estranei per 200, e ha solo un figlio, la legittima di questo è 300, e la quota disponibile è perciò 100 (400 – 300); ora, se il testatore nomina A erede per la metà dell'asse (200mila), e lascia a B un legato per 100, attribuendo il resto dell'asse (100mila) al legittimario, la legittima di questo è lesa per 200mila (300 – 100), che è ovviamente la stessa somma di cui il testatore ha ecceduto la quota disponibile (300 contro 100); per reintegrare la sua quota dei 200mila mancanti, il legittimario può ridurre l'eredità di A di due terzi (recuperando 133,3mila), e nella stessa proporzione il legato di B (recuperando 66,6mila). In questo caso tutto finisce qui, e le donazioni non si toccano.

Ma può accadere che ridurre (anche fino a zero) le disposizioni testamentarie non basti a reintegrare la legittima. È quanto accadrebbe se, nell'esempio, il de cuius – ferme le disposizioni testamentarie – avesse donato in vita non per soli 200mila, ma poniamo per 500: in tal caso la legittima del figlio sarebbe 450mila (la metà di 400 + 500) e la lesione di essa 350 (100 avuti contro 450 dovuti); la disponibile sarebbe ovviamente ridotta a zero, ma anche dopo avere azzerato completamente i due lasciti testamentari ad A e B (300mila in tutto) mancherebbero pur sempre 50mila. Questo valore si recupera riducendo le **donazioni** (art. 555), ma secondo un criterio diverso da quello con cui si riducono le disposizioni testamentarie: non tutte nella stessa proporzione, bensì *partendo dall'ultima nel tempo e via via risalendo a quelle anteriori*, fin dove è necessario per reintegrare quanto manca alla legittima lesa (art. 559). Così, se l'ultima donazione vale 30mila e la penultima 100, l'ultima viene azzerata, e la penultima ridotta solo dei 20mila che ancora mancano.

In certi casi, la possibilità del legittimario leso di agire in riduzione è subordinata a un *presupposto*: che egli accetti l'eredità con *beneficio d'inventario* (**69**.6). Questo accade quando la sua azione si dirige *contro legati o donazioni, attribuiti a persone diverse dai coeredi* (art. 564), e la ratio è tutelare questi soggetti: infatti legatari e donatari non hanno alcuna autonoma possibilità di verificare lo stato patrimoniale dell'eredità (possibilità che invece hanno i coeredi); e la redazione dell'inventario è l'unico modo per consentirgli di verificare la consistenza dell'attivo e del passivo ereditario, e quindi l'effettiva esistenza e consistenza della lesione di legittima, di cui sono chiamati a fare le spese.

Le **conseguenze** dell'azione di riduzione si riassumono nel fatto che le *disposizioni lesive della legittima* diventano *inefficaci nei confronti del legittimario* che ha agito. Nei dettagli, la disciplina è alquanto complessa (art. 560 e segg.). Semplificando: ☞ in prima battuta, si ha la **restituzione in natura** dei beni attribuiti in violazione della legittima (salvo *conguaglio in denaro* al donatario, ove la lesione sia inferiore al valore dell'immobile); una particolare disciplina è prevista per il caso che di immobili gravati da ipoteca (art. 561); ☞ se non è possibile la restituzione in natura (ad es. perché il bene è stato trasferito a un terzo), il legittimario ha diritto di ricevere il corrispondente **valore in denaro**; se poi il bersaglio dell'azione è un *donatario* che nel frattempo ha *alienato l'immobile a un terzo*, e la sua escussione risulta infruttuosa, il legittimario può chiedere la restituzione dell'immobile al terzo acquirente. Peraltro, il rimedio è subordinato alla condizione che il legittimario agisca prima che siano passati *20 anni dalla donazione* (art. 563).

6. Legato in sostituzione di legittima; legato in conto di legittima; cautela sociniana

Può accadere che il *legittimario* sia *beneficiario di un legato*, disposto a suo favore nel testamento. Ciò può incidere sulla sua posizione: ma in modi diversi, a seconda che il legato sia in sostituzione oppure in conto della legittima.

Il **legato in sostituzione di legittima** è quello che il testatore attribuisce al legittimario, esplicitando che viene attribuito al posto della legittima. A questo punto il legittimario può scegliere (art. 551, c. 1-2): o ☞ *chiede la legittima*, ma in tal caso *rinuncia al legato*; oppure ☞ *conserva il legato*, ma in tal caso *non può chiedere altro*: in particolare, perde il diritto di chiedere l'integrazione, se il valore del legato è inferiore a quello della legittima; e non acquista qualità di erede. Il legato grava sulla quota indisponibile; ma se il suo valore supera la legittima, l'eccedenza grava sulla disponibile (art. 551, c. 3).

Il **legato in conto di legittima** è quello che il testatore attribuisce al legatario, ma senza metterlo in alternativa alla legittima (art. 552). Qui il legatario *può conservare il legato, e in più chiedere la legittima*: ma in base al principio dell'*imputazione ex se* (**68**.4) deve tenere conto del valore del legato, per cui – salva dispensa – può chiedere solo la differenza fra valore della legittima e valore del legato. Può accadere che *il legatario rinunci a chiedere la legittima*, con la conseguenza che il legato viene a gravare tutto sulla disponibile; se in conseguenza di ciò altri legittimari risultano lesi, la loro azione di riduzione si dirige prima di tutto contro quel legato.

Una particolare disciplina – tradizionalmente designata con la formula **cautela sociniana**, dal nome del giurista Mariano Socini il giovane (1482-1556), che per primo la elaborò – riguarda il caso in cui il testatore abbia distribuito fra legittimari e non legittimari l'*usufrutto* (o la rendita vitalizia) su beni ereditari, e la *nuda proprietà* degli stessi (art. 550).

7. Posizione del legittimario e qualità di erede

A proposito dei legittimari, si parla di successione necessaria, o addirittura li si qualifica eredi necessari. Queste espressioni non sono del tutto appropriate: non sempre il legittimario «succede» al defunto, non sempre diventa suo «erede». Bisogna partire dal presupposto che i *titoli della vocazione ereditaria*, in base ai quali si può succedere come eredi, sono *due e soltanto due*: il *testamento* e (in mancanza di testamento) la *legge*. E distinguere fra diverse situazioni.

Se il de cuius muore **senza testamento**, le regole della successione legittima chiamano all'eredità i suoi *familiari* superstiti: se fra questi ci sono legittimari, essi diventano *eredi in base a vocazione legittima* e non in quanto legittimari (anche se in concreto le qualità di eredi legittimi e di legittimari si trovano a coincidere).

Se invece il de cuius fa **testamento**, i casi sono questi: o ☞ egli *chiama all'eredità il legittimario* (sia pure per una quota inferiore alla legittima): e allora questi è *erede testamentario* (sia pure parzialmente leso nel suo diritto alla legittima, che potrà reintegrare con le azioni di riduzione); oppure ☞ *attribuisce al legittimario solo un legato*: se questo è in sostituzione della legittima e il legittimario lo accetta, egli resta solo legatario, quindi *succede* sì al de cuius, ma *non come erede (a titolo universale)*, bensì come legatario (a titolo particolare); oppure ancora ☞ *ignora completamente il legittimario* (c.d. *legittimario pretermesso*): se questi esercita vittoriosamente l'azione di riduzione per conquistare la quota ereditaria che gli spetta, acquista qualità di erede.

Ma ci sono *casi in cui il legittimario non diventa erede, e neppure successore del de cuius*: ciò si verifica ad es. quando la sua legittima risulta pienamente soddisfatta da donazioni ricevute in vita (per cui egli non ha alcuna pretesa a una quota dell'asse ereditario); o quando – risultando il patrimonio del de cuius azzerato da donazioni fatte in vita ad estranei – l'azione di riduzione del legittimario si rivolge esclusivamente contro queste (in tal caso egli riceve quanto gli spetta dall'estraneo donatario, e non succede al de cuius, che non ha lasciato nulla in cui succedere).

8. I presupposti della successione legittima, e gli eredi legittimi

Può accadere che il de cuius muoia *senza avere fatto testamento* («*intestato*»): i suoi successori sono allora identificati dalla legge, con le regole della successione legittima; essi succedono, come si dice, «ab intestato». Può anche accadere che il de cuius abbia *disposto, per testamento, di una parte soltanto dei suoi beni*, trascurando di disporre della parte residua: in tal caso, la porzione di patrimonio considerata dalle disposizioni testamentarie si devolve in base a queste; e la parte residua in base alle regole sulla successione legittima. Può dunque accadere che, nella *successione di un medesimo de cuius*, alcuni eredi siano chiamati all'eredità (o alcuni beni siano attribuiti) per *vocazione testamentaria*, e altri eredi siano chiamati (o altri beni attribuiti) per *vocazione legittima*.

I *soggetti indicati dalla legge come successori, in mancanza di disposizioni testamentarie*, si dicono **successori (eredi) legittimi** (o, come dice la legge, «successibili»: art. 565). Si tratta essenzialmente dei *familiari del de cuius*, più o meno vicini: il meccanismo della successione legittima è uno di quelli che privilegiano la famiglia (qui *in senso allargato*) nella trasmissione della ricchezza per causa di morte (**66**.2). Alcuni di essi coincidono con i legittimari, altri no.

Per comodità li sistemiamo in due gruppi: da un lato il *coniuge*; dall'altro i *parenti entro il sesto grado*. (Ma la legge si preoccupa anche dell'ipotesi che non ci siano parenti neppure così lontani come quelli di sesto grado: in tal caso succede lo *Stato*.)

I diritti successori di ciascuno dei successibili sono condizionati (nella loro misura, e sovente nella loro stessa esistenza) dal fatto che ci siano o meno soggetti appartenenti a qualche altra categoria di familiari del de cuius. Infatti, quando si verifica la coesistenza di più categorie di successibili, *i diritti degli uni in qualche caso limitano, e in altri casi radicalmente escludono, i diritti degli altri*. Nella prima ipotesi – in cui i diritti dei membri di categorie diverse possono coesistere, sia pure limitandosi reciprocamente – si parla di *concorso fra successibili*.

Vediamoli, categoria per categoria.

9. La successione del coniuge

Se il de cuius muore senza testamento lasciando il coniuge (o il partner di unione civile omosessuale, sotto questo profilo equiparato al coniuge), questi ha sempre diritto a succedergli in una quota di eredità. La misura della quota dipende dall'eventuale esistenza di altri familiari: ☞ se il de cuius lascia anche figli, l'eredità si esaurisce nel **concorso del coniuge e dei figli**: in presenza di *un solo figlio*, al coniuge va metà dell'asse, e al figlio l'altra metà; se c'è *più di un figlio*, un terzo al coniuge e due terzi ai figli (art. 581); ☞ se il de cuius muore *senza figli*, ma lascia ascendenti legittimi (ad es. i genitori) e/o fratelli o sorelle, c'è **concorso del coniuge con ascendenti e/o fratelli**, con il coniuge in posizione predominante: a lui toccano due terzi dell'eredità, e solo un terzo a tutti questi altri successibili (art. 582). Se invece il de cuius non lascia né figli, né ascendenti, né fratelli, ma solo *parenti più lontani*, con questi non c'è *nessun concorso:* il coniuge taglia fuori zii, nipoti, cugini del de cuius, e acquista da solo l'intera eredità (art. 583).

Tutto ciò vale anche per il *coniuge separato, purché senza addebito* (art. 585). Il coniuge separato con addebito e il coniuge divorziato possono avere solo un *assegno alimentare*, alle condizioni già viste (**65**.4-7).

Nella successione del coniuge può interferire, con rilevanti conseguenze pratiche, il *regime patrimoniale* della coppia: specie se si tratta di comunione legale. Quando muore un coniuge, *la comunione si scioglie, e il coniuge superstite diventa automaticamente proprietario esclusivo di metà di essa* (**63**.9); quindi l'asse ereditario è formato dai beni personali del de cuius più metà soltanto dei beni in comunione (l'altra metà essendo già andata al coniuge per diritto proprio, e non per diritto successorio); ed è sull'asse così formato che il coniuge può far valere i suoi ulteriori diritti successori. È ovvio che il ragionamento vale anche ai fini del calcolo della legittima. Ed è ovvio che non vale per il coniuge separato: qui lo scioglimento della comunione si è già prodotto prima, con la separazione, e non coincide con lo stesso evento – la morte dell'altro coniuge – che apre la successione.

10. La successione dei parenti

I parenti del de cuius, ai fini della successione legittima, possono raggrupparsi in tre ordini, secondo una precisa sequenza: ☞ *figli*; ☞ *ascendenti e fratelli*; ☞ *altri parenti entro il sesto grado.*

La successione dei parenti obbedisce a due criteri: ☞ il primo è che **ciascun ordine esclude il successivo**. Se ad es. uno muore lasciando figli, tutti gli altri parenti restano esclusi dalla successione: solo in mancanza di figli del de cuius gli succedono genitori e fratelli, che in tal caso tagliano fuori i parenti più lontani (ad es. cugini e zii); questi ultimi possono aspirare alla successione solo se il de cuius muore senza figli, genitori e fratelli, oltre che senza coniuge. (Stiamo parlando di successione legittima, senza testamento: ma nulla vieta che il de cuius, pur avendo familiari più stretti, faccia testamento chiamando all'eredità un lontano cugino, così come potrebbe chiamare un estraneo, purché ovviamente nei limiti della quota disponibile, e quindi rispettando la legittima dei familiari più stretti); ☞ per il secondo criterio, **entro ciascun ordine, il grado più prossimo esclude il più remoto**: se ha titolo a succedere la categoria degli ascendenti, rappresentata dai genitori e anche dai nonni, succedono solo i genitori e non anche i nonni.

Analizziamo meglio i tre ordini:

☞ prima di tutto i **figli**. Essi possono succedere, come visto, in *concorso col coniuge* del de cuius (cioè con quello che normalmente è l'altro loro genitore); se invece il de cuius muore senza coniuge, non c'è concorso: i figli succedono *da soli*, escludendo tutti gli altri parenti. Quando si parla di «figli», deve tenersi presente che: ✦ tutti i figli (siano matrimoniali, extramatrimoniali o adottivi) sono trattati nello stesso identico modo (art. 567, c. 1); ✦ i figli extramatrimoniali sono «successibili» solo in quanto *riconosciuti o giudizialmente dichiarati* (art. 573); è possibile che il figlio agisca per la dichiarazione giudiziale anche dopo la morte del genitore, e proprio allo scopo di accampare diritti sulla sua eredità; il figlio extramatrimoniale *non riconoscibile* (**64**.3) ha diritto a un *assegno vitalizio* pari alla rendita della quota di eredità che avrebbe ricevuto se fosse stato riconosciuto o giudizialmente dichiarato, o se preferisce alla *capitalizzazione* dell'assegno (art. 580);

☞ poi abbiamo i membri della *famiglia d'origine* del de cuius, e precisamente **ascendenti** e **fratelli**. Questi parenti succedono *solo in mancanza di figli*; invece *concorrono con il coniuge*, nel modo già visto. In base alla regola richiamata poco fa, la presenza dei genitori esclude gli ascendenti più lontani, come i nonni (art. 568). Ascendenti e fratelli del de cuius *concorrono fra loro* (art. 569-571), ma i fratelli ricevono un trattamento differenziato a seconda che siano *germani* (e cioè abbiano in comune entrambi i genitori) o invece *unilaterali* (e cioè abbiano in comune un solo genitore): i fratelli unilaterali ricevono la metà di quanto spetta ai germani;

☞ infine, la successione degli **altri parenti collaterali** (zii, cugini, figli di cugini, e così via allontanandosi) opera solo in mancanza di coniuge, discendenti, ascendenti e fratelli (art. 572, c. 1). Ma *si ferma al sesto grado* (art. 572, c. 2): il figlio del figlio di un cugino è l'ultimo parente successibile.

Ricordiamo che quando si parla di ascendenti, fratelli e altri parenti collaterali, per il nuovo art. 74 (introdotto con la riforma della filiazione del 2012) si intendono anche quelli che risultano tali per effetto di riconoscimento o dichiarazione giudiziale della filiazione extramatrimoniale (a differenza di prima, quando il figlio riconosciuto o dichiarato non si considerava parente dei parenti del genitore).

Quanto alla parentela nascente dall'**adozione**, occorre distinguere. Se si tratta di *adozione di minorenni*, la situazione è identica a quella che si avrebbe con una filiazione non adottiva: i figli, i fratelli, i genitori dei genitori adottivi sono, a tutti gli effetti, rispettivamente fratelli, zii e nonni del figlio adottivo. Non così, se si tratta di *adozione di maggiorenni* o di *adozione «in casi particolari»* (**64**.13): qui l'adottato succede all'adottante, ma non viceversa; e l'adottato succede solo all'adottante, e non anche ai parenti di questo (art. 567, c. 2), perché questo tipo di adozione produce effetti solo nei rapporti adottante-adottato.

Infine: alcune delle *regole sulla successione dei parenti* possono essere *disapplicate* per l'operare del meccanismo della **rappresentazione**, di cui parleremo nell'ambito della delazione successiva (**68**.15).

11. La successione dello Stato

Per le ragioni note, quando uno muore qualcuno deve comunque succedergli (**66**.1). Occorre perciò individuare un soggetto, il quale succeda al de cuius che sia morto *senza testamento*, e *senza coniuge né parenti entro il sesto grado*.

Questo *successore di ultima istanza* è lo Stato, la cui successione legittima obbedisce a due regole speciali, che non valgono per gli altri eredi (sia legittimi sia testamentari): ☞ lo Stato acquista l'eredità automaticamente, *senza bisogno di accettazione*; e *senza possibilità di rifiuto* (art. 586, c. 1): conseguenza della necessità di trovare comunque un erede; ☞ lo Stato *non risponde dei debiti ereditari ultra vires*, cioè oltre il valore dei beni acquistati (art. 586, c. 2).

Nulla vieta che, come ogni altro successibile *ex lege*, lo Stato sia chiamato all'eredità *per testamento*. In tal caso, le due regole appena viste non si applicano.

12. Eredi legittimi, e legittimari

Attenzione a *non confondere* gli eredi legittimi con i legittimari: ☞ gli **eredi legittimi** sono i familiari che la legge chiama eventualmente all'eredità, in mancanza di testamento; e in tal caso succedono sempre come eredi; ☞ i **legittimari** sono quei familiari più stretti che la legge chiama necessariamente a succedere, anche contro il testamento; e sappiamo che possono succedere anche non come eredi, e che in casi limite possono soddisfare i loro diritti di legittimari perfino senza succedere al de cuius (**68**.7).

13. Finalità e meccanismi della delazione successiva

Può accadere che il soggetto chiamato a succedere (per vocazione testamentaria o legittima) *non possa o non voglia succedere*: ☞ non possa, perché *premorto al de cuius*, oppure colpito da *indegnità a succedere* (**69**.3), o infine perché il diritto di accettare gli si è consumato per prescrizione o decadenza; ☞ non voglia, e quindi *rinunci* all'eredità o al legato (**69**.12). Si pone allora il problema della delazione (**66**.4) successiva: si tratta cioè di *«attribuire» l'eredità o il legato a qualcun altro, che succeda al posto del primo chiamato*. Le regole sulla delazione successiva hanno precisamente lo scopo di individuare questi altri soggetti chiamati a succedere in via eventuale (solo ove non si realizzi la successione del primo chiamato), e per così dire in seconda battuta.

Teoricamente, il problema potrebbe ricevere una soluzione semplificata, con l'applicazione esclusiva delle regole sulla successione legittima: stabilendo cioè che se il chiamato non può o non vuole accettare, al suo posto subentrano i familiari, nell'ordine indicato da quelle regole. Ma la legge sceglie un sistema più complesso e articolato, che si basa su una *pluralità di criteri, graduati secondo un ordine preciso*: nel senso che ciascuno entra in gioco, solo se manca la possibilità di applicare quello precedente: ☞ in prima battuta, si dà spazio alla volontà del testatore, tenendo conto della **sostituzione testamentaria**, da lui eventualmente disposta; ☞ in mancanza di sostituzione, scatta in seconda battuta il meccanismo della **rappresentazione**; ☞ se neppure la rappresentazione consente di individuare dei successori alternativi, la successione – in terza battuta – si attribuisce per **accrescimento**; ☞ e finalmente, in difetto anche dei presupposti per l'accrescimento, la successione si attribuisce secondo alcune **regole di chiusura**. Vediamo meglio.

14. La sostituzione testamentaria: ordinaria e fedecommissaria

La sostituzione testamentaria può essere ordinaria o fedecommissaria: ma solo la prima riguarda il problema della delazione successiva (e all'interno di questa recupera un meccanismo di vocazione/delazione basata sul testamento).

La **sostituzione ordinaria** è la disposizione con cui *il testatore prevede che al posto dell'erede istituito subentri come erede un'altra persona, nel caso che il primo non possa o non voglia accettare* (art. 688). È possibile la sostituzione *plurima*, prevedendo che al posto di un istituito subentrino più sostituiti, o viceversa (art. 689, c. 1); ed è possibile la sostituzione reciproca, con cui – istituiti più coeredi – si prevede che l'uno sostituisca l'altro (art. 689, c. 2).

È possibile la sostituzione testamentaria anche riguardo al *legato* (art. 691).

Estranea al problema della delazione successiva è invece la **sostituzione fedecommissaria**, che implica *due successioni in sequenza fra loro* (e non in alternativa fra loro, come quella ordinaria): è la disposizione con cui *il testatore istituisce erede una persona, ma nello stesso testamento prevede già a quale altra persona l'eredità dovrà devolversi, alla morte del primo istituito*: ne nasce l'obbligo del primo istituito di conservare per tutta la vita l'eredità attribuitagli, così che alla sua morte questa si trasmetta automaticamente al sostituito.

La sostituzione fedecommissaria confligge con due principi fondamentali del sistema, entrambi riconducibili al valore dell'autonomia privata: il *principio della libera disponibilità dei beni* (contraddetto dal vincolo che immobilizza e rischia di rendere improduttive le risorse ereditarie, che il primo istituito non può impiegare liberamente); e il *principio della libertà testamentaria*, leso dal fatto che il primo istituito non può decidere la destinazione di quei beni dopo la propria morte. Per questo, gli ordinamenti moderni guardano con estremo sfavore alla figura del fedecommesso (residuo di istituzioni e logiche feudali), e sono progressivamente giunti ad abolirla quasi del tutto. Oggi la sostituzione fedecommissaria è ammessa *in limiti ristrettissimi*, e in situazioni affatto marginali. Presuppone che ci sia un *interdetto giudiziale*, o un *minore infermo di mente* e quindi destinato a essere interdetto: i genitori, gli altri ascendenti e il coniuge dell'incapace possono istituirlo erede, con la previsione che i beni ereditari vengano conservati per essere attribuiti, alla morte dell'incapace stesso, *alla persona o all'ente che ne ha avuto cura*. La sostituzione diventa inefficace se l'interdizione viene revocata, e se la persona o l'ente sostituiti violano gli obblighi di assistenza (art. 692 e segg.).

Entro gli stessi limiti, si ammette la sostituzione nel *legato* (art. 697). Fuori di questi limiti, la sostituzione fedecommissaria è *nulla* (art. 692, c. 5).

15. La successione per rappresentazione, e la trasmissione del diritto di succedere

Può accadere che il problema della delazione successiva non si risolva con la sostituzione testamentaria: o perché non c'è testamento (e il primo chiamato è tale per vocazione legittima), o perché il testamento non dispone sostituzioni, o perché il sostituito a sua volta non può o non vuole accettare. Occorre allora vedere se esistono i presupposti della successione per rappresentazione, che consente di chiamare alla successione altri soggetti al posto di quelli che non possono o non vogliono succedere.

La possibilità della successione per rappresentazione è legata a **due presupposti**: ☞ determinati rapporti di parentela fra il de cuius e il *primo chiamato*: questi deve essere *figlio o fratello del de cuius* (art. 468, c. 1); ☞ determinati rapporti di parentela fra il primo chiamato e i *soggetti che succedono per rappresentazione*, al posto di lui: questi sono i *discendenti del primo chiamato* (art. 467, c. 1).

Un esempio: il de cuius muore intestato e lascia solo un fratello (A), mentre un altro fratello (B) gli era premorto, lasciando a sua volta un figlio (X); alla morte del de cuius, X si trova collocato nella stessa posizione successoria del suo defunto padre (B): concorre all'eredità del de cuius in parti uguali con suo zio (A), fratello superstite del de cuius. Si badi che il diritto di X alla successione del de cuius è *un suo diritto autonomo, e non un diritto che gli deriva per successione al primo chiamato* (cioè al padre B): infatti X può succedere al de cuius per rappresentazione di B, anche se non ha voluto o potuto succedere a B (avendo rinunciato all'eredità di B, o essendo indegno di succedergli): art. 468, c. 2. Adesso immaginiamo che B, premorto al de cuius, abbia lasciato non un solo figlio, ma tre (X, Y, Z). I tre figli del primo chiamato succedono per rappresentazione congiuntamente, il che significa che l'eredità del de cuius si distribuisce così: metà al fratello superstite A, e l'altra metà ai tre figli del fratello premorto B, ciascuno dei quali quindi riceve un sesto dell'eredità (un terzo della metà). Infatti, nel caso di successione per rappresentazione, «*la divisione si fa per stirpi*» (art. 469, c. 3).

Il meccanismo colloca i *discendenti dei figli e dei fratelli del de cuius* (che per qualche ragione non gli succedono), nella stessa posizione in cui si troverebbe il loro ascendente. Questo porta in un certo senso a disapplicare la regola della successione legittima per cui, fra parenti collaterali, il più prossimo esclude il più remoto. Se il de cuius lascia solo un fratello e un nipote (figlio di un altro fratello premorto), tale regola porterebbe a dire che succede solo il fratello (secondo grado) e non anche il nipote (terzo grado); invece fratello e nipote concorrono in parti uguali, perché il nipote «rappresenta» il proprio genitore (cioè il fratello premorto), per cui è come se succedessero due fratelli del de cuius.

La successione per rappresentazione può operare anche col *legato*, quando il legatario non può o non vuole accettarlo (e non c'è sostituzione): purché non sia legato di usufrutto o di altro diritto di natura personale (art. 467, c. 2).

Non va confusa con la **successione nel diritto di accettare l'eredità**, come chiarisce un esempio. Il de cuius X muore lasciando erede A, che come vedremo non diventa automaticamente erede, ma acquista solo il diritto di diventarlo, mediante l'accettazione (**69**.4). Immaginiamo che poco dopo anche A muoia, senza avere ancora accettato l'eredità di X, e lasciando a sua volta come proprio erede B. Dunque B succede ad A: ma *nel patrimonio di A è compreso il diritto di accettare l'eredità di X*, diritto che a questo punto passa a B, il quale può così succedere nell'eredità di X, in origine destinata ad A (art. 479, c. 1).

Le differenze con la rappresentazione sono varie. Prima di tutto non valgono qui i presupposti limitativi della rappresentazione: A può non essere né figlio né fratello di X; e B può non essere discendente di A. Inoltre, qui B succede a X *non per diritto autonomo, ma solo per il tramite necessario della successione al chiamato premorto* (A): quindi B è in grado di succedere a X solo se ha preventivamente accettato l'eredità di A; se B non può o non vuole accettare l'eredità di A (a cui rinuncia, o rispetto a cui è indegno), è escluso anche dall'eredità di X. Questi vincoli non esistono nel caso di rappresentazione.

16. L'accrescimento

Immaginiamo che nessuno dei criteri considerati fin qui consenta di attribuire l'eredità, che il primo chiamato non può o non vuole accettare: non c'è sostituzione; né chi succeda per rappresentazione; né chi, succedendo al primo chiamato, acquisti da lui il diritto di accettare. Il passo successivo è allora l'accrescimento, che però opera soltanto in una particolare situazione: il soggetto da sostituire deve essere stato *chiamato all'eredità non da solo, ma insieme con altri coeredi*. Consiste in ciò: *la quota del coerede da sostituire viene attribuita («si accresce») agli altri coeredi*. Quindi, se A, B e C sono coeredi di X, e A rifiuta l'eredità, in mancanza di sostituzione testamentaria e di rappresentazione il suo terzo di eredità si distribuisce fra B e C, che quindi vedono accrescere la propria quota ereditaria da un terzo a metà del patrimonio di X.

Ma anche l'operare dell'accrescimento è subordinato ad alcuni **presupposti**, indicati con formule latine (art. 674, c. 1): ☞ *coniunctio re* significa che i coeredi devono essere stati chiamati all'eredità *per quote uguali* (o senza indicazione di quote); ☞ *coniunctio verbis* significa che tutti i coeredi devono risultare *chiamati con lo stesso testamento.* È chiaro che questo presupposto vale solo per la successione testamentaria; non per la successione legittima, caratterizzata per definizione dalla mancanza di testamento.

L'accrescimento è possibile anche per il *legato*, quando lo stesso legato sia stato attribuito a più persone congiuntamente (c.d. *colegatari*): e qui non occorrono neppure i due presupposti appena indicati per l'accrescimento fra coeredi (art. 675).

L'accrescimento è escluso, se risulta la *diversa volontà del testatore* (art. 674, c. 3; 675). Verificandosi i presupposti dell'accrescimento, questo si realizza *di diritto*, cioè automaticamente, *senza bisogno di accettazione* da parte di chi se ne avvantaggia (art. 676).

17. Le regole di chiusura

Cosa accade se neppure l'accrescimento risolve il problema della delazione successiva, che in qualche modo va comunque risolto? Soccorrono due regole di chiusura del sistema, che *in ogni caso garantiscono la possibilità di determinare la sorte della successione* (art. 677): ☞ se non si riesce ad attribuire un'**eredità** (o una quota di eredità), intervengono le *regole della successione legittima*: per cui, se esistono parenti entro il sesto grado che possano e vogliano accettare, l'eredità va a loro; in mancanza, allo Stato; ☞ se non si riesce ad attribuire un **legato** (o una quota di legato), questo *perde effetto*, e l'onerato ne rimane alleggerito.

69

ACQUISTO DELLA SUCCESSIONE, COMUNIONE EREDITARIA E PATTI DI FAMIGLIA

1. L'apertura della successione

La norma che apre il libro «Delle successioni» dice: «*La successione si apre al momento della morte*» (art. 456). Il senso di essa riguarda sia la fase anteriore alla morte del de cuius, sia la fase che va da quel momento in avanti.

Con riguardo alla fase anteriore, la norma ha un significato essenzialmente negativo. Essa ci dice che *prima della morte della persona, la sua successione non è aperta:* nessuna regola successoria ha ragione di applicarsi nei suoi confronti; né esiste alcuna posizione soggettiva, concernente la sua successione, che sia giuridicamente tutelabile, neppure come semplice aspettativa. Solo con la morte della persona si apre la sua successione, e si pongono i problemi relativi: solo a questo momento ci si deve riferire per verificare se esiste – e con quali contenuti – un valido testamento (che fino a quel momento può essere revocato o modificato); per constatare quali chiamati all'eredità sono sopravvissuti al de cuius, e se siano capaci o incapaci di succedere; infine per accertare la consistenza del suo patrimonio. In breve: *solo alla morte del de cuius, e non un minuto prima, può cogliersi lo stato delle cose, rilevante ai fini della successione.*

Se invece, partendo dalla morte della persona, si spinge lo sguardo in avanti, la norma assume un significato positivo: da questo momento «si apre la successione», e cioè *prende avvio il procedimento diretto al risultato finale* cui la successione tende, vale a dire l'*acquisto dell'eredità da parte dell'erede*. Questo risultato finale sarà determinato da un fatto diverso e ulteriore: l'*accettazione dell'eredità* da parte del chiamato. Infatti «L'eredità si acquista con l'accettazione» (art. 459).

Ci accorgiamo allora che il termine «successione» può intendersi in due sensi diversi: come l'*effetto giuridico* per cui l'erede subentra nel patrimonio del de cuius; e come la *fattispecie* che determina tale effetto. Intesa in quest'ultima accezione (che poi è quella cui si riferisce l'art. 456), la successione si presenta come una **fattispecie complessa**, formata da una serie di fatti o atti diversi: la *morte* del de cuius (che l'«apre»); poi la *vocazione ereditaria* a favore di qualche chiamato (che a sua volta può dipendere da un negozio giuridico, nel caso di vocazione testamentaria, oppure da legami familiari, nel caso di vocazione legittima); quindi la conseguente *delazione ereditaria*, con cui l'eredità viene «attribuita» al chiamato (e poi se del caso a qualcun altro, nei casi di delazione successiva); infine l'*accettazione* da parte del chiamato. Solo a questo punto *la successione-fattispecie si perfeziona* (potremmo dire che «si chiude», dopo essersi «aperta» con la morte del de cuius), e *determina la successione-effetto*, per cui il soggetto che fino a quel momento era solo «chiamato all'eredità» diventa vero e proprio «erede», e acquista il patrimonio del de cuius.

Ma attenzione: «*L'effetto dell'accettazione risale al momento nel quale si è aperta la successione*» (art. 459). Con una specie di magia giuridica, tutta questa fase intermedia è come cancellata, e l'effetto finale della fattispecie successoria (che può essersi perfezionata anche molto tempo dopo la morte del de cuius) viene riportato al suo momento iniziale, cioè alla *morte del de cuius*. La ragione è già nota: è l'esigenza di evitare anche la minima discontinuità delle relazioni economico-giuridiche; il momento in cui un soggetto lascia un patrimonio deve coincidere, giuridicamente, con il momento in cui un altro soggetto vi subentra, senza che possa esserci un intervallo in cui quel patrimonio si presenta come patrimonio «di nessuno».

Possiamo rappresentare tutto questo dicendo: **successione = morte + vocazione/delazione + accettazione**; ma con l'avvertenza di immaginare la sequenza disposta *non lungo una retta, bensì lungo una circonferenza*, così che il punto finale viene a coincidere con il punto iniziale («In my beginning is my end», per dirla col poeta).

2. La capacità di succedere

Per realizzare il suo risultato finale (l'acquisto dell'eredità, con l'accettazione), la fattispecie della successione ha bisogno di un presupposto: che la vocazione ereditaria riguardi un soggetto capace di succedere. La capacità di succedere è la *capacità di assumere la qualità di erede*, dunque s'inquadra nella *capacità giuridica* (**10**.3). Seguendo l'impostazione legislativa, possiamo distinguerne due profili:

☞ la legge considera prima di tutto la **capacità di succedere in generale** (qualunque sia il titolo della vocazione ereditaria: testamentaria oppure legittima): «Sono capaci di succedere tutti coloro che sono *nati o concepiti al tempo dell'apertura della successione*» (art. 462, c. 1). E per accertare quest'ultimo presupposto, si ricorre al criterio presuntivo già visto in materia di filiazione (**64**.2): salva prova contraria, si presume concepito al tempo dell'apertura della successione chi è *nato entro 300 giorni dalla morte del de cuius* (art. 462, c. 2). Naturalmente, la «capacità» del concepito è subordinata anche qui all'evento della nascita, in base al principio generale in tema di capacità delle persone fisiche (**11**.1). Ed è appena il caso di precisare che la capacità di succedere (capacità giuridica) non va confusa con la *capacità di accettare l'eredità (capacità di agire)*: ad es., minori e interdetti hanno la prima ma non la seconda, e infatti nell'accettazione dell'eredità devono essere sostituiti dal rappresentante legale (**69**.4);

☞ la legge considera poi la più specifica **capacità di succedere per testamento**, che ha un'estensione *più ampia*, nel senso che compete anche a soggetti i quali non potrebbero essere destinatari di una vocazione legittima. Tali soggetti, capaci di succedere in quanto chiamati alla successione per testamento, sono: ✦ le *persone fisiche non ancora concepite* al tempo della morte del testatore, purché figli di una determinata persona vivente a quel tempo (art. 462, c. 3); ✦ le *organizzazioni* di ogni genere (senza più i limiti che prima valevano per le organizzazioni non di profitto e per gli enti non riconosciuti: **12**.9).

Visto che alla successione può essere chiamato chi non è ancora nato al tempo in cui questa si apre, c'è il problema di *amministrare i diritti successori di questo soggetto ancora inesistente*: se si tratta di persona già concepita, vi provvedono i (futuri) genitori secondo le regole sull'esercizio della potestà (così va «corretto» l'art. 643, c. 2, che continua ad attribuire questo ruolo al solo padre, perché il legislatore della riforma si è dimenticato di adeguarlo al nuovo diritto di famiglia); se si tratta di persona non ancora concepita, vi provvede la persona – indicata nel testamento – da cui dovrà nascere (art. 643, c. 1).

3. L'incapacità di succedere: indegnità e incompatibilità

Si è visto che la capacità di succedere (quanto meno per testamento) appartiene in via di principio a tutti i soggetti del diritto. Tuttavia, alcuni soggetti sono incapaci di succedere, per la *particolare situazione in cui si trovano*. L'incapacità di succedere (che è ovviamente incapacità giuridica, non di agire) è sempre *relativa*, nel senso che esclude il soggetto non da qualunque successione per causa di morte, ma solo dalla possibilità di *succedere a un soggetto determinato*. I casi di incapacità di succedere possono ricondursi a due figure: l'indegnità e l'incompatibilità.

L'**indegnità di succedere** colpisce chi si è macchiato di *gravi colpe verso il de cuius*, che la legge elenca in modo tassativo (art. 463). Possono raggrupparsi come segue: ☞ *illeciti contro la persona o la personalità del de cuius o di suoi stretti familiari* (e precisiamo che anche in questo ambito al coniuge è equiparato il partner di unione civile omosessuale): omicidio consumato o tentato, istigazione al suicidio, gravi calunnie, e inoltre violenza sessuale (art. 609-*nonies* c.p.); ☞ *illeciti contro la libertà testamentaria del de cuius*: minacce o inganni per influenzare la volontà testamentaria; distruzione o falsificazione del testamento.

Chi diventa indegno non può succedere né per testamento né per successione legittima. Tuttavia può riacquistare la capacità di succedere per effetto della **riabilitazione**, fatta nei suoi confronti dal de cuius. La riabilitazione può farsi in due modi: ☞ è *espressa*, se consiste nella dichiarazione, contenuta in un atto pubblico o nel testamento, con cui il de cuius manifesta la volontà di riabilitare l'indegno (art. 466, c. 1); ☞ è *tacita*, quando il de cuius, pur senza riabilitare espressamente l'indegno, dispone nel testamento a suo favore, conoscendo la causa di indegnità. In tal caso, *la disposizione è efficace, ma i diritti successori del soggetto sono limitati ad essa*: se egli è un legittimario, e l'attribuzione testamentaria è inferiore alla legittima, non può chiedere l'integrazione ma deve accontentarsi di ciò che il testatore gli ha lasciato (art. 466, c. 2).

Oltre agli indegni, sono incapaci di succedere per testamento a un determinato testatore alcuni soggetti che, per il loro ruolo, potrebbero influenzare la sua volontà testamentaria. Lo loro posizione può definirsi di **incompatibilità**: sono il *tutore* che non sia stretto familiare del de cuius (art. 596); e *coloro che hanno partecipato alla formazione del testamento*, come il notaio, i testimoni e l'interprete intervenuti nel testamento pubblico, e la persona che eventualmente abbia scritto il testamento segreto (art. 597-598). Questi casi hanno un *regime diverso dall'indegnità*: ☞ l'indegnità preclude la vocazione sia testamentaria sia legittima; l'incompatibilità solo quella testamentaria; ☞ mentre l'indegnità può essere rimossa con la riabilitazione, non esiste analoga possibilità per l'incompatibilità: la disposizione testamentaria a favore di soggetto incompatibile è sempre nulla (anche se fatta per interposta persona: **67**.7).

4. L'accettazione dell'eredità

L'accettazione dell'eredità è *l'atto del chiamato all'eredità che lo trasforma in erede vero e proprio, facendogli acquistare l'eredità: effetto che, come sappiamo, retroagisce alla morte del de cuius* (art. 459).

Ovviamente, se il chiamato all'eredità è *incapace legale di agire*, non può compiere validamente l'atto di accettazione: questo deve essere compiuto dal *rappresentante legale*, previa autorizzazione del giudice.

L'accettazione dell'eredità è un *atto unilaterale non ricettizio* (**29**.3), così come il testamento, che contiene la relativa vocazione. I due atti restano distinti, e ciascuno produce autonomamente i suoi effetti: l'accettazione dell'eredità non ha nulla in comune con l'accettazione della proposta contrattuale, che «si fonde» con la proposta stessa a formare quell'unico atto (bilaterale) che è il contratto (**29**.4).

L'accettazione può manifestarsi in due modi (art. 474): ☞ è accettazione **espressa** quando il chiamato, con *atto pubblico o scrittura privata, dichiara di accettare l'eredità, oppure assume il titolo di erede* (art. 475, c. 1); ☞ è accettazione **tacita** quando il chiamato compie *un atto che presuppone necessariamente la sua volontà di accettare*, perché non avrebbe il diritto di compierlo se non nella qualità di erede (art. 476). Ciò accade quando il chiamato: ✦ *dona* o *vende* o comunque *cede* ad altri i suoi diritti di successione (art. 477); oppure ✦ *rinuncia* a tali diritti, se la rinuncia è fatta *verso corrispettivo, o a favore di qualcuno soltanto degli altri chiamati* (art. 478: una rinuncia del genere, al di là dell'intento soggettivo di chi la compie, ha il senso obiettivo di un atto di disposizione dell'eredità, che può essere compiuto solo dall'erede).

L'accettazione dell'eredità non sopporta *né termine né condizione*, sotto pena di nullità (art. 475, c. 2). Deve essere *integrale* (un'accettazione parziale è nulla: art. 475, c. 3). Infine, è *irrevocabile*. In altre parole, il chiamato all'eredità è nella condizione di chi non può fare altro che «prendere o lasciare»: ciò risponde – ancora una volta – all'esigenza di certezza, stabilità e continuità dei rapporti che facevano capo al de cuius.

L'accettazione dell'eredità può presentare *vizi* che ne giustificano l'**annullamento**: è annullabile per *violenza o dolo* subiti dall'accettante (art. 482). Invece non può essere impugnata per errore (art. 483, c. 1). L'*irrilevanza dell'errore* si spiega così: il rischio di errore più frequente e più serio è accettare un'eredità che appare vantaggiosa, mentre poi si scopre carica di passività occulte, di cui l'erede risponde illimitatamente; ma questo rischio può prevenirsi con un rimedio apposito, che è l'accettazione con beneficio d'inventario (**69**.6). La legge considera l'eventualità che si scopra poi un *testamento ignoto al tempo dell'accettazione, il quale disponga legati* (che vanno a carico dell'erede): e stabilisce che di essi l'erede risponda solo entro certi limiti (art. 483, c. 2).

Accettare l'eredità è un *diritto del chiamato*, e come la generalità dei diritti è soggetto a **prescrizione**: il termine è quello ordinario di *10 anni*, decorrente dall'apertura della successione o dal verificarsi della condizione sospensiva eventualmente apposta all'istituzione di erede (art. 480, c. 1-2). Ma 10 anni sono un tempo lungo, e possono esserci persone interessate a sapere prima se il chiamato accetta o non accetta: i chiamati per delazione successiva, che potrebbero acquistare l'eredità in caso di mancata accettazione del primo chiamato; i creditori del de cuius, che vogliono sapere se possono contare sulla sua responsabilità per i debiti ereditari. Gli interessati possono ottenere che la situazione d'incertezza sulla sorte dell'eredità sia sciolta anche prima del decennio, esercitando la c.d. **azione interrogatoria**: con essa, chiedono al giudice di *fissare un termine*, entro cui il chiamato deve dichiarare se accetta o rinuncia; questo diventa un termine di *decadenza* dal diritto di accettare, e se il chiamato lo lascia scadere senza pronunciarsi, perde l'eredità (art. 481).

A differenza dell'eredità, il **legato** si acquista *senza bisogno di accettazione*, salva la *facoltà di rinunciare* (art. 649, c. 1): la ragione è che l'acquisto del legato non espone il legatario a una responsabilità patrimoniale pesante come quella cui va incontro l'erede, in quanto successore a titolo universale (**67**.3).

Ma l'accettazione dell'eredità può farsi in due modi diversi, con effetti profondamente diversi: pura e semplice, e con beneficio d'inventario.

5. Accettazione pura e semplice

L'accettazione pura e semplice dell'eredità è quella, per così dire, normale. Essa realizza la *successione a titolo universale dell'erede nell'intero patrimonio del defunto (o in una quota di esso)*: l'erede ne acquista (eventualmente pro quota) tutti gli *elementi attivi* – beni e crediti –, ma ne assume anche tutte le *passività*: sia quelle preesistenti (i debiti del de cuius), sia quelle nate con la successione (i legati di cui l'erede risulta onerato). Di queste passività *l'erede risponde illimitatamente, con tutti i suoi beni*: cioè non solo nei limiti del valore dei beni ereditari, ma anche al di là di tali limiti (*ultra vires*), e quindi anche con i propri beni preesistenti, che verranno intaccati se il passivo ereditario risulterà superiore all'attivo (c.d. *eredità dannosa*).

Un effetto apparentemente così forte non fa altro che applicare un principio generale: quello per cui *il debitore risponde dei suoi debiti con tutti i suoi beni* (**27**.2). E i debiti del de cuius sono diventati, con l'accettazione dell'eredità, debiti dell'erede: a questo punto *non esistono più due patrimoni distinti* – quello del de cuius e quello dell'erede –, ma *un solo patrimonio*, e cioè il patrimonio dell'erede che ha assorbito quello del de cuius (**confusione dei patrimoni**).

6. Accettazione con beneficio d'inventario

Per evitare il rischio dell'eredità dannosa, la legge offre al chiamato un apposito dispositivo: la possibilità di fare, anziché un'accettazione pura e semplice, un'**accettazione con beneficio d'inventario** (art. 470, c. 1). Essa infatti impedisce o attenua la confusione dei patrimoni: per conseguenza, l'erede non corre il rischio di dover rispondere dei debiti ereditari anche con i propri beni personali, preesistenti all'eredità. Questo effetto *tutela l'erede,* ma per converso *diminuisce la garanzia dei creditori ereditari* (cioè del de cuius), che non possono contare sui beni propri dell'erede, ma solo su quelli già appartenenti al de cuius. Bisogna tutelare anche loro, e il mezzo è l'**inventario dei beni dell'eredità** – il perno attorno a cui si organizza l'istituto –, che serve a *rendere ufficialmente certa e controllabile la consistenza dei beni del de cuius* (gli unici, come detto, su cui i creditori del de cuius possono soddisfarsi).

Il legislatore valuta che l'istituto offra una tutela essenziale, di cui l'erede che intenda avvalersene non può essere privato: per questo il chiamato è libero di accettare con beneficio d'inventario anche se il testatore lo abbia vietato (art. 470, c. 2). E valuta che in certi casi, in cui sono in gioco interessi particolarmente rilevanti e meritevoli di protezione, l'eredità si possa *accettare solo con beneficio d'inventario*, e non puramente e semplicemente: ciò vale per le eredità cui sono chiamati *incapaci di agire* (art. 471-472); e per le eredità devolute a *persone giuridiche diverse dalle società* (art. 473). Inoltre, ha l'onere di accettare con beneficio d'inventario il legittimario che voglia agire in riduzione contro persone diverse dai coeredi (**68**.5).

Per compiere l'accettazione con beneficio d'inventario, il chiamato all'eredità deve seguire una **procedura**, finalizzata essenzialmente a garantire gli interessi dei creditori ereditari. Essa può svilupparsi in *modi diversi*, a seconda che il chiamato sia o non sia nel possesso dei beni ereditari:

☞ se **il chiamato è nel possesso** dei beni ereditari (e dunque c'è il rischio che li disperda o li nasconda, con danno dei creditori), gli sono imposti termini molto severi. Egli deve (art. 485): ✦ fare l'*inventario entro tre mesi dall'apertura della successione*; e quindi ✦ compiere l'*accettazione entro i 40 giorni seguenti*. Se lascia decorrere inutilmente l'uno o l'altro di questi termini, si considera erede puro e semplice, e dunque illimitatamente responsabile dei debiti ereditari (acquisto legale dell'eredità: **69**.8);

☞ se **il chiamato non è nel possesso** dei beni ereditari (e dunque la situazione non è così a rischio), i termini a suo carico sono meno stringenti, e in sostanza coincidono con il *termine di prescrizione* del diritto di accettare (10 anni). Entro questo termine, il chiamato può operare in due modi (art. 487): ✦ o prima compie l'*accettazione*, e poi fa l'*inventario nei tre mesi seguenti* (a pena di essere considerato, anche qui, erede puro e semplice); ✦ oppure prima fa l'*inventario*, e poi compie l'*accettazione nei 40 giorni seguenti* (e qui il mancato rispetto ha una conseguenza diversa: il chiamato perde il diritto di accettare).

Sempre a garanzia dei creditori, gli atti di questa procedura richiedono un alto grado di *formalità e ufficialità*. La dichiarazione di accettazione con beneficio d'inventario deve essere ricevuta dal *notaio* o dal *cancelliere del tribunale* del luogo di apertura della successione; e ad essa si dà *pubblicità*, mediante inserzione nel *registro delle successioni* (art. 484, c. 1). L'inventario è fatto dal cancelliere o da un notaio, secondo regole contenute nel codice di procedura civile.

Se ci sono *più chiamati* all'eredità, l'accettazione con beneficio d'inventario, fatta da uno, *giova anche agli altri* (art. 510).

L'effetto dell'accettazione con beneficio d'inventario è «*tener distinto il patrimonio del defunto da quello dell'erede*» (art. 490, c. 1). Il chiamato acquista l'eredità, che entra nel suo patrimonio: ma all'interno del complessivo patrimonio dell'erede, il patrimonio ereditario si considera come un *patrimonio separato*. Ne derivano queste **conseguenze** (art. 490, c. 2): ☞ i debiti e i crediti che l'erede eventualmente abbia verso il de cuius *non* si estinguono per *confusione*, ma restano vivi; ☞ *l'erede risponde* dei debiti ereditari (che sono di due tipi: debiti già del de cuius; e debiti sorti a carico dell'erede verso i legatari) solo *nei limiti dell'attivo ereditario*, senza rischiare i propri beni; ☞ i *creditori ereditari* (creditori del de cuius e legatari) non possono aggredire i beni personali dell'erede, ma sul patrimonio ereditario hanno *prelazione rispetto ai creditori dell'erede*: questi non sono esclusi dalla possibilità di soddisfarsi sui beni dell'eredità (che ora sono dopotutto beni dell'erede, loro debitore); ma possono aggredirli solo dopo che i creditori ereditari si sono soddisfatti.

L'operazione principale che consegue all'accettazione con beneficio d'inventario è appunto il **pagamento dei creditori ereditari** (creditori del de cuius e legatari), che può farsi in tre modi. L'erede può: ☞ pagare i creditori ereditari *man mano che si presentano*, fino all'esaurimento dei beni ereditari e con obbligo di rendiconto (possibilità peraltro preclusa se qualche creditore fa opposizione: art. 495 e segg.); oppure ☞ seguire una *procedura liquidatoria di tipo concorsuale*, che garantisce meglio la parità di trattamento: i beni ereditari vengono venduti dall'erede dietro autorizzazione del giudice, e sul ricavato si soddisfano prima i creditori del de cuius, proporzionalmente fra loro (salve eventuali cause di prelazione), e solo dopo i legatari (art. 499 e segg.); oppure ancora ☞ *rilasciare i beni ereditari* a creditori e legatari, con successiva nomina di un curatore che procede alla liquidazione e quindi ai pagamenti, secondo il criterio appena indicato (art. 507 e segg.).

C'è la possibilità di **decadenza** dell'erede dal beneficio d'inventario, stabilita a suo carico quando egli *viola determinate regole a tutela dei creditori ereditari:* vendita di beni senza autorizzazione giudiziale (art. 493); omissioni e infedeltà nell'inventario (art. 494); violazione di norme sulla liquidazione ereditaria (art. 505). L'effetto della decadenza è chiaro: egli *diventa erede puro e semplice*, e quindi risponde illimitatamente dei debiti ereditari, con tutti i propri beni.

7. La separazione dei beni del de cuius dai beni dell'erede

L'accettazione con beneficio d'inventario tutela fondamentalmente l'erede, limitandone la responsabilità per i debiti ereditari; ma potrebbe giovare agli stessi creditori ereditari. Infatti l'accettazione pura e semplice, con la confusione dei patrimoni, espone questi a subire il *concorso dei creditori personali dell'erede sui beni del de cuius*: e ciò li può pregiudicare, tutte le volte che la situazione patrimoniale dell'erede risulti precaria (pochi beni, molti debiti). L'accettazione con beneficio d'inventario elimina questo rischio, riservando i beni del de cuius ai creditori ereditari, con priorità sui creditori dell'erede.

Ma l'accettazione con beneficio d'inventario è una scelta dell'erede, su cui i creditori ereditari non possono influire: e in mancanza di essa, tali creditori restano esposti al rischio appena indicato. La legge gli offre allora un rimedio, attivabile su loro autonoma iniziativa: *ciascun creditore ereditario può chiedere la separazione dei beni del de cuius dai beni dell'erede*.

Quanto al suo **oggetto**, la separazione si esercita non sull'intero patrimonio ereditario, ma su *singoli beni determinati, compresi nell'eredità*. Per i mobili si fa con domanda giudiziale (art. 517); per gli immobili con iscrizione, analoga a quella prevista per l'ipoteca (art. 518).

L'**effetto** della separazione è funzionale alla sua ratio (evitare il concorso dei creditori personali dell'erede sui beni ereditari): e dunque i creditori che l'hanno esercitata (c.d. *creditori separatisti*) acquistano il *diritto di essere preferiti, sui beni separati, rispetto ai creditori dell'erede* (art. 512, c. 1). Ma a parte questo effetto di prelazione, restano ferme tutte le altre conseguenze della confusione dei patrimoni. E quindi: ☞ i *creditori dell'erede* non sono esclusi dalla possibilità di *soddisfarsi sui beni ereditari* (semplicemente, potranno farlo *solo dopo* l'integrale soddisfazione dei creditori ereditari); ☞ i *creditori separatisti*, oltre ad avere prelazione sui beni ereditari, conservano il diritto di *concorrere con i creditori dell'erede sui beni personali di questo* (salvo ovviamente che l'erede abbia accettato con beneficio d'inventario), oltre che sui beni ereditari non separati.

La separazione può essere esercitata sia dai creditori del de cuius sia dai legatari: ma nel concorso *i creditori sono preferiti ai legatari* (art. 514, c. 3).

Potrebbe sembrare che l'iniziativa della separazione sia inutile quando l'erede abbia accettato con beneficio d'inventario (che produce analogo effetto): invece può essere prudente esercitarla anche in questo caso, perché dal beneficio l'erede potrebbe decadere.

8. L'acquisto legale dell'eredità

La legge stabilisce che *determinati comportamenti del chiamato* producono le stesse *conseguenze che deriverebbero dall'accettazione*: non perché siano concludenti nel senso della volontà (tacita) di accettare; ma perché, di fronte a tali comportamenti del chiamato, la legge reputa opportuno considerarlo e trattarlo come erede, anche contro la sua volontà. Qui parlare di accettazione, sia pure tacita, sarebbe una finzione inutile: è più realistico parlare di acquisto legale dell'eredità.

Ciò accade quando il chiamato: ☞ *sottrae o nasconde beni ereditari*: in tal caso egli è considerato erede, perfino se abbia esplicitamente rinunciato all'eredità (art. 527); oppure ☞ resta *nel possesso dei beni ereditari* oltre un certo tempo, senza farne l'inventario; o, avendo fatto l'inventario, non dichiara entro un certo tempo se accetta o rinuncia (art. 485): cfr. **69**.6.

9. La petizione di eredità

Può accadere che i *diritti dell'erede* vengano *lesi da qualcuno che possiede beni ereditari e rifiuta di consegnarli all'erede*: magari perché questo possessore sostiene di essere lui l'erede. La situazione è meno rara di quanto potrebbe pensarsi: impugnazione di disposizioni testamentarie, ritrovamento di testamenti successivi, dubbi sui presupposti di questo o quel criterio di delazione successiva, impugnazione del riconoscimento di paternità naturale sono fattori capaci di rendere incerta l'attribuzione della qualità di erede. Il rimedio offerto all'erede è la petizione di eredità: l'*azione con cui l'erede chiede il riconoscimento di tale qualità,* e conseguentemente la *restituzione dei beni ereditari, contro chiunque li possiede a titolo di erede o senza titolo* (art. 533, c. 1).

La petizione ereditaria ha aspetti comuni con l'azione di *rivendicazione* (**16**.12): è *imprescrittibile*, ma resta bloccata se nel frattempo il bene è stato usucapito (art. 533, c. 2); ha carattere *reale*, e non personale (**19**.4). Ma presenta una differenza di fondo: chi esercita la rivendicazione deve dimostrare di essere proprietario del bene; chi agisce in petizione ereditaria deve dimostrare la propria *qualità di erede*, e la *natura ereditaria del bene* di cui chiede la restituzione. Se il possessore afferma di possedere perché il bene gli era stato venduto o donato o dato in usufrutto dal de cuius, l'erede che confuta tale posizione deve esercitare l'azione di rivendicazione, e non la petizione di eredità: qui infatti il possesso contestato non è «a titolo di erede» e neppure «senza titolo».

Se l'azione viene accolta, ha luogo la *restituzione* del bene. La disciplina dei frutti e delle spese – diversa a seconda che il possessore fosse in buona o in mala fede – segue le regole in materia di possesso (**21**.19): art. 535, c. 1.

10. Gli acquisti dall'erede apparente

Il possessore del bene ereditario, contro cui l'erede agisce in petizione ereditaria, nel frattempo potrebbe avere *trasferito il bene a un terzo*. In tale ipotesi, la regola base è che *l'erede può rivolgere la sua azione anche contro questo terzo* (art. 534, c. 1). Ma la regola viene derogata quando esistono buone ragioni per *proteggere l'affidamento del terzo acquirente*. Questi salva il suo acquisto se (art. 534, c. 2-3): ☞ ha acquistato **a titolo oneroso**; ☞ ha acquistato **da un erede apparente**, cioè da *persona che in base a indici esteriori si presentava (falsamente, ma credibilmente) come l'erede*: ad es. l'unico familiare sopravissuto al de cuius, il quale de cuius risultava non avere fatto testamento (mentre solo mesi dopo, e per caso, si scopre in fondo a un cassetto un testamento che designa erede tutt'altra persona); ☞ ha acquistato **in buona fede**, cioè ignorando di avere a che fare con un erede solo apparente, e non con l'erede vero; ☞ ha acquistato **beni mobili non registrati**; oppure – se ha acquistato immobili o mobili registrati – risulta rispettata una certa **priorità di trascrizioni**.

Se non ricorrono queste condizioni, il terzo non acquista, e l'erede vero può rivolgersi contro di lui per la restituzione del bene. Se invece le condizioni sussistono, il terzo acquista: in tal caso, *l'erede vero può rivolgersi contro l'erede apparente per il risarcimento*; ma se l'erede apparente ha ceduto il bene in buona fede, l'erede vero può chiedergli solo il corrispettivo ricevuto (art. 535, c. 2).

11. L'eredità giacente

Dopo l'accettazione, l'effetto retroattivo di questa determina l'assoluta continuità fra titolarità del patrimonio in capo al de cuius e titolarità dello stesso in capo all'erede. Ma *prima dell'accettazione* si vive una situazione d'*incertezza*: il patrimonio non è più del de cuius, ma non si sa ancora se sarà del primo chiamato o di qualcun altro, chiamato in delazione successiva. E tuttavia ci vuole qualcuno che lo amministri, e soprattutto lo difenda contro il rischio di dispersioni o aggressioni di terzi.

Il problema è risolto diversamente, a seconda che il chiamato all'eredità – il quale non ha ancora accettato, ma ha ancora il diritto di accettare – sia o non sia nel possesso dei beni ereditari: ☞ se *il chiamato è nel possesso* dei beni ereditari, egli stesso può esercitare a loro difesa azioni possessorie e compiere gli opportuni atti conservativi e di amministrazione (art. 460); ☞ se invece **il chiamato non è nel possesso dei beni ereditari**, ricorre la figura dell'eredità giacente (art. 528 e segg.).

In presenza di un'eredità giacente, il giudice nomina un **curatore** dell'eredità giacente (art. 528, c. 1). Questi svolge una serie di attività, e in particolare:

☞ fa prima di tutto l'*inventario* dei beni; ☞ compie tutti gli atti necessari per la loro *conservazione e gestione* (incluse alienazioni), di cui dovrà dare il *rendiconto* (art. 529); ☞ può, con l'autorizzazione del giudice, provvedere al *pagamento* dei debiti ereditari e dei legati (art. 530).

Le sue funzioni cessano quando il chiamato accetta l'eredità (art. 532).

12. La rinuncia all'eredità

Come può accettare l'eredità, così il chiamato (o, se incapace d'agire, il suo rappresentante legale) vi può rinunciare. E può farlo per le ragioni più diverse: perché teme che l'eredità sia carica di debiti, dei quali non vuole rispondere; perché odia o disprezza il de cuius, con il quale non vuole avere niente a che fare; perché vuole avvantaggiare chi lo segue nella catena della delazione successiva, permettendo a quest'altro soggetto di acquistare l'eredità, ecc.

È atto *simmetrico e contrario rispetto all'accettazione*, con cui ha molti elementi in comune. È anch'esso un atto unilaterale non ricettizio. A pena di nullità, non tollera né condizione né termine; e deve essere integrale, essendo esclusa la rinuncia solo parziale (art. 520). Opera retroattivamente, perché «Chi rinunzia all'eredità è considerato come se non vi fosse mai stato chiamato» (art. 521). Si può impugnare solo per violenza o dolo, non per errore (art. 526). Si distacca dal regime dell'accettazione sotto due profili:

☞ è necessariamente un **atto formale**: deve farsi dinnanzi al *notaio* o al *cancelliere del tribunale* competente per territorio (quello del luogo di apertura della successione, coincidente con l'ultimo domicilio del de cuius: art. 456), e poi inserirsi nel *registro delle successioni*, tenuto presso il tribunale stesso (art. 519); questo esclude la possibilità di una rinuncia tacita;

☞ inoltre, a differenza dell'accettazione, è un **atto revocabile**: il chiamato che abbia rinunciato può *successivamente accettare* l'eredità, a condizione che (art. 525): ✦ non sia ancora decorso il termine di *prescrizione* del diritto di accettare; ✦ nessuno dei *chiamati per delazione successiva* abbia nel frattempo accettato.

La rinuncia all'eredità potrebbe *danneggiare i creditori del chiamato rinunciante*, i quali perderebbero la possibilità di soddisfarsi sui beni ereditari (che, per effetto della rinuncia, non entrano nel suo patrimonio). A loro tutela, si prevede che tali creditori possano farsi *autorizzare dal giudice ad accettare l'eredità in nome e luogo del rinunciante*: l'effetto non è che il chiamato acquista l'eredità; è semplicemente che i creditori acquistano la *possibilità di soddisfare i loro crediti sui beni ereditari* che sarebbero spettati al rinunciante (art. 524).

13. La comunione ereditaria: oggetto; amministrazione; prelazione dei coeredi e retratto successorio

Quando *più coeredi sono chiamati all'eredità, e l'accettano*, si crea fra loro comunione ereditaria. Ciascun coerede diventa titolare non di singoli beni compresi nell'asse, ma di una **quota del patrimonio ereditario**, che è l'oggetto della comunione: è lo stesso schema che vale in generale per la comunione dei diritti (**17**.1); e infatti le norme sulla comunione in generale (art. 1100 e segg.) si applicano alla comunione ereditaria, in quanto non derogate da norme contenute nella specifica disciplina di questa (art. 713 e segg.). Le quote dei coeredi possono essere uguali (ad es. tre coeredi, ciascuno per un terzo) oppure diverse fra loro (ad es. due coeredi, di cui uno per un quarto e l'altro per tre quarti).

Si è detto che oggetto del diritto del coerede è la sua quota di patrimonio ereditario, il quale a sua volta è l'oggetto della comunione ereditaria. Quest'ultima affermazione va corretta, perché in realtà *non tutti gli elementi del patrimonio ereditario cadono nella comunione ereditaria*. Ne restano normalmente esclusi: ☞ i *debiti ereditari* (debiti del de cuius; debiti nascenti da legati di genere), che in deroga alla regola generale della solidarietà passiva (**22**.9) non vanno a gravare solidalmente su tutti i coeredi, ma – se divisibili – *si dividono automaticamente fra i coeredi in proporzione delle rispettive quote* (art. 1295; 752 e segg.); ☞ i *crediti del de cuius*, che – se divisibili – si dividono anch'essi fra i coeredi secondo la quota di ciascuno (art. 1295); ☞ i *beni formanti oggetto dei legati di specie*, che all'apertura della successione – in base alla regola sull'acquisto automatico del legato – si trasferiscono immediatamente ai legatari (**69**.4).

Per contro, la comunione ereditaria può *estendersi a beni non compresi nel patrimonio del de cuius* al momento della sua morte: ciò per effetto di eventuale *collazione* (**69**.16).

La comunione ereditaria è destinata a *sciogliersi* con la divisione (**69**.14), ma fin che dura (e spesso dura anni e anni) occorre *amministrare i beni comuni*: è soprattutto in relazione a questa esigenza che, in mancanza di norme specifiche, assumono rilievo le norme relative alla comunione in generale. Con questa particolarità e complicazione: che mentre la comunione in generale si immagina, tipicamente, riferita a un *singolo bene*, la comunione ereditaria di regola ha per oggetto un *complesso eterogeneo di beni*. Se fra questi è compresa un'azienda, e i coeredi la gestiscono insieme, può nascere fra loro una società di fatto (**52**.8).

Il coerede può disporre del suo diritto, alienando la propria quota di eredità: chi l'acquista subentra nella posizione di partecipe della comunione ereditaria. Ciò potrebbe risultare sgradito agli altri coeredi, in ipotesi contrari all'inserimento di estranei. La legge ne tiene conto, e impone un *vincolo alla libertà del coerede di trasferire la quota*, cui corrisponde un *diritto degli altri coeredi*: e precisamente un **diritto di prelazione**. Il coerede che vuole alienare la sua quota a un estraneo deve *notificare agli altri coeredi la proposta di alienazione*, con l'indicazione del prezzo: gli altri coeredi possono *esercitare la prelazione entro due mesi* dalla notifica.

Se il coerede aliena all'estraneo *violando la prelazione* degli altri coeredi, questi – finché dura la comunione ereditaria – hanno a disposizione un rimedio che si chiama **retratto successorio**: possono *recuperare la quota riscattandola dall'acquirente,* ma anche *dai successivi aventi causa* (art. 732). Quindi la loro prelazione ha *natura reale* e non semplicemente obbligatoria (**29**.14).

14. La divisione ereditaria

La comunione ereditaria è una *situazione transitoria, destinata a cessare con la divisione*. La legge disciplina la divisione ereditaria con regole molto dettagliate, che formano un modello di disciplina applicabile in generale a tutte le ipotesi di divisione, anche non ereditaria (art. 1116).

La legge vede con favore lo scioglimento della comunione: per questo attribuisce a ogni coerede il *diritto di chiedere in ogni momento la divisione* (art. 713, c. 1). Questo diritto può essere temporaneamente bloccato solo in alcuni casi tassativamente previsti. La **sospensione** del diritto alla divisione può aversi: ☞ per *disposizione del testatore*, il quale stabilisca che la divisione venga rinviata per un certo tempo, comunque non superiore a cinque anni dalla sua morte, o – se fra i coeredi c'è un minore – a un anno dal compimento della maggiore età; ma anche in questi casi c'è la possibilità che, se lo esigono gravi circostanze, ciascun coerede richieda e il giudice autorizzi la divisione immediata o in un tempo più ravvicinato (art. 713, c. 2-4); ☞ *di diritto*, in casi nei quali *l'attribuzione di quote ereditarie si presenta incerta*: quando fra i chiamati all'eredità c'è un nascituro; o quando è pendente il giudizio sulla filiazione di una persona che, risultando tale suo status, avrebbe diritto di succedere; o quando, essendo stato istituito erede un ente non riconosciuto, è in corso la procedura per il riconoscimento; ma anche in questi casi il giudice può autorizzare la divisione (art. 715); ☞ per *provvedimento del giudice*, che può sospendere la divisione per non più di cinque anni quando la sua esecuzione immediata rischia di portare *notevole pregiudizio* al patrimonio ereditario (art. 717).

L'**effetto** della divisione è che, per ciascun coerede, *al diritto sulla quota* ideale del comune patrimonio ereditario *si sostituisce un diritto esclusivo sopra beni ereditari determinati*, per un valore corrispondente alla quota. Con questa precisazione importante: ciascun coerede si considera solo e immediato successore nei beni che gli sono toccati con la divisione; questi beni si considerano di sua proprietà fin dall'apertura della successione, e per contro gli altri beni della comunione, assegnati agli altri coeredi, si considerano come se non fossero mai stati di sua proprietà (art. 757). Ovvero: la divisione ha *effetto retroattivo.*

Può accadere che, *dopo la divisione, un terzo faccia valere diritti su qualche bene ereditario*, dimostrando che esso non apparteneva al de cuius, e così ottenendone la restituzione dal coerede cui la divisione lo aveva attribuito. La perdita non viene sopportata solo da questo coerede, ma si ripartisce anche fra tutti gli altri, ciascuno dei quali vede proporzionalmente ridotta la propria parte (art. 759): come dire che *i condividenti si garantiscono reciprocamente contro l'evizione* (**38**.10).

Se nella divisione non si è tenuto conto di qualche bene ereditario, non ne deriva nullità: può rimediarsi con un *supplemento di divisione* (art. 762).

15. Tipi di divisione: convenzionale; giudiziale; del testatore

La divisione può farsi in tre modi, cui corrispondono *tre tipi di divisione*: divisione *convenzionale*, divisione *giudiziale* e divisione *fatta dal testatore.*

La **divisione convenzionale** si fa per *accordo dei coeredi*, che stabiliscono consensualmente come ripartire fra loro i beni ereditari. Ha la natura di un *contratto* (eventualmente plurilaterale: **28**.9) fra i coeredi, e in linea di principio segue la normale disciplina dei contratti. Se ne discosta però sotto alcuni profili: ☞ uno riguarda le cause di **annullamento**: la divisione convenzionale può annullarsi per *violenza* e per *dolo*, non per errore (art. 761); ☞ un altro concerne la disciplina della **rescissione per lesione**, che è il rimedio attivabile quando risulta che *un coerede ha ricevuto beni per un valore inferiore alla sua quota*: esercitando la relativa azione, il coerede leso può rendere inefficace la divisione che lo pregiudica. A differenza dell'azione generale di rescissione per lesione (**35**.20), la rescissione della divisione (art. 763): ✦ non presuppone lo stato di bisogno del soggetto leso, né alcun altro condizionamento anomalo della sua volontà, ma *solo il dato oggettivo della lesione*; ✦ può chiedersi quando la lesione è *oltre il quarto* del valore della quota. Anche qui c'è modo di evitare la rescissione con una specie di riduzione a equità: a tal fine, il coerede contro cui è domandata può *offrire un supplemento* (art. 767). La rescissione si applica anche agli altri *atti diversi dalla divisione*, che hanno l'effetto di sciogliere la comunione (ad es. attribuzioni o rinunce riguardanti diritti reali minori, permute, ecc.), esclusa la transazione (art. 764).

In mancanza di accordo fra i coeredi, può aversi **divisione giudiziale**: quella fatta mediante *provvedimento del giudice*, a esito di un *procedimento* che può essere *promosso da qualunque coerede*. Il giudice deve applicare una serie di criteri legali. Ciascun coerede ha diritto di ottenere la propria parte *in natu-*

ra, e con una *combinazione di beni* (denaro, mobili e immobili) che rifletta il più possibile la composizione del patrimonio ereditario (art. 718; 727). Ciò presuppone che tutti i beni siano divisibili: ma è frequente che l'eredità comprenda *beni indivisibili, specie immobili.* In tal caso, il bene va assegnato *per intero a un coerede*, il quale – se il valore di esso supera quello della sua quota – dovrà pagare *conguagli* agli altri coeredi; se nessun coerede è disposto a ricevere l'intero bene, questo viene *venduto* e il ricavato si divide fra i coeredi (art. 720-722).

La **divisione fatta dal testatore** è la *disposizione testamentaria con cui si formano direttamente le porzioni spettanti ai vari coeredi*, stabilendo con precisione quali beni vadano attribuiti a ciascuno di essi (art. 734). Questa divisione può comprendere anche la *parte non disponibile* (art. 734, c. 1): di qui la possibilità che leda la posizione di qualche legittimario. Deve allora distinguersi: ☞ se la divisione del testatore *trascura completamente* qualcuno dei legittimari (o anche qualcuno degli eredi testamentari) è *nulla* (art. 735, c. 1); ☞ se invece li considera tutti, ma è fatta in modo da *ledere la legittima* di qualche successore necessario, è valida: però il legittimario leso può esercitare l'*azione di riduzione* contro gli altri coeredi (art. 735, c. 2). Qui forse è un po' *improprio parlare di «divisione»*. Infatti la disposizione del testatore ha un *effetto attributivo diretto*: i beni da lui assegnati a ciascun coerede entrano in modo esclusivo nel suo patrimonio all'apertura della successione, per cui – a rigore – non si crea neppure una comunione ereditaria che debba sciogliersi mediante divisione.

Diverso è il caso che il testatore si limiti a dettare **direttive** per giungere alla divisione: o fissando *criteri per la formazione delle porzioni*, o stabilendo che la divisione si basi sulla *stima di persona da lui designata.* Queste direttive vincolano i coeredi solo fino a un certo punto (art. 733): e comunque l'effetto giuridico della divisione non risale – come nel caso precedente – alla disposizione testamentaria che le contiene, ma al successivo contratto o provvedimento di divisione fatto dai coeredi o dal giudice.

16. La collazione

Può accadere che il de cuius abbia fatto, in vita, *donazioni al coniuge o a qualche discendente*. La legge presume – secondo quella che normalmente è, in casi del genere, l'intenzione del donante – che tale donazione rappresenti una semplice *anticipazione sulla quota di successione* spettante al familiare: e allora, se non se ne tenesse conto in sede di divisione, la *proporzione fra le quote* di questi stretti familiari resterebbe alterata rispetto allo schema che il de cuius aveva in mente. Nasce di qui l'obbligo di collazione (che significa conferimento): l'obbligo, per il coniuge o il discendente donatario, di *conferire il bene donato nella comunione ereditaria con gli altri soggetti tenuti a collazione*, per comprendere anche questo nella divisione (art. 737). Attenzione: ciò che qui si prevede per il coniuge vale ugualmente per il partner di unione civile omosessuale.

Siccome l'obbligo legale di collazione riflette la *volontà presunta del de cuius*, si comprende che non scatti quando il de cuius ha manifestato la volontà opposta, esplicitando che *la donazione è un sovrappiù rispetto alla quota* ereditaria: **dispensa** dalla collazione (art. 737, c. 1, ultimo inciso); ma è ovvio che la dispensa non può portare alla lesione dell'altrui legittima (art. 737, c. 2). Inoltre l'obbligo *non tocca alcune attribuzioni gratuite*, che per la loro natura è ragionevole lasciare anch'esse «fuori quota»: spese per mantenimento, cura, educazione, istruzione e nozze (art. 742); né tocca i beni distrutti per causa non imputabile al donatario (art. 744).

La collazione può farsi in due modi: ☞ **in natura**, e cioè attribuendo alla comunione *lo stesso bene donato*, perché formi anch'esso oggetto di divisione; ☞ **per imputazione**, e cioè in modo figurativo, *diminuendo la quota del donatario* in misura corrispondente al valore del bene donato (valore da calcolare con riferimento non al tempo della donazione, ma al tempo dell'apertura della successione). I *beni mobili* si conferiscono solo per imputazione (art. 750). Per gli *immobili*, il donatario può *scegliere* fra collazione per imputazione e in natura (ma quest'ultima è evidentemente impossibile se l'immobile è stato nel frattempo alienato, per cui in tal caso è inevitabile ricorrere all'imputazione): art. 746.

Nel caso di *donazione di denaro finalizzata all'acquisto di un immobile* (ad es., il figlio compra un appartamento, e il padre gli fornisce la somma necessaria per pagarlo), si è molto discusso se debba conferirsi il denaro o l'immobile: in giurisprudenza, prevale la tesi che oggetto di collazione sia l'immobile.

17. I patti di famiglia

Se l'imprenditore anziano ha una figlia molto capace e già bene inserita nel business familiare, e un figlio poeta del tutto disinteressato all'impresa, è sensato che il padre desideri lasciare l'impresa alla prima, «compensando» i diritti ereditari del secondo con immobili e/o denaro. Bene: se anche tutti gli interessati concordassero su tale soluzione, l'accordo rischierebbe di essere nullo come patto successorio vietato (**66**.3); e l'attribuzione dell'impresa al primo figlio potrebbe essere attaccata con l'azione di riduzione (**68**.5) o assoggettata a collazione (**69**.16).

Da qualche tempo questo problema di successione nell'impresa si può risolvere con le nuove regole sui patti di famiglia, introdotte dalla l. 55/2006 (art. 768-*bis*/768-*octies*). Il patto di famiglia è il *contratto con cui il titolare dell'im-*

presa la trasferisce al soggetto individuato come colui che la continuerà dopo la sua morte: se l'impresa è individuale, viene ceduta l'*azienda*; se è impresa societaria, si cedono le corrispondenti *quote o azioni* (art. 768-*bis*).

La **forma** richiesta è l'atto pubblico (art. 768-*ter*).

Le **parti** sono, in primo luogo, l'*imprenditore* che cede l'impresa e l'*assegnatario* che la riceve. Ma non solo loro, perché al contratto devono partecipare anche tutti coloro che sarebbero *legittimari dell'imprenditore* se in quel momento si aprisse la sua successione (ad es., il coniuge, gli altri figli): art. 768-*quater*, c. 1. Il patto si configura così come contratto plurilaterale (**28**.9). È discusso se la mancata partecipazione di un legittimario determini l'invalidità del patto, o semplicemente il suo diritto a pretendere la liquidazione della legittima.

Il **contenuto** del patto è complesso: c'è la *cessione dell'azienda o delle partecipazioni sociali* dall'imprenditore all'assegnatario; ma ci sono anche *trasferimenti di denaro o beni in favore dei legittimari non assegnatari*. Infatti questi ultimi devono ricevere la liquidazione dei loro diritti ereditari, mediante pagamenti in *denaro* o attribuzione di *beni* in misura pari al *valore della rispettiva legittima* (art. 768-*quater*, c. 2).

L'**effetto** più notevole del patto è stabilizzare le attribuzioni ricevute dai contraenti: esse *non sono soggette né a riduzione né a collazione* (art. 768-*quater*, c. 4). Né il patto può essere attaccato come patto successorio: lo salva la riserva ora presente nell'art. 458 (**66**.3). Può naturalmente essere impugnato dai partecipanti per *vizi della volontà*: la differenza dal regime comune è che l'azione di annullamento si prescrive in un anno anziché 5 (art. 768-*quinquies*, c. 2).

I *legittimari che non hanno partecipato al patto* (ad es. perché sopravvenuti in seguito, come nel caso dell'imprenditore vedovo che si risposi dopo il patto) possono chiedere la liquidazione della somma cui avrebbero avuto diritto se avessero partecipato. Se non la ottengono, possono impugnare il patto (art. 768-*sexies*).

Ricordiamo che anche ai fini della disciplina dei patti di famiglia, al coniuge è equiparato il partner di unione civile omosessuale.

70
LA DONAZIONE E LE LIBERALITÀ

1. Premessa

Di «donazione» ci è accaduto di parlare molte volte nel corso del manuale, senza che ci fosse bisogno di definire con precisione cosa significa la parola. Questo è stato possibile, perché «donazione» è un termine del linguaggio comune e un concetto del senso comune: e ciò che il linguaggio e il senso comune intendono per «donazione» è sufficiente a comprendere i richiami fatti. Linguaggio e senso comune diventano invece insufficienti, o addirittura fuorvianti, quando viene il momento di analizzare la donazione secondo le sue specifiche caratteristiche tecnico-giuridiche. Infatti a questo punto ci si imbatte in *una serie di sorprese*: la figura giuridica della donazione e l'idea che può averne il non giurista si rivelano per molti aspetti incompatibili.

La prima sorpresa è che, giuridicamente, *la donazione è un contratto*. L'uomo comune fa coincidere «contratto» con «affare», «scambio», «dare per avere» (e «contrattazione» è l'attività finalizzata a ottenere dallo scambio il massimo vantaggio economico): quindi tutto il contrario della donazione, che è fuori della logica degli «affari», perché chi dona non fa uno scambio, ma dà qualcosa senza ricevere nulla. Eppure la donazione è un contratto (**28**.4).

Un'altra sorpresa è che, giuridicamente, *il concetto di «donazione» non si identifica con quello di «atto gratuito»*, ma ne va tenuto distinto. Anche questo stride con il senso comune, portato a considerare «donazione» ogni attribuzione fatta senza corrispettivo. E invece non è così: ci sono atti gratuiti che non sono donazioni (**31**.8); e viceversa, ci sono «donazioni» (sia pure «indirette») che non si presentano come atti gratuiti (**70**.10).

Un'altra sorpresa ancora può venire dalla collocazione della disciplina della donazione entro il codice civile. Se la donazione è un contratto (tipico), ci si potrebbe aspettare di trovarla disciplinata nel quarto libro, là dove sono contenute le regole sui diversi tipi di contratto: e invece è *disciplinata nel secondo libro*, di seguito alle norme sulle successioni (artt. 769-809). La ragione è che il contratto di donazione presenta *elementi che l'avvicinano alla successione per causa di morte*, molto più che alla generalità degli altri contratti: in entrambi i casi siamo fuori della logica dell'«affare» o dello «scambio», e vengono in primo piano aspetti relativi alla personalità dei soggetti; di qui una notevole *convergenza fra le regole giuridiche applicabili alle donazioni e il regime delle disposizioni testamentarie*, come avremo modo di constatare ripetutamente. Inoltre, nello studio delle successioni abbiamo visto che *molti aspetti della disciplina successoria sono influenzati dall'eventualità di donazioni fatte in vita dal de cuius*. Esse vengono in gioco: come materia della riunione fittizia, per il calcolo della legittima, e come oggetto di imputazione ex se, per vedere se la legittima è stata lesa (**68**.4); come possibile bersaglio dell'azione di riduzione, per ripristinare la legittima lesa (**68**.5); infine come materia di collazione fra alcuni qualificati coeredi (**69**.16).

2. Il contratto di donazione: l'oggetto e la forma

Che la donazione sia un contratto, lo dice con chiarezza la legge, nella stessa formula con cui la definisce: «La donazione è il contratto col quale, *per spirito di liberalità, una parte arricchisce l'altra, disponendo a favore di questa di un suo diritto o assumendo verso la stessa una obbligazione*» (art. 769). Come la generalità dei contratti, si forma solo con l'accettazione dell'altrui proposta (**29**.4). L'accettazione può essere dichiarata dal donatario nello stesso contesto in cui è formulata la proposta del donante, o anche separatamente: in quest'ultimo caso, la donazione si perfeziona solo «dal momento in cui l'atto di accettazione è *notificato al donante*» (art. 782, c. 2); e fino a quel momento, «tanto il donante quanto il donatario possono revocare la loro dichiarazione» (art. 782, c. 3).

La sua natura contrattuale marca (nonostante le affinità rilevate) una profonda *differenza giuridica fra donazione e testamento*: mentre quest'ultimo è un atto unilaterale a causa di morte, la donazione è un *atto bilaterale fra vivi* (e anzi sappiamo che sarebbe inammissibile una donazione «a causa di morte»: **66**.3). Conosciamo anche la ragione per cui il legislatore costruisce la donazione come atto bilaterale, fondato sul consenso di entrambe le parti, anziché come atto unilaterale fondato sulla volontà di una sola parte (il donante): è il principio dell'intangibilità della sfera patrimoniale dei soggetti, contro le disposizioni altrui suscettibili di inciderla in modo (anche solo potenzialmente) dannoso o pericoloso per il titolare (**28**.4).

L'**oggetto** della donazione può essere duplice, e a seconda che si configuri in un modo o nell'altro cambia la qualificazione degli effetti del contratto: ☞ può consistere nella *disposizione di un diritto del donante in favore del donatario* (un diritto reale su cosa materiale, ma anche un diritto su bene immateriale, come un brevetto, o anche un preesistente diritto di credito verso terzi): in tal caso la donazione è un contratto con *effetti reali*; ☞ oppure può consistere nell'*assunzione di un'obbligazione del donante verso il donatario:* e allora è un contratto con *effetti obbligatori*.

L'oggetto della donazione si configura in modo particolare nella *donazione con riserva di usufrutto*, con cui il donante attribuisce al donatario la proprietà della cosa, ma riserva l'usufrutto a vantaggio proprio, ed eventualmente di un'altra persona dopo di sé (art. 796): qui l'oggetto della donazione è la *nuda proprietà* (**18**.3). È possibile anche l'inverso: il donante dona l'usufrutto, riservandosi la nuda proprietà (e allora l'effetto reale della donazione è di tipo traslativo-costitutivo: **8**.2). Infine, è possibile che il donante contestualmente attribuisca la nuda proprietà a un soggetto, e l'usufrutto a un altro: avremmo allora due donazioni, per cui occorrono le accettazioni di entrambi i donatari. A differenza della regola che vale in genere per i contratti (**31**.3), la donazione *non può avere per oggetto beni futuri*, a pena di nullità (art. 771, c. 1): la regola vuole tutelare il donante contro una decisione presa in condizioni che non consentono di valutare appieno la portata dell'atto. Pur nel silenzio della legge, si considera inammissibile anche il *contratto preliminare di donazione*: per effetto del quale, la conseguente donazione definitiva non avrebbe quel carattere di libertà e spontaneità che la legge vuole sempre preservare.

La donazione è un contratto altamente formale: richiede la **forma** dell'*atto pubblico* (art. 782, c. 1), con l'assistenza di *due testimoni* (art. 48 l. 89/1913: c.d. legge notarile). Qui la funzione della forma è tradizionalmente indicata nella tutela del donante contro decisioni impulsive e poco meditate, capaci di avere gravi conseguenze sul suo patrimonio.

3. La causa della donazione

Se la donazione è un contratto, deve avere una causa (**31**.7). Rispetto agli altri contratti, individuare la causa della donazione è per un verso più semplice, per un altro verso più complicato.

È più semplice, perché la definisce la legge stessa, quando dice che la donazione si fa «*per spirito di liberalità*» (art. 769), cioè per arricchire il donatario senza ricevere niente in cambio: **spirito di liberalità del donante** e **arricchi-**

mento del donatario sono la funzione sociale che caratterizza tutti i contratti di questo tipo; dunque la *causa tipica* della donazione.

Ma le cose non possono essere così semplici. Definire la causa della donazione come lo spirito di liberalità diretto ad arricchire il donatario non è molto diverso da dire che si dona ... per donare (cioè appunto per arricchire qualcun altro senza corrispettivo); che si dona perché il donante è nello «spirito» di donare: una formulazione che rischia di apparire tautologica e banale. Per cogliere la *ragione giustificativa delle donazioni* senza cadere in eccessi di tautologia e banalità, è necessaria un'indagine più complicata di quella che normalmente occorre per individuare la causa dei contratti onerosi e di scambio. È necessario *portare in qualche misura allo scoperto le esigenze e le finalità specifiche delle parti (e specialmente del donante)*: si potrà allora scoprire che in qualche caso la donazione è del tutto «disinteressata», e si fonda su pure ragioni di affetto e benevolenza; mentre altre volte non può spiegarsi se non facendo riferimento a un preciso interesse del donante (si pensi alle donazioni fatte a scopo pubblicitario o promozionale), o alla particolare circostanza in cui la donazione viene fatta (si pensi alla c.d. donazione obnuziale, cioè fatta in vista del matrimonio del donatario), o a determinati rapporti esistenti fra donante e donatario (ad es. rapporti di stima o gratitudine, come per la c.d. donazione remuneratoria).

Questo significa inoltrarsi sul terreno dei **motivi** dell'atto, di cui conosciamo la normale irrilevanza (**31**.15). E infatti nella donazione i motivi non sono così irrilevanti, ma *assumono un grado di apprezzabilità (anche giuridica) superiore a quello che presentano negli altri contratti*: in deroga alla regola valida per i contratti in genere, nella donazione anche l'*errore sul motivo* può determinare l'annullamento; il *motivo illecito* può determinare più facilmente la nullità; e il particolare motivo per cui si dona (il matrimonio del donatario, nella donazione obnuziale; il riconoscimento di suoi meriti o il desiderio di ricompensarlo per qualcosa, nella donazione remuneratoria) può costituire addirittura il fondamento per individuare *sottotipi di donazione*, ciascuno con il suo particolare trattamento giuridico. In breve: quelli che nella generalità dei contratti sono semplici motivi estranei alla causa, nella donazione possono avvicinarsi a formare la causa (intesa in concreto: **31**.11).

4. Donante e donatario

Regole particolari sono dettate per i soggetti della donazione.

Cominciamo dalla posizione del **donante**. La donazione è un *atto personale* del donante: di qui la *nullità del mandato a donare*, con cui s'incarica un terzo d'individuare la persona del donatario o l'oggetto della donazione; è però possibile incaricare il terzo di scegliere il donatario entro una cerchia di persone indicate dal donante, o l'oggetto della donazione entro un gruppo di cose o entro un limite di valore determinati da lui (art. 778).

Si pone poi il problema della *capacità a donare*. La donazione richiede che il donante abbia «la piena capacità di disporre dei propri beni» (art. 774): perciò è *invalida la donazione fatta dall'incapace legale, sia assoluto sia relativo* (salvo quella fatta dall'inabilitato e dal minore autorizzato al matrimonio, nell'ambito delle loro convenzioni matrimoniali: **63**.10). E, data la natura personale dell'atto, l'incapace non può essere sostituito dal rappresentante legale (art. 777). Si richiede anche la capacità naturale: la donazione fatta dall'*incapace naturale* è invalida (art. 775).

Si dubitava, in passato, che fossero capaci a donare determinati soggetti diversi dalle persone fisiche: in particolare, gli *enti pubblici* e le *società lucrative*. Il dubbio non ha ragione d'essere: si porrà solo un problema (da valutare e risolvere in concreto) di compatibilità della donazione con gli scopi statutari dell'organizzazione, e con i poteri di amministrazione e rappresentanza in capo a chi la compie per l'organizzazione.

Passiamo alla posizione del **donatario**. La *capacità di ricevere per donazione* è definita in termini molto simili alla capacità di ricevere per testamento. Quanto alle *persone fisiche*, la capacità (giuridica) di essere donatari non conosce limiti: possono ricevere per donazione anche minori, interdetti e inabilitati (ma è ovvio che, trattandosi di incapaci di agire, nell'accettazione devono essere sostituiti dal rappresentante legale); possono farsi donazioni anche a favore di *nascituri, concepiti o non concepiti* (art. 784). Una particolare incapacità di ricevere per donazione vale per il *tutore*: prima del rendiconto questi non può ricevere donazioni da chi è stato affidato alla sua tutela (art. 779). In passato erano vietate anche le donazioni fra coniugi: ma il divieto è stato rimosso dalla Corte costituzionale (91/1973). Quanto alle *organizzazioni*, ora esse possono ricevere donazioni senza alcun limite (quelli originariamente previsti a carico delle organizzazioni non di profitto dall'art. 17, e a carico degli enti non riconosciuti dall'art. 786, sono stati abrogati).

5. La responsabilità del donante

Come in ogni contratto, la mancata o difettosa esecuzione della prestazione da parte del donante fa scattare rimedi a tutela del donatario: ma la loro disciplina non può non tenere conto che a fronte della sua prestazione il donante non riceve nulla in cambio, e il donatario si arricchisce senza alcun sacrificio corrispettivo. Di qui la notevole attenuazione del loro rigore:

☞ per il caso di *inadempimento o ritardo* nella prestazione, sorge la **re-**

sponsabilità (**contrattuale**) del donante, che lo obbliga a risarcire il danno: ma tale responsabilità è limitata ai casi di *dolo o colpa grave* (art. 789);

☞ se la cosa donata è difettosa, il donante può essere tenuto alla **garanzia per vizi**: ma solo nel caso limite di suo *dolo* (art. 798). Può anche incorrere in **garanzia per evizione**, ma anche qui entro limiti ben circoscritti (art. 797), e cioè solo se: ✦ ha espressamente *promesso* la garanzia; ✦ l'evizione dipende da *dolo o fatto personale* di lui; ✦ si tratta di donazione *modale* (**70**.6) o di donazione *remuneratoria* (**70**.9).

6. La donazione modale

La donazione modale è *la donazione in cui è previsto un onere (o modus) a carico del donatario,* analogo a quello che il testatore può prevedere a carico dell'erede o del legatario (**67**.6). L'onere limita l'arricchimento del donatario, *imponendogli qualche prestazione, di regola connessa col bene donato*: ad es., X dona a Y un immobile, stabilendo che il 50% dei canoni annualmente ricavati dalla sua locazione o, in caso di vendita, il 25% del prezzo conseguito siano devoluti alla Lega per la lotta contro il cancro. Ne nasce una vera e propria *obbligazione a carico del donatario*, che «è tenuto all'adempimento *entro i limiti del valore della cosa donata*» (art. 793, c. 2). Ciò significa che l'onere può assorbire anche l'intero valore economico della donazione: ma anche in questo caso estremo l'onere non diventa «corrispettivo» dell'attribuzione fatta al donatario, e la donazione non si trasforma in contratto di scambio né muta il proprio titolo da gratuito in oneroso.

In caso d'**inadempimento** dell'onere, contro il donatario può promuoversi *giudizio per l'adempimento*: legittimato ad agire è non solo il donante, ma anche «*qualsiasi interessato*» (art. 793, c. 3). Oppure può chiedersi la *risoluzione della donazione*, che toglie effetto al contratto e obbliga il donatario a restituire ciò che gli era stato donato: per la risoluzione possono agire il donante e i suoi eredi (art. 793, c. 4).

Se la donazione contiene un **onere illecito o impossibile**, questo è nullo. Di regola si considera *non apposto*, e la donazione resta valida ed efficace come donazione non modale; ma se l'onere ha costituito *il solo motivo determinante* della donazione, anche la donazione è travolta dalla nullità (art. 794). La regola ripete quella prevista per il testamento. Invece non è ripetuta per la donazione la regola corrispondente, relativa alla *condizione impossibile o illecita*: ma ciononostante prevale l'interpretazione che si applichi al riguardo la *regola prevista per il testamento* dall'art. 634 (**67**.6), e non quella prevista per il contratto dall'art. 1354 (**34**.3).

7. L'invalidità della donazione

La donazione invalida può essere, secondo il noto schema, nulla oppure annullabile:

☞ la **nullità** della donazione può dipendere dalle stesse *cause* che rendono nulli i contratti in genere (**35**.5). E inoltre da alcune cause specifiche: l'avere per oggetto beni futuri; l'impossibilità o illiceità dell'onere (o della condizione) che rappresenti l'unico motivo determinante della donazione; l'illiceità del motivo che risulti dall'atto e sia l'unico determinante (art. 788), mentre a differenza che per i contratti non si richiede che sia comune alle parti (**35**.8). Il trattamento giuridico della donazione nulla presenta una particolarità che l'accomuna al testamento: la *possibilità di sanatoria mediante conferma, espressa o tacita* (**67**.11). Infatti la nullità non può farsi valere dagli eredi o aventi causa del donante che, conoscendo la causa della nullità, hanno, dopo la morte di lui, *confermato* la donazione o vi hanno dato *volontaria esecuzione* (art. 799);

☞ anche per le cause di **annullabilità** e per il trattamento della donazione annullabile valgono in linea di principio le regole sul contratto in genere, ma anche qui con qualche scostamento in direzione della disciplina testamentaria: ✦ l'*incapacità naturale* determina di per sé l'annullabilità, senza bisogno degli ulteriori requisiti del grave pregiudizio per l'autore dell'atto e della mala fede di controparte (art. 775, c. 1); ✦ l'*errore sul motivo* rende la donazione annullabile, se il motivo *risulta dall'atto* ed è stato l'*unico determinante* per la decisione di donare (art. 787).

8. La revoca della donazione

Il donante può revocare la donazione, per *fatti successivi* alla donazione stessa, in due casi che ancora una volta riecheggiano la disciplina del testamento (art. 800): ☞ la revoca **per ingratitudine** può farsi: ✦ quando il donatario ha commesso contro il donante o i suoi stretti familiari qualcuno degli stessi *fatti che determinano indegnità a succedere*, esclusi ovviamente gli attentati alla libertà testamentaria (**69**.3); ✦ quando reca *ingiuria grave* al donante *o grave pregiudizio* al suo patrimonio; ✦ quando gli rifiuta indebitamente gli *alimenti* dovuti (art. 801); ☞ la revoca **per sopravvenienza di figli** può farsi quando dopo la donazione nasce un figlio al donante, o questi scopre di avere un figlio prima ignorato, o riconosce un figlio extramatrimoniale (art. 803).

La revoca è *esclusa* per due sottotipi di donazione: quella *remuneratoria* e quella *obnuziale* (**70**.9): art. 805.

Quanto alle **conseguenze** (art. 807), la revoca toglie efficacia alla donazione: quindi *obbliga il donatario a restituire il bene donato* (in natura, se ancora esistente; per equivalente monetario, se nel frattempo l'ha alienato). I *terzi acquirenti* sono salvi, purché abbiano trascritto l'acquisto prima della trascrizione della domanda di revoca (art. 808).

Un effetto analogo a quello della revoca può determinarsi automaticamente con la morte del donatario, se alla donazione è stata apposta la **condizione di riversibilità** (art. 791): la clausola per cui *la cosa donata rientra nel patrimonio del donante, in caso di premorienza del donatario* (ed eventualmente dei suoi discendenti). La condizione opera con *retroattività reale*: il suo avverarsi risolve le eventuali alienazioni del bene, intervenute nel frattempo (art. 792).

9. Sottotipi di donazione: remuneratoria, obnuziale, manuale

La **donazione remuneratoria** è un sottotipo di donazione, in cui la causa è qualificata dalla particolare motivazione che spinge a donare: la *riconoscenza* (uno aiuta per anni l'amico a preparare gli esami, e questi gli regala un motorino), o la considerazione dei *meriti del donatario* (un'istituzione scientifica dà un premio in denaro a un giovane biologo, che sta conducendo una ricerca molto promettente), o il desiderio di attribuirgli una *speciale remunerazione* (l'avvocato mi ha assistito in una difficile causa con grande abnegazione e capacità, e oltre a pagargli la parcella gli regalo un quadro): art. 770, c. 1. La specialità della sua disciplina consiste in questo: *non può revocarsi* per ingratitudine o per sopravvenienza di figli; e il donante deve la *garanzia per l'evizione*. Per il resto, è assoggettata a tutte le regole della donazione: in particolare alla forma solenne (salvo che sia di modico valore, nel qual caso ricade nel regime della donazione manuale). Questo spiega l'importanza di *distinguere fra donazione remuneratoria e adempimento di obbligazione naturale* (il problema si è posto nel momento di qualificare le attribuzioni al convivente more uxorio): se la qualificazione fosse nel primo senso anziché nel secondo, la mancata osservanza della forma notarile le renderebbe nulle e quindi ripetibili.

La legge stessa provvede poi a distinguere dalla donazione remuneratoria le *liberalità d'uso*, che è costume fare in occasione di servizi resi o di determinate ricorrenze: la mancia al fattorino; i regali di Natale a conoscenti, clienti, professionisti di fiducia; il regalo al figlio appena laureato; ecc. A differenza della donazione remuneratoria, la liberalità d'uso *non è qualificabile come donazione*, e sfugge alla relativa disciplina (art. 770, c. 2): purché – secondo l'interpretazione prevalente – sia di valore contenuto (il che finisce per attirarla nell'alveo della donazione manuale).

Anche la **donazione obnuziale** si caratterizza per il motivo/la causa che spinge il donante ad arricchire il donatario: è quella *fatta in vista di un futuro matrimonio, dall'uno all'altro sposo, o da un terzo agli sposi o ai loro figli nasci-*

turi (art. 785). Presenta questa peculiarità: si perfeziona *senza bisogno di accettazione* (dunque è un atto unilaterale del donante); ma i suoi effetti sono sospensivamente condizionati al futuro matrimonio, e il successivo annullamento di questo determina la nullità della donazione (fatti salvi in tal caso i diritti dei terzi e dei figli: art. 785, c. 2-3). Inoltre *non è revocabile*.

Il sottotipo della **donazione manuale** si identifica non più per il motivo, ma per l'oggetto: è quella che attribuisce al donatario *beni mobili di modico valore* (criterio relativo ed elastico, da applicarsi con riferimento alle condizioni economiche del donante). La sua caratteristica principale è l'attenuazione del vincolo di forma: *non richiede l'atto pubblico*, ma semplicemente la *consegna della cosa* (art. 783: si dice «manuale» proprio perché si perfeziona con la consegna nelle mani del donatario); dunque rientra nella categoria dei contratti reali (**29**.7).

10. Le liberalità non donative (donazioni indirette)

Il carattere sfuggente e un po' misterioso della donazione trova conferma nella categoria delle c.d. donazioni indirette, di cui si occupa l'art. 809: la norma che chiude la disciplina delle donazioni, e l'intero secondo libro del codice.

La donazione è, in base alla sua causa, un atto che arricchisce il donatario per spirito di liberalità del donante: dunque la donazione è un **atto di liberalità**, o più brevemente una liberalità. Dunque tutte le donazioni sono liberalità. Non è vero l'inverso: non tutte le liberalità sono donazioni; ci sono liberalità che non sono donazioni. Ce lo dice con chiarezza l'art. 809, da cui risulta che possono esistere *«liberalità», risultanti da «atti diversi da quelli previsti dall'art. 769»*, cioè diversi appunto dalle donazioni. Con la donazione hanno in comune l'arricchimento di un soggetto realizzato per lo spirito di liberalità di un altro soggetto; se ne distinguono perché *l'arricchimento del beneficiario non si realizza con l'attribuzione di un diritto o con l'assunzione di un obbligo da parte del disponente*, ma in modo diverso.

Può realizzarsi, ad es., con la remissione del debito che il beneficiario ha verso il disponente; con la rinuncia a qualche altro diritto che il disponente ha verso il beneficiario; con l'accollo o il diretto adempimento del debito che il beneficiario ha verso un terzo; con un contratto fra disponente-stipulante e promittente, a favore del terzo beneficiario; con il mutuo di un'ingente somma senza interessi; con un'assicurazione sulla propria vita a favore di un beneficiario; con il comodato di un bene di notevole valore d'uso; con la fissazione, a favore del beneficiario, di un corrispettivo esagerato a fronte di beni o servizi da lui forniti; o viceversa con la fissazione, a carico del beneficiario, di un corrispettivo molto inferiore al valore reale dei beni o servizi forniti al beneficiario stesso (è la c.d. **donazione mista**, cioè una liberalità realizzata per es. attraverso una compravendita, dove l'oggetto della liberalità è la differenza fra valore della cosa e prezzo pattuito); o con altri atti ancora.

Come si vede, alcuni di questi atti sono atti a titolo gratuito, ma altri sono a titolo oneroso (ad es. la donazione mista, che si presenta come un atto di compravendita): dunque, come esistono *atti gratuiti che non sono liberalità* (ad es. un servizio di trasporto gratuito offerto da A a B, perché è interesse di A che B si trovi nel luogo in cui viene trasportato), così esistono *liberalità che non sono atti gratuiti,* bensì sono atti onerosi. In tal modo, atti diversi dalla donazione vengono piegati a una *funzione che non è la loro funzione tipica*, ma sarebbe piuttosto la funzione tipica della donazione: ecco perché gli atti di liberalità diversi dalla donazione si chiamano comunemente «donazioni indirette».

Qual è il **trattamento giuridico** delle donazioni indirette? Non essendo vere e proprie donazioni, non sono soggette a tutte le regole stabilite per queste: in particolare, *non richiedono la forma dell'atto pubblico.* Ma siccome realizzano lo stesso risultato sostanziale della donazione, pare giusto sottoporle ad alcune almeno di quelle regole (art. 809, c. 1), e precisamente: ☞ alla possibilità di *revoca* per ingratitudine o sopravvenienza di figli; ☞ alla *riduzione*, per integrare la quota dei legittimari che abbiano eventualmente leso (ma se il legittimario ne ha ricevuto una, deve farne oggetto di *imputazione ex se*); ☞ alla *collazione* (che espressamente riguarda quanto «ricevuto dal defunto per donazione direttamente o indirettamente»: art. 737). Queste regole si applicano alle donazioni indirette per espressa disposizione di legge. Ma gli interpreti riconoscono l'applicabilità anche di altre norme sulla donazione, pur non esplicitamente richiamate dal legislatore (ad es. quelle sull'incapacità di ricevere). Per contro, non si considerano donazioni indirette, e quindi sfuggono del tutto alla disciplina della donazione, le liberalità d'uso (**70**.9) e le attribuzioni escluse dalla collazione.

Ristampa effettuata nel mese di ottobre 2023 nella
Stampatre s.r.l. di Torino – via Bologna, 220

Giappichelli

Biblioteca Digitale

Nelle more di stampa è stato pubblicato sulla Gazzetta Ufficiale di venerdì 1° luglio 2022 il Decreto Legislativo 17 giugno 2022, n. 83 che contiene le modifiche al Codice della crisi d'impresa e dell'insolvenza.

Gli **aggiornamenti** relativi **sono consultabili** nella Biblioteca Digitale Giappichelli all'indirizzo *https://biblioteca.giappichelli.it/studenti/*

Per accedere alla **Biblioteca** Digitale

Aprire l'indirizzo *https://biblioteca.giappichelli.it/studenti* ed effettuare la registrazione impostando *login* e *password*.

Autenticarsi alla piattaforma con le credenziali scelte.

Per sbloccare il libro nella versione digitale e/o i contenuti integrativi associati:

- Accedere alla piattaforma;
- Cliccare sul pulsante "**Aggiungi un libro**";
- Inserire l'**ISBN** del volume acquistato;
- Inserire il **codice di sblocco** (presente sul bollino SIAE) → che si trova nella prima pagina del volume.

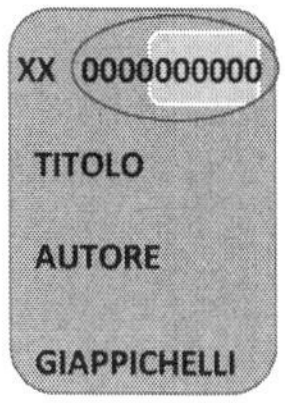

Avvertenza: i materiali on-line sono disponibili fin quando il testo sarà presente nel catalogo Giappichelli fatto salvo differente disposizione da parte dell'Editore.
